KB273781

환상의 콤비
다양한 실무 예제로 배우는
오토캐드
레빗 & 2014
이나영 지음

환상의 콤비

오토캐드 & 레빗 2014

ISBN : 978-89-314-4756-9

독자님의 의견을 받습니다
이 책을 구입한 독자님은 영진닷컴의 가장 중요한 비평가이자 조언가입니다. 저희 책의 장점과 문제점이 무엇인지, 어떤
책이 출판되기를 바라는지, 책을 더욱 알차게 꾸밀 수 있는 아이디어가 있으면 팩스나 이메일, 또는 우편으로 연락주시기
바랍니다. 의견을 주실 때에는 책 제목 및 독자님의 성함과 연락처(전화번호나 이메일)를 꼭 남겨 주시기 바랍니다. 독자
님의 의견에 대해 바로 답변을 드리고, 또 독자님의 의견을 다음 책에 충분히 반영하도록 늘 노력하겠습니다.

이메일 : support@youngjin.com
주 소 : (우)153-803 서울특별시 금천구 가산동 664번지 대륭테크노타운 13차 10층
대표전화 : 1588-0789

STAFF
저자 이나영 | **진행** 김태경 | **진행** 성민 | **본문 디자인·편집** 지화경 | **표지 디자인** 임정원

수많은 건축과 인테리어 종사자들이 BIM 프로그램을 가지고 도면을 제작하고 있습니다. 필요약처럼 없어서는 안 되는 이러한 프로그램을 숙지하는 데 있어서 사용자가 드로잉 환경을 능숙하게 사용한다는 것은 단순히 명령어에 익숙하고, 작업 속도를 낼 수 있다는 것과 다른 문제입니다. 많은 사용자들이 아직 리본 패널이 익숙하지 못한 데에는 이러한 BIM 작업 환경을 완전히 이해하지 못한 채 드로잉 결과물을 완성하는 데만 급급하기 때문입니다.

기초적인 환경 설정에 있어 숙지할 수 있도록 시간을 주십시오. 현실적으로 학생이라면 당장 과제를 제출해야 하고, 실무자라면 기간 내에 초안을 몇 개나 만들어야 하는데 그럴 시간이 없다고 생각할 수도 있습니다. 하지만 시간이 흘러서 '정말 프로그램을 잘 다루냐?!'의 질문에 자신만이 스스로의 상태를 알 것입니다.

필자는 미국에서 오랜 시간동안 캐드 교육에 임할 수 있는 기회를 가진 것은 행운이었습니다. 캐드와 레빗을 가르치면서 동시에 배우는 그 시간, 이 책을 내고자 하는 마음은 단 하나, 가지고 있는 자료들과 더욱 확실해진 배움을 나누고자 하는 것입니다. 이 책에서 사용한 자료들은 뉴욕에 소지되어 있는 FIT(Fashion Institute of Technology)와 Pratt Institute의 교과 내용을 바탕으로 활용되었음을 알려드립니다.

이 책을 낼 수 있도록 만남과 기회, 그리고 시간을 허락하신 하나님께 감사드리며, 특히 책을 쓸 수 있는 발판을 마련해 준 디자이너 John Gallagher와 더불어 백진경 교수님께 깊은 감사를 드립니다. 또한 뉴욕의 힘들고 어려운 시간동안 늘 함께해준 그래픽 디자이너 주알 언니, 격려해주고 사랑으로 지켜봐준 남편과 가족에게 깊은 감사의 마음을 전합니다.

저자 이나영

# 이 책의 구성

이 책은 도면 제작에 사용되는 프로그램인 AutoCAD와 Revit의 핵심적인 내용을 각각의 PART로 나누어 설명하고 있습니다. 각각의 PART는 몇 개의 Chapter와 Lesson으로 구성되어 있으며, 이론적인 설명은 물론 자세한 따라하기를 바탕으로 AutoCAD와 Revit을 학습할 수 있도록 유도합니다. 또한 따라하기 단계에서 필요한 부연 설명이나 주의해야 할 내용은 Tip으로 소개합니다.

● **Lesson**
각 Lesson의 시작 부분에 배치하여 어떤 내용을 다루는지 한 눈에 파악할 수 있도록 구성하였습니다.

● **학습목표**
Lesson에서 확실하게 익혀야 하는 중요 내용을 소개합니다.

● **부록 CD**
본문의 학습에 필요한 예제/완성 파일의 경로를 알려줍니다.

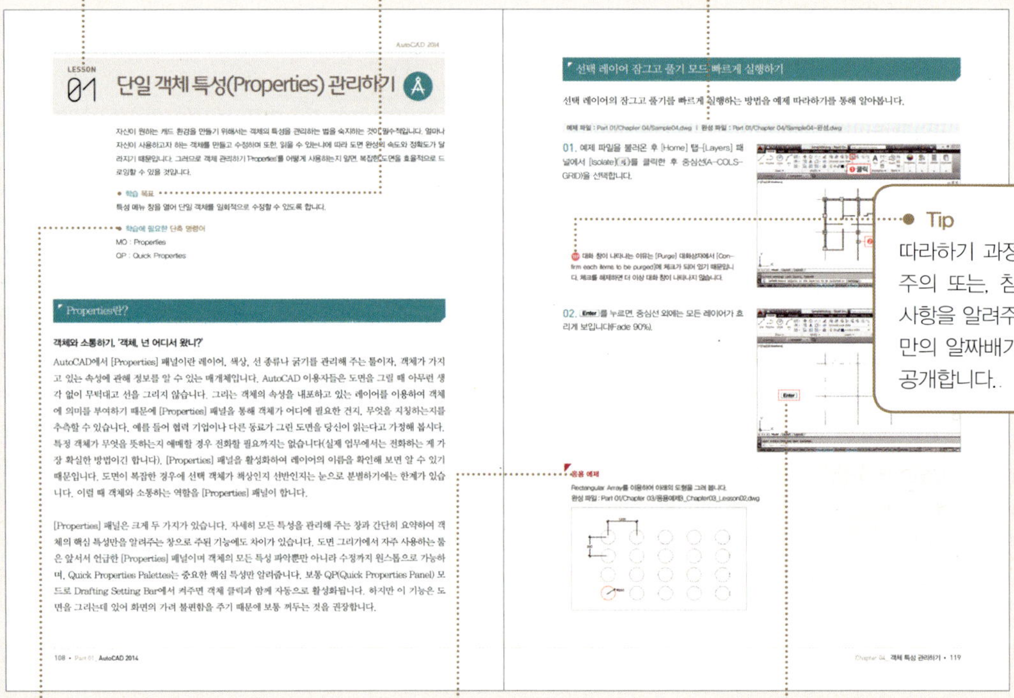

● **Tip**
따라하기 과정과 관련해 주의 또는, 참고해야 할 사항을 알려주거나, 저자만의 알짜배기 노하우를 공개합니다.

● **학습에 필요한 단축 명령어**
AutoCAD나 Revit에서 유용하게 사용할 수 있는 단축 명령어들을 소개합니다.

● **응용 예제**
본문에서 학습한 기능을 응용하여 스스로 도면을 제작해 볼 수 있도록 구성했습니다.

● **따라하기 과정**
하나하나 쉽게 따라할 수 있도록 자세하게 설명합니다.

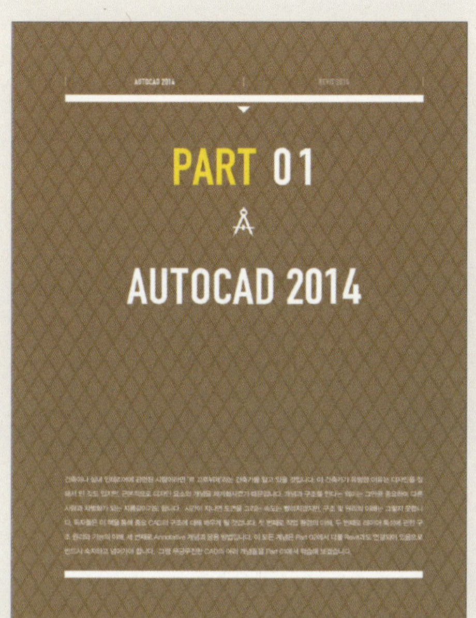

PART 01
AUTOCAD 2014

● Part
AutoCAD와 Revit을 두 개의
PART로 나눠서 학습할 수 있
도록 구성하였습니다.

CHAPTER 01
BIM 개념으로
AutoCAD 시작하기

AUTOCAD 2014

● Chapter
AutoCAD와 Revit
의 핵심 기능들을
몇 개의 Chapter
로 나누어 체계적
인 학습을 할 수 있
도록 유도합니다.

부록 CD 사용 방법

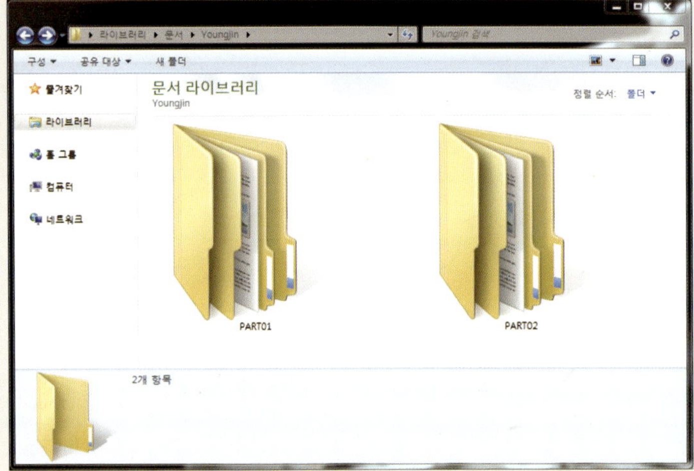

이 책의 부록 CD에는 본문의 학습에 필요한 예제/완성 파일이 수록되어 있습니다. 부록 CD의 예제들은 내 컴퓨터에 복사한 후 사용할 것을 권장합니다.

 PART 01 **AUTOCAD 2014**

[AutoCAD 2014]에서 사용하는 예제/완성 파일이 수록되어 있습니다.

 PART 02 **REVIT ARCHITECTURE 2014**

[Revit 2014]에서 사용하는 예제/완성 파일이 수록되어 있습니다.

홈페이지에서 부록 CD 자료 다운로드하는 방법

이 책에서 제공하는 부록 CD의 내용은 영진닷컴 홈페이지(www.youngjin.com)의 [고객센터]–[자료실/CD다운로드] 게시판에서 검색 창에 도서명이나 키워드를 입력한 후 다운로드하여 사용할 수 있습니다.

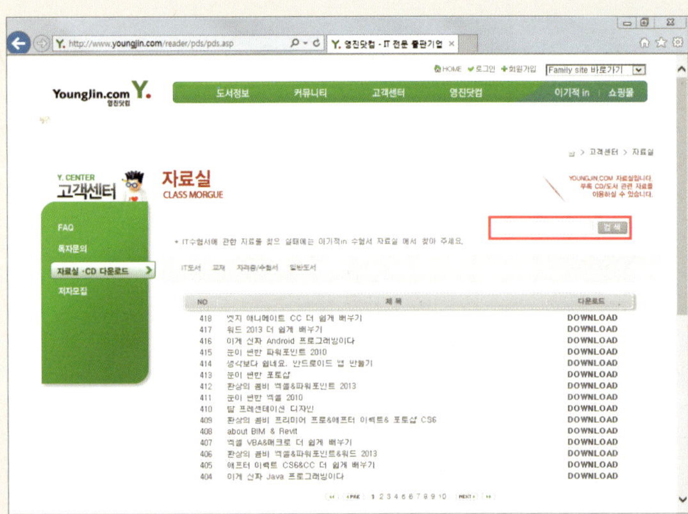

PART 01

AUTOCAD 2014

건축이나 실내 인테리어에 관련된 사람이라면 '르 끄로뷔제'라는 건축가를 알고 있을 것입니다. 이 건축가가 유명한 이유는 디자인을 잘 해서 인 것도 있지만, 근본적으로 디자인 요소와 개념을 체계화시켰기 때문입니다. 개념과 구조를 안다는 의미는 그만큼 중요하며 다른 사람과 차별화가 되는 지름길이기도 합니다. 시간이 지나면 도면을 그리는 속도는 빨라지겠지만, 구조 및 원리의 이해는 그렇지 못합니다. 독자들은 이 책을 통해 CAD의 구조에 대해 배우게 될 것입니다. 첫 번째로 작업 환경의 이해, 두 번째로 레이어 특성에 관한 구조 원리와 기능의 이해, 세 번째로 Annotative 개념과 응용 방법입니다. 이 모든 개념은 Part 02에서 다룰 Revit과도 연결되어 있음으로 반드시 숙지하고 넘어가야 합니다. 그럼 무궁무진한 CAD의 여러 개념들을 Part 01에서 학습해 보겠습니다.

CHAPTER.01

BIM 개념으로 AutoCAD 시작 하기

CHAPTER.02

AutoCAD 2014의 리본 메뉴 이해하고 설정하기

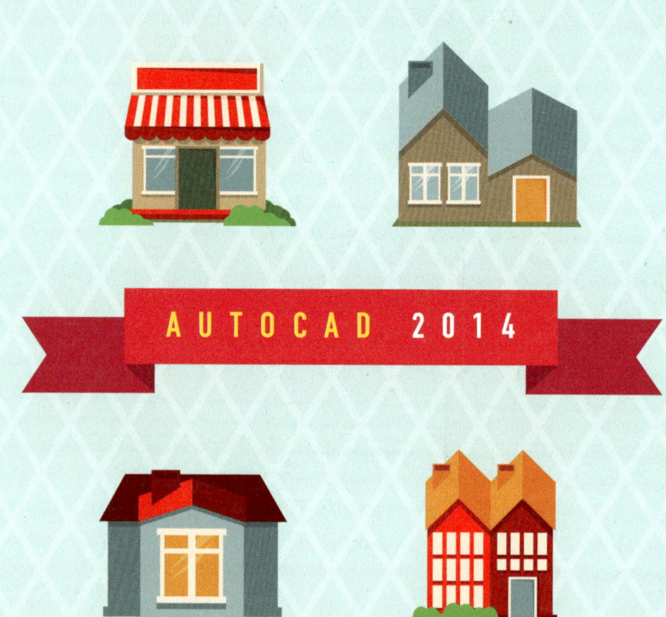
AUTOCAD 2014

BIM 개념으로 AutoCAD 시작하기

컴퓨터를 이용해 건물 및 실내의 모습을 구현할 수 있는 대표적인 프로그램이 AutoCAD입니다. 이러한 AutoCAD가 BIM 프로그램 중 하나라는 개념을 이해하고 접근할 수 있도록 시작법을 Chapter 01에서 알아보겠습니다.

LESSON 01 AutoCAD와 Revit의 연관성 이해하기 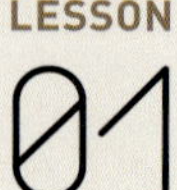

AutoCAD와 Revit의 구성은 많은 공통성을 가지고 있지만, 반면 전혀 다른 접근 방식으로 도면을 구현하게 됩니다. 왜 공통성을 지니는가에 대한 질문을 스스로가 해야 하며 이것은 아주 중요한 부분을 집어주는 해결점이 되기도 합니다. 공통점을 이해하고 다른 점을 파악하며 접근하면 좀 더 쉽게 프로그램에 대한 이해도를 높일 수 있습니다.

● **학습 목표**

BIM을 이해함으로써 AutoCDA와 Revit과의 연관성을 같이 이해하도록 합니다. 오토데스크(Autodesk)사에서 AutoCAD와 Revit Architecture 두 프로그램을 출시했다는 점에서 비슷한 점이 많으며 호환성도 크다는 점을 짐작할 수 있습니다.

BIM이란?

BIM이란 'Building Information Modeling'의 줄임말로써 컴퓨터에 건물의 정보를 입력하여 모델링을 만들어 내는 프로그램을 총칭하며, 특정 프로그램을 지칭하여 BIM이라고 하지는 않습니다. 많은 사용자들이 Revit과 BIM을 동일한 것이라 생각하는 데 이것은 잘못된 사실입니다. 단지 Revit은 BIM을 구현하는 데 필요한 툴 중에 하나일 뿐이며, AutoCAD도 BIM이고, Sketchup, 3D Max도 BIM의 종류 중에 하나인 것입니다. 도면 프로그램(AutoCAD)이 출시되기 전만해도 건축, 인테리어 분야에서는 연필과 지우개로 '모눈종이' 혹은 '트레싱지'라는 종이 위에 손으로 도면을 구현했었습니다. 하지만, 더 이상 손으로 그리는 도면은 건축 도면의 이해를 돕기 위한 작업 이상으로는 사용되지 않고 있습니다. 오늘날 빠른 속도로 모델링할 수 있는 프로그램이 업그레이드되어 매년 출시되고 있습니다. 대표적인 예로써 AutoCAD, 3ds Max, Sketchup, Revit 등이 있습니다. 이러한 모델링 프로그램들은 건축물을 세우거나 재정비하는 작업에 있어 건축적 정보를 Input(입력)시켜 결과물인 Output(모델링)을 컴퓨터를 통해 도출해 냅니다. 요약하자면, 이러한 프로그램을 총칭하여 BIM이라 일컫습니다. 이 책에서는 BIM 프로그램 중에서 가장 많이 사용하는 AutoCAD와 Revit을 중점으로 다루었습니다.

AutoCAD와 Revit의 공통점

AutoCAD 클래식 모드에 익숙해져 있다면 AutoCAD와 Revit은 상당히 다르다고 느낄 수 있습니다. 오히려 AutoCAD를 이전에 배우지 않은 상태로 리본 패널을 먼저 접했다면, 두 프로그램의 공통점을 쉽게 발견하고 이해하기 쉬울 수도 있습니다. AutoCAD와 Revit 두 가지 모두 BIM을 구현할 수 있는 프로그

램으로써 건물의 정보(치수, 높이, 형태, 창문, 등)를 입력하여 실제적인 도면 및 모델링을 만들어 낸다는
점과 작업 환경이 비슷하다는 공통점을 가지고 있습니다.

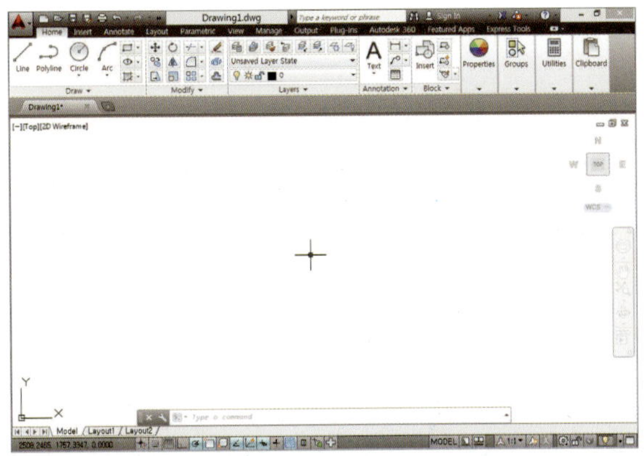

▲ AutoCAD 2014 작업 환경

▲ Revit 2014 작업 환경

AutoCAD와 Revit의 다른 점

가장 큰 다른 점이라고 할 수 있는 것은 AutoCAD에서도 3D 모델링은 가능하지만, '선'이라는 개념을 기
본으로 오브젝트를 작성함으로써 2D를 구현하는 데 그 기능이 집중되어 있습니다. 그리고 도면을 하나
그리면 결과물도 하나이기 때문에 동시적으로 입면이나 투시도를 만들 수 없습니다. 하지만 Revit은 덩
어리 개념인 '객체'로 시작합니다. 예를 들어 선을 통해 벽을 만드는 AutoCAD 방법과는 달리, 벽이라는
모델 객체를 바로 반영하는 것입니다. 이러한 점이 2D 모델링과 함께 3D 도면을 동시에 구현해 낼 수 있
도록 합니다. 또한 Revit은 도면과의 연동성을 가지고 있어 수정(Revised)이 동시 다발적으로 즉각 반영
됩니다. 그만큼 Revit은 모델링 기능을 혁신적으로 발전시킨 프로그램이라고 할 수 있습니다.

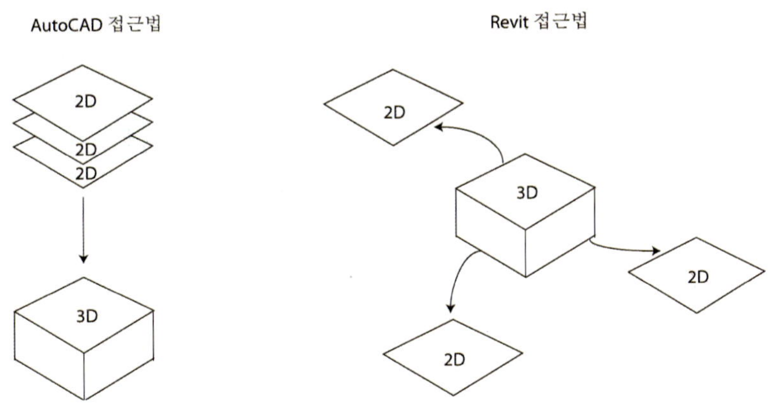

AutoCAD와 Revit은 오토데스크(Autodesk)사에서 개발한 AEC 시리즈로써 Revit에서 작업한 도면을 AutoCAD로, AutoCAD에서 작업한 도면을 Revit으로 불러올 수 있습니다. 이를 가능하게 하는 이유는 Revit에 Topography Tool이란 기능이 CAD 데이터를 기초로 지형 모델을 세우기 때문입니다. 쉽게 말해서 Revit의 기능들이 CAD 데이터를 기초로 만들어졌기 때문에 서로 호환이 가능하며 CAD 도면 파일을 Revit에 불러와 작업을 시작할 경우 시간을 많이 줄일 수 있습니다. 또한 Revit의 가장 큰 장점이라 볼 수 있는 입면도 및 단면도 작업을 AutoCAD에서 열 수가 있기 때문에 시간 단축 차원에서 서로의 프로그램을 상호 보완하는데 큰 도움이 됩니다. 실제 응용 방법은 Part 02에서 자세히 알아보겠습니다.

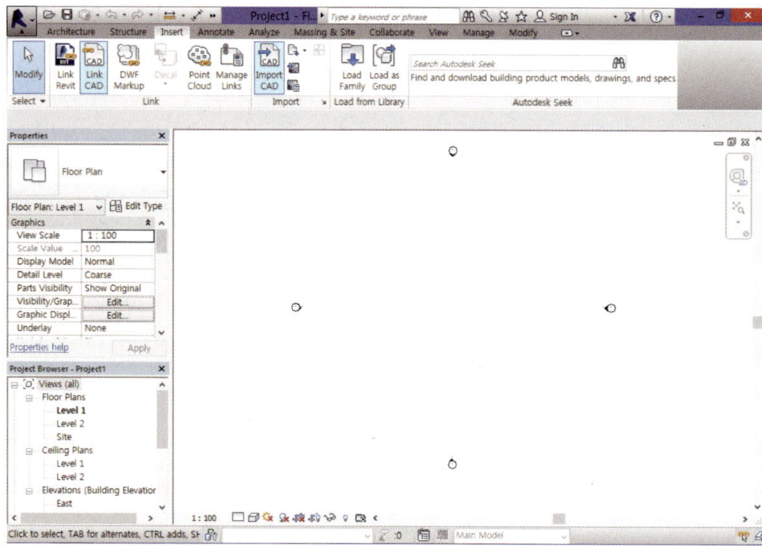

▲ Revit 화면에서 AutoCAD와 연동하여 작업할 수 있는 리본 메뉴

LESSON 02 AutoCAD 2014에서 강화된 기능 살펴보기

AutoCAD 2014는 시각적인 요소를 더욱 강화시켜 접근성을 높였다는 특징이 가장 두드러집니다. 미리 보기가 가능하여 명령어를 입력 전 옵션 선택에 관해서 시간을 단축할 수 있으며 도면의 상태를 더욱 명확하게 알 수 있도록 그 기능이 다양해졌습니다.

● **학습 목표**

새로 추가되었거나 강화된 AutoCAD 2014의 기능을 이해하고 필요에 따라 활용할 수 있도록 합니다.

명령 입력창

AutoCAD 2014 버전부터는 명령어 입력과 더불어 옵션을 선택하는 부분까지 시각적으로 강화되었습니다. 이제는 문자를 입력하는 것보다 버튼으로 클릭하는 방식으로 접근성이 높아졌습니다.

❶ 자동 명령어 찾기

많은 명령어들이 같은 알파벳에서 시작됩니다. 예를 들어 **M**으로 시작하는 명령어만 해도 'Matchprop, Mirror, Move' 등 여러 개가 있습니다. 하지만 모든 명령어의 단축 명령어를 알지 못한다고 해도 걱정하지 마십시오. 첫 알파벳을 입력하면 자동으로 명령 입력창에서 근접한 모든 명령어의 알파벳 순서대로 연속적으로 나열되기 때문에 필요한 명령어를 쉽게 찾을 수 있습니다.

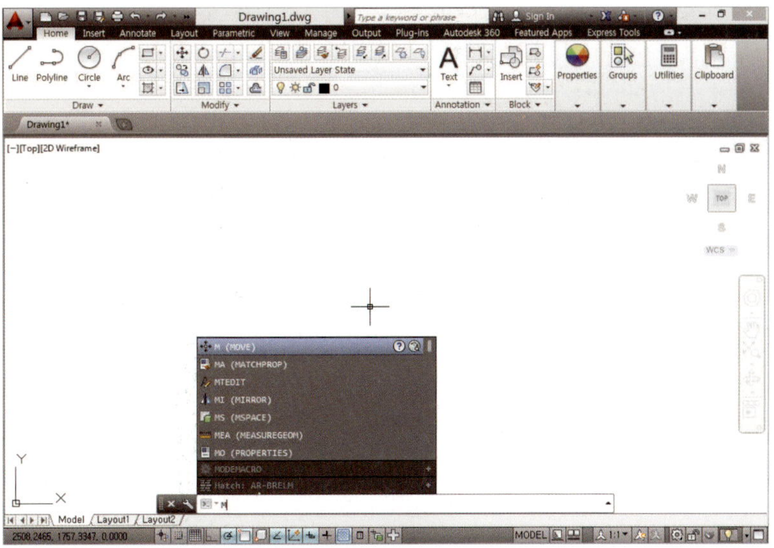

❷ 명령어 옵션 바로가기 버튼

명령어 옵션을 키보드로 입력하는 형태가 아니라, 명령 입력창에서 버튼 형식으로 업그레이드되어 클릭 한번으로 옵션으로 바로 갈 수 있는 기능이 생겼습니다.

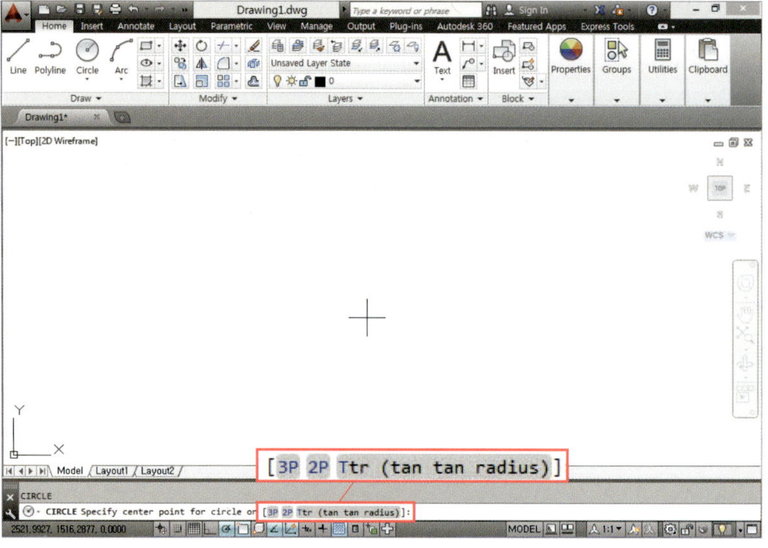

❸ 명령어 기록 보기

자신의 작업한 명령어 입력에 관한 기록을 확인하고 싶을 때 **F2**를 누르면 [AutoCAD Text Window] 창이 나타납니다. 이곳에서 자신이 입력한 명령어 및 윈도우 설정 상태를 알 수 있습니다.

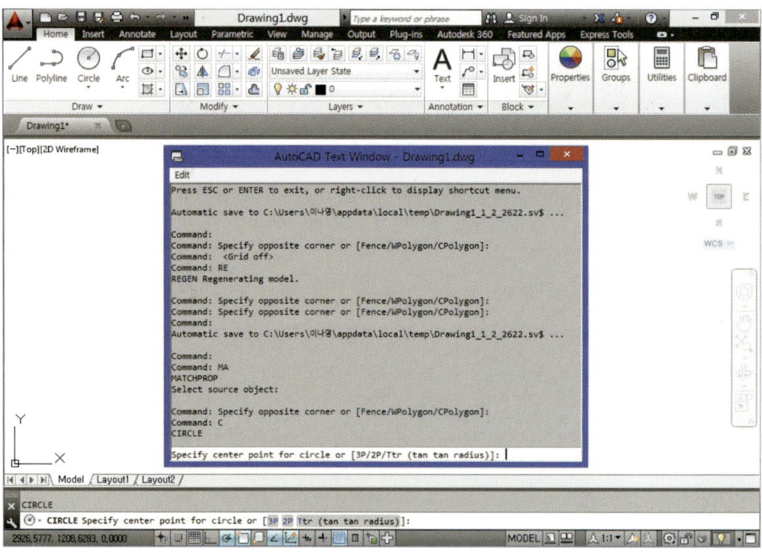

▌ 명령어 추가 기능 강화

기존의 명령어에서 추가되거나 강화된 기능이 있습니다.

❶ Array 명령의 Path 기능 강화

Array는 기준점을 기준으로 원하는 개수만큼 객체를 복사하여 배열시키는 명령으로써, 기존에 사각 혹은 원형의 기준 배열에 관한 선택이 있었다면, 경로에 따라 자동으로 객체가 복사 배열되는 Path의 Measure 기능이 강화되었습니다.

■ Path 기능

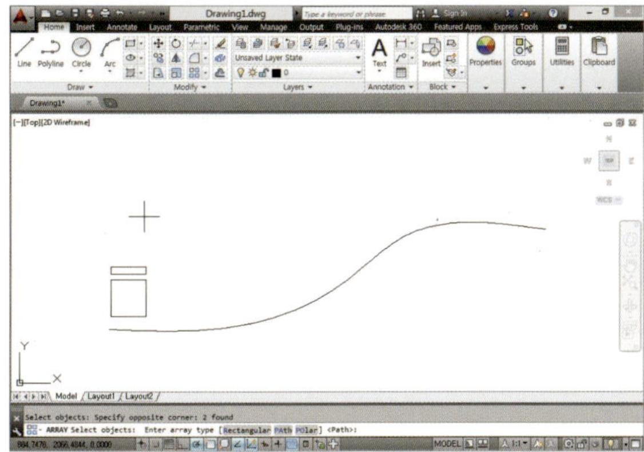
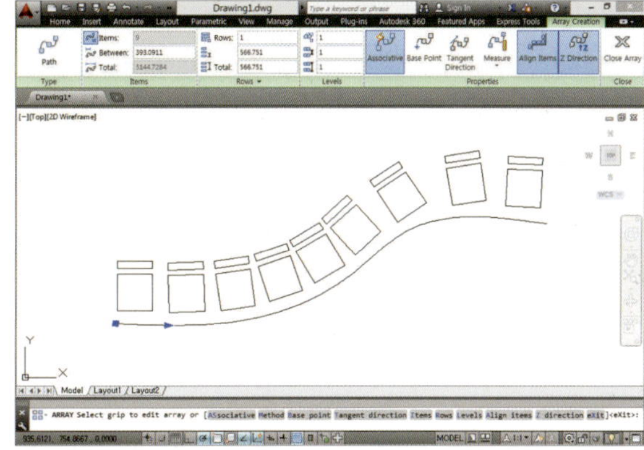

■ Measure 기능

Path에 새로 생긴 Measure 기능을 통해 자동으로 경로를 줄이거나 늘였을 때 객체의 거리나 위치를 파악하여 함께 따라갑니다. 하지만, 실제 도면을 그리는 데 있어서는 활용도가 떨어지는 편입니다.

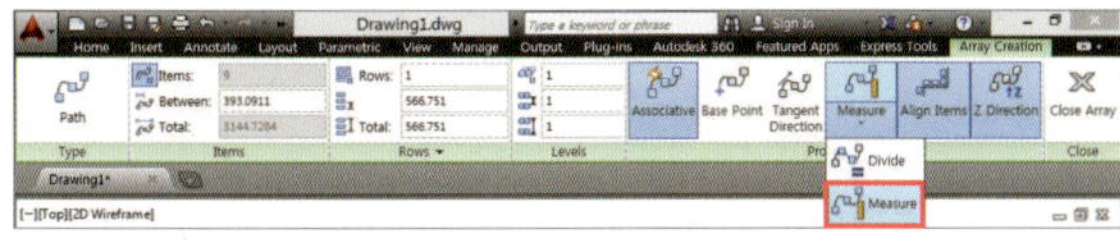
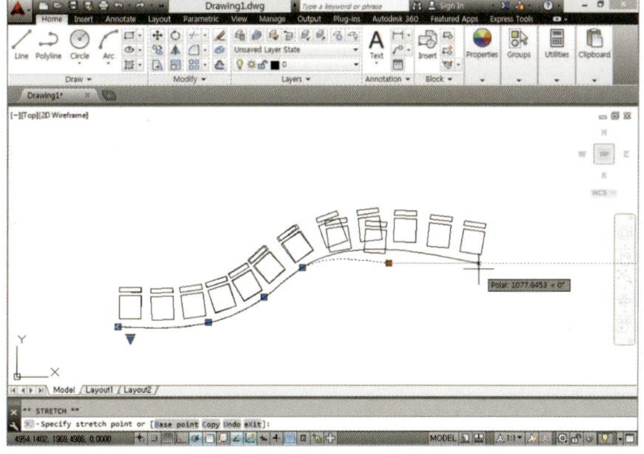

■ Associate 기능

Associate는 '연계성', '연결'을 뜻합니다. Array의 Path 기능에서 Associate를 끄면 기존의 객체를 하나씩 분리할 수 있습니다. 반대로 Associate를 켜면 Array시킨 객체가 모두 연결되어 하나의 객체로 선택할 수 있습니다.

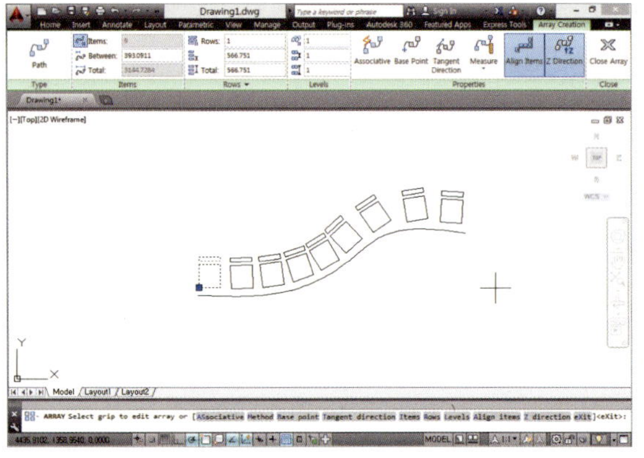

▲ Associate가 꺼져 있을 때

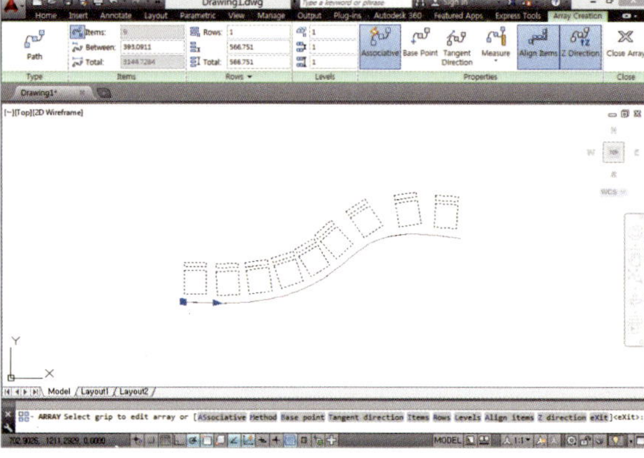

▲ Associate가 켜져 있을 때

❷ Offset의 간격 미리 보기

Offset은 선에 간격을 적용하는 명령으로써, 거리 간격을 적용시키기 전에 어느 정도의 거리감인지 미리 보기로 확인할 수 있습니다.

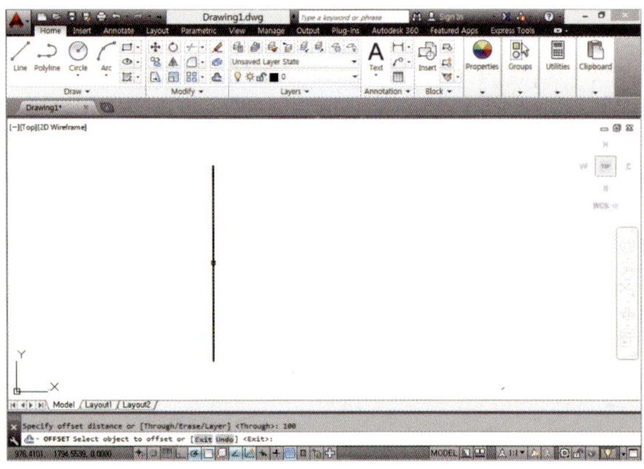

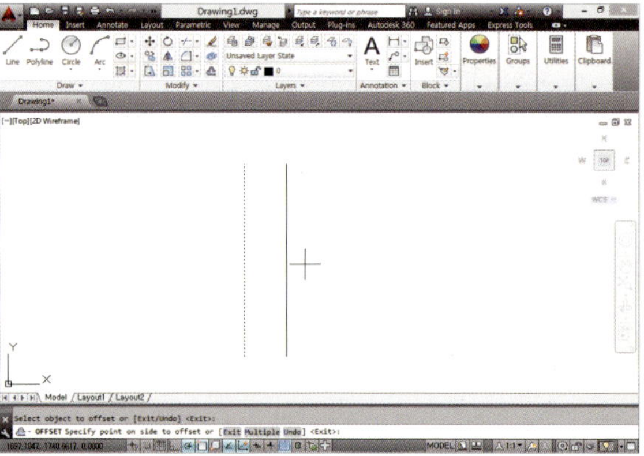

❸ **Fillet의 모서리 각 미리 보기**

Fillet은 선 모서리를 정리하는 명령으로써, 모서리에 각을 적용시키기 전에 어느 정도 꺾이는지 미리 보기로 확인할 수 있습니다

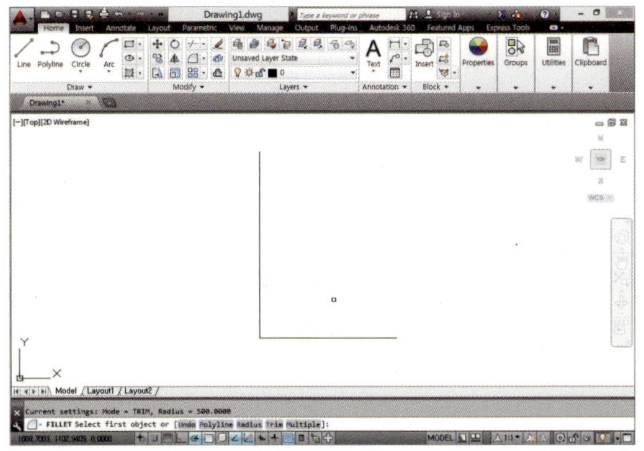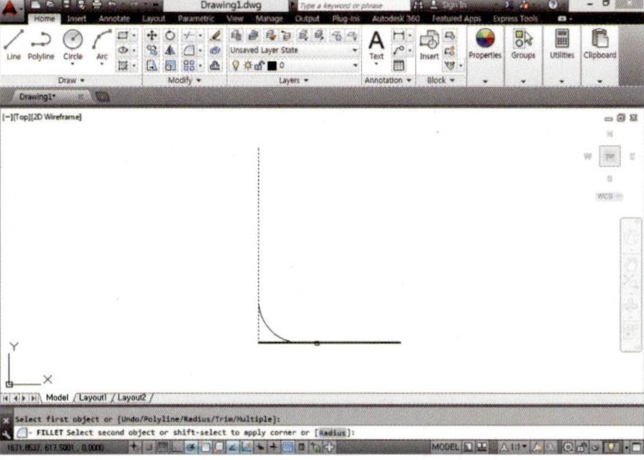

❹ **Hatch의 색상 및 특성 미리 보기**

Hatch는 막힌 영역에 색상을 칠할 수 있는 명령으로써, 적용할 색상과 특성을 미리 보기로 확인할 수 있습니다.

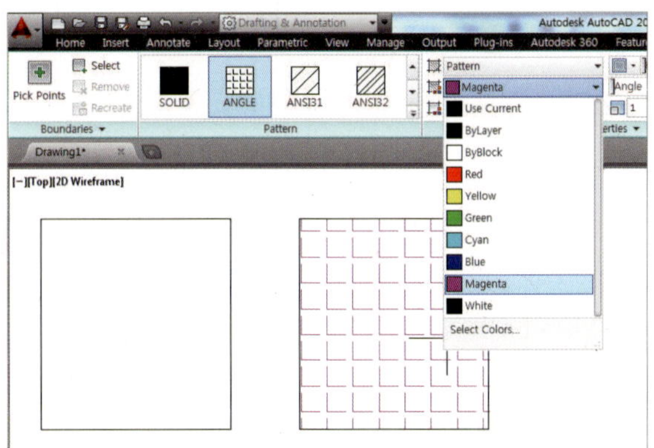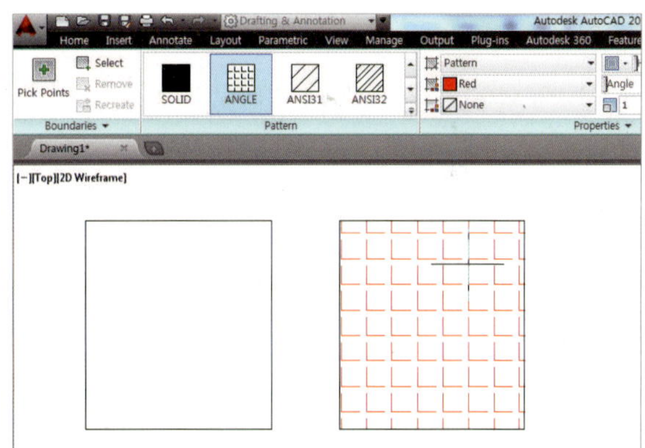

문자에 관련하여 추가된 기능을 알아봅시다. 문자의 새롭게 등장한 기능에서부터 리더의 문자와 화살표의 연동성까지 다양한 기능이 추가되었습니다.

❶ 문자 중간에 선 긋기 기능

문자 수정 모드인 [Text Editor] 창의 [Formatting] 패널에서 문자에 중간선을 그을 수 있습니다.

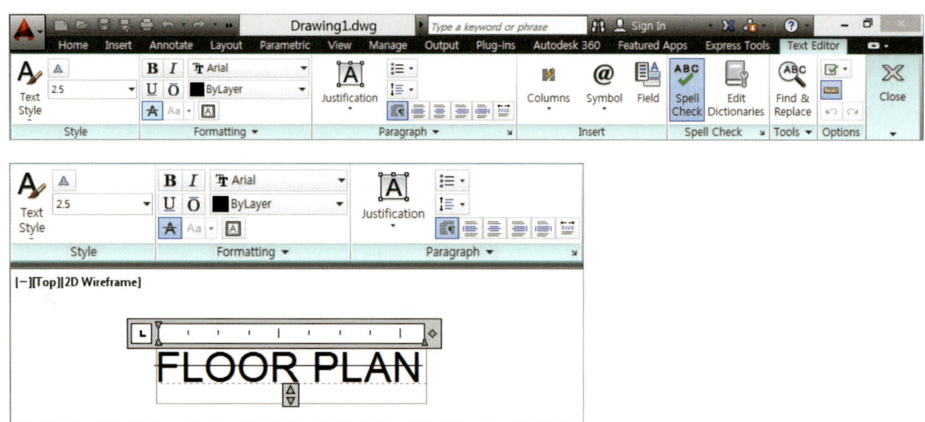

❷ 리더 위치를 자동으로 따라오게 하기

리더 방향표 이동에 따라 문자도 연동하여 문자 위치를 재설정 할 필요가 없습니다.

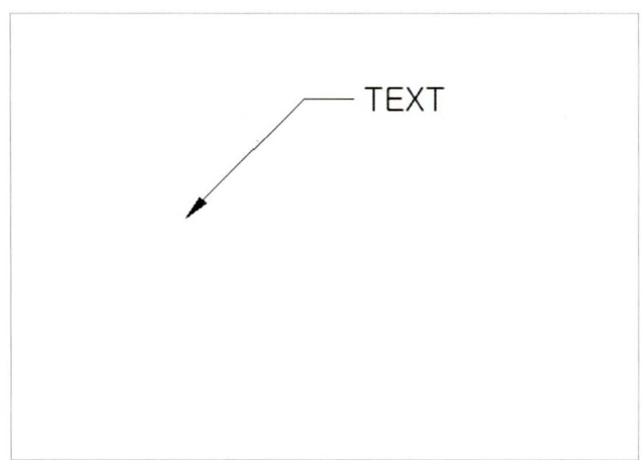

▲ 리더에 문자가 자동으로 연동됨

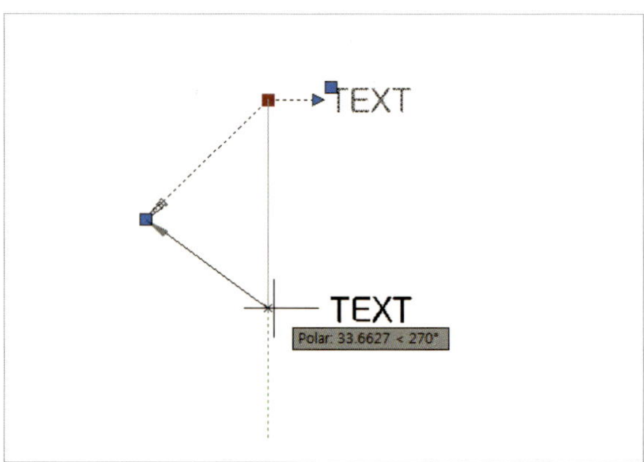

▲ 리더의 이동에 따라 문자도 함께 움직임

제도 상태 막대에 어노테이티브 모니터(Annotation Monitor) 기능 버튼 추가

제도 상태 막대에 이전에 없었던 어노테이티브 모니터 기능이 추가되어 어노테이티브의 상태 및 적용된 객체를 시각적으로 확인할 수 있게 되었습니다.

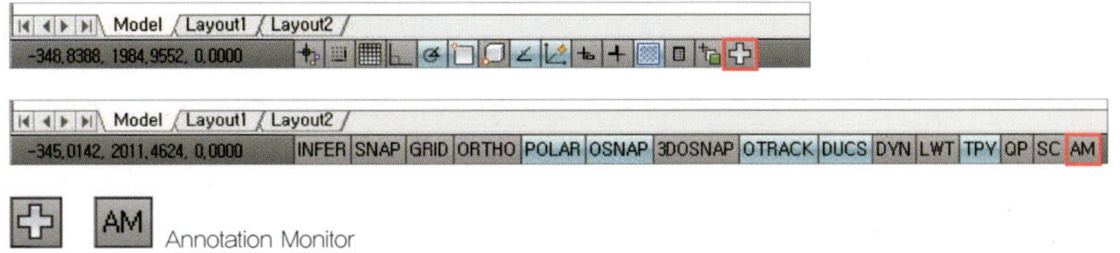

Space Tabs 위치 및 새로운 파일 불러오기 표시 강화

[Model Space]와 [Paper Space] 탭 위치가 드로잉 화면 하단뿐만 아니라 상단에도 표시되도록 하여 공간 전환이 편리하게 되었습니다. 또한 [+]( ) 버튼을 클릭하면 새로운 파일을 바로 생성할 수 있습니다.

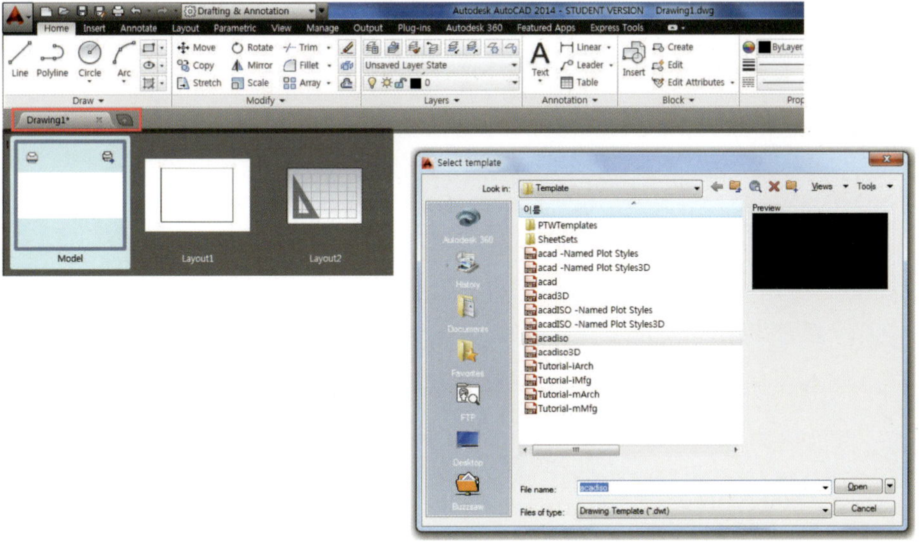

LESSON 03 | AutoCAD 2014 화면 구성 및 작업 모드 살펴보기

AutoCAD 직업 환경의 이해는 프로그램을 시작하고 이해하는 데 가장 중요한 초석을 다지는 작업입니다. 건축에 비유하자면 건물의 실내 구조를 이해하는 것이라 할 수 있습니다. 어떻게 AutoCAD 2014가 구성되었는지 분석하고 파악하도록 합니다.

● **학습 목표**

AutoCAD 작업 모드 중 리본(Ribbon) 작업 환경 모드를 이해하는 것은 Part 02에서 학습할 Revit의 작업 환경을 이해하는 데에 있어서도 기초가 됨으로 반드시 집고 넘어가야 하는 부분입니다. AutoCAD 작업 모드를 이해하고 그중에 리본의 기본 구성 요소를 파악함으로써 계속 진화하는 AutoCAD를 사용하는 데 용이할 수 있도록 숙지합니다.

AutoCAD 2014의 화면 구성

AutoCAD 2014의 화면은 크게 8파트로 나눠집니다. 아래 AutoCAD 2014의 화면 구성을 살펴봄으로써 위치와 기능을 한 눈에 알 수 있도록 합니다.

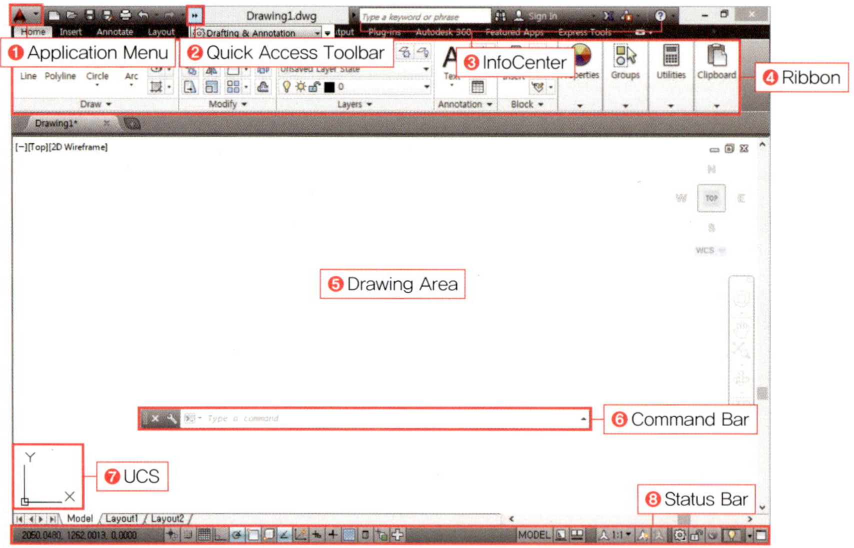

❶ **Application Menu** : 파일을 시작하거나 끝낼 수 있는 명령어들이 위치하고 있습니다.

❷ **Quick Access Toolbar** : 파일 관리에 관한 명령들을 빠르게 사용할 수 있습니다.

❸ **InfoCenter** : 인터넷을 통해 Autodesk LiveUpdate에 관한 기술적인 부분을 지원합니다.

❹ **Ribbon** : 도면을 그릴 때 필요한 모든 툴들을 체계적인 묶음 안에서 사용할 수 있도록 압축된 팔레트를 제공합니다. 자세한 내용은 다음 Chapter에서 다룹니다.

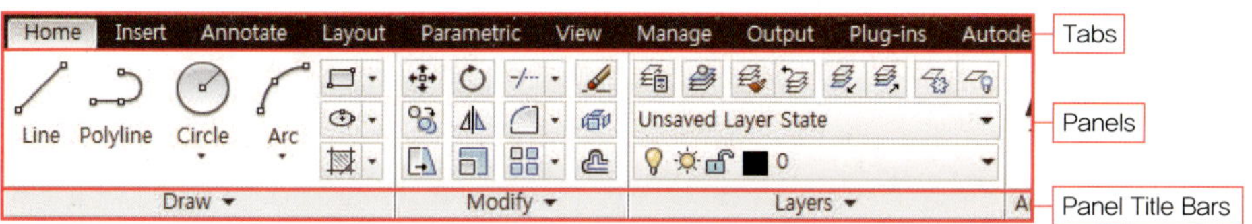

❺ Drawing Area : 도면을 그리는 공간으로 아래의 기능을 가지고 작업이 가능합니다.

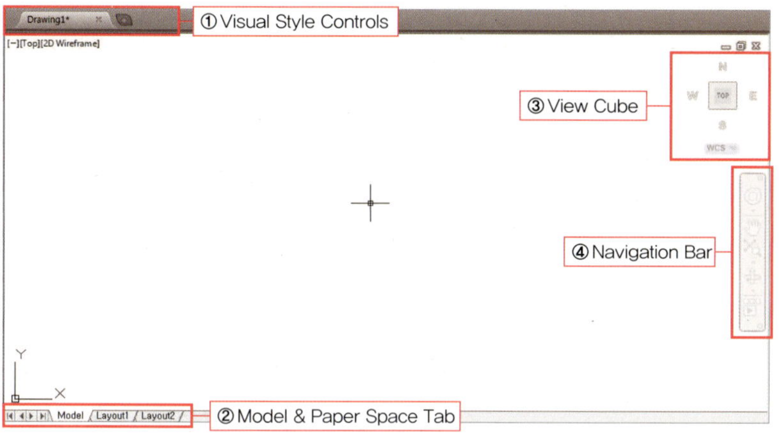

① 도면을 열고 닫는 기능을 스크린에 보여줌으로 한층 관리가 쉬워졌습니다.

② 모델 공간과 배치 공간의 이동을 돕는 기능입니다.

③ 큐브의 지정 영역을 선택하거나 드래그하여 현재 도면 방향을 설정할 수 있습니다.

④ 통합적으로 도구를 탐색을 위한 사용자 인터페이스 요소입니다. 기본 설정에는 아래와 같이 [View Cube, Pan, Zoom, Orbit, Slow Motion]들이 있습니다.

❻ Command Bar : 명령어를 입력, 피드백을 확인할 수 있습니다.

❼ UCS : 도면의 0.0 위치를 보여주는 아이콘입니다. 자세한 내용은 다음 Chapter에서 확인합니다.

❽ Status Bar

① Status Toggles with use Icon mode : 스냅, 그리드, 극 좌표 추적 등의 제도 상태를 설정을 전환할 수 있습니다. 자세한 내용은 Chapter 02의 Lesson 04에서 확인합니다.

② Current Space Status Tabs : 현재의 화면 상태를 미리 보거나 배치 공간의 변경이 가능합니다.

③ Drawing Status Tabs : 현 도면의 스케일 수정 및 Annotation 기능을 지원합니다.

④ Workspace Button : 작업 모드를 확인하거나 변경할 수 있습니다.

⑤ Lock Button : 툴바나 윈도우 설정을 고정할 수 있습니다.

AutoCAD의 작업 모드는 크게 세 가지로 나눠집니다. 첫째 리본 메뉴 모드, 둘째 클래식 모드, 그리고 셋째 리본 모드와 클래식 모드의 복합적 형태가 있습니다.

❶ 리본(RIBBON) 메뉴 모드 : 2D Drafting & Annotation Workspace Mode

리본이란 끈이나 띠 모양의 물건을 통틀어 이르는 말로써, AutoCAD의 툴 막대가 드로잉 공간(작업 화면) 위로 길게 배치되어 모습이 리본과 비슷합니다. 리본은 여러 가지 탭 안에 패널들로 구성되어 있습니다.

■ 탭(Tab)

리본 메뉴에서 탭이란 1차적 메인 카테고리라고 생각하면 이해하기 쉽습니다. 그림에서 표시된 곳을 지칭하여 탭이라 하며, 크게 [Home], [Insert], [Annotative], [Layout], [Parametric], [View] 탭 등으로 구성되어 있습니다.

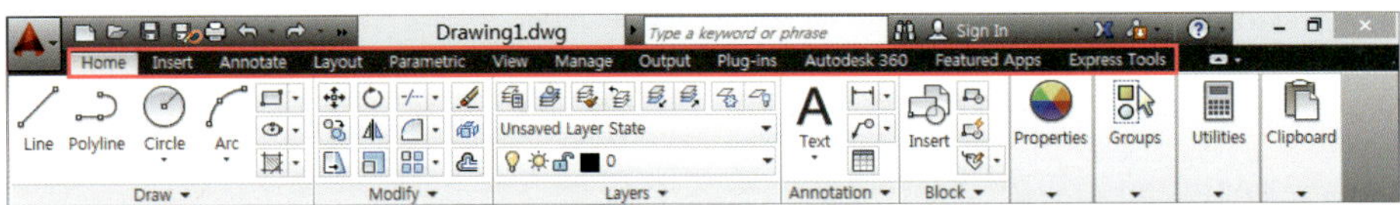

■ 패널(Panel)

패널은 탭 안에 2차적인 보조 카테고리로, 기능에 따라 분류된 묶음 판들로 구성되어 있습니다. 예를 들어 그림과 같이 [Home] 탭 안에는 전반적이고 일반적인 기능인, [Draw], [Modify], [Layers], [Annotation], [Block] 패널들로 구성되어 있으며, 탭에 따라 포함되어 있는 내용이 각각 달라집니다.

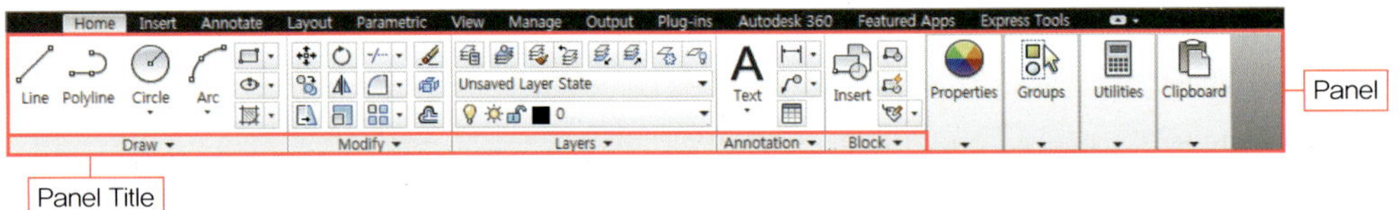

- **[Home] 탭-[Draw] 패널**

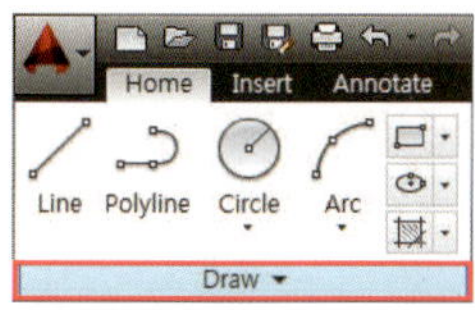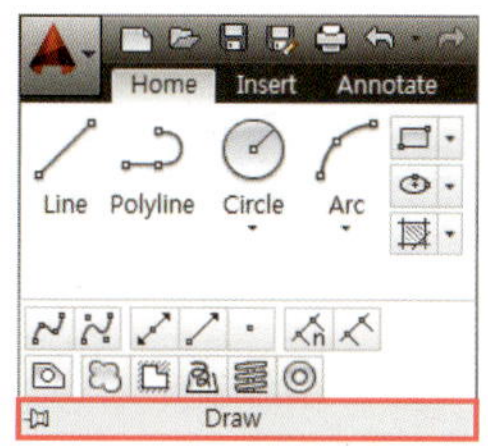

▲ 확장된 상태

- **그 외의 탭에 구성된 패널의 예**

[Insert] 탭에 구성되어 있는 패널 : [Block], [Block Definition], [Reference] 등

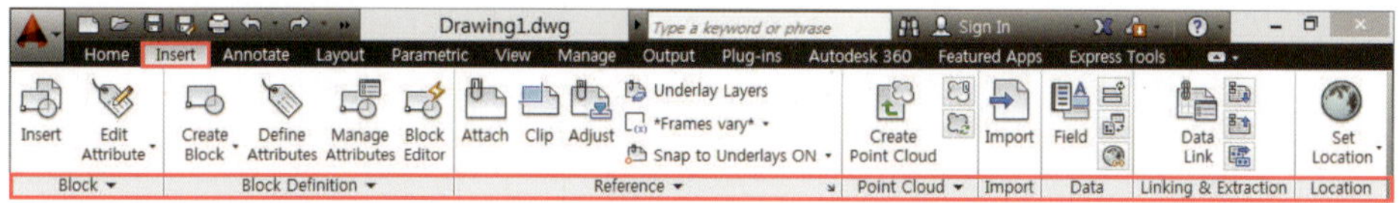

[Annotative] 탭에 구성되어 있는 패널 : [Text], [Dimension], [Leaders] 등

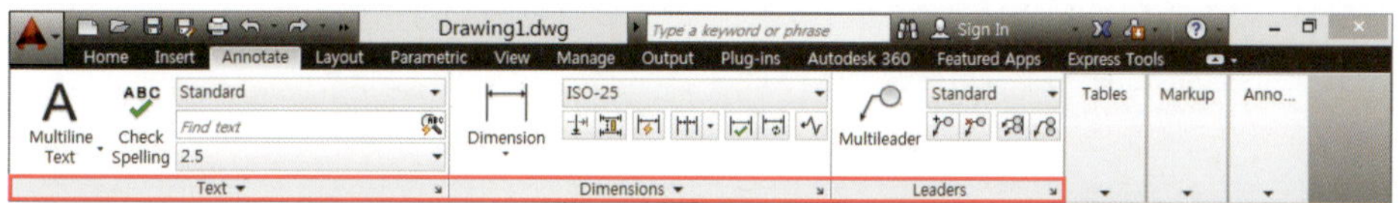

❷ 클래식 모드 : AutoCAD Classic Mode(Tool Bars Setting)

2009년 이전의 캐드에서 사용되어 왔던 전형적인 AutoCAD의 작업 모드로써 툴바(Tool Bar)를 중심으로 화면에 배열되어 있습니다. 기존의 캐드 사용자들이 아이콘을 이루어져 있는 리본 모드보다는 넓은 드로잉 공간을 사용할 수 있다는 장점이 있어 클래식 모드를 선호하지만, 속도 면에서 느리다는 단점이 있기 때문에 점차 리본 모드로 적응해 나갈 것을 권장합니다.

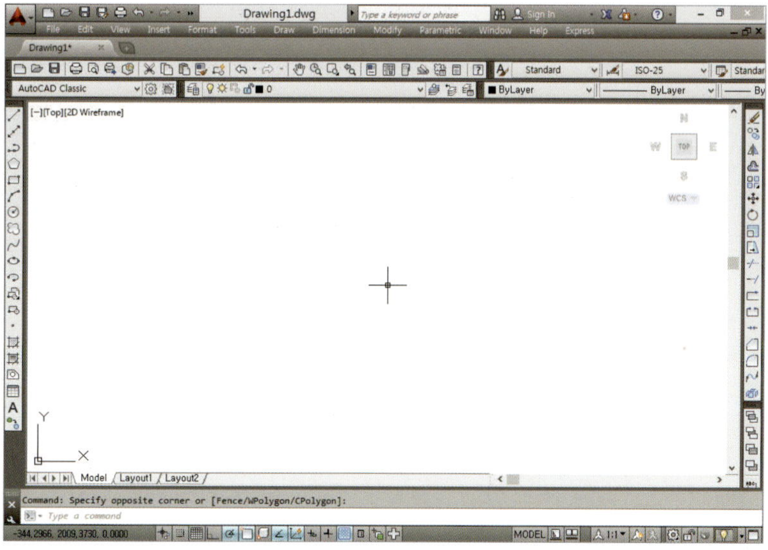

❸ **리본 메뉴 모드+클래식 모드 함께 사용 : Ribbon + Classic Mode(Icons+Text Menus)**

리본 메뉴 모드와 클래식 모드를 함께 사용할 수 있는 작업 환경으로 클래식 모드에 익숙해져 있는 상태에서 리본 메뉴 모드를 사용할 시 툴 위치에 혼돈이 오거나, 혹은 두 가지 기능을 모두 사용하고 싶을 때 선택합니다. 기존의 리본 메뉴 모드에서 클래식 모드의 풀 다운 메뉴가 합쳐진 형태입니다.

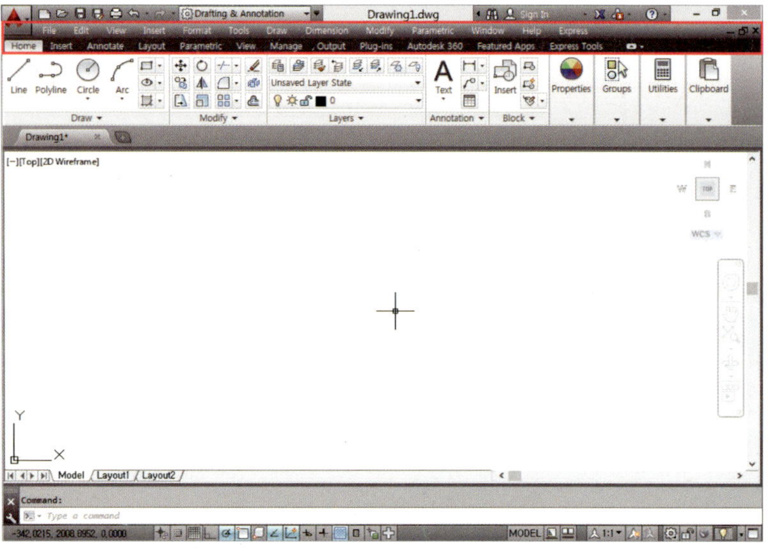

01. 표시된 화살표를 누르면 숨겨져 있던 환경 설정 모드가 나타납니다.

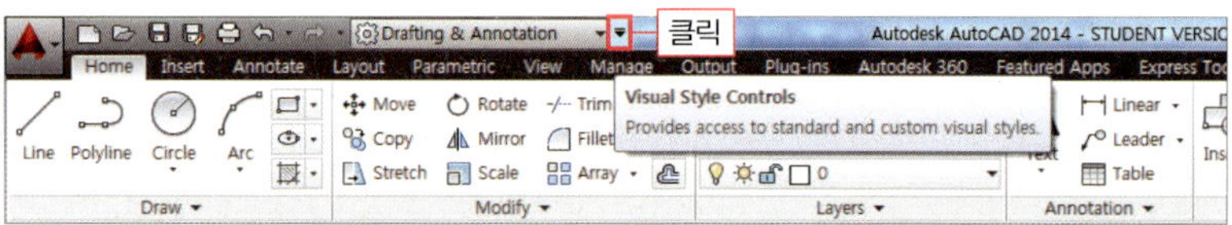

02. 화살표를 누르고 그림과 같은 팝업 메뉴가 나타나면 [Show Menu Bar]를 선택합니다.

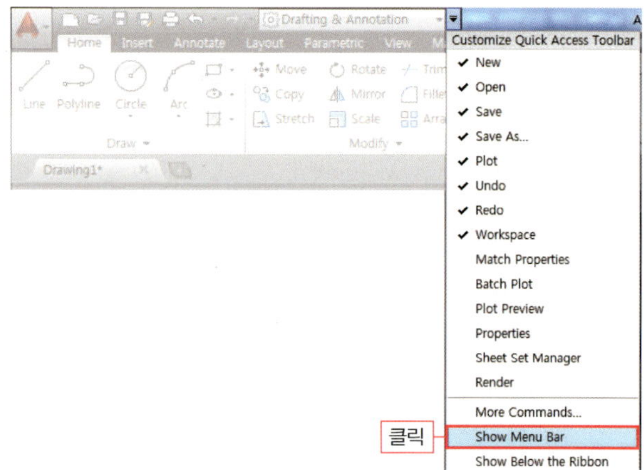

03. 리본 메뉴 위에 메뉴 바가 나타난 것을 확인할 수 있습니다.

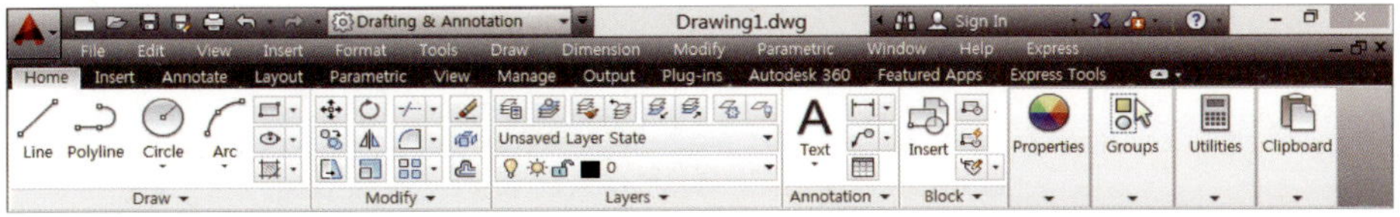

작업 환경 모드 전환하기

AutoCAD는 4가지의 작업 환경 모드를 제공하고 있습니다. 앞서 살펴본 모드는 2D Drafting & Annotation(리본 메뉴 모드)와 AutoCAD Classic(클래식 모드)이었으며 3D 설정 모드로도 사용할 수 있습니다.

- 2D Drafting & Annotation – Ribbon Mode
- 3D Basics
- 3D Modeling
- AutoCAD Classic

AutoCAD 2014의 작업 환경 모드를 전환하는 방법은 아래와 같습니다.

① Workspace Setting bar(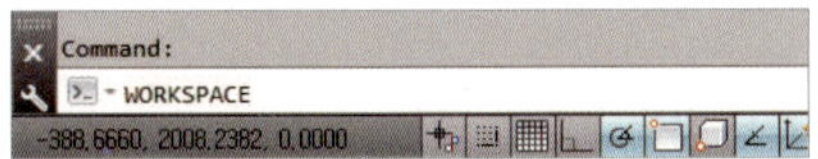)
② [Workspace Switching]( ) 버튼 이용하기
③ 명령 입력창에 'Workspace' 입력하기

❶ Workspace Setting Bar로 작업 환경 모드 전환하기

01. Workspace Setting Bar에 있는 작은 화살표를 클릭합니다.

02. 현재 'Drafting & Annotation'에서 'AutoCAD Classic' 또는 원하는 모드를 선택합니다.

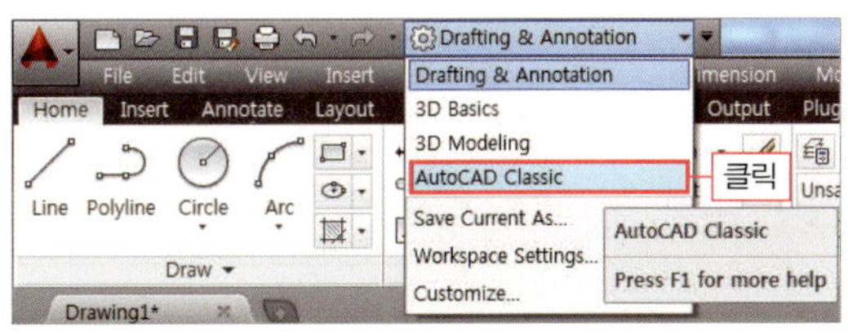

> **TIP** 선택한 화면으로 전환됩니다. 이 책에서는 Revit의 화면 구성 이해를 돕고 서로 연관성을 익히기 위해 Drafting & Annotation: Ribbon Mode 를 기본 환경으로 설정할 것을 권장합니다.

❷ Workspace Switching으로 작업 환경 모드 전환하기

01. 작업 화면 오른쪽 하단에 위치한 [Workspace Switching](⚙)을 클릭합니다.

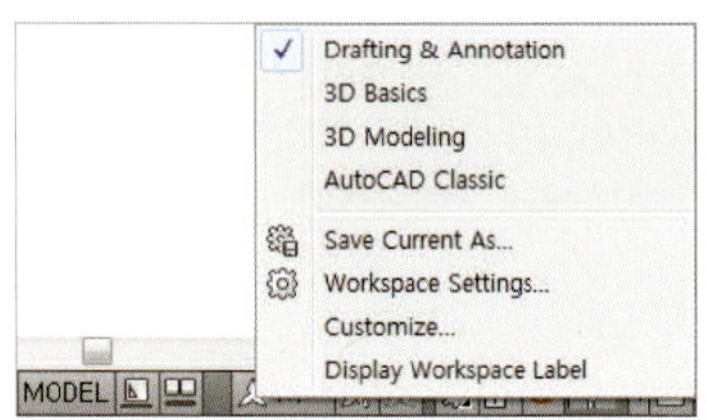

02. 그림과 같이 메뉴가 나타나면 원하는 작업 환경 모드를 선택합니다.

❸ 명령어로 작업 환경 모드 전환하기

01. 처음 AutoCAD 2014를 설치하면 처음에는 명령 입력창이 고정되어 있지 않습니다. 그림과 같이 마우스로 드래그하여 하단에 고정시킵니다.

▲ 고정되지 않은 명령 입력창

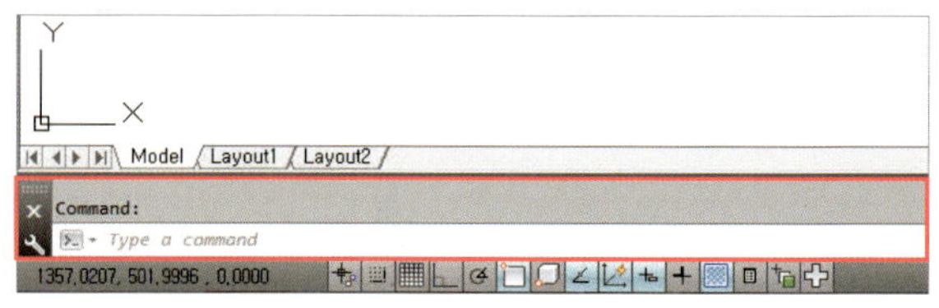

▲ 고정된 명령 입력창

02. 명령 입력창에 'Workspace'를 입력한 후 **Enter** 를 누릅니다.

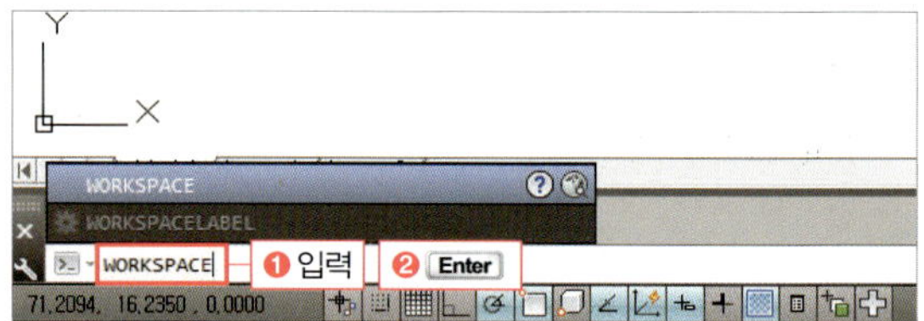

03. 명령어를 입력하면 그림과 같이 옵션들이 나옵니다. 질문은 작업 환경의 옵션을 선택하라는 뜻인데, 현재 작업 환경을 전환하기 위해서는 자동으로 설정되어 있는 〈setCurrent〉를 유지해야 하기 때문에 다시 한 번 **Enter** 를 누릅니다.

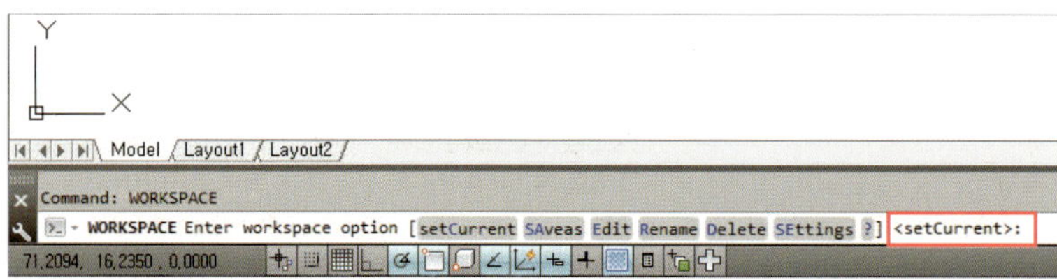

04. 전환하려는 작업 환경 모드의 이름을 입력하면 됩니다. 지금 설정되어 있는 작업 환경 모드의 이름은 〈Drafting & Annotation〉이며, 현 상태를 유지하기 원한다면 **Enter** 를 누르면 됩니다.

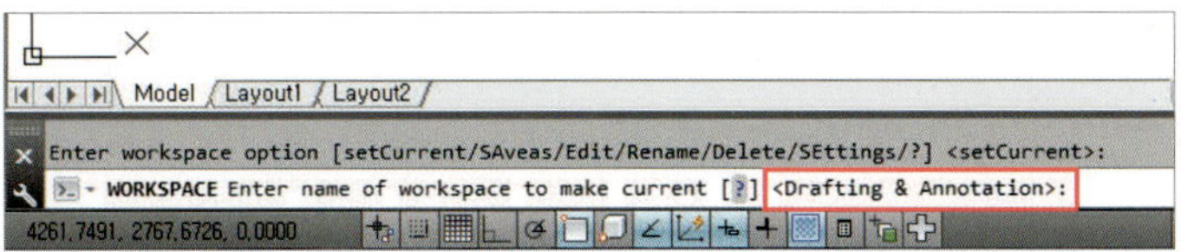

▲ 〈Drafting & Annotation〉 모드를 유지할 경우

05. AutoCAD 클래식 모드로 전환을 원할 경우, 'autocad classic' 이라고 명령 입력창에 입력하면 됩니다.

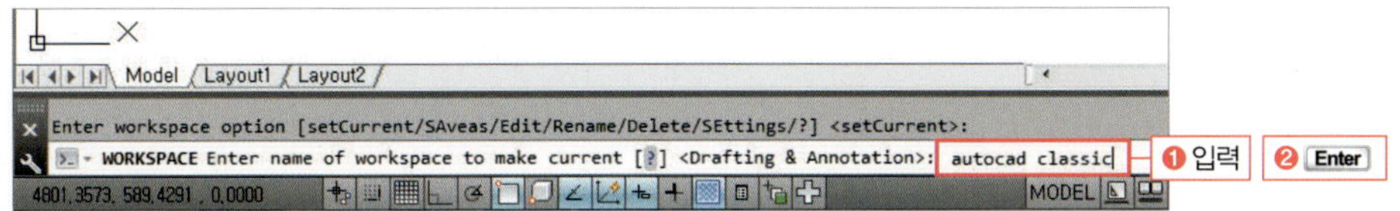

▲ 〈AutoCAD Classic〉 모드로 전환할 경우

06. 원하는 작업 환경 모드로 전환이 됩니다.

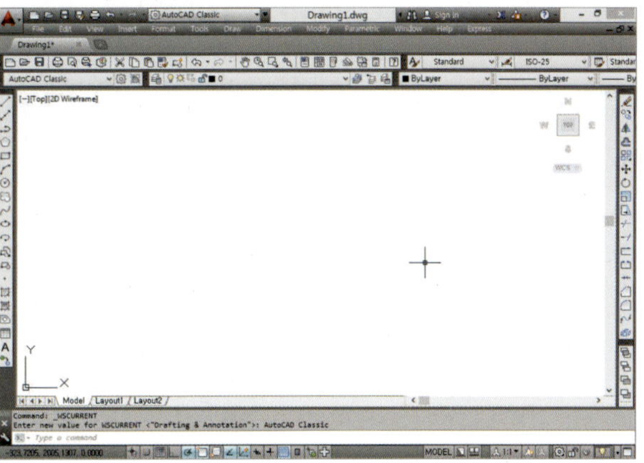

AUTOCAD 2014

AutoCAD 2014의 리본 메뉴 이해하고 설정하기

AutoCAD 2014 리본 패널의 환경을 완전히 학습하여 자신만의 작업 환경을 설정하고 이용할 수 있도록 합니다.

LESSON 01 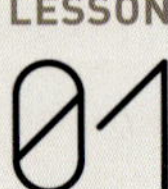

새 파일에서 시작하기

새로운 파일에서 시작하세요. 이것은 기본을 배우는 데 있어 가장 중요한 출발 사항입니다. 다른 사람이 만들어 놓은 파일이 아닌, 자신이 효율적인 캐드 환경을 만들어 시작할 수 있다는 것은 작업 효율성에 있어서 큰 강점이 될 수 있습니다.

● **학습 목표**

새 파일에서 캐드 드로잉을 시작하는 습관을 가질 수 있도록 새로운 파일에서 열고 저장하는 것에 익숙해지도록 합니다.

● **학습에 필요한 단축 명령어**

Ctrl+N(Key command) : Open a New file

Ctrl+Shift+S(Key command) : Save as

OP : Option

�I 새 파일 열기

캐드 도면을 새로운 창에서 여는 방법을 알아봅니다.

01. [Application Menu](▲)를 누르고 [New]–[Drawing]을 클릭합니다.

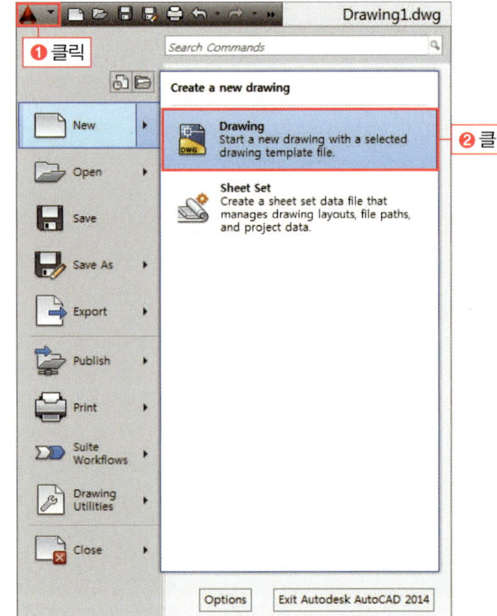

TIP 화면 왼쪽 상단에 Access Toolbar에 있는 파일 열기 아이콘(▢)을 클릭하거나 Ctrl + N 을 누르면 새 파일 열기가 실행됩니다. 또는 명령 입력창에서 'New'를 입력해도 됩니다.

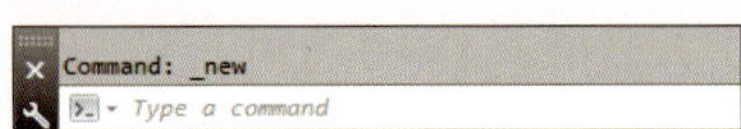

02. [Select template] 대화상자가 나타나면 'Acadi-so'를 선택하고 [Open] 버튼을 클릭합니다.

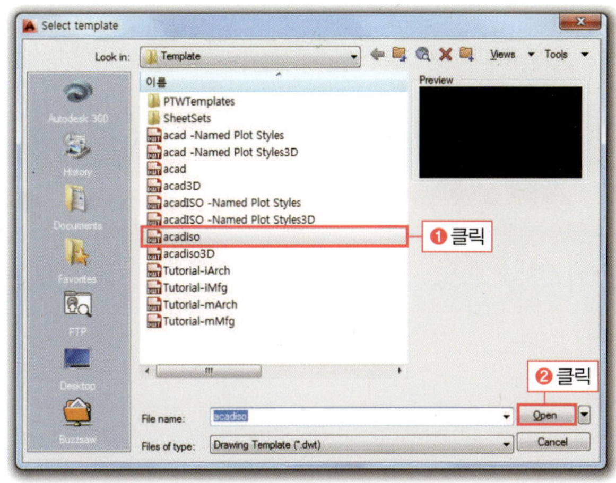

TIP Part 01/Chapter 02/acadiso.dwt

TIP 미국권에서 사용하는 inch/feet 단위를 사용할 경우에는 'acad'를 선택합니다.

03. 그림과 같은 경고 창이 나타나면 [Continue] 버튼을 클릭합니다.

TIP 보통 AutoCAD를 실행할 때 경고문이 나오기도 하지만 파일을 열 때 나오기도 합니다. 교육 버전을 알려주는 내용을 출력할 경우에 'EDUCATIONAL PRODUCT'라는 문구가 나타난다는 내용으로 큰 지장이 없는 사항이므로 계속 [Continue] 버튼을 클릭합니다.

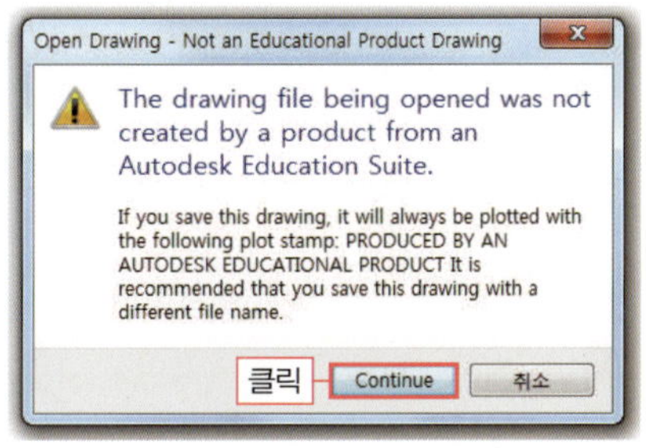

04. 그림과 같이 AutoCAD 2014 Drawing 파일 화면이 나옵니다.

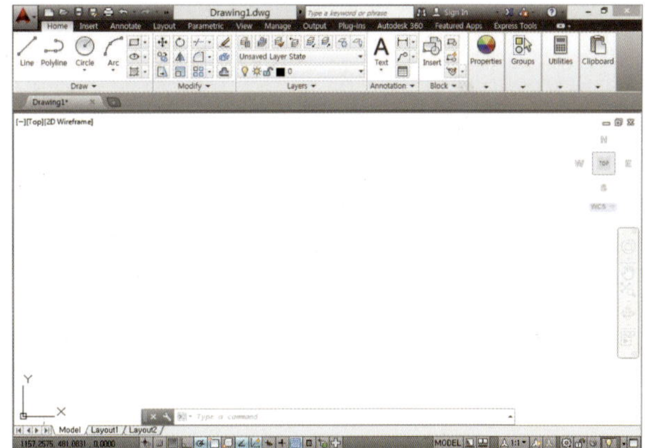

새로운 이름으로 파일 저장하기

완성 파일 : Part 01/Chapter 02/Sample01_완성.dwg

01. [Application Menu](▲)를 클릭하고 [Save As]–
[Drawing]을 클릭합니다.

TIP 화면 왼쪽 상단에 Access Toolbar에서 [Save As](🖫)를 클릭하거나 **Ctrl** + **Shift** + **S** 를 눌러도 동일한 명령이 실행됩니다. 또는 명령 입력 창에 'Saveas'를 입력해도 됩니다.

02. 저장할 위치를 설정하고 [File name]에 파일명을
입력한 후 [Save] 버튼을 클릭합니다.

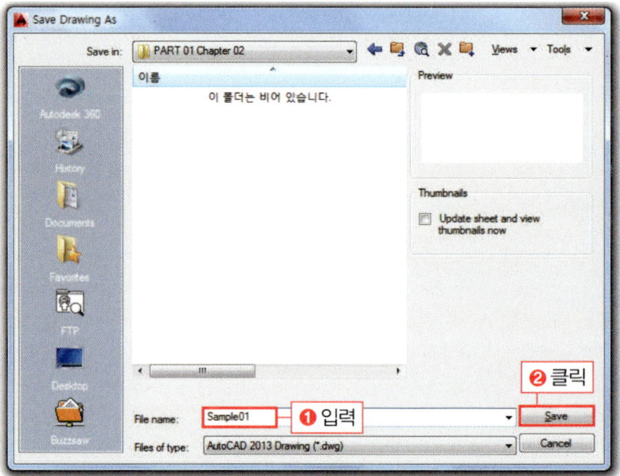

03. 저장한 저장 경로에 그림과 같이 DWG 파일이 저장된 것을 확인할 수 있습니다.

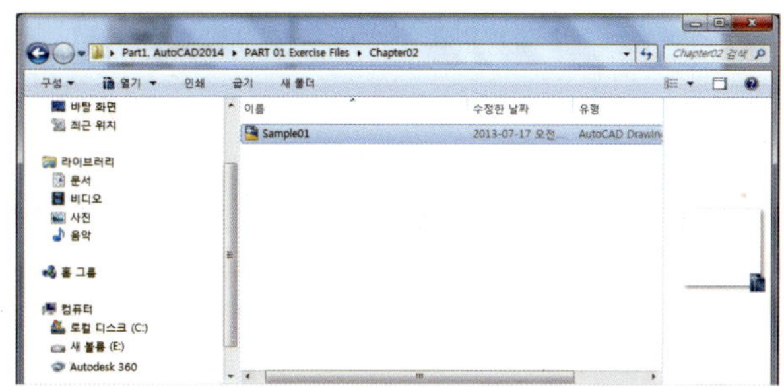

이전 버전으로 자동 저장하기

AutoCAD 2014에서 그려진 도면은 AutoCAD 2013보다 낮은 버전에서 열리지 않습니다. 그러므로 자동으로 저장되는 파일의 버전을 낮은 버전으로 설정하면 낮은 버전의 AutoCAD에서도 파일을 확인할 수 있습니다.

예제 파일 : Part 01/Chapter 02/Sample01.dwg | **완성 파일 :** Part 01/Chapter 02/Sample01_이전 버전.dwg

01. 'Sample01.dwg' 파일을 불러온 후 명령 입력창에 Options의 단축 명령어인 'Op'를 입력합니다.

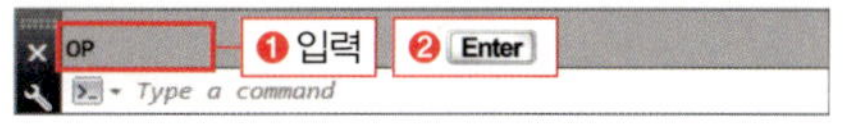

02. [Options] 대화상자가 나타나면 [Open and Save] 탭의 [Save as]에서 원하는 버전으로 선택한 후 [Apply]와 [OK] 버튼을 각각 클릭합니다.

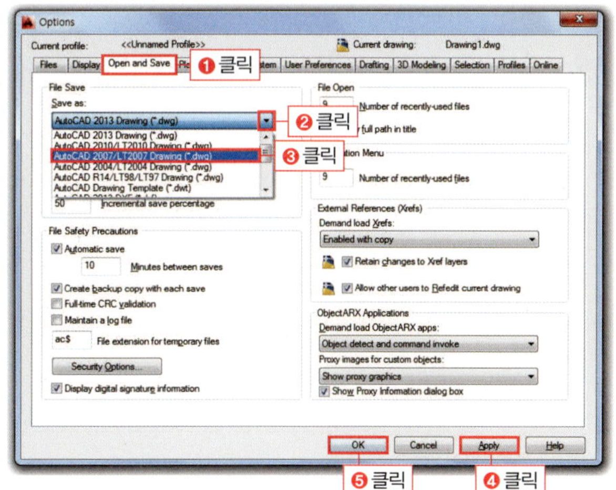

03. 내용을 확인하기 위해 파일을 저장하면 [Save Drawing As] 대화상자의 [Files of type]에서 선택한 버전의 DWG 파일로 저장되는 것을 확인할 수 있습니다.

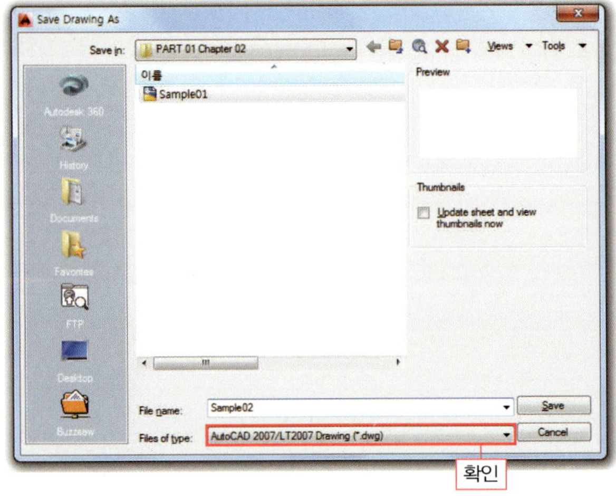

TIP AutoCAD는 갑자기 꺼진다거나 오류가 날 경우, 자동으로 BACKUP 파일이 저장되는 기능을 가지고 있습니다. 아래와 같이 [Options] 대화상자의 [Files] 탭에서 [Automatic Save File Location]을 선택하면 BACKUP 파일의 경로를 확인할 수 있습니다. [Options] 대화상자는 명령 입력창에 'Op'를 입력한 후 **Enter** 를 누르면 불러올 수 있습니다.

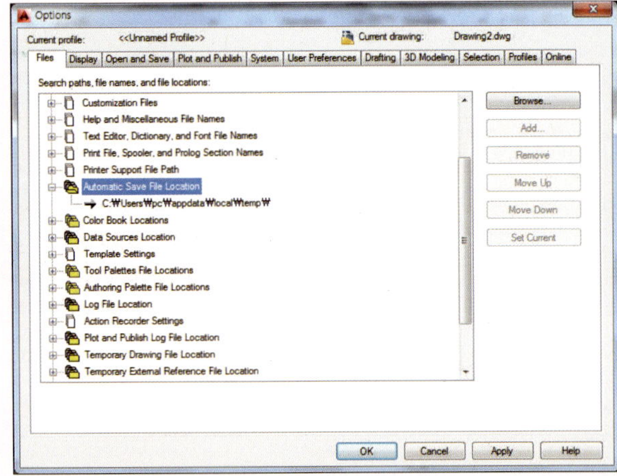

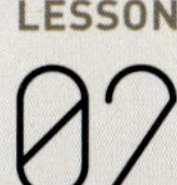

LESSON 02 올바른 단위 설정하기

현실 세계에서 사용하는 거리 단위로 'inches, feet, mm, cm' 등이 있듯이 AutoCAD 공간도 동일한 단위 체계를 가지고 있습니다. 건축 및 인테리어 드로잉을 위한 거리 단위는 두 가지 종류가 있는데 미국 단위인 'inch, feet'를 사용할 건지, 아니면 국제 단위인 'metric(millimeter or centimeter)'를 사용할 것인지를 결정해야 합니다.

● 학습 목표

자신이 그리려는 단위를 캐드 환경에서 바르게 적용할 줄 알아야 합니다.

● 학습에 필요한 단축 명령어

UN : Units

Metric or Decimal Units

01. 명령 입력창에 Units의 단축 명령어인 'Un'을 입력하고 [Enter]를 클릭합니다.

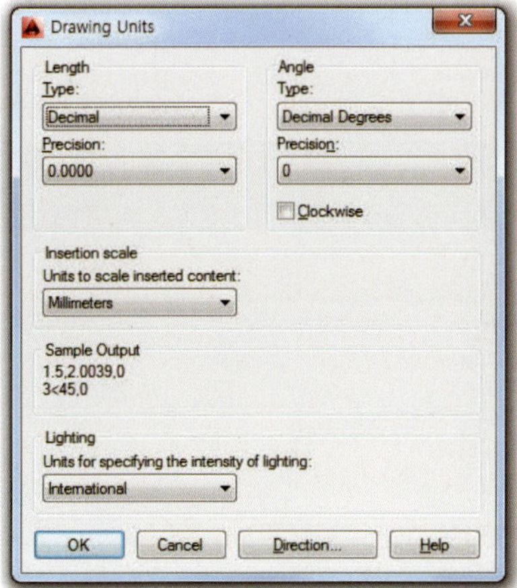

02. 그림과 같이 [Drawing Units] 대화상자가 나타납니다.

03. [Precision]을 '0.0000'에서 '0'으로 설정하고, [Units to scale inserted content]에서 'Millimeter'를 선택합니다.

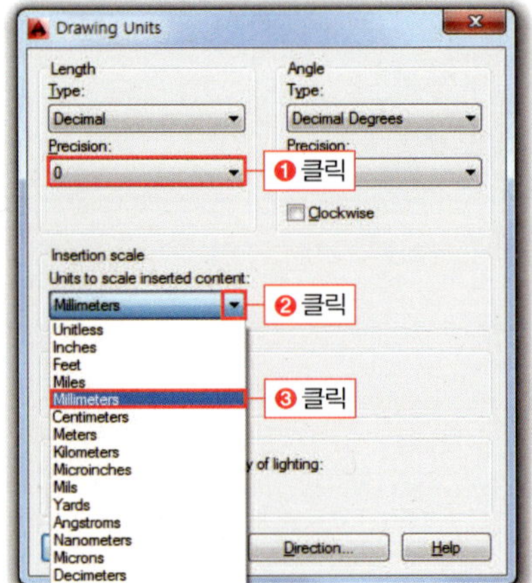

04. 아래의 권고 설정으로 모두 다 변경한 후 [OK] 버튼을 클릭합니다.

- Type : Decimal
- Precision : 0
- Units to scale inserted content : Millimeters
- Angle type : Decimal Degree
- Lighting : International

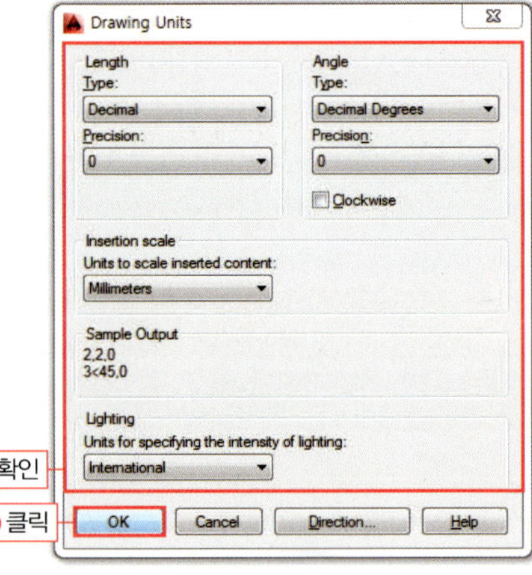

Architectural Unit

01. 앞선 따라하기와 같이 Units의 단축 명령어인 'Un'을 명령 입력창에 입력하고 **Enter**를 누릅니다. [Drawing Unit] 대화상자가 나타나면 이번에는 [Type]에서 'Architectural'을 선택합니다.

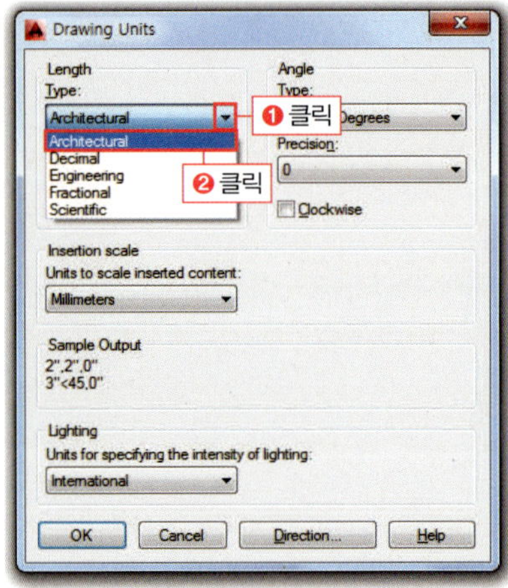

02. [Precision]을 '0'–0"'에서 '0'–0 1/32"'로 설정하고, [Units to scale inserted content]에서 'Inch'를 선택합니다.

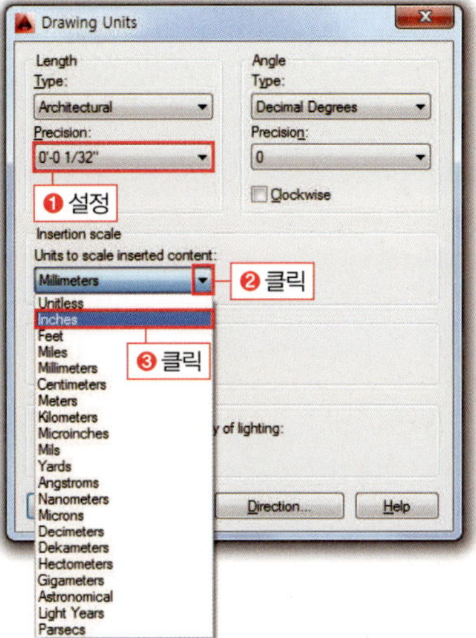

03. 아래의 권고 설정으로 모두 다 변경한 후 [OK] 버튼을 클릭합니다.

- Length Type: Architectural
- Precision: 0' 0 1/32"
- Units to scale inserted content: Inches
- Angle type: Decimal Degree
- Lighting: International

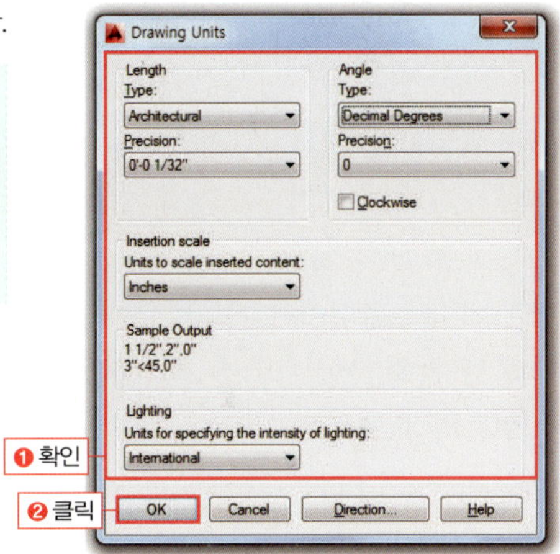

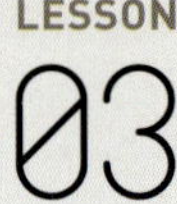

LESSON 03
UCS 이해하기

UCS는 'User Coordinate System' 약자로 XYZ축을 나타내며, UCS 아이콘은 X,Y,Z축의 0,0 위치를 시각적으로 나타내는 아이콘을 뜻합니다.

● **학습 목표**

좌표를 알려주는 방향 축과 아이콘을 이해하여 캐드 화면에서 위치를 설정할 수 있도록 합니다.

● **학습에 필요한 단축 명령어**

UCSICON

UCS(User Coordinate System, Mode) 이해하기

UCS 아이콘은 UCS 0,0 위치를 그래픽으로 보여줍니다. 도면의 절대 위치 0,0은 사용할 일이 거의 없기 때문에 UCS 아이콘을 작업 화면에서 없애도 되지만, X축, Y축, Z축을 보여주는 UCS 아이콘에서 항상 방향 축을 확인할 수 있기 때문에 켜 두는 것이 좋습니다. UCS 아이콘은 작업 화면의 확대/축소할 때 함께 위치가 움직이기 때문에 작업에 방해가 되기도 합니다. 그래서 옵션 중에 'N: Noorigin'을 사용하여 도면 왼쪽 하단 코너에 고정시킴으로써 방향 축을 확인하면서도 작업에 방해가 되지 않도록 설정할 수 있습니다.

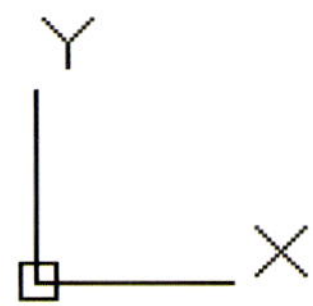

▲ 모델 공간에 위치하고 있는 UCS 아이콘

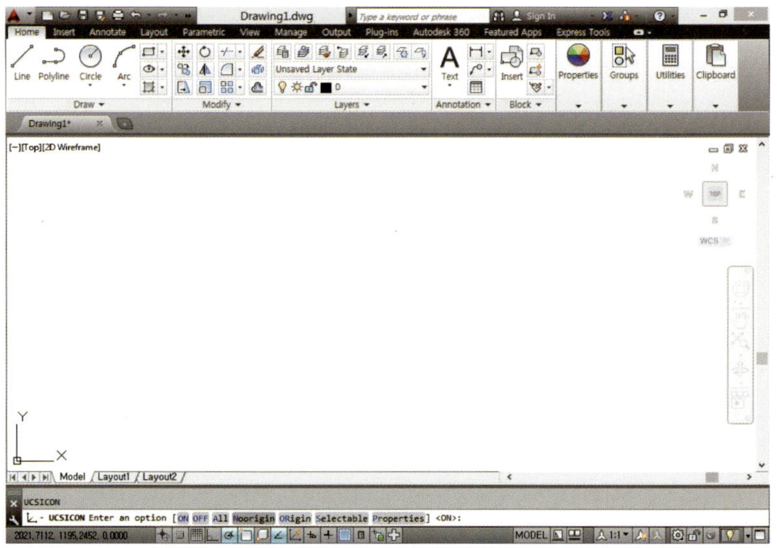

▲ Noorigin 설정으로 왼쪽 하단에 UCS 아이콘이 고정된 모습

01. 명령 입력창에 'UCSICON'을 입력한 후 **Enter**를 누릅니다.

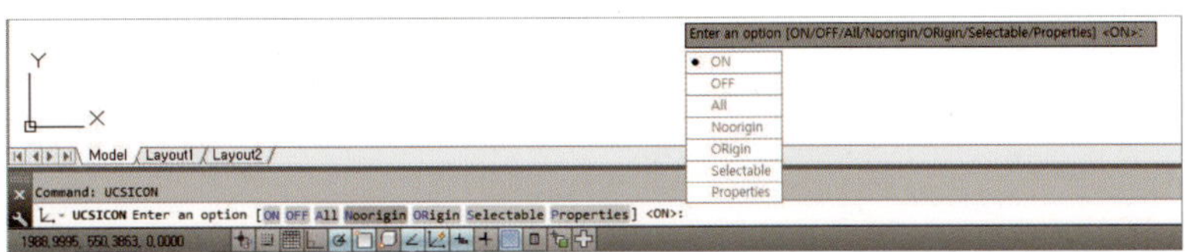

02. 옵션에서 'Noorigin'을 선택합니다.

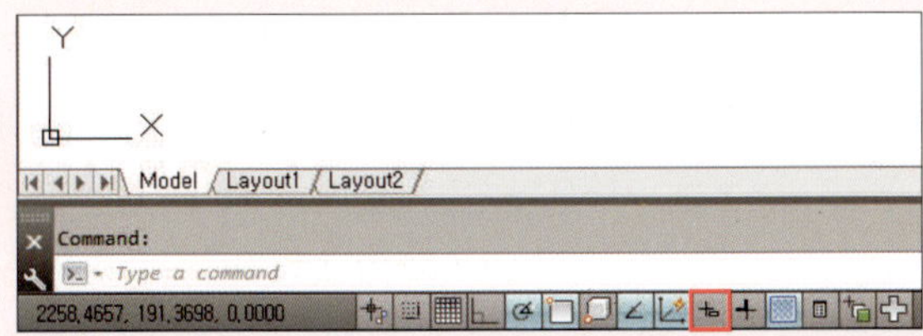

TIP 명령 입력창에서 바로 **Noorigin**을 클릭하거나, 옵션 이미지 창에서 [Noorigin]을 선택하면 됩니다. 툴 팁(ToolTip)이 나타나는 이유는 [Dynamic Input]( )이 제도 상태키(Drawing Status Toggles)에서 켜져 있기 때문입니다. 이 창이 나타나는 것을 원치 않으면 **F12**나 제도 상태키에서 켜져 있는 아이콘을 다시 클릭하여 끌 수 있습니다( ).

TIP UCSICON 옵션에서 Properties를 선택하면 UCS 아이콘에 대한 스타일, 색상, 사이즈 등에 관한 환경 설정을 아래와 같이 변경할 수 있습니다.

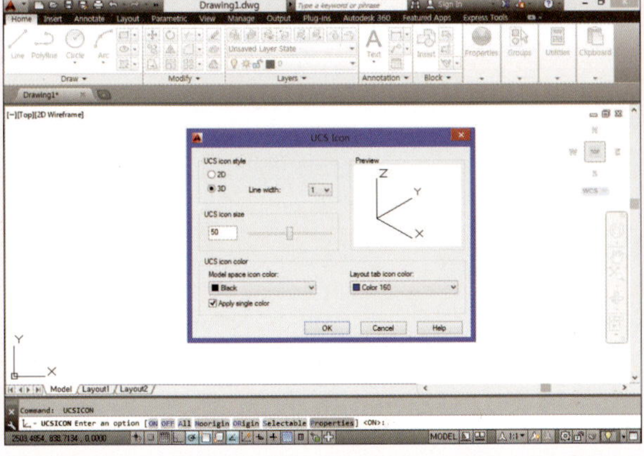

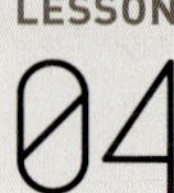

LESSON 04

제도 상태 키 이해하고 설정하기

이곳에서는 도면을 그리는 것에 있어서 객체 선택 및 여러 가지 편리한 기능을 더해주는 [SNAP], [GRID], [OS-NAP], [OTRAK], 그리고 [ORTHO] 모드와 같은 환경 설정을 할 수 있습니다.

● **학습 목표**

드로잉 작업을 편리하게 하기 위하여 Application Status Bar에 있는 제도 상태 키(Drafting Status toggles) 설정 방법 및 드로잉 환경 설정(Drafting Settings) 기능을 익힙니다.

아이콘과 텍스트 버튼 방식 이해하고 설정하기

아이콘은 필요한 기능에 따라 식별하기 힘들고 찾는 데 늦어지는 단점이 있습니다. 그렇기 때문에 아이콘에서 텍스트로 설정을 바꿔서 드로잉 상태를 쉽게 알아 볼 수 있도록 합니다.

▲ 아이콘 형태

INFER	SNAP	GRID	ORTHO	POLAR	OSNAP	3DOSNAP	OTRACK	DUCS	DYN	LWT	TPY	QP	SC	AM

▲ 텍스트 형태

❶ 아이콘 형태를 텍스트 형태로 변경하기

01. 아래의 제도 상태 키 위에 마우스 커서를 위치시킨 후 마우스 오른쪽 버튼을 클릭합니다.

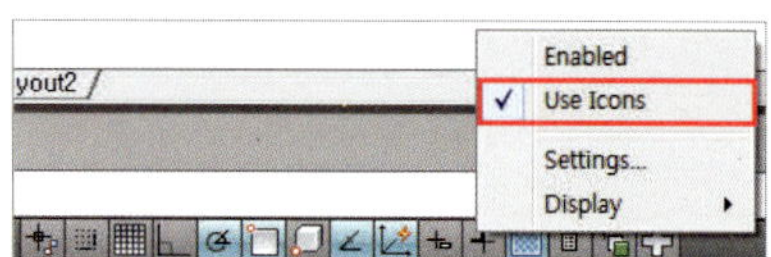

02. [Use Icons]의 체크 유무에 따라 형태를 변경할 수 있습니다.

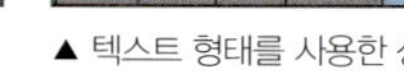

▲ 아이콘 형태를 사용한 상태   ▲ 텍스트 형태를 사용한 상태

03. 필요한 아이콘 버튼을 클릭하여 활성화합니다.

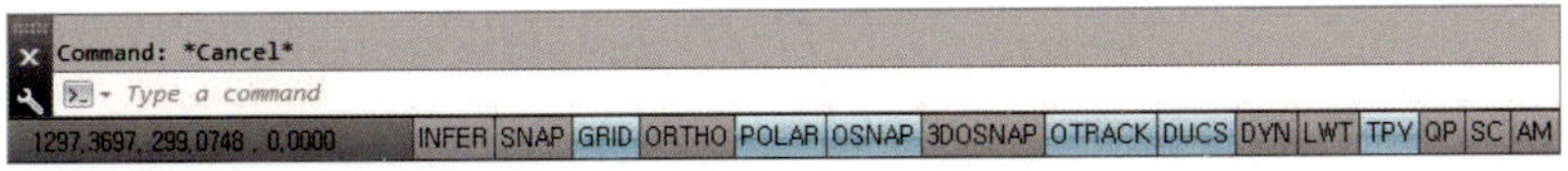

▲ 초기화 상태

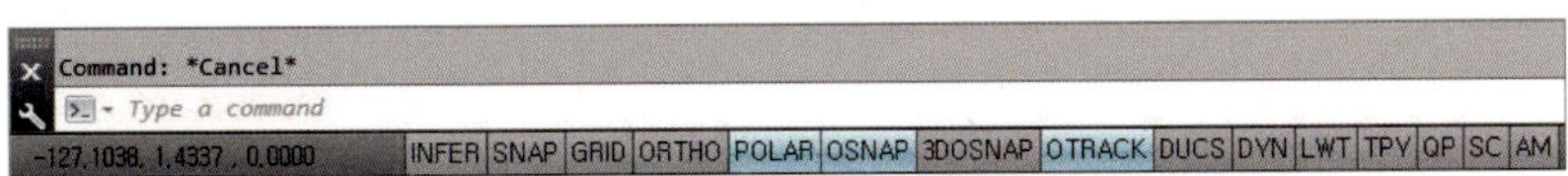

▲ 자신이 원하는 설정으로 바꾼 상태

❷ 드로잉 상태 아이콘(Drafting Status Icons)의 분석 및 기능 설명

- INFER(⊞/INFER) : 제한시켜 수정하는 툴

- SNAP(▥/SNAP) : 일정 지정한 간격으로 선을 그리도록 설정하는 툴

- GRID(▦/GRID) : 현재 화면에 그리드를 보여주는 툴

- ORTHO(∟/ORTHO) : 90도 각도로만 선의 방향을 가도록 지정해 주는 툴

- POLAR(⊕/POLAR) : 그리는 선의 각도를 설정하는 툴

- OSNAP(□/OSNAP) : 객체의 특정 지점을 선택할 수 있도록 도와주는 툴

- 3DOSNAP(▣/3DOSNAP) : 3D 객체의 특정 지점을 찾아주는 툴

- OTRACK(∠/OTRACK) : 선택한 각도를 따라 추적하여 선을 그리거나, 선택할 수 있도록 도와주는 툴

- DUCS(▨/DUCS) : 다이나믹 UCS(User Coordinate System)

- DYN(⊞/DYN) : 명령어를 작업 화면에서 나타내 주는 툴

- LWT(➕/LWT) : 설정했던 레이어의 선 두께를 작업 화면에 보여주는 툴

- TPY(▨/TPY) : 삽입한 이미지의 투명도를 보여주는 툴

- QP(□/QP) : 객체를 선택하면 Quick Palettes가 작업 화면에 나타나는 툴

- SC(▣/SC) : 섹션 싸이클링

- AM(✚/AM) : 어노테이션 모니터

[POLAR], [OSNAP], [OTRACK] 모드를 알아보기 전에 다음과 같은 질문이 생길 것입니다. '질문 : 왜 [POLAR], [OSNAP], [OTRACK] 모드를 활성화해야 하나요? 그들의 기능은 무엇일까요?, 답변 : 세 가지 모드를 활성화해야만 도면을 정확히 그릴 수 있습니다.'

■ OSNAP의 기능 설명과 설정 방법

[OSNAP]은 의도적으로 꺼두지 않는 이상 항상 사용됩니다. 그만큼 중요하다고 할 수 있습니다. [OSNAP]의 기능은 객체의 특정 지점을 선택할 수 있도록 도와주며 [Drafting Settings] 대화상자의 [Object Snap] 탭에서 설정할 수 있습니다.

01. 텍스트 형태의 [OSNAP]에서 마우스 오른쪽 버튼을 클릭한 후 [Settings]를 선택합니다.

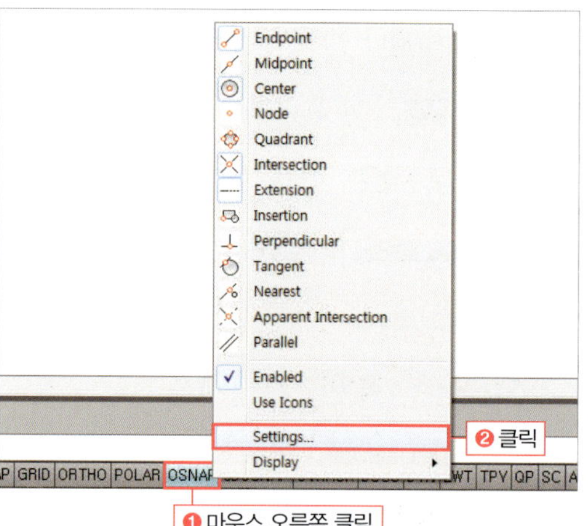

02. [Drafting Settings] 대화상자의 [Object Snap] 탭에서 그림과 같이 설정합니다.

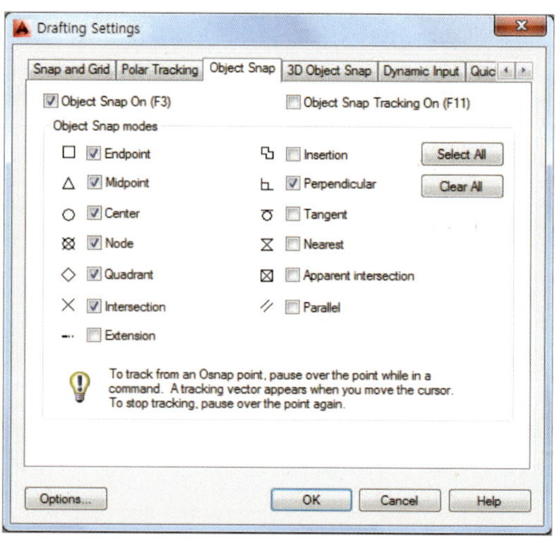

TIP 다른 [OSNAP] 모드를 선택할 수도 있지만 본 도서에서는 [Nearest] 선택을 권장하지 않습니다. 말 그대로, 가까운 부분을 선택할 수 있도록 도와 줍니다.

■ POLAR의 기능 설명과 설정 방법

한글로 '폴러얼', 영어로 'Polar'은 어휘의 뜻이 각도와 연관이 있습니다. [POLAR]의
기능은 선의 방향, 즉 각도를 설정할 수 있습니다. [POLAR] 아이콘을 마우스 오른쪽
버튼으로 클릭하면 90도, 45도, 30도 등의 각도 항목이 나타납니다. 초기화 자동 설
정 각도는 90도이며, 원하는 각도로 바꿀 수도 있습니다. 45도로 바꾸면 45도는 물
론 90도까지 사용이 가능합니다.

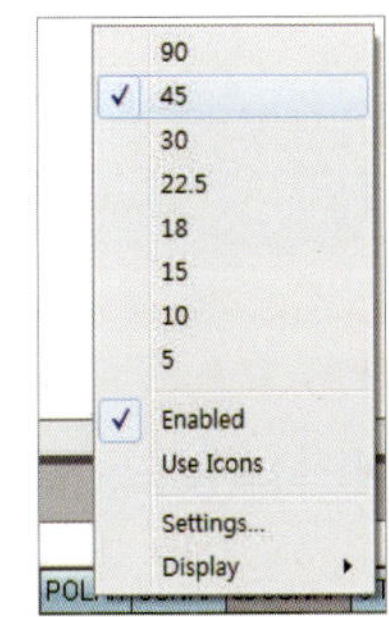

> **TIP ORTHO와 다른 점**
>
> 오랫동안 AutoCAD를 사용해본 결과 실무와 교육 모두 가장 많이 쓰는 것은 'Polar 45도' 모드 혹은 [ORTHO](90각도) 모드입니다. 애석하게도 [OR-THO]와 [POLAR] 모드를 함께 사용하지 못합니다. [ORTHO]는 90도 수직, 수평을 그릴 때 장점이 있지만, 45도 각도를 쓸 수 있는 [POLAR]를 이용하면 90도 수직, 수평은 물론, Mirror, Rotation 명령을 수행할 때 유용한 점이 있음으로 'Polar 45도' 설정 모드를 추천합니다.

45도 외에 다른 각도를 더 추가하고 싶으면, 다음과 같은 방법을 사용합니다.

01. 텍스트 형태의 [POLAR]를 마우스 오른쪽 버튼으로 클릭한 후 [Settings]를 선택하여 [Drafting Settings] 대화상자
를 불러옵니다.

02. [Polar Tracking] 대화상자가 나타나면 [Additional Angles]를 체크하고 [New] 버튼을 클릭한 후 추가할 각도를 입
력합니다.

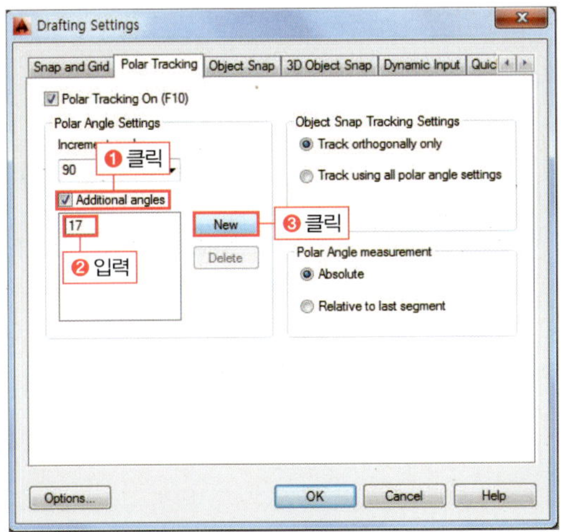

03. 다시 텍스트 형태의 [POLAR]를 마우스 오른쪽 버튼으로 클릭한하면 추가한 각도가 나타 나는 것을 확인할 수 있습니다.

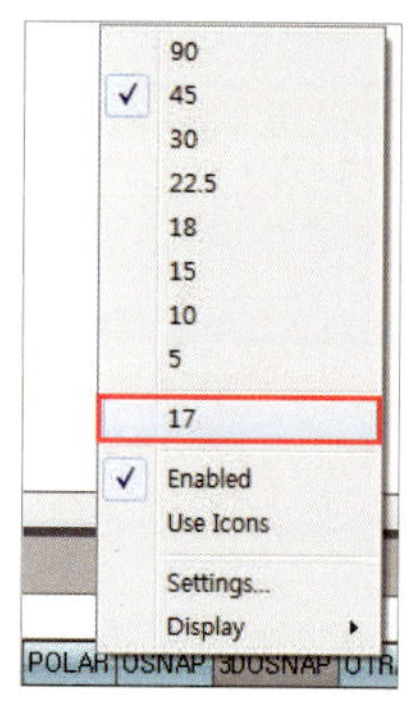

■ OTRACK의 기능 설명과 설정 방법

[OTRACK]은 [POLAR]의 각도와 [OSNAP] 설정에 따라 선을 그릴 수 있도록 도와주는 모드입니다. 도 면을 그릴 시 불필요한 보조선 없이 선을 맞춰준다는 점에서 익숙해 졌다면 작업 시간을 단축시켜주는 유용한 툴이기도 합니다.

01. 특정 지정에 마우스 커서를 위치시킵니다. 절대 클릭해서는 안 됩니다.

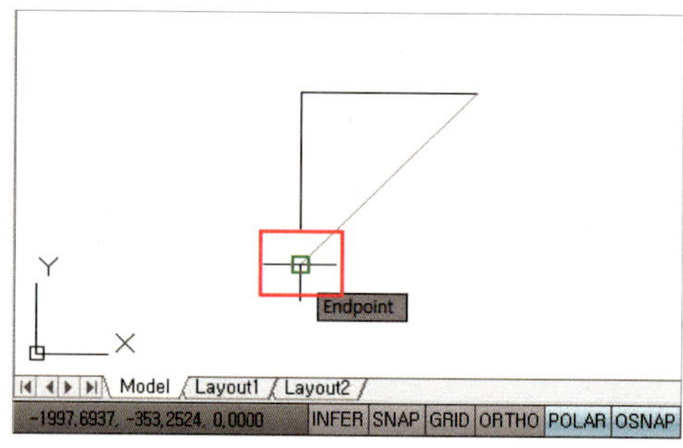

02. 점선의 [OSNAP] 표시과 녹색 보조선을 따라 원하는 방향으 로 이동합니다.

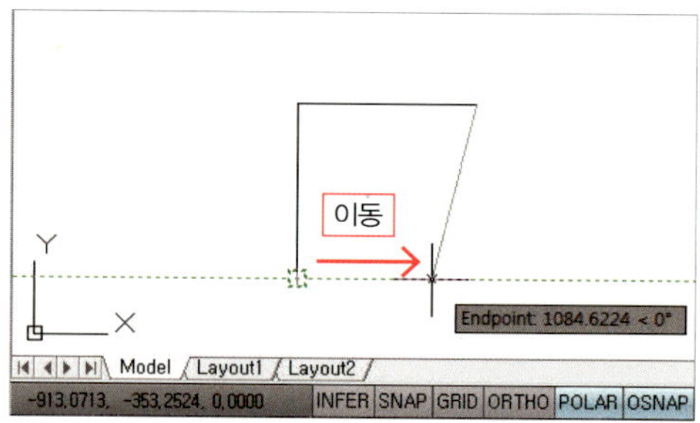

03. 교차점에서 마우스 커서가 순간 멈춤을 느끼면 그 점을 클릭 하여 선을 그립니다.

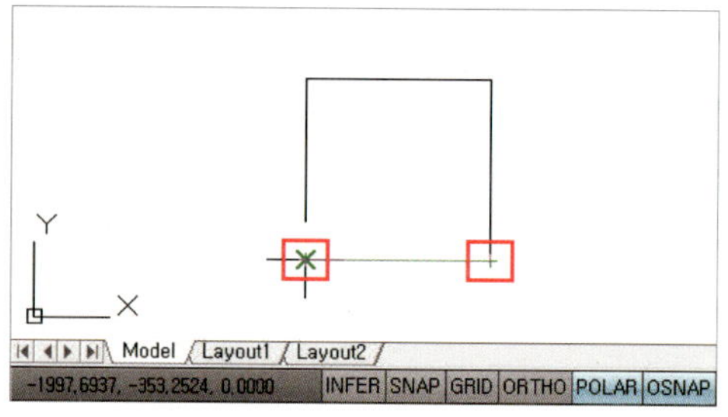

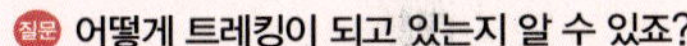 **어떻게 트레킹이 되고 있는지 알 수 있죠?**

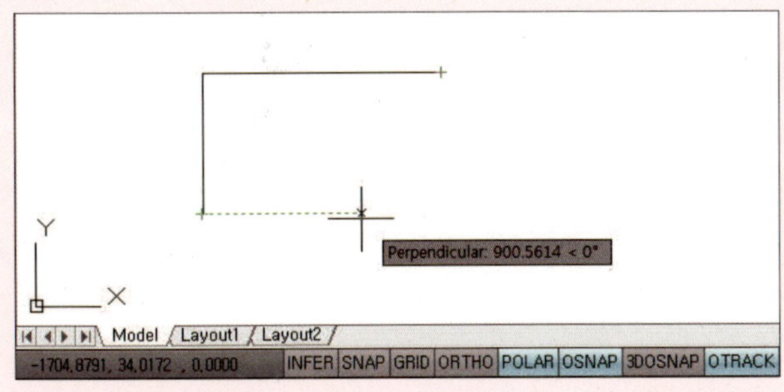 녹색 점선이 사라지지 않고 있다면 Object Tracking이 되고 있다는 걸 알 수 있습니다.

LESSON 05
두 가지 도면 공간인 모델 공간(Model Space)과 배치 공간(Paper Space) 이해하기

AutoCAD는 도면을 그리는 모델 공간과 이를 프린트하는 배치 공간으로 구분할 수 있습니다. 이번 Lesson을 통하여 두 가지 공간에 대해 알아봅니다.

● **학습 목표**

AutoCAD에서 두 가지 공간의 이해를 바탕으로 자신이 원하는 작업 환경으로 변경 및 수정을 자유자재로 할 수 있도록 합니다.

● **학습에 필요한 단축 명령어**

MS : Model Space

PS : Paper Space

OP : Options

모델 공간과 배치 공간 이해하기

AutoCAD에는 두 가지 공간, 모델 공간(Model Space)과 배치 공간(Paper Space)이 있습니다. 이 두 가지 공간은 전혀 다른 공간입니다. 모델 공간은 실제 설계되는 공간을 뜻하며 실제 스케일이 쓰이는 반면, 배치 공간은 프린트를 위한 공간이며 뷰포트(Viewports)를 통해 모델 공간에 그린 도면을 배치 공간으로 가져오게 됩니다.

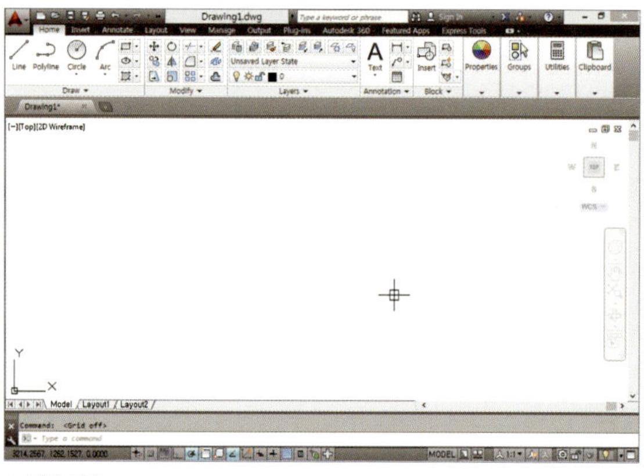

▲ 모델 공간

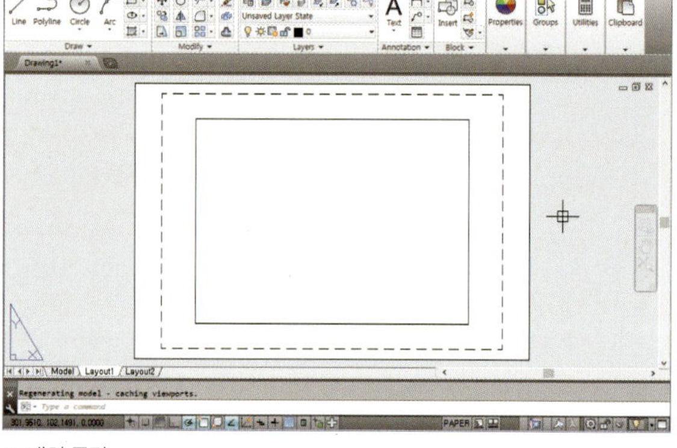

▲ 배치 공간

만약 평면도를 1:100 크기로 출력한다면, 1:100 크기의 뷰포트(Viewports)를 모델 공간(Paper Space)에서 만들어 도면을 가져 와야 합니다. 그리고 불러온 뷰포트에 원하는 크기에 해당되는 어노테이션 크기(Annotation scales)를 적용합니다. 아래의 그림은 두 개의 다른 공간을 설명하고 있습니다.

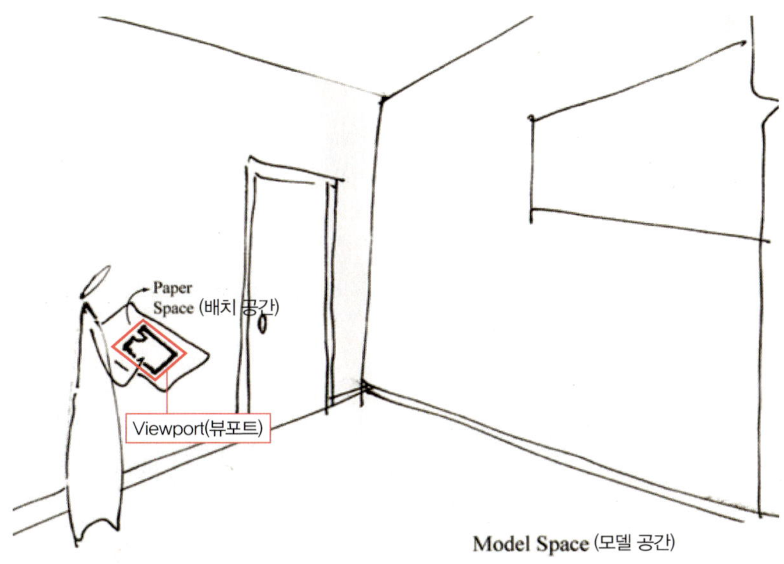

한 학생이 스케치북 위에 자신의 교실을 실측하여 그리고 있음을 상상해 보세요.

1. 교실은 현실에서 존재하는 공간 → 모델 공간

2. 스케치북 → 배치 공간

3. 실제 교실을 스케치북에 그려서 옮겨놓음 → 뷰포트

모델 공간(현실)에서 그려지는 교실의 문의 실제 넓이 900mm이지만, 배치 공간(스케치북)에서 동일한 900mm로 그릴 수 없습니다.

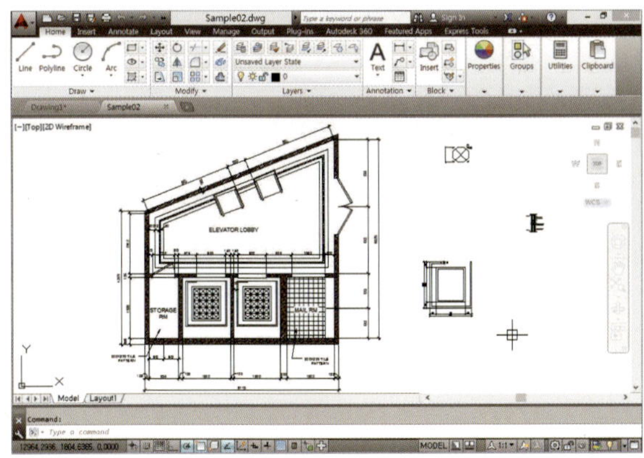

▲ 모델 공간에서의 도면 구성

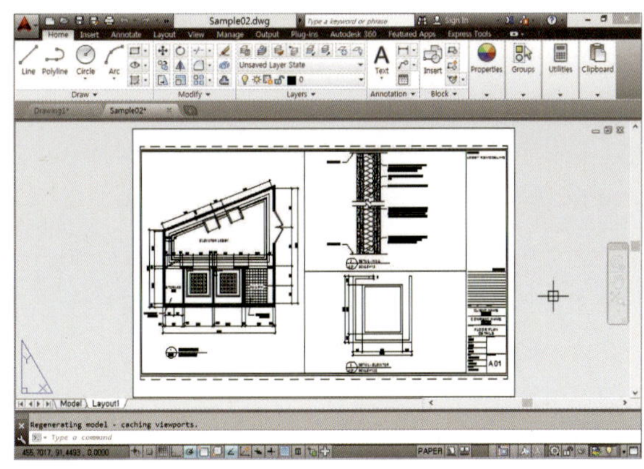

▲ 배치 공간에서의 도면 구성

새로운 파일을 열면 아래 'Model'과 'Layout1', 'Layout2'를 볼 수 있습니다. 이것은 AutoCAD의 초기화 환경 설정 때 임의로 정해주는 배치 공간의 이름 이며, 빠른 보기 도구(Layout Tab)를 통해 텍스트 버튼에 왼쪽 마우스로 클 릭하면 두 공간 이동 및 접속할 수 있습니다.

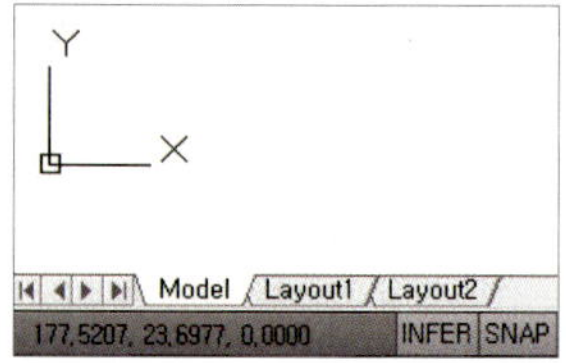

모델 공간과 배치 공간의 배경 색상을 자신이 원하는 대로 변경 가능합니다. 특히 배치 공간에서 흰색 배 경이 위치 선정 및 객체 선택이나 선 색상이 눈이 피로하게 느껴진다면, 검은색으로 바꿔도 무방합니다.

■ 모델 공간의 배경 색상 바꾸기

모델 공간의 배경 색상을 자유자재로 변경 할 수 있도록 따라하기를 통해 학습합니다.

01. 모델 공간에서 옵션(Options)의 단축 명령어 'Op'를 명령 입력창에 입력합니다.

02. [Options] 대화상자가 나타나면 [Display] 탭에 서 [Window Element]의 [Colors] 버튼을 클릭합니다.

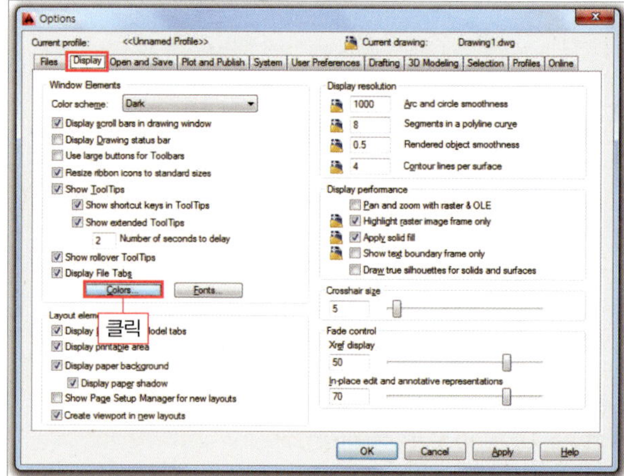

03. [Drawing Window Colors] 대화상자가 나타나면 [Color]에서 원하는 배경색을 선택한 후 [Apply & Close] 버튼을 클릭합니다.

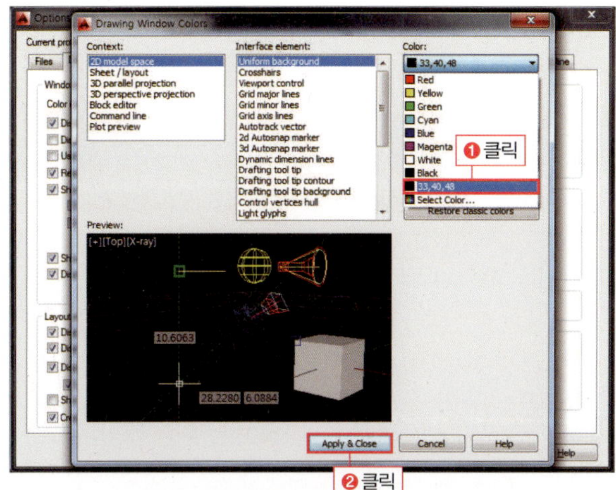

04. 다시 [Options] 대화상자로 돌아오면 [OK] 버튼을 클릭합니다. 배경 화면이 선택한 색상으로 변경된 것을 확인할 수 있습니다.

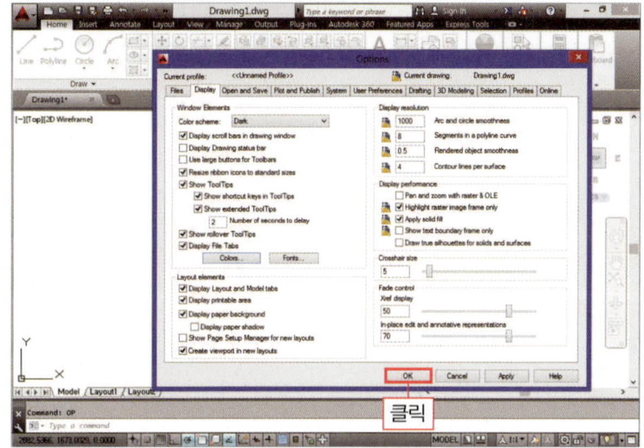

배치 공간의 배경 색상 바꾸기

01. 빠른 보기 도구에서 [Layout1]을 클릭하여 배치 공간으로 이동합니다. 옵션(Options)의 단축 명령어 'Op'를 명령 입력창에 입력한 후 **Enter** 를 누릅니다.

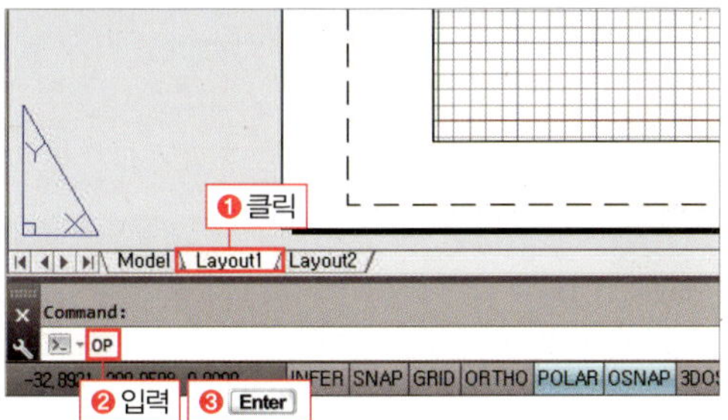

02. 앞선 따라하기와 같이 [Options] 대화상자의 [Display] 탭에서 [Colors] 버튼을 클릭합니다.

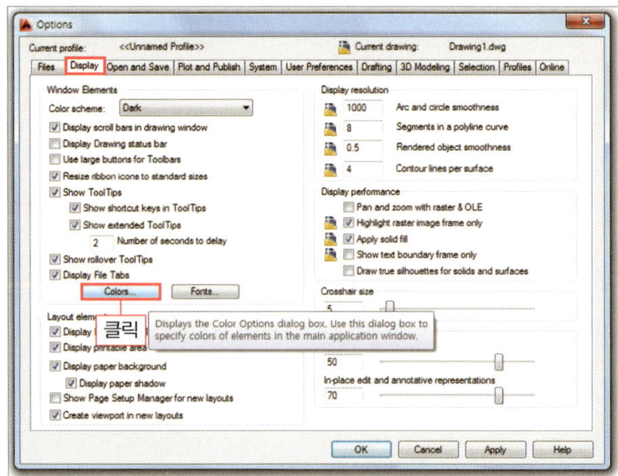

03. 흰색으로 설정되어 있는 배치 공간의 배경색을 검은색(Black)으로 설정한 후 [Apply & Close] 버튼을 클릭합니다.

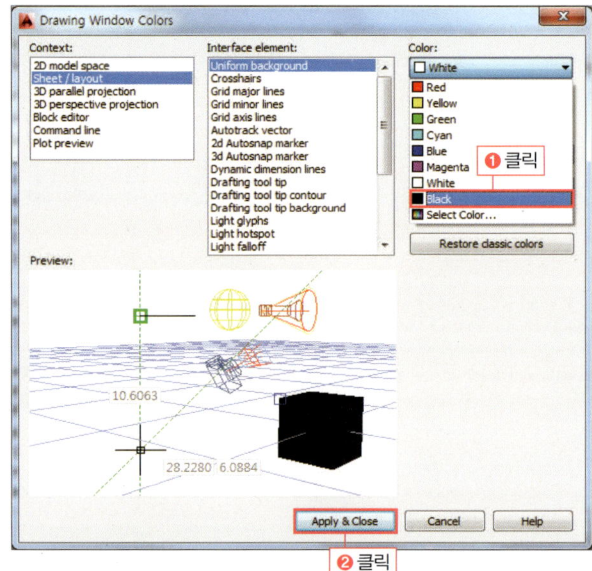

04. 다시 [Options] 대화상자에서 [OK] 버튼을 클릭하면, 배치 공간이 검은색으로 변경된 것을 확인할 수 있습니다.

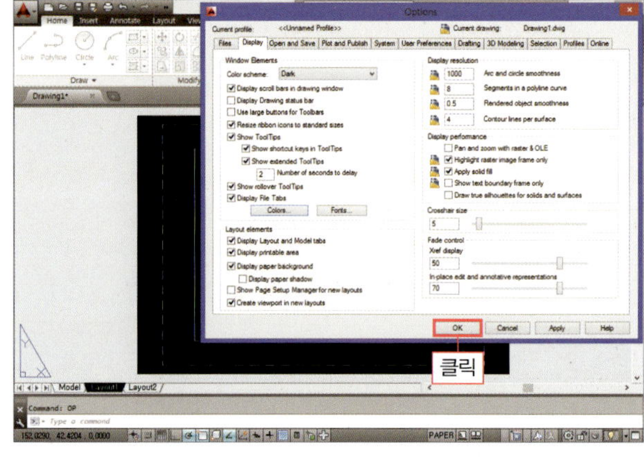

 프린트 영역 경계선 밖의 공간까지 검은색으로 바꾸고 싶다면 [Options] 대화상자의 [Display] 탭에서 [Layout elements]에 있는 [Display paper background]를 체크하지 않고 [OK] 버튼을 클릭합니다.

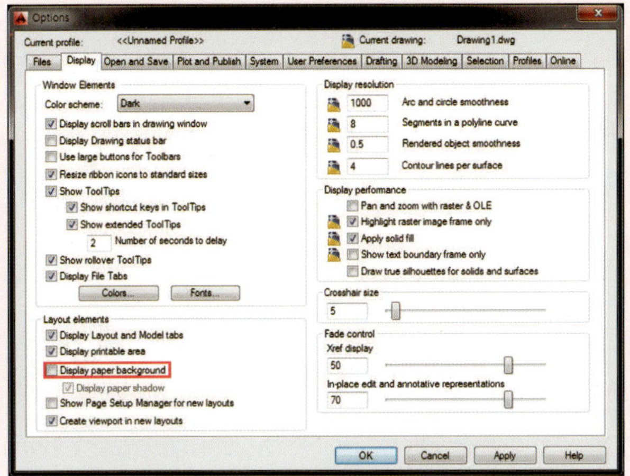

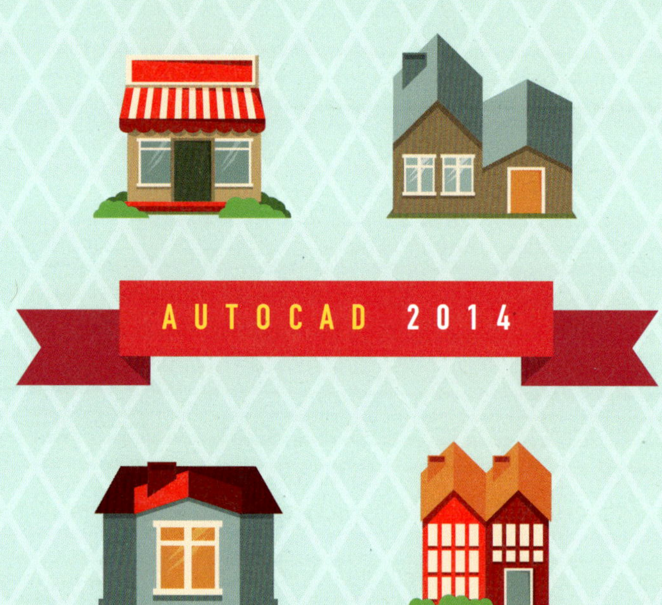
AUTOCAD 2014

CHAPTER 03

설계 도면에 기본이 되는 도형 그리기

도형 그리기에 필요한 기본적인 좌표계의 이해와 더불어 기본 명령어를 익혀 도면을 그리는 방법을 알아봅니다. 그리하여 도면 그리기를 위한 여러 구성 요소와 명령어들을 이해하고 바르게 그리는 방법을 습득하게 될 것입니다.

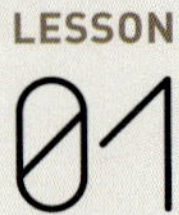

LESSON 01 좌표계 이해하기

좌표는 X축과 Y축이 만나는 지점을 뜻하며 직교 좌표와 극 좌표로 나누어집니다. 두 가지 좌표는 절대적(Absolute)인 영역과 상대적(Relative)인 영역으로 설명할 수 있습니다. 이러한 좌표 종류에 관한 기본 이해와 언제 그리고 어디서 좌표의 종류와 특징이 사용되는지를 알면 효율적인 드로잉을 할 수 있습니다.

● 학습 목표

AutoCAD에서 좌표가 어떻게 적용되는지를 이해하면 프로그램을 효율적으로 다루는 데 있어서 큰 도움이 됩니다. 만약 좌표와 좌표계에 익숙하지 않다면 이곳에서 기본 원리를 이해하도록 합니다.

직교 좌표계(Cartesian coordinates System)

직교 좌표계는 좌표계의 기본 체계입니다. 한 지점의 위치가 X축과 Y축의 교차점(직교점)에서 측정됩니다. 예를 들어, 한 지점이 X축으로 5mm, Y축으로 5mm의 교차점에 있다면 지점을 '3mm, 5mm'라고 설명하면 되는 것입니다.

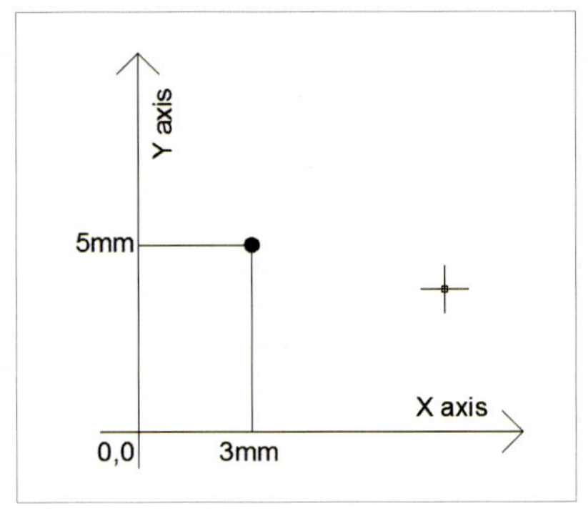

위의 예처럼 처음 3mm은 X축에 있습니다. 왜냐하면 X축선에 따라 그 거리가 측정되기 때문입니다. 두 번째의 5mm는 Y축에 따라 거리가 측정되므로 Y축에 있다고 할 수 있습니다. 그러므로 X축과 Y축의 값은 원점(좌표에서 0,0 지점)으로부터 직교로 교차되는 두 선으로 이루어집니다.

-X좌표 값(음수)은 Y축 왼쪽에서, -Y좌표(음수)값은 X축 아래에서 됩니다. 모든 좌표(-X축, -Y축)의 음수 값은 사분면의 왼쪽 아래쪽이고, 양수(+X, +Y)좌표 값은 사분면의 오른쪽 상단 부분에 위치합니다.

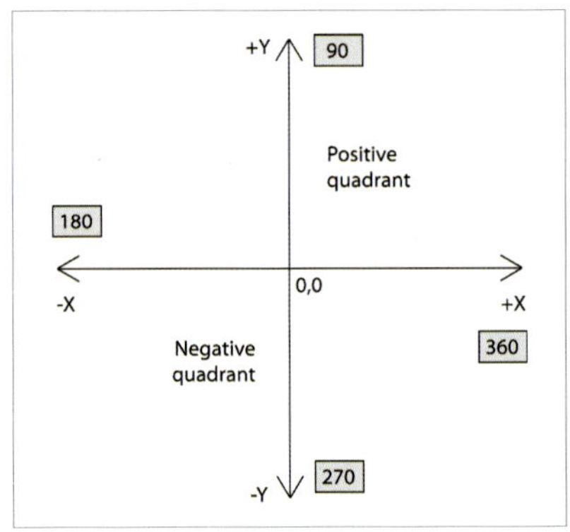

❶ 직교 좌표로 선 그리기

01. 명령 입력창에 'Line'을 입력한 후 **Enter** 를 누르고 바로 '1,2'를 입력합니다.

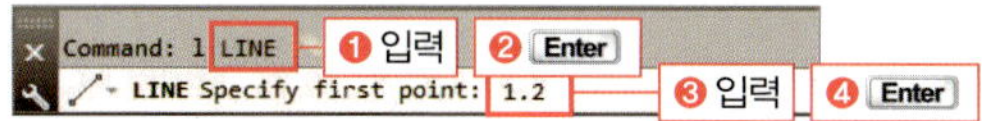

02. 다시 '5,4'를 입력하고 **Enter** 를 누릅니다.

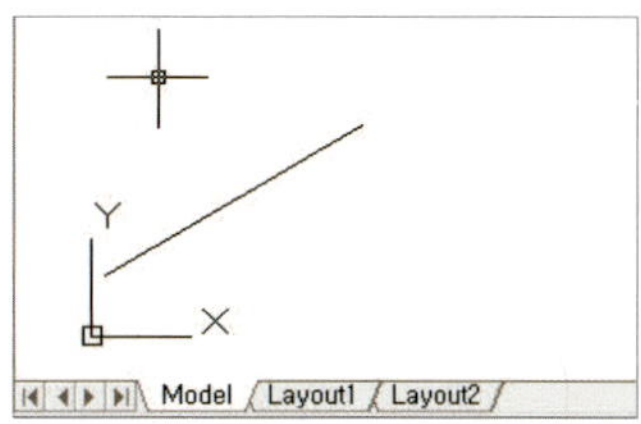

▌ 극 좌표계(Polar Co-ordinates System)

극 좌표에서는 원점을 기준으로 하나의 각도와 하나의 거리만 있으면 거리 측정이 이루어집니다. 이러한 결과 3〈60에서 '3'은 거리, '60'은 각도를 뜻합니다. 극 좌표에서 기호 '〈'는 수학적 기호인 '~미만'과 같습니다. **Shift** 를 누른 상태에서 콤마 "," 키(한/영 키 바로 우측 위)를 누르면 볼 수 있습니다.

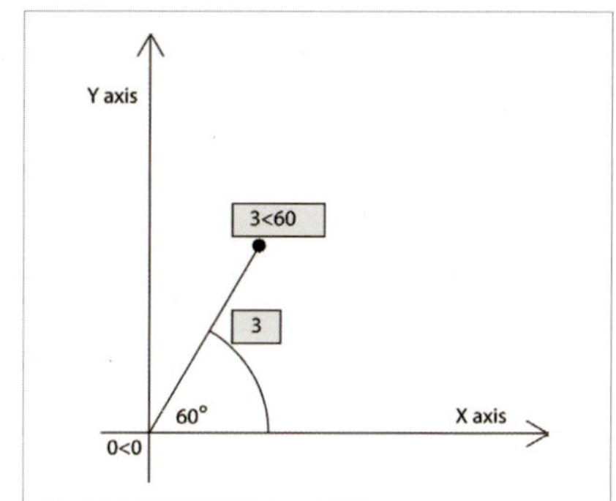

AutoCAD의 각도는 3시 방향(X축의 양수 선 상)에서 시작해서 시계 반대 방향으로 각도가 커집니다. 사용자의 각도를 정의하는 방향에 따라서는 음각을 사용할 수 있습니다(330 각도의 위치를 나타낼 때 −30 각도의 값과 동일함).

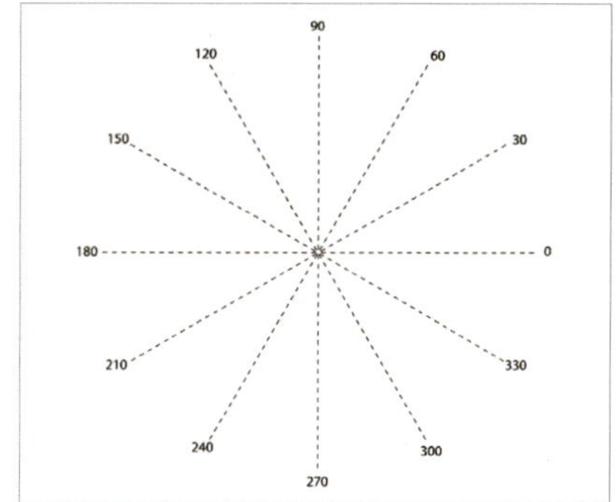

직교 좌표와 극 좌표는 절대적 영역과 상대적 영역에서 나왔습니다. 영역은 아주 간단합니다. 절대 좌표는 X축, Y축, 그리고 현재 좌표계의 원점(0,0)과 관련되어 있으며, 상대 좌표는 현 지점과 관련이 있습니다. 상대 좌표는 절대 좌표와 달리 'at' 심볼인 '@'이 필요합니다. 위의 두 가지 예에서 언급한 직교 좌표와 극 좌표 표시법에 '@'을 붙이면, 상대 직교 좌표는 '@3,5'가 되고 상대 극 좌표는 '@3⟨60'이 되는 거라고 할 수 있습니다. 상대 좌표는 객체의 크기를 그릴 때 아주 유용하게 쓰입니다.

❶ 좌표 표시법

절대 직교 좌표: 3,5 / 상대 직교 좌표: @3,5
절대 극 좌표: 3⟨60 / 상대 극 좌표: @3⟨60

❷ 절대 직교 좌표로 도형 그리기(X,Y)

완성 파일 : Part 01/Chapter 03/Sample01.dwg

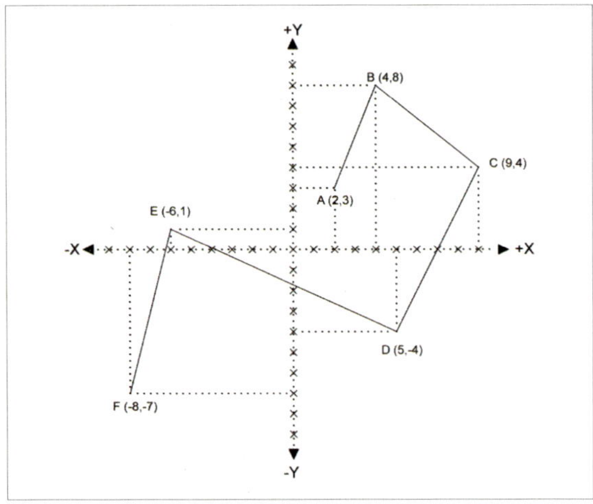

① 명령 입력창 : L(LINE) **Enter**

② A시작점 : 2,3 **Enter** (보이지 않을 때 마우스 포인터를 이용하여 확대시킨 후 시작점을 찾습니다.)

③ B지점 : 4,8 **Enter**

④ C지점 : 9,4 **Enter**

⑤ D지점 : 5,-4 **Enter**

⑥ E지점 : -6,1 **Enter**

⑦ F끝점 : -8,-7 **Enter**

⑧ **Enter** 를 누릅니다.

완성 파일 : Part 01/Chapter 03/Sample02.dwg

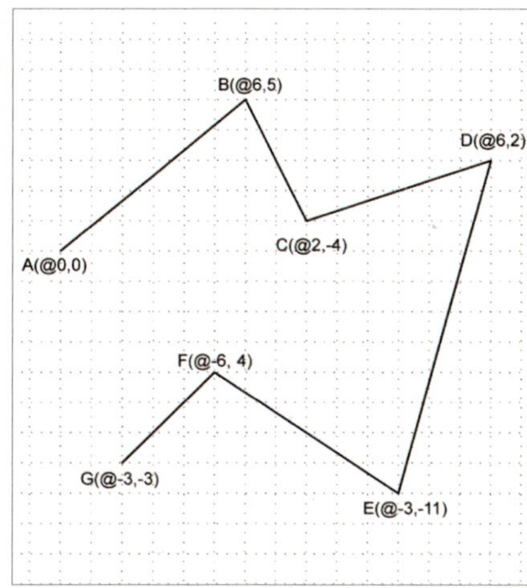

① 명령 입력창 : L(LINE) **Enter**

② A시작점 : 화면의 아무 곳에 시작점을 지정

③ B지점 : @6,5 **Enter**

④ C지점 : @2,–4 **Enter**

⑤ D지점 : @6,2 **Enter**

⑥ E지점 : @–3,–11 **Enter**

⑦ F지점 : @–6,4 **Enter**

⑧ G끝점 : @–3,–3 **Enter**

⑨ **Enter** 를 누릅니다.

❹ 절대 직교 극 좌표와 상대 직교 극 좌표로 사각 도형 그리기

완성 파일 : Part 01/Chapter 03/Sample03.dwg

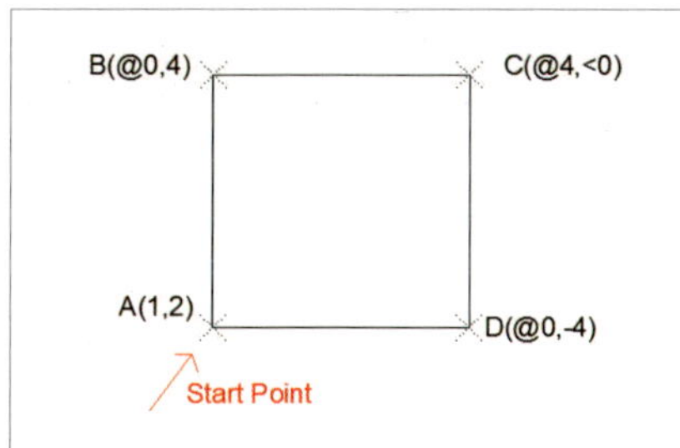

① 명령 입력창 : L(LINE) **Enter**

② A시작점 : 1,2 **Enter** (절대 직교 좌표)

③ B지점 : @0,4 **Enter** (상대 직교 좌표)

④ C지점 : @4<0 **Enter** (상대 극 좌표)

⑤ D지점 : @0,–4 **Enter** (상대 직교 좌표)

⑥ 명령 입력창 : C(Close: 닫기) **Enter**

LESSON 02 단순 도형 그리기 및 수정 명령 이해하기 

명령어를 이용하여 도면을 그리기 위한 기본적인 도형을 만들어보겠습니다.

● 학습 목표

단순 도형을 반복적으로 그리면서 필요한 수정 명령어들을 학습합니다.

● 학습에 필요한 단축 명령어

LIMITS : Limits   C : Circle

Z : Zoom   CO : Copy

L : Line   M : Move

REC : Rectangular   TR : Trim / EX : Extend / BR : Break

AR : Array   RO : Rotate

▌ 도형 그리기에 필요한 환경 설정하기

완성 파일 : Part 01/Chapter 03/Sample04.dwg

01. 새 파일을 열어 단위(Units)는 'Decimal'로 UCS 아이콘은 'Noorgin'으로 설정합니다.

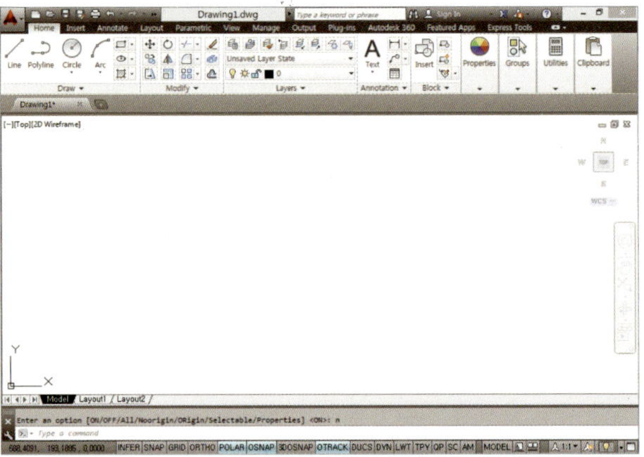

TIP Chapter 02 – Lesson 03 참조

02. [POLOR], [OSNAP], [OTRACK]을 활성화합니다.

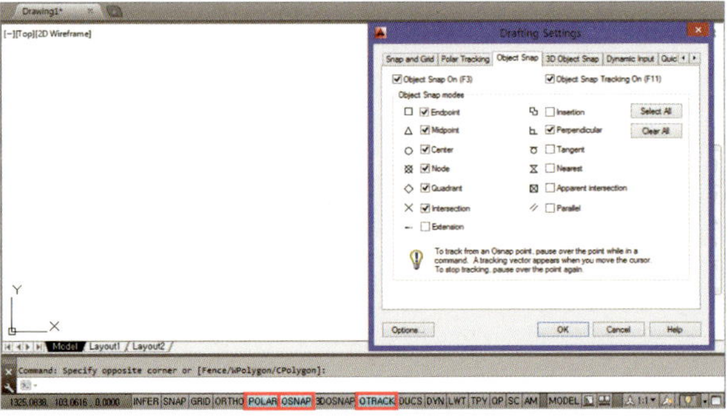

TIP Chapter 02 – Lesson 04 참조

03. 명령 입력창에 'Limits'를 입력합니다. [Lower Left corner]가 '0,0'인 것을 확인한 후 **Enter** 를 누릅니다.

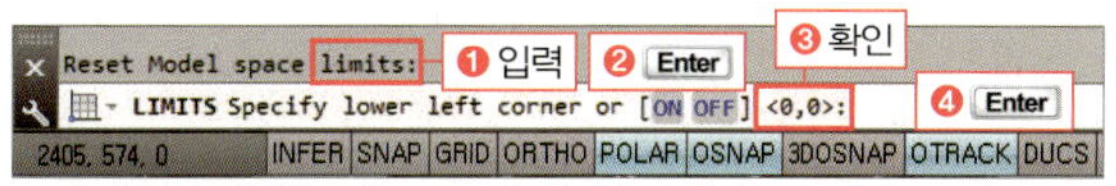

04. [upper corner]에 '15000,10000'을 입력한 후 **Enter** 를 누릅니다.

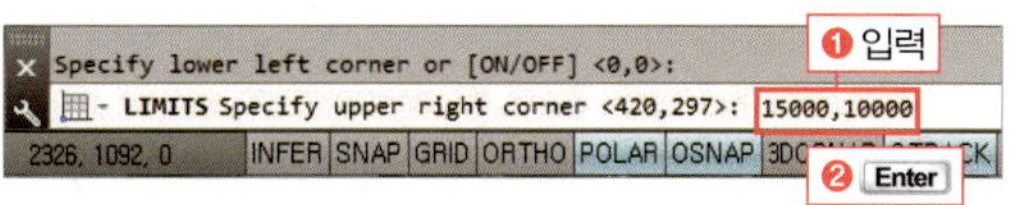

05. 'Z'(Zoom)를 입력한 후 **Enter**, 다시 'a'(all)를 입력하고 **Enter** 를 누릅니다. 전체 화면으로 이동한 것을 확인한 후 DWG 파일로 저장합니다.

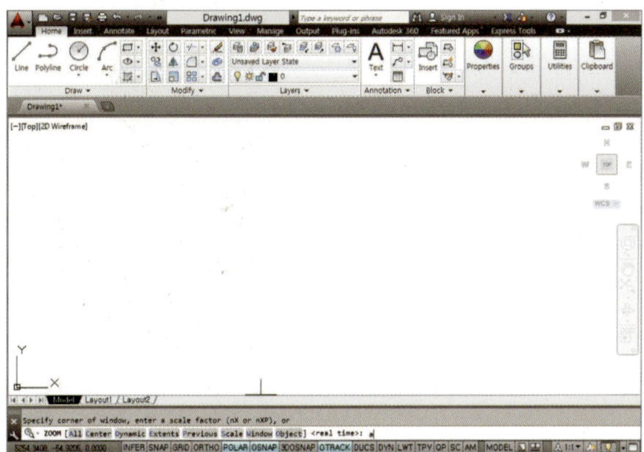

▲ 'z'와 'a' 입력한 모습

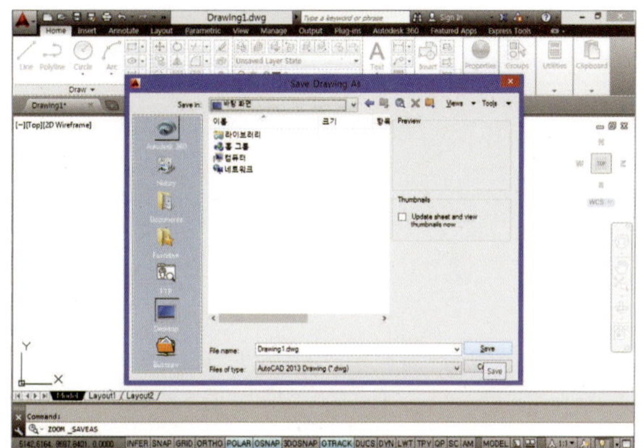

▲ 저장하는 모습

영역 선택하기(Blue Box, Green Box)

객체에서 수정하려고 하는 부분을 영역을 지정하여 한꺼번에 선택할 때 알아두어야 할 개념입니다. AutoCAD에서는 Green Box(우측 하단에서 좌측 상단, 우측 상단에서 좌측 하단)와 Blue Box(좌측 상단에서 우측 하단, 좌측 하단에서 우측 상단)로 아래처럼 영역을 지정할 수 있습니다.

- **Green Box(녹색 박스)** : 영역 안에 포함되거나 영역에 걸쳐있는 모든 객체가 선택됩니다.

- **Blue Box(푸른 박스)** : 영역 안에 완전히 포함되는 객체들만 선택됩니다.

객체를 그리다 보면 화면을 확대하거나 축소해야 할 경우가 생깁니다. 아래의 세 가지가 작업 중에 가장 자주 사용하는 축소 확대 기능을 익혀봅니다.

❶ 마우스 휠

마우스 중앙에 있는 휠을 안쪽으로 밀면 화면이 축소가 되고 바깥쪽으로 밀면 확대가 됩니다.

❷ 명령어 Zoom – All

주로 전체 드로잉을 화면에 모두 들어오게 하는 방법으로 작업 중에 가장 많이 사용하게 됩니다.

예제 파일 : Part 01/Chapter 03/Sample05.dwg

01. 예제 파일을 불러온 후 명령 입력창에 'Z'를 입력하고 [Enter]를 누릅니다.

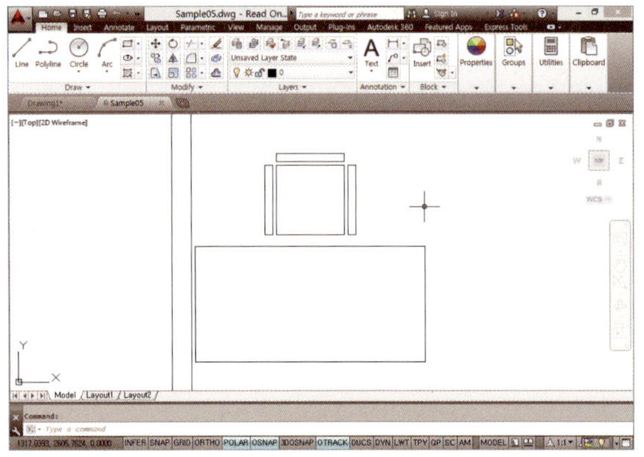

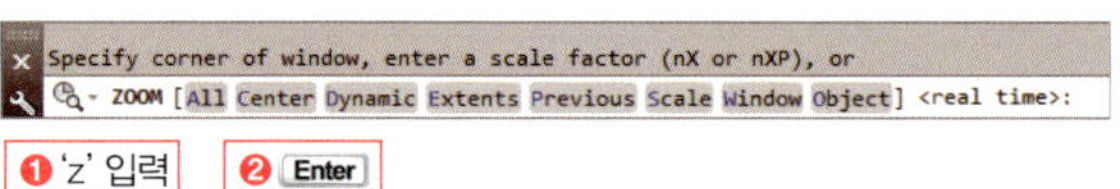

02. 옵션 선택 창에 'a'을 입력하고 [Enter]를 누르거나, 바로 [All]을 클릭합니다.

03. 그림과 같이 작업 화면 전체가 확대되는 것을 확인할 수 있습니다.

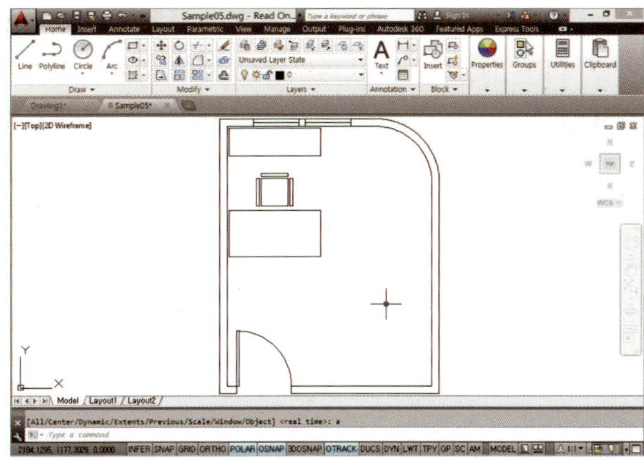

❸ 명령어 Zoom – Window

객체나 부분적으로 선택 영역을 확대할 때 사용하는 방법입니다.

예제 파일 : Part 01/Chapter 03/Sample06.dwg

01. 예제 파일을 불러온 후 명령 입력창에 'Z'를 입력하고 **Enter** 를 누릅니다.

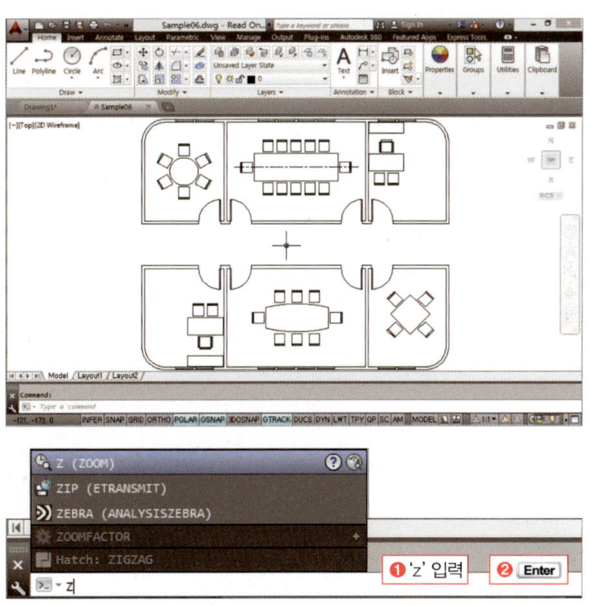

02. 옵션 선택 창에서 'w'를 입력한 후 **Enter** 를 누르거나 바로 [Window]를 클릭합니다.

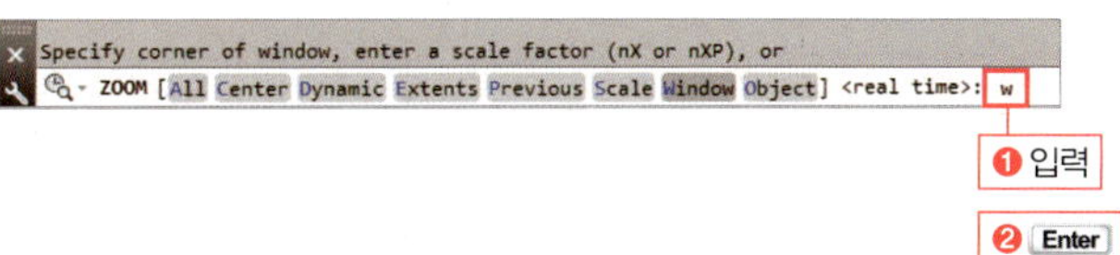

03. 예제 파일에서 확대할 영역을 드래그로 선택합니다.

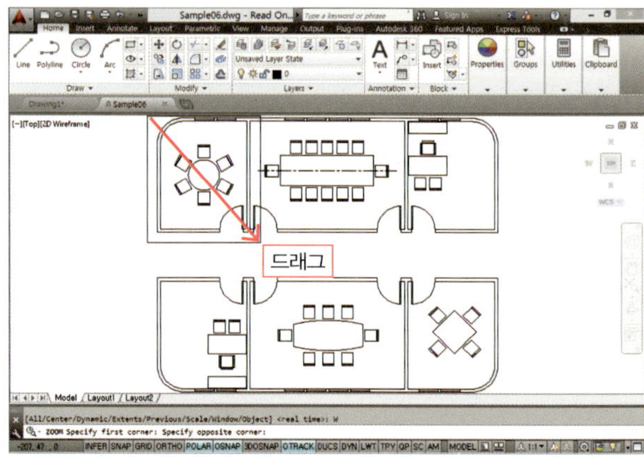

04. 지정한 영역만큼 확대되는 것을 확인할 수 있습니다.

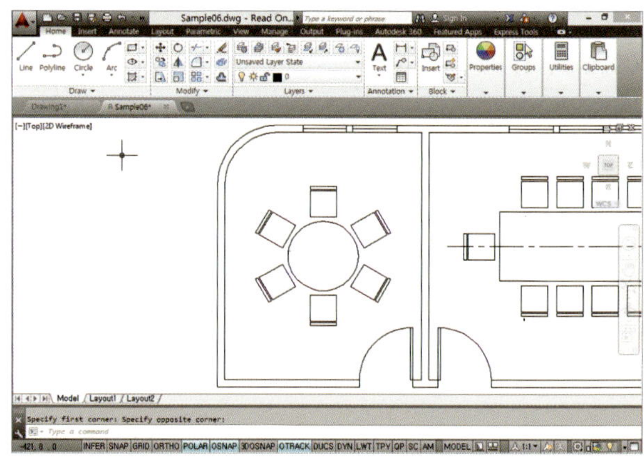

선(LINE)

선은 도형을 만들기 위한 기본 단위입니다. 선에서 가장 많이 사용하는 것은 각각의 모서리마다 끊어지는 일반 선(LINE)이 있고, 모서리를 연결해 주면서 그려지는 폴리선(PLINE: Polyline)이 있습니다.

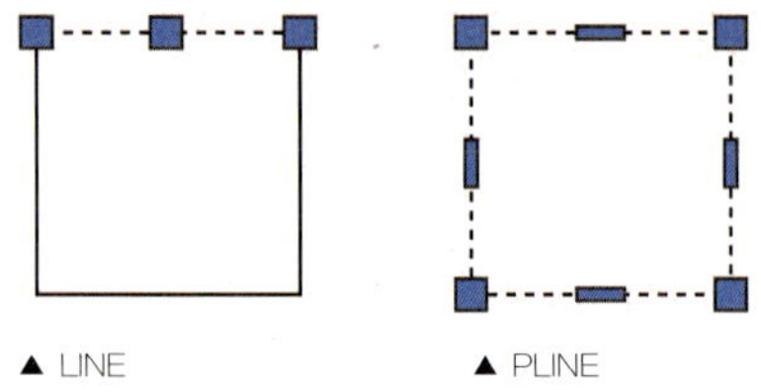

▲ LINE   ▲ PLINE

Line으로 사각형을 그린 경우 네 개의 선이 만나서 이루어지는 반면 Pline으로 그리면 하나의 객체인 사각형 형태가 됩니다.

❶ Line으로 도형(사각형)그리기

01. 예제 파일을 불러온 후 [Home]–[Draw] 패널에서 [Line]을 클릭합니다.

> **TIP** 명령 입력창에서 'L'을 입력하고 **Enter**를 눌러도 동일한 명령이 실행됩니다.

```
LINE
LINE Specify first point:
```

02. 시작점으로 화면에서 임의의 지점을 클릭합니다.

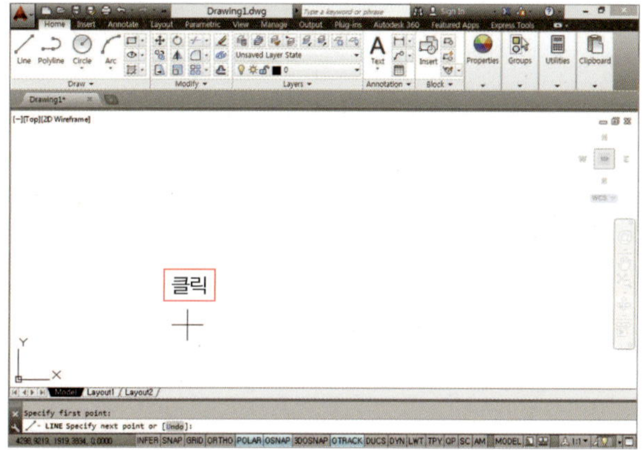

03. 선이 그어지기 원하는 방향(오른쪽)으로 마우스 포인터를 이동시킨 후 길이 값으로 '5000'을 입력하고 **Enter**를 누릅니다.

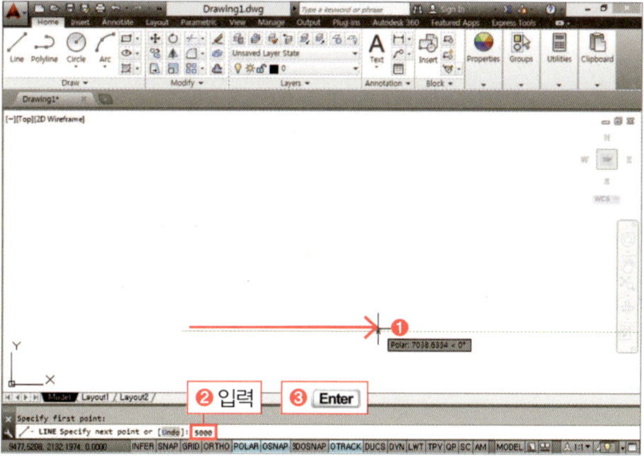

04. 다음 선의 방향(위쪽)으로 마우스 포인터를 움직인 후 '3000'을 입력하고 **Enter** 를 누릅니다.

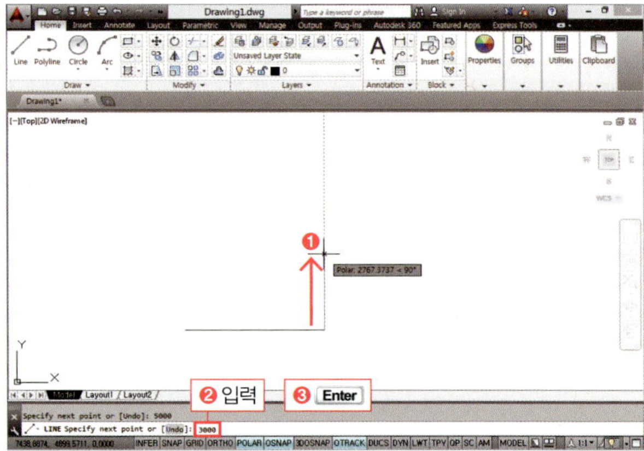

05. 대각선에 있는 Endpoint에 마우스 포인터를 위치시킵니다.

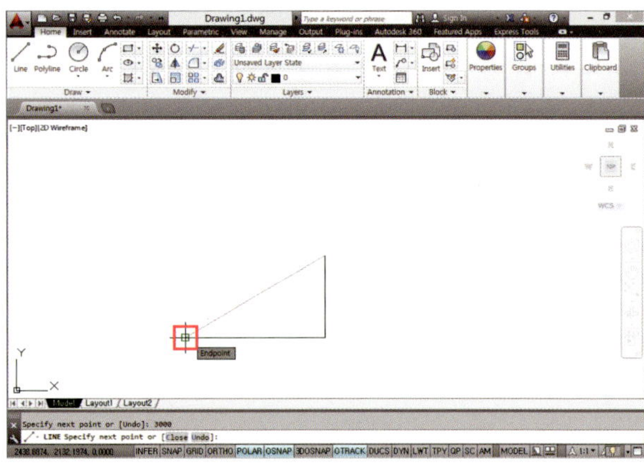

06. Otracking을 이용하여 교차점을 찾습니다.

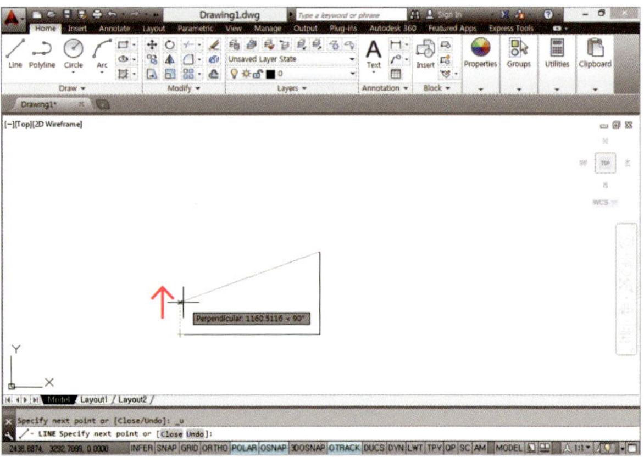

07. 교차점을 클릭합니다.

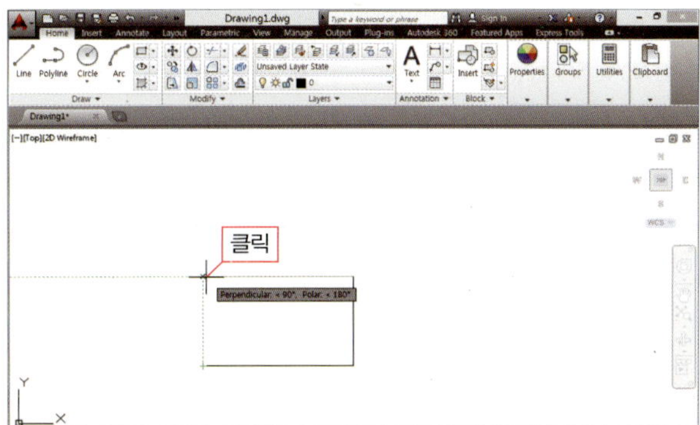

08. 교차점에서 직교 방향으로 모서리 끝 지점에 클릭한 후 **Enter**를 누릅니다.

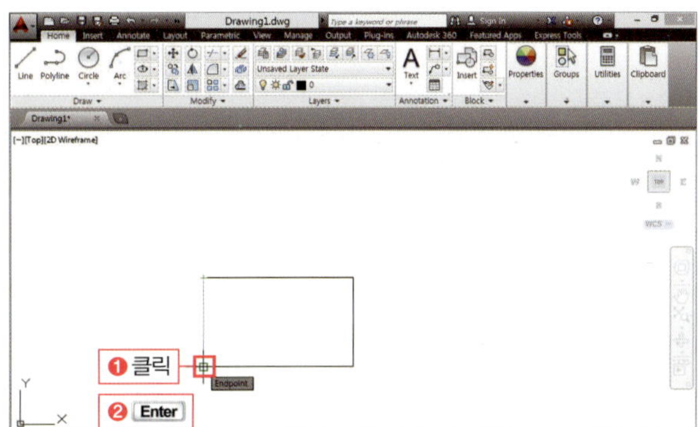

❷ Pline으로 그리기

Pline을 이용하여 연결된 선을 그리는 방법을 알아봅니다.

예제 파일 : Part 01/Chapter 03/Sample08.dwg | 완성 파일 : Part 01/Chapter 03/Sample08-완성.dwg

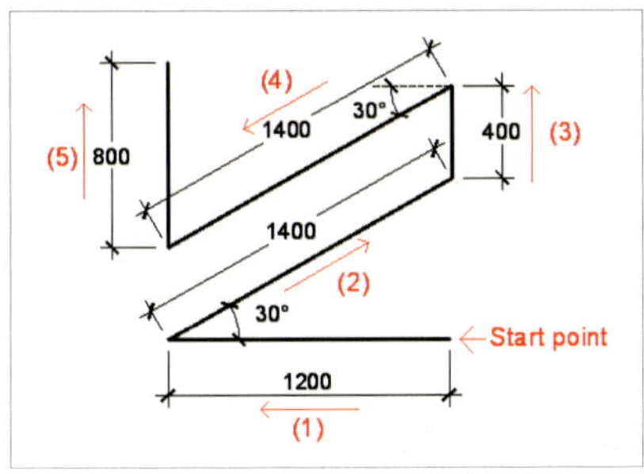

01. 예제 파일을 불러온 후 [Home] 탭-[Draw] 패널에서 [Polyline]을 클릭합니다.

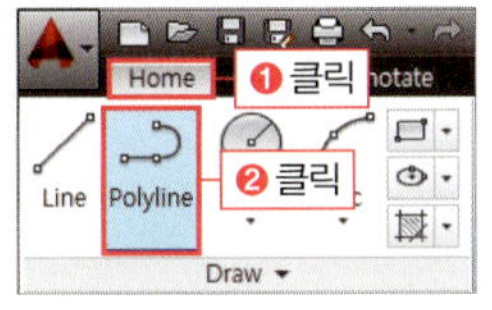

TIP 명령 입력창에서 'PL'을 입력하고 **Enter**를 눌러도 동일한 명령이 실행됩니다.

```
PLINE
PLINE Specify start point:
```

02. 시작점(Start point)으로 적당한 지점을 그림과 같이 클릭합니다.

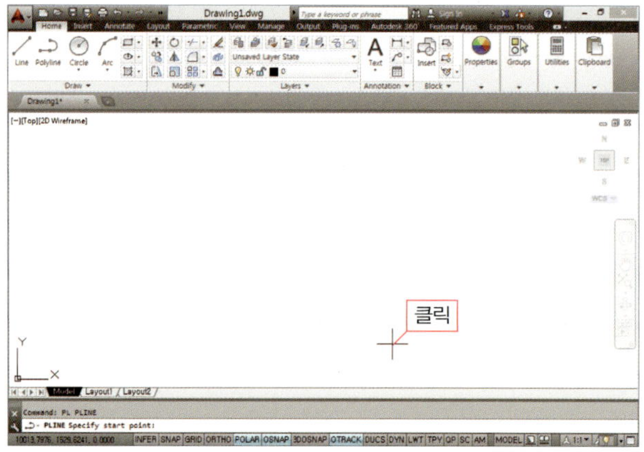

03. 그림과 같은 방향(1)으로 마우스 포인터를 이동시킨 후 '1200'을 입력하고 **Enter**를 누릅니다.

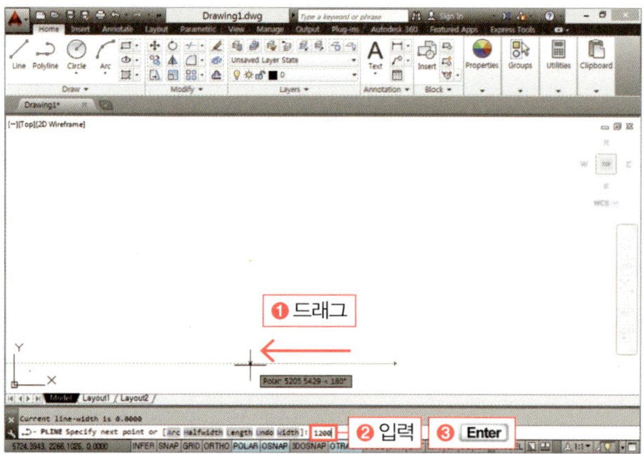

04. 이번에는 '@1400〈30'을 입력한 후 **Enter**를 누릅니다.

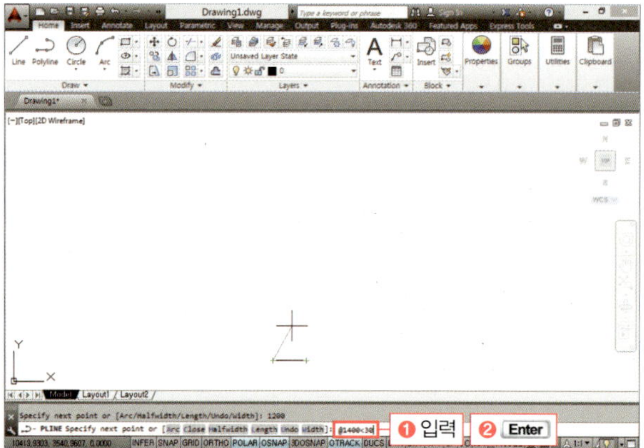

05. 다시 그림과 같은 방향(1)으로 '400'을 입력한 후 Enter 를 누릅니다.

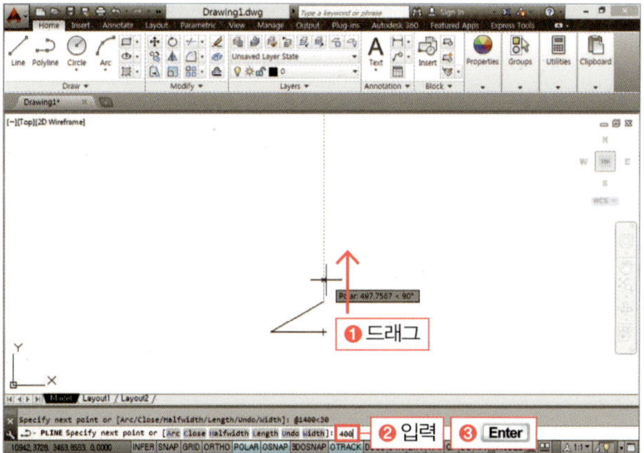

06. 이번에는 '@1400⟨210'을 입력한 후 Enter 를 누릅니다.

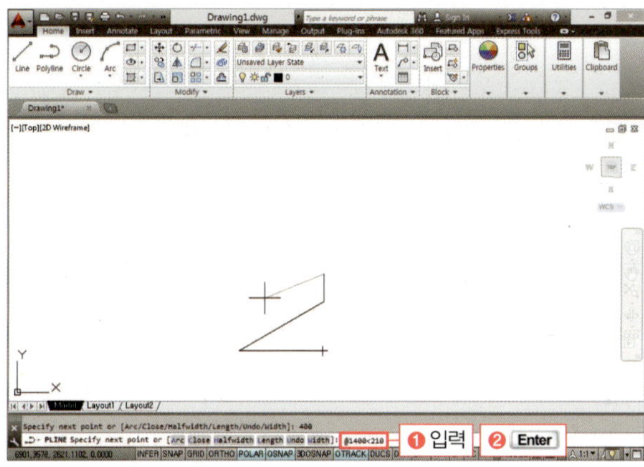

07. 이번에는 그림과 같은 방향으로(1) 마우스 포인터를 이동시킨 후 '800'을 입력하고 Enter 를 누릅니다.

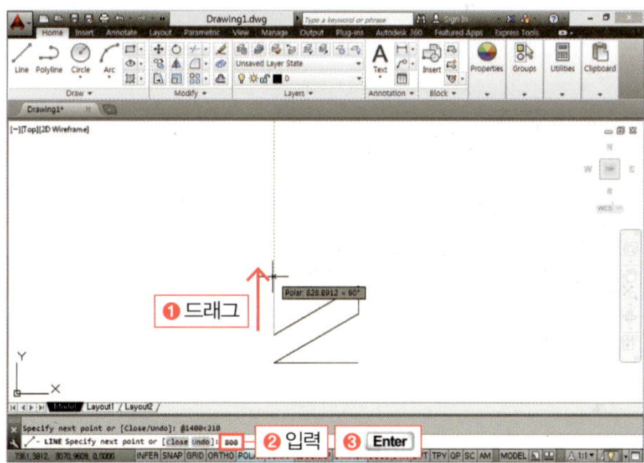

08. Enter 를 한 번 더 눌러서 작업을 마무리합니다.

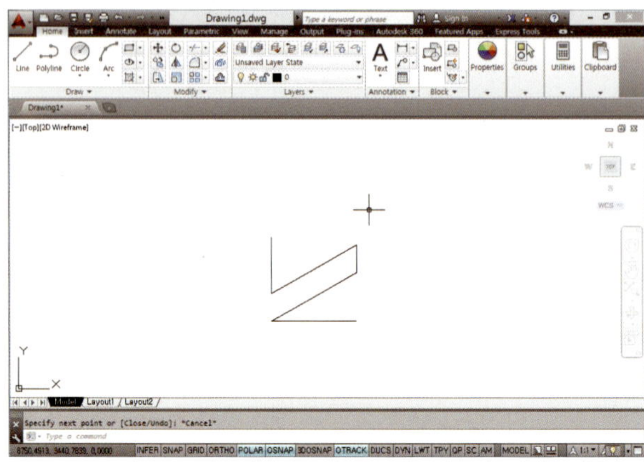

▌ 직사각형(Rectangular)

Rectangle은 도형을 그릴 때 아주 유용하게 사용하는 명령입니다. 단축 명령어로는 'Rec'를 사용하며 이번 따라하기를 통해 익숙해질 수 있도록 연습합니다.

예제 파일 : Part 01/Chapter 03/Sample09.dwg | **완성 파일 :** Part 01/Chapter 03/Sample09-완성.dwg

01. 예제 파일을 불러온 후 [Home] 탭-[Draw] 패널에서 [Rectangle]을 클릭합니다.

> **TIP** 명령 입력창에 'Rec'를 입력하고 Enter 를 눌러도 동일한 명령이 실행됩니다.

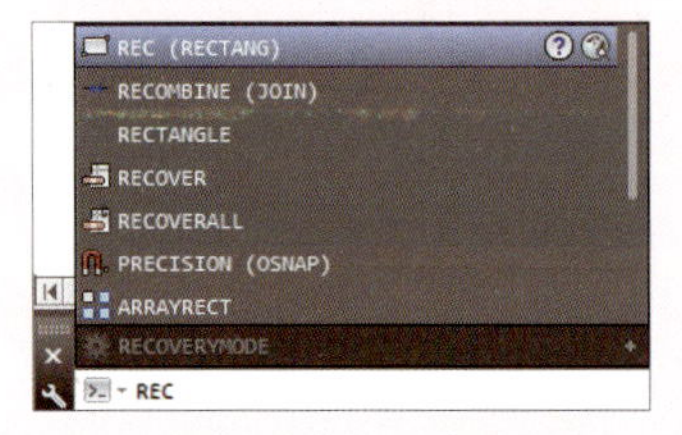

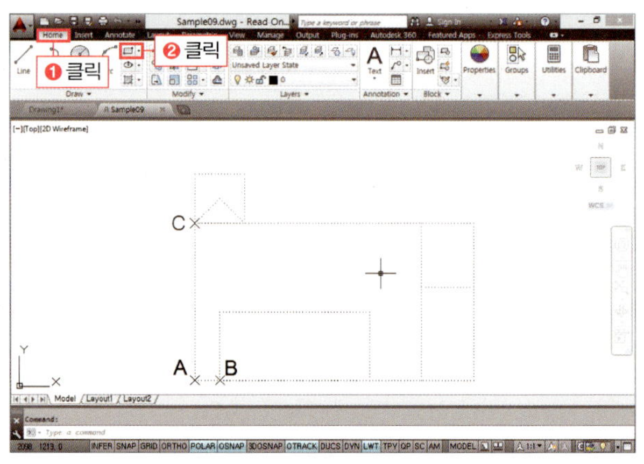

02. A지점의 Specify first corner를 클릭합니다.

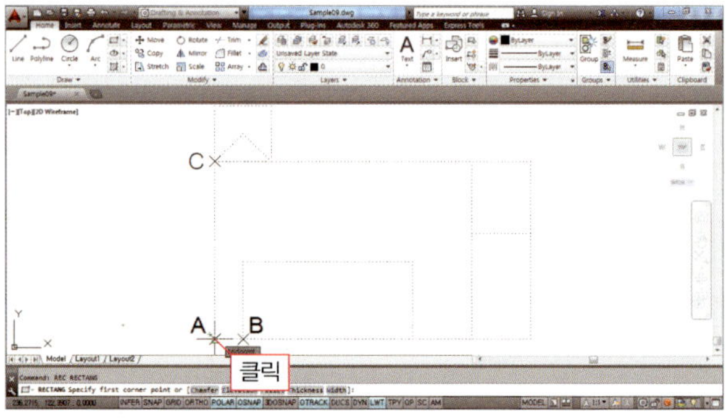

03. Specify other corner point에 '@2800,1600'을 입력한 후 **Enter** 를 두 번 누릅니다.

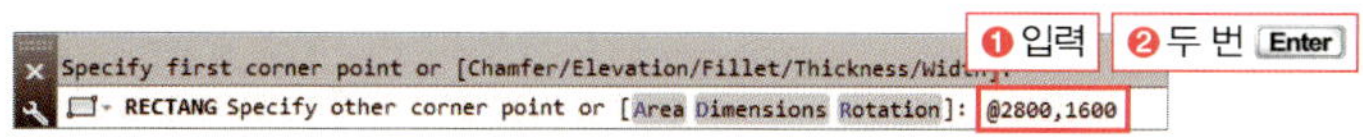

TIP 연속적인 **Enter** 의 사용은 바로 앞에서 사용한 명령을 재실행할 수 있습니다.

04. B지점의 Specify first corner를 클릭합니다.

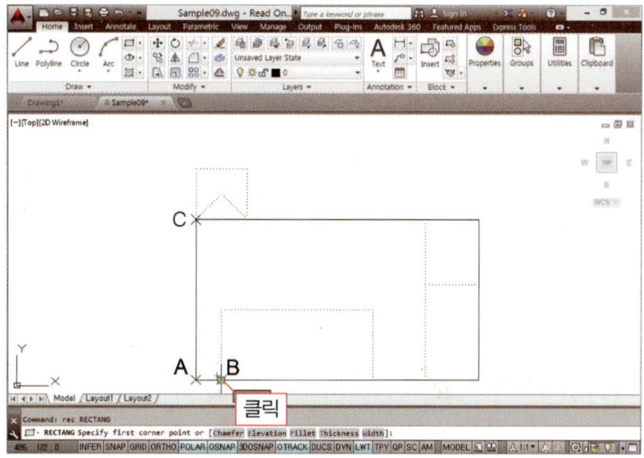

05. Specify other corner point에 '@1500,700'을 입력한 후 **Enter** 를 두 번 누릅니다.

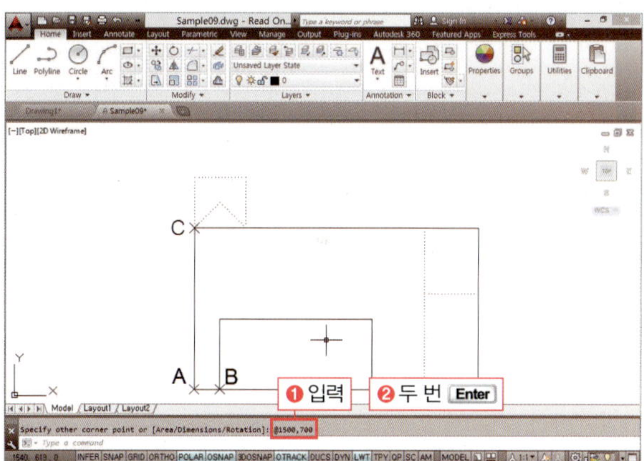

06. 이번에는 C지점의 Specify first corner를 클릭합니다.

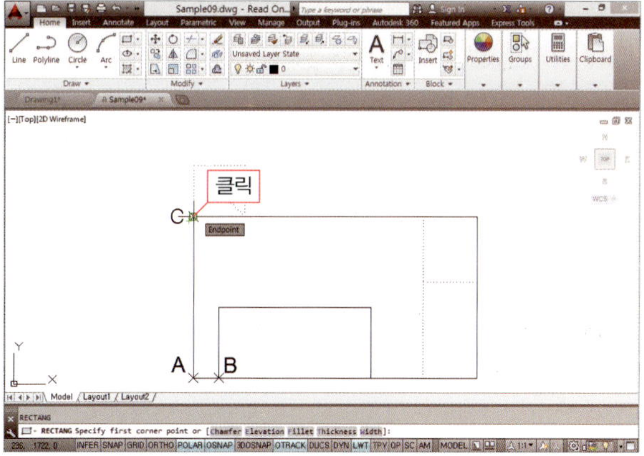

07. Specify other corner point에 '@500,500'을 입력한 후 **Enter** 를 눌러 작업을 마무리합니다.

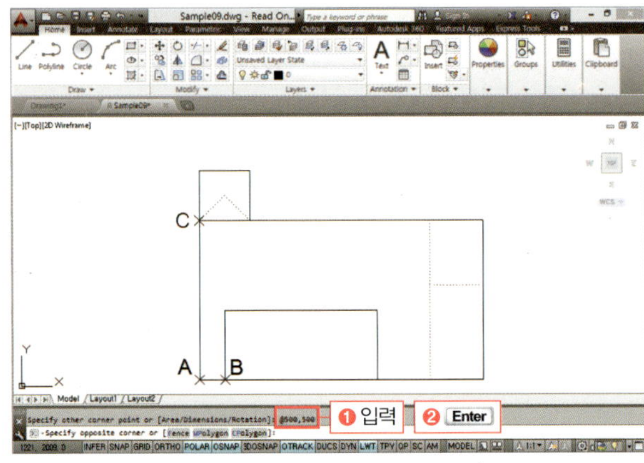

이동(Move)

Move는 객체를 원하는 지점이나 지정 거리만큼 이동시키는 명령입니다. 단축 명령어로는 'M'을 사용합니다.

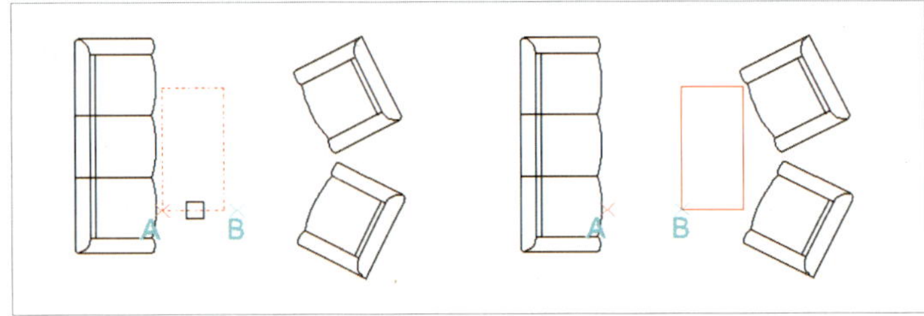

01. 예제 파일을 불러온 후 [Home] 탭–[Modify] 패널에서 [Move]를 클릭합니다.

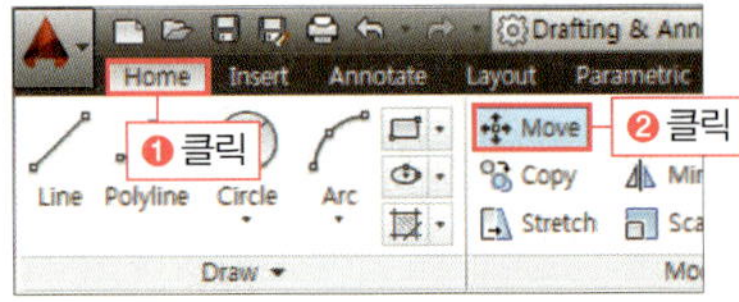

TIP 명령 입력창에서 'M'을 입력하고 **Enter** 를 눌러도 동일한 명령이 실행됩니다.

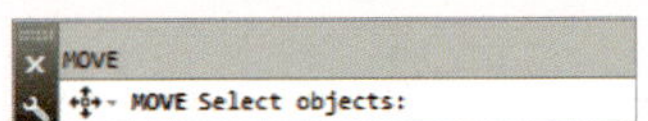

02. 사각형(B)을 선택한 후 **Enter** 를 누릅니다.

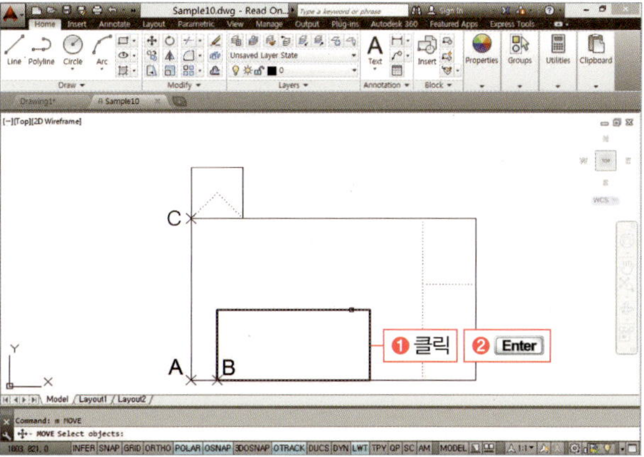

03. Base point로 B지점을 클릭합니다.

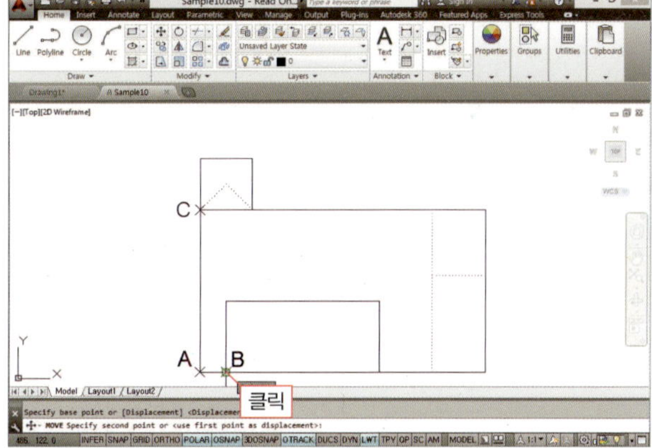

> **TIP** Base point는 B지점뿐만 아니라 사각형의 모서리 모두 가능합니다.

04. Y축 방향으로 객체를 옮기면서 '250'을 입력합니다.

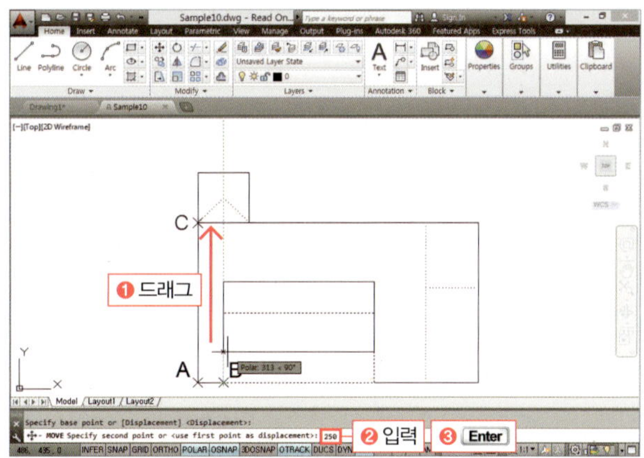

05. Enter 를 눌러 Move 명령의 실행을 마친 후 다시 한 번 Enter 를 누릅니다.

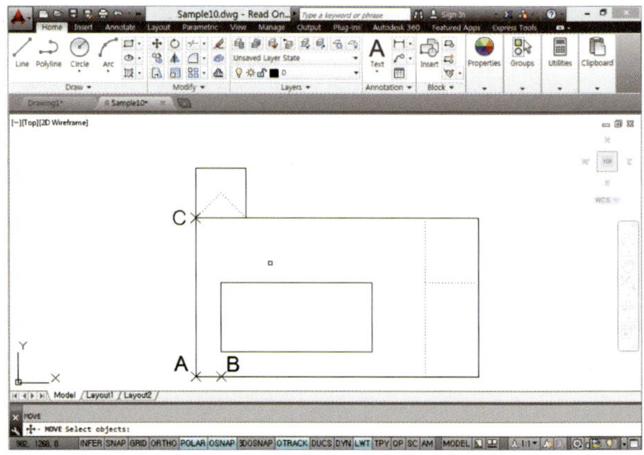

06. 사각형(C)와 사각형 안에 있는 두 사선을 모두 선택한 후 Enter 를 누릅니다.

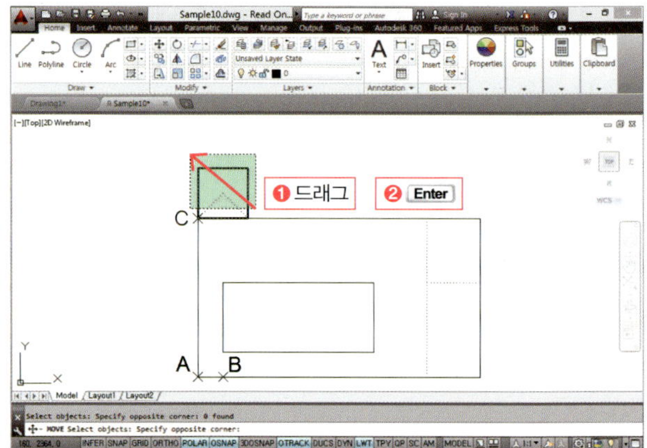

TIP Green Box로 선택하면 좀 더 빨리 객체 선택이 가능합니다.

07. 사각형(C)의 모서리 교차점을 클릭하여 Base point를 지정합니다.

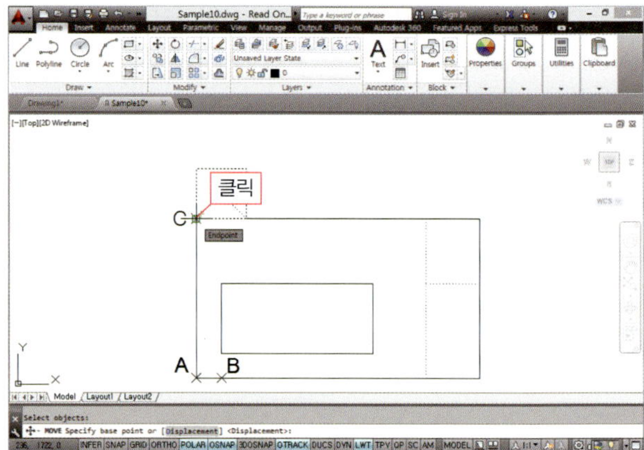

08. Y축 방향으로 객체를 옮기면서 '300'을 입력한 후
Enter 를 눌러 작업을 마무리합니다.

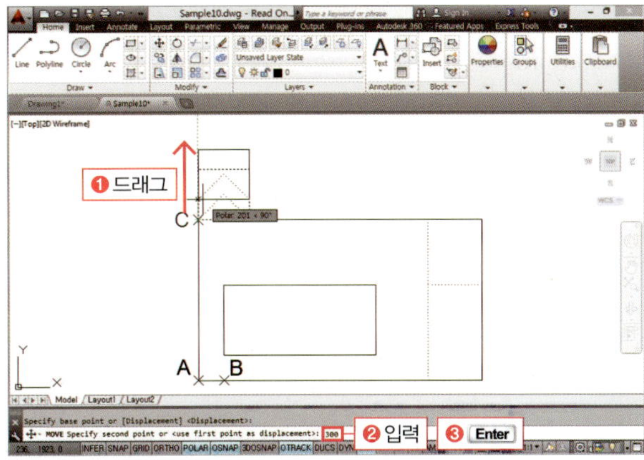

원(Circle)

Circle은 원을 그리는 명령입니다. 단축 명령어로는 'C'를 사용하며 이번 따라하기를 통해 기능을 익혀봅니다.

예제 파일 : Part 01/Chapter 03/Sample11.dwg I 완성 파일 : Part 01/Chapter 03/Sample11-완성.dwg

01. 예제 파일을 불러온 후 [Home] 탭-[Draw] 그룹에서 [Circle]을 클릭합니다.

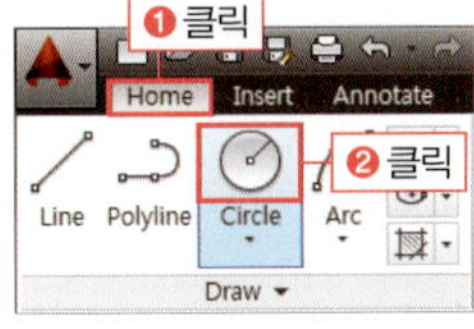

TIP 명령 입력창에서 'C'를 입력하고 **Enter** 를 눌러도 동일한 명령이 실행됩니다.

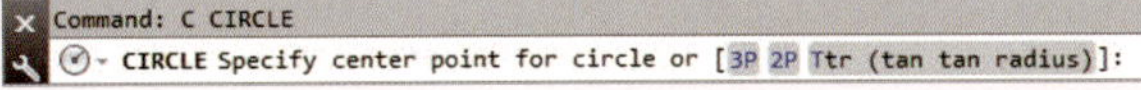

02. Radius(반지름을 입력할 경우) : a지점을 클릭하여 시작점을 지정해 준 다음 반지름 값 '250'을 입력합니다.

TIP Radius(반지름) 또는, Diameter(지름)를 이용하여 원의 크기를 지정해야 합니다. 반지름으로 직경 500mm의 원을 작성하려면 '250'을 입력하고 **Enter** 를 누르면 되고, 지름으로 원을 작성하려면 [Diameter] 옵션을 선택한 후(옵션 버튼 키 혹은 'D' 입력) '500'을 입력하고 **Enter** 를 누릅니다.

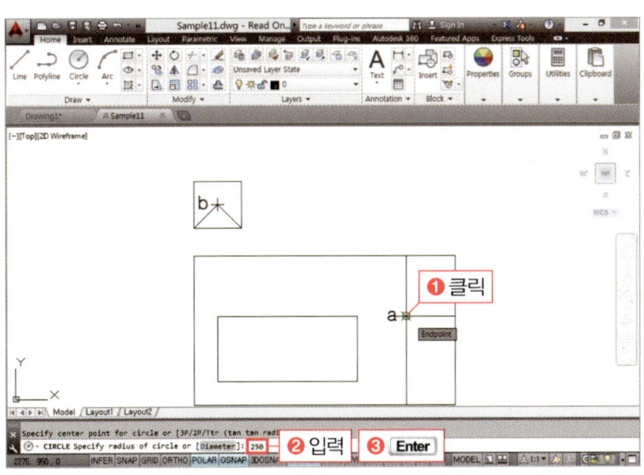

03. Enter 를 누르면 원의 중심이 a지점에 위치하며 반지름이 '250'이 됩니다.

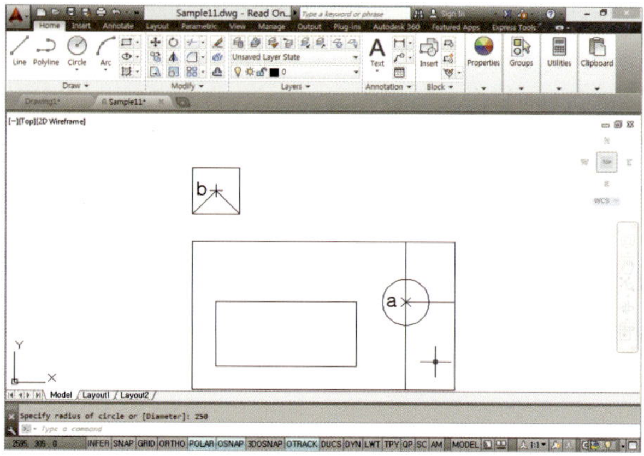

04. Diameter(지름을 입력할 경우) : b지점을 클릭하여 시작점으로 지정해 줍니다. 그리고 지름을 뜻하는 'D'(d)를 입력한 후 Enter 를 누릅니다.

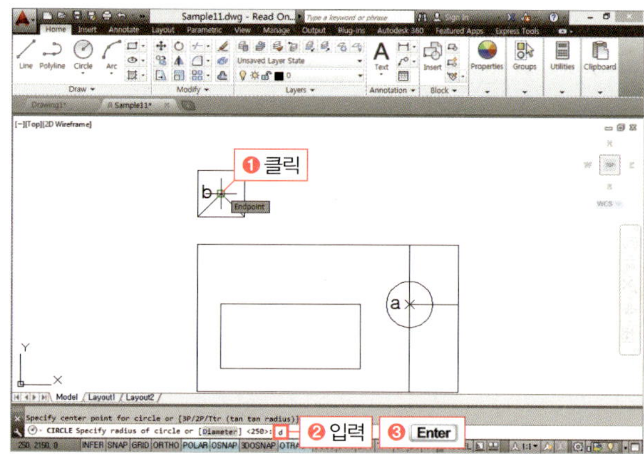

TIP d 대신, 바로 [Diameter]를 클릭해도 동일한 명령이 실행됩니다.

```
Specify center point for circle or [3P/2P/Ttr (tan tan radius)]:
CIRCLE Specify radius of circle or [Diameter] <250>:
```

05. 지름으로 '500'을 입력하고 Enter 를 누르면 됩니다.

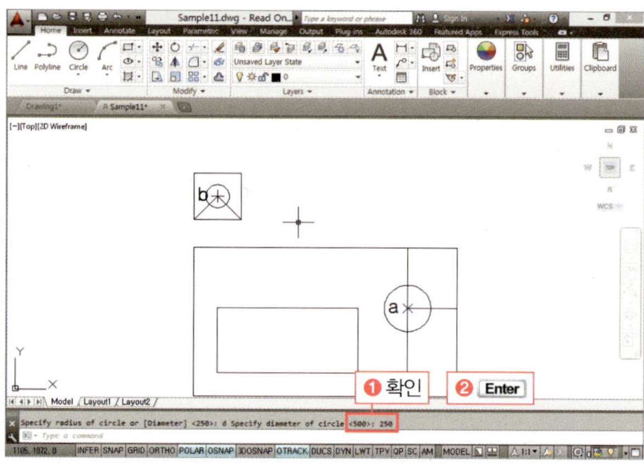

TIP 이전 원의 크기가 반지름 '250'으로 실행되어 이후 자동으로 지름은 '500'으로 설정되어 있습니다.

▶ 복사하기(Copy)

Copy는 객체의 모양을 동일하게 복사하는 명령입니다. 단축 명령어로는 'Co'를 사용합니다.

예제 파일 : Part 01/Chapter 03/Sample12.dwg | **완성 파일 :** Part 01/Chapter 03/Sample12-완성.dwg

01. 예제 파일을 불러온 후 [Home] 탭-[Modify] 패널에서 [Copy]를 클릭합니다.

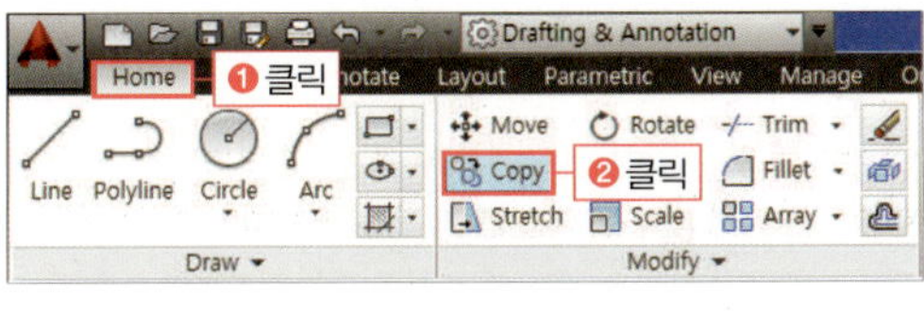

TIP 명령 입력창에서 'Co'를 입력하고 **Enter** 를 눌러도 동일한 명령이 실행됩니다.

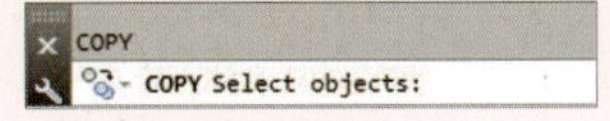

02. 원(a)을 선택한 후 **Enter** 를 누릅니다.

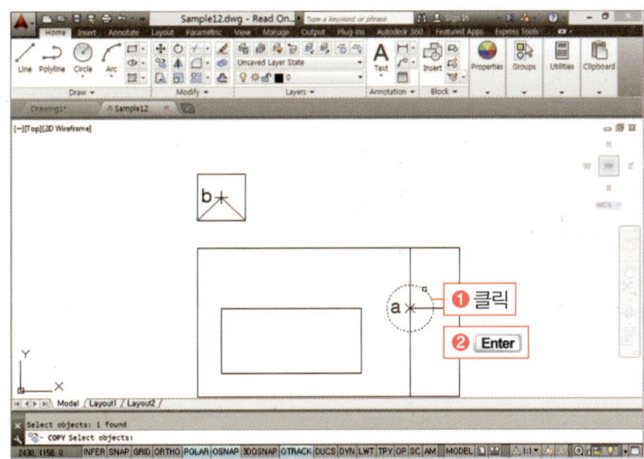

03. Base point로 a지점을 클릭합니다.

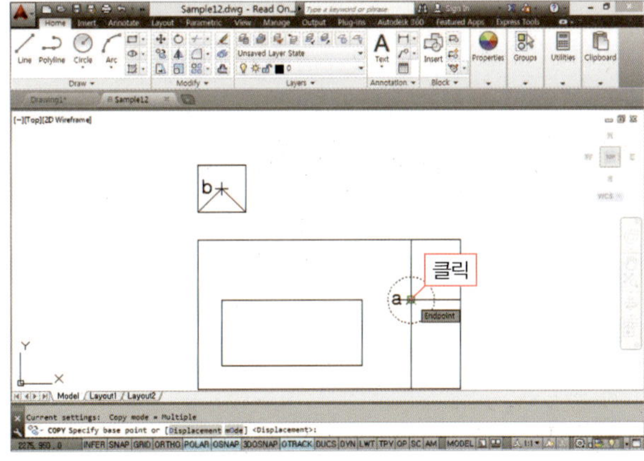

TIP Base point는 복사할 객체의 이동 기준점이 됩니다.

04. 이동시킬 Second point로 b지점에 클릭한 후 **Enter** 를 누릅니다.

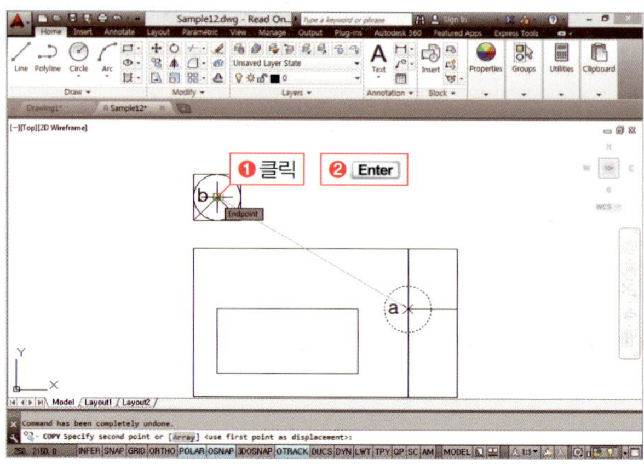

선 자르기(Trim)

Trim은 경계선을 두고 자르는 방법으로써 여러 가지 옵션이 있습니다. 이곳에서는 Trim 명령 중에 가장 기본인 경계선 선택 이후 바로 끊어주기를 아래의 따라하기로 알아봅니다.

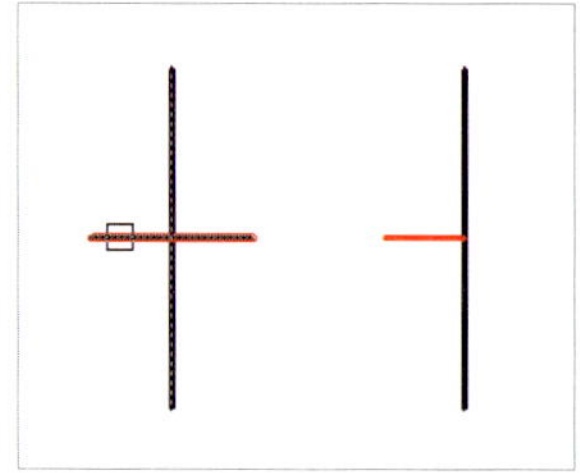

① 경계선을 선택하여 선 자르기

예제 파일 : Part 01/Chapter 03/Sample13.dwg | **완성 파일 :** Part 01/Chapter 03/Sample13-완성.dwg

01. 예제 파일을 불러온 후 [Home] 탭-[Modify] 패널에서 [Trim]을 클릭합니다.

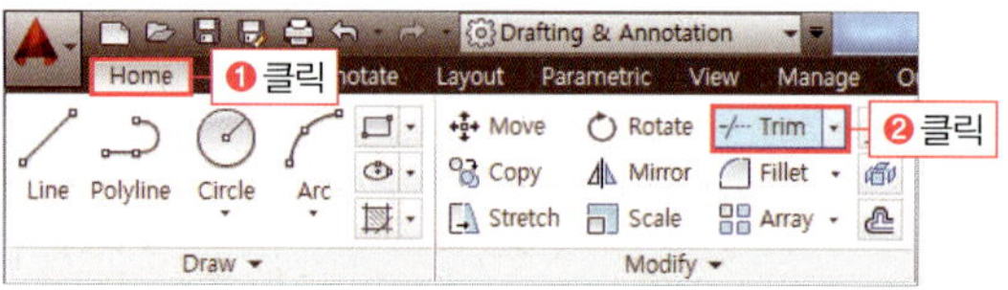

TIP 명령 입력창에 'Tr'을 입력하고 **Enter** 를 눌러도 동일한 명령이 실행됩니다.

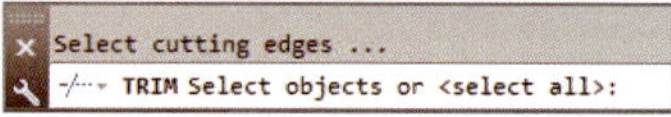

02. 원(a)을 선택하고 다시 **Enter**를 누릅니다.

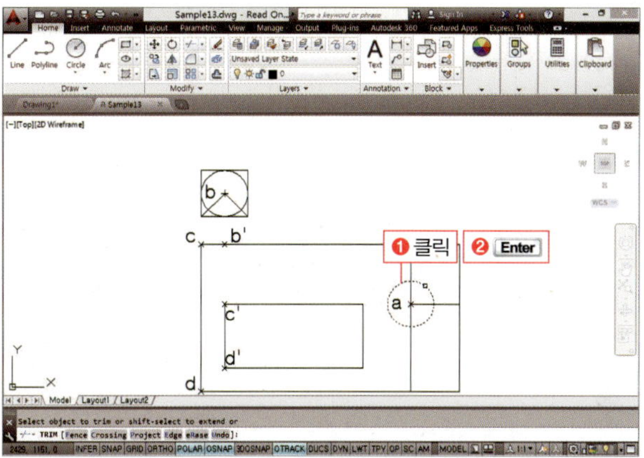

03. 끊어야 하는 객체인 원(a) 안에 있는 선을 ①, ② 순서대로 선택하고 **Enter**를 누릅니다.

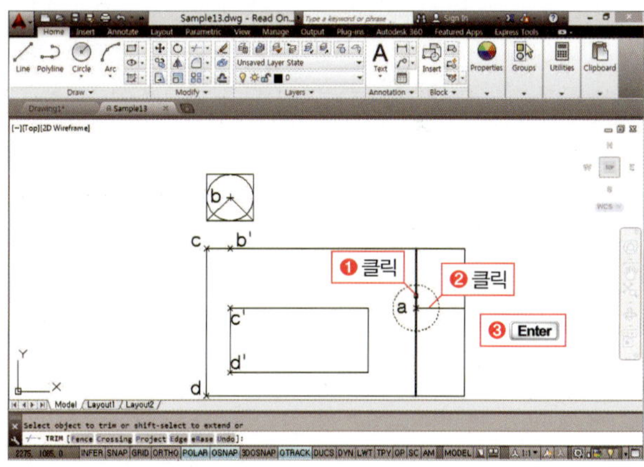

04. 그림과 같이 원 안의 선이 모두 삭제되는 것을 확인할 수 있습니다.

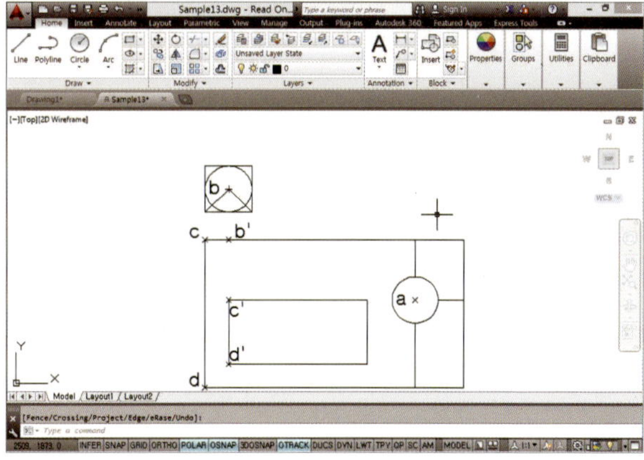

05. 그림과 같이 b–b', c–c', d–d' 지점에 Line 명령을 이용하여 선을 그립니다.

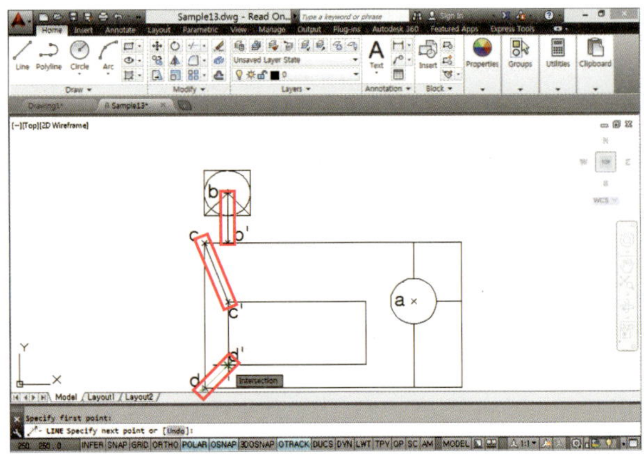

06. 명령 입력창에서 'Tr'을 입력하고 Enter 를 누릅니다.

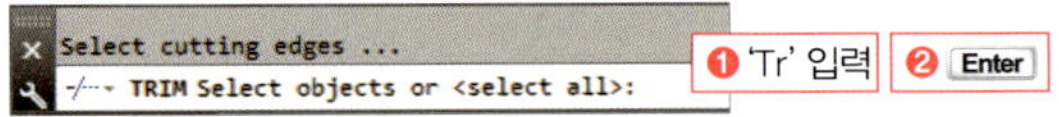

07. 원(b)를 선택한 후 Enter 를 누릅니다.

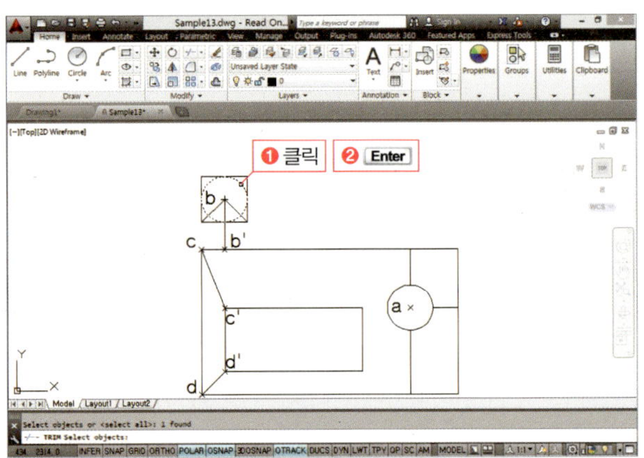

08. 끊어야 하는 b–b' 선에서 원 안으로 포함된 선의 영역을 클릭합니다. 그리고 Enter 를 눌러 작업을 마무리합니다.

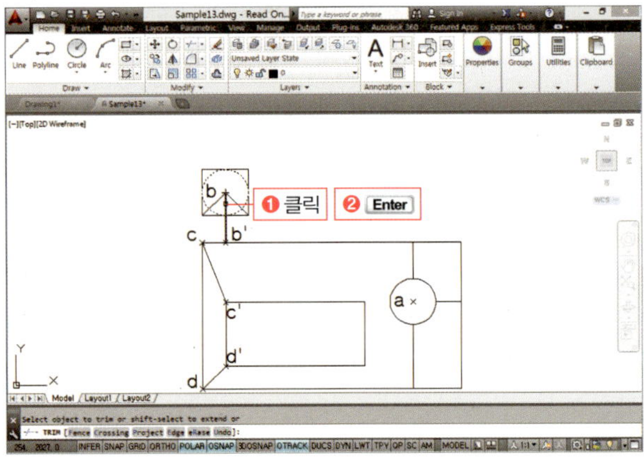

예제 파일 : Part 01/Chapter 03/Sample14.dwg | 완성 파일 : Part 01/Chapter 03/Sample14-완성.dwg

01. 예제 파일을 불러온 후 명령 입력창에 'Tr'을 입력하고 **Enter**를 두 번 누릅니다.

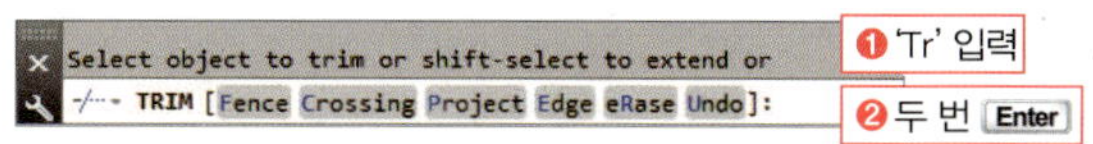

02. 끊어야 할선인 ①, ②, ③, ④, ⑤를 연속해서 모두 클릭합니다.

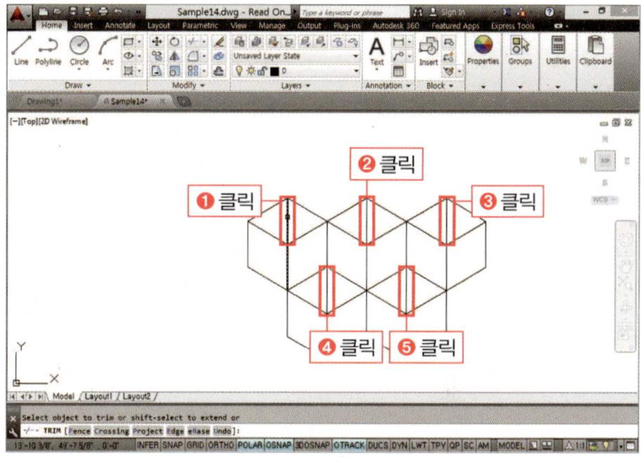

03. **Enter**를 눌러 Trim 명령의 실행을 마무리합니다.

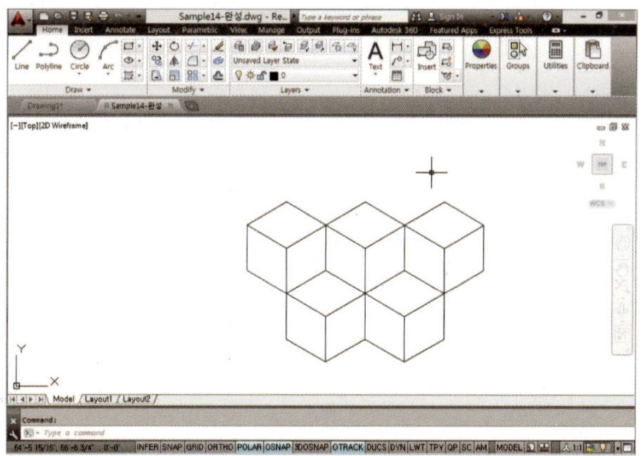

TIP Trim 명령어를 입력한 후 **Enter**를 누르면 경계선을 지정할 것이냐 혹은, 모두 지정할 것인가를 묻습니다. 이때 **Enter**를 누르면 경계선을 모두 선택한다는 의미가 됩니다. 그리하여 사용자가 경계선을 선택하지 않고 Trim 명령어가 실행된다고 느끼는 것입니다.

예제 파일 : Part 01/Chapter 03/Sample14.dwg | 완성 파일 : Part 01/Chapter 03/Sample14-완성.dwg

01. 앞선 따라하기와 동일하게 예제 파일을 불러온 후 'Tr'을 입력하고, 끊어야 할 선이 있는 영역을 Green Box로 선택한 후 **Enter** 를 누릅니다.

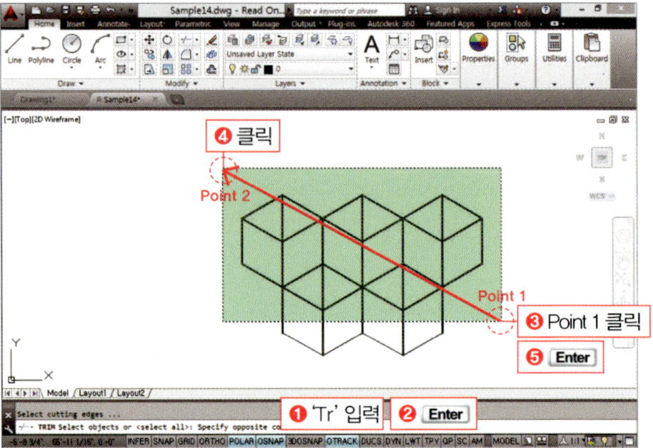

02. 끊어야 할 선인 ①, ②, ③, ④, ⑤를 연속해서 모두 선택합니다.

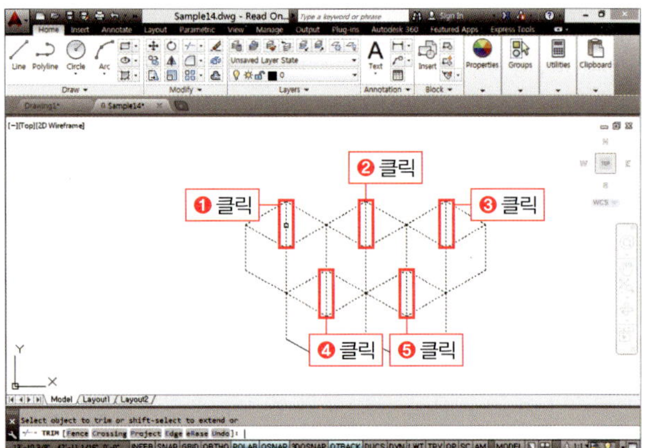

03. **Enter** 를 눌러 Trim 명령을 이용한 작업을 마무리합니다.

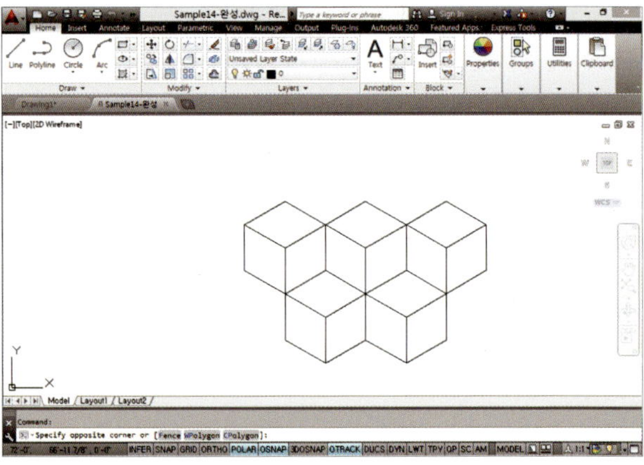

Break로 선 끊기

Break는 뜻 그대로 선을 원하는 지점에서 끊어 주는 명령입니다.

예제 파일 : Part 01/Chapter 03/Sample15.dwg

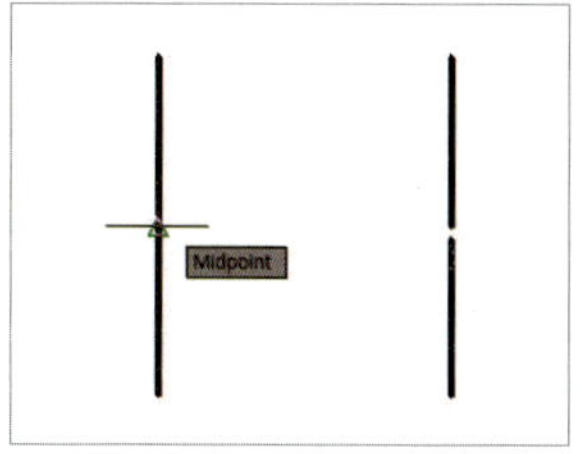

01. 예제 파일을 불러온 후 [Home] 탭–[Modify] 패널에 있는 [Break]를 클릭합니다.

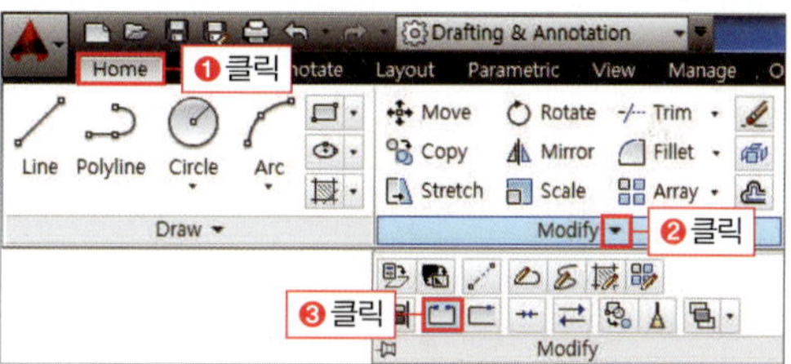

> **TIP** 명령 입력창에서 'Br'을 입력하고 **Enter** 를 눌러도 동일한 명령이 실행됩니다.

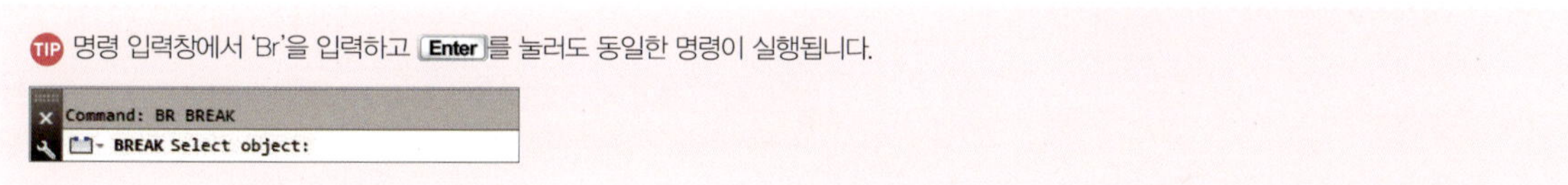

02. 그림과 같이 끊어야할 선을 선택합니다.

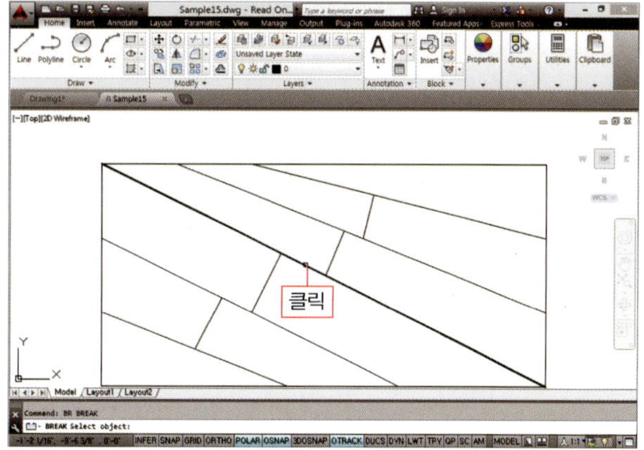

03. 끊기 원하는 지점을 클릭합니다.

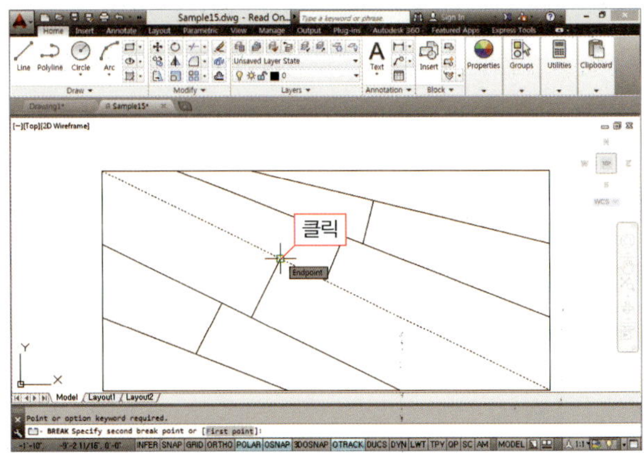

04. 선택한 지점을 기점으로 선이 끊어진 것을 확인
할 수 있습니다.

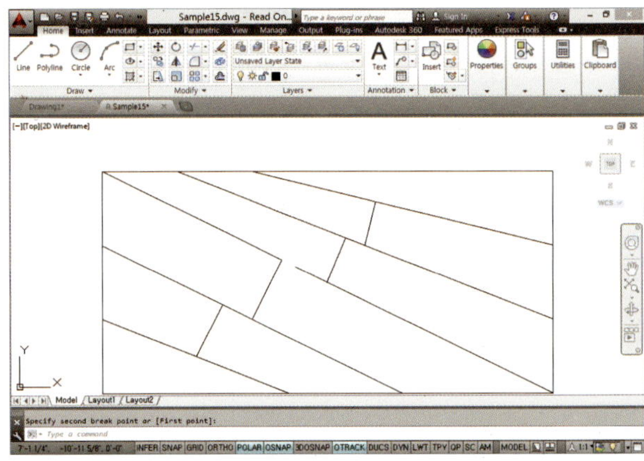

▌ 응용 예제 ▎ Line, Circle, 그리고 Copy를 이용하여 도형 그리기

아래의 그림을 Line, Circle, 그리고 Copy 명령을 이용하여 그려봅니다. Osnap의 옵션은 각 도형에 지정된 옵션만 설정하여 그립니다.
완성 파일 : Part 01/Chapter 03/응용예제1_Chapter03_Lesson02.dwg

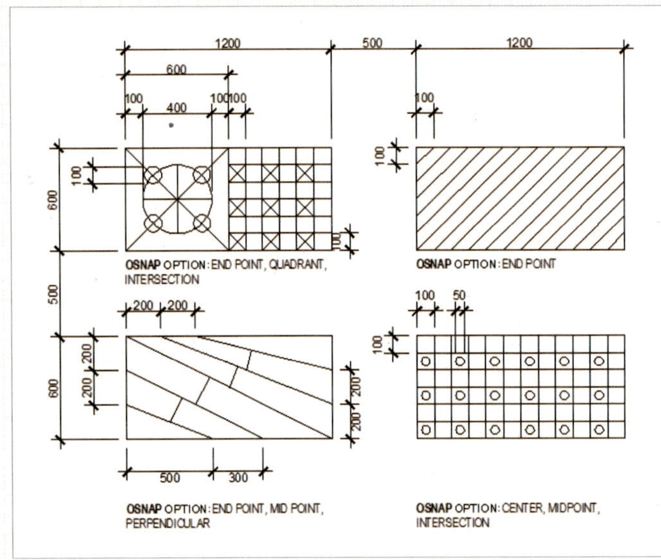

배열하기(Array)

Array는 선택한 객체를 배열하는 명령으로써 도면 그리기에서 자주 사용되는 배열에는 크게 두 가지 방법이 있습니다.

예제 파일 : Part 01/Chapter 03/Sample16.dwg | 완성 파일 : Part 01/Chapter 03/Sample16-완성.dwg

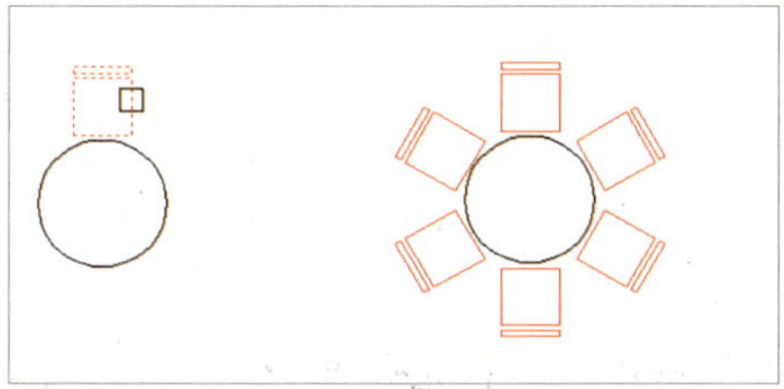

▲ Polar Array

▲ Rectangular Array

- Polar Array : 원의 중심을 기점으로 360도로 회전시켜서 객체를 배열
- Rectangular Array : 사각형 형태로 기둥과 열의 수에 따라 객체를 배열

❶ 원으로 배열하기(Polar Array)

360도를 중심으로 선택한 객체를 배열하는 방법을 알아봅니다.

01. 예제 파일을 불러온 후 [Home] 탭-[Modify] 패널에서 [Array]-[Polar Array]를 클릭합니다.

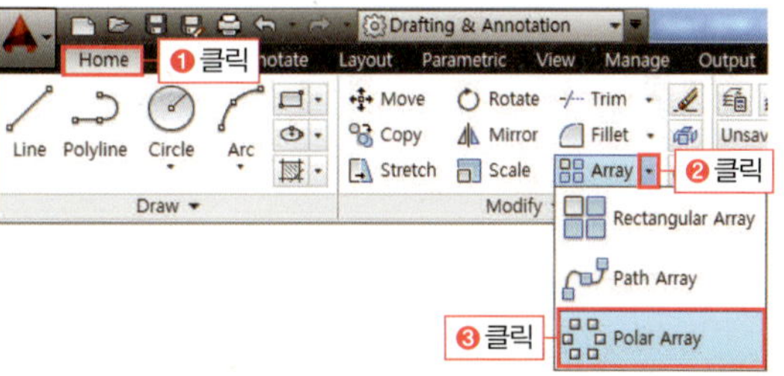

02. 배열할 객체인 의자를 선택한 후 Enter 를 누릅니다.

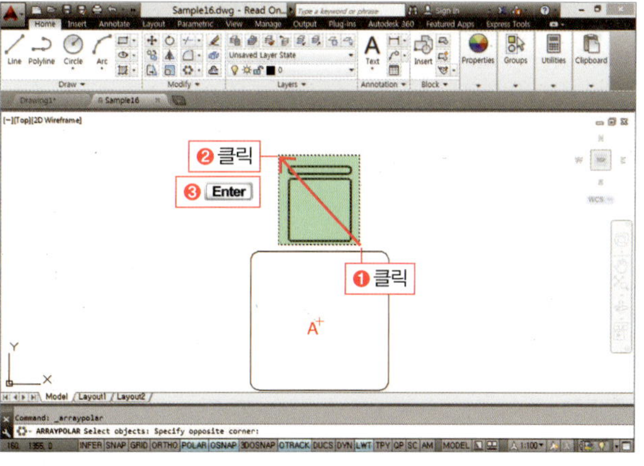

03. 중심점(A)을 클릭합니다.

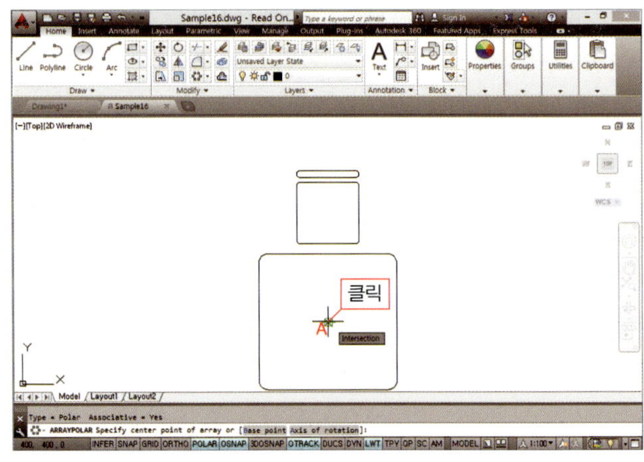

04. [Array Creation] 탭–[Items] 패널에서 [Items]
에 '4'를 입력합니다.

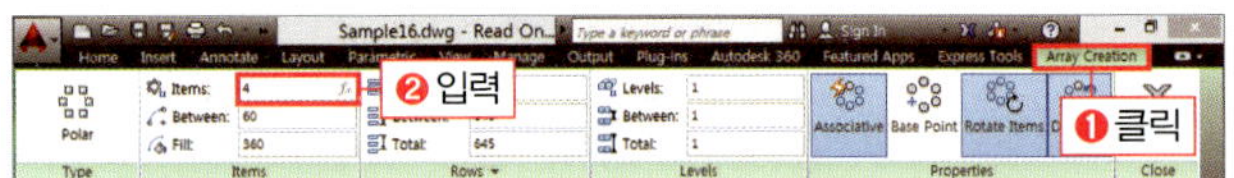

05. Enter 를 눌러 Polar Array 실행을 마칩니다.

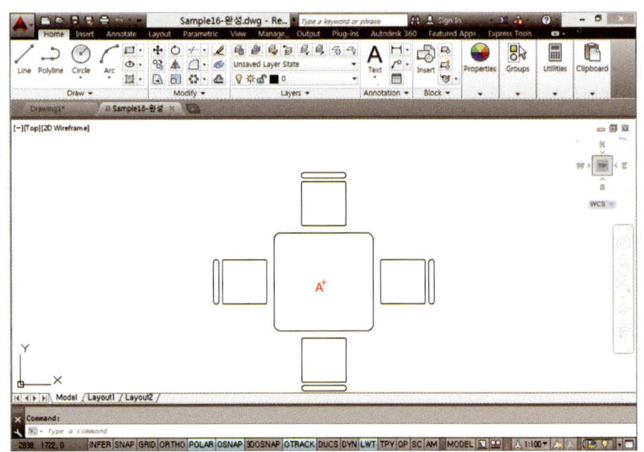

◤ **응용 예제 I Polar Array를 이용하여 도형 그리기**

Polar Array를 이용하여 아래의 도형을 그려봅니다.
완성 파일 : Part 01/Chapter 03/응용예제2_Chapter 03_Lesson 02.dwg

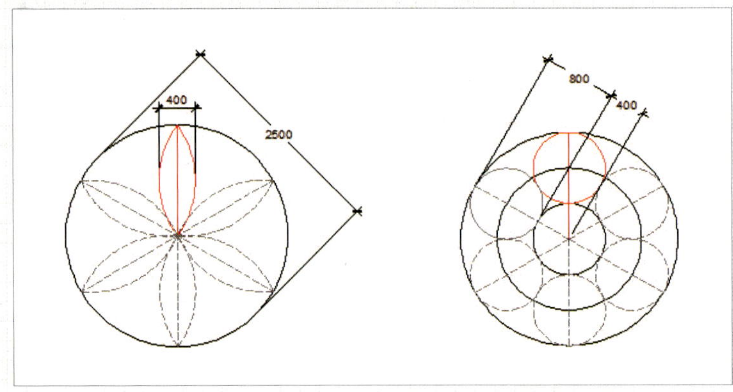

❷ 사각형으로 배열하기(Rectangular Array)

사각 배열은, 세로 간격(기둥 : Column)과 가로 간격(줄 : Row)으로 구성되어 있습니다. 기둥과 간격 중심으로 선택한 객체를 배열하는 방법을 알아봅니다.

예제 파일 : Part 01/Chapter 03/Sample18.dwg | 완성 파일 : Part 01/Chapter 03/Sample18-완성.dwg

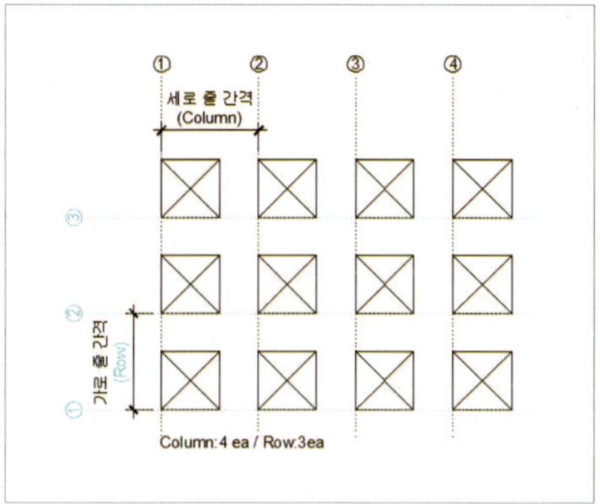

01. 예제 파일을 불러온 후 [Home] 탭-[Modify] 패널에서 [Array]-[Rectangle Array]를 클릭합니다.

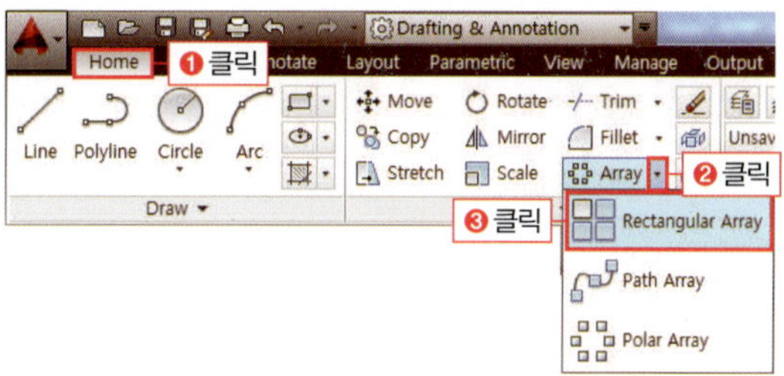

02. 배열할 기준 객체를 선택한 후 Enter 를 누릅니다.

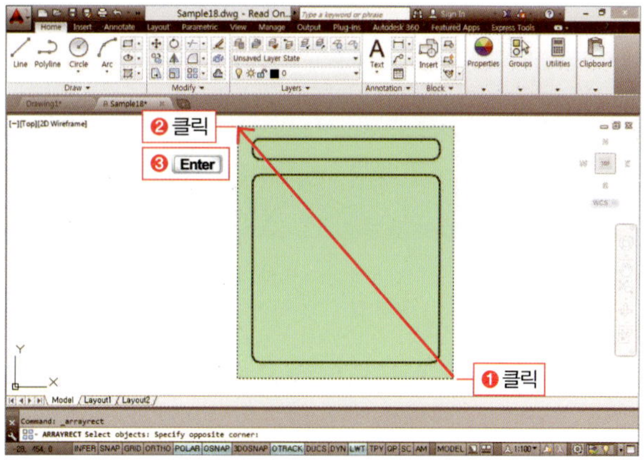

03. [Array Correction] 패널의 [Columns], [Rows] 패널을 그림과 같이 설정합니다.

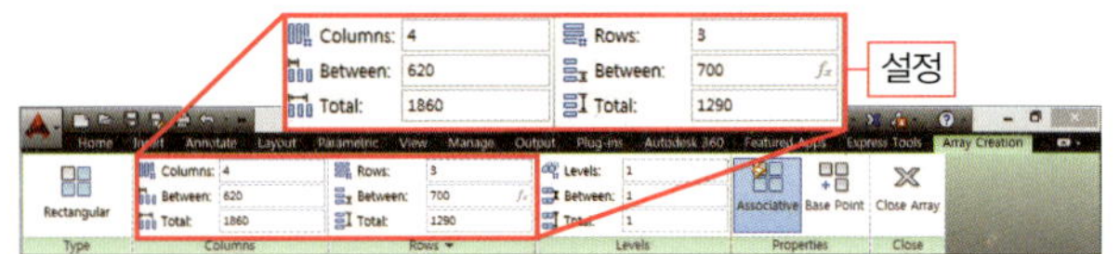

04. Enter 를 누른 다음에 'Zoom'과 'All'을 차례대로 명령 입력창에 입력한 후 전체 배열된 내용을 확인합니다.

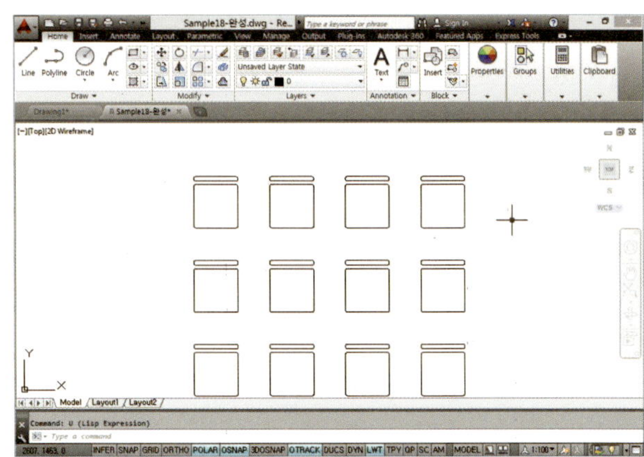

응용 예제

Rectangular Array를 이용하여 아래의 도형을 그려 봅니다.
완성 파일 : Part 01/Chapter 03/응용예제3_Chapter03_Lesson02.dwg

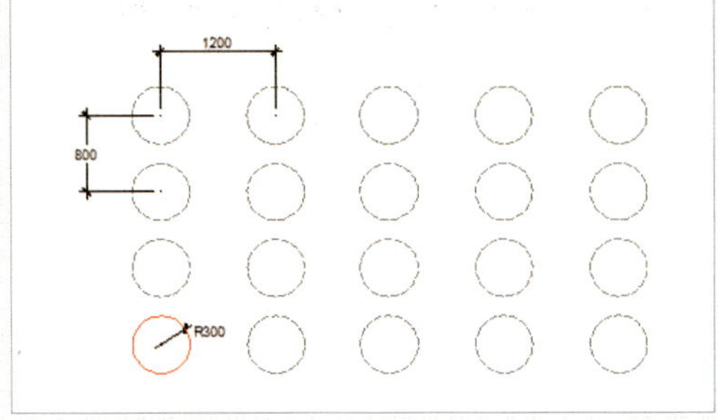

회전하기(Rotate)

Rotate는 객체를 회전시킬 때 사용하는 명령으로써 각도를 지정하여 회전시키는 방법과 보조 지점을 통하여 각도를 적용하는 방식이 있습니다.

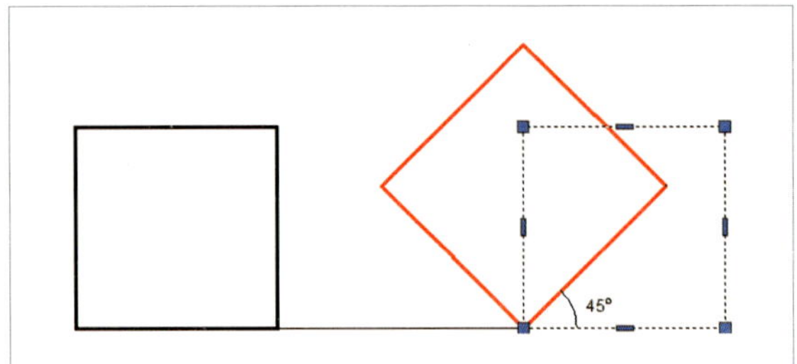

① 원하는 각도 지정하여 회전하기

01. 새로운 도면을 열고 사각형(@2500,2500)을 하나 만듭니다.

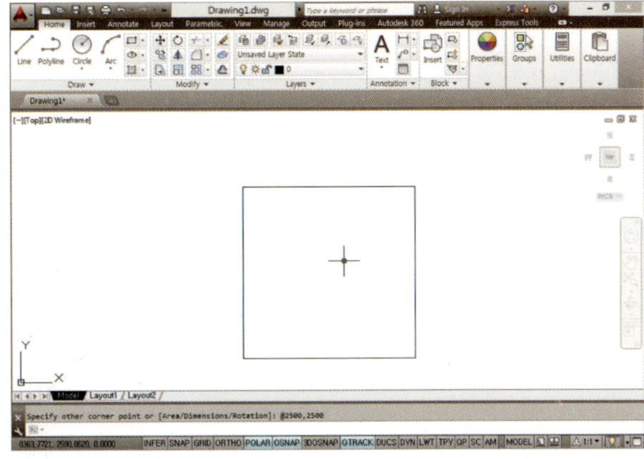

02. [Home] 탭-[Modify] 패널에서 [Rotate]를 클릭합니다.

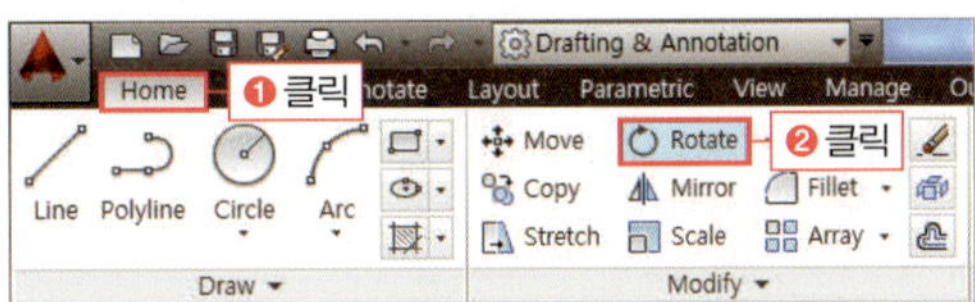

> **TIP** 명령 입력창에서 'Ro'를 입력하고 `Enter` 를 눌러도 동일한 명령이 실행됩니다.

03. 회전할 객체인 사각형을 클릭한 후 `Enter` 를 누릅니다.

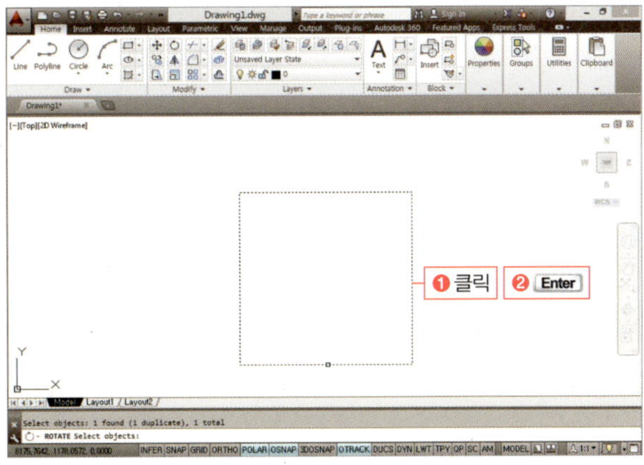

04. Base point로 사각형의 모서리 중에 한 곳을 클릭
하고 '30'을 입력합니다.

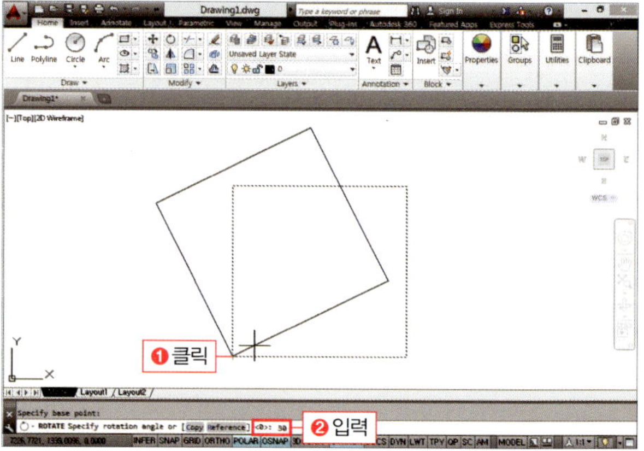

05. Enter 를 눌러서 그림과 같이 회전시킵니다.

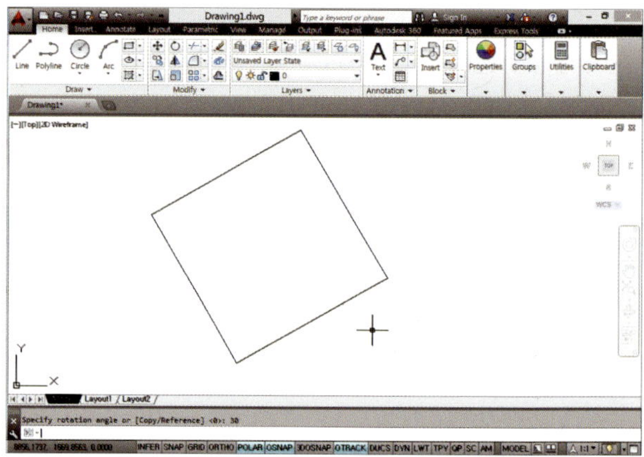

회전(Rotate), 원(Circle), 대칭(Mirror)을 이용하여 그림과 같은 도면을 그려봅니다.
(Osnap 옵션 : Center, Midpoint, Endpoint, Intersection)
완성 파일 : Part 01/Chapter 03/응용예제4_Chapter03_Lesson02.dwg

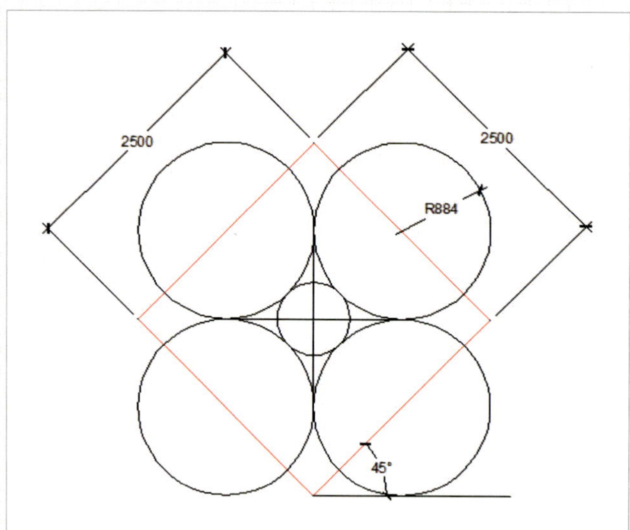

❷ 특정 두 지점이 이루는 각도(Reference)로 회전시키기

회전시킬 각도를 정확히 모르는 경우에 보조 지점을 통하여 회전시키는 방법을 알아봅니다.

예제 파일 : Part 01/Chapter 03/Sample19.dwg | 완성 파일 : Part 01/Chapter 03/Sample19-완성.dwg

01. 예제 파일을 불러온 후 [Home] 탭-[Modify] 패널에서 [Rotate]를 클릭합니다.

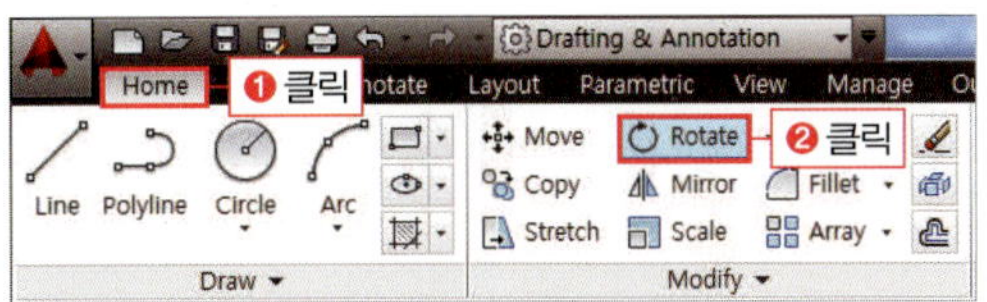

> **TIP** 명령 입력창에서 'Ro'를 입력하고 **Enter** 를 눌러도 동일한 명령이 실행됩니다.

```
Current positive angle in UCS:  ANGDIR=counterclockwise  ANGBASE=0
ROTATE Select objects:
```

02. 회전시킬 객체인 문을 선택한 후, **Enter** 를 누릅니다.

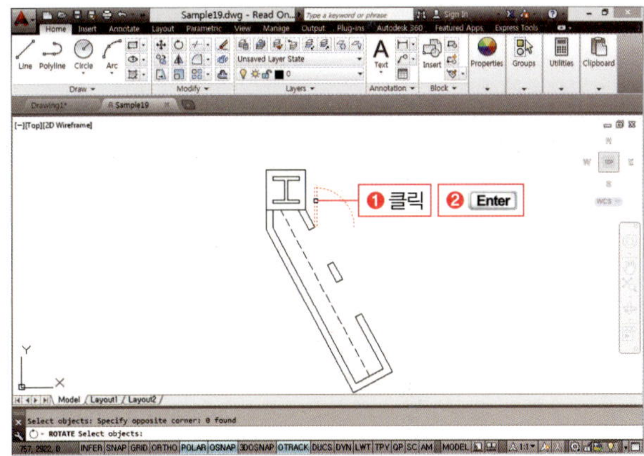

03. Base point로 그림과 같은 곳을 클릭합니다.

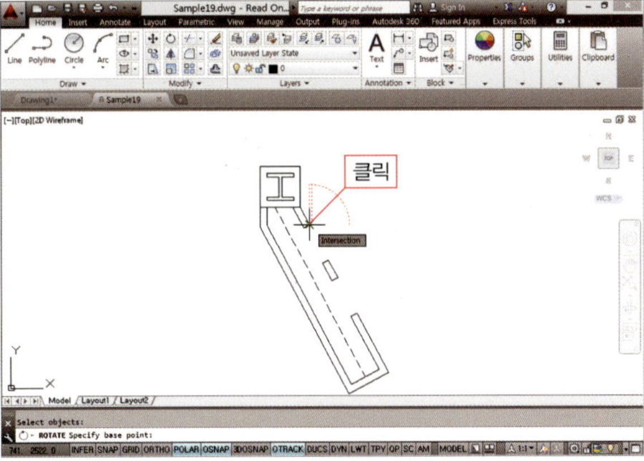

04. 회전 각도를 묻는 옵션 창에서 [Reference]를 클릭하거나, 'r'를 입력한 후 **Enter** 를 누릅니다.

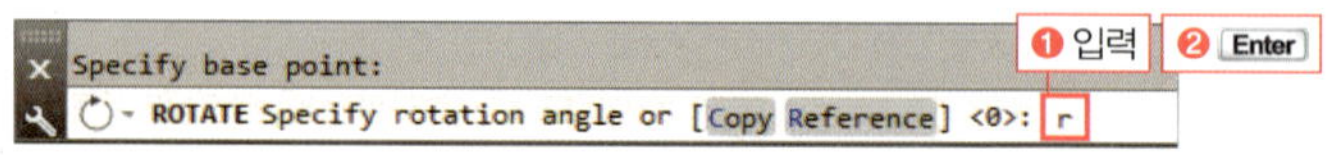

05. 아래의 1, 2, 3번 지점을 순서대로 클릭하고 **Enter** 를 눌러 작업을 마무리합니다.

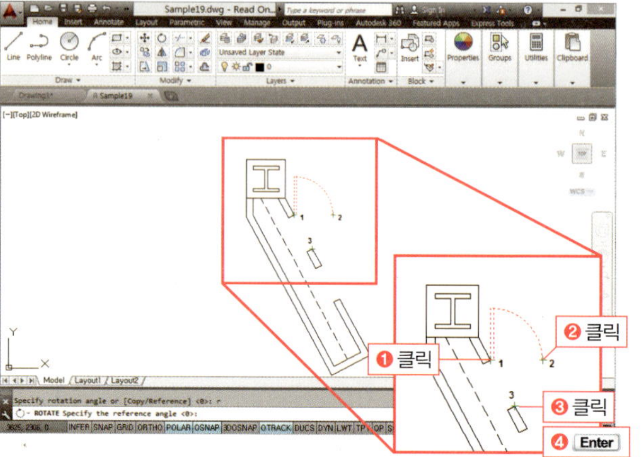

TIP Trim 명령과 동일한 실행 과정으로 [Extend](─/)가 있습니다. Trim은 선을 끊어 준다면, Extend는 선을 연결시켜 주는 명령어로 함께 알아두면 편리합니다. Extend 버튼을 아래와 같이 찾아 선택한 다음, 경계 지점 '1'을 선택하고 연결하려는 '2'를 선택하면 경계 지점까지 선이 연장됩니다.

그림 참조 : AutoCAD 2014 – Help

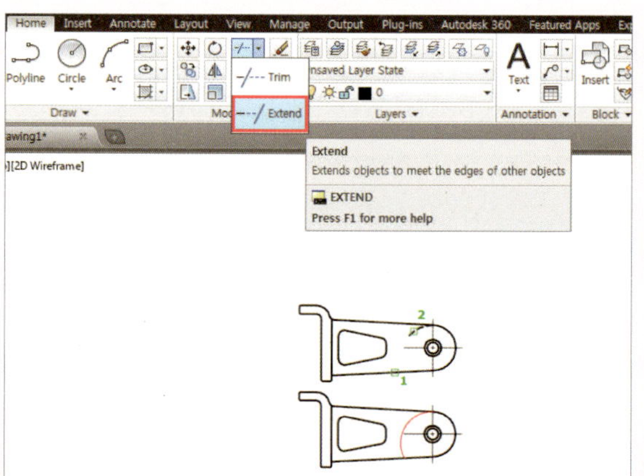

TIP 회전할 각도를 정확하게 알고 있다면 바로 명령 입력창의 옵션에 입력하면 됩니다. 회전 각도의 방향은 시계 반대 방향으로 진행됨으로 앞선 예제의 경우에는 각도로 −62°를 입력해야 방향이 맞습니다.

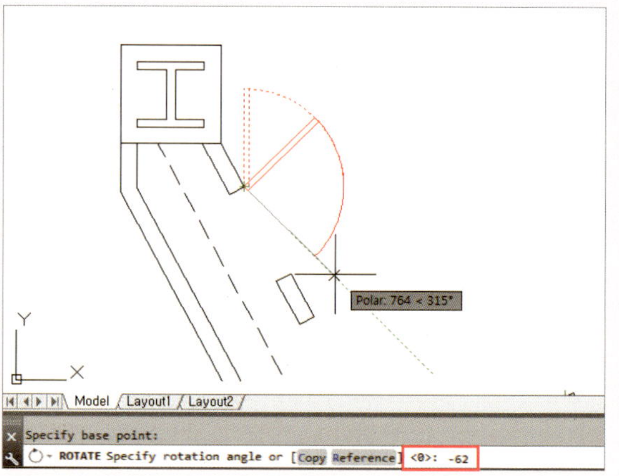

LESSON 03 간단 도면 그리기

그리기 명령을 이용하여 간단한 도면을 작성하는 방법을 알아봅니다.

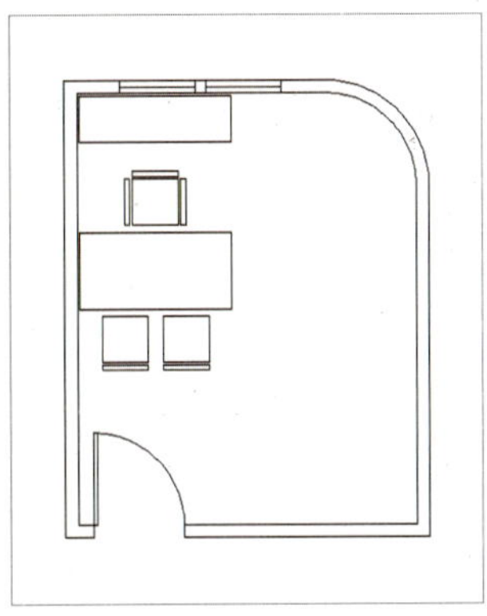

● **학습 목표**

예제를 통해 반복적인 수정 명령을 사용함으로써 도면 그리는 방법에 익숙해지도록 합니다.

● **학습에 필요한 단축 명령어**

F : Fillet   O : Offset

TR : Trim   Arc : A

MI : Mirror   E : Erase

모깎기(Fillet)

Fillet은 특정 교차점의 모서리 부분을 다듬는 수정 명령입니다. 주로 모서리의 벽이나, 의자, 탁자의 모서리 부분을 그릴 때 사용하며 두 선이 끊어져 연결해야 하거나, 원하는 각도만큼 모서리를 수정할 때 사용합니다.

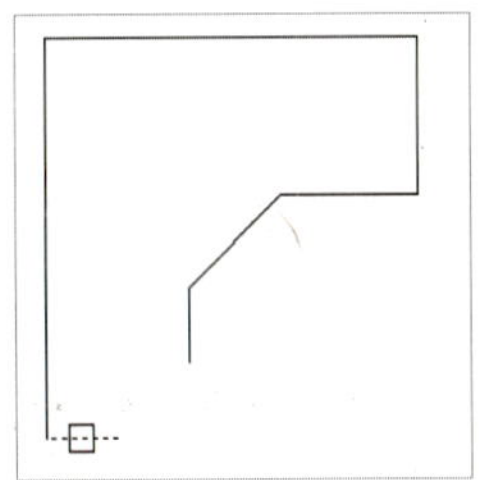

▲ 첫 번째 객체 선택

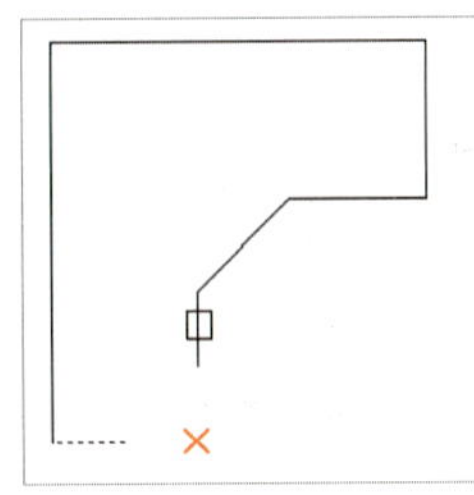

▲ 두 번째 객체 선택

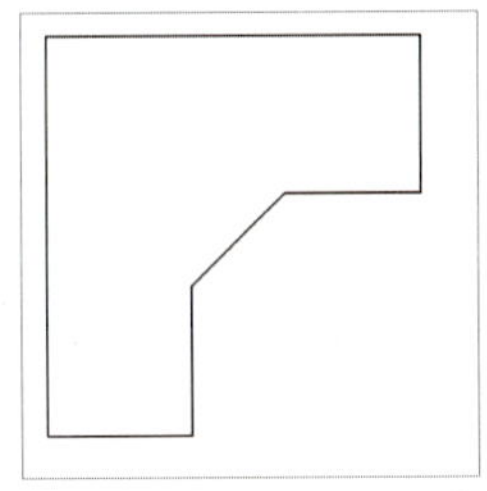

▲ 결과: 반지름 값 r:0

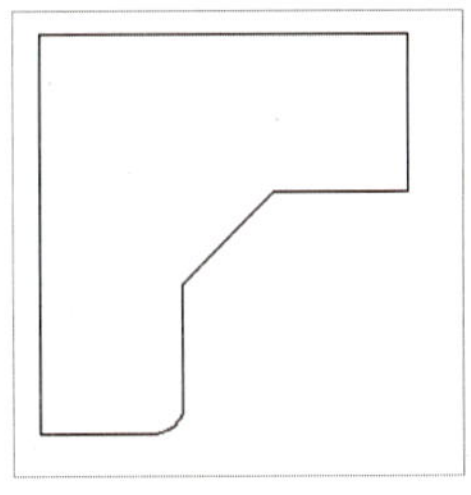

▲ 반지름 값 r:10

01. 새로운 파일을 열어 가로 '2880', 세로 '3600' 사각형을 그립니다.

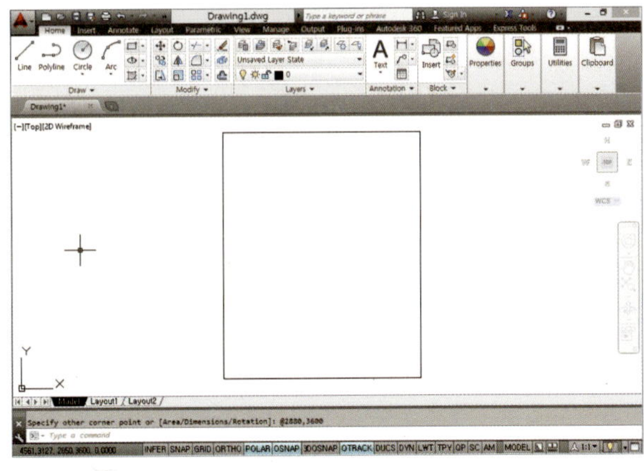

02. [Home] 탭–[Modify] 패널에서 [Fillet]을 클릭합니다.

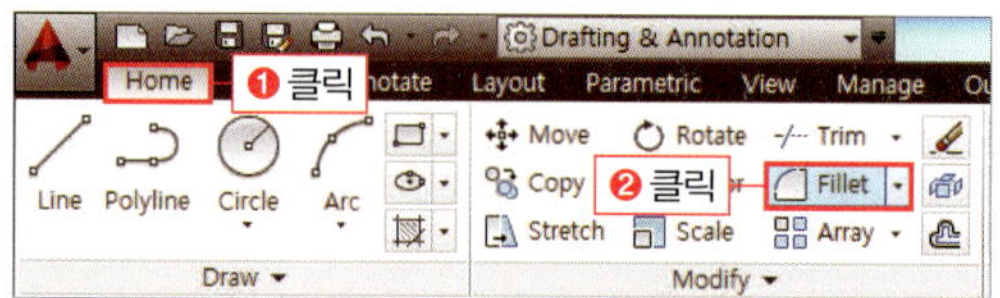

> **TIP** 명령 입력창에서 'F'를 입력하고 **Enter** 를 눌러도 동일한 명령이 실행됩니다.

```
Current settings: Mode = TRIM, Radius = 0
- FILLET Select first object or [Undo Polyline Radius Trim Multiple]:
```

03. 명령 입력창에서 'r'을 입력하고 **Enter** 를 누르거나, [Radius]를 클릭합니다.

```
                                                      ❷ Enter   ❶ 입력
Current settings: Mode = TRIM, Radius = 0
- FILLET Select first object or [Undo Polyline Radius Trim Multiple]: r
```

04. 현재 '0'으로 설정되어 있는 Fillet의 반지름을 '820'으로 바꾼 뒤 **Enter** 를 누릅니다.

```
Specify fillet radius <0.0000>: 820   ❶ 입력   ❷ Enter
- FILLET Select first object or [Undo Polyline Radius Trim Multiple]:
```

05. 사각형의 우측 상단 모서리를 차례대로 클릭합니다.

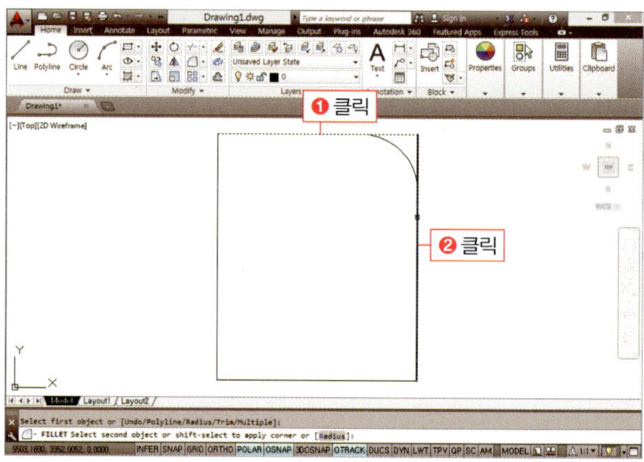

06. 그림과 같이 Fillet 실행을 완성합니다.

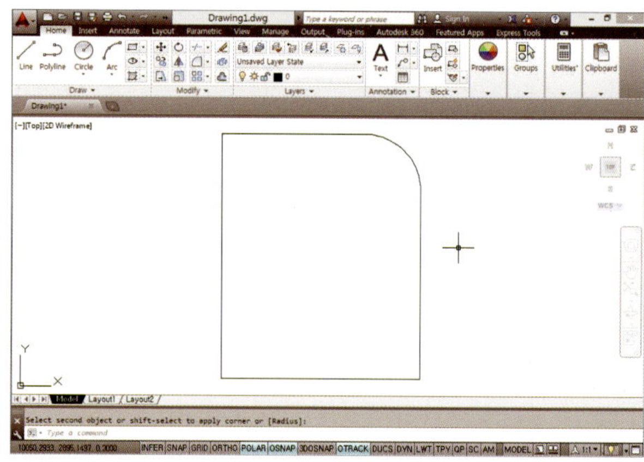

Offset은 일정한 간격을 두고 객체의 간격을 띄우게 하는 명령입니다.

예제 파일 : Part 01/Chapter 03/Sample20.dwg

01. 예제 파일을 불러온 후 [Home] 탭–[Modify] 패널에서 [Offset]을 클릭합니다.

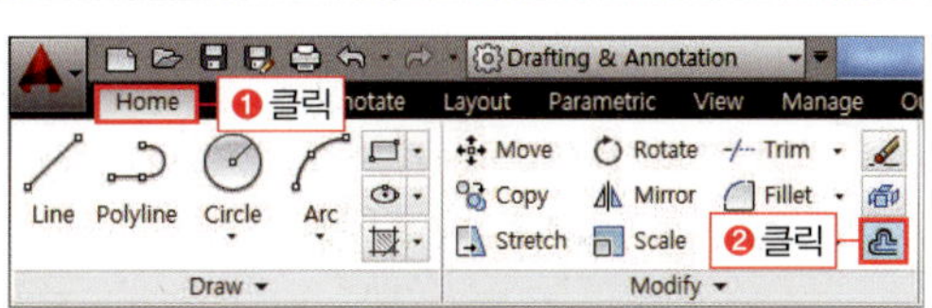

> **TIP** 명령 입력창에서 'O'를 입력하고 **Enter** 를 눌러도 동일한 명령이 실행됩니다.

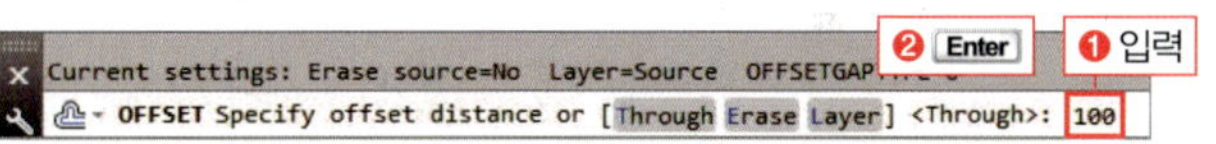

02. 간격으로 '100'을 입력한 후 **Enter** 를 누릅니다.

03. 마우스 포인터의 모양이 바뀌면 그림과 같이 객체를 선택합니다.

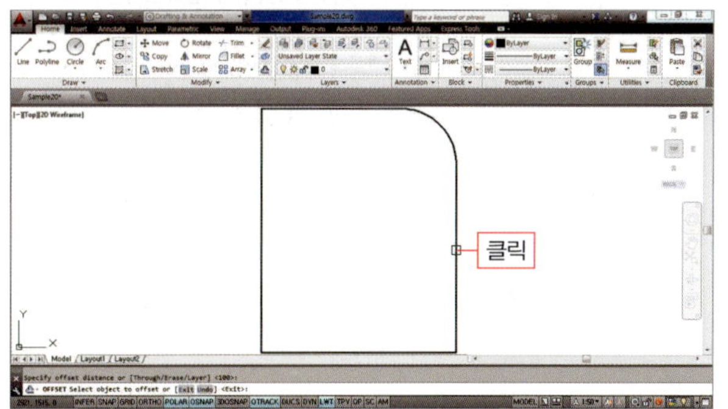

04. 클릭한 후 객체의 안쪽(간격을 적용할 방향)으로 마우스 포인터를 이동시킨 후 다시 클릭합니다.

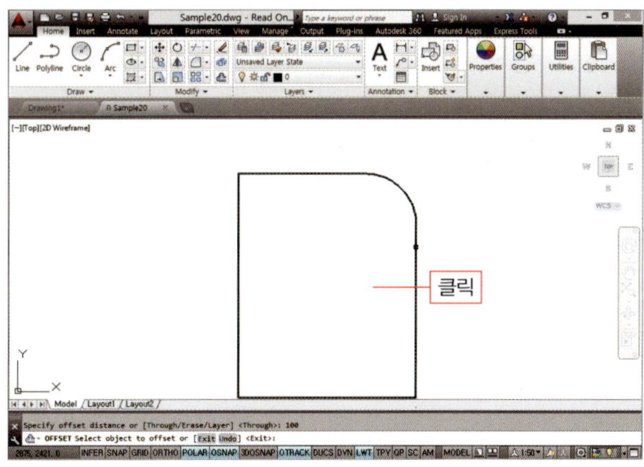

05. 그림과 같이 100 간격으로 객체가 만들어진 것을
확인한 후 **Enter** 를 누릅니다.

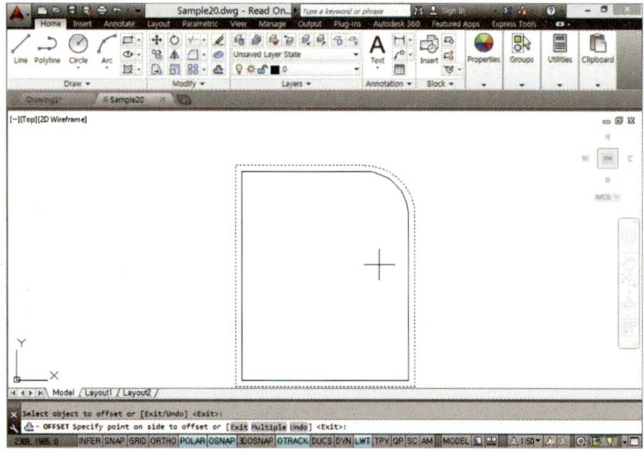

지우기(Erase)

Erase는 선택한 객체나 선을 삭제할 수 있는 명령입니다.

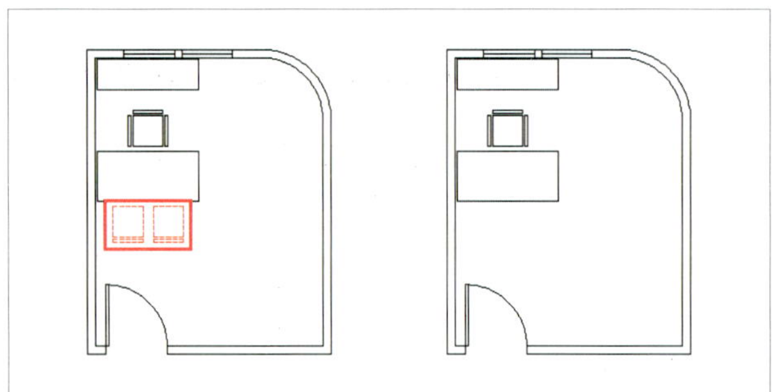

❶ 선택한 객체 지우기

선택한 객체를 지우는 방법을 아래의 따라하기를 통해 알아봅니다.

예제 파일 : Part 01/Chapter 03/Sample21.dwg | **완성 파일** : Part 01/Chapter 03/Sample21-완성.dwg

01. 예제 파일을 불러온 후 [Home] 탭-[Modify] 패널
에서 [Erase]를 클릭합니다.

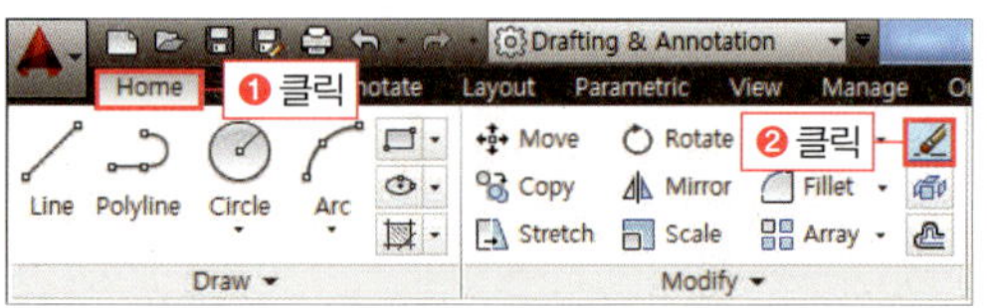

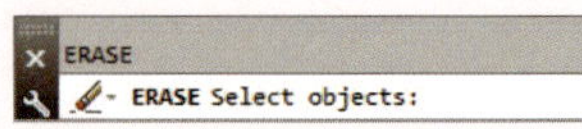

TIP 명령 입력창에서 'E'를 입력하고 **Enter** 를 눌러도 동일한 명령이 실행됩니다.

```
ERASE
ERASE Select objects:
```

02. 삭제할 객체를 그림과 같이 선택합니다.

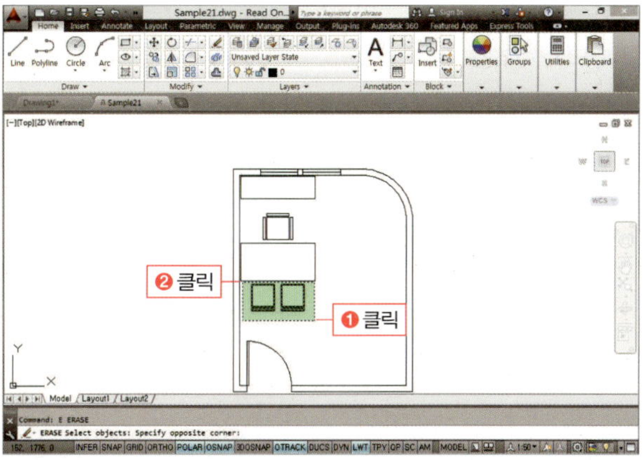

03. Enter 를 누르면 선택한 객체가 삭제되는 것을 확인할 수 있습니다.

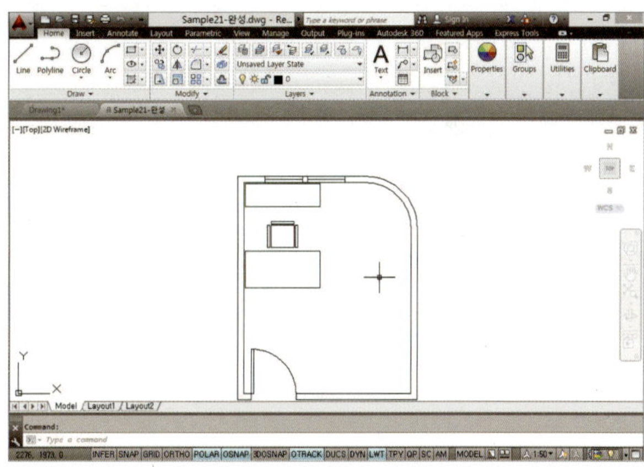

❷ 선택한 영역을 제외한 모든 객체 지우기

선택한 영역 이외의 객체를 지우는 방법을 알아봅니다.

예제 파일 : Part 01/Chapter 03/Sample22.dwg | 완성 파일 : Part 01/Chapter 03/Sample22-완성.dwg

01. 예제 파일을 불러온 후 [Home] 탭-[Modify] 패널에서 [Erase]를 클릭합니다.

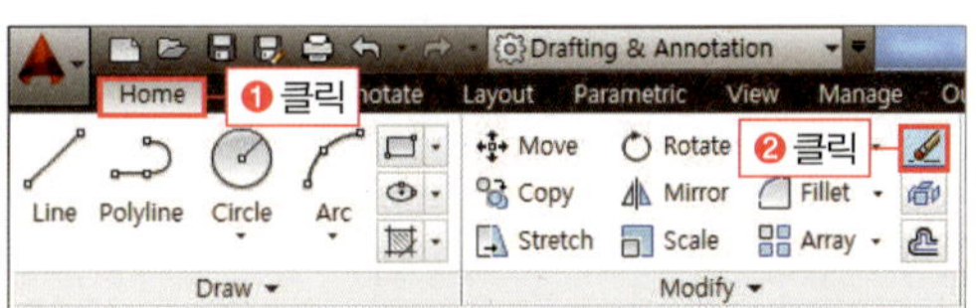

TIP 명령 입력창에 'E'를 입력하고 Enter 를 눌러도 동일한 명령이 실행됩니다.

02. 명령 입력창에 'all'을 입력하고, [Enter]를 누릅니다.

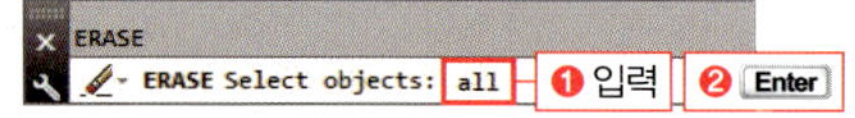
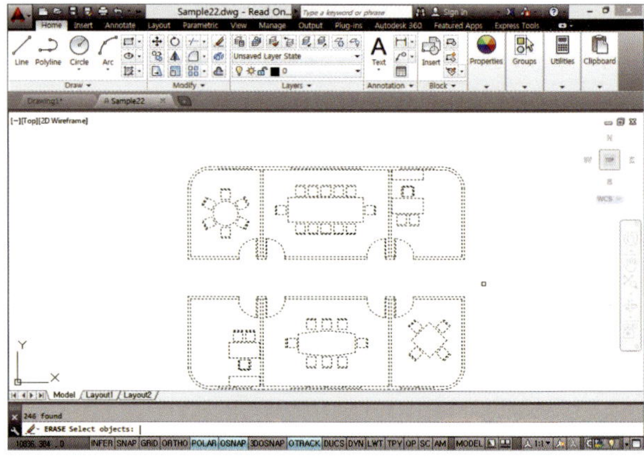

03. [Shift]를 누른 상태에서 삭제하지 않으려는 영역을 선택합니다.

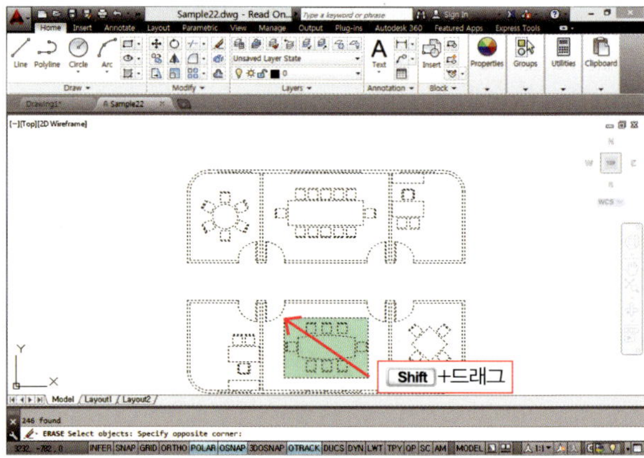

04. 영역을 지정한 객체는 실선으로 변경되는 것을 확인할 수 있습니다.

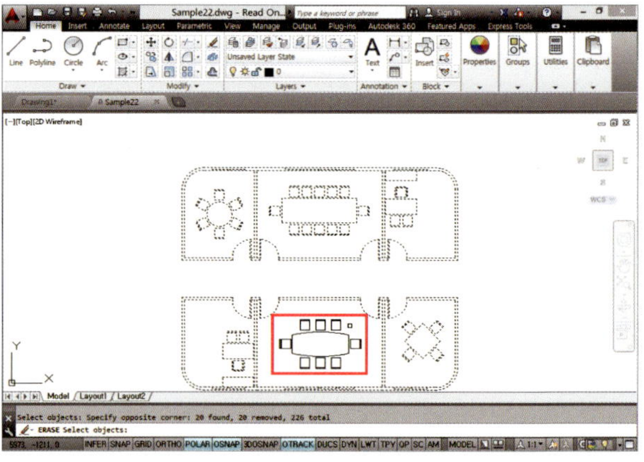

05. Enter를 누르면 그림과 같이 선택한 영역을 제외한 나머지 객체들이 삭제되는 것을 확인할 수 있습니다.

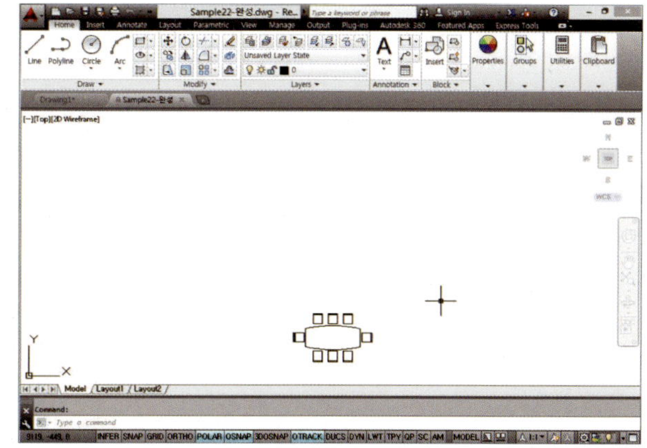

선 자르기(Trim)

앞선 Lesson에서도 잠시 Trim 명령에 대해 알아봤지만, 이번 예제를 통해 확실히 익혀둡니다. 선을 자를 때는 경계가 필요합니다. 예를 들어 천이나 줄을 자를 때 선이나 지점을 표시한 후 재단하는 것과 비슷합니다. 선을 자르거나 연장할 경우 반드시 경계선을 먼저 선택한 후 실행합니다. 그럼 아래의 따라하기를 통해 그 과정을 자세히 알아봅니다.

예제 파일 : Part 01/Chapter 03/Sample23.dwg ㅣ 완성 파일 : Part 01/Chapter 03/Sample23-완성.dwg

01. 예제 파일을 불러온 후 명령 입력창에 'Tr'을 입력합니다. Cutting Edges(자를 선)을 선택하라는 옵션 창이 나타나는 것을 확인할 수 있습니다.

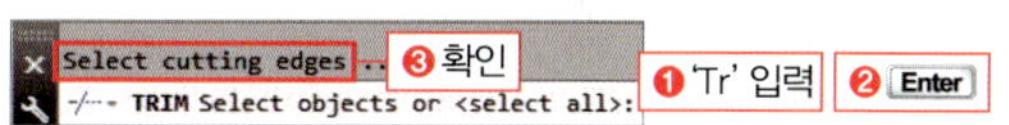

02. 자를 선의 경계에 해당하는 네 개의 선을 클릭한 후 Enter를 누릅니다.

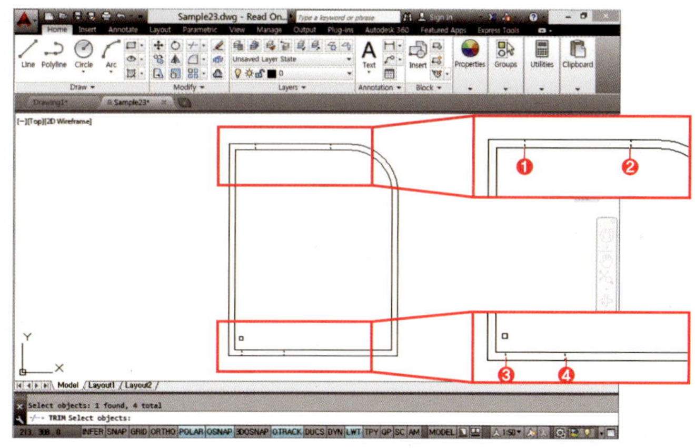

03. 잘라내야 하는 부분에 해당되는 영역을 그림과
같이 선택합니다.

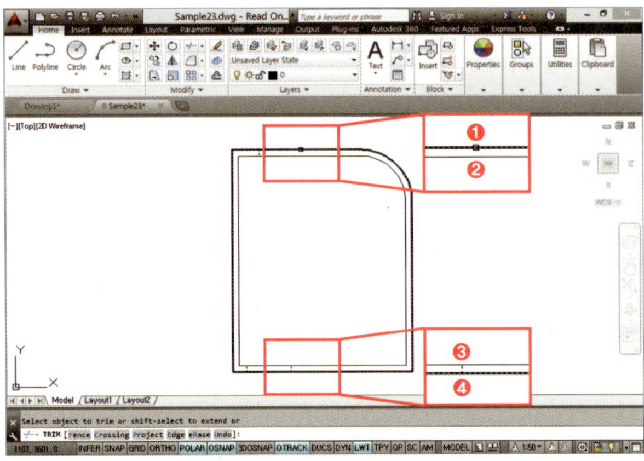

04. Enter 를 눌러 작업을 마무리합니다.

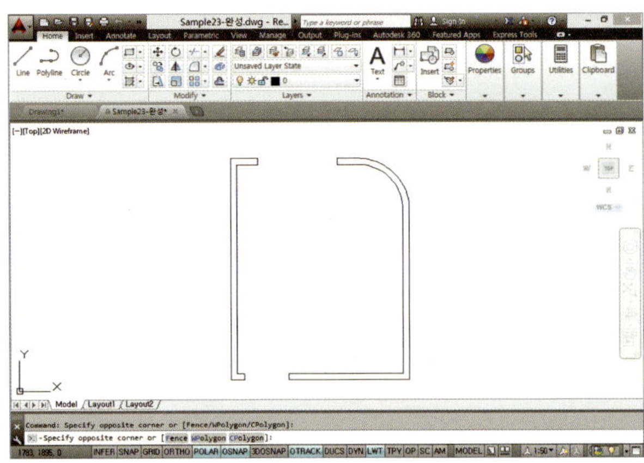

호 그리기(Arc)

호를 그릴 때는 세 점이 필요한데 시작점(Start point), 중간점(Center point), 끝점(End point)으로 이루
어져 있습니다. 그리고 방향은 시작점에 따라 달라집니다.

예제 파일 : Part 01/Chapter 03/Sample24.dwg ｜ 완성 파일 : Part 01/Chapter 03/Sample24-완성.dwg

■ 임의의 지점에서 시작할 때

시계 방향과 시계 반대 방향으로 모두 돌아갑니다.

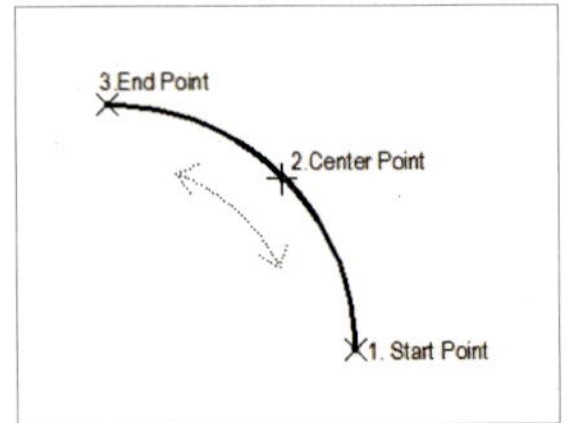

■ 중간 지점에서 시작할 때

가장 많이 호가 그려지는 곳이 문입니다. 이때 중간점(Center Point)에서 시작해야 하며 방향은 시계 반
대 방향임으로 아래의 순서대로 지점을 선택해야 호가 그려집니다.

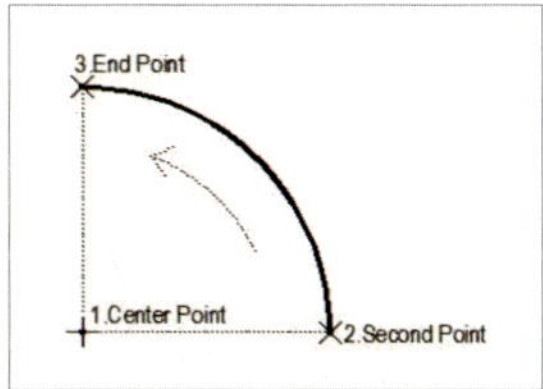

01. 예제 파일을 불러온 후 [Home] 탭-[Draw] 패널
에서 [Arc]를 클릭합니다.

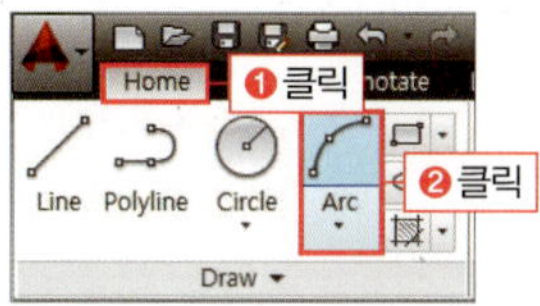

TIP 명령 입력창에 'A'를 입력하고 Enter 를 눌러도 동일한 명령이 실행됩니다.

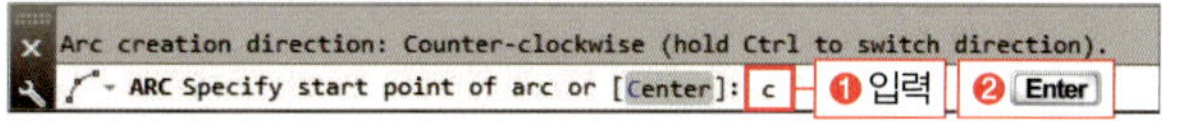

02. 명령 입력창에 'C'를 입력하거나 바로 [Center]
를 클릭합니다.

03. A지점을 Center point로 지정합니다.

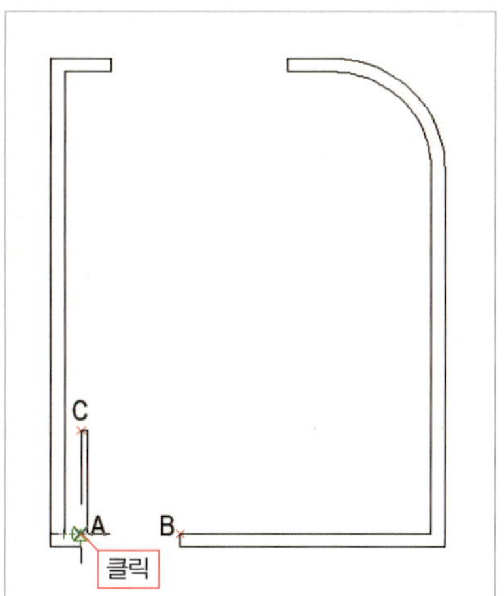

04. Second point로 B지점을 클릭합니다.

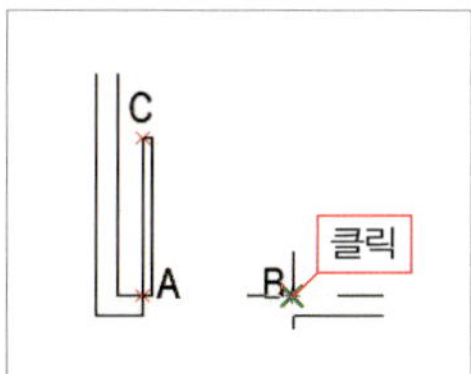

05. End point로 C지점을 클릭하여 Arc 작성을 마무리합니다.

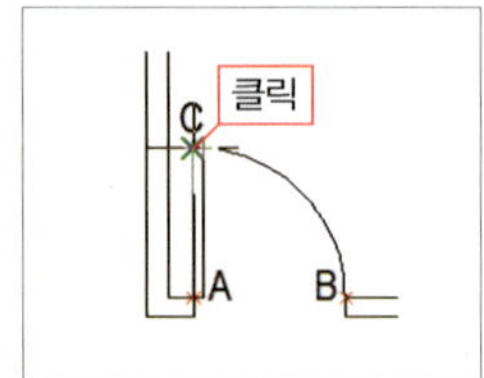

대칭하기(Mirror)

Mirror는 중심선을 기준으로 객체를 대칭 복사하는 기능입니다. Mirror 명령을 실행할 때는 OSNAP 옵션의 [Center]가 활성화되어 있어야 편리하게 사용할 수 있습니다.

예제 파일 : Part 01/Chapter 03/Sample25.dwg **| 완성 파일 :** Part 01/Chapter 03/Sample25-완성.dwg

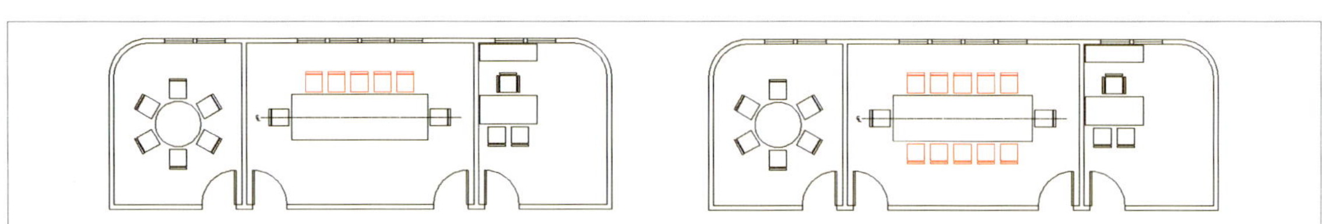

01. 예제 파일을 불러온 후 [Home] 탭–[Draw] 패널에서 [Mirror]를 클릭합니다.

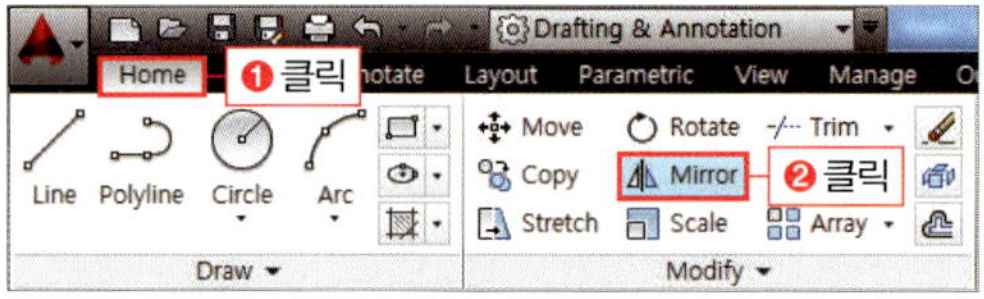

TIP 명령 입력창에 'Mi'를 입력하고 **Enter** 를 눌러도 동일한 명령이 실행됩니다.

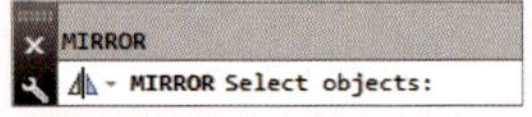

02. 대칭시킬 객체를 그림과 같이 선택한 후 **Enter** 를 누릅니다.

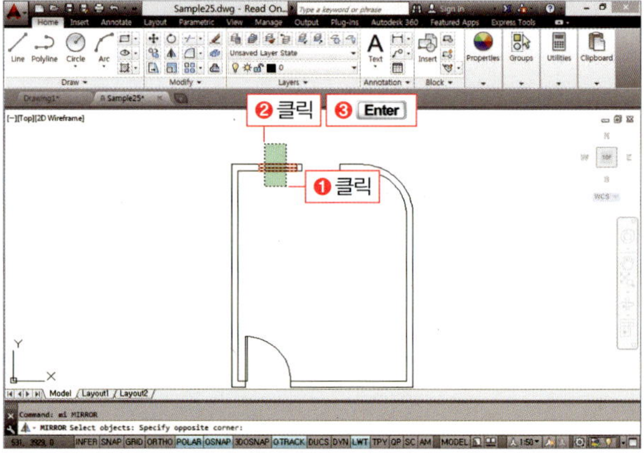

03. 대칭의 기준이 되는 중심점을 클릭합니다.

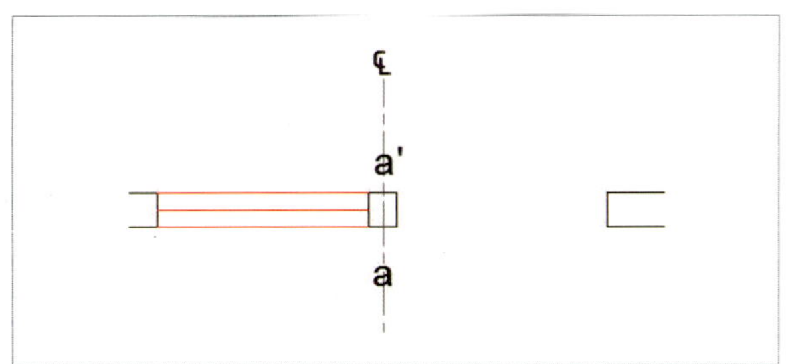

04. 기존 선택한 객체들을 지울 것인가에 대해 묻는 명령 입력창에서 'n'을 입력하거나 [no]를 클릭합니다.

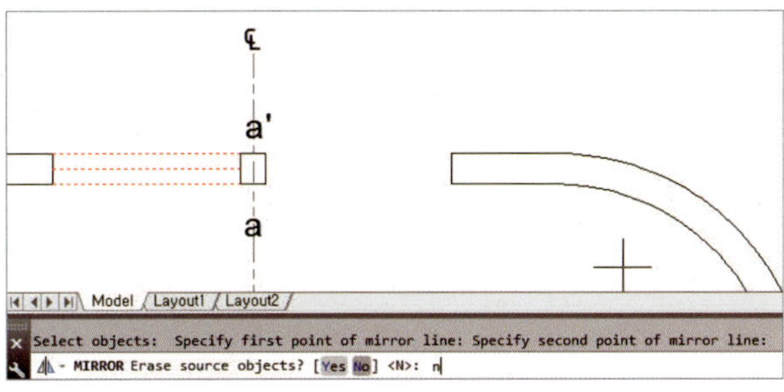

05. Enter 를 누릅니다.

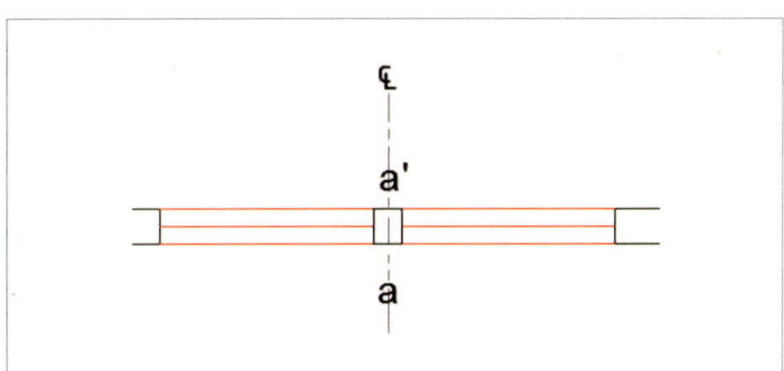

TIP 만약 기존에 선택한 객체를 지우고 싶을 땐 'y'를 입력하거나 [Yes]를 클릭합니다.

06. 나머지 창문 틀, 책상, 의자는 'L'(Line), 'REC'(Rec-tangular), 'MI'(Mirror)와 'M'(Move)로 아래의 치수에 맞게 그려 봅니다.

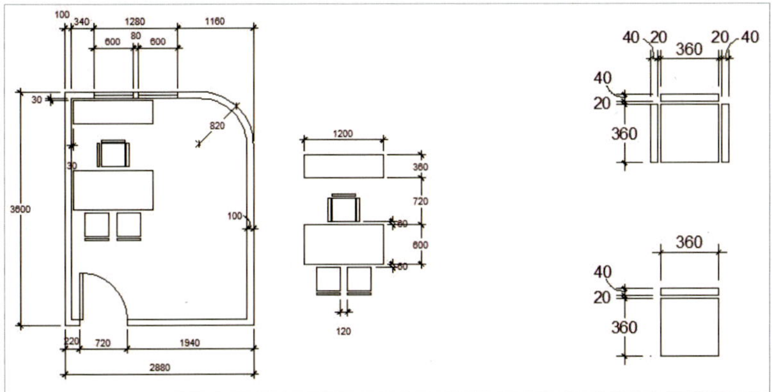

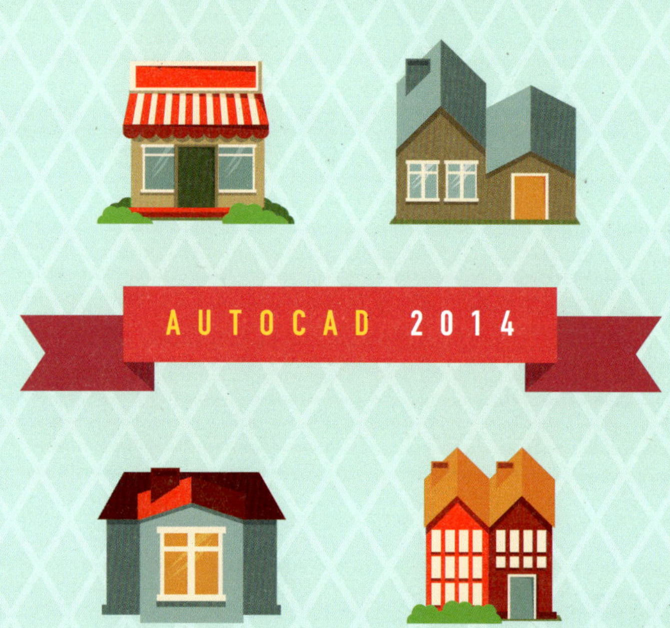
AUTOCAD 2014

객체 특성 관리하기

객체의 특성을 파악하고 수정하는 방법은 두 가지가 있습니다. 선택한 객체의 특성(Monopoly Players : 독점 플레이어)만 바꿀 것이냐, 아니면 객체 속성 자체를 바꿀 것인가에 따라 방법은 달라집니다. 객체의 특성을 일회적으로 수정할 경우 특성(Properties)에서, 속성 자체를 수정하기 원한다면 레이어 특성 관리(Layer Properties Manager)에서 다룹니다.

[객체 특성 관리 방법]

명칭	단일 특성 관리: Properties	레이어 특성 관리: Layer Properties Manager
	빠른 특성 관리: Quick Properties	
특징	단일, 일회성(Mono-)	지속성(Con-)
관리 영역	선택 객체 특성에 한정	레이어 특성에 관한 모든 부분
단축 명령어	MO	LA

이번 Chapter 04에서 아래의 요소들을 습득할 수 있도록 합니다.

01. 객체의 특성을 관리하여 자유자제로 수정이 가능합니다.

02. 레이어를 어떻게 읽는지에 따라 이름 짓는 순서를 이해합니다.

03. Layer Properties Manager에서 새로운 레이어를 만들 수 있습니다.

04. 레이어의 이름을 변경할 수 있습니다.

05. 레이어의 색상을 변경할 수 있습니다.

06. 레이어의 선 종류를 변경할 수 있습니다.

07. 레이어를 삭제할 수 있습니다.

08. 도면에 필요한 레이어 리스트를 숙지합니다.

LESSON 01 단일 객체 특성(Properties) 관리하기 

자신이 원하는 캐드 환경을 만들기 위해서는 객체의 특성을 관리하는 법을 숙지하는 것이 필수적입니다. 얼마나 자신이 사용하고자 하는 객체를 만들고 수정하며 또한, 읽을 수 있느냐에 따라 도면 완성의 속도와 정확도가 달라지기 때문입니다. 그러므로 객체 관리하기 'Properties'를 어떻게 사용하는지 알면, 복잡한 도면을 효율적으로 드로잉할 수 있을 것입니다.

● **학습 목표**

특성 메뉴 창을 열어 단일 객체를 일회적으로 수정할 수 있도록 합니다.

● **학습에 필요한 단축 명령어**

MO : Properties

QP : Quick Properties

Properties란?

객체와 소통하기, '객체, 넌 어디서 왔니?'

AutoCAD에서 [Properties] 패널이란 레이어, 색상, 선 종류나 굵기를 관리해 주는 툴이자, 객체가 가지고 있는 속성에 관해 정보를 알 수 있는 매개체입니다. AutoCAD 이용자들은 도면을 그릴 때 아무런 생각 없이 무턱대고 선을 그리지 않습니다. 그리는 객체의 속성을 내포하고 있는 레이어를 이용하여 객체에 의미를 부여하기 때문에 [Properties] 패널을 통해 객체가 어디에 필요한 건지, 무엇을 지칭하는지를 추측할 수 있습니다. 예를 들어 협력 기업이나 다른 동료가 그린 도면을 당신이 읽는다고 가정해 봅시다. 특정 객체가 무엇을 뜻하는지 애매할 경우 전화할 필요까지는 없습니다(실제 업무에서는 전화하는 게 가장 확실한 방법이긴 합니다). [Properties] 패널을 활성화하여 레이어의 이름을 확인해 보면 알 수 있기 때문입니다. 도면이 복잡한 경우에 선택 객체가 책상인지 선반인지는 눈으로 분별하기에는 한계가 있습니다. 이럴 때 객체와 소통하는 역할을 [Properties] 패널이 합니다.

[Properties] 패널은 크게 두 가지가 있습니다. 자세히 모든 특성을 관리해 주는 창과 간단히 요약하여 객체의 핵심 특성만을 알려주는 창으로 주된 기능에도 차이가 있습니다. 도면 그리기에서 자주 사용하는 툴은 앞서서 언급한 [Properties] 패널이며 객체의 모든 특성 파악뿐만 아니라 수정까지 원스톱으로 가능하며, Quick Properties Palettes는 중요한 핵심 특성만 알려줍니다. 보통 QP(Quick Properties Panel) 모드로 Drafting Setting Bar에서 켜주면 객체 클릭과 함께 자동으로 활성화됩니다. 하지만 이 기능은 도면을 그리는데 있어 화면의 가려 불편함을 주기 때문에 보통 꺼두는 것을 권장합니다.

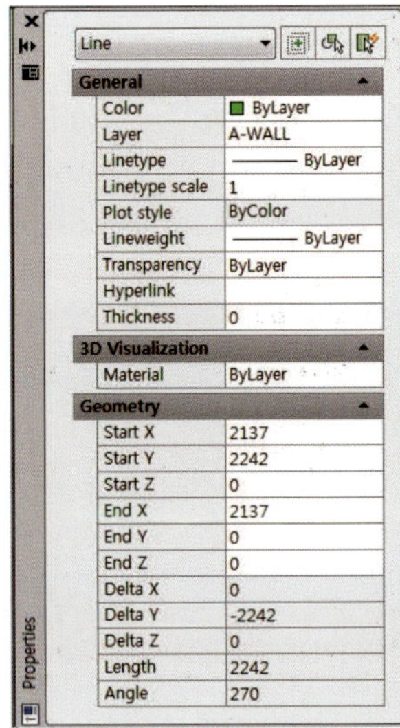

▲ Properties

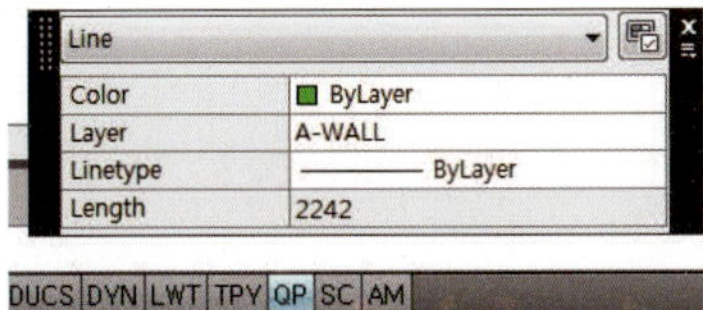

▲ Quick Properties Palette

예제 파일 : PART 01/Chapter 04/Sample01.dwg ｜ 완성 파일 : PART 01/Chapter 04/Sample02.dwg

01. 예제 파일을 불러온 후 수정할 문의 스윙(Door Swing) 부분을 선택합니다.

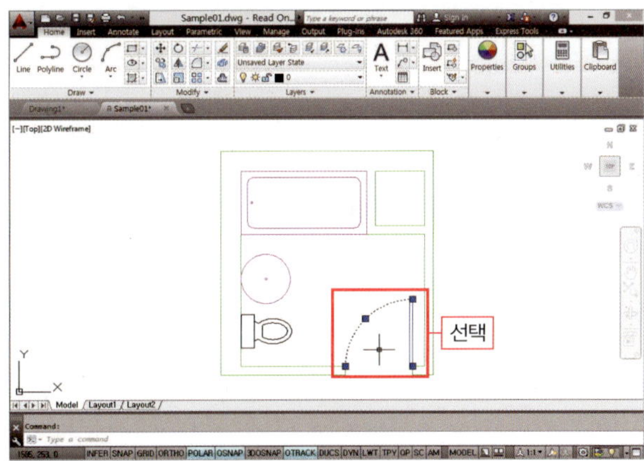

02. 명령 입력창에 'Mo'를 입력하고 Enter 를 누릅니다.

> TIP 1, 2 단계의 순서를 바꿔도 상관은 없습니다. 'Mo' Enter →
> 객체 선택

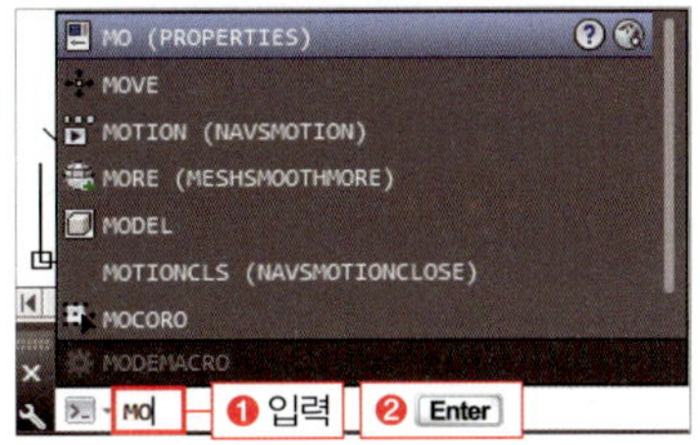

03. [Layer]에서 'A-DOOR'로 바꿉니다.

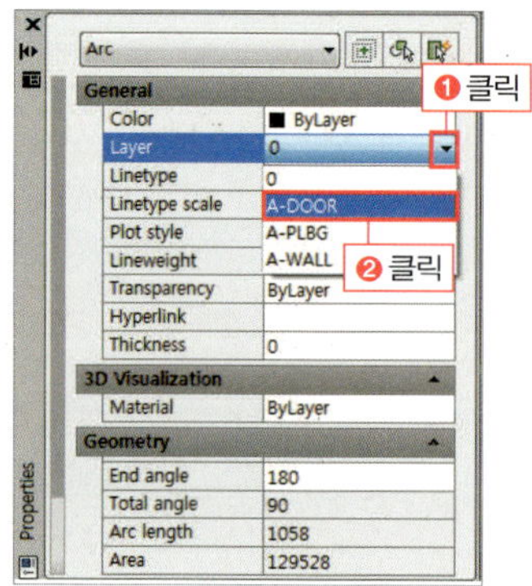

04. 위와 동일한 방법으로 [Linetype]을 'HIDDEN'으로 바꿉니다.

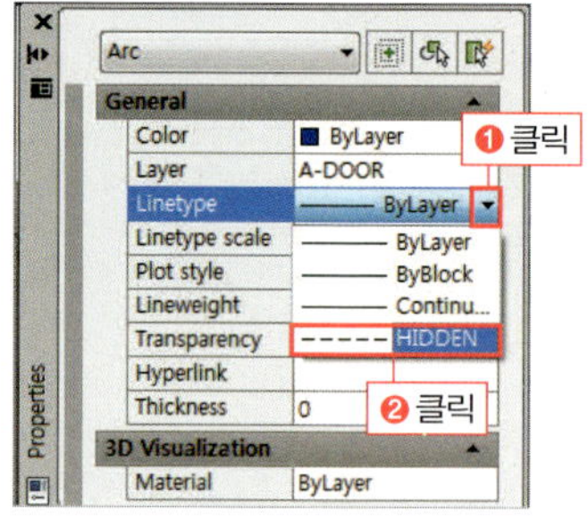

05. [Linetype scale]을 '1'에서 '300'으로 설정합니다.

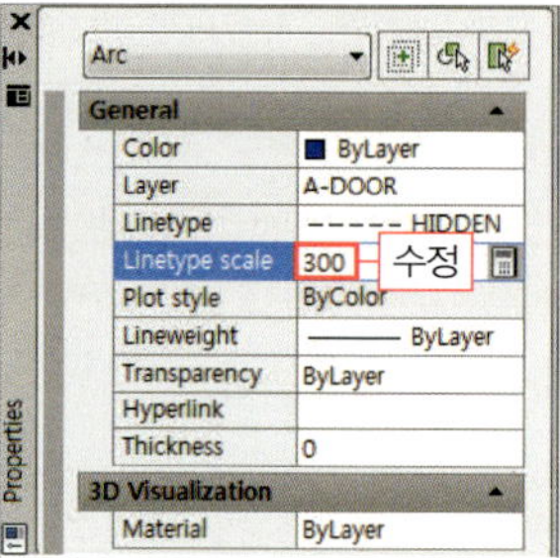

TIP '300'으로 바꾸는 이유는 뒤의 LTSCALE에서 다루도록 하겠습니다.

06. Esc 를 누르면 선택한 Arc(호)가 그림과 같이 바뀌는 것을 확인할 수 있습니다.

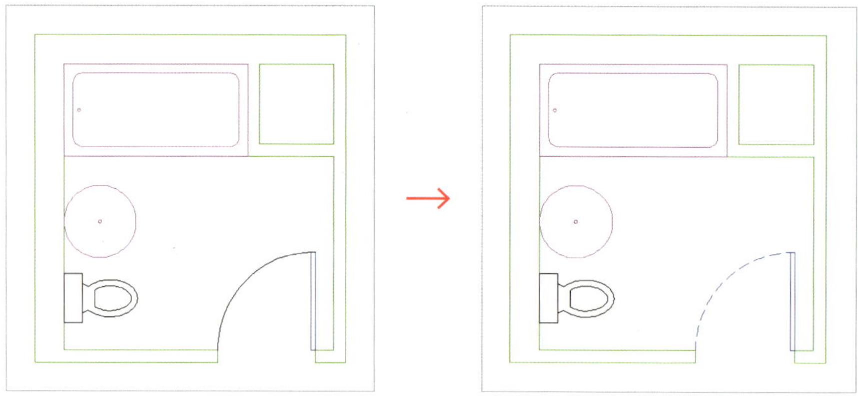

LESSON 02 레이어(Layer) 입히기

도면을 그릴 때 객체에 알맞은 레이어를 반영했을 시, 수정이 빠를 뿐만 아니라, 차후 도면 삽입(External refer-ence)이 이루어질 때도 레이어 관리 및 정리가 편리해 집니다. 얼마만큼 레이어를 잘 정리하고 관리할 수 있느냐가 작업 속도의 승부로 이어집니다. 가장 좋은 방법은 예제를 통한 습득인 만큼 도면에서 자주 사용하는 레이어 기능을 추려 집중적으로 다루겠습니다.

● **학습 목표**

레이어의 특성과 상태를 자유자제로 변경할 수 있도록 합니다.

● **학습에 필요한 단축 명령어**

LA : Layer Properties Manager

[Layers] 패널의 구성

[Home] 탭-[Layers] 패널을 확인하면 레이어와 관련된 기능들을 확인할 수 있습니다. 자주 사용하는 기능은 [Layers] 패널 상단에, 자주 사용하지 않는 기능은 확장 버튼에 숨어 있습니다.

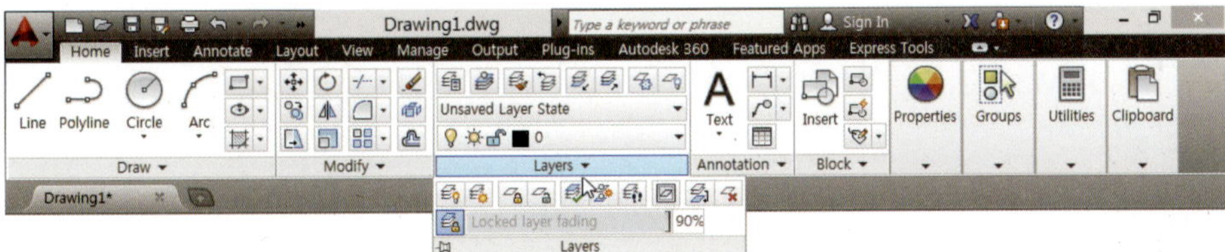

레이어 도구

[Layers] 패널에는 레이어에 필요한 모든 도구 모음이 버튼 형식으로 정리되어 있습니다.

레이어 특성 및 상태 변경

주로 레이어의 특성이나 상태를 변경할 때 사용하는 툴로써 아래의 세 가지 기능으로 분류할 수 있습니다.

❶ Layer Properties(🗐) : 레이어를 만드는 것부터 수정 및 삭제에 이르기까지 특성을 수정하고 관리할 수 있는 관리 창입니다. 단축 명령어로 'LA'를 사용합니다.

❷ Make Object's Layer Current(🗐) : 현재 레이어 상태를 지정한 객체의 레이어로 변경하고 싶을 때 사용하는 툴입니다.

❸ Match(🗐) : 레이어 속성을 바꾸고 싶은 객체에 원하는 레이어 속성을 매치시켜 주는 툴입니다. 순서는 반대이지만, 같은 기능을 가진 [Match Property](🗐)를 더 많이 사용합니다.

예제를 통해 레이어 특성 및 상태 변경 응용 도구 활용법을 익힙니다.

예제 파일 : Part 01/Chapter 04/Sample02.dwg | **완성 파일 :** Part 01/Chapter 04/Sample02-완성.dwg

01. 예제 파일을 불러온 후 [Home] 탭–[Layers] 패널에서 [Layer Properties](🗐)를 클릭합니다.

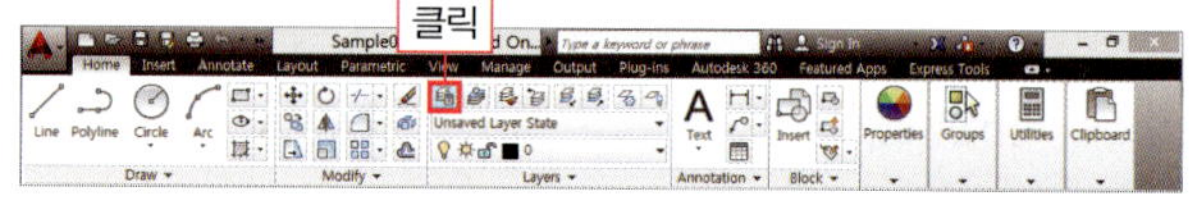

TIP 명령 입력창에서 'La'를 입력한 후 **Enter**를 눌러도 동일한 명령이 실행됩니다.

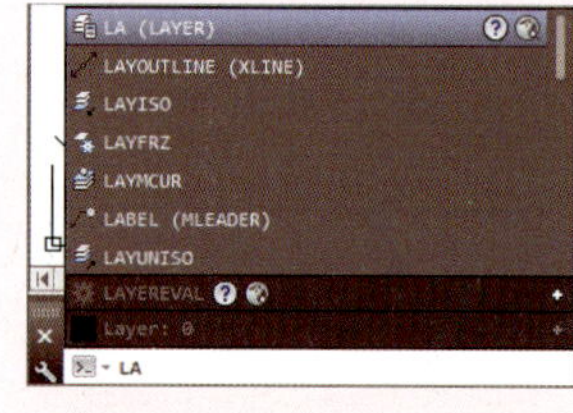

02. 현재 레이어가 '0' 인지 확인한 후 Layer Properties Manager를 끕니다.

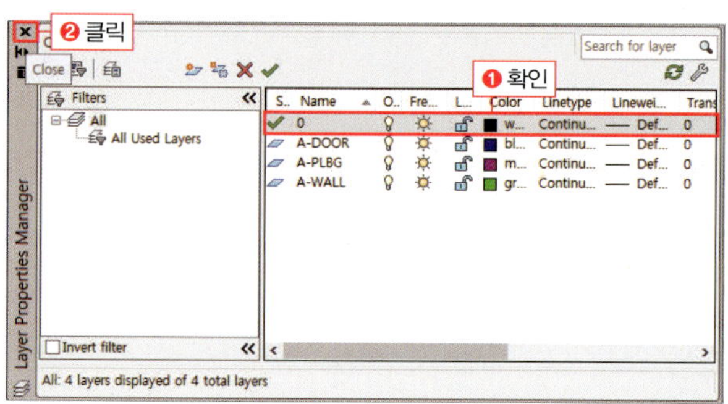

03. [Make Object's Layer Current](⬛)을 클릭한 다음 녹색의 벽을 선택합니다.

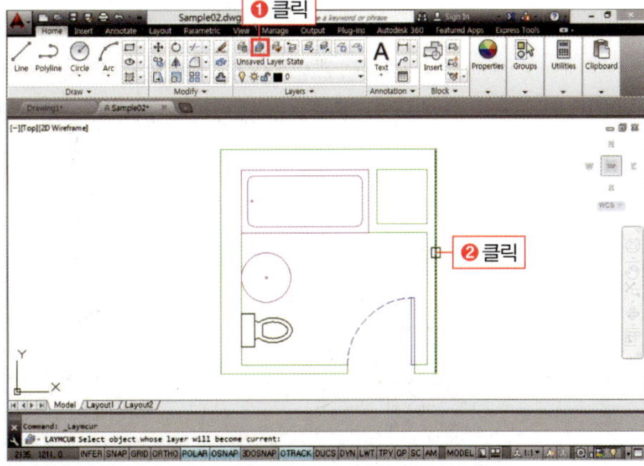

04. 현재 레이어가 'A-DOOR'에서 'A-WALL'로 변경된 것을 확인할 수 있습니다.

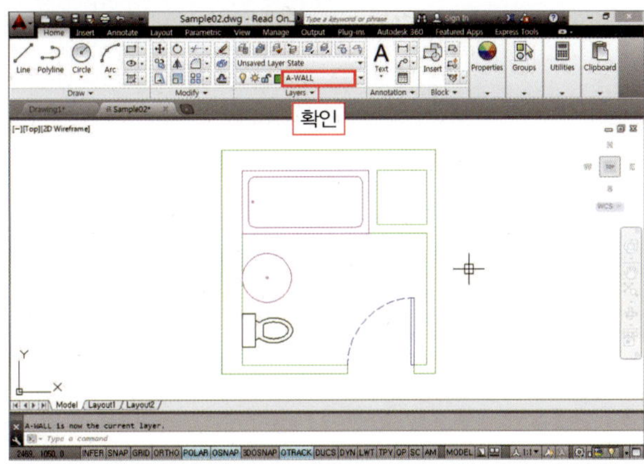

05. L(Line) 명령으로 그림과 같이 선을 만듭니다.

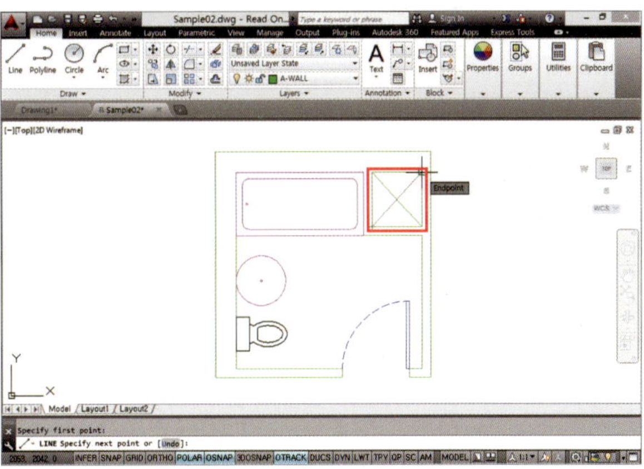

06. [Match](🗒️)를 클릭한 후 변경할 객체를 선택하고 Enter 를 누릅니다.

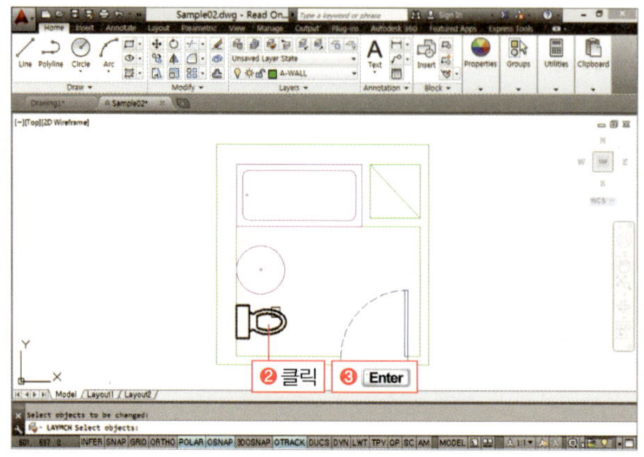

TIP 명령어 입력창에서 단축 명령어 'Ma'를 입력하고 Enter 를 눌러도 동일한 명령이 실행되지만, 객체 선택 순서는 Match와 반대이므로, 주의를 기울입니다(P155 참조).

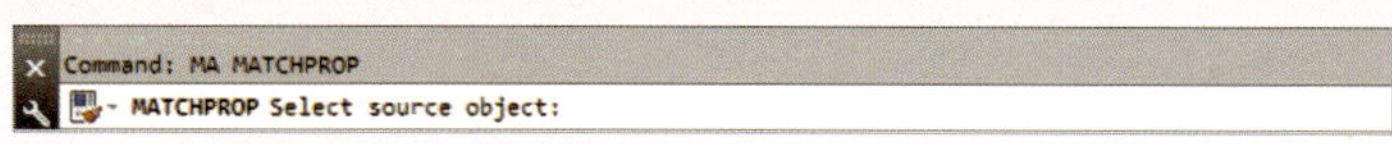

단, [Layers] 패널에서 [Match](🗒️)는 해당 레이어의 속성만 변경시켜 줌으로써 일시적인 색상 변경 혹은, 속성에 대한 변경은 불가합니다.

07. 변경하고 싶은 레이어 속성을 지닌 객체(Object on Destination layer)를 선택합니다.

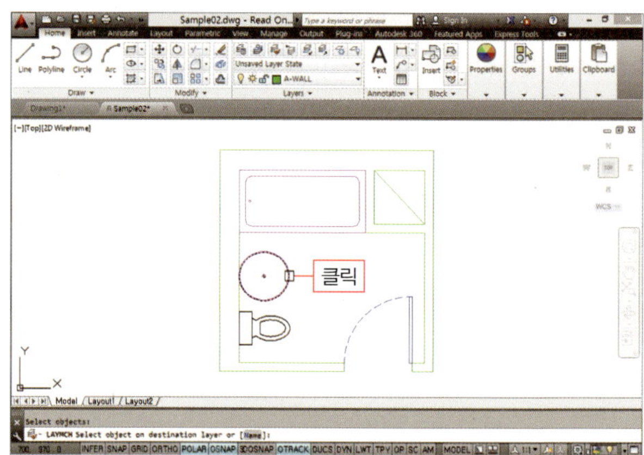

08. 양변기 레이어가 세면대가 지닌 레이어(A–PLUG)로 변경되었습니다.

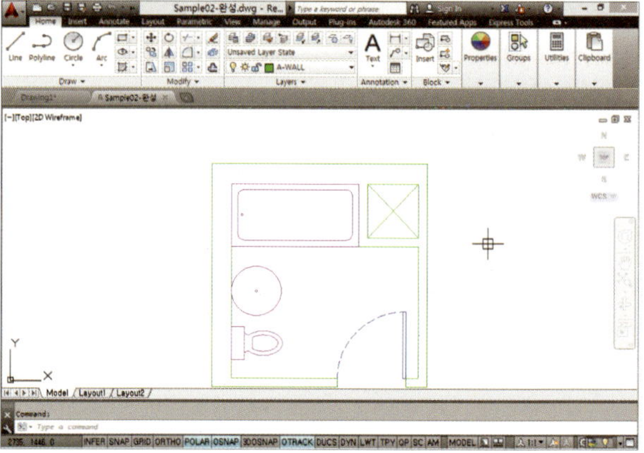

전체적인 레이어 특성 변경이나 빠른 속도로 도면을 정리할 때 유용하게 사용하는 도구입니다.

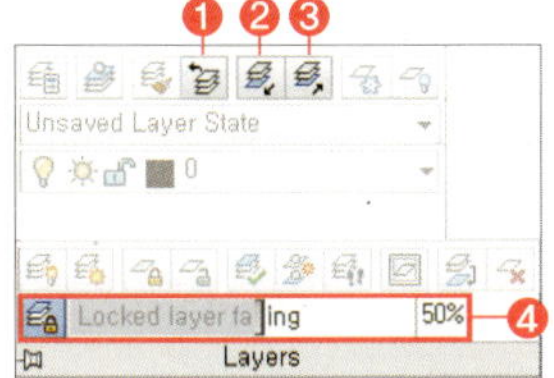

❶ Previous(📑) : 레이어의 특성을 변경한 시점을 기준으로 전 단계로 이동하는 툴입니다. 아래의 [Iso-late](📇) 기능과 주로 매치하여 사용하며, 도면을 수정하기 위해 특정 레이어의 잠그기 풀기를 한 후 이전의 단계인 모든 레이어가 잠겨져 있지 않은 상태로 돌아가게 해줍니다. 단축 명령어로 'Layerp'를 사용합니다.

> **TIP** 단축 명령어가 길다고 생각되면 단축 명령어 교정 부분에서 언급할 단축 명령어 수정을 통해 자신이 원하는 단축 명령어를 편리하게 쓸 수 있습니다. 특히 '레이어 특성 변경 전 단계로 돌아가기'와 '선택 레이어 잠그기', '잠긴 레이어 풀기'는 단축 명령어 수정을 해 놓는 것이 사용하기에 좋습니다.

❷ Isolate(📇) : 선택한 객체의 레이어만 남겨두고 모두 잠기는 상태가 됩니다. 지정한 레이어만 남겨두고 다른 모든 레이어는 잠금 상태가 됨으로 수정하기가 쉽도록 도와줍니다. 단축 명령어로 'Layiso'가 있습니다. 잠겨진 레이어는 선의 투명도가 자동으로 50%로 설정되어 있음으로 잠그기가 된 상태임을 시각적으로 확인할 수 있습니다.

❸ Unisolate(📇) : 잠겨진 모든 선택 레이어를 다시 풀어주는 툴입니다. 단축 명령어로 'Layuniso'가 있습니다.

❹ 잠겨진 레이어 투명도 조절(🔒 Locked layer fading   50%) : 잠겨 있는 레이어의 투명도를 조절해 주는 기능으로써 선택 레이어 잠그기(Isolate) 실행과 함께 유용하게 쓰입니다. 투명도를 90%로 설정하면 잠겨 있는 레이어가 거의 화면에 보이지 않아 도면을 수정할 때 레이어 특성을 가진 객체를 선택하기에 쉽게 해 주는 장점이 있습니다.

예제 파일 : Part 01/Chapter 04/Sample03.dwg

01. 예제 파일을 불러온 후 [Home] 탭-[Layers] 패널에서 [Isolate](📇)를 클릭합니다.

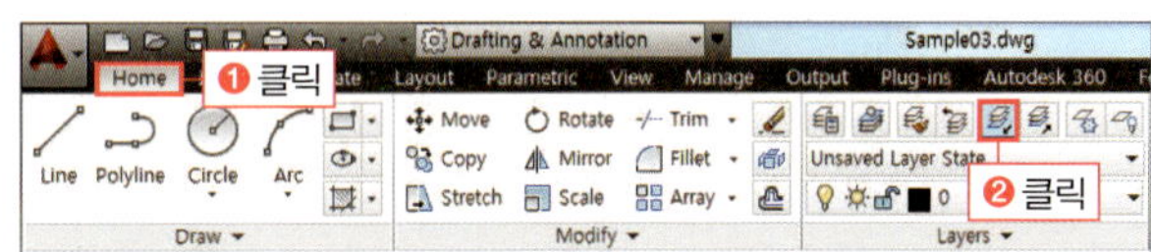

> **TIP** 명령 입력창에서 'Layiso'를 입력하고 **Enter**를 눌러도 동일한 명령이 실행됩니다.

```
Current setting: Lock layers, Fade=50
- LAYISO Select objects on the layer(s) to be isolated or [Settings]:
```

02. 문(A-DOOR)을 선택합니다.

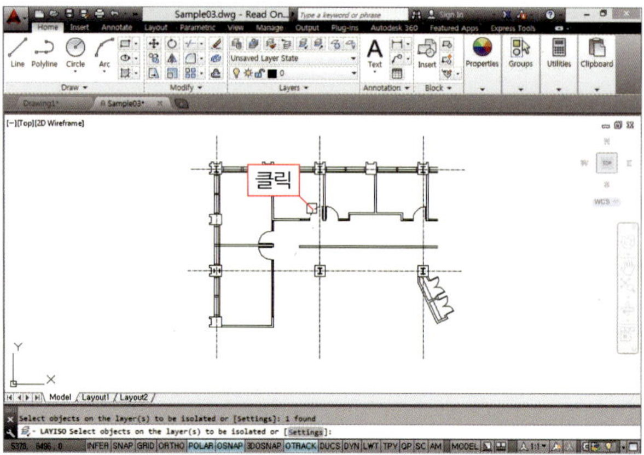

03. **Enter** 를 누릅니다. 문 객체 외에는 모든 레이어가 흐리게 보입니다(초기 설정: Fade 50%).

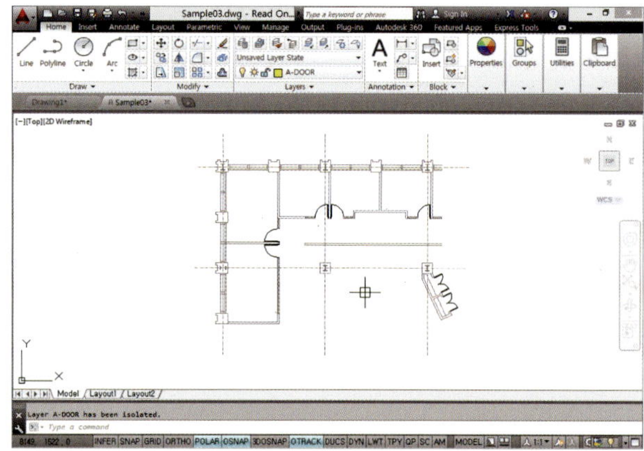

04. Blue Box로 영역을 지정하여 문을 선택합니다.

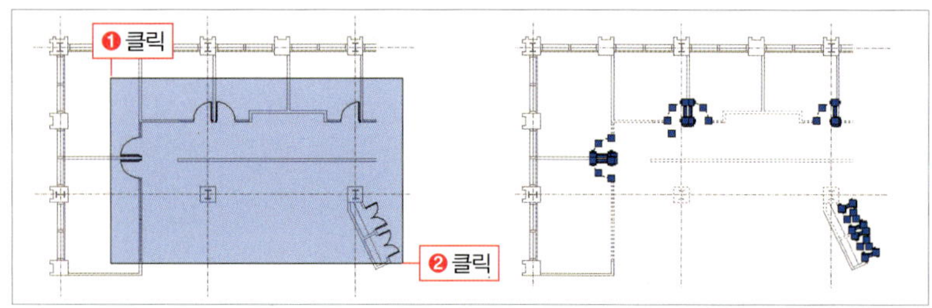

TIP 문(A-DOOR)이 아닌 다른 객체가 선택되도 문(A-DOOR) 이외의 모든 레이어는 잠겨 있습니다.

05. 이번에는 [Home] 탭–[Properties] 패널에서 [Object Color]를 'ByLayer'로 설정합니다.

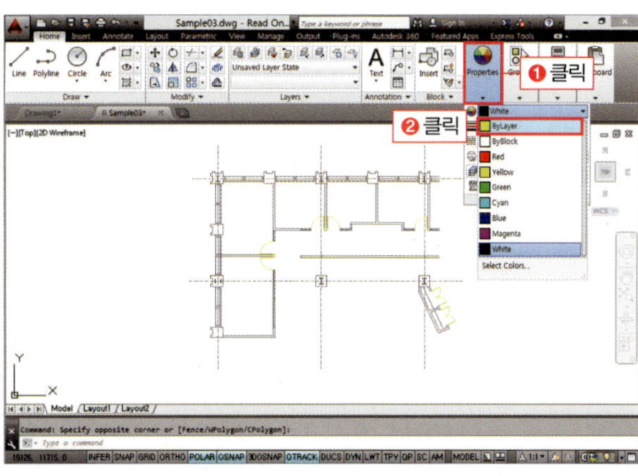

> **TIP** **ByLayer은 무엇이고, ByBlock과 뭐가 다른가요?**
> - By : ~따라 + Layer(레이어) : 레이어 특성에 따라 바뀐다는 의미입니다.
> - By : ~따라 + Block(블록) : 블록의 특성에 따라 바뀐다는 의미입니다.

06. 선택된 객체 중에 잠겨져 있는 레이어가 있다는 창이 나타나면 [닫기] 버튼을 클릭합니다.

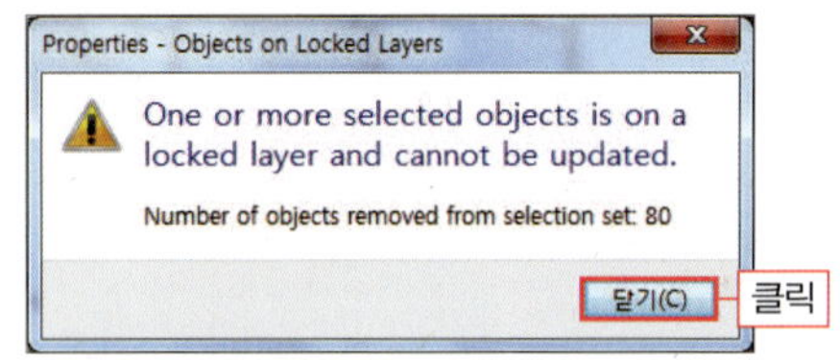

07. [Esc]를 누르면 그림과 같이 문(A–DOOR) 레이어로 설정된 모든 객체가 색상이 바뀝니다.

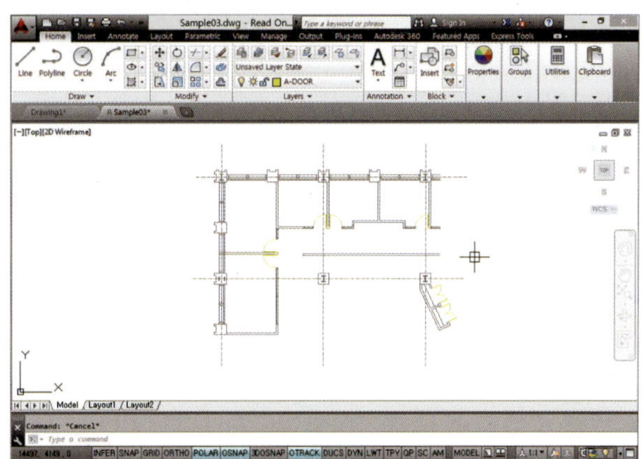

08. [Home] 탭–[Layers] 패널에서 [Unisolate]( )를 클릭합니다.

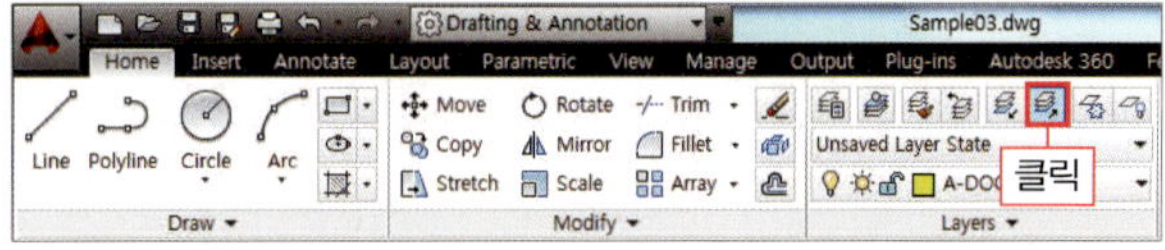

> **TIP** 명령 입력창에서 'Layuniso'를 입력하고 [Enter]를 눌러도 동일한 명령이 실행됩니다.

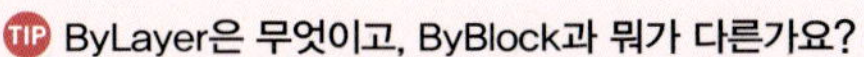

09. 잠겨진 레이어가 모두 해지됩니다.

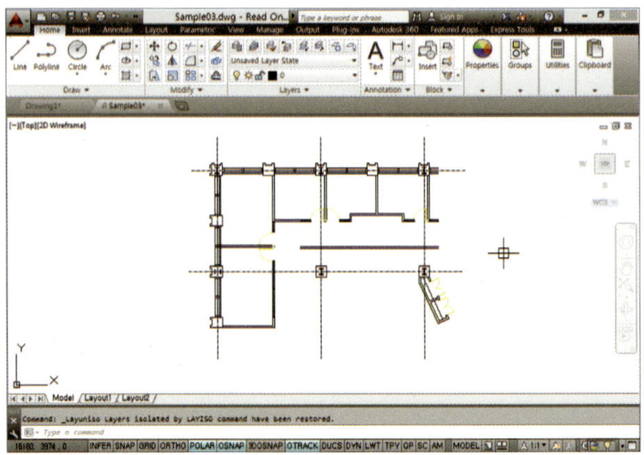

10. 잠긴 선택 레이어가 50%만 흐리게 보이는 것이 객체 선택에 있어서 불편하다면, 90%로 변경하여 보다 편리하게 사용할 수 있습니다. 잠긴 레이어 투명도 조절 창에서 '90'을 입력합니다.

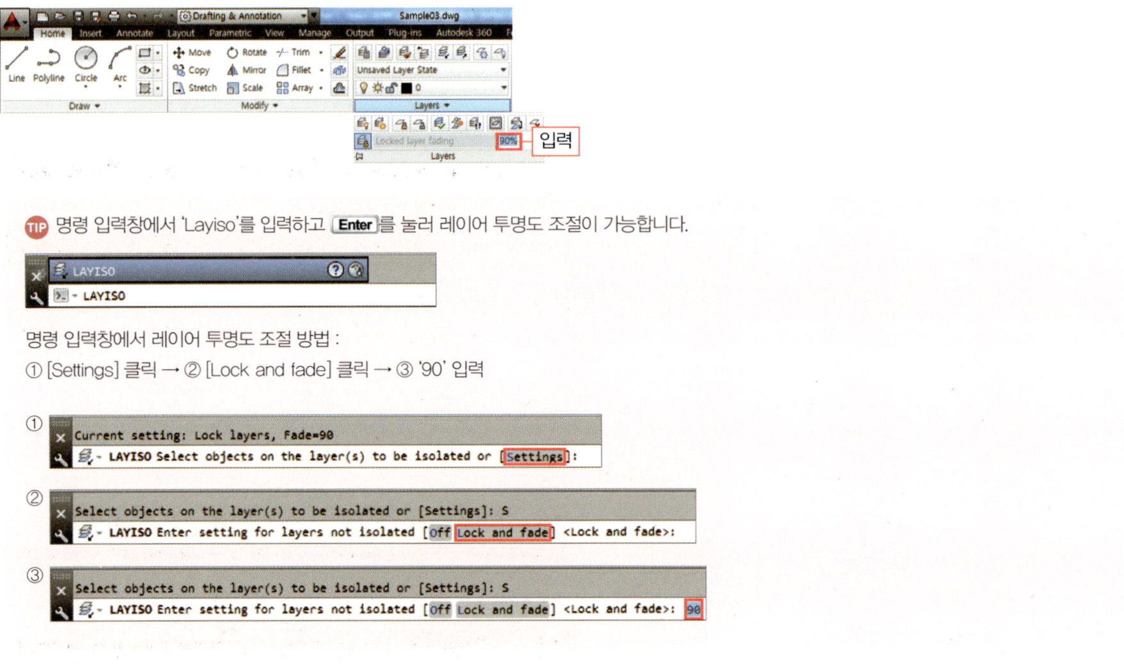

TIP 명령 입력창에서 'Layiso'를 입력하고 **Enter**를 눌러 레이어 투명도 조절이 가능합니다.

명령 입력창에서 레이어 투명도 조절 방법 :
① [Settings] 클릭 → ② [Lock and fade] 클릭 → ③ '90' 입력

선택 레이어의 잠그고 풀기를 빠르게 실행하는 방법을 예제 따라하기를 통해 알아봅니다.

예제 파일 : Part 01/Chapter 04/Sample04.dwg | 완성 파일 : Part 01/Chapter 04/Sample04-완성.dwg

01. 예제 파일을 불러온 후 [Home] 탭–[Layers] 패널에서 [Isolate](이미지)를 클릭한 후 중심선(A–COLS–GRID)을 선택합니다.

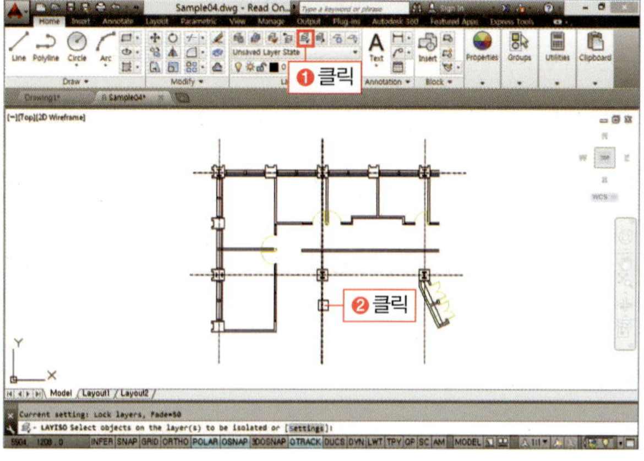

02. Enter 를 누르면, 중심선 외에는 모든 레이어가 흐리게 보입니다(Fade 90%).

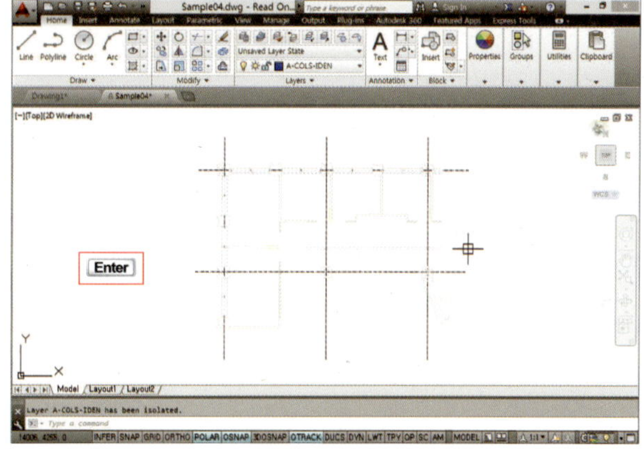

03. Green Box를 이용하여 중심선을 모두 선택합니다.

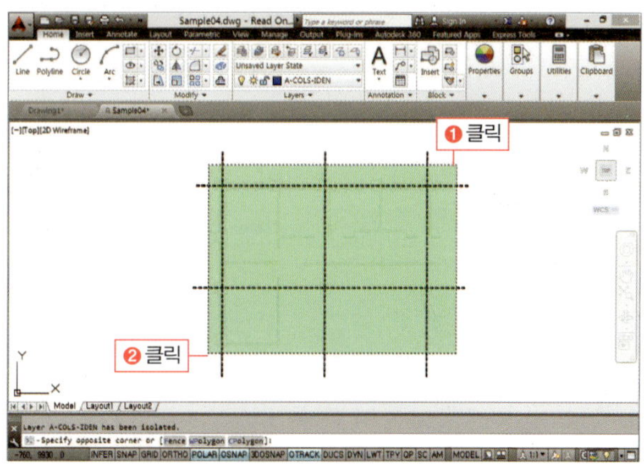

04. [Home] 탭-[Properties] 패널의 [Object Color]에서 'ByLayer'를 선택합니다.

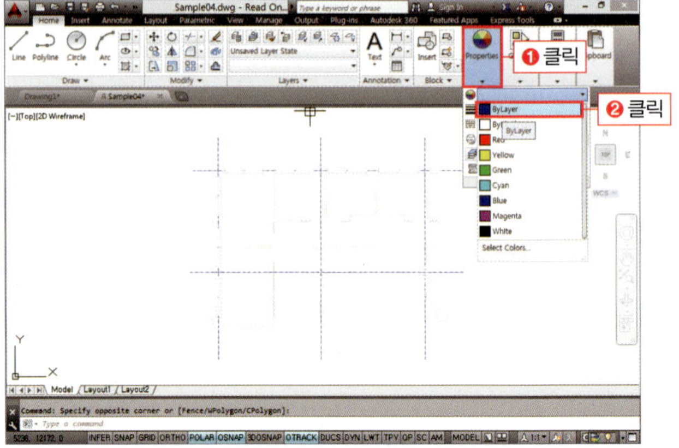

05. 그림과 같은 알림 창이 나타나면 [닫기] 버튼을 클릭합니다.

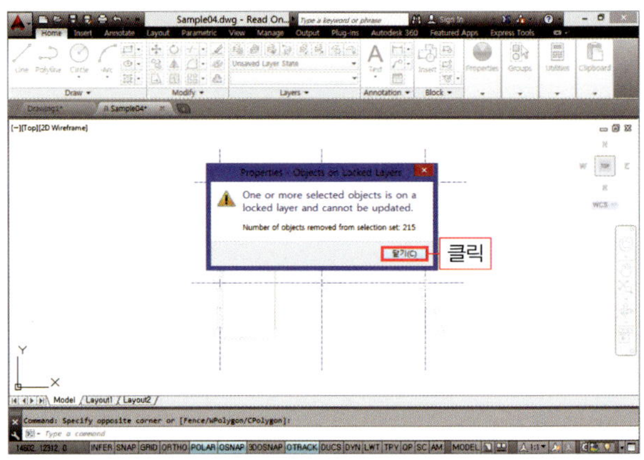

06. [Home] 탭-[Layers] 패널에서 잠겨진 선택 레이어를 풀기 위해 [Unisolate]( )를 클릭합니다.

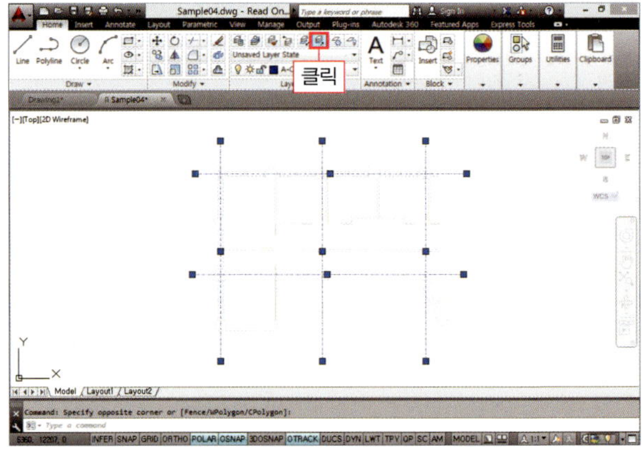

07. 중심선 모두가 색상이 변경되는 것을 확인할 수 있습니다.

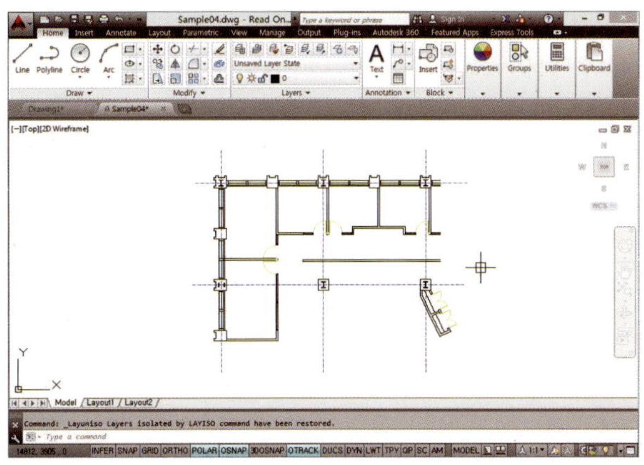

08. 벽체(A-WALL)를 앞선 따라하기와 같은 방법으로 변경합니다.

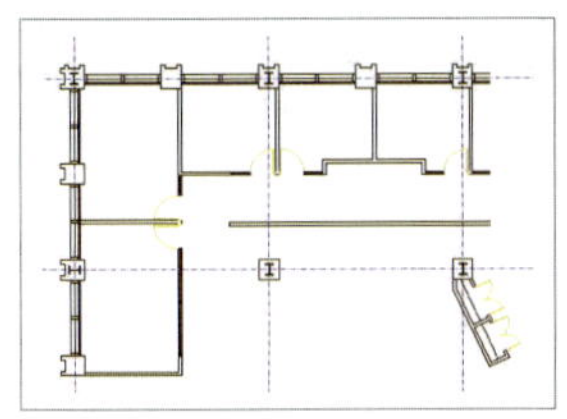
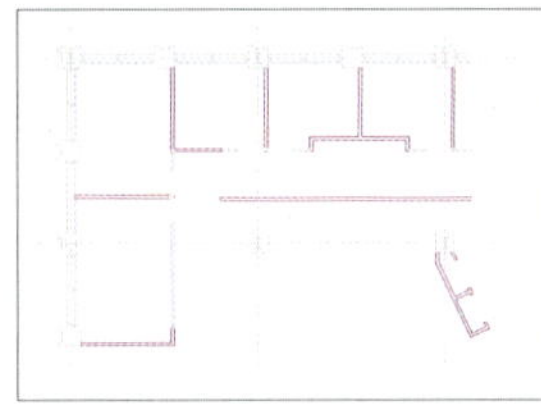
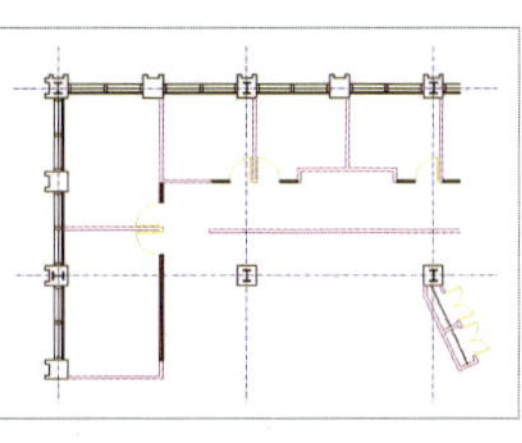

1. 선택 레이어 잠금 실행: 벽체 선택	2. 벽체선 외 잠긴 모든 레이어 90% 흐린 상태	3. 선택 레이어 특성 ByLayer 변경 상태	4. 잠긴 레이어 풀기 실행

09. 기둥(A-COLS-IDEN)을 위와 같은 방법으로 변경합니다.

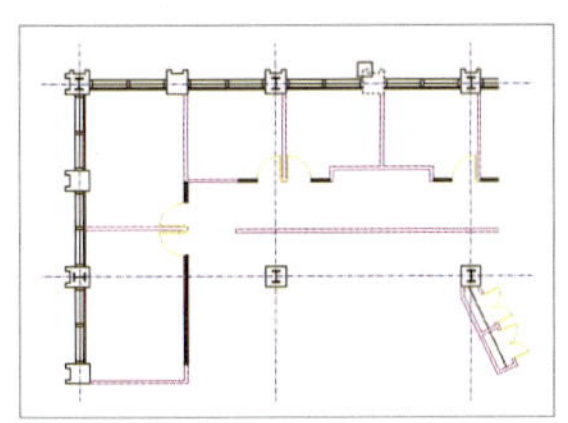
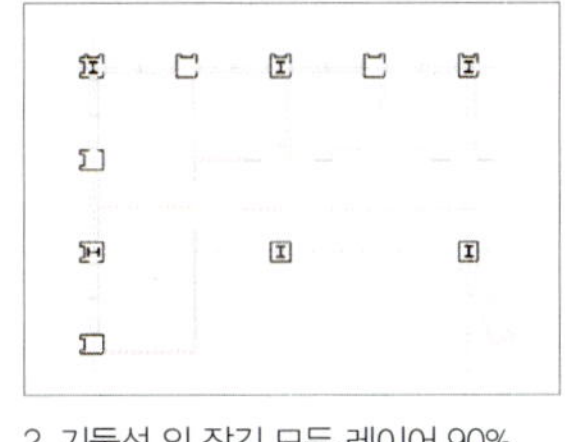
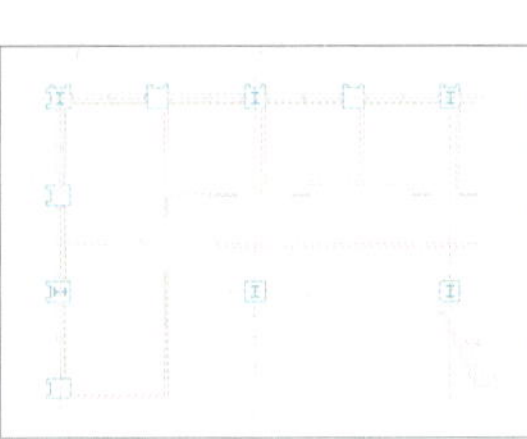
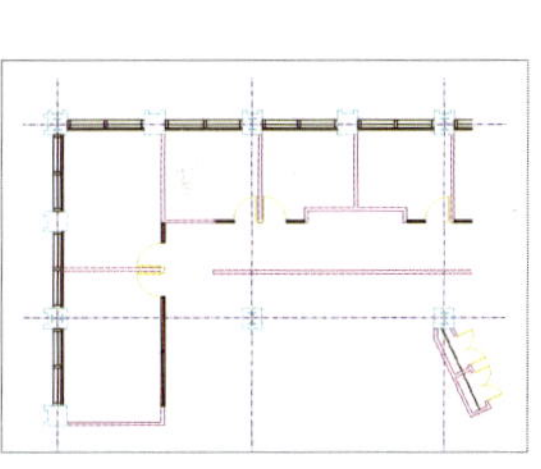

1. 선택 레이어 잠금 실행: 기둥 선택	2. 기둥선 외 잠긴 모든 레이어 90% 흐린 상태	3. 선택 레이어 특성 ByLayer 변경 상태	4. 잠긴 레이어 풀기 실행

10. 창문(A-WIN-SILL)을 위와 같은 방법으로 변경합니다.

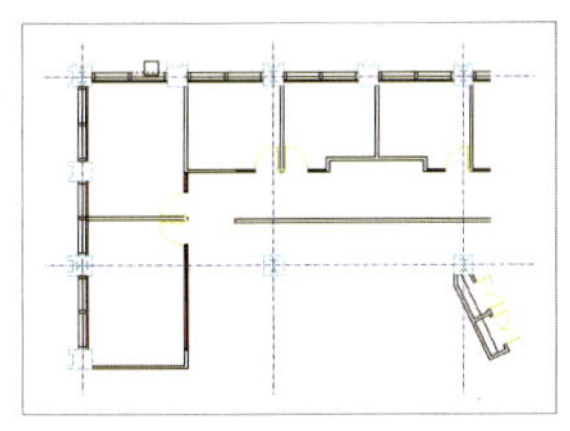
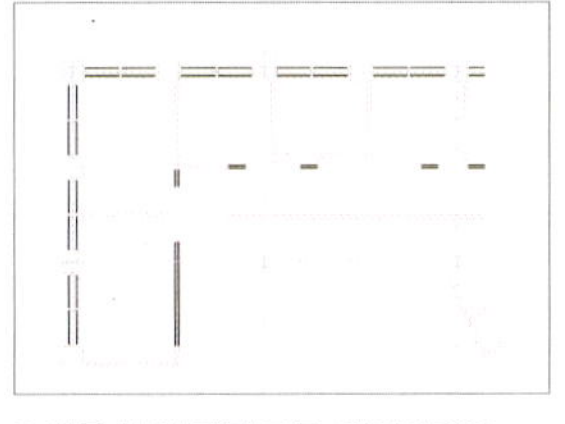
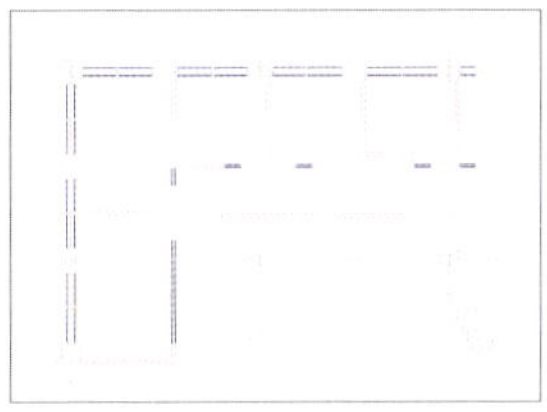
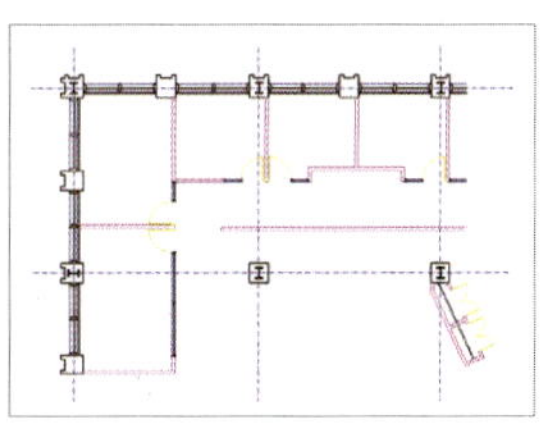

1. 선택 레이어 잠금 실행: 창문 선택	2. 창문선 외 잠긴 모든 레이어 90% 흐린 상태	3. 선택 레이어 특성 ByLayer 변경 상태	4. 잠긴 레이어 풀기 실행

> **TIP** 잠긴 레이어 풀기를 실행했는데도 레이어가 보이지 않을 경우에는 '레이어 특성 변경 전 단계로 돌아가기(Previous)'를 실행해 봅니다.

11. 이외의 레이어(A-WIN-MULL, A-WIN-GLAZ, A-FURN)들도 모두 변경시켜 그림과 같이 완성합니다.

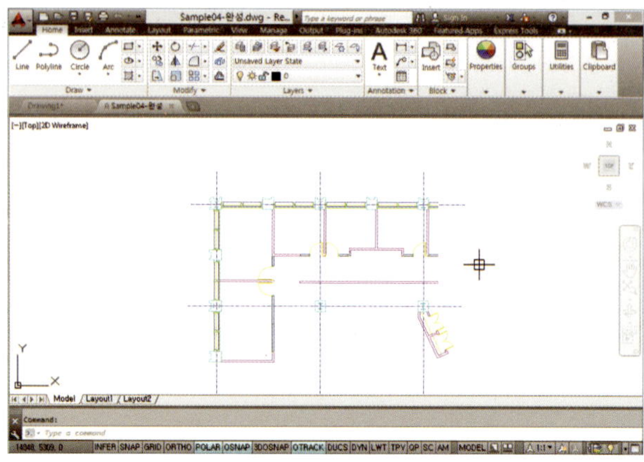

레이어 보기 수정 응용 툴

선택 레이어 *끄거나* 동결시켜 드로잉 화면에서 보이지 않게 함으로써 수정을 돕는 툴입니다.

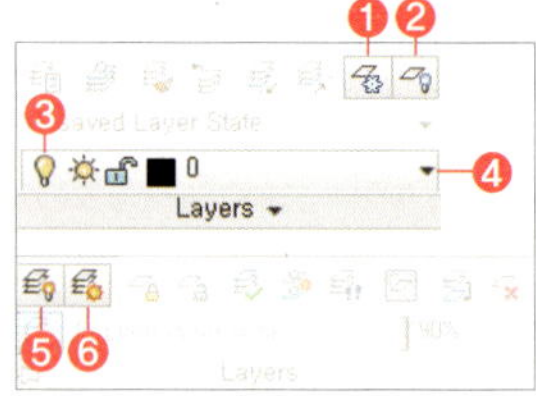

❶ Freeze&Thaw( ) : 어린 시절 한번 쯤 '얼음 땡' 놀이를 해봤을 것입니다. 술래가 가까이 오면 '얼음'을 외쳐 죽음의 위기를 모면합니다. 하지만, 같은 편이 '땡'하며 몸을 쳐주지 않으면 계속 움직이지 못하고 제자리에 꼼짝없이 얼어붙어 있어야 합니다. 그 얼음 역할을 바로 선택 레이어 동결과 비유할 수 있습니다. 단지 도면에서 보이지 않을 뿐만 아니라 캐드로 하여금 명령어 실행을 하지 못하도록 합니다. 도면 용량 또한 작아져 파일 전송에 유용합니다.

❷ Turn off( ) : 단순히 도면에서 보이지 않을 뿐 명령에 대한 반응을 함으로 수정이 가능합니다.

❸ Layer Control Window : 레이어의 정보와 특성을 한눈에 볼 수 있는 창으로, 선택 레이어 화면 보기 여부, 색상 변경을 할 수 있습니다.

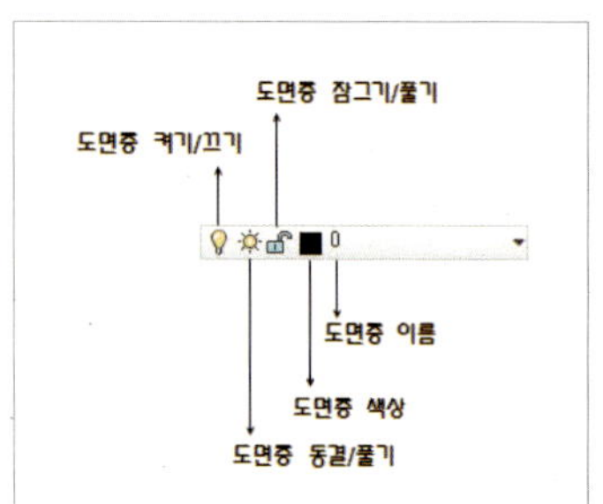

◀ Layer Control Window의 구성 요소

❹ 레이어 확장 리스트 보기 화살표(Extended Layer List Arrow) : 레이어를 한 눈에 볼 수 있습니다.

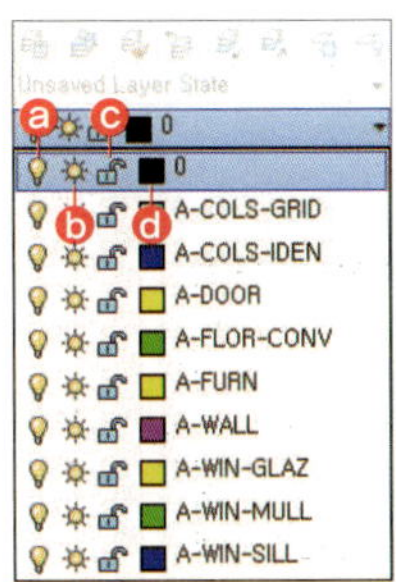

ⓐ Turn Layer on/off(/) : 선택한 레이어를 끄고/켜는 기능

ⓑ Freeze on/off(/) : 선택한 레이어를 동결시키고 푸는 기능

ⓒ Lock/Unlock(/) : 선택한 레이어를 잠그고 여는 기능

ⓓ 레이어 색상(Color of Layer)과 이름(Name of Layer)(0) : 레이어 색상 변경과 이름을 확인 가능

❺ Turn All Layers on( ) : 부분적으로 선택한 레이어를 껐을 때 다시 모든 레이어를 켜는 기능입니다.

❻ Thaw All Layers( ) : 동결되어 있는 레이어를 모두 풀어주는 기능을 가지고 있습니다.

01. 예제 파일을 불러온 후 [Layers] 패널에서 [Turn off]( )를 클릭한 다음, 화면에 보이지 않기 원하는 객체를 선택합니다.
(예: 테이블의 A-FURN 레이어 선택)

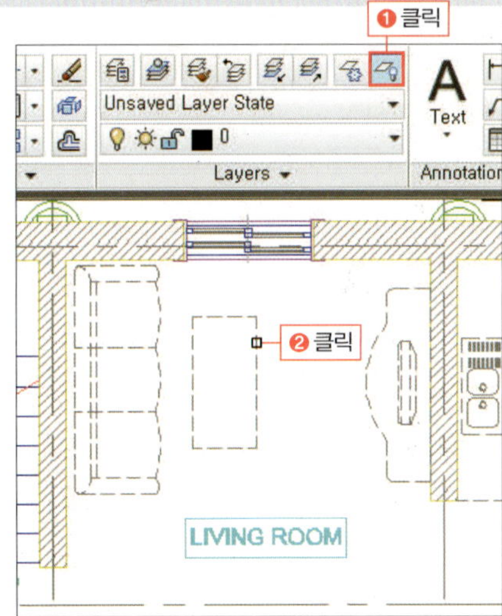

TIP Layer Control Window에서 해당 레이어의 [Turn Layer on/off](/)를 클릭해도 됩니다.

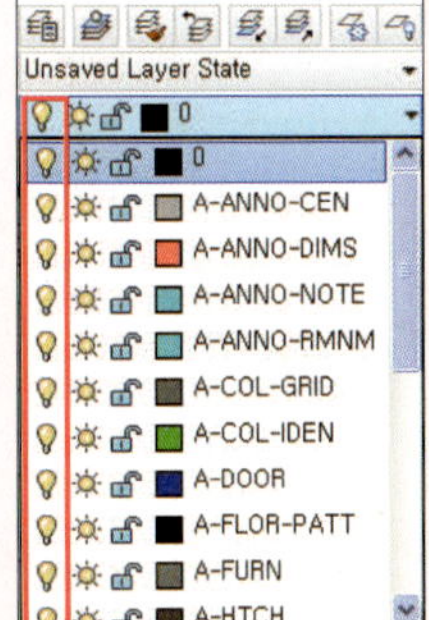

02. 끄고 싶은 객체를 연속적으로 선택한 후 [Enter]를 누르면 레이어가 꺼진 것을 확인할 수 있습니다.

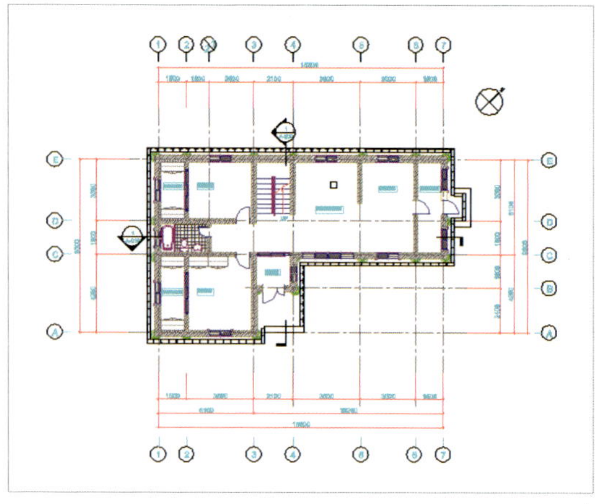

▲ A–FURN 레이어만 끈 상태

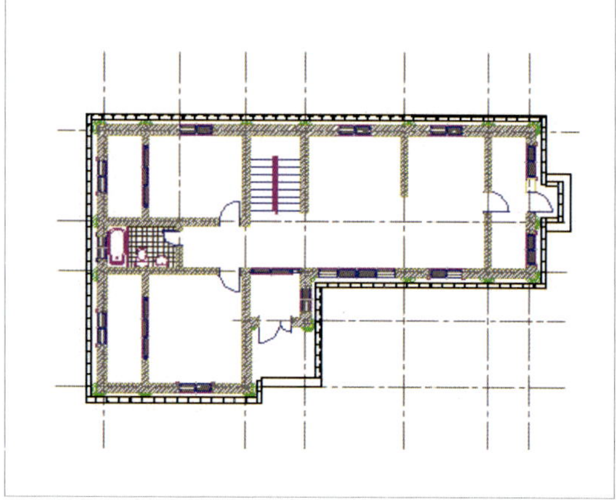

▲ 끄고 싶은 객체 모두 끈 상태

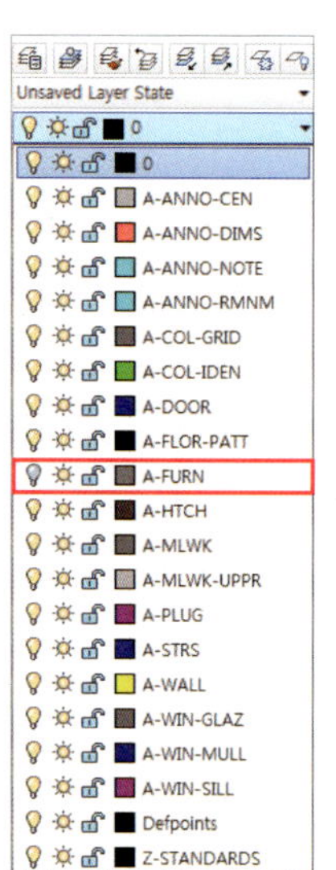

◀ A–FURN 레이어만 끈 상태

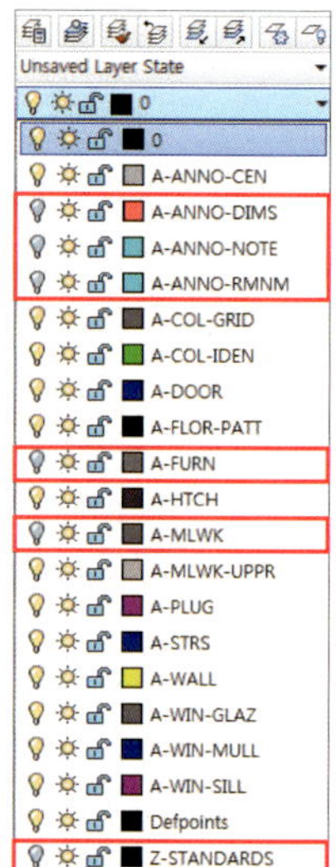

◀ 선택 개체 모두 끈 상태

03. 끈 도면을 한 번에 모두 켜고 싶다면 [Turn All Layers On]( )을 클릭합니다.

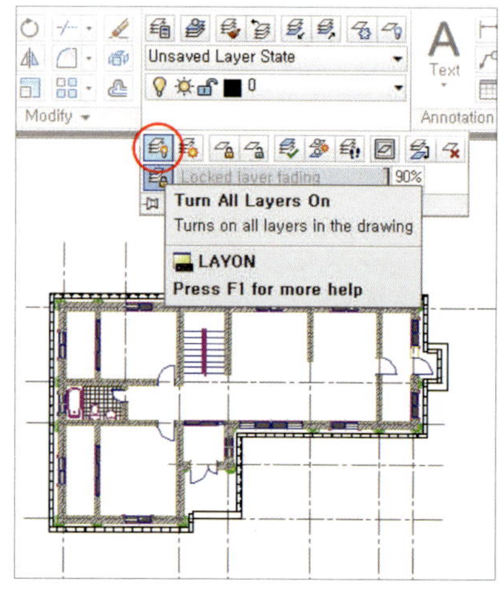

(1) 레이어에 이름을 정하는 규칙 이해하기

사용할 수 있는 레이어 이름의 축약은 4자리 이하일 때 효율적입니다. 이번에 다룰 Major와 Minor Group, Field Code 사용 규칙은 미국 AIA에 명시되어 있는 Layer Standard를 참고하여 설명합니다. 하지만, 레이어 이름에 관해 실무에서 반드시 따라야 할 규칙은 아직까지 없습니다. 다른 말로 하자면, 건축 인테리어 회사마다 각 레이어 이름에 관한 규칙들이 조금씩 다르다는 의미입니다. 그러나 보통 아래의 규칙에 따라 레이어 이름이 만들어 집니다.

```
Field 1 Discipline Code
       │
       │    Field 2 Major Group
       │           │
       │           │    Field 3 Minor Group
       │           │           │
       ▼           ▼           ▼
       X–    XXXX –    XXXX
```

(2) 레이어 이름 이해하고 읽기

Discipline Code 'X', Major Group 'XXXX', and Minor Group 'XXXX'는 무엇을 의미하나요?

01. Discipline Code 'X'는 레이어 이름에 있어 1차 분류에 속합니다. 그룹에 해당되는 정보를 알 수 있으며 첫 문자는 레이어가 어느 그룹에 속하는지를 알 수 있습니다.
     예시 : A : Architectural(건축), I : Interiors(인테리어)

02. Major Group 'XXXX'는 2차 분류로써 실내나 건축 안에서의 빌딩 시스템을 뜻합니다.
     예시 : WIN: Window(창문)

03. Minor Group 'XXXX'는 3차 분류로 빌딩 시스템의 구성 요소를 뜻합니다.
     예시 : A–WIN–GLAZ에서 GLAZ는 Win(Window)라는 빌딩 시스템 안에서 유리 부분(Glazing)을 일컫습니다.

레이어 이름 짓는 규칙의 예

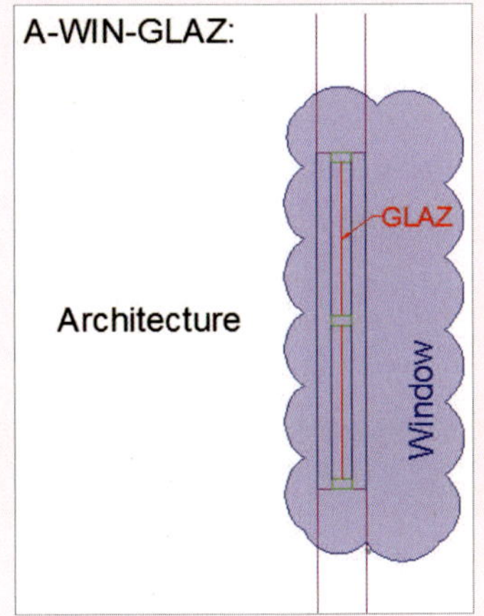

A–(Architectural–Field 1 Discipline Code)
WIN–(Window–Field 2 Major Group)
GLAZ(Window Glazing–Field 3 Minor Group)

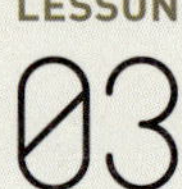

LESSON 03

Layer Properties Manager 다루기

객체의 레이어를 관리하는 능력은 작업의 속도와 효율성을 높이는 것과 아주 밀접한 관련이 있습니다. 예를 들어 어떠한 일을 진행한다고 할 때 그 일의 특성을 잘 파악하여 관리해 주는 것이 중요하듯 AutoCAD에서도 레이어를 잘 관리하여 작업의 효율성을 높이도록 합니다.

● 학습 목표

Layer Properties Manager를 통해 새로운 레이어를 만들고 그 특성(이름, 색상, 선 두께, 선 종류)을 수정합니다.

● 학습에 필요한 단축 명령어

LA : Layer Properties Manager

PU : Purge

Layer Properties Manager를 열면 4개의 툴 버튼을 확인할 수 있습니다. 레이어 관리에 있어 아래의 툴 버튼을 알아두면 좋습니다.

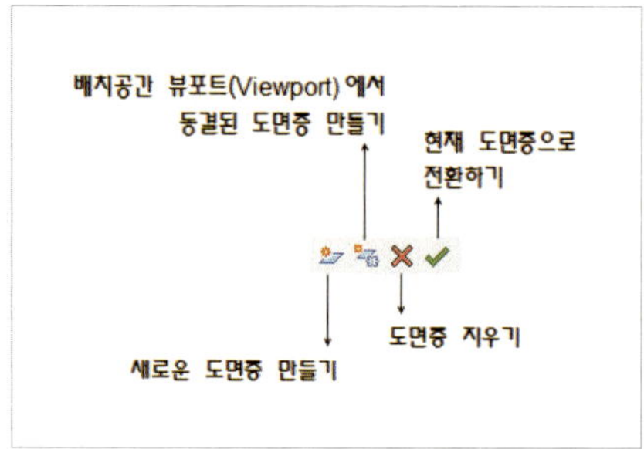

새로운 레이어 만들기

새로운 레이어가 필요하면 아래의 순서를 따라하여 레이어를 만들어 봅니다.

01. 명령 입력창에 'La'를 입력하고 Enter 를 눌러 Layer Properties Manager 를 불러옵니다.

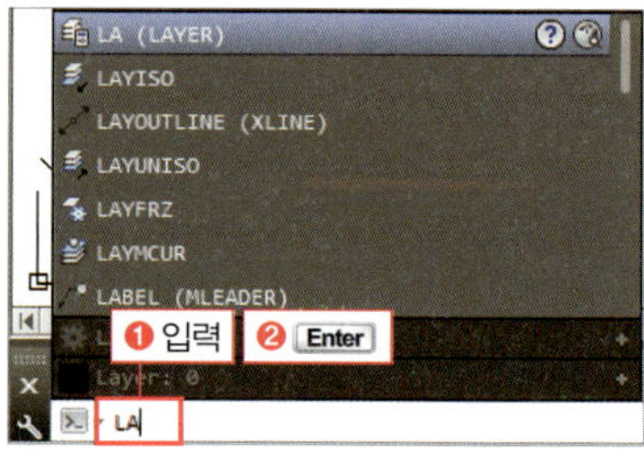

02. 그림과 같이 Layer Properties Manager가 나타나면, 레이어를 추가할 수 있습니다.

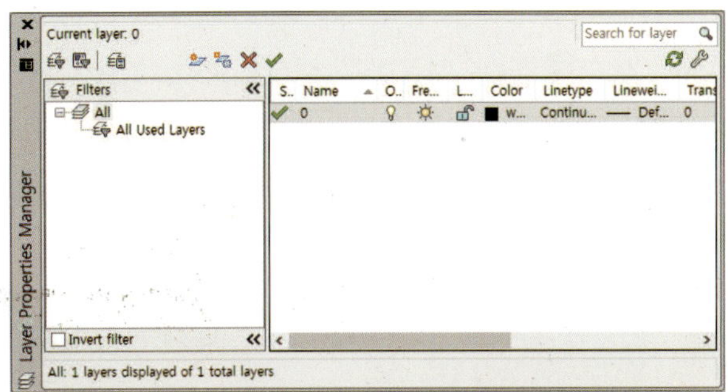

03. 새로운 레이어를 만들기 위해서 [New Layer] (🖉)를 클릭하면 하이라이트 표시가 되어있는 새로운 'Layer1' 레이어가 생성됩니다.

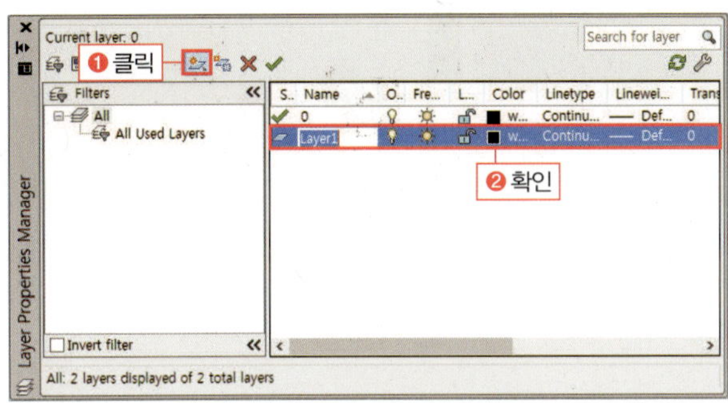

04. 레이어 이름으로 'A-WALL'을 입력합니다. 만약 레이어 이름을 변경하려면 F2를 눌러 수정 모드로 전환합니다.

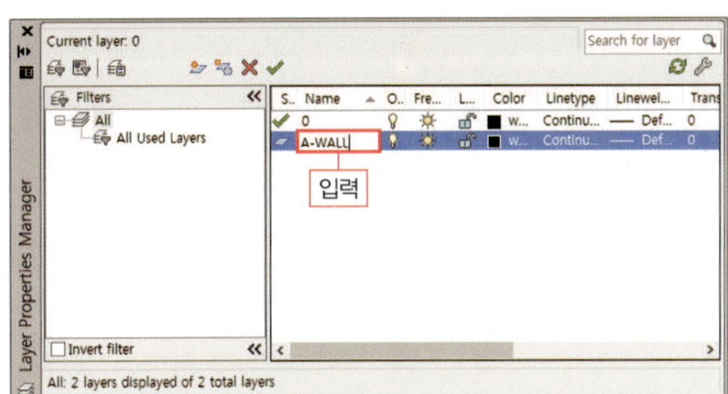

> **TIP** 수정 모드 : Name 수정 박스 안의 이름이 파란 하이라이트가 된 상태

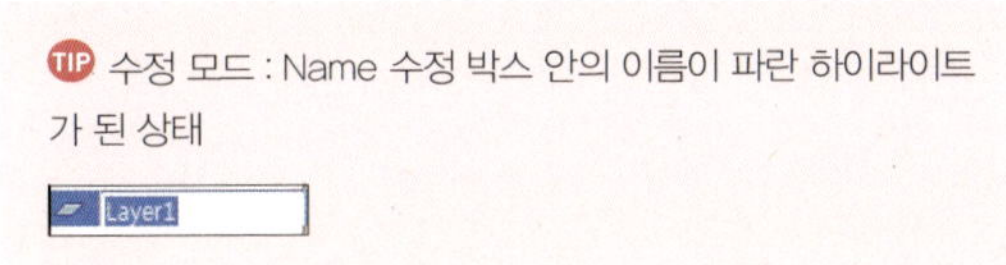

레이어의 색상 바꾸기

❶ 레이어에서 색상이란?

레이어에 색상을 변경하기란 어렵지가 않습니다. 하지만, 색상이 무엇을 뜻하는지, 무엇을 대변하는지에 대한 사전 지식이 없다면 어떤 레이어에 어떤 색상이 맞는지를 구분하기 어려울 것입니다.

레이어에서 색상의 기능은 첫째, 드로잉 화면에서 그리는 객체에 대한 인식을 높여 줍니다. 둘째, 출력 시 객체 선 두께의 정도를 색상으로(CTB: color-dependent plot style table) 보여줍니다. 이번에는 기본적인 색상의 선 두께에 따라 레이어에 알맞은 색상을 찾아보겠습니다.

[Select Color] 대화상자의 [Index Color] 탭에 255색과 [True Color] 탭에서 일만 육천 개(16,000)의

색상을 제공하고 있습니다. 이 모든 색상에는 자신의 고유 색상 번호가 있으며 Color 1에서 9까지가 그 중에서도 가장 많이 사용하는 색상입니다. 이유는 아홉 가지 색상은 다른 색들과 함께 그려져도 구별이 쉬우며, 적은 숫자가 색상 번호로 가진 색상이 프린트 설정 범위를 배치할 때 더욱 용이하기 때문입니다.

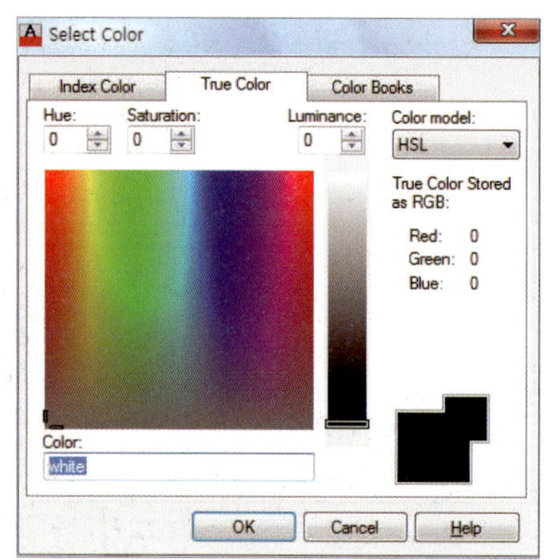
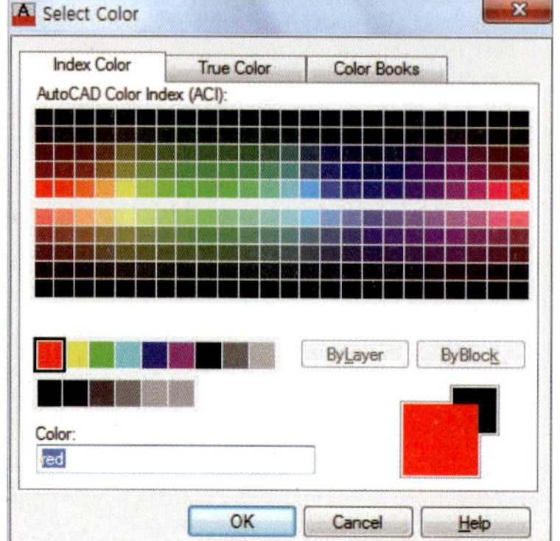

❷ 기본 색상 굵기 표(Standard Pen Table)

번호	색상	굵기
Color1	: Red(빨강)	0.35mm
Color2	: Yellow(노랑)	0.30mm
Color3	: Green(녹색)	0.25mm
Color4	: Cyan(청록색)	0.20mm
Color5	: Blue(파랑)	0.15mm
Color6	: Magenta(마젠타)	0.10mm
Color7	: White(흰색)	0.09mm
Color8	: #8(진한회색)	0.05mm
Color9	: #9(연한회색)	0.00mm

색상에 따른 굵기는 사용자에 따라 CTB에서 다르게 지정할 수 있습니다. 하지만 색상1(빨강)을 제일 굵은 선으로 하여 차츰 굵기를 얇게 지정해 주면 차후 색에 대한 굵기를 정하고 지정하는데 있어 효율적인 면이 있습니다. 색에 따른 선 굵기를 드로잉 화면에서 바로 확인하려면 제도 상태 키에서 [LWT] (LWT)를 활성화합니다.

❸ 레이어에서 색상 변경하기

Layer Properties Manager는 앞전의 레이어 특성을 기억하고 있습니다. 그래서 새로운 파일을 추가하게 되면 그 전에 만들었던 레이어의 특성을 복사되지 않도록 반드시 초기 동기화(처음 상태)로 돌려 놔야 합니다. 혹은 '0' 레이어로 되돌아가 시작하는 것도 하나의 방법입니다.

01. Layer Properties Manager의 [Color]를 클릭한 후 [Select Color] 대화상자가 나타나면 원하는 색상을 선택한 후 [OK] 버튼을 클릭합니다.

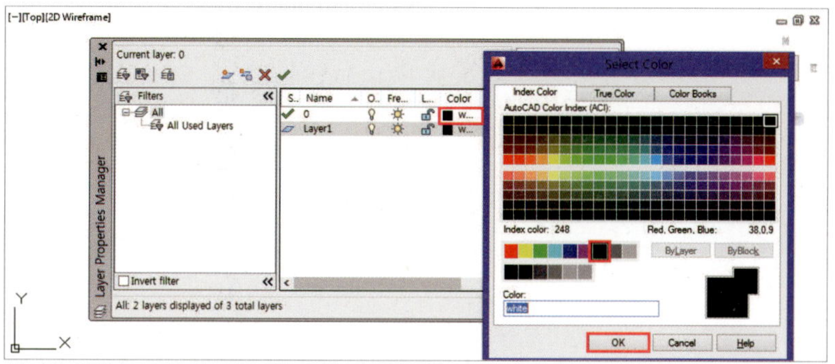

> **TIP** 색상을 선택하는 방법 이외에 [Color]에 색상 번호를 입력하면 바로 번호에 해당되는 색상으로 변경됩니다. '1 : Red(빨강), 2 : Yellow(노랑), 3 : Green(녹색), 4 : Cyan(청록색), 5 : Blue(파랑), 6 : Magenta(마젠타), 7 : White(흰색)'이며 흰색이 검은색으로 보이는 것은 AutoCAD 배경 화면의 기본 설정이 '검은색'이기 때문입니다.

레이어의 선 종류 바꾸기

도면 그리기를 할 때 실선(Solid Line)만 필요한 경우는 드물고, 일정한 간격이 있는 중심선(Center Line), 숨은선(Hidden Line), 그리고 파선(Dashed Line)과 함께 사용됩니다. 이와 같이 세 개의 선 종류만 알고 있어도 도면을 그리고 수정하는데 크게 불편함은 없습니다. 도면 크기에 따른 선의 간격이 Ltscale(linetype scale)에 따라 바뀌므로 이에 대한 기본 지식을 선 종류와 함께 습득하여 조정할 줄 알아야 합니다.

❶ 기본 선 종류(Standard Linetype Table)

점선과 숨은선은 사용되는 곳은 다르지만, 시각적으로 보이는 형태는 같습니다.

선 이름	형태	주로 사용하는 곳	참고
CENTER(중심선)	— · — — · — · — — · —	기둥. 벽 중심 표시	
DASHED(파선)	— — — — — — — — —	문 회전 표시	
HIDDEN(숨은선)	— — — — — — — — — —	가구의 상부 선반 표시	
ZIGZAG(지그재그선)	SSSSSSSSSSSSSSSSSSSSSSSS	벽 디테일–단열재 표시	

▶ 선 간격

각각의 선 종류에 따른 선과 간격의 길이를 이해함으로써 같은 선에 다양한 길이의 종류가 있음을 숙지하고 사용합니다.

01. 중심선	x(간격):선 길이–간격–선 길이	02. 파선	x(간격):선 길이–간격	03. 숨은선	x(간격):선 길이–간격–선 길이
CENTER	x: 31.75–6.35–6.35	DASHED	x: 12.7–6.35–12.7	HIDDEN	x: 6.35–3.175
CENTER2	0.5x: 19.05–3.175–3.175	DASHED2	0.5x: 6.35–3.175	HIDDEN2	0.5x: 3.175–1.5875
CENTERX2	2x: 63.5–12.7–12.7	DASHEDX2	2x: 25.4–12.7	HIDDENX2	2x: 12.7–6.35

선 종류에 따른 길이와 간격 차이

■ 중심선 : 긴 선과 짧은 선을 교대로 배열한 선

***CENTER, Center** ____ _ ____ _ ____ _ ____ _

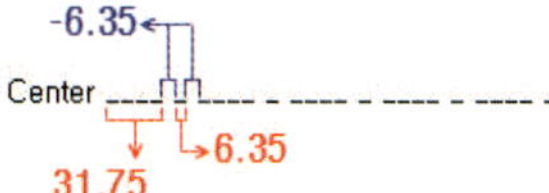

31.75(선 길이), −6.35(간격), 6.35(선 길이), −6.35(간격)

***CENTER2, Center (.5x)** ___ _ ___ _ ___ _ ___ _ ___ _

Center 간격의 폭보다 1/2 줄어든 간격이다.

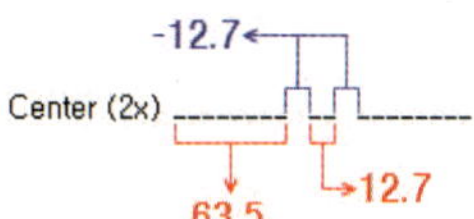

19.05(선 길이), −3.175(간격), 3.175(선 길이), −3.175 (간격)

***CENTERX2, Center (2x)** _______ __ _______ __ ____

Center 간격의 폭보다 2배 넓어진 간격이다.

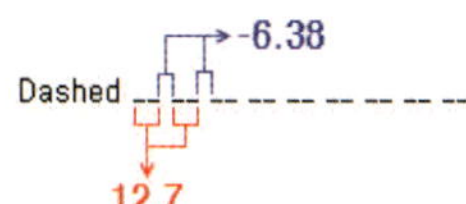

63.5(선 길이), −12.7(간격), 12.7(선 길이), −12.7(간격)

■ 파선(Dashed Line) : 짧은 선을 일정한 간격으로 반복하여 배열한 선

***DASHED, Dashed** __ __ __ __ __ __ __ __ __ __

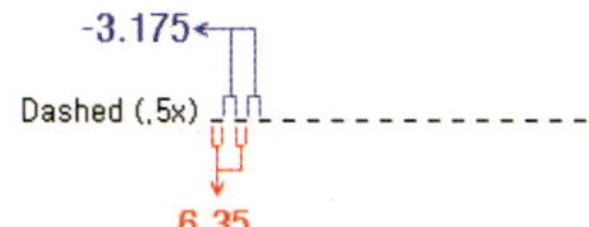

12.7(선 길이), −6.35(간격)

***DASHED2, Dashed (.5x)** _ _ _ _ _ _ _ _ _ _ _ _ _ _ _ _

Dashed 간격의 폭보다 1/2 줄어든 간격이다.

6.35(선 길이), −3.175(간격)

***DASHEDX2,Dashed (2x) ___ ___ ___ ___ ___ ___**

Dashed 간격의 폭보다 2배 넓어진 간격이다.

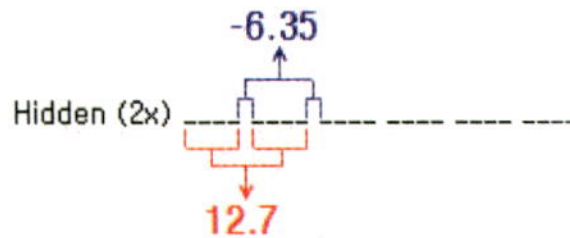

25.4(선 길이), −12.7(간격)

■ **은선 (Dashed Line) : 짧은 선을 일정한 간격으로 반복하여 배열한 선**

***HIDDEN,Hidden ＿ ＿ ＿ ＿ ＿ ＿ ＿ ＿ ＿ ＿ ＿ ＿**

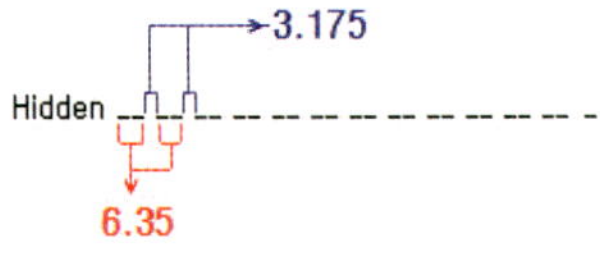

6.35(선 길이), −3.175(간격)

***HIDDEN2,Hidden (.5x) _ _ _ _ _ _ _ _ _ _ _ _ _ _**

Hidden 간격의 폭보다 1/2 줄어든 간격이다.

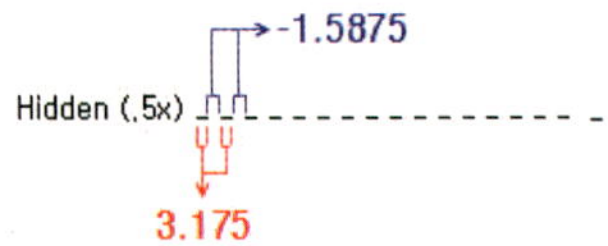

3.175(선 길이), −1.5875(간격)

***HIDDENX2,Hidden (2x) ___ ___ ___ ___ ___ ___ ___**

Hidden 간격의 폭보다 2배 넓어진 간격이다.

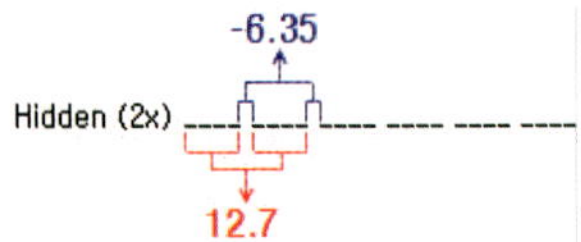

12.7(선 길이), −6.35(간격)

01. Layer Properties Manager의 [Linetype]에서 'Continue'를 그림과 같이 클릭합니다.

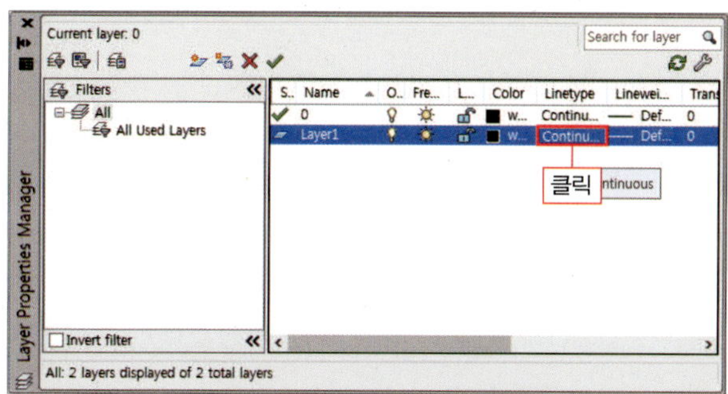

02. 아무 설정이 되어 있지 않는 선 종류인 'Continuous'(간격이 없는 실선)만 보이는 [Select Linetype] 대화상자가 나타나면 원하는 선 종류가 없을 경우에 아래의 [Load] 버튼을 클릭합니다.

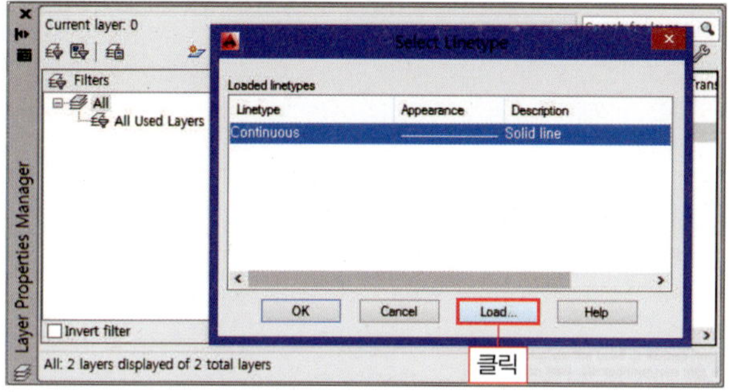

03. [Lord or Reload Lintypes] 대화상자가 나타나면 스크롤바를 아래로 움직여 중심선, 타선, 은선 등을 찾아 선택합니다(예 : 중심선 선택).

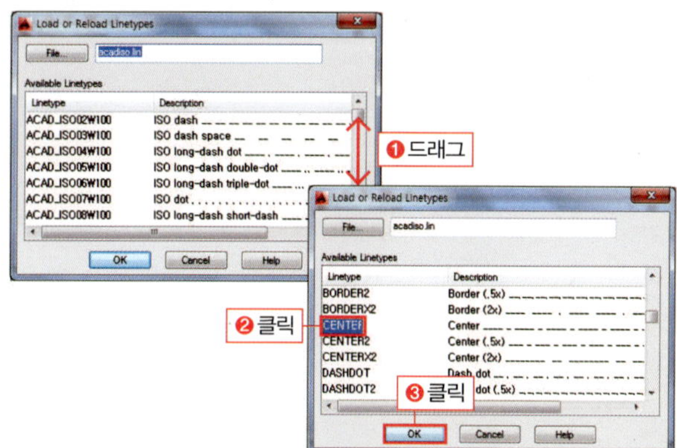

04. 선택한 선(예 : 중심선)이 등록되는 것을 확인할 수 있습니다. 여전히 현재 레이어의 선 종류는 하이라이트가 되어 있는 실선(Continuous)임으로 중심선(CENTER)을 선택하여 변경하고 [OK] 버튼을 클릭합니다.

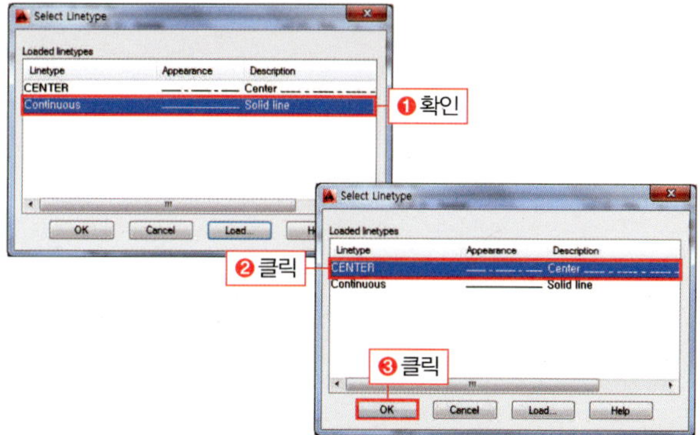

05. Layer Properties Manager에서 해당 레이어의
선 종류가 중심선으로 변경된 것을 확인합니다.

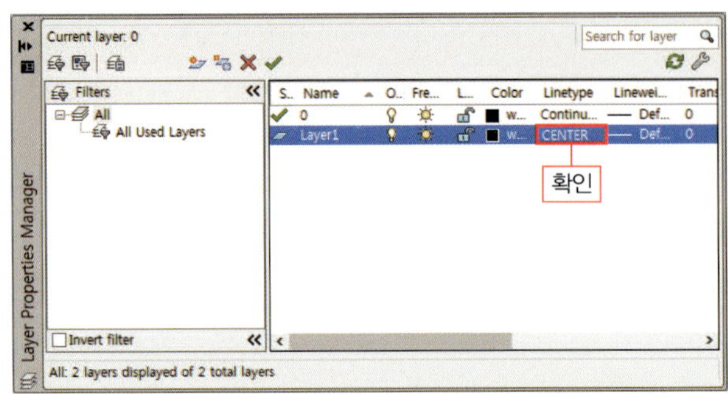

06. 레이어를 더 만들고 싶다면 '0' 레이어를 선택한 다음 [New Layer](ⓐ)를 클릭하여 앞선 따라하기의 내용을 반복합니다. 단, '0' 레이어로 되돌아가지 않고 새로운 레이어를 만들면 전 단계의 선 특성을 기억하고 있기 때문에 복사됨으로 조심해야 합니다.

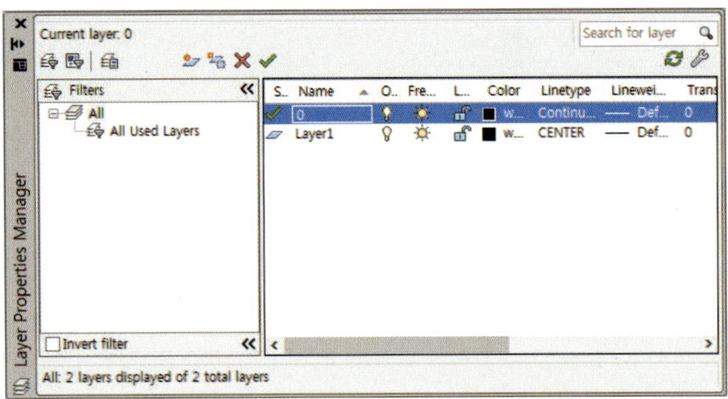

'0' 레이어에서 [New Layer]를 시작했을 땐 선 종류의 변경이 복사되지 않는다.

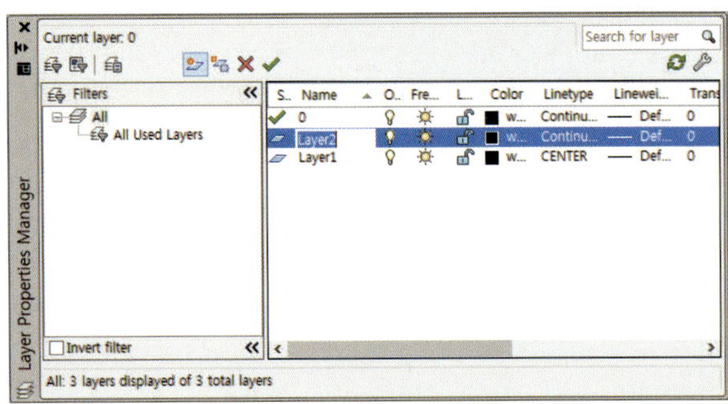

전 레이어에서 시작했을 경우 앞에서 선 종류의 변경(레이어 특성)이 그대로 복사된다.

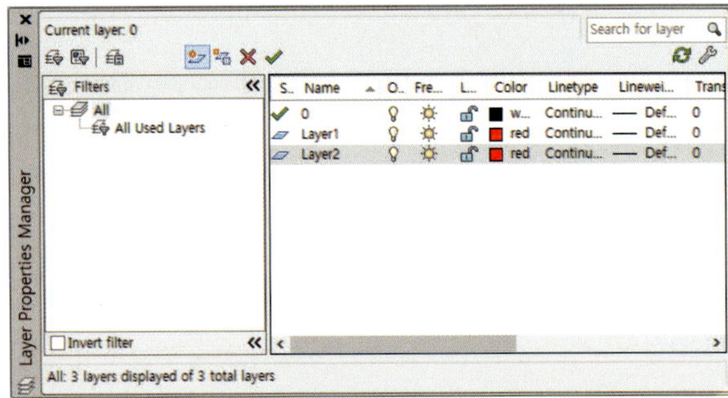

레이어의 선 굵기 바꾸기

선 굵기는 Default(실선) 모드로 그대로 둡니다. 이후 선 굵기 설정은 색상에 따른 프린트 스타일 표(Color-Dependent Plot Style Table)를 통해 추가하는 방법을 알아보겠습니다(Page 360을 참고하세요.).

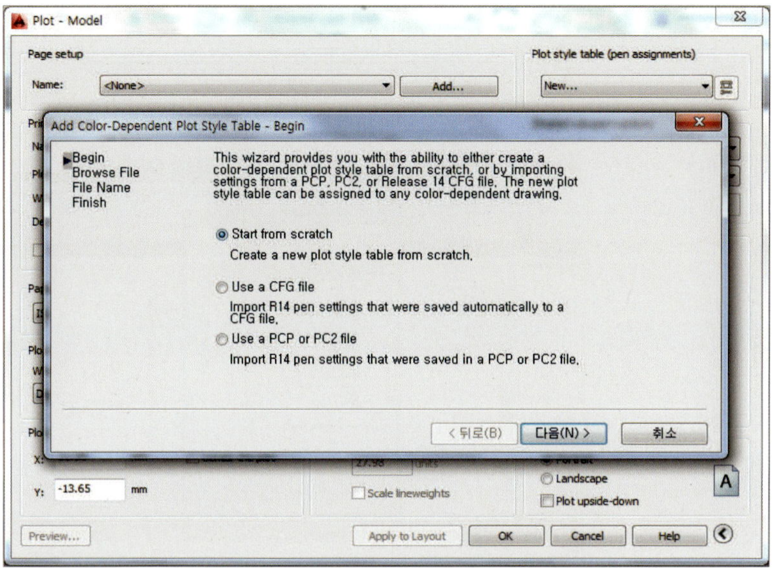

▲ 프린트 설정 시 필요한 Plot style table 시작 모드

레이어 삭제하기

불필요한 레이어를 삭제하는 방법을 알아봅니다. 반드시 현재 도면에서 삭제할 레이어는 사용하지 말아야 하며 'Layer 0', 'Default' 레이어는 지워지지 않습니다.

01. 삭제할 레이어를 선택한 후 [Delete Layer](✖)를 클릭합니다.

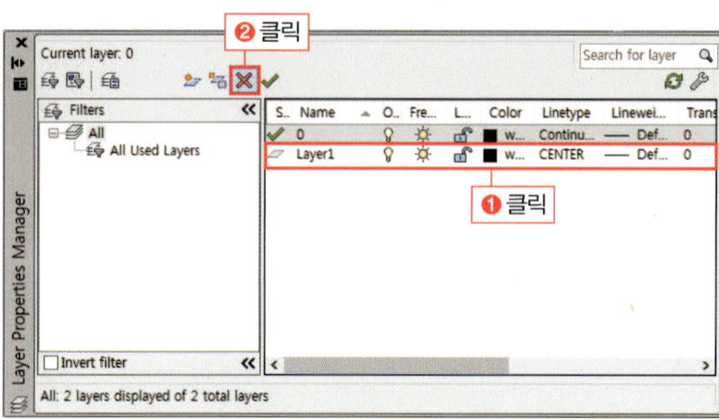

TIP 반드시 현재 레이어 상태가 삭제할 레이어가 아닌 다른 레이어로 선택되어 있어야 합니다.

02. 레이어가 삭제되는 것을 확인할 수 있습니다.

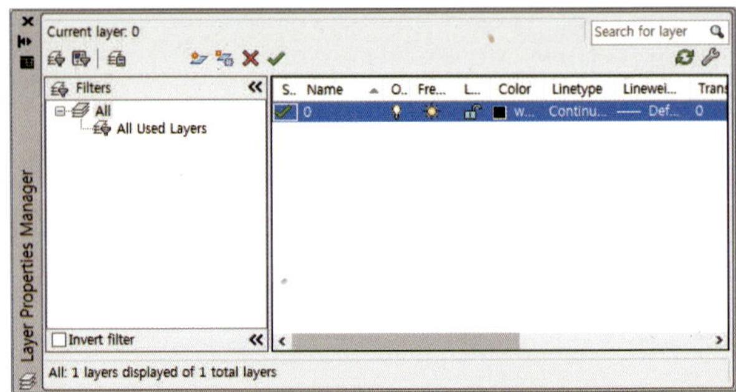

03. 레이어뿐만 아니라 다른 아이템들도 함께 지우기 원한다면 단축 명령어 'Pu'(Purge)를 사용합니다.

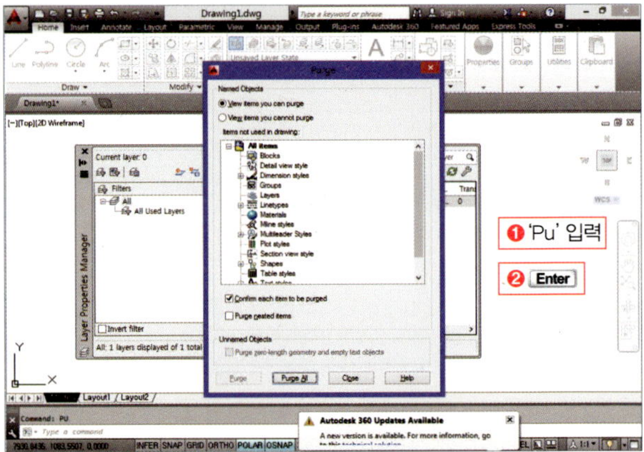

04. [Layers]의 +의 표시를 클릭한 후 지울 레이어를 선택한 후 [Purge]를 클릭합니다(예 : Layer1).

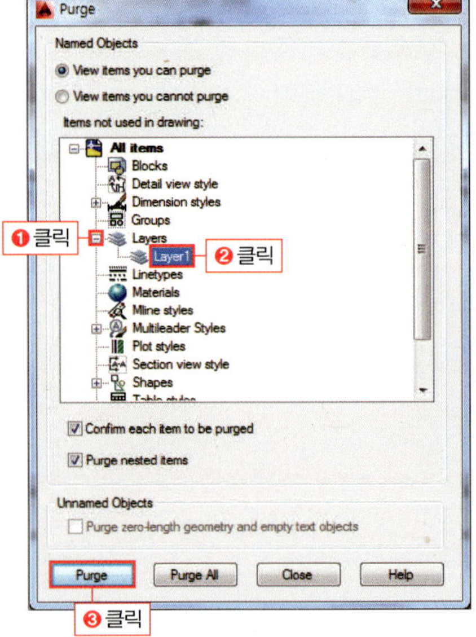

05. 아래의 Layer1을 버릴 것이냐는 대화 창이 나타
나면 [Purge this item]을 클릭합니다.

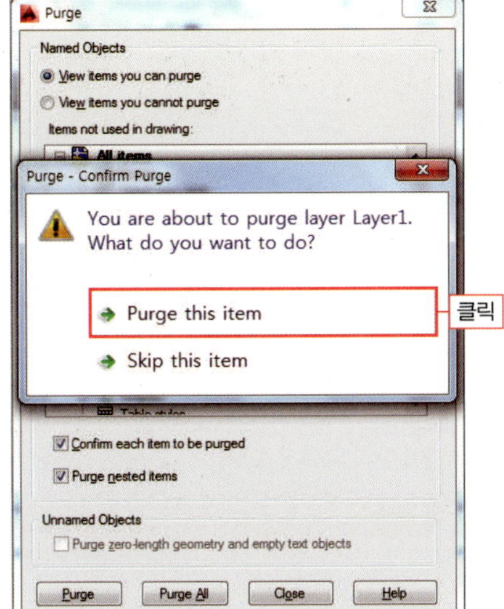

클릭

TIP 대화 창이 나타나는 이유는 [Purge] 대화상자에서 [Con–firm each items to be purged]에 체크가 되어 있기 때문입니다. 체크를 해제하면 더 이상 대화 창이 나타나지 않습니다.

06. 선택한 레이어가 삭제되고 나머지 레이어만 남겨
진 것을 확인할 수 있습니다.

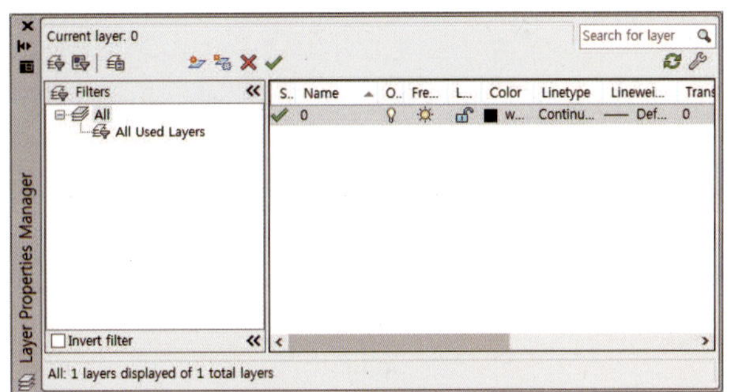

TIP Purge란?

Purge의 어휘의 뜻대로 '버리다'라는 의미를 가지고 있습니다. 단순히 지우는 Erase나, 없애는 Delete의 의미보다 조금은 강하고 단호함을 엿볼 수 있습니다. Purge의 가장 큰 장점은 복잡한 도면에서 한꺼번에 필요가 없는 각각의 객체(블록, 레이어, 선 종류, 문자 등)를 동시에 없애버림으로 도면 용량을 줄여준다는 점입니다. 단, 도면에 사용되고 있는 객체는 버릴 수가 없으니 이점 반드시 확인하고 사용해야 합니다.

LESSON 04

DWT 파일에 필요한 레이어 리스트

실내 혹은, 건축 도면을 그릴 때 도면 하나만 필요한 경우는 드뭅니다. 평면도를 기본으로 천정도 입면도, 상세 도면까지 그리며 경우에 따라 필요한 도면 종류가 다양합니다. 이러한 도면 드로잉을 진행함에 있어 DWG 파일에서의 시작이 아닌, 필요한 DWT 파일에 레이어의 리스트가 미리 설정이 되어 있으면 도면마다 하나하나 새로 레이어를 만들거나 수정할 필요가 없으므로 작업 속도가 빨라집니다. 또한 도면 안에 도면을 삽입하는 XR : External Reference 명령어 사용 여부에 따라 레이어 또한 다르게 설정해야 합니다. 크게 도면에서 필요한 레이어는 사용자에 따라 다르게 설정될 수 있지만 간단한 도면일 경우와 복잡하고 여러 사람과 함께 동시적으로 도면을 진행해야 할 경우에 사용되는 XRef 여부에 따라 크게 그림과 같이 나눠집니다.

도면 분류 구성표

기본 도면 분류(XRef 미 사용)	XRef 사용 시 필요한 도면 분류
–	1. 공사 전 현황 도면(EXISTING CONDITIONS PLAN)
–	2. 기본 도면(Base Drawing) : 공사 중 없어질 객체와 새로 생길 객체를 위한 모든 레이어가 포함되며 텍스트, 치수, 천정에 관한 언급은 없어야 함.
1. 평면도(Floor Plans)	3. 평면도(Floor Plans) : 철거도면(Demo), 구조도면(Cons), 가구배치도(Furn)
2. 천정도(Reflected Ceiling Plan)	4. 천정도(Reflected Ceiling Plan)
3. 입면도와 디테일 (Elevation and Details)	5. 입면도와 디테일(Elevation and Details)

● **학습 목표**

도면의 XRef 여부와 복잡한 정도에 따라 필요한 레이어가 들어있는 각각의 DWT 파일을 열어 드로잉을 시작합니다. 앞의 레이어 새로 만들기를 반복 학습함으로써 레이어 리스트를 참고하여 자신만의 레이어를 만들어 DWT 파일로 만들어 봅니다.

● **학습에 필요한 단축 명령어**

PU : Purge
MA : Match Property

기본적으로 실내외 도면 분류는 아래와 같습니다. 아래의 도면에 필요한 각각의 레이어를 만들어 봅니다.

■ 평면도 : 눈높이 아래로 바닥을 내려다본 Top 뷰

예제 파일 : Part 01/Chapter 04/Floor Plan Layers.dwt

① Floor Plan Layers

레이어 이름	선 종류	색상	참고
A−ANNO−DIMS	CONTINUOUS	11	치수 – DIMENSION
A−ANNO−NOTE	CONTINUOUS	CYAN	문자, 라벨, 레전드 – TEXT, LABEL, LEGEND
A−ANNO−RMNM	CONTINUOUS	CYAN	방 이름 – ROOM NAMES
A−COLS	CONTINUOUS	YELLOW	기둥 – COLUMNS
A−COLS−IDEN	CENTER	BLUE	기둥 위치 라인 – COLUMN IDENTIFICATION LINES
A−DOOR	CONTINUOUS	BLUE	문 – DOOR
A−EQPM	CONTINUOUS	BLUE	자재 및 소품 – EQUIPMENT, APPLICATIONS
A−FLOR−CONV	CONTINUOUS	MAGENTA	난방기 – CONVECTORS
A−FLOR−ELEV	CONTINUOUS	WHITE	엘리베이트 – ELEVATORS
A−FLOR−PATT	CONTINUOUS	8	바닥재, 문틀 – FLOOR MATERIALS (TILES, SADDLES, ETC)
A−FLOR−RUG	CONTINUOUS	9	러그, 카펫 – RUGS, CARPETS
A−FLOR−STRS	CONTINUOUS	MAGENTA	계단, 손잡이 – STAIRS, RAMPS, HANDRAILS
A−FURN	CONTINUOUS	MAGENTA	가구 – FURNITURE
A−FURN−CHAIR	CONTINUOUS	WHITE	의자 – CHAIRS, SEATING
A−FURN−LOWR	HIDDEN	8	가구 하부 – LOWER FURNITURE, PEDESTALS, ETC
A−FURN−PANL	CONTINUOUS	WHITE	시스템 가구 간이벽 – SYSTEM FURNITURE PANELS
A−FURN−UPPR	HIDDEN	9	가구 상부 – UPPER FURNITURE, OVERHEAD CABINETS, ETC
A−MLWK	CONTINUOUS	MAGENTA	붙박이 가구 – MILLWORK, BUILT−IN CABINETS, ETC
A−MLWK−LOWR	HIDDEN	8	붙박이 하부 – LOWER MILLWORK, BUILT−IN CABINETS, ETC
A−MLWK−UPPR	HIDDEN	9	붙박이 상부 – UPPER MILLWORK, BUILT−IN CABINETS, ETC
A−PLUG	CONTINUOUS	MAGENTA	상하수도 – PLUMING FIXTURES, TOILETS, SINKS, ETC
A−TBLK−BD1	CONTINUOUS	BLUE	도각 외각 라인 – TITLEBOCK BORDER 1 (DARK)

A–TBLK–BD2	CONTINUOUS	MAGENTA	도각 내부라인 – TITLEBLOCK BORDER 2 (LIGHT)
A–TBLK–TEXT	CONTINUOUS	CYAN	도각 문자 TITLEBLOCK TEXT, ATTRIBUTES
A–TBLK–VPRT	CONTINUOUS	GREEN	뷰포트 – VIEWPORT
A–WALL	CONTINUOUS	GREEN	벽 – WALLS
A–WALL–HTCH	CONTINUOUS	9	벽 해치 – ALL HATCH
A–WALL–LOWR	CONTINUOUS	WHITE	부분 벽 – PARTIAL HEIGHT WALLS
A–WIN–GLAZ	CONTINUOUS	8	창문 유리 – GLASS
A–WIN–MULL	CONTINUOUS	GREEN	창문 프레임– MULLIONS
A–WIN–SILL	CONTINUOUS	MAGENTA	창문 틀 – SILL

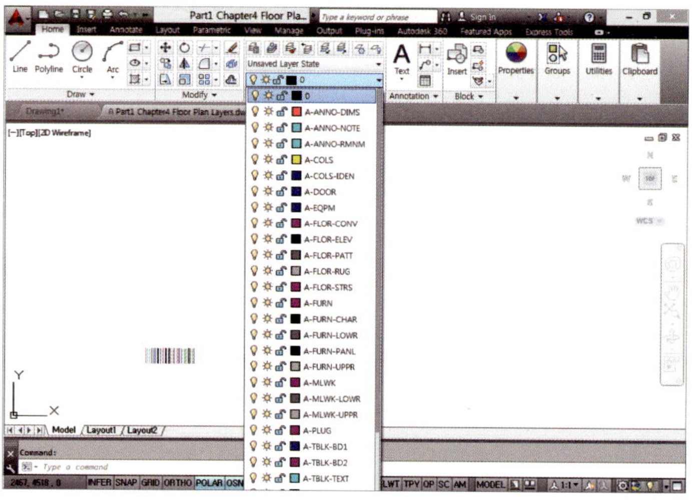

TIP 평면도는 사람의 눈높이 1미터 50센티를 기점으로 수평면을 잘라 아래로 내려다 본 투시도입니다. 그러므로 가구 상부에서 1500mm 위에 위치한 한 것은 점선(Hidden)을 이용하여 표시합니다. 또한 가구 하부는 책상이나 다른 선반 아래에 있어 눈에 보이지는 않지만 존재하고 있음을 표시해 주기 위해 이 또한 점선(Hidden)으로 표시합니다. 평면도 리스트에서 A–FURN–LOWR, A–FURN–UPPR, A–MLWK–LOWR, A–MLWK–UPPR이 여기에 해당됩니다.

❷ 천정도 : 눈높이 위로 천장을 바라본 Top 뷰

예제 파일 : Part 01/Chapter 04/Reflected Ceiling Plan Layers.dwt

■ Reflected Ceiling Plan (RCP) Layers

레이어 이름	선 종류	색상	참고
A−ANNO−DIMS	CONTINUOUS	11	치수 – DIMENSION
A−ANNO−NOTE	CONTINUOUS	CYAN	문자, 라벨, 레전드 – TEXT, LABEL, LEGEND
A−ANNO−RMNM	CONTINUOUS	CYAN	방 이름 – ROOM NAMES
A−CLNG−HEDR	CONTINUOUS	YELLOW	천정 돌출 부분 – EXISTING HEADERS
A−CLNG−SOFF	CONTINUOUS	GREEN	천정 수평 바닥 부분 – EXISTING SOFFITS, FASCIAS
A−ELEC−FIXT	CONTINUOUS	MAGENTA	전기시설 – EXISTING LIGHT FIXTURE & SWITCHES
A−TBLK−BD1	CONTINUOUS	BLUE	도각 외각 라인 – TITLEBOCK BORDER 1 (DARK)
A−TBLK−BD2	CONTINUOUS	MAGENTA	도각 내부 라인 – TITLEBLOCK BORDER 2 (LIGHT)
A−TBLK−TEXT	CONTINUOUS	CYAN	도각 문자 – TITLEBLOCK TEXT, ATTRIBUTES
A−TBLK−VPRT	CONTINUOUS	GREEN	뷰포트 – VIEWPORT

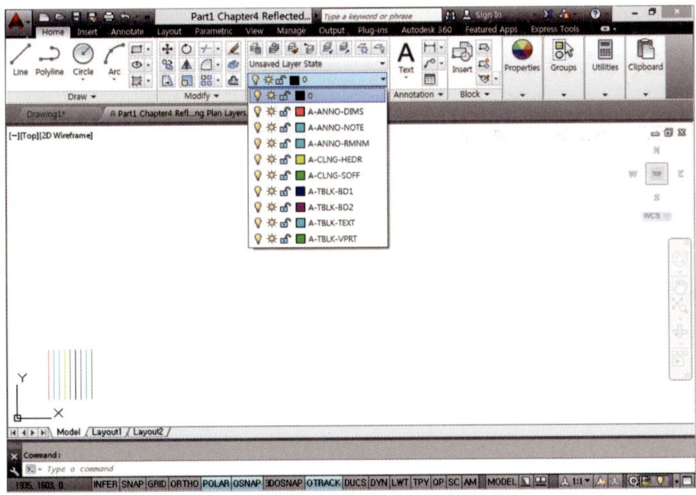

❸ 입면도와 디테일 : 건물 실내의 단면을 나타낸 Left & Right Side 뷰

예제 파일 : Part 01/Chapter 04/Elevations and Details Layers.dwt

■ Elevations and Details Layers

레이어 이름	선 종류	색상	참고
A–ANNO–DIMS	CONTINUOUS	11	치수 – DIMENSION
A–ANNO–NOTE	CONTINUOUS	CYAN	문자, 라벨, 레전드 – TEXT, LABEL, LEGEND
A– ANNO–RMNM	CONTINUOUS	CYAN	방 이름 – ROOM NAMES
A–ELEV–1–DAKS	CONTINUOUS	GREEN	가장 굵은 입면 선 & 객체 – HEAVIST LINE & OBJECT
A–ELEV–2–DARK	CONTINUOUS	CYAN	굵은 입면선 선 & 객체 – HEAVY LINE & OBJECT
A–ELEV–3–MED	CONTINUOUS	BLUE	중간 입면선 선 & 객체 – MEDIUM & OBJECT
A–ELEV–4–LITE	CONTINUOUS	MAGENTA	가는 입면선 선 & 객체 – THIN & OBJECT
A–ELEV–5–LTST	CONTINUOUS	8	가장 가는 입면선 & 객체 – THINEST & OBJECT
A–TBLK–BD1	CONTINUOUS	BLUE	도각 외각 라인 – TITLEBOCK BORDER 1 (DARK)
A–TBLK–BD2	CONTINUOUS	MAGENTA	도각 내부 라인 – TITLEBLOCK BORDER 2 (LIGHT)
A–TBLK–TEXT	CONTINUOUS	CYAN	도각 문자 – TITLEBLOCK TEXT, ATTRIBUTES
A–TBLK–VPRT	CONTINUOUS	GREEN	뷰포트 – VIEWPORT

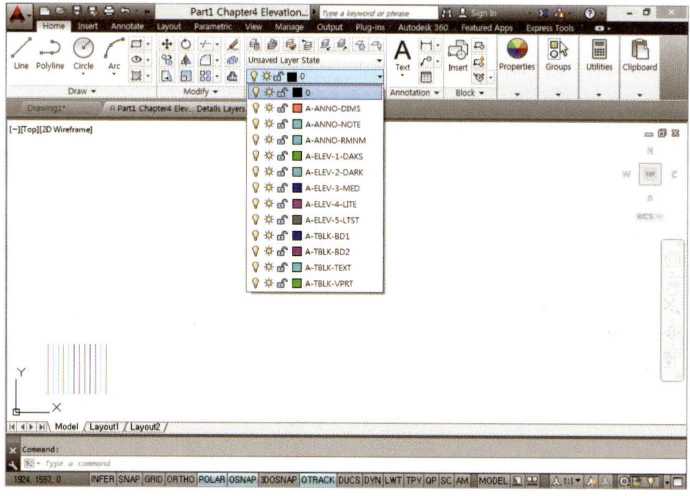

🅣🅘🅟 입면도와 단면도는 뭐가 다르나요?

입면도는 천장과 바닥의 슬라브가 제외된 바닥에서 천장까지의 영역을 나타내며, 단면도는 각 층의 슬라브와 벽의 단면(잘린 면) 표시가 있습니다.

기본 도면 뿐만 아니라, 팀원끼리 혹은 업체들과 협업 과정에 있어서 좀 더 복잡한 도면이 필요하다면 XRef를 사용하여 도면을 관리하면 좋습니다.

❶ 공사 전 현황 도면 : EXISTING CONDITIONS PLAN

독립적인 도면(Standing-alone drawing)으로 XRef 사용을 하지 않습니다.

예제 파일 : Part 01/Chapter 04/Existing Condition Plan.dwt

■ Existing Condition Plan Layers

레이어 이름	선 종류	색상	참고
A-ANNO-DIMS	CONTINUOUS	11	치수 DIMENSIONS
A-ANNO-NOTE	CONTINUOUS	CYAN	문자, 라벨, 레전드 – TEXT, LABEL, LEGEND
A-ANNO-RMNM	CONTINUOUS	CYAN	방 이름 – ROOM NAMES
A-COLS-EXIS	CONTINUOUS	YELLOW	기둥 – COLUMNS
A-COLS-IDEN	CENTER	BLUE	기둥 위치 라인 – COLUMN IDENTIFICATION LINES
A-DOOR-EXIS	CONTINUOUS	BLUE	기존 문 – EXISTING DOOR
A-EQPM-EXIS	CONTINUOUS	BLUE	기존 자재 및 소품 – EXISTING EQUIPMENT, APPLICATIONS
A-FLOR-CNVX	CONTINUOUS	MAGENTA	기존 난방기 – EXISTING CONVECTORS
A-FLOR-ELVX	CONTINUOUS	WHITE	기존 엘리베이터 – EXISTING ELEVATOR
A-FLOR-PATX	CONTINUOUS	8	기존 바닥재, 문틀 – EXISTING FLOOR MATERIALS(TILES, SADDLES, ETC)
A-FLOR-FUGX	CONTINUOUS	9	기존 러그, 카펫 – EXISTING RUGS, CARPETS
A-FLOR-STRX	CONTINUOUS	MAGENTA	기존 계단, 손잡이 – EXISTING STAIRS, RAMPS, HANDRAILS
A-FLOR-TPTX	CONTINUOUS	9	기존 화장실 칸막이 – EXISTING TOILET PARTITION
A-FURN-CHRX	CONTINUOUS	WHITE	기존 의자 – EXISTING CHIAR AND SEATING
A-FURN-EXIS	CONTINUOUS	MAGENTA	기존 가구 – EXISTING FURNITURE
A-FURN-LWRX	HIDDEN	8	기존 가구 하부 – EXISTING LOWER FURNITURE, PEDESTALS, ETC
A-FURN-PNLX	CONTINUOUS	WHITE	기존 시스템 가구 간이벽 – EXISTING SYSTEM FURNITURE PANELS

A–FURN–UPPX	HIDDEN	9	기존 가구 상부 – EXISTING UPPER FURNITURE, PEDES-TALS, ETC
A–MLWK–EXIS	CONTINUOUS	MAGENTA	기존 붙박이 가구 – MILLWORK, BUILT–IN CABINETS, ETC
A–MLWK–LOWX	HIDDEN	8	기존 붙박이 하부장 – EXISTING LOWER MILLWORK, BUILT–IN CABINETS, ETC
A–MLWK–UPPX	HIDDEN	9	기존 붙박이 상부장 – EXISTING LOWER MILLWORK, BUILT–IN CABINETS, ETC
A–PLUG–EXIS	CONTINUOUS	MAGENTA	기존 상하수 시설 – EXISTING PLUMBING FIXTURES, TOI-LETS, SINKS, ETC
A–TBLK–BD1	CONTINUOUS	BLUE	도각 외각 라인 – TITLEBOCK BORDER 1 (DARK)
A–TBLK–BD2	CONTINUOUS	MAGENTA	도각 내부 라인 – TITLEBLOCK BORDER 2 (LIGHT)
A–TBLK–TEXT	CONTINUOUS	CYAN	도각 문자 TITLEBLOCK TEXT, ATTRIBUTES
A–TBLK–VPRT	CONTINUOUS	GREEN	뷰포트 – VIEWPORT
A–WALL–EXIS	CONTINUOUS	GREEN	기존 벽 – EXISTING WALL
A–WALL–HATX	CONTINUOUS	9	기존 벽 해치 – EXISTING WALL HATCH
A–WALL–LOWX	CONTINUOUS	WHITE	기존 부분 벽 – EXISTING PARTIAL HEIGHT WALLS
A–WIN–GLZX	CONTINUOUS	8	기존 창문 유리 – EXISTING GLASS
A–WIN–MULX	CONTINUOUS	GREEN	기존 창문 프레임 – EXISTING MULLIONS
A–WIN–SILX	CONTINUOUS	MAGENTA	기존 창문 틀 – EXISTING SILL

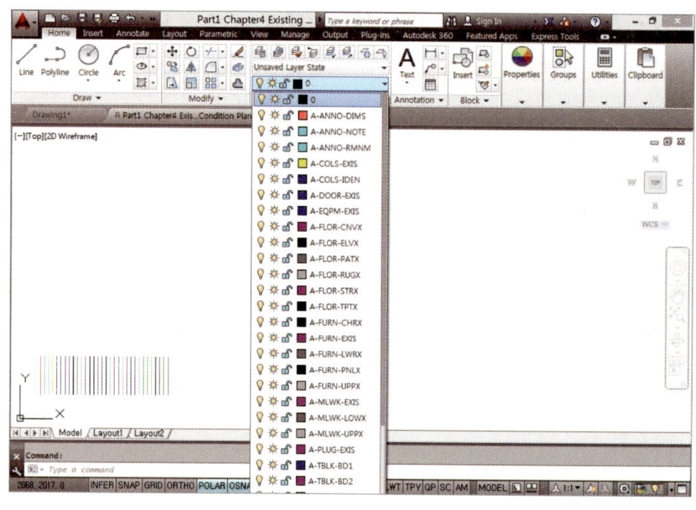

❷ 기본 도면 : BASE DRAWING

독립적인 도면(Standing-alone drawing)으로 XRef 사용을 하지 않되, 철거(DEMO)되는 것과 새로 생긴 것에 대한 모든 레이어들이 들어있어야 하며 또한 모든 가구, 붙박이장(기존 있는 것+새로 생기는 것)까지 레이어 리스트에 포함되어 있어야 합니다.

> 예제 파일 : Part 01/Chapter 04/Base Drawing.dwt

■ Base Drawing Layers

레이어 이름	선 종류	색상	참고
A-COLS-NEW	CONTINUOUS	GREEN	기존 기둥 – EXISTING COLUMNS
A-COLS-EXIS	CONTINUOUS	YELLOW	새 기둥 – COLUMNS
A-COLS-IDEN	CENTER	BLUE	기둥 위치 라인(중심선) – COLUMN IDENTIFICATION LINES
A-DOOR NEW	CONTINUOUS	CYAN	새 문 – NEW DOOR
A-DOOR EXIS	CONTINUOUS	BLUE	기존 문 – EXISTING DOOR
A-EQPM NEW	CONTINUOUS	MAGENTA	새 자재 및 소품 – NEW EQUIPMENT, APPLICATIONS
A-EQPM EXIS	CONTINUOUS	BLUE	기존 자재 및 소품 – EXISTING EQUIPMENT, APPLICATIONS
A-FLOR-DEMO	HIDDEN	WHITE	철거될 기존 구조물 – EXISTING CONSTRUCTION TO BE DEMOLISHED
A-FLOR-CNVN	CONTINUOUS	CYAN	새 난방기 – NEW CONVECTORS
A-FLOR-CNVX	CONTINUOUS	MAGENTA	기존 난방기 – EXISTING CONVECTORS
A-FLOR-ELVN	CONTINUOUS	MAGENTA	새 엘리베이터 – EXISTING ELEVATOR
A-FLOR-ELVX	CONTINUOUS	WHITE	기존 엘리베이터 – EXISTING ELEVATOR
A-FLOR-PATN	CONTINUOUS	WHITE	새 바닥재, 문틀 – NEW FLOOR MATERIALS (TILES, SADDLES, ETC)
A-FLOR-PATX	CONTINUOUS	8	기존 바닥재, 문틀 – FLOOR MATERIALS (TILES, SADDLES, ETC)
A-FLOR-RUGN	CONTINUOUS	MAGENTA	새 러그, 카펫 – NEW RUGS, CARPETS
A-FLOR-RUGX	CONTINUOUS	9	기존 러그, 카펫 – EXISTING RUGS, CARPETS
A-FLOR-STRN	CONTINUOUS	BLUE	새 계단, 손잡이 – NEW STAIRS, RAMPS, HANDRAILS
A-FLOR-STRX	CONTINUOUS	MAGENTA	기존 계단, 손잡이 – EXISTING STAIRS, RAMPS, HANDRAILS
A-FLOR-TPTN	CONTINUOUS	MAGENTA	새 화장실 칸막이 – NEW TOILET PARTITION
A-FLOR-TPTX	CONTINUOUS	WHITE	기존 화장실 칸막이 – EXISTING TOILET PARTITION
A-FURN-NEW	CONTINUOUS	CYAN	새 가구 – NEW FURNITURE
A-FURN-EXIS	CONTINUOUS	MAGENTA	기존 가구 – EXISTING FURNITURE

A-FURN-CHRN	CONTINUOUS	MAGENTA	새 의자 – NEW CHIAR AND SEATING
A-FURN-CHRX	CONTINUOUS	WHITE	기존 의자 – EXISTING CHIAR AND SEATING
A-FURN-LWRN	HIDDEN	BLUE	새 가구하부 – NEW LOWER FURNITURE, PEDESTALS, ETC
A-FURN-LWRX	HIDDEN	8	기존 가구하부 – EXISTING LOWER FURNITURE, PEDESTALS, ETC
A-FURN-PNLN	CONTINUOUS	MAGENTA	새 시스템 가구 간이벽 – NEW SYSTEM FURNITURE PANELS
A-FURN-PNLX	CONTINUOUS	WHITE	기존 시스템 가구 간이벽 – EXISTING SYSTEM FURNITURE PANELS
A-FURN-UPPN	HIDDEN	WHITE	새 가구상부 – NEW UPPER FURNITURE, PEDESTALS, ETC
A-FURN-UPPX	HIDDEN	9	기존 가구상부 – EXISTING UPPER FURNITURE, PEDESTALS, ETC
A-MLWK-NEW	CONTINUOUS	CYAN	새 붙박이 가구 – NEW MILLWORK, BUILT-IN CABINETS, ETC
A-MLWK-EXIS	CONTINUOUS	MAGENTA	기존 붙박이 가구 – MILLWORK, BUILT-IN CABINETS, ETC
A-MLWK-LOWN	HIDDEN	WHITE	새 붙박이 하부장 – NEW LOWER MILLWORK, BUILT-IN CABINETS, ETC
A-MLWK-LOWX	HIDDEN	8	기존 붙박이 하부장 – EXISTING LOWER MILLWORK, BUILT-IN CABINETS, ETC
A-MLWK-UPPN	HIDDEN	8	새 붙박이 상부장 – NEW UPPER MILLWORK, BUILT-IN CABINETS, ETC
A-MLWK-UPPX	HIDDEN	9	기존 붙박이 상부장 – EXISTING UPPER MILLWORK, BUILT-IN CABINETS, ETC
A-PLUG-NEW	CONTINUOUS	BLUE	새 상하수 시설 – NEW PLUMBING FIXTURES, TOILETS, SINKS, ETC
A-PLUG-EXIS	CONTINUOUS	MAGENTA	기존 상하수 시설 – EXISTING PLUMBING FIXTURES, TOILETS, SINKS, ETC
A-WALL-NEW	CONTINUOUS	GREEN	새 벽 – NEW WALL
A-WALL-EXIS	CONTINUOUS	YELLOW	기존 벽 – EXISTING WALL
A-WALL-LOWN	CONTINUOUS	MAGENTA	새로운 부분 벽 – NEW PARTIAL HEIGHT WALLS
A-WALL-LOWX	CONTINUOUS	WHITE	기존 부분 벽 – EXISTING PARTIAL HEIGHT WALLS
A-WALL-HTCN	CONTINUOUS	252	새로운 벽 해치 – NEW WALL HATCH
A-WALL-HTCX	CONTINUOUS	9	벽 해치 – WALL HATCH
A-WIN-GLZN	CONTINUOUS	WHITE	새 창문 유리 – NEW GLASS
A-WIN-GLZX	CONTINUOUS	8	기존 창문 유리 – EXISTING GLASS

A–WIN–MULN	CONTINUOUS	CYAN	새 창문 프레임 – NEW MULLIONS
A–WIN–MULX	CONTINUOUS	GREEN	기존 창문 프레임 – EXISTING MULLIONS
A–WIN–SILN	CONTINUOUS	BLUE	새 창문 틀 – NEW SILL
A–WIN–SILX	CONTINUOUS	MAGENTA	기존 창문 틀 – EXISTING SILL

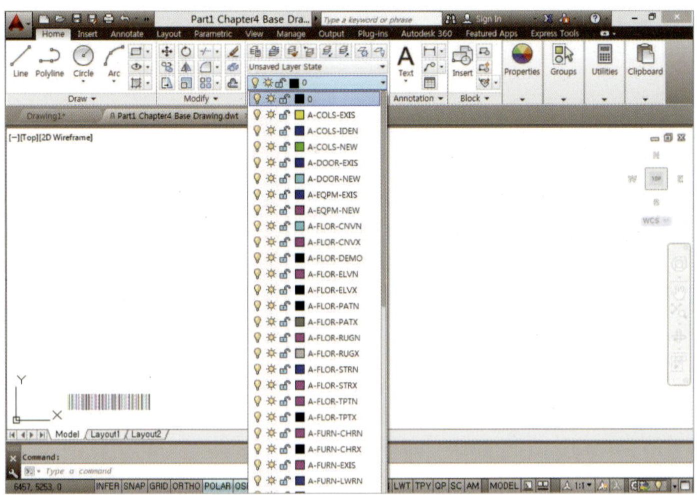

❸ 평면도 : FLOOR PLANS(철거도 : DEMO, 구조도 : CON, 가구 배치 도면 : FURN)

문자 치수 도각 레이어가 포함되어 있는 DWT 파일에서 시작해야 하며 Annotative 문자와 치수, 멀티 리더를 사용합니다. XRef 명령을 사용하여 기본 도면을 평면도에 불러와 작업을 하며 불필요한 레이어 는 꺼둡니다.

예제 파일 : Part 01/Chapter 04/Floor Plan (DEMO, CON, FURN).dwt

■ Floor Plan(DEMO, CONS, FURN) Layers

레이어 이름	선 종류	색상	참고
A–ANNO–DIMS	CONTINUOUS	11	치수 – DIMENSION
A–ANNO–NOTE	CONTINUOUS	CYAN	문자, 라벨, 레전드 – TEXT, LABEL, LEGEND
A–ANNO–RMNM	CONTINUOUS	CYAN	방 이름 – ROOM NAMES
A–TBLK–BD1	CONTINUOUS	BLUE	도각 외각라인 – TITLEBOCK BORDER 1 (DARK)
A–TBLK–BD2	CONTINUOUS	MAGENTA	도각 내부라인 – TITLEBLOCK BORDER 2 (LIGHT)
A–TBLK–TEXT	CONTINUOUS	CYAN	도각 문자 TITLEBLOCK TEXT, ATTRIBUTES
A–TBLK–VPRT	CONTINUOUS	GREEN	뷰포트 – VIEWPORT

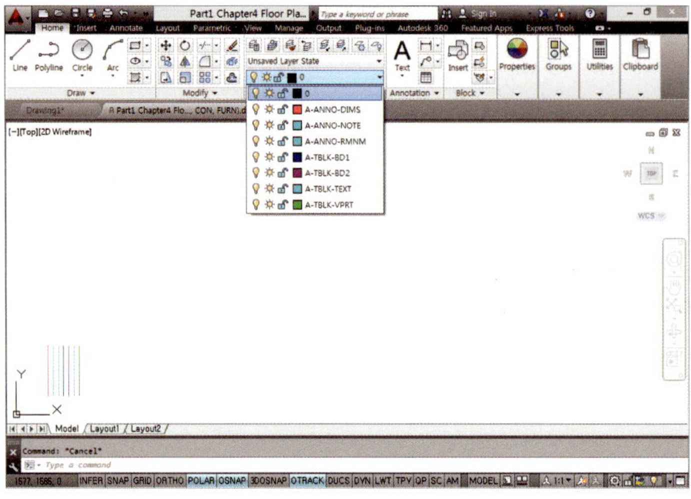

❹ 천정도 : REFLECTED CEILING PLAN

글씨 치수 도각 레이어와 함께 천정도 레이어가 포함되어 있는 DWT 파일에서 시작해야 하며 Annotative 글씨와 치수, 멀티리더를 사용합니다. XRef 명령어를 사용하여 기본 도면을 천정 도면에 불러와 작업을 하며 불필요한 레이어는 꺼둡니다.

예제 파일 : Part 01/Chapter 04/Reflected Ceiling Plan (RCP).dwt

■ Reflected Ceiling Plan(RCP) Layers

레이어 이름	선 종류	색상	참고
A–ANNO–DIMS	CONTINUOUS	11	치수 – DIMENSION
A–ANNO–NOTE	CONTINUOUS	CYAN	문자, 라벨, 레전드 – TEXT, LABEL, LEGEND
A–ANNO–RMNM	CONTINUOUS	CYAN	방 이름 – ROOM NAMES
A–CLNG–DEMO	HIDDEN	WHITE	기존 천정 철거부분 – EXISTING SOFFITS, LIGHTS, ETC TO BE DEMOLISHED
A–CLNG–HERN	CONTINUOUS	YELLOW	새 천정 돌출 부분 – NEW HEADERS
A–CLNG–HERX	CONTINUOUS	GREEN	기존 천정 돌출 부분 : EXISTING HEADERS
A–CLNG–SOFN	CONTINUOUS	GREEN	새 천정 수평 부분 – NEW SOFFITS, FASCIAS
A–CLNG–SOFX	CONTINUOUS	CYAN	기존 천정 수평 부분 – EXISTING SOFFITS, FASCIAS
A–ELEC–FITN	CONTINUOUS	MAGENTA	새 전기 시설 – NEW LIGHT FIXTURE & SWITCHES
A–ELEC–FITX	CONTINUOUS	BLUE	기존 전기 시설 – EXISTING LIGHT FIXTURE & SWITCHES
A–TBLK–BD1	CONTINUOUS	BLUE	도각 외각라인 – TITLEBOCK BORDER 1 (DARK)
A–TBLK–BD2	CONTINUOUS	MAGENTA	도각 내부라인 – TITLEBLOCK BORDER 2 (LIGHT)
A–TBLK–TEXT	CONTINUOUS	CYAN	도각 문자 TITLEBLOCK TEXT, ATTRIBUTES

| A–TBLK–VPRT | CONTINUOUS | GREEN | 뷰포트 – VIEWPORT |

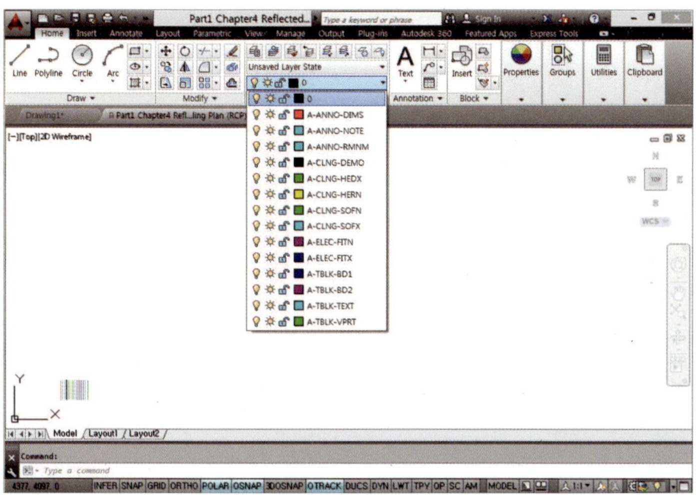

❺ 입면도 및 디테일 : ELEVATIONS AND DETAILS

독립적인 도면(Standing–alone drawing)으로 문자 치수 도각 레이어와 함께 입면 레이어가 포함되어 있는 DWT 파일에서 시작해야 하며 Annotative 문자와 치수, 멀티 리더를 사용합니다. 단면도를 그릴 때 참고하기 위한 기본 도면을 불러오지만, 나중에 삭제(Detach)합니다.

예제 파일 : Part 01/Chapter 04/Elevations and Details Layers.dwt

■ Elevations and Details Layers

레이어 이름	선 종류	색상	참고
A–ANNO–DIMS	CONTINUOUS	11	치수 – DIMENSION
A–ANNO–RMNM	CONTINUOUS	CYAN	실 이름 – ROOM NAMES
A–ANNO–NOTE	CONTINUOUS	CYAN	문자, 라벨, 레전드 – TEXT, LABEL, LEGEND
A–ELEV–1–DAKS	CONTINUOUS	GREEN	가장 굵은 입면 선 & 객체 – HEAVIST LINE & OBJECT
A–ELEV–2–DARK	CONTINUOUS	CYAN	굵은 입면선 & 객체 – HEAVY LINE & OBJECT
A–ELEV–3–MED	CONTINUOUS	BLUE	중간 입면선 & 객체 – MEDIUM & OBJECT
A–ELEV–4–LITE	CONTINUOUS	MAGENTA	가는 입면선 & 객체 – THIN & OBJECT
A–ELEV–5–LTST	CONTINUOUS	8	가장 가는 입면선 & 객체 – THINEST & OBJECT
A–TBLK–BD1	CONTINUOUS	BLUE	도각 외각라인 – TITLEBOCK BORDER 1 (DARK)
A–TBLK–BD2	CONTINUOUS	MAGENTA	도각 내부라인 – TITLEBLOCK BORDER 2 (LIGHT)
A–TBLK–TEXT	CONTINUOUS	CYAN	도각 문자 TITLEBLOCK TEXT, ATTRIBUTES
A–TBLK–VPRT	CONTINUOUS	GREEN	뷰포트 – VIEWPORT

색에 따른 선 굵기 표 –PEN TABLE–

색에 따른 굵기 선정을 Pen Table이라는 곳에서 지정합니다. 이 부분은 프린트할 때 좀 더 자세히 다루도록 하겠습니다. 선의 굵기는 임의로 지정한 것임을 알려드립니다.

색상이름		색	선 굵기
COLOR1	RED	BLACK	0.60
COLOR2	YELLOW	BLACK	0.40
COLOR3	GREEN	BLACK	0.25
COLOR4	CYAN	BLACK	0.18
COLOR5	BLUE	BLACK	0.15
COLOR6	MAGENTA	BLACK	0.13
COLOR7	WHITE	BLACK	0.13
COLOR8		GRAY	0.10
COLOR9		GRAY	0.05
COLOR10 THRU 255		BLACK	0.00

디자인센터(DesignCenter)를 이용하여 도면 정리하기

위와 같이 레이어를 만들면서 레이어 수정 및 관리가 익숙해 졌다면, 아래의 예제를 통해 도면을 정리하는 법을 익히도록 하겠습니다.

예제 파일 : Part 01/Chapter 04/Sample06.dwg | **예제 파일** : Part 01/Chapter 04/Sample06–완성.dwg

01. 예제 파일을 불러온 후 [Layers] 패널에서 레이어 리스트 확장 버튼을 눌러 레이어를 확인합니다.

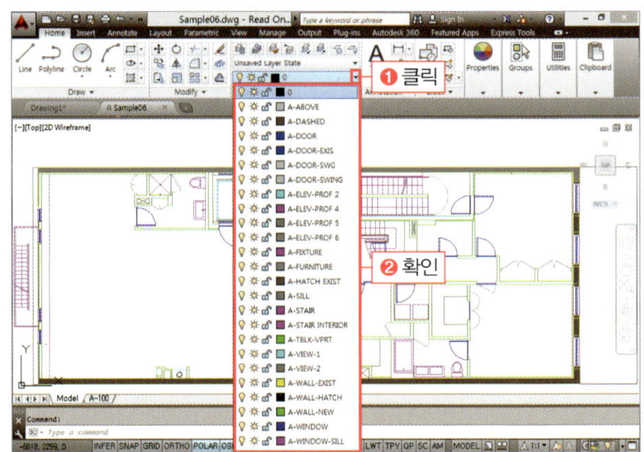

02. Green Box를 이용하여 전체 도면을 선택합니다.

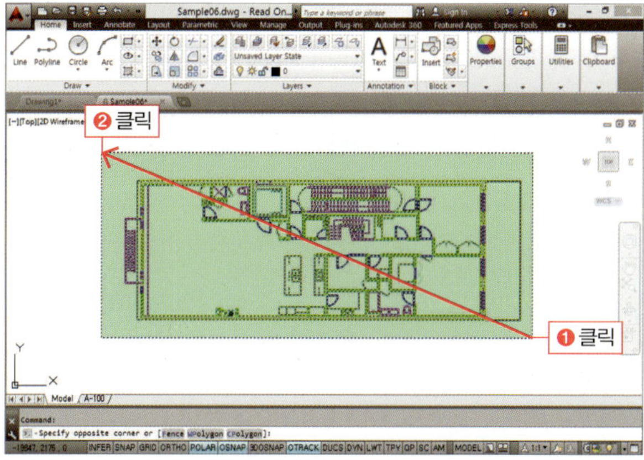

03. 레이어 리스트 확장 버튼을 눌러 '0' 레이어를
선택합니다.

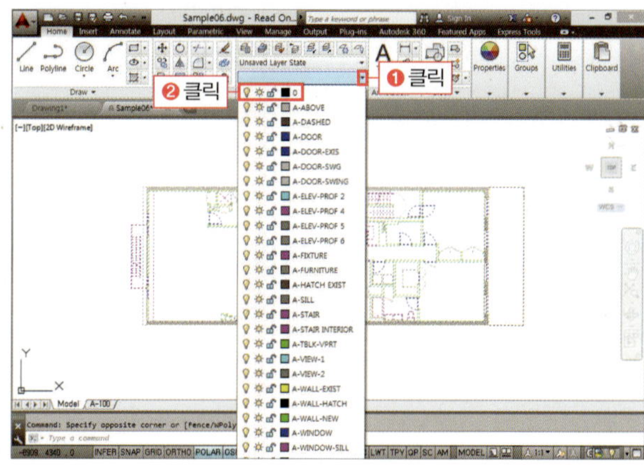

04. 모든 도면의 레이어가 '0' 레이어로 변경되는 것
을 확인할 수 있습니다.

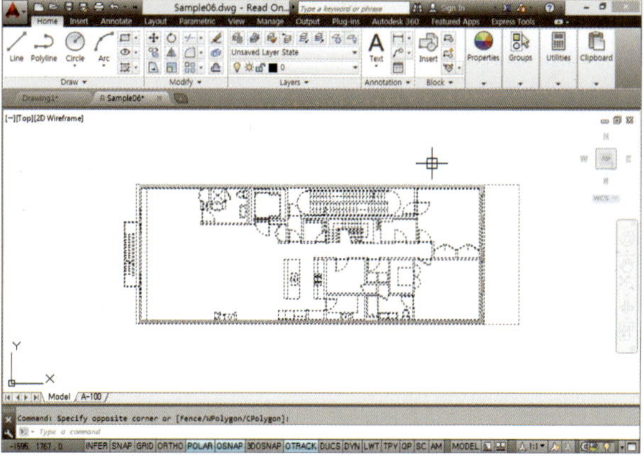

05. 명령 입력창에 'Pu'를 입력한 후 Enter 를 누릅니다. [Purge] 대화상자가 나타나면 필요 없는 레이어를 모두 선택한 후 [Purge All] 버튼을 클릭합니다.

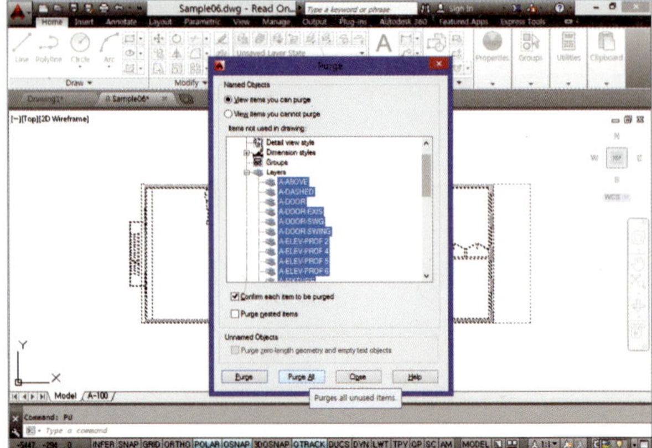

06. '0' 레이어만 남아 있는 것을 확인합니다.

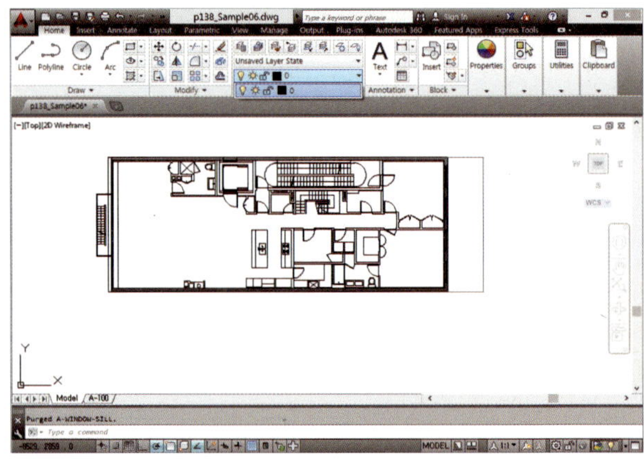

07. [View] 탭-[Palette] 패널에서 [DesignCenter]( )를 클릭합니다.

08. DesignCenter가 나타나면 [Load]( )를 클릭합니다.

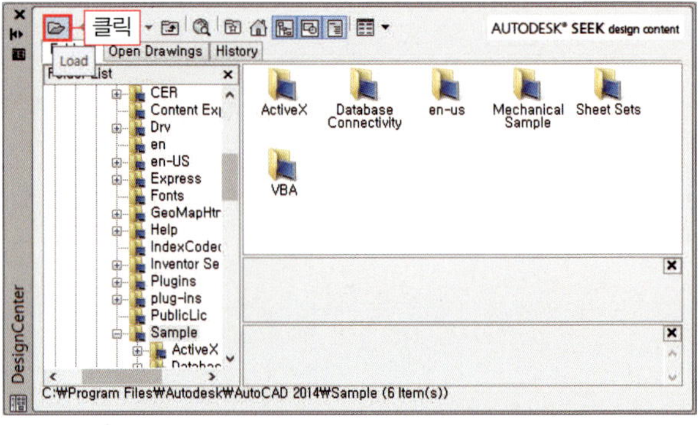

09. [Load] 대화상자가 나타나면 부록 CD에서 'Base Drawing.dwt' 파일을 선택한 후 [Open] 버튼을 클릭합니다.

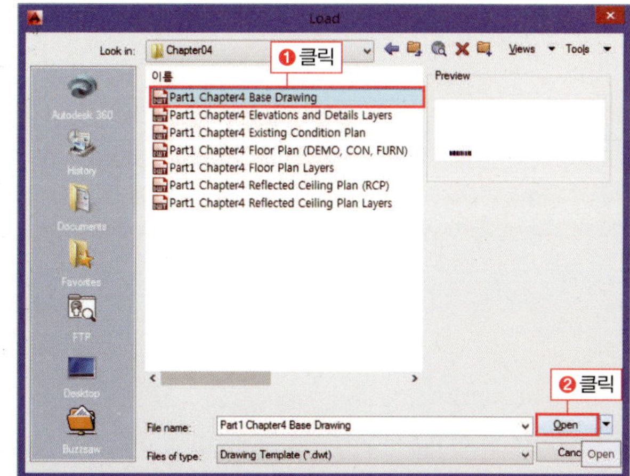

10. [Layers]를 더블클릭합니다.

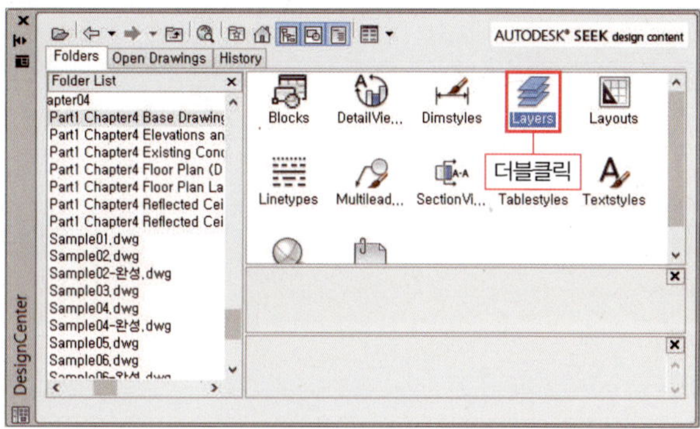

11. 추가하기 원하는 레이어를 모두 선택합니다.

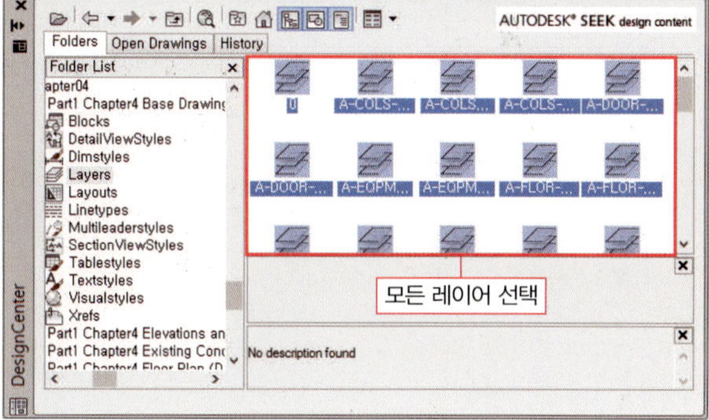

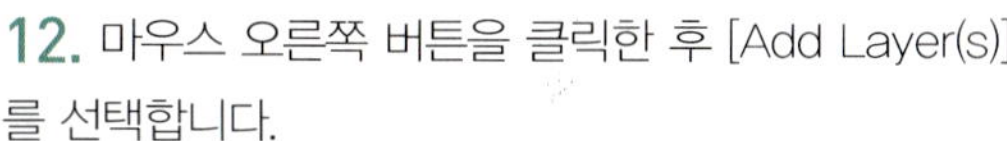

TIP 한꺼번에 모든 레이어를 선택하기 원한다면 첫 번째 레이어를 선택한 후 **Shift**를 누른 상태로 마지막 레이어를 선택합니다.

12. 마우스 오른쪽 버튼을 클릭한 후 [Add Layer(s)]를 선택합니다.

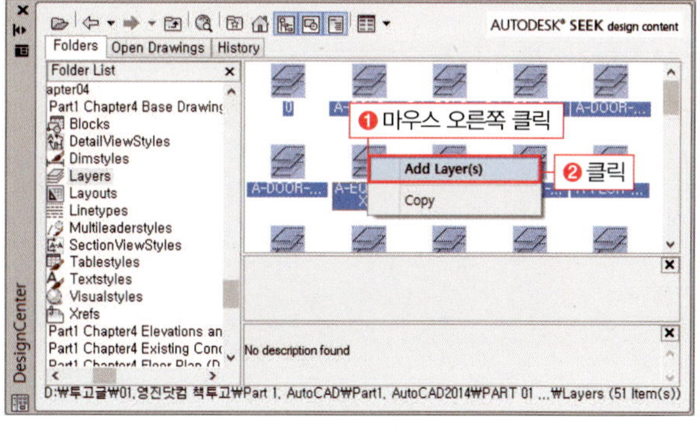

13. 레이어 옮기기가 끝나면 DesignCenter를 닫습니다.

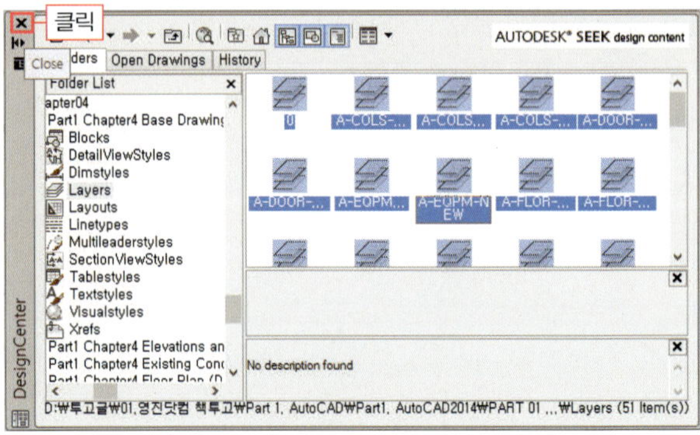

14. 레이어 확장 리스트 화살표를 클릭하여 추가된 레이어가 제대로 들어온 것을 확인합니다.

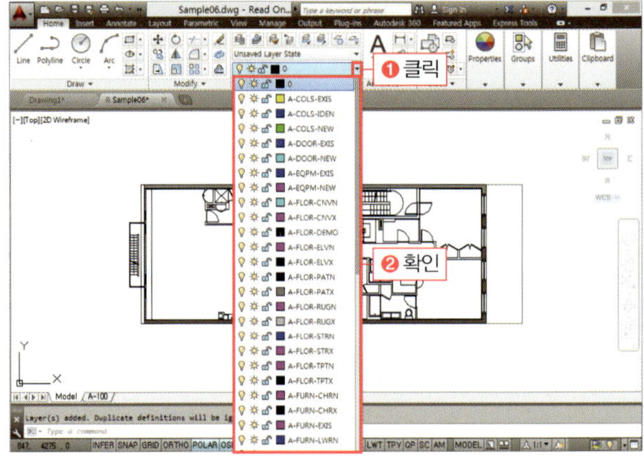

15. 객체를 맞는 레이어로 변경합니다. 그리고 그 외의 동일한 객체에 한에서 MA(Matchproperty)를 이용하여 빠르고 쉽게 동일한 특성을 입히도록 합니다.

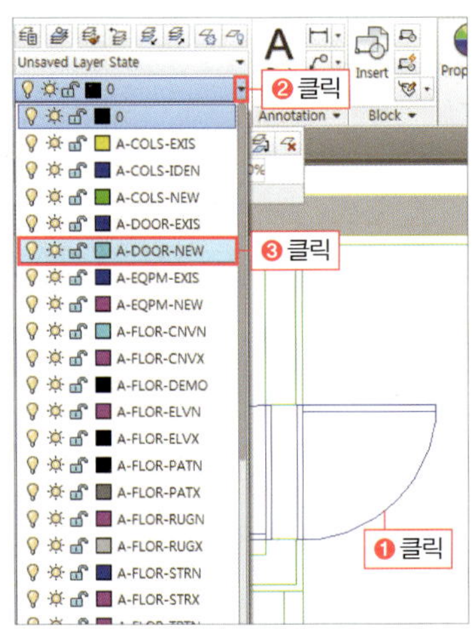

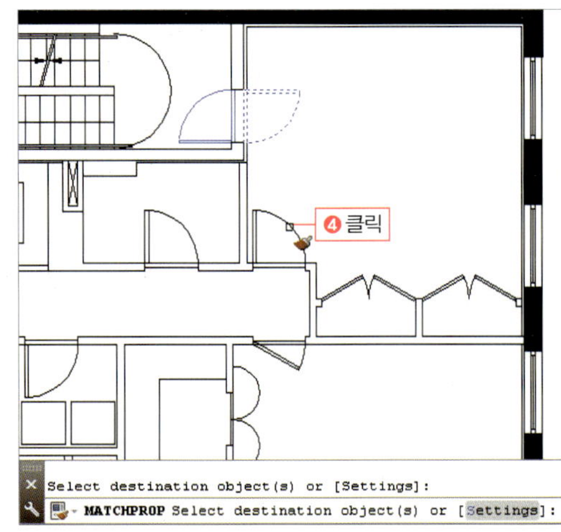

16. 모든 객체에 알맞은 레이어를 입혀 도면을 정리
후 필요 없는 레이어는 삭제합니다.

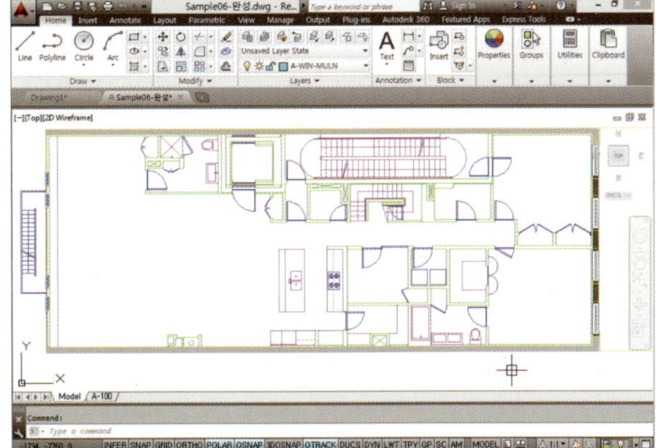

TIP 각각의 객체에 레이어를 다 입혔다면 선택 객체 잠그기/켜
기를 반복함으로써 빠진 객체가 있는지 확인할 수 있습니다.

TIP **Match Properties와 Match의 차이점**

객체의 속성을 변경하는 명령어로 [Match Properties]( )와 [Match]( )가 있습니다. [Match Properties]는 객체 속성 변경에 관해 바꾸고자 하는
객체의 속성으로 모두 변경 가능하나, [Match]는 해당 레이어에 관해서만 변경이 가능합니다.

[Home] 탭–[Layers] 패널

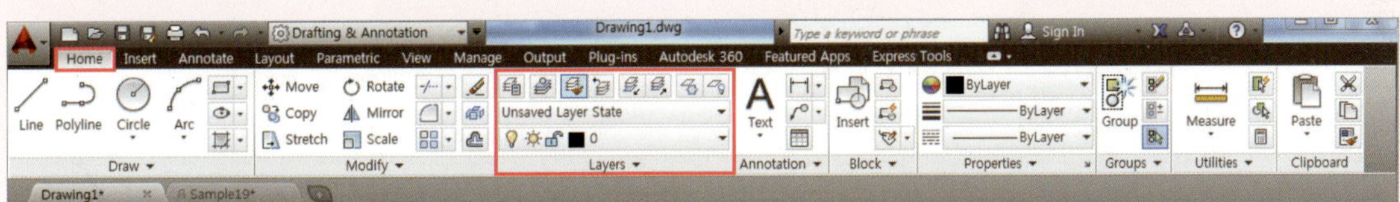

[Home] 탭–[Clipboard] 패널

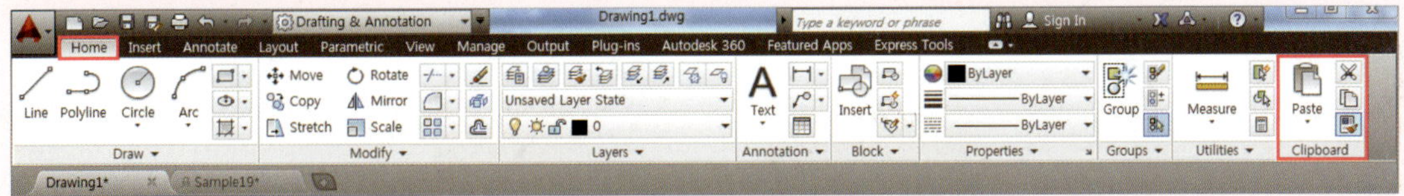

[Match Properties]는 단축 명령어 'Ma'를 사용해도 동일한 실행이 이루어집니다.

〈순서〉

1. 'Ma'를 입력한 후 Enter 를 누르거나 [Home] 탭–[Clipboard] 패널에서 [Match Properties]( )를 클릭합니다.
2. 변경하고자 하는 속성을 가지고 있는 객체(Destination)를 선택합니다.
3. 변경하고자 하는 객체를 선택합니다.

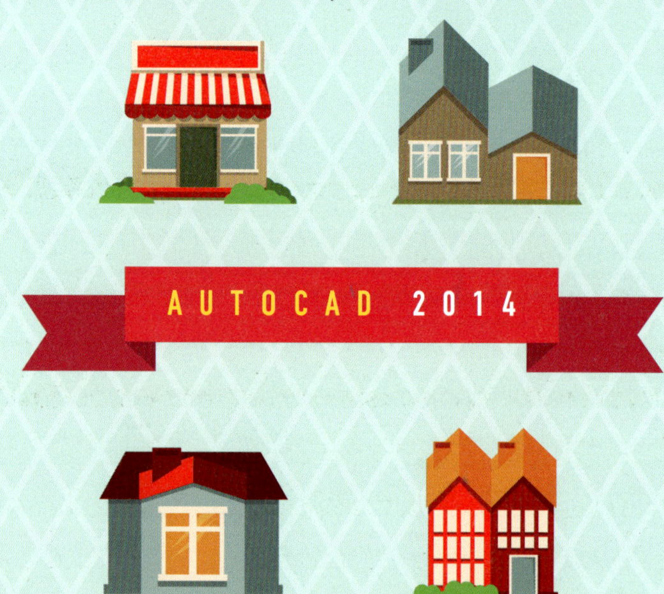

AUTOCAD 2014

레퍼런스 (Reference)로 작업하기

레퍼런스는 작게는 '블록'과 크게는 '도면 전체'로 분류할 수 있습니다. 작은 개념에서의 블록인 객체 그룹화에서 넓은 개념에서 도면을 불러오는 것 까지 이번 Chapter를 통해 네 가지 내용을 학습함으로써 좀 더 객체를 빠른 속도로 그리는 방법을 익히도록 합니다.

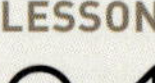

LESSON 01 블록을 불러오기(Insert)

Insert는 외부 혹은 현 도면에서 블록으로 만들어진 객체를 불러오는 명령으로써 언제든지 블록화된 객체를 드로잉 파일에 불러올 수 있습니다.

● **학습 목표**

외부에 저장되어 있는 블록을 불러와 현재 작업 중인 도면에 삽입할 수 있도록 학습합니다.

● **학습에 필요한 단축 명령어**

I : Insert

DI : Distance

▌블록 첨부 시작하기

도구 모음 활용과 Insert 명령의 여러 기능들을 살펴봄으로써 블록 삽입을 실행하는 데 필요한 개념을 이해합니다.

❶ [Insert]의 화면 구성

블록을 불러올 수 있도록 도구 모음의 위치를 파악하고 활용합니다.

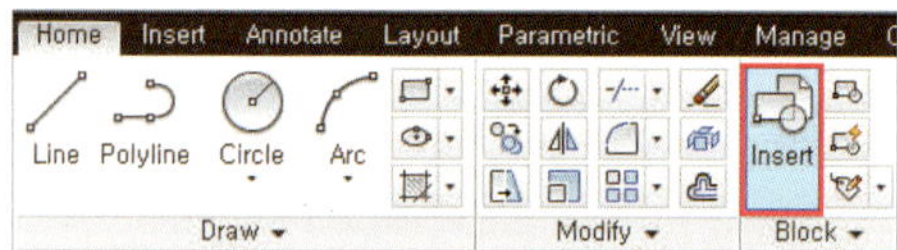

▲ [Home] 탭–[Block] 패널에 위치한 [Insert]

TIP [Insert] 탭–[Block] 패널에 위치한 [Insert]를 이용해도 됩니다.

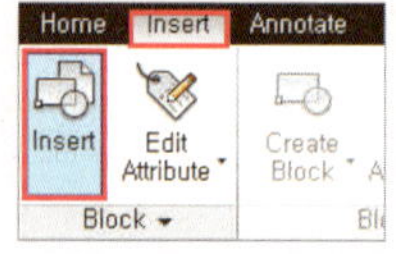

❷ [Insert] 대화상자 살펴보기

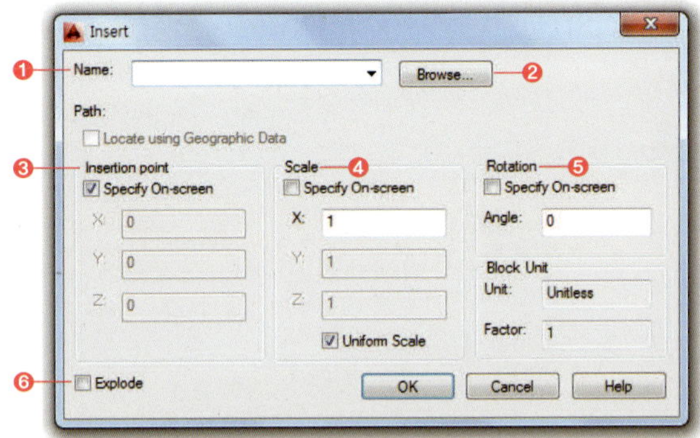

❶ Name : 도면 안의 블록을 가져올 수 있습니다.

❷ Browse : 외부의 블록을 가져올 수 있습니다.

❸ Insertion point : 블록을 불러오는 지점을 설정합니다. 주로 드로잉 화면을 클릭하여 블록의 위치를 정할 수 있도록 [Specify On-screen]을 체크합니다.

❹ Scale : 블록을 가져 왔을 때 크기를 조절할 수 있습니다. 특별한 이유가 없다면 체크하지 않습니다.

❺ Rotation : 블록을 가져왔을 때 블록의 회전 여부를 결정하는 옵션으로 체크하면 좋습니다.

❻ Explode : 그룹화가 아닌 분리된 블록을 가져올지 결정하는 옵션입니다

외부에서 블록 불러오기(Insert)

[Insert]를 사용하여 외부에 저장된 블록을 현재 작업 중인 도면에 불러오는 방법을 알아보겠습니다.

예제 파일 : Part 01/Chapter 05/Sample01.dwg | **완성 파일** : Part 01/Chapter 05/Sample01-완성.dwg

01. 예제 파일을 불러온 후 현재 레이어를 'A-PLUG'로 바꿉니다.

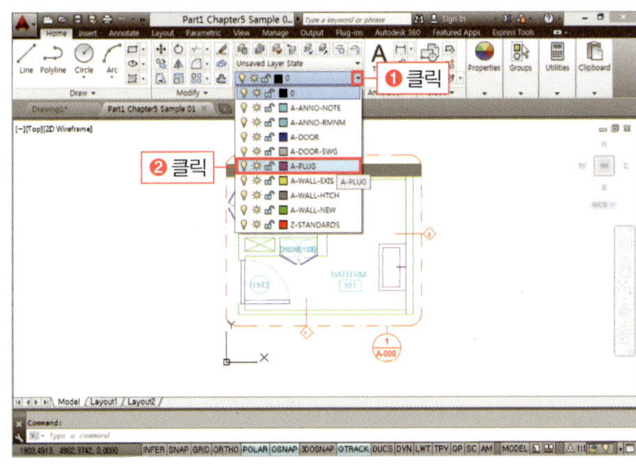

TIP 현재 레이어에 따라 블록의 색상과 속성이 연동되어 불러와집니다. 그러므로 불러올 객체의 속성에 따라 레이어를 바꾼 다음 블록을 불러오면 이후 변경할 필요기 없으므로 작업 속도가 빨라집니다.

02. [Insert] 탭–[Block] 패널에서 [Insert](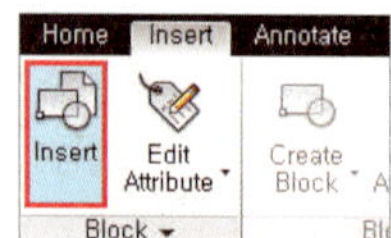)를 클릭합니다.

> **TIP** 바로 [Insert] 대화상자를 불러오고 싶다면 명령 입력창에 'i'를 입력한 후 **Enter** 를 누릅니다.

```
Command:
i INSERT
```

03. [Name]에서 'Toilet'을 선택하고 [Rotation]의 [Specify On–screen]에 체크한 후 [OK] 버튼을 클릭합니다.

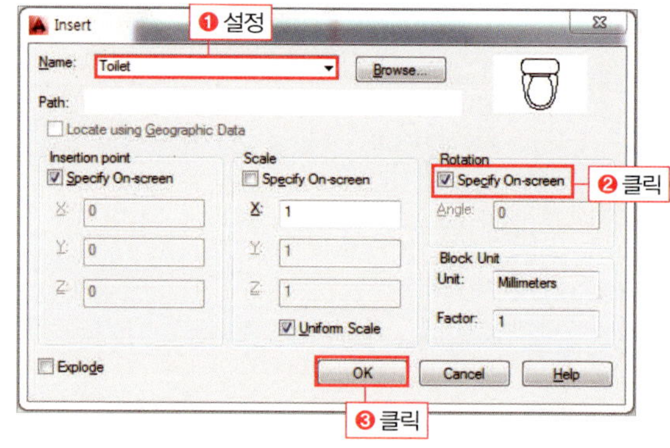

04. 불러온 블록이 마우스 포인터를 통해 배치 전일 때 **Shift** 를 누른 상태로 마우스 오른쪽 버튼을 클릭한 후 [Mid Between 2 Points]를 클릭합니다.

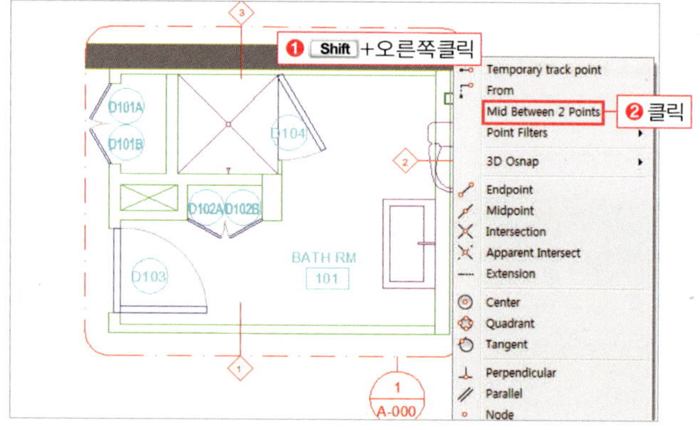

05. 벽 모서리 부분을 클릭합니다.

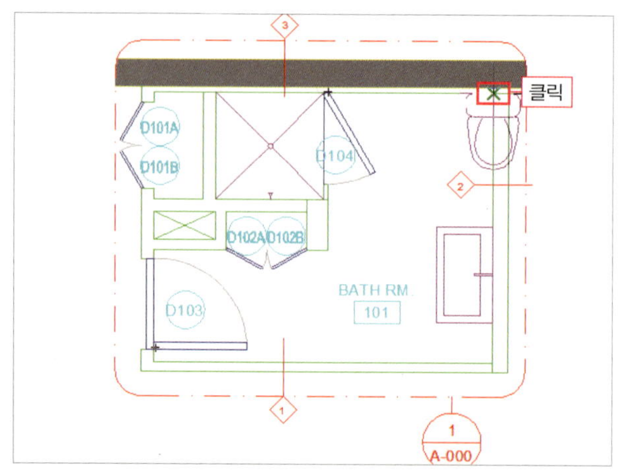

06. 싱크대 모서리 교차점을 클릭합니다.

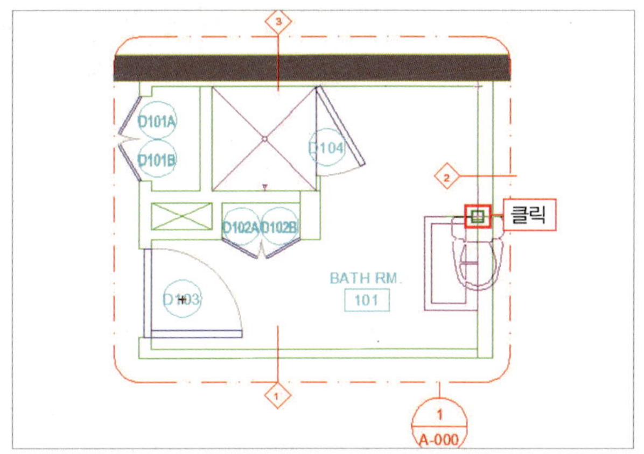

07. 변기가 두 지점의 중심점 위치로 자동 이동을 했으면 적절한 각도를 잡아줍니다.

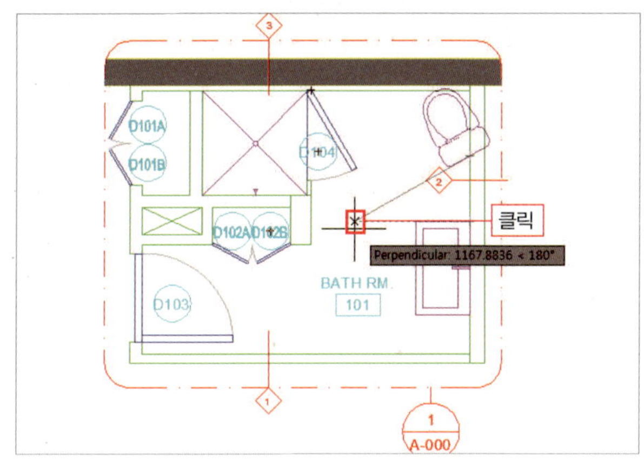

08. 그림과 같이 벽과 수평이 되는 지점에 클릭하여 블록 불러오기를 마무리합니다.

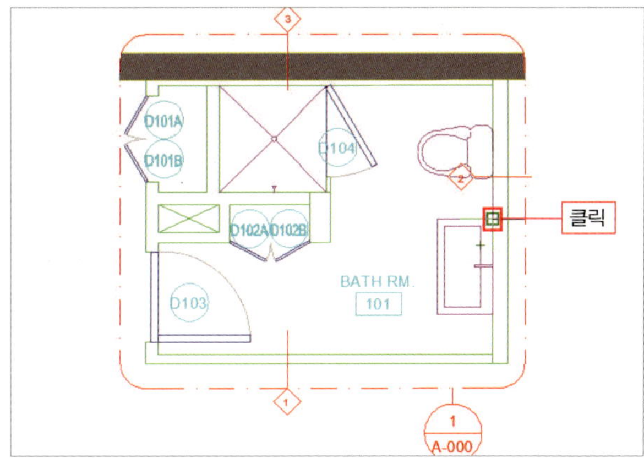

DesignCenter를 이용하여 블록 불러오기

DesignCenter를 통해 다른 도면에 만들어진 블록을 손쉽게 불러올 수 있습니다.

예제 파일 : Part 01/Chapter 05/Sample02.dwg I 완성 파일 : Part 01/Chapter 05/Sample02-완성.dwg

01. 예제 파일을 불러온 후 [View]-[Palettes] 패널에서 [DesignCenter](圖)을 클릭합니다.

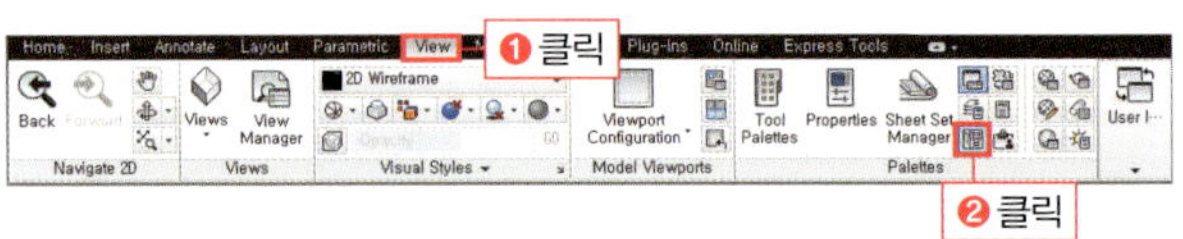

02. DesignCenter가 나타나면 [Load]를 클릭합니다. 그리고 [Load] 대화상자가 나타나면 부록 CD에서 'Sample 03.dwg' 파일을 선택하고 [Open] 버튼을 클릭합니다.

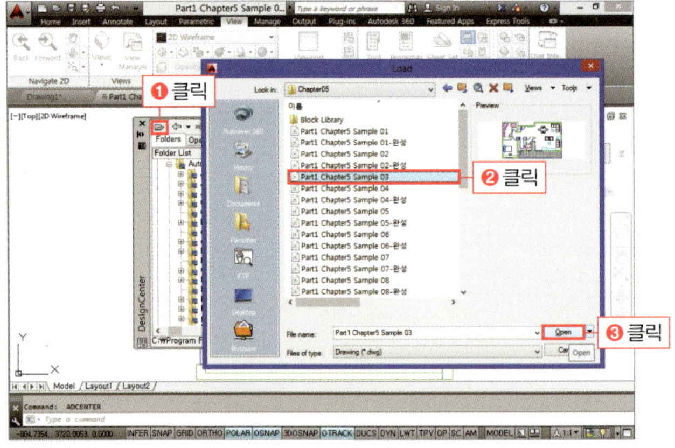

03. [Blocks]를 더블클릭하여 선택합니다.

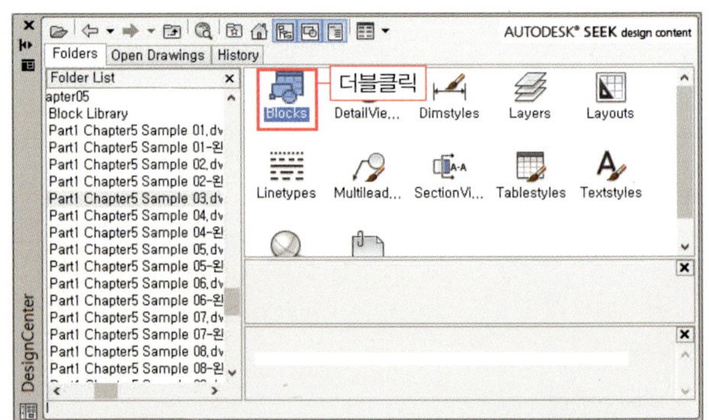

04. 'SINK BATHROOM' 블록을 드로잉 화면에 드래그합니다.

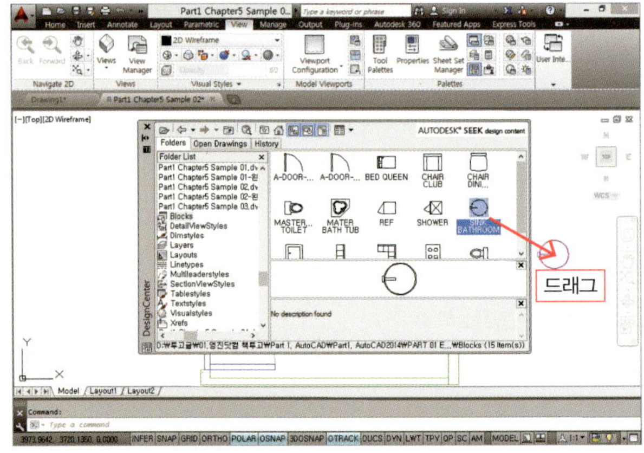

 블록을 선택한 후 마우스 오른쪽 버튼을 클릭하고 [Insert Block]을
선택하면 동일하게 블록을 불러올 수 있습니다.

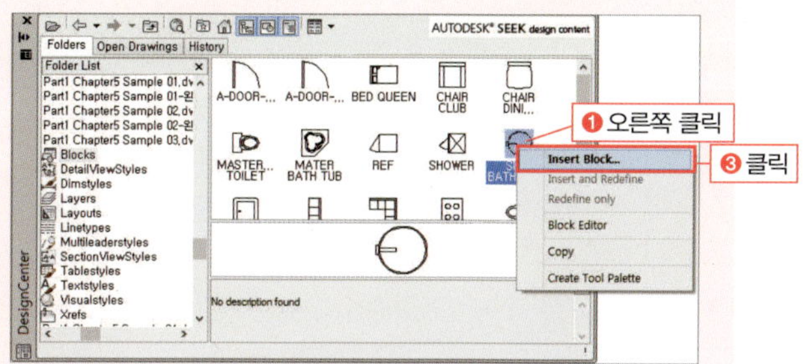

05. 블록을 화면에 끌어 담아 왔다면, DesignCenter
를 닫습니다.

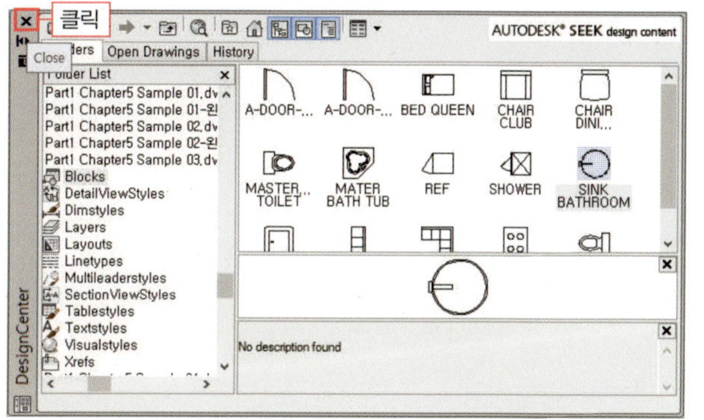

06. 원하는 블록이 그림과 같이 들어온 것을 확인할
수 있습니다.

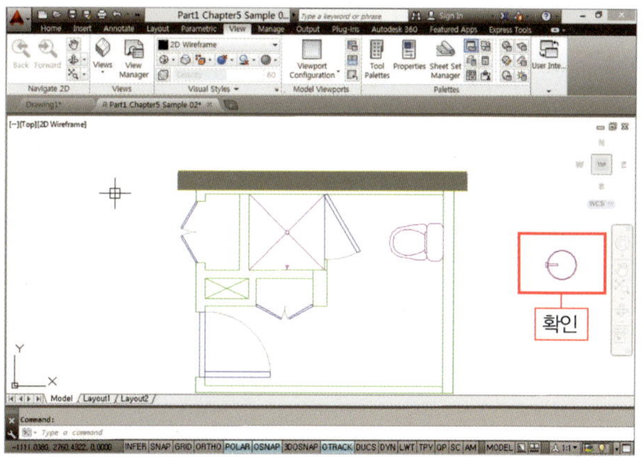

07. Move 명령을 사용하여 제 위치에 배치합니다.

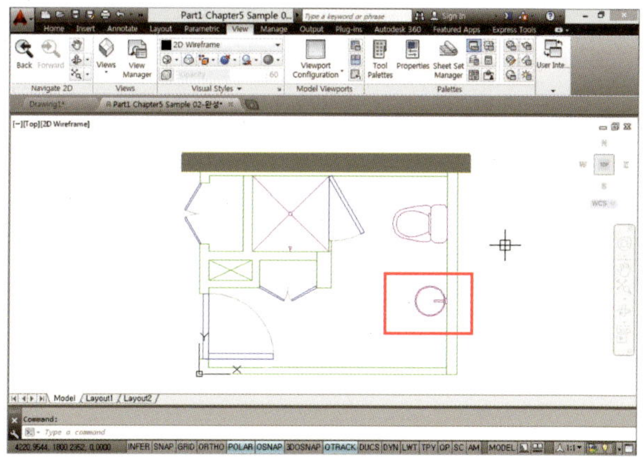

AutoCAD가 제공하는 블록들이 있습니다. 하지만 US 단위인 인치로 설정되어 있기 때문에 객체의 크기 조정이 필요합니다. 아래의 예제를 통한 따라하기로 어디에서 블록을 찾는지 알아봅니다.

예제 파일 : Part 01/Chapter 05/Sample03.dwg | **완성 파일 :** Part 01/Chapter 05/Sample03-완성.dwg

01. 예제 파일을 불러온 후 [View] 탭-[Palette] 패널에서 [DesignCenter](圖)를 선택합니다.

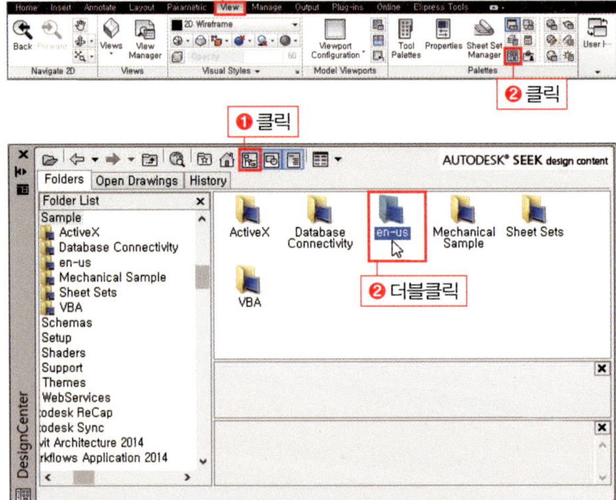

02. DesignCenter가 나타나면 [Home](🏠)을 클릭하고 [en-us] 폴더를 더블클릭하여 엽니다.

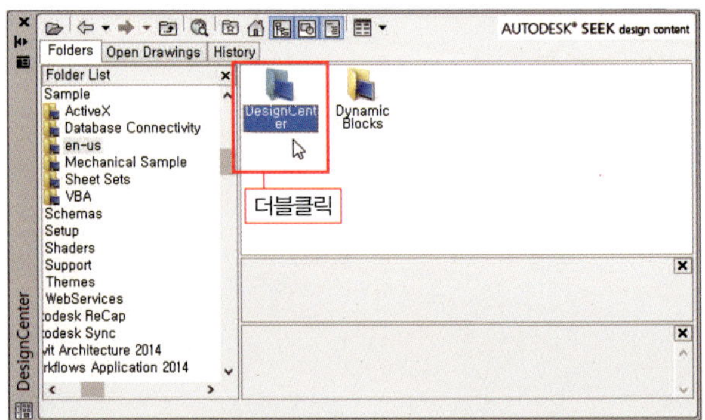

03. 그림과 같이 [DesignCenter] 폴더를 더블클릭하여 엽니다.

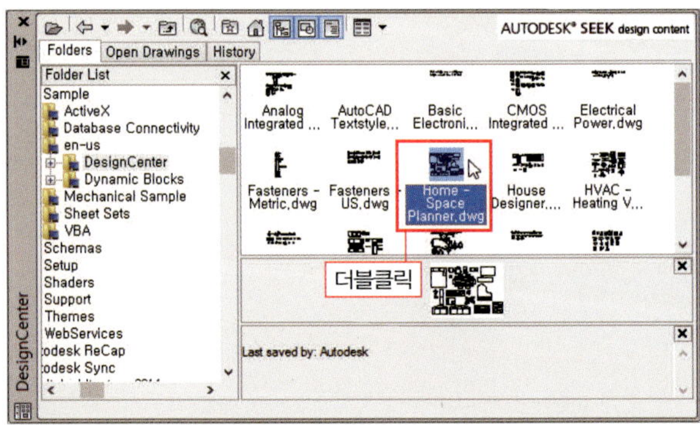

04. [Home – Space Planner.dwg]를 더블클릭하여 엽니다.

05. [Blocks]를 더블클릭하여 엽니다.

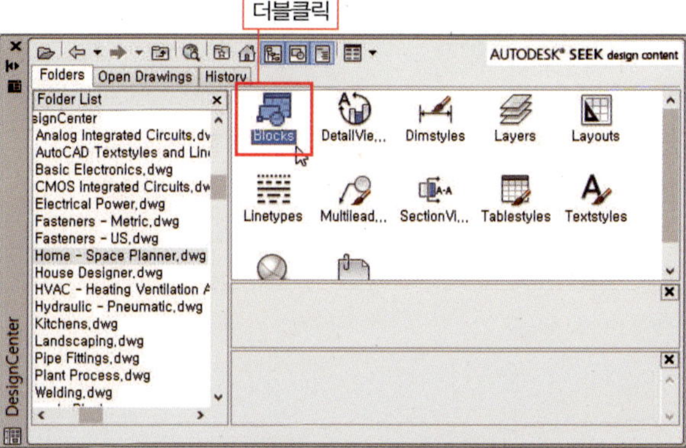

06. [Bed – Queen]을 선택합니다.

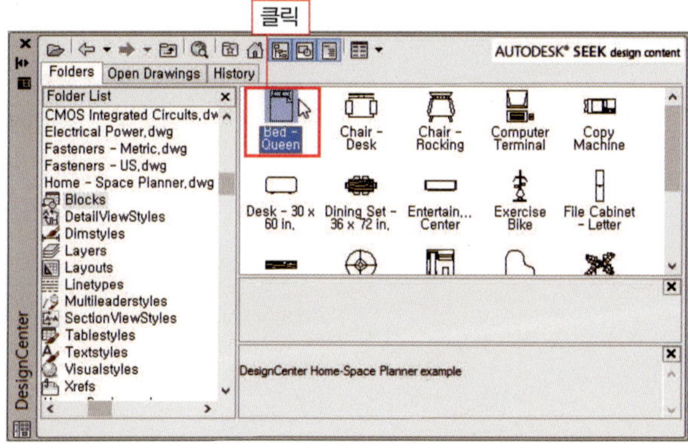

07. 마우스 오른쪽 버튼을 클릭한 후 [Insert Block]을 선택합니다.

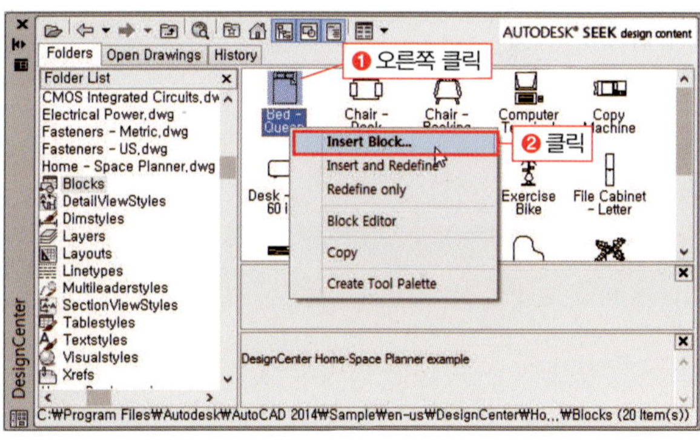

08. [Insert] 대화상자가 나타나면 [Rotation]에서 [Specify On–screen]에 체크한 후 [OK] 버튼을 클릭합니다.

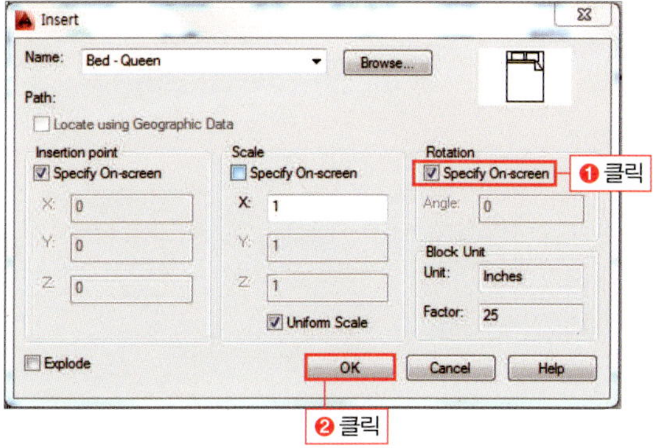

09. DesignCenter가 드로잉 화면을 가리므로 블록이 들어 왔는지 확인이 어렵습니다. DesignCenter를 비활성화한 후 침대가 필요한 안방에 클릭하여 임의의 곳에 블록을 배치합니다.

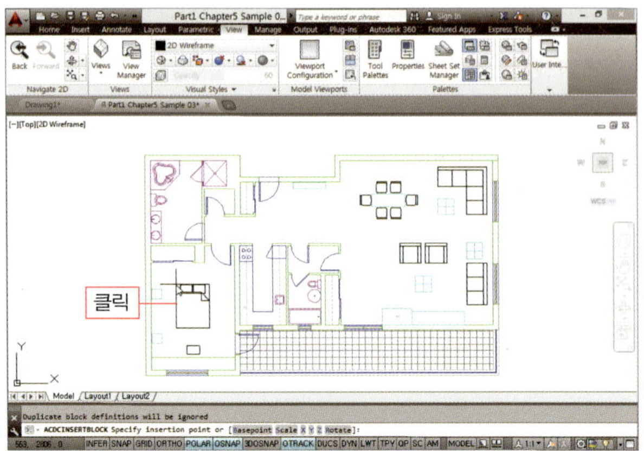

10. 침대의 놓일 방향을 보고 그림과 같이 90도 회전시킨 후 클릭하여 배치합니다.

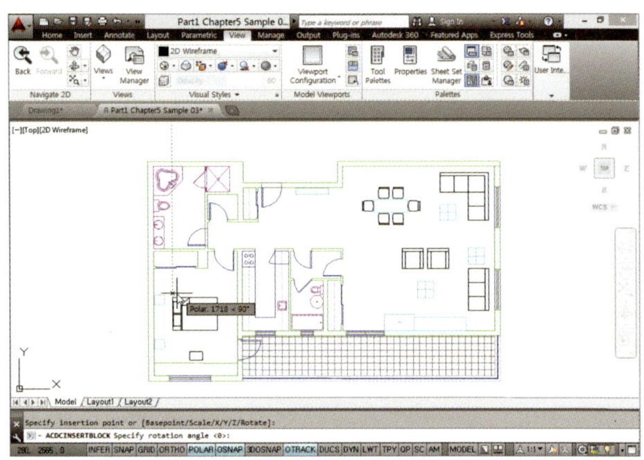

불러온 블록 크기 조절하기

불러온 블록의 크기를 조정하는 방법을 학습합니다.

예제 파일 : Part 01/Chapter 05/Sample04.dwg | **완성 파일** : Part 01/Chapter 05/Sample04−완성.dwg

01. 예제 파일을 불러온 후 침대의 폭을 측정하기 위해 명령 입력창에 'Distance'(DI)를 입력하고 Enter 를 누릅니다.

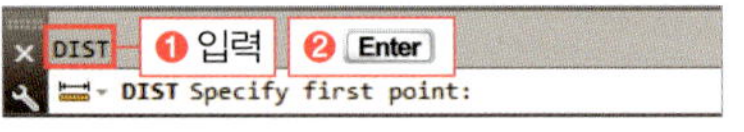

02. 폭의 두 지점을 클릭한 후 Enter 를 누릅니다.

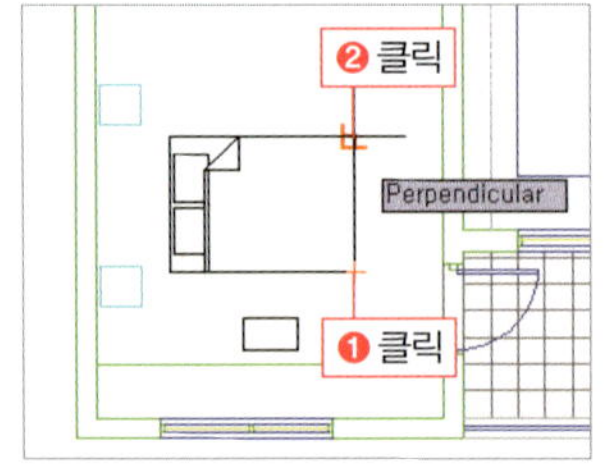

03. 명령 입력창에서 Distance가 '1524'인 것을 확인할 수 있습니다.

04. 명령 입력창에 'Refedit'를 입력한 후 **Enter** 를 누릅니다. 침대 객체를 선택하여 화면에서 바로 수정할 수 있도록 [OK] 버튼을 클릭합니다.

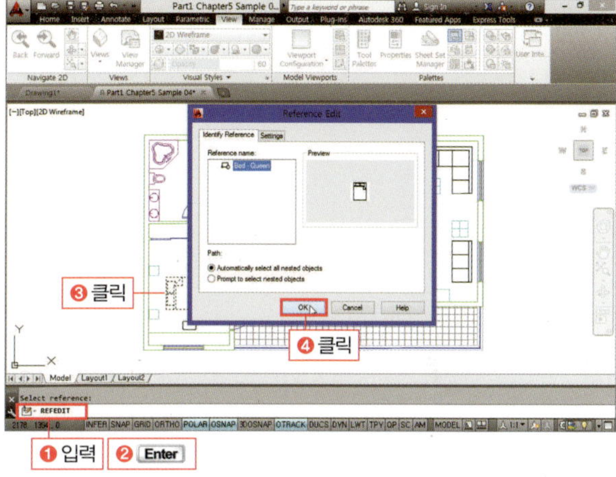

05. 침대 외의 모든 드로잉 객체가 50% 희미하게 보이면 'Scale'을 입력한 후 **Enter** 를 누릅니다.

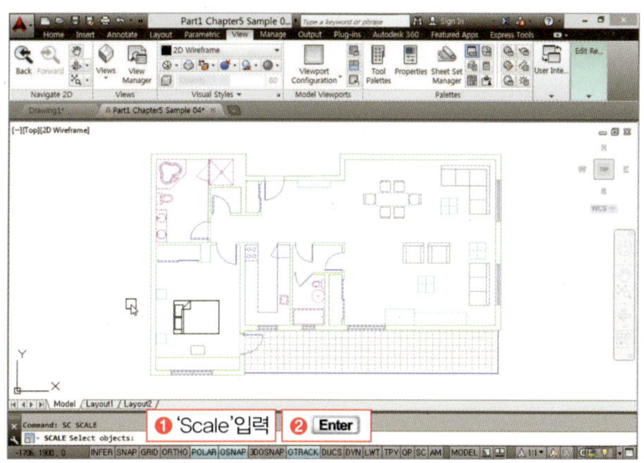

06. Green Box를 이용해 침대를 선택합니다. 그리고 **Enter** 를 누릅니다.

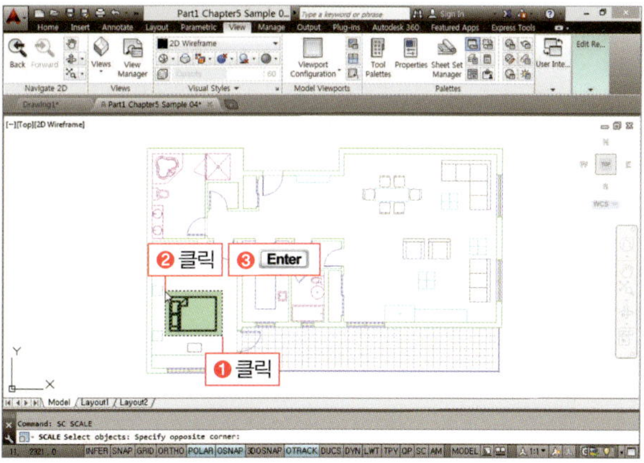

07. Scale의 기준 지점인 Base point를 아래의 End-point로 지정합니다.

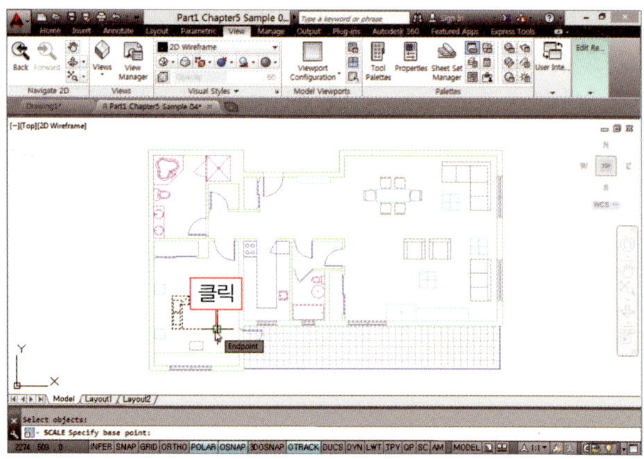

08. 명령 입력창에서 Scale Factor에 관한 옵션을 묻는 글이 나오면 Reference를 의미하는 'r'을 입력한 후 Enter 를 누릅니다.

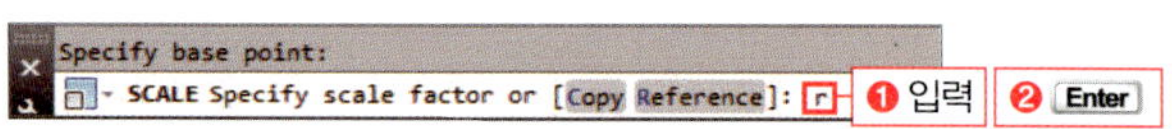

09. 처음 Base point와 같은 지점에 다시 클릭하여 선택합니다.

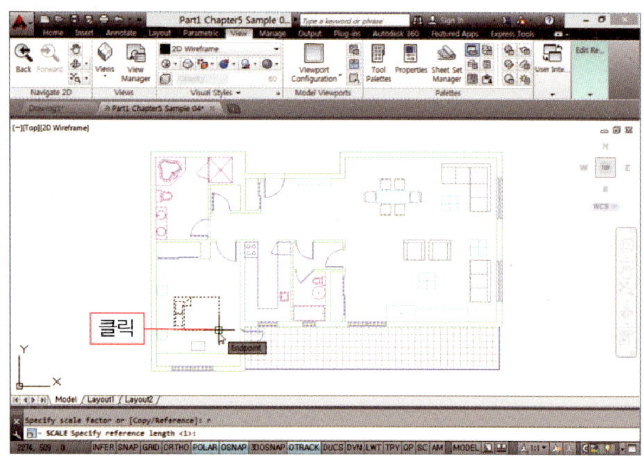

10. 두 번째 지점으로 침대 폭인 그림과 같은 지점을 클릭합니다.

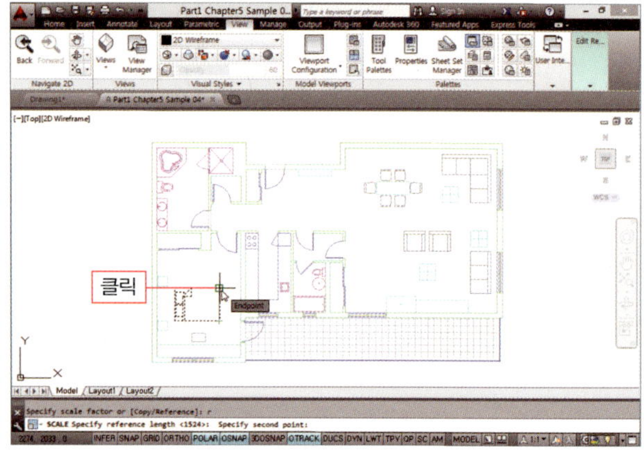

11. 수정할 폭의 길이인 '1500'을 입력한 후 **Enter** 를 누릅니다.

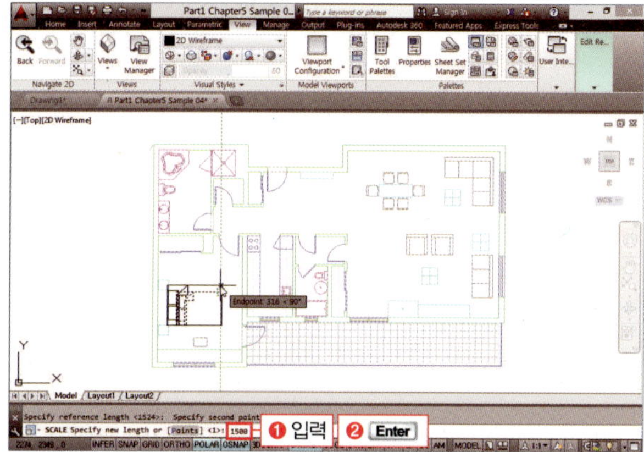

12. 그림과 같이 [Save Change](이미지)를 클릭합니다.

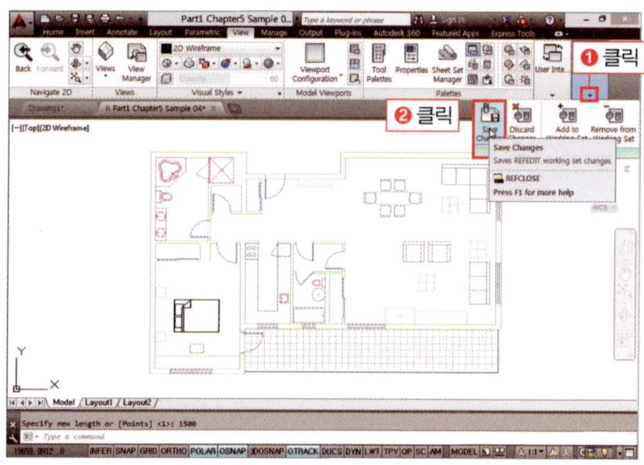

13. [확인] 버튼을 클릭합니다.

14. Move의 단축 명령어인 'M'을 명령 입력창에 입력하고 **Enter** 를 누릅니다.

15. 침대를 선택한 후 **Enter** 를 누릅니다.

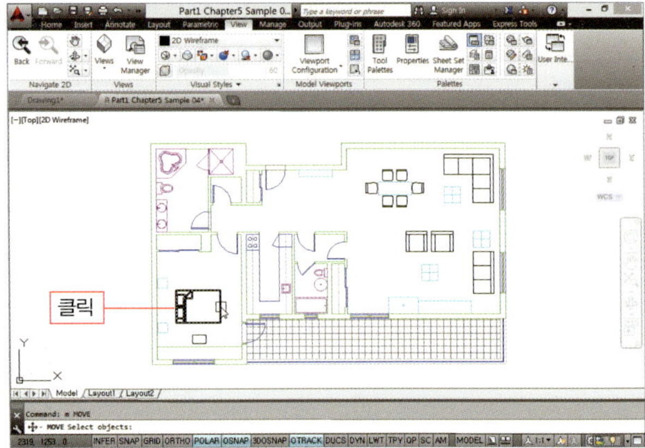

16. 침대 아래의 중심점(Midpoint)을 클릭합니다.

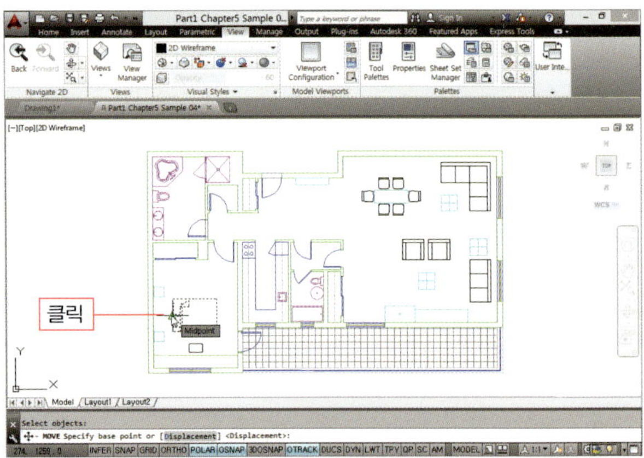

17. **Shift** 를 누른 상태로 마우스 오른쪽 버튼을 클릭하고 [Mid Between 2 Points]를 선택합니다.

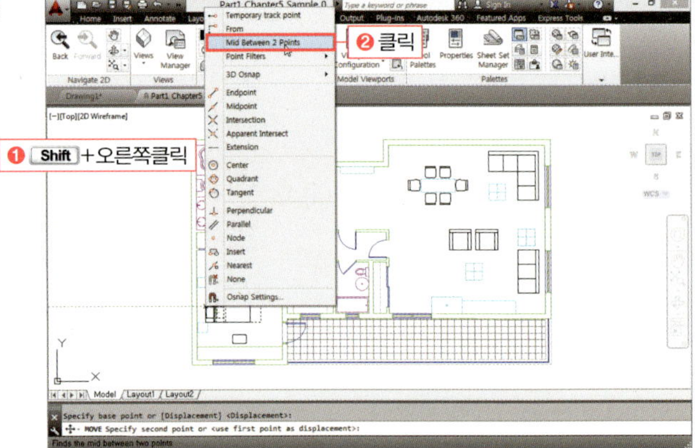

18. 양옆에 놓여 있는 협탁 모서리의 두 지점을 클릭하여 선택합니다.

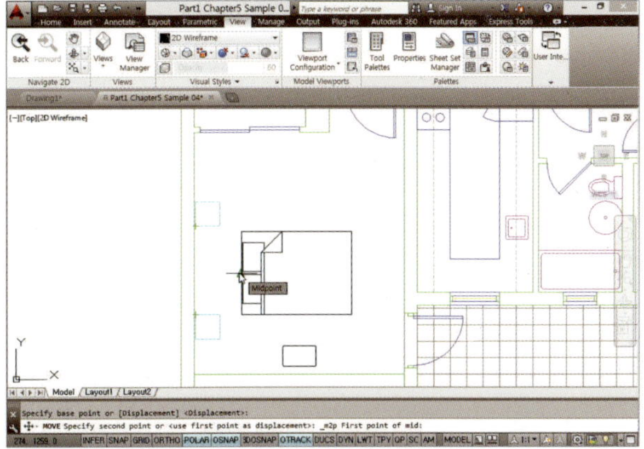

19. 아래에 두 협탁의 중심점에 침대가 놓였음을 확인할 수 있습니다.

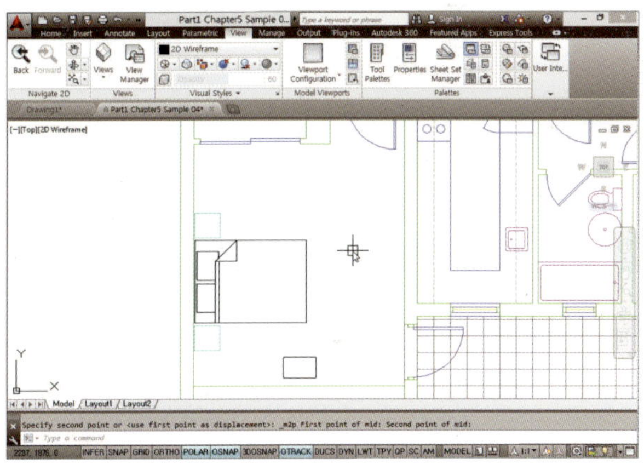

20. 침대를 선택한 후 레이어 확장 리스트에서 'A-FURN' 레이어로 전환시켜 완성합니다.

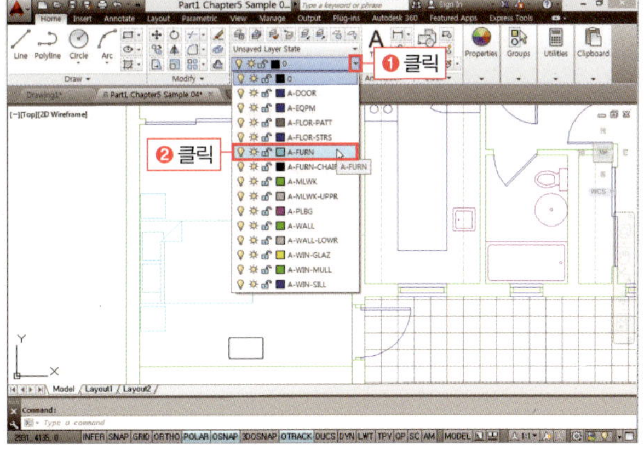

LESSON 02 블록 만들기

블록은 하나하나의 객체를 분산시키는 것이 아니라, 하나의 덩어리를 만들어 주는 개념입니다. 예를 들어 우리가 흔히 그리는 의자를 떠올려 봅시다. 의자 시트, 다리, 등받이 및 여러 요소들이 함께 모여 하나의 완성된 의자를 나타냅니다. 이렇게 완성된 덩어리를 일컬어 '블록'이라고 하며, 블록의 분류에 따라 저장하여 필요할 시에 불러 오면 도면 그리는 시간을 단축시킬 수 있습니다.

● **학습 목표**

블록을 이해하고 자신만의 블록 라이브러리를 만들어 데이터를 정리하고, 저장할 수 있도록 합니다.

● **학습에 필요한 단축 명령어**

B : Block

'0' 레이어(0 Layer)에서 시작하기

블록으로 지정하여 레이어를 적용하면 그 레이어의 색상에 따라 객체의 색상이 바뀌게 되며, 이를 따르기 위해서는 반드시 블록을 '0' 레이어에서 만들어야 합니다.

'0' 레이어에서 만들지 않으면 객체에 맞는 레이어를 선택해도 색상이 바뀌지가 않게 되며 이는 나중에 도면 관리를 매우 어렵게 만드는 요소가 됩니다.

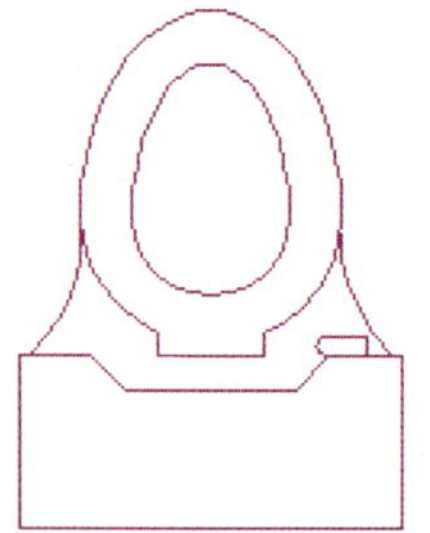

▲ '0' 레이어에서 만든 변기 블록

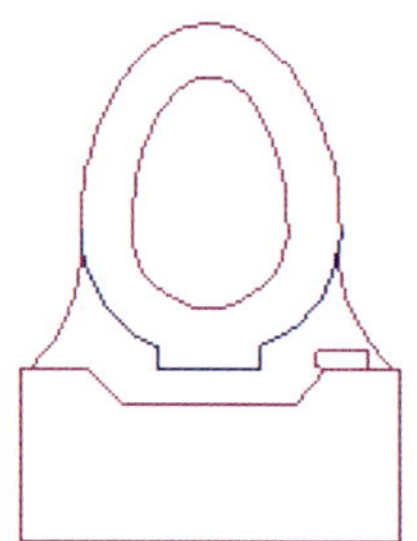

▲ 부분적으로 '0' 레이어에서 만들어지지 않은 변기 블록

블록(Block) 시작하기

새로운 블록을 만들 때, [Home] 탭-[Block] 패널과 [Insert] 탭-[Block] 패널에서 도구 모음을 찾을 수 있으며 단축 명령어로는 'B'를 사용합니다. 모든 블록은 [Block Definition] 대화상자에서 설정할 수 있습니다.

❶ 블록 도구 모음 및 화면 구성

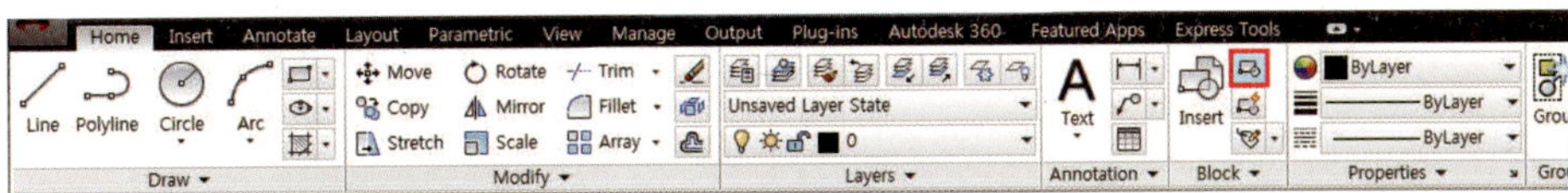

▲ [Home] 탭–[Block] 패널의 [Create Block]

> **TIP** [Insert] 탭–[Block Definition] 패널에서도 [Create Block]을 사용할 수 있습니다.

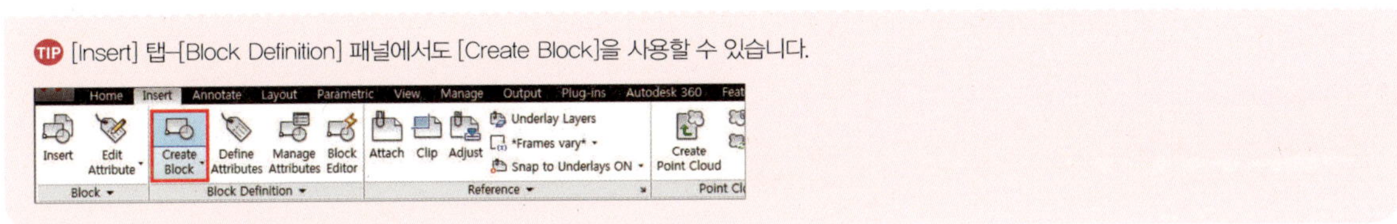

❷ [Block Definition] 대화상자의 구성 살펴보기

블록을 만들기 위해 필요한 여러 옵션에 관한 구성을 살펴보고 새로운 블록을 만들 수 있도록, 개념을 숙지합니다.

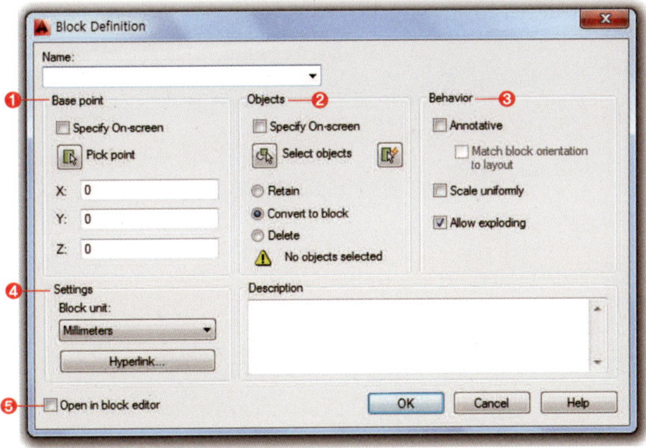

❶ Base Point

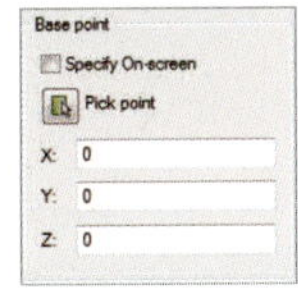

- Specify On-screen : [Block Definition] 대화상자에서 [OK] 버튼을 클릭한 후에 기준점을 화면에서 설정합니다.
- Pick point : 사용자가 원하는 지점에 기준점을 지정합니다.
- X: Y: Z : 블록의 기준점의 절대 좌표를 X, Y, Z로 지정할 수 있습니다.

❷ Objects

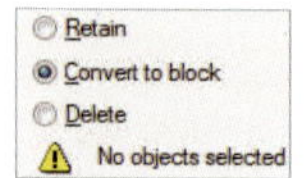

- Retain : 기존 선택 객체는 그룹화가 되지 않은 상태를 유지하며 블록화됩니다.
- Convert to block(권장) : 도면에서 선택 객체가 바로 블록으로 전환됩니다.
- Delete : 선택 객체의 블록화 지정 이후 도면에서 삭제됩니다.

❸ Behavior

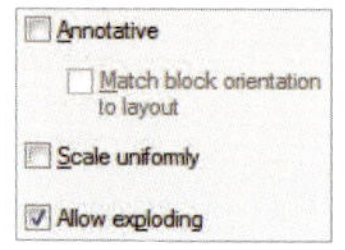

- Annotative : 주로 문자와 관련하여 블록을 만들 때 사용하며 블록에 Annotative를 적용합니다.
- Scale uniformly : 블록화된 객체가 X, Y, Z 축에 관계없이 작아지거나 커지지 못하도록 합니다.
- Allow exploding : 그룹화된 블록을 깨어서 분산시킬 수 있도록 합니다(선택 권장).

❹ Settings

- Block Unit : 블록 객체에 대한 저장 단위를 결정합니다.

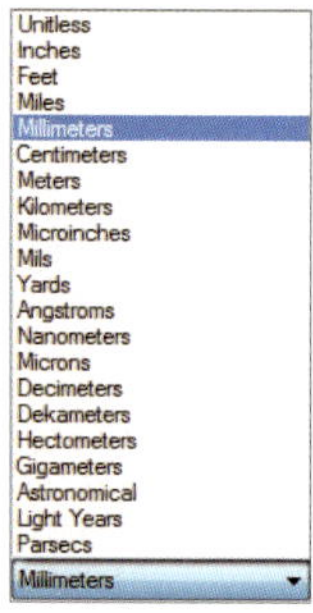

❺ Open in Block Editor : 블록을 만드는 동시에 수정 모드로 옮겨갑니다. 주로 Attribute Block이나 Dynamic Block을 만들 때 사용합니다. 상황에 따라 체크 여부를 결정합니다.

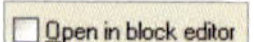

새로운 블록 만들기

아래의 예제를 통해 새로운 블록을 만드는 방법에 대해 알아봅니다.

예제 파일 : Part 01/Chapter 05/Sample05.dwg | 완성 파일 : Part 01/Chapter 05/Sample05-완성.dwg

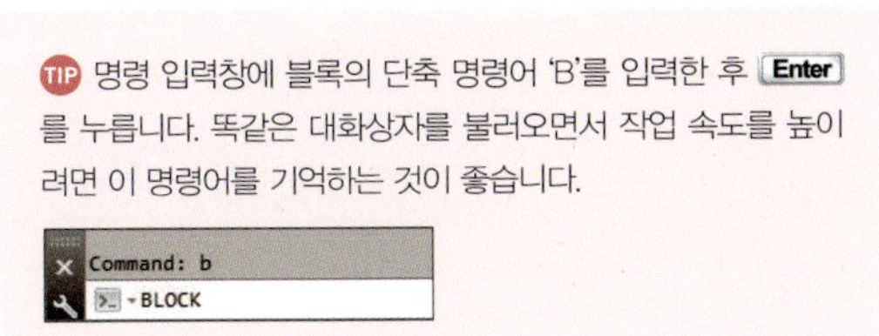

01. 예제 파일을 불러온 후 [Home] 탭–[Block] 패널이나, [Insert] 탭–[Block Definition] 패널에서 [Create Block](🖼)을 클릭합니다.

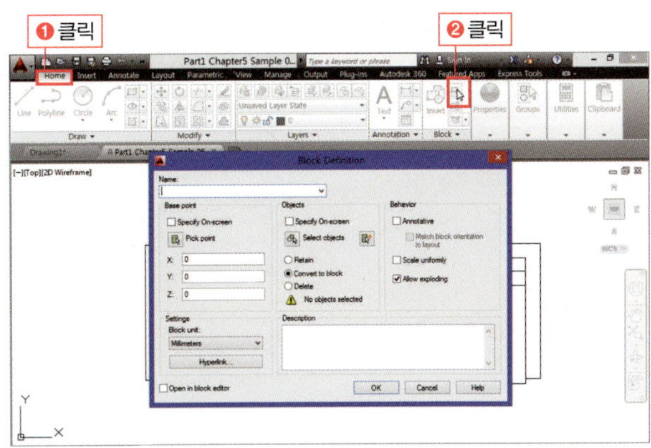

> **TIP** 명령 입력창에 블록의 단축 명령어 'B'를 입력한 후 [Enter]를 누릅니다. 똑같은 대화상자를 불러오면서 작업 속도를 높이려면 이 명령어를 기억하는 것이 좋습니다.
>
> Command: b
> >_▼BLOCK

02. [Block Definition] 대화상자가 나타나면 [Name]에 'A–Sofa 1400'을 입력하고 기준점을 설정하기 위해 [Base point]에서 [Pick point](🖼)를 클릭합니다.

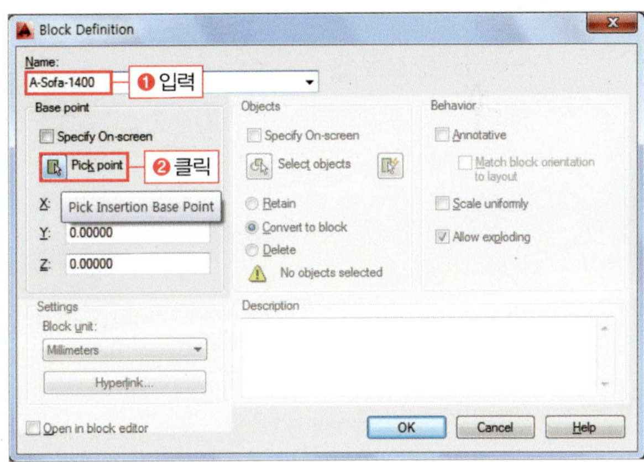

03. 객체에서 기준점(Base point)이 될 만한 지점을 클릭합니다.

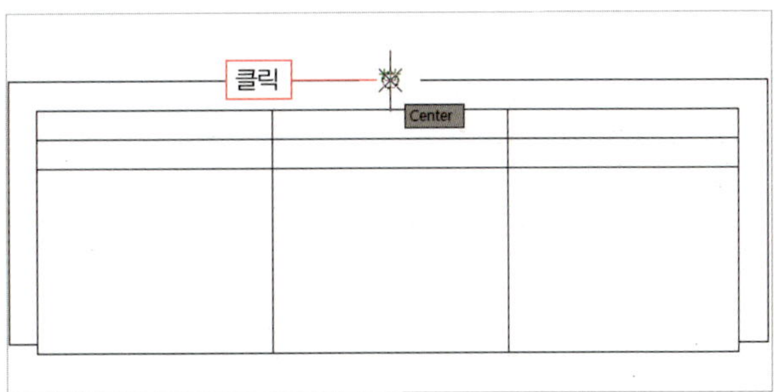

04. 블록으로 만들 객체를 선택하기 위해 [Select objects](🖼)를 클릭합니다.

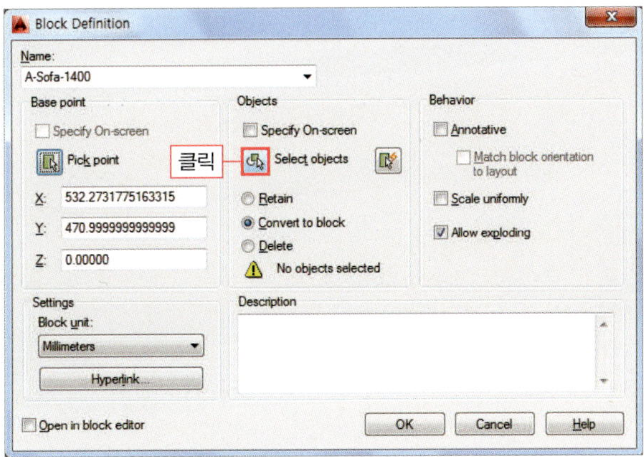

05. 그림과 같이 의자를 선택합니다.

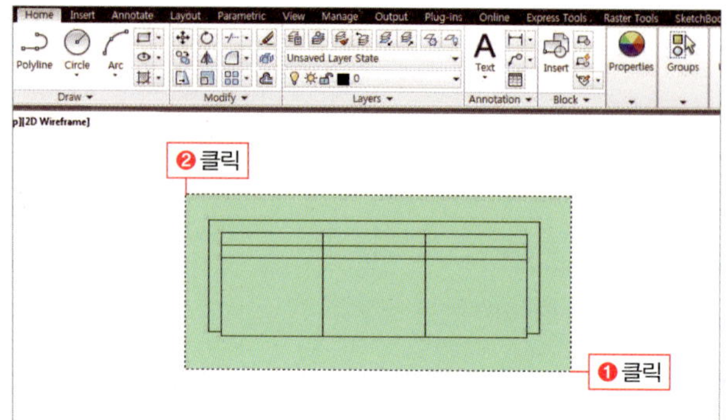

06. 객체 선택한 후 다시 자동으로 나타나는 [Block Definition] 대화상자의 미리 보기 창에서 선택한 객체를 확인한 후 [OK] 버튼을 클릭합니다.

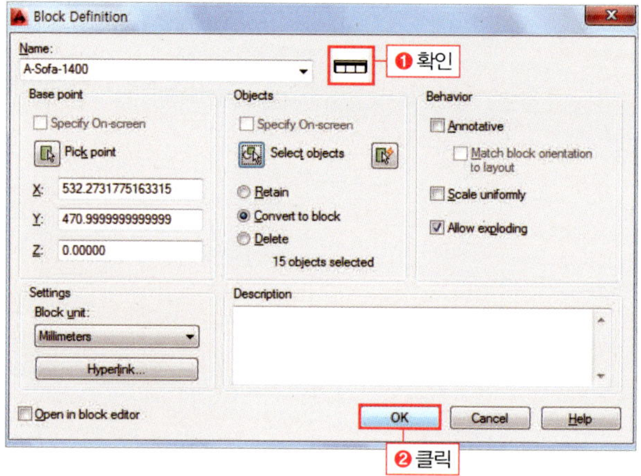

07. 분리되어 있던 의자 객체가 하나의 객체로 그룹화된 것을 확인합니다.

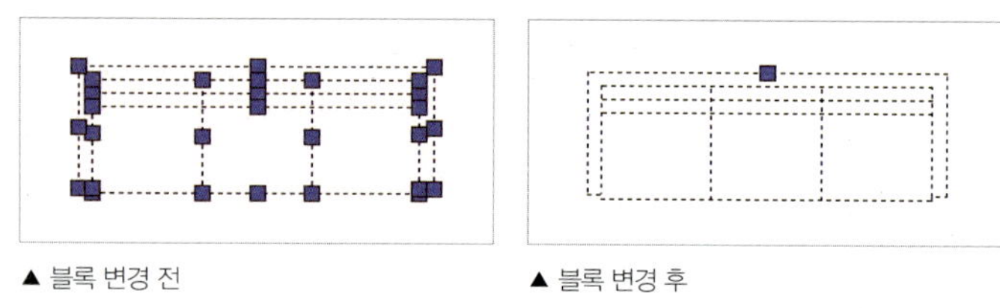

▲ 블록 변경 전   ▲ 블록 변경 후

08. 블록화된 소파를 선택한 후 레이어 확장 리스트에서 'A-FURN' 레이어로 전환하여 작업을 마무리합니다.

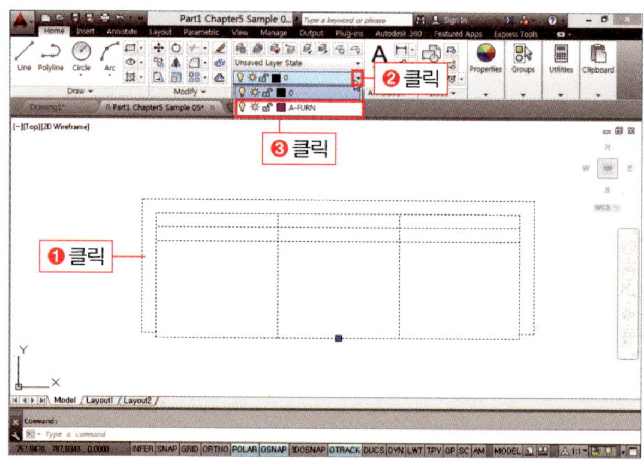

LESSON 03 블록 수정하기(Block Editor)

블록은 객체가 그룹화가 되어 있음으로 배치가 용이하다는 장점을 가지고 있습니다. 수정하는 방법에는 크게 두 가지로 나눠지는데 (1)블록 수정 메뉴를 별도의 수정 화면에서 수정하거나, (2)현재 도면에서 수정할 수 있는 방법이 있습니다.

● 학습 목표

블록을 수정함에 있어 필요한 부분을 즉석으로 추가 변경할 수 있도록 합니다.

● 학습에 필요한 단축 명령어

BE : Block Edit

REFEDIT : Reference Edit

X : Explode

XC : External Reference Clip

Block Editor 모드에서 블록 수정하기(BE:Bedit)

블록을 수정할 때 도구 모음의 활용 방법을 익혀 Block Editor 모드에서 간단히 블록을 수정할 수 있습니다.

❶ 블록 수정하기 도구 모음 구성

블록 수정 화면에서 블록을 변경할 수 있도록 툴 버튼 위치를 파악하고 활용하도록 합니다.

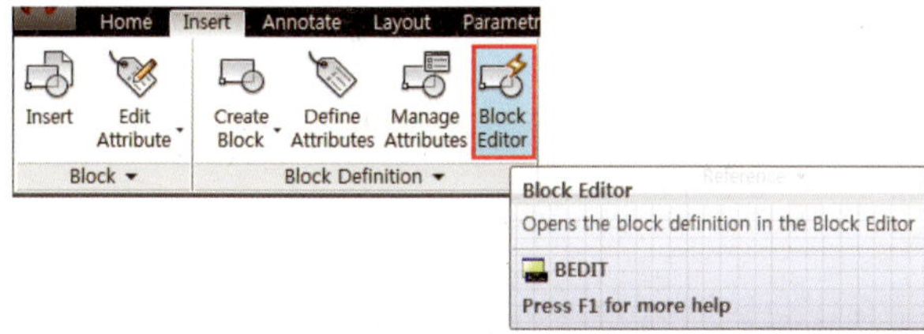

▲ [Insert] 탭–[Block Definition] 패널에 [Block Editor]

TIP [Home] 탭–[Block] 패널의 [Block Editor]를 이용해도 Block Editor 모드로 이동할 수 있습니다.

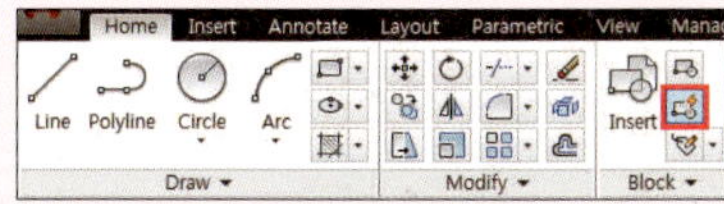

예제를 통해 블록 Block Editor 모드에서 가스레인지 블록을 어떻게 수정하는지를 학습해 봅니다.

예제 파일 : Part 01/Chapter 05/Sample06.dwg

01. 예제 파일을 불러온 후 현재 레이어를 'A–EQPM' 로 바꿉니다.

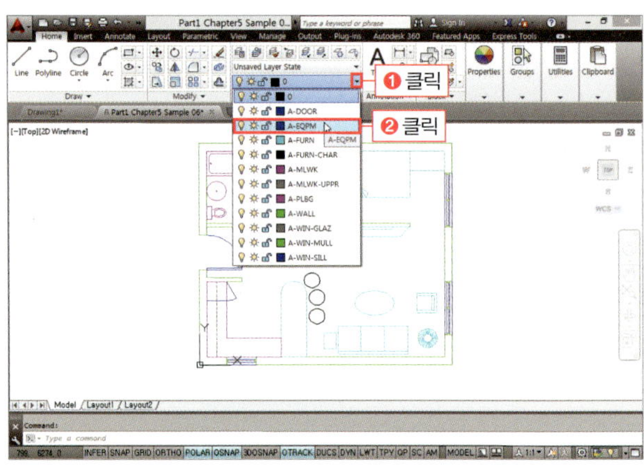

TIP 삽입할 블록이 자동적으로 현재 지정되어 있는 레이어로 삽입되기 때문에 현재 레이어를 'A–EQPM'으로 바꾸면 효율적으로 작업할 수 있습니다.

02. 명령 입력창에 'Insert'를 입력하고 Enter 를 눌러 [Insert] 대화상자를 불러옵니다. 그리고 그림과 같이 설정합니다.

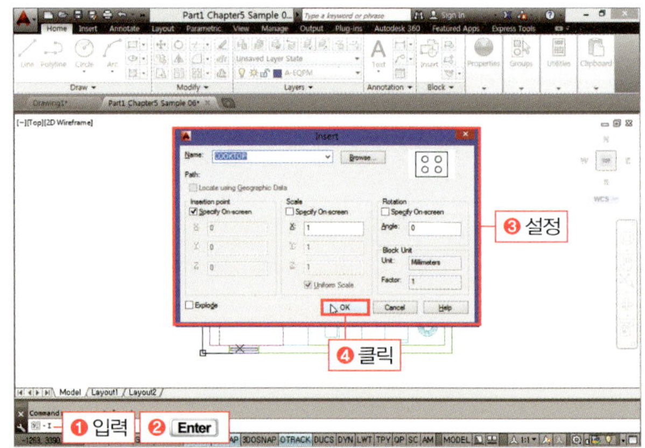

TIP [Insert] 대화상자의 [Rotation]에서 [Specify on–screen] 를 체크하지 않습니다.

03. 그림과 같은 지점을 클릭하여 배치합니다.

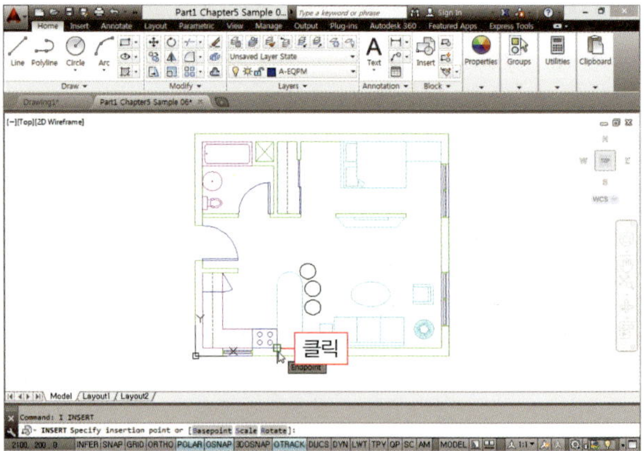

04. [Insert] 탭-[Block Definition] 패널에서 [Block Editor](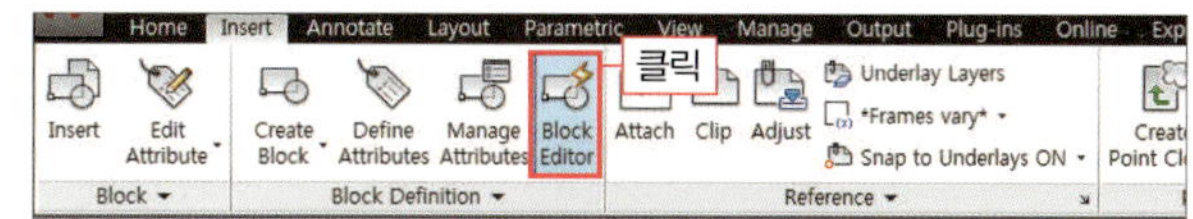)를 클릭합니다.

05. [Edit Block Definition] 대화상자가 나타나면 COOKTOP 블록을 선택하고 [OK] 버튼을 클릭합니다.

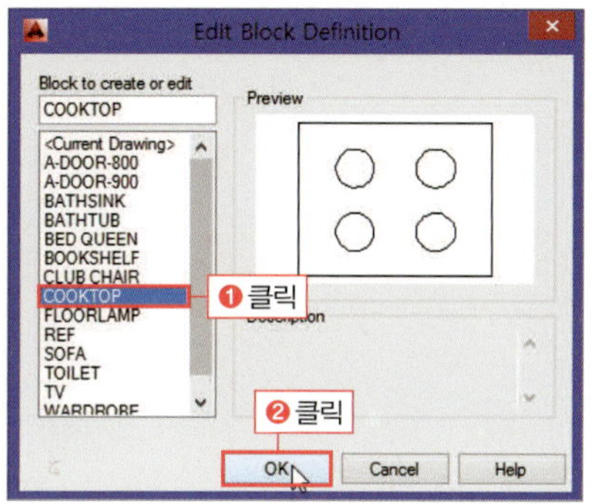

06. COOKTOP 블록에 관한 Block Editor 모드로 이동합니다.

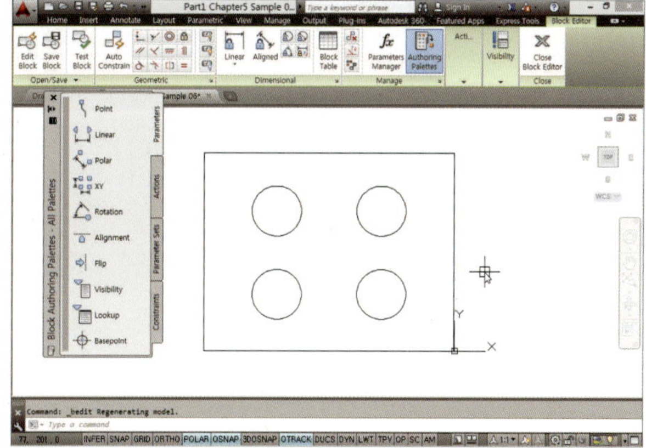

> **TIP** 블록을 더블클릭하면 동일하게 Block Editor 모드로 이동할 수 있습니다.

07. Offset의 단축 명령어 'O'를 명령 입력창에 입력한 후 [Enter]를 누릅니다.

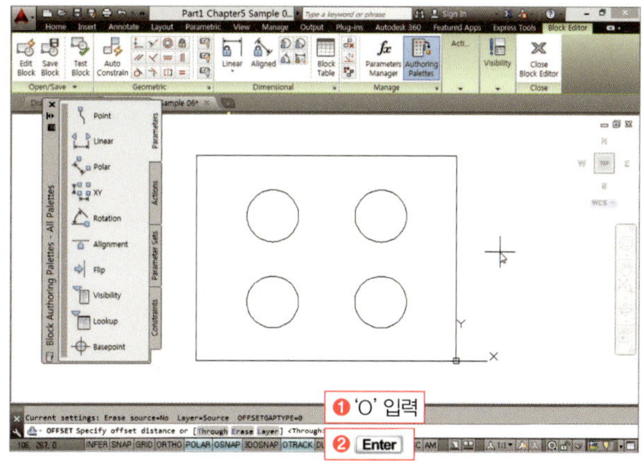

08. [Offset Distance]의 값으로 '10'을 입력한 후 Enter 를 누릅니다.

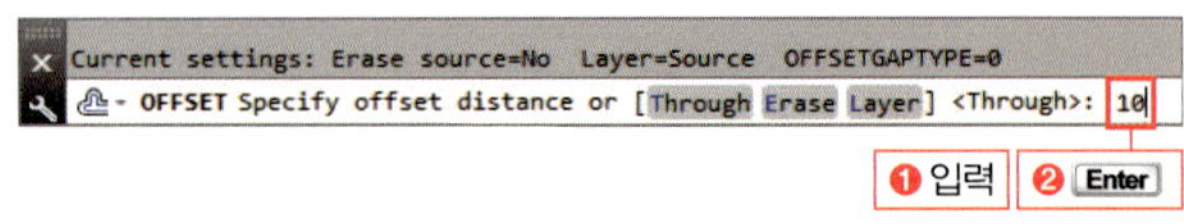

09. 객체를 선택한 후 마우스 포인터를 원 안으로 가져가면 그림처럼 미리 보기가 가능합니다. 이때 클릭합니다.

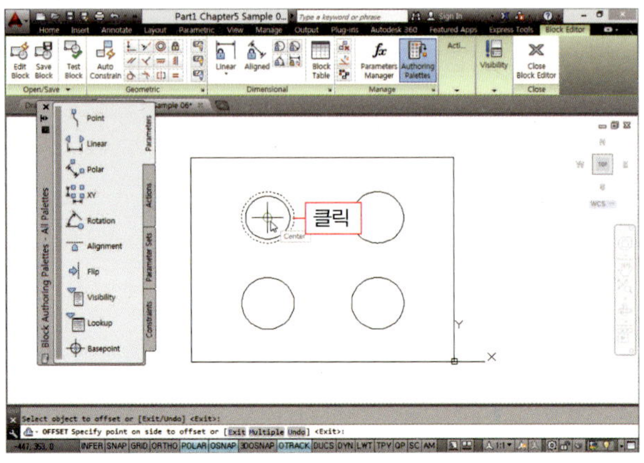

10. 계속해서 나머지 세 개의 원도 간격을 원 안쪽으로 '10'씩 설정한 후 Offset 명령을 적용합니다.

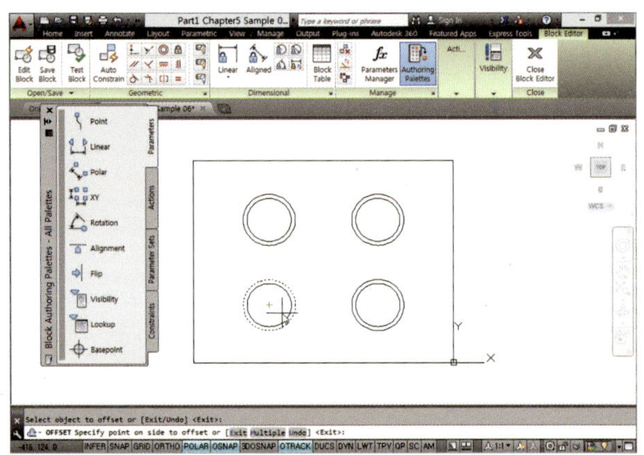

11. 제도 상태 키(Drafting Status toggles)에서 [PO-LAR]의 각도를 '45'로 변경합니다.

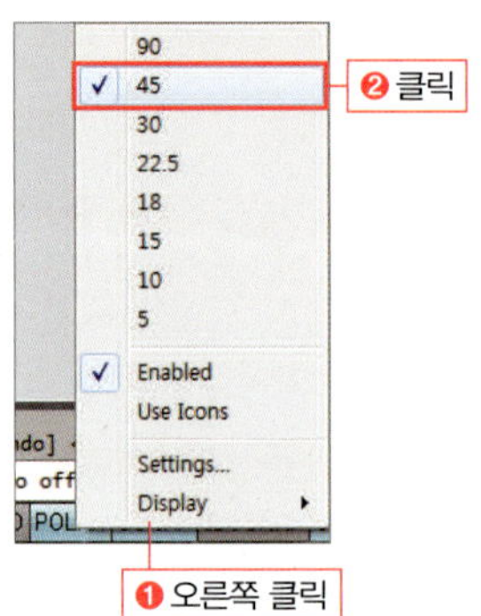

12. 단축 명령어 'L'로 원의 Quadrant 지점과 수평인 선상에 있는 임의의 지점을 찾아 클릭합니다.

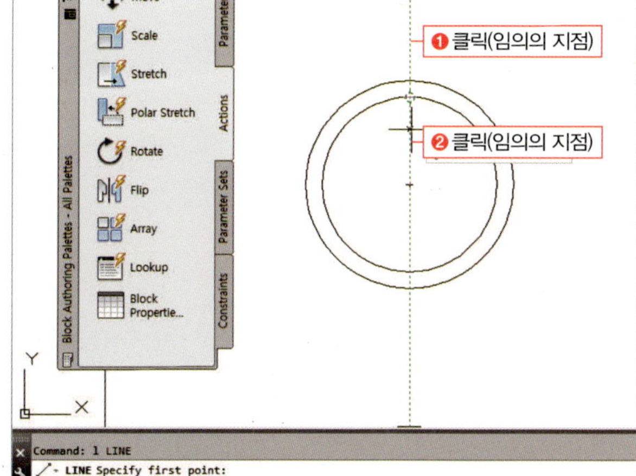

TIP [OTRACK] 모드가 켜져 있으면 원의 중심점과 수직으로 있는 선을 쉽게 그릴 수 있습니다.

13. 그림과 같은 선을 그린 후 **Enter** 를 누릅니다.

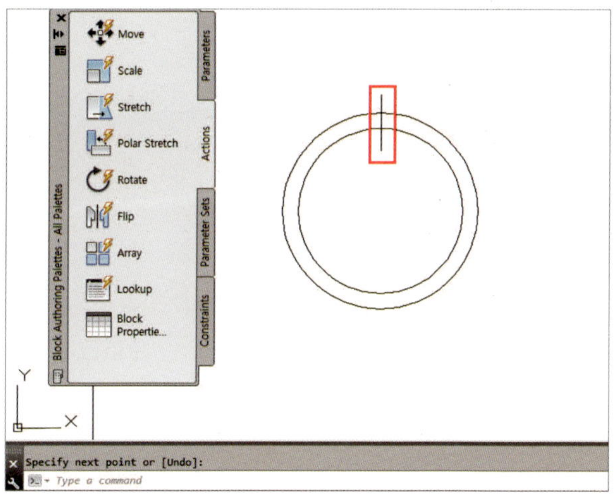

14. Mirror 명령의 단축 명령어인 'Mi'를 명령 입력창에 입력한 후 **Enter** 를 누릅니다.

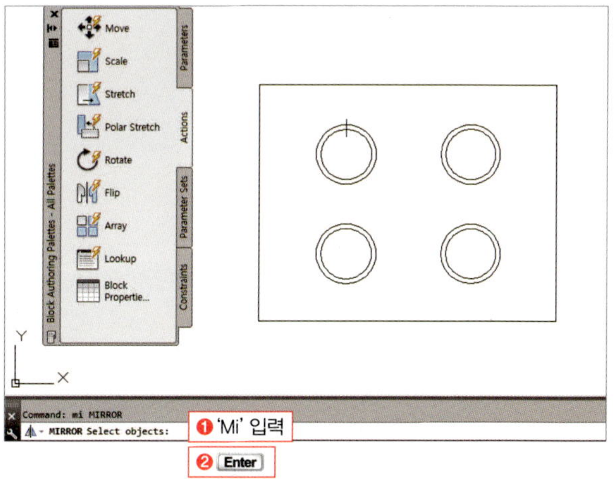

15. 선을 선택한 후 **Enter** 를 누릅니다.

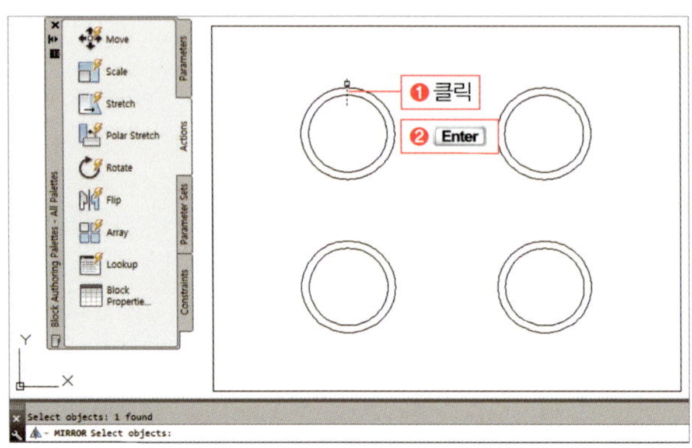

16. Mirror 선의 첫 번째 지점을 원의 중심점으로 선택합니다.

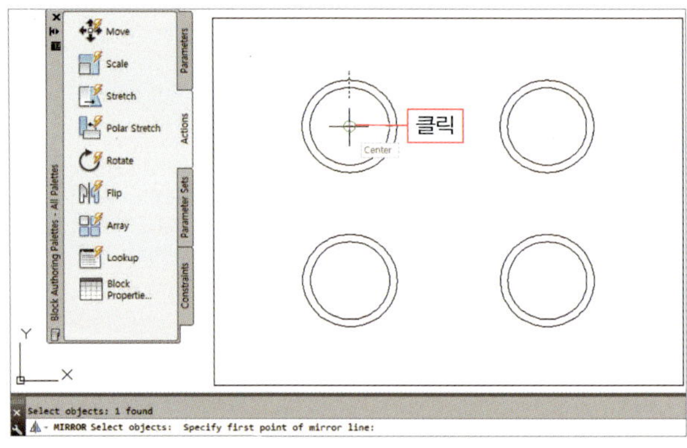

17. 45도 각도로 그림과 같이 선이 배치되는 것을 미리 보기로 확인한 뒤 클릭합니다.

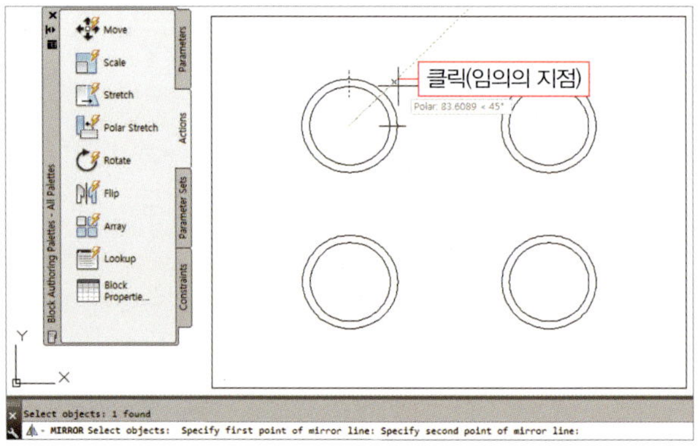

18. Mirror를 실행할 원래의 객체를 지우겠냐는 옵션 창에서 No이므로 그냥 **Enter** 를 누릅니다.

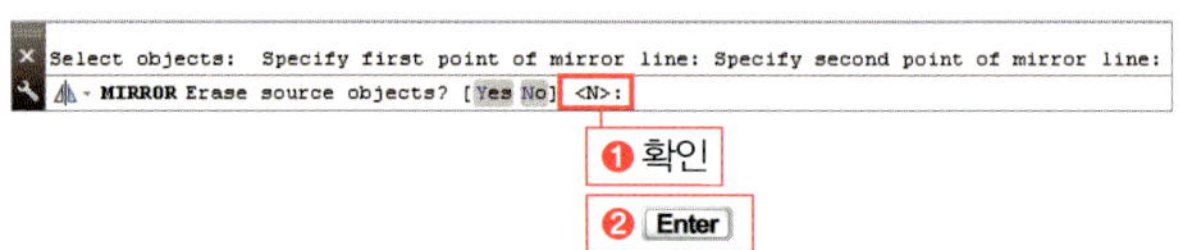

> **TIP** 객체를 지우고 Mirror를 실행할 것인지의 여부를 선택할 수 있습니다.
>
> Y(Yes)를 선택하면 Mirror 명령을 적용한 원래의 객체는 삭제되고 새로 생길 객체만 나타나며,
> N(No)를 선택하면 원래의 객체와 새로 생길 객체가 모두 나타나게 됩니다.

19. 45도 사선 방향으로 선이 하나 더 생긴 것을 확인할 수 있습니다.

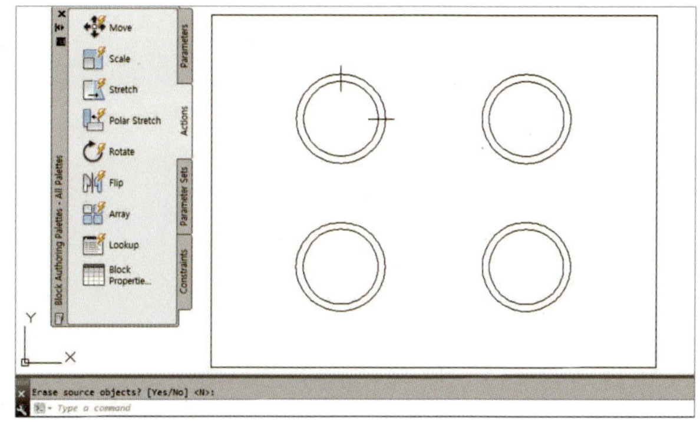

20. 다시 Mirror 명령을 실행하고, Blue Box를 이용하여 한꺼번에 두 선을 선택한 후 **Enter**를 누릅니다.

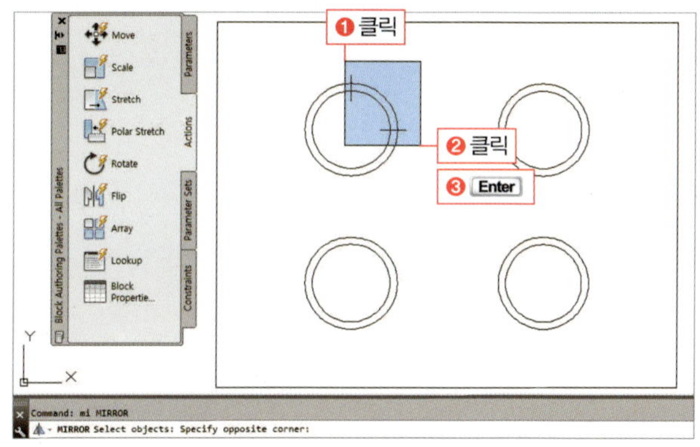

21. Mirror 선의 첫 번째 지점을 원의 중심점으로 선택합니다.

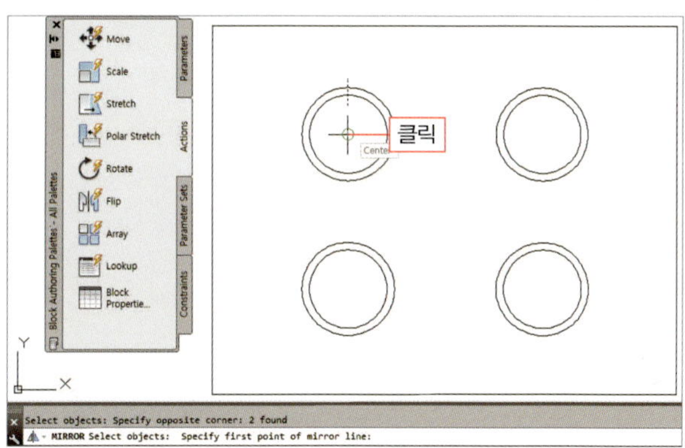

22. 45도 각도로 그림과 같이 선이 배치되는 것을 미리 보기로 확인한 후 두 번째 지점을 클릭합니다.

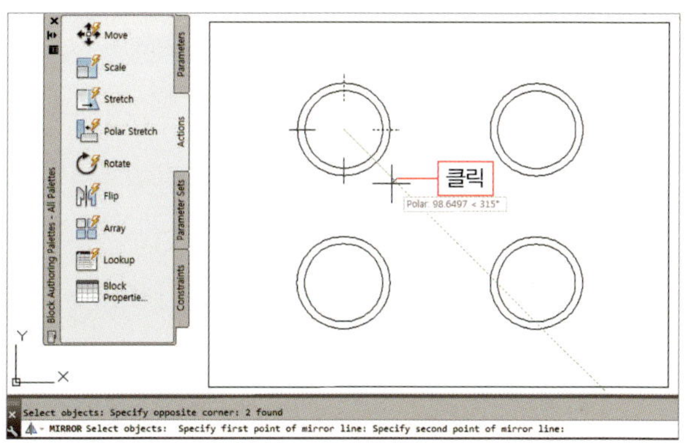

23. Mirror를 실행할 원래의 객체를 지우겠냐는 대화
창에 No이므로 바로 **Enter** 를 누릅니다.

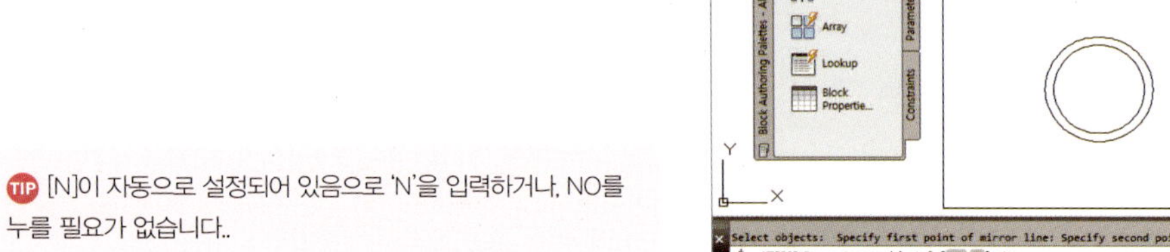

TIP [N]이 자동으로 설정되어 있음으로 'N'을 입력하거나, NO를
누를 필요가 없습니다..

24. 그림과 같이 COOKTOP 블록에 4개의 선이 추가
되었음을 확인할 수 있습니다.

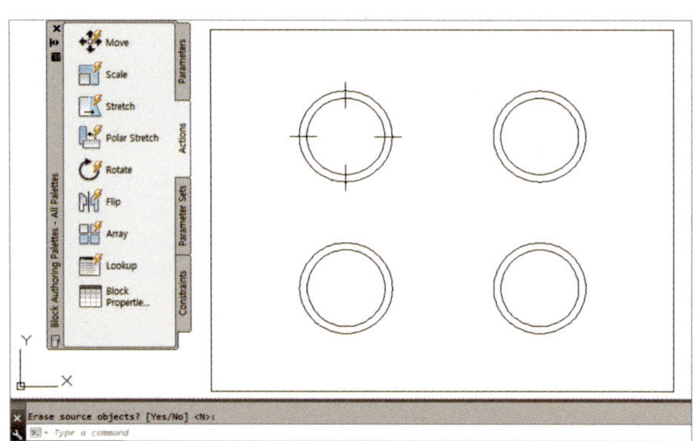

25. Copy 명령의 단축 명령어인 'Co'를 명령 입력창
에 입력합니다.

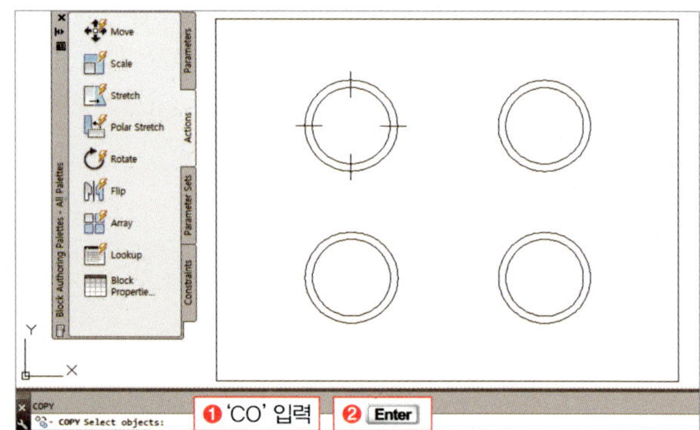

26. 복사할 객체를 선택한 후 **Enter** 를 누릅니다.

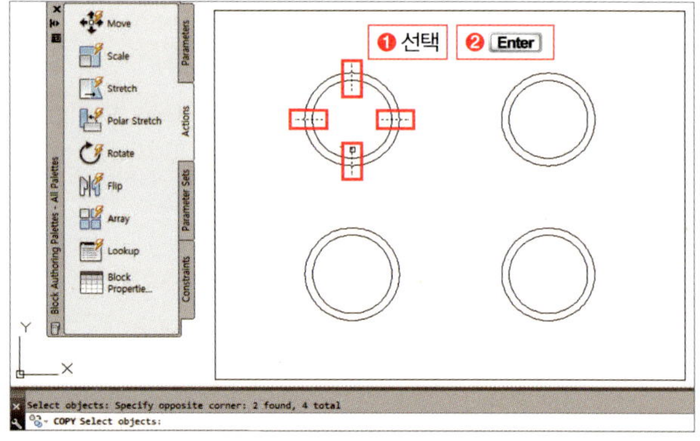

27. 복사할 Base point(기준점)을 원의 중심점으로 선택합니다.

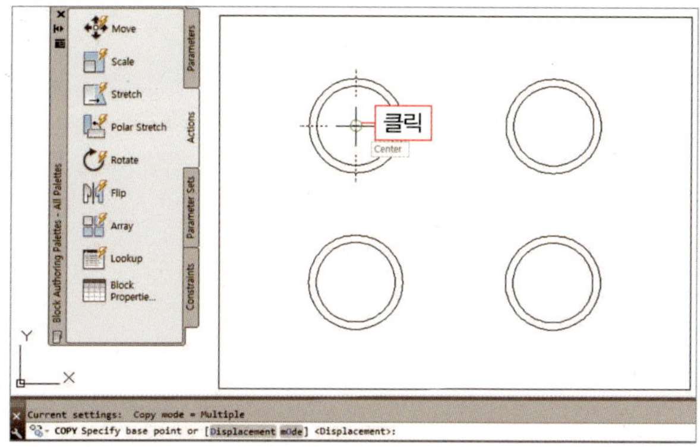

28. 세 개 원의 각각의 중심점에 클릭하여 복사한 후 `Enter` 를 누릅니다.

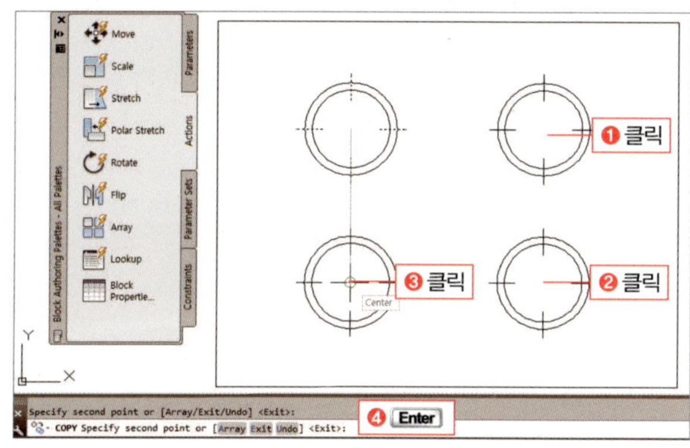

29. 그림과 같이 선이 복사된 것을 확인합니다.

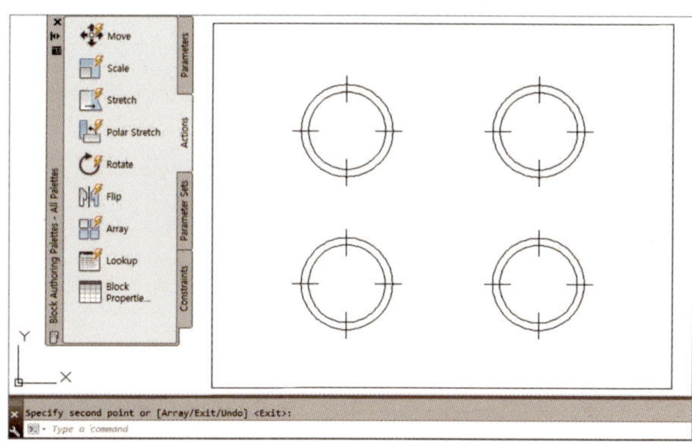

30. [Block Editor] 탭–[Close] 패널에 있는 [Close Block Editor](✖)를 클릭합니다.

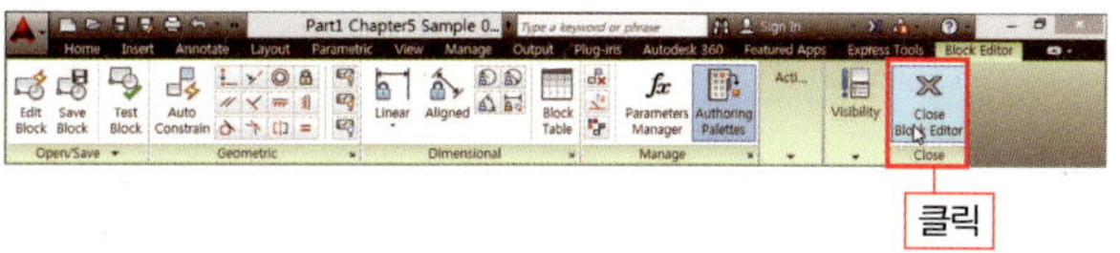

31. 대화 창이 나타나면 [Save the change to COOKTOP]를 클릭합니다.

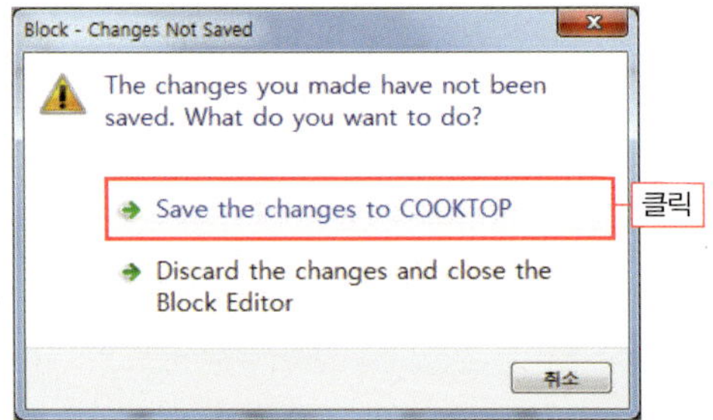

32. 도면을 확인해 보면 블록이 변경된 것을 확인할 수 있습니다.

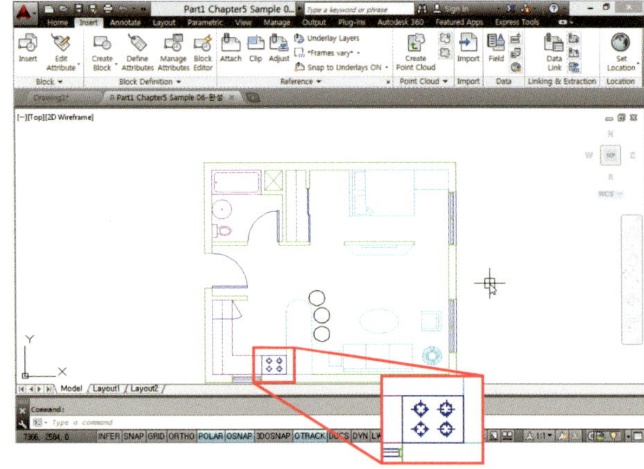

현재 도면에서 블록 수정하기(Refedit)

Block Editor 모드를 따로 띄어서 수정하면 기존 도면을 보지 못하는 불편한 점이 있습니다. 이러한 점을 보안하여 화면에서 바로 수정이 가능하며, 복잡한 도면일수록 편리하며 수정이 적절한가에 대한 판단도 더 명료하게 이루어 질 수 있습니다.

❶ [Edit Reference] 도구 모음의 화면 구성

아래의 도구 모음을 사용함으로써 시각적으로 도면의 50% 희미한 상태에서 블록의 수정이 가능합니다.

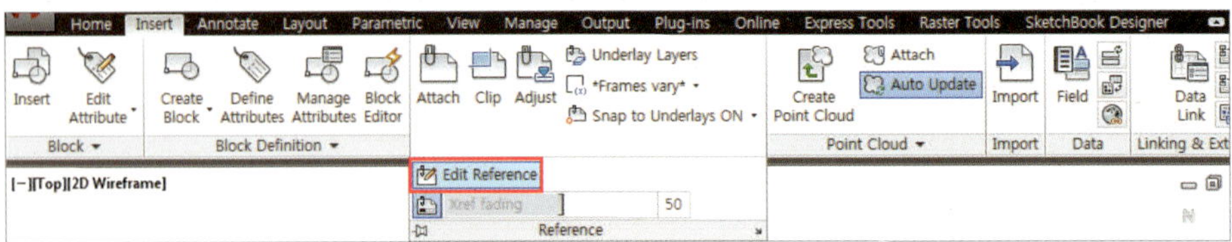

▲ [Insert] 탭-[Reference] 패널에 위치한 [Edit Reference]

예제를 통해 Refedit 명령으로 수정할 옷장 블록이 도면에서 어떻게 보이는지를 확인하면서 수정할 수 있습니다.

예제 파일 : Part 01/Chapter 05/Sample07.dwg | **완성 파일** : Part 01/Chapter 05/Sample07-완성.dwg

01. 예제 파일을 불러온 후 현재 레이어를 'A-FURN'으로 바꿉니다.

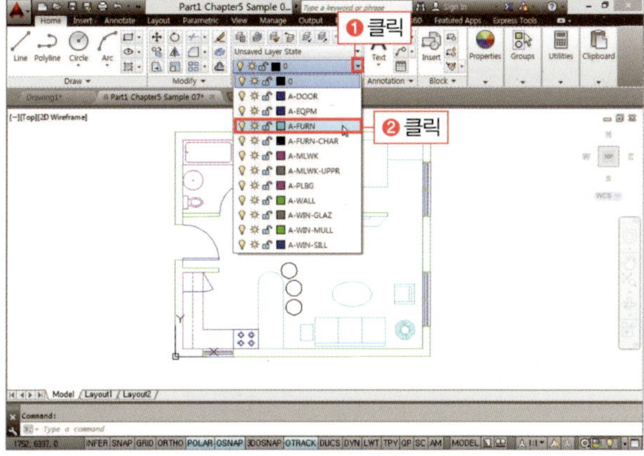

02. 단축 명령어 'I'를 입력하여 WARDROBE 블록을 불러옵니다.

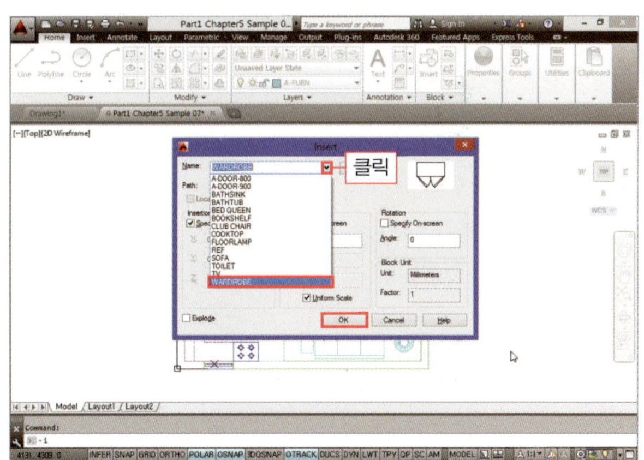

03. 그림과 같이 클릭하여 블록을 배치합니다.

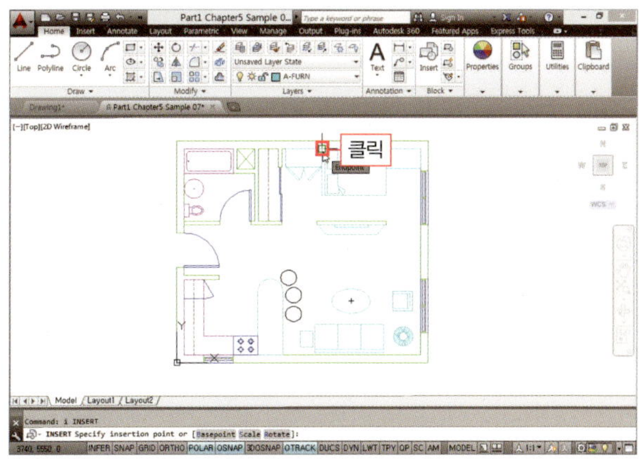

04. [Insert] 탭–[Reference] 패널에 위치한 [Edit Reference](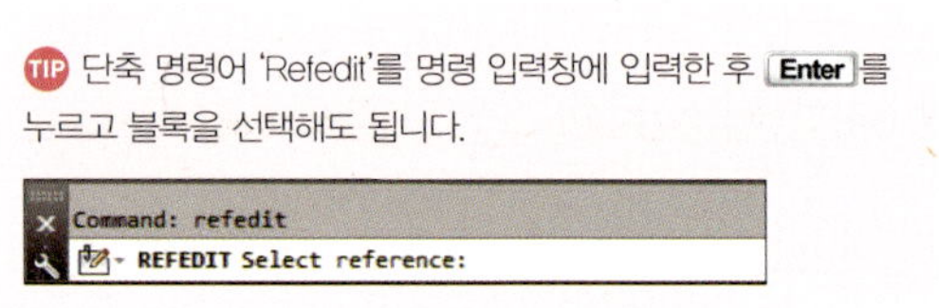)를 클릭하고 블록을 선택합니다.

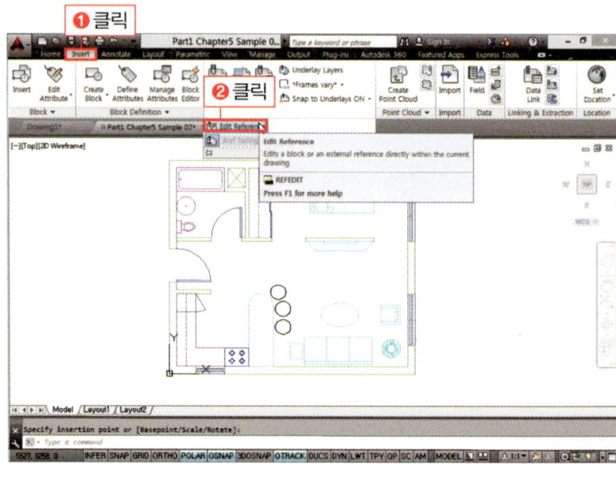

TIP 단축 명령어 'Refedit'를 명령 입력창에 입력한 후 **Enter** 를 누르고 블록을 선택해도 됩니다.

05. WARDROBE 블록을 선택하면 그림과 같이 하이라이트가 쳐져 있는 [Reference Edit] 대화상자가 나타납니다. 여기에서 [OK] 버튼을 클릭합니다.

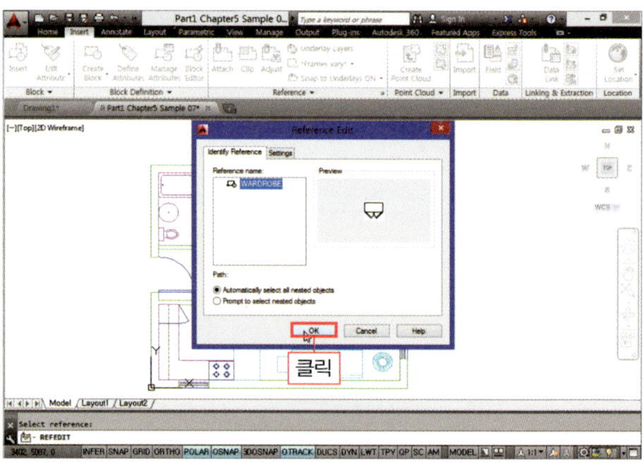

06. 지정한 블록 외에는 희미하게 보입니다. 이렇게 하면 기존의 도면 상태를 확인하면서 블록을 수정할 수 있습니다.

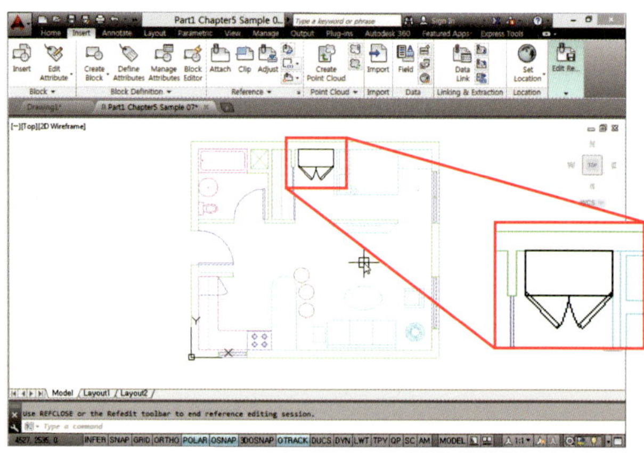

07. 사각형 왼쪽 중심 Grip을 클릭하여 Stretch를 실행합니다.

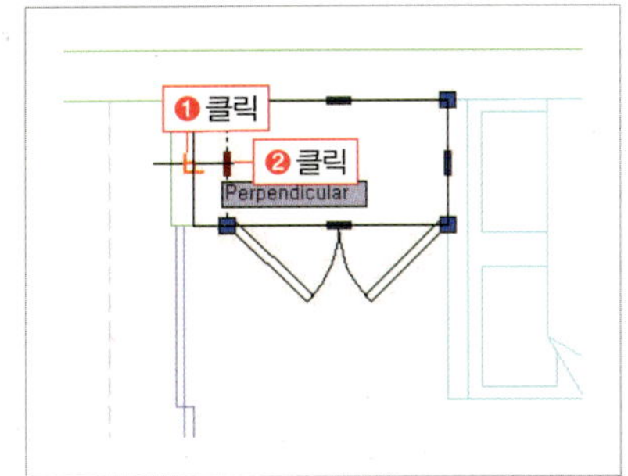

08. Scale 명령을 명령 입력창에 입력합니다.

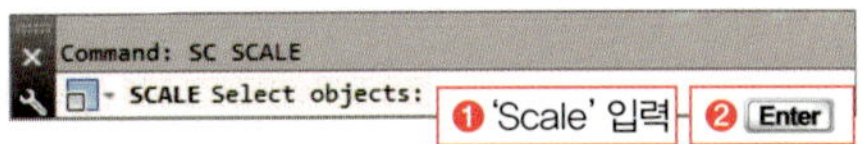

09. 양 문을 선택한 후 Enter 를 누릅니다.

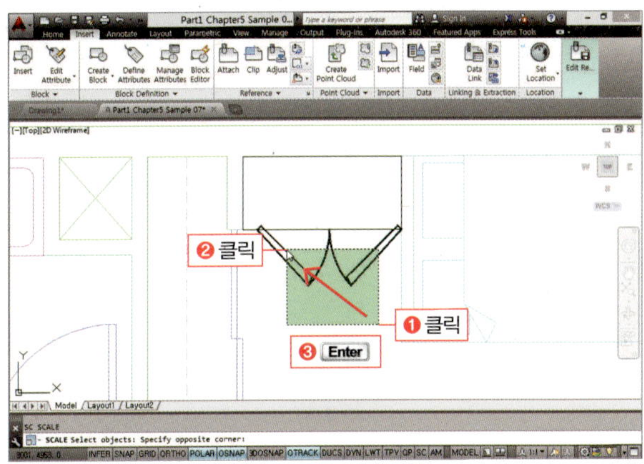

10. Base point로 오른쪽 아래의 모서리 부분을 선택합니다.

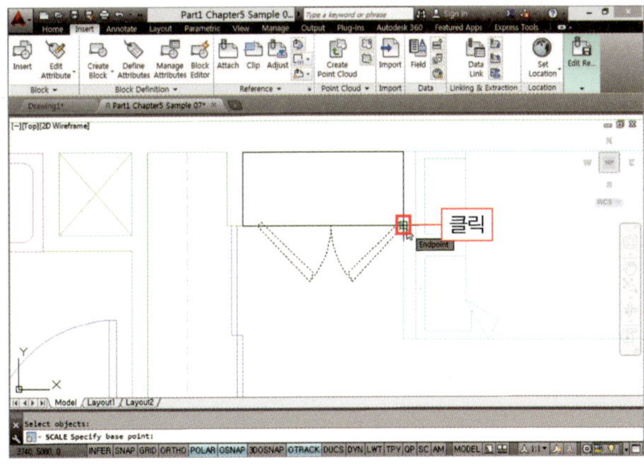

11. 명령 입력창에 'R'을 입력합니다.

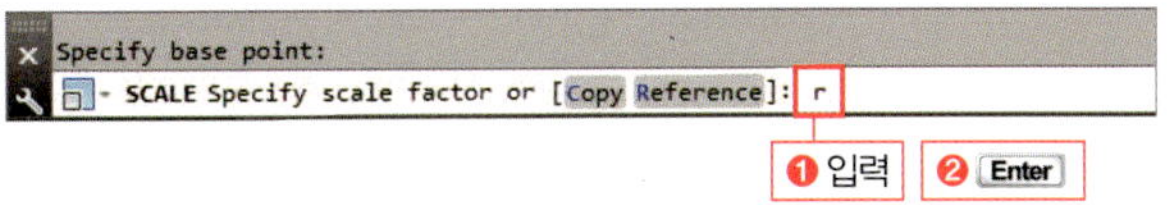

12. 다시 Base point를 클릭합니다.

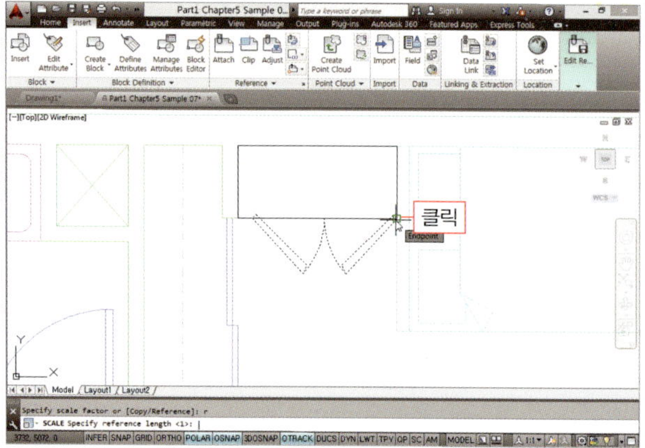

13. 기존 문의 왼쪽 모서리 끝점을 클릭합니다.

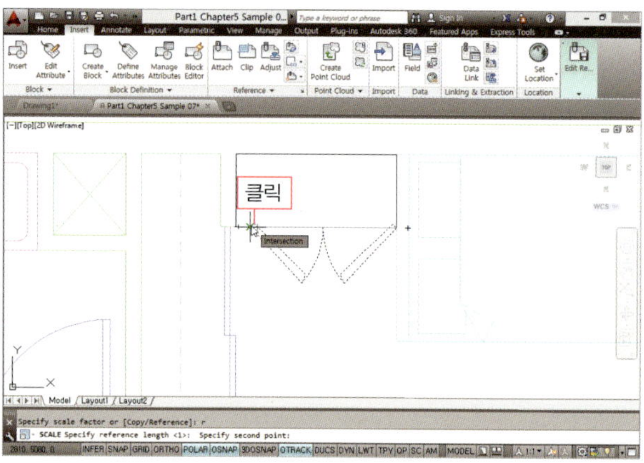

14. 새로운 문의 크기가 될 모서리 끝점을 선택한 후
Enter 를 누릅니다.

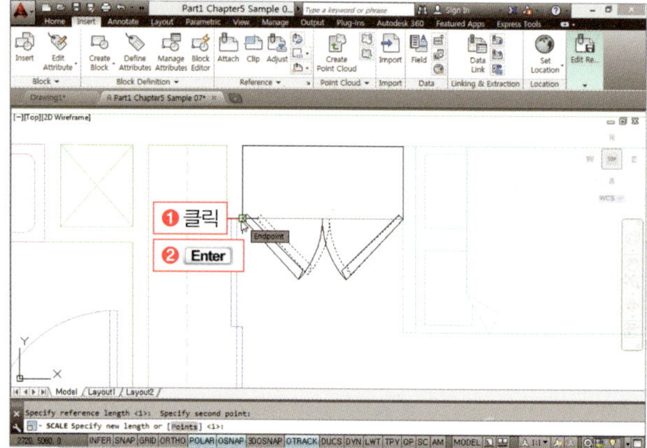

15. [Insert] 탭–[Edit Reference] 패널에서 [Save Changes](   )를 클릭합니다.

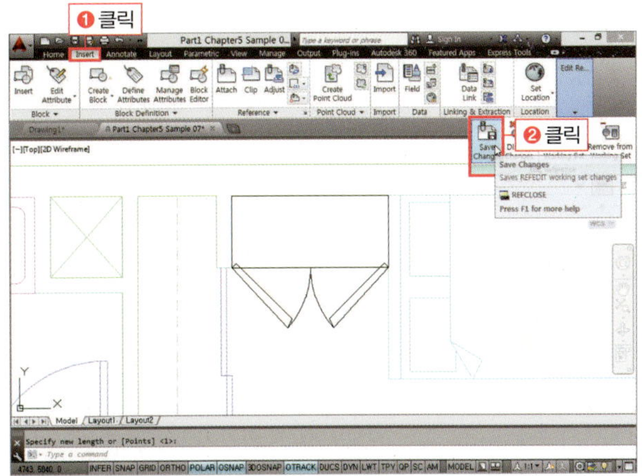

16. 변경된 내용을 저장할 것이냐고 묻는 대화 창이 나타나면 [확인] 버튼을 클릭합니다.

17. 그림과 같이 변경된 상태를 확인할 수 있습니다.

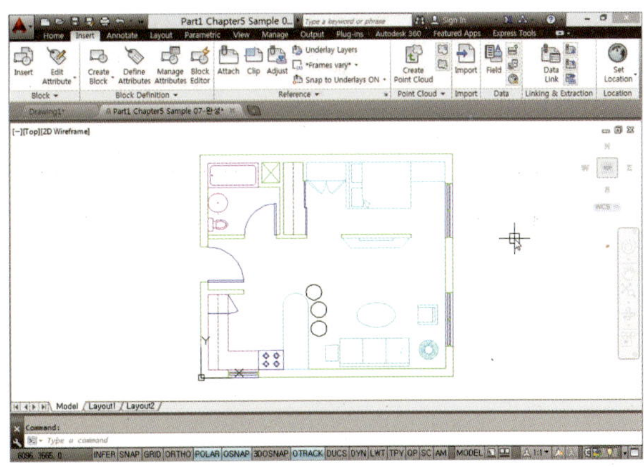

TIP [Reference Edit] 대화상자 : 시각적으로 선택한 객체의 수정이나 관리를 돕습니다.

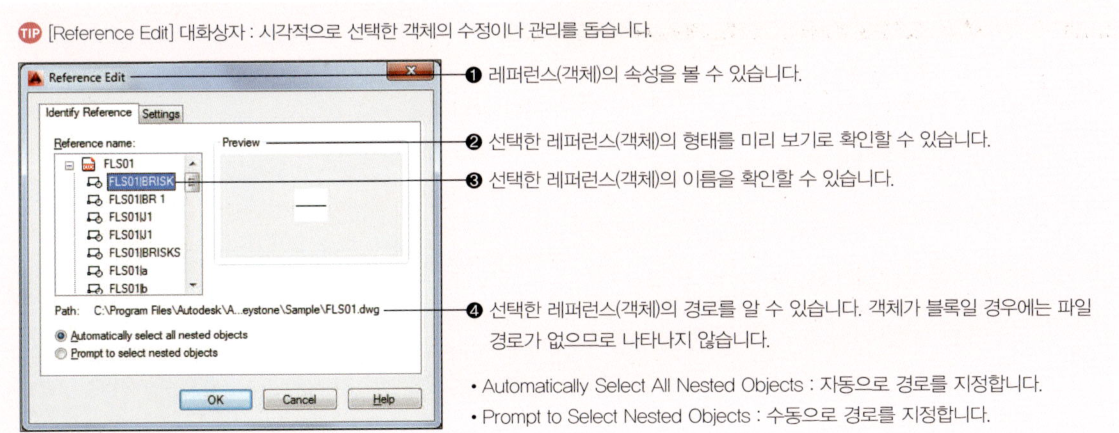

❶ 레퍼런스(객체)의 속성을 볼 수 있습니다.

❷ 선택한 레퍼런스(객체)의 형태를 미리 보기로 확인할 수 있습니다.

❸ 선택한 레퍼런스(객체)의 이름을 확인할 수 있습니다.

❹ 선택한 레퍼런스(객체)의 경로를 알 수 있습니다. 객체가 블록일 경우에는 파일 경로가 없으므로 나타나지 않습니다.

• Automatically Select All Nested Objects : 자동으로 경로를 지정합니다.
• Prompt to Select Nested Objects : 수동으로 경로를 지정합니다.

Xclip은 블록이나 삽입된 도면의 선택 영역만 화면에 보이도록 하는 가위 툴이라 생각하면 이해가 쉽습니다. 주로 사각형 모양의 형태를 사용하며, 복잡한 입면도를 그릴 때나 외부에서 삽입된 도면을 부분적으로 사용할 때도 이용합니다.

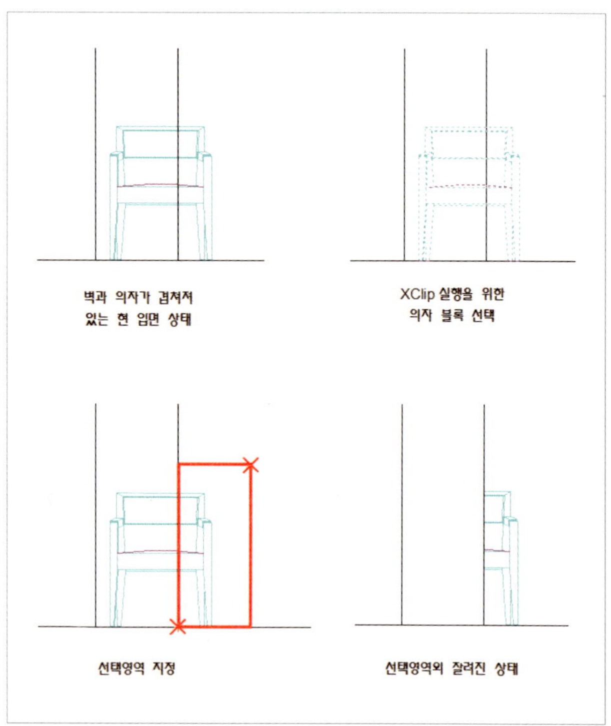

❶ Xclip 도구 모음의 화면 구성

도구 모음을 사용함으로써 지정한 영역만큼 블록이나 외부에서 가져온 도면을 자를 수 있습니다.

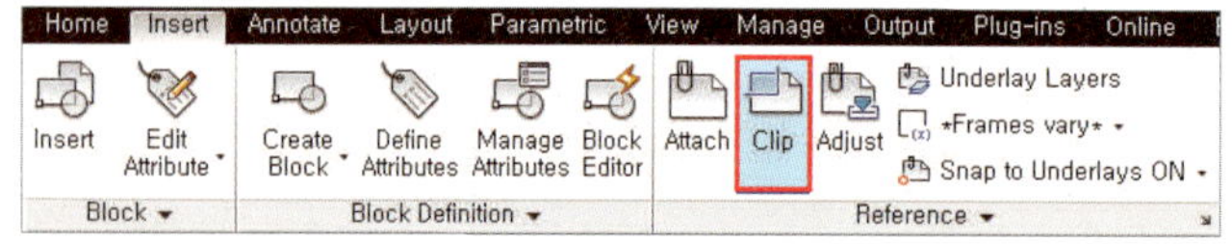

▲ [Insert] 탭-[Reference] 패널에 위치한 [Xclip]

❷ Xclip을 이용하여 블록이나 외부 파일 자르기

외부에서 불러온 파일이나, 블록을 잘라서 사용할 수 있도록 다음의 따라하기 예제를 통해 알아보겠습니다. 블록을 자르는 것과 파일을 부분적으로 자르는 방법에서 약간의 차이가 있음으로 두 가지 모두 익히도록 합니다.

01. 예제 파일을 불러온 후 화장실문을 회전시키기 위해 단축 명령어 'Ro'를 명령 입력창에 입력합니다.

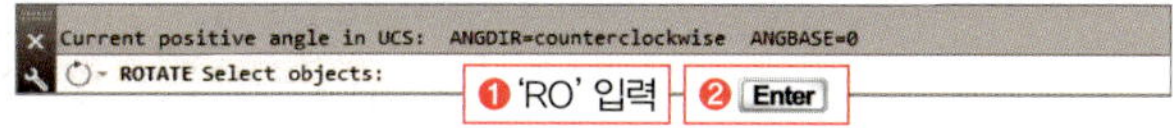

02. 화장실문을 선택하고 Enter 를 누릅니다.

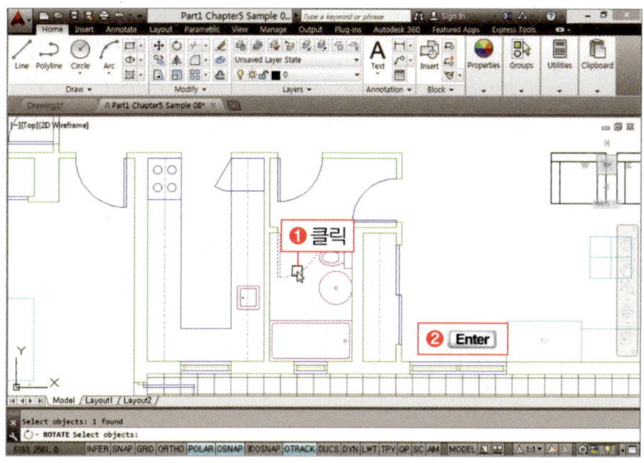

03. Base point를 그림과 같이 Endpoint 지점으로 선택합니다.

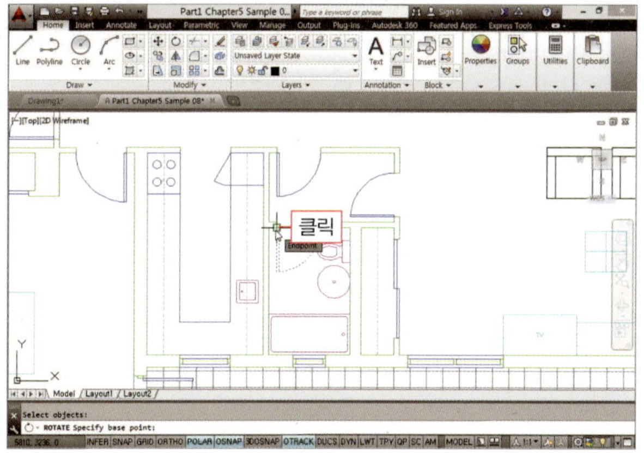

04. Polar 45도 설정에 따라 회전이 되면 클릭합니다.

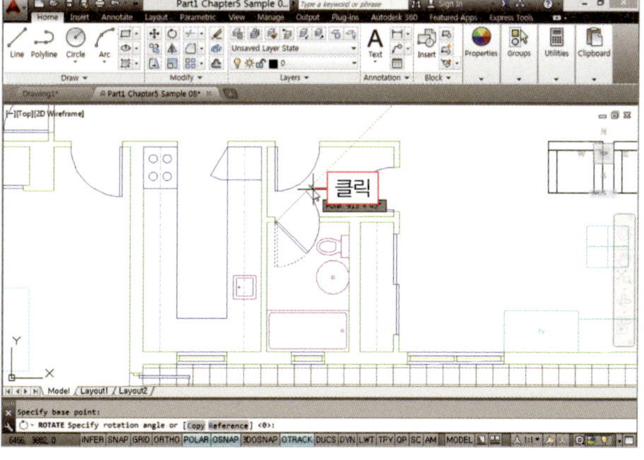

05. [Insert] 탭–[Reference] 패널에 있는 [Clip](☐)을 클릭합니다.

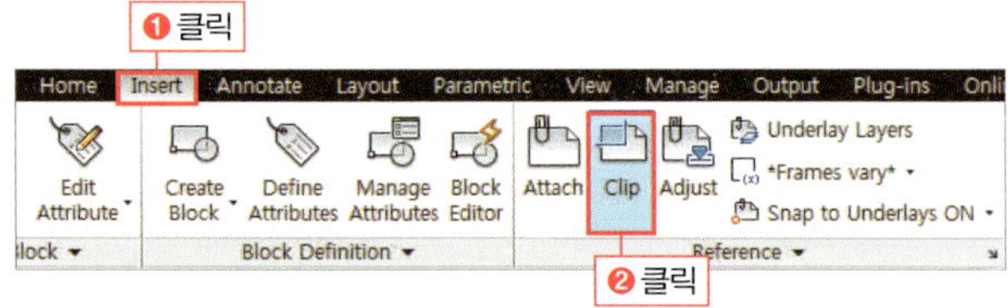

06. 화장실문을 선택하면 명령 입력창에 자동으로 그림과 같은 옵션들이 나타납니다. 새로운 영역을 지정할 것이므로 이미 설정되어 있는 〈New〉를 입력하기 위해 **Enter** 를 누릅니다.

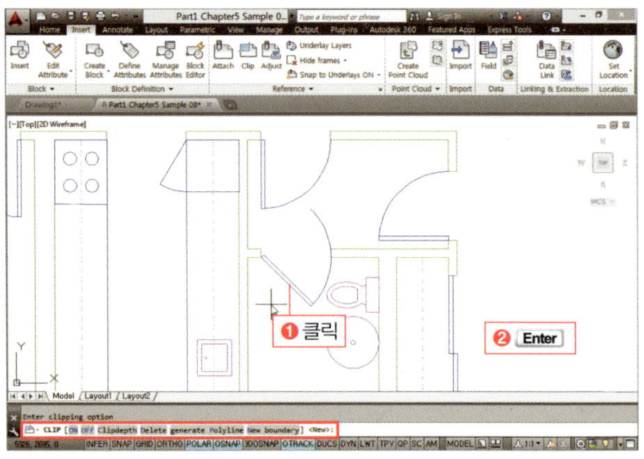

07. 영역 모양을 선택하는 옵션에서 [Polygonal]을 뜻하는 'p'를 입력한 후 **Enter** 를 누릅니다.

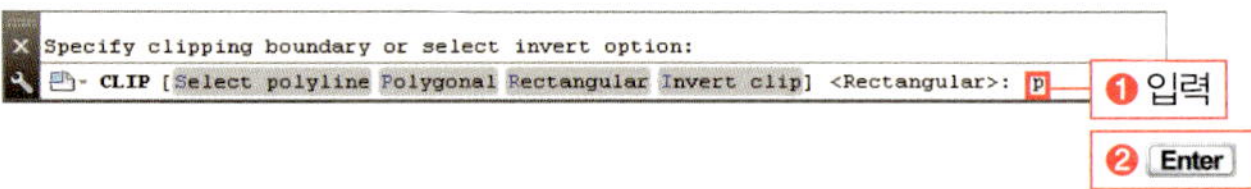

TIP 옵션 창에서 [Polygonal]을 바로 클릭해도 동일한 옵션이 실행됩니다.

08. 그림과 같이 남기려는 문 분위를 Polygonal 도형 안에 들어오도록 만든 다음 **Enter** 를 누릅니다.

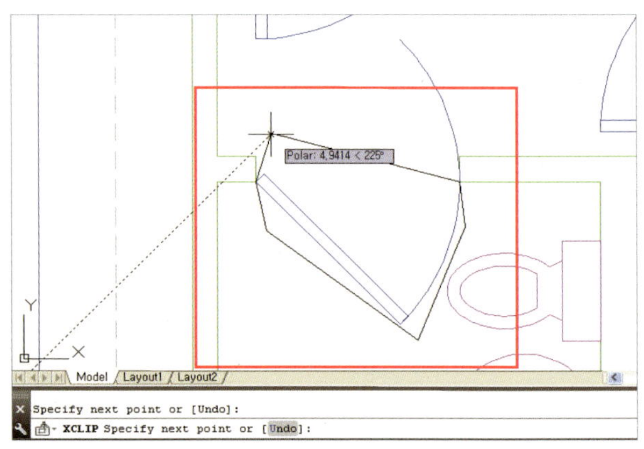

09. 그림과 같이 선택된 문 영역 밖은 보이지 않는 것을 확인할 수 있습니다.

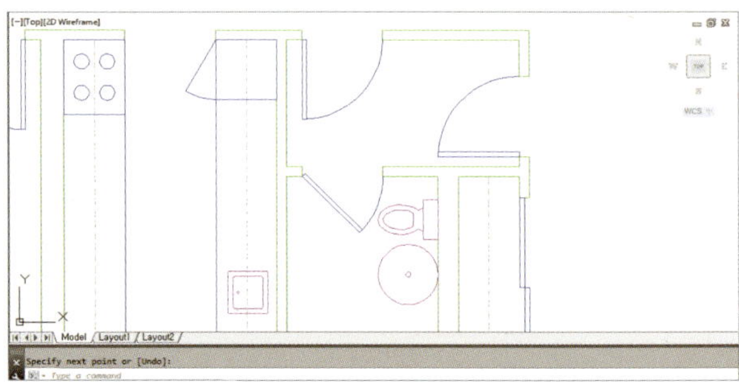

블록 깨기(Explode)

Explode는 블록으로 그룹화된 객체를 원래의 상태로 되돌리는 명령입니다. 만약 블록화된 객체에 레이어가 설정되어 있다면 레이어 또한 '0' 레이어로 돌아갑니다. Explode는 블록뿐만 아니라 한 가지 이상의 복합적인 객체를 분산시키는 기능도 가지고 있습니다.

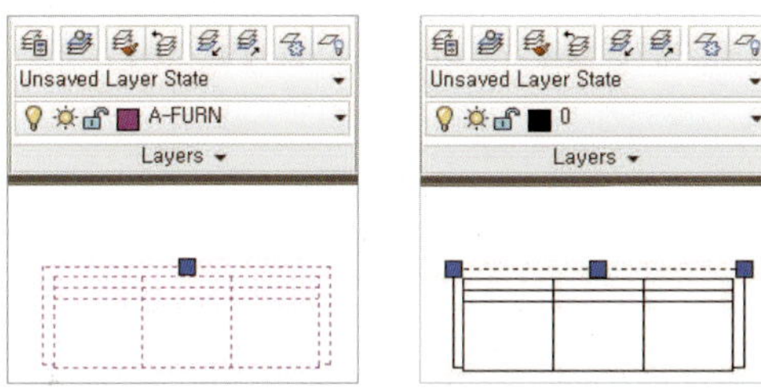

▲ A–FURN 레이어가 설정된 블록   ▲ Explode로 인해 '0'레이어로 분리된 객체

❶ Explode 도구 모음의 화면 구성

아래의 도구 모음을 사용함으로써 그룹화되어 있는 객체를 분리할 수 있습니다.

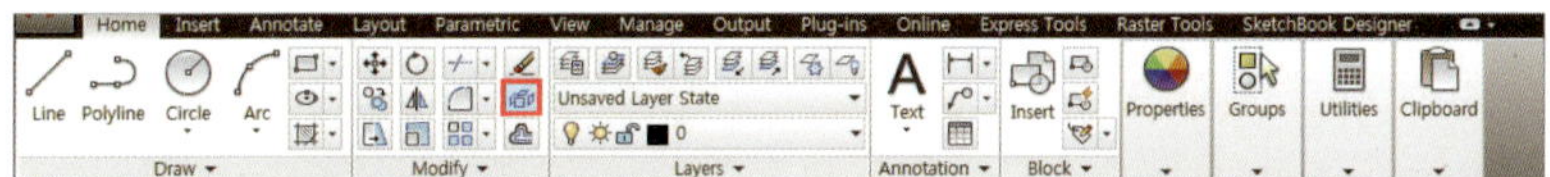

▲ [Home] 탭–[Modify] 패널에 위치한 [Explode]

예제 파일 : Part 01/Chapter 05/Sample10.dwg | **완성 파일** : Part 01/Chapter 05/Sample10–완성.dwg

01. 예제 파일을 불러온 후 [Home] 탭–[Modify] 패널에서 [Explode](🔳)를 클릭합니다.

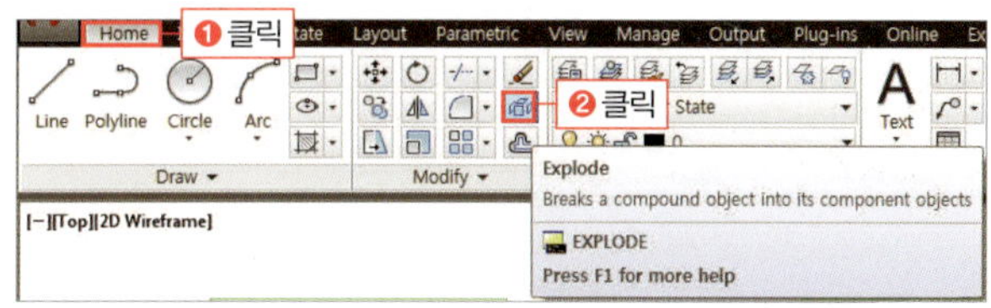

TIP 단축 명령어 'X'를 명령 입력창에 입력한 후 **Enter** 를 눌러도 됩니다.

```
Command: x EXPLODE
EXPLODE Select objects:
```

TIP Explode External References

External Reference(xref)를 통해 불러온 도면이나 객체는 깨어지기(Explode)가 실행되지 않습니다.

02. 도면에서 MATER BATH TUB 블록을 선택합니다. 그리고 **Enter** 를 누릅니다.

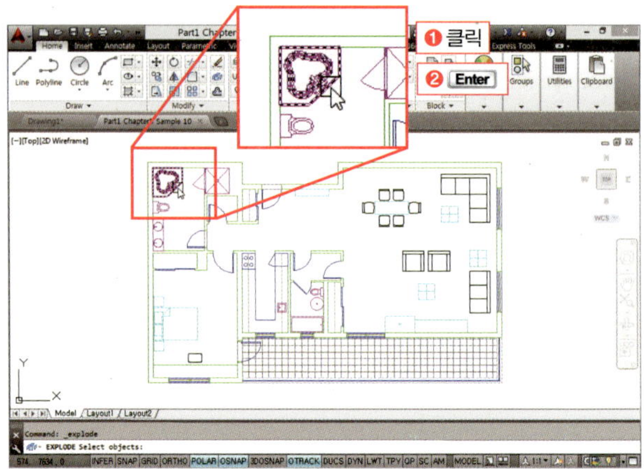

03. 블록화되어 있던 MATER BATH TUB 블록이 깨지면서 원래 속성이었던 '0' 레이어로 되돌아갑니다.

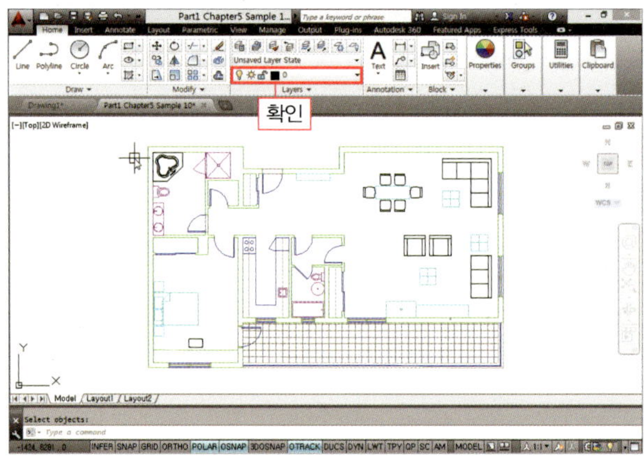

TIP **[Breaking Objects]**

• 깨기(Explode)의 한 종류로 볼 수 있는 객체 끊기는 선의 두 지점 사이를 끊을 수 있는 명령어입니다. [Home] 탭–[Modify] 패널의 확장키를 통해 [Break]를 확인할 수 있습니다.

• 단축 명령어 'Br'을 입력한 후 **Enter** 를 누르면 동일하게 객체 끊기가 실행됩니다.

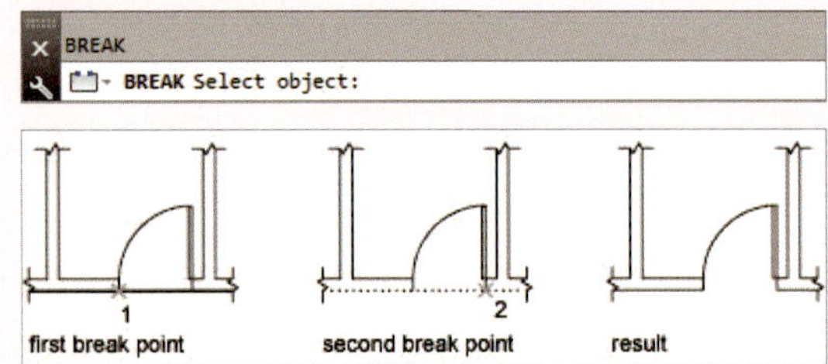

LESSON 04 문자 블록 만들기(Attribute)

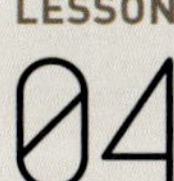

Attributes는 문자를 하나의 객체로 보아 블록으로 만든 개념입니다. 그러므로 문자에 들어 있는 여러 데이터 정보까지 담을 수 있는 것이 특징입니다. 블록 안에 필요한 데이터를 넣어 문자만 연동되도록 하여 수정 가능한 문자 블록을 만들어 보겠습니다.

● 학습 목표

Attribute를 만드는 방법을 익힘으로써 데이터를 저장하고 필요할 시 사용이 가능하도록 합니다.

● 학습에 필요한 단축 명령어

ATT : Attribute Definition

ATE : Attribute edit

Attribute 시작하기

Attribute를 시작하려면 반드시 블록 개념을 먼저 알아야 합니다. Attribute를 설정한 이후 블록을 이용하여 저장하기 때문입니다. Attribute Definition은 문자를 이용해 데이터를 처음 만들 때 사용하며 [Home] 탭-[Block] 패널과 [Insert] 탭-[Block Definition] 패널에서 도구 모음을 찾을 수 있으며 단축 명령어로는 'Att'가 있습니다.

❶ Attribute 도구 모음의 화면 구성

Attribute를 만들 수 있도록 도구 모음의 위치를 파악하고 활용하도록 합니다.

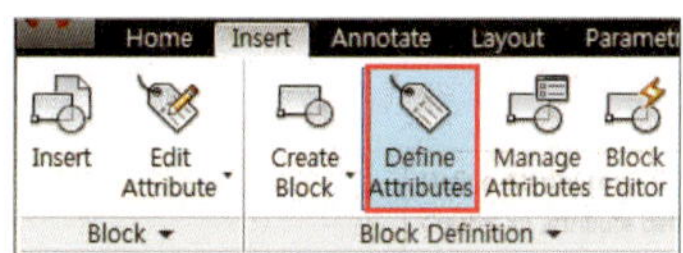

▲ [Insert] 탭-[Block Definition] 패널의 화면 구성

❷ [Attribute Definition] 대화상자 살펴보기

[Attribute Definition] 대화상자의 구성을 살펴보고 이해를 바탕으로 올바른 Attribute 설정을 합니다.

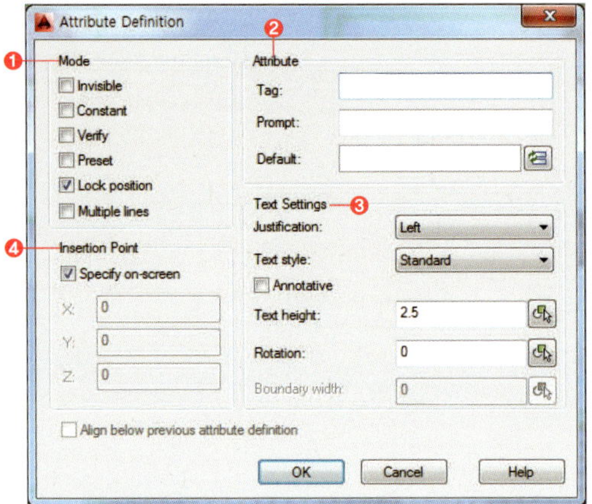

❶ Mode

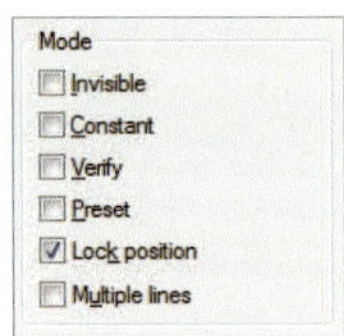

- Lock position : Attribute 블록 위치를 고정시킵니다. 잠금을 해제하면, 속성은 Grip 편집을 사용하여 블록의 나머지 부분에 상대적으로 이동시킬 수 있으며, 여러 속성은 크기를 조정할 수 있습니다. 잠금 해제하는 것을 권장합니다.

❷ Attribute

- Tag : 태그는 특정 속성을 인식하며, 데이터베이스의 필드 이름에 해당되는 객체 ID로 사용자에 의해 화면 상 나타냅니다. 태그 입력 시 빈 공간이 있으면 안됩니다.
- Prompt : 태그에 대한 정보를 묻는 질문을 설정합니다.
- Default : 기본 속성 값을 지정합니다. 사용자에게 정보를 입력하거나, 문자의 특정 번호에 대한 자리 표시가 되는 형식으로 설정합니다.

❸ Text Settings

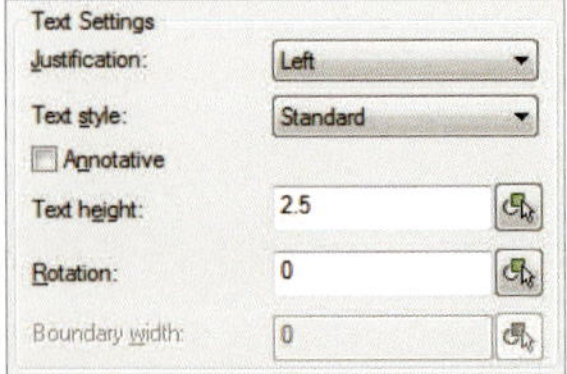

• Justification : Attribute의 문자를 불러올 때 놓이는 위치입니다. 보통 Middle Center를 권장합니다.

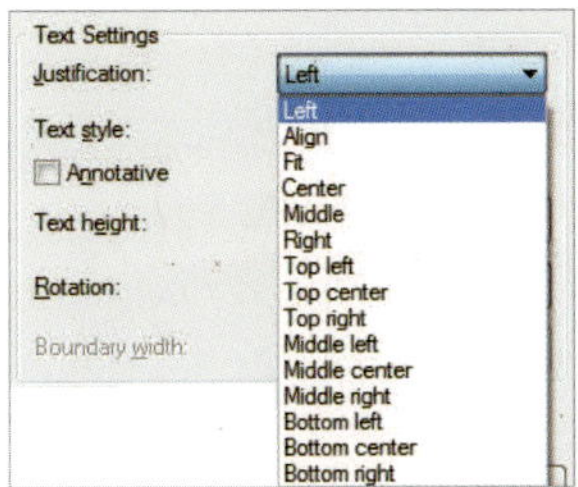

• Text style : Attribute 문자 스타일에 관한 선택 창입니다.

• Annotative : 도면의 크기에 따라 Attribute 블록의 크기가 변경될 수 있도록 하는 기능으로써 체크 하는 것을 권장합니다.

• Text height : Standard text style의 기본 크기입니다. 문자 크기가 2.5mm로써 1:1 크기를 의미합 니다.

• Rotation : Attribute 문자의 회전할 각도를 줍니다. 보통 체크를 하지 않습니다.

❹ Insertion Point

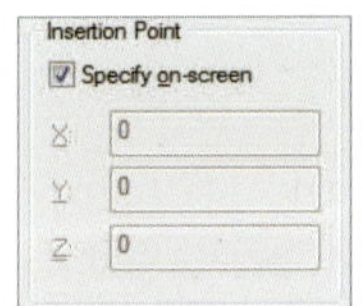

• Specify on-screen : Attribute 블록이 도면에 불러져는 기준점을 결정하는 의미로 해당 칸에 체크하 면 마우스로 클릭하는 지점에 블록이 삽입됩니다.

❸ Attribute 만들기

Attribute를 사용하여 도면에 필요한 태그 및 기호들을 만들어 봅니다.

01. 새로운 파일을 불러온 다음 반지름 6mm 원을 작 성하기 위해 명령 입력창에 'c'를 입력합니다.

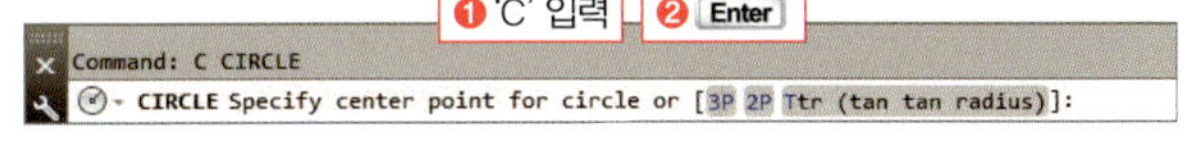

02. 원의 중심점을 클릭한 후 '6'을 입력하고 Enter 를 누릅니다.

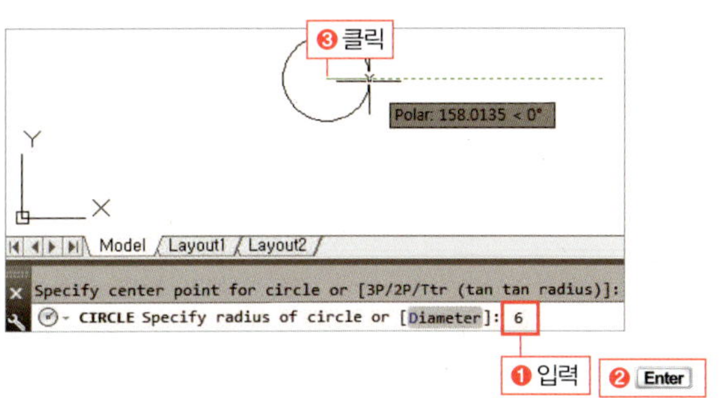

03. [Drafting Settings] 대화상자의 [Object Snap] 탭을 그림과 같이 설정한 후 [OK] 버튼을 클릭합니다.

TIP Drawing Status Bar의 [OSNAP]을 마우스 오른쪽 버튼으로 클릭한 후 [Settings]를 선택하면 [Drawing Settings] 대화상자가 나타납니다.

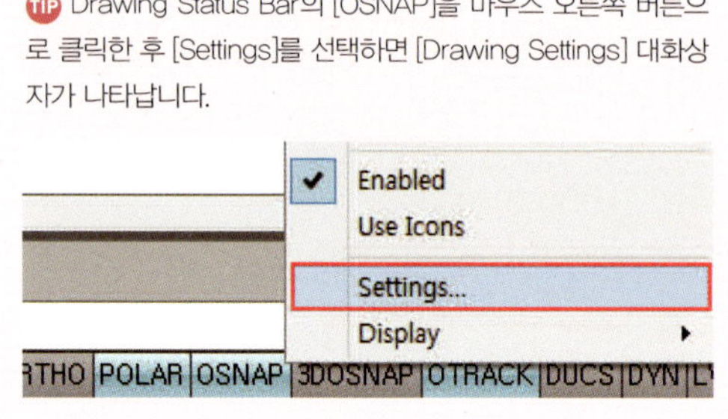

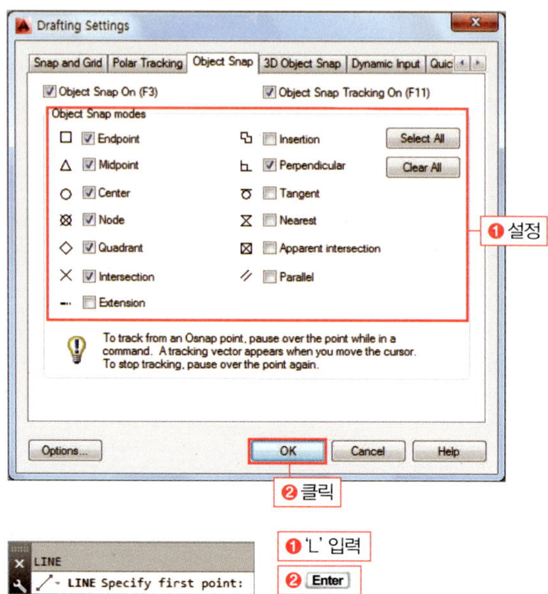

04. 60mm 선을 그리기 위해 단축 명령어 'L'을 명령 입력창에 입력한 후 Enter 를 누릅니다.

05. 선의 시작점을 원의 왼쪽 Quadrant 지점으로 클릭하여 지정합니다. 그리고 마우스 포인터 방향을 오른쪽으로 이동시킨 후 '60'을 입력하고 Enter 를 누릅니다.

TIP 반드시 OTRACK 모드가 켜져 있어야 합니다.

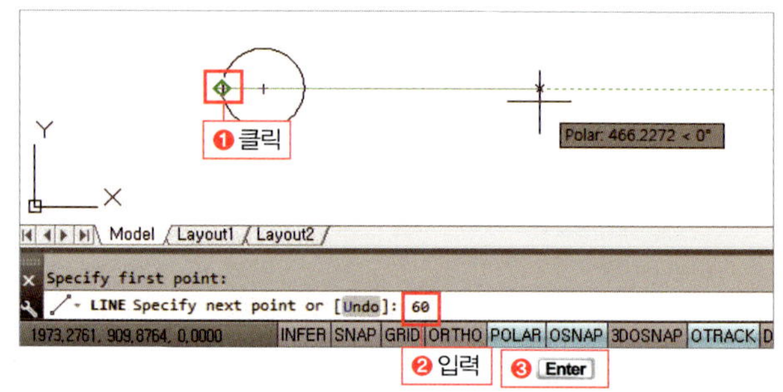

06. [Insert] 탭–[Block Definition] 패널에 있는 [Define Attributes]( )를 클릭하여 [Attribute Definition] 대화상자가 나타나면 그림과 같이 설정합니다.

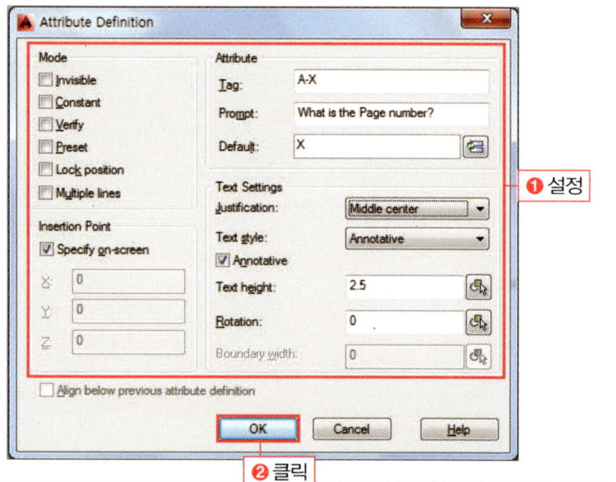

TIP 바로 Attribute Definition 모드로 가고 싶다면 단축 명령어 'Att'를 명령 입력창에 입력한 후 Enter 를 누릅니다.

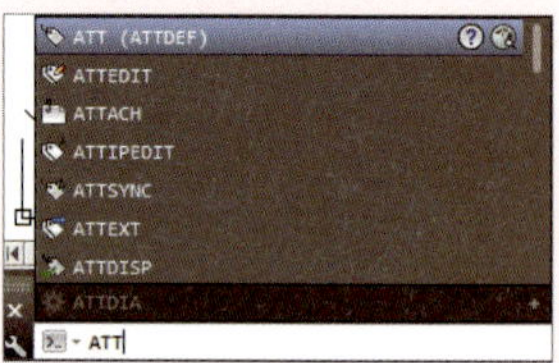

07. 마우스 포인터에 Tag로 입력시킨 A–X 문자가 따라오게 되면 **Shift** 를 누른 상태로 마우스 오른쪽 버튼을 클릭한 후 [Mid Between 2 Points]를 선택합니다.

08. 원의 중심점과 원 아래 Quadrant 두 지점을 클릭합니다.

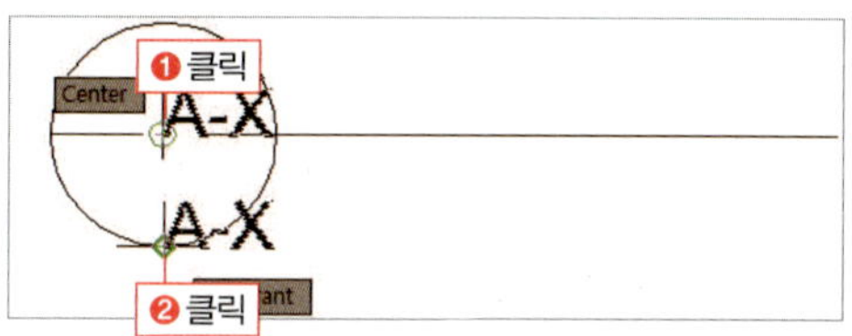

09. 그림과 같이 반원 중심에 Attribute 문자가 자동으로 배치된 것을 확인할 수 있습니다.

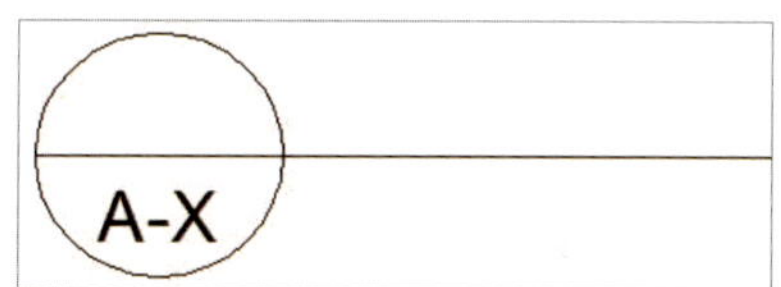

10. 명령 입력창에 'Att'를 입력한 후 **Enter** 를 눌러 나타나는 [Attribute Definition] 대화상자를 그림과 같이 설정합니다.

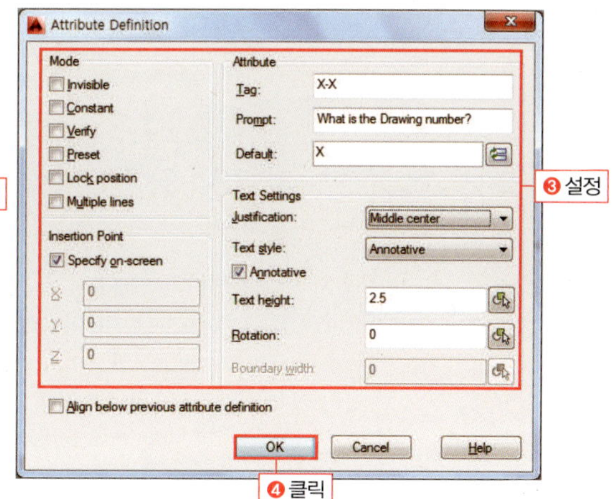

11. 마우스 포인터에 Tag로 입력시킨 X–X 문자가 따라오게 되면 **Shift** 를 누른 상태로 마우스 오른쪽 버튼을 클릭한 후 [Mid Between 2 Points]를 선택합니다.

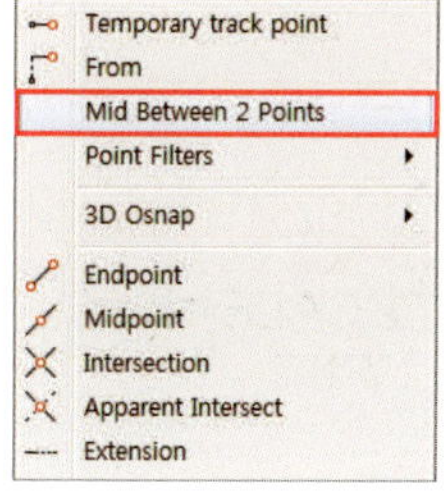

12. 원의 중심점과 원 위에 Quadrant 두 지점을 클릭하여 선택하면 자동으로 문자가 반원의 중심에 위치하게 됩니다.

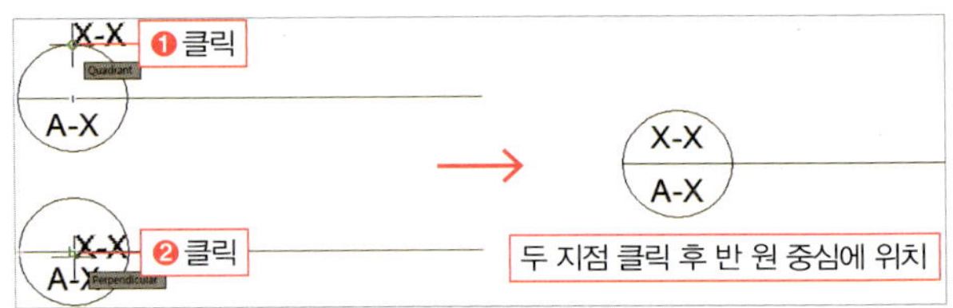

13. 다시 [Attribute Definition] 대화상자를 불러온 후 Scale에 관한 내용을 그림과 같이 설정한 뒤 [OK] 버튼을 클릭합니다.

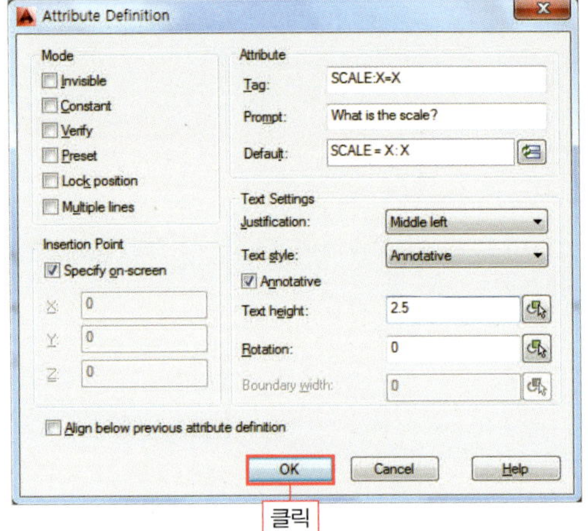

14. 마우스 포인터에 Tag로 입력시킨 SCALE=X:X 문자가 따라오게 되면 **Shift** 를 누른 상태로 마우스 오른쪽 버튼을 클릭한 후 [Mid Between 2 Points]를 선택합니다.

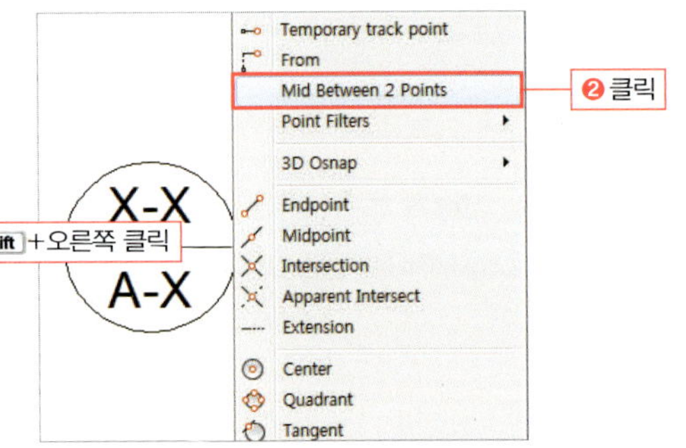

15. OTRACK으로 원의 양끝 Quadrant를 이용하여 ①, ② 지점을 클릭합니다.

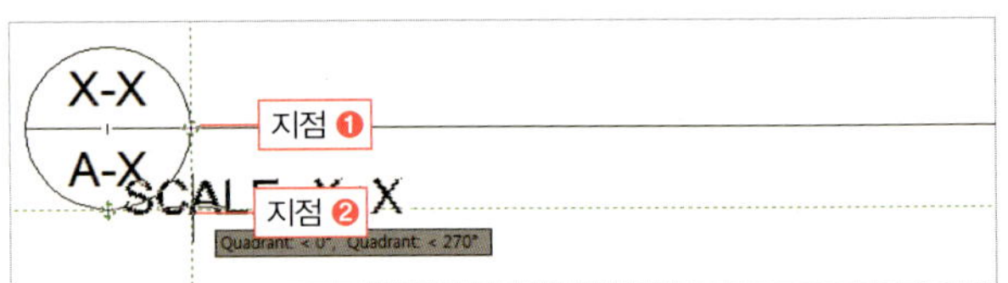

> **TIP** OTRACK으로 원의 양끝 Quadrant를 이용하여 사각 지점을 찾을 때는 클릭을 하는 것이 아니라 마우스 포인터만 위치시키면 녹색 점선 Quadrant 오스냅 모양이 생깁니다. 또 바로 다음의 Quadrant로 이동하여 마우스를 대면 오스냅 모양이 생깁니다. 그리고 난 후 찾으려는 사각 지점에 마우스 포인터를 위치시키면 자석이 당기는 것처럼 교차 지점을 찾을 수 있습니다.

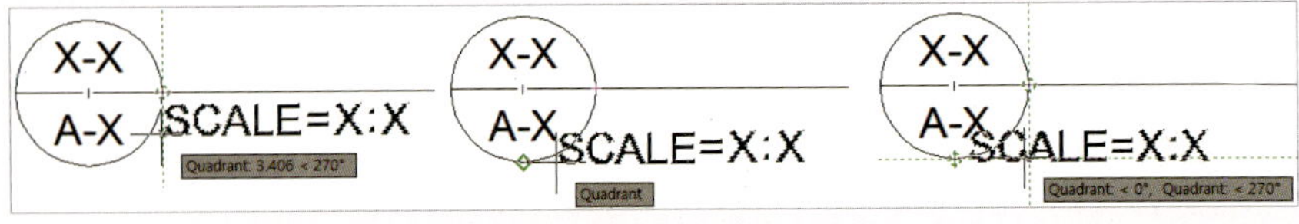

16. 다시 [Attribute Definition] 대화상자를 불러온 후 Drawing Name에 관한 내용을 그림과 같이 설정합니다.

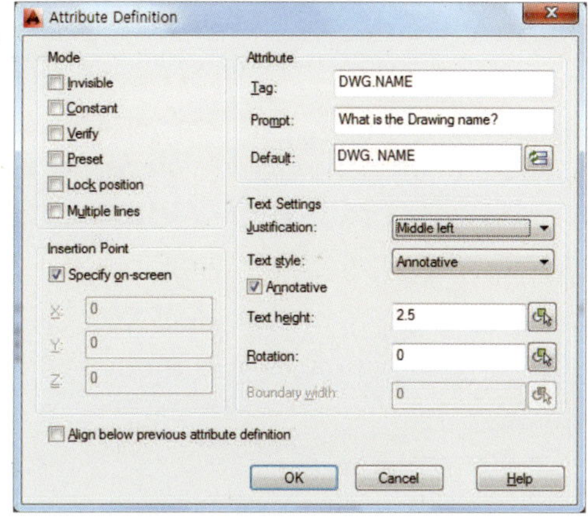

17. 앞선 따라하기와 같이 Shift 를 누른 상태로 마우스 오른쪽 버튼을 클릭한 후 [Mid Between 2 Points]를 선택합니다. OTRACK으로 원의 양끝 Quadrant를 이용하여 원의 바깥 사각 지점과 선의 끝 지점을 클릭합니다.

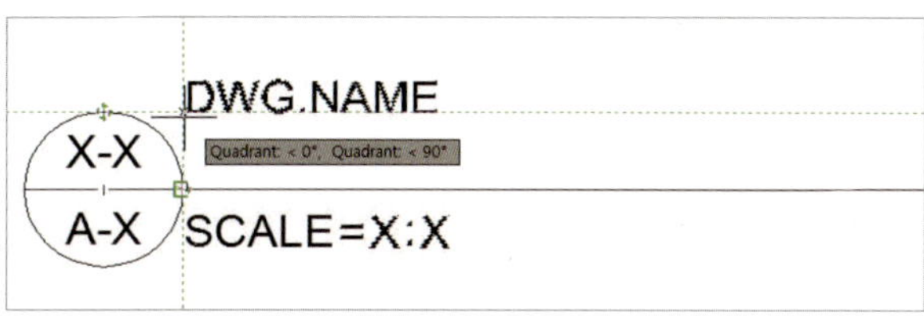

18. 두 Attribute 문자를 옮기기 위해 단축 명령어 'M'을 명령 입력창에 입력합니다.

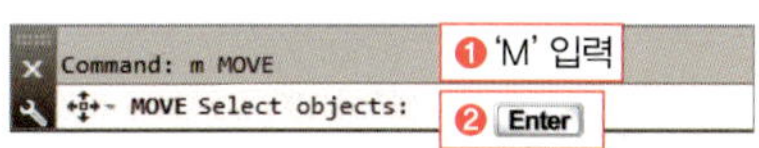

19. Attribute 문자인 두 객체를 선택한 후 Enter 를 누릅니다.

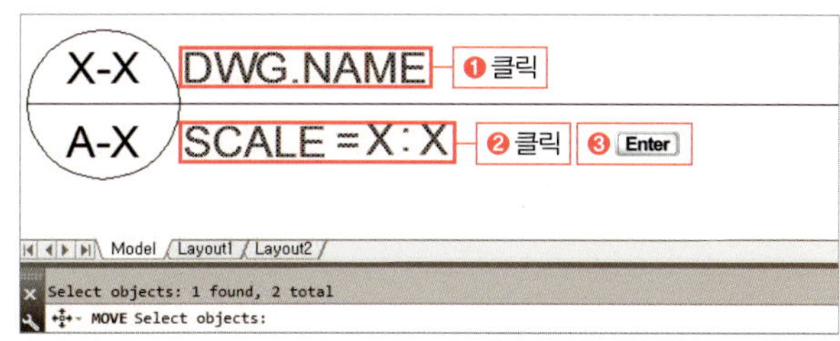

20. 문자의 Node 지점을 클릭한 후 마우스 포인터를 오른쪽으로 옮긴 다음 '1'을 입력합니다.

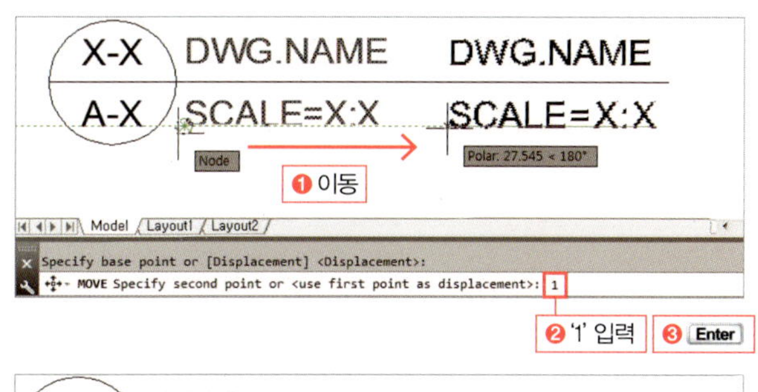

21. 그림과 같이 태그가 만들어진 것을 확인할 수 있습니다.

22. 태그를 블록으로 만들기 위해 단축 명령어 'B'를 명령 입력창에 입력합니다.

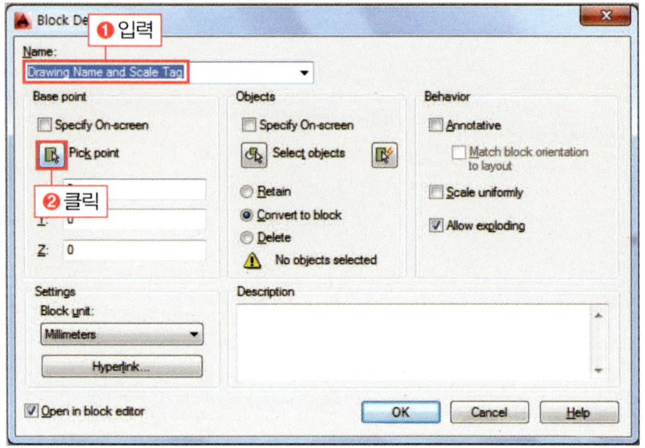

23. [Block Definition] 대화상자가 나타나면 [Name]에 'Drawing Name and Scale Tag'라고 입력한 후 [Base point]에서 [Pick point](   )를 클릭합니다.

24. 원의 가장 왼쪽 Quadrant 지점을 Base point로 선택합니다.

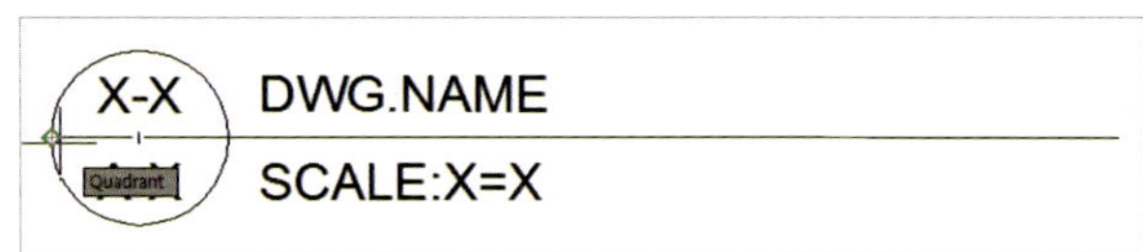

25. 이번에는 [Objects]에서 [Select Objects](   )를 클릭합니다.

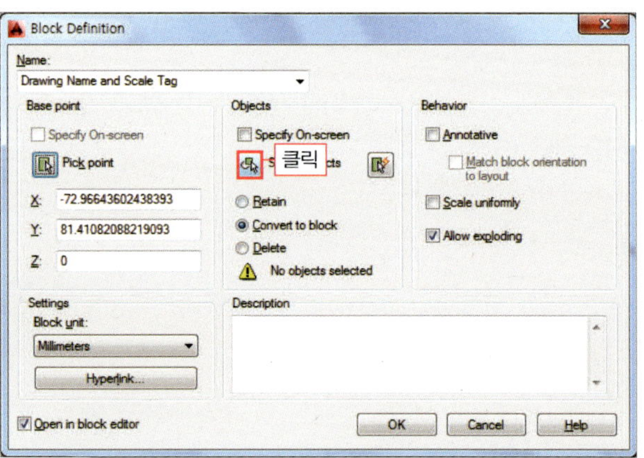

26. 먼저 도형인 원과 선을 선택한 다음, 이어서 Attribute 문자 모두를 선택하고 Enter 를 누릅니다.

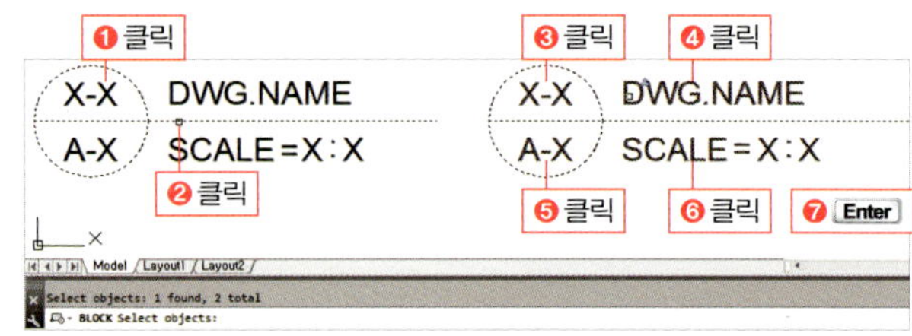

27. 이번에는 [Behavior]에서 [Annotative]를 체크하고 [OK] 버튼을 클릭합니다.

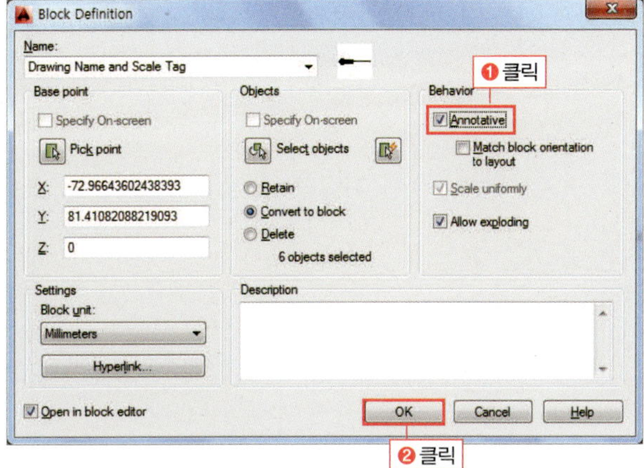

28. [Edit Attributes] 대화상자가 나타나면 [Attribute Definition] 대화상자의 [Prompt]와 [Default]로 연동되어 나타납니다. 확인 후 [OK] 버튼을 클릭합니다.

TIP 연동되는 이미지는 앞선 단계 06, 10, 13, 16을 참고하세요.

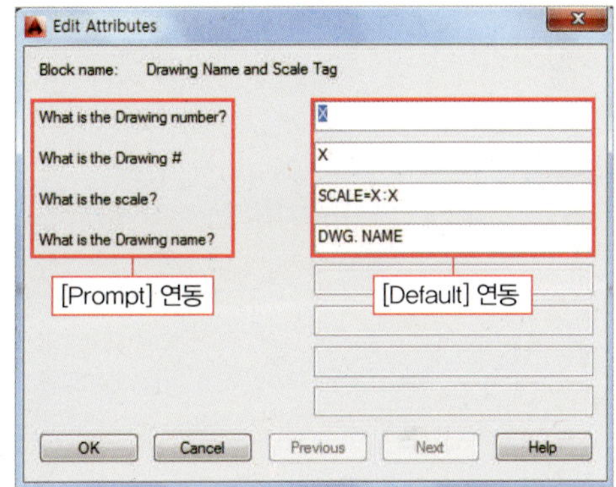

29. 앞선 27.따라하기에서 [Open the block editor]를 체크했기 때문에 자동으로 Block Editor 모드로 변경됩니다.

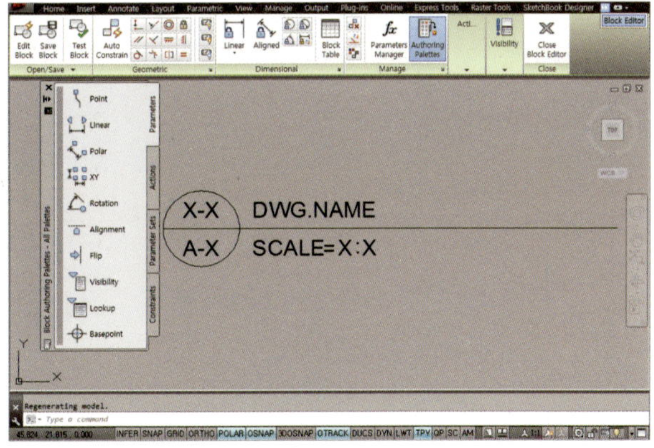

30. Dynamic 버전을 추가하기 위해 Block Author-
ing Palette의 [Parameters] 탭에서 [Linear]를 선택한
후 그림과 같이 길이의 영역을 지정합니다.

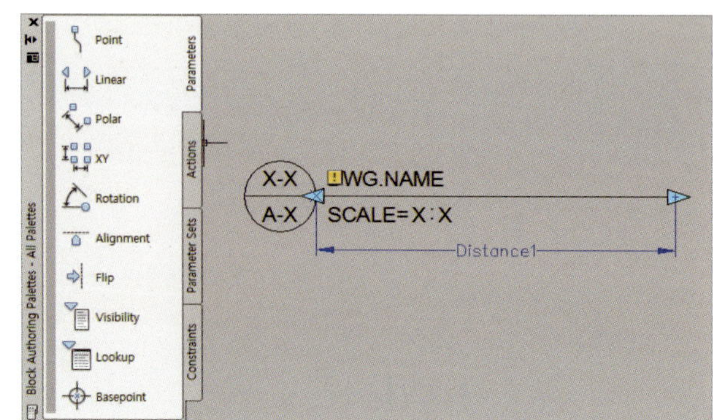

31. 왼쪽 파란 화살표를 선택한 후 **Delete** 를 눌러 삭
제합니다.

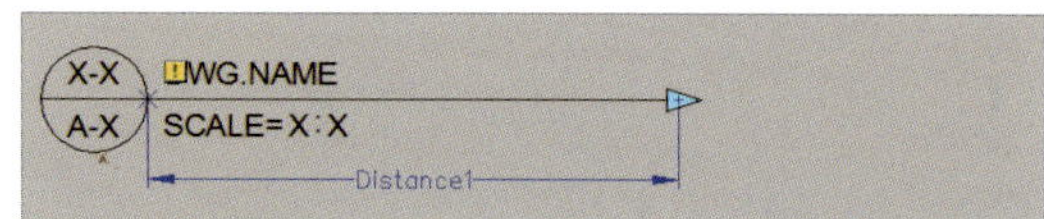

32. 이번에는 Block Authoring Palette의 [Actions]
탭에서 [Stretch]를 선택한 후 그림과 같이 Distance1
을 선택합니다.

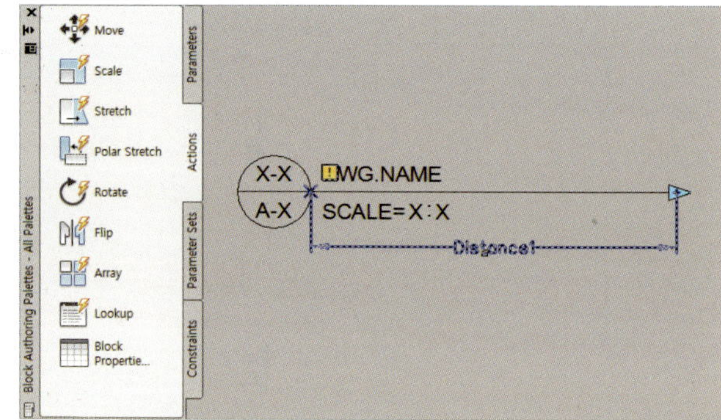

33. Action과 연동될 Parameter 지점을 그림과 같
이 선택합니다.

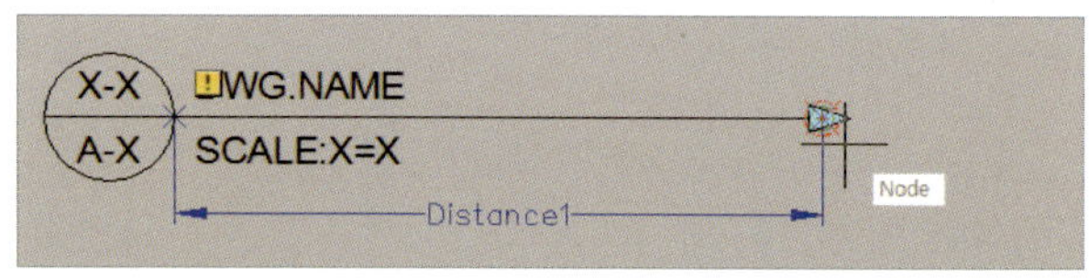

34. Stretch될 외쪽 끝선을 포함시켜 사각형인 영역
을 만듭니다.

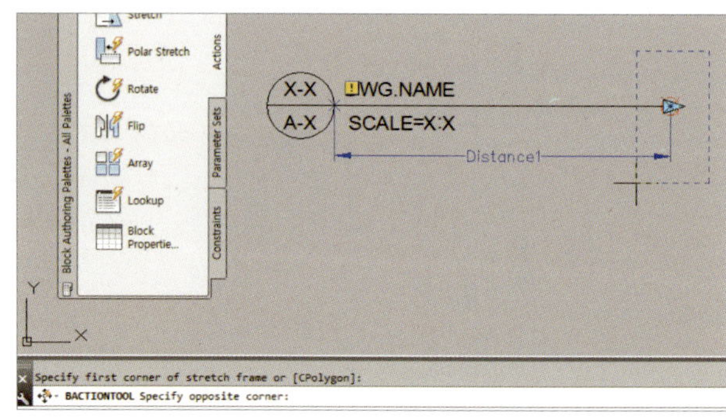

TIP 반드시 영역 설정 방향은 Green Box로 선택해야 합니다(오
른쪽 위에서 왼쪽 아래 방향).

35. 사각 영역 안의 선을 선택하고 Enter 를 누릅니다.

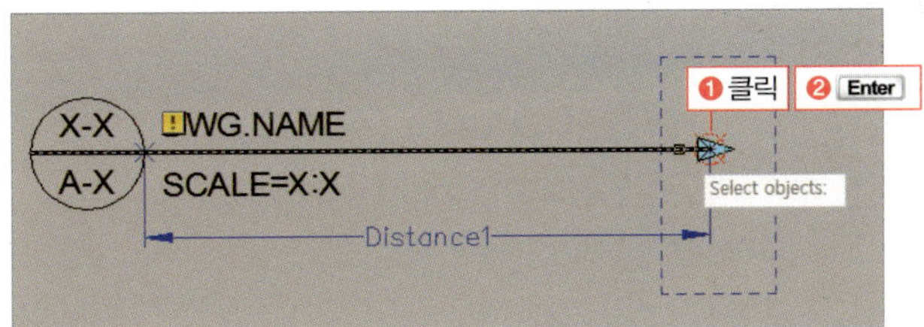

36. Stretch 아이콘이 생깁니다.

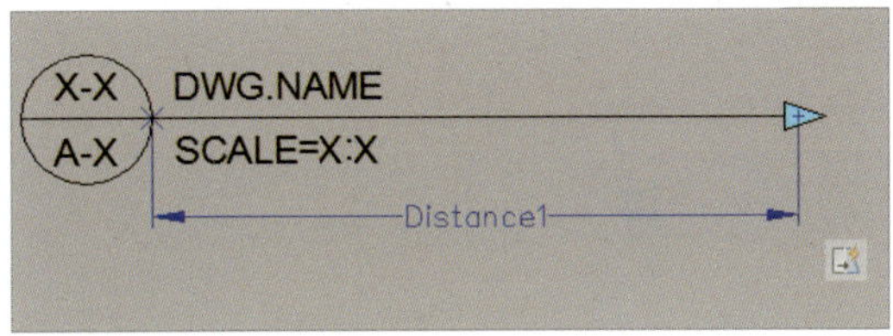

37. [Close Block Editor](   )를 클릭하여 Block Editor 모드를 종료합니다.

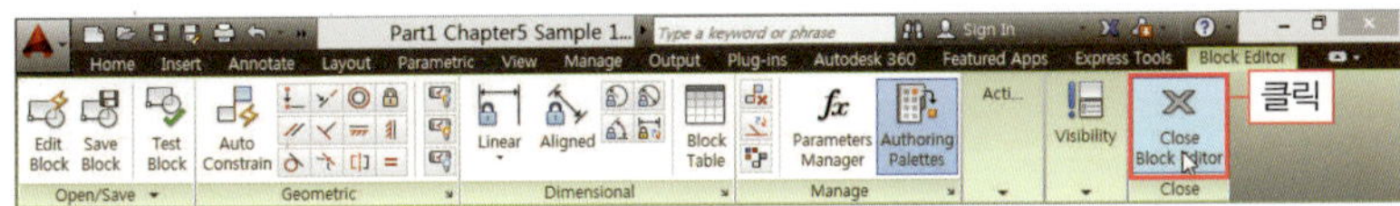

38. 변경 사항을 저장하겠냐는 대화 창이 나타나면 [Save the changes to Drawing Name and Scale Tag]를 클릭합니다.

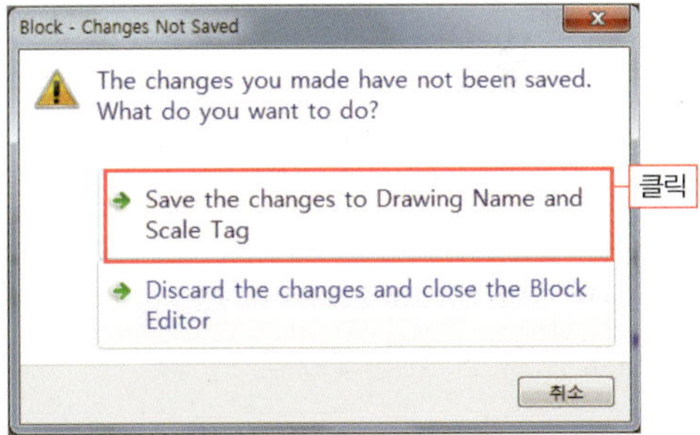

> **TIP** 동적 블럭(Dynamic Block)은 블록으로 만든 도형에 수정 요소를 부가하여 손쉽게 변형 가능하도록 만든 기능입니다. 수정은 [Block Authoring Palettes]에서 그 범위를 정하고 지정해 줄 수 있으며 반드시 Block Editor 모드에서만 볼 수 있습니다.

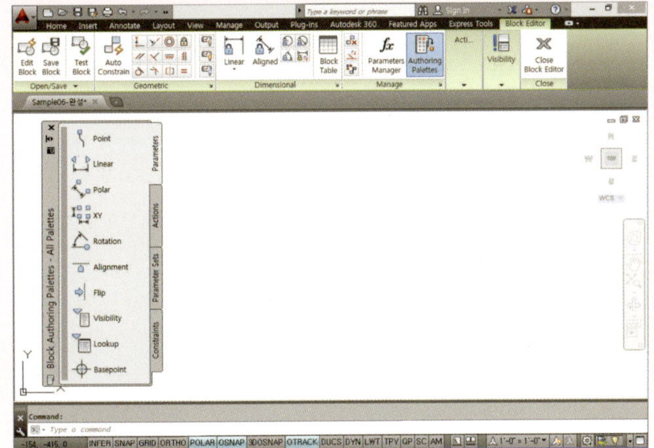

LESSON 05 블록 개별 저장하기(Wblock)

Wblock은 블록 명령어가 아닌, 'Save'의 의미를 가지고 있는 명령어입니다. 블록을 쓴다는 의미의 'Write Block'으로써 기존의 파일 안에 들어 있는 객체나 블록을 자신이 만들어 놓은 폴더에 DWG 파일로 저장할 수 있습니다. 하나의 객체만 저장하고 싶다면 나머지 모든 객체를 지울 필요가 없이 선택한 객체를 블록으로 전환시켜 개별 객체의 DWG 파일 개념으로 저장합니다. 또한, 저장한 객체는 다른 도면에서 적절하게 사용할 수 있습니다. 주로 크기가 정형화되어 있는 화장실의 싱크 혹은, 변기를 많이 사용하며, 의자 및 가구들도 불러올 수 있음으로 하나하나 그릴 필요가 없습니다.

● 학습 목표

자신이 만든 블록이나 기존 파일에 있는 블록을 개별 DWG 파일의 개념으로 저장시켜 다른 도면에 삽입할 수 있도록 학습합니다.

● 학습에 필요한 단축 명령어

W : Write Block

Wblock 시작하기

Wblock을 사용하기 위한 도구 모음의 활용과 [Write Block] 대화상자의 기능들을 살펴봄으로써 WBlock을 시작하는 데 필요한 개념을 이해합니다.

① Wblock 도구 모음의 화면 구성

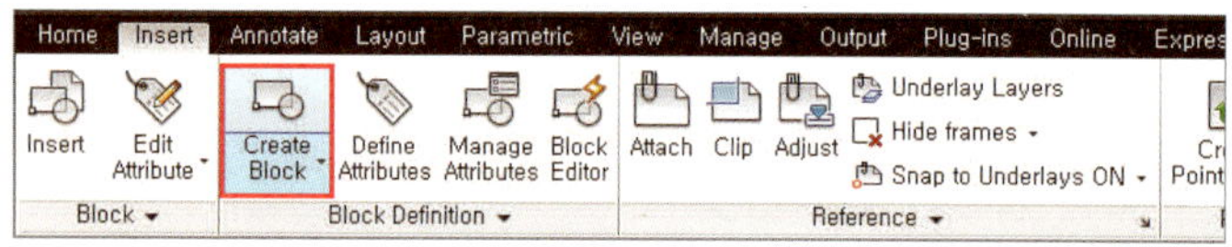

▲ [Insert] 탭-[Block Definition] 패널에 위치한 [Create Block]

블록 만들기 위한 두 가지 옵션이 있는데 블록을 만들 것이냐(Create Block), 아니면 블록 쓰기를 실행할 것이냐(Write Block)로 구분할 수 있습니다. [Create Block] 옆에 화살표를 클릭하면 그림과 같이 옵션을 확인할 수 있습니다. 이곳에서 [Write Block]을 선택하면 됩니다.

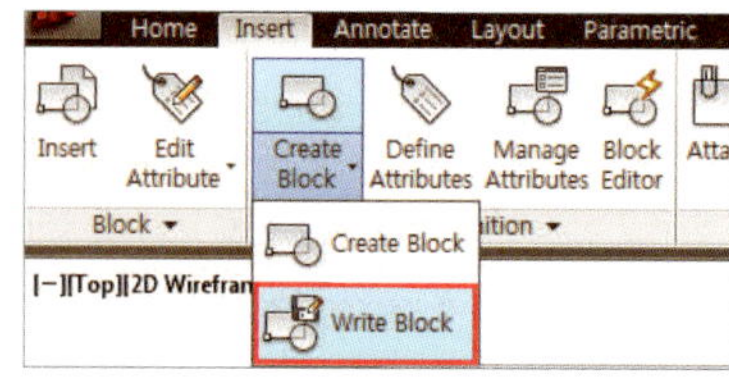

❷ [Write Block] 대화상자 살펴보기

[Write Block] 대화상자를 구성하는 기능을 살펴보고 이해를 바탕으로 올바르게 블록 쓰기를 설정할 수 있도록 합니다.

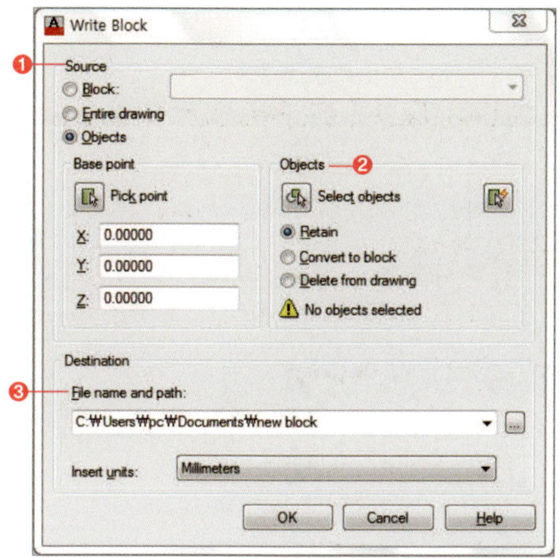

❶ Source : 블록 쓰기의 객체에 관한 출처를 선택하는 옵션입니다. 기존의 도면에 블록으로 되어 있는 객체를 가져올지, 아니면 도면 전체를 블록 쓰기로 할지, 부분적으로 선택한 객체만을 사용할 지를 선택할 수 있습니다.

❷ Objects : 객체 선택에 대한 [Source]에서 [Objects]를 체크할 때만 활성화됩니다. 다음의 세 가지 방법으로 선택한 객체를 저장할 수 있습니다.

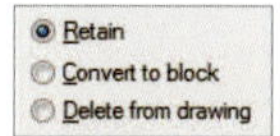

- Retain : 유지한다는 의미로써 선택한 객체를 상태 그대로 저장합니다. 블록화가 되어있지 않음으로 객체가 하나하나 분리된 상태로 삽입됩니다.
- Convert to block : 선택한 객체를 블록으로 전환시켜 저장합니다. 도면에서 선택한 객체가 블록화가 되어있지 않아도 자동적으로 그룹화시켜 줌으로써 작업 속도를 줄일 수 있습니다.
- Delete from drawing : 선택한 객체를 블록으로 전환시킨 후에 현재 도면에서 삭제합니다.

❸ File name and path : 블록 쓰기를 한 객체를 지정 장소의 폴더에 저장합니다. 자신만의 블록 데이터를 저장할 수 있는 폴더를 만들어 한 번 지정하면 다음 Wblock 실행 시 자동으로 저장 위치를 기억하여 저장됩니다.

> **TIP** 초기 자동 저장 폴더 경로는 'C:₩Users₩pc₩Documents₩new block.dwg'이며 저장할 블록의 이름을 변경하는 경우에는 'new block' 대신 원하는 이름을 입력하면 됩니다.

❸ WBlock을 이용하여 블록 저장하기

기존의 도면에 있는 여러 객체나 블록을 블록 쓰기(Wblock)를 이용해 저장할 수 있음으로 블록 객체에 대한 데이터를 확보함으로 도면을 좀 더 빠르게 그릴 수 있도록 합니다.

예제 파일 : Part 01/Chapter 05/Sample12.dwg | 완성 파일 : Part 01/Chapter 05/Sample12-완성.dwg

01. 예제 파일을 불러온 후 [Insert] 탭–[Block Defini-tion] 패널에서 [Write Block](📇)을 클릭합니다.

> **TIP** 명령 입력창에 'W'를 입력한 후 **Enter** 를 눌러도 됩니다.

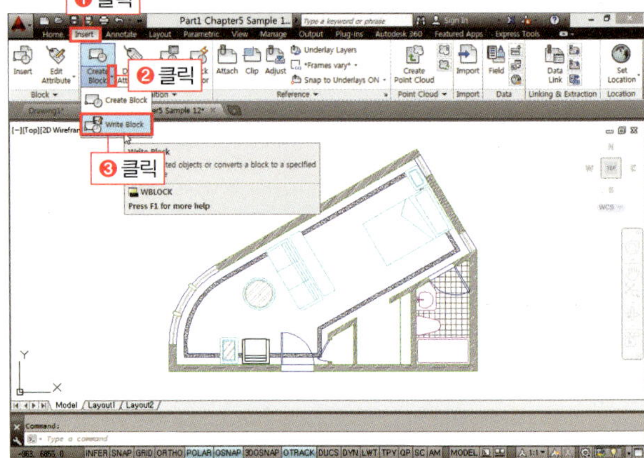

02. [Write Block] 대화상자가 나타나면 [Source]에서 [Objects]를 체크하고, 객체의 중심점을 선택하기 위해 [Pick point](📇)를 클릭합니다.

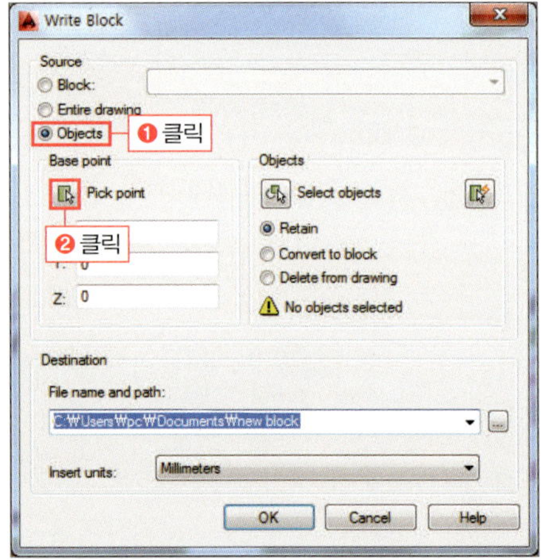

03. 드로잉 화면으로 돌아와 블록으로 사용할 LOUNGE 의자의 아래 중심점을 선택합니다.

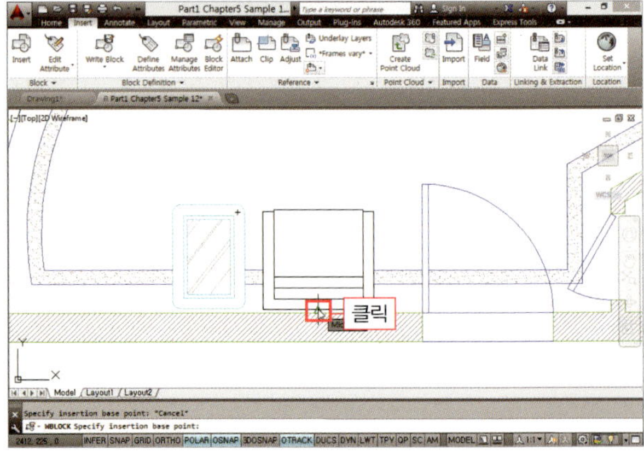

04. [Objects]에서 [Convert to block]를 체크한 후 [Select objects](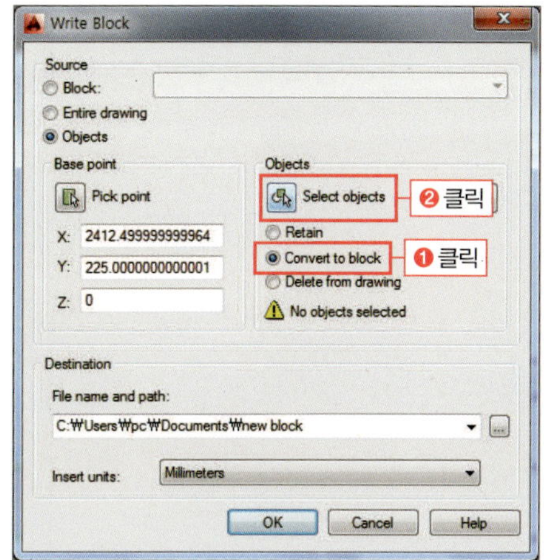)를 클릭합니다.

05. 드로잉 화면에서 Blue Box를 이용하여 객체를 선택한 후 **Enter** 를 누릅니다.

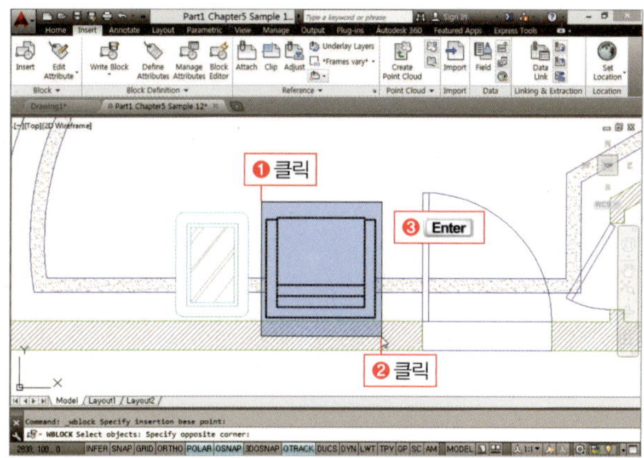

06. 이번에는 [Insert units]를 'Millimeter'로 설정한 후 [File name and path]의 경로 버튼을 클릭합니다.

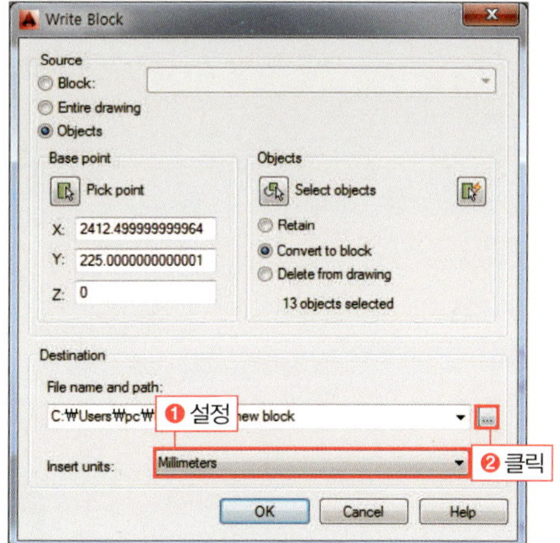

07. [Browser for Drawing File] 대화상자가 나타나면 그림과 같이 설정한 후 [Save] 버튼을 클릭합니다.

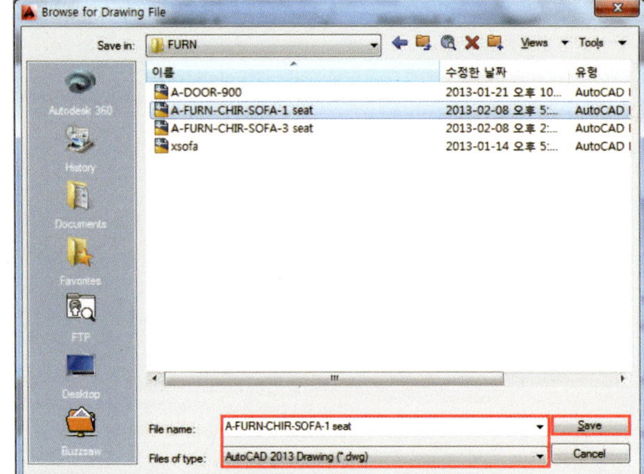

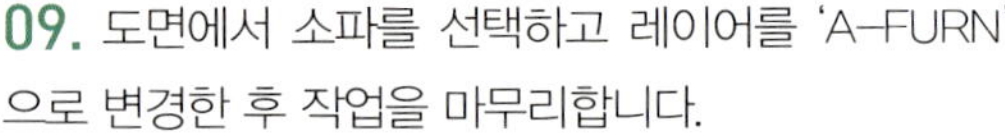

TIP 부록 CD에 있는 Chapter 05– [Block Library]의 [FURN] 폴더 참조

08. 자동으로 [Write Block] 대화상자가 나타나면 설정 값들을 확인한 후 [OK] 버튼을 클릭합니다.

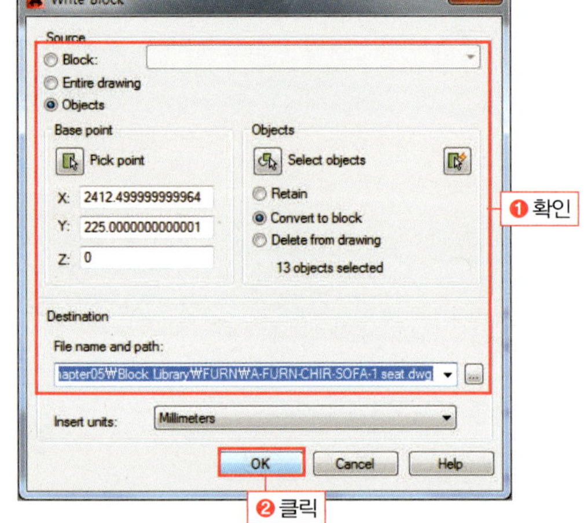

TIP 저장하고 나면 블록이 작은 섬네일 창이 나타났다 사라집니다. 이것은 블록 쓰기가 정상적으로 완료됐다는 것을 의미합니다.

09. 도면에서 소파를 선택하고 레이어를 'A–FURN'으로 변경한 후 작업을 마무리합니다.

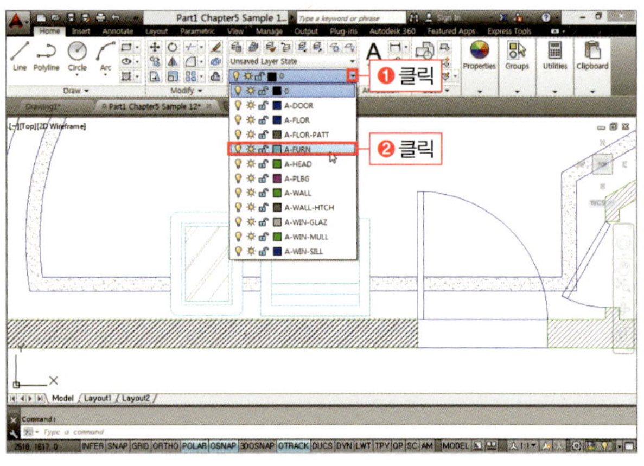

LESSON 06 동적 블록 만들기(Dynamic Block)

동적 블록은 다소 생소할 수 있습니다. 블록에 대칭과 방향 전환, 길이 변경을 추가하여 블록의 수정을 극대화시킨 것으로, 주로 건축적 기호에 많이 사용합니다.

01. 현재의 블록 관리 시스템인 Block Editor 모드에서 사용합니다.

02. 동적 버전 요소를 추가시켰을 경우에 해당 블록은 도면에서 일률적으로 동적 요소를 가집니다.

03. 동적 기호가 블록에 보이므로 원하는 변경 사항을 미리 확인할 수 있습니다.

04. 기존 블록에서 동적 버전 기능을 추가시킬 수 있습니다.

● 학습 목표

블록에 동적인 기능들을 추가하는 방법을 익혀 작업의 효율성을 높이도록 합니다.

● 학습에 필요한 단축 명령어

BE : Block Editor

Block Editor 모드와 함께 동적 블록 시작하기

앞서 학습한 블록 관리 시스템인 Block Editor 모드에서 동적 블록을 사용할 수 있습니다. Block Editor 모드에 많은 동적 요소가 있지만, 가장 많이 사용되는 요소를 집중적으로 알아보겠습니다.

예제 파일 : Part 01/Chapter 05/Sample13.dwg

01. 예제 파일을 불러온 후 명령 입력창에 'Be'(Block Editor)를 입력하고 해당 블록인 BATH-TOILET을 찾은 후 [OK] 버튼을 클릭합니다.

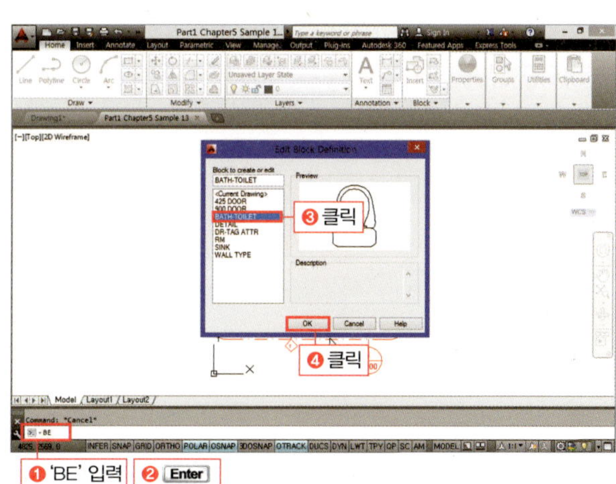

02. [Block Editor Definition] 대화상자에서 Block
Authoring Palettes로 이동합니다.

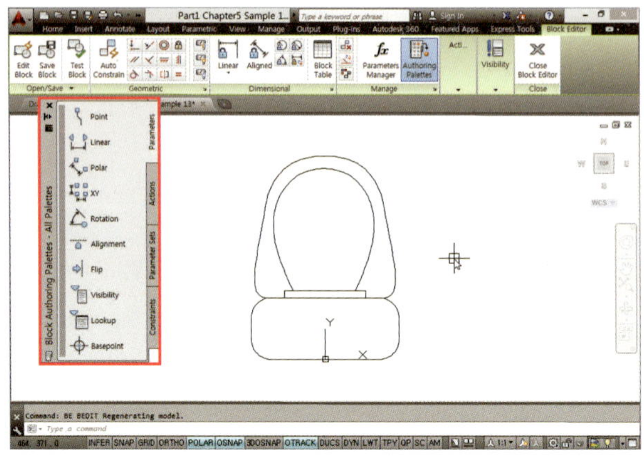

Block Authoring Palettes 이해하기

Block Authoring Palettes에서 주로 Parameters와 Action
을 이용하여 동적 블록을 만듭니다. Action은 해당 명령어
를 이름으로 표시해 주는 일이며 [Actions]에서는 실행하기
위한 명령어들이 나열되어 있으며 [Parameter]는 [Actions]
에서 선택한 명령어에 해당하는 영역을 지정해 줍니다. 예
를 들어 [Actions]에서 [Rotate]를 선택하며 [Parameters]
에서 [Rotation]을 선택하여 회전할 각도(영역)를 지정해 주
는 방식입니다.

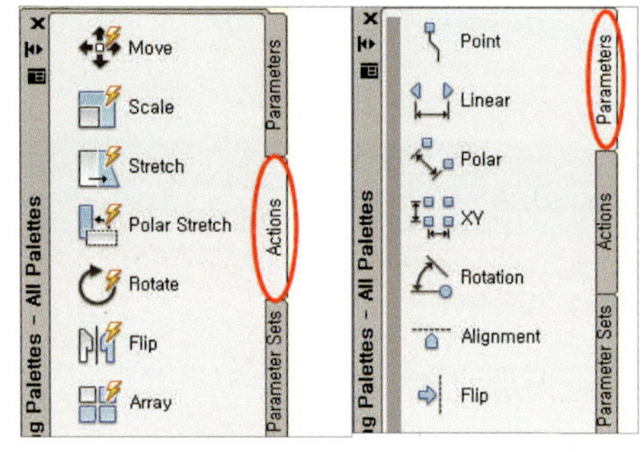

아래의 Door 블록은 폭의 길이(Door distance)에 따라 그 길이를 줄이거나, 늘리는 조절이 가능합니다.
Stretch Action이 Linear Parameter인 Door distance에 의해 그 영역이 지정되기 때문입니다. 또한 대
칭(Flip) Parameter를 문의 폭의 중심에 지정하여 Flip Action을 실행시켰으므로 대칭도 가능합니다.

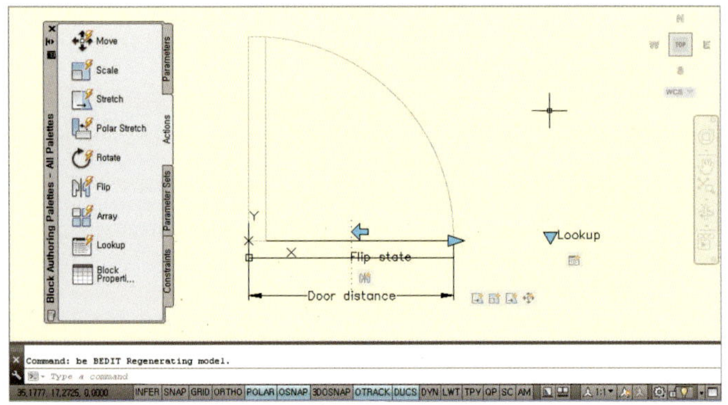

[Block Editor Definition] 대화상자와 Block Authoring Palettes에서 동적 버전을 만들어 기존 블록에 추가할 수 있습니다. 기본 사각형을 기초로 사용되는 도면 기호 블록에 동적 버전을 추가해 봅니다.

예제 파일 : Part 01/Chapter 05/Sample14.dwg **l 완성 파일** : Part 01/Chapter 05/Sample14-완성.dwg

01. 예제 파일을 불러온 후 명령 입력창에 'Be'를 입력하여 [Edit Block Definition] 대화상자를 불러옵니다. 대화상자에서 RMNAME SYMBOL 블록을 선택한 후 [OK] 버튼을 클릭합니다.

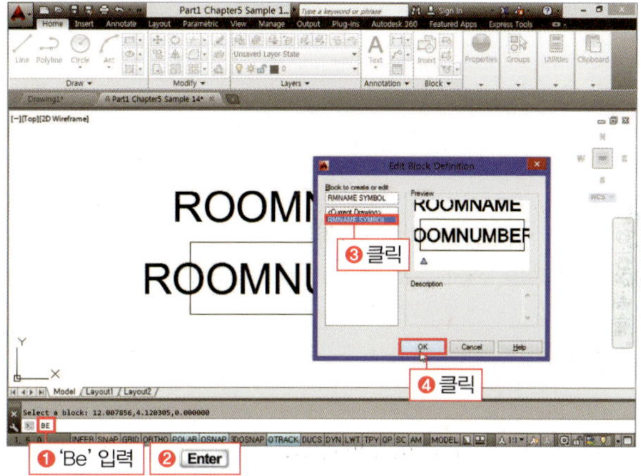

02. Block Editor 모드에서 그림과 같이 Attribute를 사용한 문자와 함께 Block Authoring Palettes를 확인할 수 있습니다.

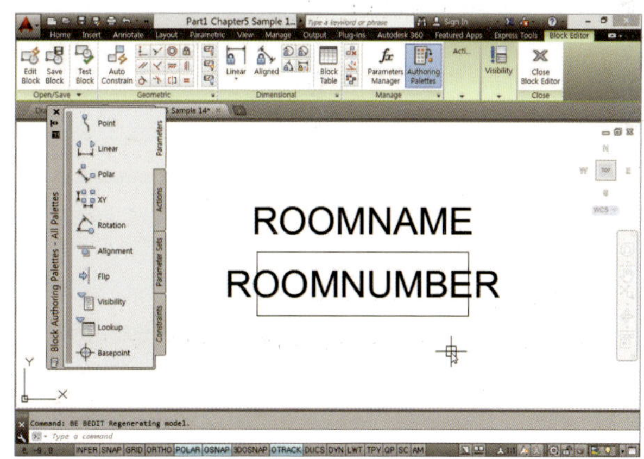

03. [Parameters] 탭에서 [Linear]를 선택합니다.

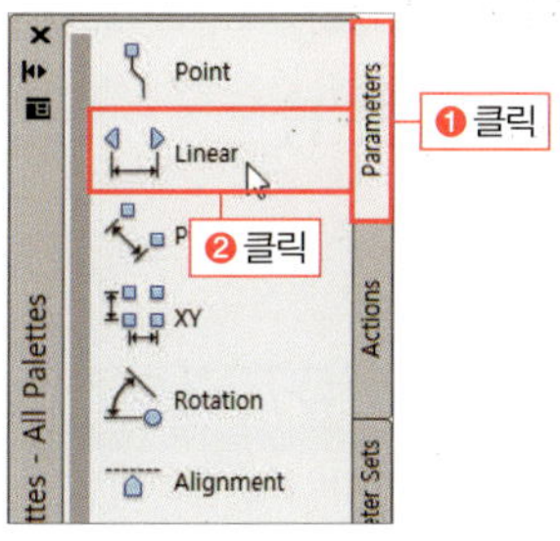

04. 시작점과 끝점을 선택하라는 옵션 창이 나타나면 사각형 아래쪽 코너 ①, ②를 선택한 후 ③지점으로 드래그하여 아래로 당겨 클릭합니다.

🔵 **TIP** 두 지점을 선택하여 아래로 끌어당기면 그림과 같이 Distance 1이라는 문자와 함께 구간 화살표가 생깁니다.

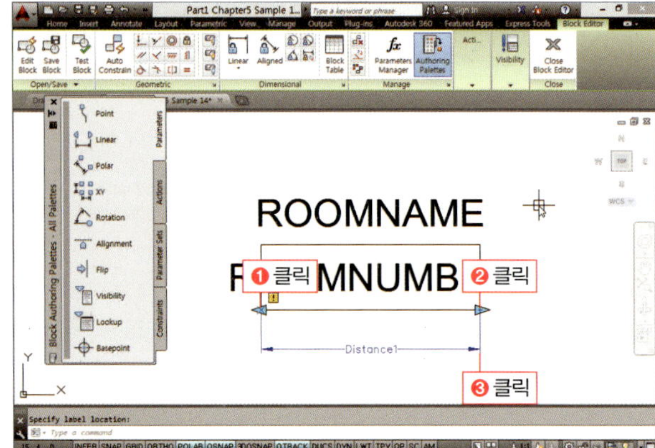

05. Distance 1을 선택한 후 마우스 오른쪽 버튼을 클릭하고 [Grip Display]에서 2개를 1개로 바꿉니다.

▲ Grip Display 1개

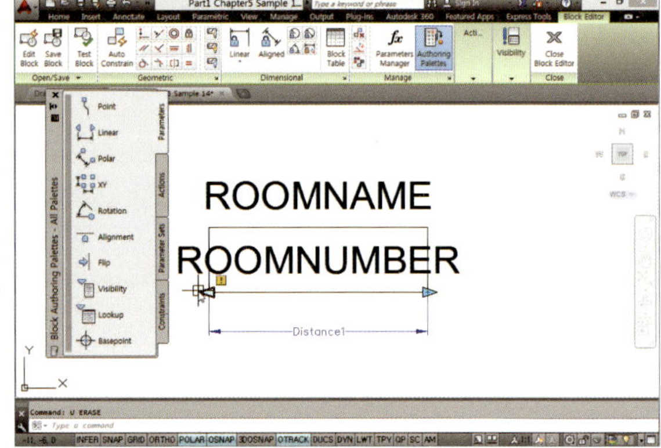

▲ Grip Display 2개

🔵 **TIP** 왼쪽 화살표를 선택한 후 **Delete** 를 누르면 Grip이 삭제됩니다.

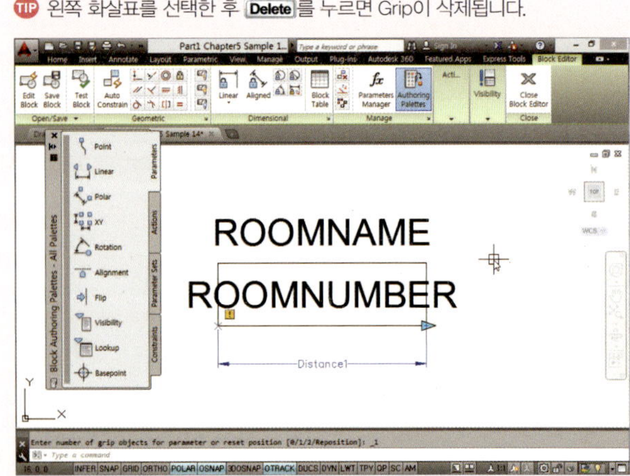

06. 이번에는 Block Authoring Palettes에서 [Ac-tions] 탭의 [Stretch]를 클릭합니다.

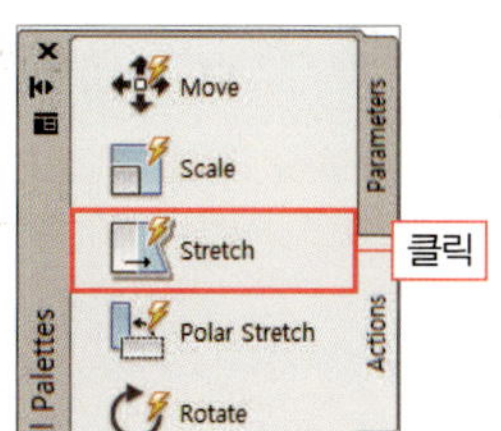

> **TIP** 실제 'Distance 1'에 대한 명령어 Stretch를 실행하는 것과 같습니다. 객체에 Stretch 명령 실행과 다른 점은 객체에 직접 Stretch를 할 수 없고 선택 객체의 정점(Vertices)을 이용하여 Parameter을 늘이고 줄인다는 점입니다.

07. 명령 입력창에 'BACTIONTOOL Select param-eter:' 문구가 나오면 지정해 줬던 Distance 1 Param-eter를 선택합니다.

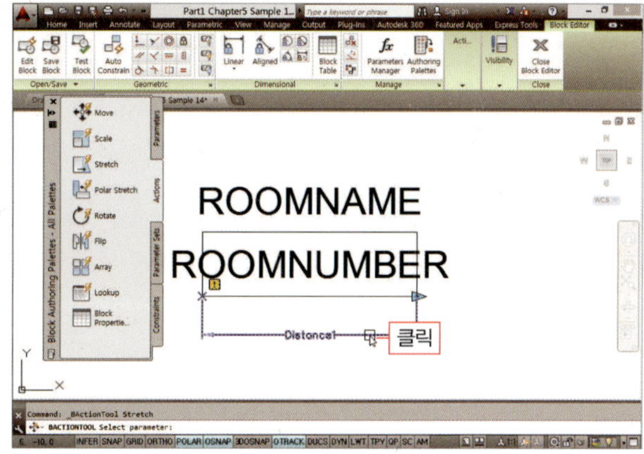

08. 'Specify parameter point to associate with ac-tion or enter [sTart point/Second point] 〈Start〉:' 문구가 명령 입력창에 나오면 사각형의 오른쪽 아래 코너에 생긴 기호(⊠)를 선택합니다.

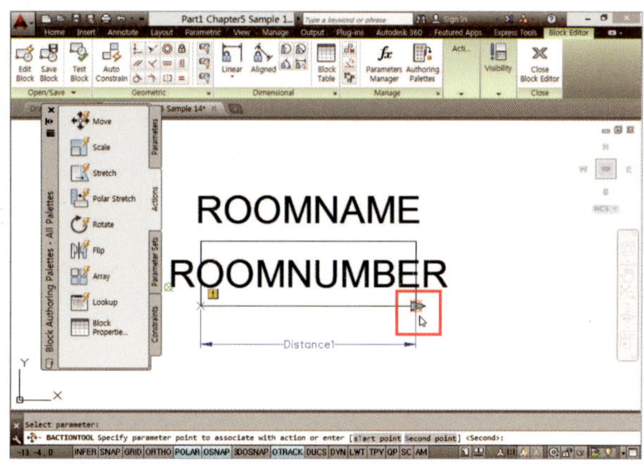

09. 'Specify first corner of stretch frame or [CPolygon]:' 문구가 명령 입력창에 나타나는 것을 확인합니다.

10. 사각형 왼쪽 부분 모두 포함한 영역을 지정합니다. 이 부분이 이후 Stretch가 이루어 질 영역입니다.

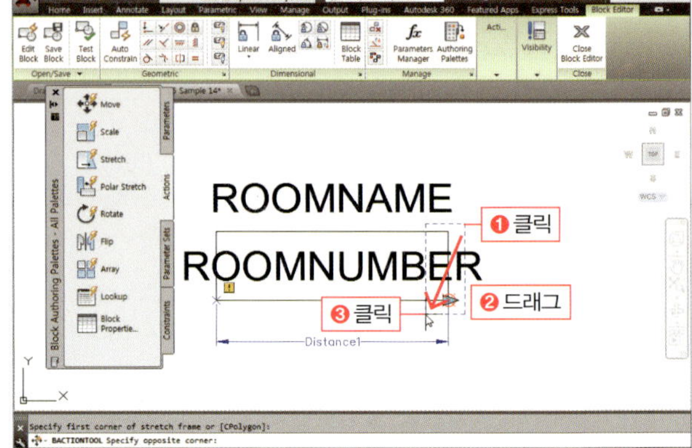

TIP 영역 선택을 할 때는 반드시 오른쪽 위쪽에서 왼쪽 아래쪽으로(Green Box) 선택합니다.

11. Specify objects to stretch를 선택하라는 문구가 나타나면 파란 점선으로 표시된 영역 안에 있는 사각형을 선택한 후 **Enter** 를 누릅니다.

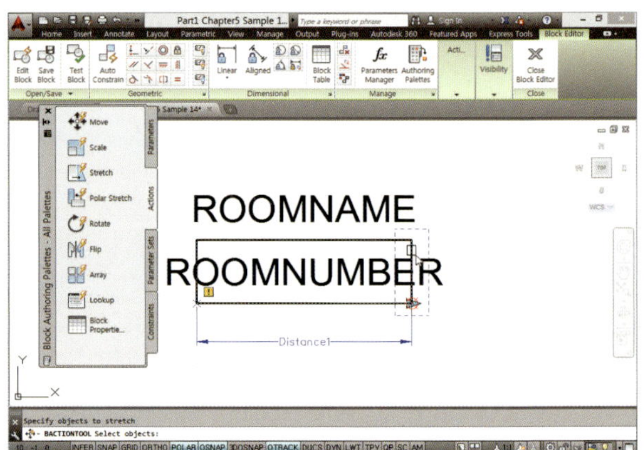

12. Stretch 할 사각형 선택 이후 [Stretch Action](◪) 아이콘이 선택 객체 오른쪽 아래에 생깁니다.

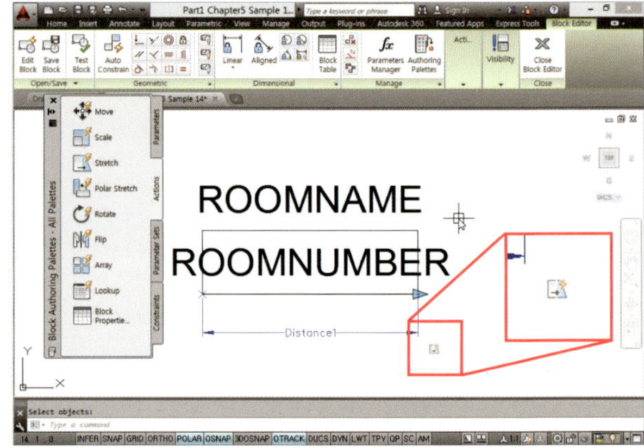

13. 다시 [Actions] 탭에서 [Stretch]를 선택한 후 'Distance 1'을 선택합니다.

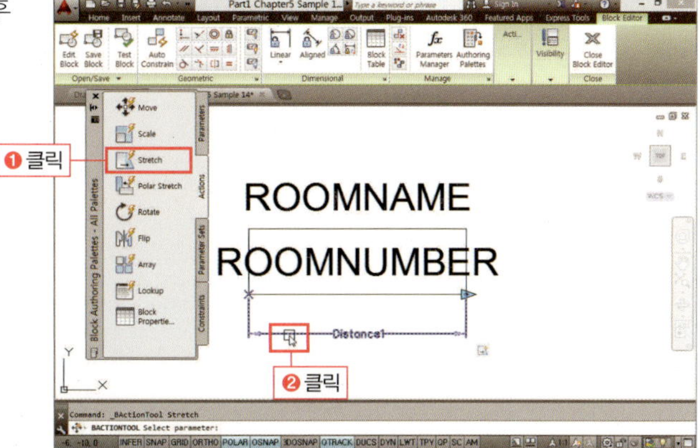

14. 마우스 포인터를 오른쪽 아래 코너에 위치시킨 후 그림과 같은 부분을 선택합니다.

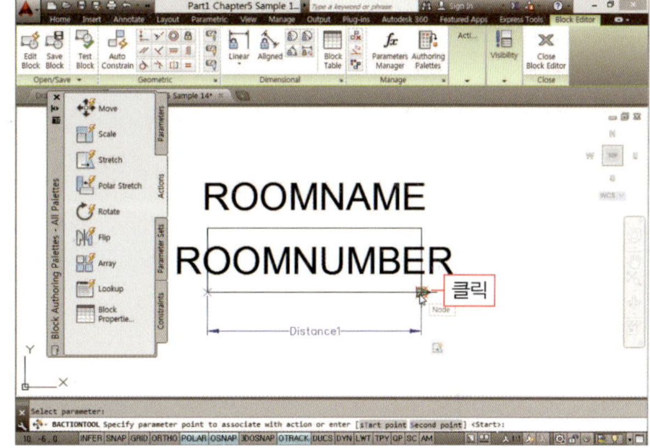

TIP 양쪽 모두 동일하게 늘이거나 줄이기를 하기 위해서 Stretch Action을 한 번 더 실행합니다.

15. 사각형의 오른쪽 부분을 오른쪽 위에서 왼쪽 아래 부분으로(Green Box) 영역을 선택합니다.

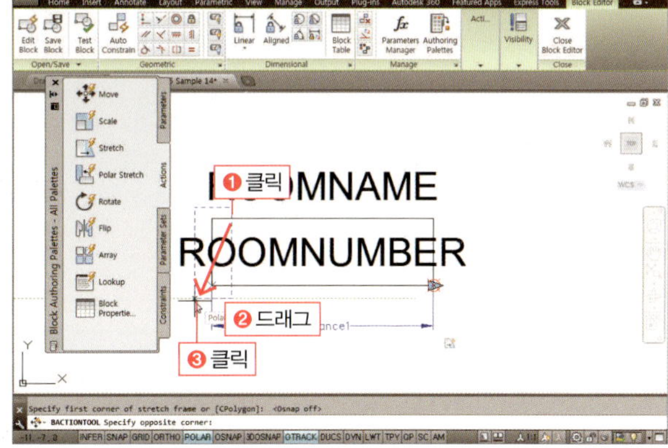

TIP 이때 [OSNAP]이 영역 선택에 방해가 된다면 F3을 눌러 잠시 꺼두어도 무방합니다.

16. 영역 안에 있는 사각형을 선택한 다음 **Enter** 를 누릅니다.

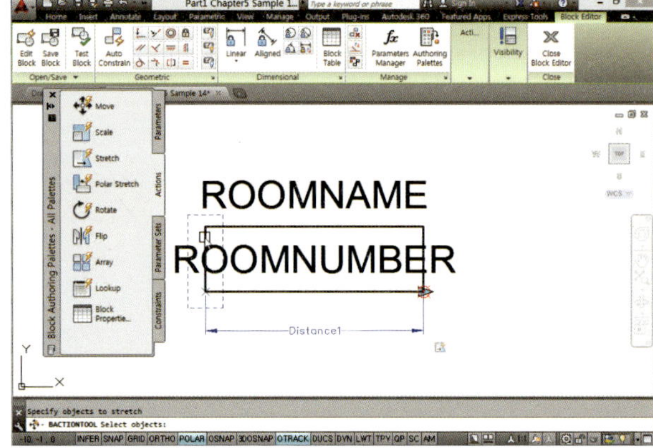

17. Stretch Action 심볼이 하나 더 생깁니다.

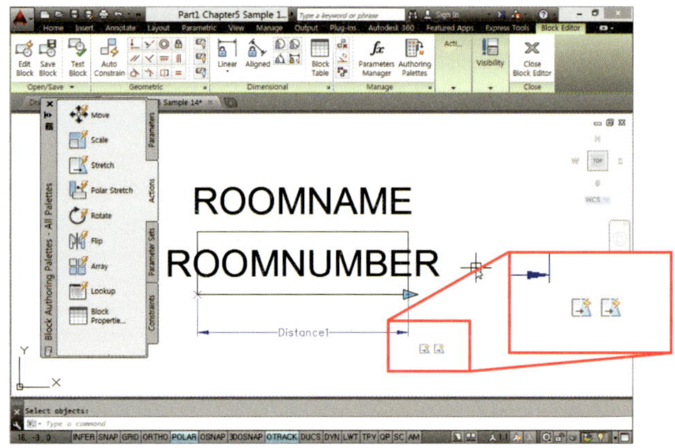

18. 'Mo' 혹은 'Pr' 단축 명령어를 입력한 후 두 번째 생긴 'Stretch 1'을 선택하여 Properties를 불러옵니다.

TIP 'MO'는 'Modify Objects', 'PR'은 'Properties'의 단축 명령어입니다. 두 명령어 모두 Properties를 불러올 수 있습니다.

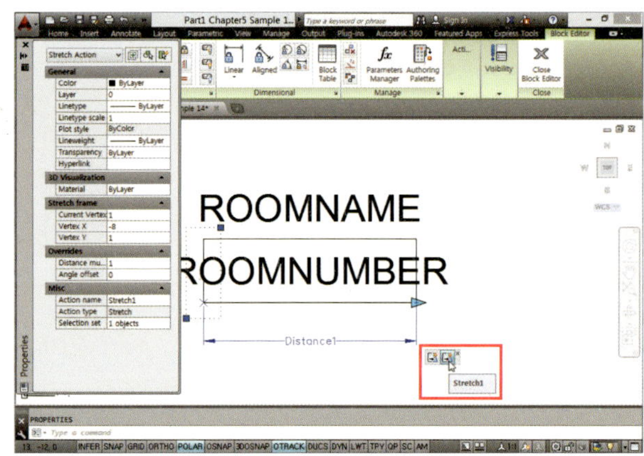

19. [Overrides]에 있는 [Distance mulTiplier]에 '–1'
을 입력합니다.

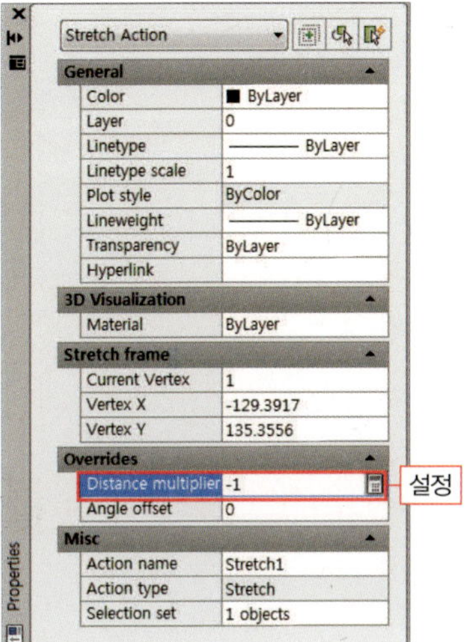

20. [Block Editor Close](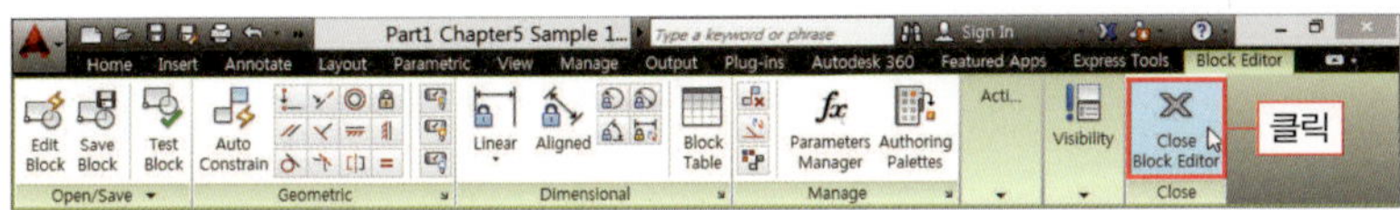)를 클릭하여 작업을 마무리합니다.

21. 변경된 사항을 저장할 것이냐는 대화 창에서
RMNAME SYMBOL 블록 변경 사항을 저장하겠다는
내용을 클릭합니다.

22. 모델 영역에서 RMNAME SYMBOL 블록을 선택
하면 그림과 같이 파란색 화살표(▶)가 나타납니다.

23. 화살표를 늘이면 양쪽으로 모두 연동하여 적용되는 것을 확인할 수 있습니다.

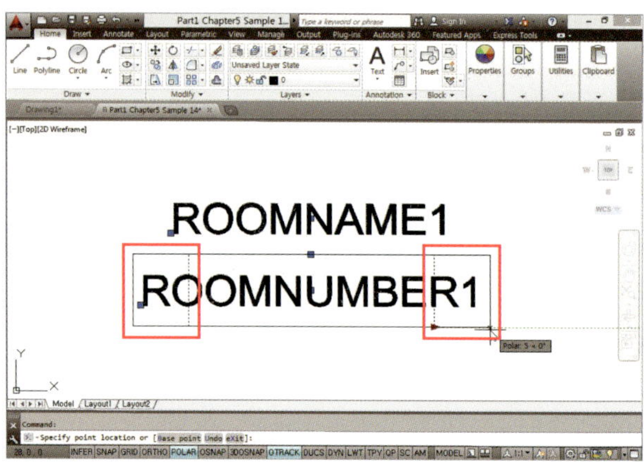

동적 블록(문) 만들기 – Visibility, Scale, Flip

블록에 Visibility, Scale, &Flip 동적 버전을 추가해 봅니다.

예제 파일 : Part 01/Chapter 05/Sample15.dwg | **완성 파일 :** Part 01/Chapter 05/Sample15–완성.dwg

01. 예제 파일을 불러온 후 명령 입력창에 'Be'를 입력하여 [Edit Block Definition] 대화상자를 불러옵니다. 대화상자에서 'A–Door_900'을 선택하고 [OK] 버튼을 클릭합니다.

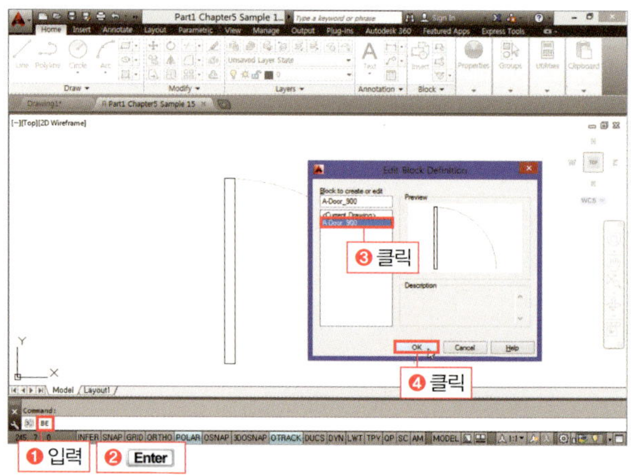

02. Block Editor 모드에서 사각형 @50,700짜리 문을 Basepoint ①지점에서 만듭니다.

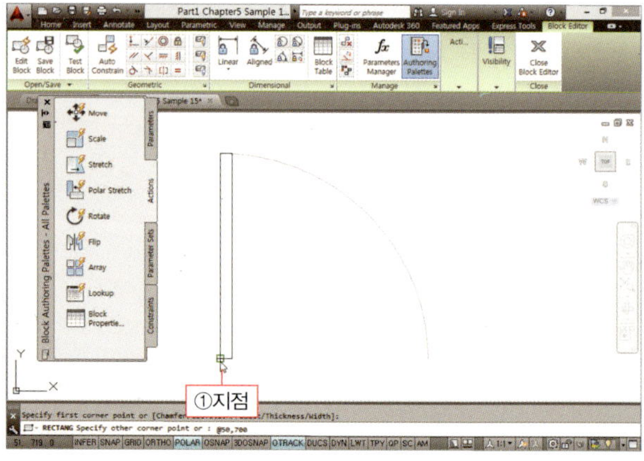

03. 'Arc'를 입력한 후 옵션 창에서 'C'(Center)를 입력하고 그림과 같은 위치를 클릭합니다.

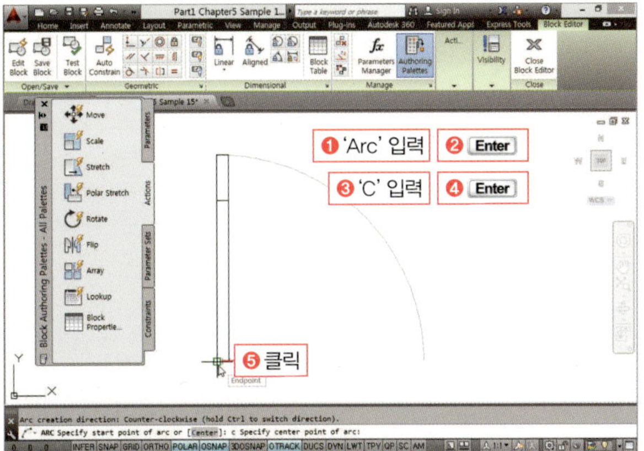

04. [OTRACK]을 켜고 오른쪽으로 마우스 포인터를 이동시킨 상태에서 '700'을 입력한 후 Enter 를 누릅니다.

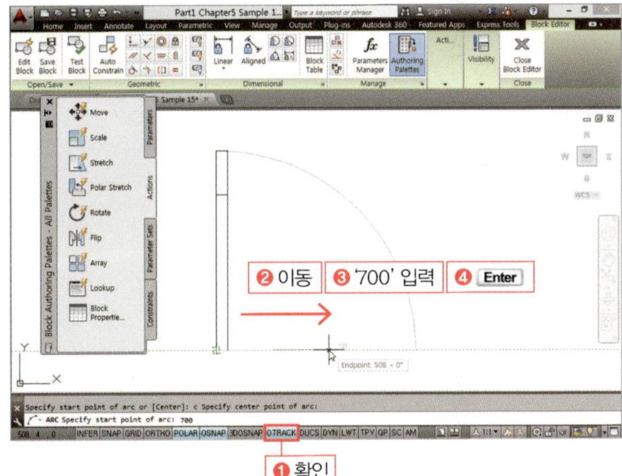

05. 마우스 포인터를 ②지점에 위치시키고 클릭합니다.

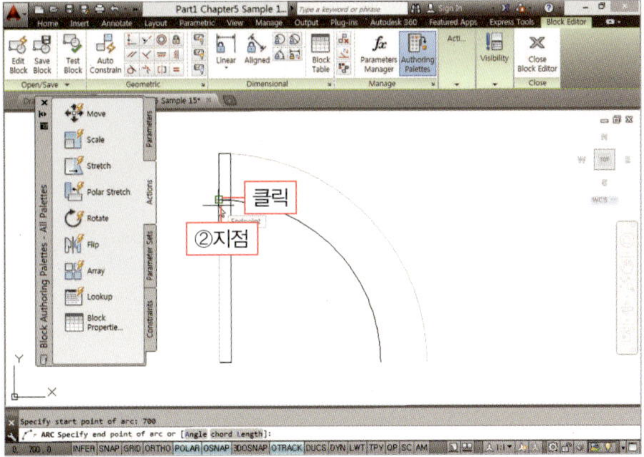

06. 호가 그려지면 'Ma'(Match Properties)를 명령 입력창에 입력한 후 900 크기의 호를 클릭합니다.

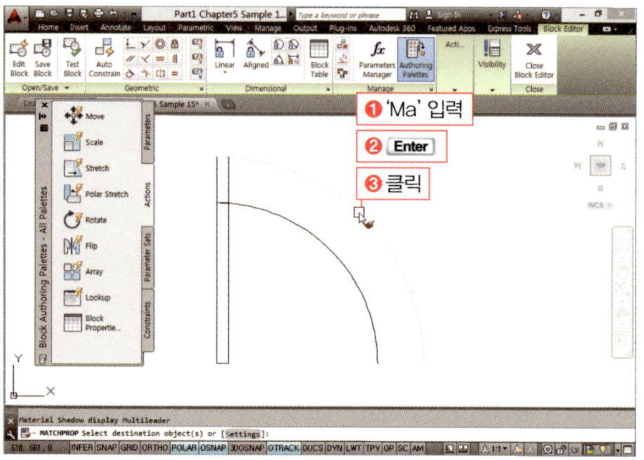

07. 이번에는 700 크기의 호를 선택한 후 Enter 를 누릅니다.

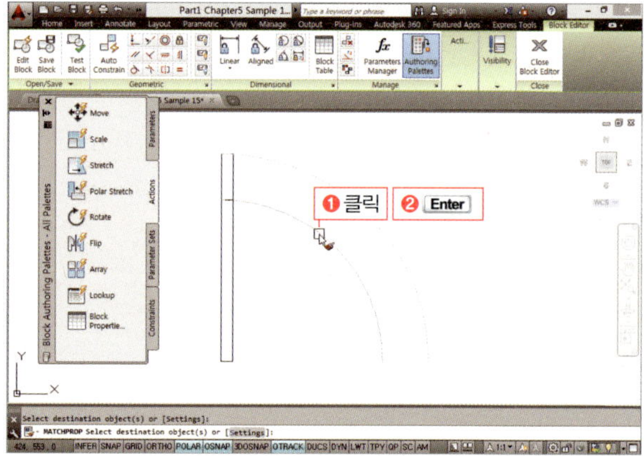

08. [Parameters] 탭에서 [Visibility]를 선택하고 드로잉 화면의 적당한 위치를 클릭합니다.

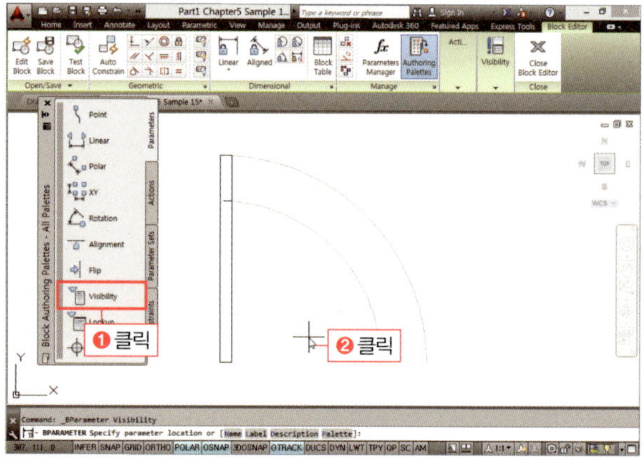

09. 클릭한 지점에 'Visibility 1'이 생깁니다.

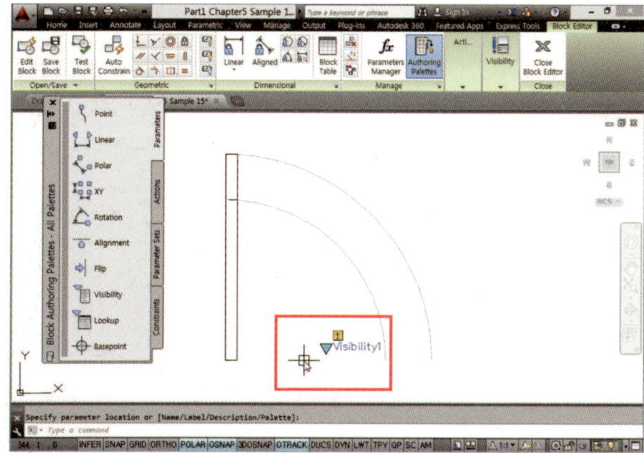

10. [Visibility] 패널에서 [Visibility States](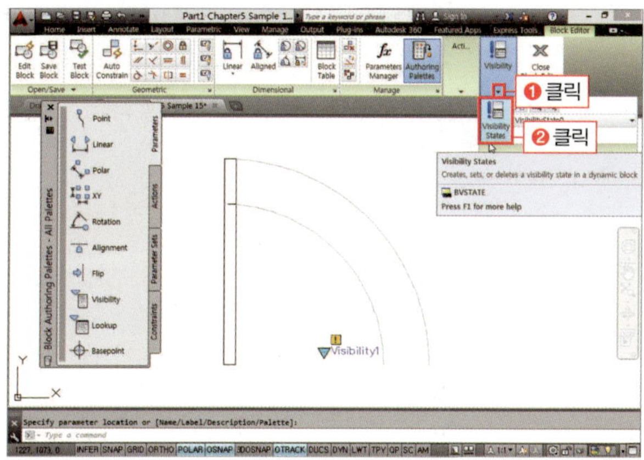)를 클릭합니다.

11. [Visibility States] 대화상자에서 [New] 버튼을 클릭합니다.

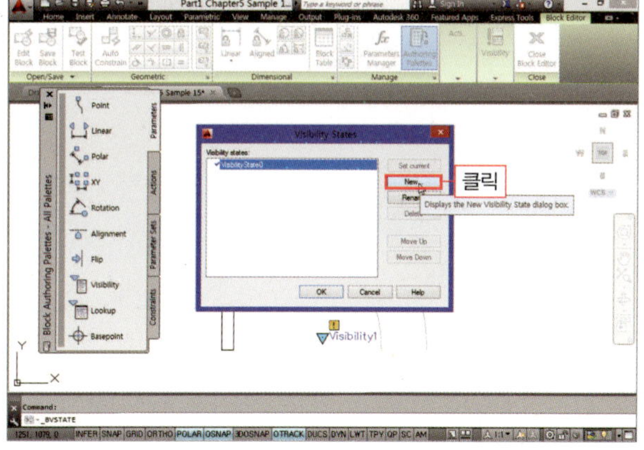

12. [New Visibility State] 대화상자가 나타나면 'Door900'을 입력한 후 [OK] 버튼을 클릭합니다.

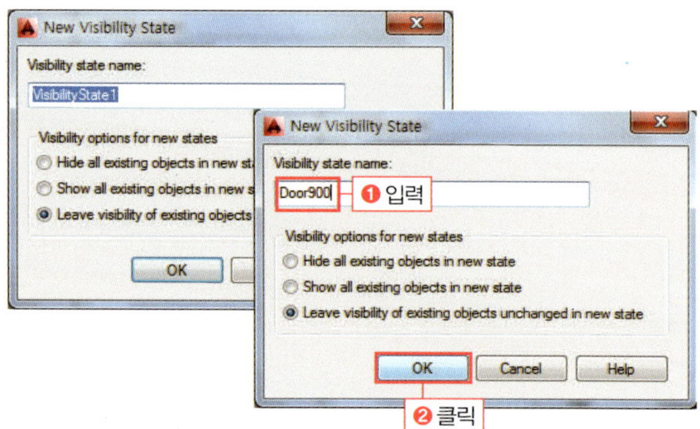

13. 기존에 있는 이름 'VisibilityState0'을 선택하여 하이라이트 모드가 되면 [Rename] 버튼을 클릭합니다.

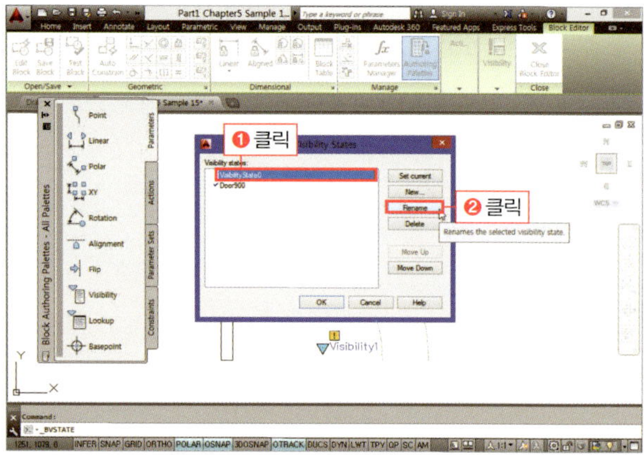

14. 'Door700'으로 이름을 변경한 후 [OK] 버튼을 클릭합니다.

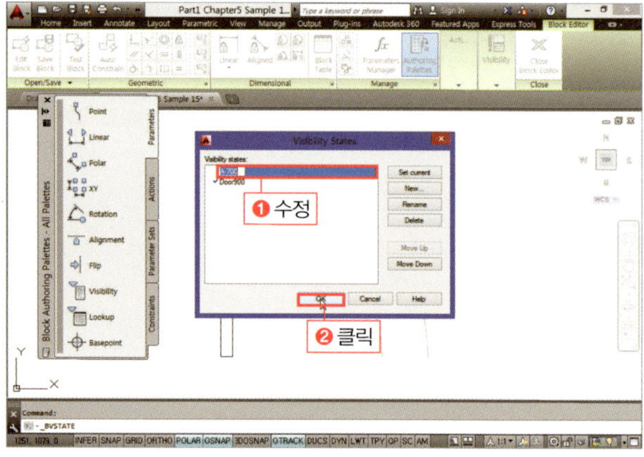

15. Door900에 해당되는 객체인 문을 선택하고 객체 이름을 Door700으로 설정한 후 [Make Invisible] (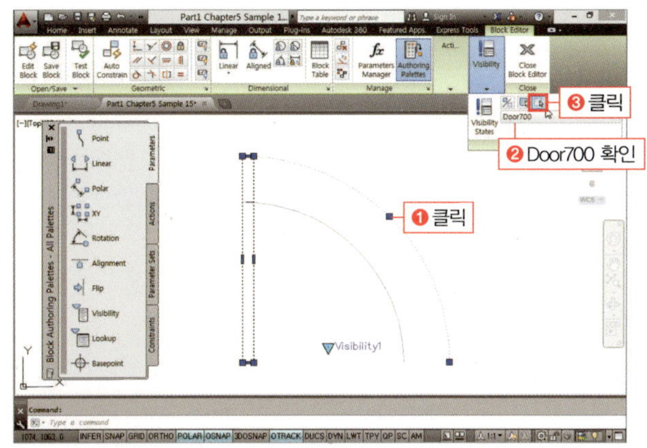)을 클릭합니다.

TIP 이때 'Door900' 객체를 선택해야 보이지 않게 됩니다. 그리고 반드시 현재 지정된 객체 이름이 'Door700'인지를 확인합니다.

16. [Visibility State] 버튼을 클릭합니다. 그리고 'Door700'을 현 Visibility 상태로 변경하고 [OK] 버튼을 클릭합니다.

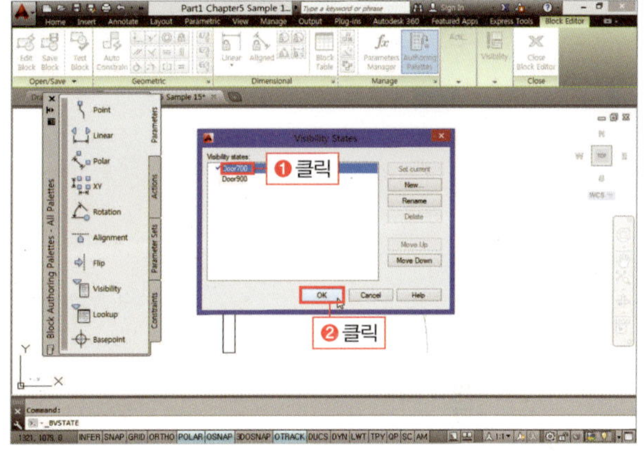

TIP 위의 15번 단계에서 객체 Door700으로 변경했다면 16번 단계는 생략해도 좋습니다.

17. 현 Visibility 상태를 'Door900'으로 변경합니다.

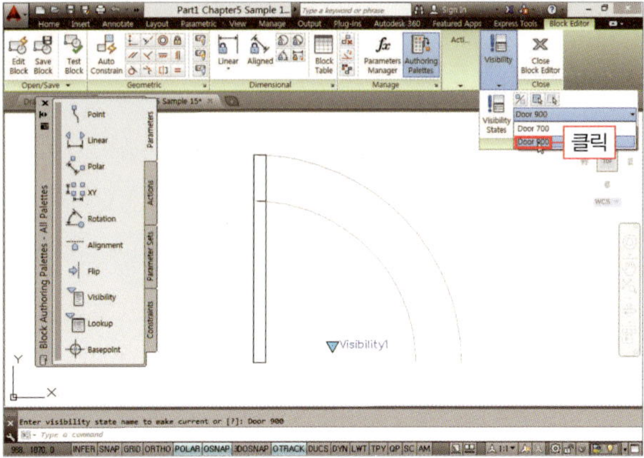

18. 'Door700'에 해당되는 객체인 문을 선택한 후 [Make Invisible]( )를 클릭한 후 [Close Block Editor]를 클릭하여 작업을 마무리합니다.

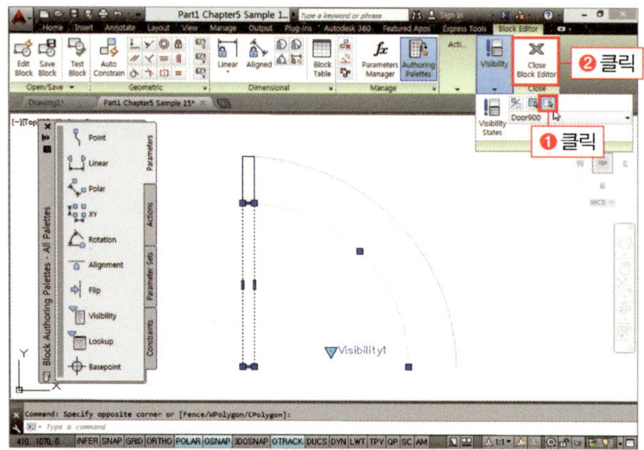

19. A–Door_900 블록에 관한 변경 사항을 저장하기 위해 [Save the changes to A–Door_900]을 클릭합니다.

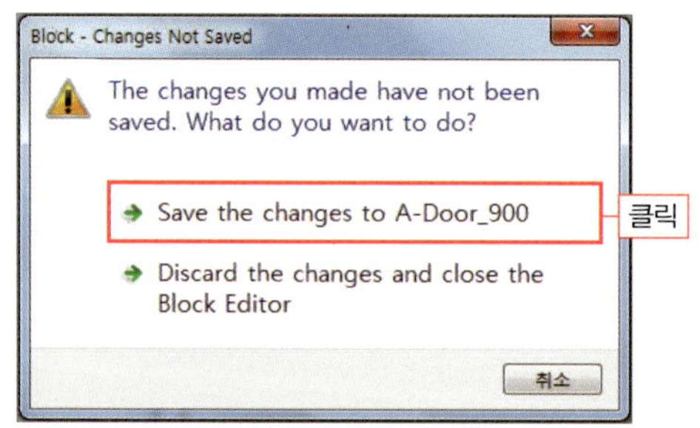

20. 블록을 선택하면 삼각형 버튼이 생기는 것을 확인할 수 있습니다. 삼각형 버튼을 클릭하면 'Door700' 과 '900'을 확인할 수 있습니다. 필요한 문 치수에 맞게 선택하면 됩니다.

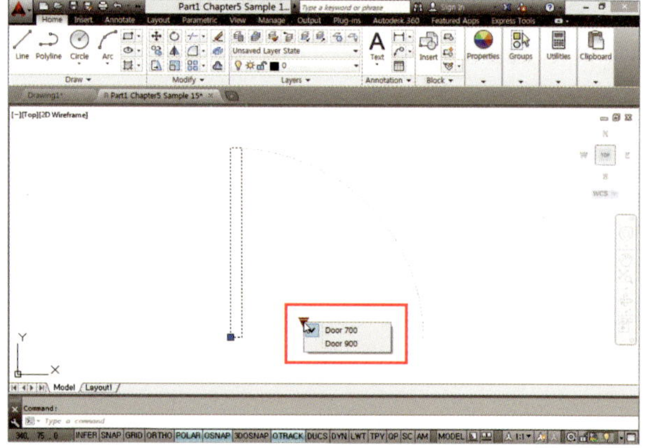

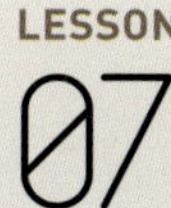

LESSON 07 외부 파일 불러오기(XRef)

외부 파일을 독립적으로 현재 작업하는 도면에 불러올 수 있는 방법으로 External References를 줄여 XRef라 부릅니다. 도면에 불러오는 블록과는 다르게 XRef는 드로잉의 데이터베이스가 아닌, 현재 도면 파일에 다른 외부 파일을 로딩(Loading)하는 개념입니다. 이러한 점 때문에 외부로 파일을 보낼 때에 반드시 현재 도면과 삽입된 파일 모두가 한 폴더 안에 들어 있는 상태에서 압축해서 보내야 상대의 컴퓨터에서 파일을 열었을 때 확인할 수 있습니다.

● 학습 목표

외부 파일을 현재 도면에 불러올 수 있도록 합니다.

● 학습에 필요한 단축 명령어

XR : External Reference

XRef 시작하기

❶ XRef 도구 모음의 화면 구성

외부 파일을 어떻게 불러오는지를 알 수 있도록 도구 모음의 위치를 파악하고 활용합니다.

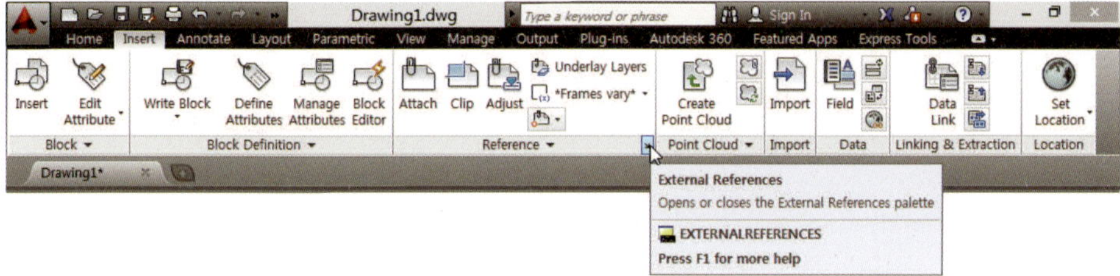

▲ [Insert] 탭–[Reference] 패널의 [External References]

TIP [View] 탭–[Palettes] 패널에 있는 [External References Palette]를 이용하면 동일하게 External References로 이동할 수 있습니다.

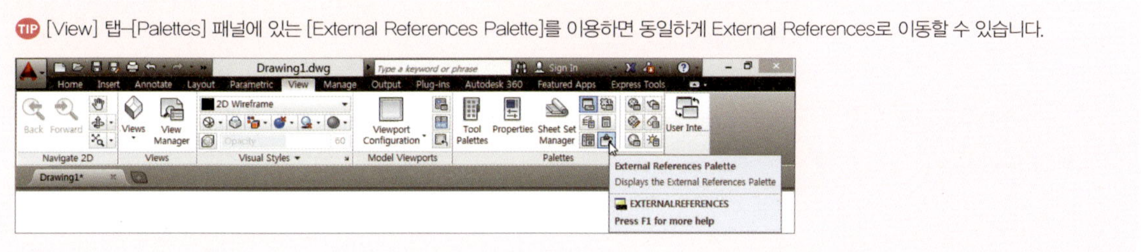

❷ External References 구성 살펴보기

명령 입력창에 'Xr'을 입력하면 External References가 나타납니다. External References에서는 도면
은 물론 이미지 파일 등 다양한 외부의 파일을 현재 도면에 불러올 수 있으며 경로 파일을 다시 재 업로
드하거나 수정이 가능합니다.

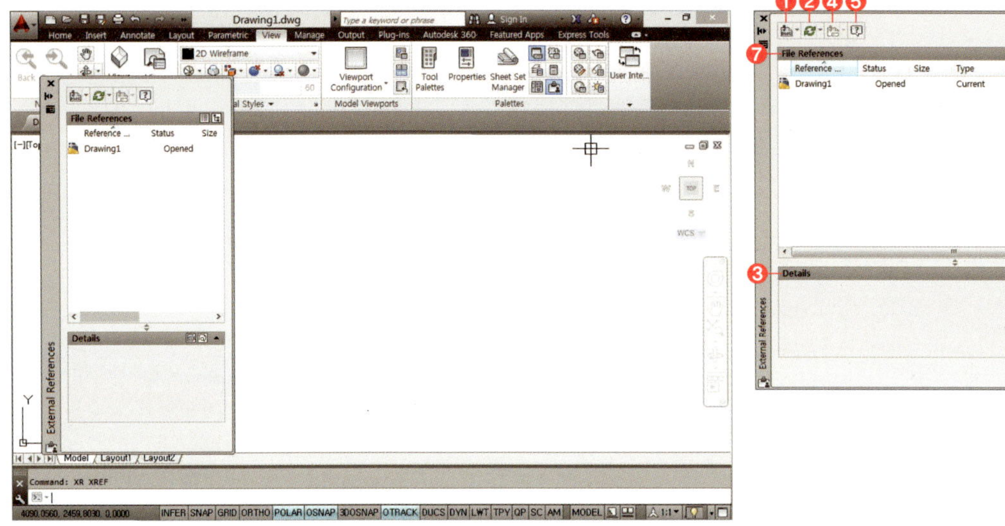

❶ Attach(📄▼) : 불러올 파일 타입을 결정할 수 있습니다.

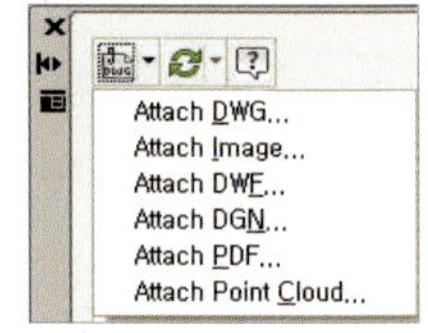

❷ Refresh(🔄▼) : 불러온 외부 파일을 다시 한 번 재활성화시켜 줍니다.

❸ Details : External References 아래에 위치하고 있습니다. 불러온 파일의 Property Palette, 즉 특성
창과도 그 성격이 비슷합니다. 이래와 같이 그 특성을 표로 정리하였습니다.

Option	Function
Reference	불러온 파일의 이름을 표기되어 있습니다.
Status	XRef가 로드된 여부 및 현재 도면에서의 상태 표시를 나타냅니다.
Size	파일 크기를 나타냅니다.
Type	파일을 불러오는 두 가지 타입인 Attach와 Overlay 방법 중 하나를 결정해야 합니다.
Date	불러온 날짜 및 시각을 나타냅니다.
Found at	외부 첨부 파일의 경로를 지정해 주거나 그 위치를 알려줍니다. 만약 외부 파일을 찾지 못할 경우 여기서 다시 파일의 경로를 지정해 줘야합니다.
Saved Path	어디서 외부 파일을 가져왔는지 알 수 있습니다.

❹ Change Path() : 불러온 파일의 경로를 수정할 수 있습니다.

❺ Help() : Autodesk AutoCAD 2014 Help와 연동시켜 줍니다.

❻ List and Tree View() : 파일 보기 형식을 'List'와 'Tree' 방법으로 지정할 수 있습니다.

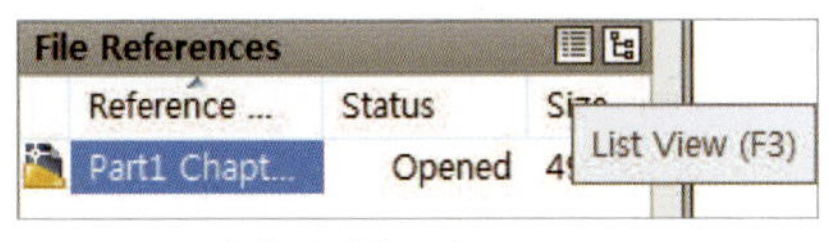
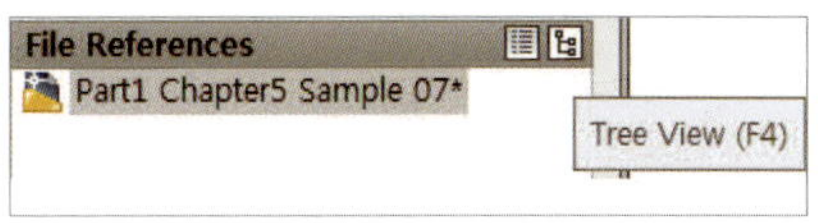

▲ List View 선택 시 정렬 모습   ▲ List View 선택 시 정렬 모습

❼ File References : 파일 보기 형식에 따라 본 도면에 삽입되어 있는 도면 및 그림 파일에 관한 파일 속성을 한눈에 파악할 수 있습니다.

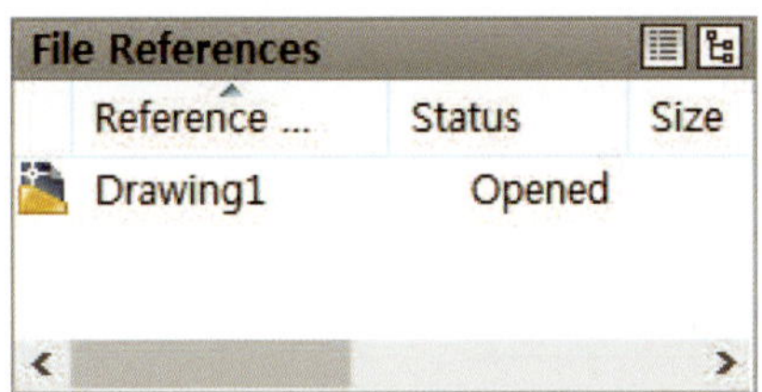

XRef 옵션 살펴보기

XRef에서 제공하는 여러 가지 옵션에는 무엇이 있는지 알아보고 필요 시에 사용합니다.

❶ XRef 옵션 구성

XRef로 불러온 파일을 마우스 오른쪽 버튼으로 클릭하면 다양한 팝업 메뉴가 나타나는 데 이번에는 그 외에 자주 사용하는 기능들을 간단히 알아봅니다.

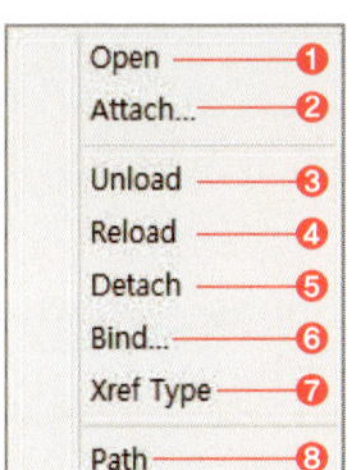

❶ Open : 선택한 XRef 파일을 새로운 작업 창으로 불러옵니다.

❷ Attach : 현재 작업 창으로 파일을 불러올 수 있습니다.

❸ Unload : Detach와 기능이 비슷하지만, 경로는 살아있는 상태로 언제든 다시 파일을 불러올 수 있으며 레이어의 동결하기와도 기능이 비슷합니다.

❹ Reload : Unload된 파일을 회복시킵니다.

❺ Detach : 현재 작업 창에서 파일을 분리할 수 있습니다.

❻ Bind : 불러온 파일을 블록화시키는 기능을 가지고 있습니다.

❼ Xref Type : 도면을 어떤 방식으로 불러 올 것인가에 대한 선택 사항입니다.

❽ Path : 불러온 도면의 경로를 선택할 수 있습니다.

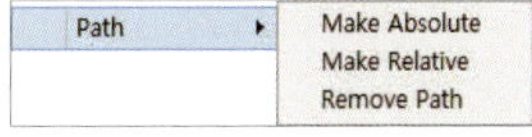

❷ [Attach External Reference] 대화상자의 구성 이해하기

XRef로 파일을 첨부할 때 [Attach External Reference] 대화상자가 나타납니다.

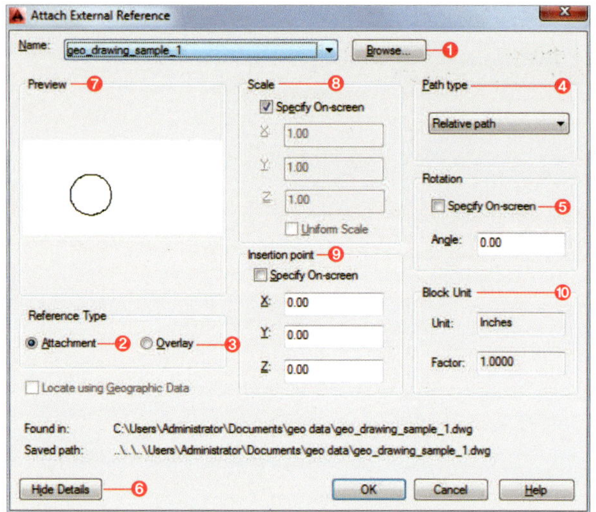

❶ Browse : 첨부할 파일의 경로를 찾아 파일을 불러올 수 있습니다.

❷ Attachment : XRef로 불러온 도면과 현재 진행 중인 도면 모두를 다른 컴퓨터에서 볼 수 있습니다. 도면의 작업 진행이 외부에 노출됨으로 반드시 짚고 넘어가야 합니다.

❸ Overlay : 현재 작업 중인 도면만 외부 컴퓨터에서 볼 수 있습니다. 저장하기 전 까지 작업 과정이나 불러온 도면이 보이지 않음으로 과정 노출은 없습니다.

❹ Path Type : XRef 위치를 선정하는 데 필요한 옵션입니다.

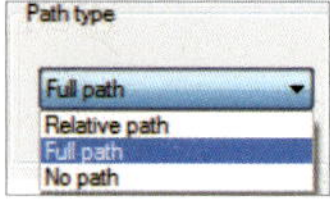

- Full path : 현재 드로잉 파일의 영역을 유지합니다.
- Relative path : 현재 드로잉 파일에 관하여 경로를 유지하며, 반드시 현재 드로잉이 저장되어야만 합니다.
- No path : 현재 드로잉 파일과 첨부될 드로잉 파일이 같은 폴더에 있거나, [Files] 탭에 있는 [Support File Search Path]에 경로가 지정되어야 사용할 수 있습니다.

❺ Specify On-screen : Scale. Rotation, 그리고 Insertion point의 세 곳에서 볼 수 있습니다. 기능은 블록 불러오기의 대화상자와 비슷합니다. [On-screen]에 체크하면 파일이 첨부된 이후에 크기나 회전 각도, 불러올 파일 지점을 첨부하는 동시에 모두 설정해야 합니다. [Insertion point] 이외에는 체크하지 않는 것을 권장합니다.

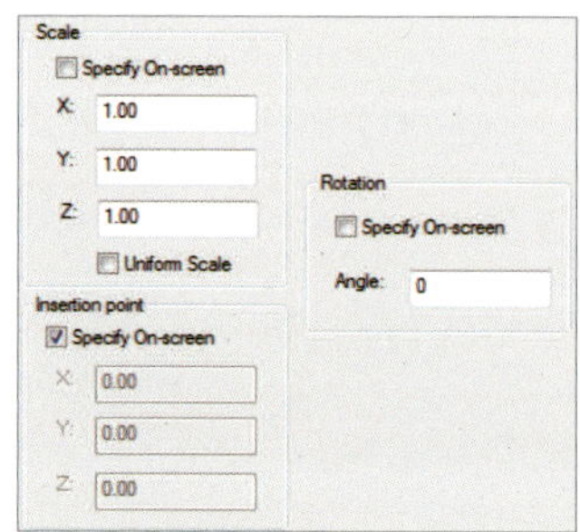

❻ Show/Hide Details : 첨부 파일 경로에 대한 상세한 정보를 알려줍니다.

❼ Preview : 불러올 객체의 미리 보기가 가능합니다.

❽ Scale : 불러올 객체의 크기를 화면에서 지정해 주거나 X, Y, Z의 축척 비율을 지정할 수 있습니다.

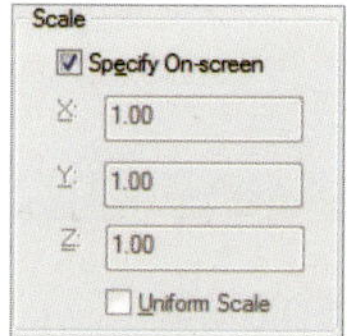

❾ Insertion Point : 불러올 객체를 화면에서 지점을 지정하거나 X, Y, Z의 좌표 값을 설정하여 위치를 결정할 수 있습니다.

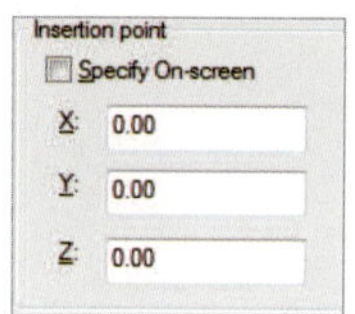

❿ Block Unit : 블록의 단위에 대한 정보를 나타내 줍니다.

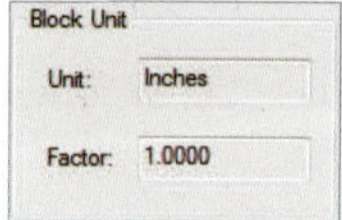

XRef로 외부 파일 붙여 넣기

예제의 따라하기를 통해 어떻게 XRef를 사용하여 외부 파일을 불러오는지 알아봅니다.

예제 파일 : Part 01/Chapter 05/Sample16.dwg | **완성 파일** : Part 01/Chapter 05/Sample16-완성.dwg

01. 예제 파일을 불러온 후 [Insert] 탭–[Reference] 패널의 [External References](☑)를 클릭하여 External Reference Palettes를 불러옵니다.

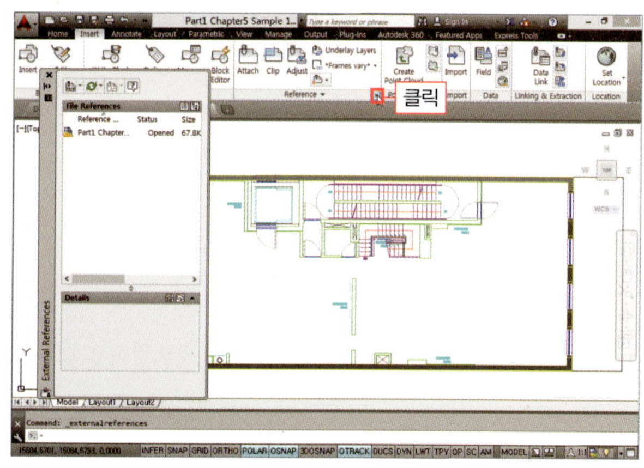

TIP 단축 명령어 'Xr'을 명령 입력창에 입력한 후 **Enter** 를 눌러도 됩니다.

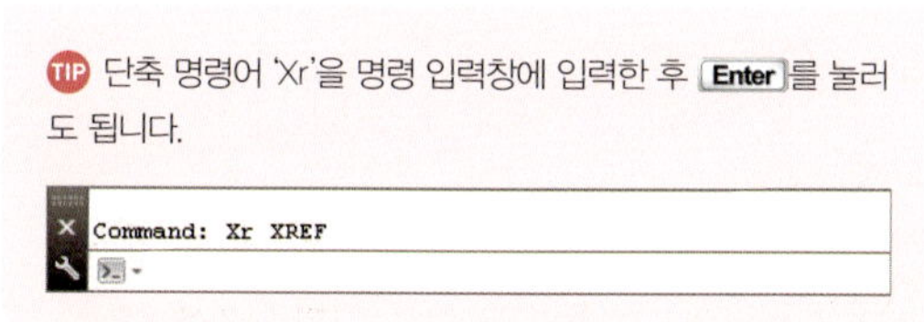

02. [Attach]( )에서 'Attach DWG…'를 선택합니다.

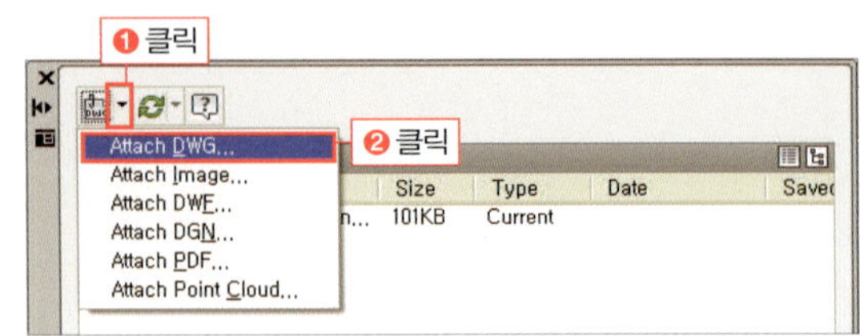

03. [Select Reference File] 대화상자가 나타나면 부록 CD에서 예제 파일(Sample17.dwg)을 선택합니다.

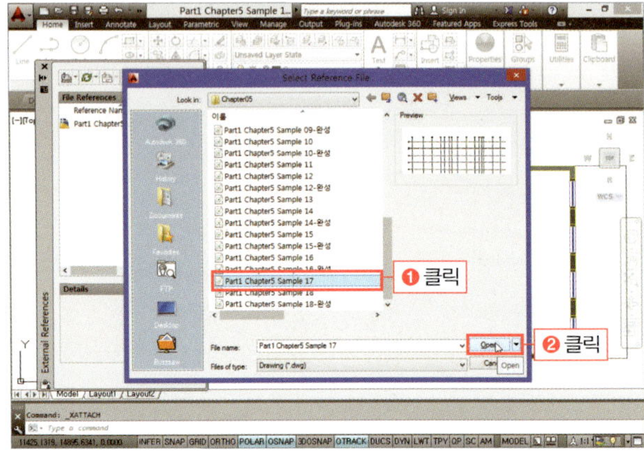

04. 그림과 같이 Attach External Reference에 관한 대화상자가 나타나면 [OK] 버튼을 클릭합니다.

TIP External References가 화면을 차지하여 외부 파일이 보이지 않을 수도 있으니 끕니다.

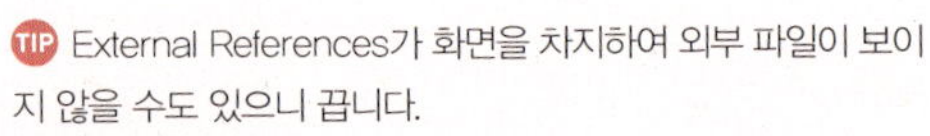

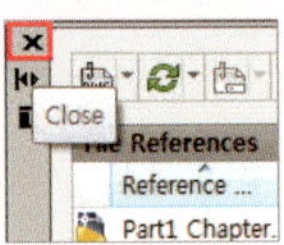

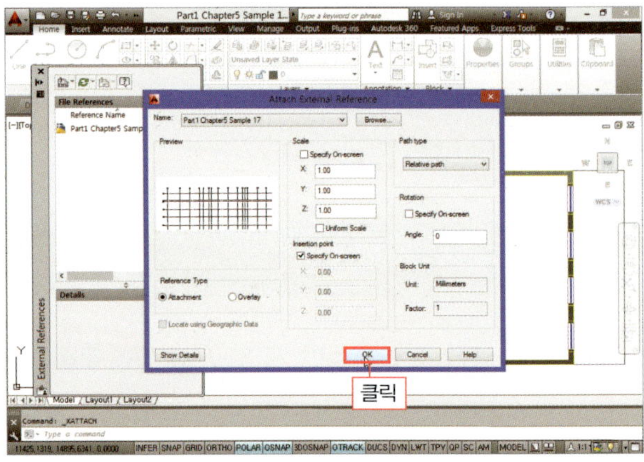

05. 외부 파일의 기준점을 정하기 위해 '0,0'을 입력한 후 Enter 를 누릅니다.

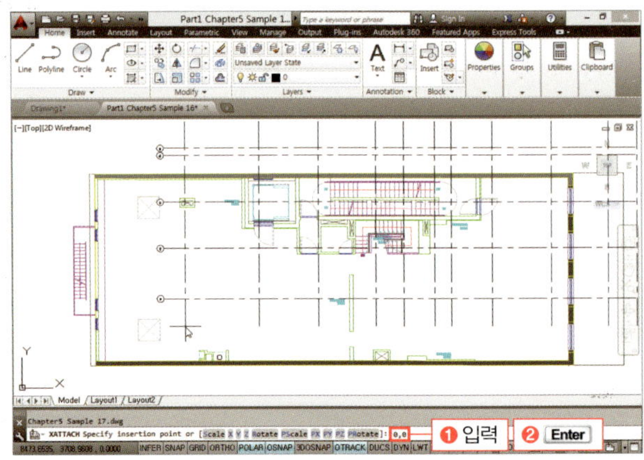

06. 그림과 같이 파일이 첨부된 것을 확인할 수 있습니다.

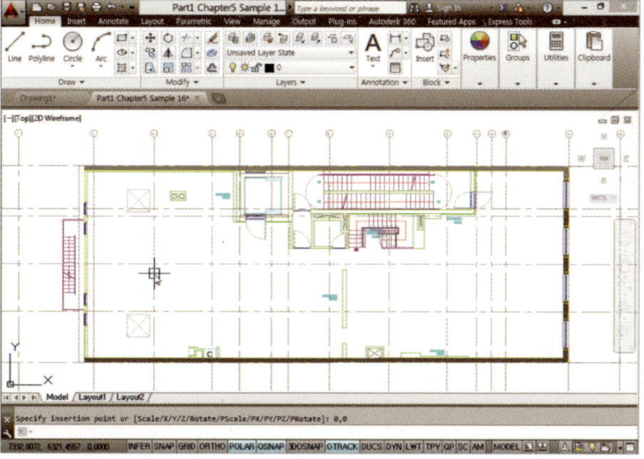

07. 삽입된 기둥 그리드가 흐리게 보입니다. 만약 흐리게 보이고 싶지 않다면 [Insert] 탭–[Reference] 패널에서 [XRef Fading]을 클릭하고 작업을 마무리합니다.

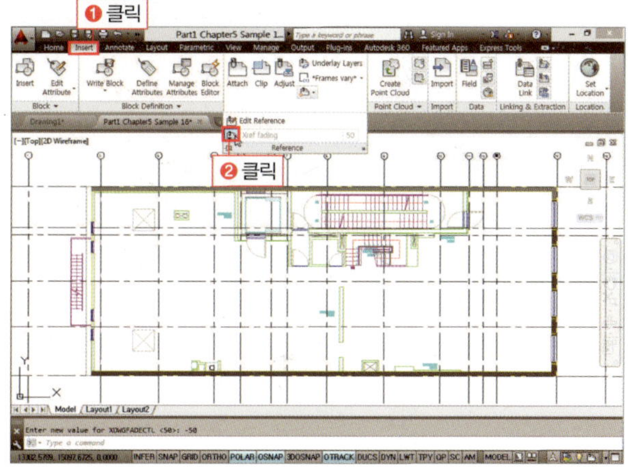

AUTOCAD 2014

Annotative 문자 만들기

AutoCAD에는 두 가지 작업 공간이 있습니다. 그에 따라 사용하는 문자 스타일이 다릅니다. 하나는 모델 공간에서 Annotative 문자 스타일이라 불리고 또 다른 하나는 배치 공간에서 사용하는 문자 스타일입니다. Annotative 개념이 익숙해진 지금과는 달리 예전에는 최소 16가지 이상의 서로 다른 문자 스타일이 필요했었습니다. 크기에 따른 문자 스타일을 지정하는 것은 잘못된 방법은 아닙니다. 사용자의 선택에 따라 Annotative 문자 스타일 혹은, Standard 문자 스타일을 선택하면 되는 것입니다. 두 스타일 모두 설계 작업에 있어서 중요하지만, 한 모델 공간에 여러 크기를 가진 도면이 함께 그려질 때 적당한 크기와 스타일의 문자를 선택하는 것은 그리 쉬운 일이 아닙니다. 그러므로 이제 설계 분야에서 Annotative 문자를 사용하는것이 빠른 도면 설계를 위한 필수 조건이 되었습니다.

01. 모델 공간에서의 문자 크기와 배치 공간에서의 문자 크기 이해하기

02. Annotative 문자 스타일 이해하기

03. 도면 크기에 따른 문자 크기 변경 및 수정하기

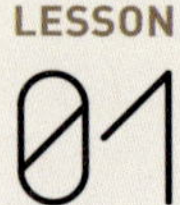

Annotative 개념 이해하기

Annotative 개념을 사용하는 가장 큰 이유는 간단합니다. 크기에 따른 문자 높이를 적절하게 변경해 주기 때문입니다. 왜 문자에 Annotative 개념이 필요한지, 무엇이 편리하고 또한 적절하게 사용하는 방법은 무엇인지 알아보겠습니다.

● **학습 목표**

Annotative 개념 이해를 바탕으로 Annotative 문자 스타일과 Titleblock(도각) 문자 스타일을 만드는 것에 필요한 기능들 뿐만 아니라, 사용 방법을 숙지할 수 있도록 합니다.

Annotative 문자 스타일에 대한 개념 이해하기

설계 분야에서 다루는 AutoCAD의 기능 중에서 가장 혁신적인 기능으로써, 더 이상 각각의 크기에 따른 문자 스타일이 필요하지 않게 되었습니다. Annotative 문자 스타일을 통해 예전에 많았던 문자 스타일과 크기를 줄일 수 있을 뿐만 아니라, 어떠한 크기 변경에 있어서도 이제는 자동으로 문자 높이를 바꿔줌으로 SMALL, MEDIUM, 그리고 LARGE, 혹은 더 추가한 XSMALL, XLARGE 정도의 문자 스타일만 만들어 주면 모든 도면 크기에 적절하게 변경이 가능합니다.

Annotative 편리성

대부분 여러 가지 평면도와 입면도 및 측면도가 각각의 다른 크기를 가지고 배치 공간(Layout)에 놓이게 됩니다. Annotative 문자 스타일을 사용하면 각각 다른 도면 크기에 따른 문자 크기를 적절하게 조절이 가능합니다.

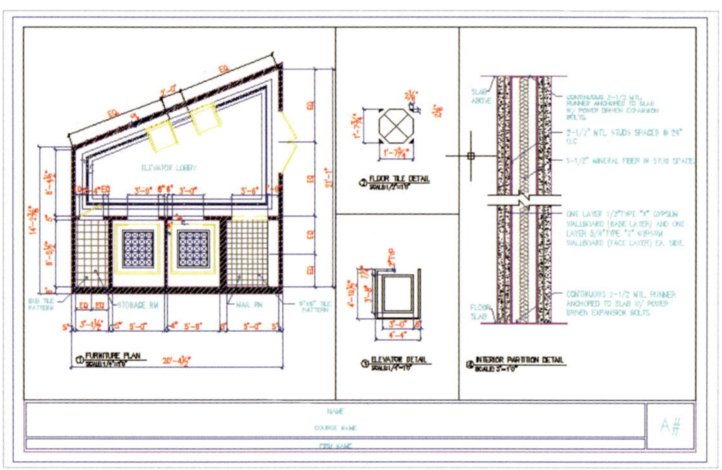

Annotative 도구 모음 살펴보기

도구 모음의 활용과 [Annotative] 대화상자의 기능들을 살펴봄으로써, Annotative 문자 스타일을 형성하는 데 필요한 개념을 이해합니다.

❶ [Text] 패널의 도구 모음과 화면 구성

문자를 불러올 수 있는 도구 모음의 위치를 파악하고 활용합니다.

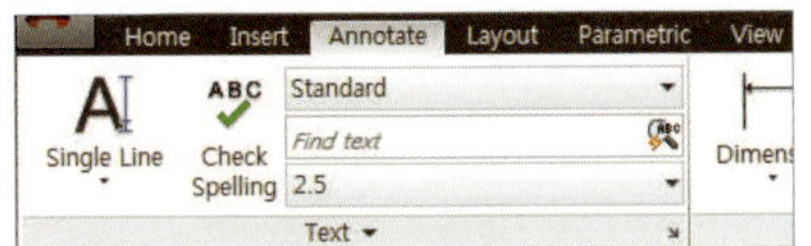

▲ [Annotate] 탭–[Text] 패널의 화면 구성

TIP [Home] 탭–[Annotation] 패널에 위치한 [Text]를 이용하여 문자를 불러올 수도 있습니다.

[Text Style] 대화상자 살펴보기

[Text Style] 대화상자는 새로운 문자를 만들 때 사용합니다. 단축 명령어로는 'St'가 있으며 문자를 만들기 위한 필요한 여러 기능을 살펴보고 문자를 만들 수 있도록 합니다.

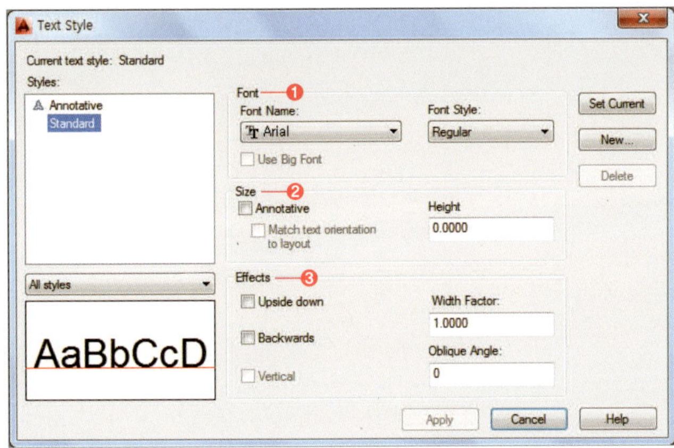

❶ Font : 서체를 선택할 수 있습니다. 일반적으로 [Font Name]은 'Arial', [Font Style]은 'Regular'를 많이 사용합니다.

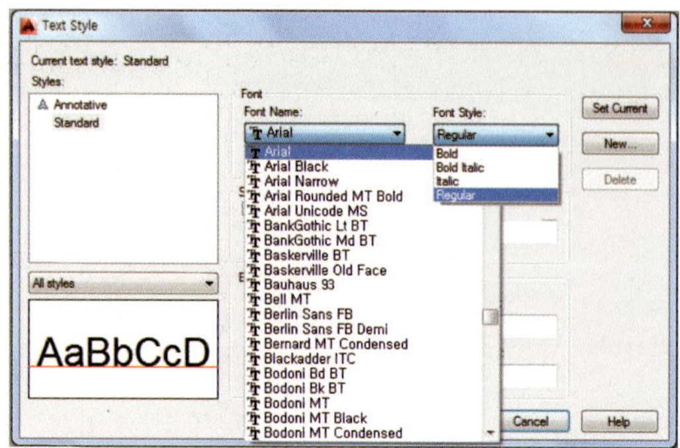

❷ Size : 문자의 높이를 설정하고 Annotative로 설정할지 여부를 결정합니다.

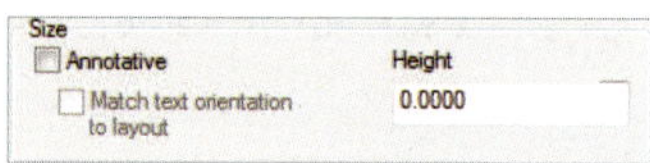

❸ Effects : 문자에 여러 가지 효과를 적용할 수 있습니다. 일반적으로 효과를 적용하는 경우는 드물지만 문자의 폭을 줄이기 위해 [Width Factor]를 '1'보다 작게 적용하는 경우도 있습니다.

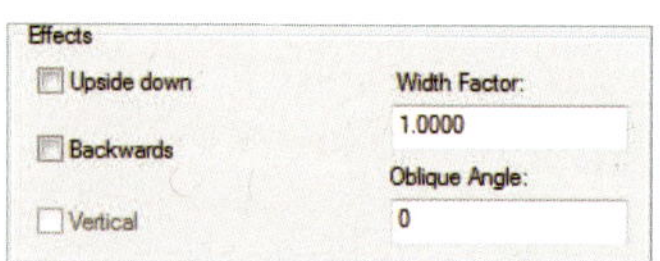

TIP

• Upside down : 효과를 선택할 시 서체가 수평으로 반사가 된 상태가 됩니다.

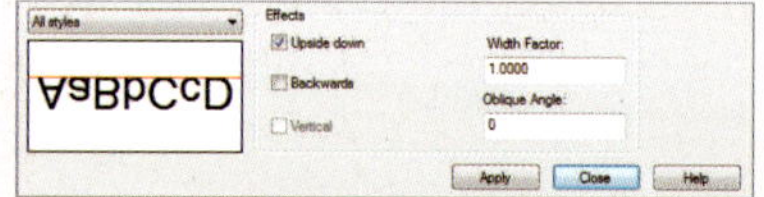

• Backwards : 효과를 선택할 시 서체가 수직으로 반사가 된 상태가 됩니다.

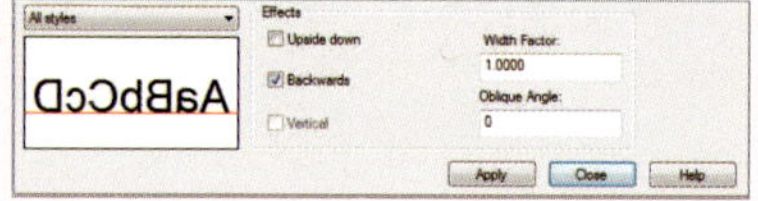

• Oblique/ Angle : 효과를 선택할 시 서체가 지정한 각도에 따라 휘어집니다.

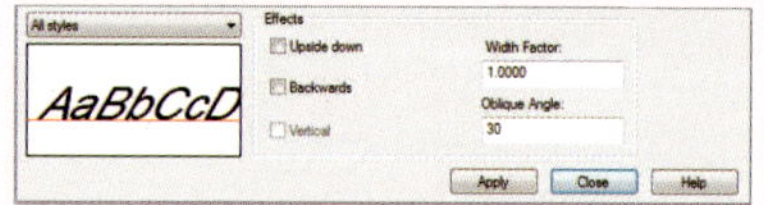

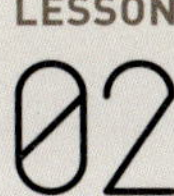

LESSON 02

모델 공간의 문자 스타일 알아보기

Annotative 문자 스타일은 반드시 모델 공간에서 배치해야 합니다.

● 학습 목표

Annotative 개념 이해를 바탕으로 모델 공간에서 사용하는 Annotative 문자 스타일을 만들 수 있도록 합니다. 또한 이러한 문자를 도면에 배치하고 수정까지 할 수 있도록 학습합니다.

● 학습에 필요한 단축 명령어

DT : Single Text

MT/T : Multi Text

ST : Text Style

Annotative 문자 스타일 만들기

모델 공간에 배치되어야 할 Annotative 문자 스타일을 만드는 방법에 대해 알아봅니다.

완성 파일 : Part 01/Chapter 06/Sample 01_AnnotativeTextStyle.dwt

01. 새 파일을 열어 [Annotate] 탭–[Text] 패널에 위치한 [Text Style](⬇)을 클릭합니다.

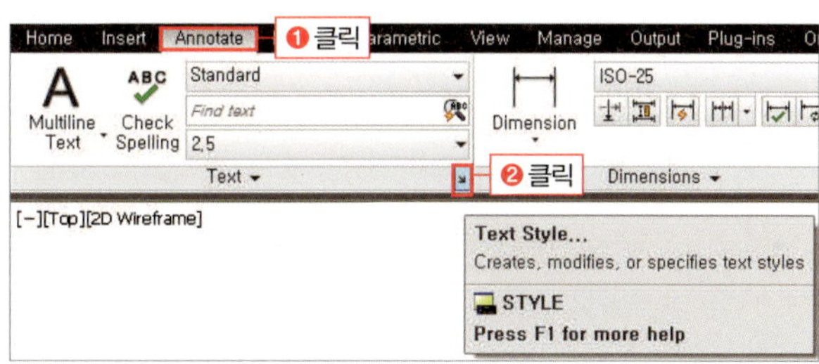

TIP 바로 [Text Style] 대화상자를 불러오고 싶다면 명령 입력창에 'St'를 입력한 후 Enter 를 누릅니다.

```
Command:
>_ ▾ st STYLE
```

02. [Text Style] 대화상자가 나타나면 [Styles]에서
'Annotative'를 선택한 후 [New] 버튼을 클릭합니다.

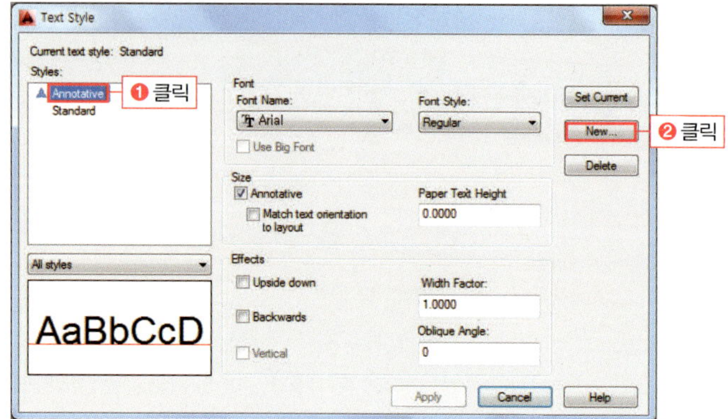

03. [New Text Style] 대화상자가 나타나면 'SMALL'
이라고 입력한 후 [OK] 버튼을 클릭합니다.

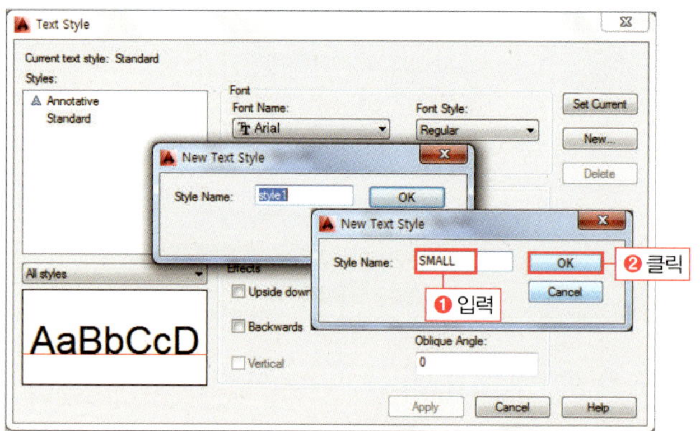

04. [Paper Text Height]에 '1.7'을 입력한 후 [Apply]
버튼을 클릭합니다.

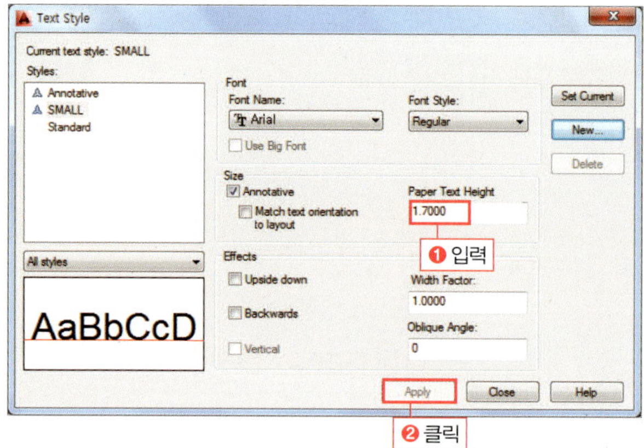

05. 다시 [New] 버튼을 클릭하고 다시 [New Text Style] 대화상자가 나타나면 [Style Name]에 'MEDIUM'을 입력한 후 [OK] 버튼을 클릭합니다.

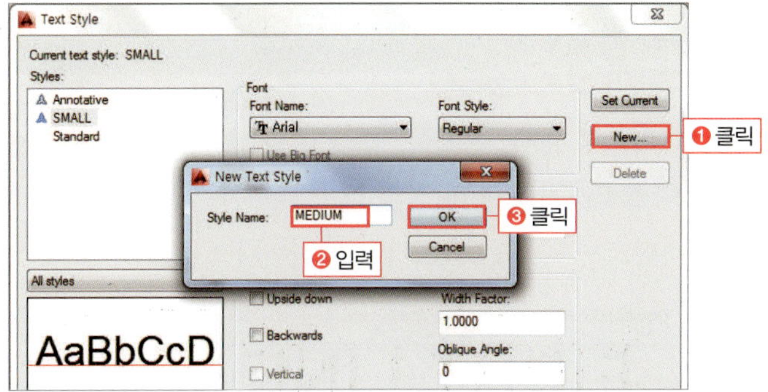

06. [Paper Text Height]에 '2.5'를 입력한 후 [Apply] 버튼을 클릭합니다.

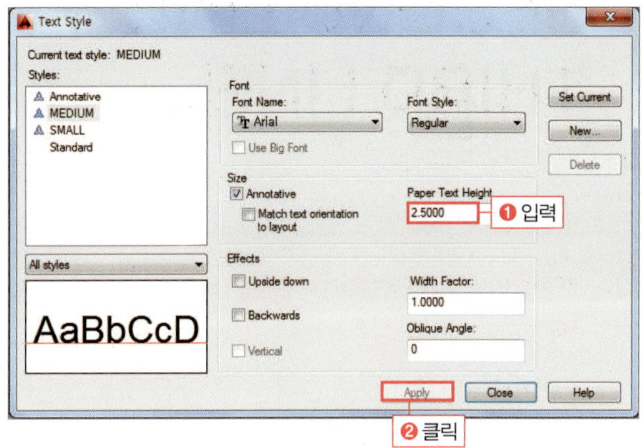

07. 한 번 더 [New] 버튼을 클릭하고 이번에는 'LARGE'라고 입력합니다.

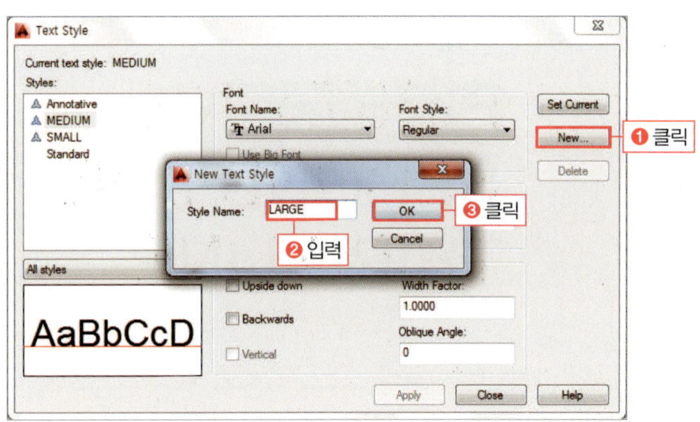

08. [Paper Text Height]에 '3'을 입력하고 [Apply] 버튼을 클릭한 후 작업을 마무리합니다.

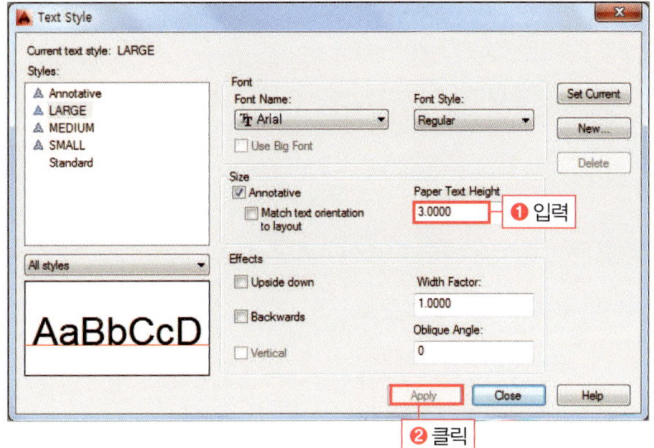

MT(멀티 문자) 문자는 **Enter**를 눌렀을 때 또 다른 줄이 생깁니다. 문자를 입력한 후 [Close Text](   )를 클릭하거나 문자 창의 밖을 클릭한 후 문자를 선택하면, AutoCAD는 하나의 덩어리로 멀티 문자를 인식함으로써 모든 문자가 선택됩니다.

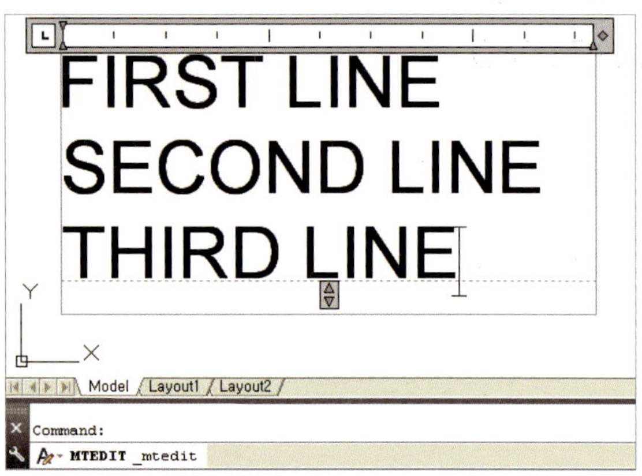

DT(싱글 문자)는 **Enter**를 눌러도 그 다음 줄로 넘어 가는 것이 아니라 또 다른 싱글 문자를 만듭니다. 어떠한 문장이 아닌, 간단한 객체를 설명할 때 좋습니다. 하지만, 멀티 문자보다 수정할 수 있는 범위의 한계가 많기 때문에 싱글 문자보다는 멀티 문자를 많이 사용합니다.

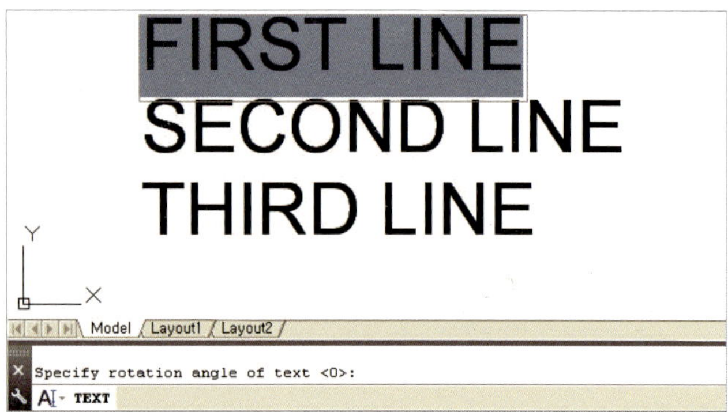

▶ MT(멀티 문자)를 이용하여 도면에 문자 입력하기

모델 공간에 그려진 도면에 Annotative 멀티 문자를 입력하는 방법을 아래의 예제 따라하기를 통해 학습해 봅니다.

예제 파일 : Part 01/Chapter 06/Sample02.dwg **| 완성 파일 :** Part 01/Chapter 06/Sample02-완성.dwg

01. 예제 파일을 불러온 후 현재 레이어를 'A-AN-NO-RMNM'으로 변경합니다.

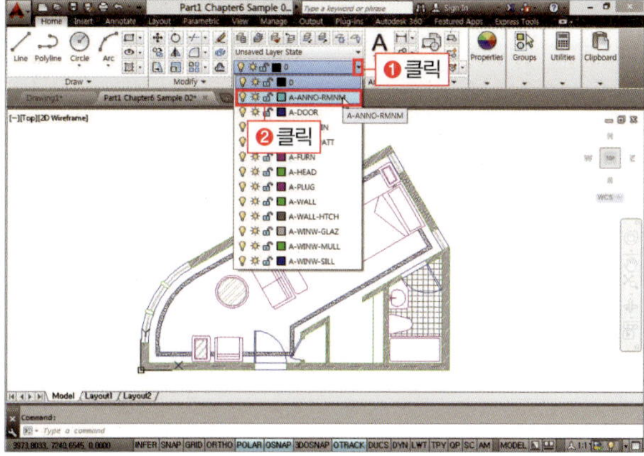

02. [View] 탭-[Palette] 패널에서 [DesignCenter](▦)를 클릭하고 DesignCenter가 나타나면 [Load](☞)를 클릭합니다.

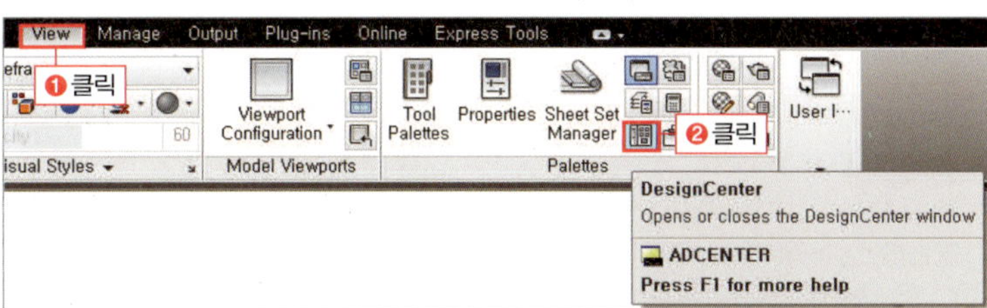

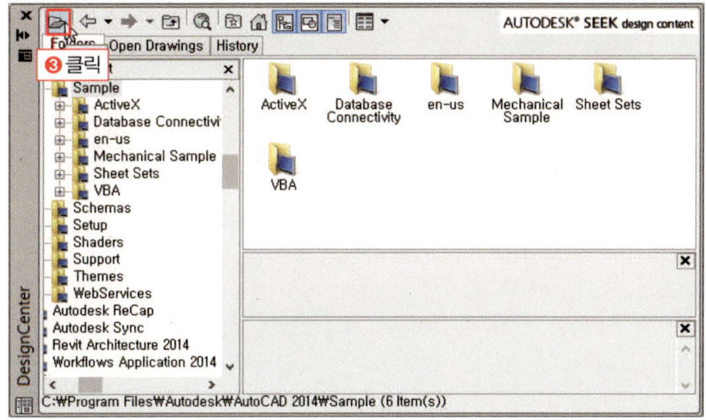

03. [Load] 대화상자가 나타나면 그림과 같이 설정한 후 부록 CD에서 'Sample01_AnnotativeTextStyle. dwt' 파일을 선택합니다.

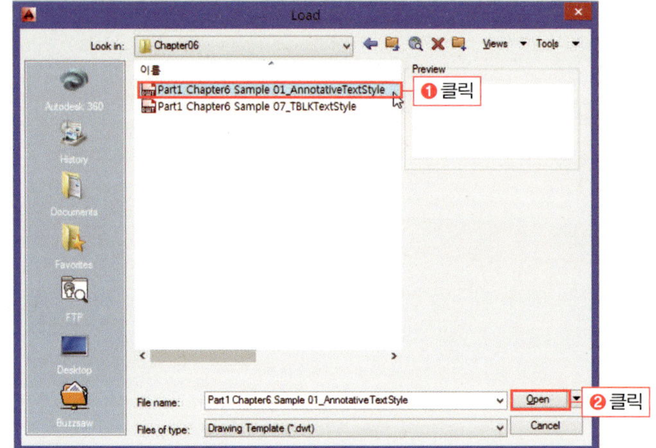

04. DesignCenter에서 [Textstyles]를 더블클릭합니다.

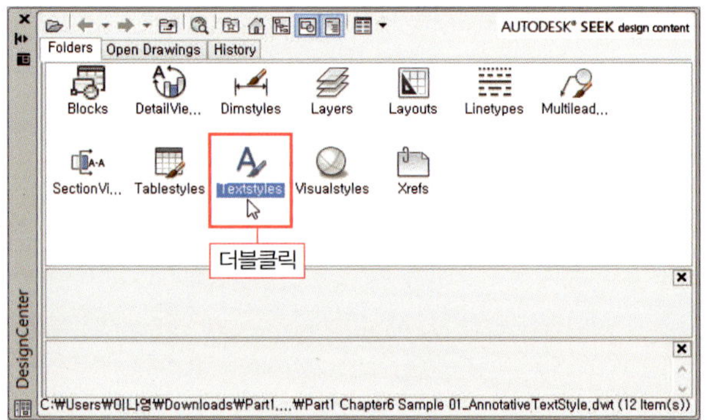

05. 그림과 같이 문자 스타일을 선택한 후 마우스 오른쪽 버튼을 클릭하고 [Add Text Style(s)]를 선택합니다. 그리고 DesignCenter를 닫습니다.

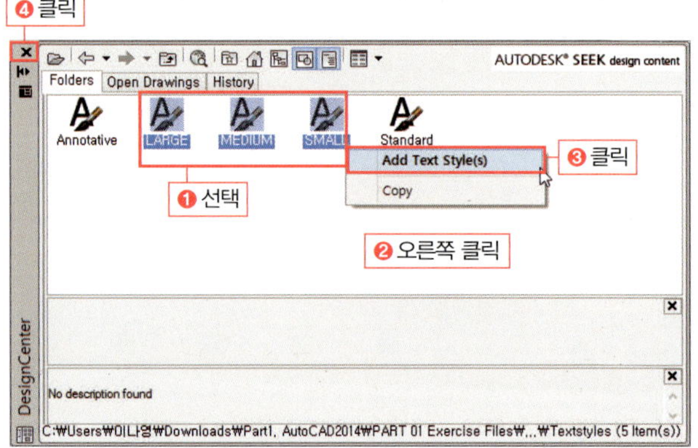

06. [Annotative] 탭–[Text] 패널에서 텍스트 스타일
확장 리스트를 클릭하면 그림과 같이 DesignCenter
에서 불러온 Annotative 문자 스타일을 확인할 수 있
습니다.

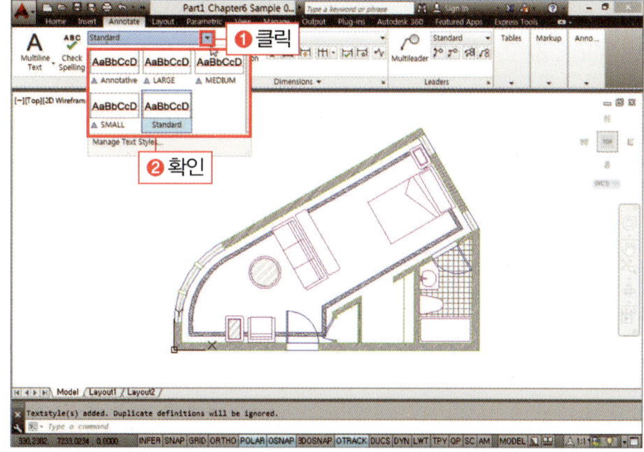

07. 모델 공간의 드로잉 화면 오른쪽 하단에 위치
한 [Annotation Scale](   )을 클릭하고 크기를
'1:50'으로 설정합니다.

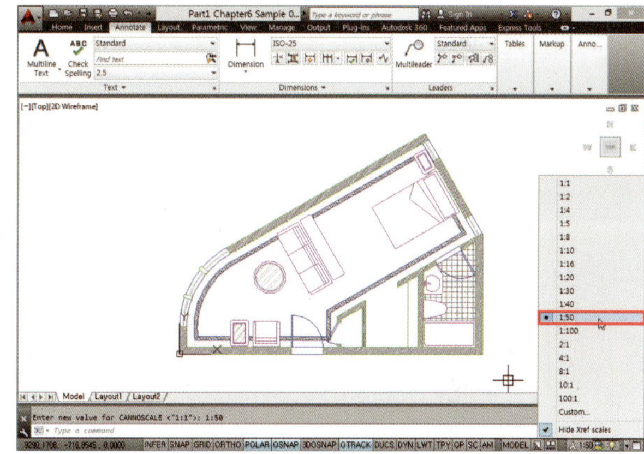

08. 텍스트 스타일 확장 리스트에서 작은 화살표를 클
릭한 후 [Annotative Large]를 선택합니다.

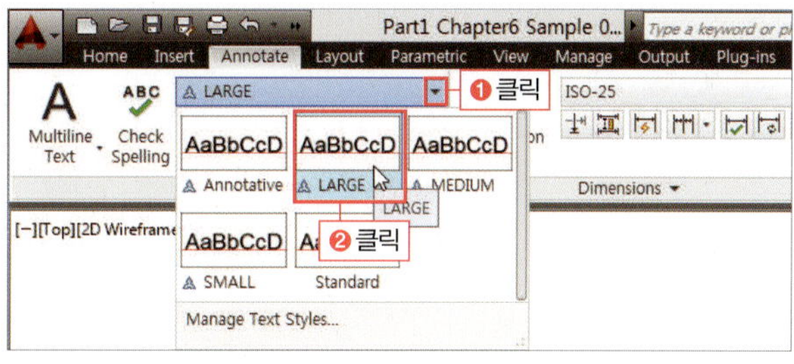

09. 이번에는 [Annotative] 탭–[Text] 패널에서 [Mul-
tiline Text](   )를 클릭합니다.

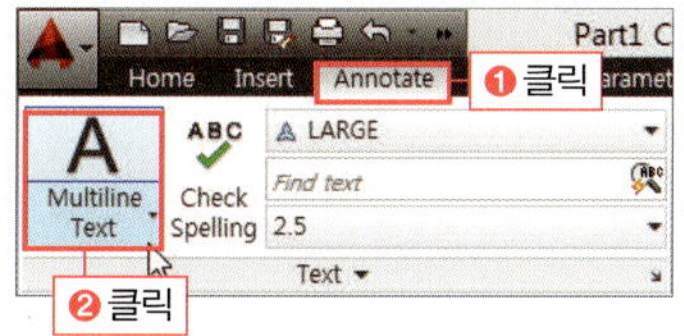

10. 해당하는 침실 공간에서 임의의 영역을 클릭하여 지정합니다.

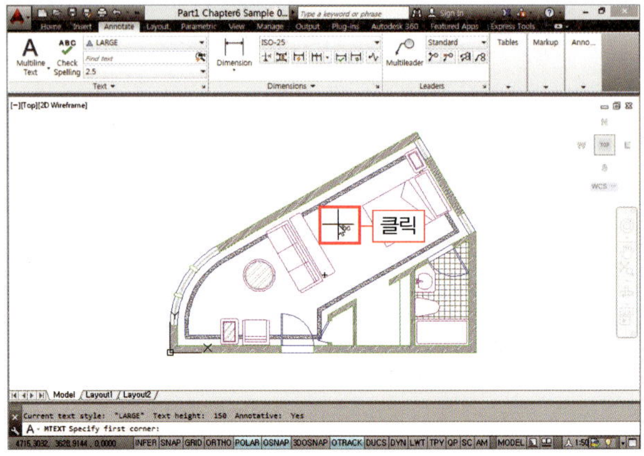

11. 왼쪽 위에서 오른쪽 아래쪽으로 드래그하여 사각형 모양의 문자 영역을 만들고 'Bedroom'이라고 입력합니다.

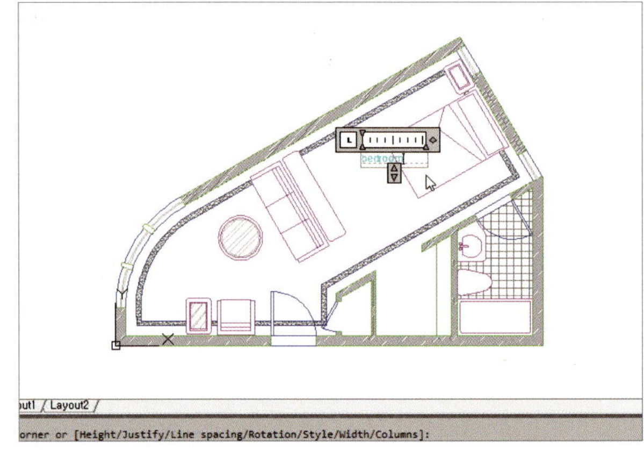

12. 'Bedroom' 문자를 모두 선택한 후 [Formatting] 패널에 있는 [Make lowercase]에서 [UPPERCASE]( )를 클릭합니다.

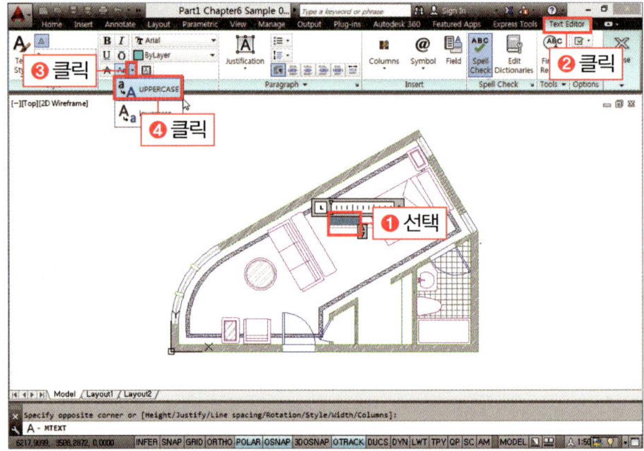

13. 그림과 같이 소문자 'bedroom'이 대문자 'BED–ROOM'으로 변경된 것을 확인한 후 [Close Text Editor]( )를 클릭하거나 문자 영역 밖을 클릭하여 마무리합니다.

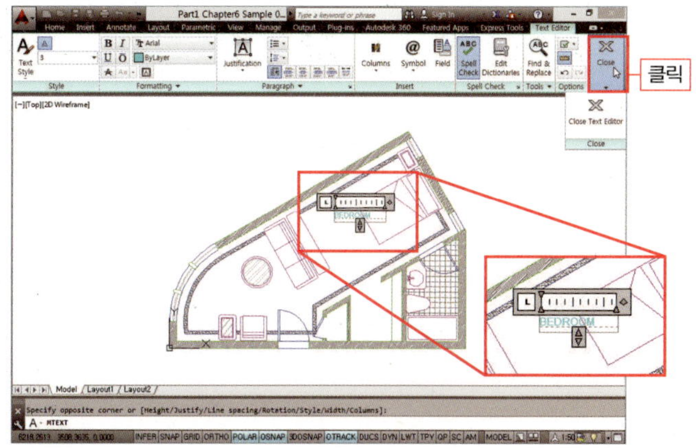

14. 그림과 같이 'A–ANNO–RMNM' 레이어로 만들어진 공간의 이름을 확인할 수 있습니다.

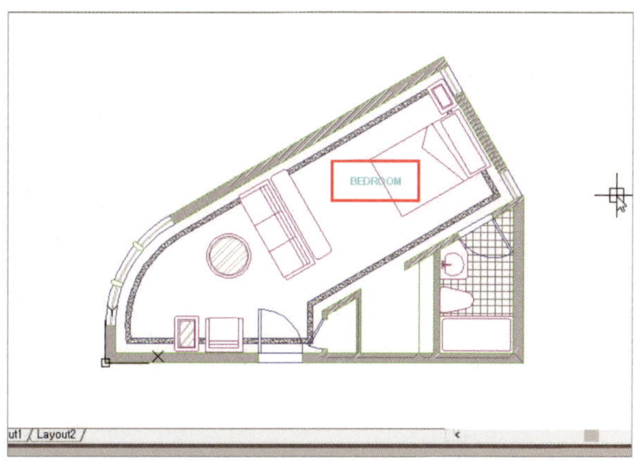

▸ DT(싱글 문자)를 이용하여 도면에 문자 입력하기

싱글 문자는 보통 객체를 설명할 때 사용합니다.

예제 파일 : Part 01/Chapter 06/Sample03.dwg | 완성 파일 : Part 01/Chapter 06/Sample03-완성.dwg

01. 예제 파일을 불러온 후 현재 레이어를 'A-AN-NO-NOTE'로 변경합니다.

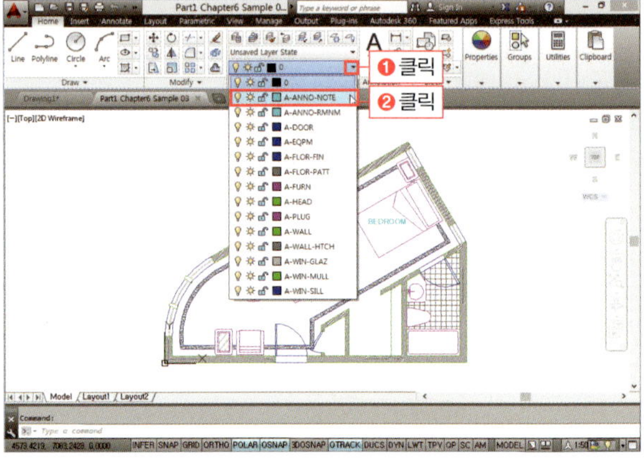

02. [Annotative] 탭-[Text] 패널에서 [Single Line]을 클릭합니다.

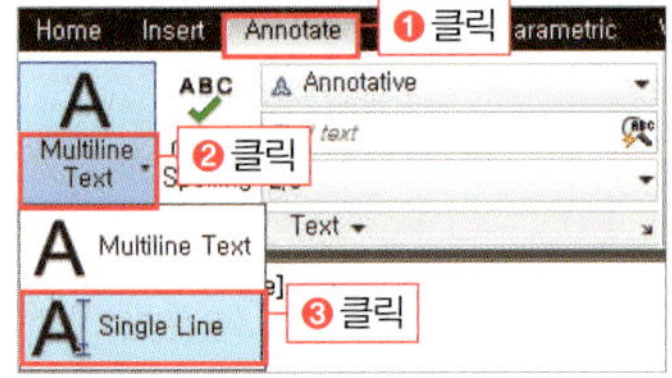

03. 텍스트 스타일 리스트에서 'Annotative SMALL'을 선택합니다.

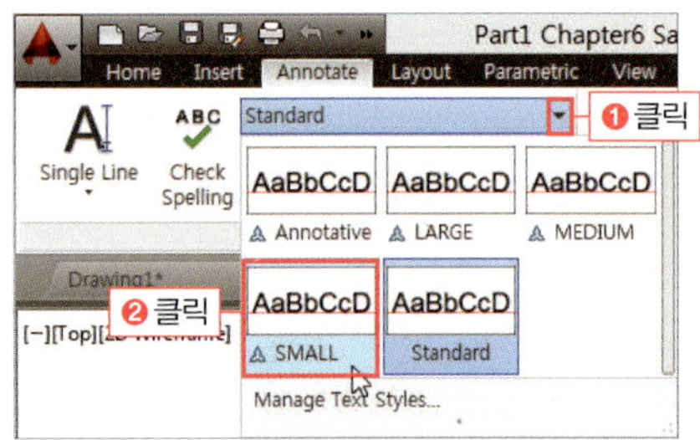

04. 문자가 놓일 지점을 클릭한 후 Enter 를 누릅니다.

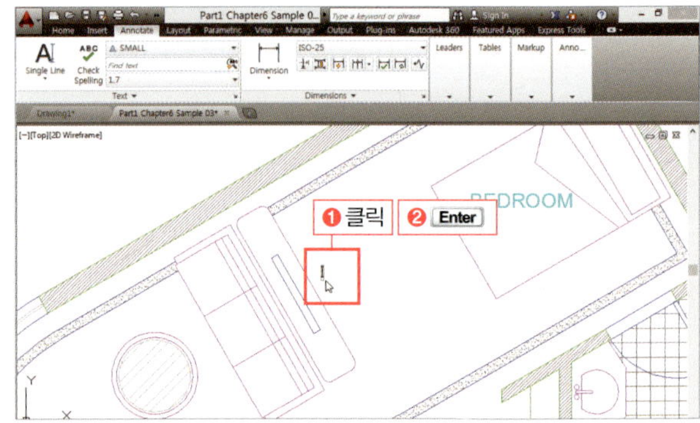

05. 'TV'라고 입력한 후 **Enter** 를 두 번 눌러서 싱글 문자 작업을 마무리합니다.

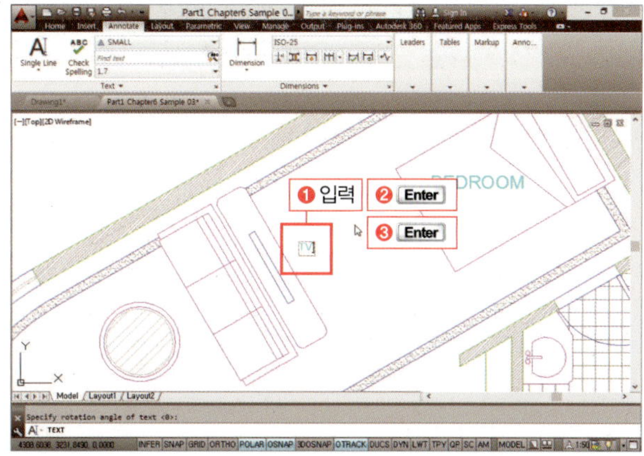

06. TV 문자를 선택하여 파란 Grip을 클릭한 후 적절한 곳으로 이동시킨 다음 **Esc** 를 누릅니다.

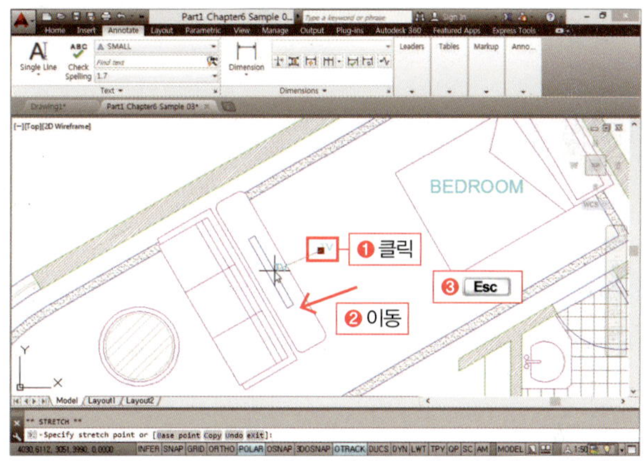

07. 싱글 문자가 생성된 것을 확인한 후 Zoom All 명령을 실행하여 전체 보기를 합니다.

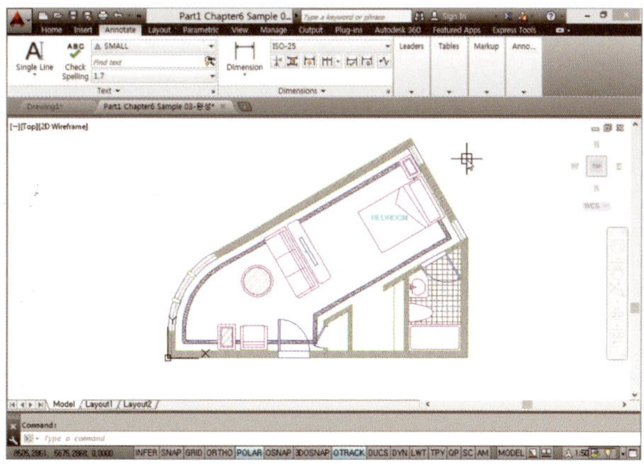

Edit 명령을 이용하여 문자를 수정하는 방법을 알아봅니다.

예제 파일 : Part 01/Chapter 06/Sample04.dwg ㅣ **완성 파일 :** Part 01/Sample04−완성.dwg

01. 예제 파일을 불러온 후 Copy 명령을 실행합니다.

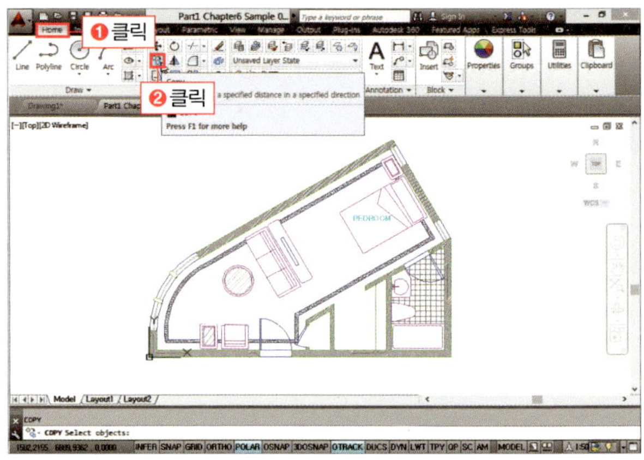

02. 'BEDROOM' 문자를 선택한 후 **Enter** 를 누릅니다.

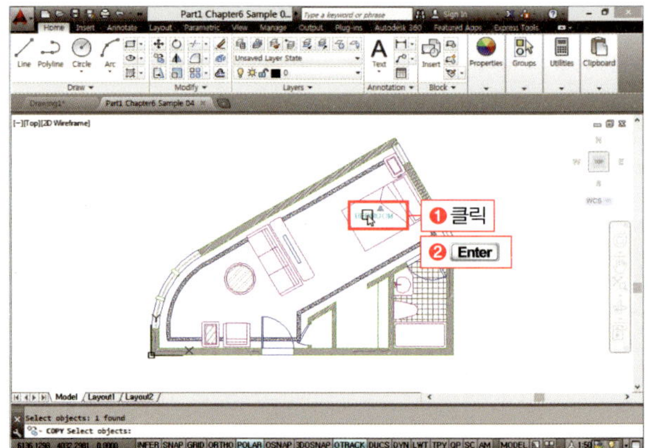

03. 문자 아래의 Node 부분을 클릭하여 선택합니다.

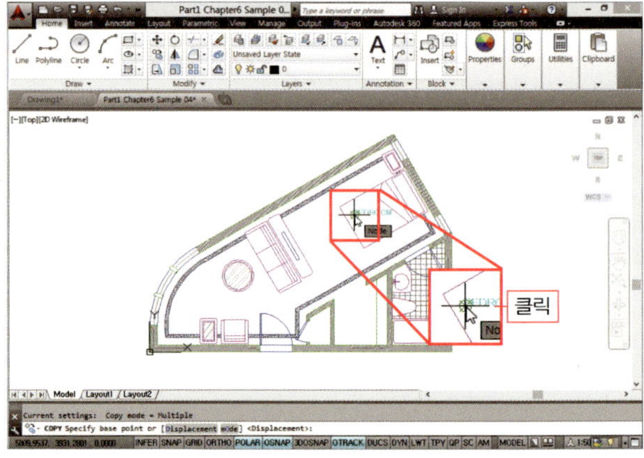

04. 거실에 임의의 지점을 클릭하여 복사할 문자를 배치한 후 **Enter** 를 누릅니다.

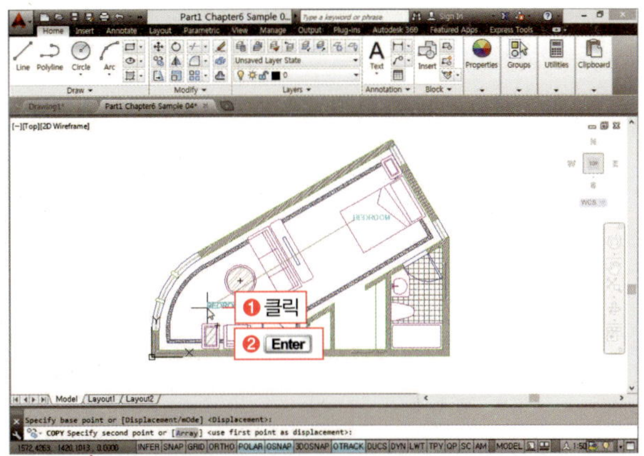

05. 'Ed'를 명령 입력창에 입력한 후 복사된 'BED-ROOM' 문자를 선택합니다.

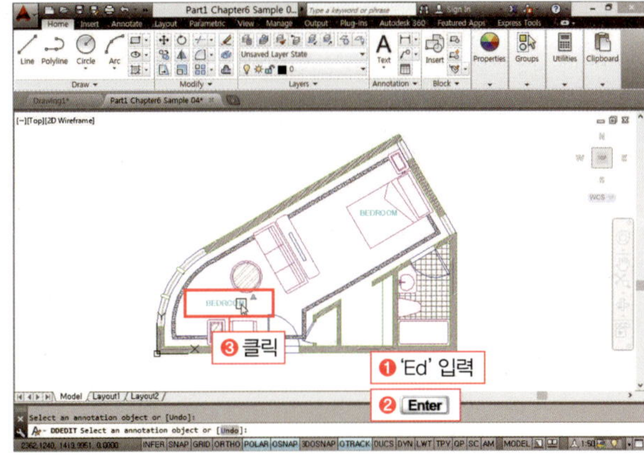

TIP 문자를 더블클릭하면 동일하게 Text Editor 모드로 넘어갑니다.

06. Text Editor 모드로 전환된 것을 확인한 후 문자를 모두 선택합니다.

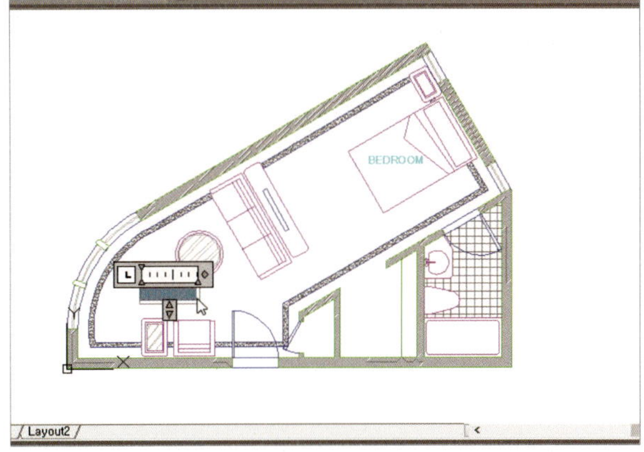

07. 'LIVINGROOM'이라고 수정한 후 [Close Text Editor](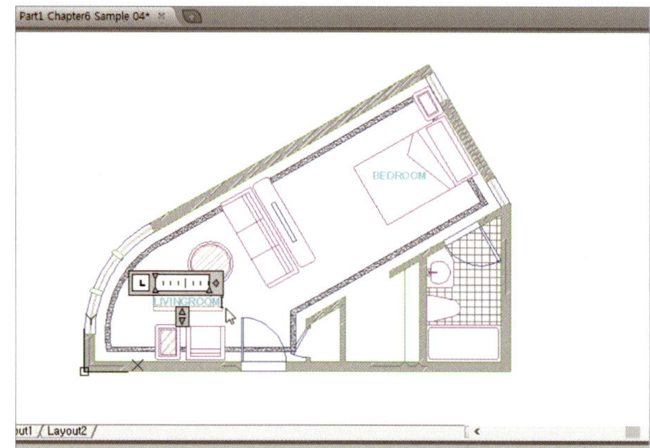)를 클릭하거나 문자 영역 이외의 부분을 클릭하여 Text Editor 모드에서 나옵니다.

08. 그림과 같이 문자가 수정된 것을 확인할 수 있습니다.

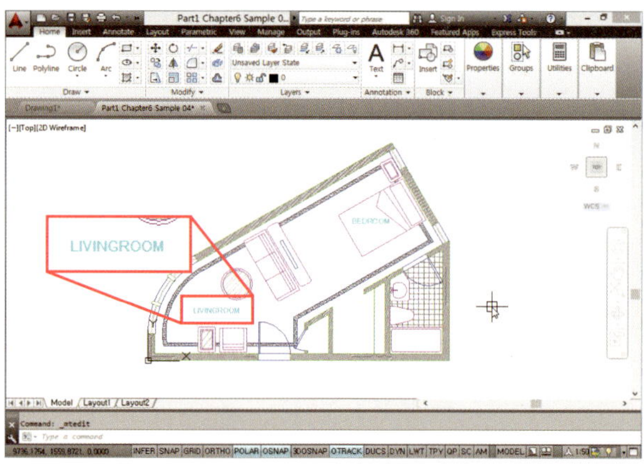

09. 나머지 공간에도 이름을 복사하여 같은 방법으로 수정합니다.

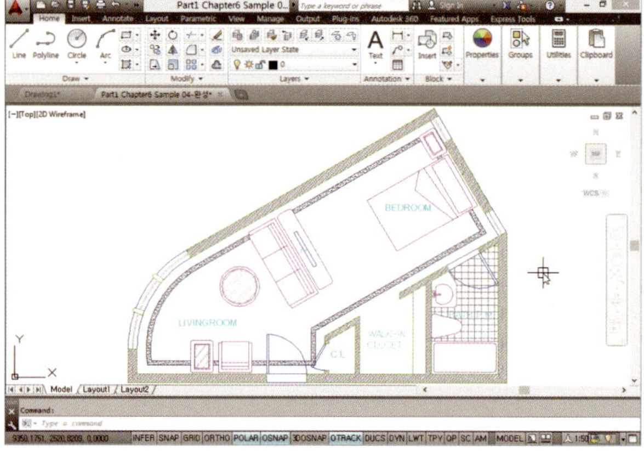

① Justifying Text

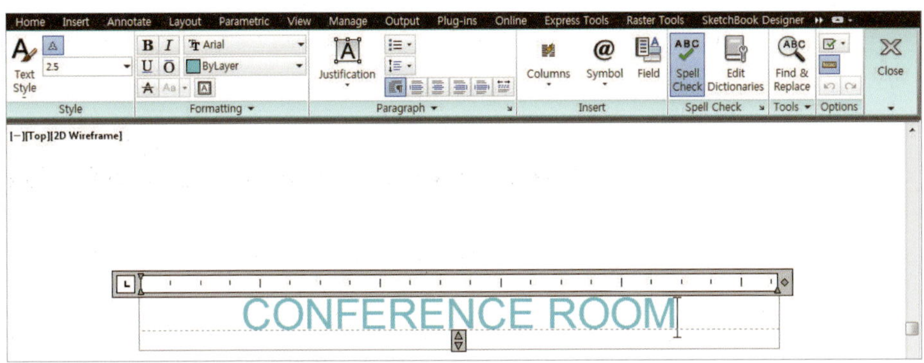

마이크로소프트의 워드와 같이 AutoCAD 또한 문자 박스 영역 안에서 문자 시작 위치를 선택할 수 있는 옵션을 가지고 있는데 이를 'Justifying Text'라고 부릅니다. 멀티 문자에서만 제공되며 드로잉 작업 중에 가장 많이 사용되는 위치는 'Middle Center(MC)'며 아래의 예제를 통해 문자 시작 위치를 변경하는 방법을 알아봅니다.

예제 파일 : Part 01/Chapter 06/Sample05.dwg ㅣ **완성 파일 :** Part 01/Chapter 06/Sample05-완성.dwg

01. 예제 파일을 불러온 후 현재 레이어를 'A-AN-NO-RMNM'으로 변경합니다.

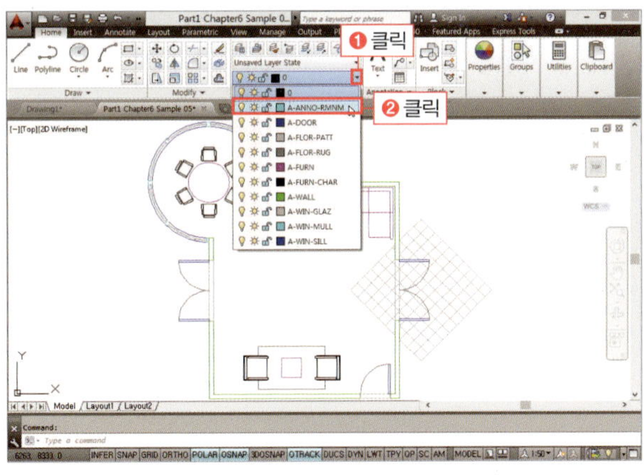

02. [Home] 탭-[Annotation] 패널에서 [Multiline Text](A Multiline Text)를 클릭합니다.

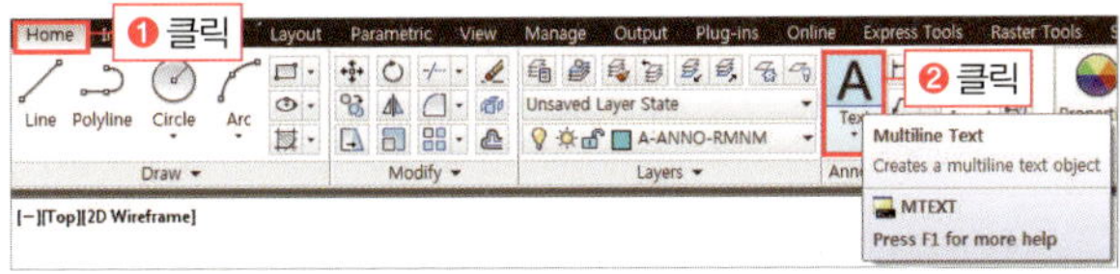

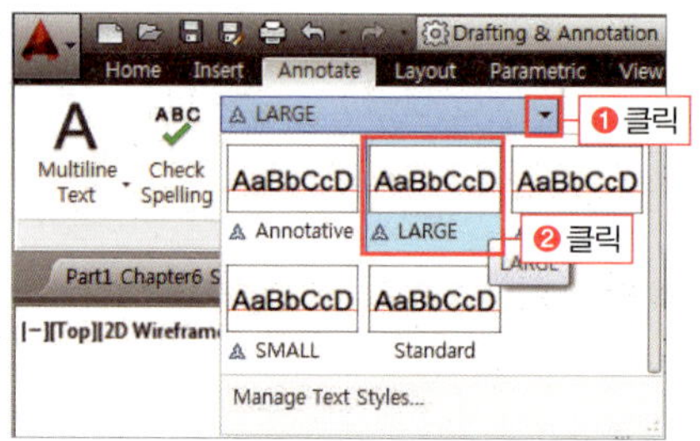

03. 문자 스타일 리스트에서 'Annotative LARGE'를 선택합니다.

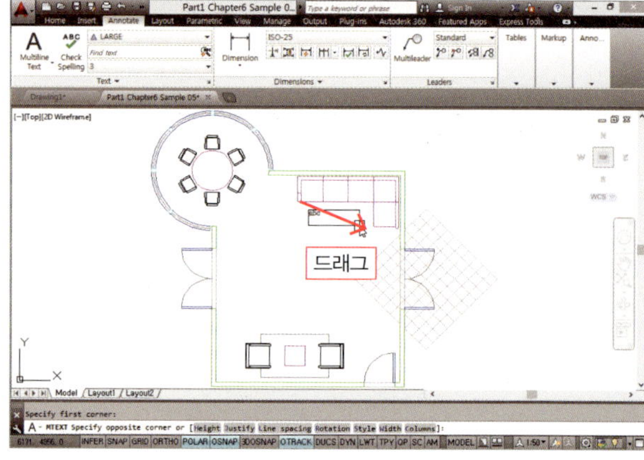

04. 아래의 소파 근처 부분에서 문자 박스 영역을 지정합니다.

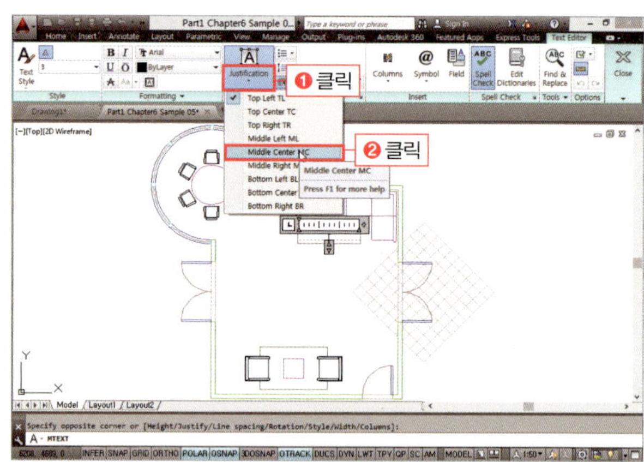

05. [Justification]에서 'Middle Center(MC)'를 선택합니다.

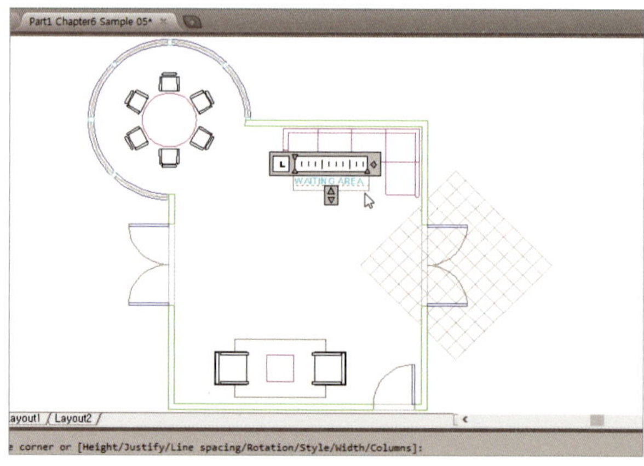

06. 'WAITING AREA'라고 입력하면 이미 지정했던 시작 위치인 중간 지점부터 문자가 입력됩니다.

07. 문자 입력을 마친 후 문자 박스 영역 밖을 클릭하거나, [Close Text Editor](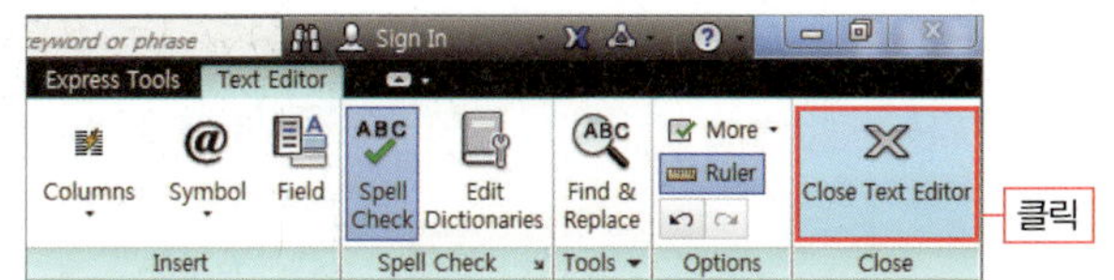)를 클릭합니다.

08. 다시 그림과 같은 위치에서 다중 문자를 실행하기 위해 문자 박스 영역을 지정합니다.

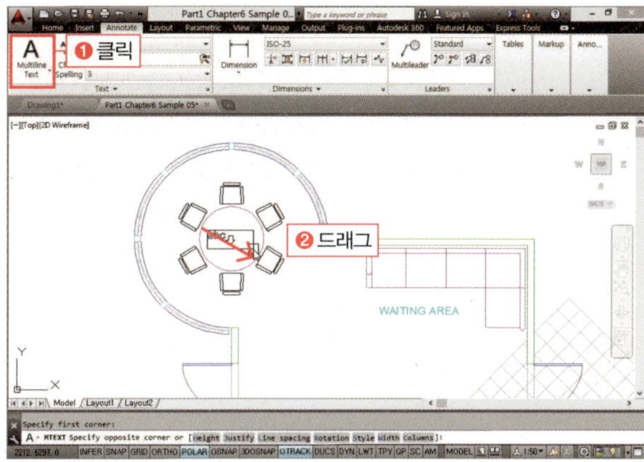

09. [Justification]에서 'Middle Center(MC)'를 선택합니다.

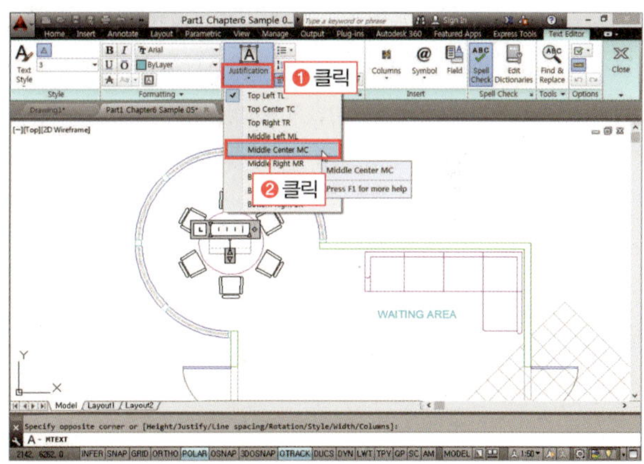

10. 'CONFERENCE ROOM'이라고 입력하면 이미 지정했던 중간 지점부터 문자가 입력됩니다. 문자 입력을 마친 후 문자 박스 영역 밖을 클릭하거나, [Close Text Editor](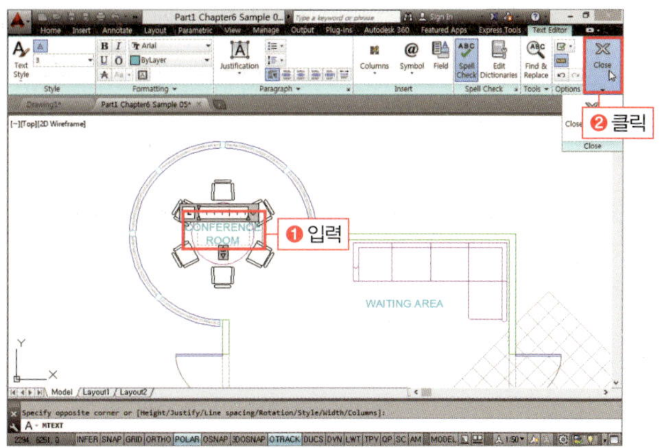)를 클릭합니다.

문자 하나하나를 모두 수정하기에는 도면 규모에 따라 상당히 복잡한 일이 될 수 있습니다. 그렇기 때문에 동일한 문자를 가진 경우에 한꺼번에 수정할 수 있는 방법을 알아봅니다.

예제 파일 : Part 01/Chapter 06/Sample06.dwg | 완성 파일 : Part 01/Chapter 06/Sample06-완성.dwg

01. 예제 파일을 불러온 후 현재 동결되어 있는 'A-ANNO-NOTE' 레이어를 해제합니다.

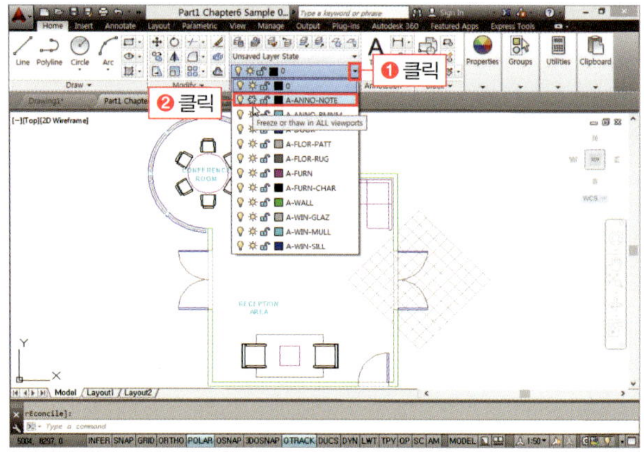

02. 도면에 'A-ANNO-NOTE' 레이어가 보이면 CONFERENCE ROOM 영역을 확대합니다. 'WORK' 문자가 'WARK'로 잘못된 것을 확인할 수 있습니다.

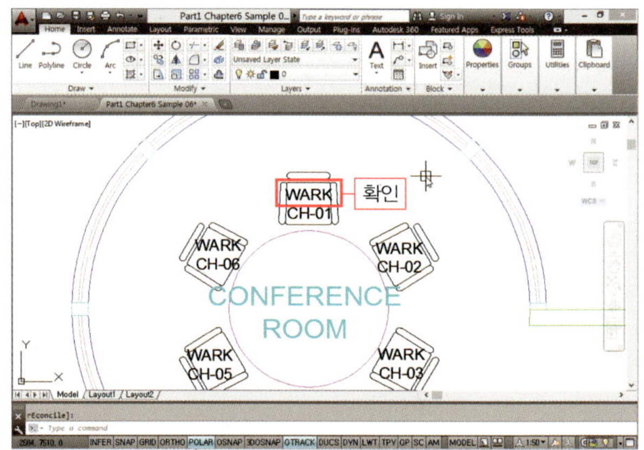

03. 명령 입력창에 'Find'를 입력한 후 Enter 를 누르면 눌러 [Find and Replace] 대화상자가 나타납니다. [Find what]에 'WARK', [Replace with]에 'WORK'를 입력한 후 [Replace All] 버튼을 클릭합니다.

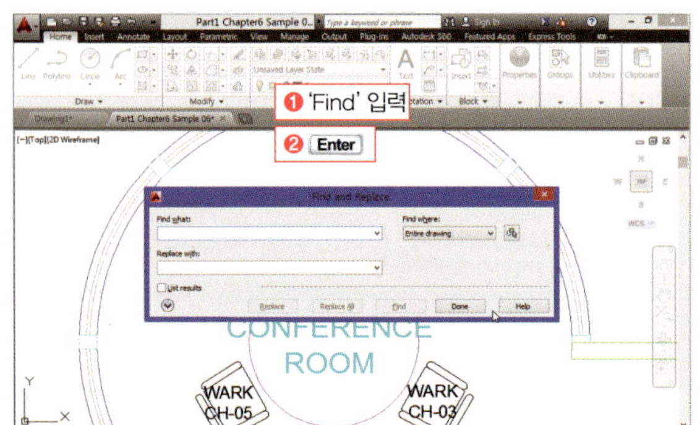

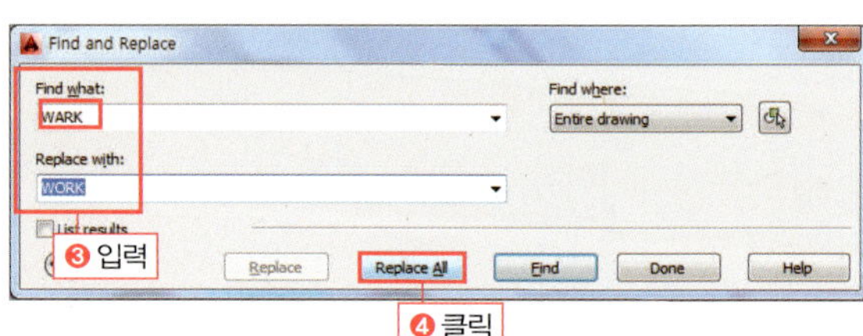

04. 6개의 문자가 찾았다는 내용을 확인한 후 [OK] 버튼을 클릭합니다.

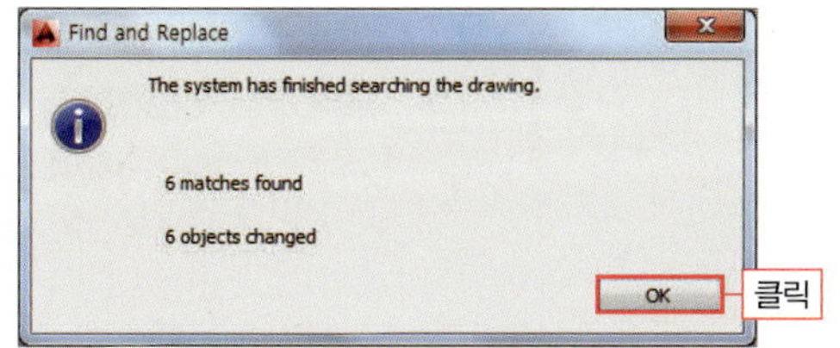

05. 다시 [Done] 버튼을 클릭합니다.

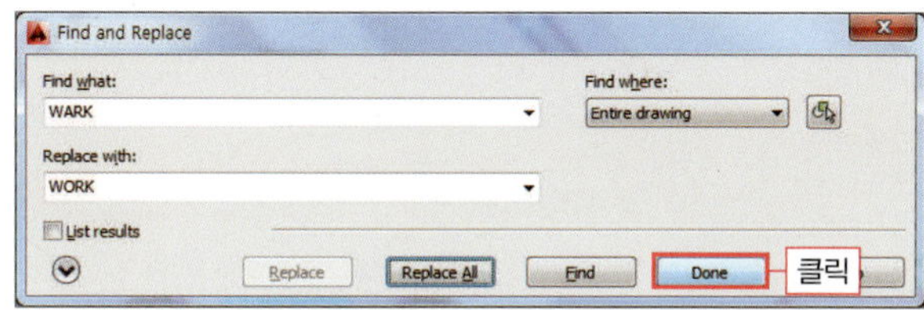

06. 그림과 같이 'WARK'라고 잘못 입력됐던 문자들이 'WORK'로 한꺼번에 수정된 것을 확인할 수 있습니다.

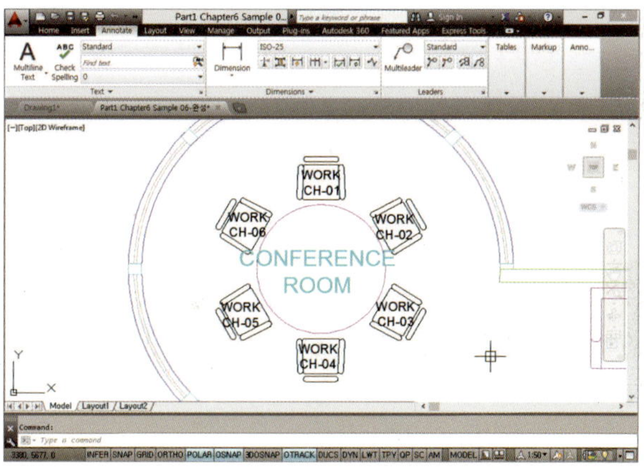

LESSON 03 배치 공간의 문자 스타일 알아보기 

도각, 즉 타이틀 블록(Title Block)이라고 불리는 이름은 도면 출력 시 완성도를 높이기 위한 틀과도 같습니다. 이러한 도각에도 여러 정보를 담는 문자가 필요한데 Annotative가 아닌, Standard 문자 스타일로 만들어야 합니다. Standard 문자 스타일은 크기를 담지 않은 1:1 문자 크기를 뜻합니다. 예를 들어 회사 이름이나 클라이언트 이름 및 도면에 관한 정보는 도각 문자 스타일(Title Block Text Styles)에 맞게 문자 스타일을 사용해야 합니다.

● 학습 목표

Standard 개념 이해를 바탕으로 배치 공간에서 사용되는 문자 스타일을 만들 수 있도록 합니다. 또한 이러한 문자를 도각에 배치하고 수정까지 할 수 있도록 학습합니다.

● 학습에 필요한 단축 명령어

DT : Single Text

MT/T : Multi Text

ST : Text Style

ED : Edit Text

배치 공간의 문자 스타일 만들기

배치 공간에서 사용할 Standard 문자 스타일을 만들어 봅니다.

완성 파일 : Part 01/Chapter 06/Sample 07_TBLKTextStyle.dwt

01. 새 파일을 열어 [Annotate] 탭–[Text] 패널에 위치한 [Text Style](⬎)을 클릭합니다.

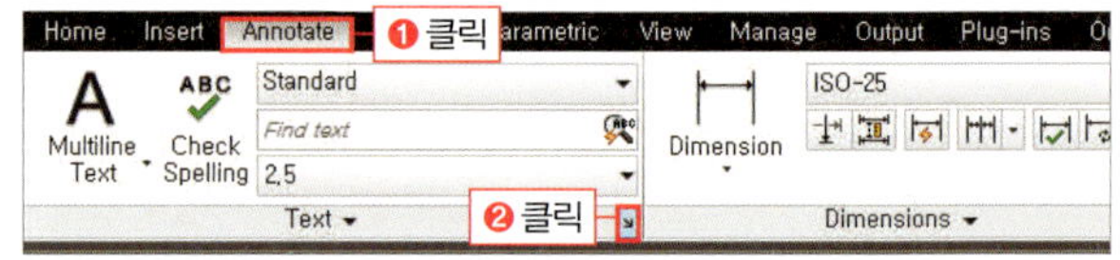

02. [Text Style] 대화상자가 나타나면 [Styles]에서 'Standard'를 선택한 후 [New] 버튼을 클릭합니다.

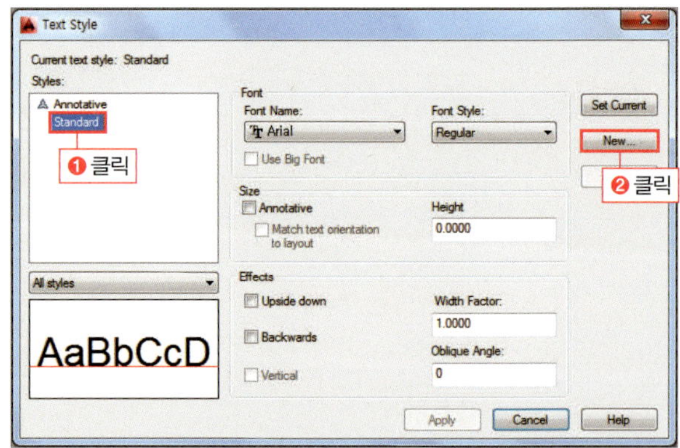

03. [New Text Style] 대화상자가 나타나면 'TBLK–S'라고 입력한 후 [OK] 버튼을 클릭합니다.

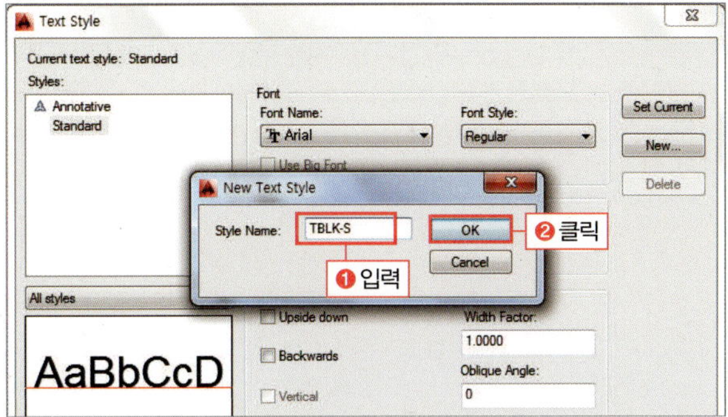

04. [Size]의 [Paper Text Height]에 '3'을 입력하고 [Apply] 버튼을 클릭합니다.

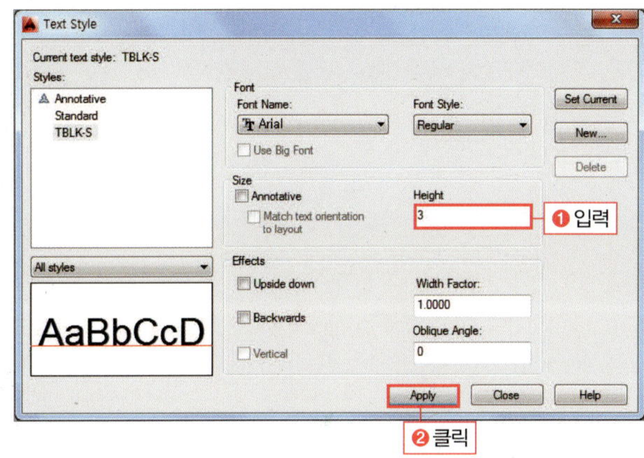

05. 다시 [New] 버튼을 클릭하고 [New Text Style] 대화상자의 [Style Name]에 'TBLK–M'을 입력합니다.

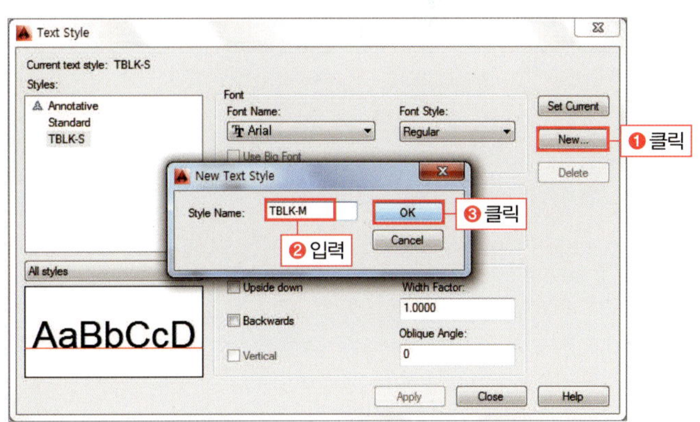

06. 이번에는 [Paper Text Height]에 '4.7'을 입력하고 [Apply] 버튼을 클릭합니다.

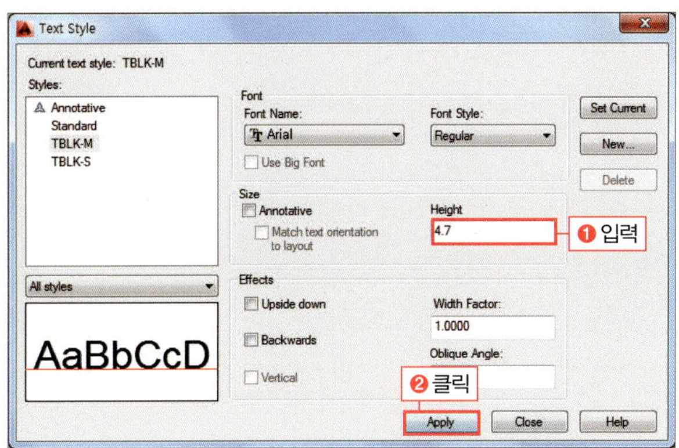

07. 다시 한 번 더 [New] 버튼을 클릭하고 이번에는 [New Text Style] 대화상자에 'TBLK-L'을 입력합니다.

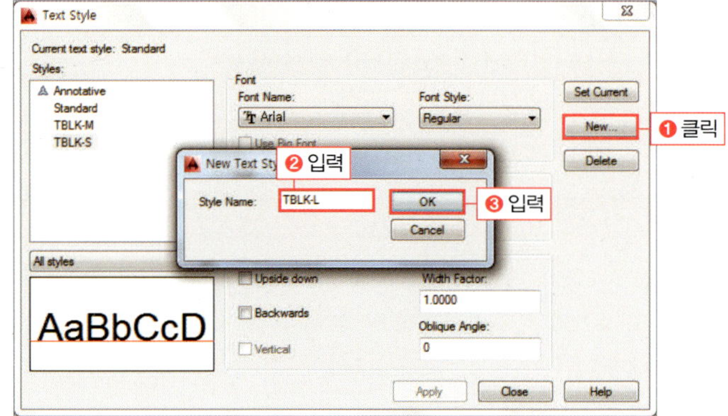

08. [Paper Text Height]에 '8'을 입력한 후 [Apply] 버튼을 클릭합니다.

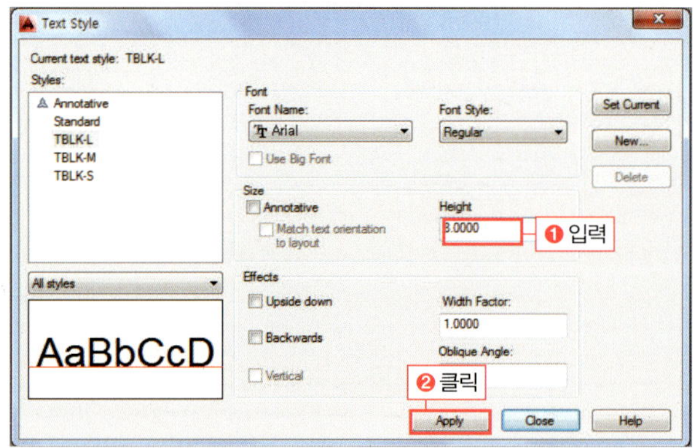

09. 앞선 따라하기에서 작성한 Standard 문자 스타일은 'Part1 Chapter6 Sample 07_TBLKTextStyle.dwt' 파일로 저장되어 있습니다.

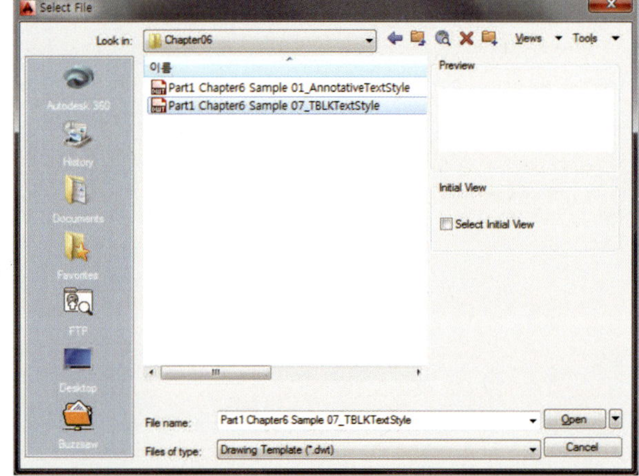

도각에 필요한 주요 빈칸에 Standard 문자 스타일로 문자를 배치하는 방법을 알아봅니다.

예제 파일 : Part 01/Chapter 06/Sample08.dwg I **완성 파일** : Part 01/Chapter 06/Sample08-완성.dwg

01. 예제 파일을 불러온 후 배치 공간인 [Layout1] 탭으로 이동한 뒤, 현재 레이어를 'A-TBLK-TEXT'로 설정합니다.

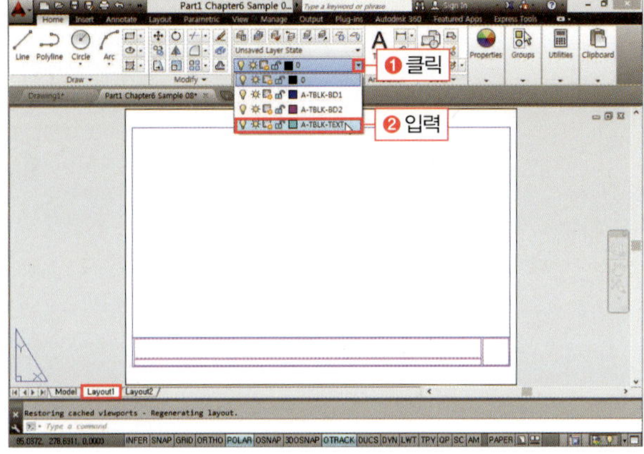

02. [Annotative] 탭-[Text] 패널의 문자 스타일 리스트에서 'TBLK-XL'을 선택합니다.

03. [Annotative] 탭-[Text] 패널에서 [Multiline Text] (ⓐ)를 클릭합니다.

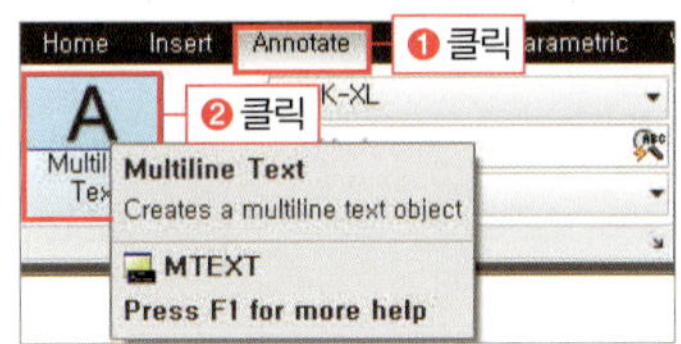

> **TIP** 바로 다중 문자로 작업을 하고 싶다면, 단축 명령어 'Mt' 또는, 'T'를 명령 입력창에 입력한 후 [Enter]를 누릅니다.

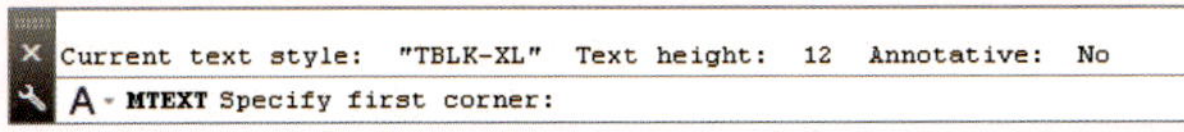

04. 문자가 들어갈 영역을 그림과 같이 설정합니다.

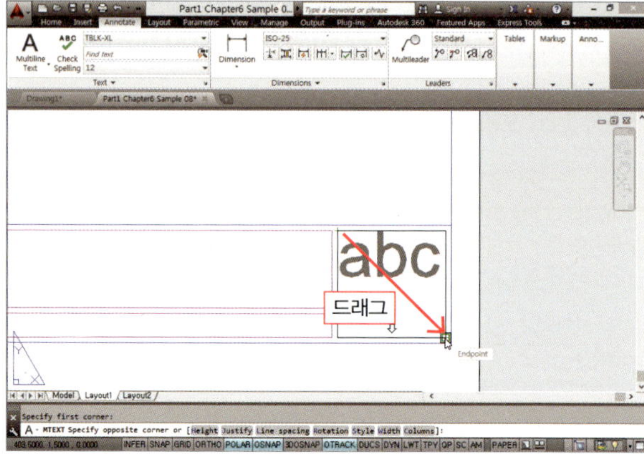

05. [Paragraph] 패널에 있는 [Justification]에서
'Middle Center MC'를 선택합니다.

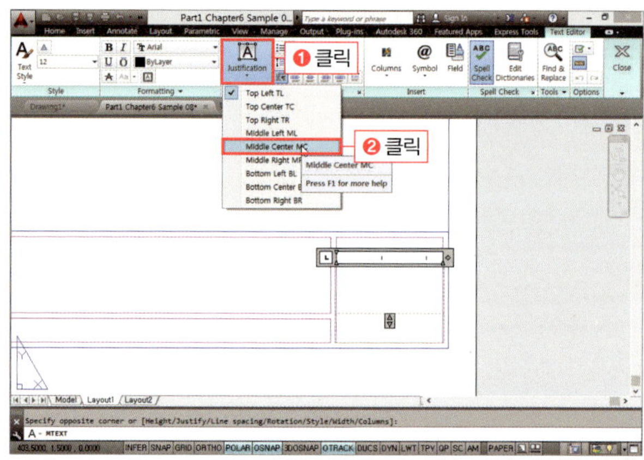

06. 그림과 같이 'A#'를 입력한 후 [Close Text Editor]( )를 클릭합니다.

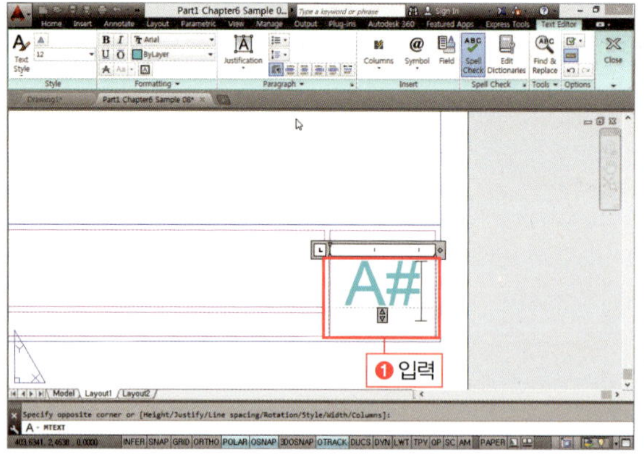

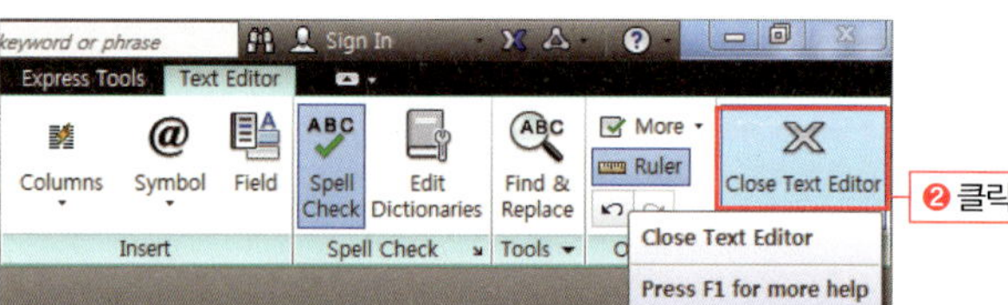

07. 그림과 같이 문자가 지정한 영역의 중간에 위치한 것을 확인할 수 있습니다.

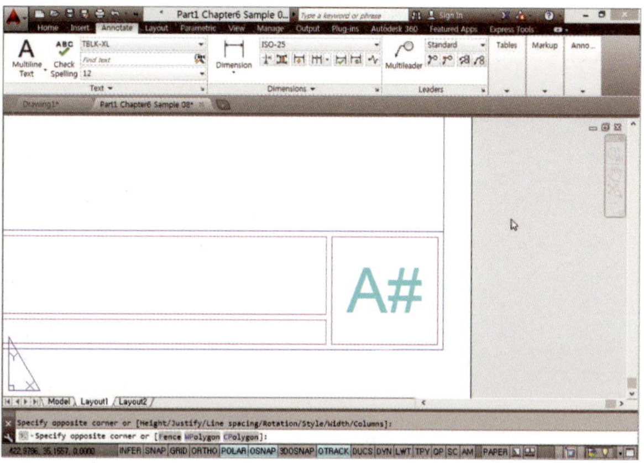

08. 다시 [Annotative] 탭–[Text] 패널의 문자 스타일 리스트에서 'TBLK–L'을 선택합니다.

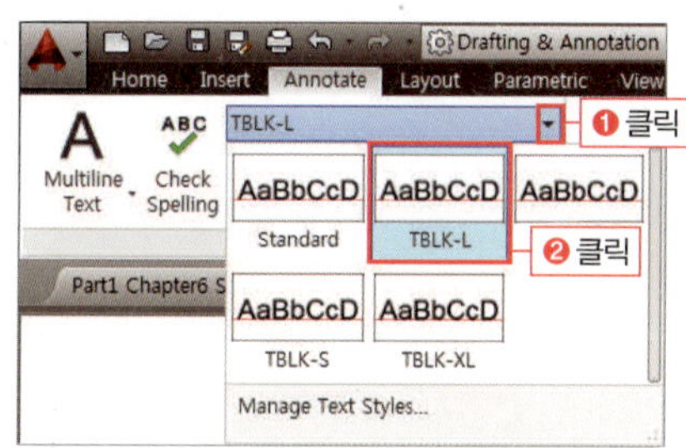

09. [Annotative] 탭–[Text] 패널에서 [Multiline Text] (A)를 클릭하거나, 명령 입력창에 'Mt'를 입력합니다.

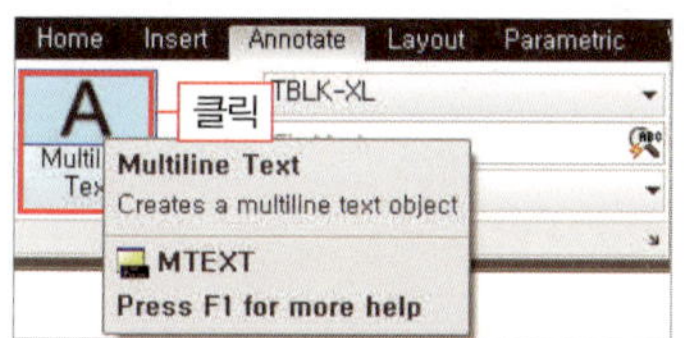

10. 문자를 입력할 영역을 그림과 같이 설정합니다.

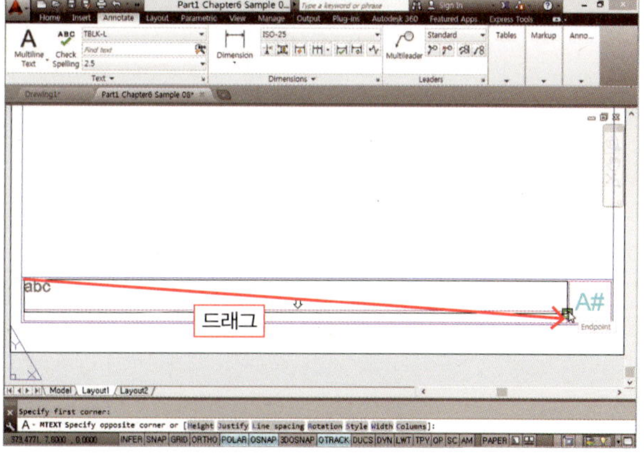

11. [Paragraph] 패널에 있는 [Justification]에서 'Middle Center MC'를 선택합니다.

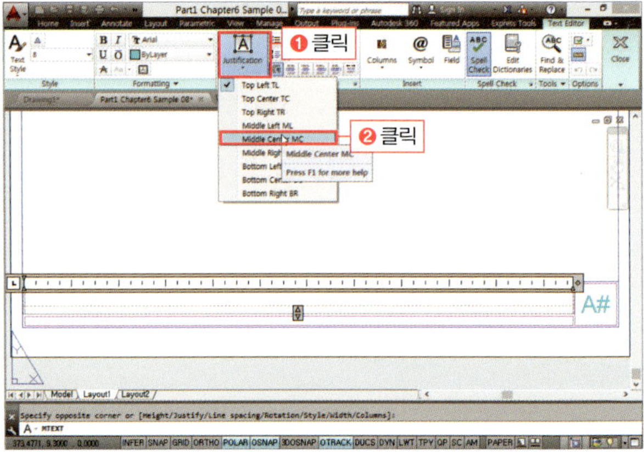

12. 그림과 같이 'PROJECT NAME'을 입력한 뒤 [Close Text Editor]( )를 클릭합니다.

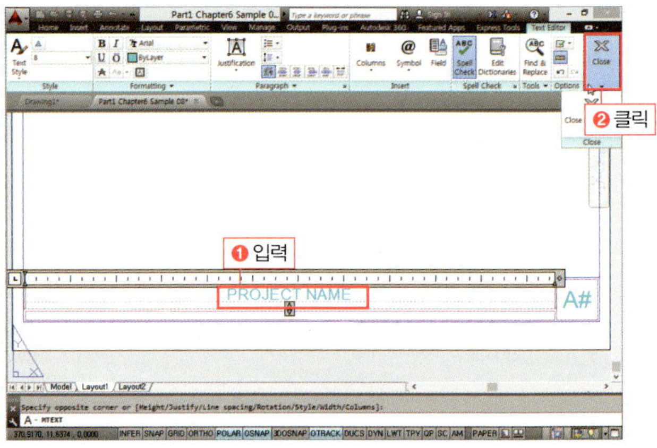

13. 이번에는 [Annotative] 탭─[Text] 패널의 문자 스타일 리스트에서 'TBLK-M'을 선택합니다.

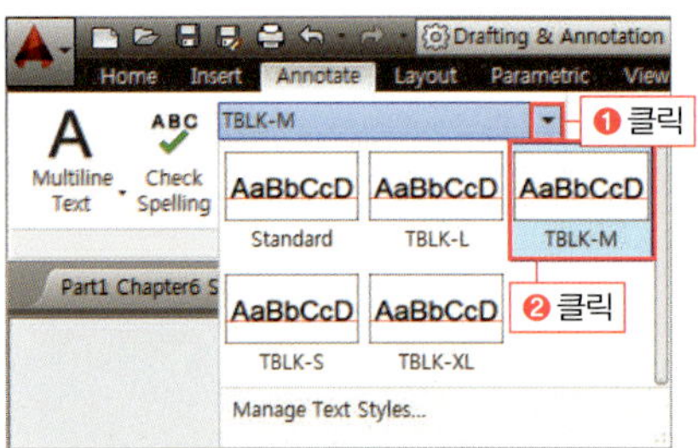

14. [Annotative] 탭─[Text] 패널에서 [Multiline Text]( )를 클릭하거나, 명령 입력창에 'Mt'를 입력합니다.

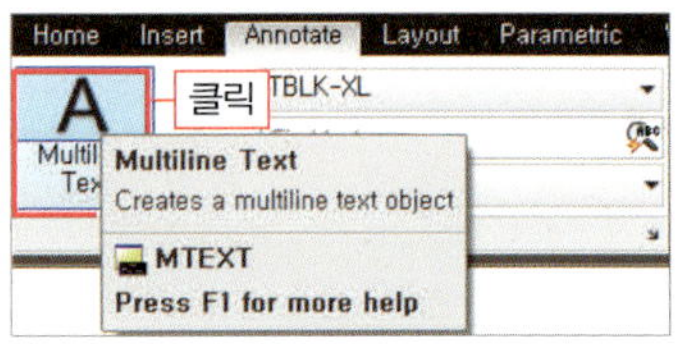

15. 문자가 들어갈 영역을 그림과 같이 설정합니다.

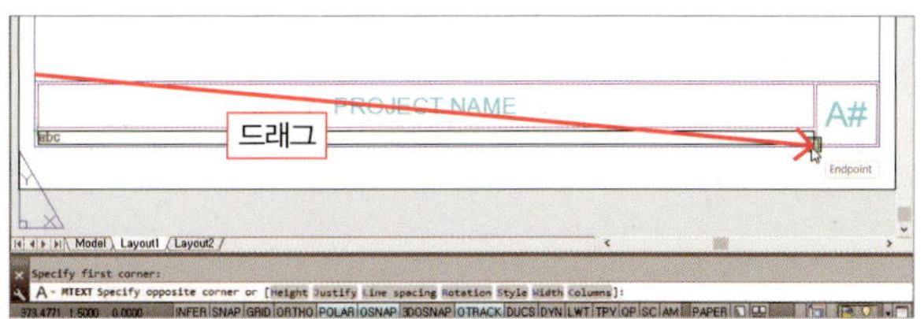

16. [Paragraph] 패널의 [Justification]에서 'Middle Center MC'를 선택합니다.

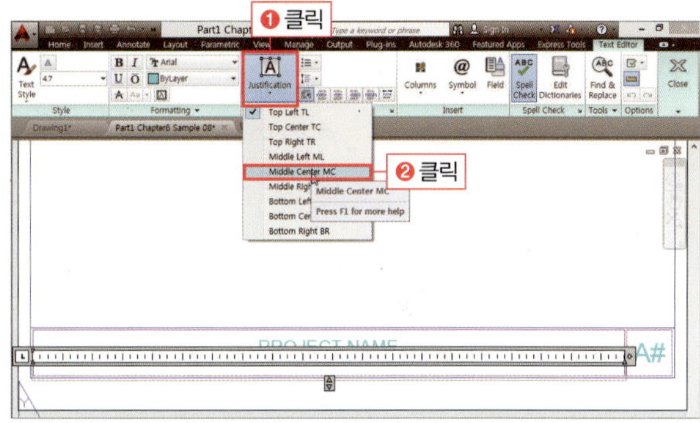

17. 그림과 같이 'COMPANY NAME'을 입력한 후 [Close Text Editor](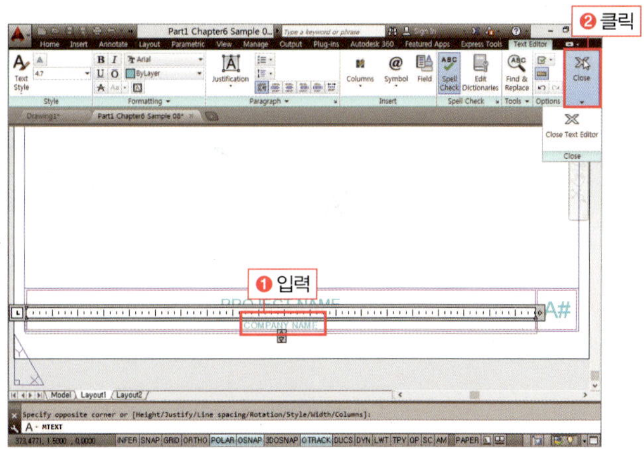)를 클릭합니다.

18. 그림과 같이 문자가 지정한 영역의 중간에 위치한 것을 확인할 수 있습니다.

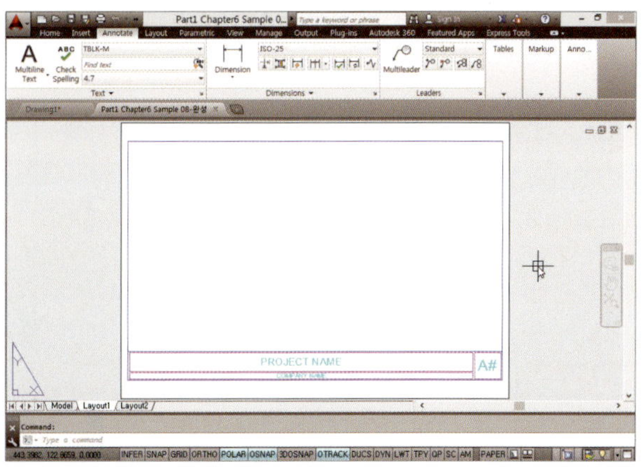

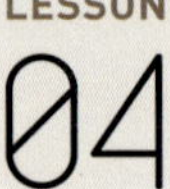

LESSON 04
Annotative 블록 활용하기

Annotative 문자 스타일로 Annotative 블록으로 만들면, 모델 공간과 배치 공간 모두 크기에 따라 블록 문자 크기를 수정할 수 있습니다.

● 학습 목표
Annotative 블록의 개념 이해를 바탕으로 모델과 배치 공간에서 사용 가능한 Annotative 문자 스타일을 만들어 보고, 수정까지 할 수 있도록 학습합니다.

● 학습에 필요한 단축 명령어
ATT : Attribute Definition
B : Block
MT/T : Multi Text
ST : Text Style
ED : Edit Text

▌ 모델 공간에서 Annotative 도면 기호 활용하기

모델 공간에서 Annotative 블록을 불러오는 방법을 알아봅니다.

예제 파일 : Part 01/Chapter 06/Sample09.dwg **| 완성 파일 :** Part 01/Sample09-완성.dwg

01. 예제 파일을 불러온 후 현재 레이어를 'A-AN-NO-TAG'로 설정하고, Annotation 크기를 '1:30'으로 변경합니다.

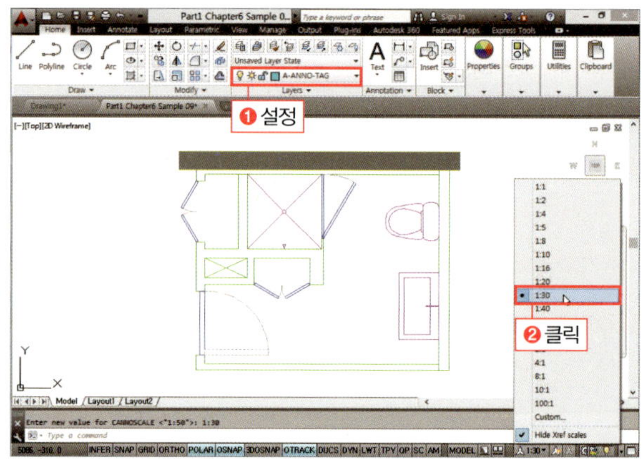

02. [Insert](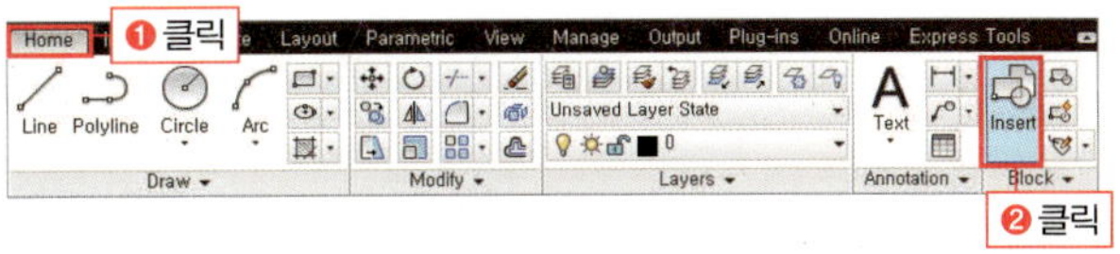)를 클릭하거나, 명령 입력창에 'I'를 입력한 후 **Enter**를 누릅니다.

03. [Insert] 대화상자가 나타나면 [Browse] 버튼을 클릭하여 외부 블록을 가져옵니다.

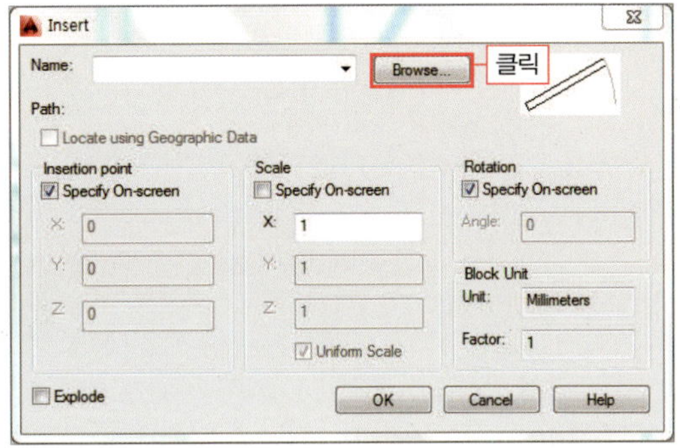

04. [Select Drawing File] 대화상자가 나타나면 'Anno_Wall Tag.dwg' 파일을 선택한 후 [Open] 버튼을 클릭합니다.

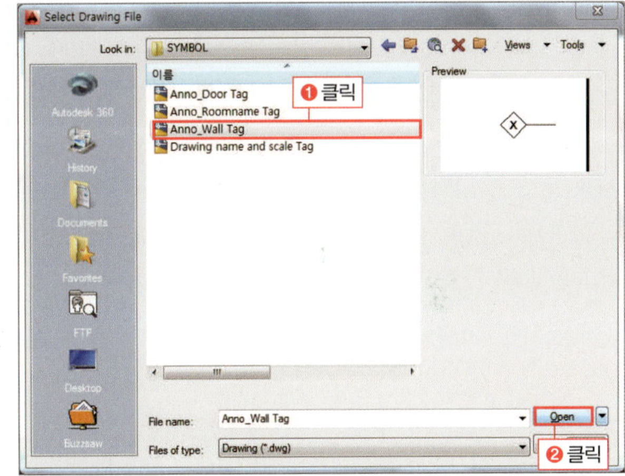

> **TIP** '부록 CD/Part 01/Chapter 06/SYMBOL' 폴더에서 파일을 불러옵니다.

05. [Insert] 대화상자가 다시 나타나면 다시 [OK] 버튼을 클릭합니다.

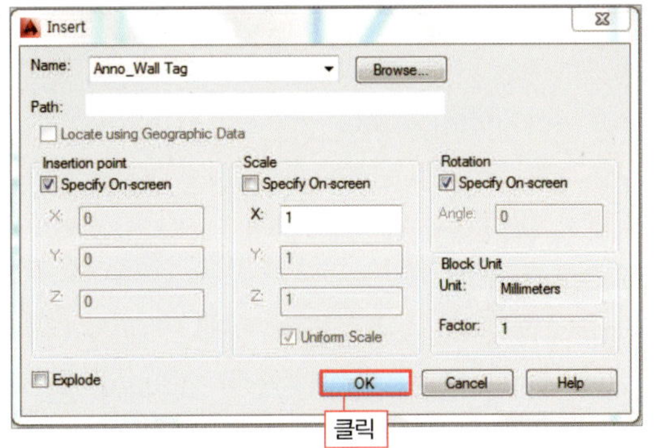

06. 그림과 같이 임의의 지점을 클릭하여 배치한 후 `Enter`를 누릅니다.

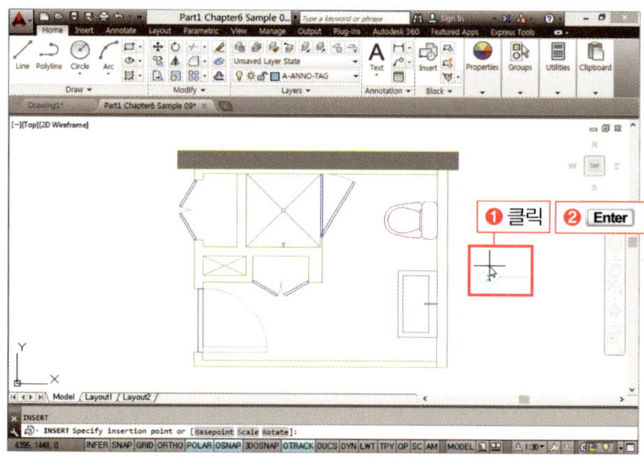

07. [Edit Attributes] 대화상자가 나타나면 [What is the Wall Type?]에 '2'를 입력한 후 [OK] 버튼을 클릭합니다.

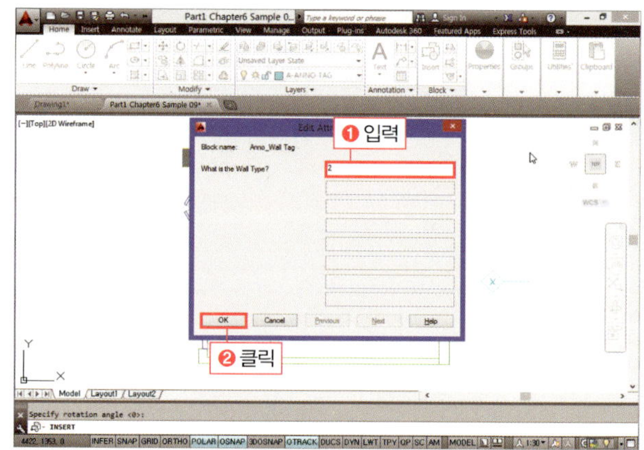

08. 심볼을 선택하면 아래의 Visibility 화살표를 확인할 수 있습니다. 화살표를 클릭한 후 '3'으로 변경합니다.

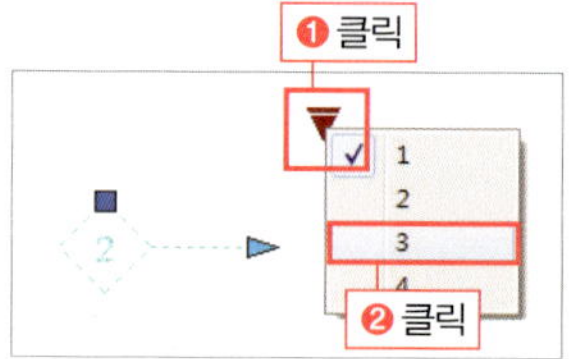

09. 그림과 같이 방향이 바뀌는 것을 확인할 수 있습니다.

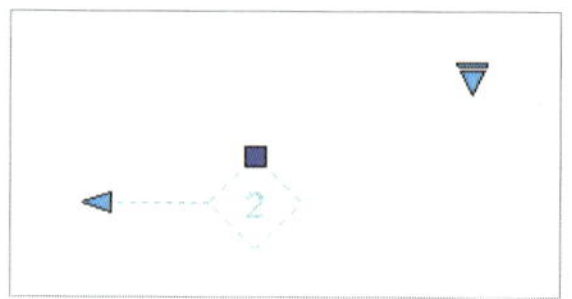

10. Annotative Wall Type 심볼의 Grip을 클릭하여 적절한 지점으로 이동시킵니다.

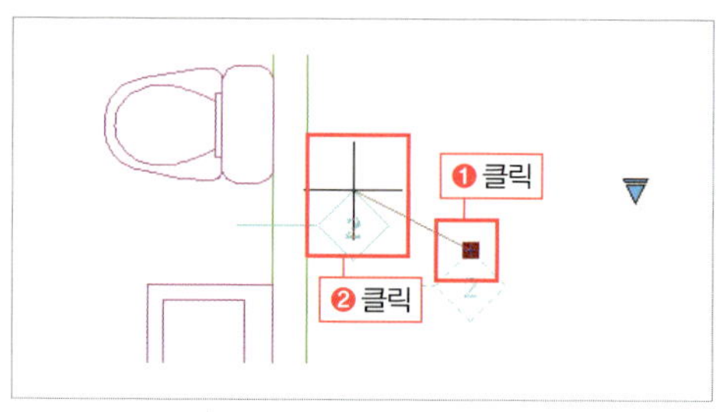

11. 그림과 같이 Annotative Wall Type 심볼이 배치
된 것을 확인한 후 `Esc`를 누릅니다.

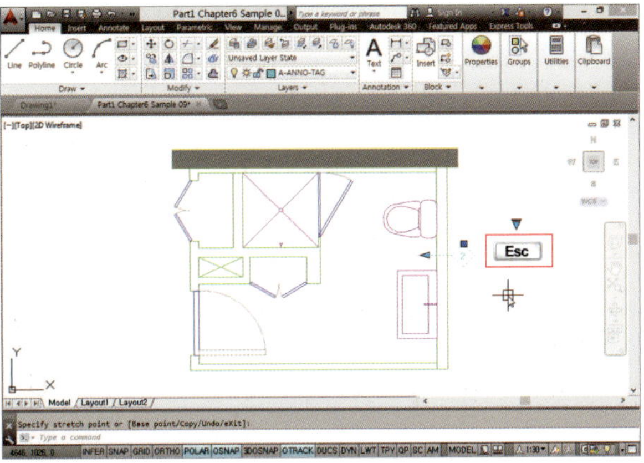

12. Wall Type 심볼을 복사하기 위해 Copy 명령을
실행합니다.

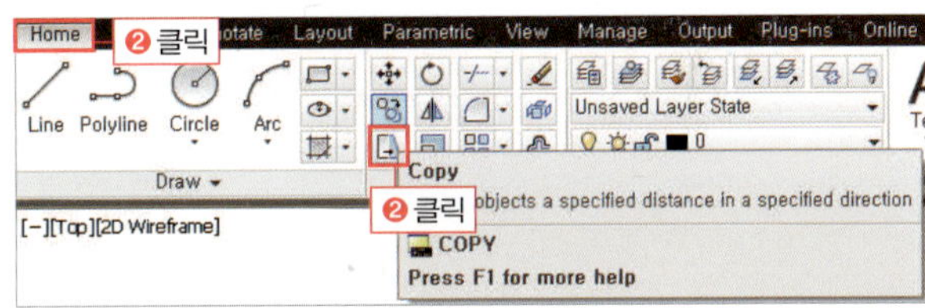

13. Wall Type 심볼을 그림과 같은 위치로 복사합
니다.

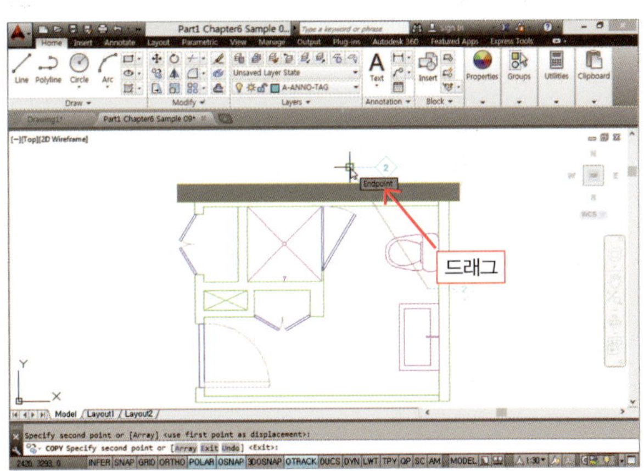

14. 심볼을 선택한 후 Visibility 화살표를 선택하고 '2'
로 변경합니다.

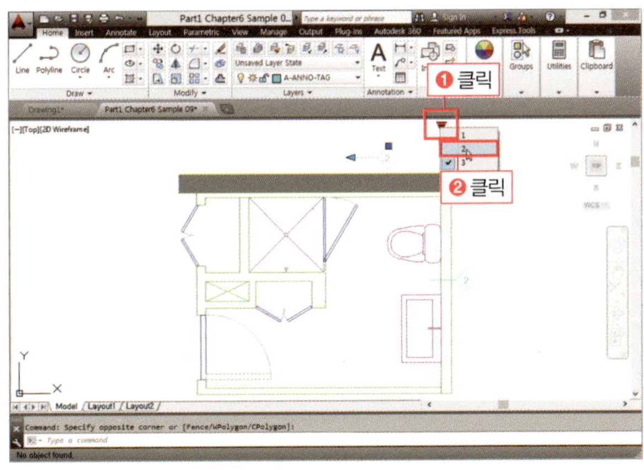

15. 그림과 같이 심볼 방향이 변경된 것을 확인합니다.

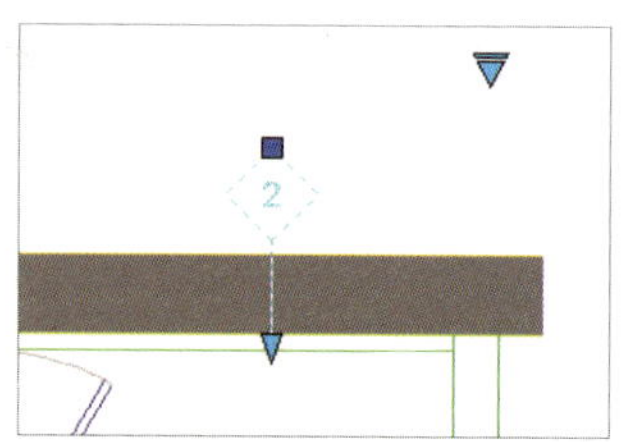

16. 선택한 심볼을 더블클릭하여 [Enhance Attribute Editor] 대화상자가 나타나면 [Value]를 '1'로 변경하고 [Apply]와 [OK] 버튼을 각각 클릭합니다.

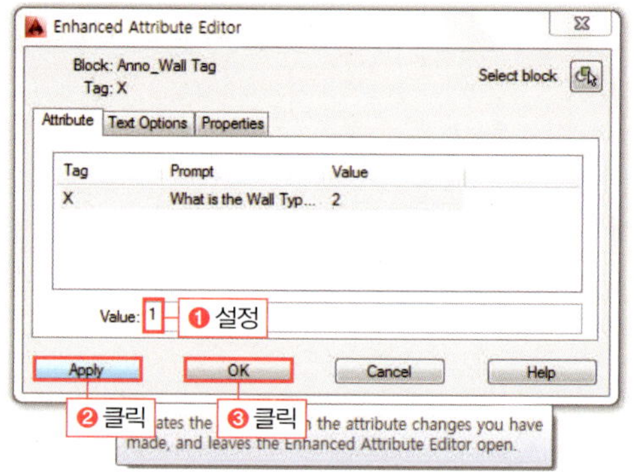

17. 그림과 같이 복사한 Wall Type 심볼의 Value 값이 '1'로 변경되었습니다.

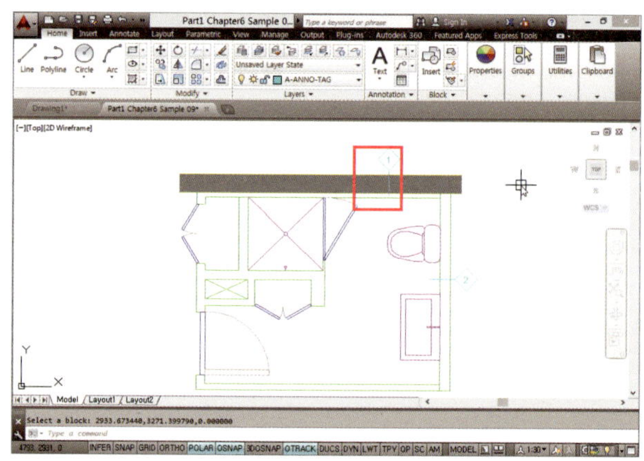

18. 다시 아래의 심볼을 선택한 후 선 끝의 Stretch Action 화살표를 밑으로 당겨 선의 길이를 늘려줍니다.

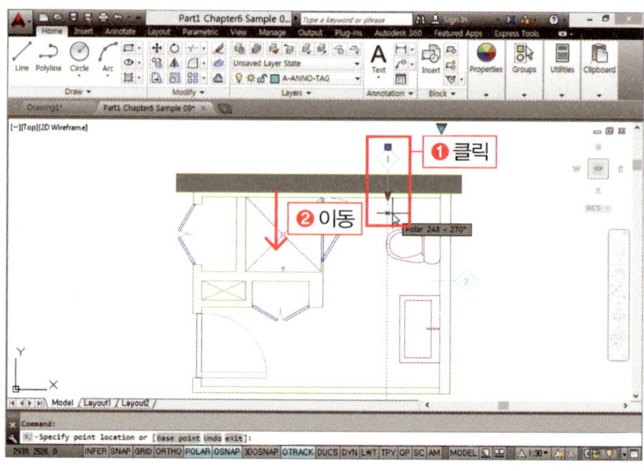

19. 나머지 Annotative Attribute 블록도 불러와서 그림과 같이 만들어 봅니다.

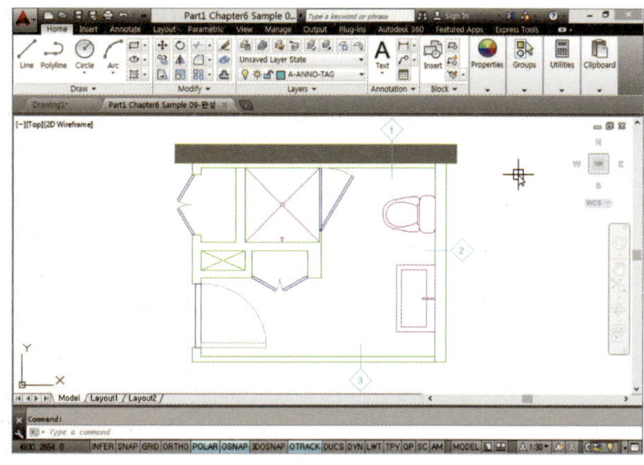

Annotative Attribute 블록을 만들어 도면에 삽입하기

Attribute 정보가 들어간 블록을 Annotative로 만드는 방법을 알아봅니다.

완성 파일 : Part 01/Chapter 06/Sample10-완성.dwg

01. 새 파일을 열어 [Circle](⊙)를 클릭하거나, 단축 명령어 'C'를 명령 입력창에 입력합니다.

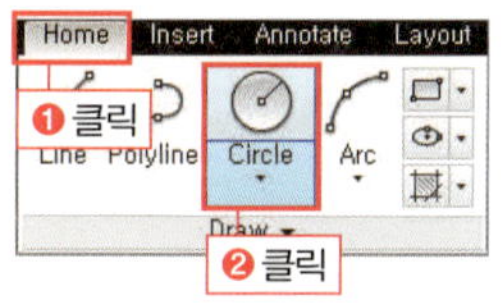

02. 드로잉 화면에서 원의 중심점으로 임의의 지점을 클릭하고, 반지름 크기를 '5'로 입력한 후 **Enter** 를 누릅니다.

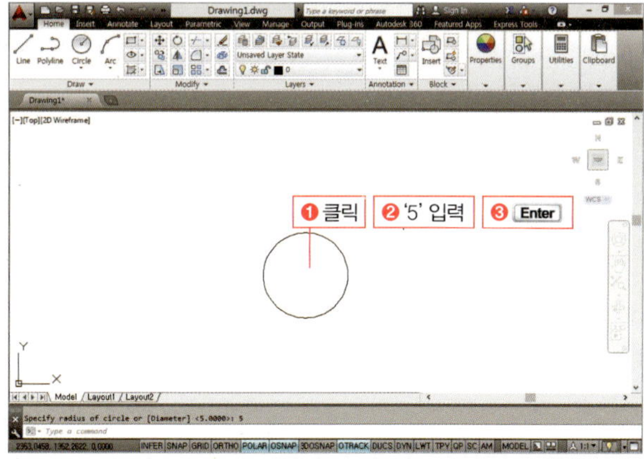

03. [Insert] 탭–[Block Definition] 패널에서 [Define Attributes](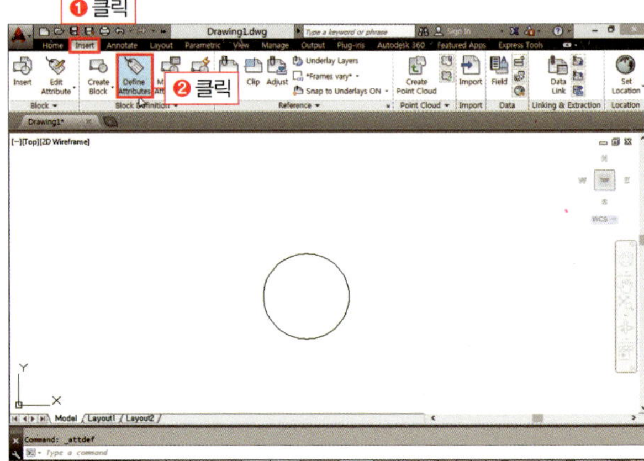)를 클릭합니다.

> **TIP** 바로 명령 입력창에 Attribute 명령의 단축 명령어 'Att'를 입력해도 [Attribute Definition] 대화상자를 불러올 수 있습니다.

04. 그림과 같이 설정을 한 다음 [OK] 버튼을 클릭합니다.

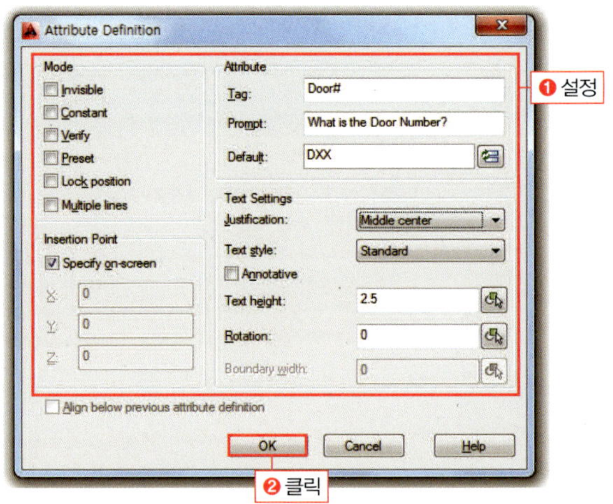

05. 원 중심에 Attribute 문자가 배치될 수 있도록 중심점을 클릭합니다.

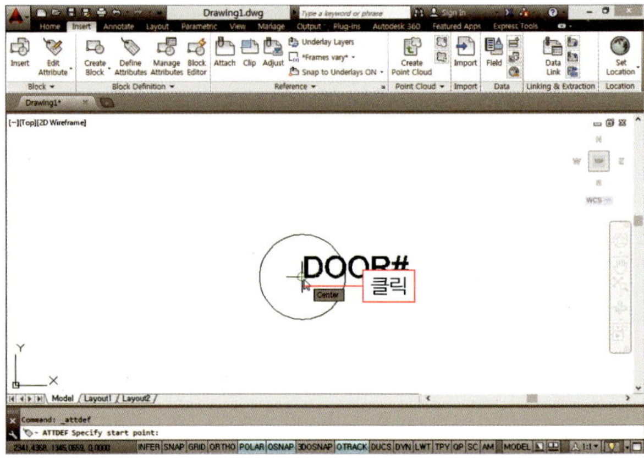

06. [Insert] 탭-[Block Definition] 패널에서 [Create Block](📇)을 클릭합니다.

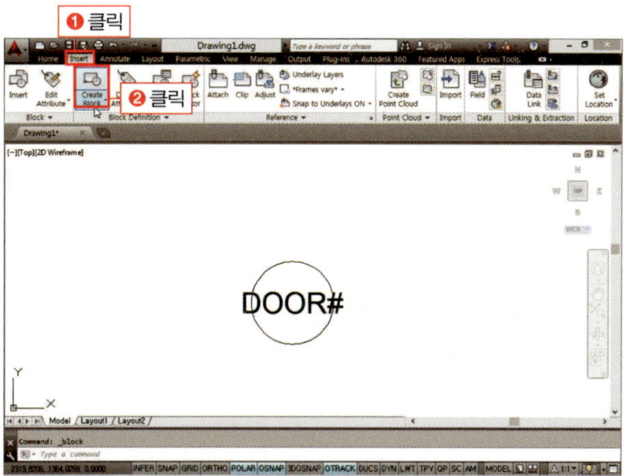

07. [Block Definition] 대화상자가 나타나면 그림과 같이 [Name]에 'Anno_Door Tag'라고 입력한 후 [Pick point](📇)를 클릭합니다.

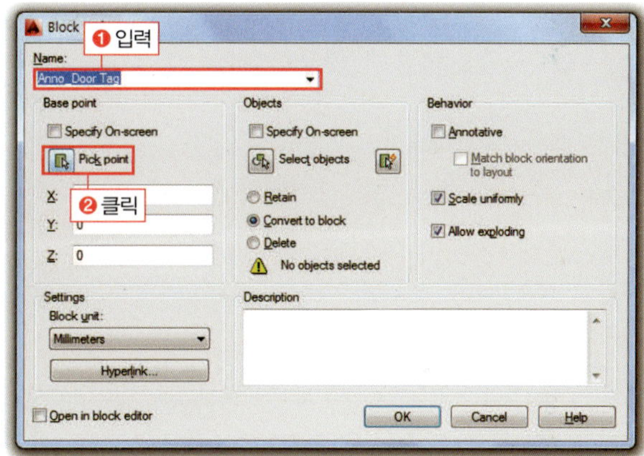

08. 기준점으로 원 중심을 클릭하여 지정합니다.

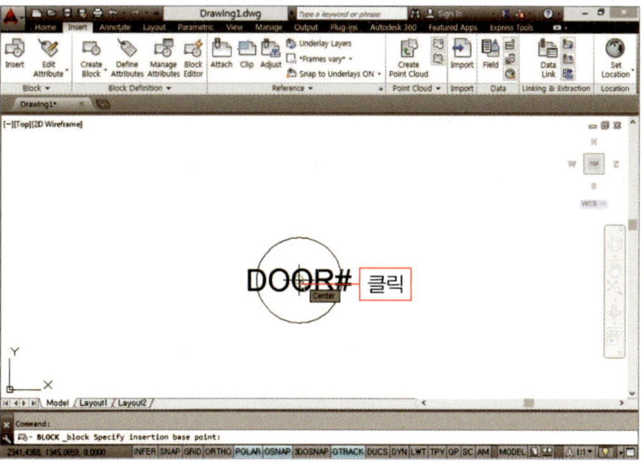

09. 이번에는 [Objects]에서 [Select objects]를
클릭합니다.

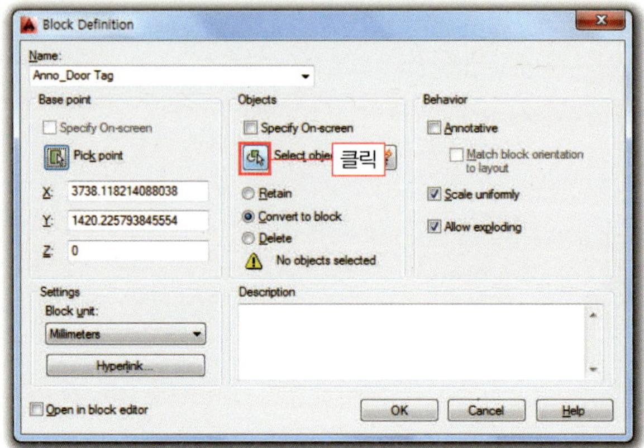

10. 도형인 원을 먼저 선택하고, 그 다음 Attribute 문
자인 'DOOR#'을 선택한 후 **Enter** 를 누릅니다.

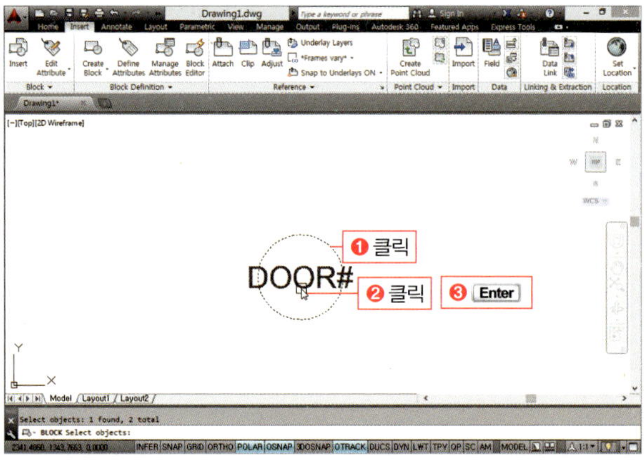

11. 이번에는 [Behavior]에서 [Annotative]를 체크한
뒤 [OK] 버튼을 클릭합니다.

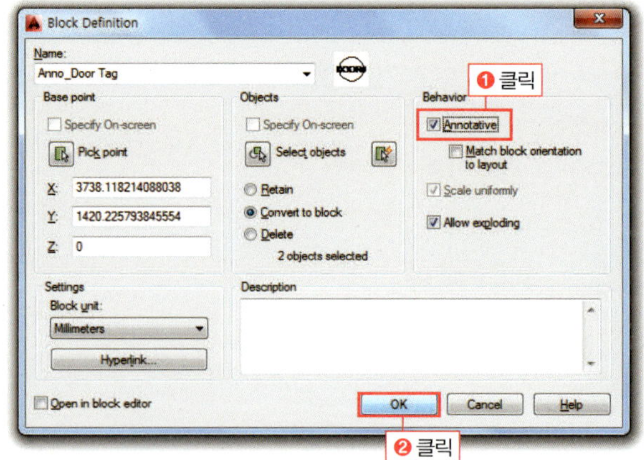

12. 그림과 같이 [Edit Attributes] 대화상자가 나타나
면 내용을 확인한 후 [OK] 버튼을 클릭합니다.

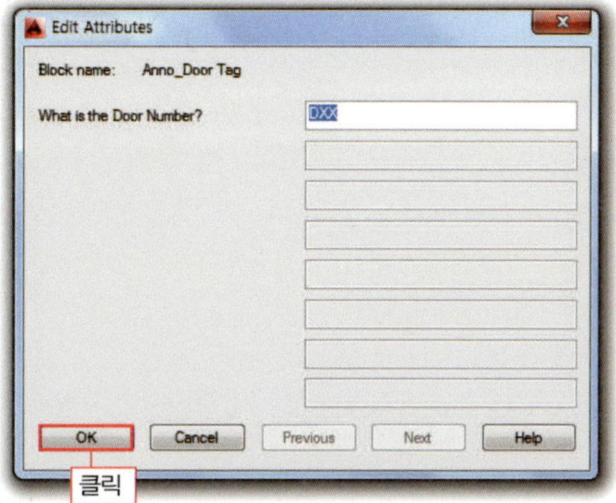

13. Attribute Door Tag 블록이 그림과 같이 완성된
것을 확인할 수 있습니다.

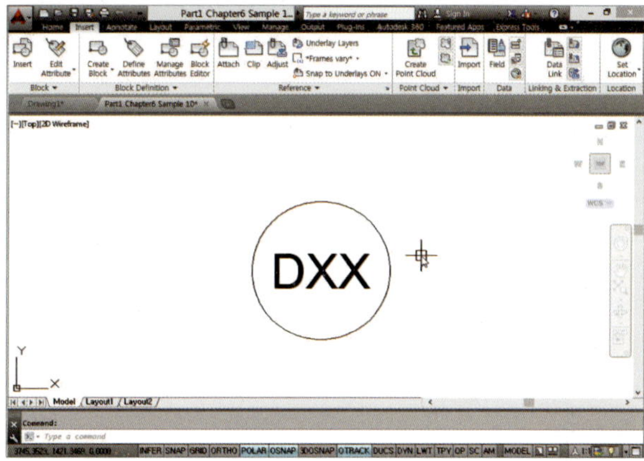

14. 부록 CD에서 'Sample 09-완성.dwg' 파일을 불
러옵니다.

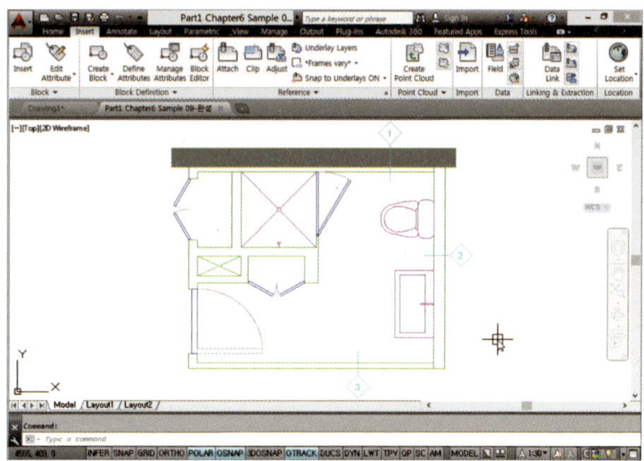

15. Insert 명령을 이용하여 앞에서 만들었던 Anno-
tative Door Tag 블록을 불러와서 배치합니다.

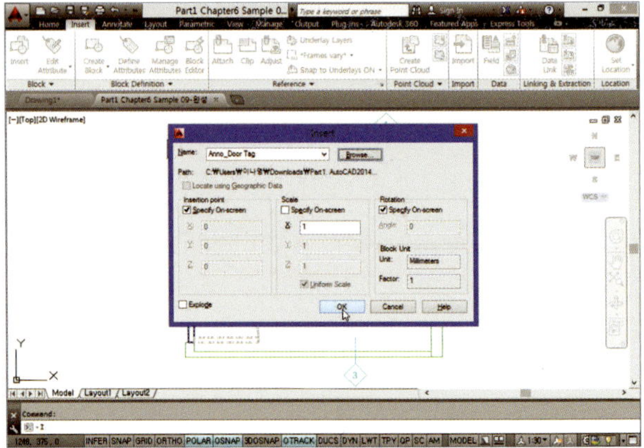

16. 완성 파일은 부록 CD에 'Sample 10-완성'으로 저
장되어 있습니다.

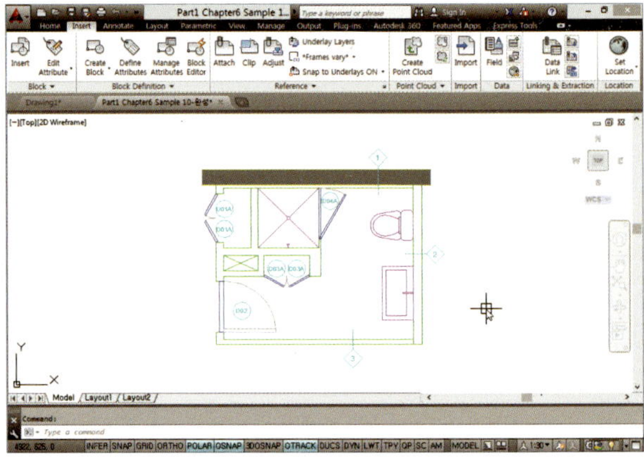

TIP Door-Tag 블록은 Chapter 06-[SYMBOL] 폴더에서
'Anno_Door-Tag' 이름으로 저장되어 있습니다.

크기 변경에 따라 문자 크기를 자동으로 변경시킬 수 있는 방법을 알아봅니다.

예제 파일 : Part 01/Chapter 06/Sample11.dwg | **완성 파일** : Part 01/Chapter 06/Sample11-완성.dwg

01. 예제 파일을 불러와 보면 문자는 모두 Annotation 크기가 '1:30'으로 만들어졌습니다.

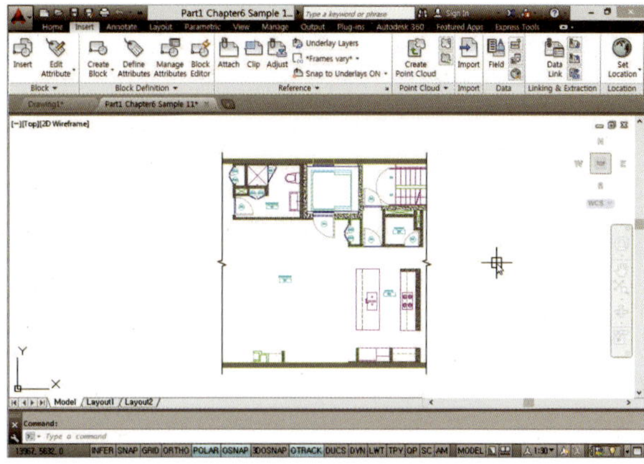

02. LIVINGROOM 객체를 선택한 후 마우스 오른쪽 버튼을 클릭하고 [Annotative Object Scale]-[Add/Delete Scales]를 선택합니다.

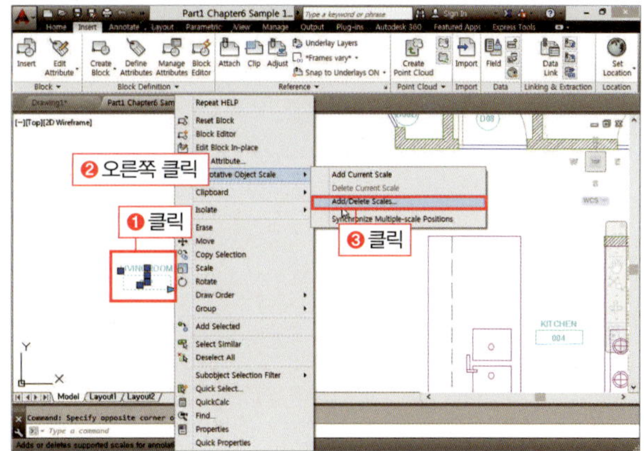

03. [Annotation Object Scale] 대화상자가 나타나면 [Add] 버튼을 클릭합니다.

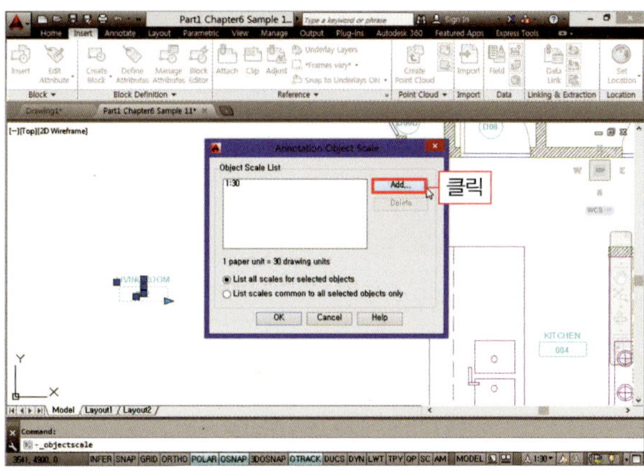

04. [Add Scales to Objects] 대화상자가 나타나면 '1:50'을 선택한 후 [OK] 버튼을 클릭합니다.

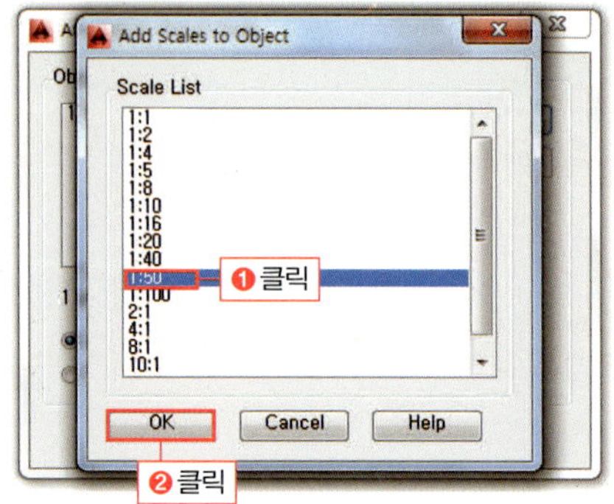

05. 다시 [Annotation Object Scale] 대화상자가 나오면 [OK] 버튼을 클릭합니다.

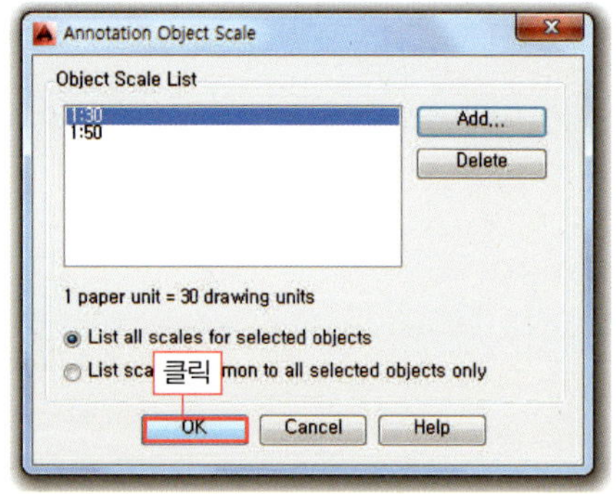

06. 그림과 같이 심볼을 선택하면 '1:50' 크기일 때의 문자 크기가 그림과 같이 겹쳐 보이게 됩니다.

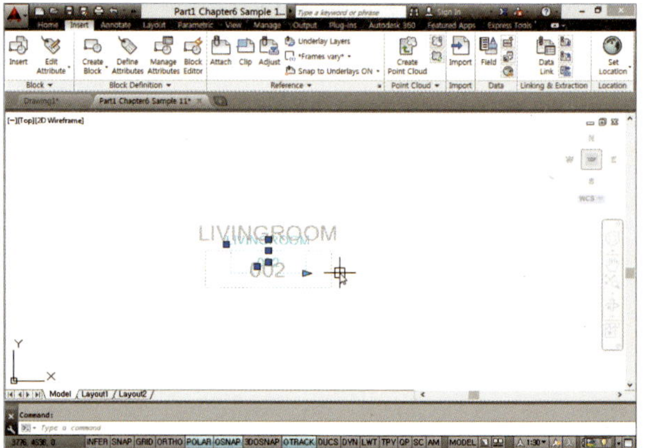

 선택한 객체의 스케일 적용을 삭제하려면, 객체를 마우스 오른쪽 버튼으로 클릭하면 [Annotative Object Scale]을 확인할 수 있습니다. 이때 확장 버튼을 통해 [Delete Current Scale]을 선택하면 됩니다. 반드시 삭제되는 객체의 스케일은 현재 도면의 Annotative Scale과 연동되므로 반드시 확인합니다.

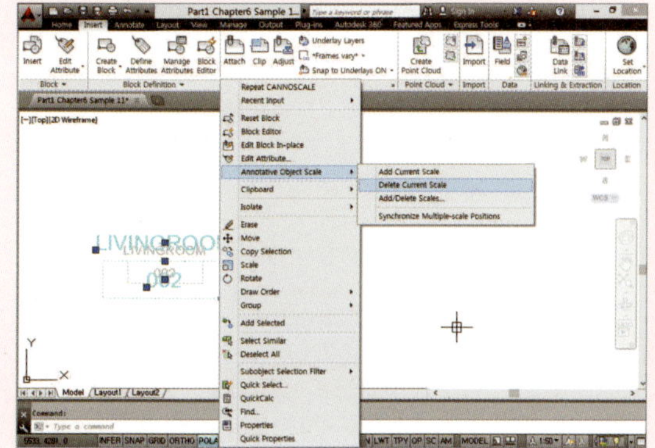

07. 다른 심볼도 동일하게 '1:50' 크기를 적용한 뒤 Annotation 크기를 '1:50'으로 바꿉니다.

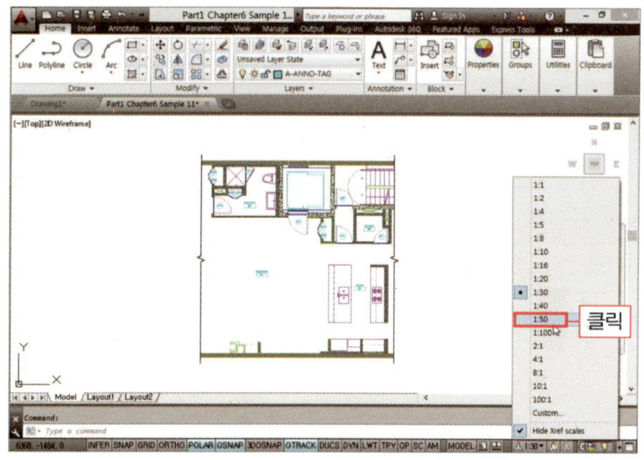

08. 그림과 같이 1:50 크기에 맞게 변경된 것을 확인할 수 있습니다.

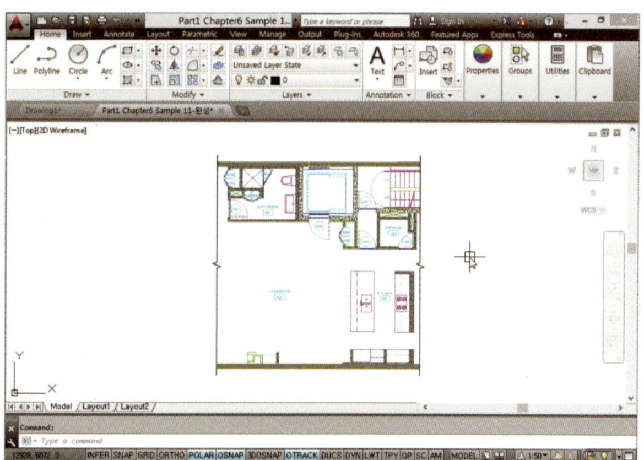

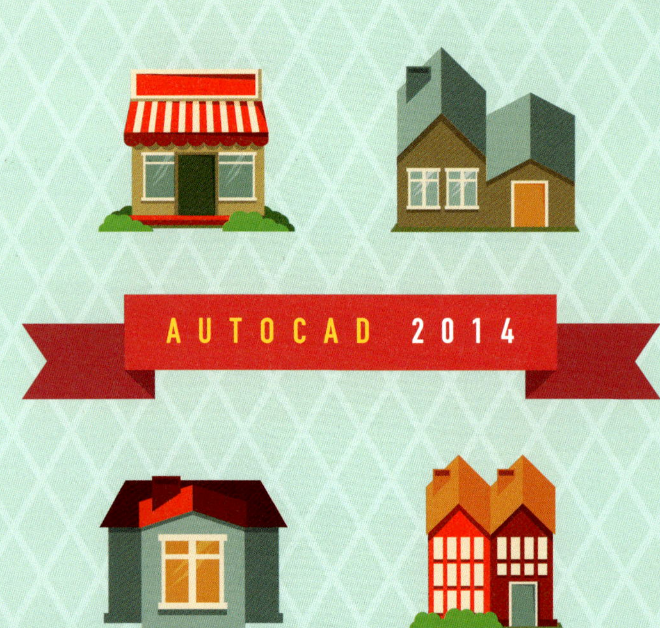
AUTOCAD 2014

치수 스타일 및 다중 지시선 만들기

AutoCAD에서 기본으로 제공하는 치수와 다중 지시선 스타일에는 Annotative 스타일과 ISO-25 및 Standard 스타일이 있습니다. ISO-25 스타일은 Metric 단위에서, Standard 스타일은 Imperial 단위에서 사용합니다. 크게 Annotative 치수 스타일과 그렇지 않은 치수 스타일(ISO-25 & Standard)로 분류할 수 있는데 이러한 스타일 모두 장점과 단점이 있기 마련입니다. 스타일 선정은 AutoCAD 사용자에 따라 다르지만, Annotative 치수 스타일은 Annotation 크기에 따라 치수와 지시선의 특성과 문자 크기가 적절하게 변경된다는 것이 가장 큰 장점입니다. 이번에는 Annotative 문자와도 연결되어 있는 Annotative 치수와 지시선 스타일을 살펴보고 활용하는 방법을 익히도록 합니다.

01. 치수와 지시선에 관한 두 가지 스타일을 이해하기

02. Annotative 치수와 지시선 만들어 보기

03. 크기에 따른 치수 문자 크기 변경 및 수정하기

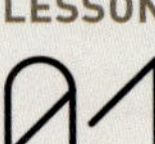

LESSON 01 치수 및 지시선 스타일 이해하기

Annotative 개념의 이해를 바탕으로 왜 Annotative 치수 스타일이 필요한지, 또한 무엇이 편리한지를 알고 적절하게 사용하는 방법을 알아봅니다.

● **학습 목표**

Annotative 개념의 이해를 바탕으로 Annotative 치수 스타일 사용 방법을 숙지할 수 있도록 합니다.

치수에 관한 두 가지 스타일(ISO-25 VS Annotative)의 개념 이해하기

❶ ISO-25 치수 스타일이란?

ISO-25 치수 스타일은 크기를 고려하지 않고 Dimension Scale Factors(DIMSCALE)을 이용하여 크기에 맞는 치수와 스타일을 지정해 줍니다. 즉 [Modify Dimension Style] 대화상자에서 각각의 출력 크기에 따른 DIMSCALE 시스템이 필요하다는 뜻입니다. 예를 들어 '1:100' 크기로 도면을 출력하려면, DIMSCALE도 '100'으로 설정해야 합니다.

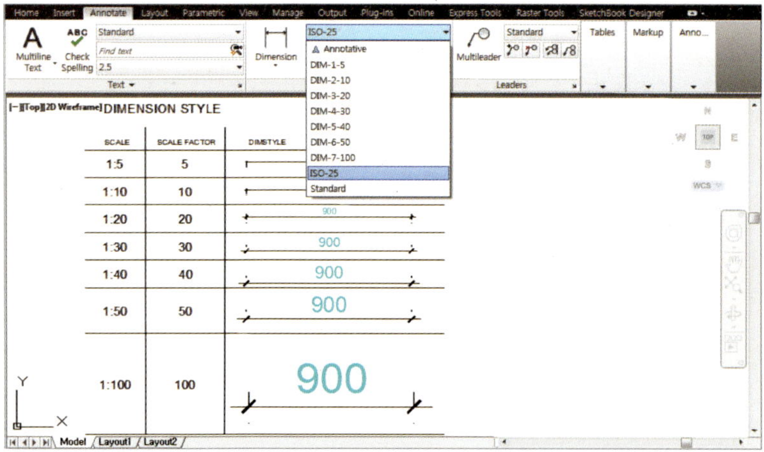

Dimension Scale Factor는 [Modify Dimension Style] 대화상자의 [Fit] 탭에 있는 [Scale for dimension features]-[Use overall scale of]에서 설정하면 됩니다.

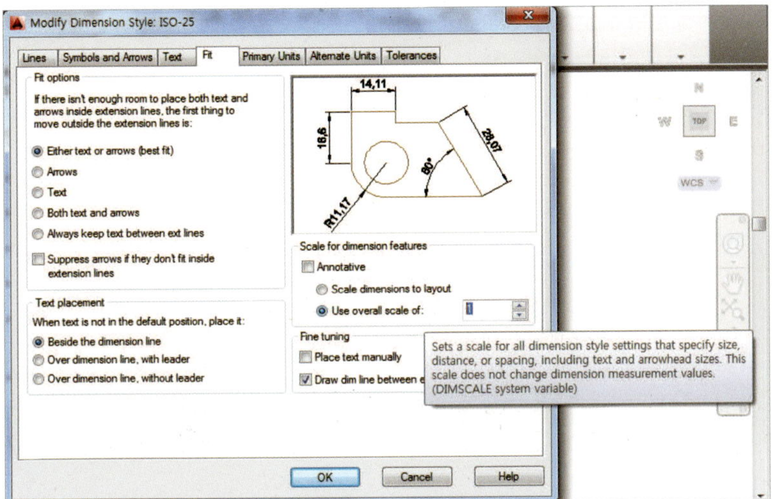

Standard 치수 스타일의 단점은 미리 여러 크기에 관한 Scale Factor를 변경한 치수 스타일에 맞게 만들어 놔야 한다는 것입니다. 장점은 한 드로잉에 하나 또는, 둘 이상의 다른 치수 스타일을 함께 사용할 수 있다는 것입니다.

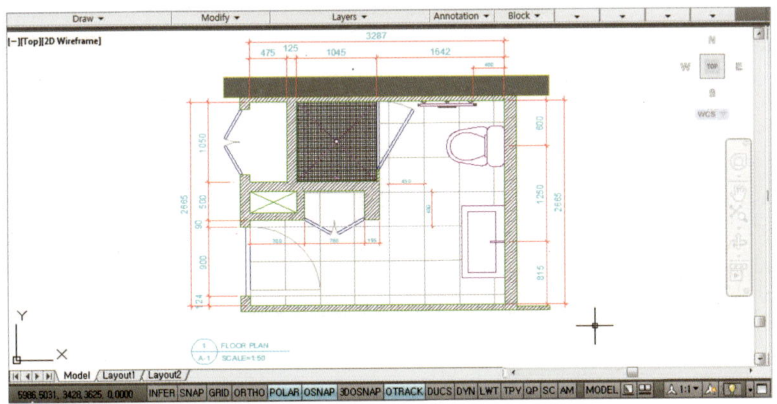

❷ Annotative 치수 스타일이란?

Annotative 치수 스타일은 Annotative 문자와 밀접한 관계를 가지고 있습니다. 일반적으로 여러 가지 다른 크기를 가진 드로잉이 하나의 화면에 함께 배치되어 있습니다. 이때 Annotative 치수 스타일을 사용하면, Standard 치수 스타일이 Dimension Scale Factor에 영향을 받는 것과는 달리 Annotative 크기에 영향을 받아 문자의 크기와 스타일이 알맞게 자동으로 변경됩니다. 그런 점이 Annotative 치수 스타일 하나만 만들면 모든 크기에 활용할 수 있다는 장점을 가지게 합니다.

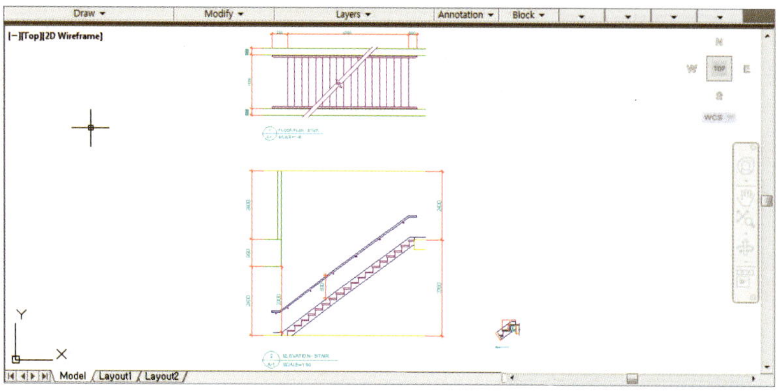

치수 도구 모음 살펴보기

도구 구모의 활용과 [Dimension Style Manager] 대화상자의 기능들을 살펴봄으로써 Annotative 치수 스타일을 형성하는 데 필요한 개념을 이해합니다.

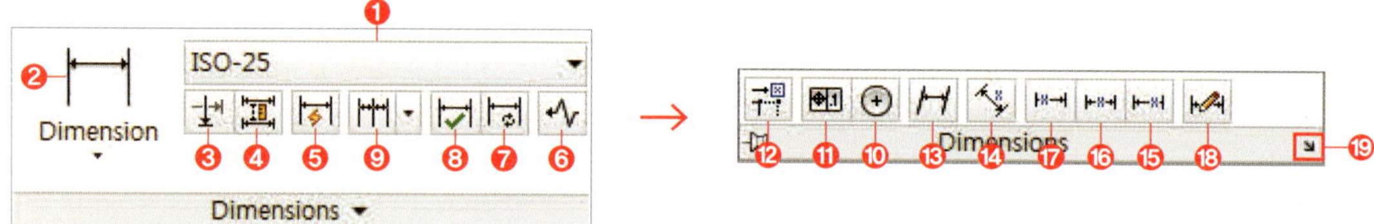

❶ Dimension Style : 현재 치수 스타일을 선택하여 지정합니다.

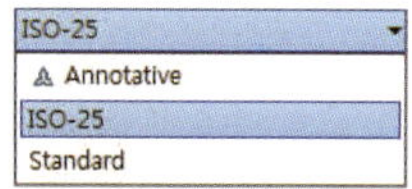

❷ Dimension Flyout : 치수의 종류를 볼 수 있습니다.

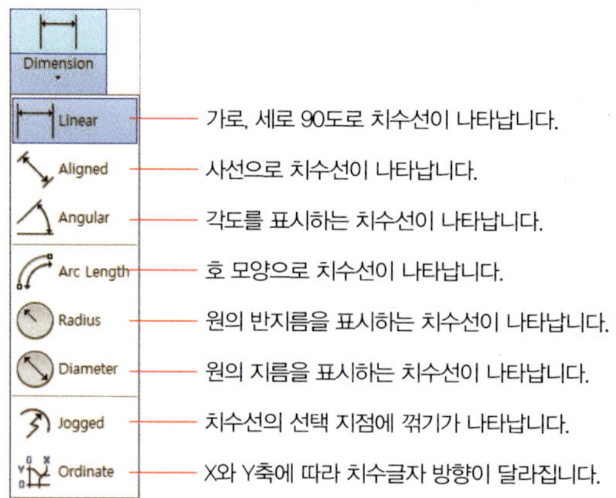

가로, 세로 90도로 치수선이 나타납니다.

사선으로 치수선이 나타납니다.

각도를 표시하는 치수선이 나타납니다.

호 모양으로 치수선이 나타납니다.

원의 반지름을 표시하는 치수선이 나타납니다.

원의 지름을 표시하는 치수선이 나타납니다.

치수선의 선택 지점에 꺾기가 나타납니다.

X와 Y축에 따라 치수글자 방향이 달라집니다.

❸ Break(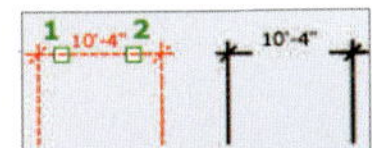) : 치수선을 끊어 줍니다.

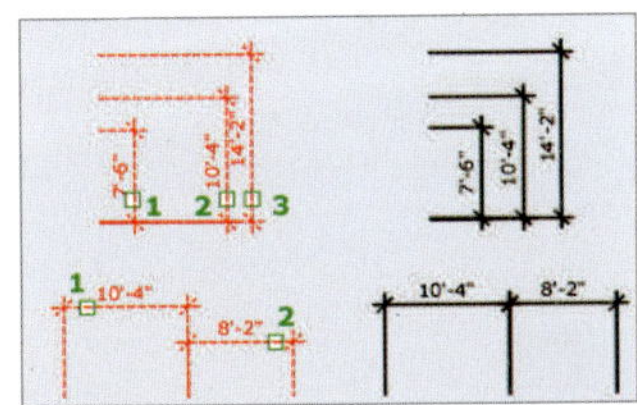

❹ Adjust Space(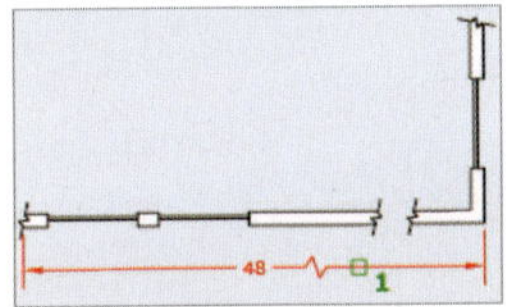) : 치수들 간의 간격을 일정하게 조절해 줍니다.

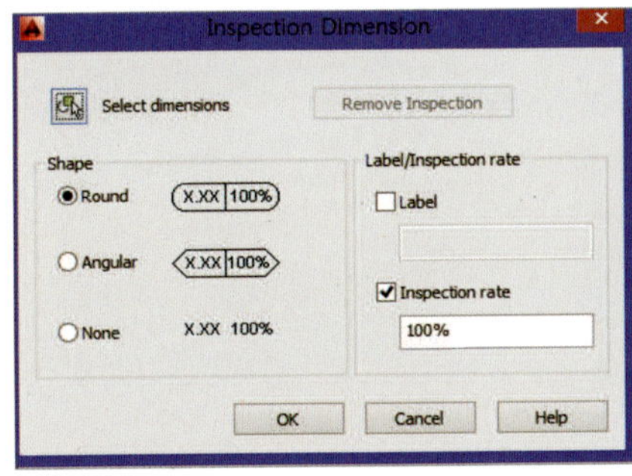

❺ Quick Dimension(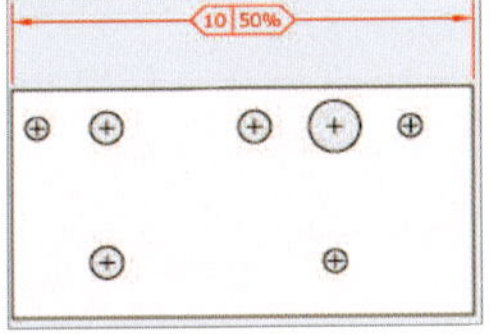) : 원하는 치수의 종류를 손쉽게 선택할 수 있습니다.

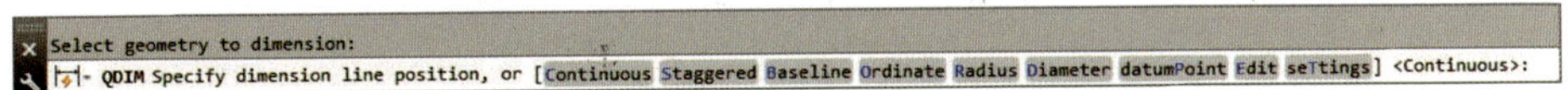

▲ Quick Dimension을 사용했을 때 명령 입력창에 나타나는 옵션

❻ Dimjogline(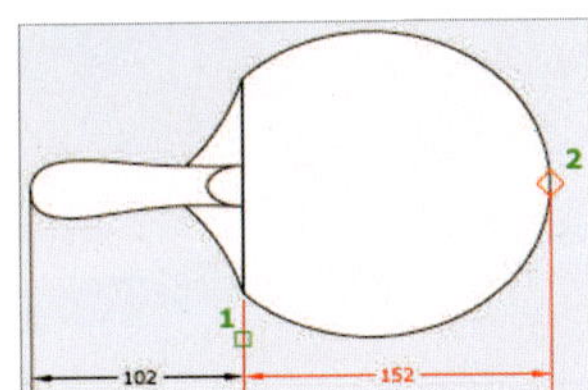) : 선택한 지점에서 치수선이 울퉁불퉁해 집니다.

❼ Update() : 선택한 치수를 현재 지정된 치수 스타일로 갱신해 줍니다.

❽ Inspect() : [Inspection Dimension] 대화상자의 설정에 따라 치수선에 정보가 기입됩니다.

❾ Continue() : 치수를 연속적으로 만들어 줍니다.

❿ Center Mark(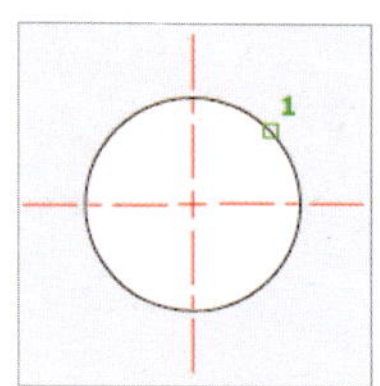) : 선택한 원이나 호의 중심지점을 표시해 줍니다.

⓫ Tolerance(■) : 선택 지점에 대한 정보를 [Geometric Tolerance] 대화상자에서 지정한 내에서 나타내 줍니다.

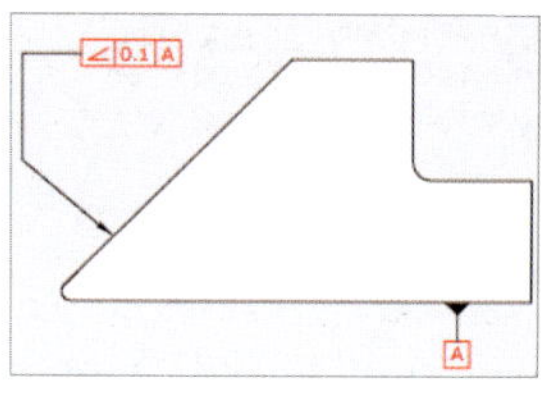

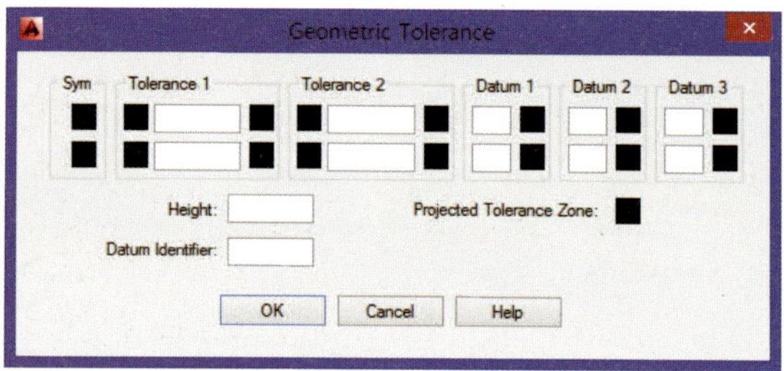

⓬ Reassociate(■) : 물체와 치수가 연동되게 해 줍니다.

⓭ Oblique(H) : 원하는 각도에 따라 일직선이던 치수 연장선이 사선으로 변경됩니다. 복잡하게 선들이 나열되어 있을 때 구분 짓는 방법으로 유용합니다.

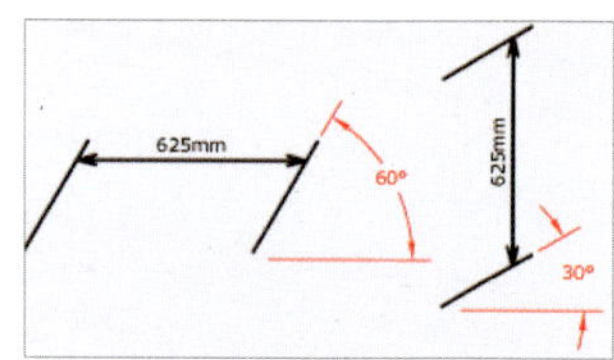

⓮ Text Angle(■) : 각도에 따라 치수 문자가 회전됩니다.

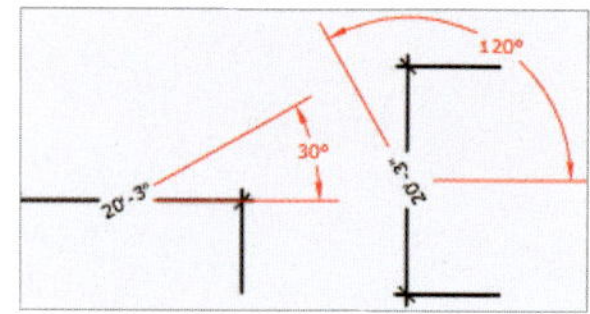

⓯ Left(■) : 치수 문자가 치수선의 왼쪽으로 정렬됩니다.

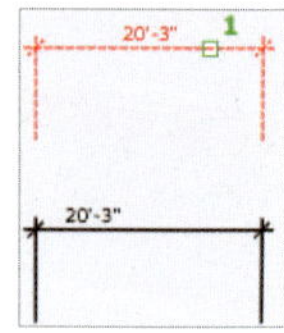

⑯ Center(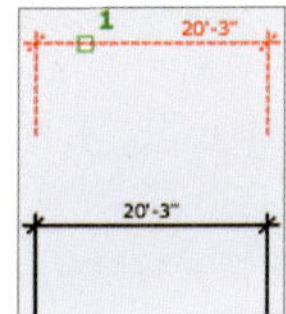) : 치수 문자가 치수선의 중심으로 정렬됩니다.

⑰ Right(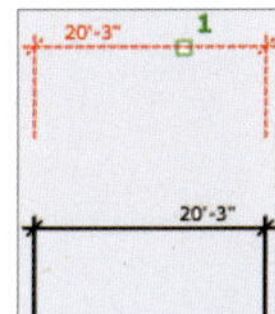) : 치수 문자가 치수선의 오른쪽으로 정렬됩니다.

⑱ Override( ) : 선택한 치수에서 덮어쓰기에 관한 여러 기능들을 수정 및 관리할 수 있습니다.

⑲ Dimension Style Manager( ) : 도면이 가지고 있는 모든 치수 스타일을 확인하고 수정할 수 있습니다.

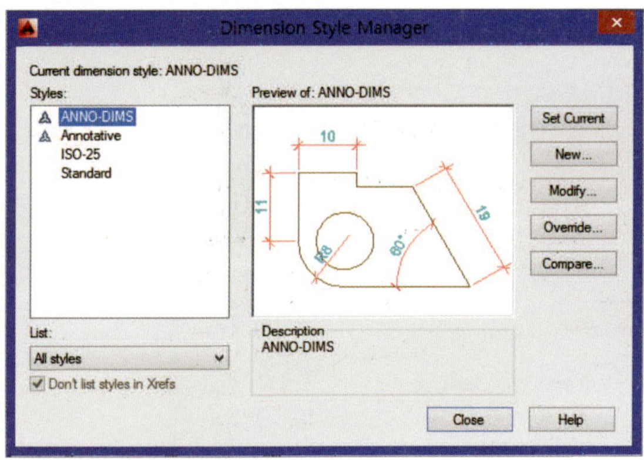

▲ (❸—⑲ 출처 : Autodesk AutoCAD—Help)

치수의 구성 요소는 이후 [Modify Dimension Style] 대화상자에서 수정 값과 서로 연관성이 있기 때문에 반드시 아래의 내용을 통해 살펴봅니다.

❶ 치수 특성에 관한 구성 요소 살펴보기

치수의 구성 요소는 이후 [Modify Dimension Style] 대화상자에서 [Line]과 [Text] 탭의 설정 값과 서로 연관성이 있기에 반드시 아래의 그림을 통해 살펴봅니다.

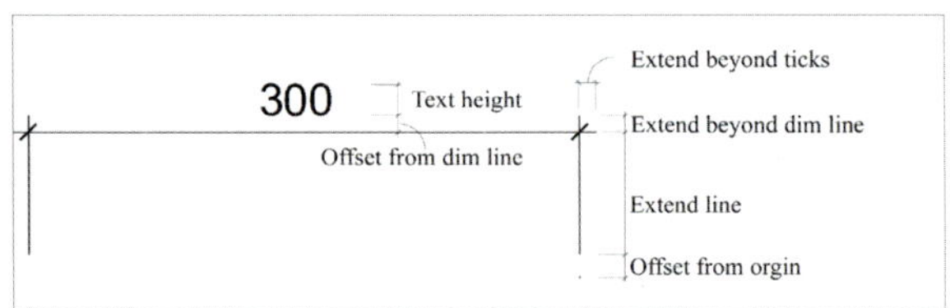

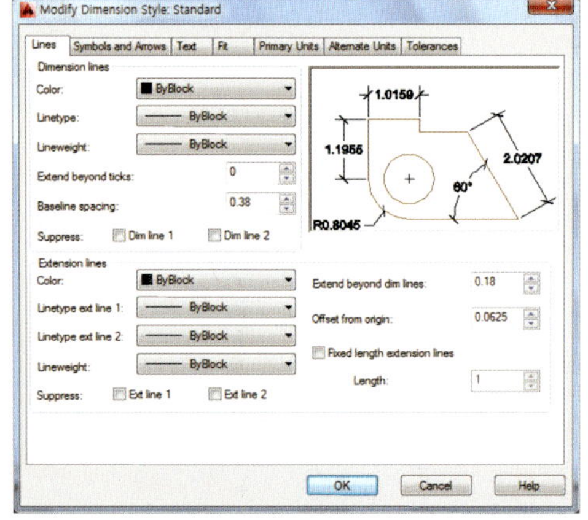

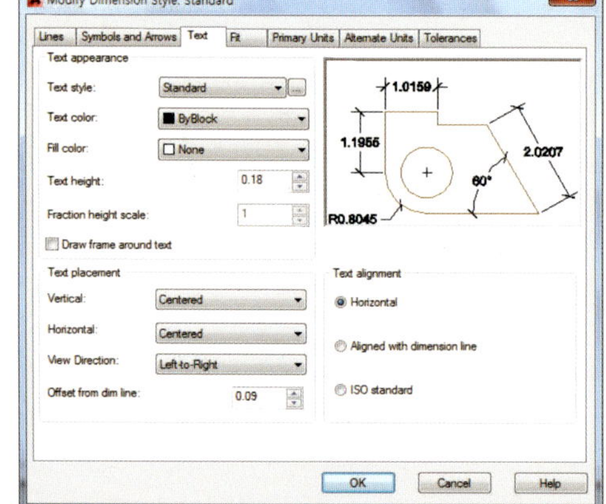

❷ 치수에 필요한 구성 용어 살펴보기

치수 용어에는 어떤 것이 있는지 알아보고, 스타일 지정을 위한 개념을 익힙니다.

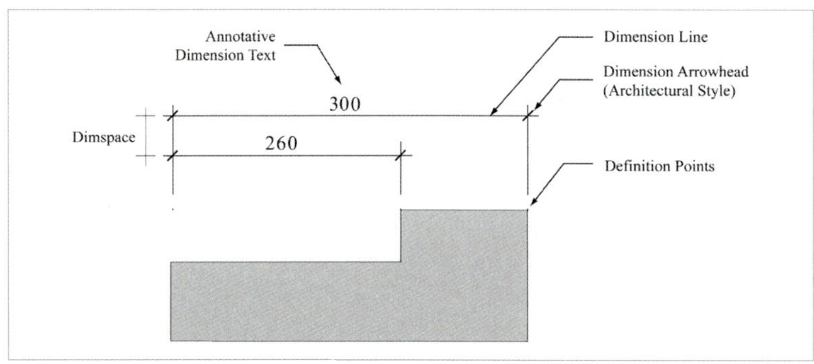

❶ 지시선(Leader)이란?

단축 명령어로는 'Le'이며 다중 지시선과는 다르게 [Modify Dimension Style] 대화상자의 [Symbols and Arrows] 탭과 [Text] 탭에서 지정한 지시선의 문자 크기와 값에 연결되어 있습니다.

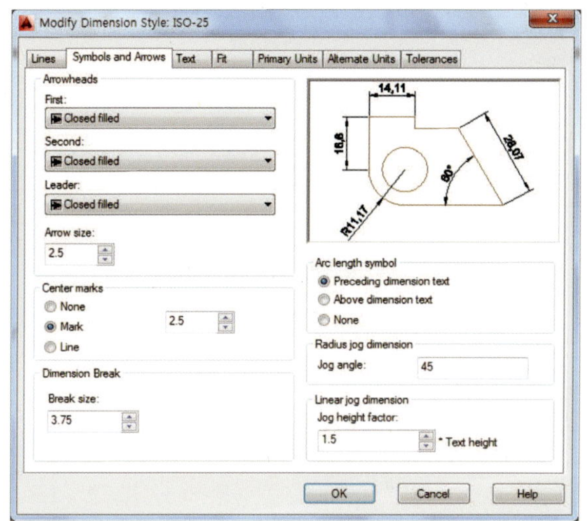 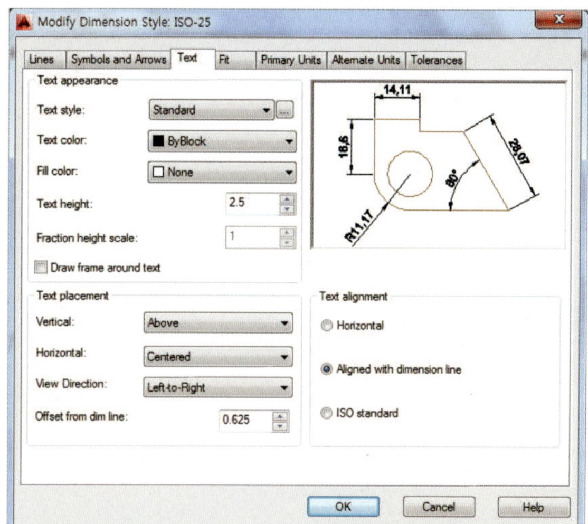

좀 더 자세한 지시선 특성을 변경하기 위해서는 [Leader Settings] 대화상자를 이용합니다. 문자 설정에 관해서는 [Modify Dimension Style] 대화상자의 [Text] 탭에서 지정해야 하며 [Leader Settings] 대화상자에서는 수정하지 못합니다.

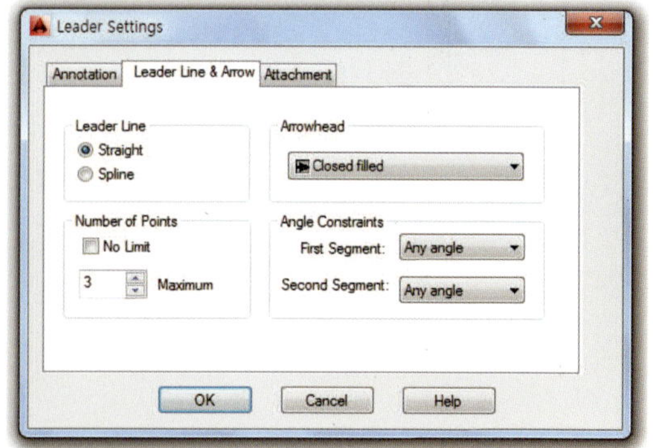

❷ 다중 지시선(Multileader) 이란?

다중 지시선이란 [Modify Dimension Style] 대화상자와 비슷하게 [Multileader Style Manager] 대화상자를 이용하여 스타일에 따라 문자 크기 및 화살표 크기와 선 꺾음의 숫자를 지정해 주는 독립적인 시스템입니다. 그리고 Annotative 모드 설정도 가능하여 크기에 따라 자동으로 변경할 수 있습니다.

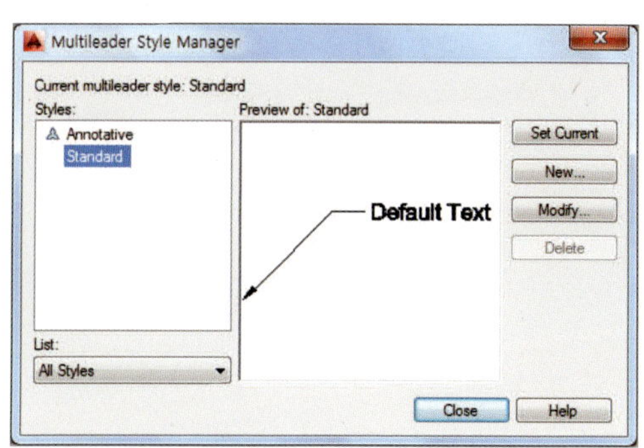

❶ 다중 지시선 도구 모음의 화면 구성

다중 지시선을 불러올 수 있도록 도구 모음의 위치를 파악하고 활용합니다.

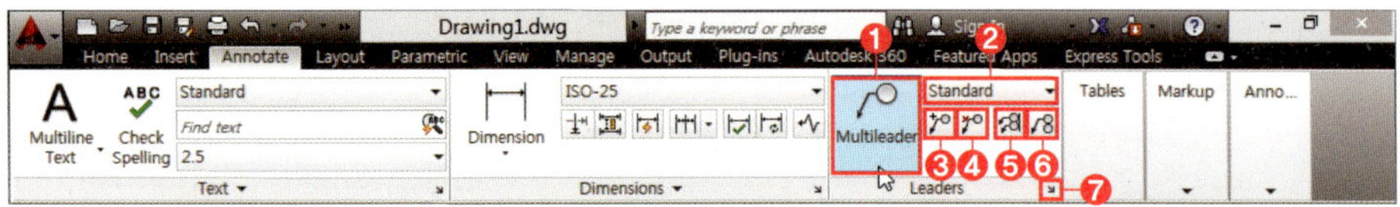

❶ Multileader(　) : 다중 지시선 객체를 만듭니다.

❷ Multileader Style(　) : 선택한 스타일을 현재 다중 지시선 스타일로 변경합니다.

❸ Add Leader(　) : 지시선을 추가합니다.

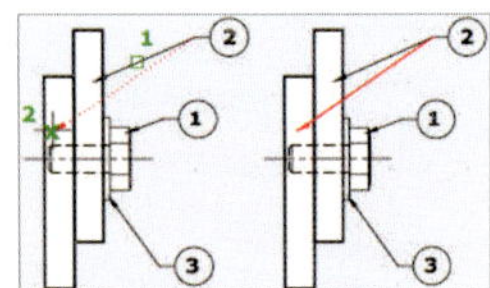

❹ Remove Leader(　) : 지시선을 삭제합니다.

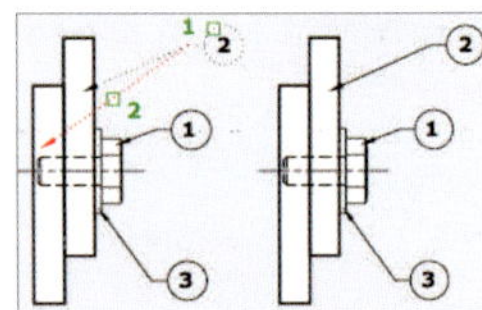

❺ Align(　) : 선택한 지시선을 일직선을 정렬합니다.

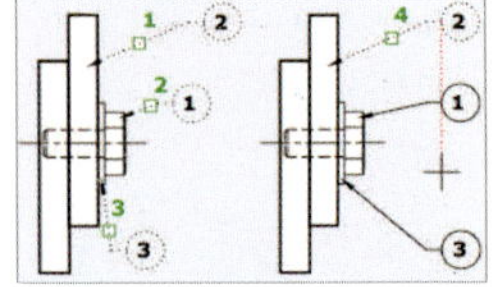

❻ Collect(　) : 선택한 지시선을 하나의 지시선으로 정렬합니다.

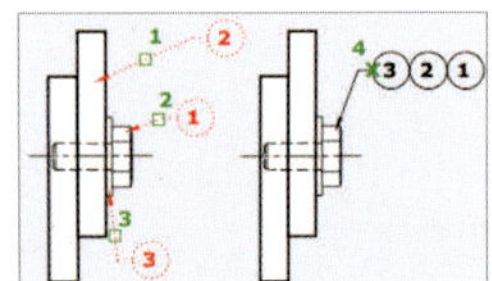

▲ (❸—❻ 출처 : Autodesk AutoCAD—Help)

❼ Multileader Style Manager(⬎) : [Multileader Style Manager] 대화상자로 이동합니다.

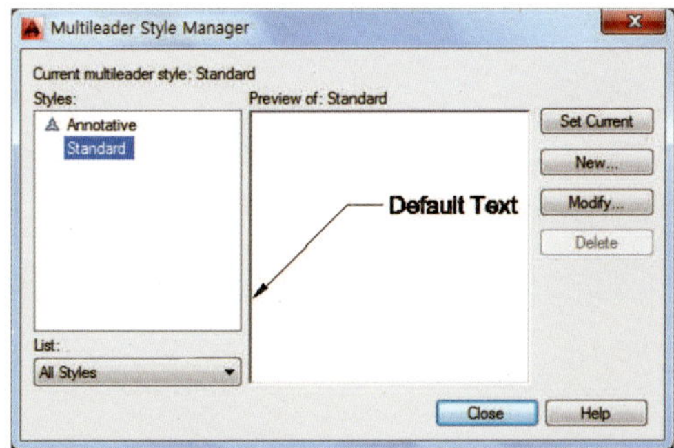

- Style : 도면에 설정된 다중 지시선 스타일을 확인할 수 있습니다.
- List : 스타일 보기를 선택할 수 있습니다. 전체 스타일을 보는 것(All Styles)을 권장합니다.

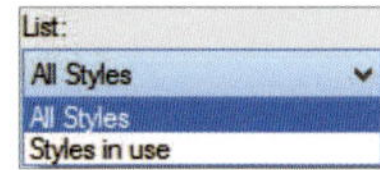

- Preview of : 지정한 다중 지시선 스타일을 미리 보기가 가능합니다.
- Set Current : 지정한 스타일을 현재 다중 지시선 스타일로 지정합니다.
- New : 새로운 다중 지시선 스타일을 만듭니다.
- Modify : 선택한 다중 지시선 속성을 수정합니다.
- Delete : 선택한 다중 지시선을 삭제합니다. 기본 Standard는 삭제할 수 없습니다.

❷ 일반 지시선 도구 모음의 화면 구성

일반 지시선은 별도의 도구 모음이 없으며 명령 입력창에 단축 명령어인 'Le'를 입력하면 됩니다.

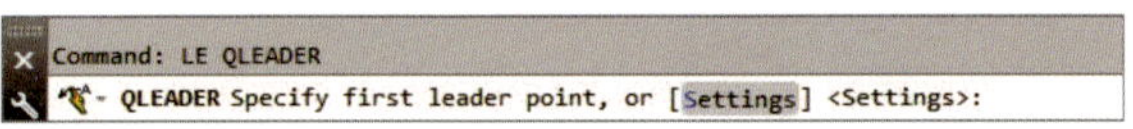

이후 지시선 설정에 관해 수정할 사항이 있다면 명령 입력창의 옵션에서 [Settings]를 클릭하면 [Leader Settings] 대화상자가 나타납니다.

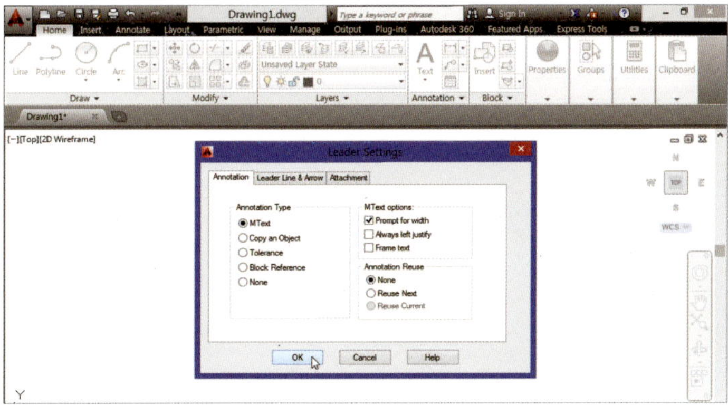

❶ 치수 특성에 관한 구성 요소 살펴보기

지시선의 구성 요소는 이후 [Modify Multileader Style] 대화상자의 [Leader Format], [Leader Struc-tures], 그리고 [Contents] 탭에서 설정하는 지시선 설정 값과 서로 연관성이 있기에 반드시 아래의 그림을 통해 살펴봅니다.

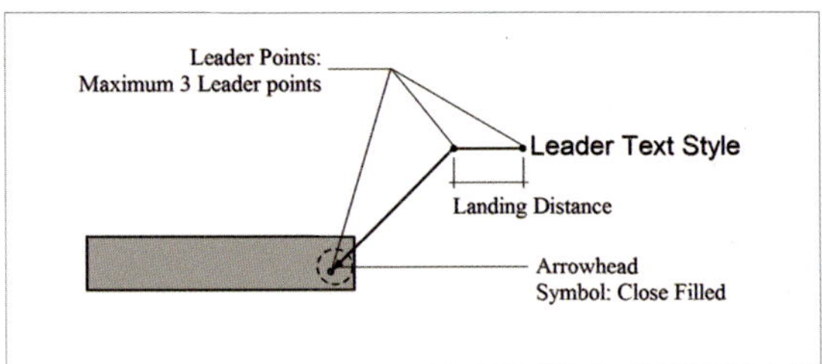

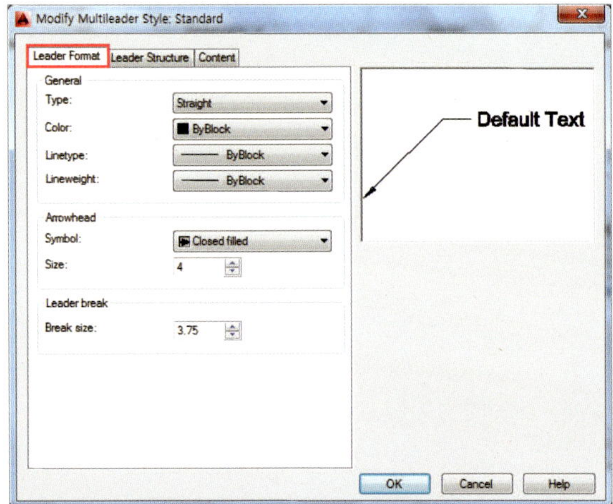

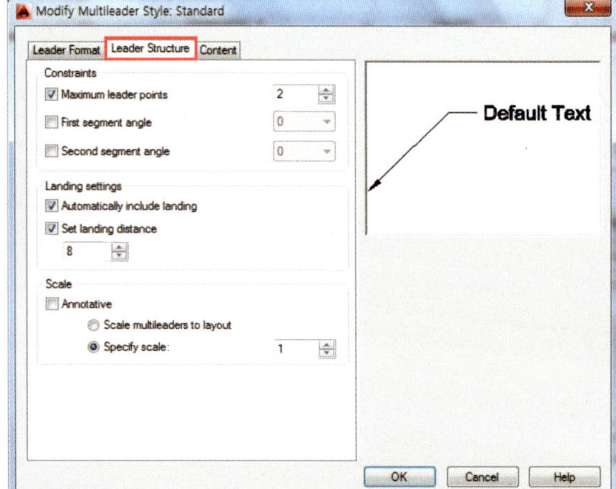

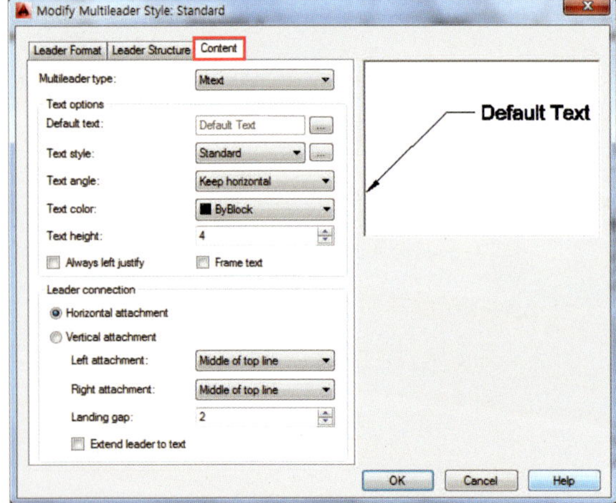

LESSON 02 치수 스타일 만들기

새로운 치수 스타일을 만들기 위해서는 [Dimension Style Manager] 대화상자에서 ISO-25 스타일을 기초로 새로운 치수 스타일을 만든 후에 [Modify Dimension Style] 대화상자에서 그 특성 값을 지정해야 합니다. 이러한 치수 스타일을 만들기 위한 대화상자들의 구성 요소들과 실행하는 방법들을 모두 알아봅니다.

● 학습 목표

Annotative 치수 및 지시선에 관한 스타일을 수정할 줄 알고, 도면에 배치하는 방법을 학습합니다.

● 학습에 필요한 단축 명령어

D/DDIM : Dimension Styles Manager

DAL : Dim Aligned and Linear

PR/MO : Properties

치수 시작하기(Dimensioning)

[Dimension Style Manager] 대화상자를 이용하여 새로운 치수 스타일을 만듭니다. [Annotate] 탭-[Dimensions] 패널에서 도구 모음을 찾을 수 있으며 단축 명령어로는 'D' 혹은 'Ddim'이 있습니다.

❶ [Dimensions] 패널의 화면 구성

새로운 치수 스타일을 만들고 수정할 수 있도록 도구 모음의 위치를 파악하고 활용합니다.

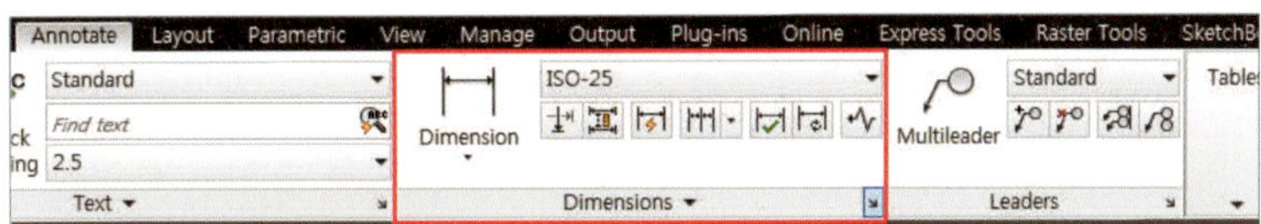

▲ [Annotate] 탭-[Dimensions] 패널의 화면 구성

TIP 단축 명령어 'D'를 명령 입력창에 입력하고 [Enter]를 누르면 동일하게 [Dimension Style Manager] 대화상자가 나타납니다.

```
Command: *Cancel*
>_ -d DIMSTYLE
```

❷ [Dimension Style Manager] 대화상자의 구성 살펴보기

새로운 치수 스타일을 지정하기 위한 대화상자로써 구성 요소의 이해를 바탕으로 올바른 치수 설정을 합니다.

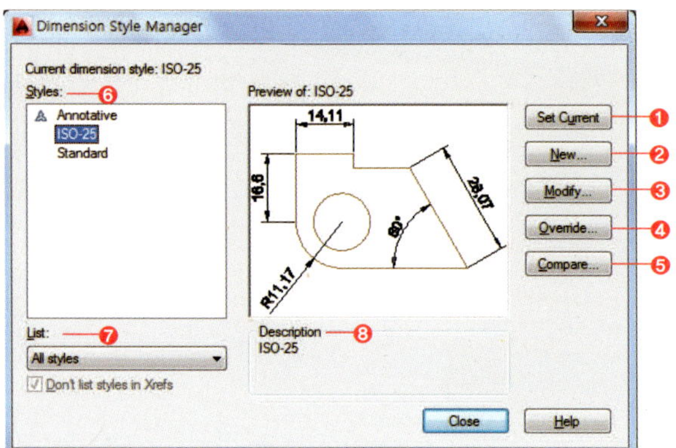

❶ Set Current : 선택한 스타일을 현재 치수 스타일로 지정할 수 있습니다.

❷ New : 새로운 치수 스타일을 만들 수 있습니다.

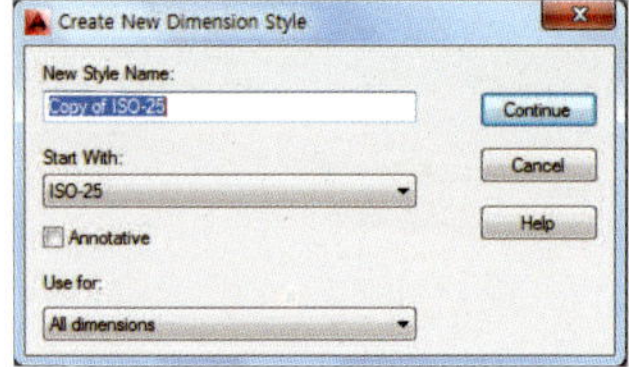

❸ Modify : [Modify Dimension Style] 대화상자로 이동하여 선택한 치수 스타일의 특성을 수정할 수 있습니다.

❹ Override : [Modify]와 비슷하게 현재 선택한 치수 스타일을 변경할 수 있습니다.

❺ Compare : 선택한 치수 스타일의 특성 값을 비교할 수 있습니다.

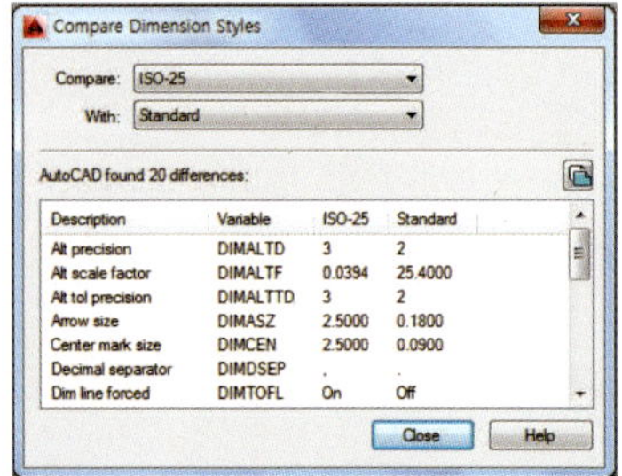

❻ Style : 도면에 설정된 치수 스타일을 확인할 수 있습니다

❼ List : 스타일 보기를 선택할 수 있습니다.

❽ Description : 선택한 치수의 스타일 속성을 확인할 수 있습니다.

Annotative 치수 스타일 만들기

Annotation 크기에 따라 치수의 특성도 변경되는 Annotative 치수 스타일을 만들어 봅니다.

예제 파일 : Part 01/Chapter 07/Sample 01_AnnotativeTextStyle.dwt

01. 예제 파일을 불러온 후 [Annotate] 탭–[Dimension] 패널에서 [Dimension Style Manager](⊿)를 클릭하여 [Dimension Style Manager] 대화상자를 불러옵니다.

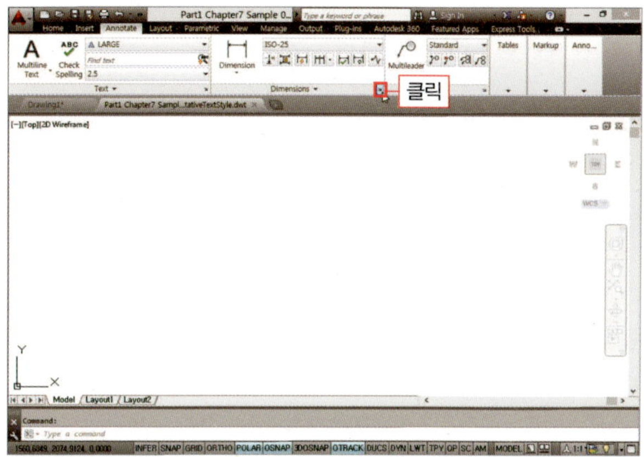

02. [Dimension Style Manager] 대화상자에서 'ISO–25'를 선택한 후 [New] 버튼을 클릭합니다.

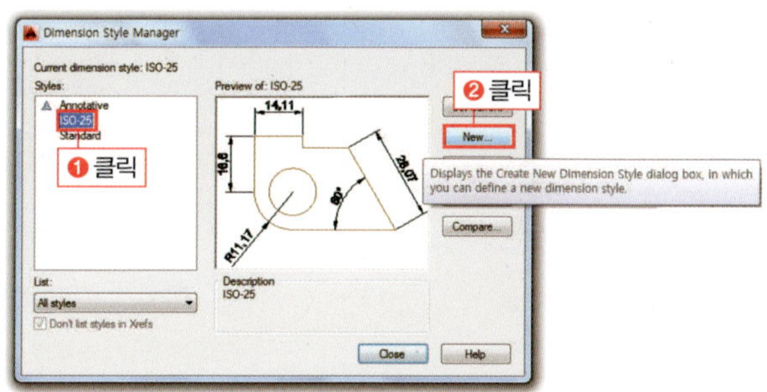

03. [Create New Dimension Style] 대화상자가 나타나면 [New Style Name]에 'ANNO–DIMS'를 입력한 후 [Continue] 버튼을 클릭합니다.

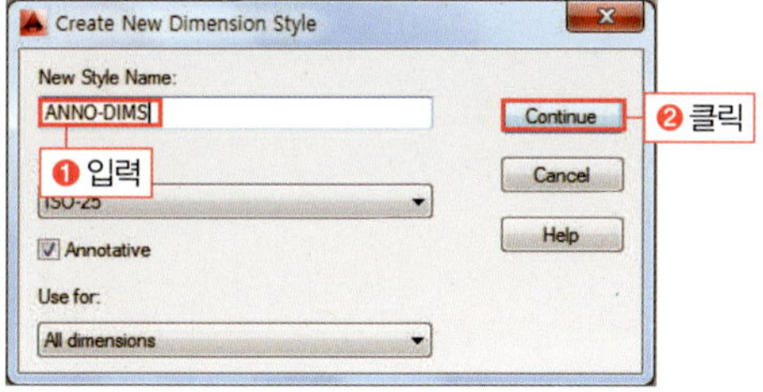

04. [New Dimension Style: ANNO–DIMS] 대화상자
가 나타나면 [Symbols and Arrows] 탭에서 그림과 같
이 설정합니다.

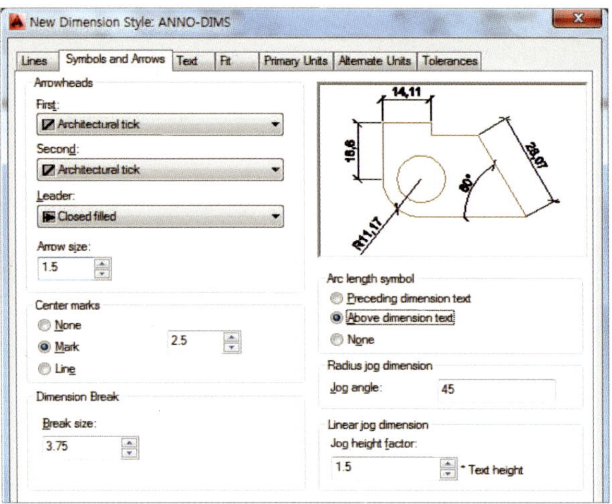

05. 다음에는 [Text] 탭으로 이동한 후 Annota-
tive 문자 스타일과 연결시키기 위하여 [Text Style]을
'SMALL'로 선택하고 나머지는 그림과 같이 설정합니
다.

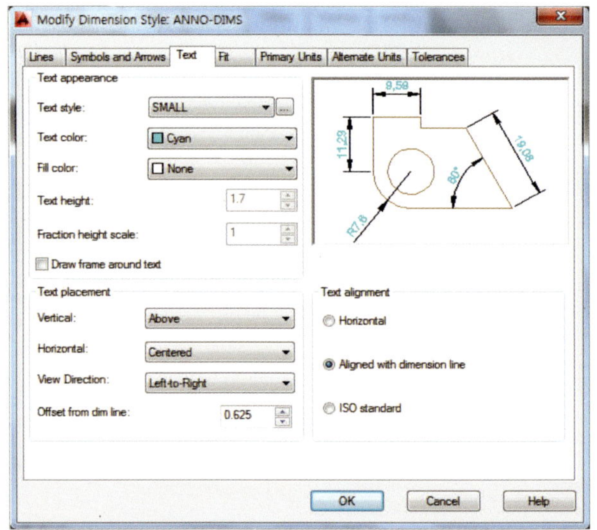

06. 이번에는 [Fit] 탭으로 이동하여 그림과 같이 설
정합니다.

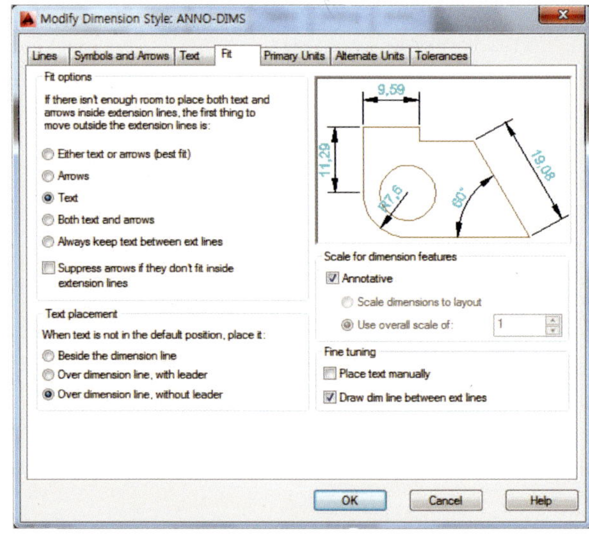

07. [Primary Units] 탭으로 이동하여 그림과 같이 설정합니다.

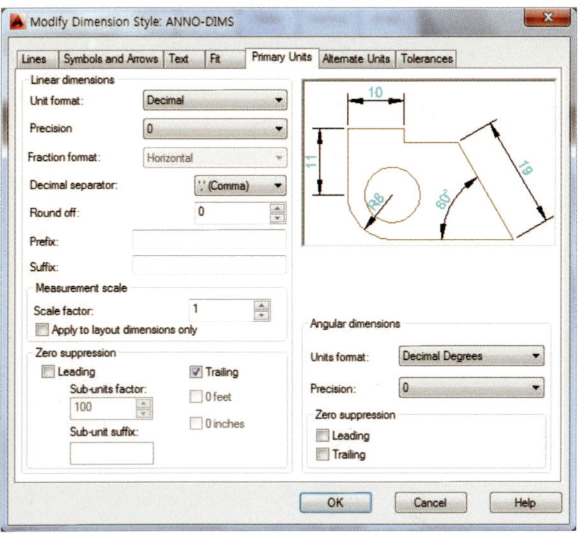

08. 마지막으로 [Lines] 탭으로 이동한 후 그림과 같이 설정하고 [OK] 버튼을 클릭합니다.

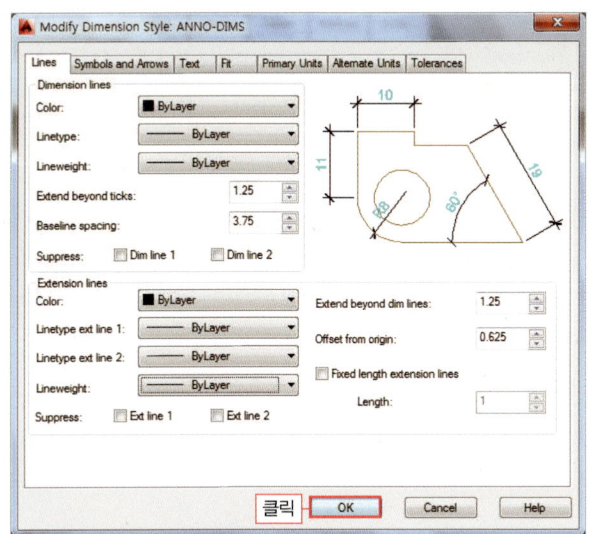

09. [Close] 버튼을 클릭하여 ANNO–DIMS 치수 스타일을 완성합니다.

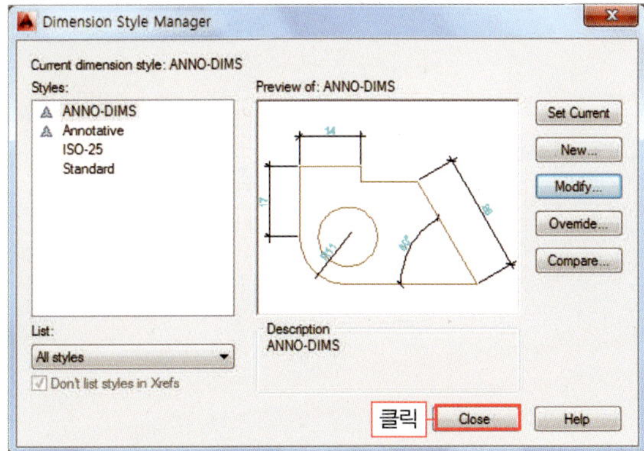

Dimension Scale Factor에 따라 치수 특성이 변경되는 기본 치수 스타일을 만들어 봅니다.

완성 파일 : Part 01/Chapter 07/Sample02_Dims.dwt

01. 새로운 DWT 파일을 엽니다.

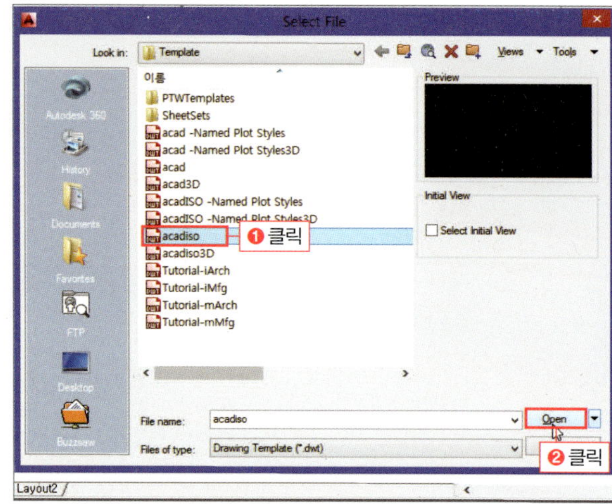

TIP DWT 파일 경로

[Application] 메뉴에서 [New]를 선택한 후 확장키를 통해 Drawing을 선택하거나, Quick Access Bar에서 [New]를 클릭하고 [Select Template] 대화상자가 나타나면 'acadiso.dwt' 파일을 선택합니다.

02. [Annotative] 탭-[Dimensions] 패널의 [Dimen-sion Style Manager](☑)를 클릭하여 [Dimension Style Manager] 대화상자를 불러온 후 'ISO-25'를 선택하고 [New] 버튼을 클릭합니다.

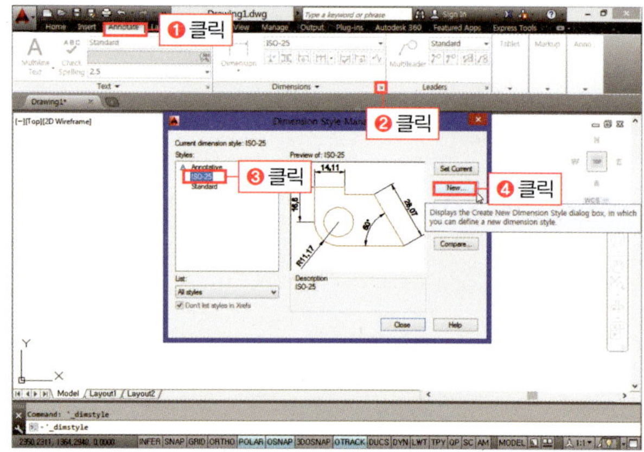

03. [Create New Dimension Style] 대화상자의 [Name Style Name]에 'DIMS-SC1-5'를 입력한 후 [Continue] 버튼을 클릭합니다.

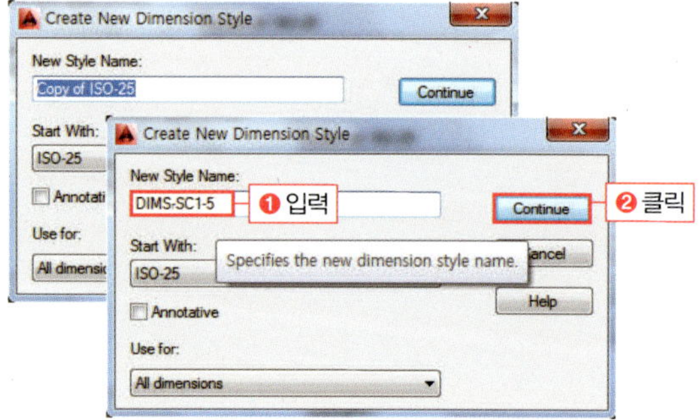

04. [Fit] 탭으로 이동하여 그림과 설정합니다.

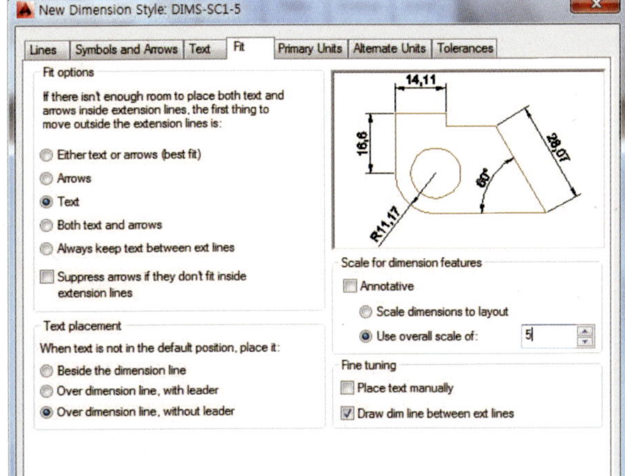

> **TIP** '1:5' 크기는 A3 용지에서 디테일을 출력할 때 자주 사용되는 값입니다.

05. [Symbols and Arrows] 탭으로 이동하여 그림과 같이 설정합니다.

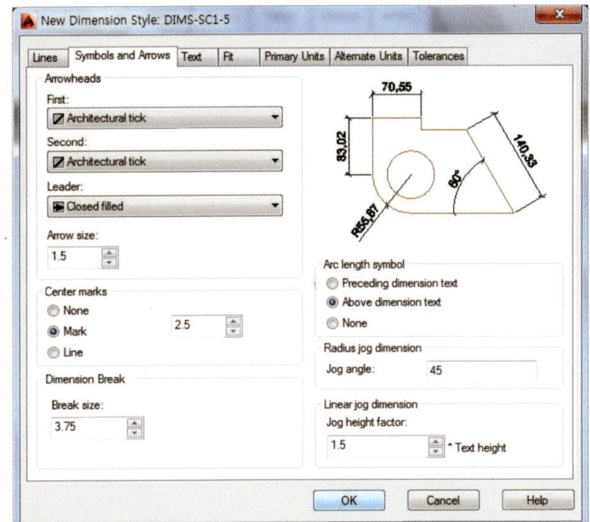

06. [Text] 탭으로 이동하여 그림과 같이 설정합니다.

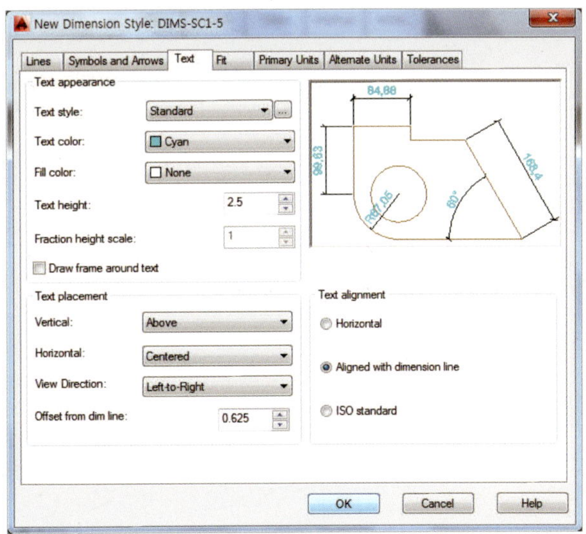

07. [Lines] 탭으로 이동하여 그림과 같이 설정합니다.

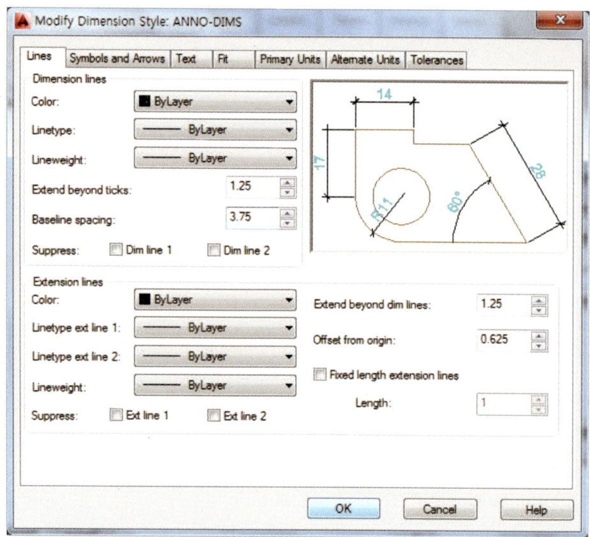

08. [Primary Units] 탭으로 이동하여 [Precision]을 '0'으로 설정합니다.

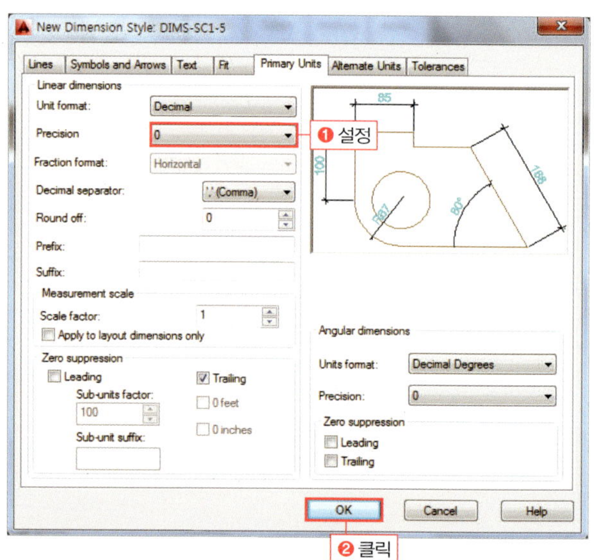

09. 1:10, 1:20, 1:30, 1:40, 1:50, 1:100 크기에 관한 치수 스타일을 앞선 따라하기와 같이 동일하게 만들어 완성합니다.

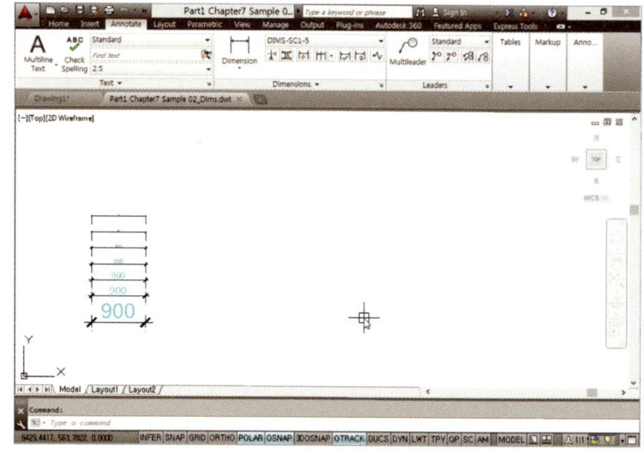

도면 크기에 따라 Annotative 치수를 배치하는 방법에 대해 알아봅니다.

예제 파일 : Part 01/Chapter 07/Sample03.dwg | 완성 파일 : Part 01/Chapter 07/Sample03-완성.dwg

01. 예제 파일을 불러온 후 현재 레이어를 'A-AN-NO-DIMS'로 변경합니다. 그리고 [Annotate] 탭-[Dimensions] 패널에서 'ANNO-DIMS'를 선택합니다.

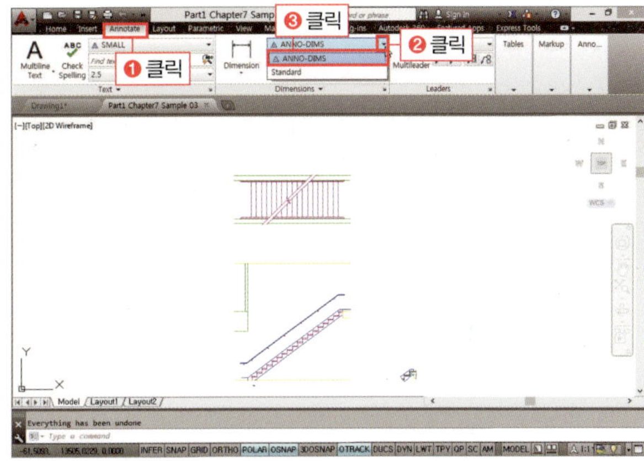

02. Annotation 크기를 그림과 같이 '1:40'으로 설정합니다.

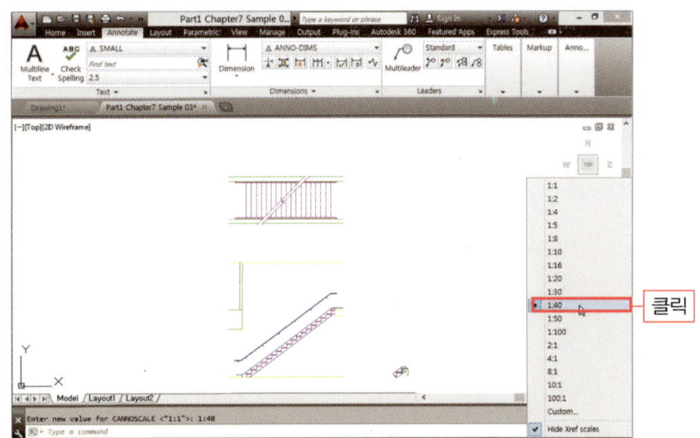

> **TIP** 계단 평면도의 도면 스케일이 1:40일 때 Annotative 치수의 크기가 적당합니다.

03. [Annotate] 탭-[Dimensions] 패널에서 [Linear] (H)를 클릭합니다.

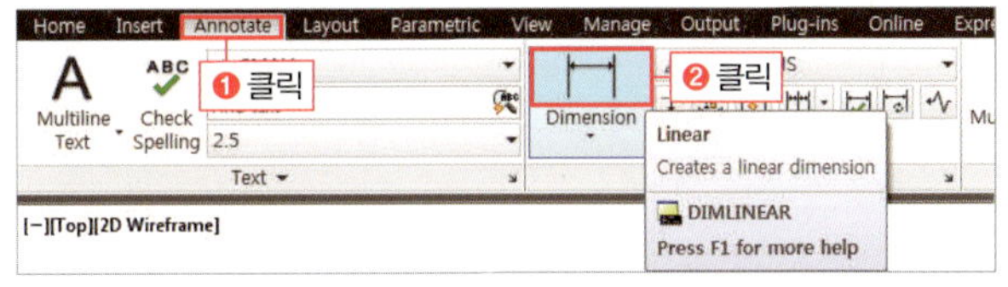

> **TIP** 단축 명령어 'Dal'을 명령 입력창에 입력한 후 **Enter** 를 누르면 바로 치수를 입력할 수 있습니다.

```
DIMALIGNED
- DIMALIGNED Specify first extension line origin or <select object>:
```

04. 그림과 같은 순서대로 지점을 클릭합니다.

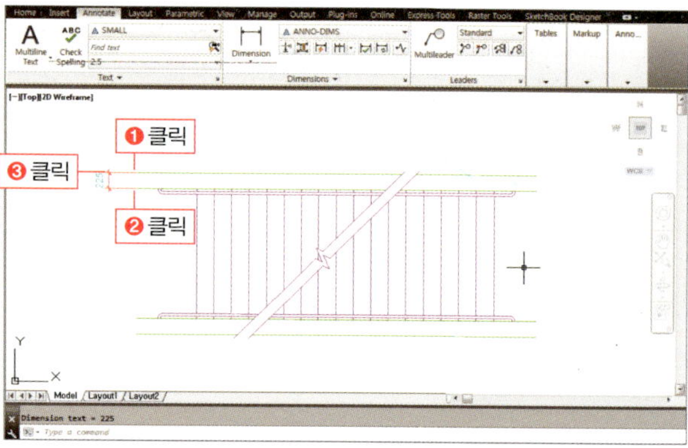

05. 이번에는 [Dimensions] 패널에서 [Continue](   )
를 클릭합니다.

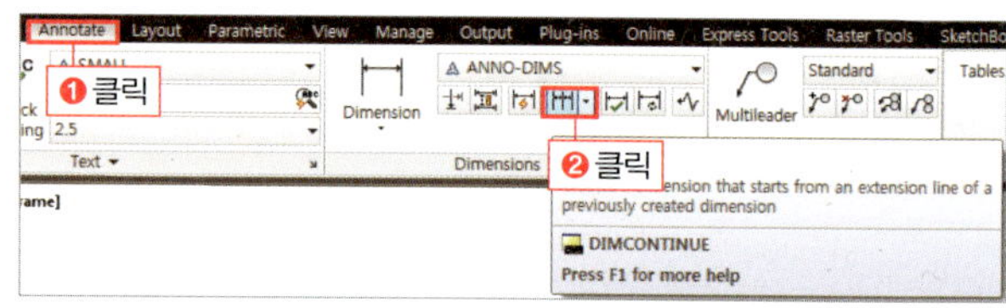

06. 연속적으로 그 다음 지점을 선택합니다.

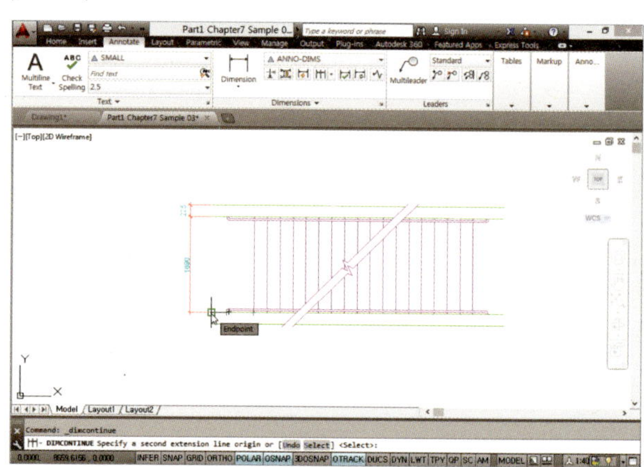

07. 계속해서 클릭하여 지점을 지정하고 [Esc]를 누릅니다.

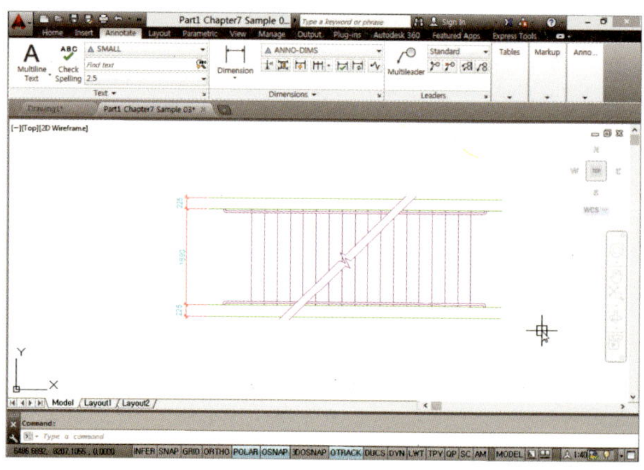

08. 그림과 같이 반대편의 치수 또한 [Linear]( )를 이용하여 작성합니다.

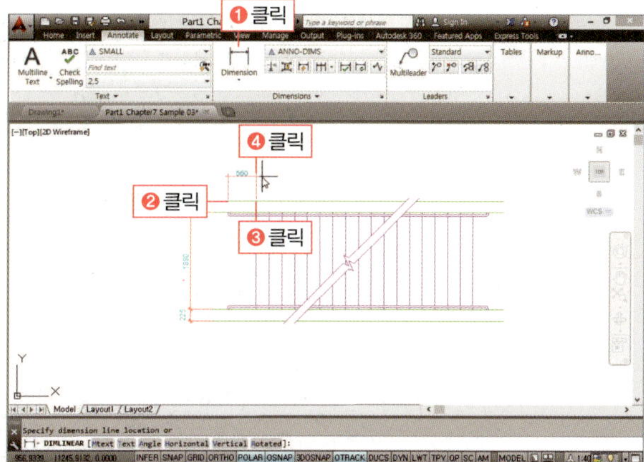

09. 이번에는 [Continue]( )를 클릭하고 계속적으로 필요한 치수의 지점을 클릭하여 지정해 준 다음 **Esc** 를 누릅니다.

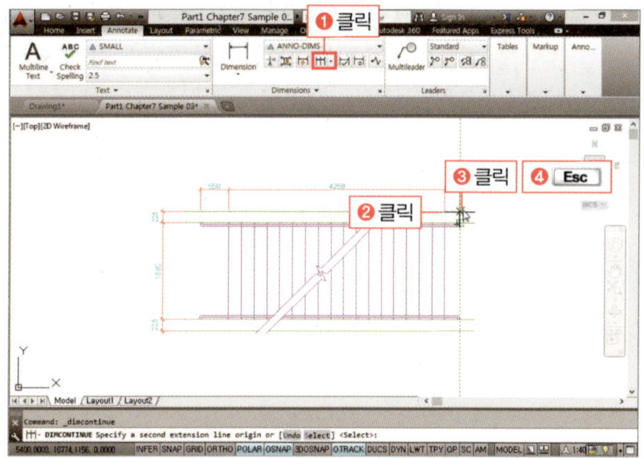

TIP 선택 지점은 [OTRACK]을 이용하여 찾습니다.

10. Annotation 크기를 그림과 같이 '1:50'으로 설정합니다.

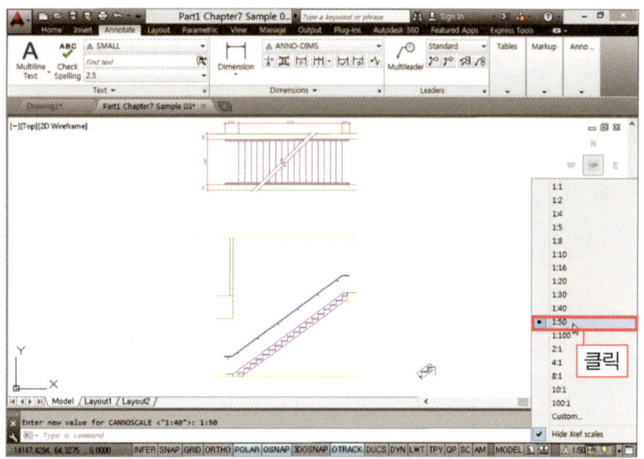

11. 계단 입면도 드로잉 부분에서 그림과 같이 [Linear](▭)와 [Continue](▭)를 이용하여 치수를 배치합니다.

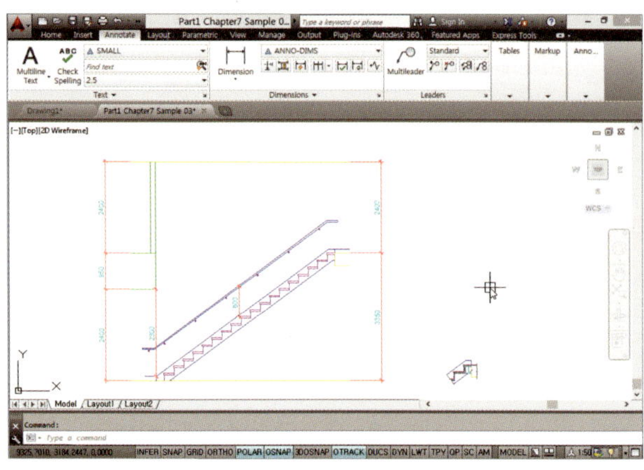

12. 다시 Annotation 크기를 '1:5'로 설정합니다.

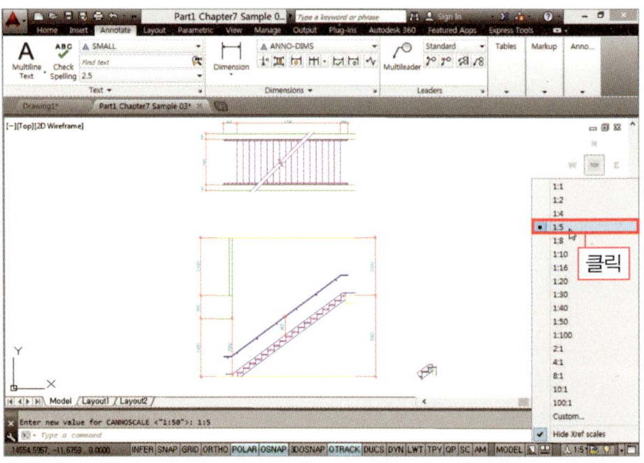

13. 마우스 휠을 이용하거나 Zoom 명령의 부분 확대 기능을 이용하여 그림과 같이 계단 디테일 드로잉을 확대합니다.

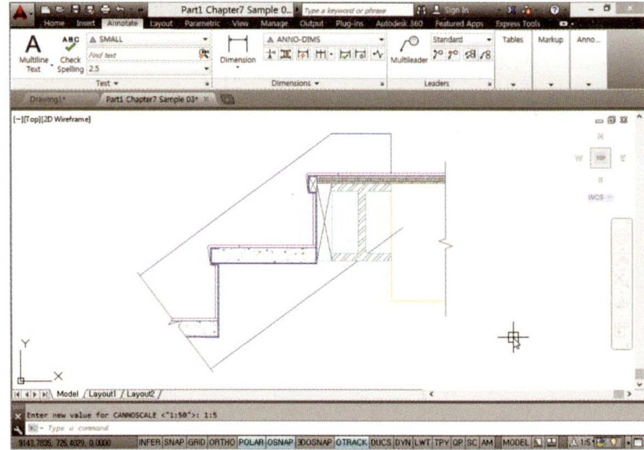

14. [Linear](□)를 이용하여 그림과 같이 치수를 배치합니다.

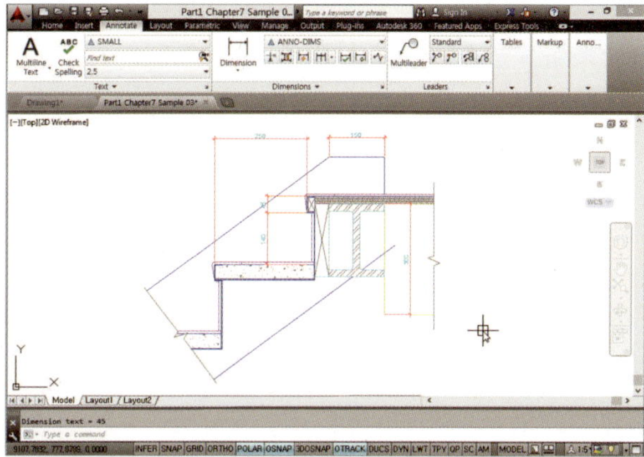

15. 이번에는 [Aligned](□)를 클릭합니다.

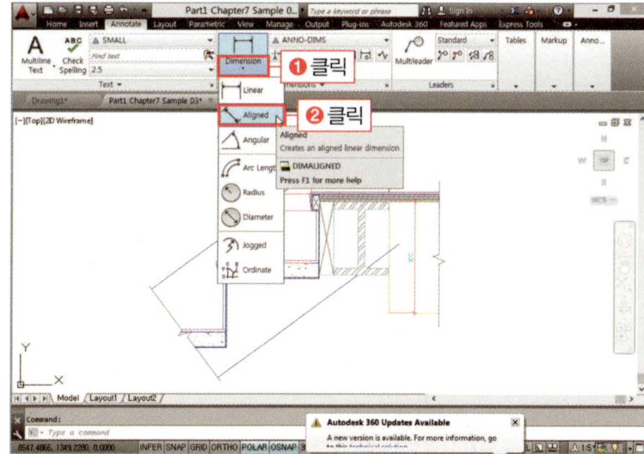

TIP [Aligned]를 이용하면 사선으로 치수선을 배치할 수 있습니다.

16. 그림과 같이 사선으로 두 지점을 선택하여 치수를 배치합니다.

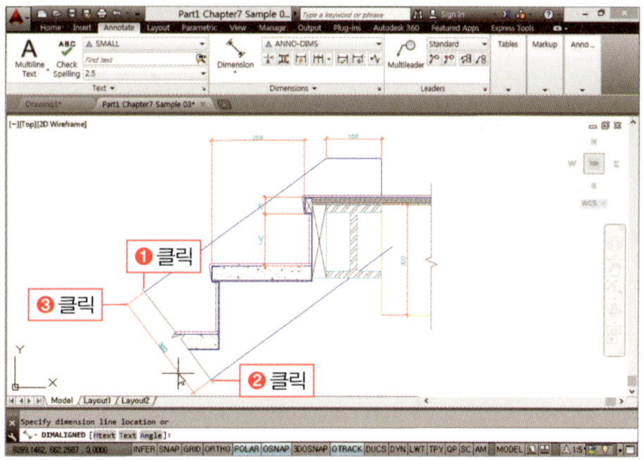

17. Zoom 명령을 이용하여 작업 화면 전체 보기(all)을 실행하면 Annotation 크기가 다른 세 가지 드로잉에 대한 치수의 특성과 문자 크기가 변경된 것을 확인할 수 있습니다.

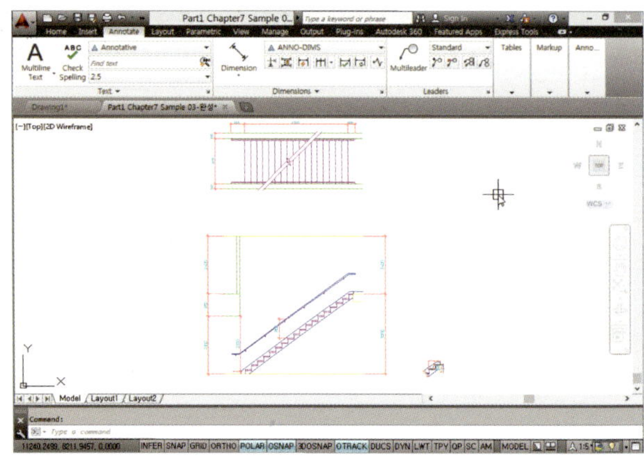

치수 문자 수정하기

치수 수정에 있어서 가장 많이 활용하는 것은 숫자 수정입니다. 아래의 예제 따라하기를 통해 치수 숫자를 문자로 변경하는 방법을 알아봅니다.

예제 파일 : Part 01/Chapter 07/Sample04.dwg | **완성 파일 :** Part 01/Chapter 07/Sample04-완성.dwg

01. 예제 파일을 불러온 후 그림과 같이 곡선 창문 치수를 선택합니다.

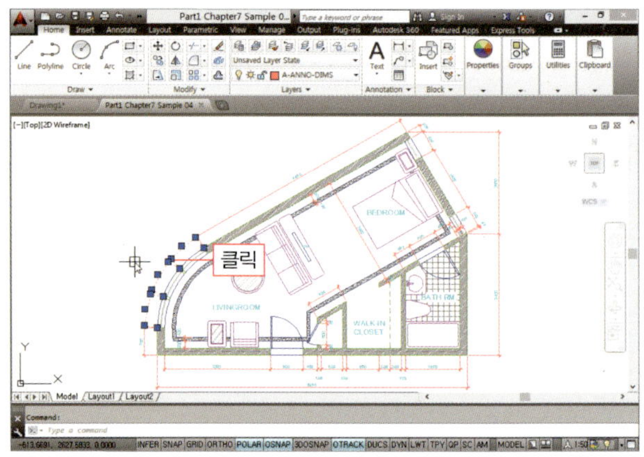

02. 단축 명령어 'Pr' 또는, 'R'을 명령 입력창에 입력한 후 Enter 를 누르면 Properties가 나타납니다.

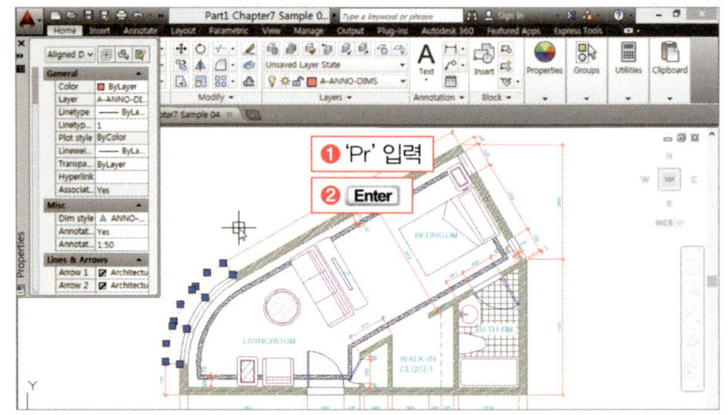

03. 스크롤바를 아래로 이동시키고 [Text]–[Text override]를 찾아 'Equal'의 약자인 'E.Q.'를 입력하고 Properties를 닫습니다.

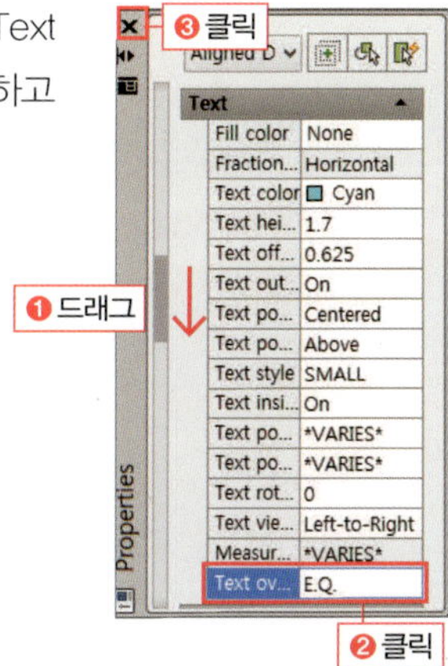

04. 그림과 같이 숫자가 'E.Q'로 변경된 것을 확인할 수 있습니다.

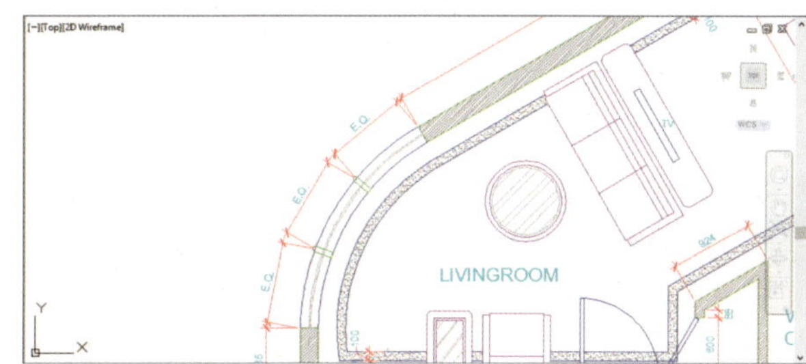

TIP

치수를 문자로 변경할 때 여러 가지 방법이 있습니다. 위의 예제에서 언급한 방법은 한꺼번에 수정이 가능하다는 점인데, 한 치수만을 변경을 하기 원한다면 아래의 방법들이 있습니다.

❶ 치수를 더블클릭을 하여 Text Editor 모드로 이동합니다.

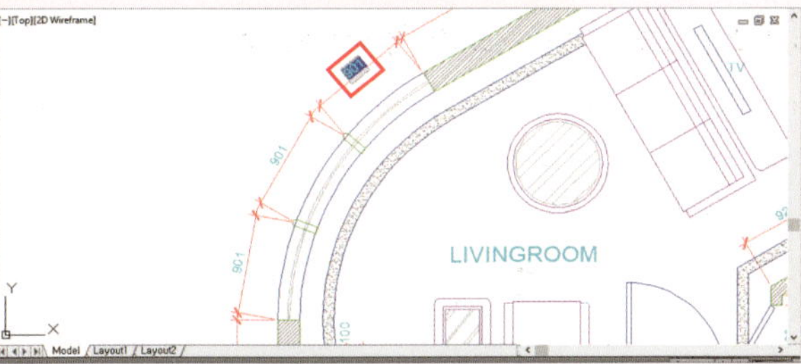

❷ 문자를 입력하고 [Close Text Editor]( )를 클릭하거나, 화면에 임의의 지점을 클릭하여 수정 모드에서 나옵니다.

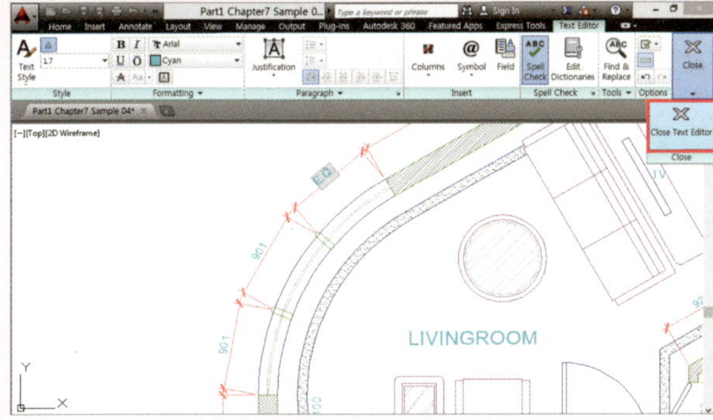

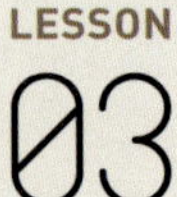

LESSON 03 다중 지시선(Multi Leader) 만들기 

다중 지시선은 치수 설정에 관계없이 독립적으로 특성 값을 설정함으로써 Annotation 크기에 따라 그 특성이 자동으로 알맞게 조절되는 시스템입니다.

● **학습 목표**

Annotative 다중 지시선에 관한 스타일을 지정해 주고 만들 수 있도록 합니다.

● **학습에 필요한 단축 명령어**

MLE : Multileader

Annotative 다중 지시선 시작하기

[Multileader Style Manager] 대화상자를 이용하여 새로운 치수 스타일을 만듭니다.

❶ [Leaders] 패널의 화면 구성

새로운 치수 스타일을 만들고 수정할 수 있도록 도구 모음의 위치를 파악하고 활용합니다.

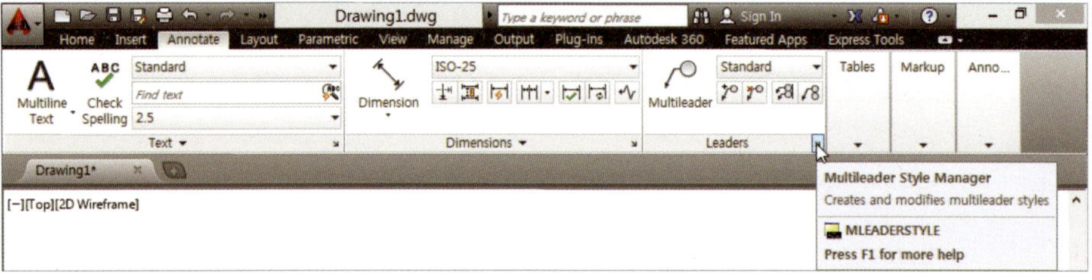

▲ [Annotate] 탭-[Leaders] 패널의 화면 구성

TIP [Home] 탭-[Annotation] 패널에서도 도구 모음을 사용할 수 있으나, 단지 지시선을 배치할 때만 사용할 수 있으며 그 외의 기능들은 없습니다.

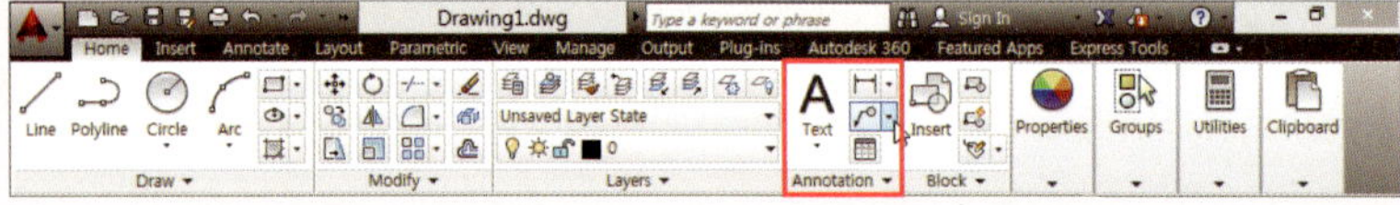

❷ [Multileader Style Manager] 대화상자의 구성 살펴보기

새로운 다중 지시선 스타일을 지정하기 위한 대화상자로써 구성 요소의 이해를 바탕으로 바른 지서선 설정을 합니다.

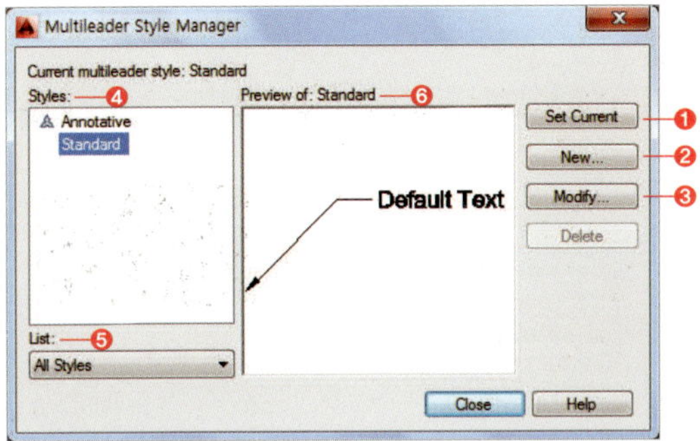

❶ Set Current : 선택한 다중 지시선 스타일을 현재 치수 스타일로 지정할 수 있습니다.

❷ New : 선택한 다중 지시선 스타일의 특성을 시작으로 새로운 스타일을 만들 수 있습니다.

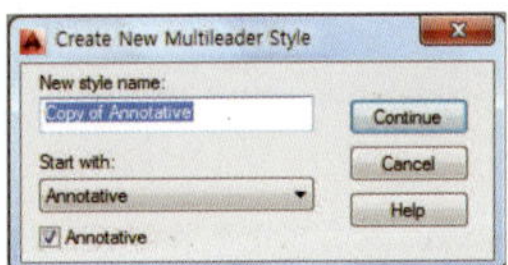

❸ Modify : 선택한 다중 지시선 스타일의 특성을 수정할 수 있는 [Modify Multileader Style] 대화상자를 불러옵니다. 그리고 각각의 [Leader Format], [Leader Structure], 그리고 [Content] 탭에 구성되어 있는 설정 값들을 수정하면 됩니다.

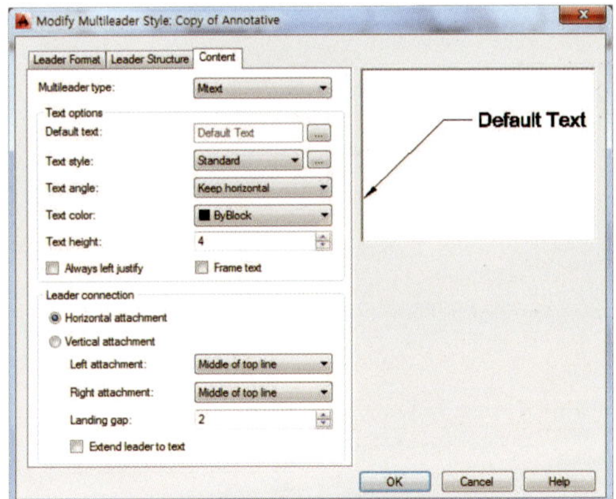

❹ Styles : 다중 지시선 스타일 종류에 대한 리스트를 보여줍니다. 현재 지정되어 있는 다중 지시선 스타일은 하이라이트되어 있습니다.

❺ List : 스타일 리스트의 보기를 선택할 수 있습니다. [All Styles]를 선택하면 도면에서 사용 가능한 모든 다중 지시선 스타일을 보여주며, [Styles]를 선택하면 현재 도면에 열어져 있는 다중 지시선 스타일만 보입니다.

❻ Preview of Standard : 선택한 다중 지시선 스타일의 이미지에 대한 미리 보기를 제공합니다.

Annotative 스타일의 다중 지시선 만들기

Annotation 크기에 따라 지시선의 특성이 변경되는 Annotative 스타일을 만들어 봅니다.

완성 파일 : Part 01/Chapter 07/Multileader.dwt

01. 새로운 DWT 파일을 파일을 불러옵니다.

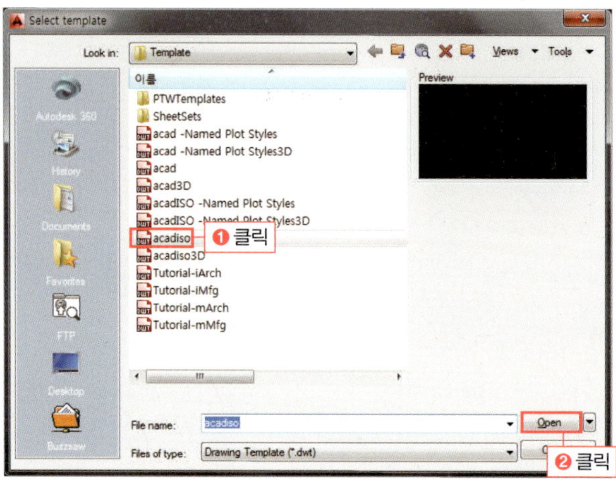

02. [Annotative] 탭–[Leaders] 패널에서 [Multileader Style Manager](■)를 클릭합니다.

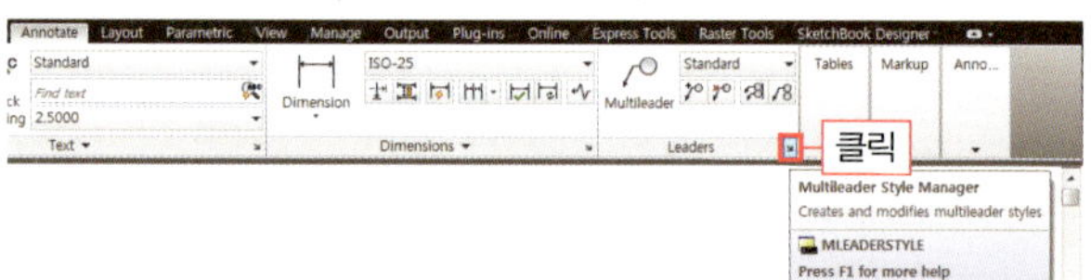

03. [Multileader Style Manager] 대화상자가 나타나면 'Annotative'를 선택하고 [New] 버튼을 클릭합니다.

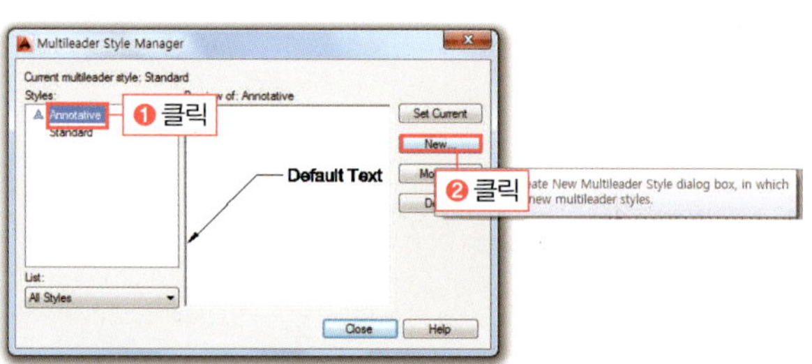

04. [Create New Dimension Style] 대화상자가 나타나면 [New Style Name]에 'ANNO–MLEADER'라고 입력한 후 [Continue] 버튼을 클릭합니다.

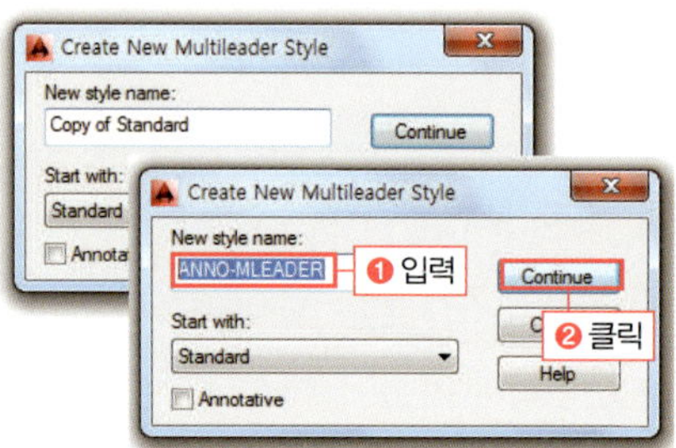

05. [Modify Multileader Style: ANNO–MLEADER] 대화상자가 나타나면 [Leader Format] 탭을 그림과 같이 설정합니다.

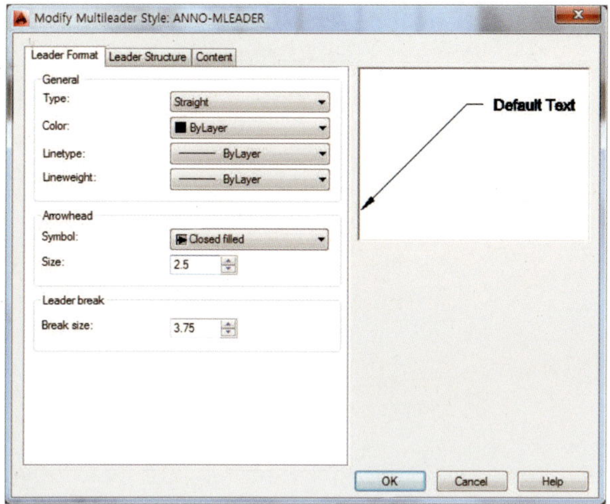

06. [Leader Structure] 탭으로 이동하여 그림과 같이 설정합니다.

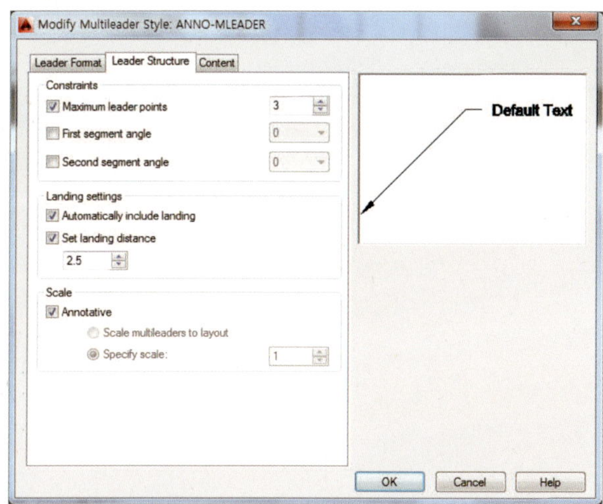

07. [Content] 탭으로 이동하여 문자 스타일에 관하여 Annotative 문자 스타일과 연결하기 위하여 그림과 같이 [Text Style] 옆의 버튼을 클릭합니다.

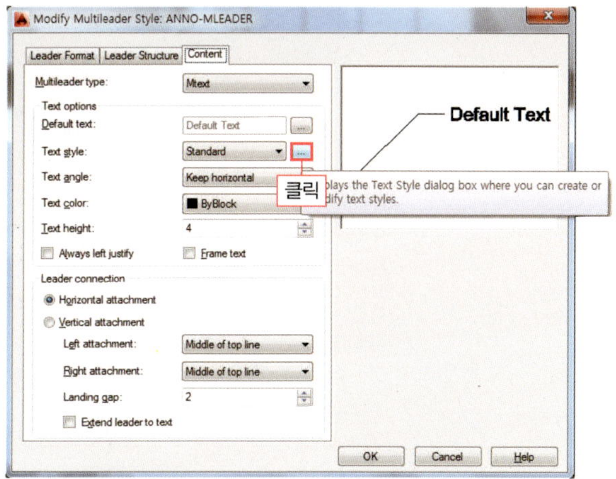

08. 그림과 같이 [Text Style] 대화상자가 나타나면 'Annotative'를 선택한 후 [New] 버튼을 클릭합니다.

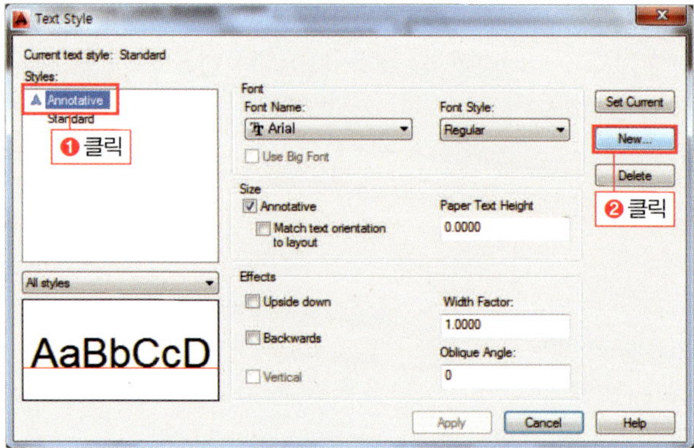

09. [New Text Style] 대화상자가 나타나면 [Style Name]에 'SMALL'이라고 입력한 후 [OK] 버튼을 클릭합니다.

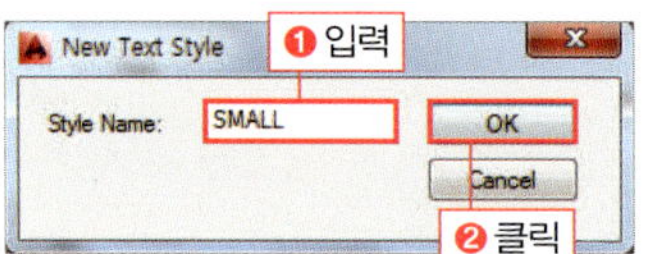

10. 'SMALL'에 관한 문자 스타일을 그림과 같이 설정한 후 [Apply] 버튼을 클릭합니다.

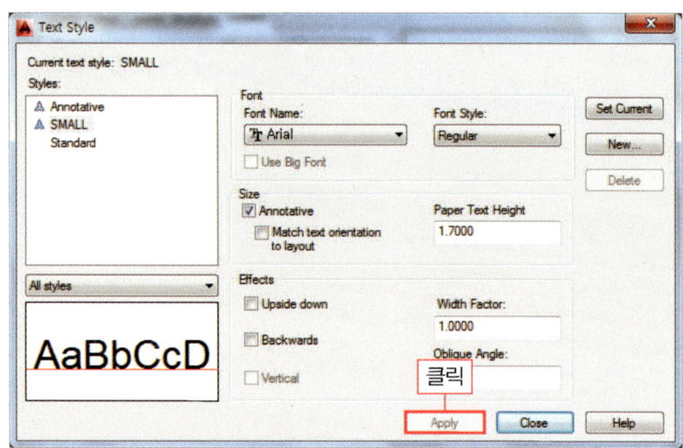

11. Annotative SMALL 문자 스타일이 만들어진 것을 확인한 후 [Close] 버튼을 클릭합니다.

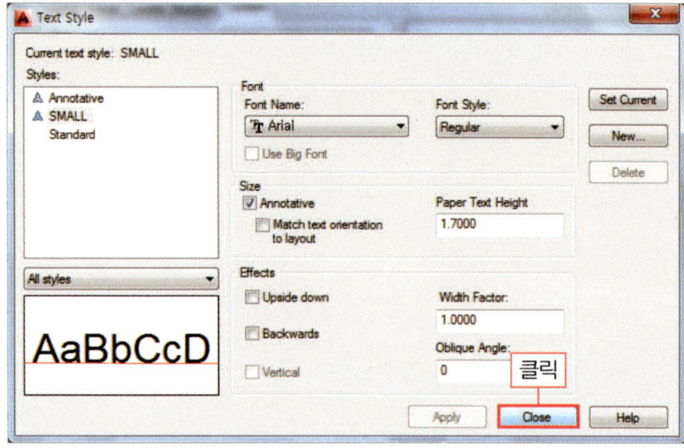

12. 다시 [Modify Multileader Style: ANNO–MLEADER] 대화상자로 돌아오면 [Content] 탭에서 [Text style]을 'SMALL'로 설정한 후 나머지 설정 값은 그림과 같이 설정하여 다중 지시선 스타일을 완성합니다.

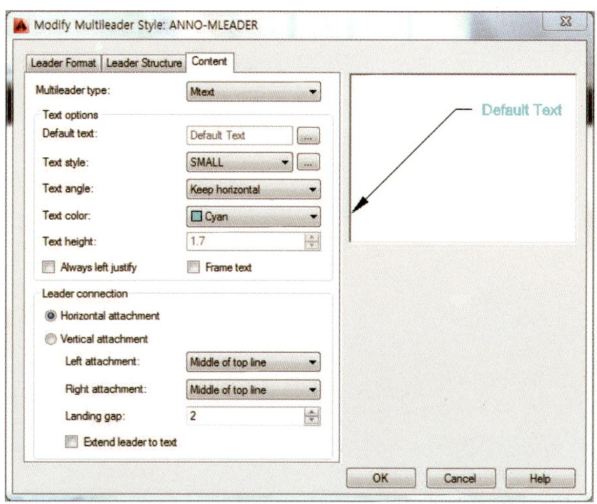

Annotation 크기에 따른 Annotative 다중 지시선 배치하기

Annotation 크기에 따라 지시선의 특성이 변경되는 Annotative 다중 지시선 스타일을 만들어 도면에 배치하는 방법을 알아봅니다.

완성 파일 : Part 01/Chapter 07/Sample05.dwg **| 완성 파일 :** Part 01/Chapter 07/Sample05–완성.dwg

01. 예제 파일을 불러온 후 현재 레이어를 'A–ANNO–DIMS'로 변경합니다.

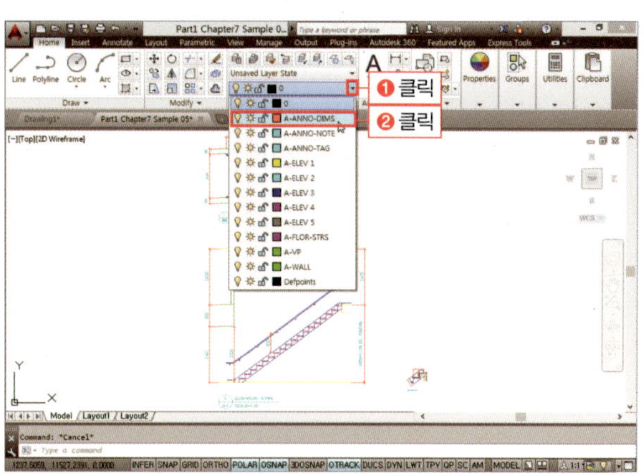

02. [Annotate] 탭–[Leaders] 패널에 있는 현재 다중 지시선 스타일을 'ANNO–MLEADER'로 선택합니다.

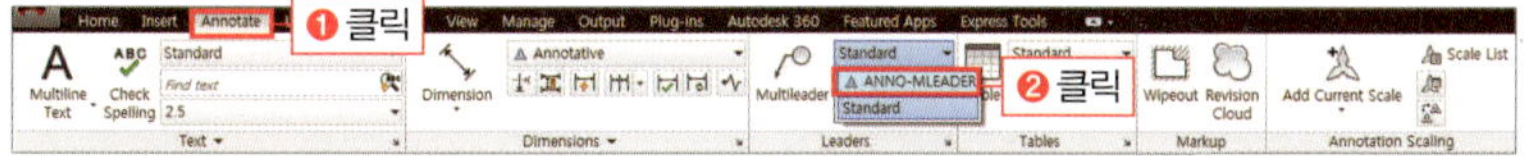

03. Annotation 크기를 '1:40'으로 변경합니다.

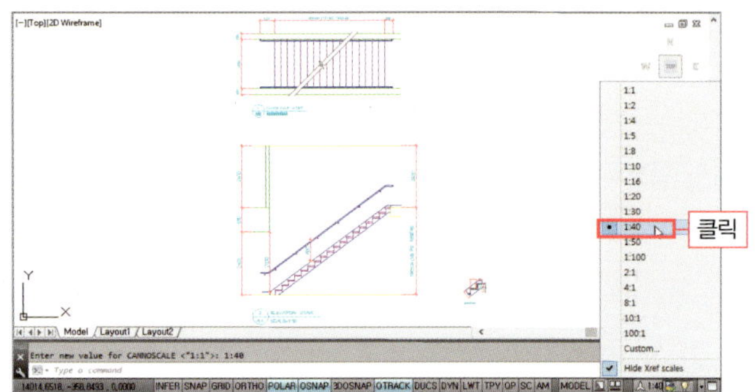

04. [Annotative] 탭–[Leaders] 패널에서 [Multileader]( )를 클릭합니다. 그리고 그림과 같은 지점을 클릭한 후 **Enter**
를 누르면 자동으로 다중 지시선 문자를 입력할 수 있는 영역이 나타납니다.

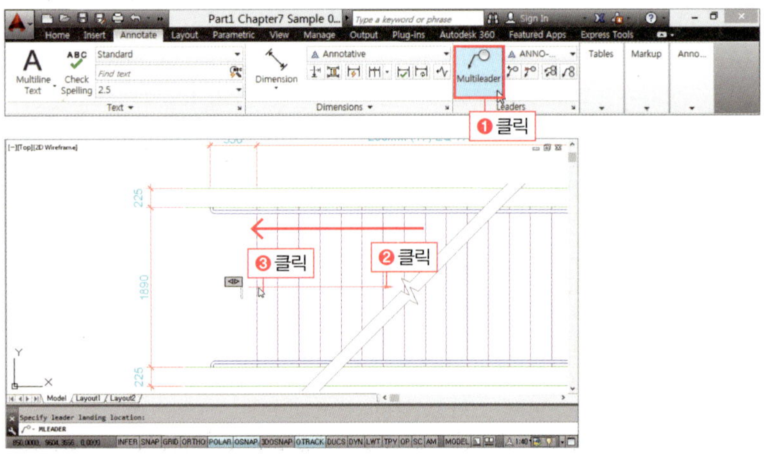

05. 'Down'의 약자의 'DN'을 입력합니다.

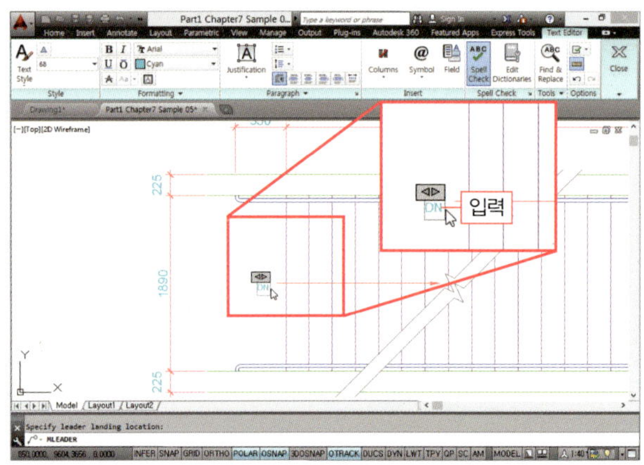

06. [Text Editor] 탭의 [Close Text Editor]( )를 클릭하여 다중 지시선 수정 모드를 나옵니다.

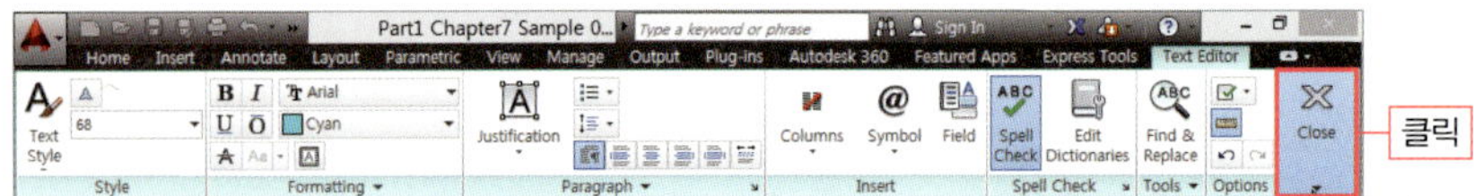

07. Mirror 명령의 단축 명령어인 'Mi'를 실행한 후, 그림과 같은 지점을 기준으로 대칭선을 만들고 **Enter** 를 눌러 복사합니다.

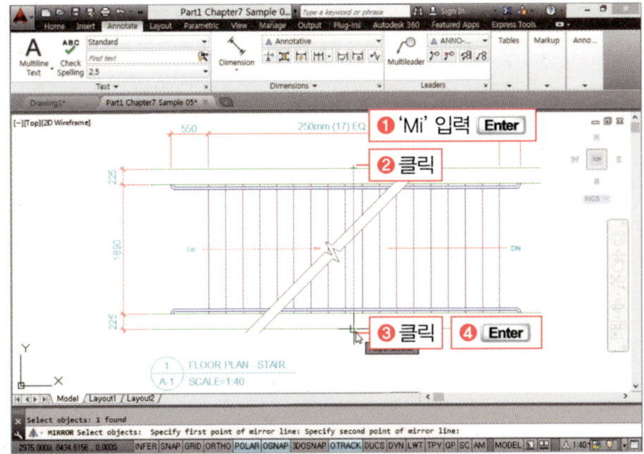

08. 문자를 더블클릭하면 Text Editor 모드로 전환됩니다. 'UP'을 입력한 후 [Close Text Editor](   )를 클릭합니다.

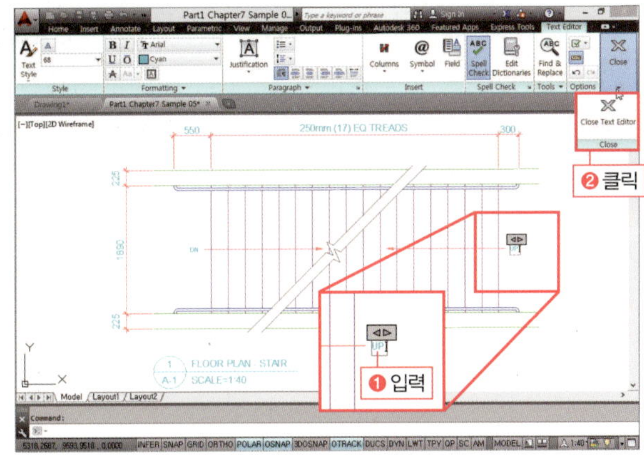

09. 화살표를 클릭하여 아래의 위치로 연장시킨 다음 **Esc** 를 누릅니다.

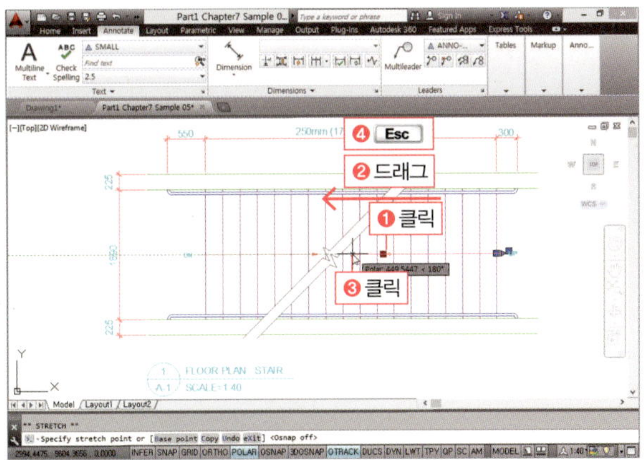

10. Annotation 크기를 '1:50'으로 변경하고, [Multi-leader](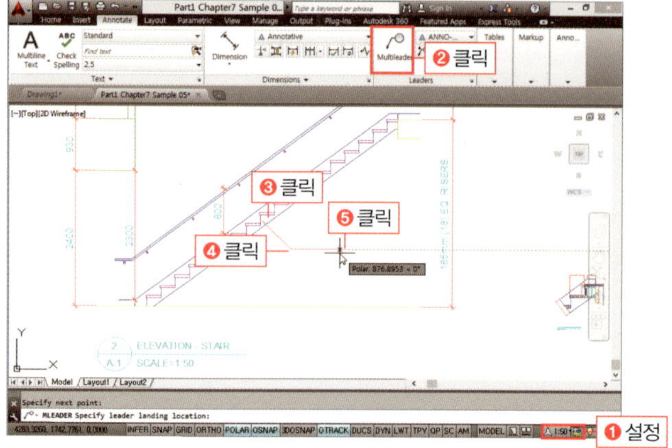)를 클릭한 후 그림과 같은 위치를 지정합니다.

11. 그림과 같이 문자를 입력한 후 문자 박스 영역 밖을 클릭하거나 [Close Text Editor](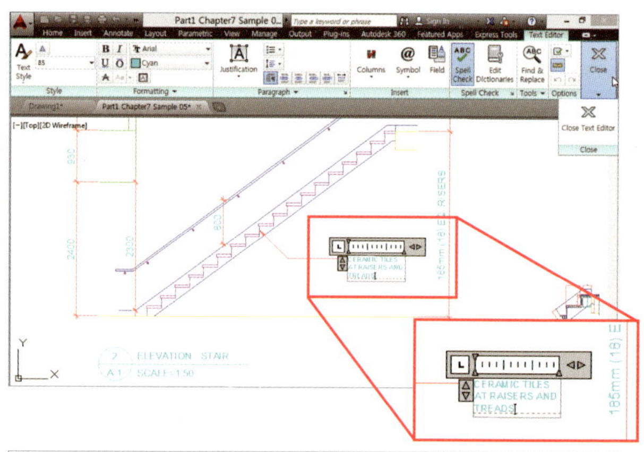)를 클릭합니다.

12. 다른 다중 지시선도 그림과 같이 설정하여 배치합니다.

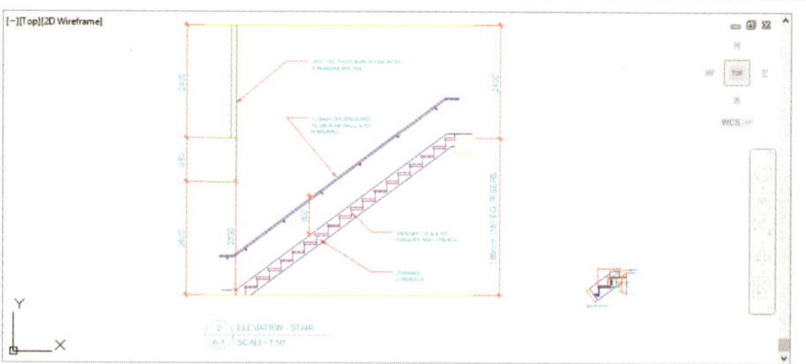

13. Annotation 크기를 '1:5'로 변경하고, 마우스 휠을 이용하여 그림과 같이 부분 확대합니다.

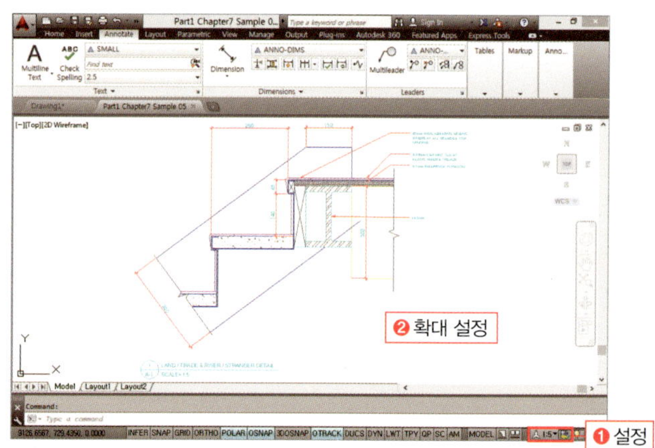

14. [Multileader]()를 클릭한 후 그림과 같은 지점을 클릭합니다.

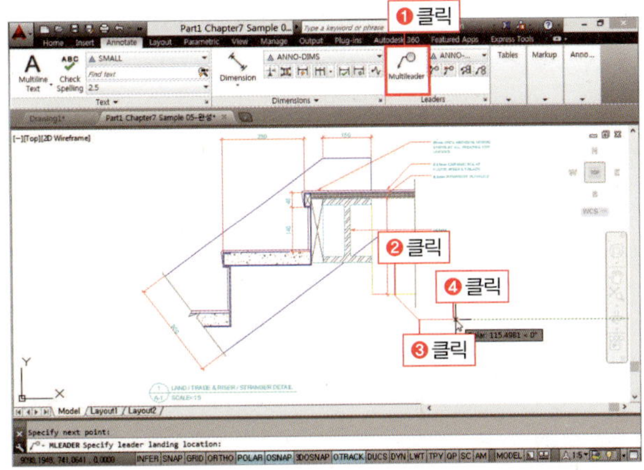

> **TIP** Mulrileader 선택 후 지점 클릭 개수는 [Modify Multileader Style] 대화상자의 [Leader Structure] 탭에서 설정한 [Maximum leader points]와 연결되어 있습니다.

15. 다중 지시선을 지정한 후 문자를 입력하고, [Close Text Editor]()를 클릭합니다.

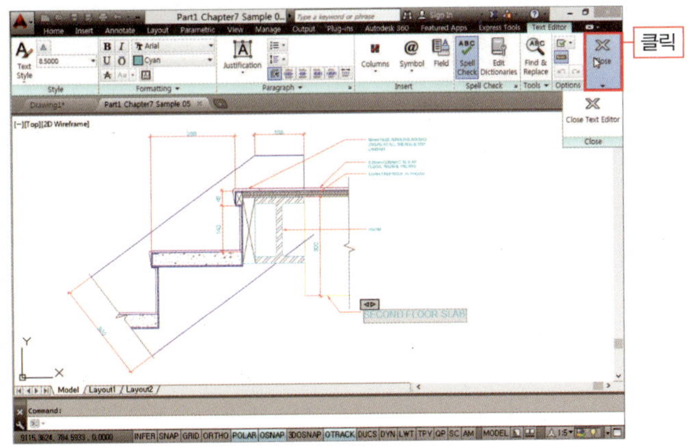

16. 다른 다중 지시선도 그림과 같이 설정하여 배치한 후 작업을 마무리합니다.

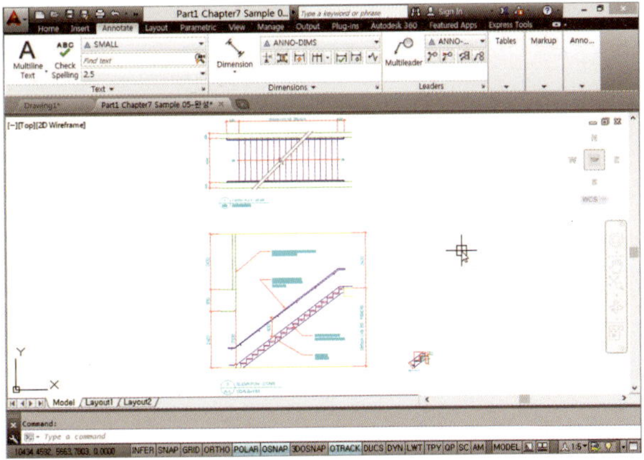

AUTOCAD 2014

CHAPTER 08

배치 공간 출력하기

배치 공간에서 출력하기 위해 반드시 알아야 하는 툴이 Viewport입니다. 이는 모델 공간에서 작업한 결과를 배치 공간으로 불러오는 툴로써 1:1 크기로 그린 도면에 새로운 크기를 적용할 수 있습니다. 배치 공간에서 플롯(Plot)을 통해 AutoCAD 드로잉을 출력하는 방법은 것은 아주 간단하지만 배치 공간과 그 외의 연관되어 있는 툴인 Plot Area, Plot Style Table 등을 반드시 알아야만 바르게 출력할 수 있습니다. 이번에는 출력하기 위해 필요한 기능들을 제대로 이해하고 제대로 출력할 수 있는 방법들을 알아봅니다.

01. 출력하기 위한 배치 공간의 요소 알아보기

02. Color-Dependent Plot Style Table(CBT)

03. 크기에 따라 배치 공간에서 출력하기

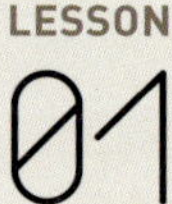

LESSON 01 배치 공간 만들기

배치 공간은 출력을 위한 공간입니다. 출력하는 종이의 크기에 따라 배치 공간의 크기 또한 결정되며, 여러 배치 공간(Layout)의 구성 요소를 알아야 출력 시 혼돈이 없습니다. 설정 단계를 살펴보고 배치 공간을 올바르게 만드는 방법을 알아봅니다.

● **학습 목표**

종이에 출력하는 1:1 크기 개념의 이해를 바탕으로 배치 공간을 바르게 설정해 봅니다.

● **학습에 필요한 단축 명령어**

Ctrl+P : Plot/Print

OP : Option

▌ 배치 공간을 출력 종이 크기에 맞게 조절하기

① 종이 크기는 배치 공간의 크기와 같다?

출력 종이의 크기에 따라 배치 공간의 크기도 변경되기 때문에 출력을 할 경우에는 반드시 종이의 크기를 알아두는 것이 좋습니다. 가장 자주 사용하는 종이 크기로는 'A4'나 'A3'가 있으며 공사 준공이나 허가를 위해 'A1' 크기를 사용하기도 합니다.

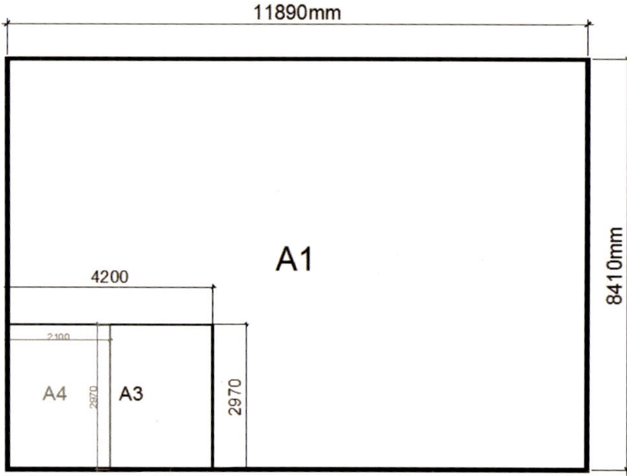

Metric 단위와 Imperial 단위에서 비슷한 종이 크기를 비교하면 아래와 같습니다.

단위	Metric(mm)	Imperial (inches)
종이 크기	A4 (210X297mm)	Letter (8.5X11 inches)
	A3 (297X420mm)	Legal (8.5X14 inches)
	A1 (594X841mm)	ARCH D (36X24 inches)

❷ 배치 공간을 출력할 종이 크기 재설정하기

배치 공간의 크기를 설정하기 위해서는 [Page Setup Manager] 대화상자를 사용합니다. 예제 따라하기를 통해 배치 공간을 출력할 종이의 크기를 설정하는 방법을 알아봅니다.

01. 새로운 파일을 불러온 후 [Layout1] 탭을 클릭하여 배치 공간으로 이동합니다.

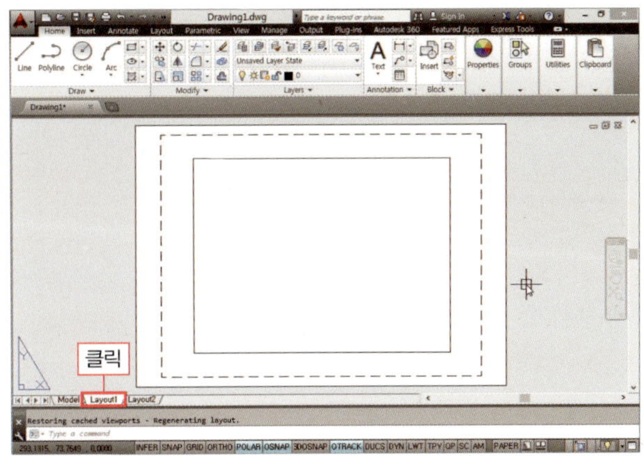

02. [Application] 메뉴–[Print]–[Page Setup]을 클릭하여, [Page Setup Manager] 대화상자를 불러옵니다.

> **TIP** 지금은 [Plot Size]가 '210X297'로 A4 크기입니다. A3 크기로 변경하기 위해서는 [Modify] 버튼을 클릭합니다.
> [Layout] 탭에서 마우스 오른쪽 버튼을 클릭한 후 [Page Setup Manager]를 선택해도 [Page Setup Manager] 대화상자를 불러올 수 있습니다.

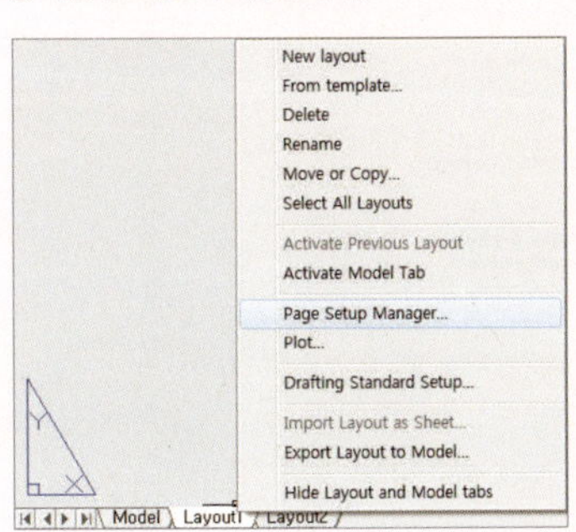

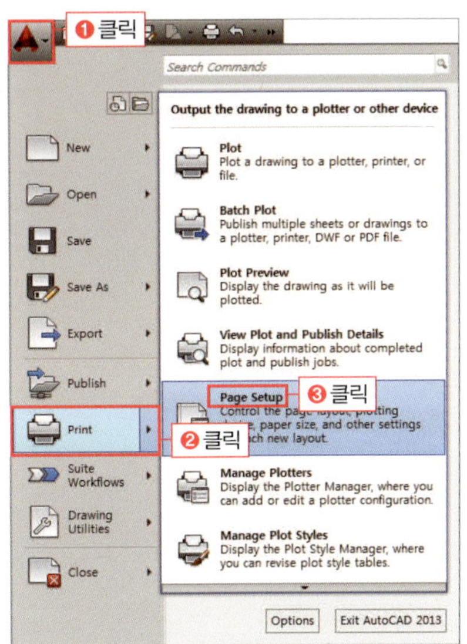

03. [Page Setup Manager] 대화상자에서 [Modify]
버튼을 클릭합니다.

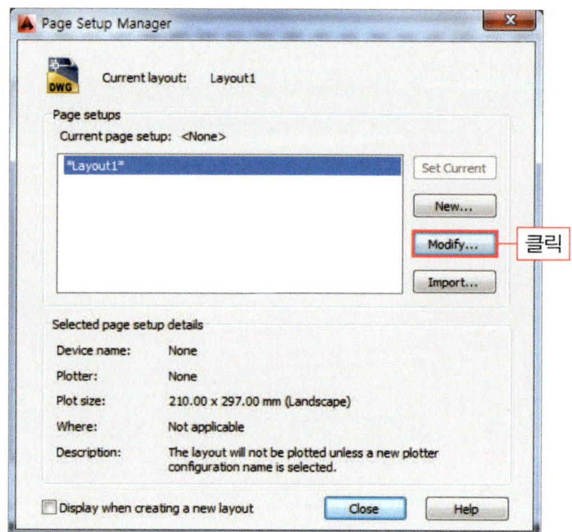

04. [Page Setup – Layout1] 대화상자가 나타나면
[Paper size]에서 'ISO A3(420.00X297.00)'을 선택한
후 [OK] 버튼을 클릭합니다.

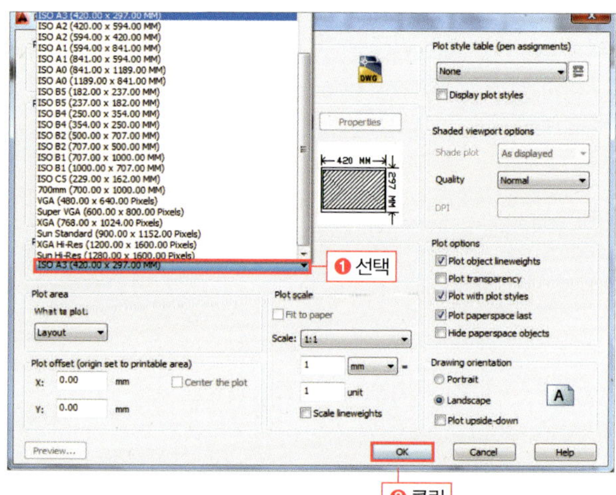

05. 다시 [Page Setup Manager] 대화상자가 나타나
면 [Close] 버튼을 클릭합니다.

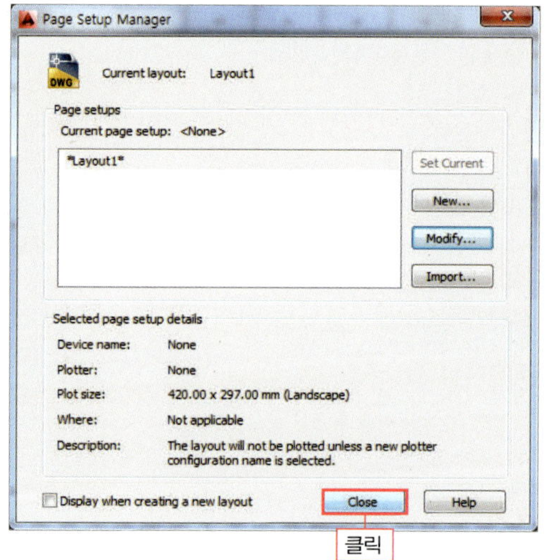

06. 그림과 같이 모델 공간의 크기가 A4에서 A3로 변경된 것을 확인할 수 있습니다.

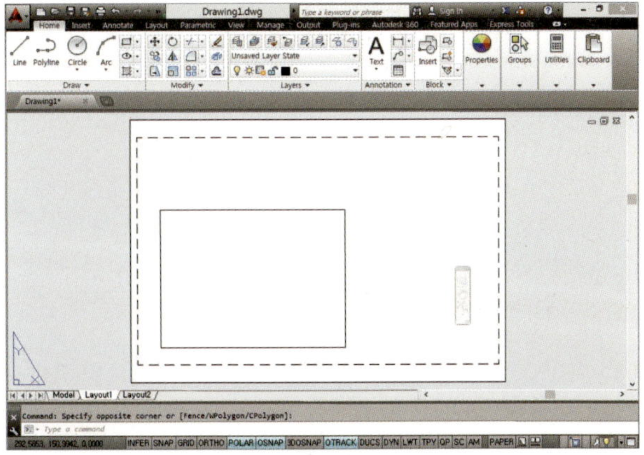

07. A4, A3, 그리고 A1 크기로 맞춰진 배치 공간은 사이즈로 맞춰진 배치 공간은 부록 CD에 'Sample01. dwg' 파일로 저장되어 있습니다.

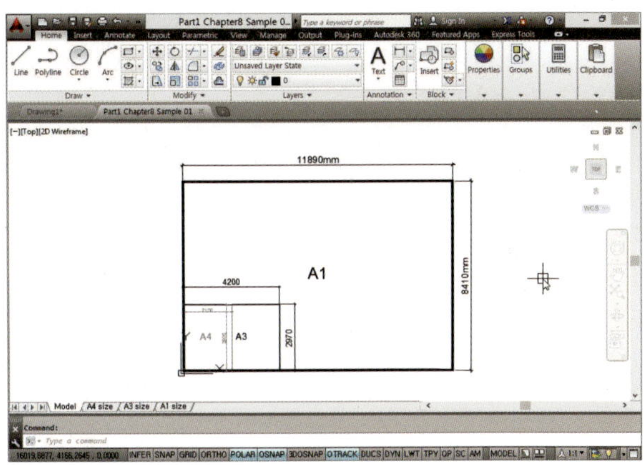

TIP [Page Setup Manager] 대화상자의 구성 요소

❶ **Page setups** : 현재 설정되어 있는 페이지 설정을 보여줍니다. 그리고 다른 페이지 설정을 현재 설정으로, 새로운 페이지 설정을 만들거나 기존에 있는 페이지 설정을 수정 또는, 다른 도면에서 이미 만들어져 있는 페이지 설정을 가져올 수 있습니다.

❷ **Selected page setup details** : 선택한 페이지 설정에 관한 정보를 보여 줍니다.

❸ **Display When Creating a New Layout** : 새로운 배치 공간을 형성할 때마다 [Page Setup Manager] 대화상자의 활성화 유무를 설정합니다.

배치 공간에서 여러 화면 구성을 프린트하기 편하도록 재설정할 수 있는 [Options] 대화상자의 [Display] 탭에 대해 알아봅니다.

❶ 배치 공간의 배경색 변경하기

기본적으로 AutoCAD 배치 공간의 배경색은 흰색으로 설정되어 있습니다. 하지만 생각보다 레이어의 특성상 흰색 바탕에서는 눈으로 식별하기가 어렵습니다. 이러한 배경색을 흰색이 아닌, 모델 공간처럼 검은색으로 바꿔봅니다.

예제 파일 : Part 01/Chapter 08/Sample01.dwg

01. 예제 파일을 불러온 후 [A4 size] 탭을 클릭하여 배치 공간으로 이동합니다.

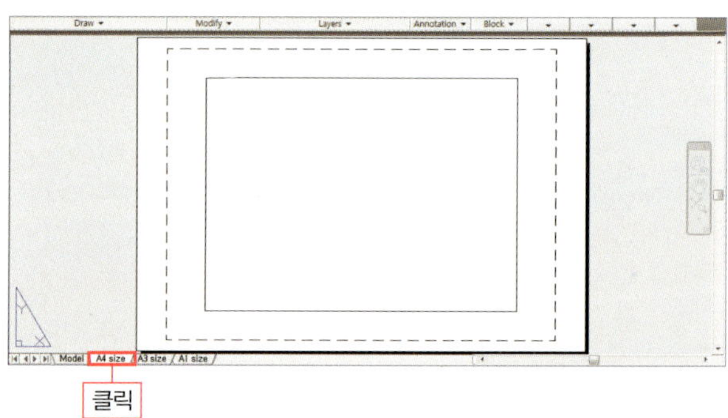

02. [Options] 대화상자를 불러오기 위해 명령 입력창에 'Op'를 입력한 후 **Enter** 를 누릅니다.

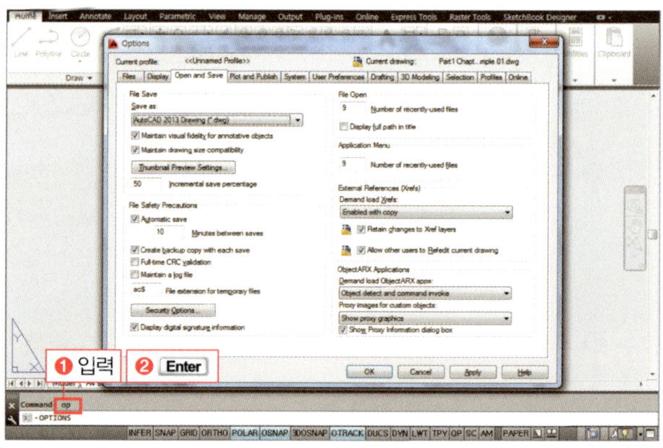

03. [Options] 대화상자가 나타나면 [Display] 탭에 있는 [Window Elements]에서 [Colors] 버튼을 클릭합니다.

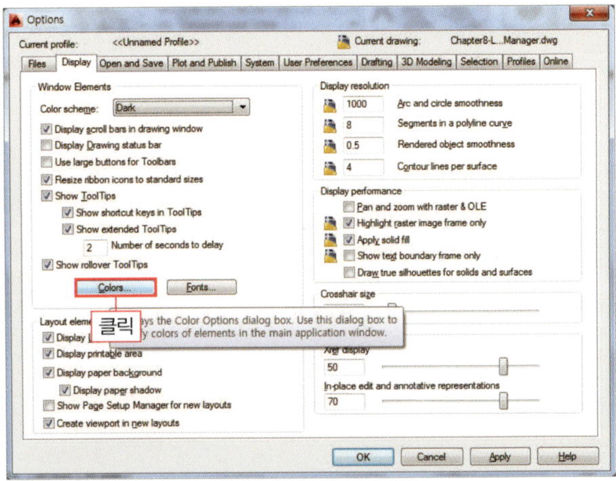

04. [Drawing Window Colors] 대화상자에서 [Color]를 'black'으로 변경한 후 [Apply]/[Close] 버튼을 각각 클릭합니다.

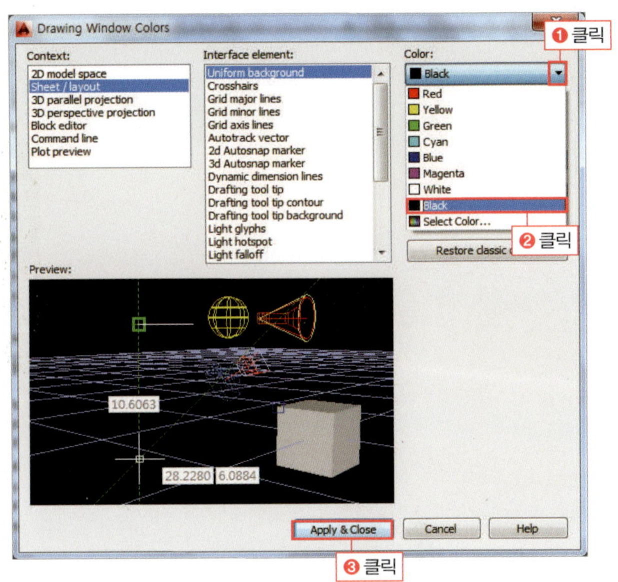

05. 다시 [Options] 대화상자로 돌아오면 [OK] 버튼을 클릭합니다.

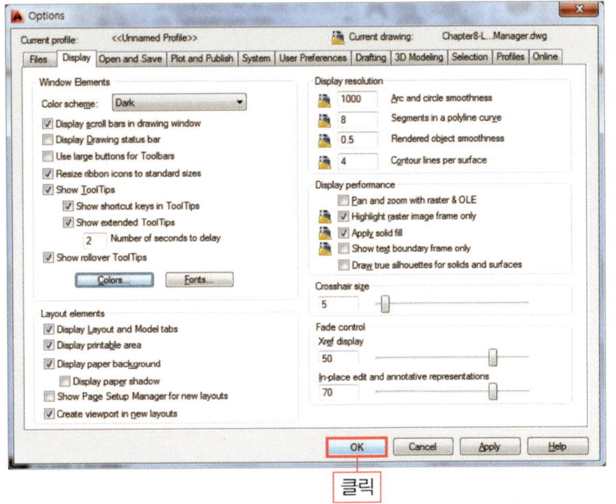

06. 그림과 같이 배치 공간의 색상이 검은색으로 변경
된 것을 확인할 수 있습니다.

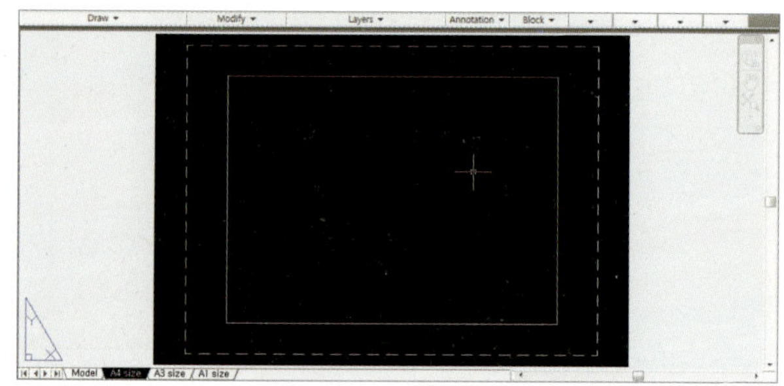

❷ 출력 공간 영역의 표시선 변경하기

출력 공간은 점선의 사각형으로 나타납니다. 때로는 이 영역선이 필요하지 않는 경우도 있기 때문에 보
이지 않게 설정하는 방법을 알아봅니다.

01. 앞선 따라하기에 이어서 배치 공간의 색상을 검
은색으로 바꾼 후 다시 [Options] 대화상자를 불러옵
니다.

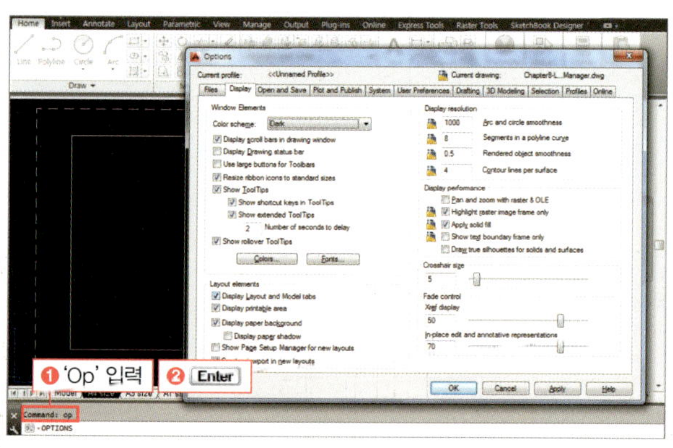

02. [Display] 탭의 [Layout elements]에서 [Display
printable area]를 체크하지 않고 [OK] 버튼을 클릭
합니다.

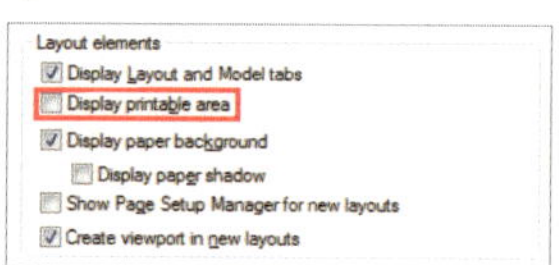

03. 그림과 같이 출력 공간(Printable area) 영역선이
없어진 것을 확인할 수 있습니다.

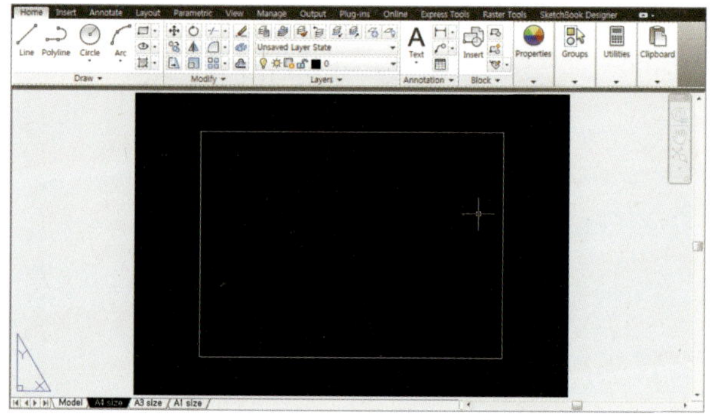

04. 다시 [Options] 대화상자의 [Display] 탭에서 [Layout elements]의 [Display paper background]를 체크하지 않고 [OK] 버튼을 클릭합니다.

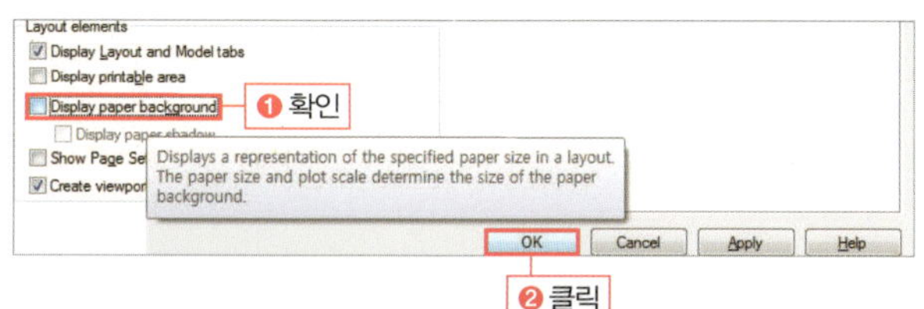

05. 모델 공간처럼 배치 공간 영역 모두가 배경색이 바뀐 것을 확인할 수 있습니다.

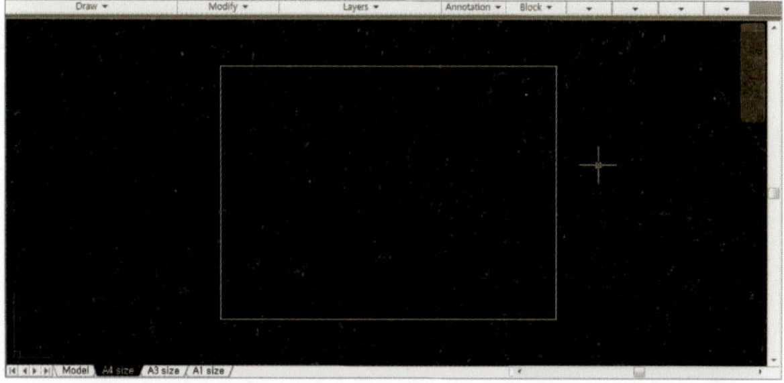

외부에서 배치 공간에 도각을 불러와 배치하기

도각은 출력을 위해 필요한 틀로써 배치 공간에 있어야 합니다. 이러한 도각을 불러와 올바르게 배치하는 방법을 알아봅니다.

❶ 도각을 배치 공간에 작성한 후 블록화시켜 불러오기(Insert Block)

배치 공간에 그려진 도각은 실제 프린트를 위한 종이 크기를 바탕으로 1:1 크기로 그려집니다. 이것을 블록으로 전환시켜 다른 파일에 활용하는 방법을 알아봅니다.

예제 파일 : Part 01/Chapter 08/Sample02.dwg, Sample03.dwg
완성 파일 : Part 01/Chapter 08/Sample02-완성.dwg

01. 예제 파일을 불러온 후 배치 공간 탭(Layout1)을 마우스 오른쪽 버튼으로 클릭한 후 [Page Setup Manager]를 선택합니다.

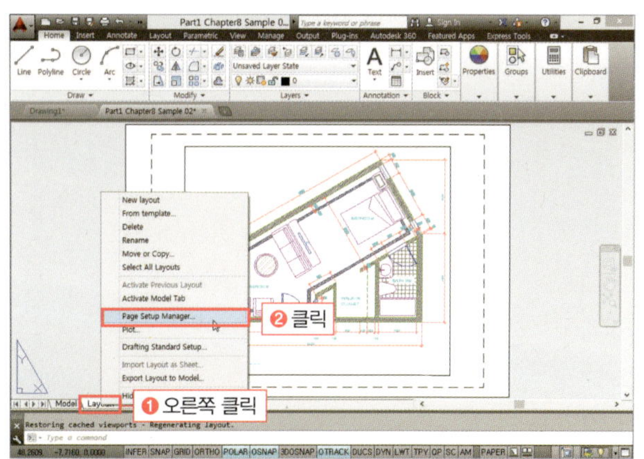

02. [Page Setup Manager] 대화상자가 나타나면 '*Layout1*'을 선택하고 [Modify] 버튼을 클릭합니다.

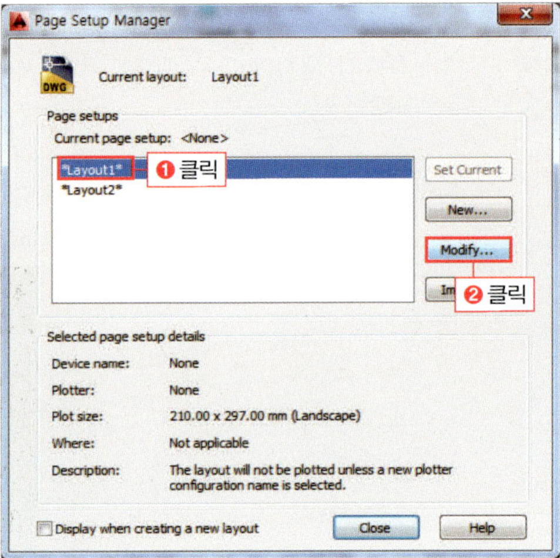

03. [Page Setup – Layout1] 대화상자가 나타나면 'ISO A3 450MMX297MM'을 선택한 후 [OK] 버튼을 클릭합니다.

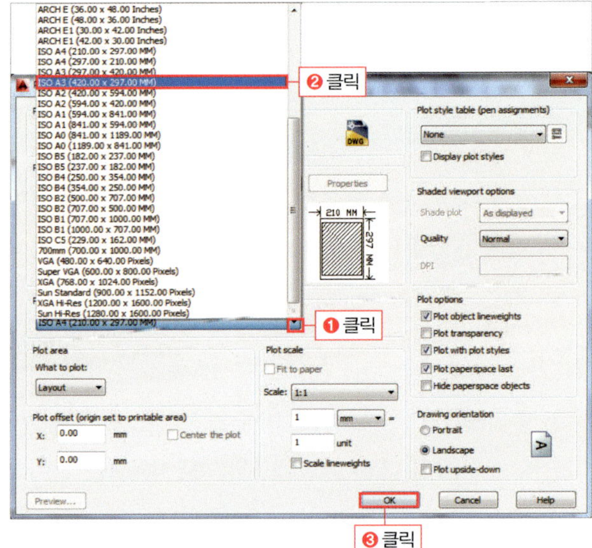

04. [Page Setup Manager] 대화상자에서 [Close] 버튼을 클릭합니다.

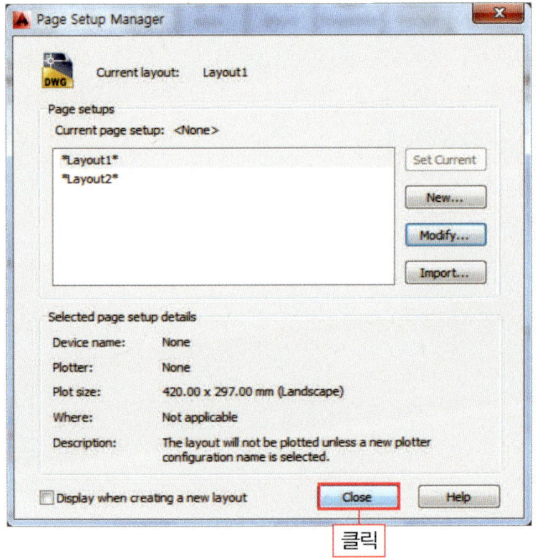

05. 그림과 같이 배치 공간이 A3 크기로 변경된 것을 확인한 후 현재 레이어를 'A–TBLK–BD1'로 변경합니다.

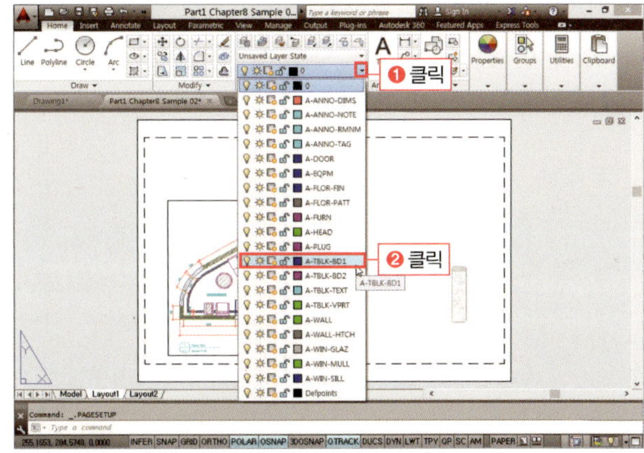

06. 단축 명령어 'I'를 명령 입력창에 입력하여 [Insert] 대화상자가 나타나면 [Browse] 버튼을 클릭합니다.

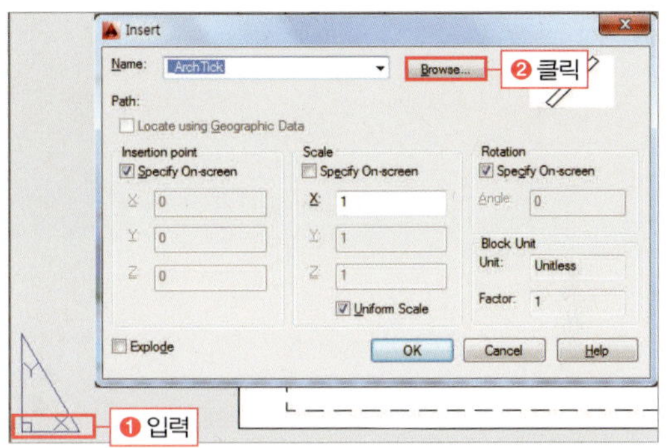

07. 예제 파일(Sample03.dwg)을 선택한 후 [Open] 버튼을 클릭합니다.

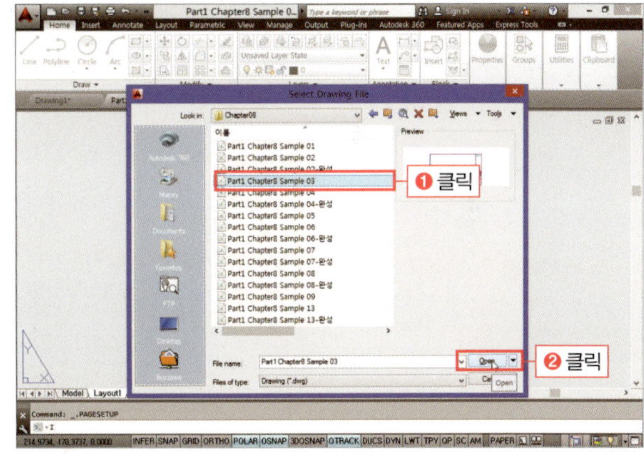

> 🔵 **TIP** [Page Setup Manager] 대화상자를 불러오는 다양한 방법을 소개합니다.

- [Output] 탭–[Plot] 패널에 있는 [Page Setup Manager](🔲)를 클릭합니다.

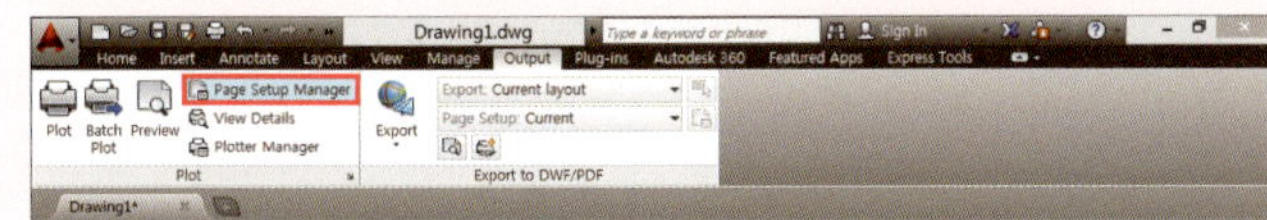

- 명령 입력창에 'PAGESETUP'을 입력합니다.

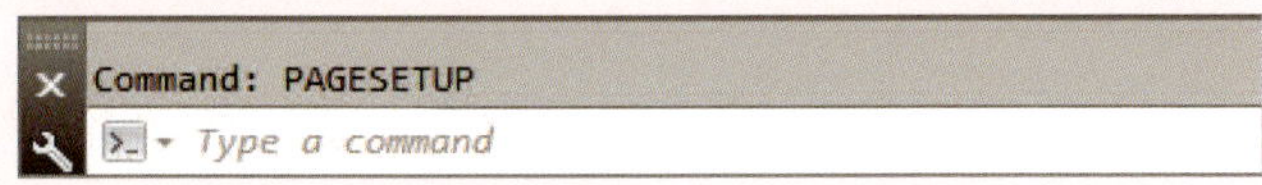

08. [Insert] 대화상자를 그림과 같이 설정한 후 [OK] 버튼을 클릭합니다.

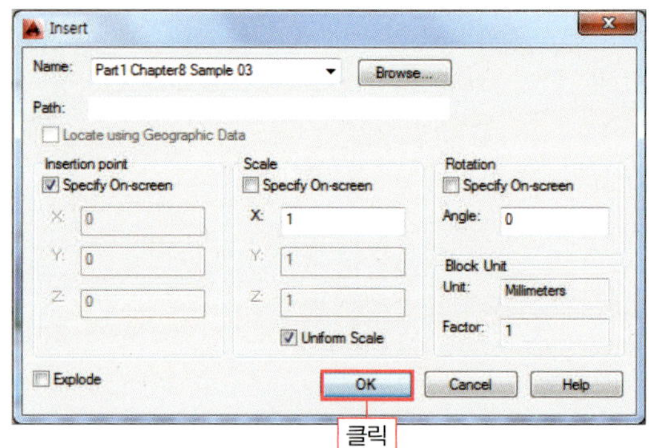

09. 그림과 같이 'A3 Titleblock(TBLK)'을 배치하기 위해 '0,0'을 입력하고 Enter 를 누릅니다.

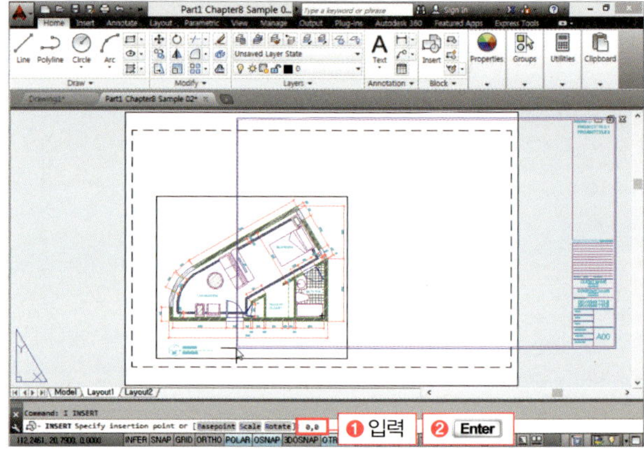

10. 그림과 같이 적절하게 배치 공간에서 도각을 이동킨 후 작업을 마무리합니다.

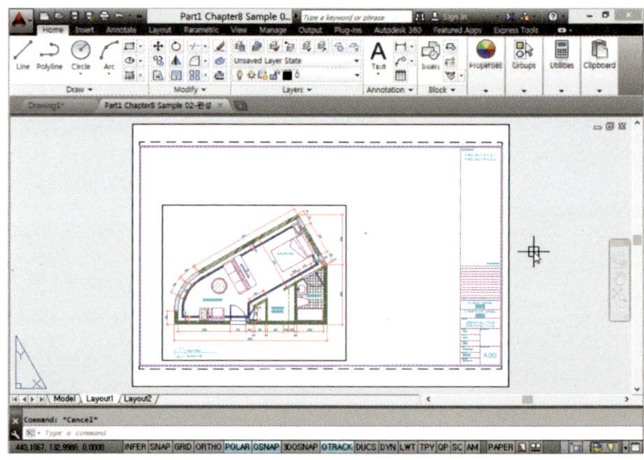

❷ 도각을 모델 공간에서 그린 다음 외부 파일 첨부하기로 불러오기(XRef)

모델 공간에서 1:1 Annotation 크기로 작성한 도각을 DWG 파일로 저장 후 다른 파일의 배치 공간에서
Xref를 이용하여 불러오는 방법을 알아봅니다.

> 예제 파일 : Part 01/Chapter 08/Sample04.dwg, Sample05.dwg
> 완성 파일 : Part 01/Chapter 08/Sample04-완성.dwg

01. 예제 파일을 불러온 후 [Layout1] 탭을 클릭하여
배치 공간으로 이동합니다.

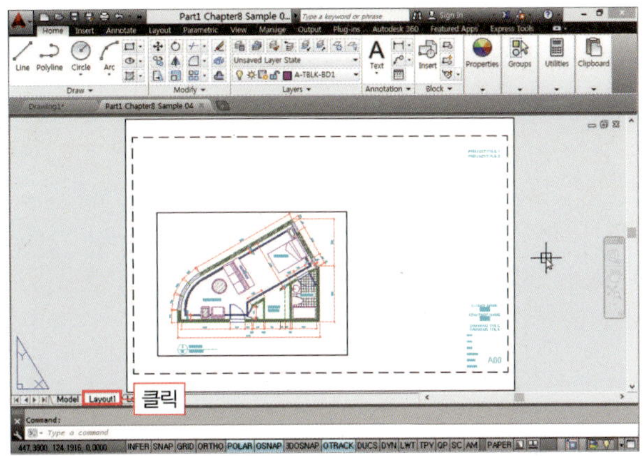

02. [Insert] 탭-[Reference] 패널에서 [XRef]를 클릭합니다.

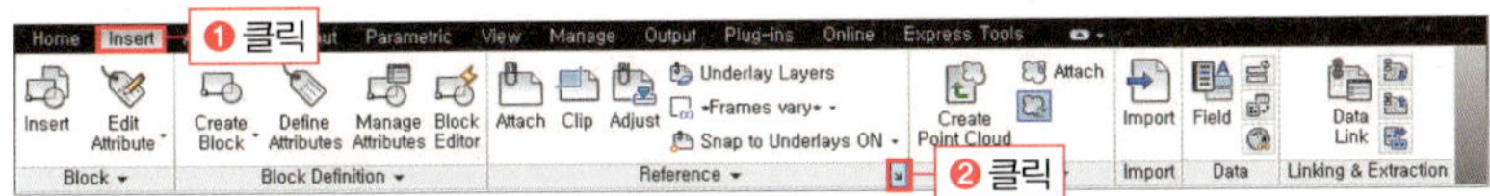

> **TIP** [View] 탭-[Palettes] 패널에 있는 External References에 있는 [External Reference](🖼)를 이용하거나, 단축 명령어 'Xr'을 명령 입력창에 입력
> 한 후 **Enter**를 누르면 동일하게 External Reference를 불러올 수 있습니다.

03. External References에서 [Attach]-[Attach
DWG]를 클릭합니다.

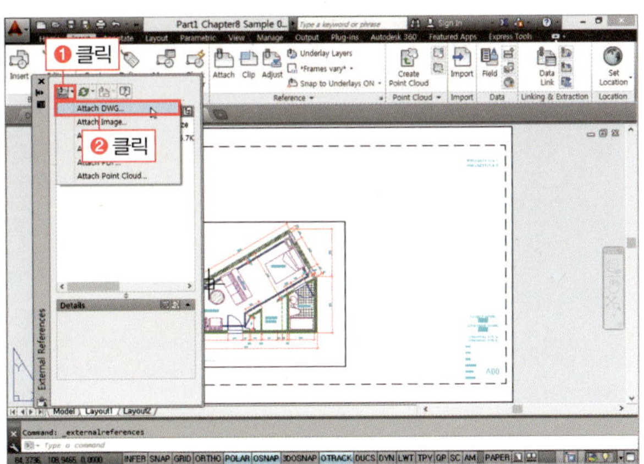

04. 부록 CD에서 'Sample05.dwg' 파일을 선택하고 [Open] 버튼을 클릭합니다.

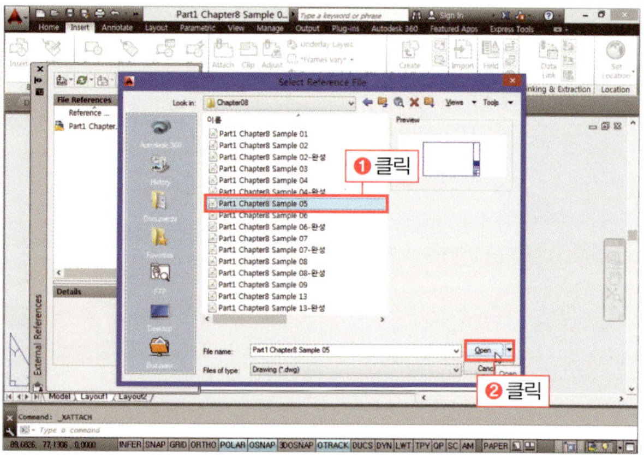

05. [Attach External Reference] 대화상자가 나타나면 [Name]과 [Preview]를 확인한 후 그림과 같이 설정하고 [OK] 버튼을 클릭합니다.

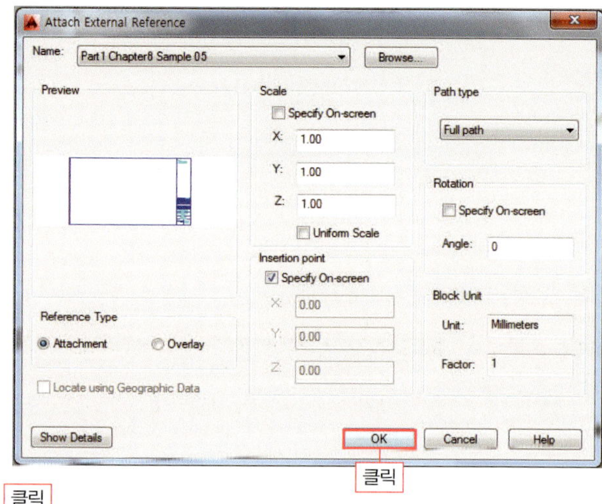

06. 불러온 도각의 위치 선정을 위해 [Attach External Reference] 대화상자를 닫습니다.

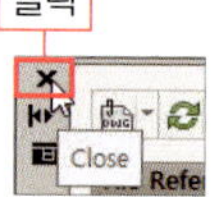

07. '0,0'을 명령 입력창에 입력하여 그림과 같이 도각 위치를 설정합니다.

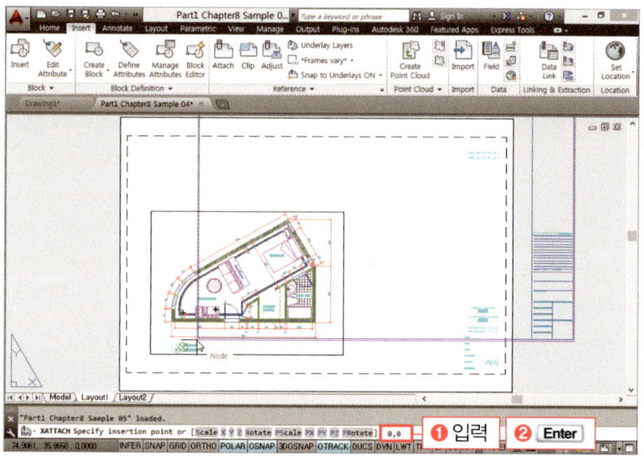

08. Move 명령을 이용하여 배치 영역 안에 적절하게 그림과 같이 중심에 올 수 있도록 위치시킨 후 작업을 마무리합니다.

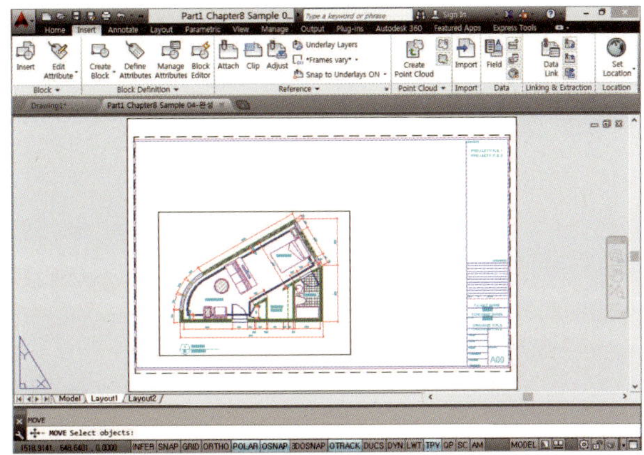

[Attach External Reference] 대화상자에서 [Rotation]의 [Specify On-Screen]을 체크하면 도각을 90도로 회전시킬 수 있습니다.

LESSON 02 모델 공간의 도면을 배치 공간으로 불러오기

Viewports는 출력할 종이에 모델 공간의 드로잉을 불러올 수 있는 일종의 통로와 같은 개념을 가지고 있습니다.
이러한 Viewports를 이용하여 배치 공간에 결과물을 배치하고 출력하는 일련의 작업 흐름을 알아봅니다.

● **학습 목표**

Viewport를 사용하여 모델 공간의 드로잉을 배치 공간에 배치하는 방법을 학습합니다.

● **학습에 필요한 단축 명령어**

VPOR : Viewports

XR : External References

뷰포트(Viewports) 이해하기

❶ [Layout Viewports] 패널의 화면 구성

모델 공간에서 그린 드로잉을 어떻게 배치 공간으로 불러오는지를 알 수 있도록 도구 모음의 위치를 파악하고 활용해 봅니다.

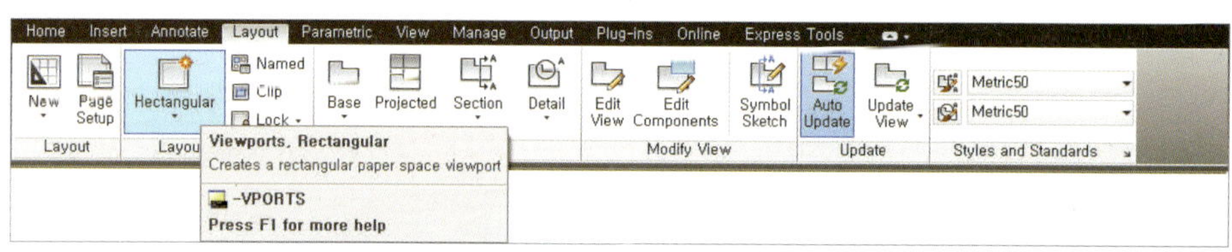

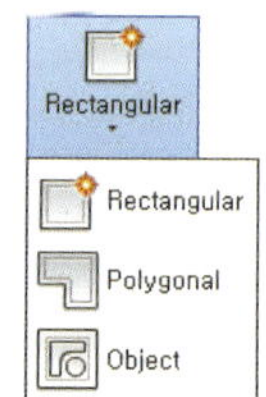

▲ [Layout] 탭–[Layout Viewports] 패널의 [Viewports]

TIP 모델 공간에 하나 이상의 뷰포트를 배치하고 싶다면 [Layout] 탭–[Layout Viewports] 패널에서 [Named]를 이용하면 됩니다.

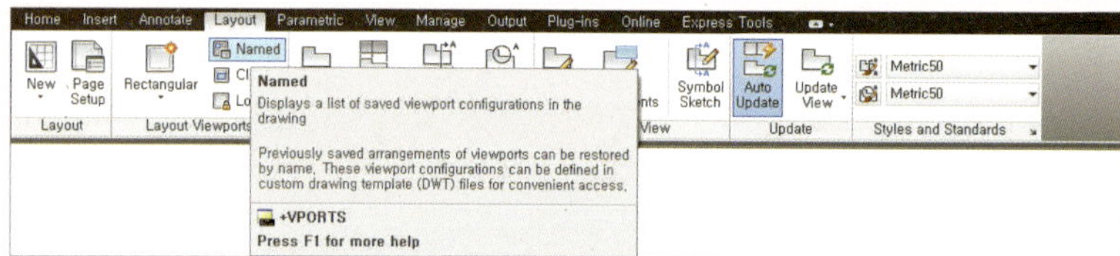

❷ [Viewports] 대화상자의 구성

[Viewports] 대화상자를 이용하여 뷰포트의 여러 옵션들을 선택할 수 있는데 그 중에 가장 큰 기능은 여러 개의 뷰포트를 원하는 구성으로 설정할 수 있다는 것입니다.

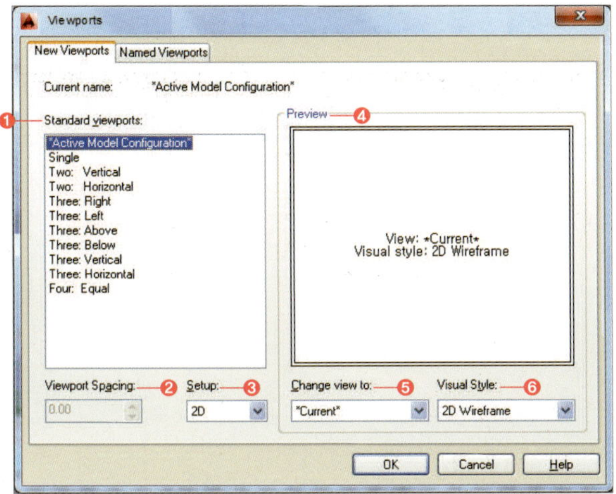

❶ Standard Viewports : 뷰포트의 숫자와 구성을 선택할 수 있습니다.

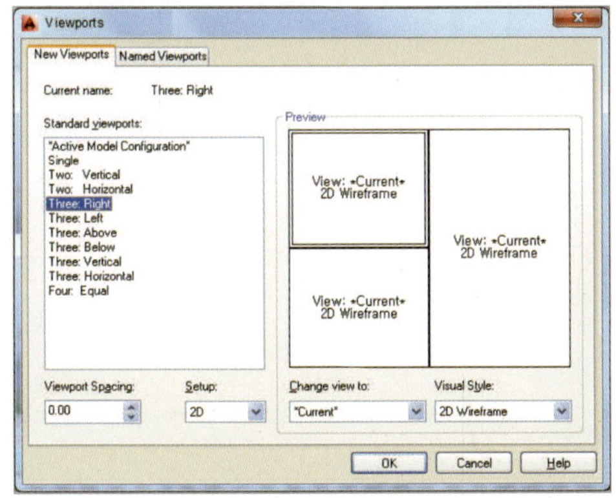

❷ Viewports Spacing : 뷰포트 사이의 간격을 조절할 수 있습니다.

❸ Setup : 2D 혹은 3D Setup을 원하는 상황에 따라 선택할 수 있습니다.

❹ Preview : 선택한 뷰포트의 구성 및 AutoCAD에서 제공하는 기본 뷰포트의 구성을 미리 볼 수 있습니다.

❺ Change View To : 목록에서 선택한 뷰포트의 뷰를 현재 뷰로 설정합니다.

❻ Visual Style : 시각적 스타일을 뷰포트에 적용할 수 있습니다.

배치 공간에 사각형 모양 뷰포트를 배치하는 방법을 알아봅니다.

예제 파일 : Part 01/Chapter 08/Sample06.dwg, | **완성 파일 :** Part 01/Chapter 08/Sample06-완성.dwg

01. 예제 파일을 불러온 후 배치 공간(Layout1)으로 이동한 후 현재 레이어를 'A-TBLK-VPRT'로 변경합니다.

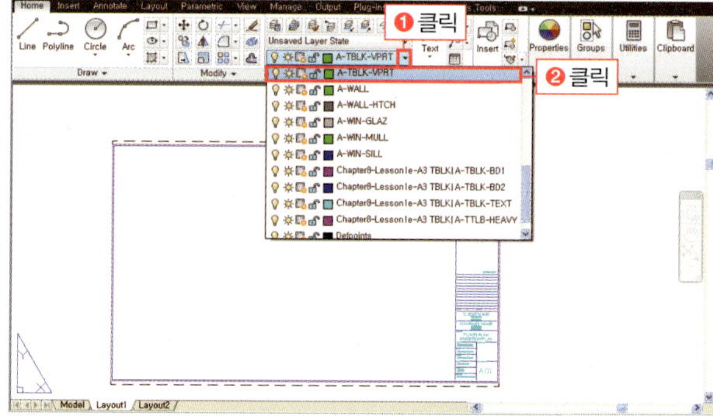

02. [Layout] 탭-[Layout Viewports] 패널에 있는 [Viewports]-[Rectangular]( )를 클릭합니다.

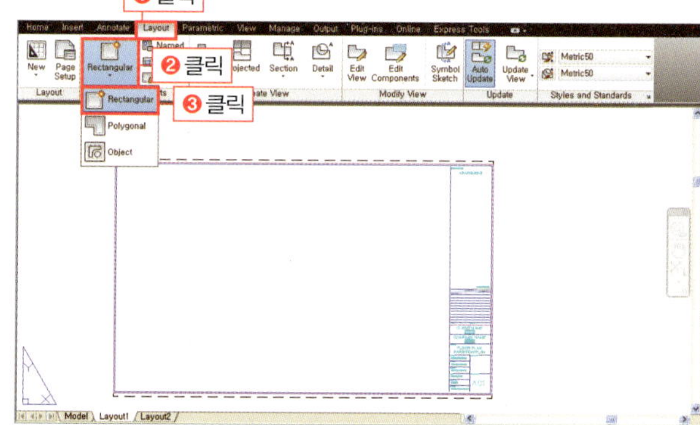

03. 도각 안에 사각형 모양으로 뷰포트를 만듭니다.

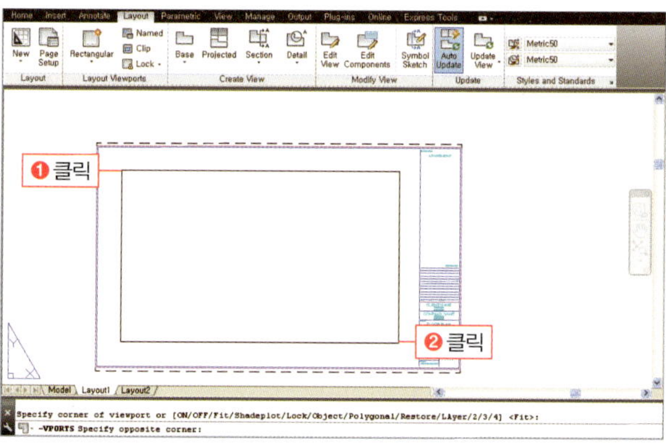

04. 'A–TBLK–VPRT' 레이어의 뷰포트가 만들어 진 것을 확인할 수 있습니다.

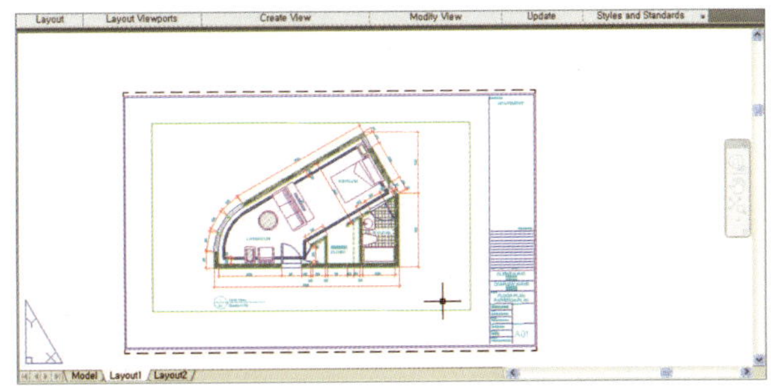

05. [Home] 탭의 레이어 확장 리스트 창에서 현재 레이어인 'A–TBLK–VPRT'를 다시 열어 [Freeze or thaw in current Viewports](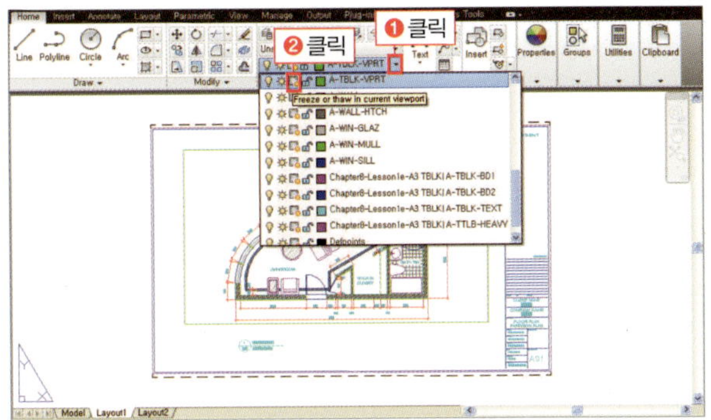)를 클릭합니다.

06. 사각형 뷰포트가 없어진 것을 확인할 수 있습니다.

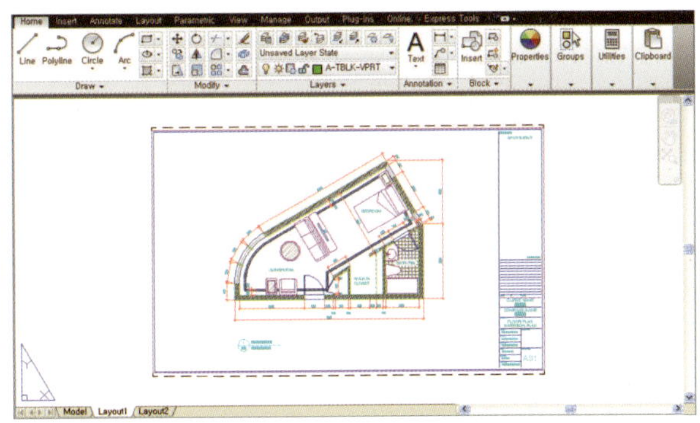

> **TIP** [Freese or thaw in current Viewports]를 이용해 뷰포트를 꺼버린 후에는, 위치, 크기 등의 수정이 불가능하기 때문에 도면 배치의 마무리에서 시행합니다. [Freese or thaw in current Viewports]는 Layer Properties에서도 수정이 가능합니다.

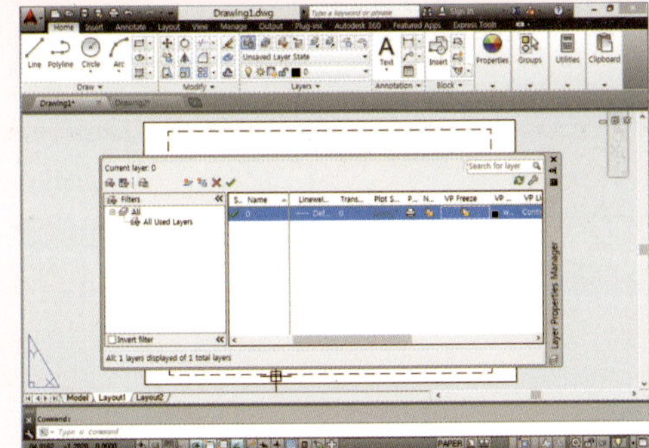

모델 공간에 배치된 뷰포트에 크기를 적용하는 방법을 알아봅니다.

예제 파일 : PART 01/Chapter 08/Sample07.dwg
완성 파일 : PART 01/Chapter 08/Sample07-완성.dwg

01. 예제 파일을 불러온 후 [Layout]−[Layout Viewports] 패널에서 Named를 클릭합니다.

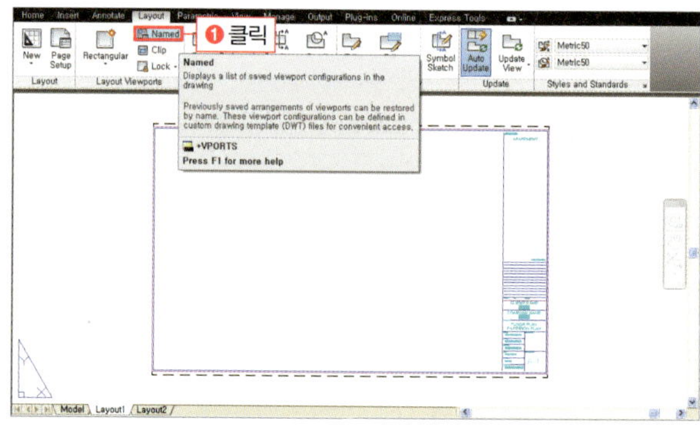

TIP [Insert] 탭−[Reference] 패널에 있는 [Xref fading]을 비활성화 해야 도각이 100% 선명하게 보입니다.

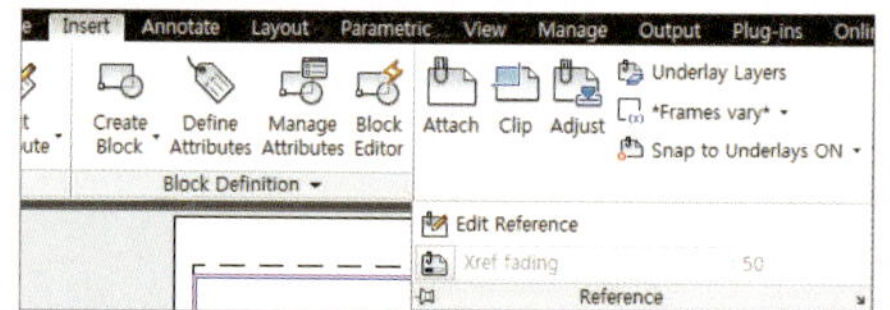

02. [Viewports] 대화상자가 나타나면 [New Viewports] 탭에서 그림과 같이 'Three left'를 선택한 후 [OK] 버튼을 클릭합니다.

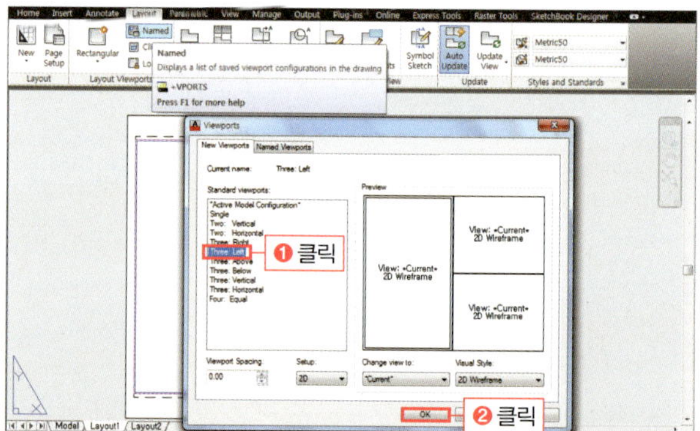

03. 도각의 공간 안에 사각형 모양으로 뷰포트 영역을 정합니다.

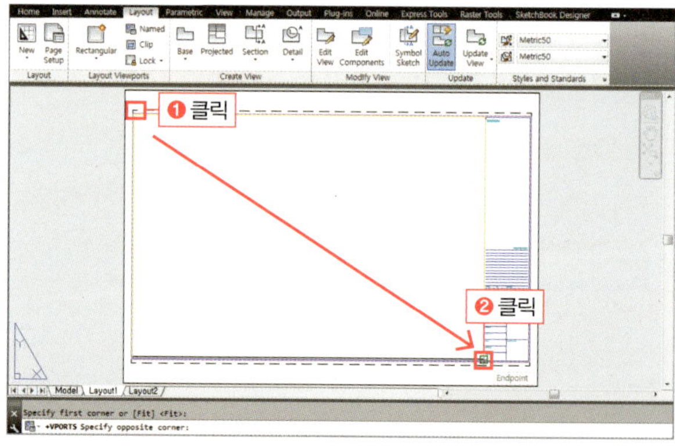

04. 도각 안에 3개의 뷰포트가 지정된 것을 확인한 후 [Application Status Bar Menu]에서 [Drawing Status Bar]를 체크합니다.

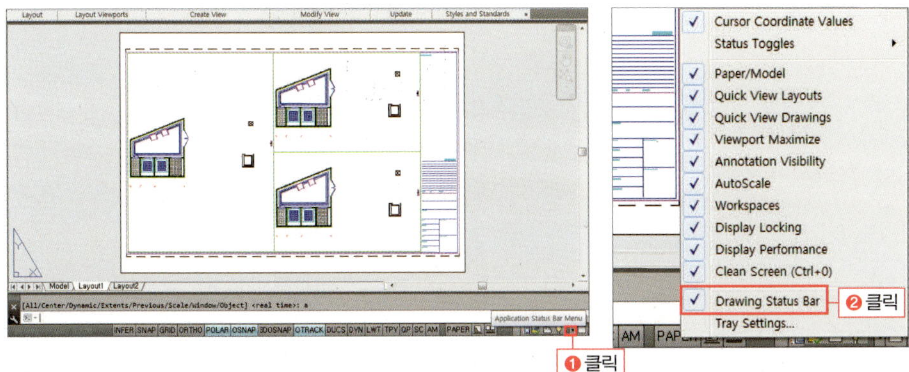

05. 명령 입력창 위로 Drawing Status Bar에 관한 막대가 하나 더 나타나는 것을 확인할 수 있습니다.

06. 왼쪽 뷰포트 영역 안을 더블클릭하면 모델 공간으로 전환됩니다.

> **TIP** 사각형 뷰포트를 선택한 후 명령 입력창에 'Ms'라고 입력하면 동일하게 모델 공간으로 전환됩니다. 이때 뷰포트의 테두리가 굵은 선으로 바뀌면 모델 공간으로 전환된 것입니다.

07. 마우스 휠로 배치할 도면을 확대한 뒤, 뷰포트 크기를 '1:50'으로 설정합니다.

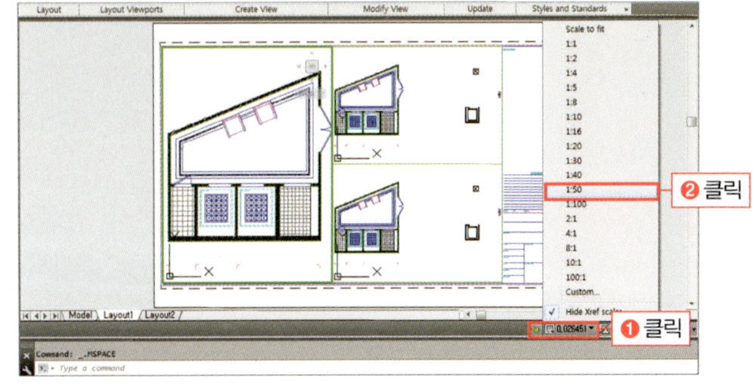

08. Annotative 치수와 함께 1:50 크기에 맞게 도면을 배치됩니다.

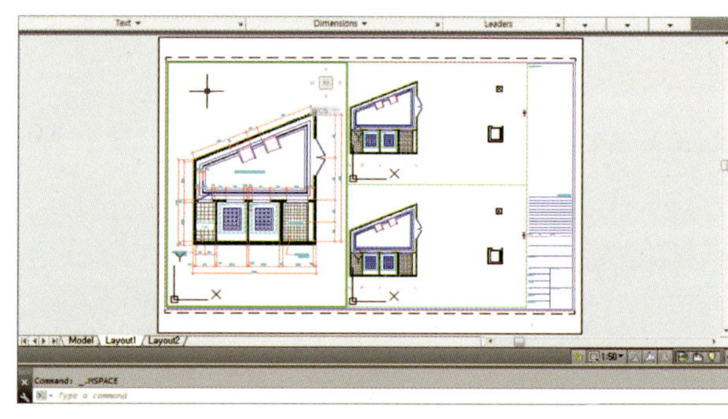

> **TIP** 크기 변경 없이 도면을 움직이려면 마우스 휠을 눌러 Pan 기능을 이용합니다.

09. 뷰포트 영역 외의 공간에서 다시 더블클릭을 하거나 명령 입력창에 배치 공간의 단축 명령어인 'Ps'를 입력하여 모델 공간에서 나옵니다.

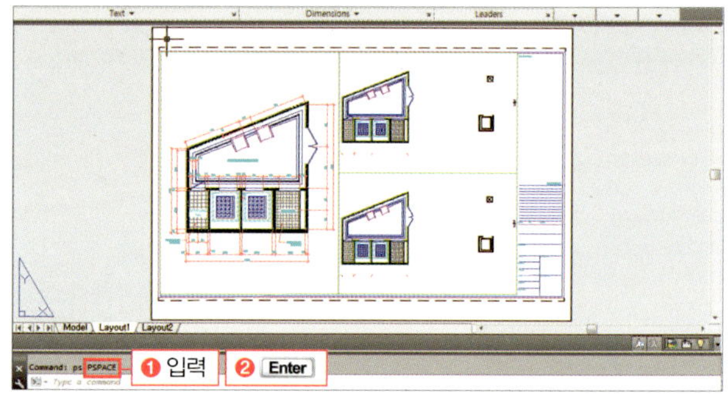

10. 오른쪽 위에 있는 뷰포트 영역 안에서 더블클릭하여 모델 공간으로 전환한 후 벽 디테일 드로잉을 확대하고 뷰포트 크기를 '1:5'로 설정합니다.

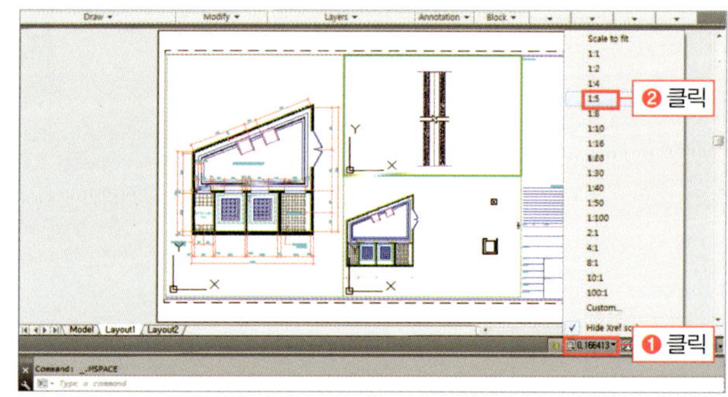

11. 벽 디테일에 관하여 Annotation 크기인 '1:5'에서 지정해준 Annotative 다중 지시선과 문자가 뷰포트 크기인 '1:5'에 맞게 배치되는 것을 확인할 수 있습니다.

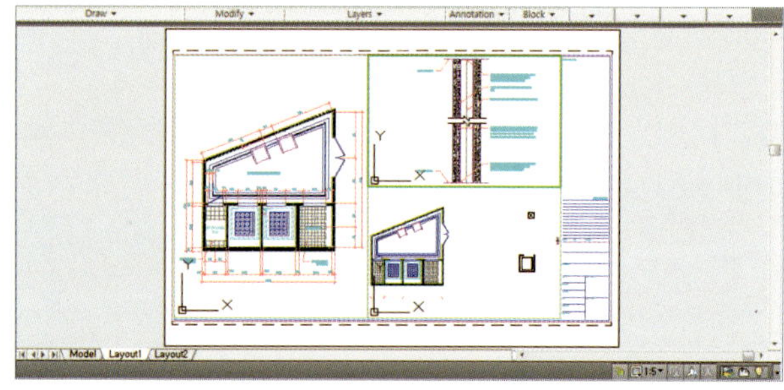

12. 단열재 선의 크기가 맞지 않거나 시각적으로 일직선으로 보인다면 명령 입력창에 Regen 명령의 단축 명령어인 'Re'를 입력하여 Regenerating Model을 실행합니다.

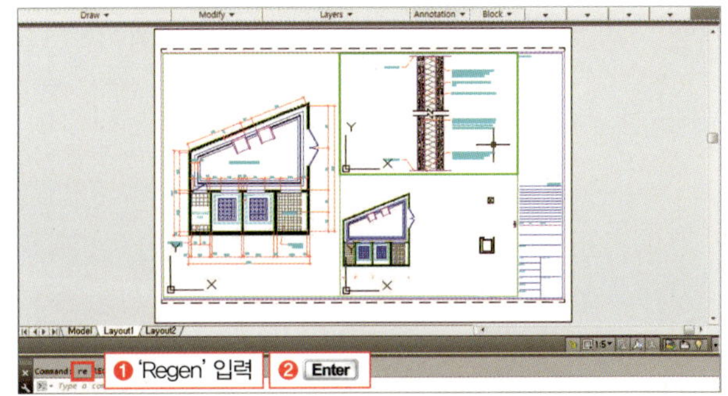

13. 다시 뷰포트의 영역 밖을 더블클릭하거나, 명령 입력창에 'Ps'를 입력하여 모델 공간으로 나옵니다.

14. 이번에는 오른쪽 아래에 있는 뷰포트 영역 안을 더블클릭하여 모델 공간으로 전환하고, 승강기 디테일 드로잉을 확대한 후 뷰포트 크기를 '1:20'으로 설정합니다.

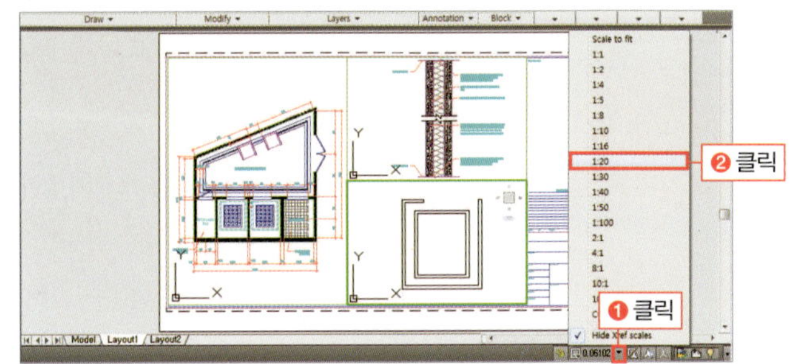

15. 승강기 디테일에 관하여 Annotation 크기인 '1:20'에서 지정했던 Annotative 다중 지시선과 문자가 뷰포트 크기인 '1:20'에 맞게 배치되는 것을 확인할 수 있습니다.

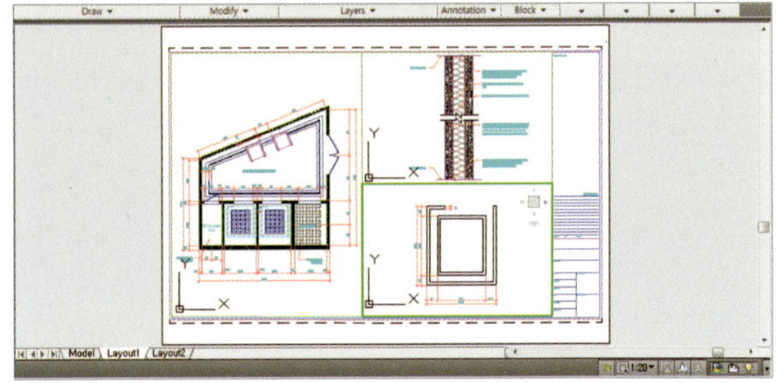

16. 뷰포트 영역 밖을 더블클릭하거나, 단축 명령어 'Ps'를 입력한 후 **Enter** 를 눌러 모델 공간으로 나옵니다.

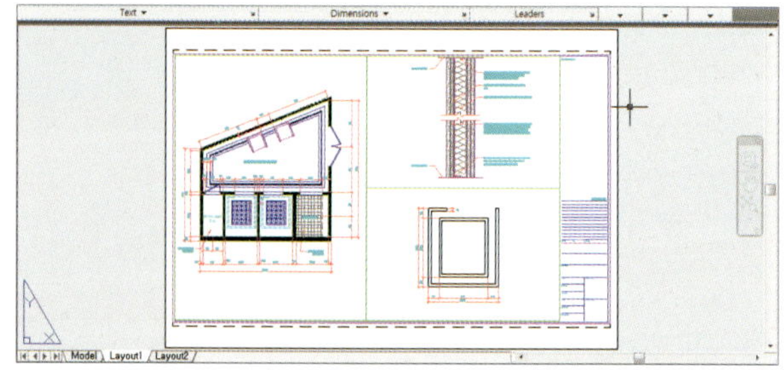

17. [Home] 탭의 레이어 리스트 확장 창에서 현재 레이어인 'A-TBLK-VPRT'를 열어 [Freeze or thaw in current Viewports](🌀)을 클릭하여 끕니다.

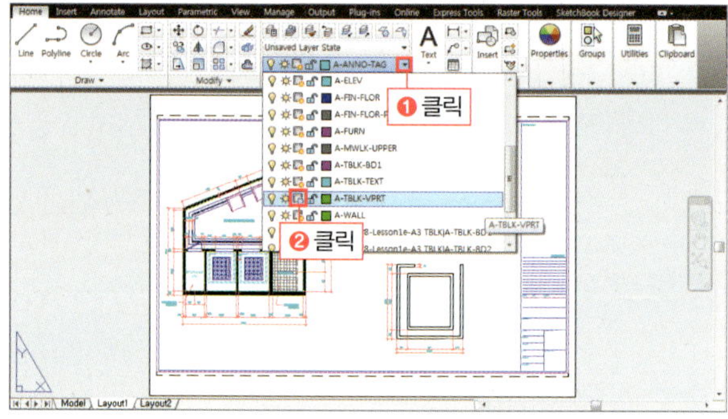

18. 뷰포트 레이아웃이 보이지 않는 것을 확인한 다음, 레이어 리스트 확장 창에서 현재 레이어를 'A-AN-NO-TAG'로 변경합니다.

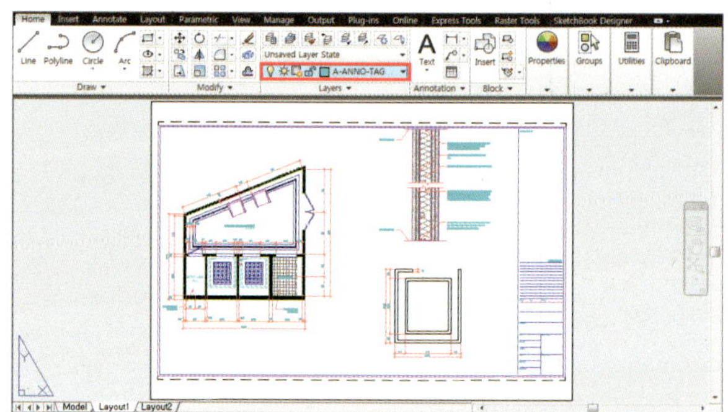

19. Insert 명령의 단축 명령어인 'I'를 명령 입력창에 입력한 후 **Enter** 를 누릅니다. [Insert] 대화상자가 나타나면 [Browse] 버튼을 클릭합니다.

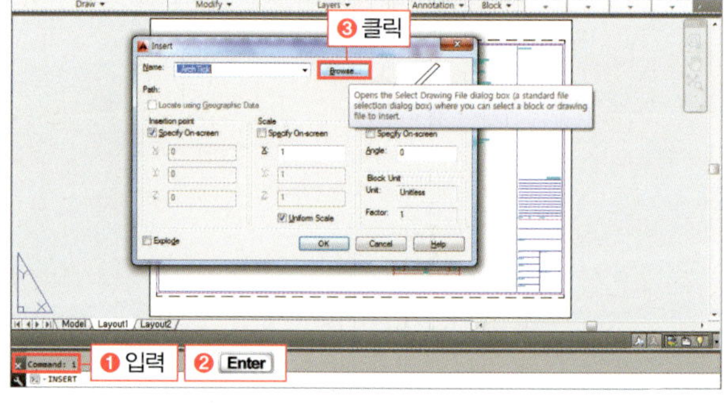

20. 'Drawing name and scale Tag.dwg' 파일을 선택한 후 [Open] 버튼을 클릭합니다.

TIP 예제 파일은 Part 01/Chapter 05/Block Library 폴더 안에 Symbol에 관한 블록이 수록되어 있습니다.

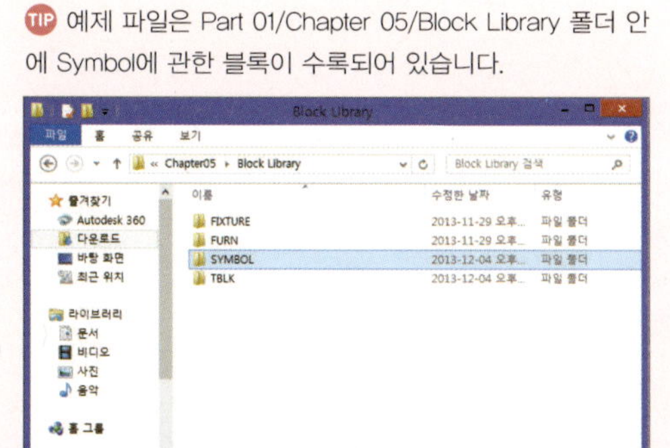

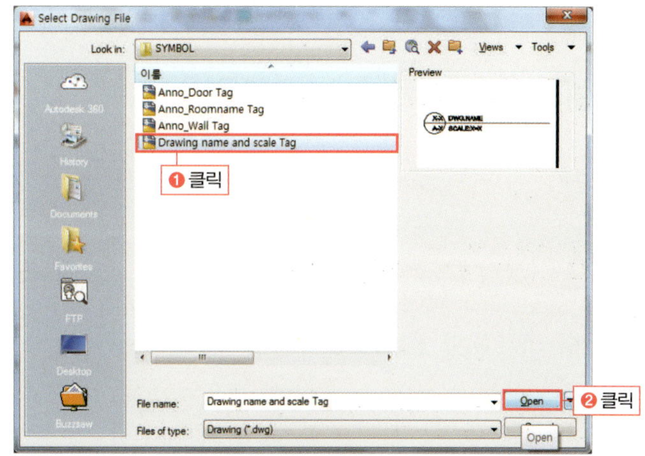

21. [Insert] 대화상자를 그림과 같이 설정한 후 [OK] 버튼을 클릭합니다.

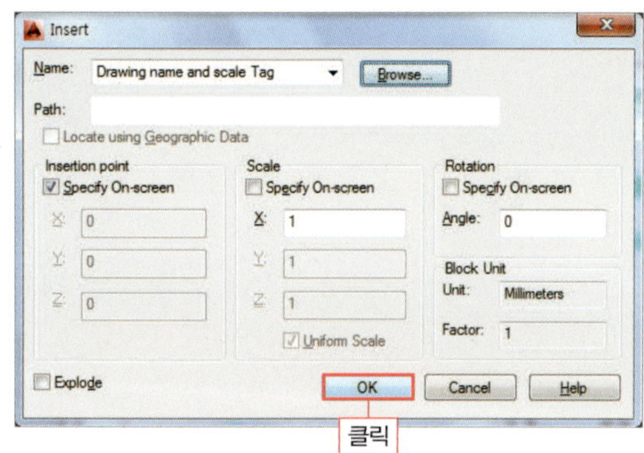

22. 적절한 지점을 클릭하여 태그의 위치를 선택합니다.

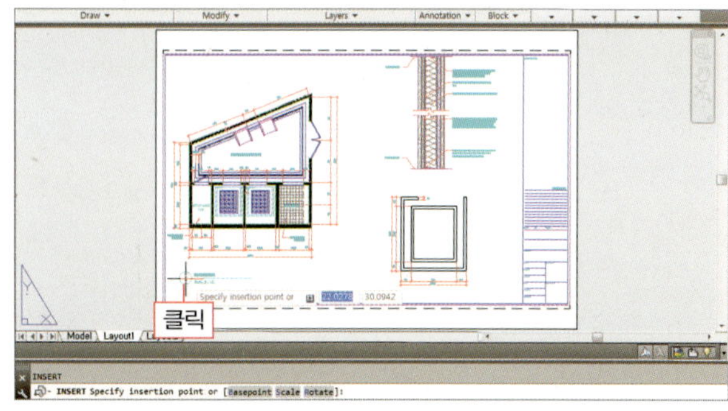

23. 명령 입력창에 Drawing Number에 관한 질문이 나타나면 '1'이라고 입력한 후 Enter 를 누릅니다.

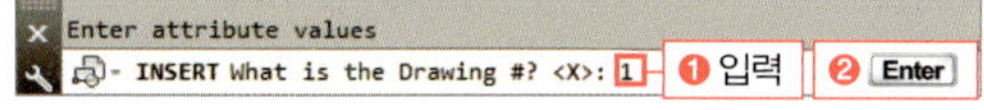

24. Page Number에 관해 질문에는 'A01'을 입력한 후 **Enter** 를 누릅니다.

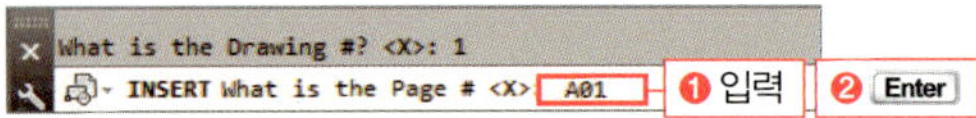

25. Drawing Name에서는 'FLOOR PLAN'이라고 입력한 후 **Enter** 를 누릅니다.

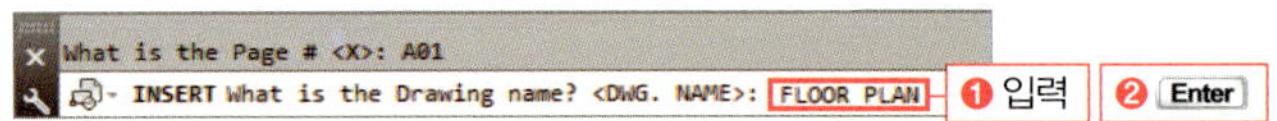

26. 마지막으로 크기에 관한 질문에 'SCALE=1:50'을 입력한 후 **Enter** 를 누릅니다.

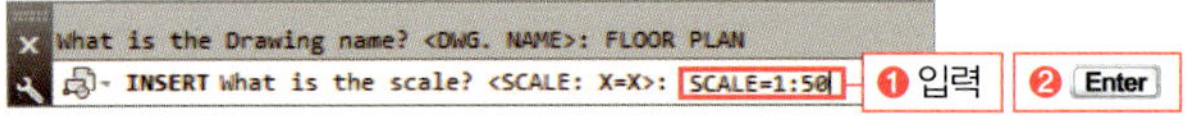

27. 그림과 같이 태그가 지정한 위치에 입력된 것을 확인할 수 있습니다.

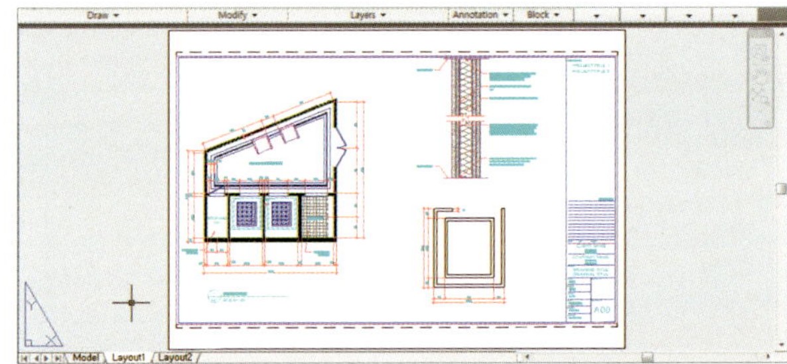

28. 앞선 따라하기와 같은 방법으로 디테일 드로잉에 도 태그를 불러옵니다.

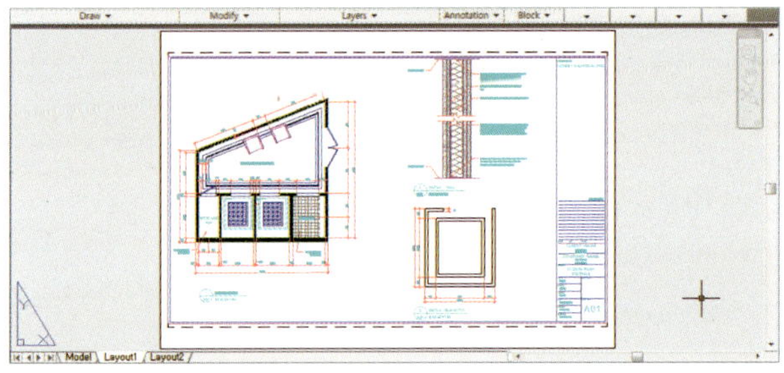

> **TIP** 23번 따라하기부터 26번 따라하기까지의 수정 문항을 한꺼번에 볼 수 있는 곳이 [Edit Attributes] 대화상자입니다. 22번 따라하기에서 23번 따라하기로 넘어갈 때 명령 입력창에 Drawing name and scale Tag에 관한 질문이 아닌 [Edit Attributes] 대화상자가 나올 경우에 당황하지 말고 수정 사항을 입력한 후 [OK] 버튼을 클릭합니다.

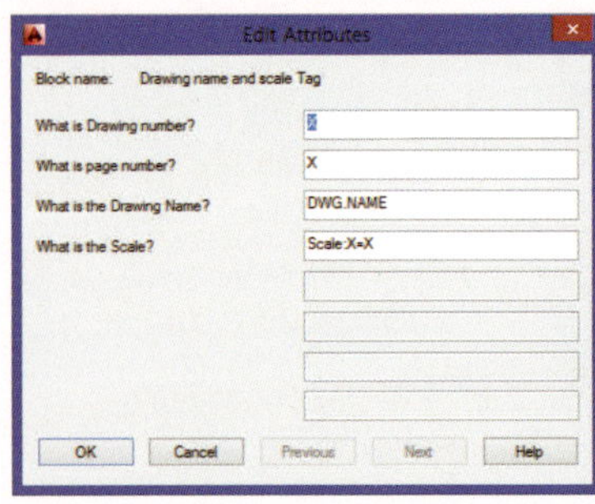

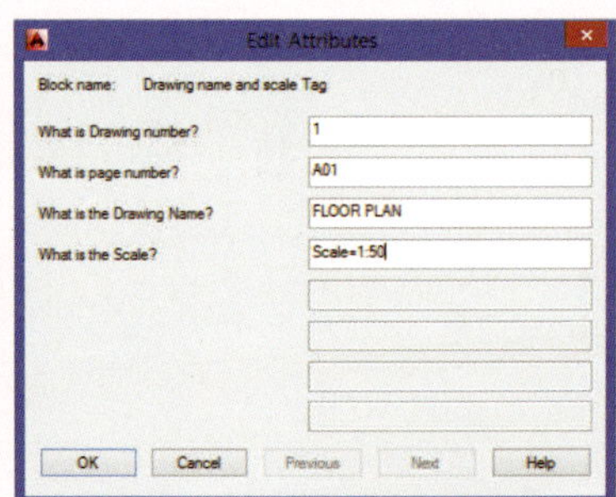

▲ 수정 사항 입력 전 [Edit Attribute] 대화 상자   ▲ 수정 사항 입력 후 [Edit Attribute] 대화 상자

모델 공간에 배치된 다양한 모양의 객체에 뷰포트를 지정하는 방법을 알아봅니다.

예제 파일 : Part 01/Chapter 08/Sample08.dwg, Sample 10∼12.jpg
완성 파일 : Part 01/Chapter 08/Sample08-완성.dwg

01. 예제 파일을 불러온 후 배치 공간(Layout1)으로 이동한 후 현재 레이어를 'A–TBLK–VPRT'로 변경합니다.

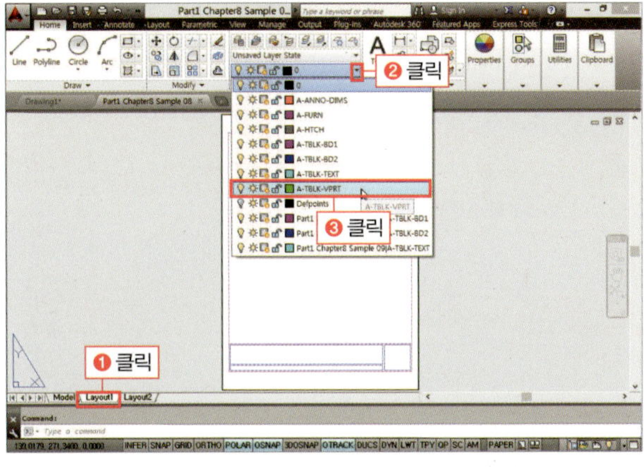

02. [Home] 탭의 확장키에 있는 [Spline]()을 클릭합니다.

03. [POLAR] 모드를 비활성화한 후 그림과 같이 자유롭게 Spline으로 객체를 그립니다.

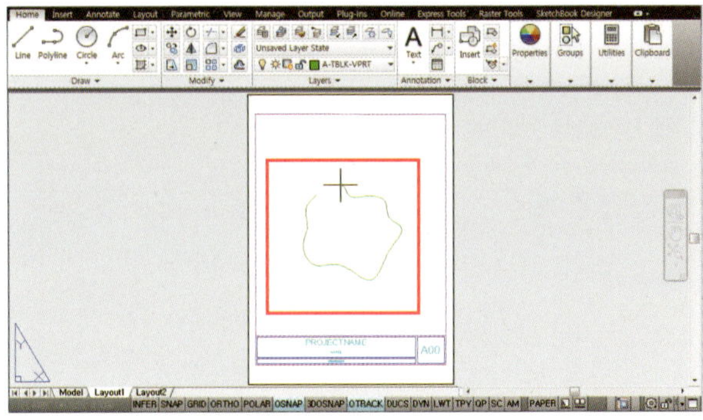

04. Close 명령의 단축 명령어인 'C'를 명령 입력창에
입력한 후 **Enter** 를 눌러 객체를 완성합니다.

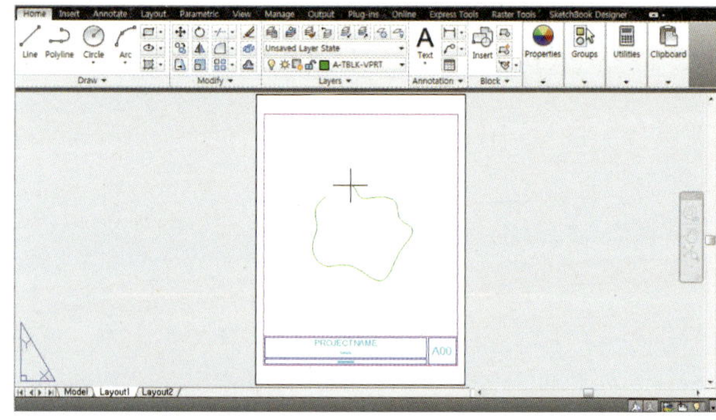

05. [Layout] 탭–[Layout Viewports] 패널에서 [View-
ports, Object](📷)를 클릭합니다.

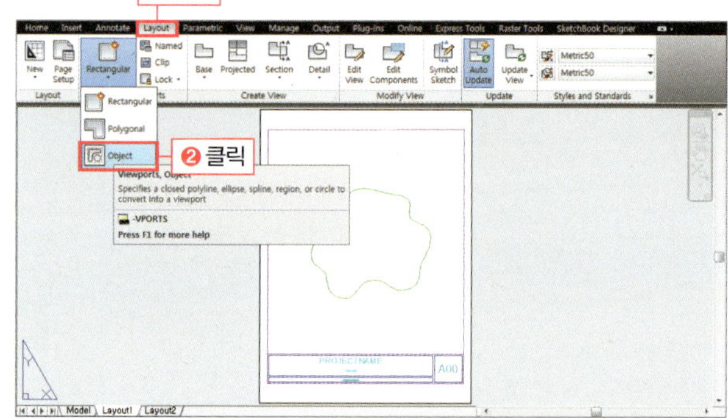

06. Spline으로 만든 객체를 선택하면, 그림과 같이
객체에 뷰포트가 적용된 것을 확인할 수 있습니다.

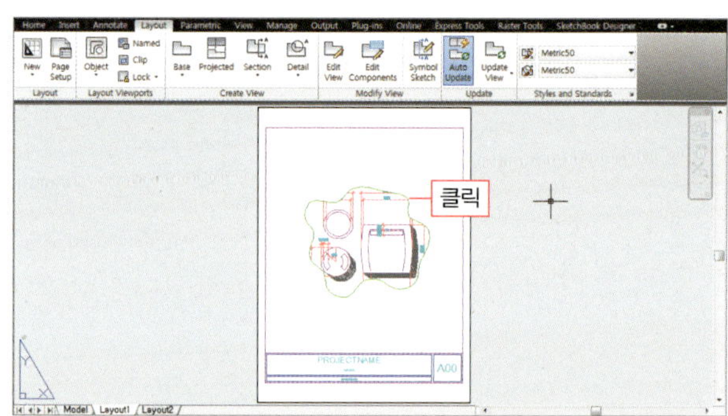

07. Spline 객체의 뷰포트를 선택한 뒤, 뷰포트ㅍ 크
기를 Scale를 '1:30'으로 변경합니다.

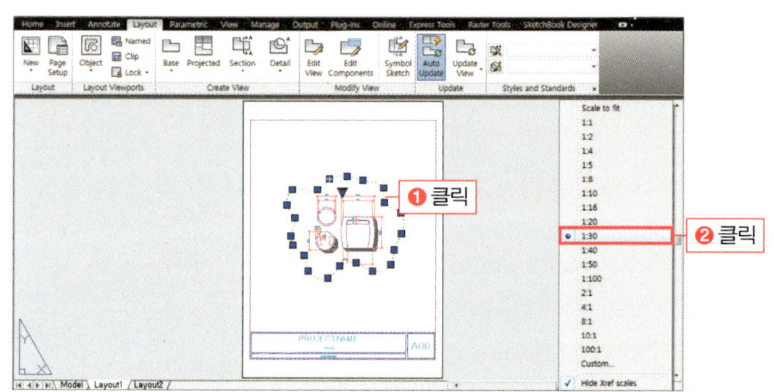

08. 다시 모델 공간으로 돌아가 XRef 명령의 단축 명령어인 'Xr'을 명령 입력창에 입력하여 External References가 나타나면 [Attach Images]를 선택합니다.

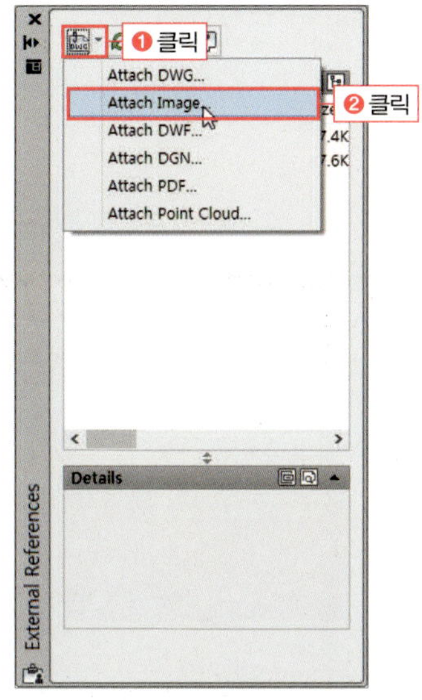

09. [Select Reference File] 대화상자가 나타나면 'Sample10.jpg' 파일을 선택한 후 [Open] 버튼을 클릭합니다.

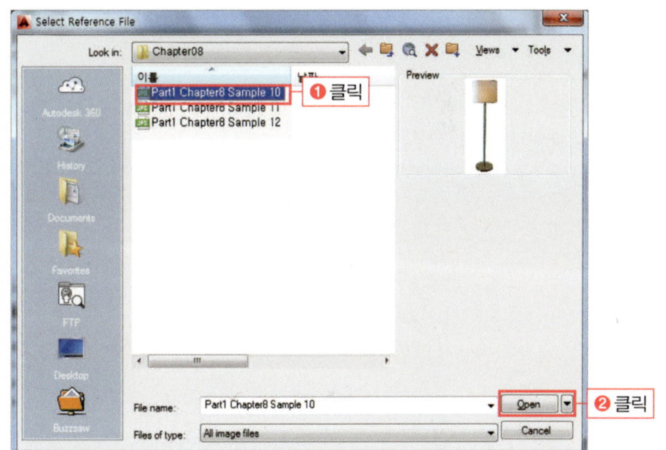

10. [Attach Image] 대화상자를 그림과 같이 설정한 후 [OK] 버튼을 클릭합니다.

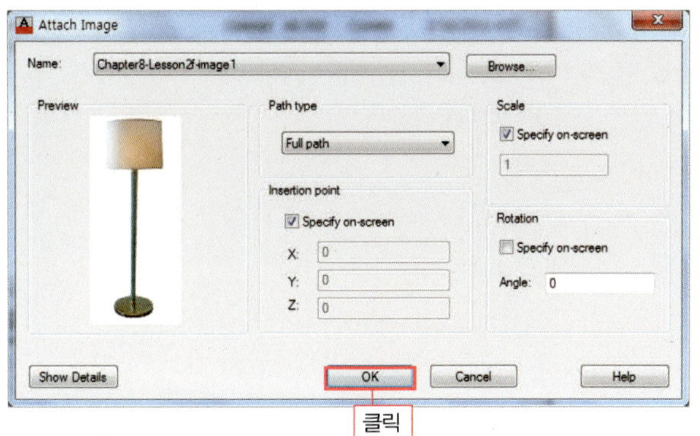

11. 다시 작업 화면에 돌아와 External References를 [Auto–hide](▶)로 숨깁니다.

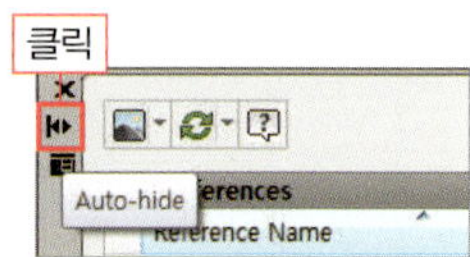

12. 화면의 적절한 지점을 클릭한 후 크기를 키워 이미지를 불러옵니다.

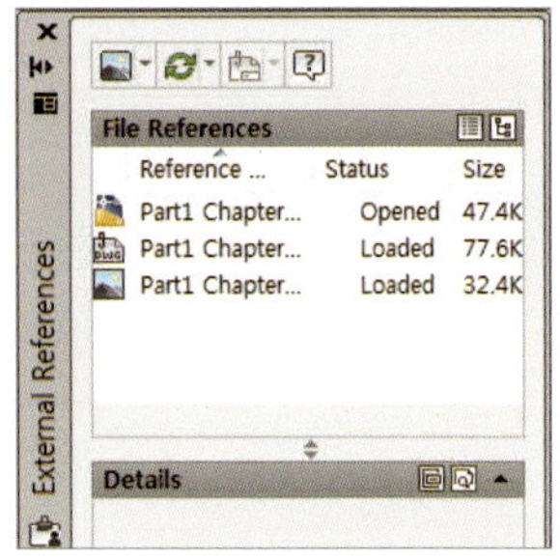
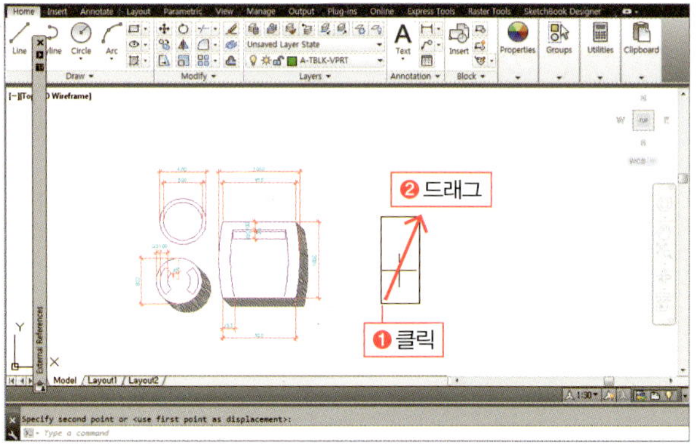

13. 다시 External References Palette에서 [Attach Image](▣▾)를 선택하면 [Select Reference File] 이번에는 'Sample 11.jpg' 파일을 선택한 후 [Open] 버튼을 클릭합니다.

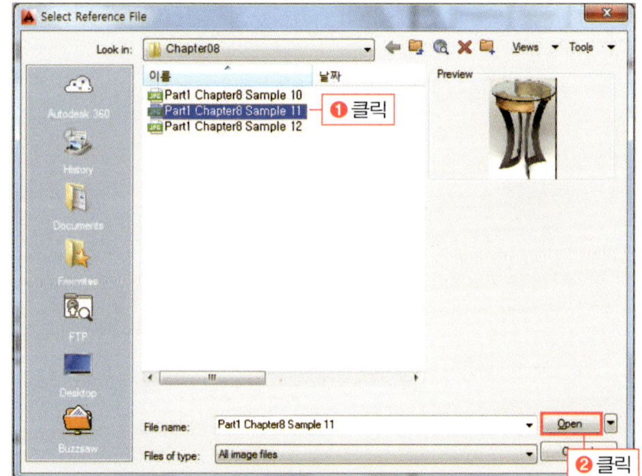

14. [Attach Image] 대화상자를 그림과 같이 설정한 후 [OK] 버튼을 클릭합니다.

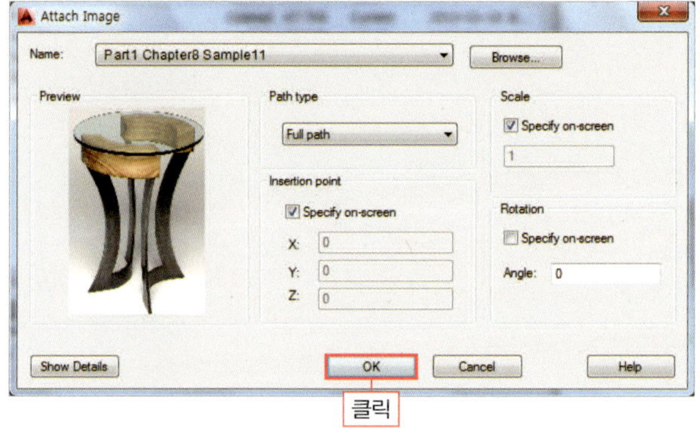

15. [Auto–hide]( )를 클릭하여 External Referenc-
es Palette를 가리고, 그림과 같이 사각형으로 크기를
지정하여 이미지를 불러옵니다.

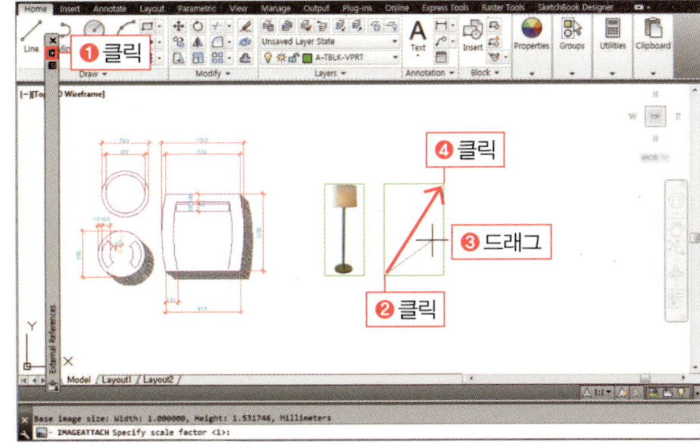

16. 나머지 이미지(Sample 12.jpg)도 앞선 따라하기와
같은 방법으로 작업 화면에 불러옵니다.

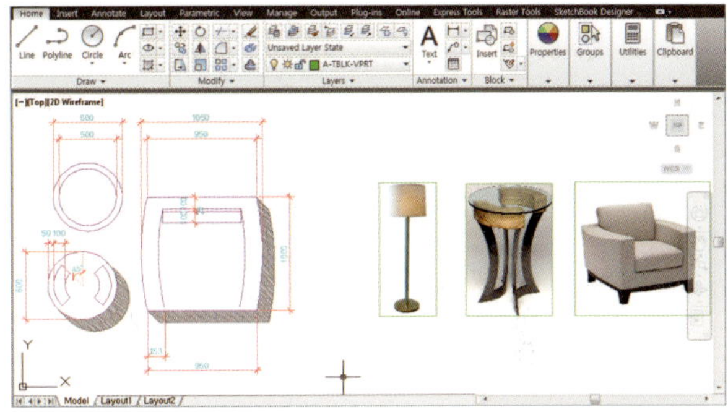

17. 명령 입력창에 'Frame'을 입력하고 value of
Frame 값을 '0'으로 변경한 후 Enter 를 누르면 그림
의 프레임이 사라진 것을 확인할 수 있습니다.

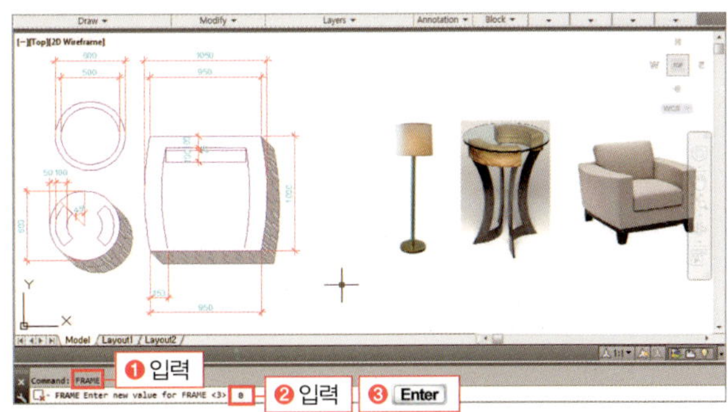

18. 다시 배치 공간으로 돌아와 사각형을 그림과 같
이 그립니다.

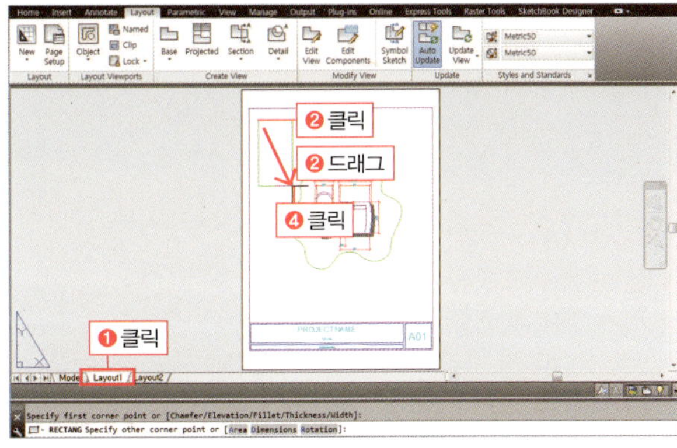

19. [Layout] 탭–[Layout View] 패널에서 [View–ports, Object](이미지)를 클릭합니다.

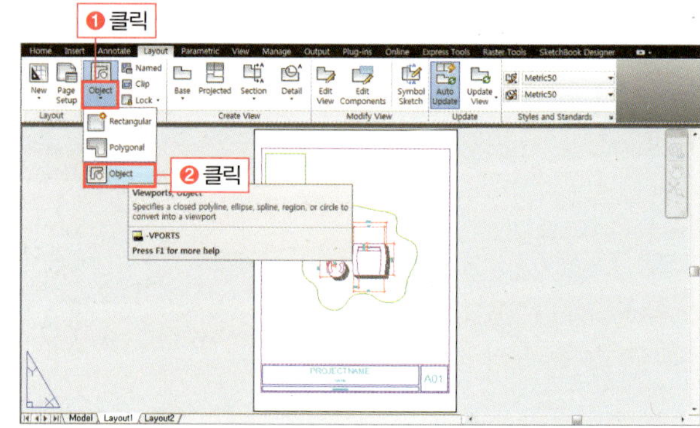

20. 사각형을 선택하면 그림과 같이 뷰포트가 지정됩니다.

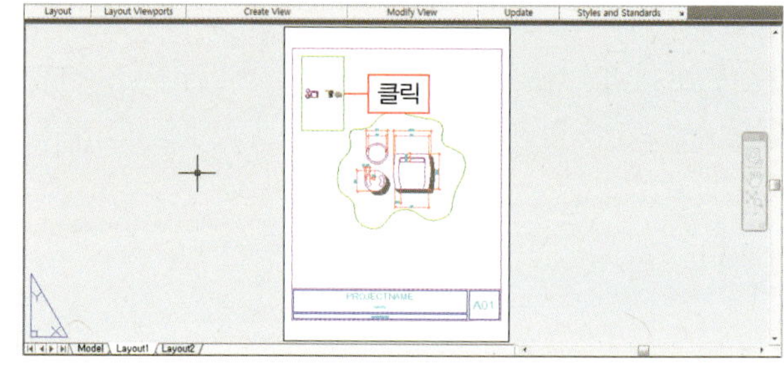

21. 사각형 모양의 뷰포트 영역 안을 더블클릭하여 모델 공간으로 전환한 후 '이미지1' 부분을 확대합니다.

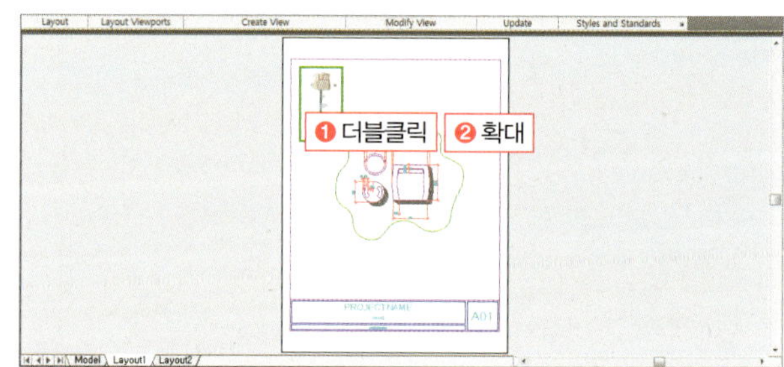

22. 배치 공간 단축 명령어인 'Ps'를 입력한 후 **Enter** 를 누르거나, 뷰포트 영역 밖에서 더블클릭하여 모델 공간으로 나옵니다.

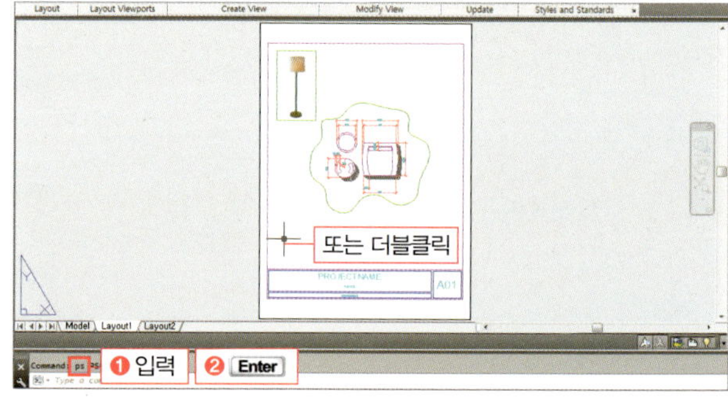

23. 나머지 이미지도 그림과 같이 원의 모양을 만들고, [Viewports, Object](圖)를 이용하여 이미지를 배치 공간으로 불러옵니다.

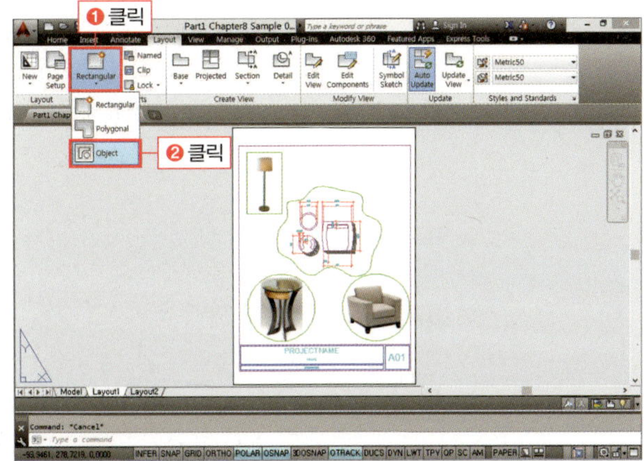

24. Arc 명령을 이용하여 지시선을 그려서 그림과 같이 해당 가구에 대한 이미지를 연결시킨 후 작업을 마무리합니다.

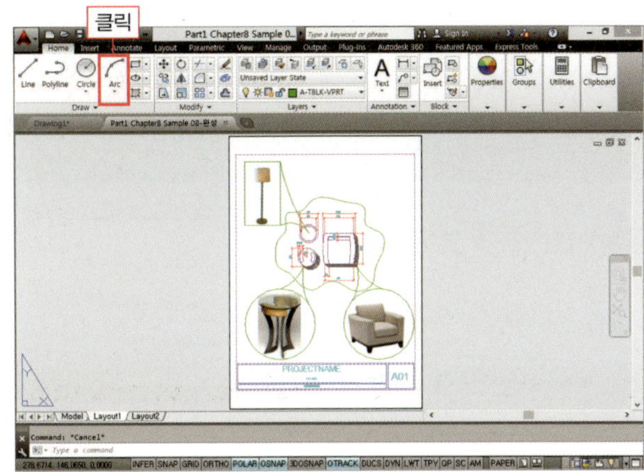

> **TIP 이미지 파일 불러오는 방법**
>
> 이미지를 불러오는 방법은 여러 가지입니다. 위의 예제에서 다루었던 'Xr' 단축 명령어를 사용하여 Attach Image로 선택하는 방법 외에 다른 방법은 아래와 같습니다.
>
> 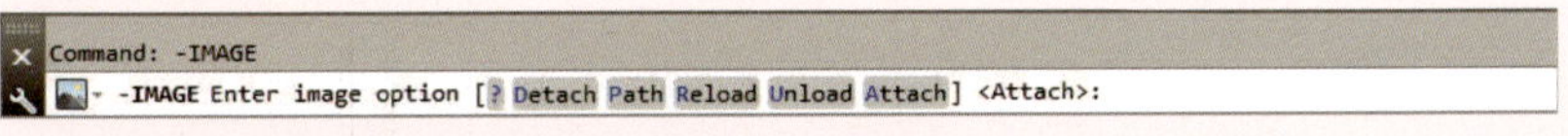
>
>
> - 명령어 Image를 명령 입력창에 입력한 후 Enter 를 누르거나 [Attach] 옵션을 누릅니다. 그러면 [Select Image File] 대화상자가 나타납니다. 이곳에서 추가할 이미지를 선택하여 불러옵니다.
>
> 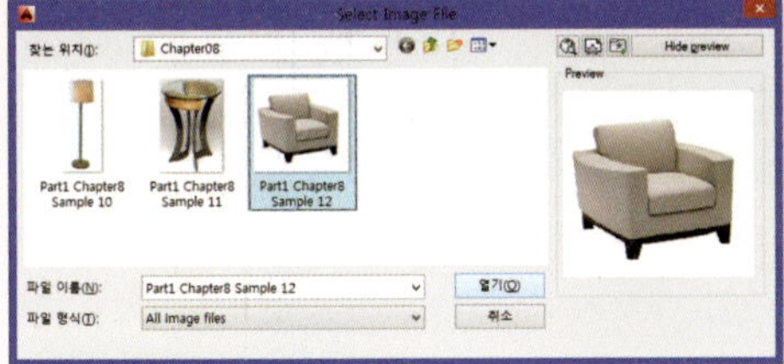
>
> - [Insert] 탭–[Reference] 패널에서 [Attach](圖)를 클릭하면 [Select Reference File] 대화상자가 나타납니다. 마찬가지로 추가할 이미지를 선택하여 불러옵니다.
>
> 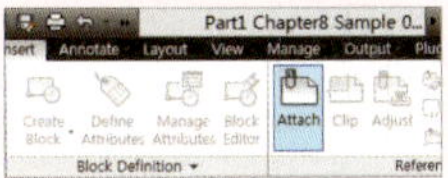

LESSON 03 배치 공간 출력하기

배치 공간을 출력하기 위해서는 여러 가지 Plot에 대한 옵션 구성을 알고 Color-Dependent Plot Style Table(CBT) 파일을 지정하여 출력할 레이어의 색상에 따라 선 굵기를 설정할 수 있어야 합니다. 배치 공간에서 출력하는 올바른 방법을 이번에 확실히 익히기 바랍니다.

● 학습 목표

Color-Dependent Plot Style Table(CBT)에 대해 이해하고 바탕으로 배치 공간을 출력하는 방법을 숙지할 수 있도록 합니다.

Plot 시작하기

❶ Plot 도구 모음의 화면 구성

모델 공간에서 작성한 도면을 프린트로 출력할 수 있도록 도구 모음의 위치를 확인합니다.

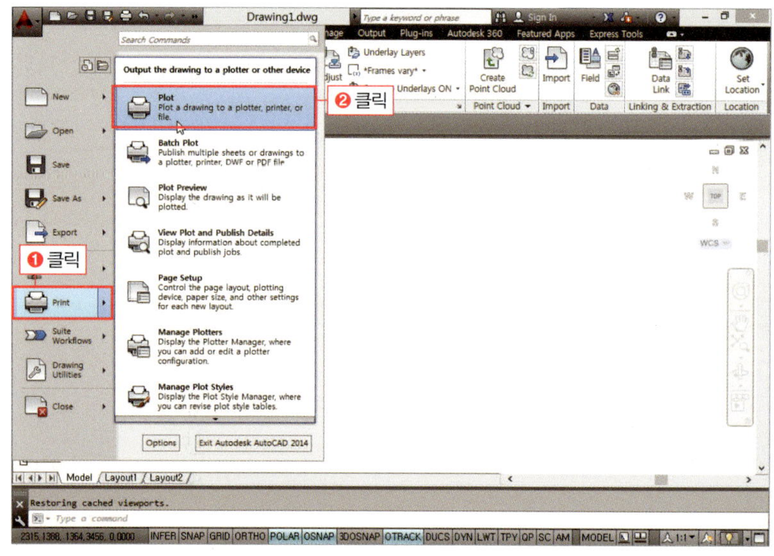

◀ [Application] 메뉴의 [Plot]

TIP `Ctrl`+`P`를 누르면 Plot 메뉴로 바로 이동이 가능합니다. 출력은 모델 공간과 배치 공간 모두 가능하기 때문에 출력할 공간을 선택한 후 Plot을 실행합니다.

❷ Plot 기본 구성(Plot Dialog Box)

Plot 메뉴에서는 출력 필요한 설정을 함으로써 선택한 용지에 바르게 출력할 수 있습니다. 설정에 필요한 주요 구성 요소를 알아보고 올바르게 옵션을 선택합니다.

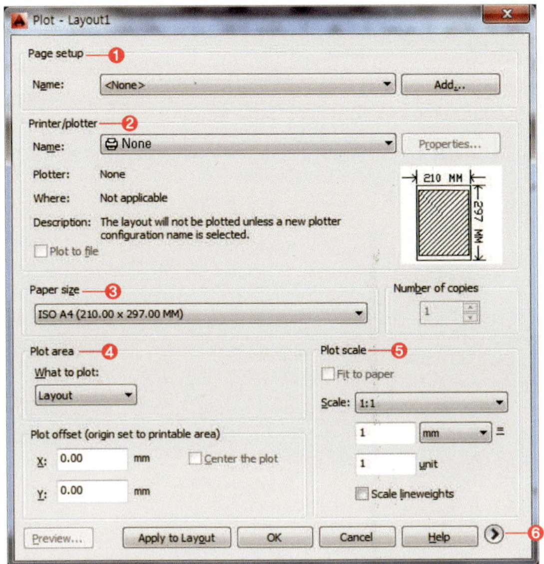

❶ 페이지 설정(Page Setup) : 도면에서 이름이 지정되거나 저장된 페이지 설정의 목록을 표시합니다.

❷ 프린트 지정하기(Printer/plotter) : [Name]의 확장 화살표를 통해 선택합니다.

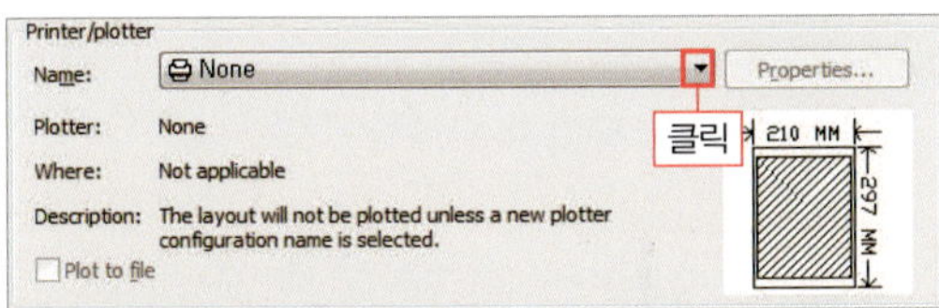

❸ 출력할 종이 크기와 출력 부수 지정하기(Paper size/Number of Copy) : 출력할 종이 크기와 부수를 선택합니다.

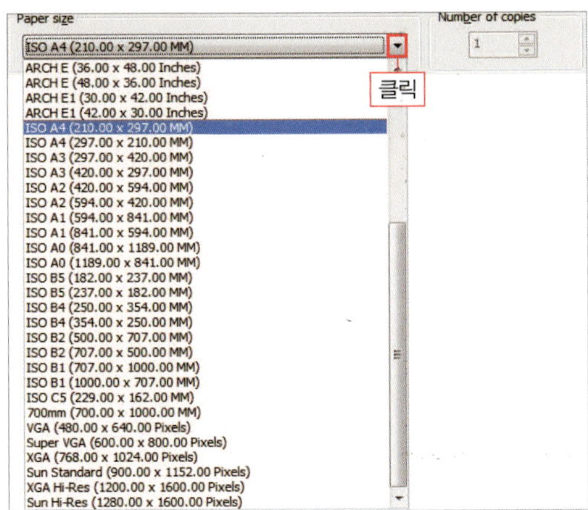

❹ 출력 영역 및 기준점 설정하기(Plot area & Plot offset) : 모델 공간/배치 공간에서 출력할 영역과 기준점을 지정합니다.

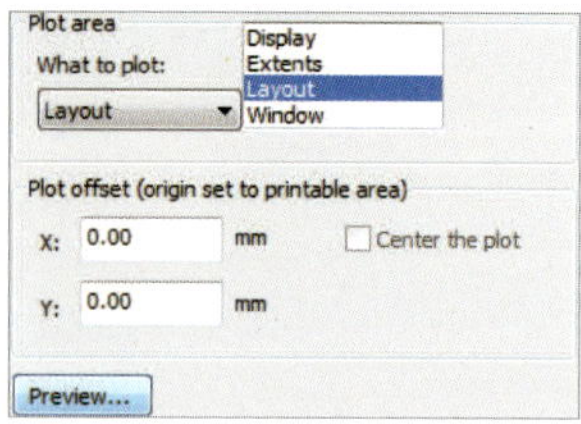

• Layout : 배치 공간에서 전체 출력 영역을 뜻합니다. 'Layout'을 선택하면 기준점의 Center the plot 설정은 되지 않음으로 X와 Y축의 값을 입력하여 중심을 찾습니다.

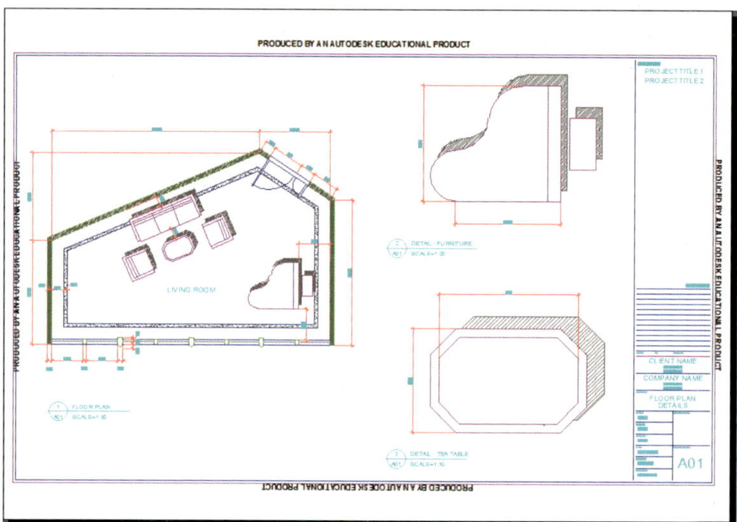

• Display : 1:1 크기일 때 도면이 출력되는 영역을 보여줍니다. [Plot scale]에서 'Fit to Scale'을 선택 해야 전체적인 드로잉이 나옵니다. 하지만, 크기와는 무관함으로 이 옵션은 사용하지 않는 것을 권 장합니다.

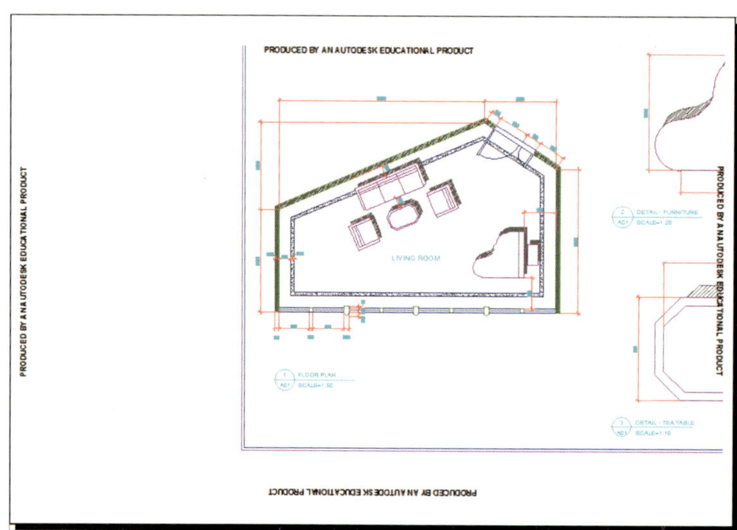

• Extend : 보이는 모든 드로잉 전체 영역을 출력합니다. 또한 'Layout'과는 다르게 기준점의 Center the plot 설정이 되어 출력할 종이의 중심에 도면을 가득 채워 프린트를 할 수 있는 장점이 있습니다.

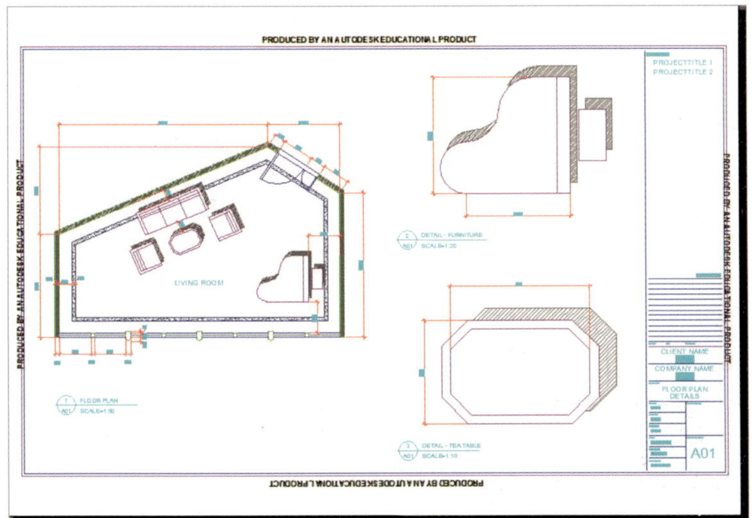

• Window : 모델 공간에서 선택한 부분적인 영역을 출력합니다. 배치 공간에서는 Window 설정이 되지 않습니다.

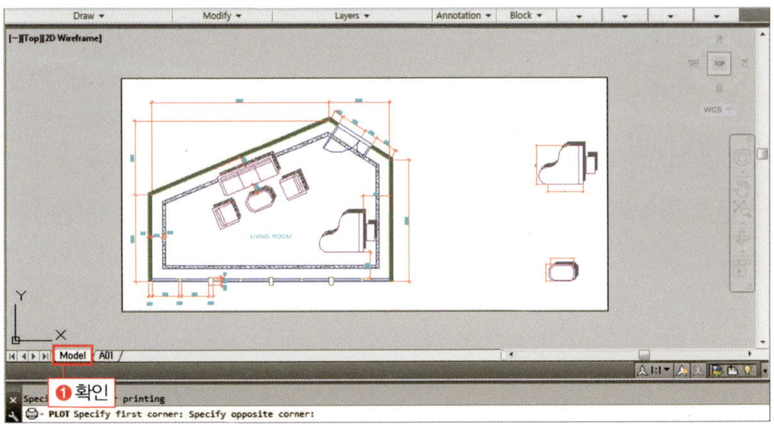

❺ 출력 크기 이해하기(Plot scale) : 출력할 크기를 설정합니다. 배치 공간에서 뷰포트 크기를 각각 지정해 줬다면 따로 입력할 필요 없이 'Scale 1:1'을 선택하면 되며, metric 단위일 때 1mm:1unit인 것을 기억하여 잘못 지정하지 않도록 합니다.

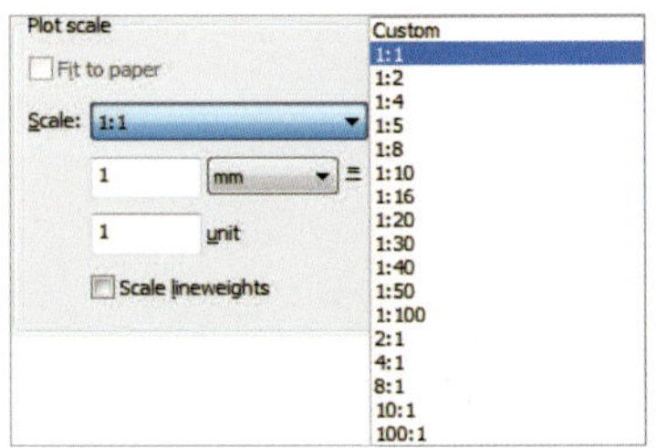

❻ Plot 옵션 확장 화살 버튼(More Options) : Plot 기본 설정 이외에 많은 옵션을 제공합니다.

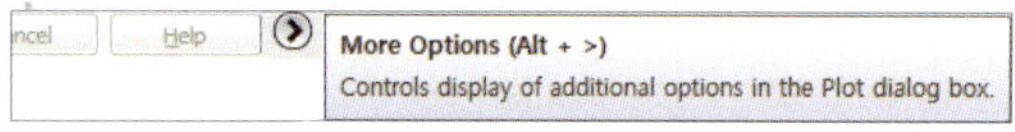

❸ Plot 확장 구성(The Expended Plot Dialog Box)

출력에 필요한 기본 구성 이외에 선 색상과 두께, 출력 종이의 가로 세로 설정 등을 할 수 있습니다.

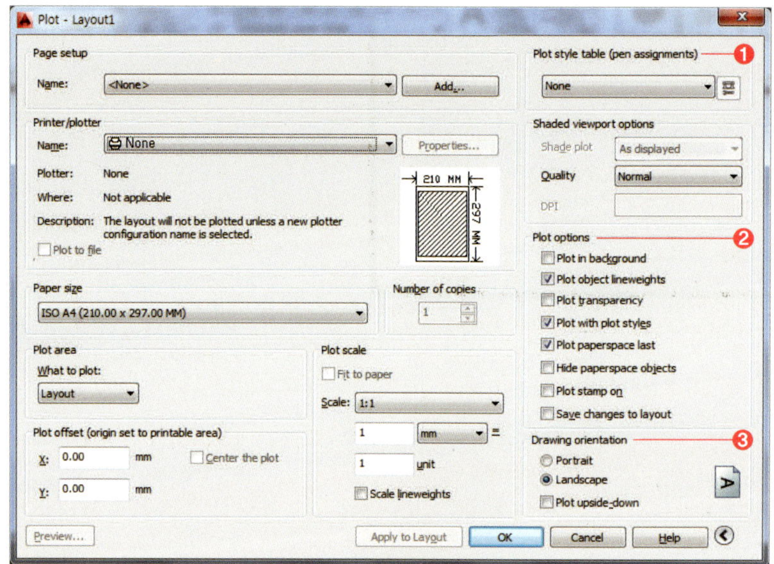

❶ Plot Style Table(Pen Assignments) 설정하기 : 레이어의 색상과 두께를 나타내는 CTB(Color-Dependent plot style tables) 파일을 선택하거나 새로운 CTB 파일을 만듭니다.

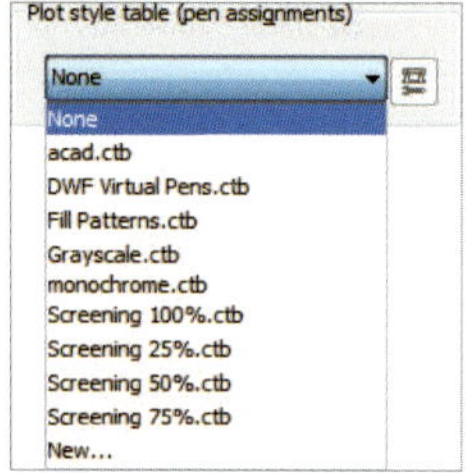

❷ Plot options : 8가지 옵션은 Plot이 어떻게 실행하는지 결정합니다.

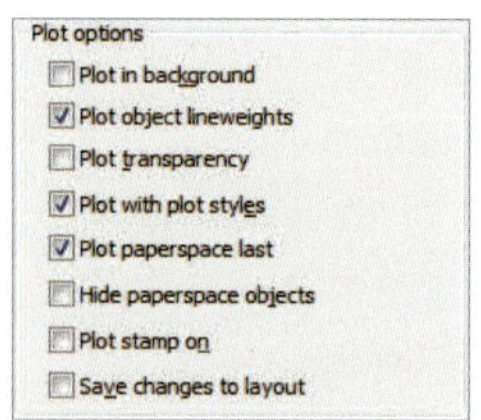

• Plot in background : 배경까지 출력합니다. 더 크게 출력도 가능하지만 그만큼 메모리 용량도 늘어납니다.

- **Plot object lightweights** : Plot-style Table 사용을 대신하여 레이어 선 두께의 특성에 따라 출력할 수 있습니다.
- **Plot transparency** : 상태 표시바의 [Transparency drawing]과 기능이 비슷합니다. 드로잉에 투명도 조절을 할 객체가 없다면 체크하지 않아야 용량이 늘어나지 않습니다.
- **Plot with plot styles** : Plot Style에 따라 선 두께와 색상을 설정합니다.
- **Plot paper space last** : 다른 배치 공간의 [Layout] 탭으로 넘어가도 그 전에 설정해 놓은 [Layout] 지정 옵션을 그대로 사용할 수 있습니다.
- **Hide paper space objects** : 3D model과 관련이 되어 있으며, 배치 공간에서의 객체가 가려집니다.
- **Plot stamp on** : Plot에 도장, 즉 여러 정보들을 넣을 수 있습니다.
- **Save change to layout** : 변경 사항들을 배치 공간의 Page Setup 모드에 저장합니다.

❸ **Drawing orientation** : 출력할 종이의 방향을 결정합니다.

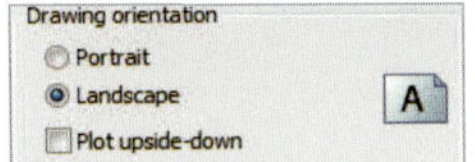

❹ Plot 구성표

아래의 구성표를 통해 프린트 설정에 따라 Plot에 관한 구성을 알기 쉽게 정리했습니다. 필요에 따라 설정을 그림과 같이 지정하여 바르게 출력하도록 합니다.

배치 공간의 Plot 설정

Options	Default Setting	PDF Setting	Print Setting
Printer/plotter	None	DWG to PDF.pc3	사용자 프린트
Paper size	ISO A4	ISO A4, A3	A4, A3
Plot area	Layout	Extents	Extents
Plot offset	X:0.00mm , Y:0.00mm	Center the plot	Center the plot
Plot scale	1:1	1:1	1:1
Plot style table	None	지정 ctb 파일	지정 ctb 파일
Drawing orientation	Landscape	Landscape/portrait	Landscape/portrait
Plot options	☑ Plot object lightweights ☑ Plot with plot styles ☑ Plot with plot styles	☑ Plot with plot styles ☑ Plot paperspace last	☑ Plot paperspace last ☑ Plot paperspace last

플롯 스타일 테이블(Plot style table)은 CTB(Color-Dependent Plot Style Table)에서 설정한 선 두께와 색상을 바탕으로 출력을 합니다. 각 선의 색상에 따른 두께 지정은 Chapter 04-Lesson 05의 레이어 리스트 만들기에서 언급되어 있으며 선 두께와 연결하여 지정하는 방법은 아래의 따라하기를 통해 알아봅니다.

01. 새로운 파일을 열어 모델 공간 혹은, 배치 공간에서 **Ctrl** + **P** 를 눌러 [Plot] 대화상자를 불러옵니다. 그리고 [Plot style table]의 확장키를 클릭한 후 [New]를 선택합니다.

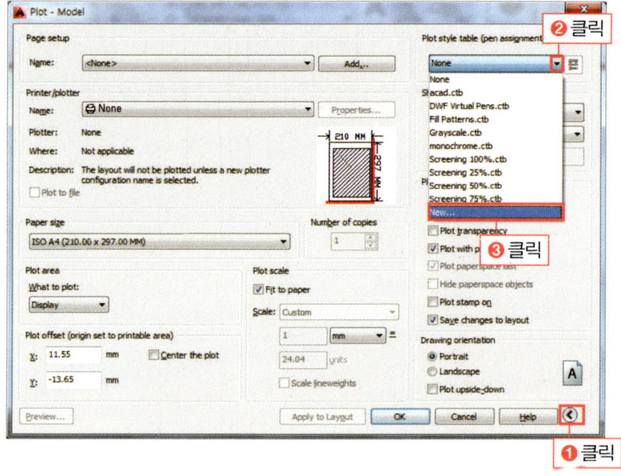

02. [Add Color-Dependent Plot Style Table - Begin] 대화상자에서 [Start from scratch]를 선택한 후 [다음] 버튼을 클릭합니다.

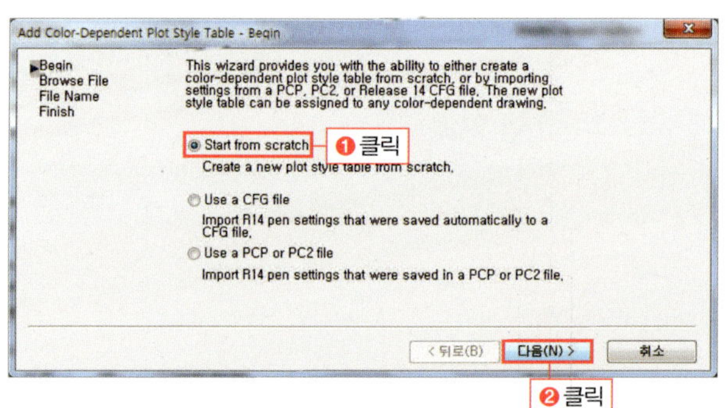

03. [File Name] 대화상자에서 [File name]에 적당한 이름을 입력한 뒤 [다음] 버튼을 클릭합니다.

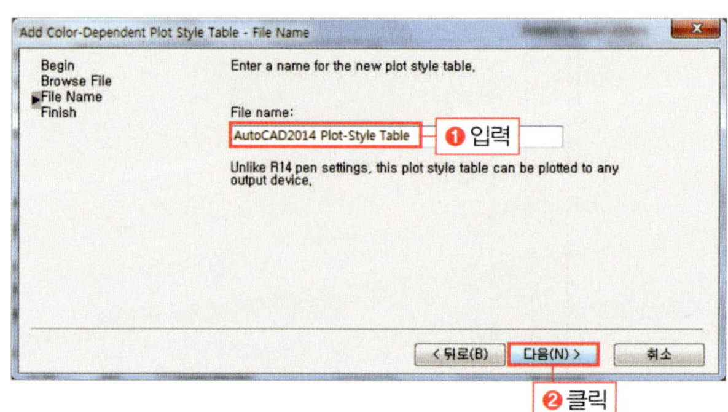

04. [Finish] 대화상자가 나타나면 [Plot Style Table Editor] 버튼을 클릭합니다.

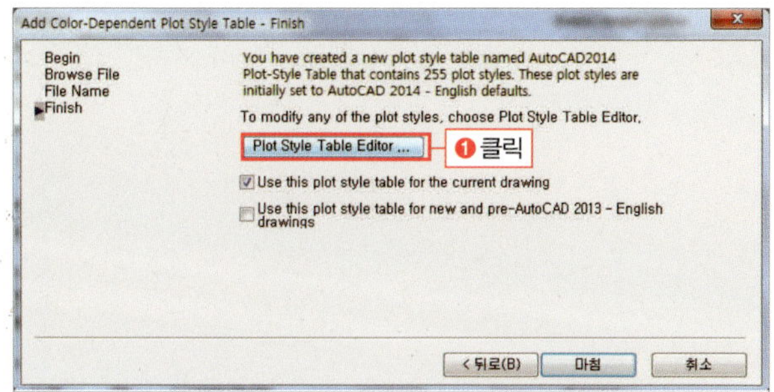

05. [Plot Style Table Editor] 대화상자가 나타나면 'Color 1'을 선택한 후 그림과 같이 설정 값을 변경합니다.

색상이름		색	선 굵기
COLOR1	RED	BLACK	0.60
COLOR2	YELLOW	BLACK	0.40
COLOR3	GREEN	BLACK	0.25
COLOR4	CYAN	BLACK	0.18
COLOR5	BLUE	BLACK	0.15
COLOR6	MAGENTA	BLACK	0.13
COLOR7	WHITE	BLACK	0.13
COLOR8		GRAY	0.10
COLOR9		GRAY	0.05
COLOR10 – THRU 255		BLACK	0.00

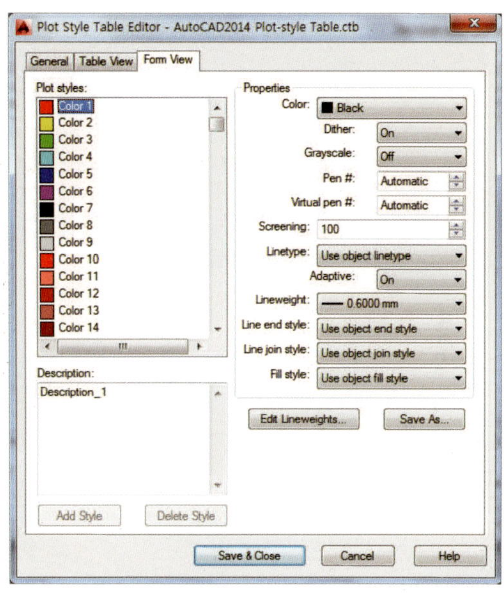

TIP 'Color 1'에서 'Color 9'까지 각각 표에 나와 있는 굵기와 색상을 변경합니다.

06. 'Color 10'에서 '255'까지 한꺼번에 선택합니다.

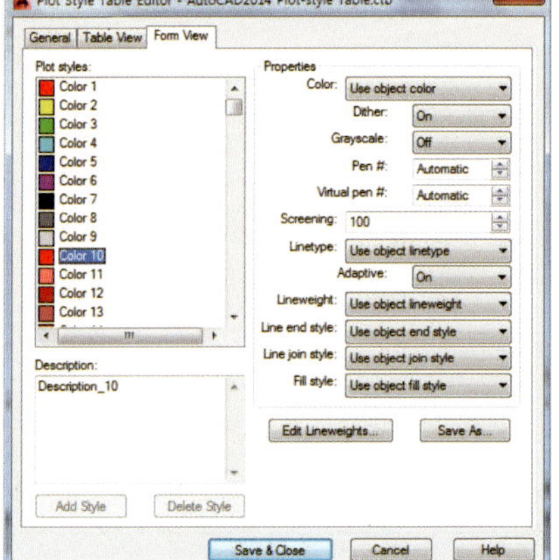

> **TIP** 'Color 10'을 선택한 후, **Shift** 를 누른 상태로 'Color 255'를
> 선택하면 한꺼번에 선택이 가능합니다.

07. 그림과 같이 설정 값을 변경한 후 [Save As] 버
튼을 클릭합니다.

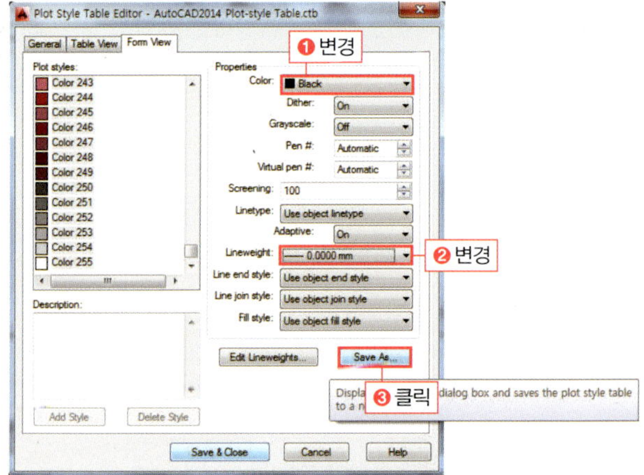

08. [다른 이름으로 저장] 대화상자가 나타나면 적당
한 위치를 지정하고 [저장] 버튼을 클릭하여 내컴퓨터
에 자신이 사용중인 저장하거나, 자신의 USB에 저장
해 놓습니다.

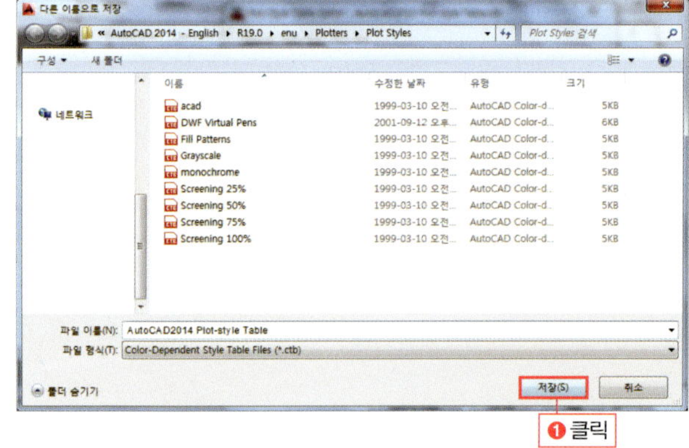

> **TIP** 완성된 CTB 파일은 'AutoCAD2014 Plot Style Table'이란
> 이름으로 저장되어 있습니다.)

09. [Save & Close] 버튼을 클릭하여 [Plot Style Table Editor] 대화상자를 닫습니다.

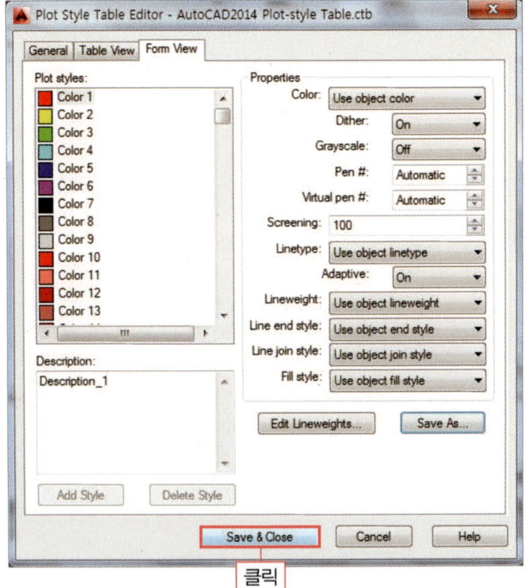

10. [Add Color-Dependent Plot Style Table - Finish] 대화상자에서 [마침] 버튼을 클릭하여 CTB를 설정을 마칩니다.

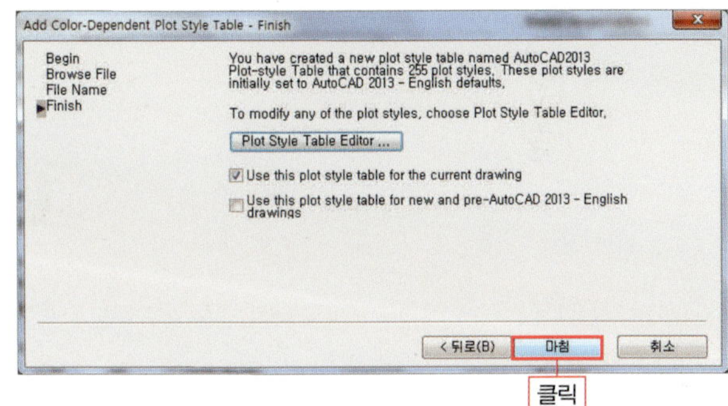

11. [Plot] 대화상자에서 'AutoCAD2014 Plot-style Table'이 현재 [Plot style]로 지정되어 있는 것을 확인한 다음 [OK]버튼을 눌러 마칩니다.

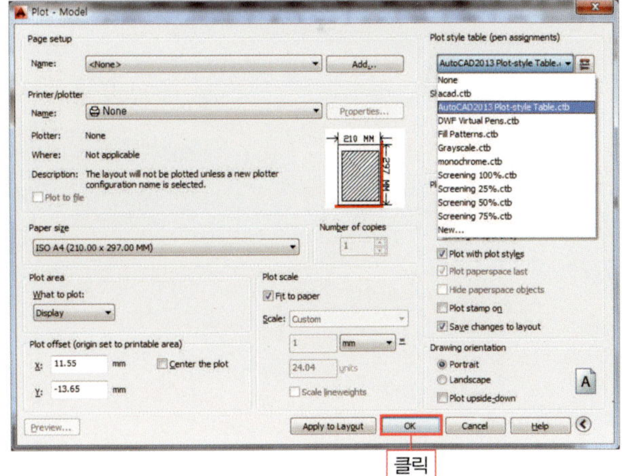

플롯 스타일 테이블(Plot Style Table)을 불러와 PDF 파일로 전환하기

다른 업체에서 도면을 받을 때 보통 CTB 파일을 함께 요청해야 합니다. 그러지 못할 경우 'Monochrome.ctb'를 선택하거나 앞서 만든 플롯 스타일 테이블(Plot Style Table)을 통해 CTB 파일을 불러와야 합니다. 이러한 플롯 스타일을 외부에서 가져와 PDF 파일로 전화하는 방법을 알아봅니다.

예제 파일 : Part 01/Chapter 08/Sample13.dwg, AutoCAD2014 Plot-style Table.ctb
완성 파일 : Part 01/Chapter 08/Sample13-완성.pdf

01. 예제 파일을 불러오고 배치 공간(A01)으로 이동한 후 [Application] 메뉴에서 [Print]–[[Manager Plot Styles]를 클릭합니다.

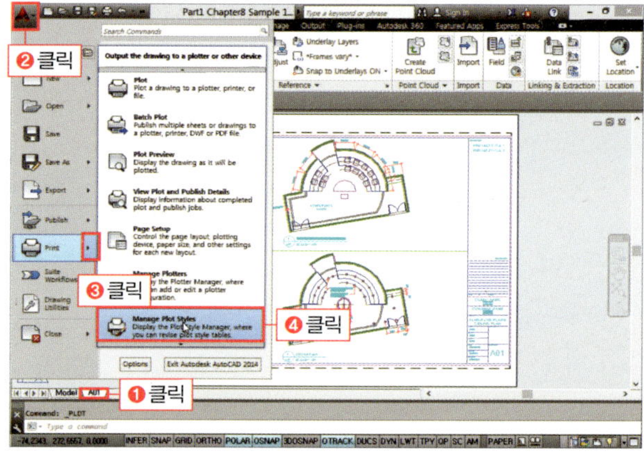

02. 그림과 같이 CTB 파일들이 저장되어 있는 폴더가 나타나는 것을 확인할 수 있습니다.

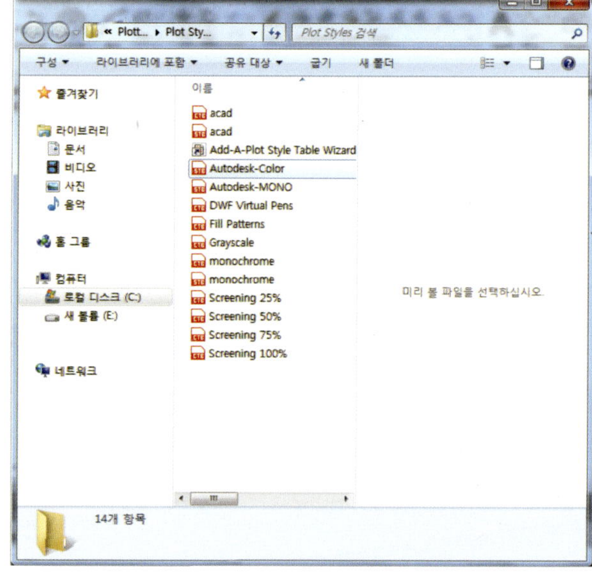

03. 새로운 파일 창을 열어 예제 폴더에 있는 'Auto-CAD2014 Plot-style Table.ctb' 파일을 복사(Ctrl + S)합니다.

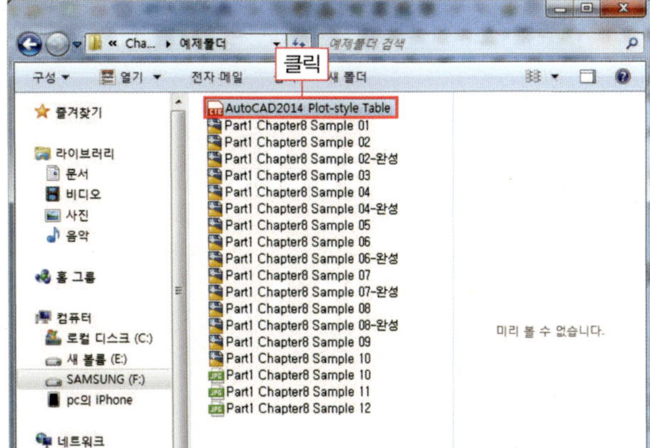

04. 다시 AutoCAD의 [Manager Plot Styles] 폴더를 열어 복사한 CTB 파일을 붙여 넣습니다(Ctrl + V).

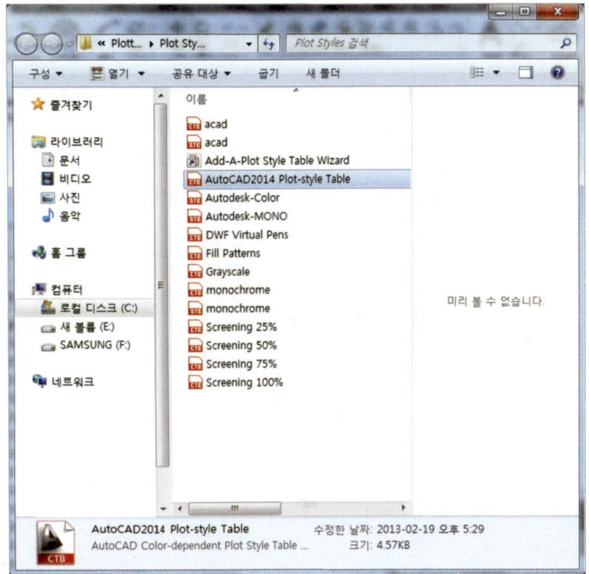

05. [Plot] 대화상자를 불러온 후 [Plot style table]을 보면 앞에서 복사한 CTB 파일이 들어온 것을 확인할 수 있습니다 .

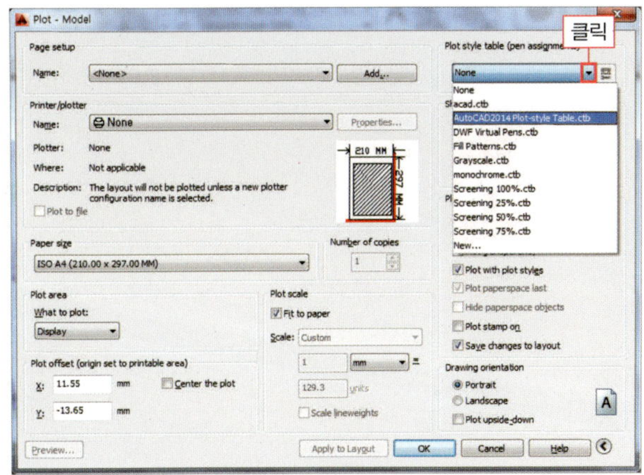

06. 현재 [Plot style table]을 'AutoCAD2014 Plot-style Table.ctb'로 선택한 후 그림과 같은 대화 창이 나타나면 [예] 버튼을 클릭합니다.

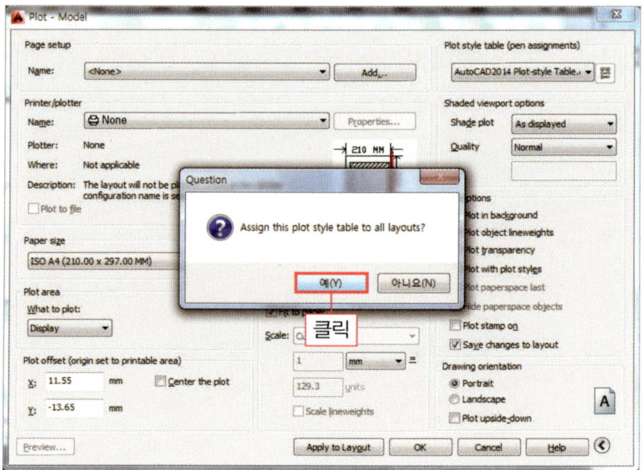

07. [Printer/plotter]의 [Name]에서 'DWG to PDF.pc3'을 선택합니다.

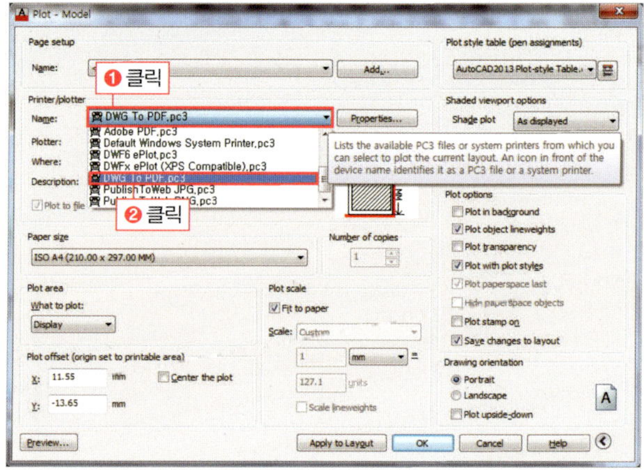

08. 그리고 'ISO Full Bleed A3(420.00X297.00MM)'를 선택합니다.

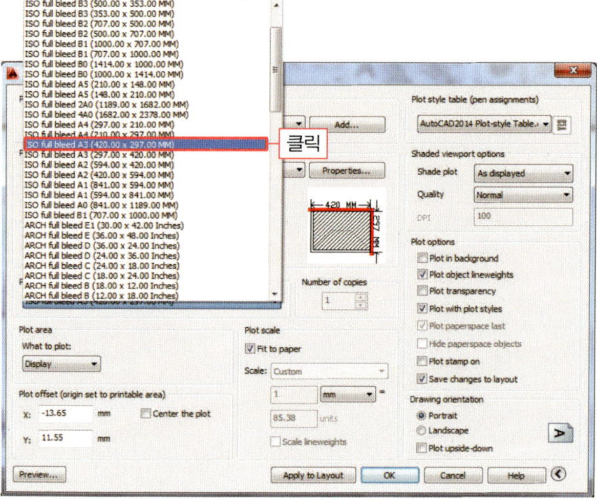

09. [Plot area]에서 'Extents'를 선택한 후 아래의 [Plot offset]에서 [Center the plot]을 체크합니다. 그리고 [Preview] 버튼을 클릭합니다.

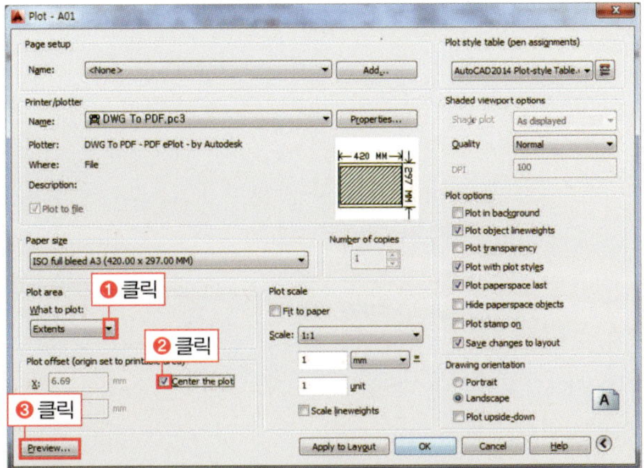

10. 그림과 같이 미리 보기를 통해 배치 공간의 출력 상태를 확인한 후 다시 Esc 나 Enter 를 눌러 Preview 모드에서 나옵니다.

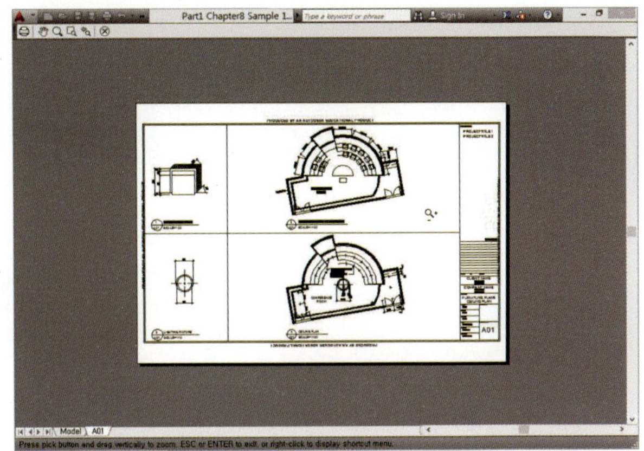

11. 다시 [Plot] 대화상자로 돌아오면 [OK] 버튼을 클릭합니다.

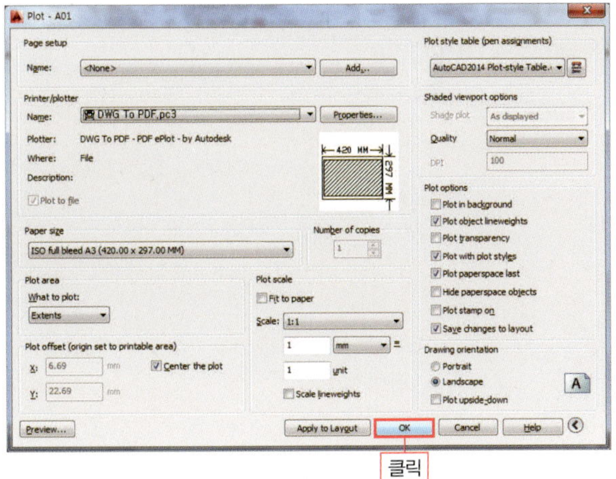

12. Plot Job Progress가 끝날 때 까지 기다립니다.

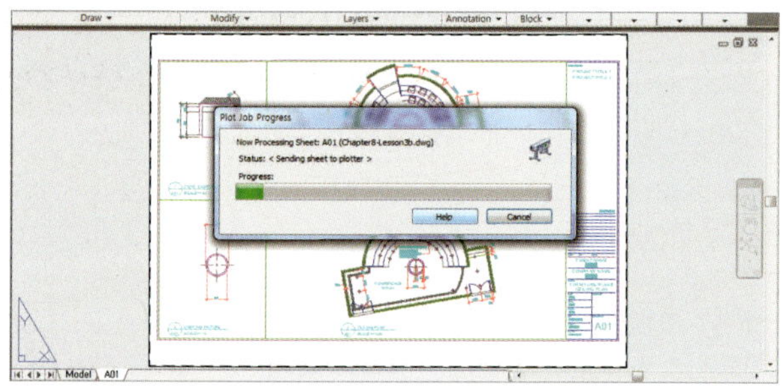

13. 자동으로 이동된 내 문서 폴더에 파일이 연동되면 [Save] 버튼을 눌러 마칩니다.

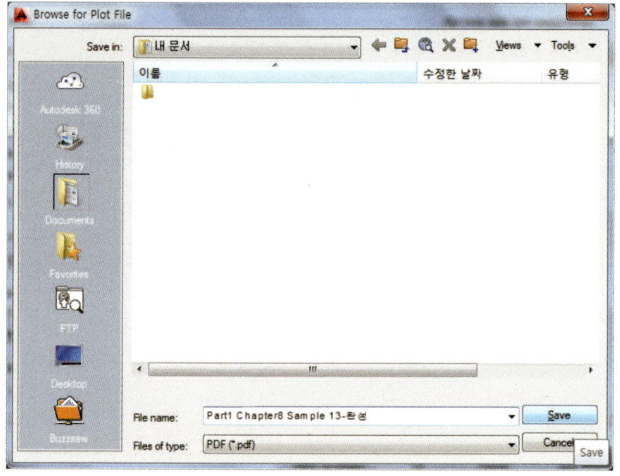

다양한 실무 예제로 배우는
환상의 콤비 AutoCAD & Revit 2014

기초부터 응용까지, 도면 제작의 효율성을 극대화하는 방법을 소개합니다.
AutoCAD부터 Revit까지 단 한 권으로 도면 제작의 전문가로 거듭나세요!

Part 01. AutoCAD 2014

Chapter 01. BIM 개념으로 AutoCAD 시작하기
Chapter 02. AutoCAD 2014의 리본 메뉴 이해하고 설정하기
Chapter 03. 설계 도면에 기본이 되는 도형 그리기
Chapter 04. 객체 특성 관리하기
Chapter 05. 레퍼런스(Reference)로 작업하기
Chapter 06. Annotative 문자 만들기
Chapter 07. Annotative 치수 및 다중 지시선 만들기
Chapter 08. 배치 공간 출력하기

그래픽 | 값 28,000원

13000

9 788931 447569
ISBN 978-89-314-4756-9

환상의 콤비
다양한 실무 예제로 배우는
오토캐드
레빗 &
2014
Revit 실무
이나영 지음
YoungJin.com Y.
영진닷컴

PART 02

REVIT ARCHITECTURE 2014

오토데스크(Autodesk)사에서 Architecture, Engineering, 그리고 Construction(AEC)을 제공한지 10년이 지난 지금, Autodesk Revit Architecture라는 프로그램은 빌딩정보모델링(BIM) 분야에서 독자적이고도 지속적으로 발전되어 왔습니다. Revit은 파일 하나에서 디자인, 관리 그리고 프로젝트에 관한 정보까지 전반적으로 다룰 수 있습니다. 왜냐하면 프로젝트의 모든 정보가 하나의 파일 안에 존재하기 때문입니다. 즉 모델링을 수정하기 위해 모든 가상의 공간, 예를 들어 평면도, 단면도, 입면도, 3D 뷰, 디테일 그리고 스케줄까지 한 파일 안에서 작업이 가능합니다. 이러한 Revit의 사용자 영역(User Interface) 개념을 이해하고 그 사용법을 익힘으로써 다가오는 10년 이후, 내일의 설계를 준비해 나가도록 합니다.

CHAPTER.01

BIM 개념으로 Revit 시작하기

CHAPTER.02

Revit 패널 환경 이해하기

REVIT 2014

BIM 개념으로 Revit 시작하기

하나의 파일로 모델링에 관한 모든 공간을 구현시키는 획기적인 프로그램이 Revit입니다. 이러한 Revit이 BIM 프로그램으로써 미래의 설계 구조를 주도해 나갈 총괄적인 사용자 환경(User Interface)를 가지고 있음을 알고 활용할 수 있도록 개념과 시작 방법을 학습합니다.

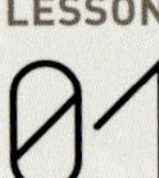

LESSON 01 Revit 시작하기

Revit(Architecture, Structure, 그리고 MEP)은 세계 최초로 완전한 파라메트릭 건물 디자인 프로그램입니다. 이러한 Revit에 관한 정의 및 환경 구성을 이해하여 본격적인 학습을 시작할 수 있는 기초를 다집니다.

● **학습 목표**
BIM 프로그램으로써의 Revit을 이해하도록 합니다.

Revit이란?

Revit은 'Revise Instantly'의 약자로 용어 그대로 즉각적인 수정을 의미합니다. 예를 들어 문의 위치나 종류를 바꾸면 이에 따른 입면도, 단면도, 그리고 모든 드로잉 파일에서 동시적으로 수정이 되는 시스템을 가지고 있습니다. 이러한 수정 등이 편리하다는 점에서 현재 건물의 정보 모델링을 구축하기 위한 목적으로 선전하고 있지만, 어쨌든 Revit과 BIM이 같은 것이냐에 대한 부분에서 종종 혼란을 일으키는 게 사실입니다. Revit은 BIM을 구현하기 위한 하나의 도구로써 역할일 뿐 Revit과 BIM은 같지 않습니다. BIM의 'I(Information)'가 BIM의 'M(Modeling)'보다 더 많이 사용되기도 하는데 이는 측정 및 규격 작성, 에너지 부하 분석, 그리고 가열 및 구조적 하중에 대한 요소를 생각해 보면, 모두 데이터를 필요로 한다는 점에서 'I(Information)'의 영역이 상당한 비중이 있음을 알 수 있습니다. 그러므로 BIM에 관하여 'M(Modeling)'에만 집중되어 있지 않기에 'I(Information)' 부분도 생각하여 이 두 영역이 함께 완벽하게 조율 패키지에 갖고 있으면, 그때 우리가 생각하는 완전히 구현 BIM 솔루션인 것입니다. 이러한 솔루션을 가장 잘 조율할 수 있는 프로그램이 Revit이며, Revit을 통하여 건물의 정보뿐만 아니라 모델링 구현까지도 빠른 속도로 만들어 낼 수 있는 것입니다.

Revit의 특성

Revit은 건물 모델 데이터를 생성하기 위해 수행하는 과정이며 BIM에 관한 가장 중요한 두 가지 요소이기도 한 coordinated and computable(연계와 계산)에 의해 건축 모델 데이터를 만듭니다. 만약 BIM 프로젝트로 만들어진 어떠한 부분이나 부품 모두가 다른 부분과 잘 작동이 되면, 매뉴얼의 업데이트가 필요하지 않을 뿐만 아니라 동시적으로 수정 부분이 연계되어 자동 업데이트가 됩니다. 이 부분이 AutoCAD와 가장 두드러지게 다른 점이기도 합니다. 또한 사용자가 안정적인 많은 데이터 저장고를 시스템을 통해 구조적 하중과 에너지 분석이 필요한 큰 프로젝트를 손쉽게 보낼 수 있습니다. 그러므로 BIM을 구현하기 위한 방법 중에 Revit은 가장 훌륭한 도구라고 할 수 있습니다.

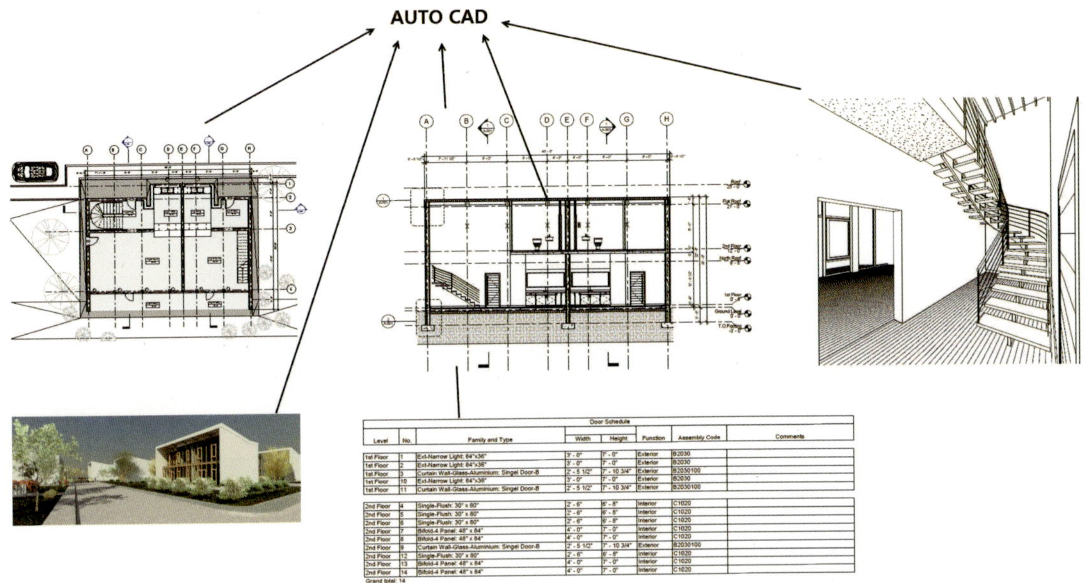

▲ AutoCAD의 구성은 각각의 도면을 따로따로 설계되어 도면상의 연관성은 없다

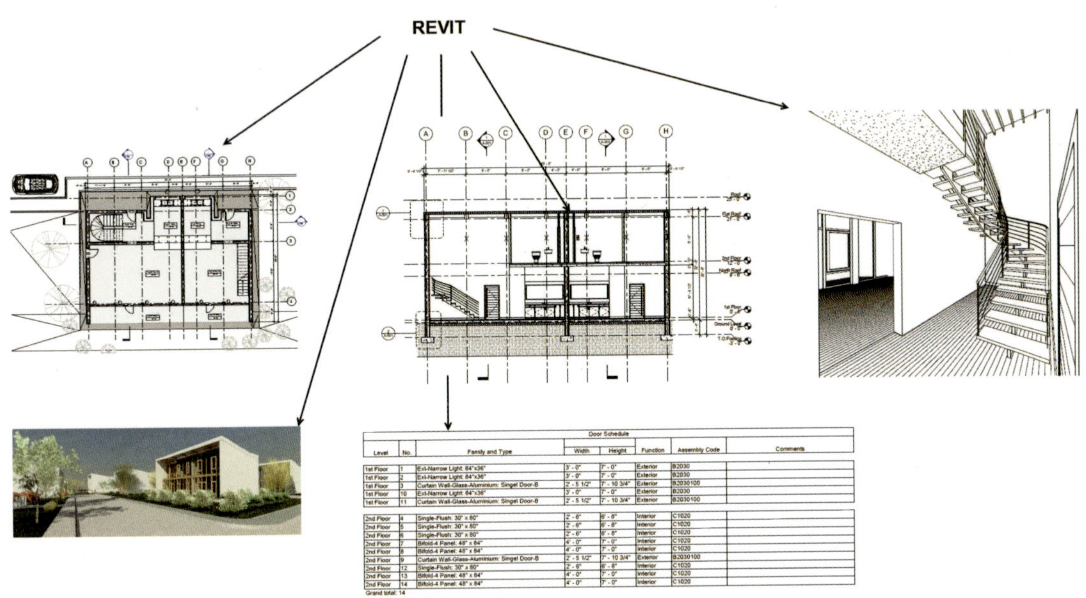

▲ Revit 구성은 도면 하나의 구성이 전체 도면에 영향을 주는 연계성을 가진다

많은 사람들이 BIM 프로젝트에 왜 Revit을 사용하는가에 대해 질문을 쏟아 냅니다. 그 질문에 대한 답은 기관이나 사용자의 필요성과 상황에 따라 달라집니다. 일반적으로 말하자면, Revit은 아래의 이유로 사용합니다.

- 대부분의 디자이너들과 설계자들은 반복적인 업무를 줄이며 디자인과 디테일한 부분에 더 집중하기 위해 Revit을 사용합니다.
- Revit은 결과 위주 보다는 과정 중심의 프로그램입니다. 그러므로 건물 디자인에 있어 다양한 특색을 제공합니다. 또한 Revit은 지속적으로 발전해 가고 있으며 오토데스크(Autodesk)사에서 대폭적으로 업그레이드를 제공하는 점도 한 몫을 하고 있습니다.
- Revit은 건축 디자인을 위해 특별히 디자인되었으며 아래의 특징들이 포함되어 있습니다.
  - Mental Ray's Photo Realistic Renderer
  - Phasing(4D 렌더링에서만)
  - Pantone Digital color
  - Vectoral Shadow(real-time shadows)
  - Design Options
  - Conceptual Energy Analysis

Revit 환경 콘셉트 이해하기

Revit의 기본적인 구조에 대해 전반적으로 살펴봄으로써 Revit을 사용하는 데 있어 전반적인 윤곽을 잡을 수 있도록 합니다. Revit은 기본적으로 세 가지 요소를 가지고 있습니다.

- Model elements
- Datum elements
- View-specific elements

❶ Model elements

각종 벽, 문, 계단 등 실제적인 건축적 요소를 지칭하여 모델 요소라고 합니다. 또한 Revit 드로잉 화면에서 그 위치나 종류를 바꾸면 연동되어 다른 도면에도 동일하게 수정됩니다.

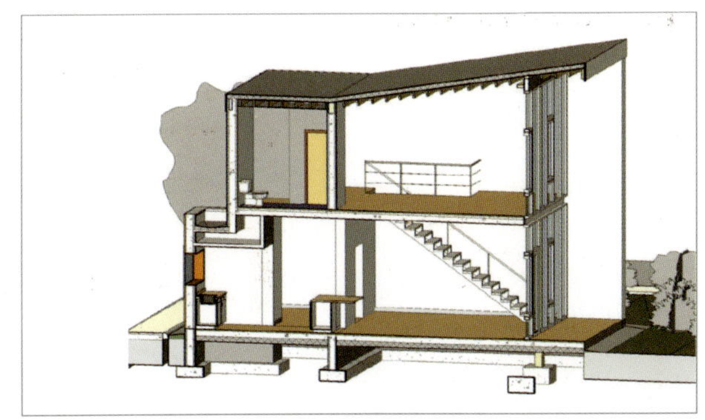

❷ Datum elements

건물 모델 안에 있는 여러 요소들의 위치를 시각적으로 알려주는 요소로 그리드(Grids)와 레벨(Levels)이 있으며 보조선의 개념인 Reference Plans가 있습니다.

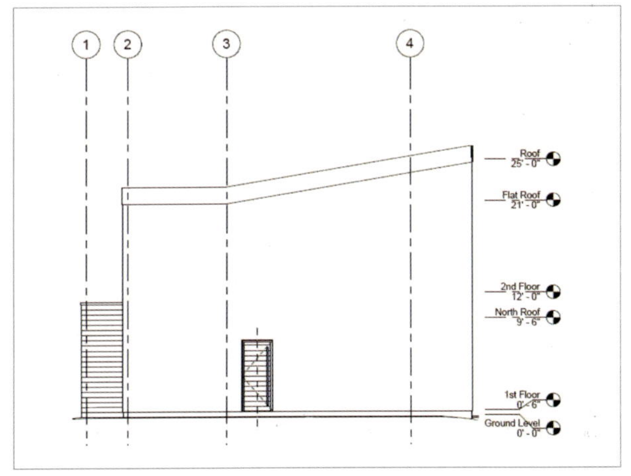

❸ View-specific elements

크기에 따라 달라지는 치수, 각종 건축 태그 및 문자 요소를 총칭하여 뜻하는 Annotation Elements와 디테일 선, 구역(Region), 2D 디테일 요소를 담고있는 Details로 나뉘어 집니다. 이 요소는 실제 건축물을 짓는데 필요한 모델 요소와는 달리 건축 드로잉에 의미가 있으며 지정한 뷰에서만 보일 뿐 다른 도면에서는 보이지 않습니다.

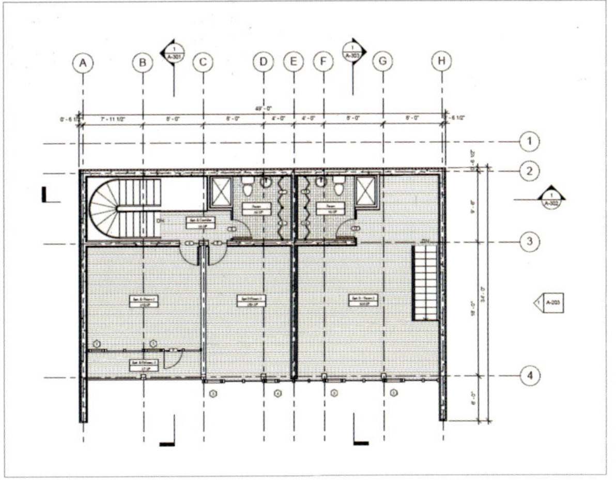

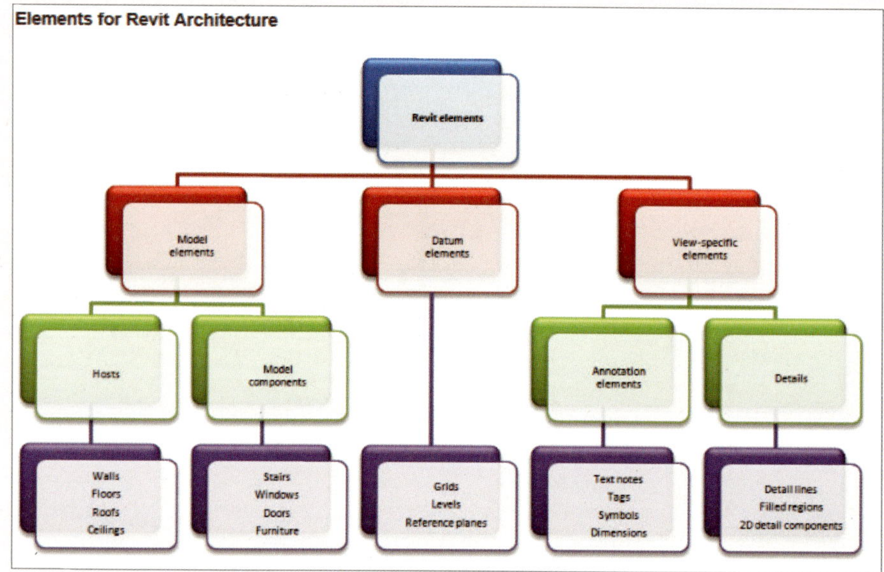

Autodesk Revit 2014 − Help 참조

Revit은 앞서 언급한 3가지 기본 요소 이외에 '보기 및 조정: Display and Manipulation'에 관련된 다음의 세 가지 요소가 있습니다.
- View : [Project Browser] 창과 연결되어 있으며, 모델링의 모든 드로잉 화면인 Plan, Elevations, Sections, 3D& Camera로 구성되어 있습니다.
- Schedules : 문, 창문 등 모델에 사용된 건축 요소를 표의 내용과 연동시켜 이에 대한 정보를 제공해 주고 있습니다.
- Sheets : 도면에 필요한 중요 문서 내용과 크기 등을 표시해 주는 도각입니다.

View elements

[Project Browser] 창(Chapter 02−Lesson 02 참조)과 연결되어 있으며, 모델링의 모든 드로잉 화면인 Plan, Elevation, Section, 3D and Camera, Schedules, 그리고 Sheets로 구성되어 있습니다.

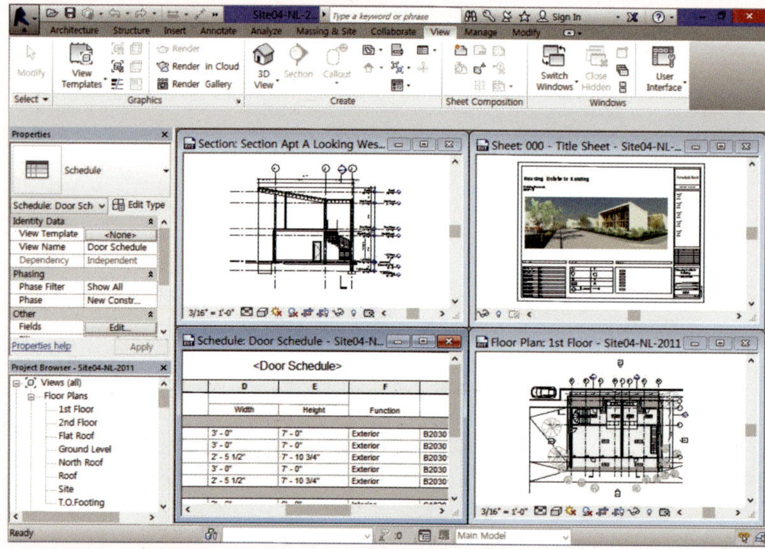

▲ Revit의 화면에 보이는 View, Schedule, Sheets를 동시에 본 화면

LESSON 02 — Revit 2014에서 강화된 기능 살펴보기 

Revit 2014는 이전 버전과는 다른 두 가지 요소가 있는데, 그 중에 하나는 One-box 기능입니다. 이것은 Revit Architecture, Structure, 그리고 MEP까지 Revit 2014에 동일한 적용 방법이 들어 있다는 것입니다. 두 번째는 리본 메뉴의 변화입니다. 이전 버전의 [Home] 탭이 [Architecture] 탭으로 변경되었습니다. 그럼 이번에는 이전 버전과 다른 점을 알아보고 강화된 요소 또한 살펴봄으로써 Revit 2014를 이해하도록 합니다.

● **학습 목표**

Revit 2014는 이전 버전과 무엇이 다른지 알아보고 새롭게 추가되었거나 강화된 기능을 이해하고 필요에 따라 활용할 수 있도록 합니다.

Revit 2014과 Revit Architecture 2014의 차이점

오토데스크 홈페이지를 방문하면 Autodesk Revit 2014가 있고 Autodesk Revit Architecture, Structure, MEP는 2012 버전 이후는 없는 것을 확인할 수 있습니다. 왜냐하면 2013년부터 Autodesk Revit에 Architecture, Strcuture, MEP가 모두가 통합되었기 때문입니다. 즉 Revit 2014를 설치하면 모두 사용할 수 있다는 장점이 있습니다. 하지만 프로그램을 다운로드한 후 템플릿 설치가 되지 않는 경우가 종종 있습니다. 이것은 국적을 미국(United State)이 아닌 다른 국가로 입력하거나, 혹은 프로그램 업데이트를 하지 않았을 때 나타나는 현상입니다.

아래의 표는 Autodesk Revit 2014와 Revit Architecture 2014의 차이점을 도표화하였습니다.

	Revit Architecture 2014	Revit 2014
Design	✓	✓
Export – Building Site – ADSK	✓	✓
Room, Room Separation Line	✓	✓
Structural: Beam	✓	✓
Structural: Beam System	✓	✓
Structural: Brace	✓	✓
Structural: Foundation	✓	✓
Structural: Truss	✓	✓
Electrical: Conduit, Conduit Fitting	✓	✓

Electrical: Electrical Equipment		✓
Electrical: Parallel Conduits		✓
etc...		✓

건축 도면에서 활용할 수 있는 강화된 기능 알아보기

Autodesk Building Design Suite에 포함되어 있는 Revit Architecture에서 새롭게 선보이거나 강화된 기능은 무엇이 있는지 알아봅니다.

① 계단 구성 요소 강화

새로운 구성 요소 기반(Component-based)인 계단 도구는 각각의 Run, Landing, Support 요소를 사용하여 계단을 조립하는 기능을 제공합니다. [Architecture] 탭-[Circulation] 패널에 있는 [Stair]-[Stair by Component]를 클릭합니다.

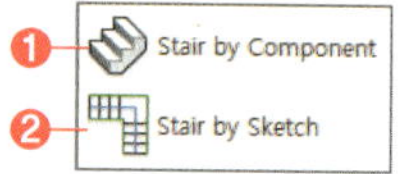

❶ Stair by Component : 일반적인 실행(RUN)을 통하여 계단 요소(Landing, Support)들을 취합하여 구성합니다. [Modify l Create Stairs] 탭에서 계단 구성을 위한 요소를 확인할 수 있습니다.

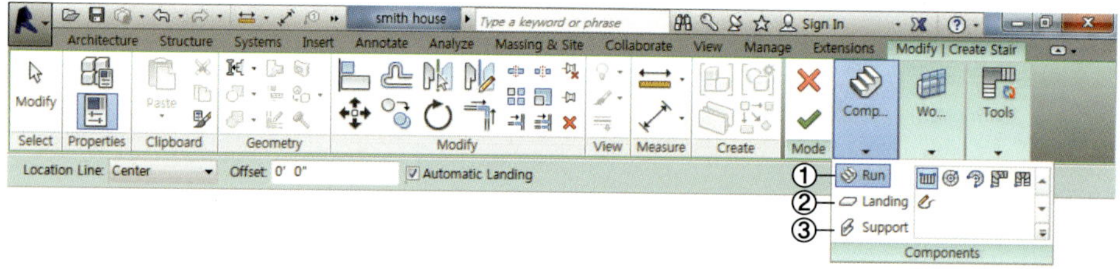

① Run(⊘) : 계단의 종류에 따라 그리는 방식을 결정합니다

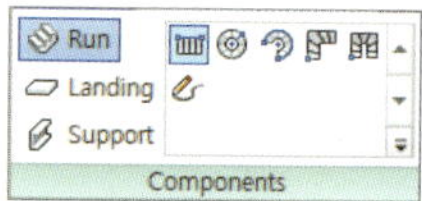

- Straight(▥) : 중간에 Landing 없이 일직선으로 계단을 만듭니다.
- Full-Step Spiral(◉) : 원 형태의 계단을 만듭니다.
- Center Ends Spiral(?) : U 형태의 계단을 만듭니다.
- L-Shape WInder(▤) : L 형태의 계단을 만듭니다.
- U-Shape WInder(▦) : ㄷ 형태의 계단을 만듭니다.

• Create Sketch(✏) : 사용자가 원하는 맞춤식 계단을 만듭니다.

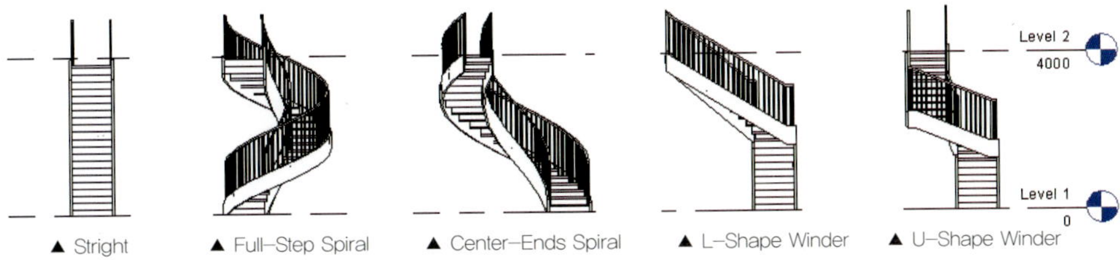

▲ Stright   ▲ Full-Step Spiral   ▲ Center-Ends Spiral   ▲ L-Shape Winder   ▲ U-Shape Winder

② Landing(▱) : 두 계단 사이에 있는 단을 만들어 줍니다.

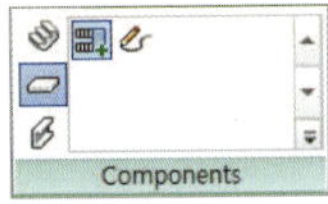

- Pick Two Runs(▦) : 끊어진 두 계단을 선택하여 단을 만들어 줍니다.
- Create Sketch(✏) : 사용자가 원하는 단의 모양을 만들어 줍니다.

③ Support(Ɓ) : 난간을 설치할 수 있는 구조물을 계단참이나 계단 난간의 가장자리에 만들어 줍니다.

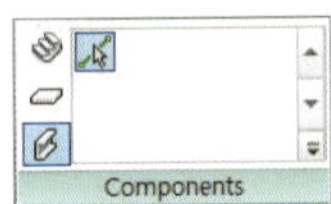

- Pick Edges(▨) : 계단이나 계단참을 클릭하여 실행되도록 합니다.

❷ Stair by Sketch : 스케치를 통해 계단을 추가합니다.

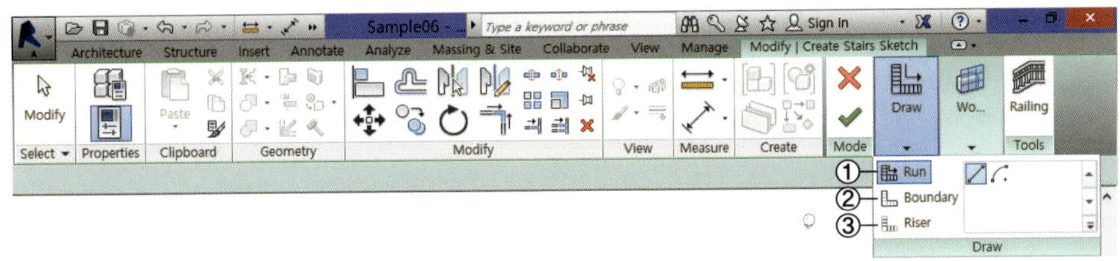

① Run(▦) : 구체적인 시작점과 끝점을 지정하여 계단을 그립니다.

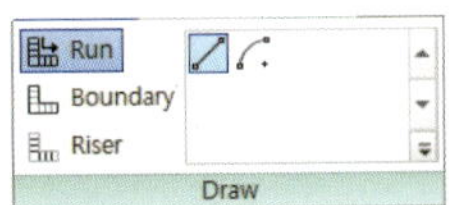

- Line(╱) : 선을 이용하여 계단을 그립니다.
- Center-ends Arc(◠) : 원의 호를 이용하여 시작점과 끝점으로 곡선을 그립니다.

② Boundary(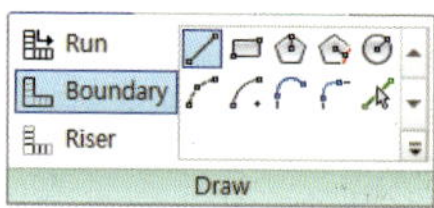) : 계단을 만들기 위한 영역을 지정해 주기 위해 선을 이용합니다.

- Line(□) : 직선으로 영역을 지정합니다.
- Rectangle(□) : 사각형으로 영역을 지정합니다.
- Inscribed Polygon(□) : 원의 중심으로부터 일정 거리에 위치한 꼭짓점을 연결하여 다각형을 지정합니다.
- Circumscribed Polygon(□) : 원의 중심으로부터 일정 거리와 맞닿은 면을 연결하여 다각형을 지정합니다.
- Circle(□) : 원으로 영역을 지정합니다.
- Stair-End-Radius Arc(□) : 시작점과 끝점 그리고 호의 중심을 이용하여 곡선의 영역을 지정합니다.
- Center-ends Arc(□) : 호의 중심을 통해 시작점과 끝점을 찾아 곡선의 영역을 지정합니다.
- Tangent End Arc(□) : 객체의 두 끝점을 연결하여 곡선을 지정합니다.
- Fillet Arc(□) : 교차하는 선들을 통해 모서리를 둥글게 만듭니다.
- Pick Lines(□) : 기존에 있는 선들을 이용하여 선을 만듭니다.

③ Riser(□) : 계단의 수직면을 만들기 위하여 선을 이용합니다. 상세한 내용은 Boundary와 동일합니다. [Modify l Create Stair] 탭-[Components] 패널에서 계단 구성 요소를 확인할 수 있습니다.

❷ 난간 구성 요소 강화

난간 시스템 도구는 난간 요소의 윗부분과 연결 부분, 그리고 끝 부분을 더욱 정확하고 다양한 난간 모양을 제공하고 있습니다.

❸ 치수 강화

Revit은 치수의 Diameter에 관한 기능을 향상시켰습니다.

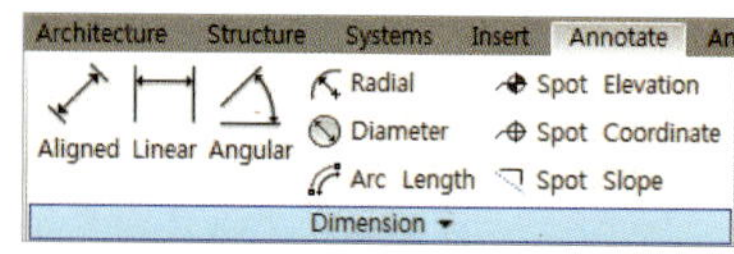

치수를 선택하여 지울 수 있도록 추가 기능을 제공함으로써 치수 수정이 쉬워졌습니다.

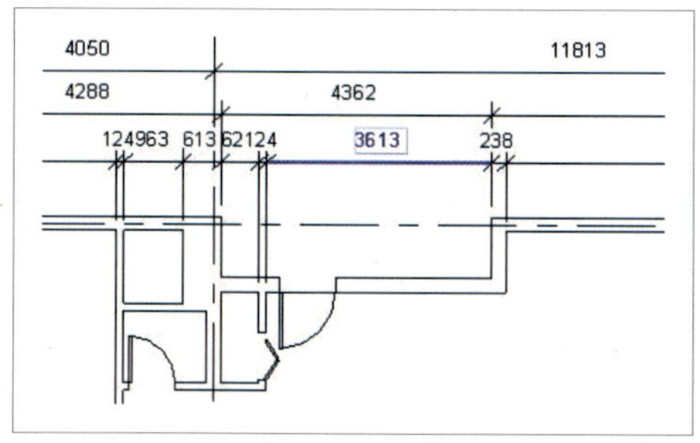

▲ 삭제할 치수를 선택한 경우

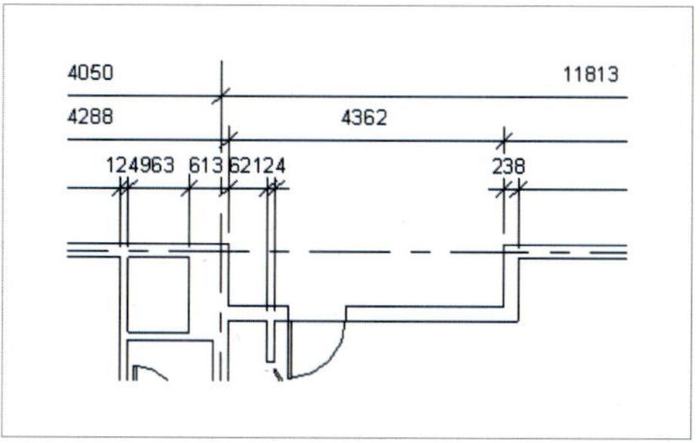

▲ 선택한 선을 Delete로 삭제한 경우

또한 치수 시작 Grip이 2014 버전부터는 자동으로 벽의 중심에 놓이게 되었습니다.

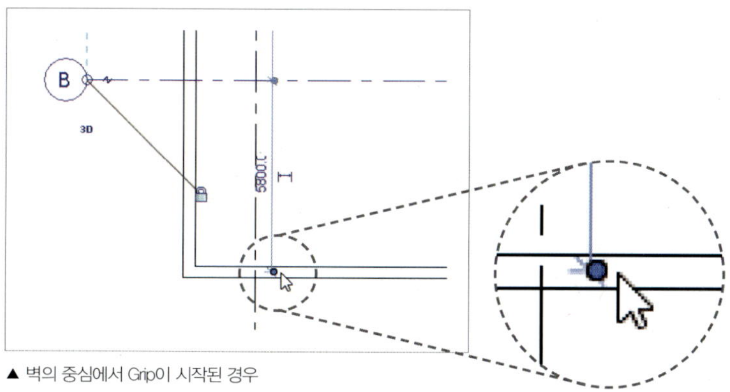

▲ 벽의 중심에서 Grip이 시작된 경우

❹ 리본 메뉴 변경

Revit 2014에서는 이전 버전까지 사용했던 [Home] 탭이 'Architecture'로 변경되었습니다.

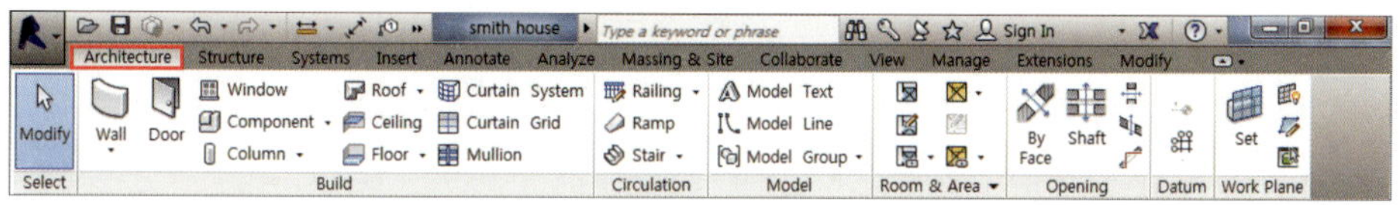

▲ Revit 2014 리본 메뉴의 [Architecture] 탭

❺ Material Edit Assembly 기능 강화

기존에는 제공되지 않았던 Resistance(R) 값과 Thermal Mass 값이 추가되었습니다.

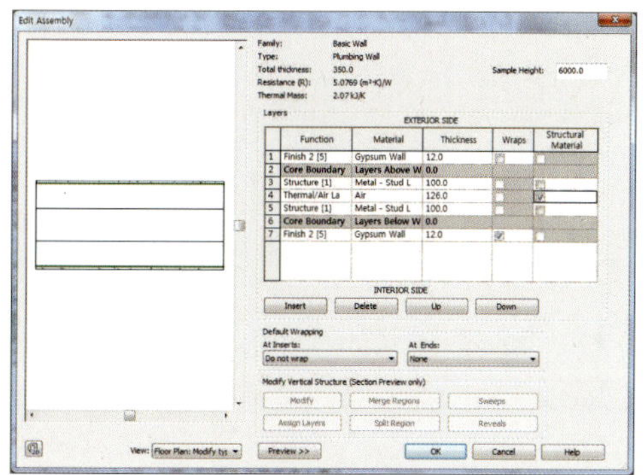

REVIT 2014

Revit 패널 환경 이해하기

도구 모음의 위치를 파악하고 활용할 수 있도록 기본 Revit 환경을 이해하고 새로운 파일을 만들고 저장하는 방법을 알아봅니다.

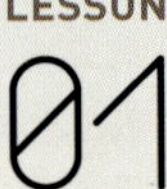

LESSON 01 파일 열기

Revit 파일 종류는 다음과 같이 크게 Revit Projects(RVT), Revit Families(RFA), 그리고 Revit Templates(RTE)로 나눠집니다. 이번에는 새로운 프로젝트 파일을 열 때 Default Template 파일에서 시작하는 방법과 Revit Templates(RTE) 파일에서 시작하는 방법의 장단점을 파악하고 자신이 작성하려는 도면에 알맞은 템플릿을 선택하여 Revit Projects(RVT) 파일로 저장할 수 있도록 합니다.

● **학습 목표**

Revit 프로그램에서 Templates(RTE) 파일에서 시작하여 Revit Projects(RVT) 파일로 저장하는 방법을 학습하도록 합니다.

● **학습에 필요한 단축 명령어**

Ctrl+N : Open a new file

Ctrl+O : Open an existing file

Template File이란?

템플릿 파일은 사용자가 프로젝트를 시작하기 위해 특정한 설정이나 작업 환경이 미리 준비되어 있는 상태에서 시작할 수 있도록 도와줍니다. 예를 들어서 사용자가 Imperial(미국 인치 단위) 혹은, Metric(국제 단위)을 적절한 템플릿 파일로 선택함으로써 단위 설정을 가능하게 합니다. 그리고 자신이 선택한 템플릿 파일에서 제공하는 문이나 창, 벽, 그리고 심지어 도각까지 도면에 필요한 구성 요소를 쉽게 수정하고 사용이 가능합니다.

Architecture 템플릿 파일로 시작하기(Revit Templates—RTE)

안타깝게도 Revit을 설치할 때 국가 선택 시 'Korea' 설정하게 되면 템플릿 파일이 설치되지 않습니다. 'United State'를 선택해야 템플릿 파일이 설치되는 것을 유의해야 합니다. 이미 국적을 'Korea'로 설치했다면 제어판에 들어가 Revit 2014 프로그램을 업데이트해야 합니다.

01. [제어판]-[프로그램]-[프로그램 및 기능]에서 Re-
vit Architecture 2014를 더블클릭합니다.

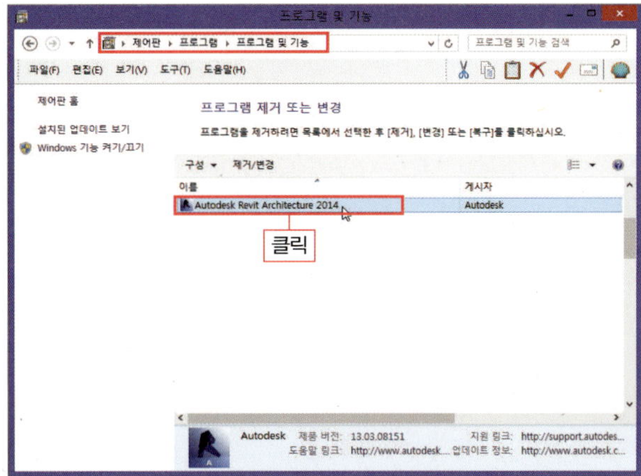

02. [Add or Remove Features] 버튼을 클릭합니다.

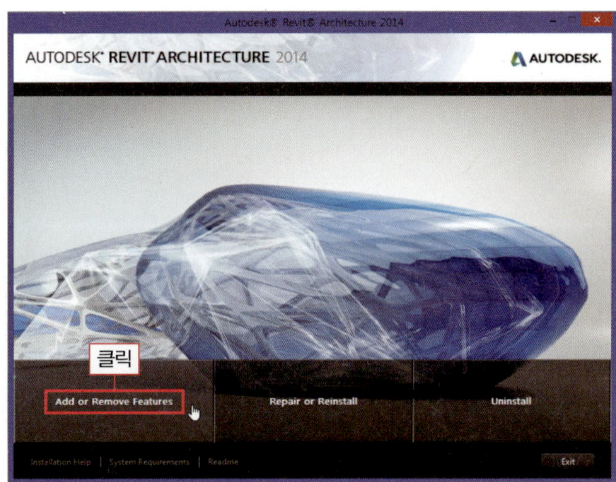

03. 설치 창이 나타나면 그림과 같이 [Select Con-
tent]에서 [US Imperial]과 [Metric]을 체크하고, [De-
fault Content]에서는 'English-US Metric'을 선택한
뒤 [Next] 버튼을 클릭합니다.

TIP 한글을 원할 경우 'Korea'를 선택해도 무방하나 이 책에서
는 영어를 기본으로 다룰 것입니다.

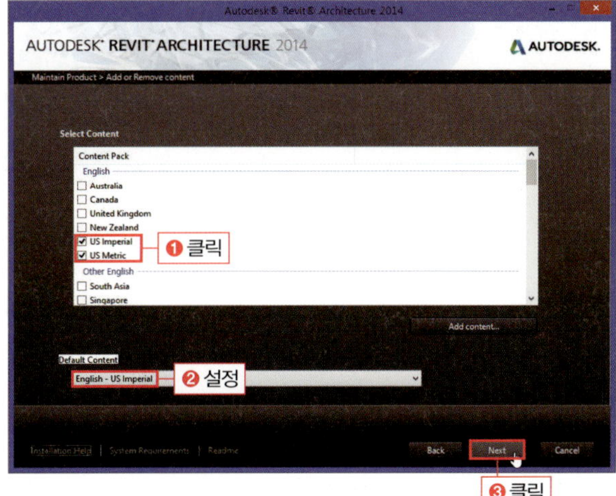

04. Updating 창에서 업데이트가 될 동안 기다립니다.

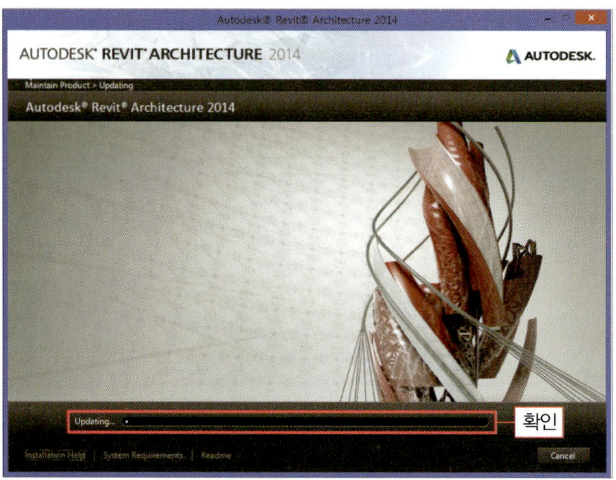

05. Update Complete 창에서 그림과 같이 업데이트가 성공적으로 이루어 졌다는 것을 확인을 한 다음 [Finish] 버튼을 클릭합니다.

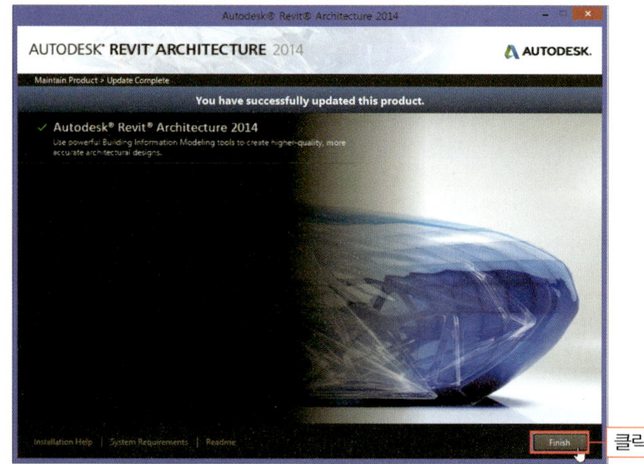

06. Revit을 재실행하면 처음에 볼 수 없었던 Architecture Template을 초기 화면에서 확인할 수 있습니다.

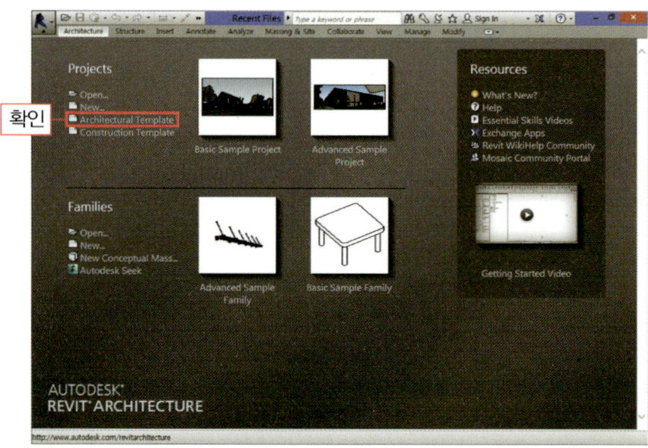

07. [Application] 메뉴에서 [Options]을 클릭합니다.

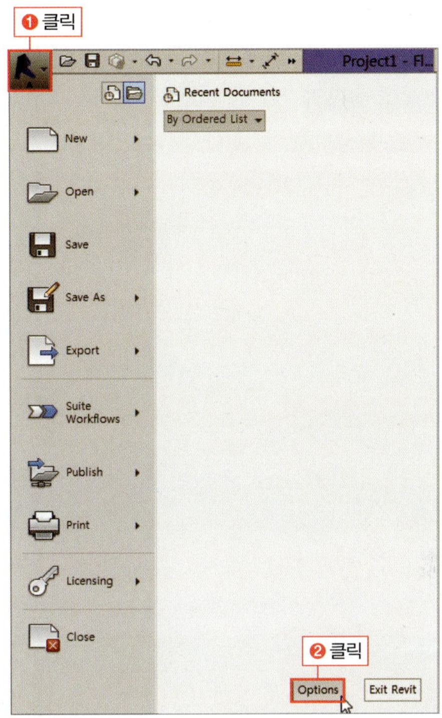

08. [Options] 대화상자가 활성화되면 [File Loca-tions] 탭으로 이동합니다. [Architecture Template]의 [Path]를 클릭한 후 [Browse] 버튼을 클릭합니다.

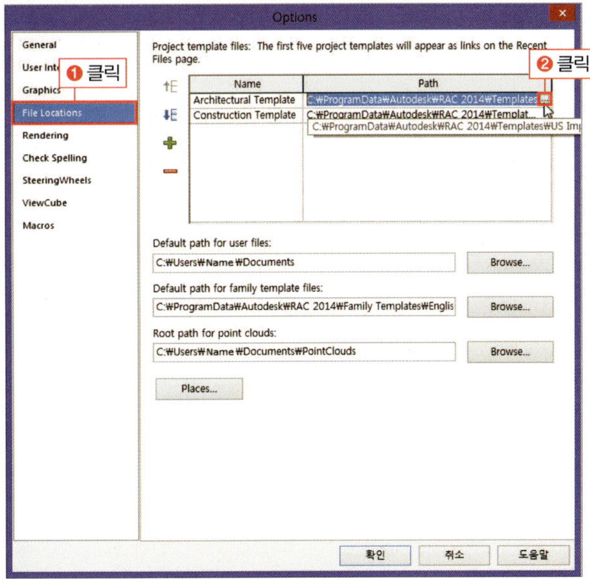

09. 자동으로 연결된 [US Imperial] 폴더의 'default'
파일에서 [US Metric] 폴더의 'DefaultMatric' 파일로
전환한 다음 [Open] 버튼을 클릭합니다.

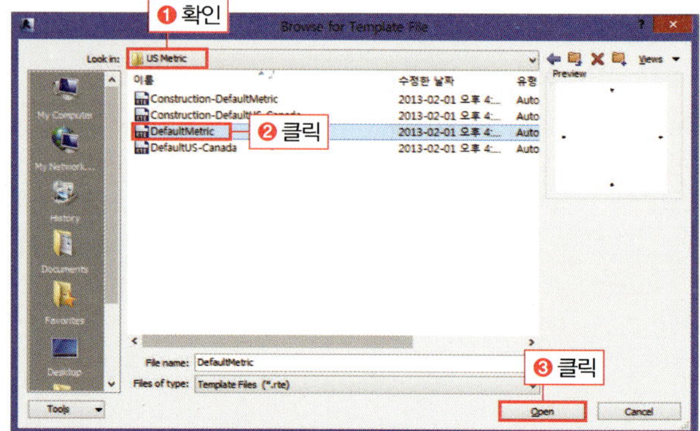

10. [File Location] 탭의 재설정을 마무리한 후 [확인]
버튼을 클릭합니다.

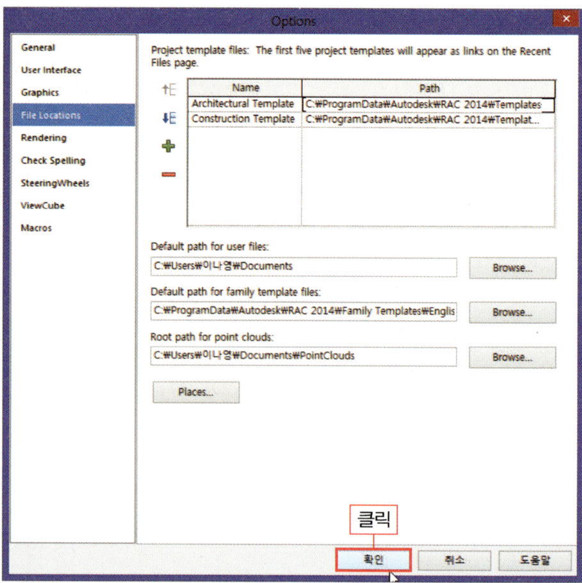

11. [Application] 메뉴에서 [New]–[Project]를 클릭
합니다.

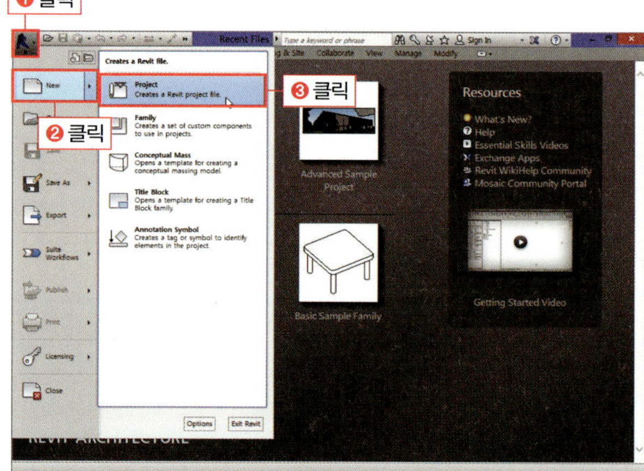

TIP **Ctrl**+**N**을 눌러 실행하거나 시작 화면에서 Project 아
래의 [New] 버튼을 클릭해도 동일한 [New Project] 대화상자가
나타납니다.

12. [New Project] 대화상자가 나타나면 그림과 같이
설정한 후 [OK] 버튼을 클릭합니다.

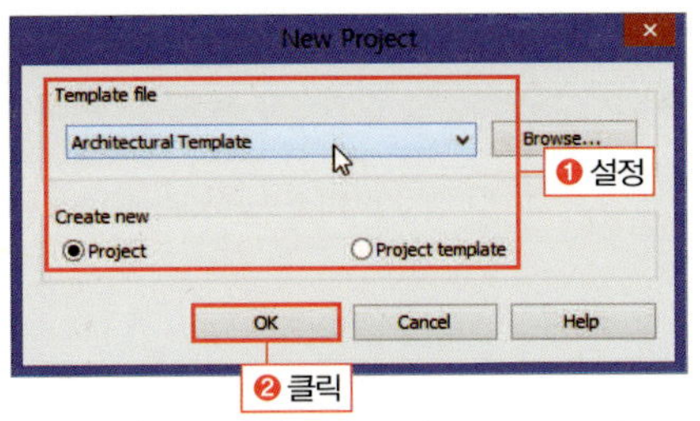

TIP 앞선 [Options] 대화상자의 [File Location] 탭을 설정했다면
[New Project] 대화상자의 템플릿으로 연동되어 나타납니다.

13. Architectural Template에서 시작한 Revit 파일이
열리는 것을 확인할 수 있습니다.

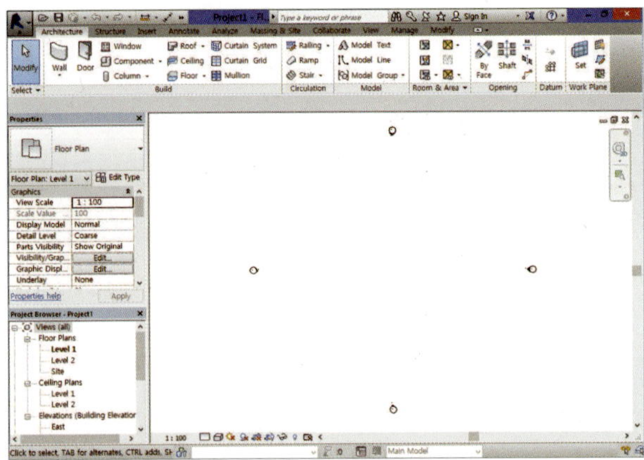

TIP **Revit File Types**

Revit은 네 가지 종류의 파일 형식을 제공하고 있습니다. 각각의 타입은 약자인 세 단어로 표현되어 있으며 열리는 파일의 종류에 따라 이름의 명칭
도 달라집니다.

- RVT : Revit project files; 프로젝트 파일로 가장 많이 사용되는 파일 형식입니다.
- RFA : Revit family file; 패밀리 파일 형식입니다.
- RTE : Revit template; 레빗의 템플릿 파일 형식입니다.
- RFT : Revit family template; 패밀리 파일의 템플릿 파일 형식입니다.

Revit 프로젝트 파일을 열고 RVT 파일로 저장하는 방법을 알아봅니다.

예제 파일 : Part 02/Chapter 02/Sample01.rvt

01. [Application] 메뉴에서 [Open]–[Project]를 클릭합니다. [Open] 대화상자가 나타나면 예제 파일을 불러옵니다.

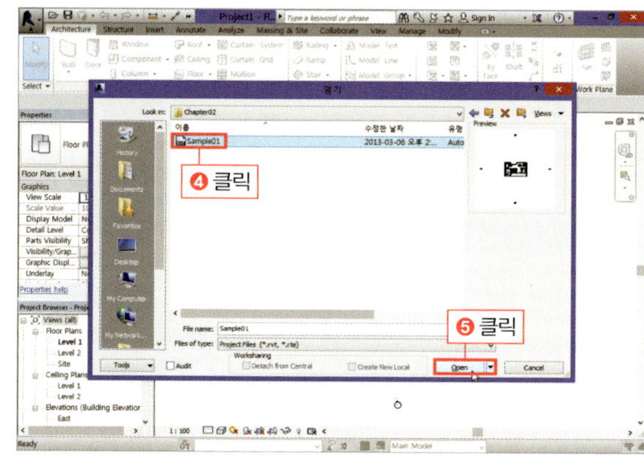

TIP Ctrl + O 를 누르거나 시작 화면에서 Projects 아래의 [Open] 버튼을 클릭해도 동일한 [Open] 대화상자가 나타납니다.

02. 이번에는 [Application] 메뉴에서 [Save As]–[Project]를 클릭합니다.

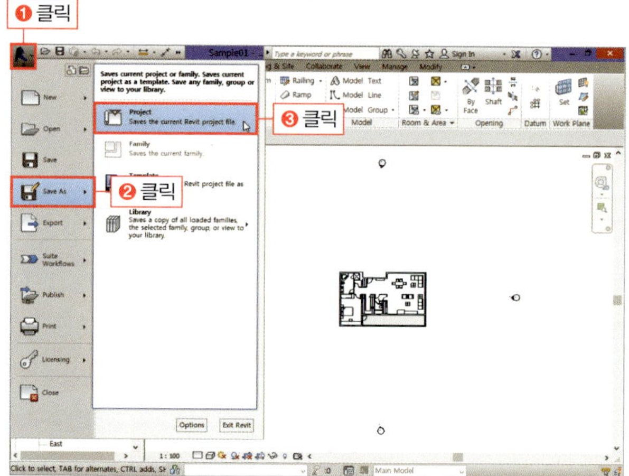

03. [다른 이름으로 저장] 대화상자가 나타나면 저장할 위치를 지정한 후 [Options] 버튼을 클릭합니다.

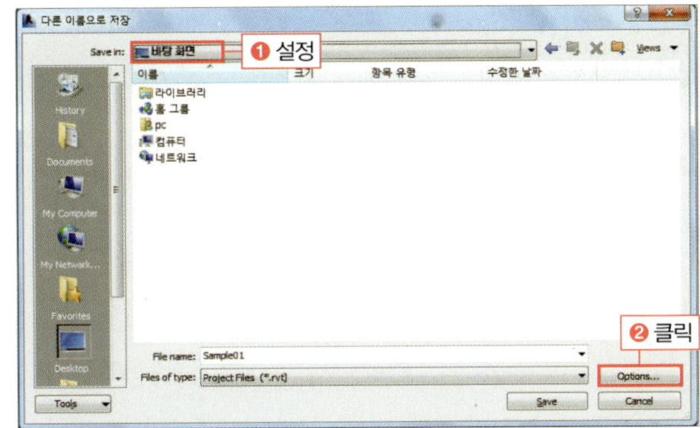

04. [File Save Options] 대화상자가 나타나면 [Maximum Backups]를 '1'로 설정한 후 [OK] 버튼을 클릭합니다.

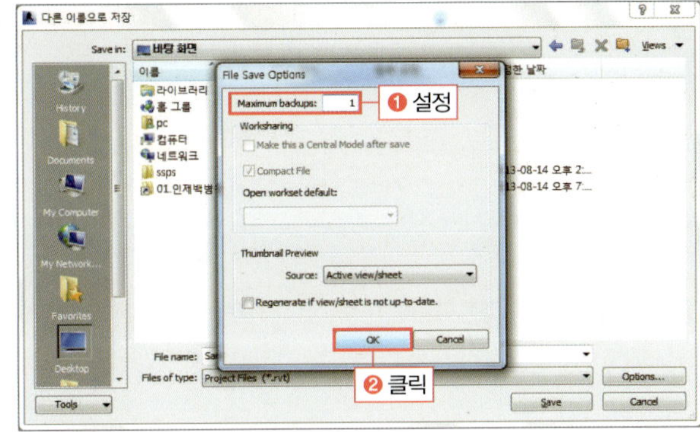

05. [Save] 버튼을 클릭합니다.

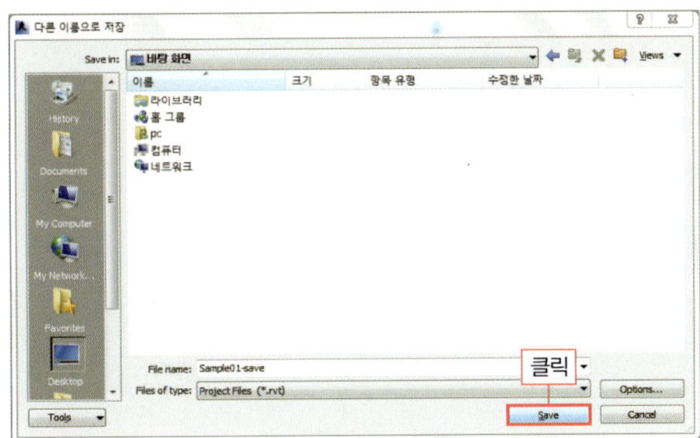

① Maximum backups : 자동으로 형성되는 백업 파일의 최대 개수를 지정할 수 있습니다.
② Worksharing : 팀 작업 시 공유 파일을 지정할 수 있습니다.
③ Thumbnail Preview : 작업 시 미리 보기를 지원합니다.

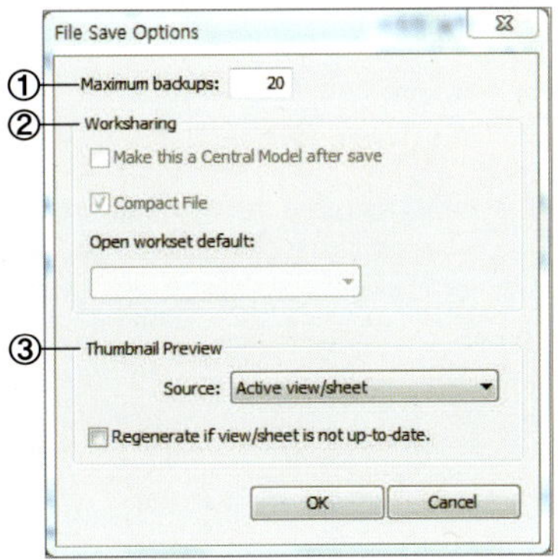

Revit 파일은 초기 자동 저장 시간이 30분으로 되어 있어 몇 시간 정도 지나면 5~6개의 중복되는 파일이 생겨납니다. 그만큼 자주 저장해 주는 것이 이전 단계로 돌아가야 할 경우가 생길 경우에 유리하지만, 대부분의 경우 너무 많은 파일이 생겨 혼동됩니다. 자동 저장 간격 시간을 지정하여, 중복되는 파일이 많이 생기지 않도록 하는 방법을 알아봅니다.

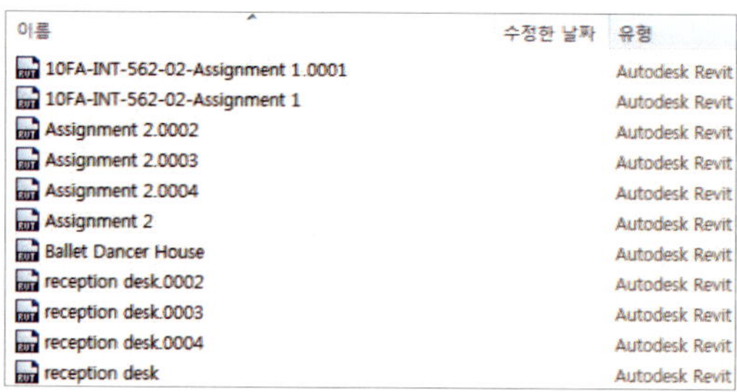

▲ 중복된 저장 파일의 예

01. [Application] 메뉴에서 [Options] 버튼을 클릭하여 [Options] 대화상자를 불러옵니다.

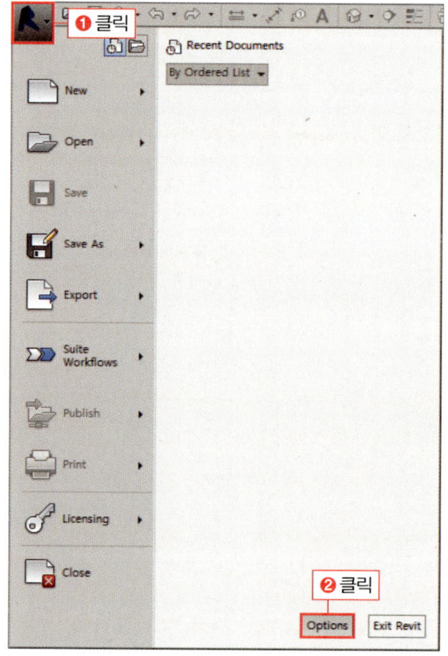

02. [Options] 대화상자의 [General] 탭을 클릭하면
그림과 같이 초기 설정 값을 확인할 수 있습니다.

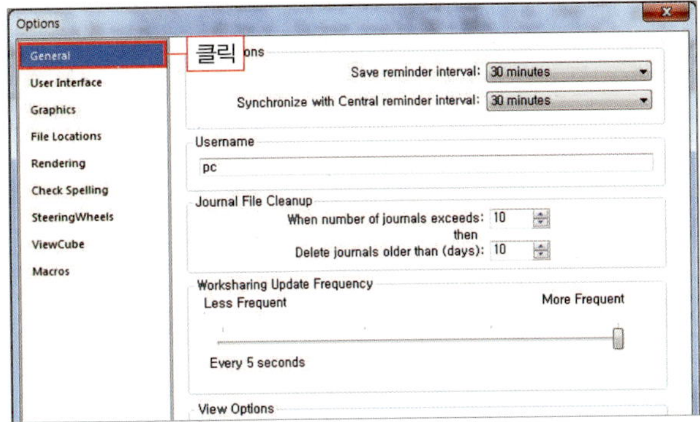

03. [Save reminder interval]에서 시간 간격으로 'No
reminders'를 선택합니다.

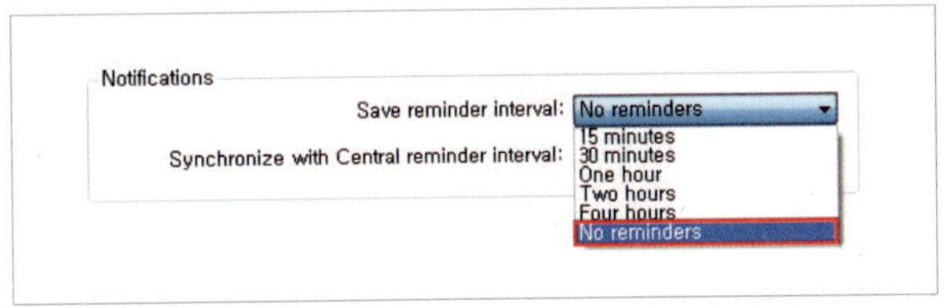

04. [Synchronize Central reminder interval] 역시
이전 [Save reminder Interval] 시간 간격과 동일하
게 선택합니다.

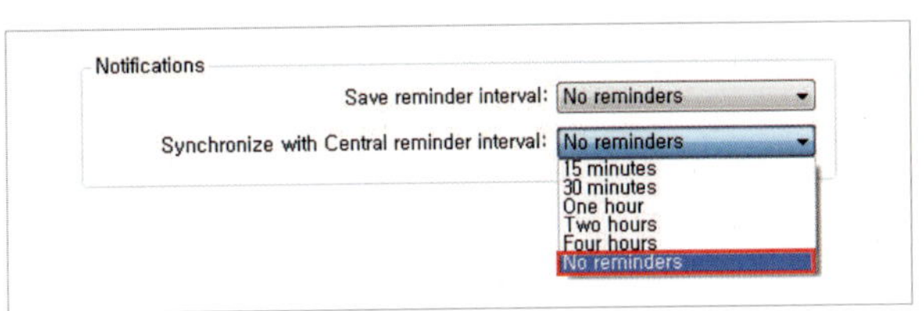

05. [Journal File Cleanup]에서 앞서 설정한 파일이
몇 개 이상, 그리고 며칠 뒤에 자동적으로 지워지게 할
것인가를 설정합니다. 초기 설정 값 '10'에서 자신이
원하는 파일 개수와 날짜를 선택하면 됩니다. [When
number of journals exceeds than]에 설정한 숫자만
큼 파일이 생성됩니다.

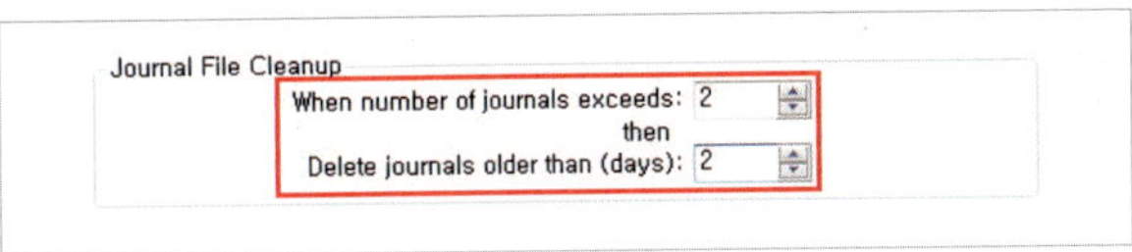

06. [General] 탭에서 모두 설정했으면 내용을 확인한
후 [확인] 버튼을 클릭합니다.

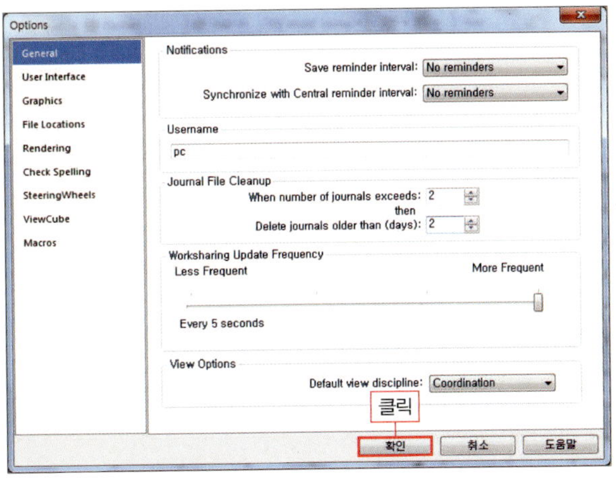

LESSON 02

Revit 리본 메뉴와 화면 구성 이해하기 

Revit의 구성은 AutoCAD와 매우 흡사합니다. AutoCAD에서는 도구 모음과 더불어 단축 명령어를 많이 사용했다면, Revit에서는 도구 모음을 주로 사용하게 될 것입니다. 그러므로 리본 메뉴에서 도구 모음의 위치를 파악하는 것이 가장 핵심적인 해결 열쇠라 할 수 있습니다. 앞서 학습한 AutoCAD 환경의 원리를 생각하며 Revit의 리본 메뉴와 패널 구성을 학습해 봅니다.

● **학습 목표**

Revit의 구성을 이해하고 그 위치를 파악하여 할 수 있도록 학습합니다.

Revit 2014의 전체 구성 살펴보기

Revit 2014의 전체 구성을 한 눈에 살펴보고 도구 모음의 위치에 익숙해지도록 합니다.

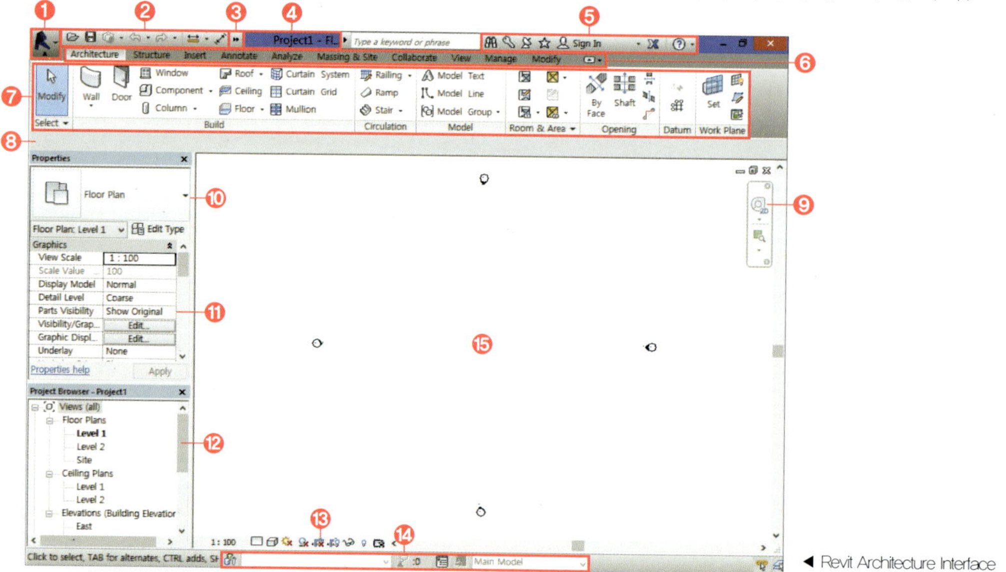

◀ Revit Architecture Interface

❶ Application Menu Button : 파일에 관한 도구에 대하여 사용 할 수 있습니다.

❷ Quick Access Toolbar : 자주 사용하는 도구들을 그룹화하여 빠르게 사용하도록 돕습니다.

❸ Customize Quick Access Toolbar Arrow Button : 사용자가 원하는 기능들을 추가가 가능합니다.

❹ Current Drawing Name. file type : 열린 파일명과 파일 형태를 확인할 수 있습니다.

❺ Info Center : 인터넷을 이용하여 자료를 찾거나 궁금한 점에 대한 답을 얻을 수 있습니다.

❻ Ribbon Tabs : 비슷한 기능을 가지고 있는 도구들이 탭으로 분류되어 있습니다.

❼ Ribbon Panels : 탭에 따른 실행 도구의 그룹화된 영역입니다.

❽ Options Bar : 도구 실행에 있어 정보를 수정하거나 피드백해 줍니다.

❾ Navigation Bar Mode : 방향, 확대 및 축소 등의 기능을 통해 Revit의 도면이 바르게 그려졌는지 확인합니다.

❿ Type Selector : 선택하거나 지정한 객체의 종류를 선택할 수 있습니다.

⓫ Properties : Type Selector에서 선택한 객체에 대한 정보를 확인할 수 있습니다.

⓬ Project Browser : 도면에 관한 분류 체계를 한 눈으로 확인할 수 있습니다.

⓭ View Control Bar : 윈도우 창의 크기 및 정보, 그리고 시각적으로 보이는 요소들을 관리합니다.

⓮ Status Bar : 그려진 객체에 관하여 실행된 명령어나 요소들의 정보를 볼 수 있습니다.

⓯ Drawings Windows : 도면을 그리는 공간입니다.

Application 메뉴 살펴보기

[Application] 버튼은 [Application] 메뉴라고도 불리며 파일을 열고, 저장하고, 프린트 등을 할 수 있는 메뉴들로 구성되어 있습니다.

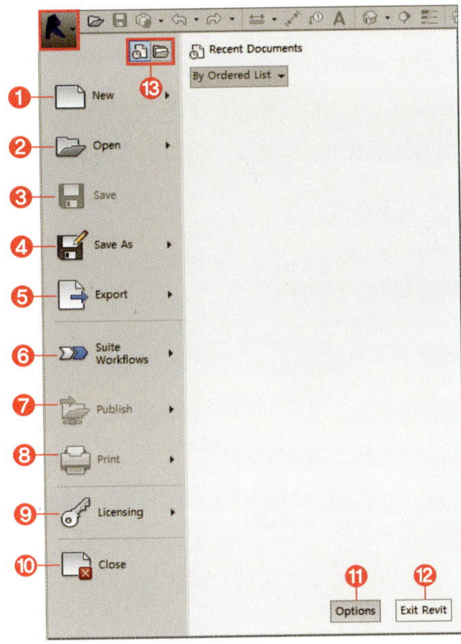

❶ New : 새로운 프로젝트 파일 혹은 패밀리 파일 등을 만듭니다.

❷ Open : 프로젝트나 패밀리 파일을 엽니다.

❸ Save : 파일을 저장합니다.

❹ Save As : 다른 이름으로 프로젝트나 템플릿 형식으로 파일을 저장합니다.

❺ Export : 다른 프로그램과 호환이 가능하도록 파일을 저장합니다.

❻ Suite Workflows : Revit에서 만든 건물 모델을 3ds Max 혹은 Showcase와 같은 워크 플로우에 연결할 수 있습니다.

❼ Publish : 파일을 공유할 장소에 배치합니다.

❽ Print : 현재 보이는 도면을 출력하는 데 있어 필요한 설정 및 기능들을 제공합니다.

❾ Licensing : 프로젝트에 관한 라이센스 정보를 확인할 수 있습니다.

❿ Close : 프로젝트를 닫습니다.

⓫ Options : Revit의 환경 설정에 대한 정보를 수정할 수 있습니다.

⓬ Exit Revit : Revit을 종료합니다.

⓭ Recent and Open Documents : 최근에 열었던 파일과 지금 열려있는 파일 리스트를 확인할 수 있습니다.

빠른 도구 막대(Quick Access Toolbar) 살펴보기

빠른 도구 막대는 자주 사용하는 도구를 쉽고 사용할 수 있도록 그룹화해 놓은 곳입니다.

빠른 도구 막대에서 확장 화살표를 클릭한 후 [Customize Quick Access Toolbar]를 선택하면 자신이 원하는 기능들을 빠른 도구 막대에 추가할 수 있습니다.

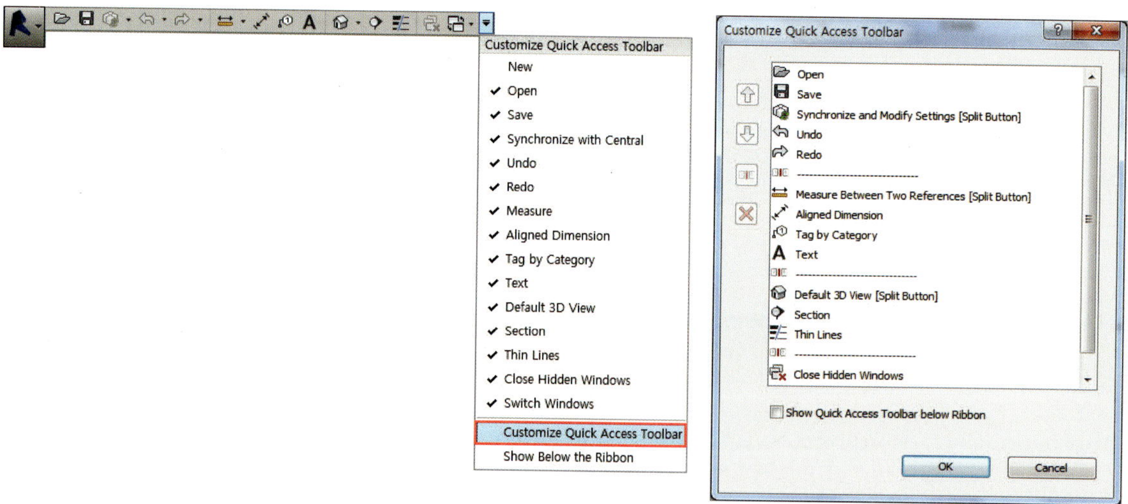

리본 메뉴의 구성 알아보기

리본 메뉴를 이용한 작업 환경은 Revit 프로젝트를 디자인하고 구성에 관한 모든 정보를 담고 있습니다.

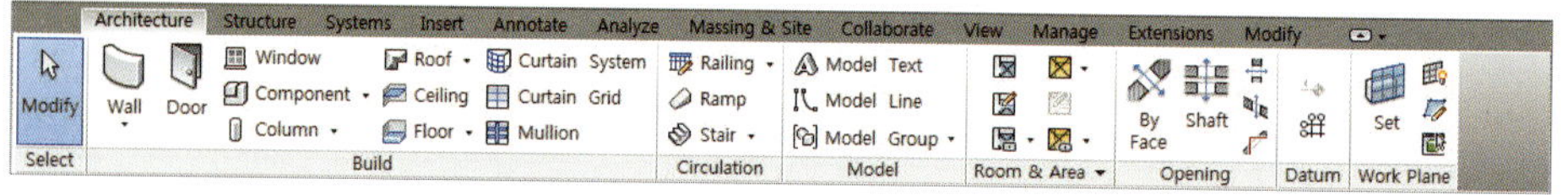

❶ 탭(Tabs)

12개의 탭이 Revit 리본 메뉴를 구성하고 있으며, 탭은 비슷한 기능이 모여진 군집으로써 각각의 기능이 정확히 분류되어 있습니다.

❷ 패널(Panels)

패널은 리본에서 기능적으로 그룹화된 영역을 뜻합니다. 탭을 선택하면 기능별로 정리되어 있는 패널들이 나타납니다.

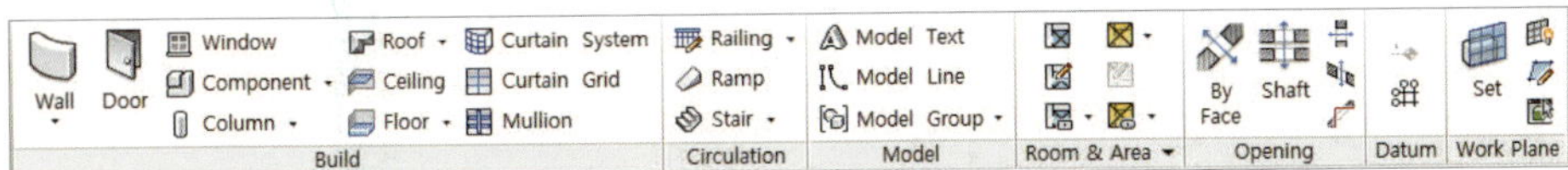

❸ 옵션 바(Options Bar)

옵션 바는 어떠한 객체를 수정하거나 새로 만들 때 사용자로 하여금 피드백을 주게 됩니다.

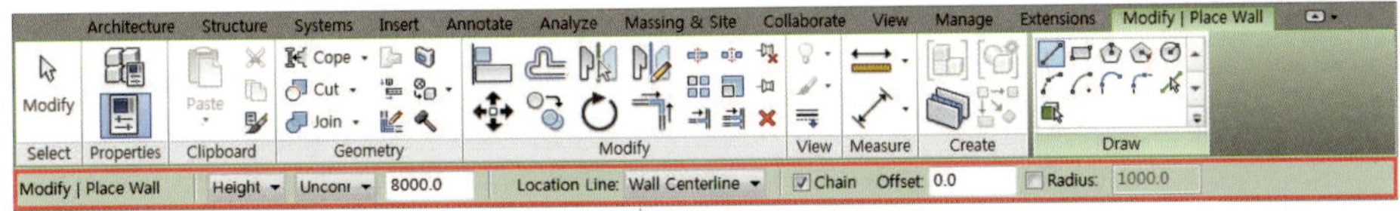

[Properties] 창 살펴보기

[Properties] 창은 현재 작업 중인 객체의 성질(properties)에 관한 설정 범위 및 값을 알려줍니다. 그림과 같이 [Properties] 창에는 [Type Selector], [Properties Filter], 그리고 [Edit Type] 버튼 등으로 구성되어 있습니다.

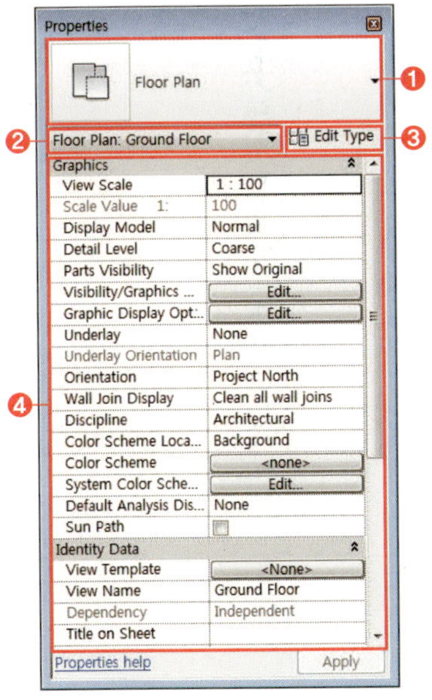

▲ [Properties] 창은 선택된 객체의 범위 설정을 가능하게 해줍니다

❶ Type Selector : 선택한 객체의 미리 보기가 가능하며 화살 버튼을 이용하여 Revit이 제공하는 다양한 객체로 수정이 가능합니다.

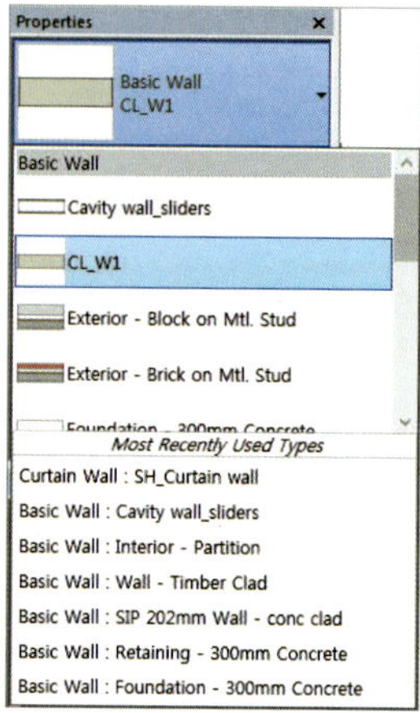

❷ Properties Filter : 선택한 객체의 종류와 개수를 볼 수 있습니다.

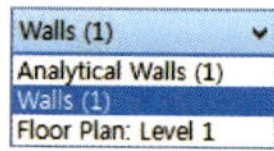

❸ Edit Type : [Type Properties] 대화상자를 불러와서 선택한 객체의 속성을 영구적으로 수정할 수 있습니다. 원래 데이터의 속성을 잃어버릴 수도 있으므로, [Duplicate] 버튼을 이용하여 복사본을 만든 다음 객체의 속성을 변경하는 것이 좋습니다.

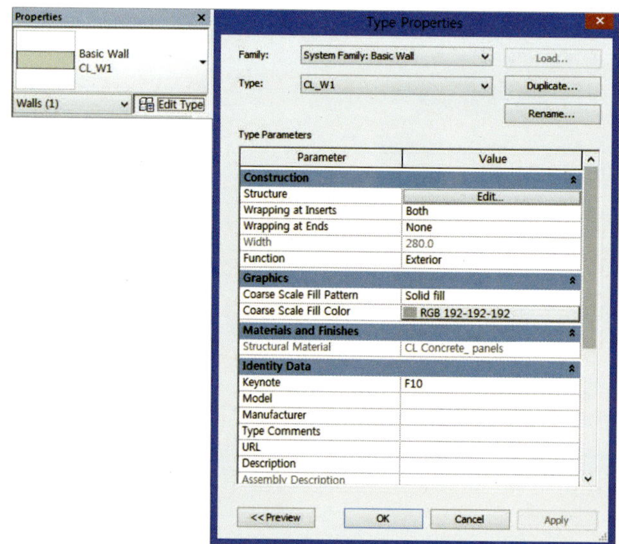

❹ Instance Properties : 선택한 객체의 일시적인 특성을 보여줍니다.

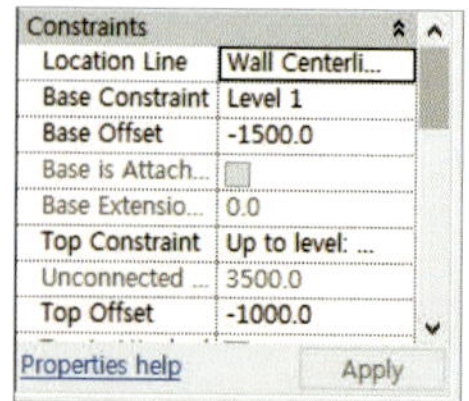

[Properties] 창 바로 아래에 위치한 [Project Browser] 창은 프로젝트 안에 있는 도면에 관한 분류인
Views, Legends, Schedules, Family 등을 관리할 수 있습니다.

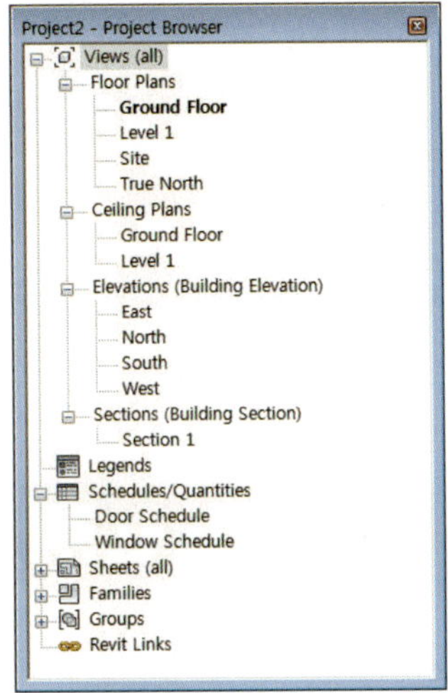

드로잉 공간(Drawing Area) 살펴보기

윈도우 창에서 도면을 그리는 곳을 '드로잉 공간'이라고 합니다. 여러 창을 함께 띄어놔도 상관없으며 자
신이 그리고자 하는 윈도우 창을 최대로 확대하여 하나만 띄어놔도 됩니다. [View] 탭-[Windows] 패널
에서 조정합니다.

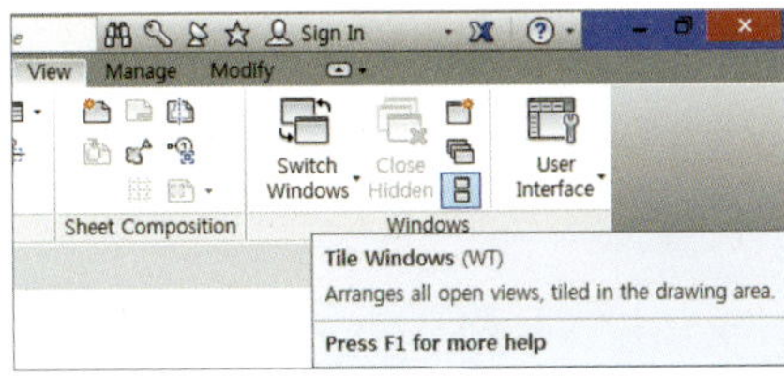

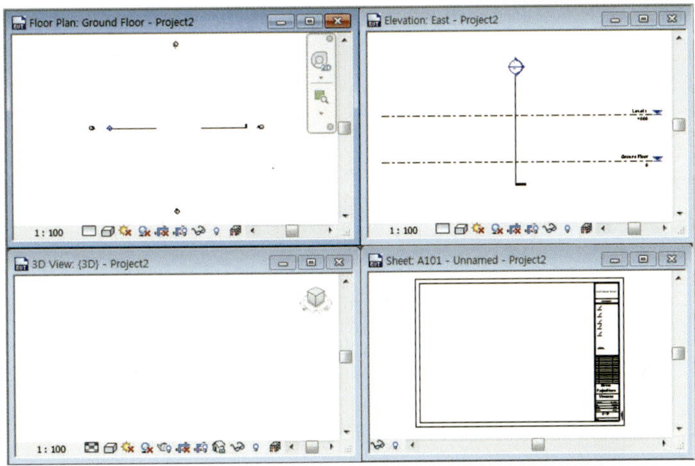

뷰 컨트롤 바는 드로잉 공간의 윈도우 창에서 맨 아래에 위치하고 있으며 윈도우 창의 크기 정보와 더불어 시각적으로 보이는 요소를 관리합니다. 예를 들어 선의 굵기, 객체 보기 스타일 선택, 그리고 드로잉 영역 선 보기 등이 관리 대상입니다.

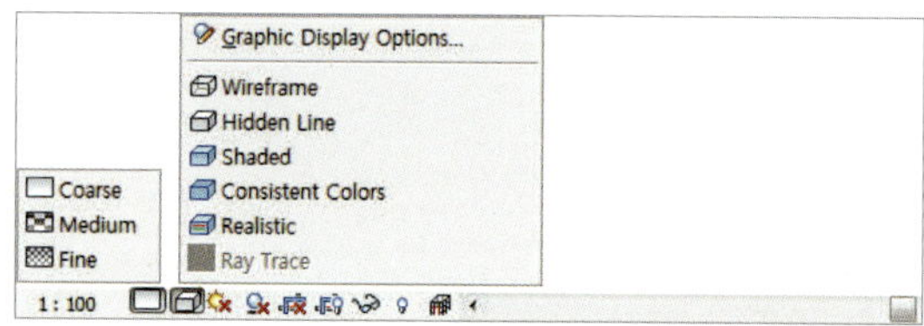

뷰큐브(ViewCube) 살펴보기

3D View 드로잉 공간(윈도우 창) 오른쪽 상단 코너에 위치하고 있으며 왼쪽 마우스를 큐브 사각형 모양에 대고 누른 상태에서 움직이면 객체를 회전시킬 수 있습니다.

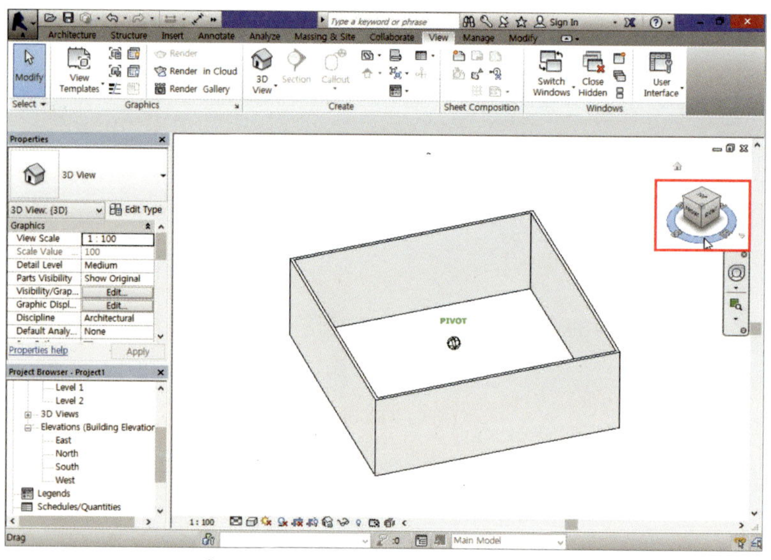

❶ 뷰큐브의 옵션 이해하기

뷰큐브(ViewCube)를 마우스 오른쪽 버튼으로 클릭한 후 [Options]를 선택하면 뷰큐브를 설정할 수 있는
[Options] 대화상자가 나타납니다.

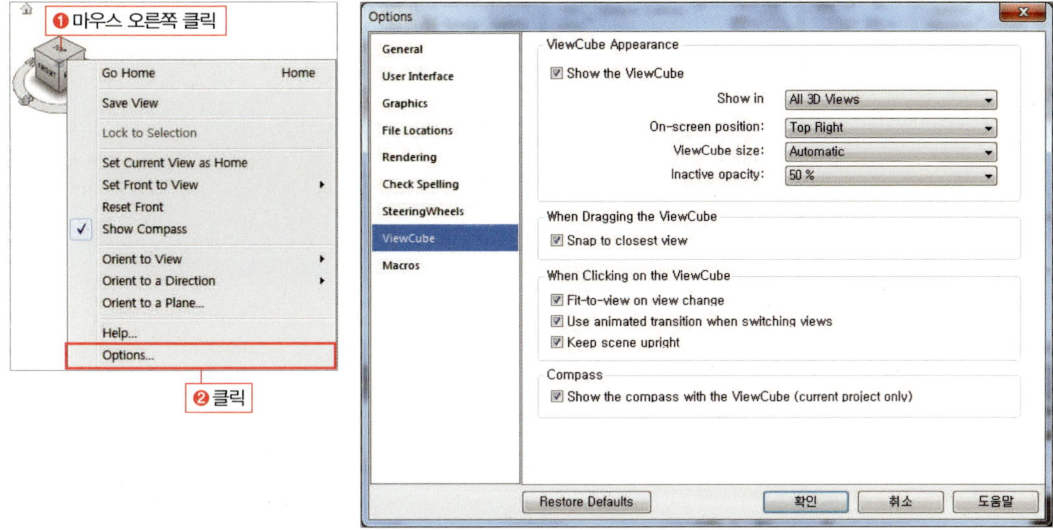

내비게이션 바(Navigation Bar) 살펴보기

내비게이션 바(Navigation Bar)는 Navigation Wheel, View Zoom, 그리고 Pan Control이 포함되어 있
습니다. **Shift** + **W** 를 누르면 Navigation Wheel이 보이거나 숨겨집니다.

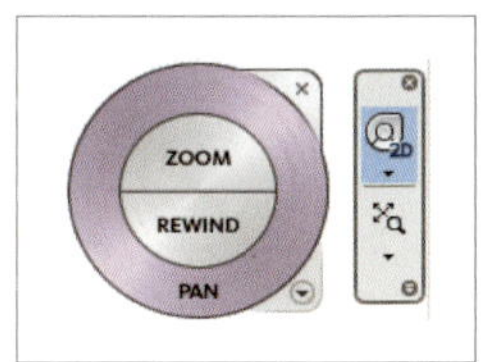

▲ 2D 내비게이션 바

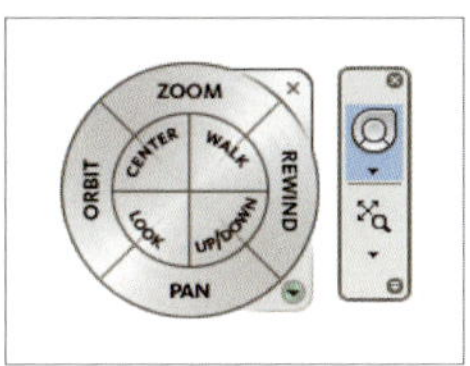

▲ 3D 내비게이션 바

REVIT 2014

AutoCAD 파일 호환하여 사용하기

Revit과 AutoCAD는 호환이 가능합니다. AutoCAD에서 만든 도면을 불러와 Revit에서 작업을 하게 되면 초기 드로잉 과정에서 많은 시간을 절약할 수 있다는 강점을 가지고 있습니다. 이번에는 서로 호환이 가능한 AutoCAD와 Revit의 파일을 불러와 사용자의 상황에 맞게 적절히 사용할 수 있는 방법을 알아봅니다.

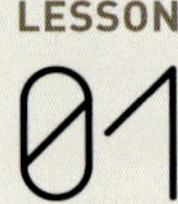

LESSON 01 AutoCAD 파일 불러오기

Revit에서 AutoCAD의 DWG 파일을 불러오는 작업은 일종의 스케치를 통해 밑그림을 완성하는 상태라고 할 수 있습니다. 그만큼 Revit에서 작업을 손쉽게 진행할 수 있습니다.

● 학습 목표
Revit에서 AutoCAD 파일을 불러오는 방법을 알아봅니다.

DWG 파일을 Revit으로 불러오기

DWG 파일을 Revit으로 불러오는 방법을 아래의 예제 따라하기를 통해 알아봅니다.

예제 파일 : Part 02/Chapter 03/Sample01.rvt, Sample02.dwg Ｉ 완성 파일 : Part 02/Chapter 03/Sample 01-완성.rvt

01. 예제 파일(Sample01.rvt)을 불러온 후 [Insert] 탭–[Link] 패널에 있는 [Link CAD]()를 클릭합니다.

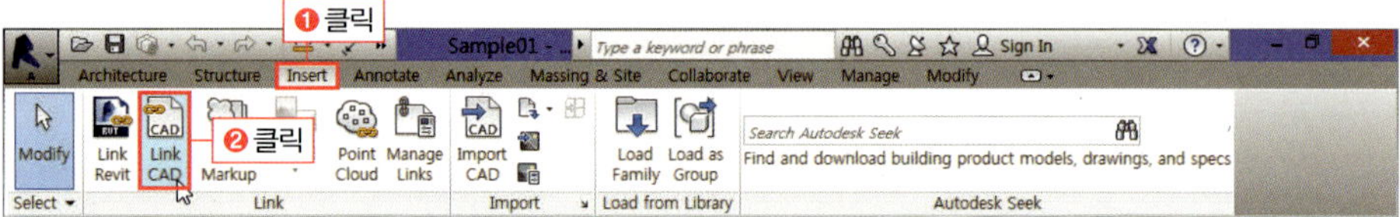

02. [Link CAD Formats] 대화상자에서 'Sample 02.dwg' 파일을 선택한 다음 그림과 같이 설정합니다.

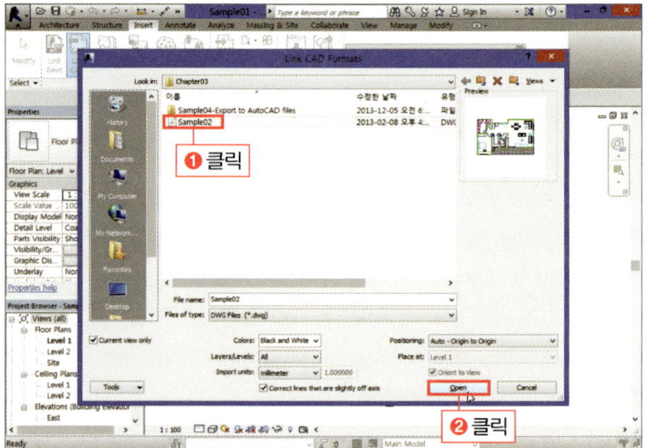

03. 그림과 같이 중심에서 살짝 벗어난 위치로 DWG
파일이 삽입된 것을 확인할 수 있습니다.

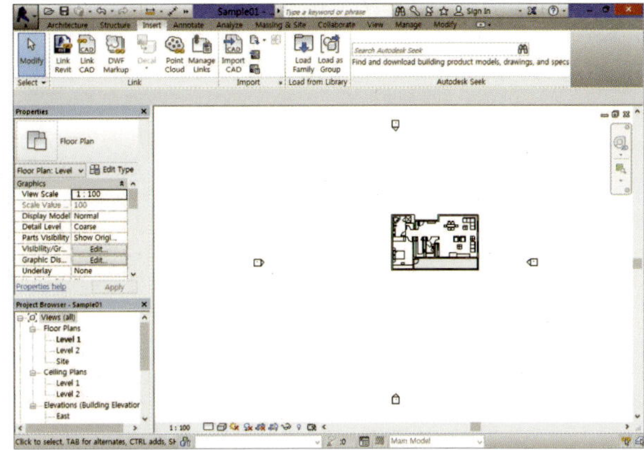

04. 도면을 클릭하면 그림과 같이 잠금 상태 마크
가 나타나는 것을 확인할 수 있습니다.

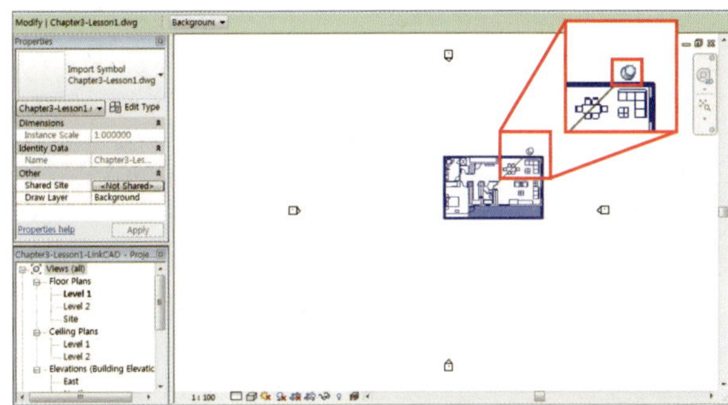

05. 잠금 상태 마크를 클릭하여 해지 상태 마크
로 전환합니다.

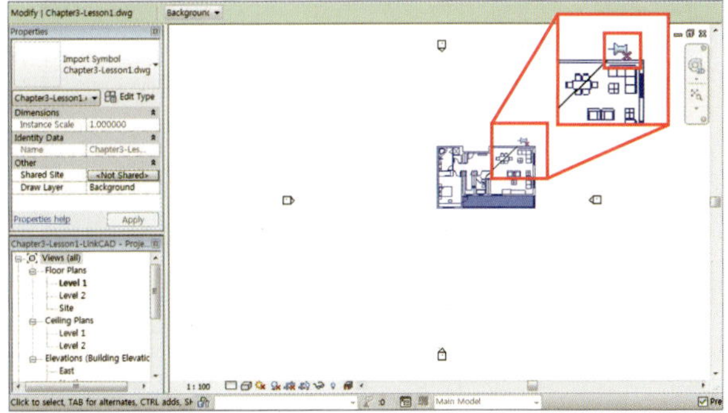

06. 불러온 도면을 드래그하여 화면의 중앙으로 이
동시킵니다.

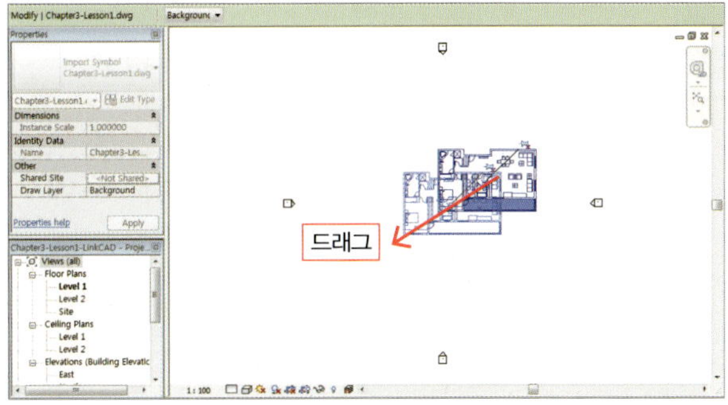

07. 중앙에 옮긴 도면이 고정될 수 있도록 해지 상태 마크( )를 다시 클릭하여 잠금 상태 마크( )로 변경합니다.

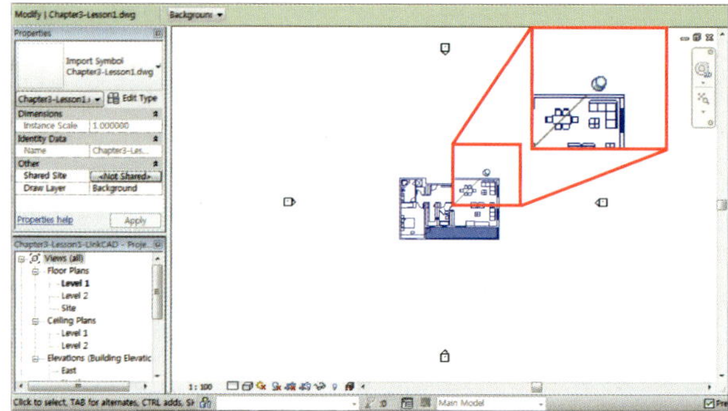

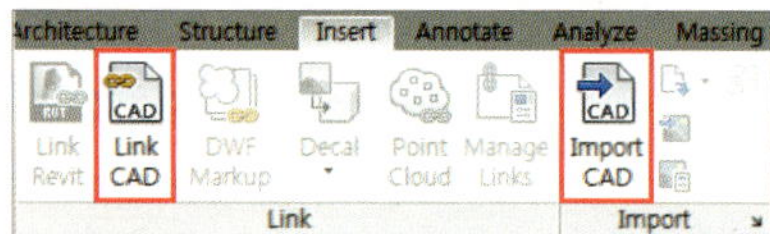

[Import CAD]와 [Link CAD]는 모두 외부의 AutoCAD 파일(DWG)을 불러올 수 있습니다. Importing은 Revit에서 Explode가 가능하지만 외부 참조 파일의 변경 내용을 반영하지는 않으며, Linking은 불러온 파일이 Explode는 되지 않으나 외부 참조 파일의 변경 내용을 반영합니다. 불러오는 외부 참조 파일로 무엇을 할 수 있을지에 따라 [Import CAD]와 [Link CAD]를 구별하여 사용하면 됩니다.

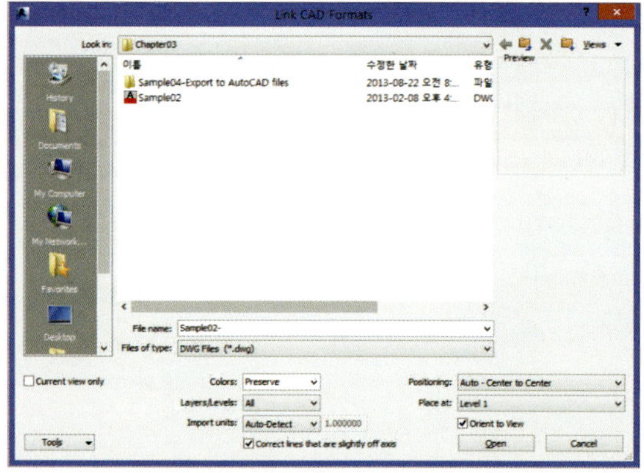

▲ [Link CAD Formats] 대화상자

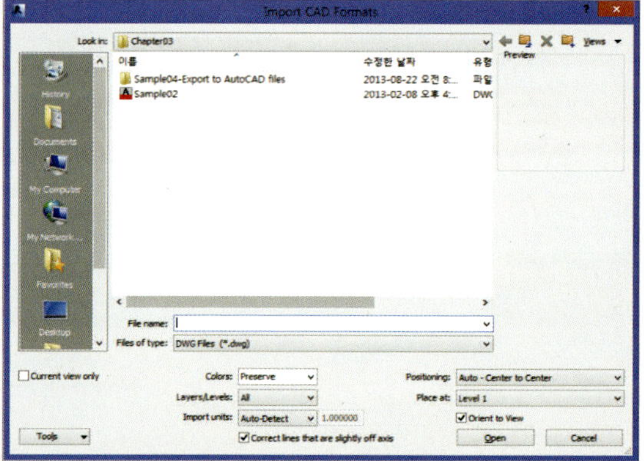

▲ [Import CAD Formats] 대화상자

LESSON 02 Revit 파일을 AutoCAD로 불러오기 

Revit 파일을 AutoCAD에 불러오는 방법으로 기존 AutoCAD의 DWG 파일에서 그리기 힘들었던 단면도나 3D 도면을 Revit에서 그린 다음 손쉽게 전환하여 배치할 수 있는 장점을 가지고 있습니다.

● **학습 목표**

Revit에서 작업한 RVT 파일을 DWG 파일로 전환하는 방법을 학습합니다.

RVT 파일을 DWG 파일로 전환하기

Revit 파일을 AutoCAD로 불러오는 방법을 알아봅니다.

예제 파일 : Part 02/Chapter 03/Sample03.rvt **| 완성 파일** : Part 02/Chapter 03/Sample 04–Export to AutoCAD files

01. 예제 파일을 불러온 후 [Application] 메뉴에서 [Export]–[CAD Formats]–[DWG]를 클릭합니다.

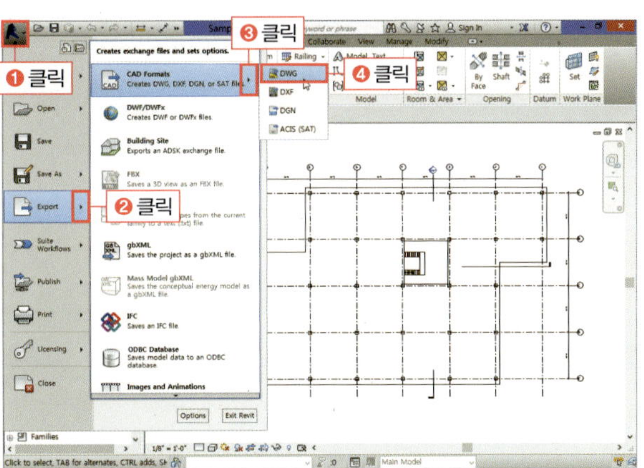

02. [DWG Export] 대화상자가 나타나면 그림과 같이 초기 상태를 확인할 수 있습니다. [Export]에서 '⟨In session view/sheet set⟩'을 선택 후 [Next] 버튼을 클릭합니다.

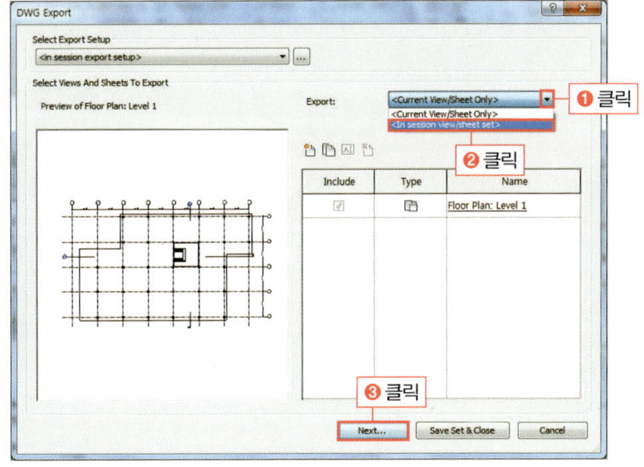

03. [Show in list]에서 'All views and sheets in the Model'을 선택합니다.

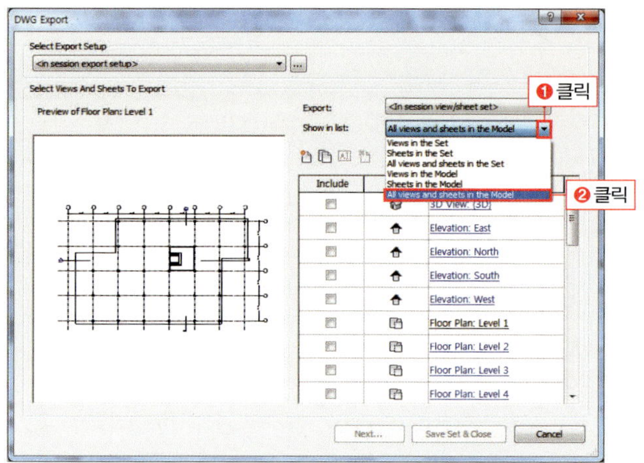

04. AutoCAD로 가져갈 도면인 '3D view {3D}, Floor Plan: Level 1', 'Section: Section 2'를 선택한 후 [Se-lect Export Setup]에서 [Modify Export Setup] 버튼을 클릭합니다.

TIP 따라하기에서는 3D, Plan, 그리고 Section 하나씩을 선택했습니다.

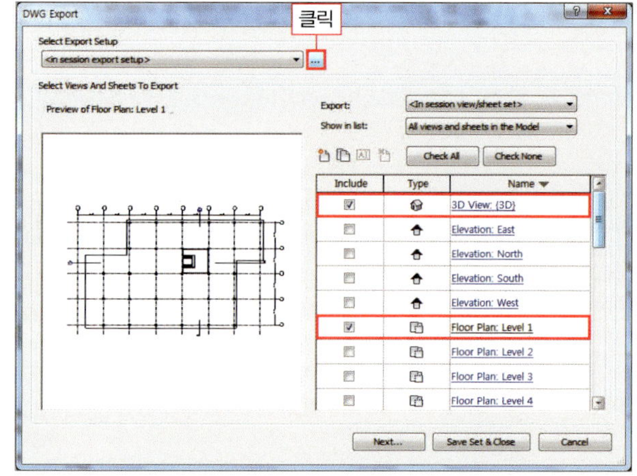

05. [Modify DWG/DWF Export Setup] 대화상자가 나타나면 [Layers] 탭에서 AutoCAD로 가져갈 레이어와 색상의 기준이 'America Institute of Architects Standard(AIA)'에 따라 정해진 대로 설정된 것을 확인할 수 있습니다.

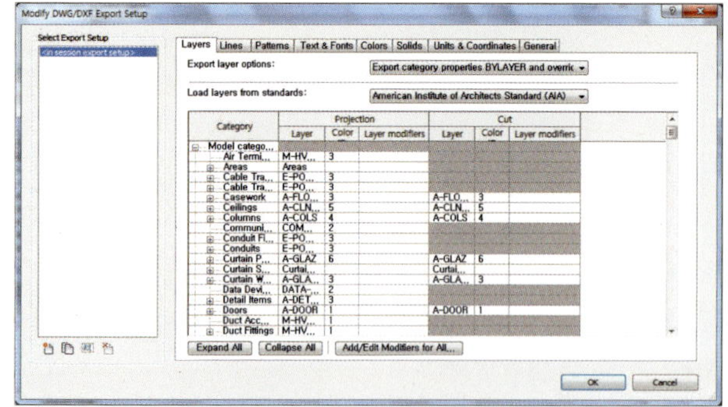

06. AutoCAD로 가져갈 선의 종류를 [Lines] 탭에서 확인할 수 있습니다.

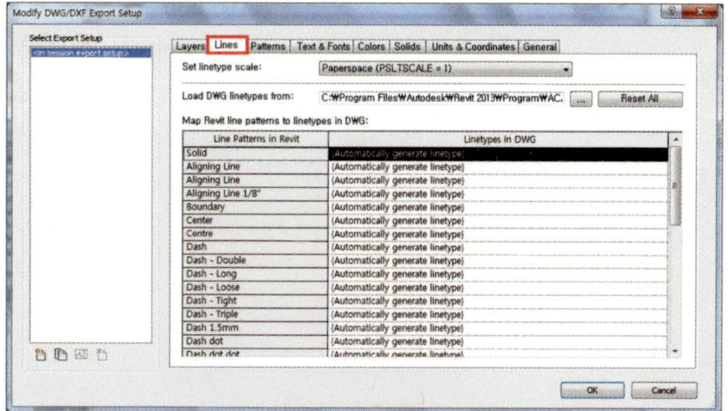

07. AutoCAD로 가져갈 패턴을 [Patterns] 탭에서 확인할 수 있습니다.

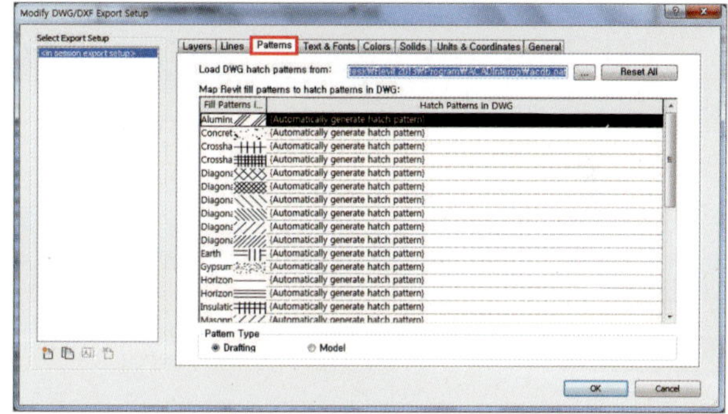

08. AutoCAD로 가져갈 문자 스타일을 [Text & Fonts] 탭에서 확인할 수 있습니다.

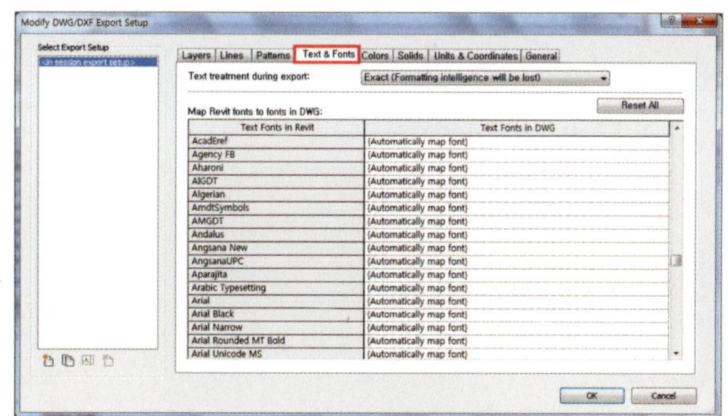

09. [Colors] 탭에서 AutoCAD로 가져갈 색상으로 [Index Color(255 colors)]를 체크합니다.

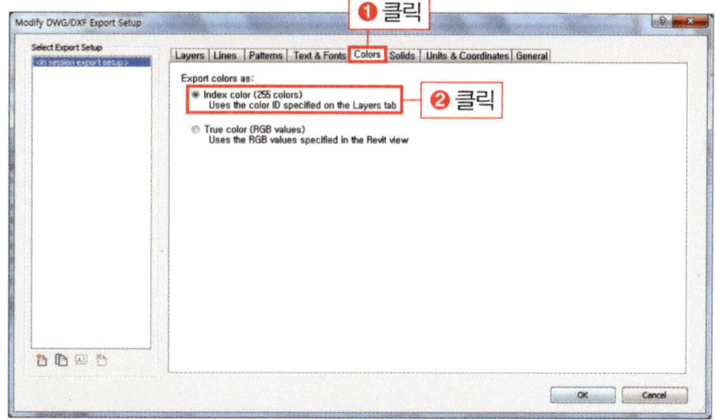

10. [Solids] 탭에서는 3D View를 AutoCAD로 가져
갈 때 [ACIS solids]를 체크합니다.

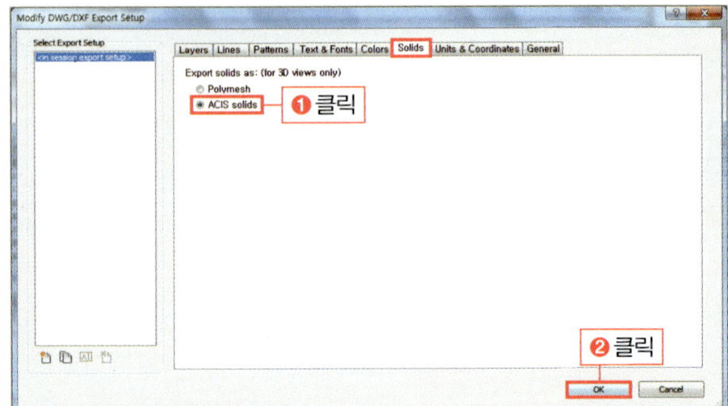

11. [Units & Coordinates] 탭에서는 단위인 [Milli-
meter]를 체크하고, 현 프로그램(Revit)에서 작업한 파
일의 단위가 단독으로 사용한 것인지, 공유 파일인지
를 선택합니다.

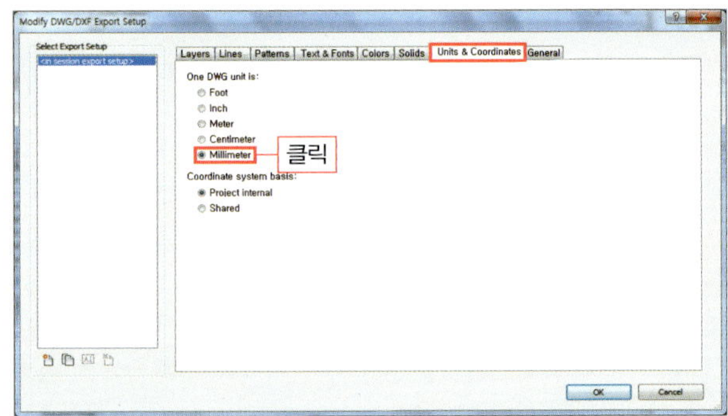

12. [General] 탭의 [Room and area boundaries]에
서 [Export rooms and areas as polylines]에 체크한
후 [OK] 버튼을 클릭합니다.

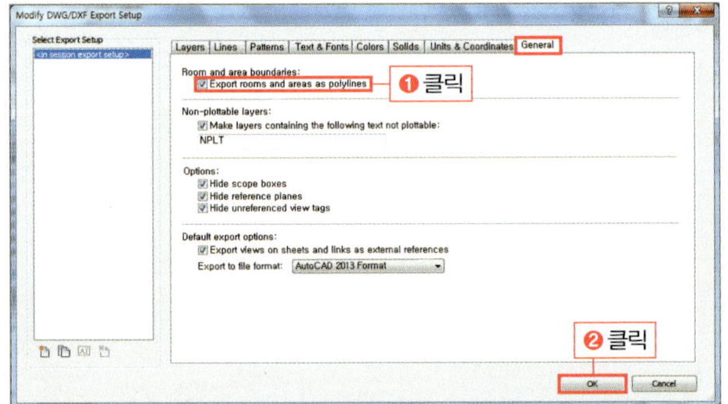

13. [DWG Export] 대화상자로 돌아오면 [Next] 버튼
을 클릭합니다.

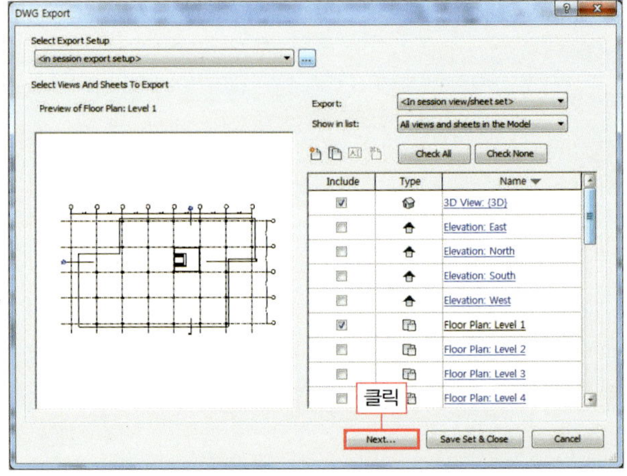

14. [Export CAD Formats – Save to Target Folder]
대화상자가 나타나면 [Export views on sheets and
links as external reference]에 체크한 후 자동 연동
된 내 문서 폴더 저장하거나 저장하기 원하는 위치를
선택합니다.

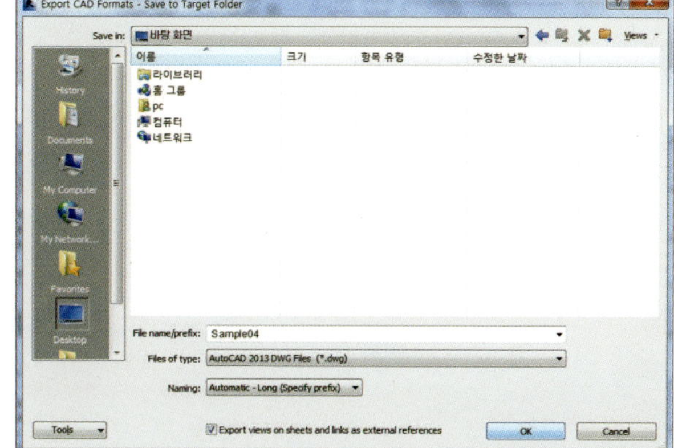

TIP Export되는 동안 기다립니다.

15. DWG 파일로 전환이 끝나면 그림과 같이 선택한
도면에 관한 파일이 생깁니다.

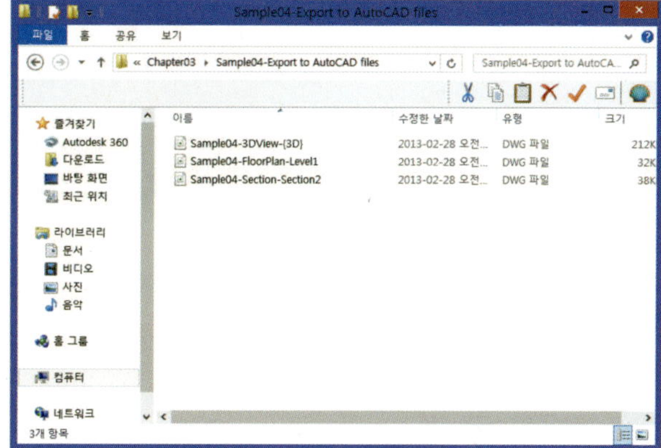

TIP 완성 파일은 [Sample 04–Export to AutoCAD files] 폴더에
저장되어 있습니다.

16. AutoCAD로 불러오면 그림과 같이 Revit 파일이 DWG 파일로 전환되어 나타나는 것을 확인할 수 있습니다.

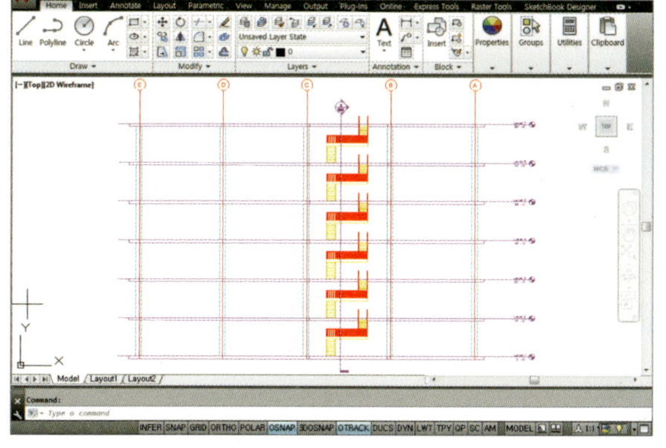
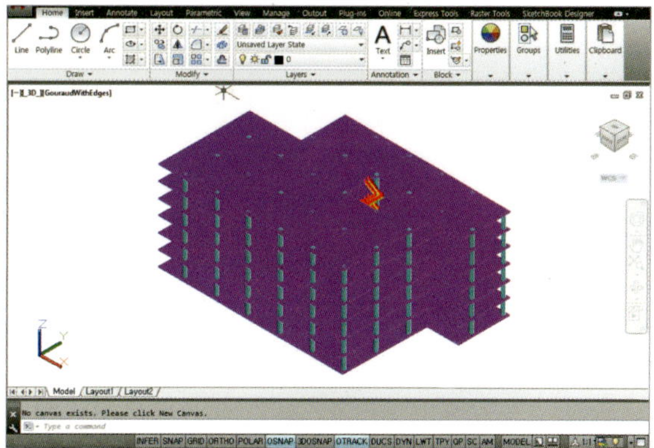

REVIT 2014

Revit으로 기본 도면 만들기

Revit을 이용하여 도면에 필요한 기본적인 건축적 객체에 관한 요소들을 파악하고, 만들어 보는 시간을 갖겠습니다.

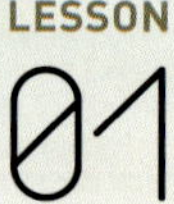

LESSON
01 새로운 레벨(Level) 만들기

레벨은 위치 요소인 Datum 중에 하나로써 높이와 관련된 위치, 즉 0점 보다 위에 있는 위치를 지칭합니다. 이번에는 Architecture Template에서 제공하는 레벨에 관한 개념을 이해하고 수정함으로써 앞으로 평면도에서 높이를 결정하는 레벨을 잘 활용할 수 있도록 합니다. 높이와 관련된 요소인 만큼 입면도에서 레벨을 확인할 수 있습니다.

● 학습 목표

레벨에 대한 개념을 파악하고 수정할 수 있도록 학습합니다.

● 학습에 필요한 단축 명령어

LL : Level

ZF : Zoom to Fit

레벨과 슬라브에 대한 개념

앞서 언급했듯이 레벨은 높이에 관한 위치를 알려주는 요소입니다. 건물에 있어 높이는 기둥을 통해 지탱되는 아래층과 위층 바닥(Floor Slab)의 거리 차이를 일컬으며 이는 레벨이라는 심볼을 통해 건축적으로 표기됩니다. 아래 그림과 같이 Level X에 해당되는 슬라브의 윗부분을 바닥(Floor)이라고 하며 Level Y에 해당되는 위층의 슬라브 아래로 천정의 덕트나 전기배선들이 지나갑니다. 우리가 실제적 건물에서 천정이라고 부르는 곳은 위층 바닥 슬라브가 아닌, 덕트와 전기배선 공간 아래의 합판선을 두고 천장(Ceiling)이라고 하는 것입니다. 큰 범위에서 슬라브는 각 층에 관한 바닥판이며 이에 관한 높이를 레벨이라 지칭한다고 이해하면 더욱 머리에 잘 그려집니다. 아래의 그림을 통해 레벨과 슬라브의 관계를 이해한 다음 레벨을 자유자재로 다룰 수 있도록 합니다.

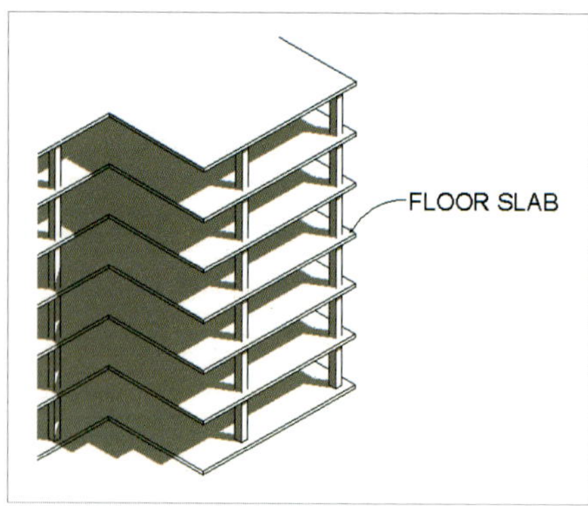

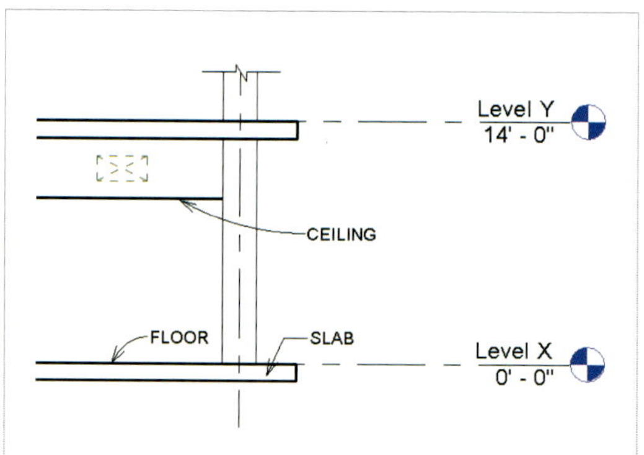

레벨 수정하기

바닥 레벨은 Revit에서 가장 기본적이고 구조적인 요소 중에 하나입니다. 이번에 학습할 레벨 수정하기를 통하여 레벨을 관리하는 방법을 알아봅니다.

예제 파일 : Part 02/Chapter 04/Sample01.rvt

01. 예제 파일을 불러오면 레벨에 대한 심볼과 점선이 있는 것을 확인할 수 있습니다.

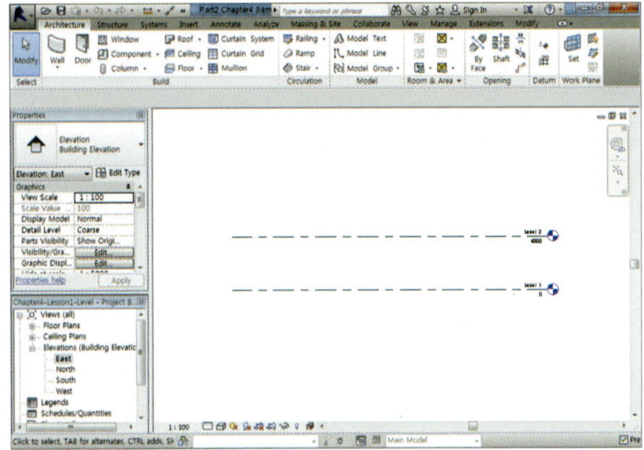

02. 'Level 1' 레벨을 선택하면 파란색으로 변경되며 레벨간의 높이와 지점들에 관한 표시들이 함께 나타납니다.

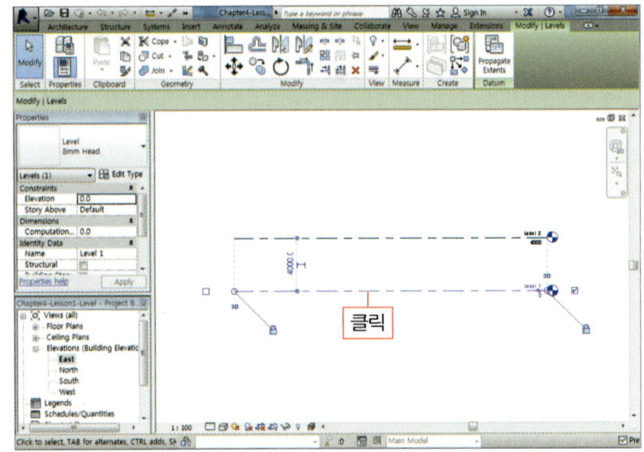

03. 왼쪽 끝 지점에 위치한 스냅 마크(🔲)를 클릭한 후 원하는 길이의 위치까지 드래그합니다.

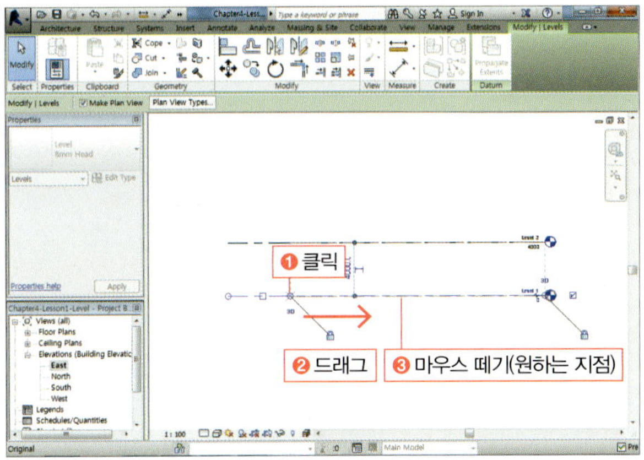

04. 원하는 지점까지 드래그한 후 마우스를 때면 잠금 상태로 되어 있기 때문에 위의 레벨과 함께 동일하게 길이가 조절되는 것을 확인할 수 있습니다.

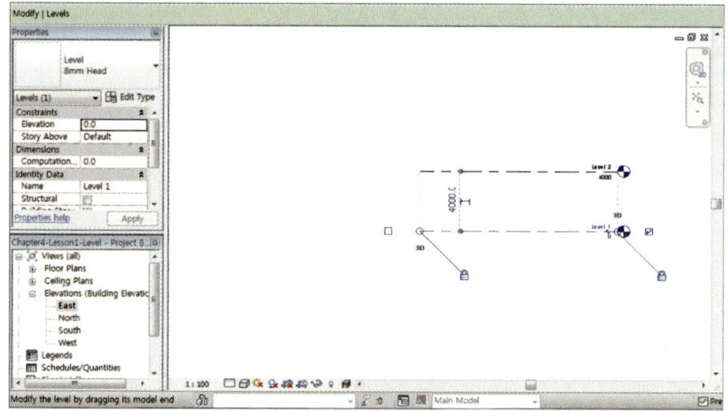

05. 앞선 따라하기와 같이 오른쪽 끝 지점에 있는 원 모양의 스냅 마크(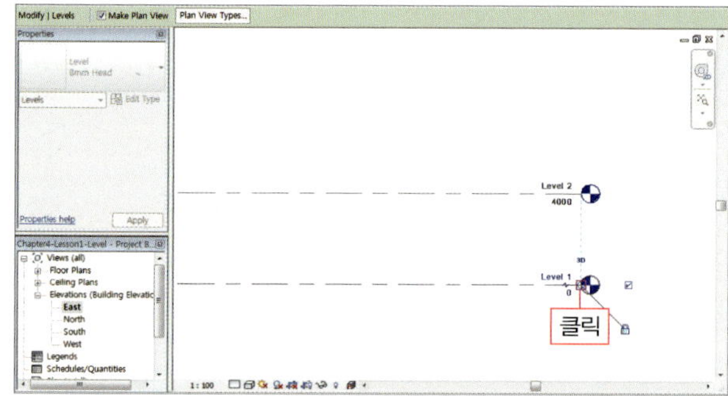)를 선택합니다.

06. 원을 선택한 후 마우스로 드래그하여 원하는 위치로 이동시킵니다.

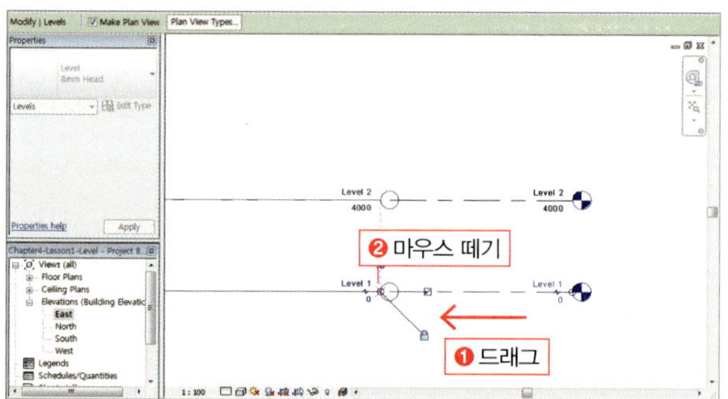

07. 잠금 상태임으로 'Level 2' 레벨과 함께 지시선의 길이가 함께 조절되었음을 확인할 수 있습니다.

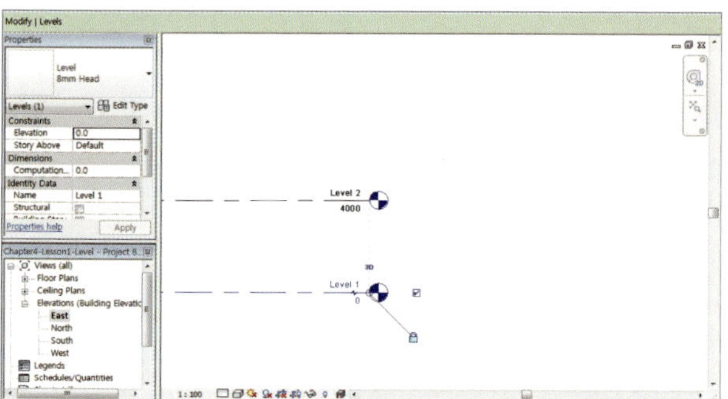

> **TIP** 잠금 상태 마크를 클릭하여 해지하면(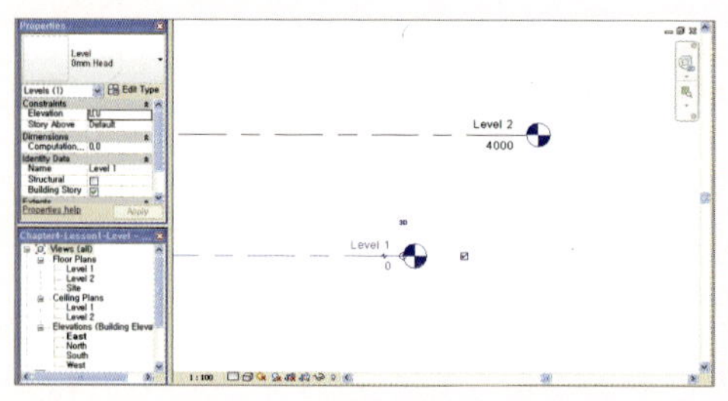) 선택한 레벨만 간격을 조절할 수 있습니다.

08. 'Level 2' 레벨의 지시선 아래의 높이 '4000'을 클릭하면 그림과 같이 수정 모드로 변경됩니다.

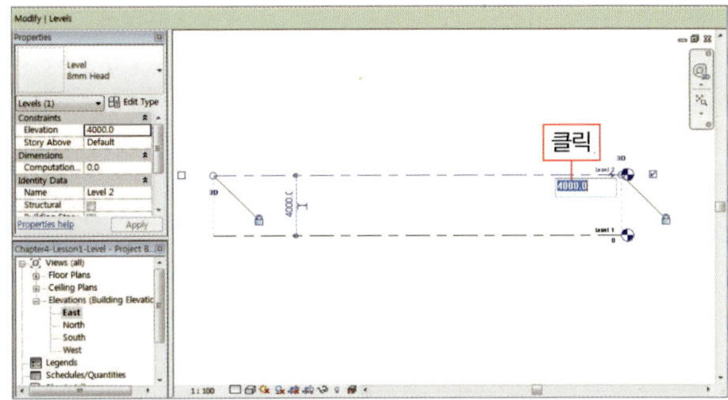

09. 변경할 높이 '6000'을 입력합니다.

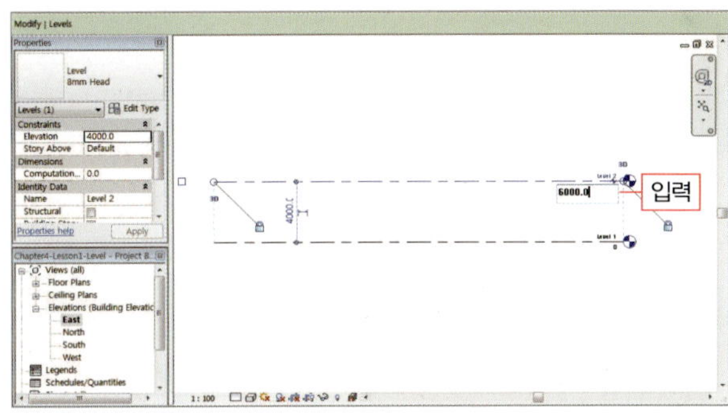

10. 화면의 빈 공간을 클릭하거나 Enter 를 누르고 Esc 를 눌러 수정 모드에서 나옵니다.

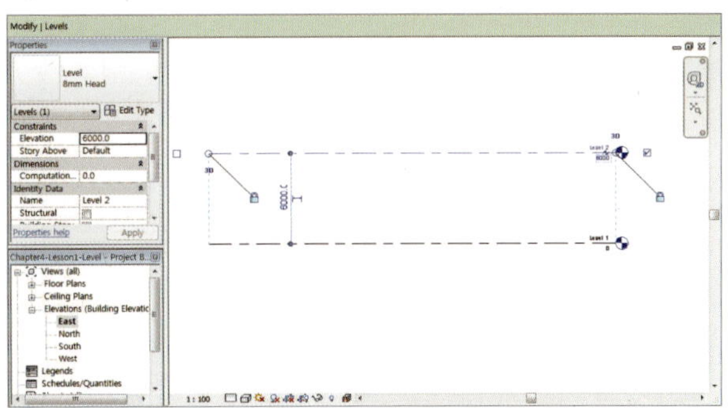

11. 다시 아래 'Level 1' 레벨을 선택한 후 아래의 마디 추가 마크(◦)를 클릭합니다.

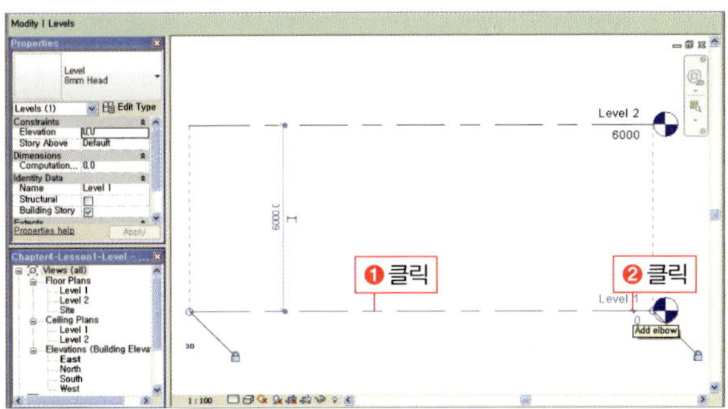

12. 그림과 같이 두 개의 Grip 지점이 생기면서 선이 꺾인 것을 확인할 수 있습니다.

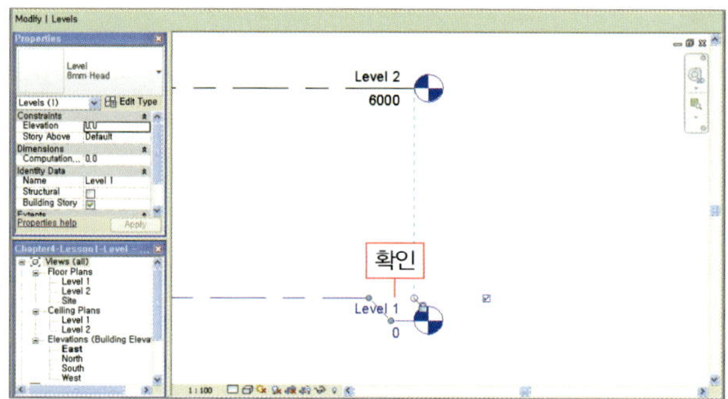

13. 'Level 1' 레벨을 클릭하여 수정 모드로 전환합니다.

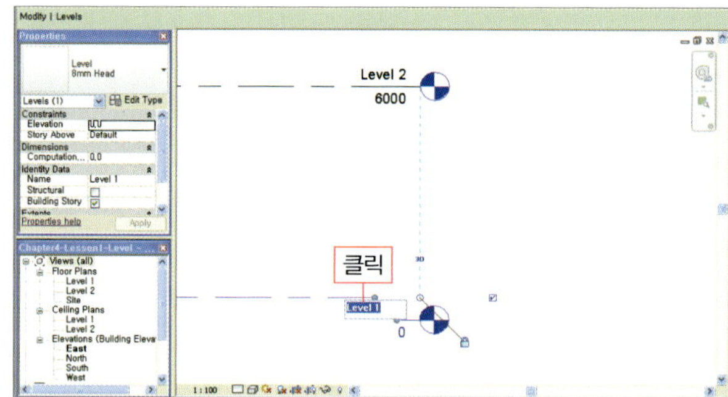

14. 수정 모드에서 'Ground FL'을 입력한 후 `Enter` 를 누릅니다.

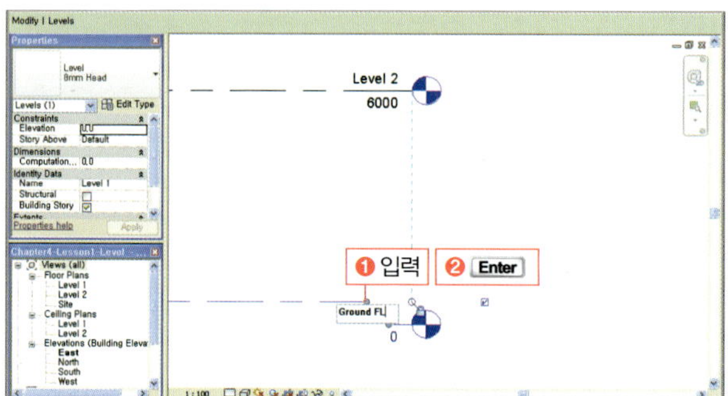

15. 그림과 같은 대화 창이 나타나면 [Yes] 버튼을 클릭합니다.

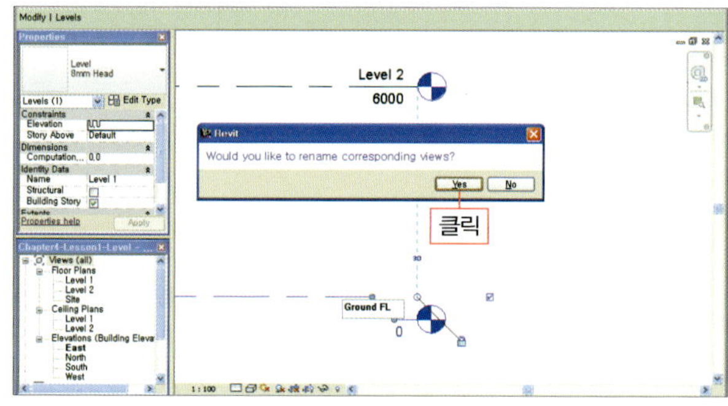

16. 레벨 이름이 'Ground FL'로 변경됨과 동시에 [Project Browser] 창의 [Floor Plans]에서 'Level 1' 이 변경한 'Ground FL'로 자동 수정되는 것을 확인할 수 있습니다.

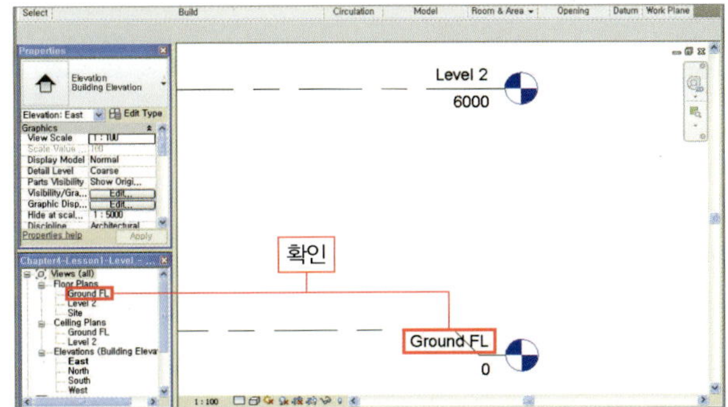

17. 화면에서 작업 내용을 모두 확인하기 위해 Zoom to Fit 명령의 단축 명령어인 'Zf'를 입력하여 확대 축소를 합니다.

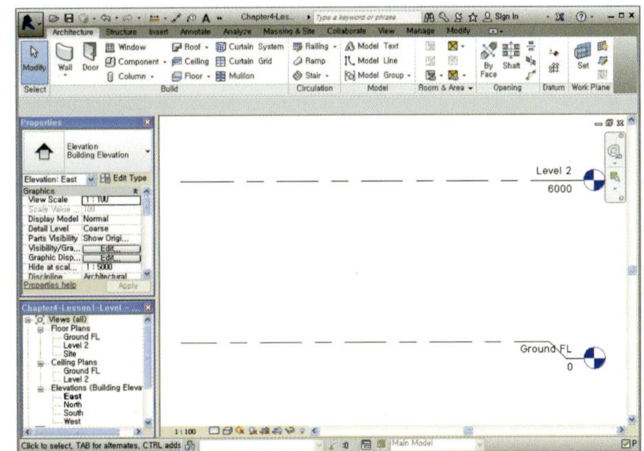

TIP 꺾일 선의 기준 Grip을 클릭한 후 원하는 방향으로 드래그하면 Level을 꺾을 때 방향을 변경할 수 있습니다.

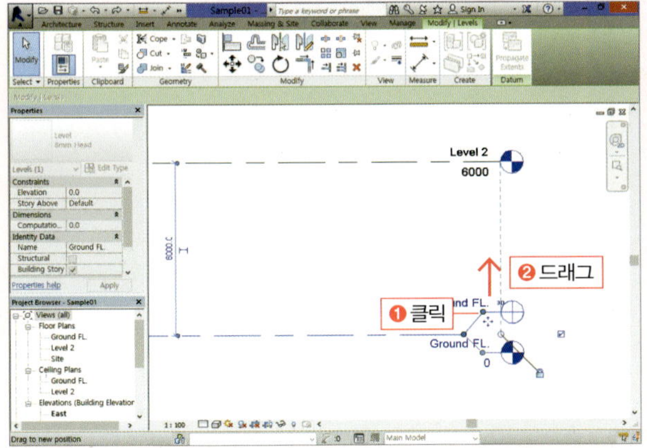

템플릿에서 주어진 레벨뿐만 아니라 원하는 건물의 높이대로 새로운 레벨을 추가하는 방법을 알아봅니다.

예제 파일 : Part 02/Chapter 04/Sample02.rvt | **완성 파일** : Part 02/Chapter 04/Sample02-완성.rvt

01. 예제 파일을 불러온 후 [Architecture] 탭-[Datum] 패널에서 [Level](📐)을 클릭하거나, 단축 명령어 'LL'을 입력합니다.

> **TIP** Level의 추가는 높이가 있는 Elevation, Section에서만 가능합니다.

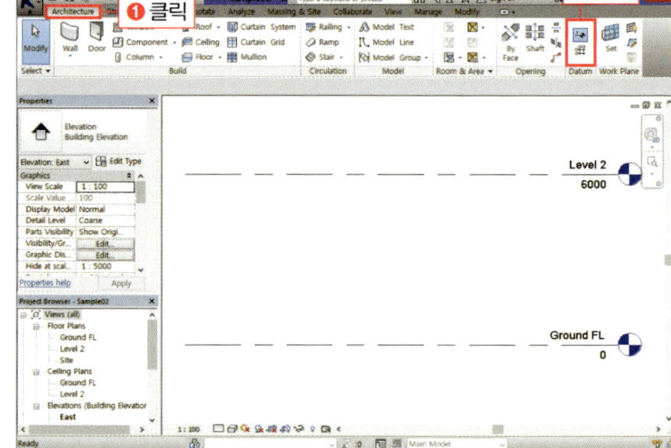

02. 'Ground FL' 레벨의 왼쪽 끝 지점에 마우스를 대면 자동으로 연장선이 나타납니다. '3000' 높이 만큼의 연장선 지점을 클릭하여 레벨 시작점을 선택합니다.

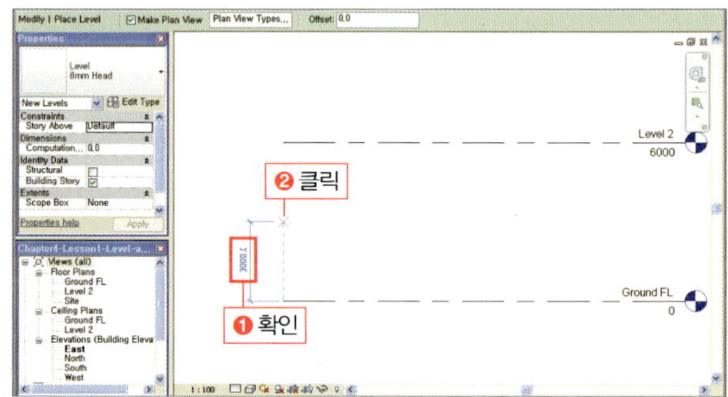

03. 오른쪽으로 마우스를 옮기면 자동으로 레벨이 나타납니다. 레벨 심볼에서 연장선이 생기는 지점을 클릭하여 레벨 끝 지점으로 지정합니다.

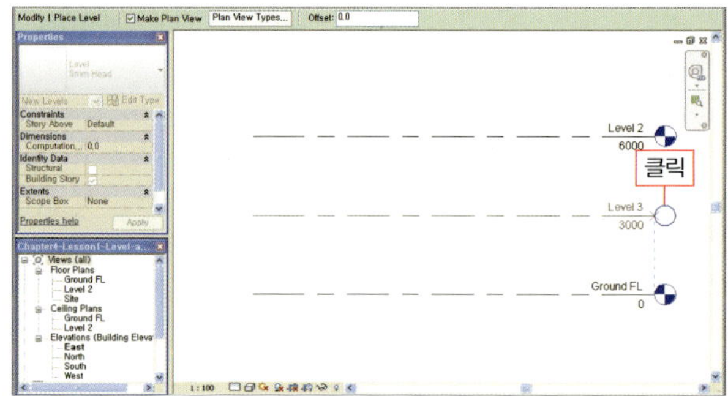

04. 그림과 같이 'Level 3' 레벨이 추가되었음을 확인한 후 **Esc** 를 눌러 레벨 추가 모드에서 나옵니다.

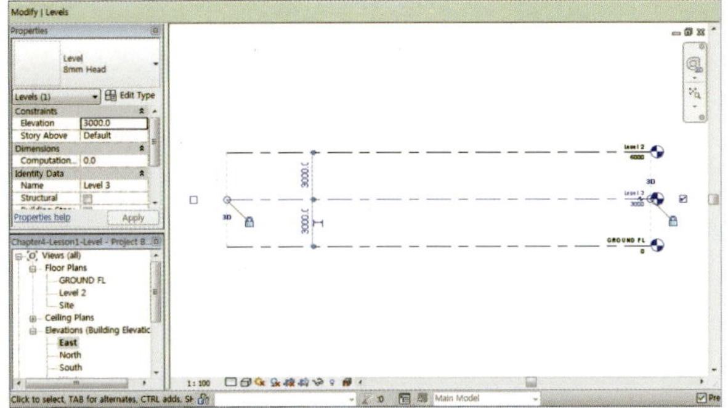

05. 'Level 2' 레벨의 문자를 클릭하여 수정 모드로 전환한 다음 'Roof'를 입력하고 **Enter** 를 누릅니다.

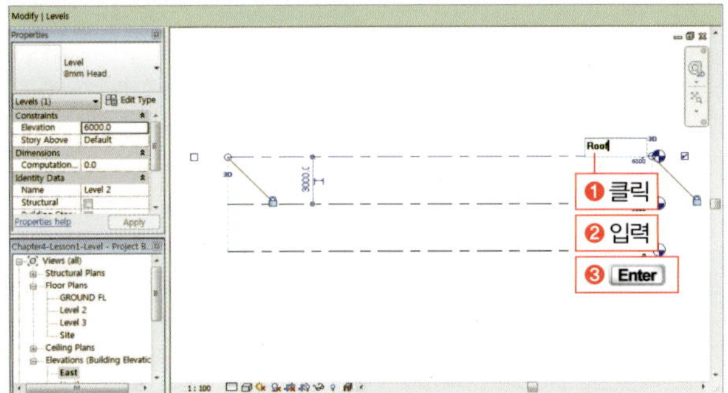

06. 그림과 같은 대화 창이 나타나면 [Yes] 버튼을 클릭합니다.

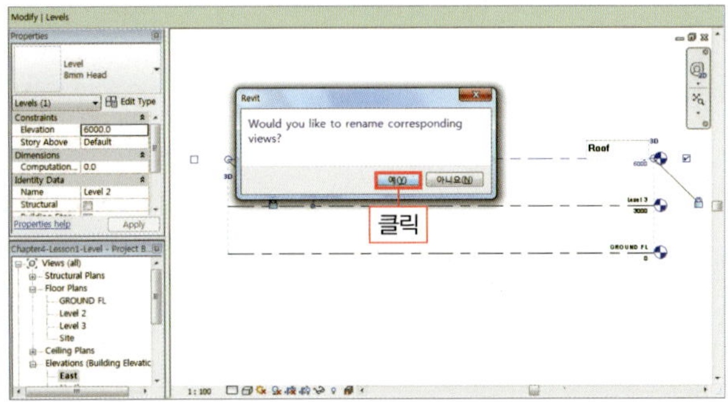

07. 앞선 따라하기와 같이 나머지 레벨도 추가한 후 높이를 설정하고 이름을 변경합니다.

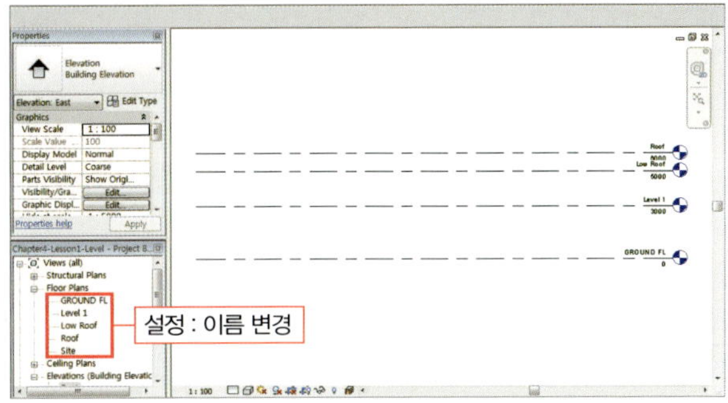

08. 'Roof'와 'Low Roof' 레벨의 간격이 좁아 문자 위
치에 혼돈이 생깁니다. 이때 'Low Roof' 레벨을 선택한
후 마디 추가 마크(⌁)를 클릭합니다.

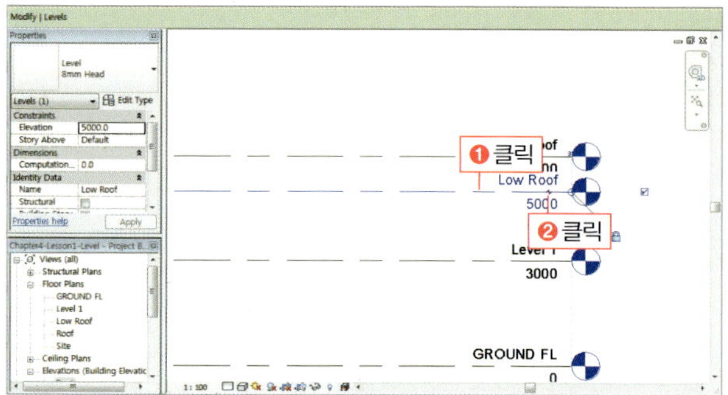

09. 그림과 같이 선이 꺾어져 좀 더 공간 확보가 된 것
을 확인할 수 있습니다.

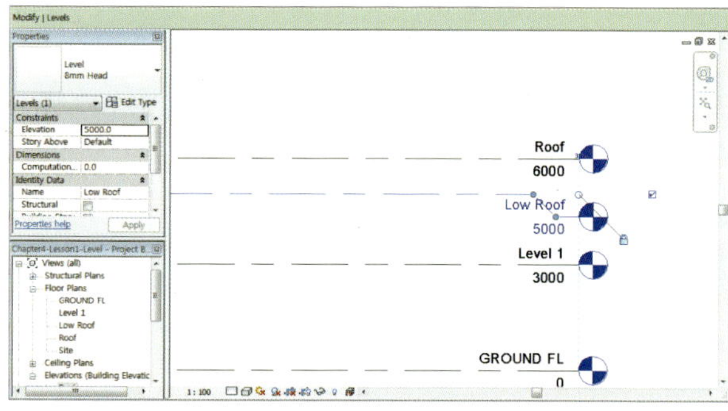

10. 확대한 부분 드로잉을 화면 전체에 맞게 확대하
기 위해 내비게이션 바에서 [Zoom to Fit]을 선택하거
나 'Z'를 입력합니다.

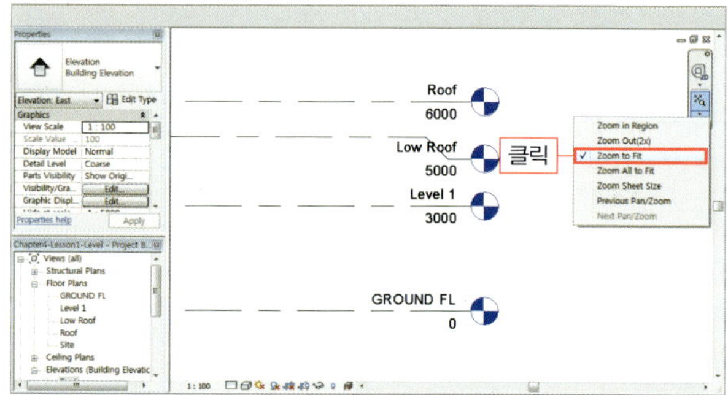

11. 그림과 같이 추가된 레벨이 드로잉 화면에 꽉 차
게 확대된 것을 확인할 수 있습니다.

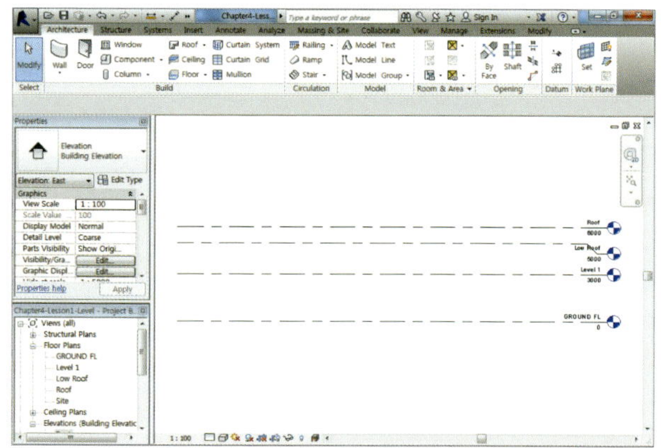

LESSON 02 그리드(Grid) 만들기

그리드는 레벨과 같이 Datum 요소로써 프로젝트에 관한 구조적인 위치를 제공합니다. 레벨이 '높이'를 말해준다면, 그리드는 특정 위치를 수직 Datum 요소로 나타내 줍니다. 그리드는 기둥이 어디에 있는지를 알려주며 뷰나 도각 같은 외부에서 파일을 불러올 때의 기준점을 제공하기도 합니다. 레벨과 다르게 모든 건축물에서 그리드가 필요한 것은 아닙니다. 예를 들어 주거 프로젝트나 소규모 인테리어 공사를 할 때는 기둥 그리드가 필요하지 않는 경우도 있습니다. 하지만, 대부분의 상업 프로젝트에서는 반드시 그리드가 필요합니다. 이번에는 그리드를 만들고 수정하는 방법을 알아봅니다.

● **학습 목표**

그리드에 대한 개념을 파악하고 수정할 수 있도록 학습합니다.

● **학습에 필요한 단축 명령어**

GR : Grids

ZF : Zoom to Fit

그리드 개념 이해하기

건축물에서 기둥의 위치를 알려주도록 X축과 Y축으로 교차되어진 그물 모양 형태를 일컬어 그리드라 지칭합니다. 그리드를 만들려면 [Architecture] 탭-[Datum] 패널에서 [Grid](⌗)를 클릭하고 드로잉 화면에서 두 지점을 선택하면 됩니다.

그리드 만들기

그리드 또한 Revit에서 기본적이고 중요한 구조적 요소 중에 하나입니다. 이번에 학습할 그리드 만들기를 통하여 그리드를 생성하는 방법을 알아봅니다.

01. 예제 파일을 불러온 후 [Architecture] 탭–[Datum] 패널에서 [Grid](⊞)를 클릭하거나, 단축 명령어 'Gr'을 입력합니다.

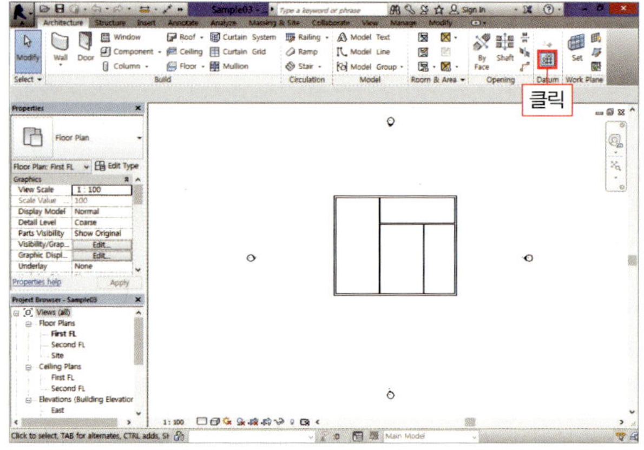

02. [Modify | Place Grid] 탭–[Draw] 패널에서 [Line](◢)을 클릭합니다.

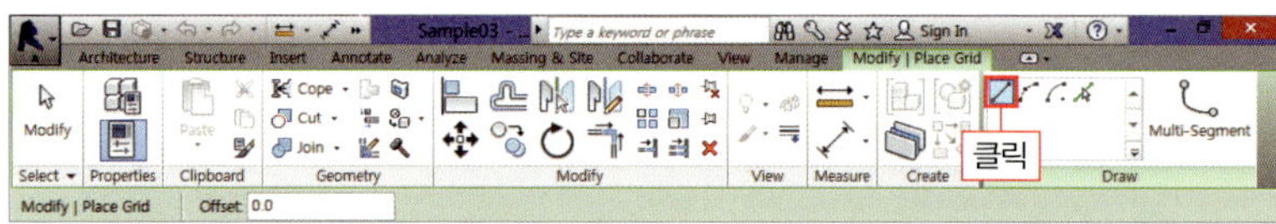

03. 그림과 같이 임의의 지점을 클릭하여 'Grid 1' 그리드를 만듭니다.

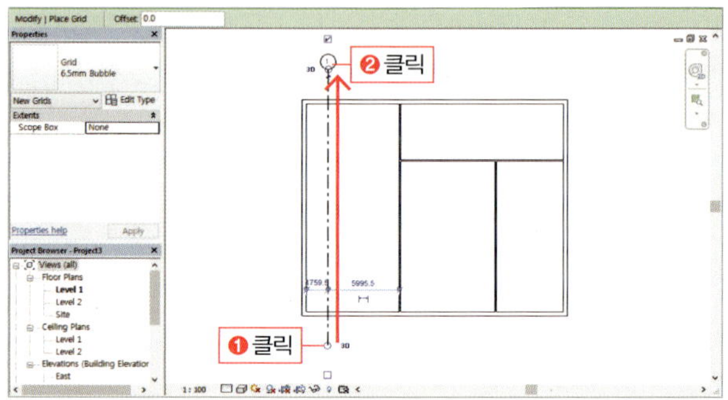

04. ⓐ Grip을 클릭하여 외벽으로 옮깁니다.

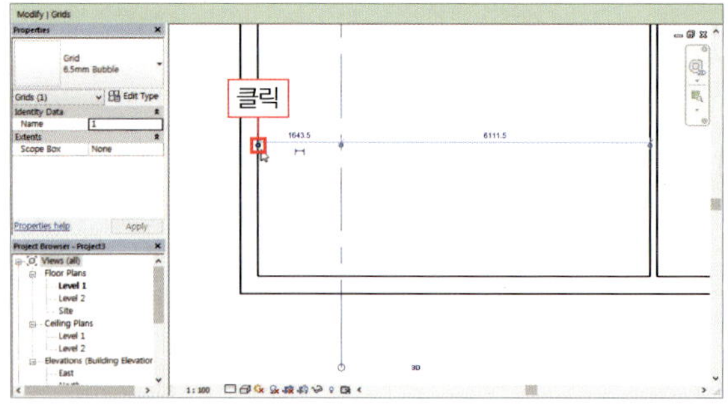

▲ Witness Line을 옮기기 전

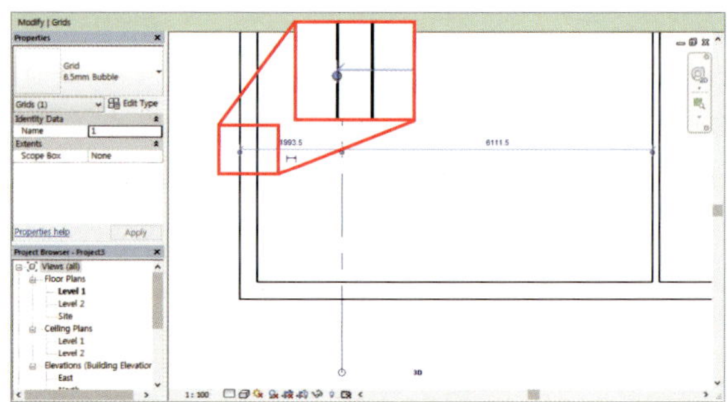

▲ Grip을 이용하여 Witness Line을 외벽으로 이동한 후

05. 다시 한 번 Grip을 클릭하여 치수 시작 지점을 벽의 중앙에 놓이게 한 다음, 치수 문자를 클릭하여 수정 모드로 전환합니다.

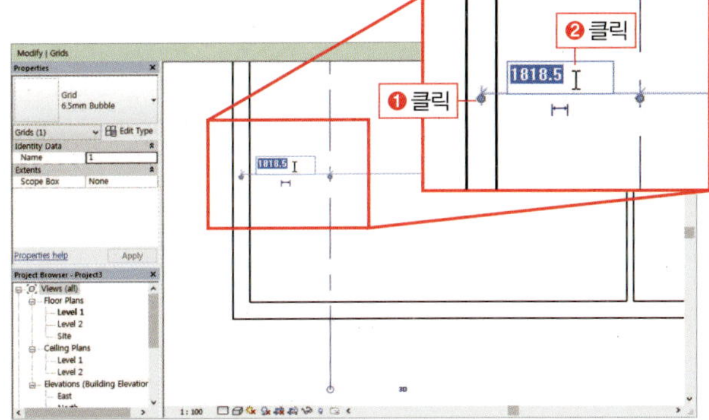

06. '2000'으로 치수 값을 변경한 후 Enter 를 누르고, Esc 를 누릅니다.

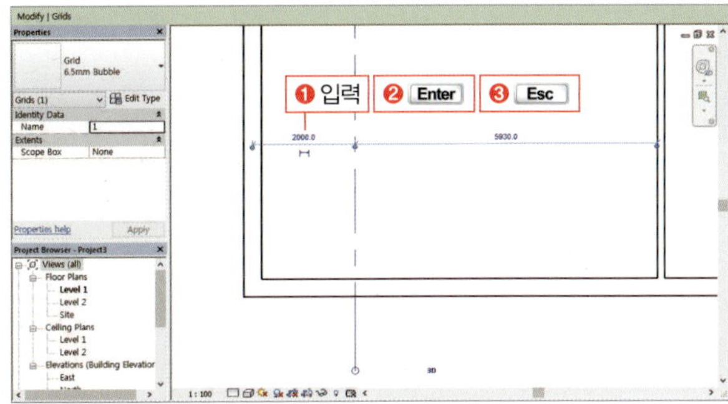

07. 'Grid 1' 그리드의 시작점과 동일하게 수평으로 'Grid 2' 그리드의 시작 지점을 클릭하여 지정합니다.

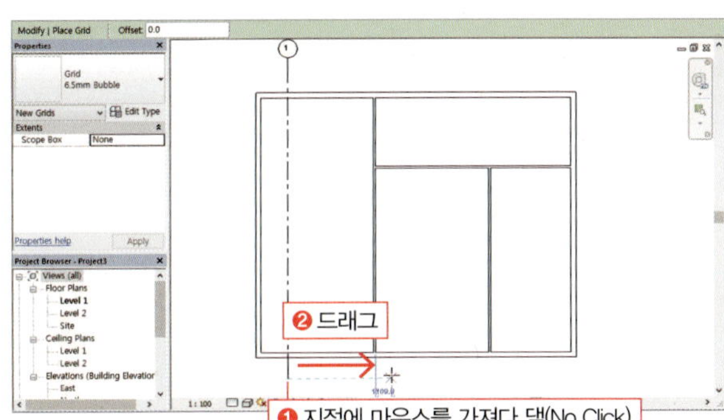

TIP Grid 1과 동일한 그리드 시작점을 찾으려면, 마우스 포인터를 Grid 1 시작 지점에 위치시킨 후 드래그하면 됩니다.

08. 'Grid 1'과 동일한 수평선 지점을 클릭하여 'Grid 2' 그리드를 만듭니다.

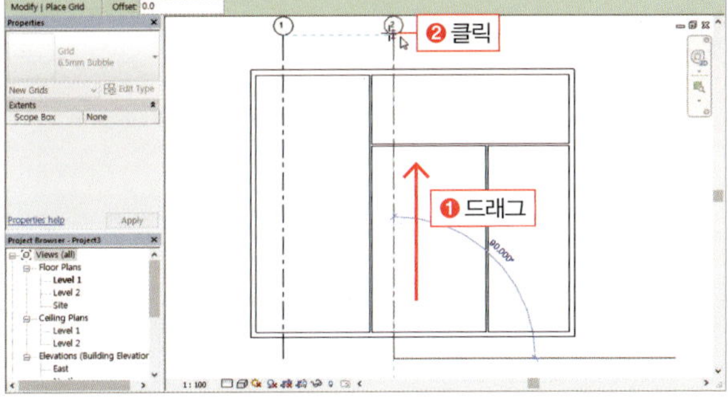

TIP AutoCAD의 [OTRACK]과 비슷한 기능으로 'Grid 1' 그리드와 동일한 지점에서 자석처럼 고정되는 느낌을 받습니다.

09. Grip을 'Grid 1' 그리드까지 드래그하여 연장시킵니다.

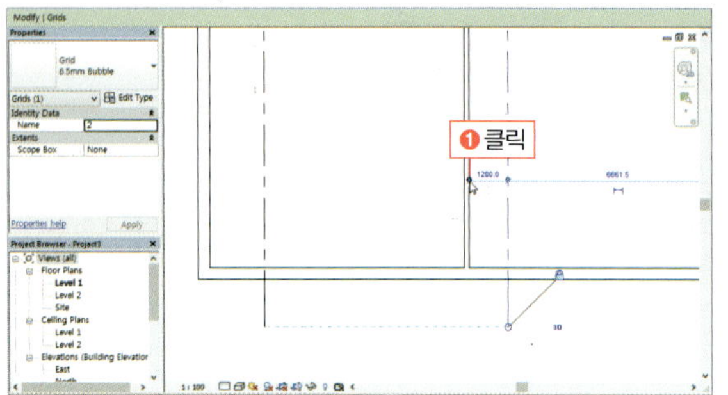

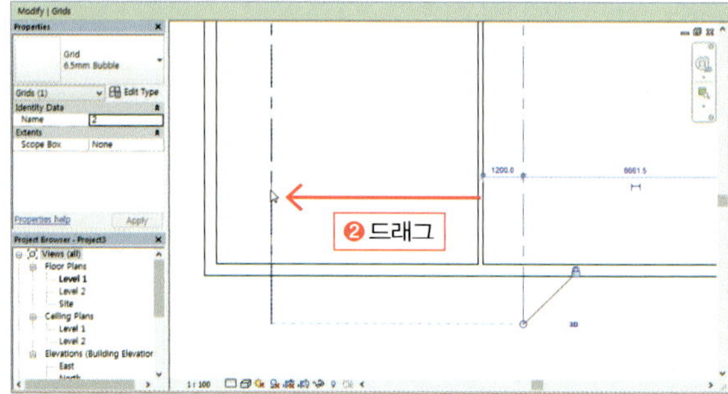

10. 치수 값을 클릭하여 수정 모드로 전환한 다음 '8000'을 입력하고 Enter 를 누릅니다. 그리고 Esc 를 누릅니다.

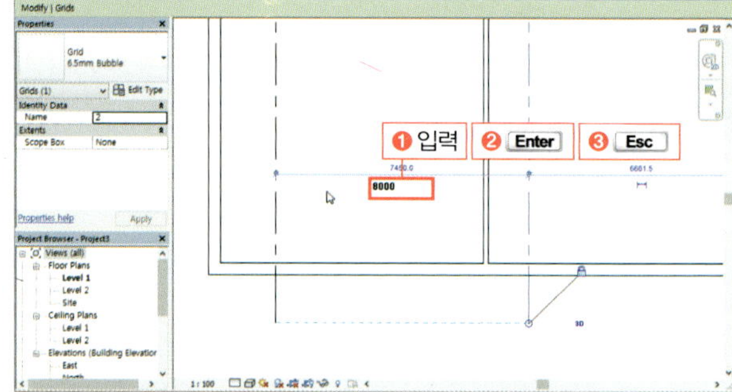

11. 다음의 임의의 지점에 'Grid 3' 그리드를 작성합니다.

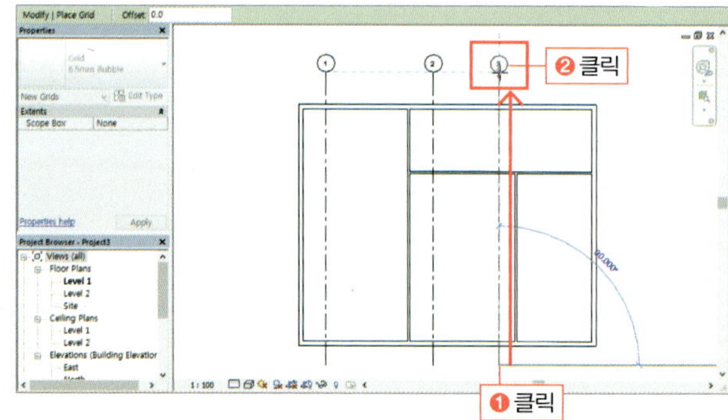

12. Grip을 'Grid 2' 그리드까지 드래그합니다.

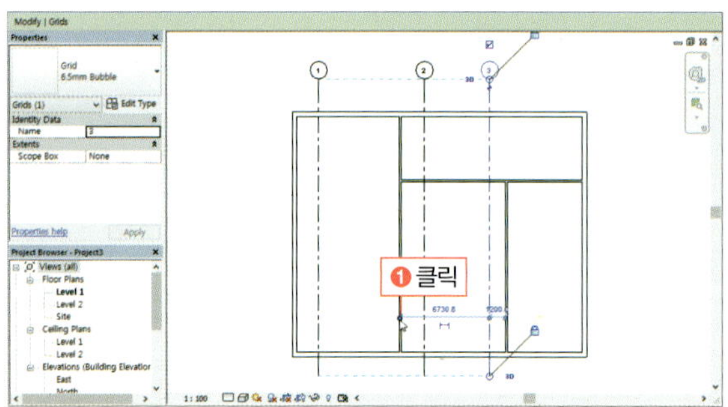

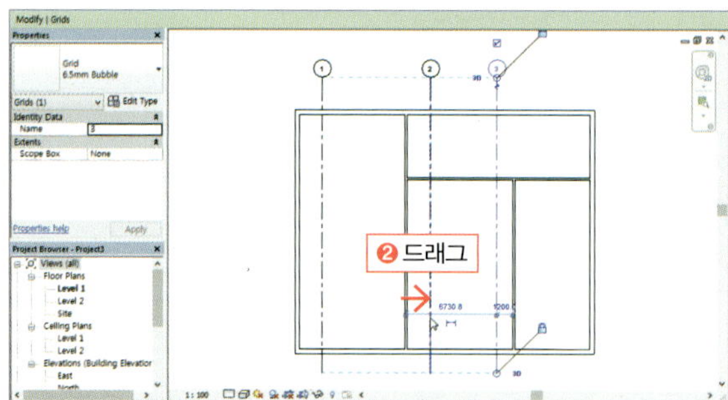

13. 'Grid 2'와 'Grid 3' 그리드 사이의 치수 값을 '4000'으로 변경한 후 Enter 를 누릅니다. Esc 를 두 번 눌러 수정 모드에서 나옵니다.

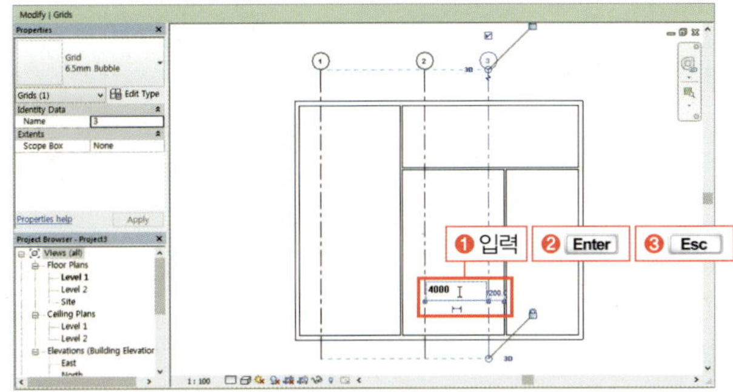

14. 만들어진 그리드가 화면에 꽉 차도록 단축 명령어 'ZF'를 입력하여 그림과 같이 완성합니다.

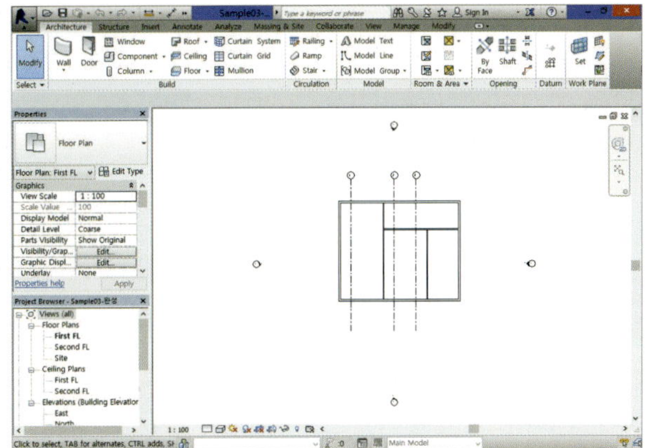

TIP Grid를 시각적으로 보이지 않게 하는 방법

[View] 탭—[Graphics] 패널에서 [Visuality/Graphic](图)을 클릭하면 나타나는 대화상자에서 [Grids]를 체크하지 않으면 해당 요소가 보이지 않게 됩니다.
단축 명령어 'VG'를 입력해도 동일하게 [Visuality/Graphic] 대화상자가 열립니다.

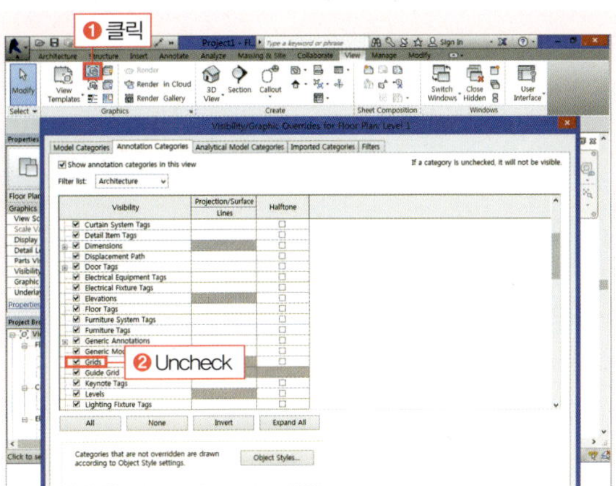

그리드를 수정하는 방법을 아래의 예제 따라하기로 학습해 봅니다.

예제 파일 : Part 02/Chapter 04/Sample04.rvt | **완성 파일** : Part 02/Chapter 04/Sample04-완성.rvt

01. 예제 파일을 불러온 후 [Architecture] 탭-[Datum] 패널에서 [Grid](⊞)를 클릭하거나, 단축 명령어 'Gr'을 입력합니다.

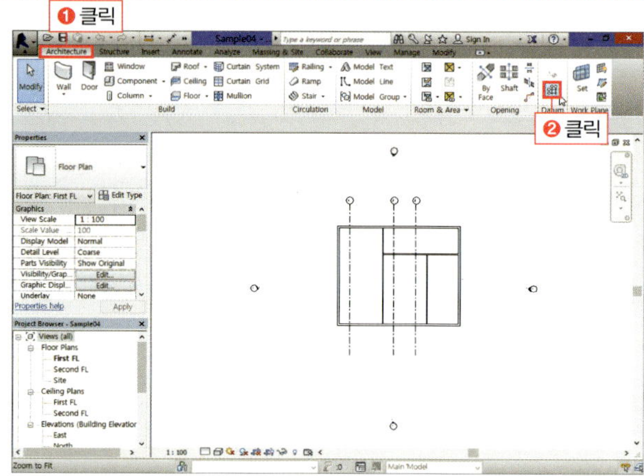

02. 왼쪽에서 오른쪽으로 임의의 지점을 클릭하여 'Grid 4' 그리드를 만듭니다.

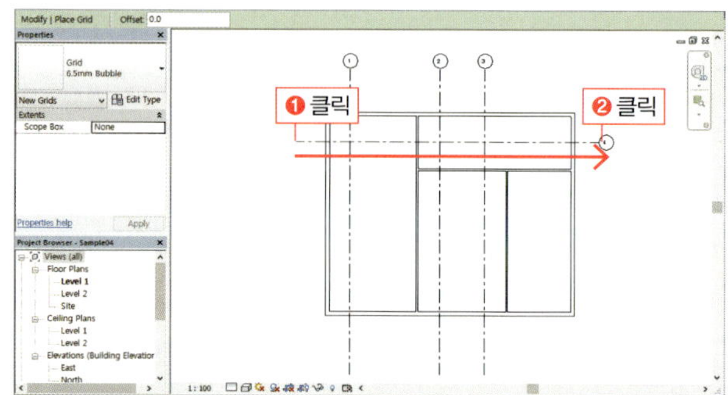

03. 그리드 원 안의 문자를 클릭하여 수정 모드로 전환합니다. 그리고 숫자 '4' 대신에 알파벳 'A'를 입력한 후 Enter 를 누릅니다.

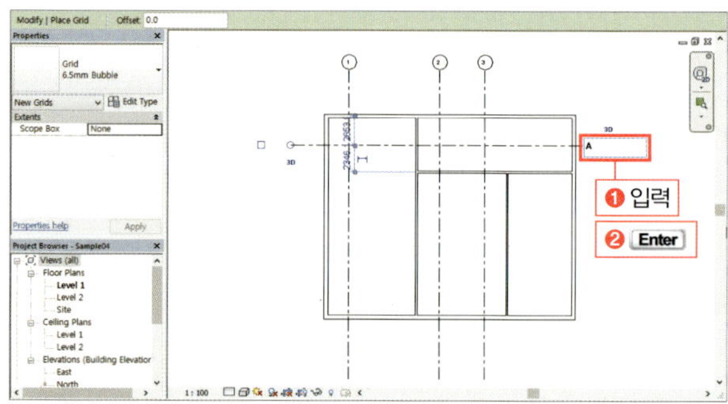

04. ‘Grid A’ 그리드와 같은 방법으로 ‘Grid B’ 그리드를 만듭니다.

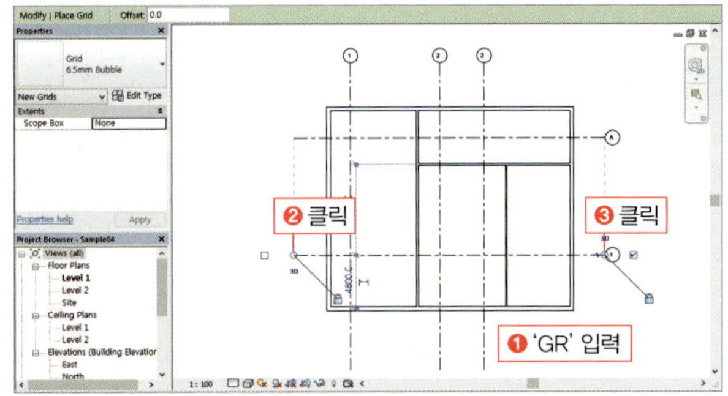

05. ‘Grid A’ 그리드를 선택한 후 왼쪽에 위치한 [Show Bubble]을 클릭하면, 그리드의 버블 마크(A)가 왼쪽에도 생깁니다.

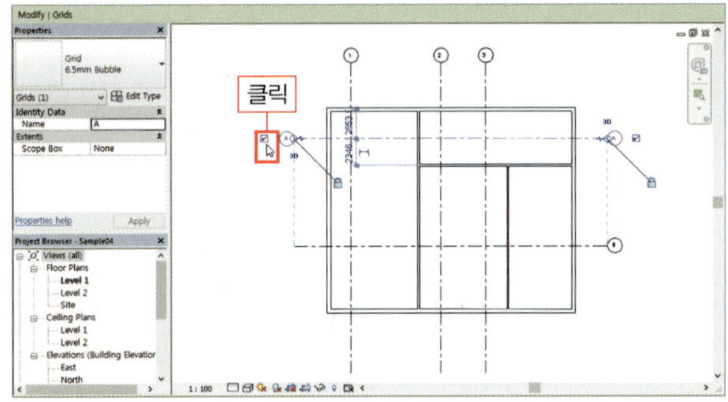

06. 오른쪽의 [Hide Bubble]을 클릭하면 버블 마크(A)가 사라지면 치수 부분을 마우스 휠로 확대합니다.

> **TIP** 마우스 휠을 아래에서 위로 움직이면 확대, 위에서 아래로 움직이면 축소됩니다.

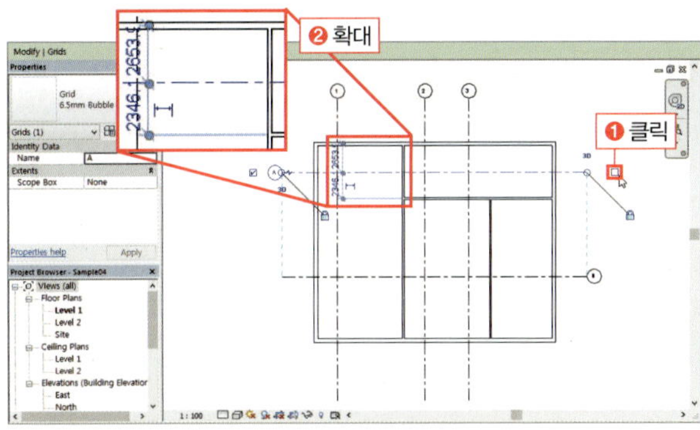

07. ‘Grid A’ 그리드의 Grip이 벽의 중심에 있는지 확인합니다.

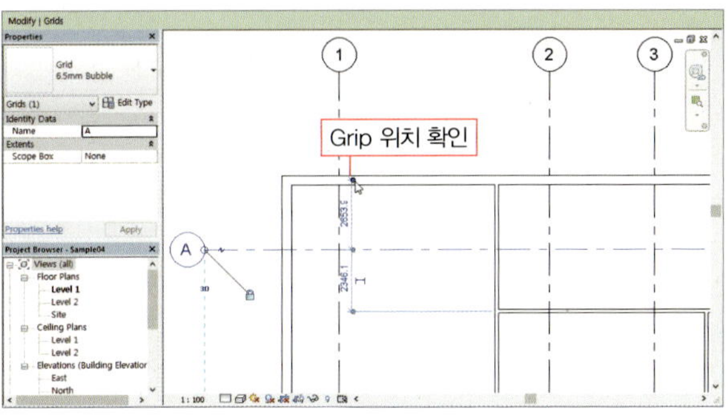

08. 치수 값을 클릭하여 수정 모드로 전환한 다음 '2000'을 입력하고 **Enter** 를 누릅니다. 이후 수정 모드에서 나오기 위해 **Esc** 를 누릅니다.

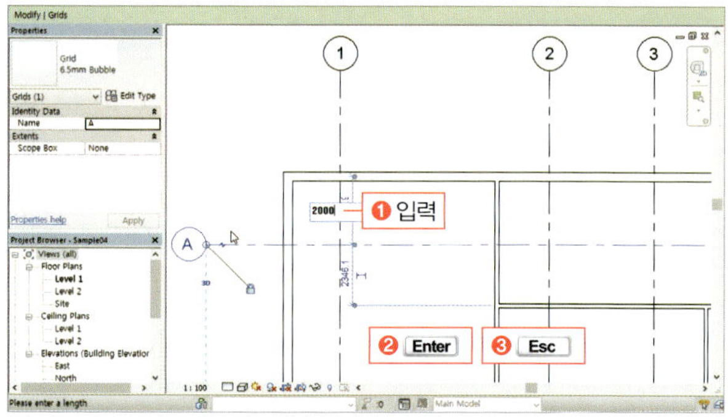

09. 'Grid B' 그리드를 선택한 후 치수 부분을 마우스 휠로 확대합니다.

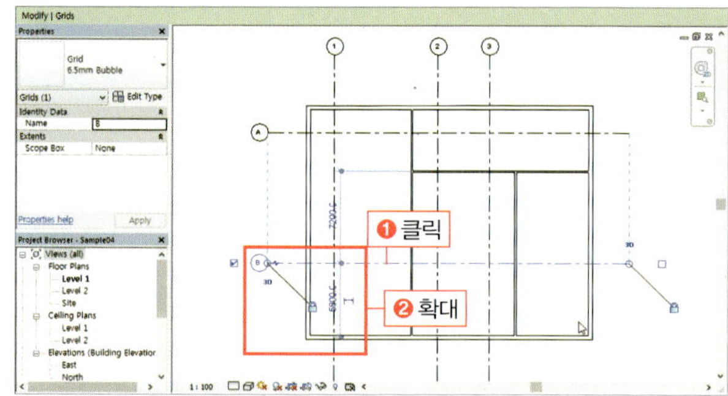

10. 'Grid B' 그리드의 Grip이 벽의 중심에 있는지 확인합니다.

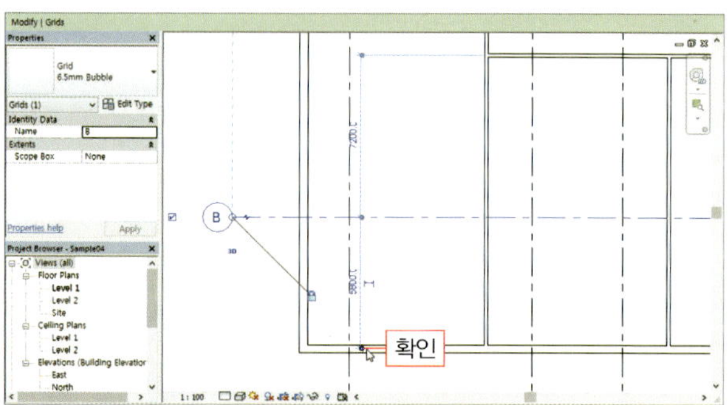

11. 치수 값을 클릭하여 수정 모드로 전환한 다음 '2000'을 입력하고 **Enter** 를 누릅니다. 이후 **Esc** 를 눌러 수정 모드에서 나옵니다.

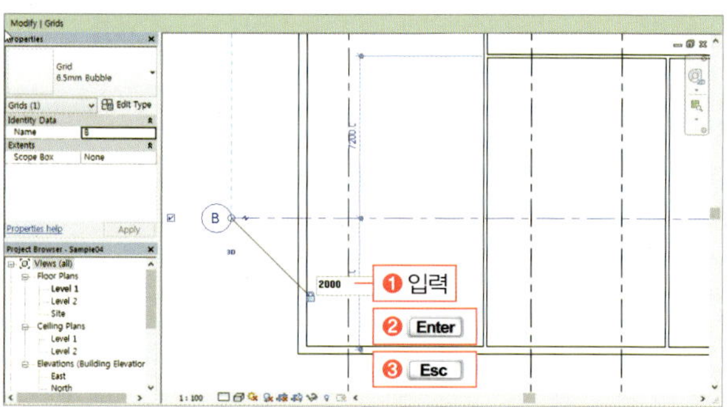

12. 수정된 그리드가 화면에 꽉 차도록 단축 명령어 '건'를 입력하여 그림과 같이 작업을 마무리합니다.

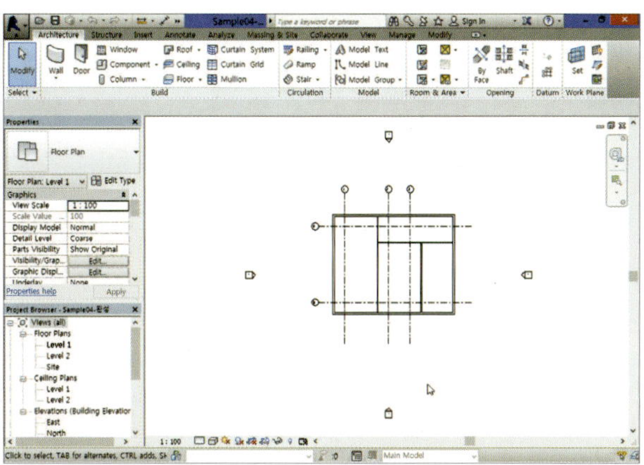

LESSON 03 바닥(Floor) 만들기

Revit에서는 수평 호스트 모델 요소(Horizontal host elements)인 바닥이 스케치 원리(Sketch-based)를 가지고 만들어 집니다. 특히 바닥을 스케치하면서 마젠타 경계선(Boundary Line)과 폭의 방향(Span Direction)이 생깁니다. 이러한 바닥 경계 수정에 관한 개념을 바탕으로 수정하는 방법을 알아봅니다.

● **학습 목표**

스케치 원리(Sketch-based)인 바닥 객체를 만들 수 있도록 그 개념을 이해하도록 합니다.

● **학습에 필요한 단축 명령어**

SL : Split

TR : Trim/Extend to corner

Sketch-based 요소로 바닥 만들기

Revit에서 바닥은 모델링에서 사람이 걸어 다니는 수평적인 표면을 뜻합니다. 바닥을 그릴 때 스케치를 하는 것과 같이 밑그림을 그려 만드는 방식을 Sketch-base component(스케치 베이스 구성 요소)라고 합니다. 밑그림과 같이 그리는 형식으로 바닥을 만드는 방법을 알아봅니다.

예제 파일 : Part 02/Chapter 04/Sample05.rvt | 완성 파일 : Part 02/Chapter 04/Sample05-완성.rvt

01. 예제 파일을 불러온 후 [Architecture] 탭-[Building] 패널에서 [Floor]-[Floor Architectural](이미지)를 클릭합니다.

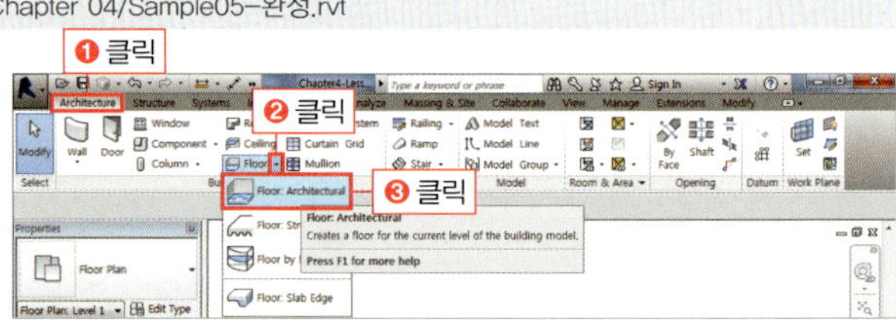

02. 그림과 같이 밑그림이 반투명으로 희미하게 보이는 것을 확인할 수 있습니다.

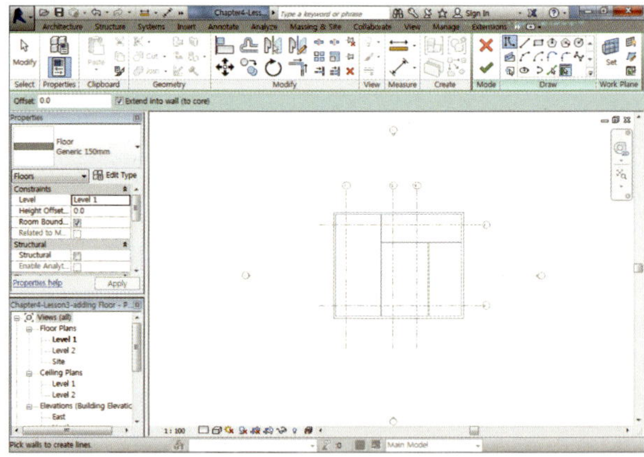

03. [Prosperities] 창에서 'Standard Timber–wood Finish' 바닥을 선택한 후 [Wall Draw] 패널에서 [Pick Walls]()를 클릭합니다.

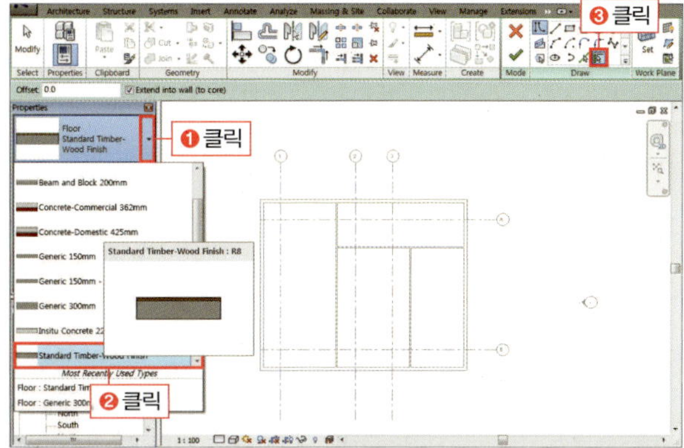

04. 마우스 포인터를 벽의 중심선에 위치시키면 그림과 같이 점선이 나타납니다. 이때 클릭하여 선택합니다.

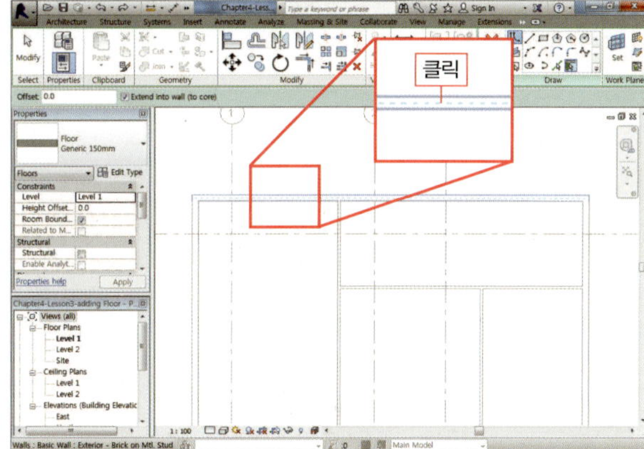

TIP 중심선이 선택되지 않을 경우에, Tab 을 누르면 선택하는 선의 지점을 찾을 수 있습니다.

05. 그림과 같이 각 벽의 중심선을 선택한 후 [Mode] 패널에서 [Finish Edit Mode](✔)를 클릭합니다.

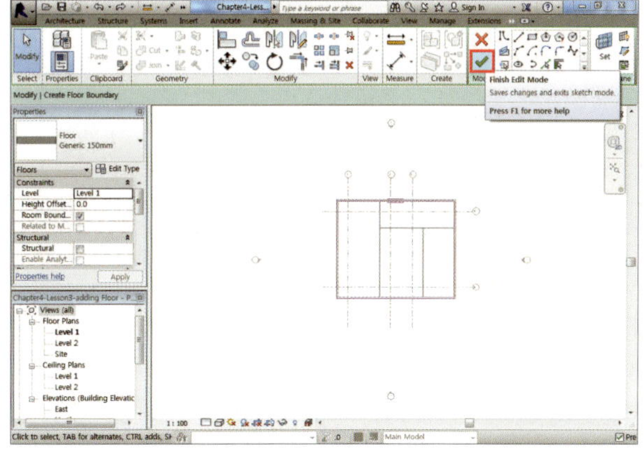

06. 그림과 같이 1층에 바닥이 생긴 것을 확인할 수 있습니다.

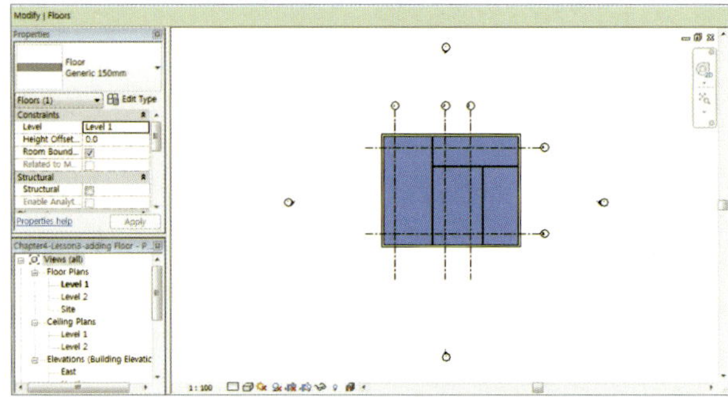

07. [Project Browser] 창에서 [Level 2]를 더블클릭하여 2층 드로잉 화면으로 이동합니다.

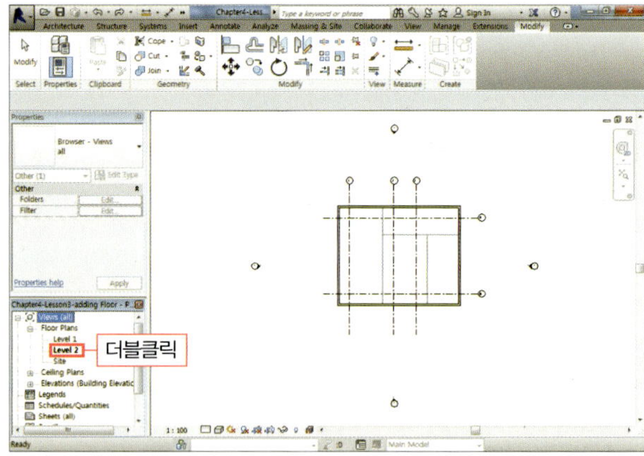

08. [Architecture] 탭-[Build] 패널에서 [Floor Architecture](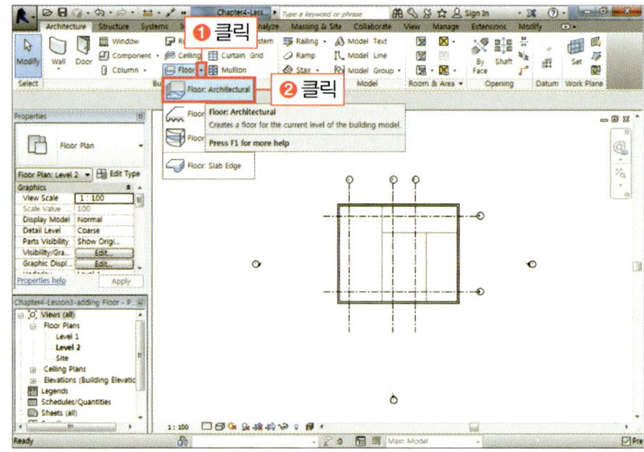)를 클릭합니다.

09. [Draw] 패널에서 [Rectangle](▭)를 클릭한 후 'Level 1' 레벨과 동일한 바닥을 외벽 중심선을 기점으로 그립니다.

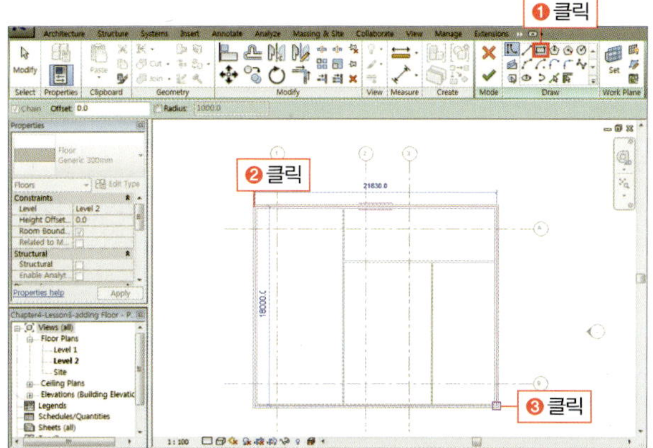

10. [Finish Edit Mode](✔)를 클릭합니다.

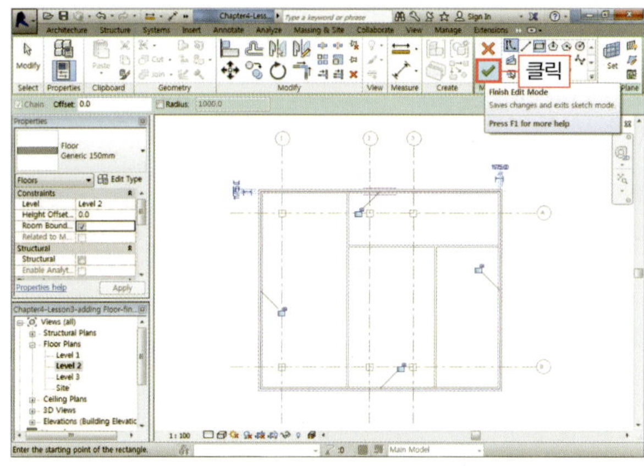

11. 그림과 같이 대화 창이 나타나면 [예] 버튼을 클릭합니다. 아래층의 벽이 만들 바닥에 붙는다는 것을 알려주는 창입니다.

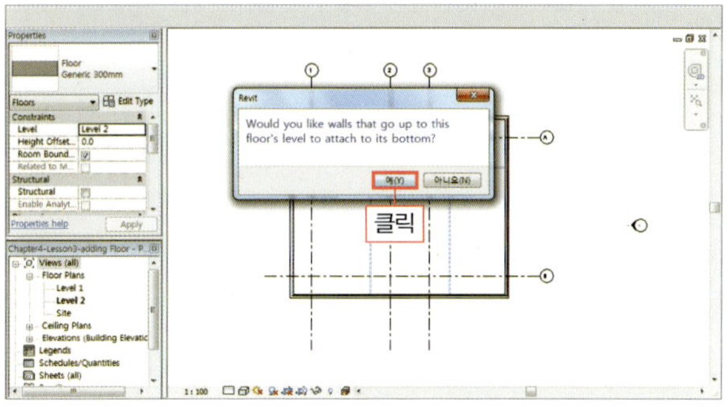

12. 그림과 같이 2층에 바닥이 생긴 것을 확인할 수 있습니다.

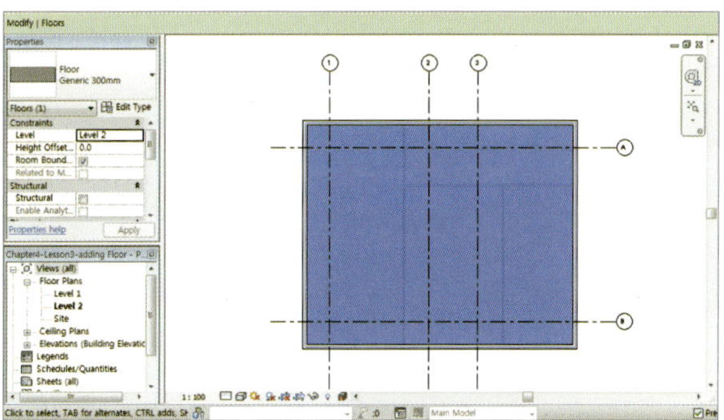

모든 바닥이 사각형인 경우는 거의 드뭅니다. 계단으로 인하여 뚫어야 하는 경우도 생기며 곡선 모양의 바닥도 있습니다. 이를 위해 좀 더 복잡한 바닥 경계선을 만들고 수정하는 방법을 알아봅니다.

예제 파일 : Part 02/Chapter 04/Sample06.rvt **| 완성 파일** : Part 02/Chapter 04/Sample06-완성.rvt

01. 예제 파일을 불러온 후 [Project Browser] 창의 [Floor Plans]에서 [Level 2]를 더블클릭하여 2층 드로잉 화면으로 이동한 후 바닥을 선택합니다.

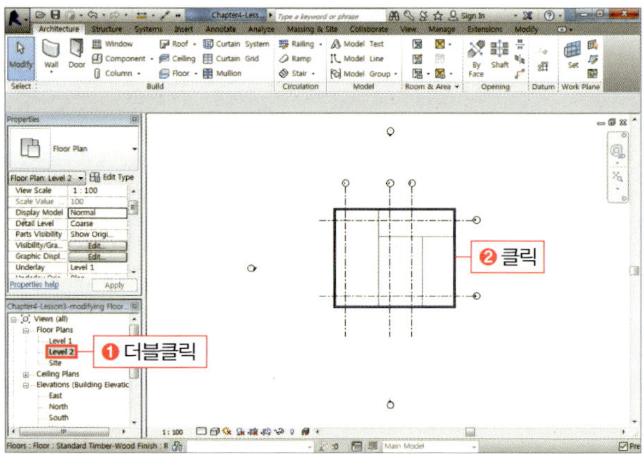

TIP 바닥 선택이 쉽지 않다면 **Tab** 을 이용합니다. 마우스 포인터를 벽에 가져간 다음 그림과 같이 파란색 굵은 선이 나타나면 **Tab** 을 두 번 연속해서 누릅니다. **Tab** 을 이용하면 객체 선택에 있어 중복되거나 가려져서 보이지 않는 객체를 선택할 수 있습니다.

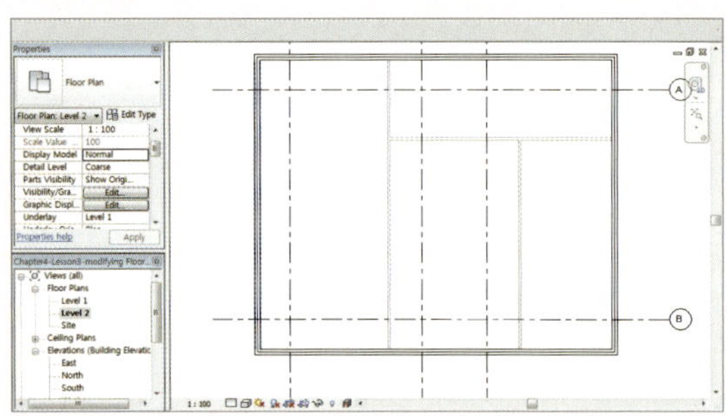

◀ 마우스 포인터를 벽에 가져갔을 때

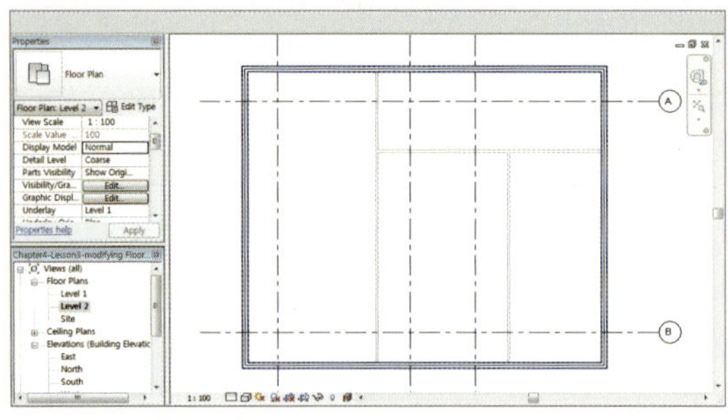

▲ **Tab** 을 한 번 눌렀을 때

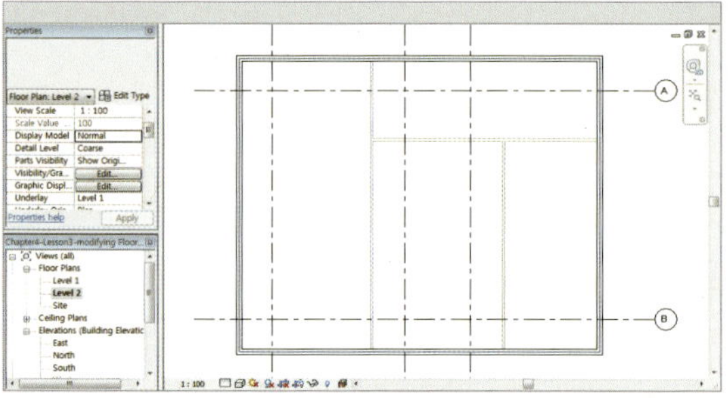

▲ **Tab** 을 두 번 눌렀을 때

02. [Modify | Floors] 탭-[Mode] 패널에서 [Edit Boundary](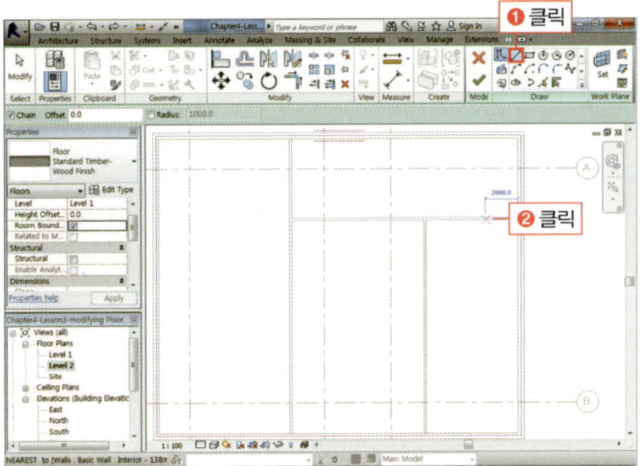)를 클릭합니다.

> **TIP** 반드시 바닥을 선택해야 [Modify | Floors] 모드가 나타납니다.

03. 그림과 같이 Edit Boundary 모드인 것을 확인한 후 [Draw] 패널에서 [Line]()을 클릭합니다. 내벽에서 '2000' 떨어진 곳에서 선을 만들기 시작합니다.

04. 아래로 '4500'인 선을 그림과 같이 작성합니다.

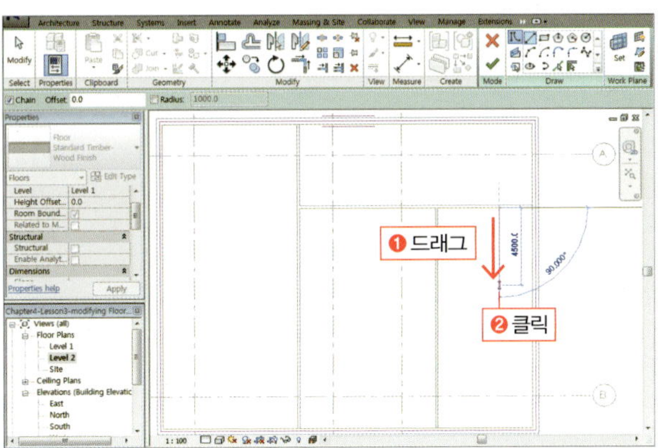

05. 기존 경계선과 만나도록 '2165'인 선을 작성합니다.

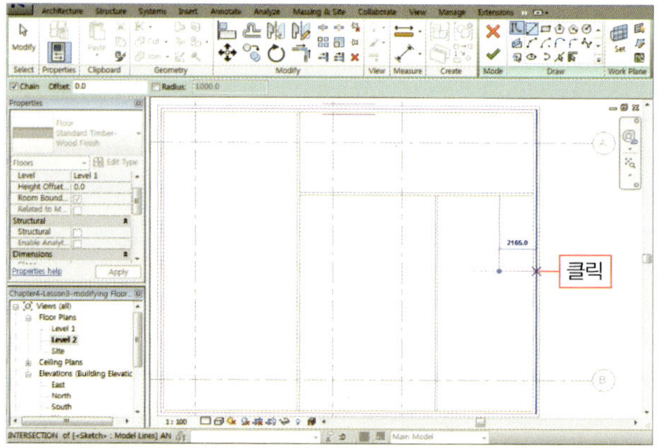

06. 수평으로 그림과 같이 선을 작성한 후 Esc 를 누릅니다.

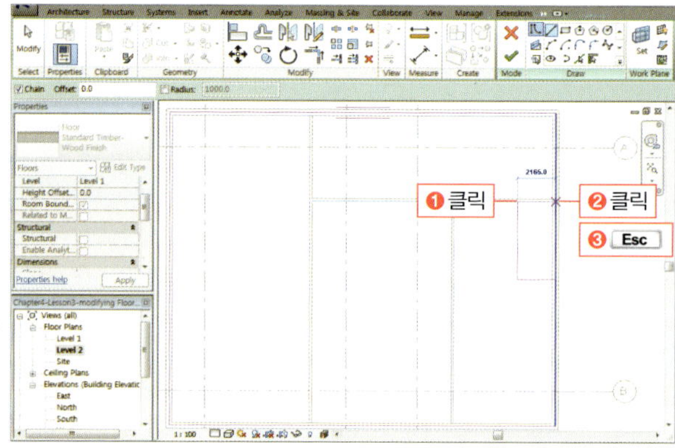

07. [Modify] 패널에서 [Split](　)을 클릭하거나 단축 명령어 'SL'을 입력합니다.

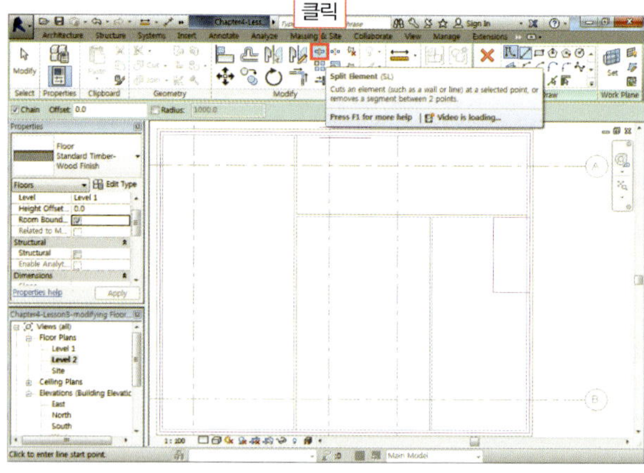

> TIP Split 툴은 문자 그대로 선을 끊는 기능을 가지고 있습니다.

08. 오른쪽 바닥 중앙 경계선을 클릭하여 선택합니다.

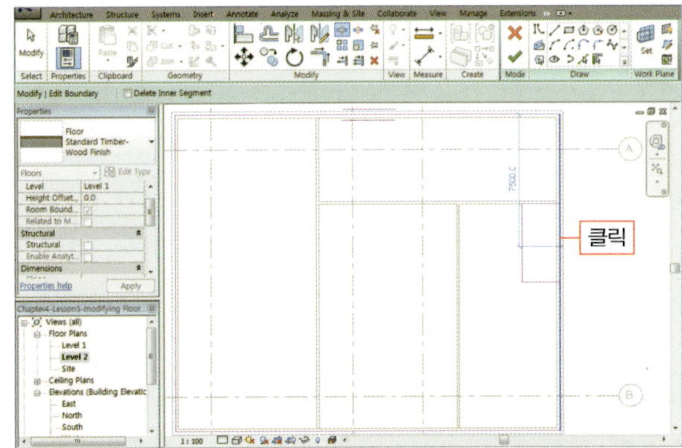

09. 선이 끊어진 지점을 그림과 같이 확인할 수 있습니다.

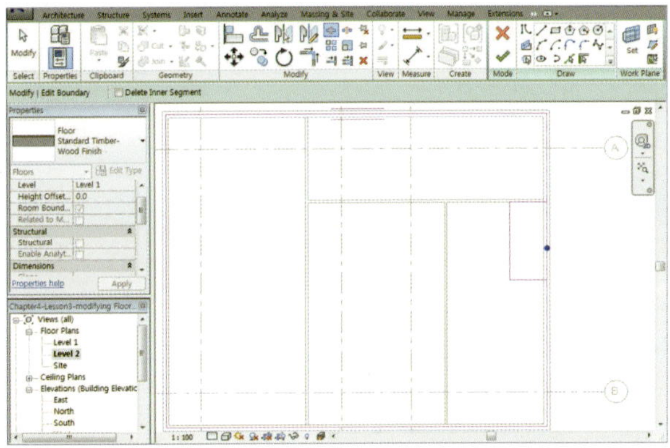

10. 다시 Esc 를 두 번 연속해서 누릅니다. 오른쪽 바닥의 선을 선택하면 앞서 선택한 지점을 기점으로 바닥 경계선이 끊어져 있는 것을 확인할 수 있습니다.

> **TIP** Esc 를 두 번 누르는 이유는, 한 번은 Split 작업에서 나오는 것이며, 두 번째는 Split 모드에서 완전히 나오는 것을 뜻합니다.

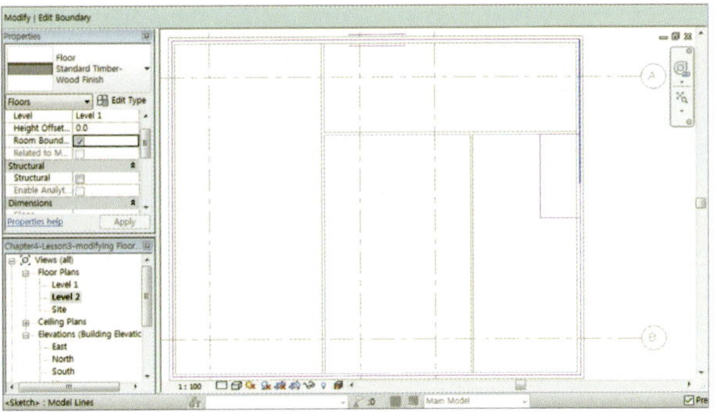

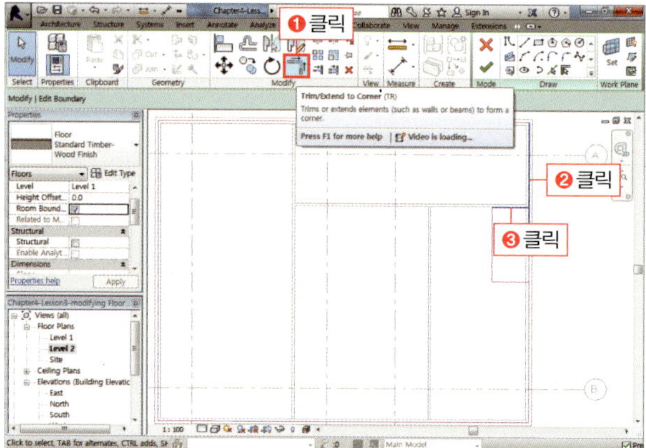

11. 다시 [Modify] 패널에서 [Trim/Extend to corner] (🖼)를 클릭하거나, 단축 명령어 'Tr'을 입력한 후 아래의 두 선을 선택합니다.

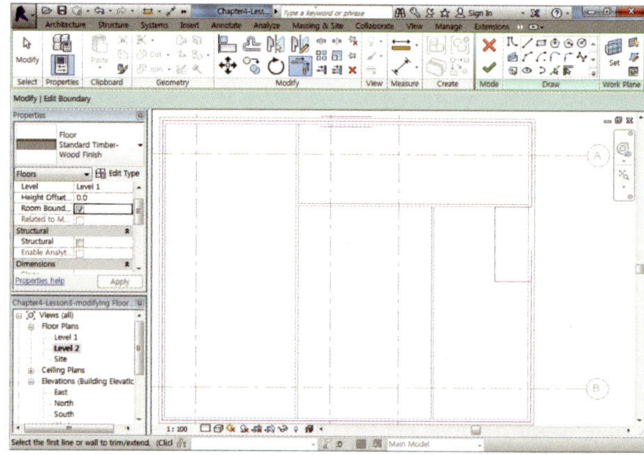

12. 그림과 같이 선택한 두 선의 모서리가 직각으로 꺾이는 것을 확인할 수 있습니다.

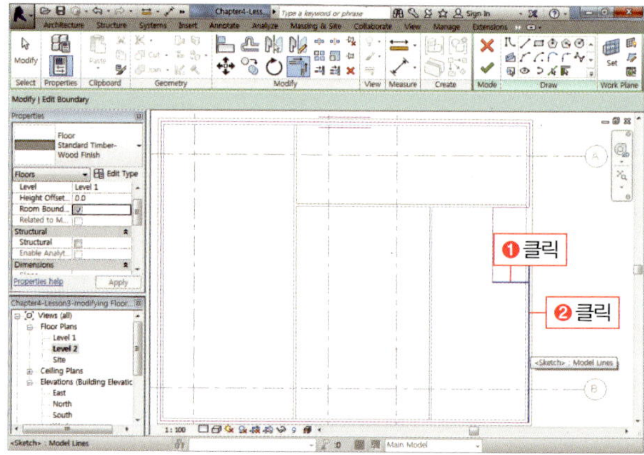

13. 연속하여 두 바닥을 그림과 같이 선택합니다.

14. [Finish Edit Mode](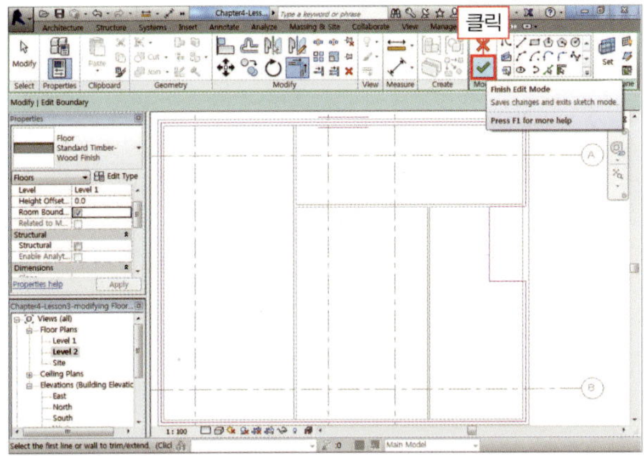)를 클릭하여 바닥 경계 수정 모드를 종료합니다.

15. 그림과 같이 바닥이 수정된 것을 확인할 수 있습니다.

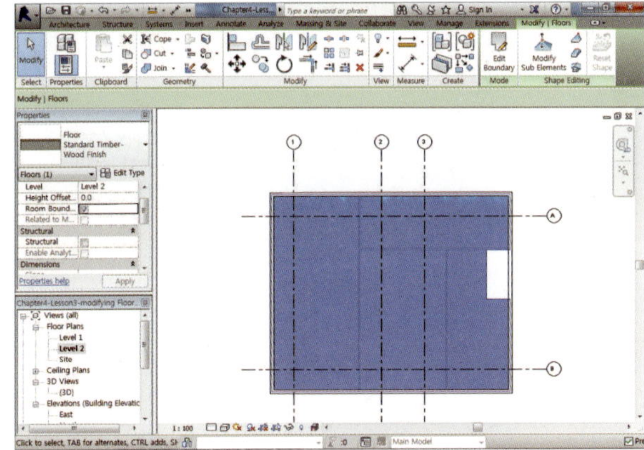

TIP Trim/Extend 관련 확장 기능

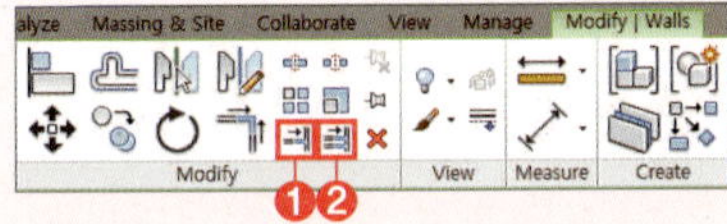

❶ **Trim/Extend Single Element(** **)** : Trim(절단)이나 Extend(연장)시키려는 하나의 객체만을 다른 객체에 의해 정의된 경계까지 실행시킵니다.

❷ **Trim/Extend multiple elements(** **)** : Trim(절단)이나 Extend(연장)시키려는 다중 선택된 객체들을 다른 객체에 의해 정의된 경계까지 실행시킵니다.

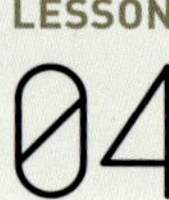

LESSON 04 기둥(Column) 추가하기

기둥은 건물의 하중을 지지하는 역할로 구조적으로 매주 중요합니다. Revit에서 기둥을 추가하는 방법은 아주 간단합니다. 두 가지 종류인 건축적 기둥(Architectural columns)과 구조적 골조 기둥(Structural columns)으로 나눌 수 있는데 일반적으로 건축적 기둥은 마감재로 덥힌 상태 혹은, 이후 구조 엔지니어에 의해 대체되는 대략적인 위치를 나타내 줍니다. 이에 반해 구조적 골조 기둥은 실제 재질과 형태를 표현해 줍니다. 이러한 두 가지 기둥을 불러와 추가하는 방법을 알아봅니다.

● **학습 목표**

Revit에서 Model elements인 기둥 객체를 불러와 배치할 수 있도록 그 개념을 이해합니다.

▶ 건축적 기둥 추가하기

따라하기를 통해 건축적 기둥을 추가하는 방법을 알아봅니다.

예제 파일 : Part 02/Chapter 04/Sample07.rvt **│ 완성 파일 :** Part 02/Chapter 04/Sample07-완성.rvt

01. 예제 파일 파일을 불러온 후 [Architectural] 탭-[Build] 패널에서 [Columns]-[Columns: Architectural](▮)을 클릭합니다.

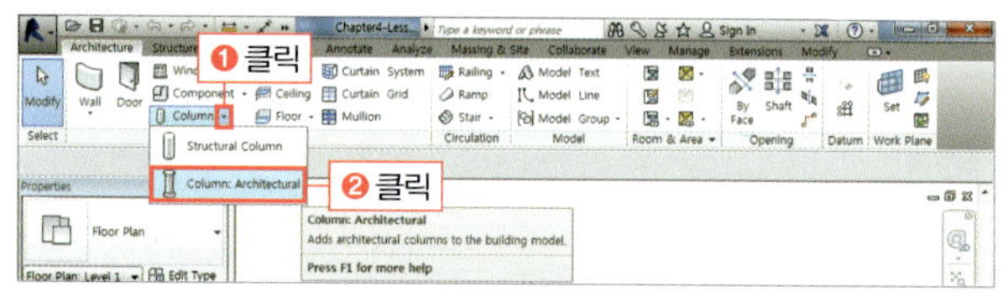

02. 기본적으로 건축적 기둥의 종류에는 세 가지 크기가 있습니다(457×457mm, 457×610mm, 610×610mm). [Properties] 창의 [Type Selector]에서 기둥의 종류를 선택합니다.

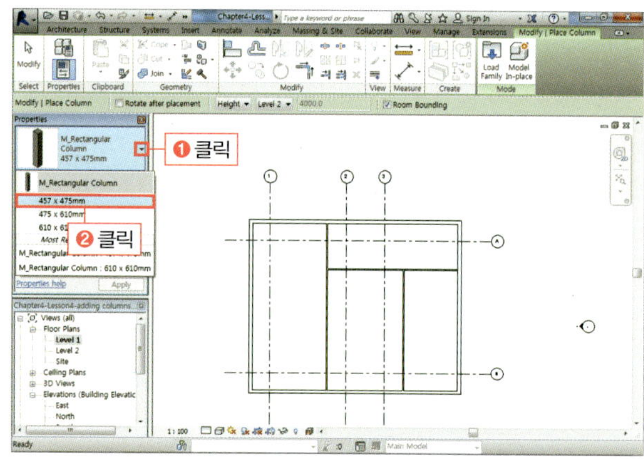

04. 옵션 바에서 [Height]를 선택한 후 어디까지 높이를 올릴 것인지 레벨을 선택합니다(Level 2).

TIP 자신이 원하는 높이가 있다면 'Unconnected'를 선택한 후 높이 값을 직접 입력합니다.

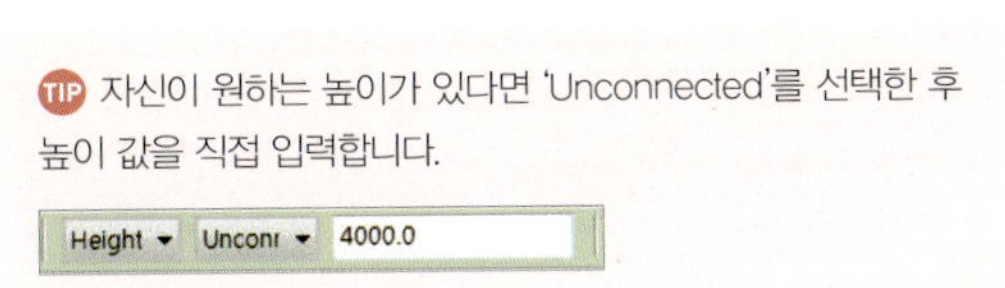

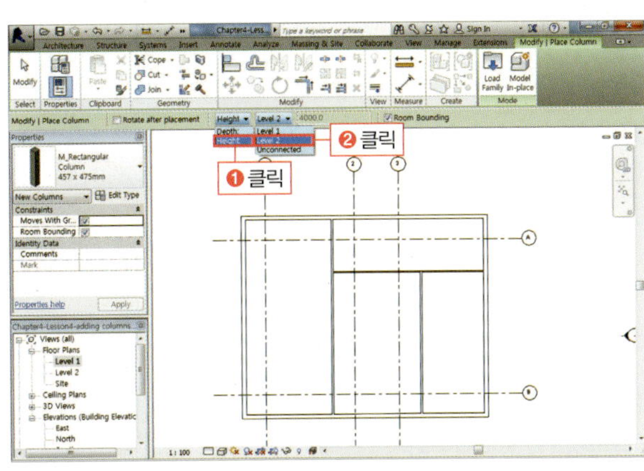

05. [Properties] 창에서 [Move With Grids]를 반드시 체크합니다. 그러면 이후 그리드를 움직일 경우에 기둥도 같이 연동되어 움직이게 됩니다.

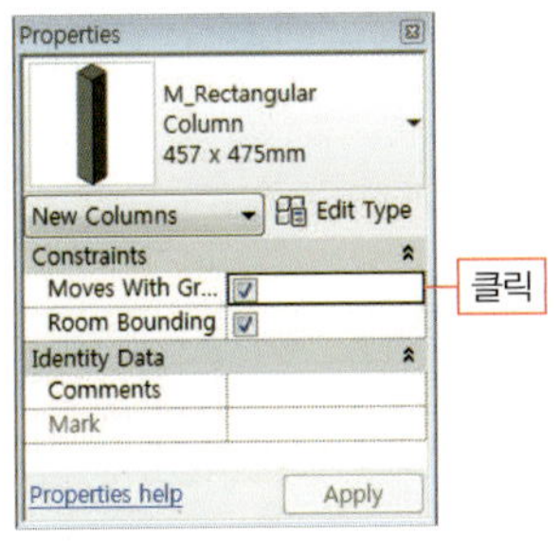

06. 그리드에 기둥을 가져가면 자동으로 그리드 교차점에 기둥의 중심이 배치됩니다. 클릭하여 기둥을 추가합니다.

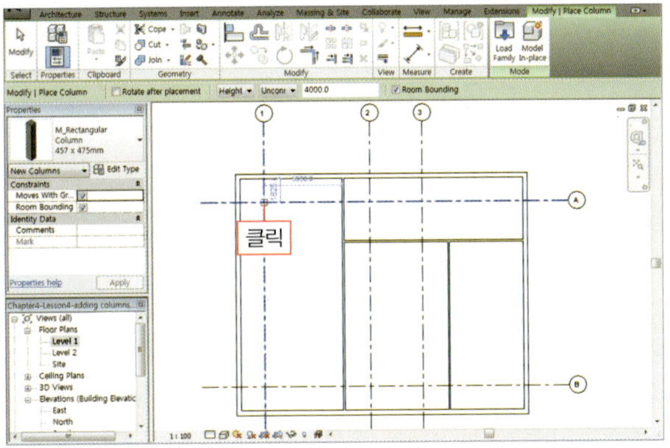

07. 계속 클릭하여 그림과 같이 기둥을 만든 후 Esc 를 두 번 눌러 작업을 마칩니다.

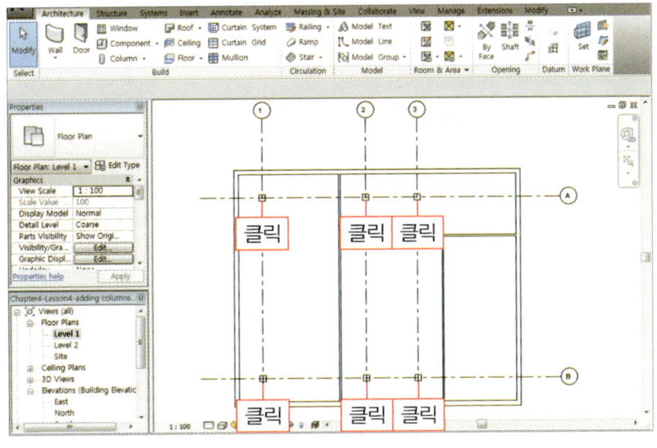

구조적 골조 기둥을 건축적 기둥 안에 배치하는 방법을 알아봅니다.

예제 파일 : Part 02/Chapter 04/Sample08.rvt **I 완성 파일 :** Part 02/Chapter 04/Sample08-완성.rvt

01. 예제 파일을 불러온 후 [Architectural] 탭–[Build] 패널에서 [Column]–[Structural Column](⬚)을 클릭합니다.

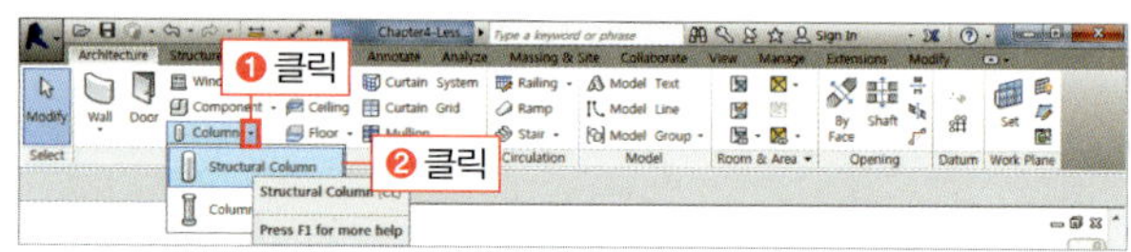

02. 옵션 바에서 [Height]와 [Level 2]를 선택합니다.

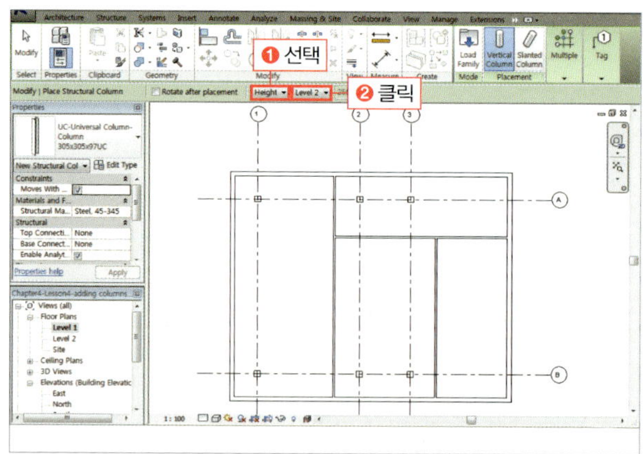

03. [Multiple] 패널에서 [At Columns](⬚)를 클릭합니다.

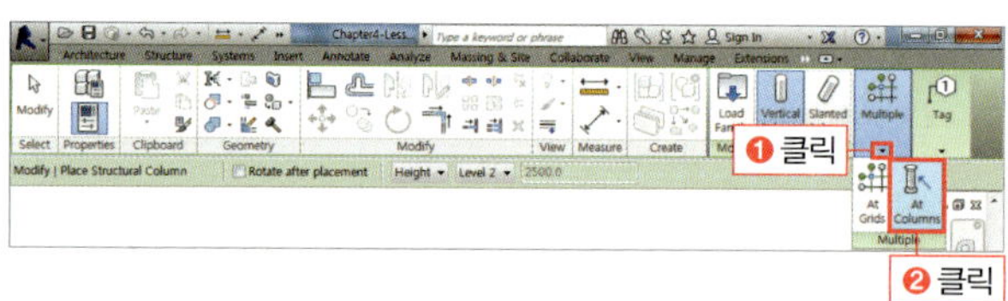

04. 왼쪽 위에서 오른쪽 아래로 선택 박스를 그려 그림과 같이 기둥을 선택합니다. 그리고 [Multiple] 패널의 [Finish](⬚)를 클릭한 후 **Esc** 를 누릅니다.

TIP 다른 객체가 선택되어 있어도 결굴 기둥만 자동으로 선택되는 것을 확인할 수 있습니다.

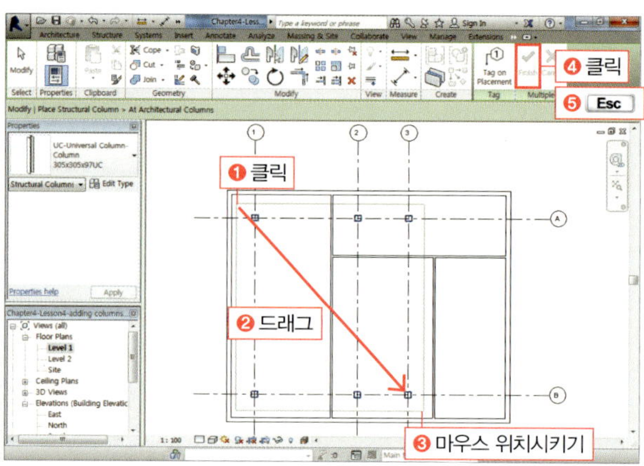

05. 선택된 건축적 기둥 안에 자동으로 구조적 골조 기둥이 추가된 것을 확인할 수 있습니다. 그리고 [Fin-ish](☑)를 클릭한 후 **Esc** 를 누릅니다.

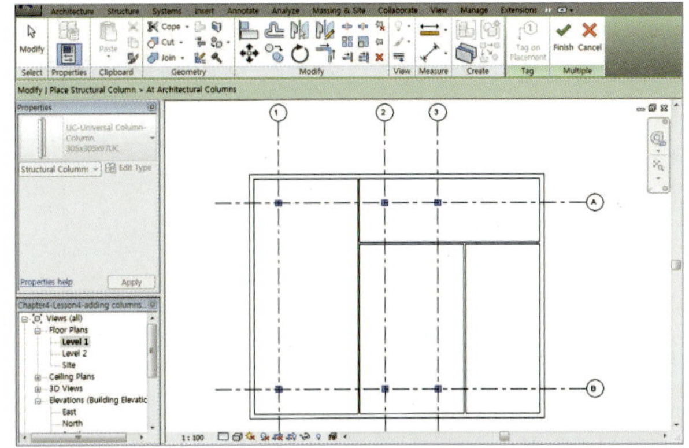

06. 그림과 같이 모든 건축적 기둥 안에 구조적 골조 기둥이 포함된 것을 확인할 수 있습니다.

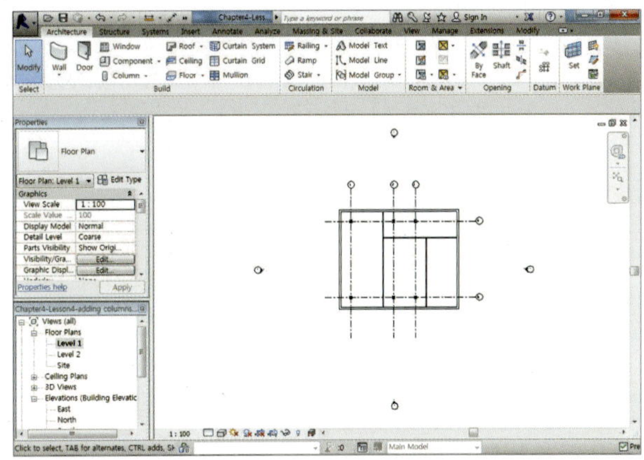

07. 구조적 골조 기둥의 방향을 수정하고 싶다면 기둥을 선택한 후 **Space Bar** 를 누릅니다. 모든 방향 전환이 끝났다면 **Esc** 를 눌러 작업 모드에서 나옵니다.

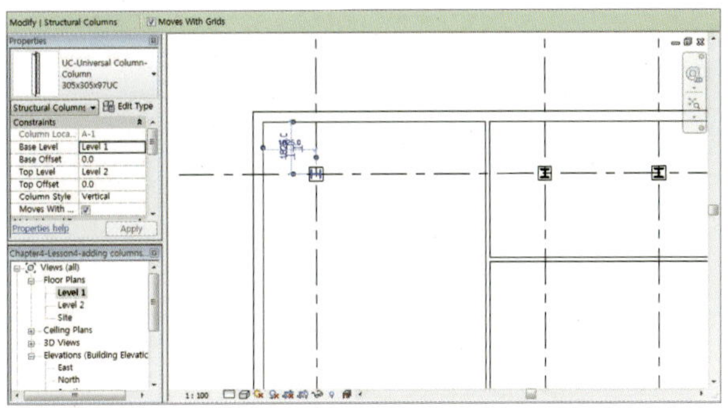

LESSON 05 벽(Wall) 만들기

Revit은 크게 세 가지 벽(1. Basic Wall(기본), 2. Stacked Wall(적층) 3. Curtain Wall(커튼))을 제공합니다. 기본벽은 복잡한 구조를 가지고 있지 않은 일반적인 벽을 뜻하며 적층벽은 여러 기본적인 벽이 겹쳐서 만들어지는 형태를 갖습니다. 그리고 커튼월은 건물의 하중을 지지하고 있지 않는 칸막이 역할의 유리벽을 뜻합니다. 적층벽과 커튼월은 뒤에서 자세히 다루기 때문에 이곳에서는 기본적인 벽을 어떻게 만드는지 알아봅니다.

● 학습 목표

Revit에서 중요한 Model elements인 벽 객체를 불러와 배치하고 수정하는 방법을 알아봅니다.

● 학습에 필요한 단축 명령어

WA : Wall

AL : Align

▌벽 추가하기

벽을 추가하는 기본적인 방법을 알아봅니다.

예제 파일 : Part 02/Chapter 04/Sample09.rvt ㅣ 완성 파일 : Part 02/Chapter 04/Sample09-완성.rvt

01. 예제 파일을 불러온 후 [Project Broswer] 창의 [Floor Plans]에서 [Level 2]를 더블클릭하여 Level 2 드로잉 화면으로 이동합니다.

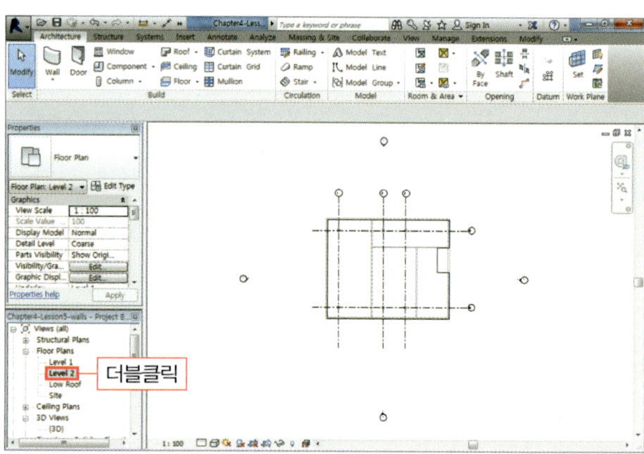

TIP 이미 여러 화면이 열려져 있는 상태에서 자신이 원하는 드로잉 화면으로 이동할 때에는 [View] 탭-[Windows] 패널에서 [Switch Windows]로 해당 화면을 선택하면 됩니다.

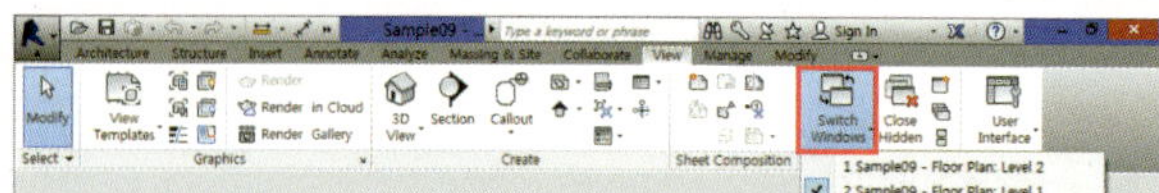

02. [Architecture] 탭-[Build] 패널에서 [Wall]-[Wall: Architectural](□)을 클릭합니다.

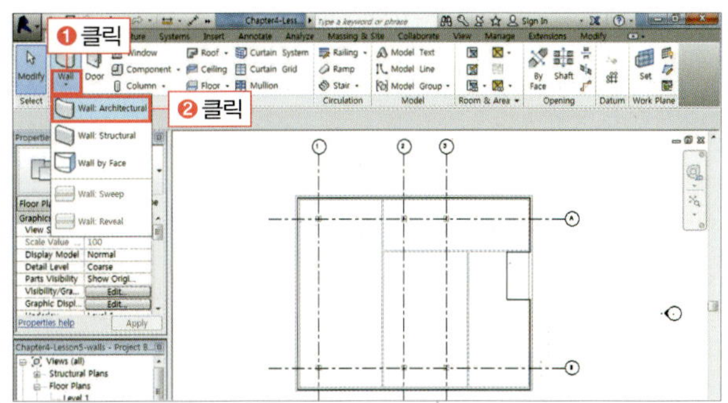

03. [Properties] 창의 [Type Selector]에서 'Interior – Blockwork 100'을 선택합니다.

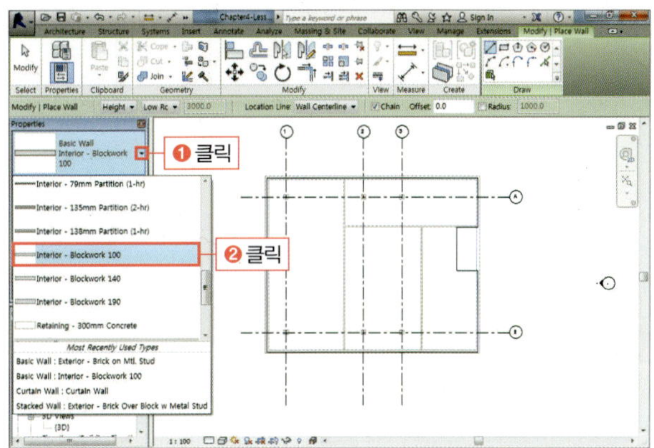

04. [Properties] 창의 [Constraints]-[Top constrain] 에서 'Up to Level Low Roof'를 반드시 선택합니다. 그리고 그림과 같은 위치에 중심선을 기준으로 선을 작성한 후 **Esc** 를 누릅니다.

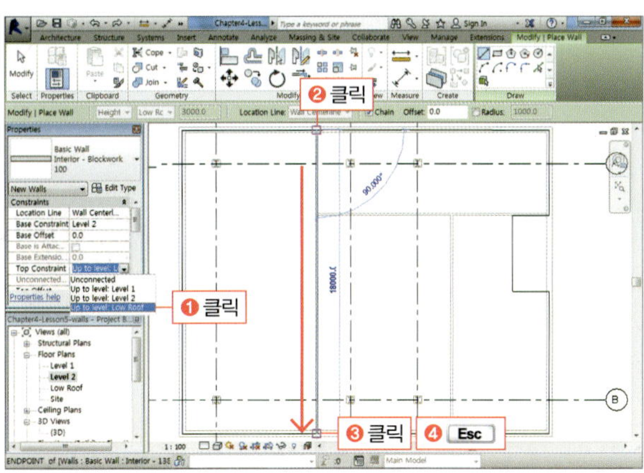

05. 나머지 인테리어 벽선을 그려서 벽 추가하기 작업을 마무리합니다.

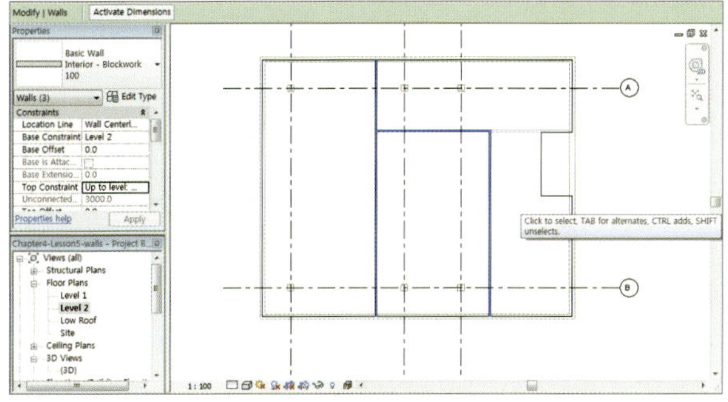

벽의 깊이(Depth)와 높이(Height)는 Constraints의 설정에 의해 수정이 가능합니다. 그럼 특성 설정에 따른 벽의 깊이와 높이를 변경하는 방법을 알아봅니다.

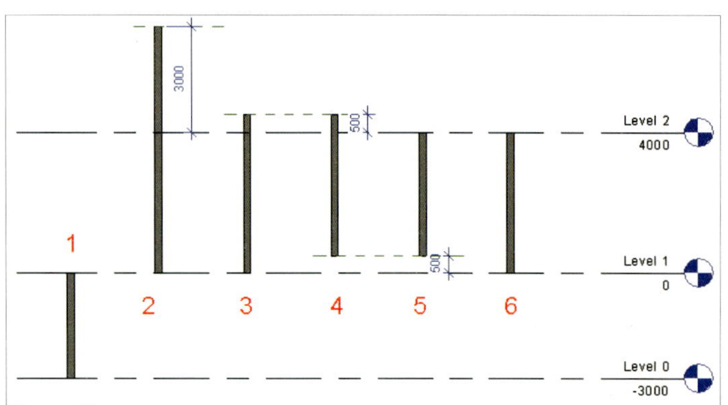

Properties	Wall 1	Wall 2	Wall 3	Wall 4	Wall 5	Wall 6
Depth/Height	D=3000	H=7000	H=4500	H=4000	H=3500	H=4000
Base Constraint	Level 0	Level 1	Level 1	Level 1	Level 1	Level 1
Base Offset	0.0	0.0	0.0	500	500	0.0
Top Constraint	Level 1	unconnected	Level 2	Level 2	Level 2	Level 1
Top Offset	0.0	0.0	500	500	0.0	0.0
Unconnected Height	3000	7000	4500	4000	3500	4000

예제 파일 : Part 02/Chapter 04/Sample10.rvt

01. 예제 파일을 불러온 후 그림과 같이 벽의 한 부분을 선택합니다.

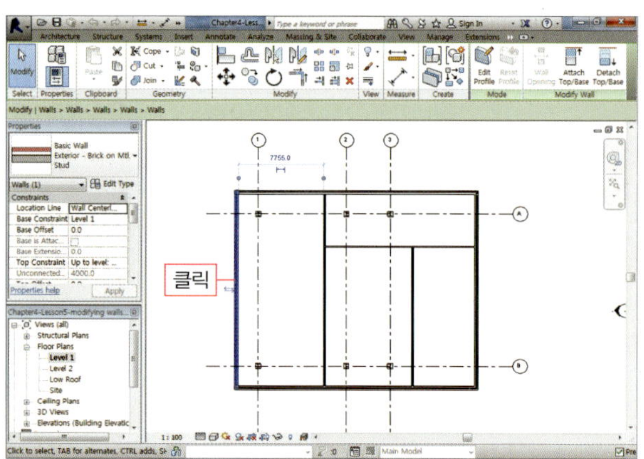

02. Ctrl 을 누른 상태로 다른 외벽도 클릭하여 모
두 선택합니다.

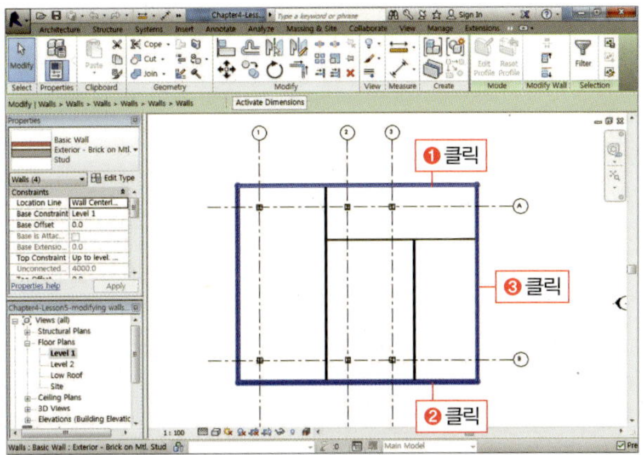

03. [Properties] 창의 [Top Constraint]에서 'Level
2'를 'Low Roof'로 설정한 후 [Apply] 버튼을 클릭합
니다.

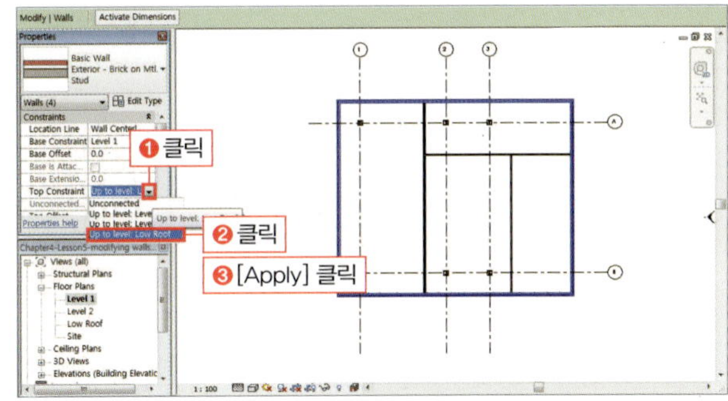

04. 왼쪽 위에서 오른쪽 아래 방향으로 선택 박스를
만들어 그림과 같이 기둥을 모두 선택합니다.

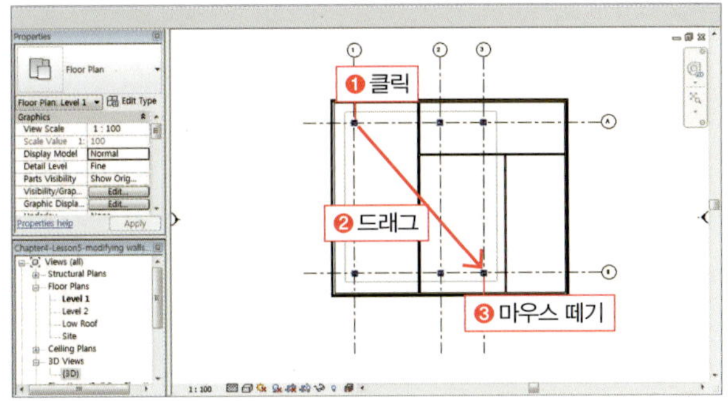

TIP 좀 더 정확하게 기둥만 선택하려면 그림과 같이 모든 객
체를 선택한 후 [Modify | Multi-Select] 탭-[Selection] 패널에
서 [Filter]를 클릭합니다. [Filter] 대화상자가 나타나면 선택하
고 싶은 객체의 그룹만 선택한 후 [OK] 버튼을 클릭하면 됩니
다.

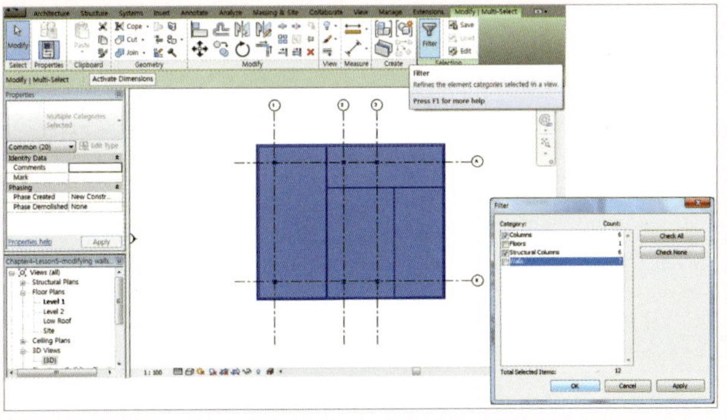

05. [Properties] 창에서 [Top Level]를 'Low Roof'
로 설정합니다.

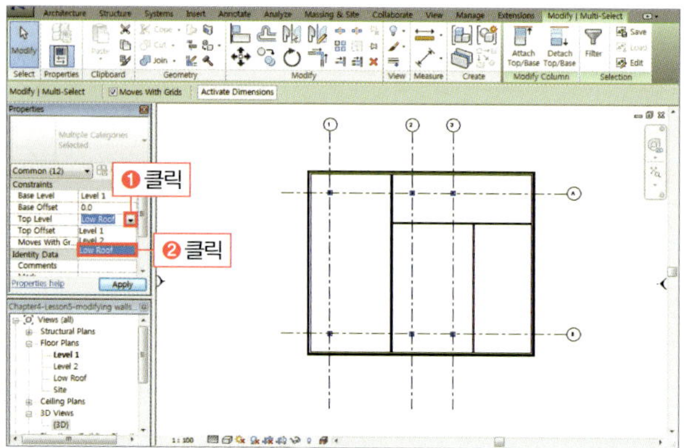

06. [Properties] 창에서 [Top Offset]을 '0'으로 설정
한 후 [Apply] 버튼을 클릭합니다.

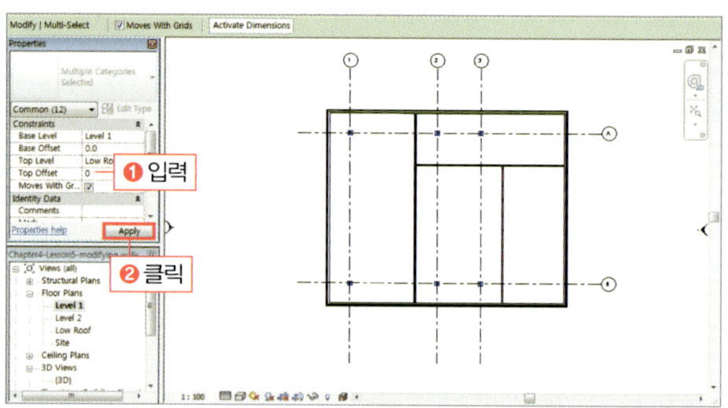

07. [Project Browser] 창에 있는 [3D View]의 '3D'를
더블클릭하여 선택하면 그림과 같이 Low Roof 높이만
큼 높이가 수정된 것을 확인할 수 있습니다.

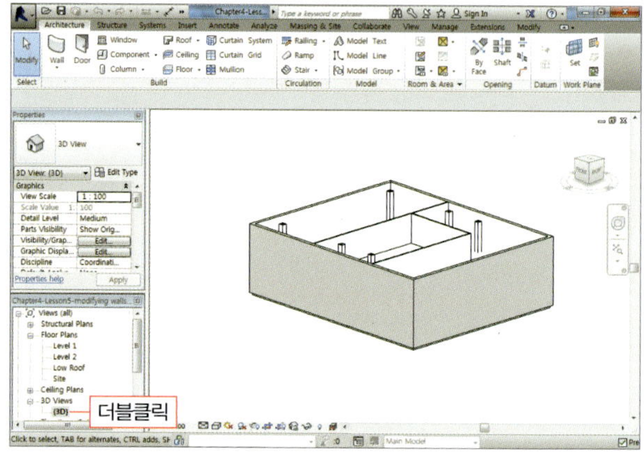

벽과 지붕을 연결하는 방법을 아래의 따라하기를 통해 알아봅니다.

예제 파일 : Part 02/Chapter 04/Sample11.rvt ㅣ **완성 파일** : Part 02/Chapter 04/Sample11-완성.rvt

01. 예제 파일을 불러온 후 [View] 탭-[Create] 패널에 있는 [Default 3D View]( )를 클릭합니다.

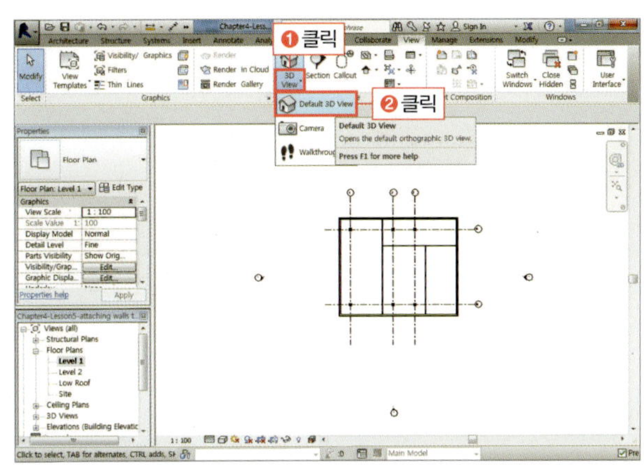

TIP 빠른 도구 막대에서 [3D View]를 클릭해도 동일하게 3D View를 확인할 수 있습니다.

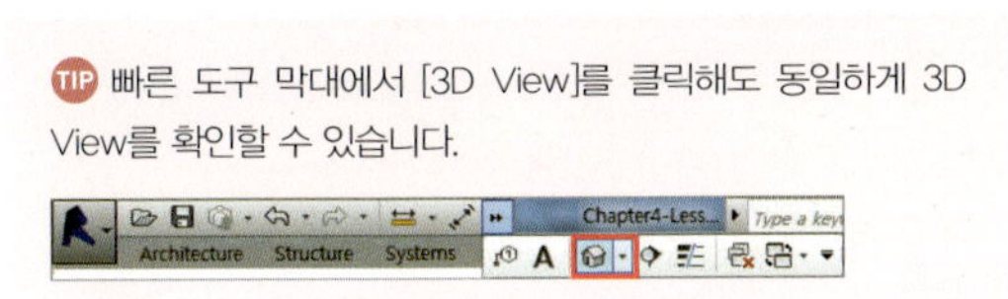

02. 3D View 드로잉 화면이 자동으로 변한 것을 확인할 수 있습니다.

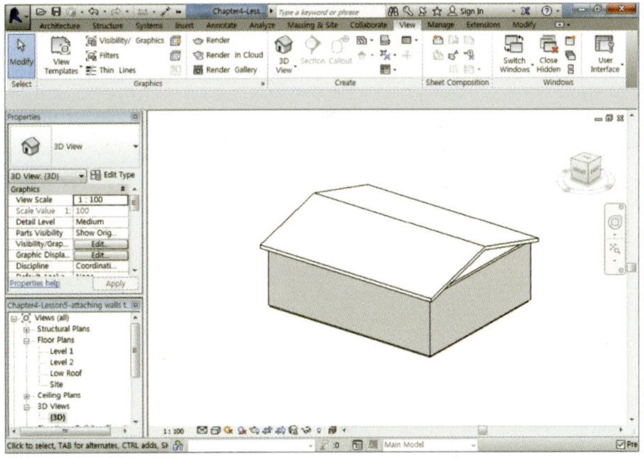

03. 벽의 한 부분에 마우스 포인터를 위치시키면 파란선으로 하이라이트되는 것을 확인할 수 있습니다.

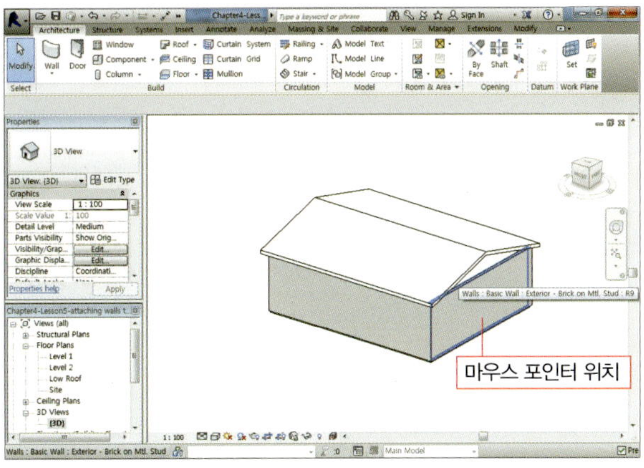

04. 이때 [Tab]을 누르면 벽면 전체가 선택됩니다.

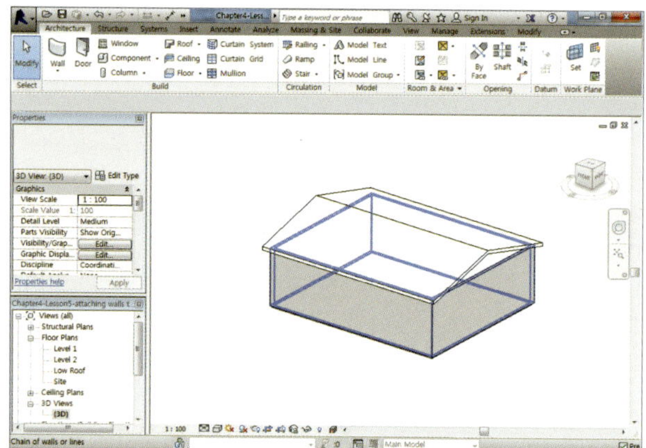

05. 벽 전체가 하이라이트가 되었다면 이때 클릭하여 외벽 전체를 선택합니다.

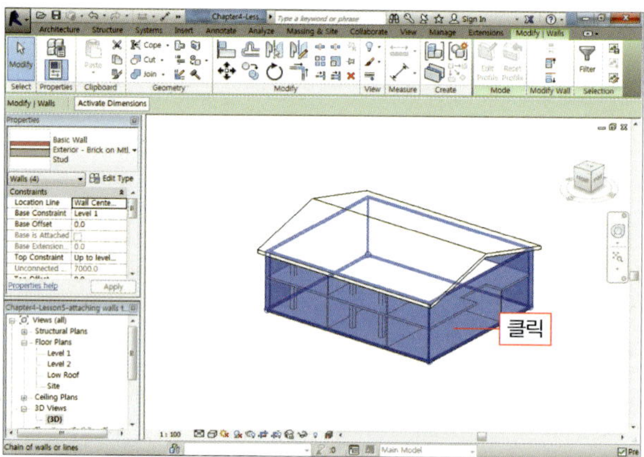

06. [Modify | Walls] 탭-[Modify Wall] 패널에 있는 [Attach Top/Base](□)를 클릭합니다.

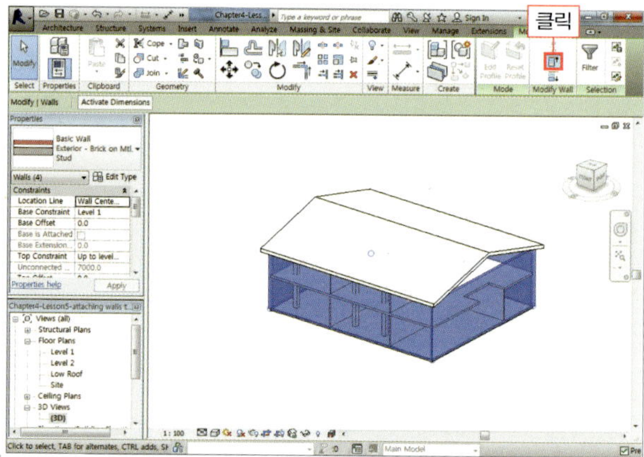

07. 연결할 지붕을 그림과 같이 선택합니다.

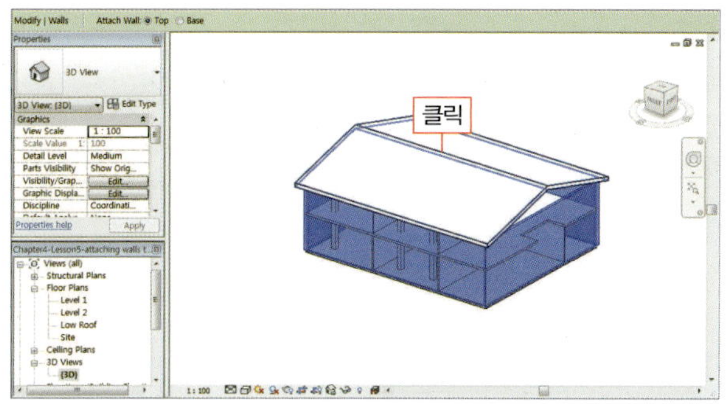

08. 그림과 같이 선택한 벽이 모두 지붕과 연결되었습니다.

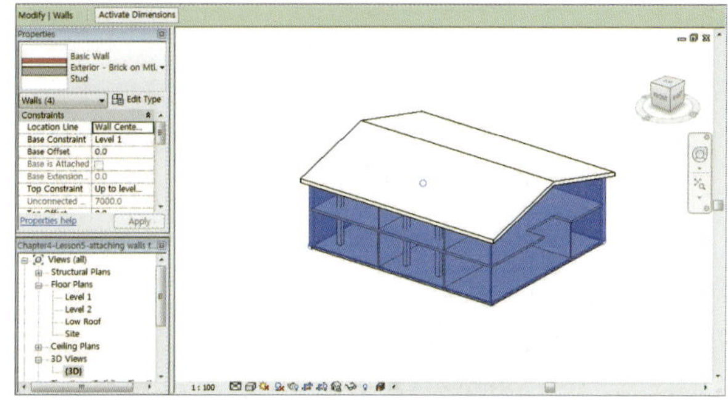

09. Shift 를 누른 상태로 마우스 휠을 움직이면 회전이 됩니다. 모든 벽면이 지붕과 연결된 것을 확인합니다.

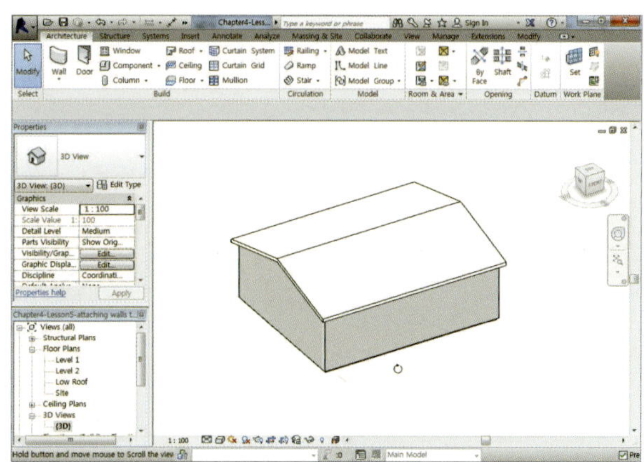

TIP Detach Top/Base

[Detach Top/Base] 를 클릭하고 지붕을 선택하면 원래의 형태대로 돌아갑니다.

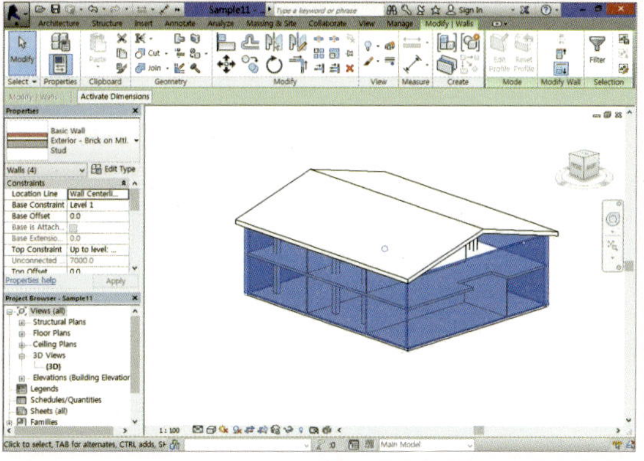

LESSON 06 복잡한 벽(Complex Wall) 만들기

앞선 따라하기에서는 Revit이 제공하는 벽을 응용하는 방법을 알아봤다면, 이번에는 기본으로 제공하는 벽을 이용하여 원하는 두께와 성질을 수정하는 방법을 알아봅니다.

● 학습 목표

벽 객체를 사용자가 원하는 특성으로 벽 객체를 변경하는 방법을 알아봅니다. 원하는 특성으로 변경하여 응용할 수 있도록 합니다.

● 학습에 필요한 단축 명령어

WA : Wall

ZR : Zoom in Region

▶ 원하는 기본벽(Basic Wall) 만들기

기본 벽을 자신이 원하는 벽의 특성을 가지도록 아래의 예제 따라하기를 통하여 알아봅니다.

예제 파일 : Part 02/Chapter 04/Sample12.rvt | 완성 파일 : Part 02/Chapter 04/Sample12-완성.rvt

01. 예제 파일을 불러온 후 [Level 2]를 더블클릭하여 드로잉 화면으로 이동합니다

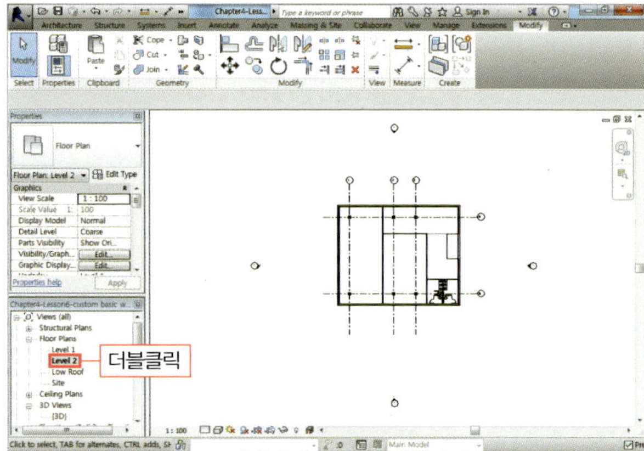

02. 내비게이션 바에서 [Zoom in Region](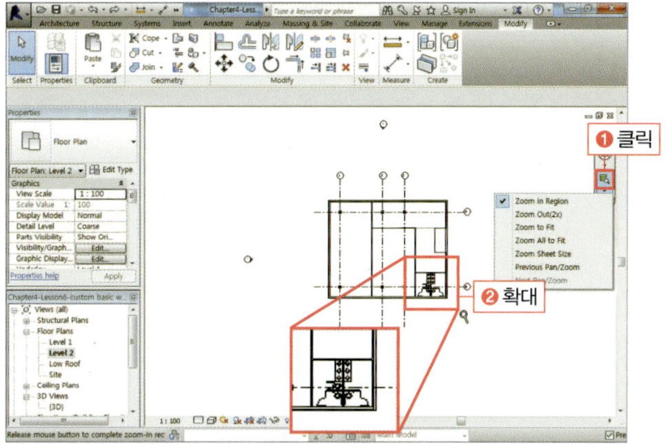)을 클릭하거나, 단축 명령어 'ZR'을 입력한 후 아래의 화장실 부분을 영역을 지정하여 확대시킵니다.

03. 화장실 중앙의 벽을 선택합니다.

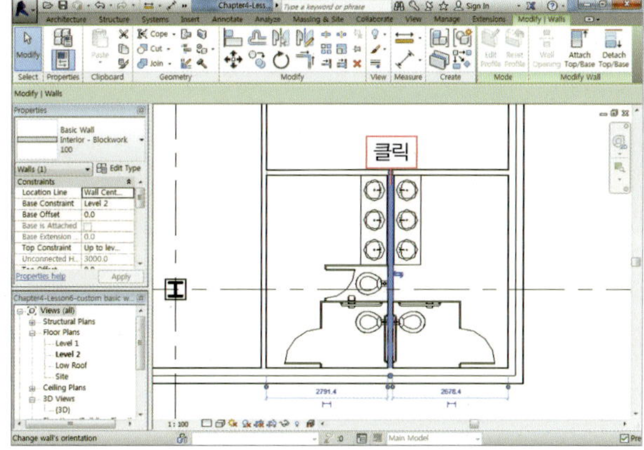

> **TIP** 화장실 중간 벽은 물이 흐르는 배관벽(Plumbing Wall)임으로 수정할 필요가 있습니다.

04. [Properties] 창에 있는 [Edit Type] 버튼을 클릭합니다.

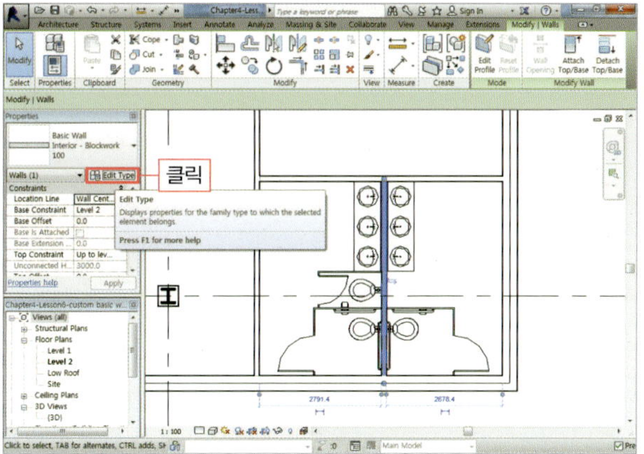

05. [Type Properties] 대화상자가 나타나면 [Du-
plicate] 버튼을 클릭합니다. [Name] 대화상자에서
'Plumbing Wall'을 입력한 후 [OK] 버튼을 클릭합니다.

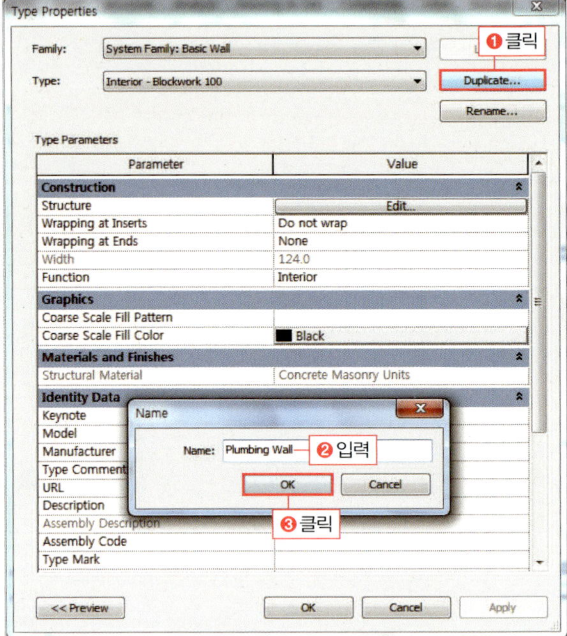

TIP [Duplicate] 버튼을 클릭하지 않고 바로 고치면 원래의 In-
terior-Blockwall 100 특성이 변경되므로 주의하여 수정합니다.

06. [Preview] 버튼을 클릭한 후 현재 벽의 특성을 확
인합니다. [Type Parameter]의 [Structure]에서 [Edit]
버튼을 클릭합니다.

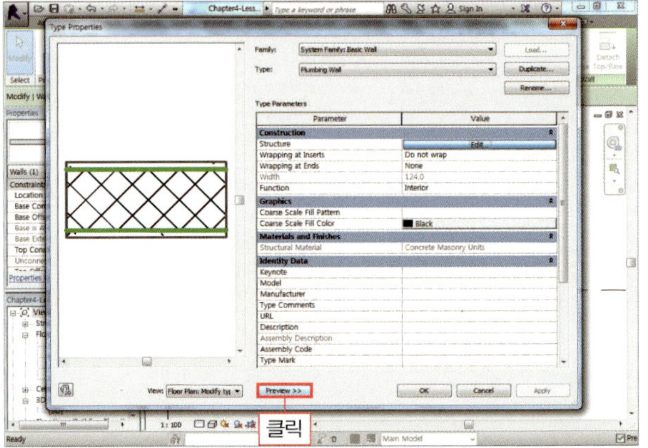

07. 'Structure[1]'의 [Material]인 'Concrete Masonry
Units'를 클릭하면 그림과 같이 하이라이트와 함께 버
튼이 생깁니다, 이때 [Browser] 버튼을 클릭합니다.

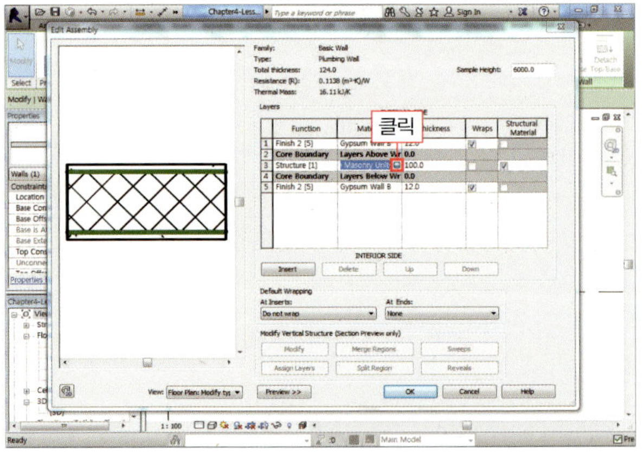

08. [Material Browser] 대화상자가 나타나면 현재 지정된 [Concrete Masonry Units]에서 'Metal-Stud Layer'를 찾아 선택한 다음 [OK] 버튼을 클릭합니다.

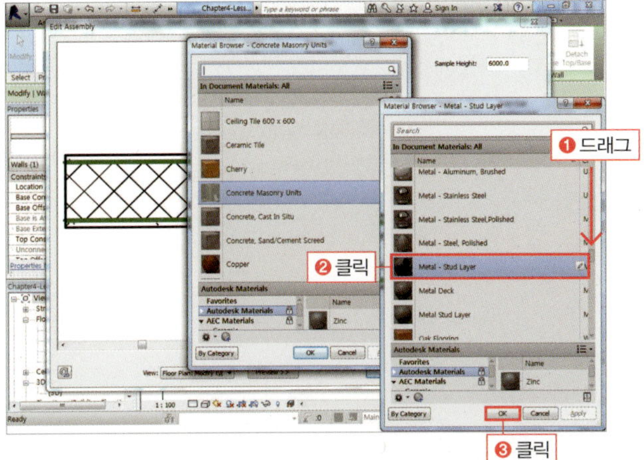

09. 다시 [Edit Assembly] 대화상자로 돌아와 [Insert] 버튼을 클릭하면 'Structure[1]'이 하나 더 생긴 것을 확인할 수 있습니다.

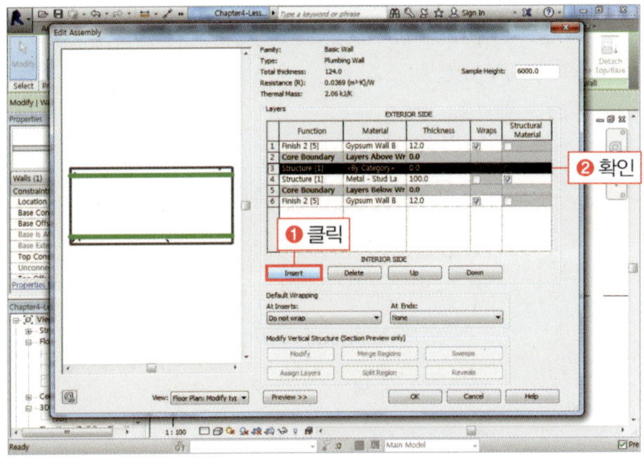

10. 다시 [Material]의 '〈By Category〉'를 선택하고 [Browser] 버튼을 클릭합니다. 앞선 따라하기와 같이 [Material Browser] 대화상자에서 'Metal-Stud Layer' 를 선택하고 [OK] 버튼을 클릭합니다.

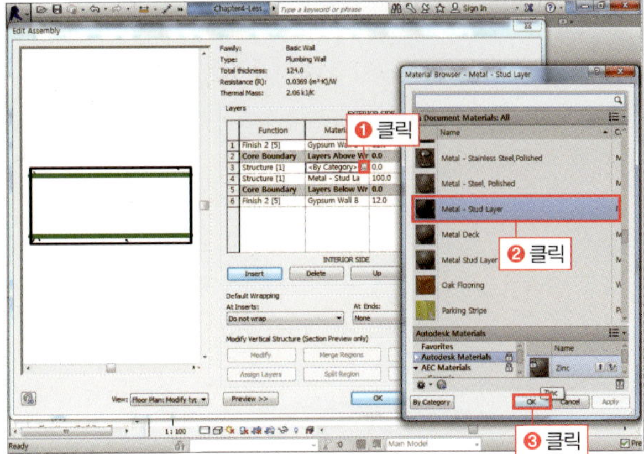

11. 그림과 같이 [Thickness]를 '100'으로 변경합니
다.

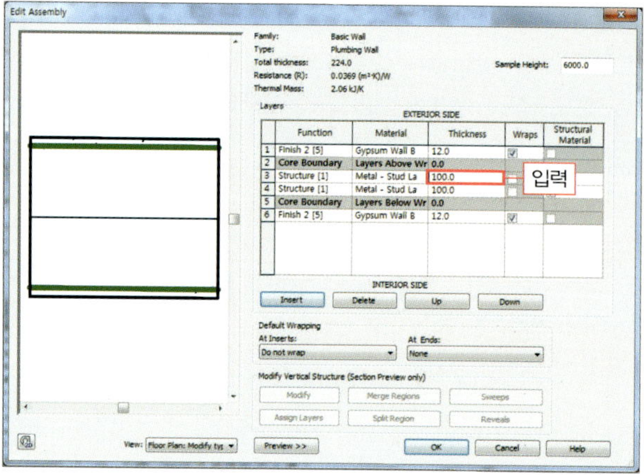

12. [Layer 4]의 'Structure[1]'을 선택한 후 [Insert] 버
튼을 클릭하면 그림과 같이 [Layer 5]에 'Structure[1]'
이 하나 더 추가됩니다.

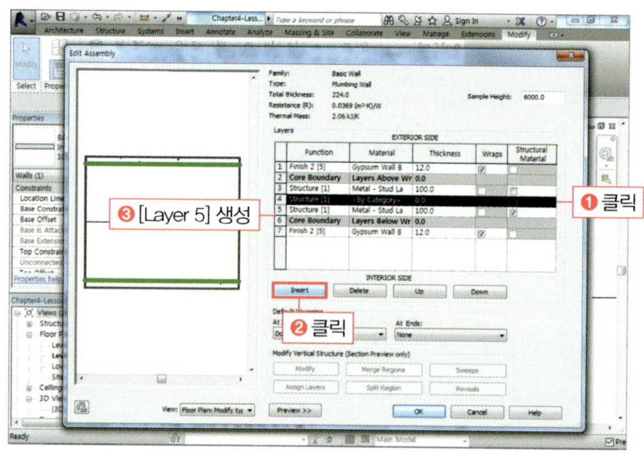

13. [Layer 4]에서 'Structure[1]'의 [Function]을 선택
하고 확장 버튼을 클릭하여 'Thermal/Air Layer'를 선
택합니다. 이곳으로 물이 올라오고 내려가는 호수가 놓
이는 공간입니다.

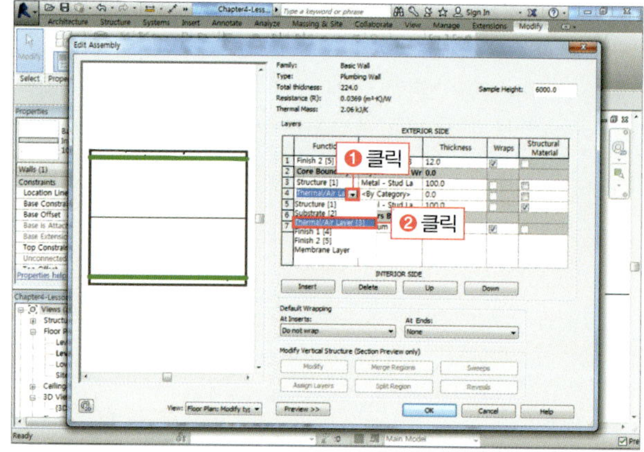

14. [Material Browser] 버튼을 클릭한 후 'Air'를 선택 하고 [OK] 버튼을 클릭합니다.

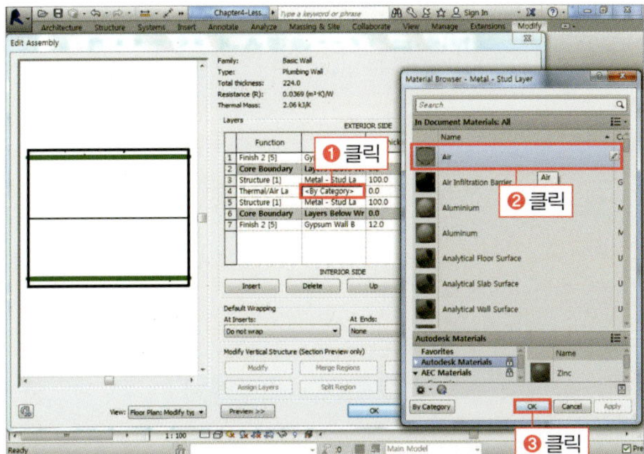

15. 두께를 '126mm'로 변경합니다.

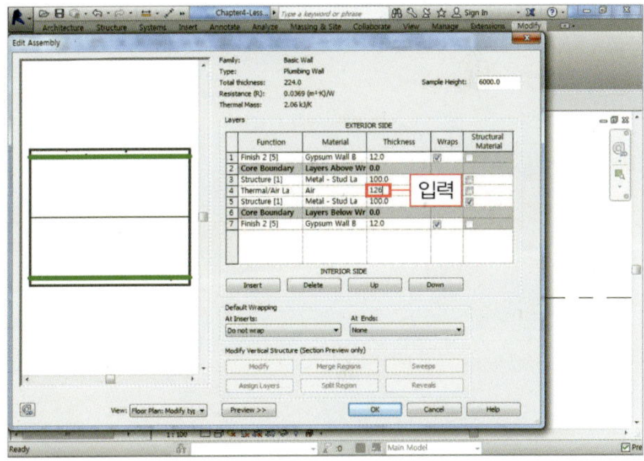

16. [Structural Material] 체크를 [Thermal/Air Layer] 에 합니다.

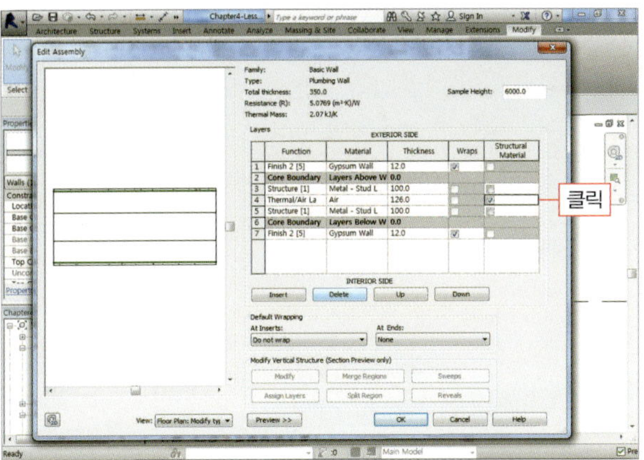

TIP Revit 2013부터 추가된 기능으로 Resistance(R), Thermal Mass의 값을 자동으로 계산주는 툴이 있습니다. 이것은 차후 에 너지 효율을 계산할 때 편리하게 사용할 수 있습니다.

17. [Total thickness](층 두께)가 350mm의 Plumb-ing Wall의 설정이 끝났다면 [OK] 버튼을 클릭합니다.

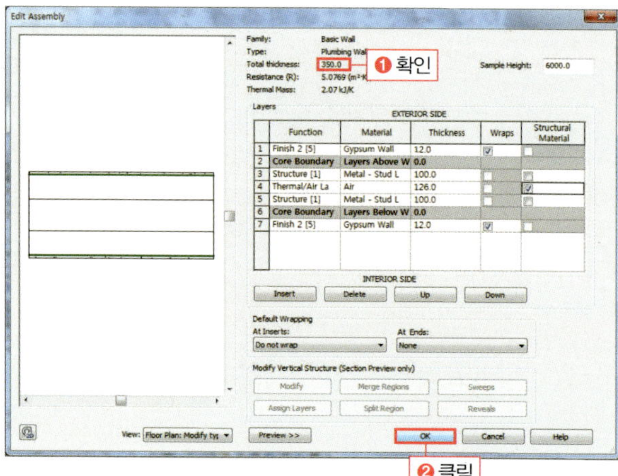

18. [Type Properties] 대화상자로 돌아와 다시 [OK] 버튼을 클릭합니다.

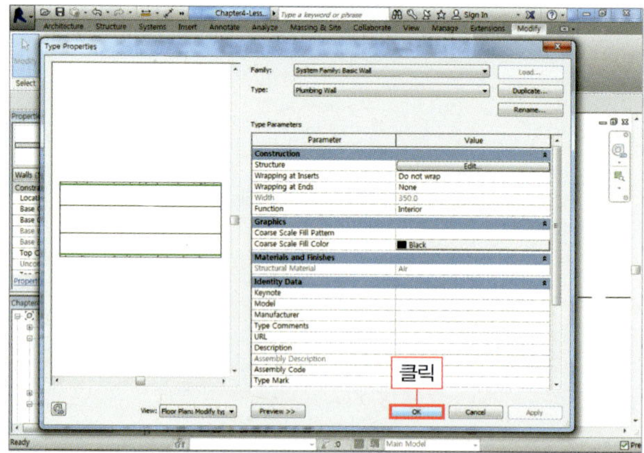

19. 그림과 같이 자동으로 Plumbing Wall의 성질이 변경된 것을 확인할 수 있습니다.

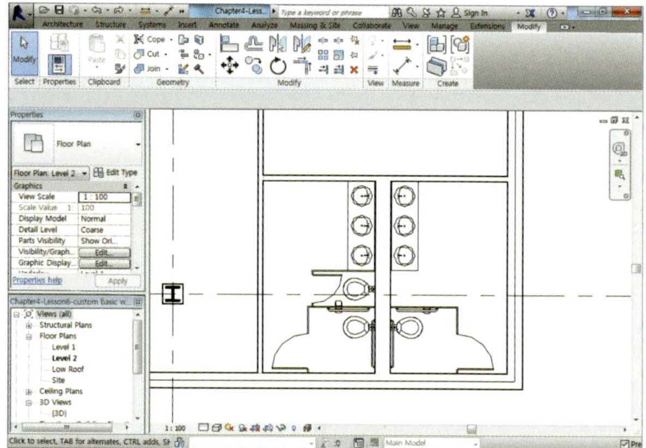

20. 디테일하게 각 벽의 특성을 선으로 확인하려면 [Detail Level]에서 'Medium'이나 'Fine'으로 선택하면 됩니다.

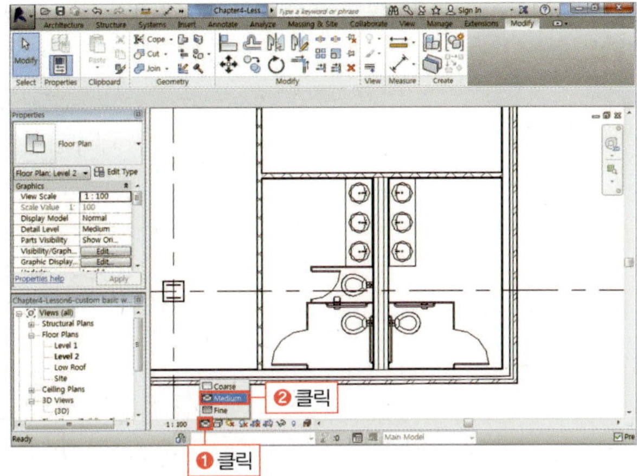

21. 마지막으로 내비게이션 바에서 [Zoom to Fit](🔍)을 클릭하여 전체 확대한 후 작업을 마무리합니다.

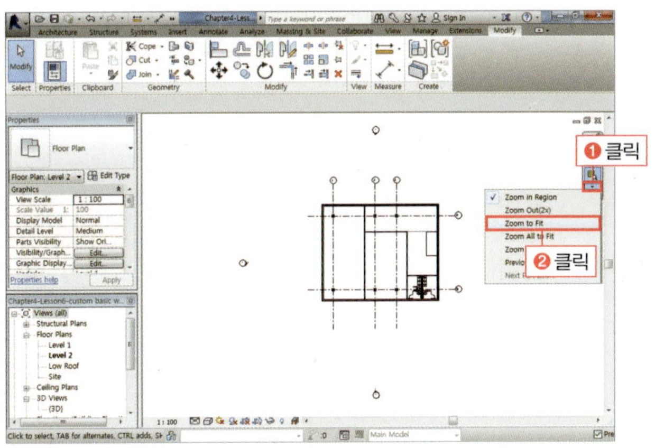

TIP 선 굵기 조절하기

선의 굵기를 조절하는데 아래의 두 가지 방법이 있습니다.

● **Detail Levels**

디테일 레벨은 드로잉의 크기에 따라 전체 선의 굵기를 조절하는 기능으로 드로잉 화면의 아래에 위치한 View Control Bar에서 선택이 가능합니다.

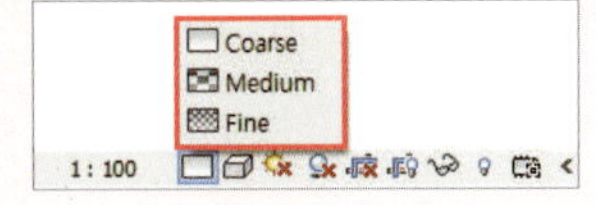

크기가 변경될 때 선의 굵기가 자동으로 변경되지 않았을 경우나 객체의 특성을 자세히 보기 원할 때, 디테일 레벨의 옵션에서 조절이 가능합니다. 이때 Coarse 〉 Medium 〉 Fine 순으로 선이 굵어집니다.

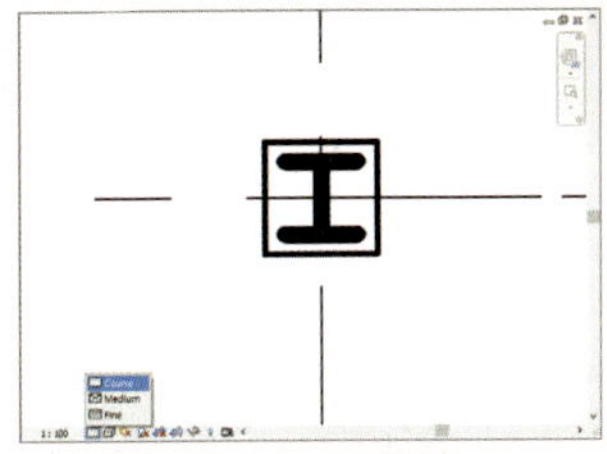

▲ 스케일 1:100, Coarse를 선택 시 보이는 드로잉 화면

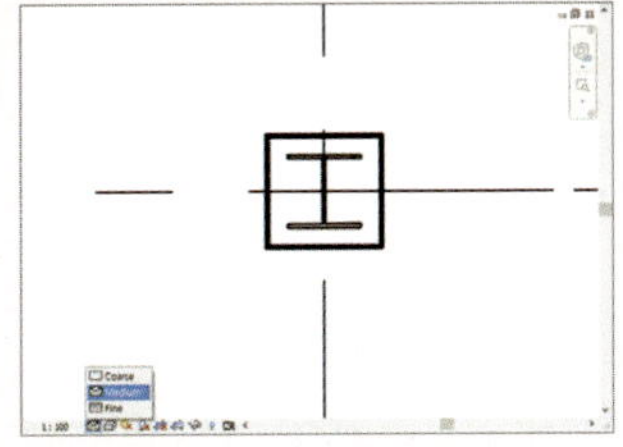

▲ 스케일 1:100, Medium을 선택 시 보이는 드로잉 화면

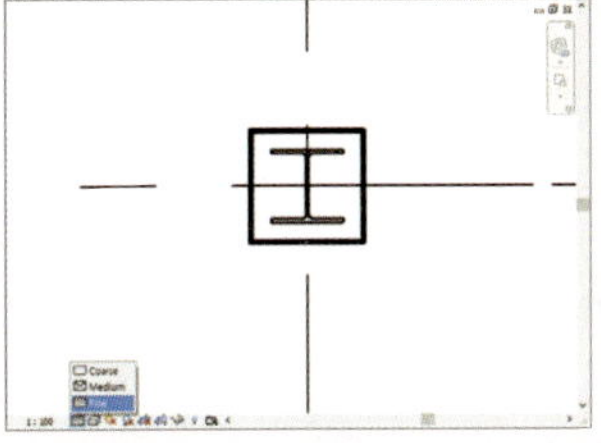

▲ 스케일 1:100, Fine을 선택 시 보이는 드로잉 화면

적층벽(Stacked Wall) 이해하고 만들기

적층벽은 단순히 두 개 혹은 그 이상의 기본벽을 서로의 상단에 쌓아 올리는 기법으로써 동일한 소재로 그 길이와 높이에 따라 차이가 있기 때문에 기본벽보다는 약간 더 복잡합니다. 따라하기를 통해 적층벽을 이해하고 활용할 수 있도록 합니다.

예제 파일 : Part 02/Chapter 04/Sample13.rvt **| 완성 파일 :** Part 02/Chapter 04/Sample13-완성.rvt

01. 예제 파일을 불러온 후 [Project Browser] 창에서 [3D]를 더블클릭하여 3D View 드로잉 화면을 엽니다.

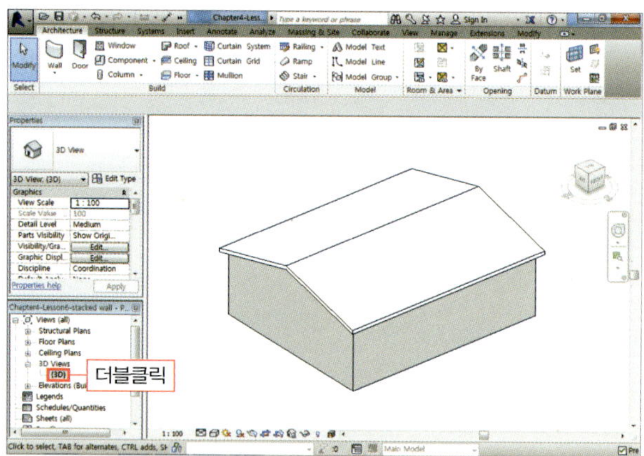

02. [Families]의 [Walls]에서 [Basic Wall]을 클릭한 후 'ref'로 시작하는 세 가지 타입의 벽을 확인합니다.

TIP [Project Browser] 창을 좀 더 자세히 확인하기 위해 독립적인 상태로 보기를 원한다면 마우스로 클릭한 채 드로잉 공간으로 드래그하면 됩니다.

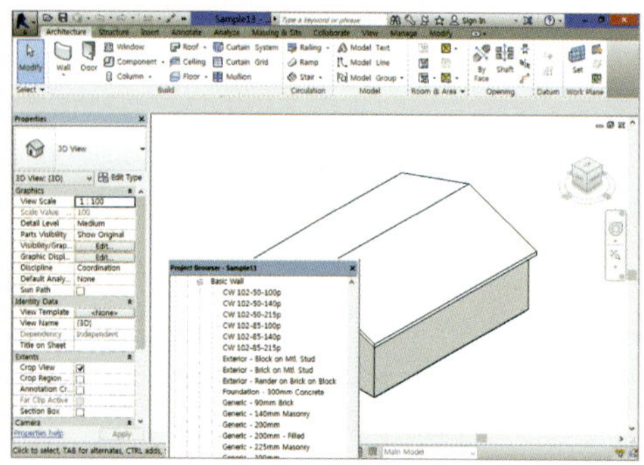

▲ 독립적으로 드로잉 공간에 위치한 상태

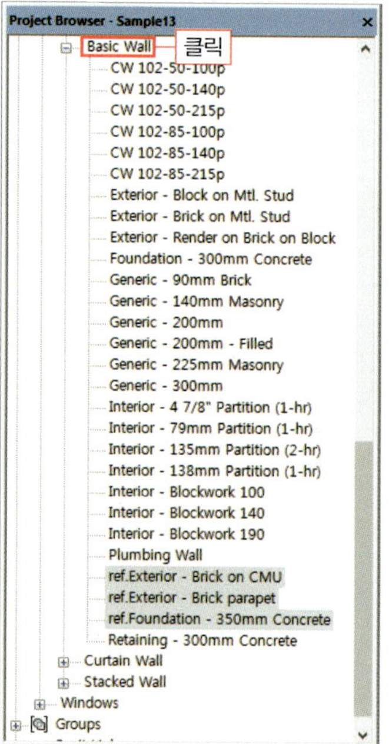

03. 특성을 확인하기 위해 벽을 선택한 다음 마우스 오른쪽 버튼을 클릭하고 [Type Properties]를 선택합니다. 그리고 그림과 같이 [Type Properties] 대화상자가 나타나면 [Preview]를 클릭합니다.

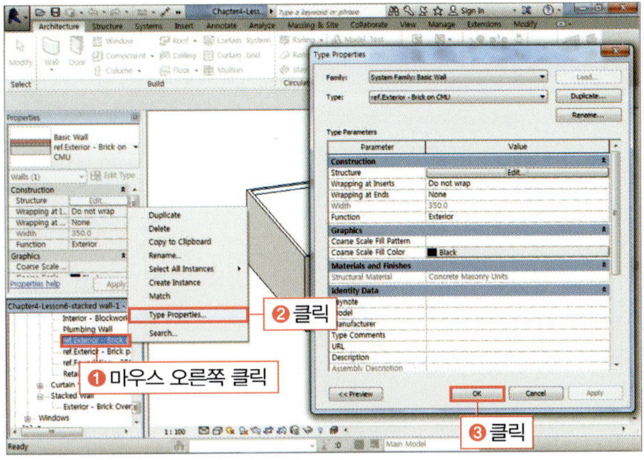

04. [Type Parameters]의 [Structure]에서 [Edit] 버튼을 클릭하여 [Edit Assembly] 대화상자로 이동하면 그림과 같이 각 Layer 구성(재질)을 확인한 다음 [View]의 방향을 'Section'으로 전환합니다.

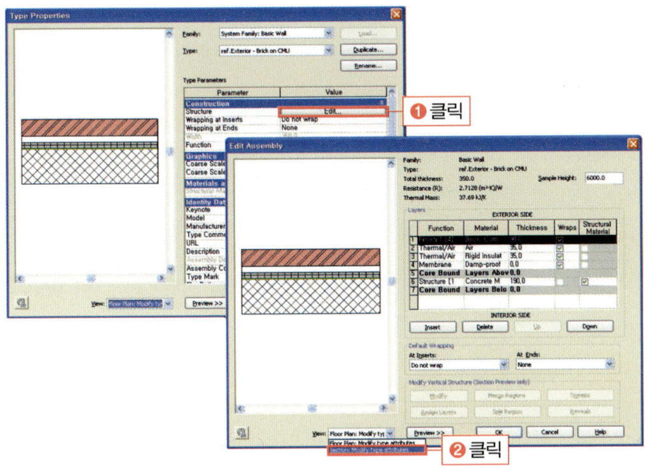

05. 전환 후 자세히 보기 위해 마우스 휠을 이동하여 확대시키면 그림과 같이 검은색으로만 보였던 벽 재료 패턴이 보이기 시작합니다. 그리고 [OK] 버튼을 클릭합니다.

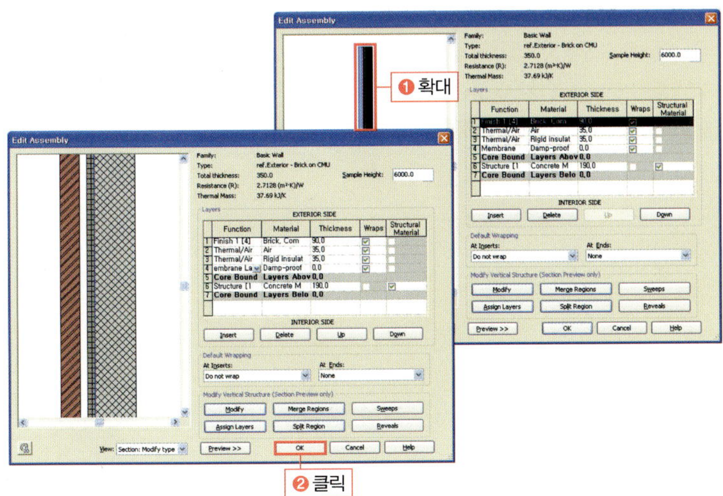

06. 다시 돌아온 [Type Properties] 대화상자에서 [OK] 버튼을 클릭하여 특성 확인을 마무리합니다.

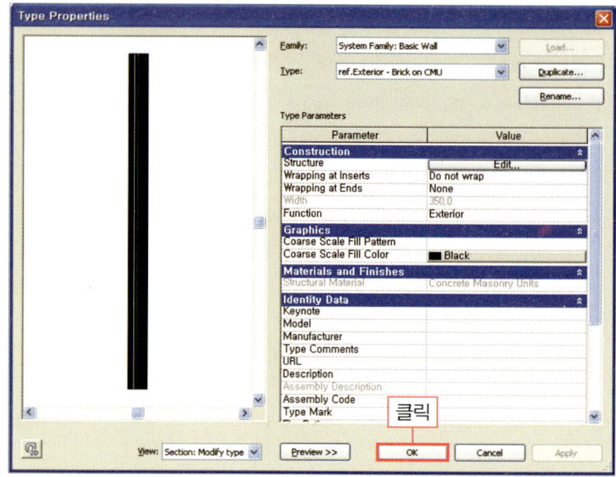

07. [Stacked Wall]에서 [Exterior-Brick Over Block w Metal Stu]를 마우스 오른쪽 버튼으로 클릭한 후 [Duplicate]를 선택합니다.

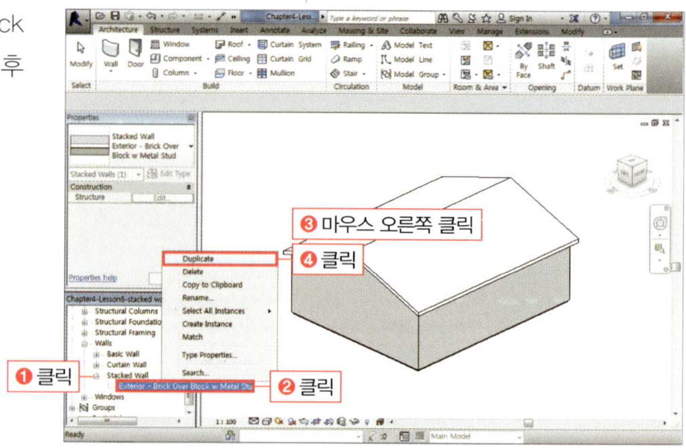

08. [Exterior-Brick Over Block w Metal Stu 2]가 나타나면 마우스 오른쪽 버튼을 클릭한 후 [Type Properties]를 선택합니다.

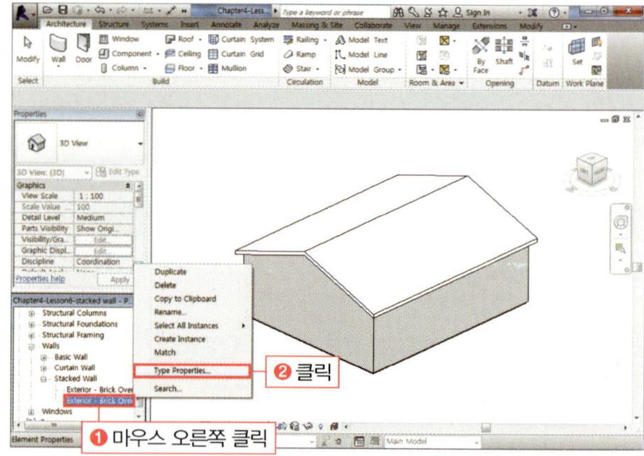

09. [Rename] 버튼을 클릭한 후 그림과 같이 'ref-Exterior Wall'로 수정하고 [OK] 버튼을 클릭합니다.

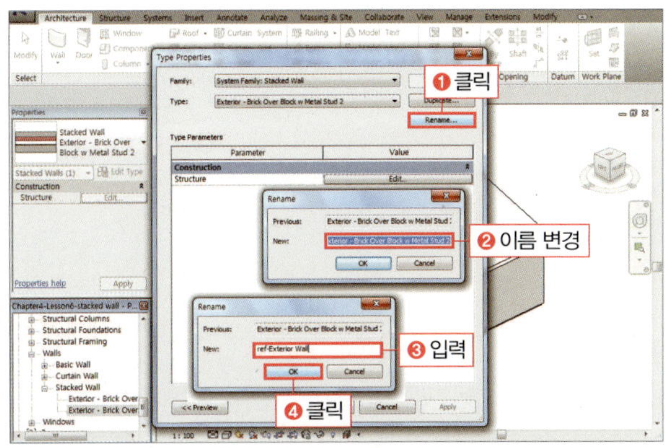

10. [Preview] 버튼을 클릭하여 대략적인 단면도를 미리 보기로 확인한 후 [Edit Structure] 버튼을 클릭합니다.

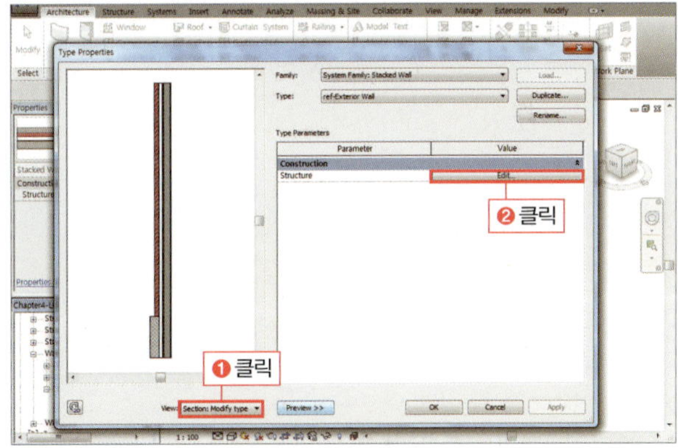

11. [Edit Assembly]에서 두 개의 Type이 보입니다. 먼저 아래의 벽을 선택하기 위해 [Type 2]를 선택합니다. [Type 2]의 숫자 [2]를 선택하면 해당 레이어의 내용이 모두 선택됩니다.

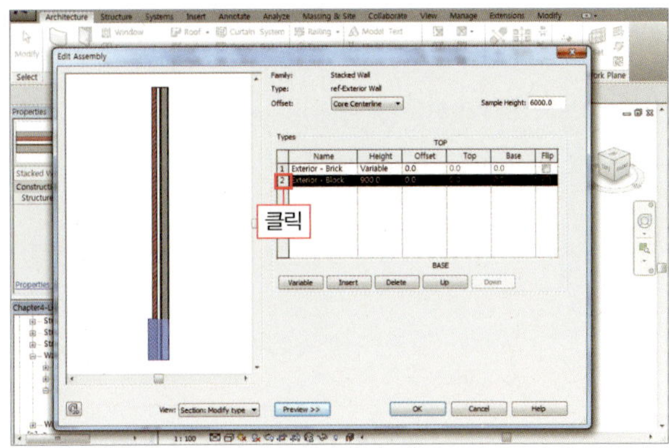

TIP Revit에서 'Core Centerline'은 구조적인 레이어의 중심을 일컫습니다. 보통 간단한 벽에서는 벽의 중심(Wall Center)과 코어 중심선(Core Center)이 일치함으로 [Edit Assembly] 대화상자에서 [Offset]의 기준을 선택함에 있어 이를 이해하고 넘어가는 것이 좋습니다.

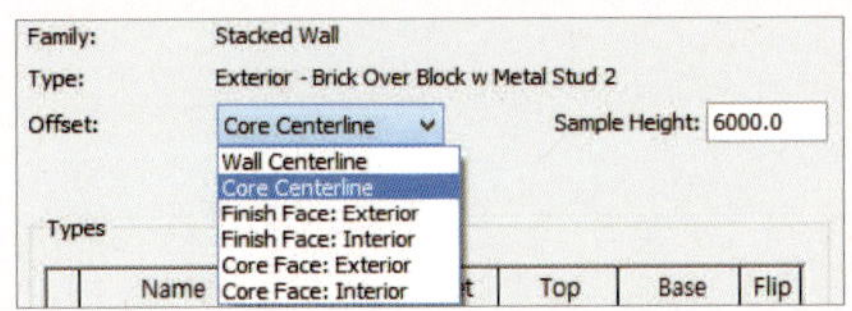

12. [Name]인 [Exterior Block]을 클릭한 후 [Browser] 버튼으로 'ref.Foundation-350mm Concrete'를 선택합니다.

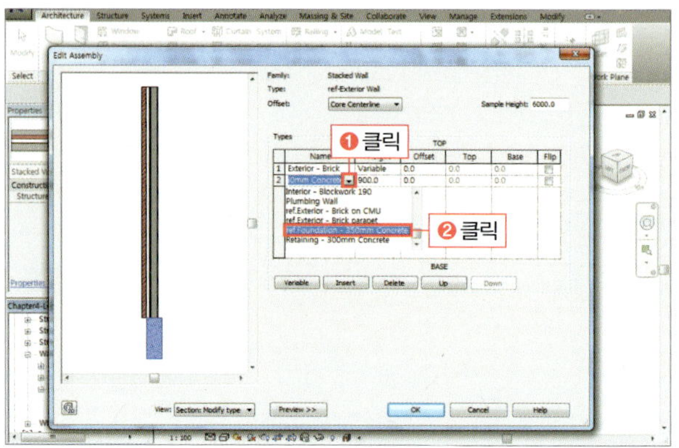

13. 위와 동일한 방법으로 [Type 1]의 이름을 클릭하고 'ref.Exterior-Brick on CMU'를 선택합니다.

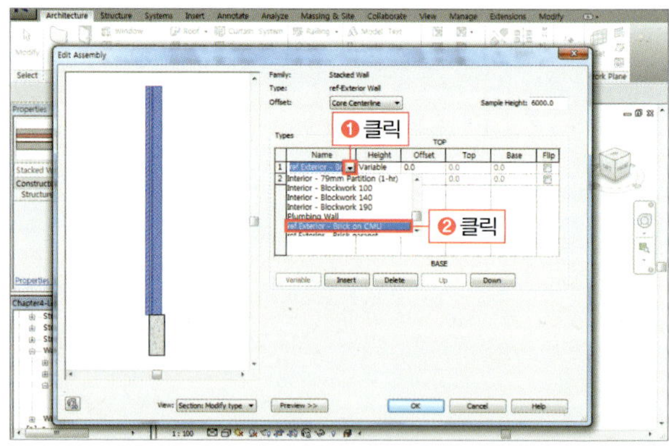

14. [Insert] 버튼을 클릭하면 제일 위로 'ref.Exterior-Brick on CMU'가 복사되어 삽입됩니다. 그리고 미리 보기에서 하이라이트 된 벽(ref.Exterior-Brick on CMU 복사본)이 하나 더 쌓여져 있는 것을 확인할 수 있습니다.

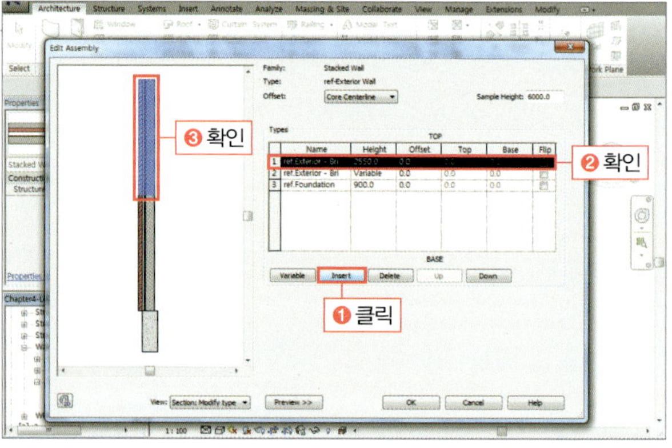

15. [Type 1]인 'ref.Exterior-Brick on CMU'를 선택
하고 [Browser] 버튼으로 'ref. Exterior-Brick para-
pet'을 선택합니다.

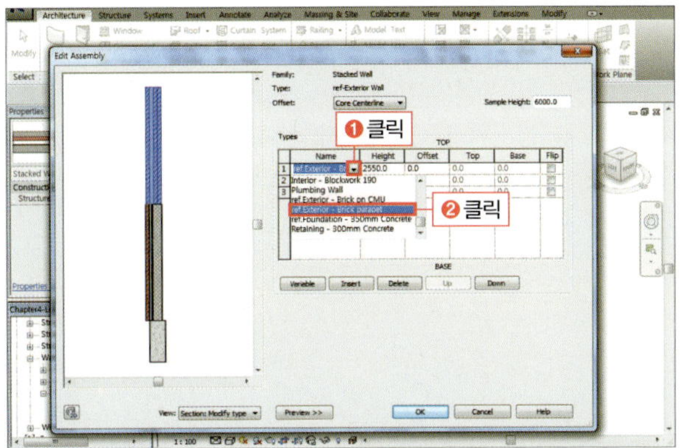

16. 세 가지 타입의 벽 중에서 변경 가능한 벽 타입
이 외에는 높이를 가지므로, [Type 1]의 높이를 '900',
[Type 3]의 높이를 '1200'으로 수정합니다. 나머지 중
간 [Type 2]는 'Variable'로 설정하여 벽 높이가 변경
가능하도록 지정합니다.

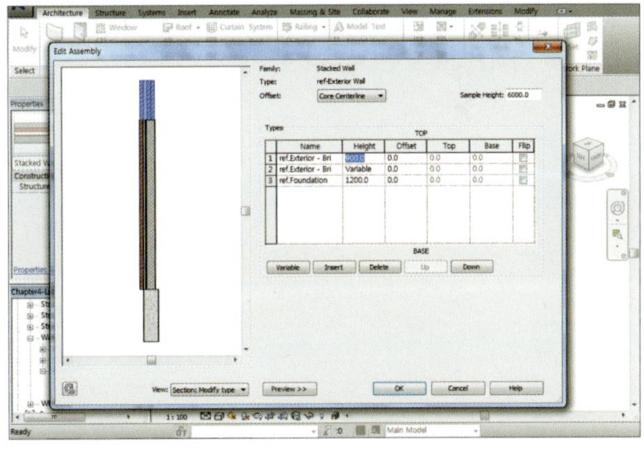

17. 마우스 휠을 이용하여 미리 보기 화면에서 [Type
3]과 [2]의 부분을 확대시키면, 그림과 같이 서로 맞지
않는 것을 알 수 있습니다.

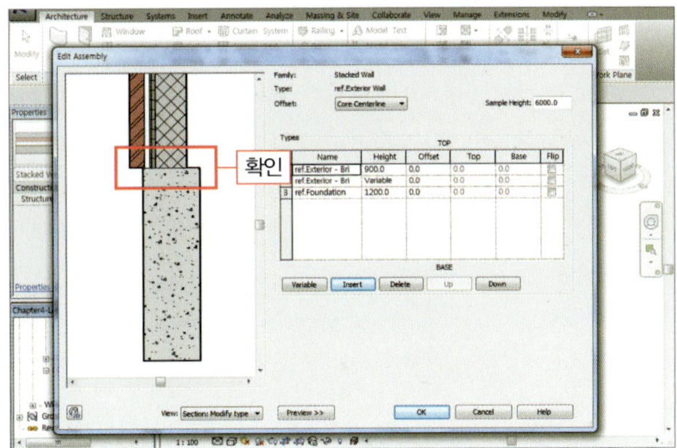

18. 이 부분을 같은 선상으로 맞추기 위하여 [Type 3]을 선택한 후 [Offset]에서 'Finish Face: Exterior'를 선택합니다.

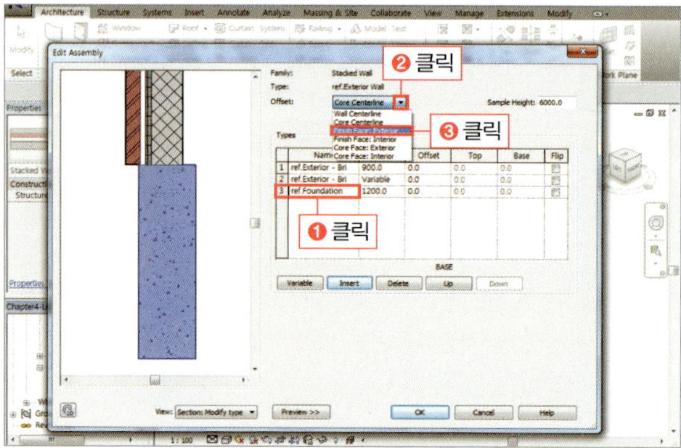

19. 모든 벽의 외벽 마감선이 일직선으로 정렬된 것을 확인한 후 [OK] 버튼을 클릭합니다.

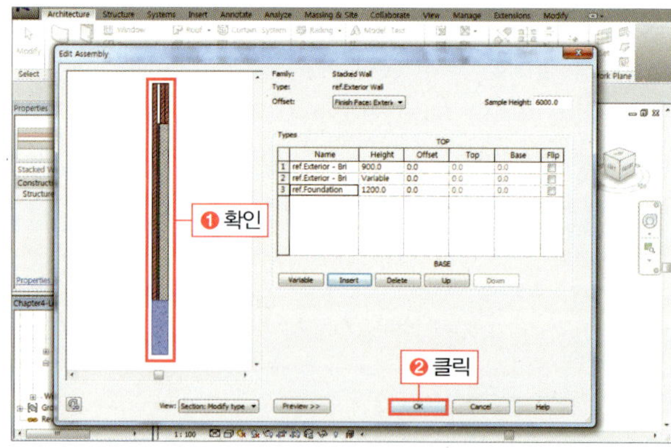

20. [Type Properties] 대화상자로 돌아오면 [OK] 버튼을 클릭하여 적층벽을 완성합니다.

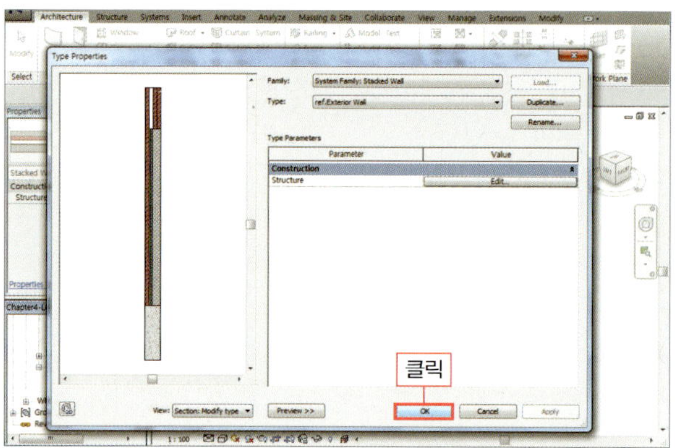

21. [Architecture] 탭-[Select] 패널에서 [Modify]( )
를 클릭하거나, `Esc` 를 눌러 [Type Properties] 대화
상자에서 나옵니다.

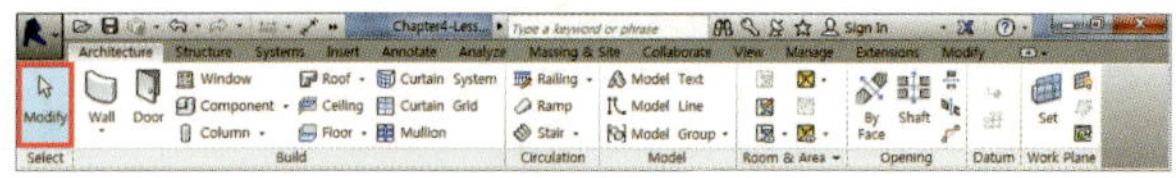

22. 마우스 포인터를 이동하여 외벽의 한 부분이 하
이라이트된 상태에서 `Tab` 을 눌러 눌러 벽 전체를
선택합니다.

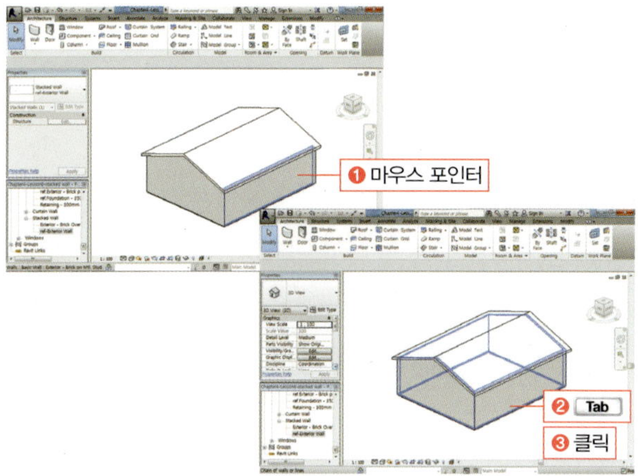

23. 클릭하여 벽을 선택한 후 [Properties] 창에 있는
[Type Selector]에서 'ref-Exterior Wall'을 클릭하여
선택합니다. 그리고 [Modify]( )나 `Esc` 를 누릅니다.

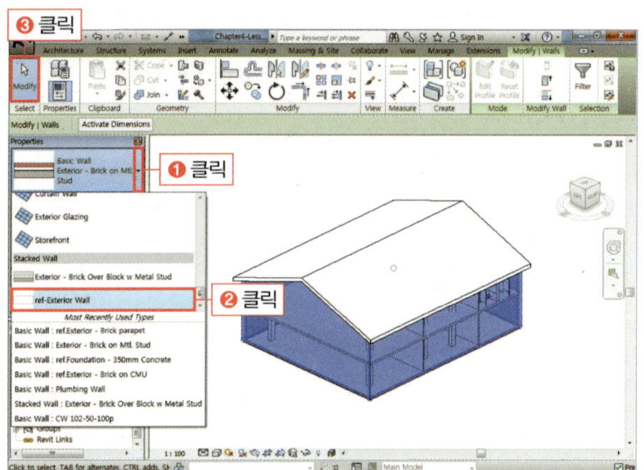

24. 그림과 같이 외벽이 적층벽(Stacked Wall)로 변
경된 것을 확인할 수 있습니다. 내비게이션 바에서
[Zoom Region]( )을 클릭하여 확대합니다.

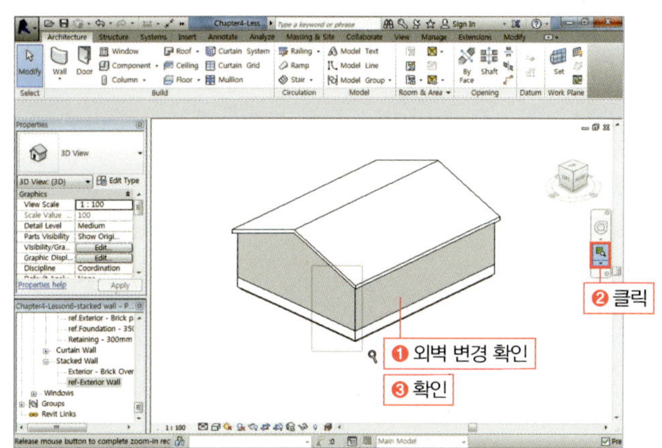

25. 그림과 같이 벽의 패턴을 확인한 후 'Zf'(Zoom to Fit)를 입력하여 완성합니다.

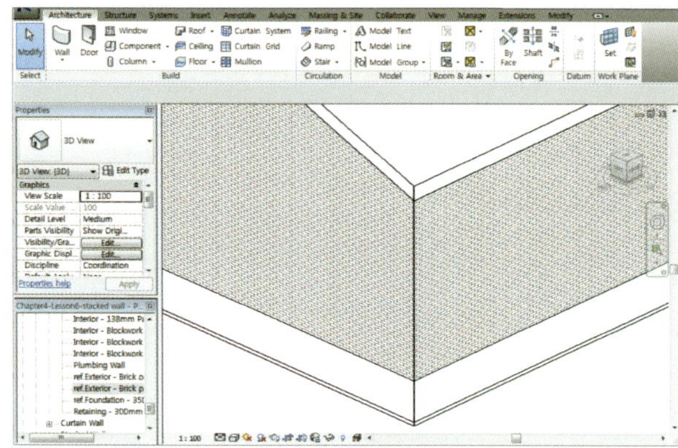

 [Edit Assembly] 대화상자 구성

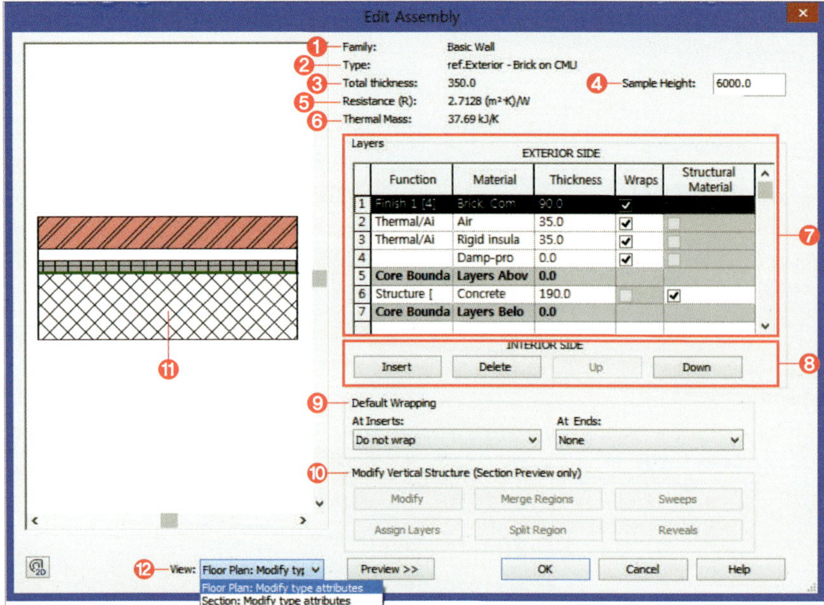

❶ Family : 불러온 패밀리의 카테고리를 알 수 있습니다.

❷ Type : 불러온 패밀리의 타입을 알 수 있습니다.

❸ Total Thickness : 아래 레이어의 두께를 합한 값입니다.

❹ Sample Height : 선택한 객체의 높이를 알 수 있습니다.

❺ Resistance : 열에 대한 저항 값을 계산해 줍니다.

❻ Thermal Mass : 열 질량 값을 계산해 줍니다.

❼ Layers(EXTERIOR SIDE) : 객체를 구성하는 레이어의 특성(기능, 재질, 두께 등)을 수정 및 설정할 수 있습니다.

❽ Layers(INTERIOR SIDE) : 선택한 레이어의 배열 수정 및 삭제가 가능합니다.

❾ Default Wrapping : 창문이나 문 같은 Opening된 부위 가장자리를 랩(Wrap) 할 것인지에 대해 선택할 수 있습니다.

❿ Modify Vertical Structure : Section과 관련된 특성의 수정이 가능합니다.

⓫ Preview : 선택한 객체의 단면도를 미리 보기로 확인합니다.

⓬ View : 가로 및 세로로 절단한 단면도를 선택하여 볼 수 있습니다.

따라하기를 통해 커튼월을 만들어 봅니다.

예제 파일 : Part 02/Chapter 04/Sample14.rvt | **완성 파일 :** Part 02/Chapter 04/Sample14-완성.rvt

01. 예제 파일을 불러온 후 [Project Browser] 창에서 Level 2 드로잉 화면으로 이동한 후 [Architectural] 탭-[Build] 패널에서 [Wall]( )을 클릭합니다.

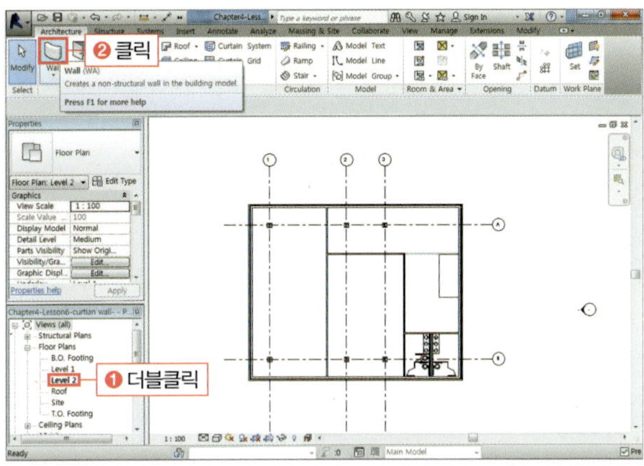

02. [Type Selector] 화살표를 이용하여 [Curtain Wall] 그룹에서 'Storefront'를 선택합니다.

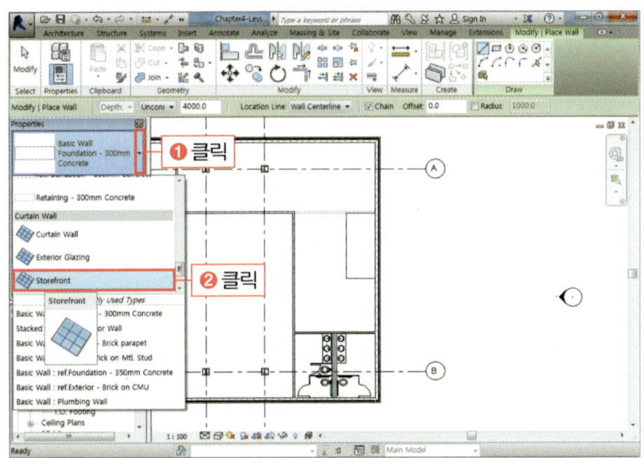

03. 아래의 계단이 놓여질 East 방향의 벽의 임의의 두 지점을 연결하여 커튼월의 위치를 설정합니다.

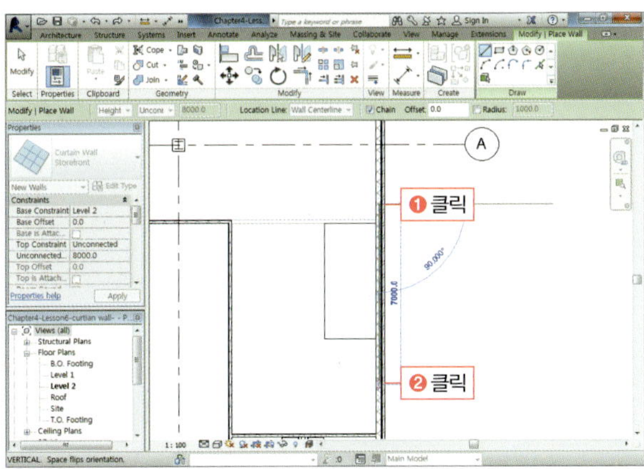

04. 선을 그리면 바로 벽을 가로질러 커튼월이 생기는 것을 확인한 후 [Esc]를 두 번 눌러 수정 모드에서 나옵니다.

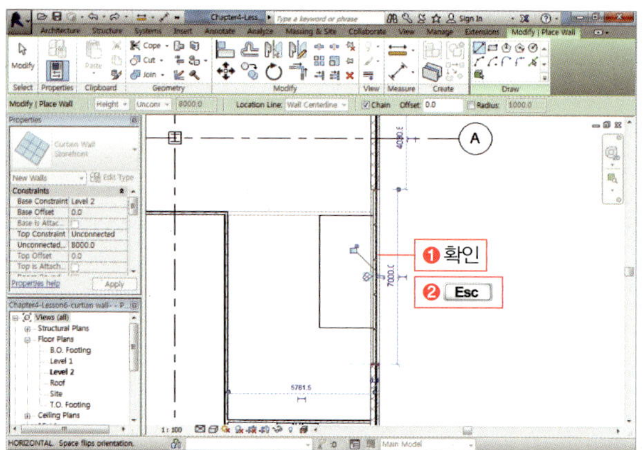

05. [Project Browser] 창에서 [Elevations]의 [East]를 더블클릭하여 선택하면 그림과 같이 커튼월의 위치를 확인할 수 있습니다. 수정을 하기 위해 커튼월을 선택하여 [Modify | Walls] 탭을 불러옵니다.

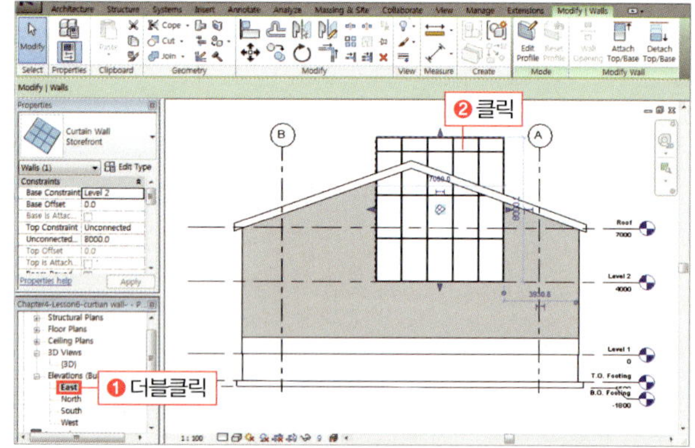

06. [Properties] 창 [Constrains]에서 [Base Constraint]을 'Level 1'로, [Base Offset]은 '0mm', 그리고 [Top Constraint]는 'Up to level: Roof'로 설정합니다.

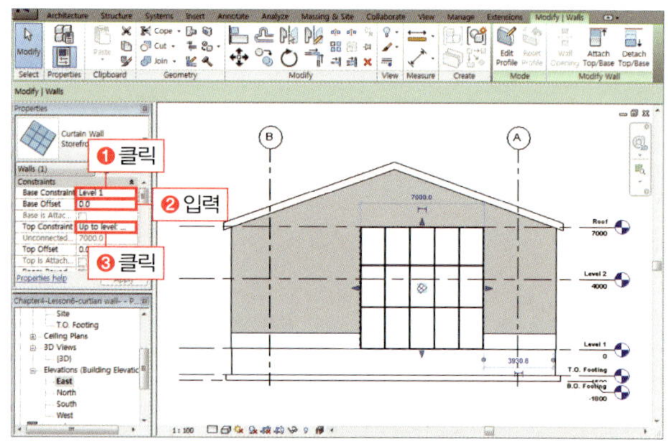

TIP Constraints는 선택한 객체의 위치를 지정하거나 실행될 영역을 지정해 주는 역할을 합니다. 설정 값에 따라 배치되는 위치가 달라짐으로 이를 숙지하는 것이 중요합니다.

07. 이후 넓이나 높이를 수정하려면 화살표를 누른 다음 이동할 곳으로 드래그시키면 자동으로 폭과 길이가 수정됩니다. 수정이 끝난 후 [Modify](아이콘)를 클릭하거나 Esc 를 두 번 눌러 수정 모드에서 나옵니다.

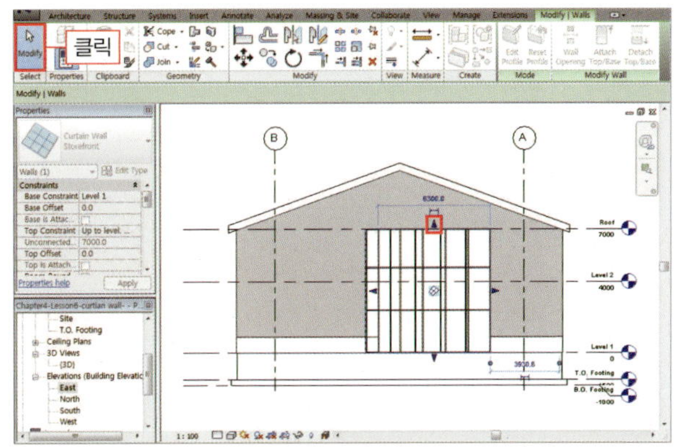

08. [Project Browser] 창에서 [3D View]를 클릭하여 재확인합니다.

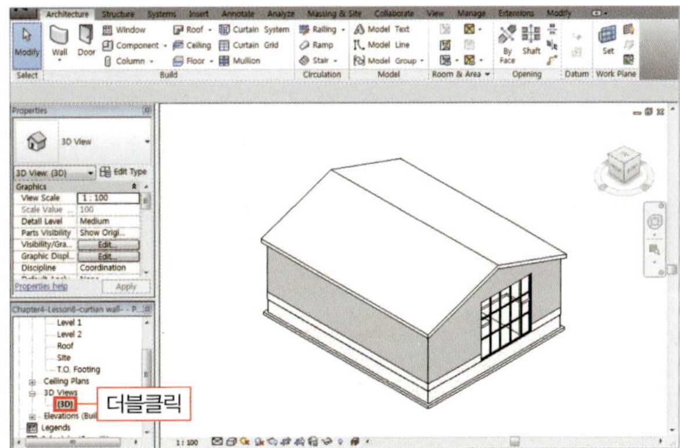

09. 2층의 슬라브를 보이지 않게 하려면 [Level 2]로 돌아간 후 [Modify] 탭-[Modify] 패널에 있는 [Align](아이콘)을 클릭하거나 단축 명령어 'AI'을 입력합니다.

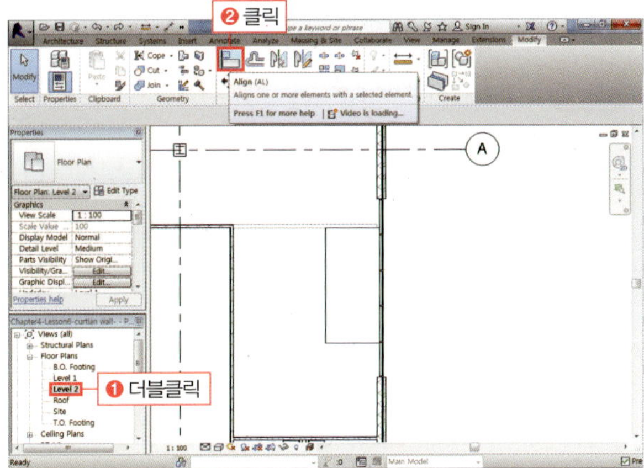

10. 오픈된 2층 바닥의 가로선을 선택합니다.

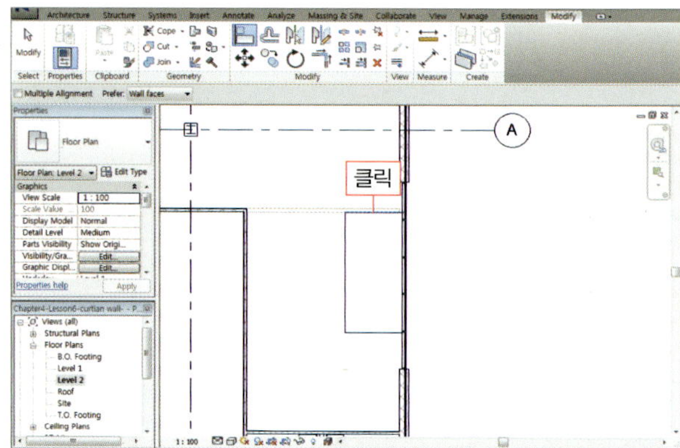

11. 길이 조절을 할 벽 끝에 선을 선택합니다.

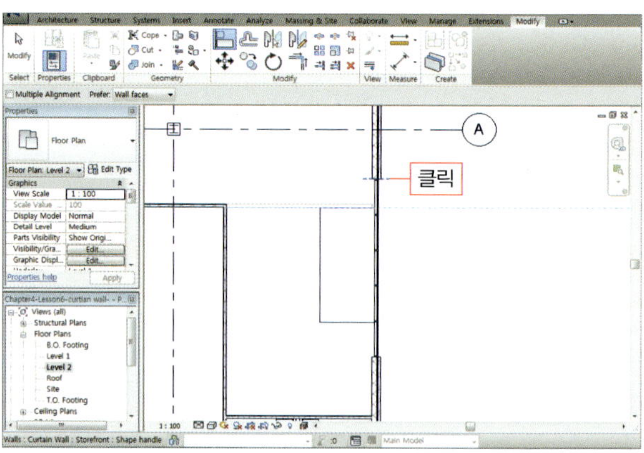

12. 그림과 같이 선이 Stretch된 것을 확인할 수 있습니다.

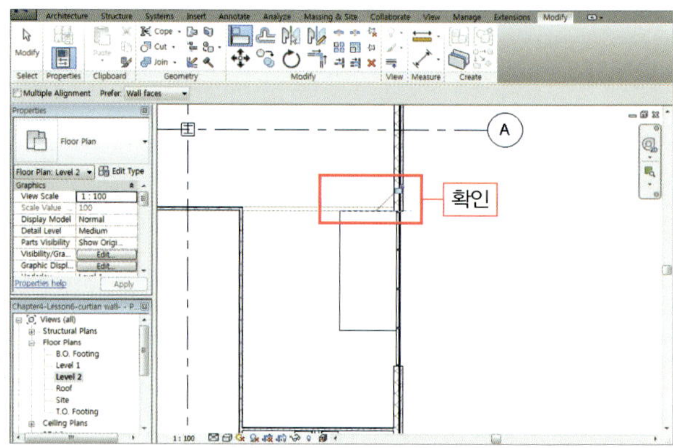

13. 그림과 같이 가로 바닥선과 벽의 끝 선을 위와 동일한 방법으로 Align시킵니다.

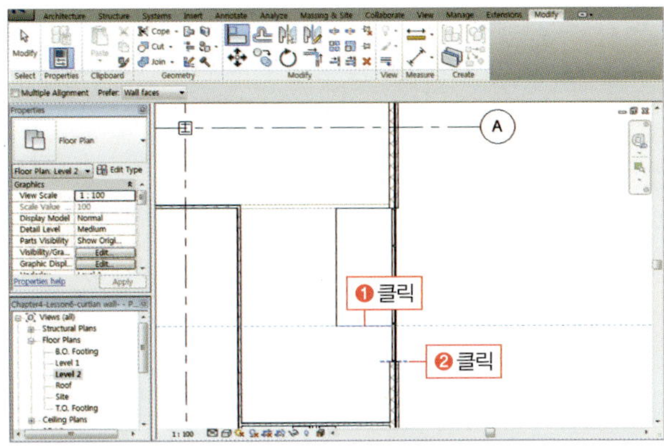

14. 그림과 같이 벽이 2층에 오픈 바닥의 경계로 커튼월이 수정된 것을 확인할 수 있습니다.

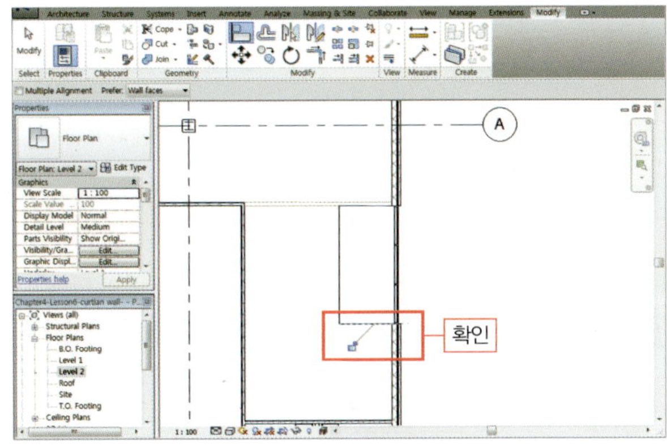

15. [3D View]와 [East Elevation] 드로잉 화면을 통해 커튼월(Curtain Wall) 지점을 확인한 후 완성합니다.

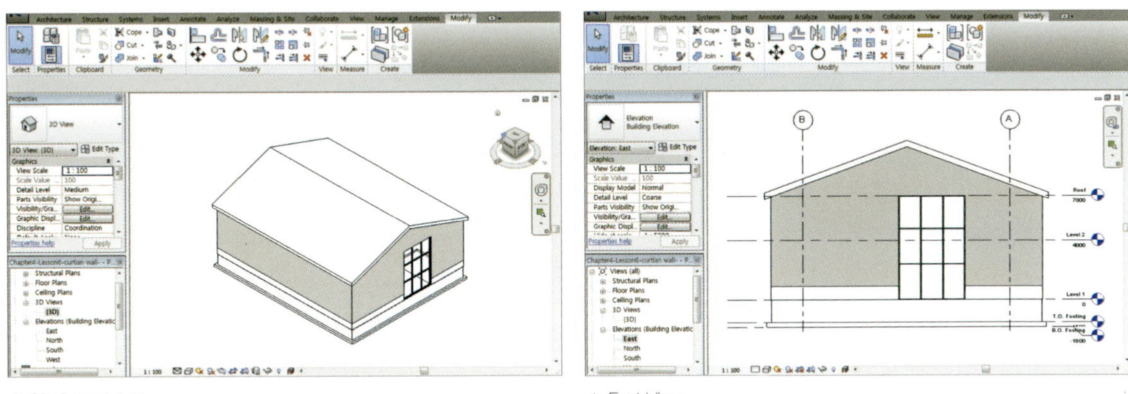

▲ 3D Coner View   ▲ East View

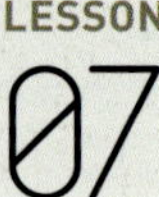

LESSON 07 문, 창문 추가하기

문과 창문을 추가하는 것은 Revit에서 가장 쉬운 작업 중에 하나입니다. 문과 창문은 Model Elements이자 Family 로써 이번 레슨을 통해 작업 중인 도면에 불러온 후 배치하는 방법을 알아봅니다.

● **학습 목표**

문과 창문 객체를 도면에 추가하는 방법을 알아봅니다.

● **학습에 필요한 단축 명령어**

AL : Align

DR : Door

WN : Window

ZR : Zoom in Region / ZF = Zoon to Fit

▌문 추가하기

따라하기를 통해 문을 추가하는 방법을 알아봅니다.

예제 파일 : Part 02/Chapter 04/Sample15.rvt **| 완성 파일 :** Part 02/Chapter 04/Sample15-완성.rvt

01. 예제 파일을 불러온 후 [Project Browser]의 [Floor Plans]에서 Level 1 드로잉 화면으로 이동합니다.

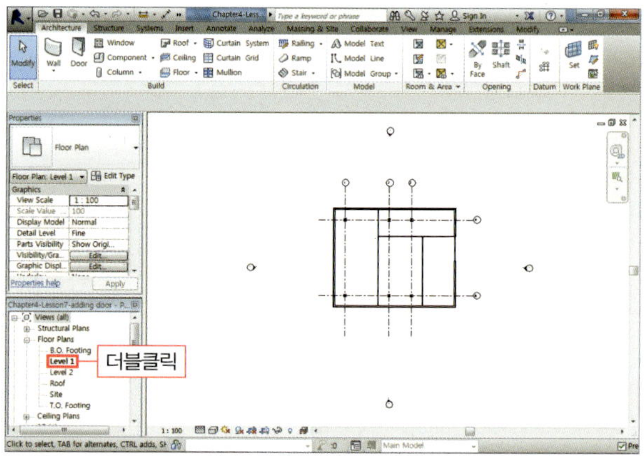

02. [Architecture] 탭-[Build] 패널에서 [Door](🚪)를 클릭하거나, 단축 명령어 'Dr'을 입력합니다.

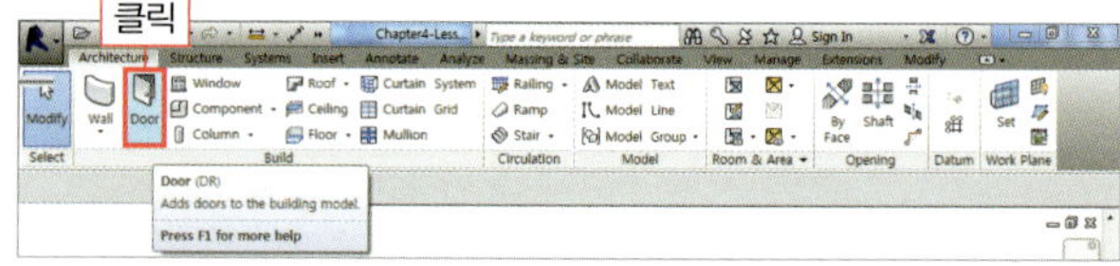

03. Door 태그를 함께 추가하고 싶다면 [Modify | Place Door] 탭의 [Tag] 패널에서 [Tag on Placement](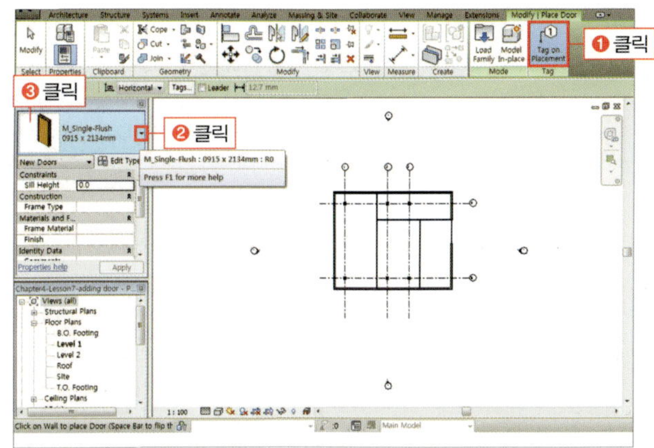)를 클릭한 후 [Properties] 창에서 'M_Single-Flush: 915×2134mm'를 선택합니다.

04. 벽의 패턴으로 문을 배치하기 방해가 된다면 [Detail Level]을 'Coarse'로 변경합니다.

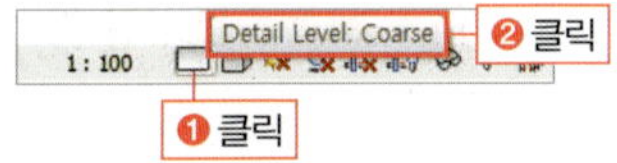

05. 벽이 아닌 곳에 마우스 포인터를 위치시키면 그림과 같이 문을 추가할 수 가 없다는 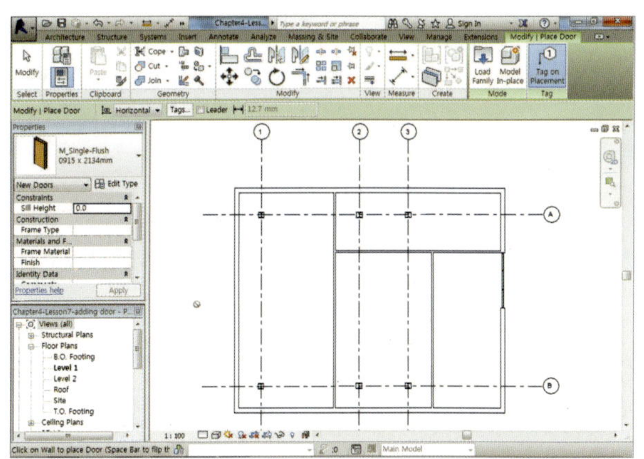 기호가 나타납니다.

06. 그림과 같이 문을 West 벽에 대고 임의의 지점에 마우스 포인터를 위치시킵니다.

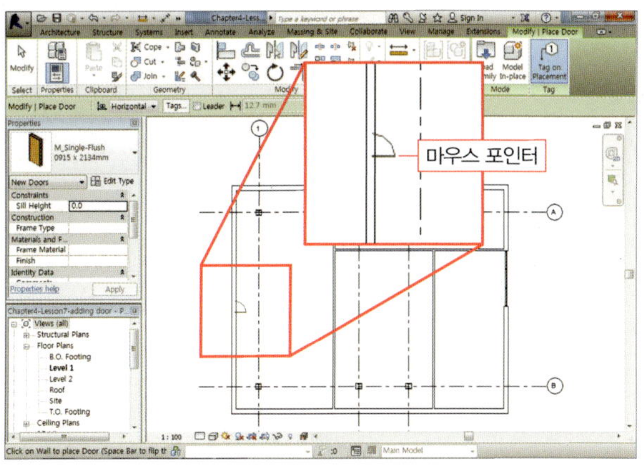

07. 클릭하여 문을 배치합니다.

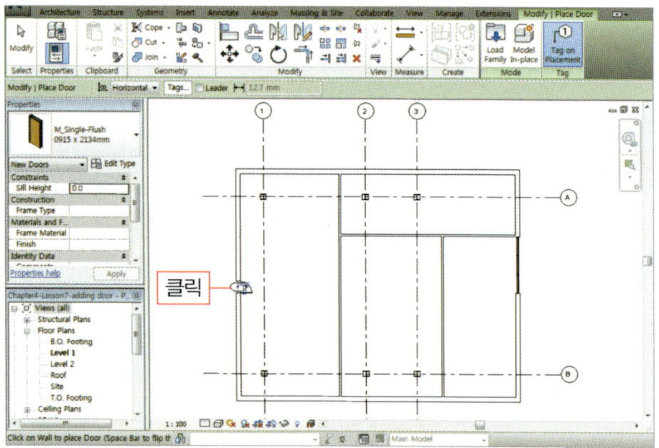

08. 문을 부분적으로 확대한 후(Zoom in Region) `Esc`를 두 번 누릅니다.

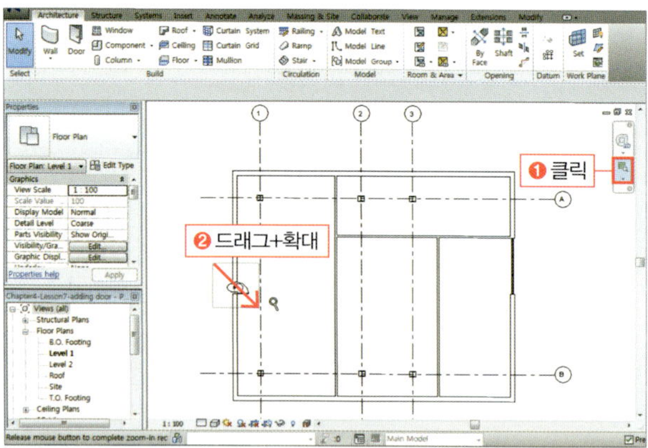

09. 확대된 화면에서 문의 Tag를 클릭합니다.

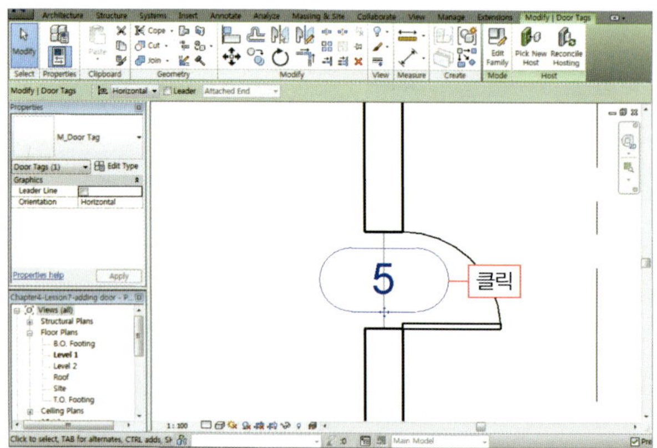

10. 숫자 '5'를 클릭하여 수정 모드로 변경하면 '1'로
수정합니다.

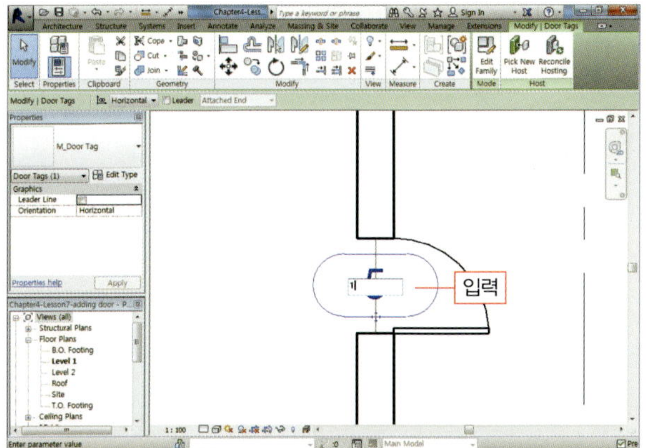

11. 그림과 같이 수정된 것을 확인한 후 **Enter** 를 누
르거나 [Modify](🔲)를 클릭합니다.

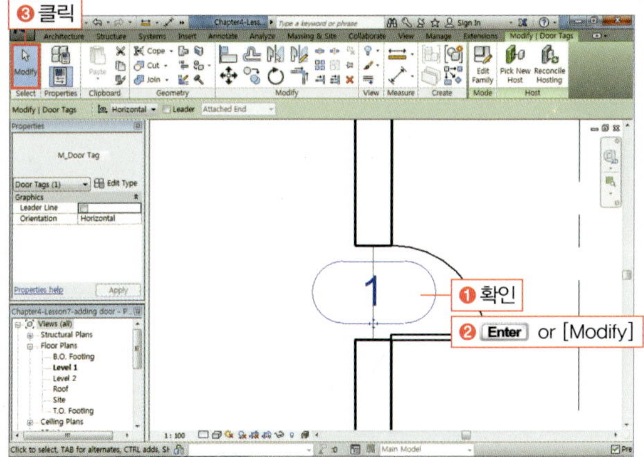

TIP 화면의 빈 공간에 클릭을 해도 동일하게 수정 모드에서 나
올 수 있습니다.

12. 'Zf'(Zoom to Fit)를 입력한 후 전체 확대를 하여 작
업 내용을 확인합니다.

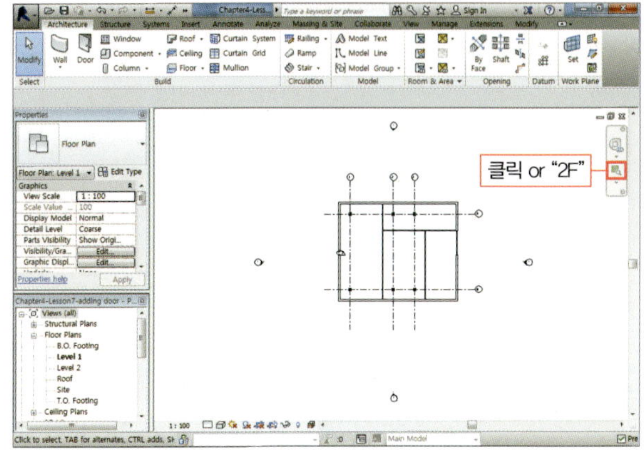

13. 부분 확대(ZR)를 이용하여 그림과 같이 영역을
지정합니다.

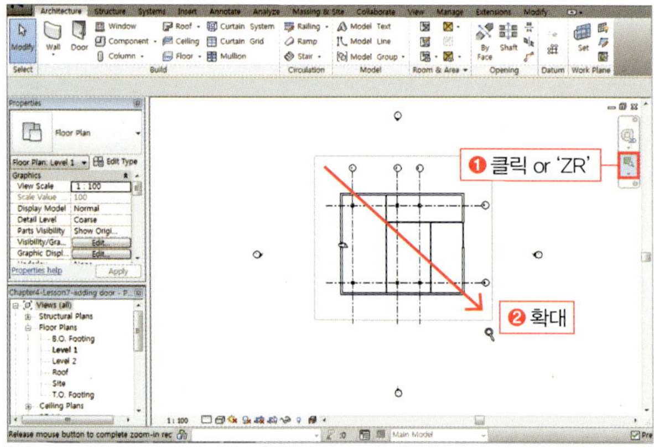

14. [Architectural] 탭–[Build] 패널에서 [Door](🚪)를
클릭합니다.

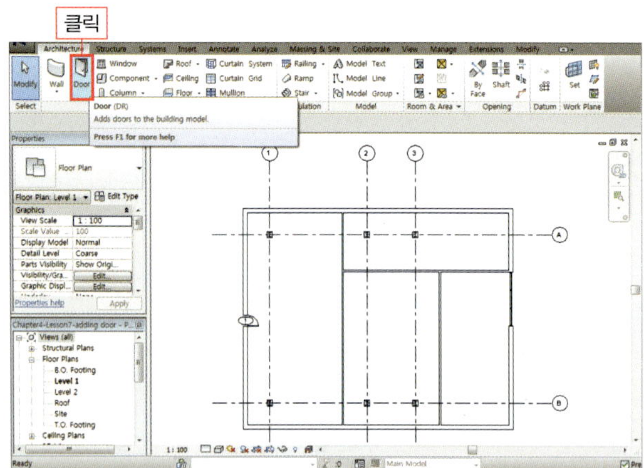

15. [Properties] 창에서 'M_Single–Flush: 762×
2032mm'를 선택합니다.

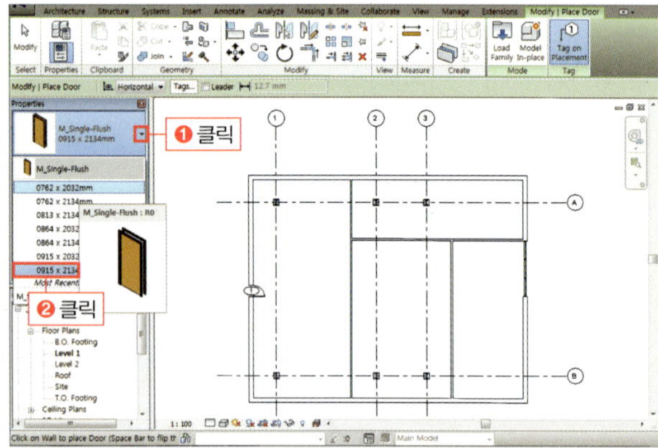

16. 다음의 인테리어 벽에 문을 배치하는데 OSNAP 기능으로 인해 자동으로 중심선에 문을 배치해 줍니다.

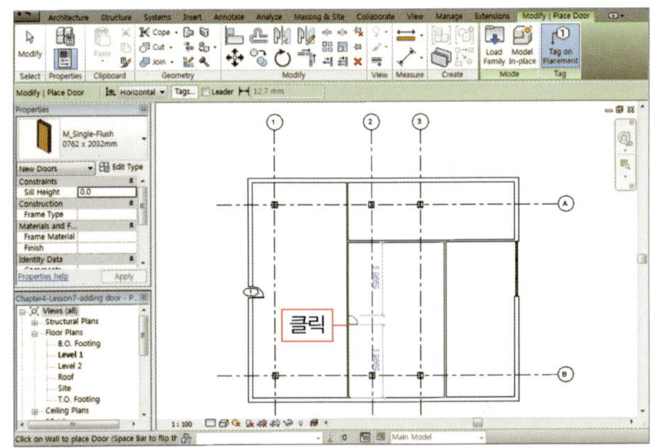

17. 그림과 같이 문을 배치한 다음 [Esc]를 두 번 누르거나 [Modify]( )를 클릭합니다.

TIP 서쪽 벽에 만든 문의 Tag를 '1'로 시작했기 때문에 이를 기점으로 나머지는 순서대로 번호가 매겨집니다.

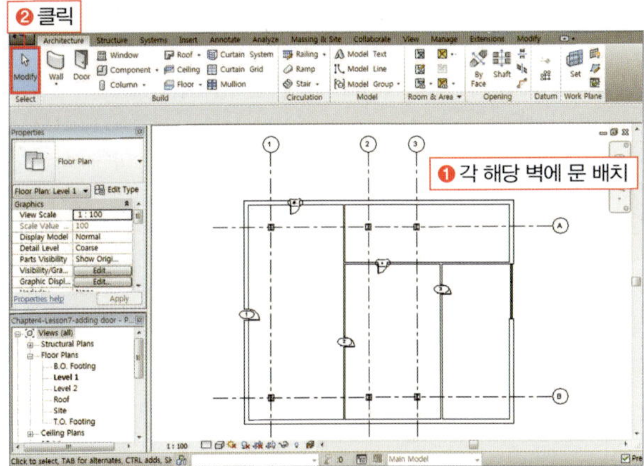

18. [3D View]에서 그림과 같이 문의 위치를 확인합니다.

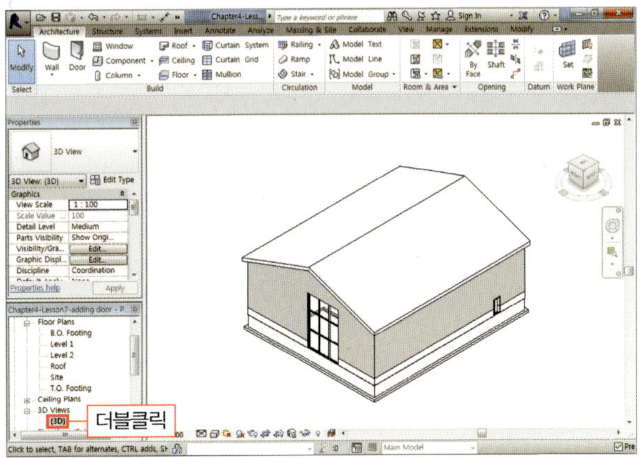

19. Level 2로 이동하여 2층에서도 문을 추가합니다.

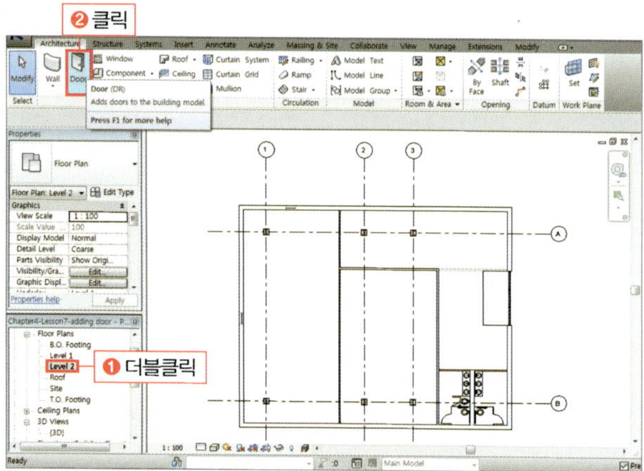

20. 그림과 같이 임의의 위치에 문을 배치한 후 `Esc` 를 누릅니다.

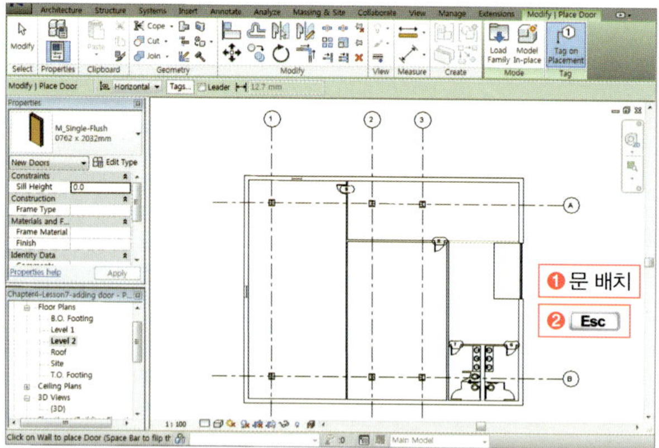

21. 화장실 문 부분을 확대합니다(Zoom in Region).

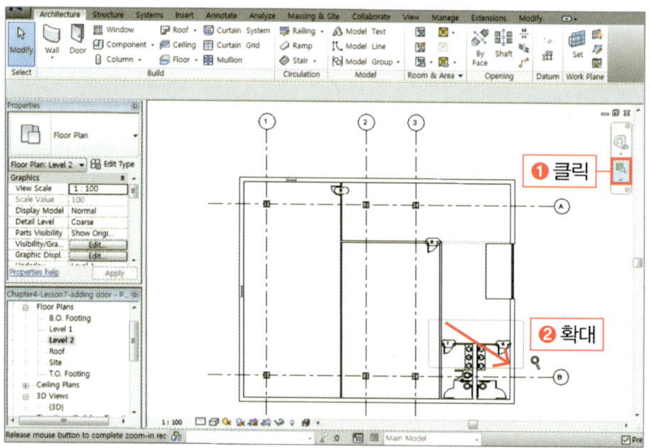

22. 방향을 바꾸기 원하는 'Door 6'을 선택한 후 가로 방향 화살표를 클릭하여 위치를 변경합니다.

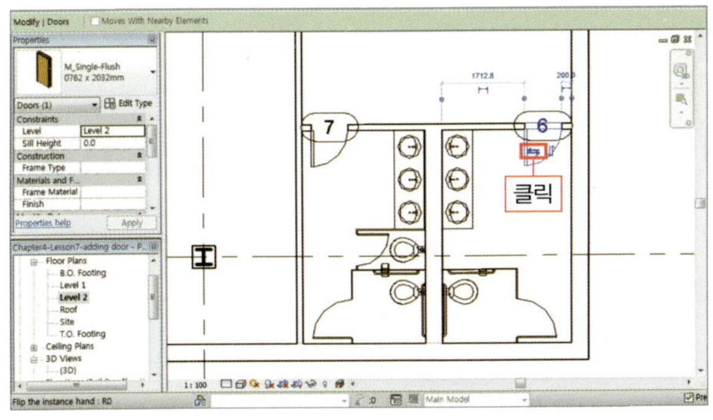

TIP 마우스 포인터를 이용하여 문을 벽에 위치시켰을 때 원하는 방향이 아니라면, **Space Bar** 를 눌러 방향을 변경합니다.

23. 그림과 같이 방향이 전환한 후 **Esc** 를 누릅니다.

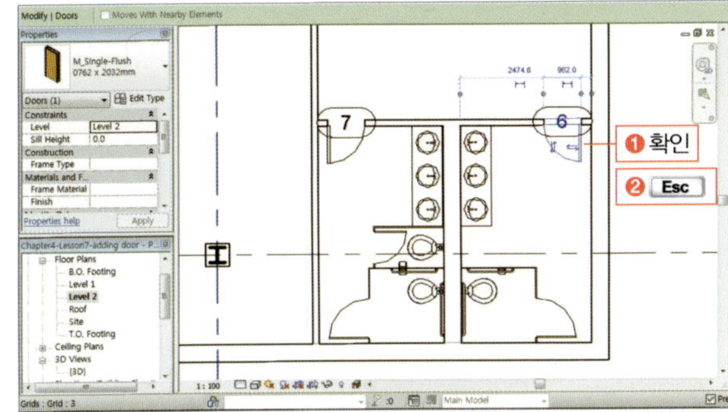

24. 방향을 바꾸려는 다른 문들도 이와 같은 방법으로 객체 선택 후 화살표를 클릭하여 방향을 전환시킵니다.

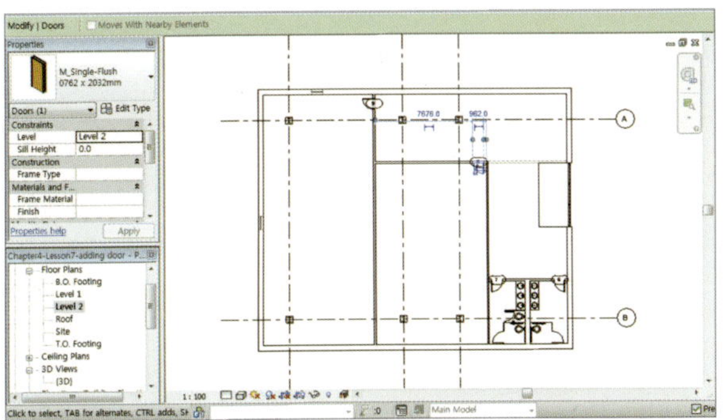

25. **Esc** 를 누르거나 [Modify]( )를 클릭한 후 전체 확대(Zf)를 이용하여 모든 문의 방향과 위치를 전체적으로 확인하고 작업을 마무리합니다.

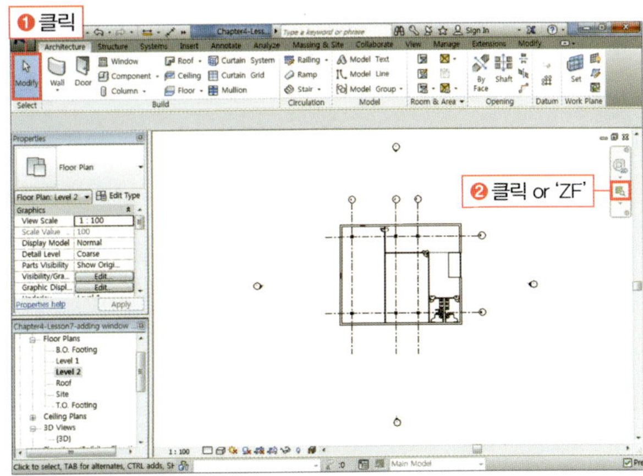

창문을 추가하는 방법을 예제 따라하기를 통해 학습합니다.

예제 파일 : Part 02/Chapter 04/Sample16.rvt **ㅣ 완성 파일 :** Part 02/Chapter 04/Sample16-완성.rvt

01. 예제 파일을 불러온 후 [Project Browser] 창에 있는 [Floor Plans]에서 [Level 1]을 더블클릭하여 드로잉 화면으로 이동합니다.

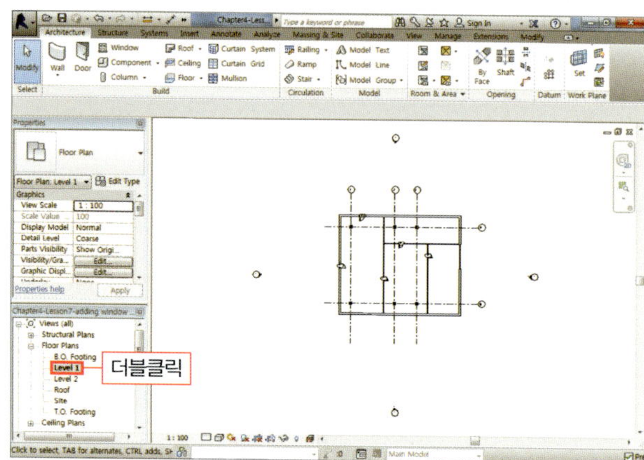

02. [Architecture] 탭–[Build] 패널에서 [Window](▦)를 클릭하거나, 단축 명령어 'WN'을 입력합니다.

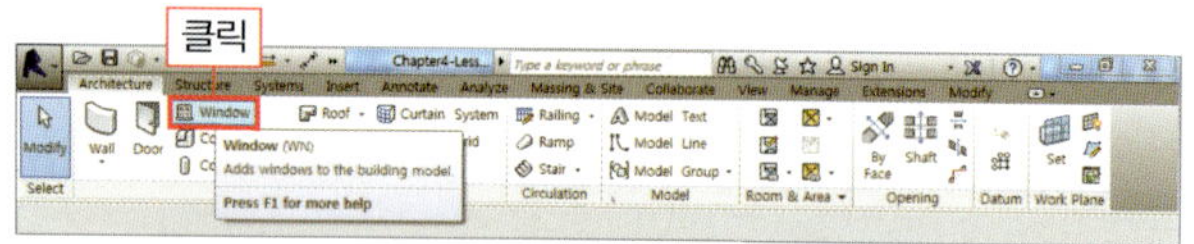

03. 창문 Tag를 함께 추가하고 싶다면 [Modify ㅣ Place Door] 탭–[Tag] 패널에서 [Tag on Placement](▦)를 클릭합니다.

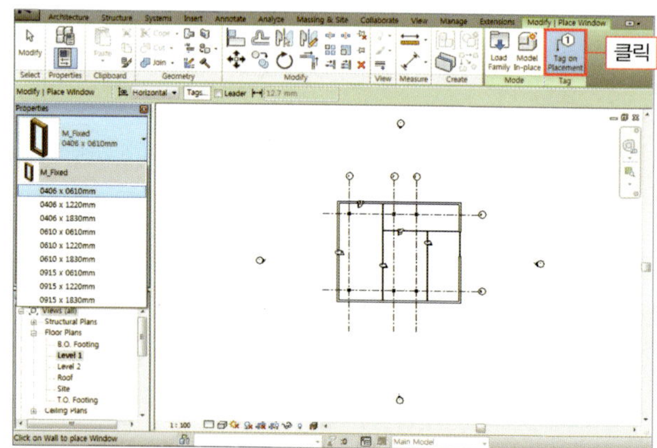

04. [Modify | Place Window] 탭-[Mode] 패널에서 [Load Family](📥)를 클릭한 후 [US Metric] 폴더로 이동합니다.

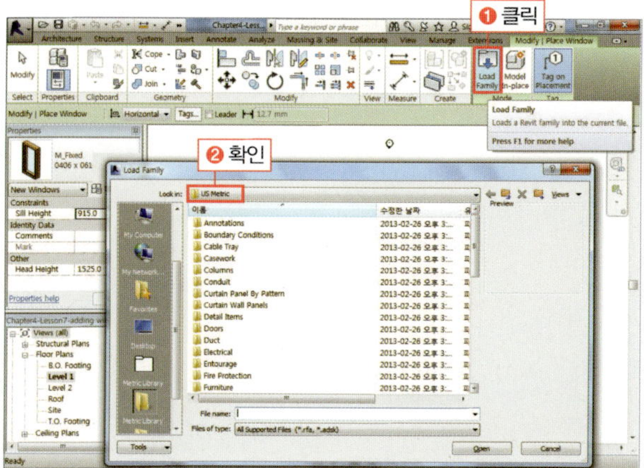

05. [Load Family] 대화상자에서 [Windows] 폴더를 더블클릭합니다.

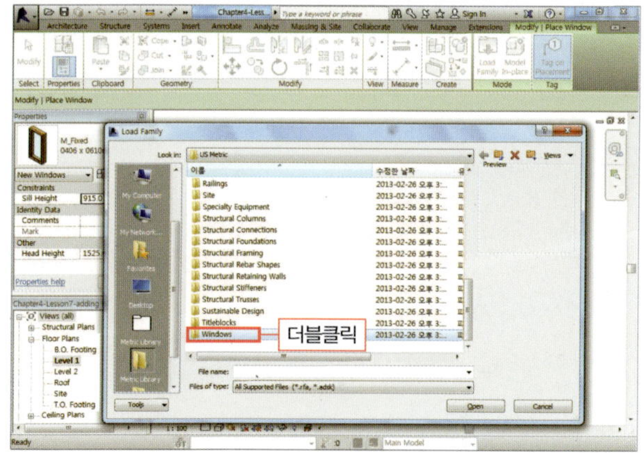

06. [Windows] 폴더 안에 여러 종류의 창문 패밀리(Family)가 저장되어 있습니다. 이 중에 'M_Casement Dbl with Trim.rfa' 파일을 선택한 후 [Open] 버튼을 클릭합니다.

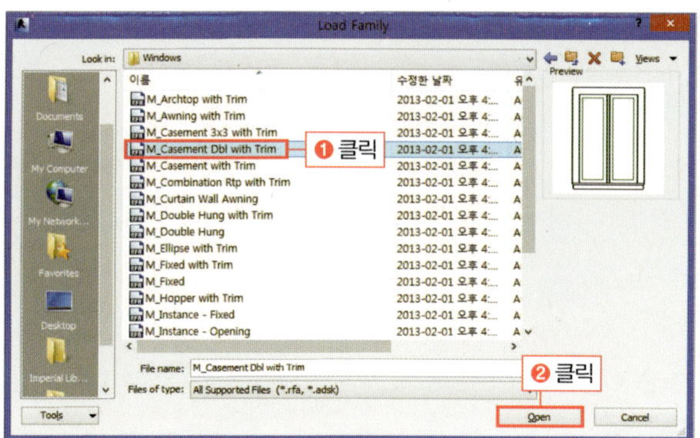

TIP [US Imperial]과 [US Metric] 폴더는 C:드라이브₩Program Data₩Autodesk₩RAC 2014₩Libries 위치에서 확인이 가능합니다.

07. 벽에 마우스 포인터를 위치시키면 자동으로 선택한 창문(M_Casement Dbl with Trim 1220X1220mm)이 생성됩니다. 원하는 창문 위치에 클릭하여 불러온 후 **Esc** 를 두 번 누릅니다.

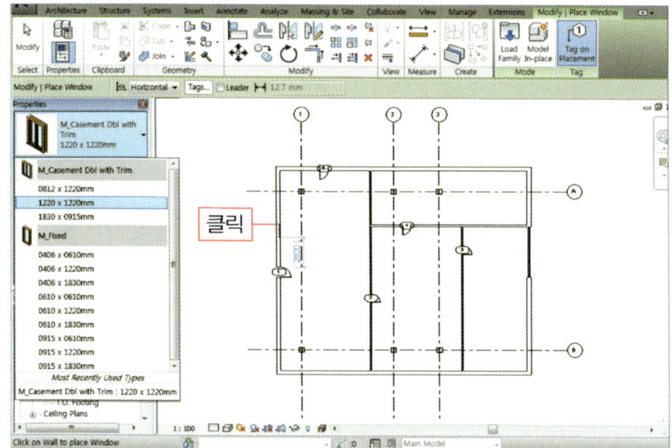

08. 부분 확대(Zr)를 한 다음 창문의 Tag를 선택하여 수정 모드로 전환시킵니다.

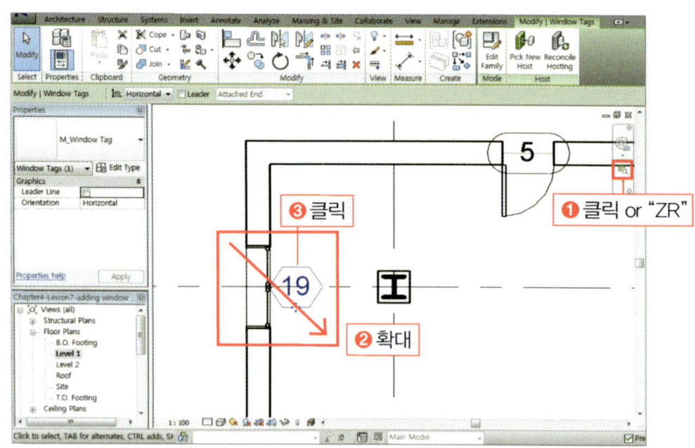

09. 문자를 선택하여 '19'를 '1'로 수정한 다음 화면의 빈 드로잉 공간에 클릭하면 Parameter를 변경하겠냐는 대화 창이 나옵니다. [예] 버튼을 클릭합니다.

TIP [Revit] 대화상자는 문자 수정 이후 **Enter** 를 눌러도 동일하게 나타납니다.

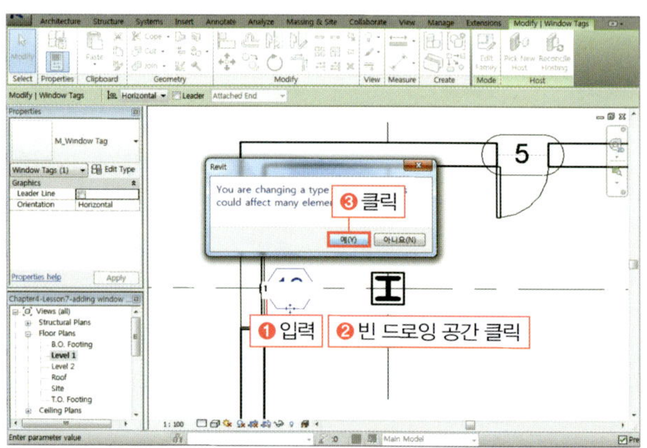

10. 다시 창문을 선택한 다음 아래의 방향 전환 표시를 클릭하여 창문을 바깥쪽으로 바꿔주고 **Esc** 를 누르거나 [Modify](⟍)를 클릭합니다.

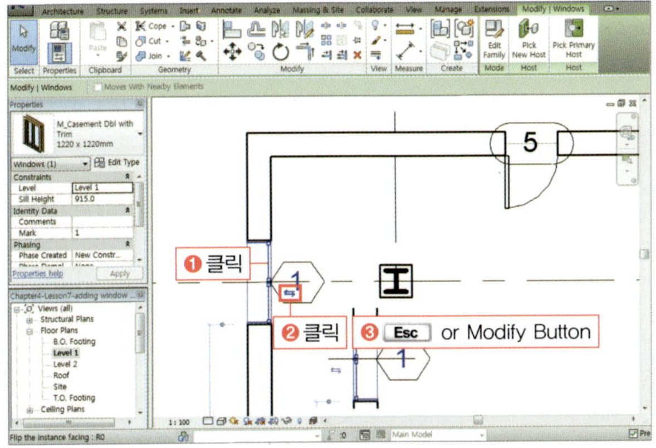

11. [Architecture] 탭-[Build] 패널에서 [Window](▦)를 클릭합니다.

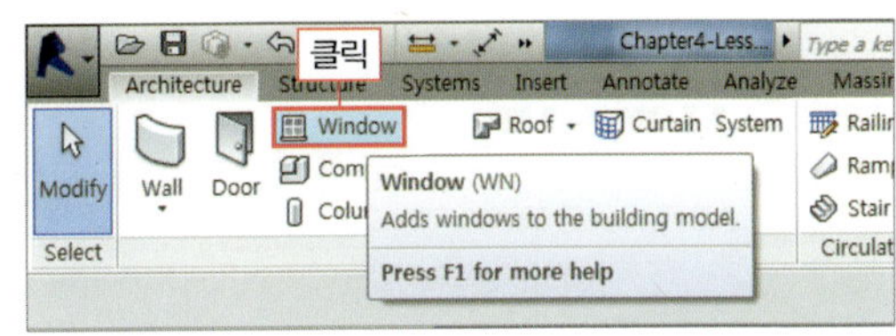

12. 나머지 창문에 관해서도 위와 동일한 방법으로 원하는 벽 위치에 클릭하여 배치한 후 **Esc** 를 누르거나 화면의 빈 공간을 클릭하여 창문 수정 모드에서 나옵니다.

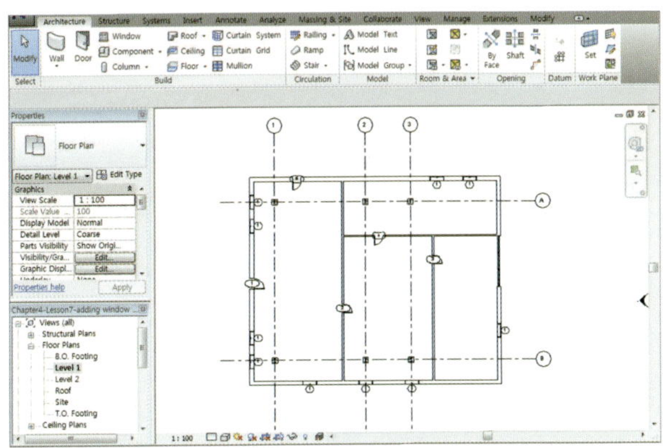

13. 그림과 같이 왼쪽 위에서 오른쪽 아래로 창문을 포함된 선택 영역을 지정합니다.

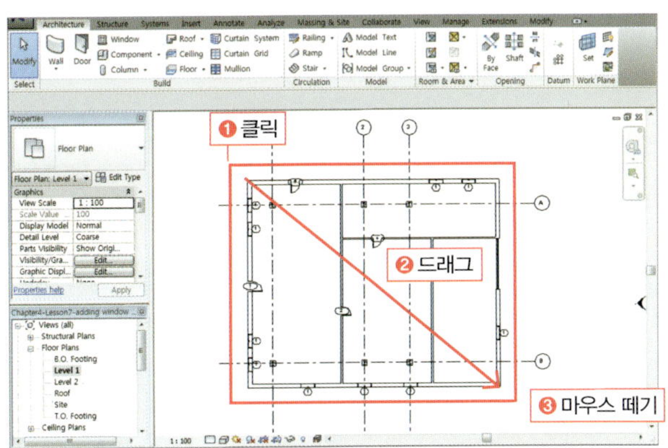

14. [Section] 패널에서 [Filter](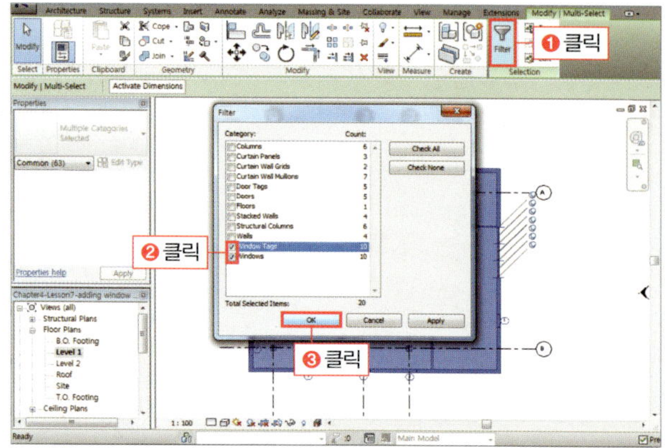)를 클릭하여 Window와 Window Tag을 선택한 후 [OK] 버튼을 클릭합니다.

15. [Project Browser] 창에서 [Section-West]를 더블클릭하여 단면도 화면으로 이동합니다.

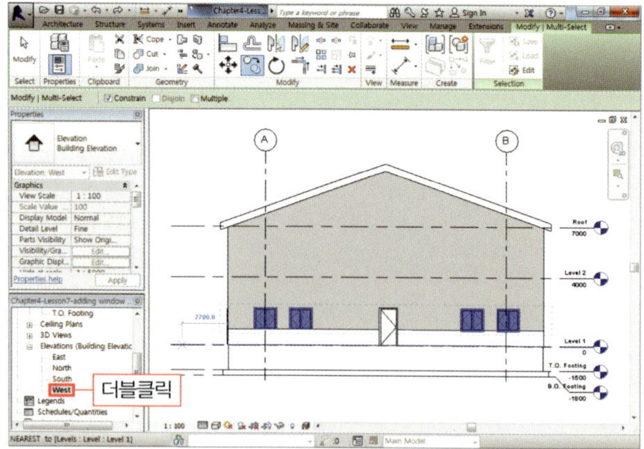

16. [Copy](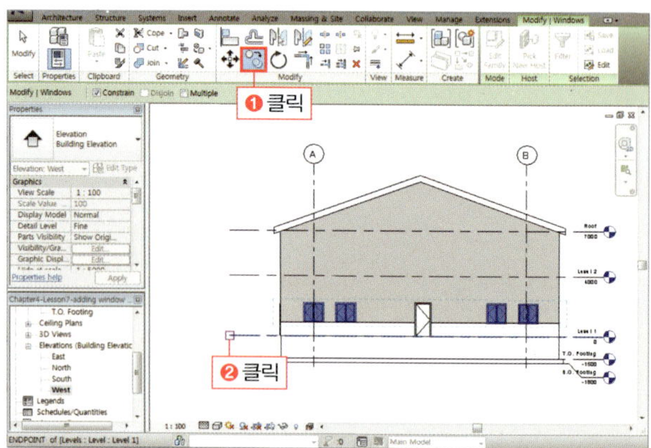)를 클릭한 후 기준점을 선택합니다.

17. 복사할 창문 위치를 선택합니다.

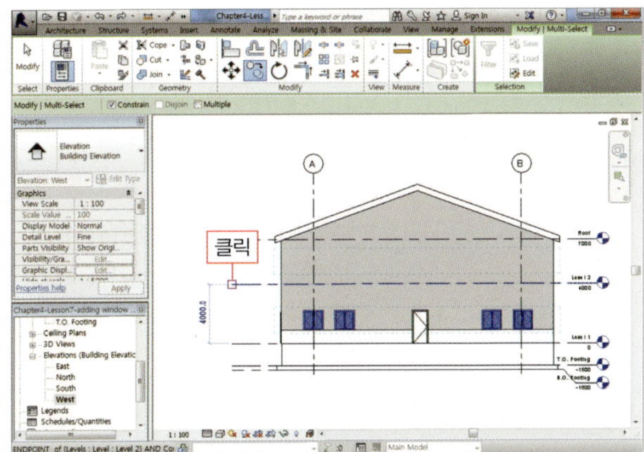

18. 그림과 같이 기준점에 맞춰 복사된 것을 확인할 수 있습니다.

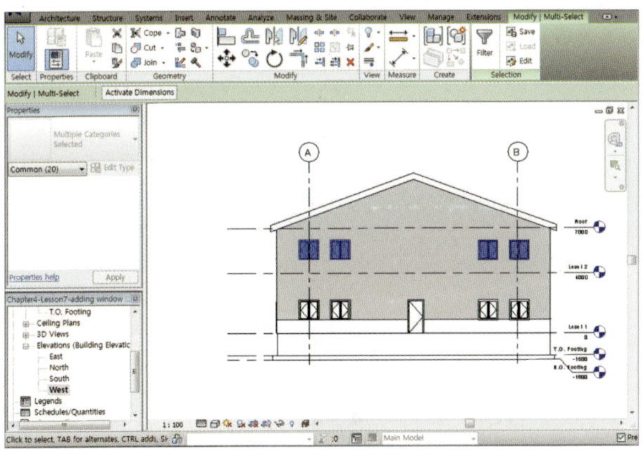

19. 3D View로 한 번 더 확인한 다음 창문 추가 작업을 마무리합니다.

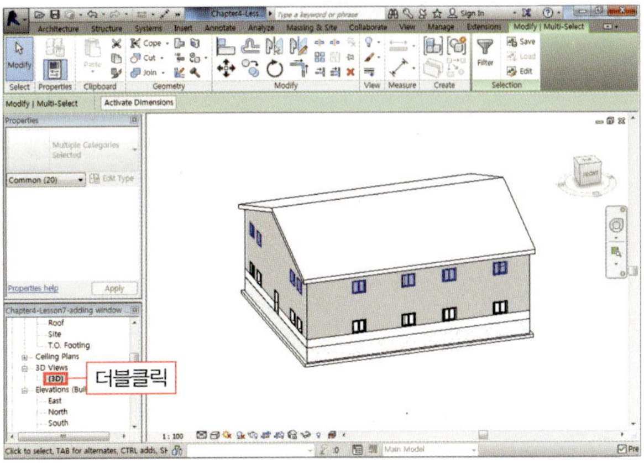

TIP • **Ctrl** 을 누른 상태에서 마우스 휠을 움직이면 3D View 화면이 확대 혹은. 축소됩니다.
  • **Shift** 를 누른 상태에서 마우스 휠을 움직이면 3D View 화면이 회전합니다.

LESSON 08 지붕 추가하기

지붕은 Model Elements 중에 Host Elements(wall, floor, slabs, roofs, ceilings)로써 건물 구조물과 관계되는 요소입니다. 더 많은 옵션도 많지만 가장 많이 사용하는 지붕으로 'Footprint roof'와 'Extrusion roof'가 있는데 이번 레슨을 통해 이러한 지붕을 배치하는 방법에 대해 알아봅니다.

● 학습 목표

지붕을 도면에 추가하는 방법을 익히도록 합니다.

● 학습에 필요한 단축 명령어

TR : Trim

AL : Align

Footprint 지붕 추가하기

Footprint 지붕을 추가하는 방법을 알아봅니다.

예제 파일 : Part 02/Chapter 04/Sample17.rvt

01. 예제 파일을 불러온 후 빠른 도구 막대에서 [Default 3D View](⬡)를 클릭합니다.

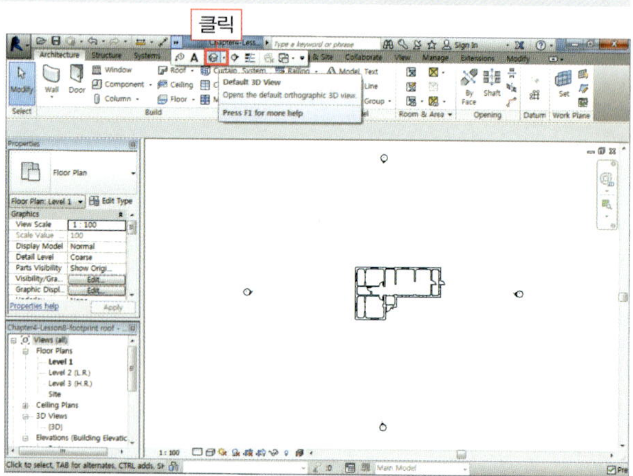

TIP [View] 탭–[Create] 패널의 [3D View]에서 [Default 3D View](⬡)를 클릭해도 됩니다.

02. 그림과 같이 3D View 화면으로 이동됩니다. 다른 각도에서도 보고 싶다면 뷰큐브를 이용합니다.

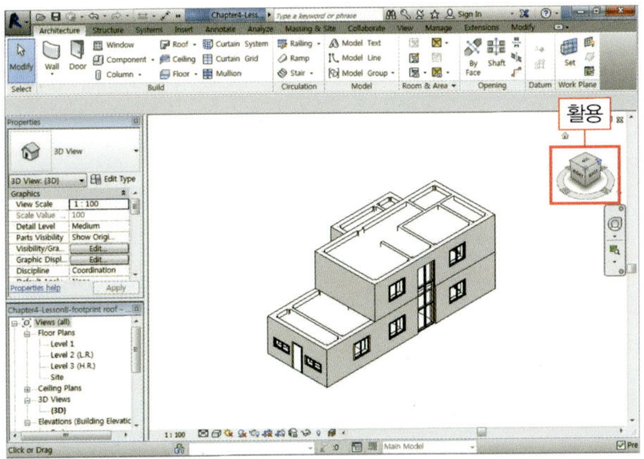

03. [Project Browser] 창에 있는 [Floor Plans]에서 [Level 3 (H.R.)]을 더블클릭하여 드로잉 화면을 이동한 후 부분 확대를 합니다(Zr 입력 또는, 내비게이션 바 이용).

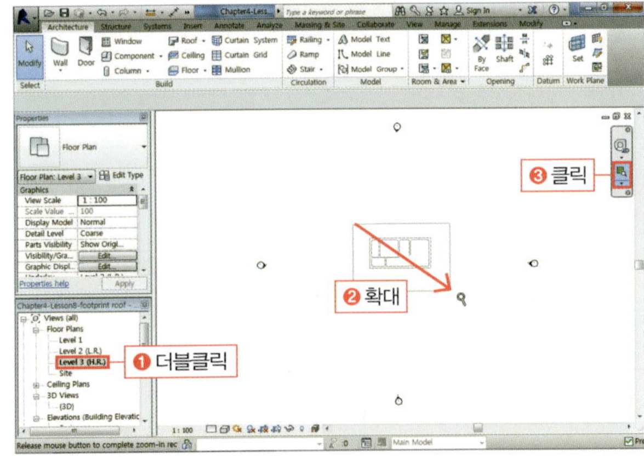

04. [Architecture] 탭-[Build] 패널에서 [Roof by Footprint](▣)를 클릭합니다.

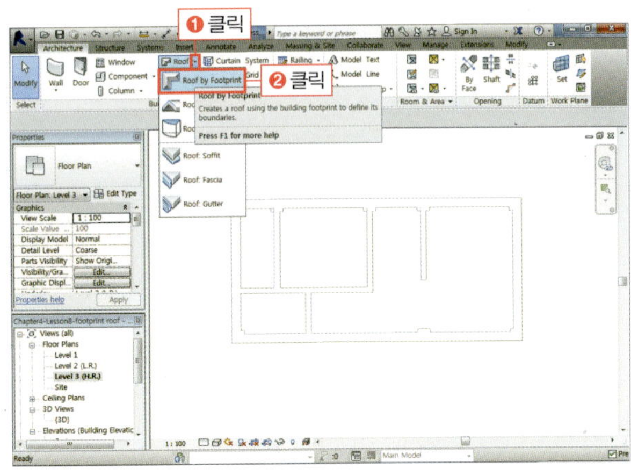

TIP 바로 패널에 보이는 [Roof](▣ Roof)를 클릭하면 Footprint 모드로 변경됩니다.

05. [Properties] 창에서 'Basic Roof-Generic-125mm'를 선택한 후 [Draw] 패널에서 [Boundary Line]으로 [Pick Wall]을 클릭합니다.

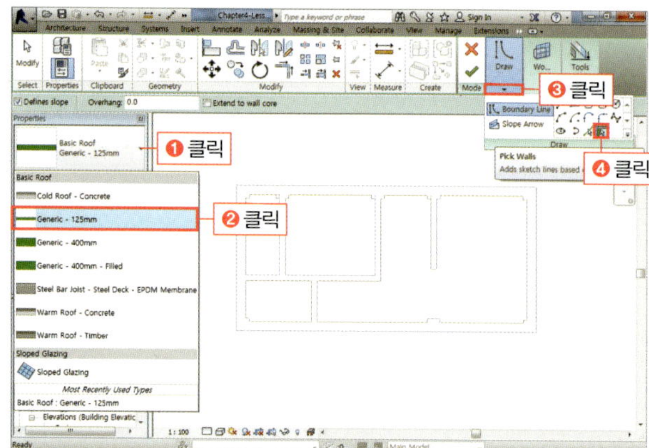

06. 옵션 바에서 [Defines slop]를 체크하고 [Overhang]을 '600'으로 설정한 후 벽에 마우스 포인터를 위치시키면 하이라이트 선과 함께 600mm 간격으로 점선이 생깁니다.

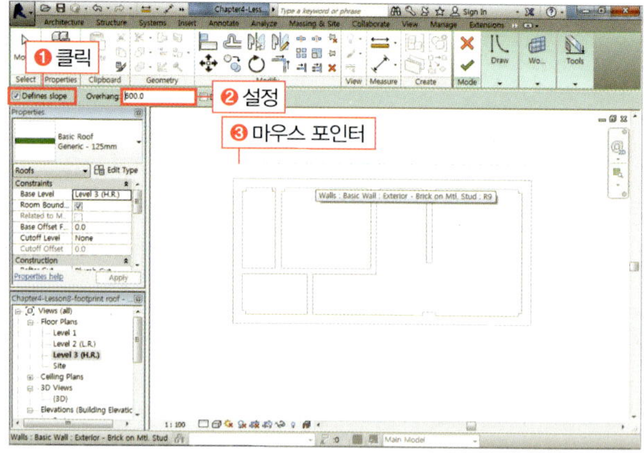

07. 점선이 생길 때 클릭하면 외벽에서 600mm 떨어진 곳에서 Slop이 30도 각도로 생긴다는 의미인 분홍선이 나타납니다.

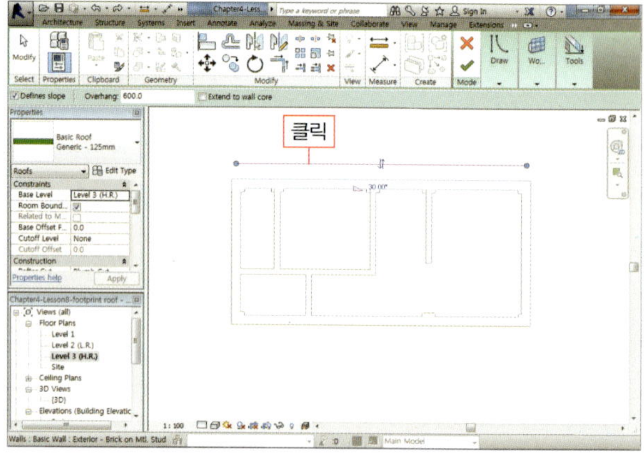

08. 네면 모두 선의 하이라이트와 함께 점선이 생기
면 클릭한 후 [Finish Edit Mode]( )를 클릭합니다.

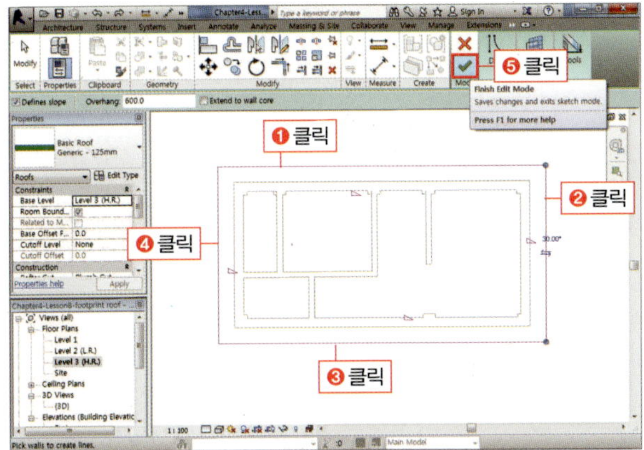

09. 그림과 같이 지붕의 모양이 생겼다면 3D View로 이동하여 다시 한 번 작업 내용을 확인합니다.

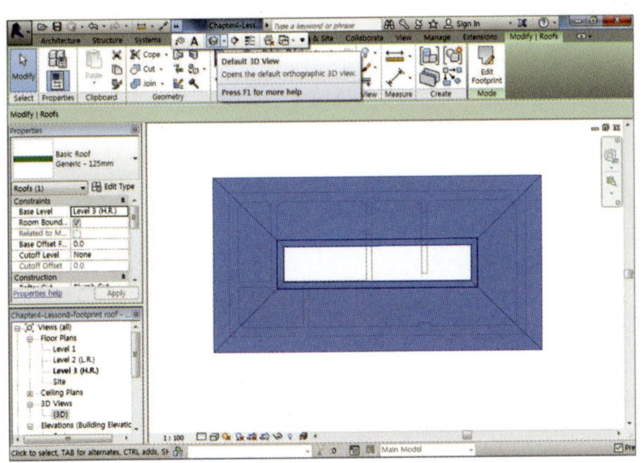

▲ Level 3(H.R)에서 본 뷰

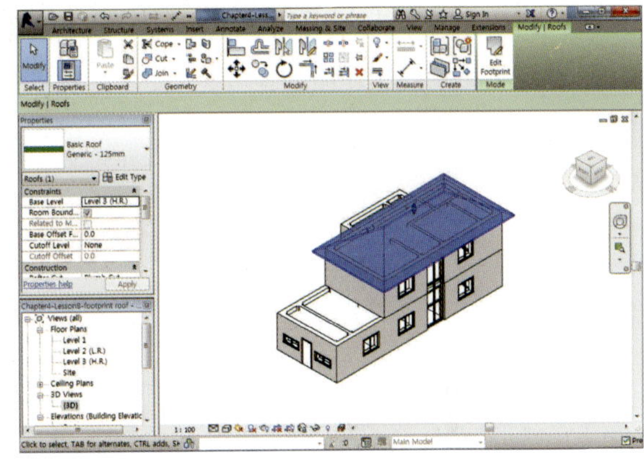

▲ 3D View

10. [Project Browser] 창에 있는 [Floor Plans]에
서 [Level 2 (L.R.)]을 더블클릭하거나, [View] 탭의
[Switch Windows]( )를 이용하여 화면을 이동합니
다.

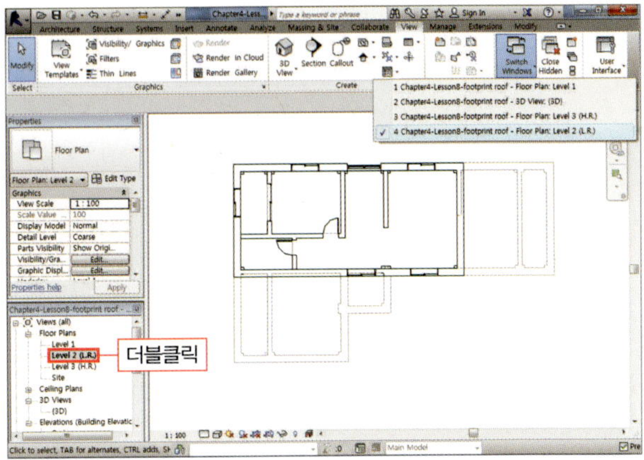

TIP Ctrl 을 누른 상태에서 Tab 을 누르면 자동으로 열려 있
는 다른 드로잉 화면으로 넘어갑니다.

11. 옵션 바를 앞선 따라하기와 같이 Roof by Footprint를 선택하여 수정 모드로 들어가면 [Defines slop]에 체크하고, [Overhang]을 '600mm'로 설정한 후 벽에 마우스 포인터를 위치시키면 그림과 같이 하이라이트 점선이 생깁니다. 그러면 이를 클릭합니다.

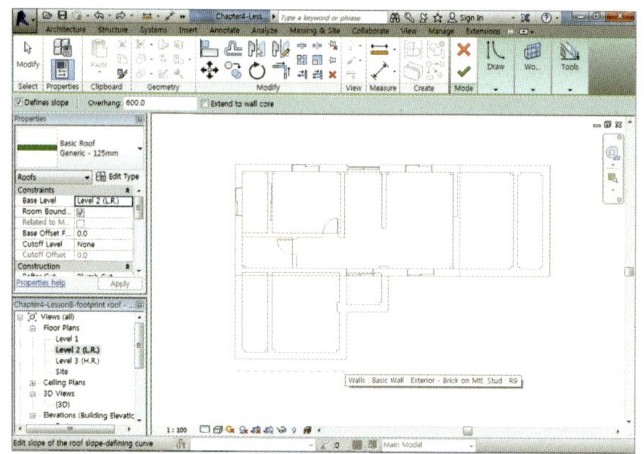

▲ 선택 전

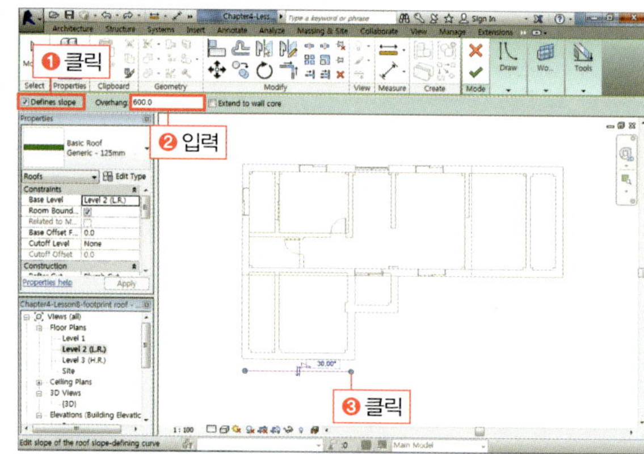

▲ 선택 후

12. 맞은편 지붕 선을 그리기 위해서는 [Overhang]을 '0.0'으로 설정한 후 선택하여 그립니다.

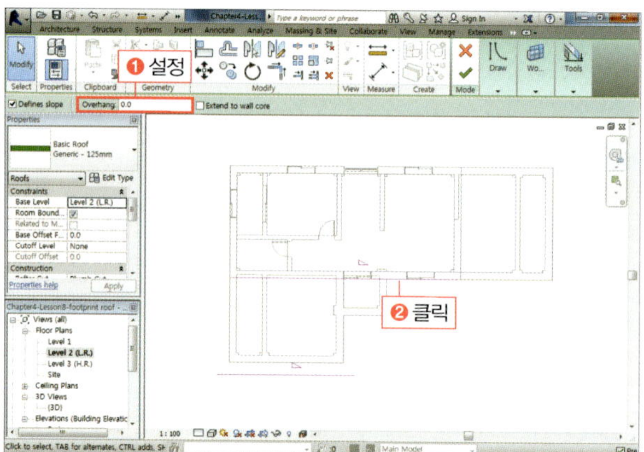

13. 왼쪽 면은 [Overhang]을 '600'으로 설정한 다음 [Defines slop]를 체크하지 않고 선을 선택합니다.

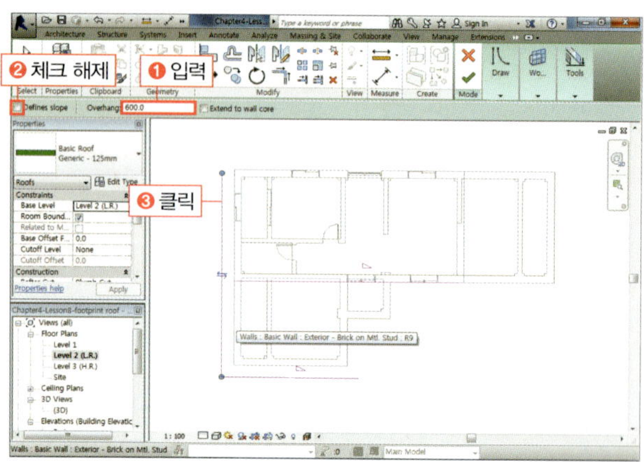

14. 마지막 오른쪽 면은 [Defines slop]가 체크되지 않은 상태에서 [Overhang]을 '0.0'으로 설정한 다음 선택합니다.

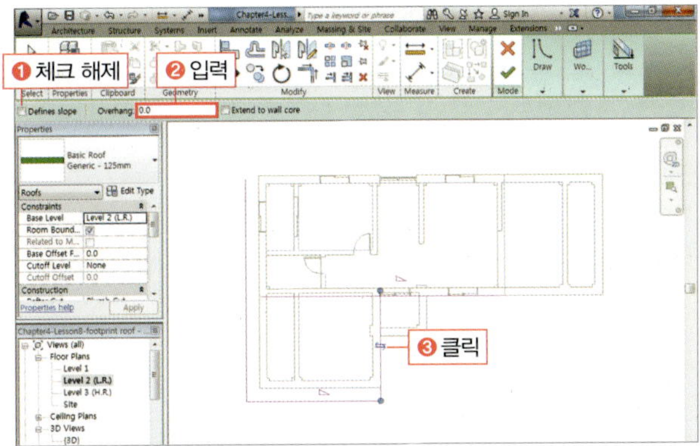

15. [Modify] 패널로 이동한 후 [Trim](□)을 클릭하고 그림과 같이 정리되지 않은 선의 모서리를 90도 각도로 정리합니다.

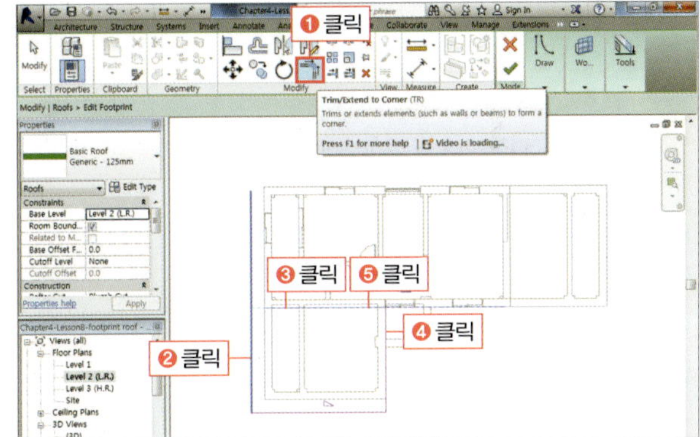

16. 그림과 같이 지붕 모양을 정리한 후 [Finish Edit Mode](✔)를 클릭합니다.

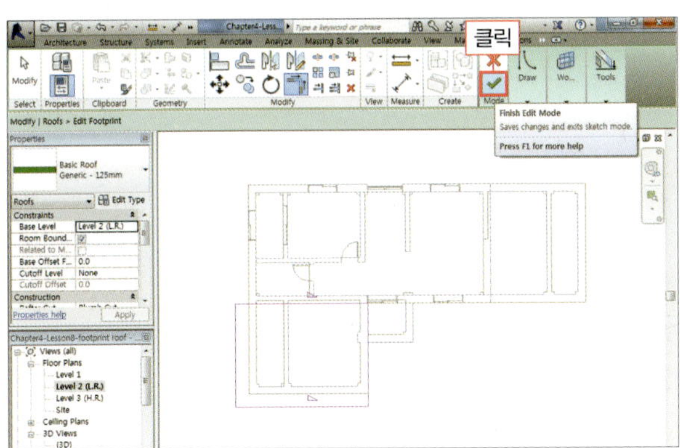

TIP 앞선 따라하기와 같은 순서대로 Trim 명령을 적용하여 클릭하면 그림과 같이 사각형이 됩니다.

TIP Trim 명령을 적용한 경우에 선택 지점에 따라 정리되는 방향이 달라질 수 있으므로, 주의하기 바랍니다.

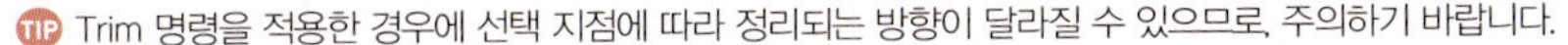

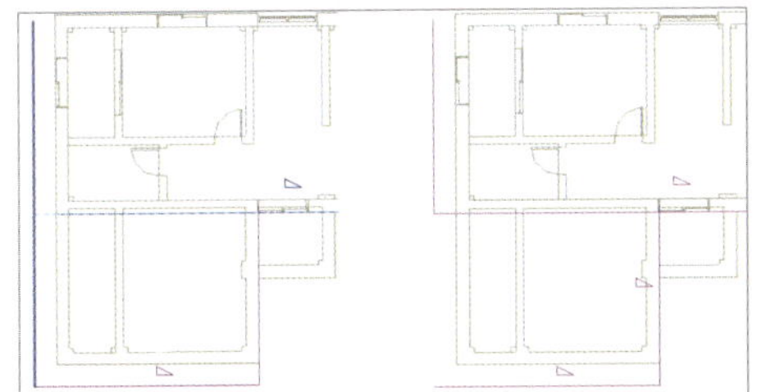

▲ 선의 윗부분을 선택 시

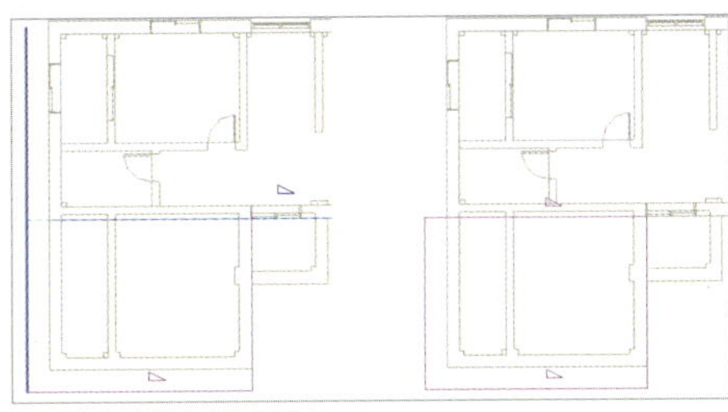

▲ 선의 아랫부분을 선택 시

17. 그림과 같이 지붕의 모양이 완성되면 3D View로 이동하여 다시 한 번 확인합니다.

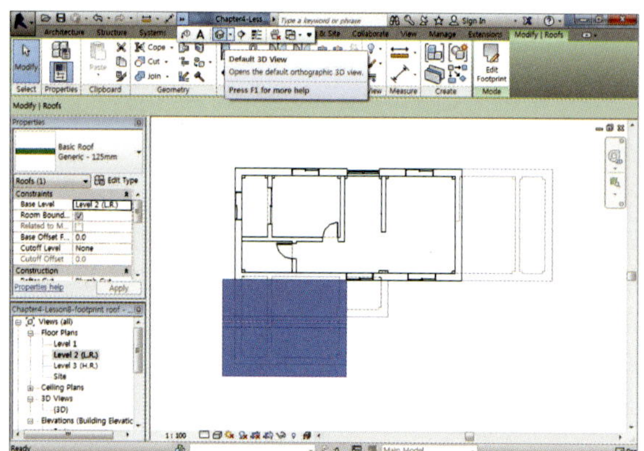

▲ Level 2에서 본 드로잉 　　　　　　　　　　　　　　▲ 3D View에서 본 드로잉

18. 다시 [Level 2 (L.R.)] 드로잉 화면으로 이동한 후 이번에는 [Roof]( )를 클릭합니다.

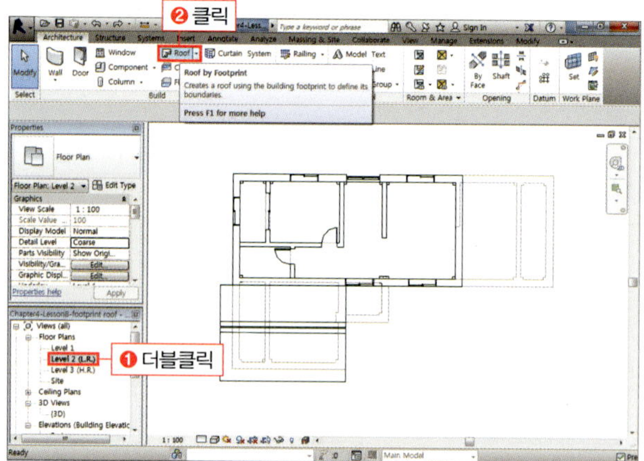

19. 옵션 바에서 그림과 같이 [Extend to wall core]를 체크한 다음 [Draw] 패널에서 [Pick Walls]( )를 선택합니다. 그리고 그림과 같이 벽 외각선에 마우스 포인터를 위치시키면 하이라이트 선과 함께 점선이 중심으로 생기는 것을 확인할 수 있습니다.

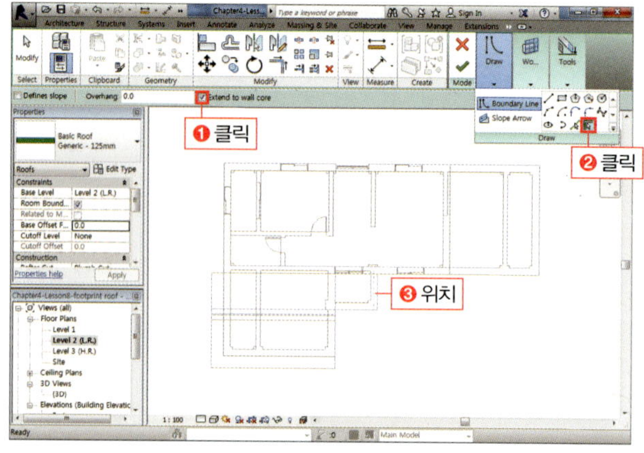

> **TIP** 일반적으로 기본 설정이 'Pick Walls'입니다. 다른 선 그리기 방법을 선택할 때를 제외하고는 바로 선을 선택하기 위해 마우스 포인터를 위치시키면 됩니다.

20. 선을 선택하여 그린 다음 [Trim]()을 이용하여 모서리를 정리합니다.

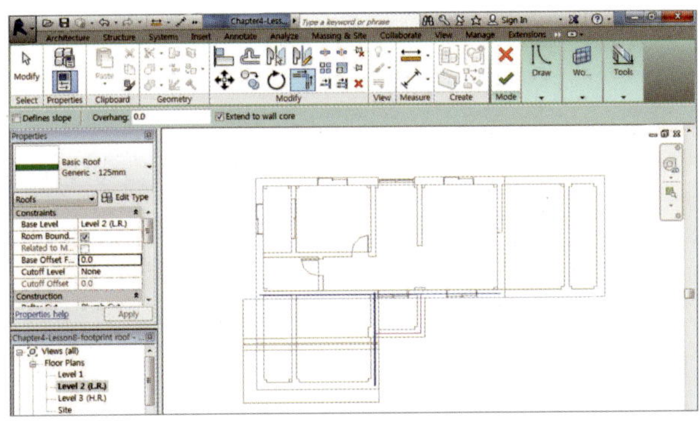

STEP 1

STEP 2

STEP 3

21. 모서리 정리가 끝나면 [Finish Edit Mode]()를 클릭합니다.

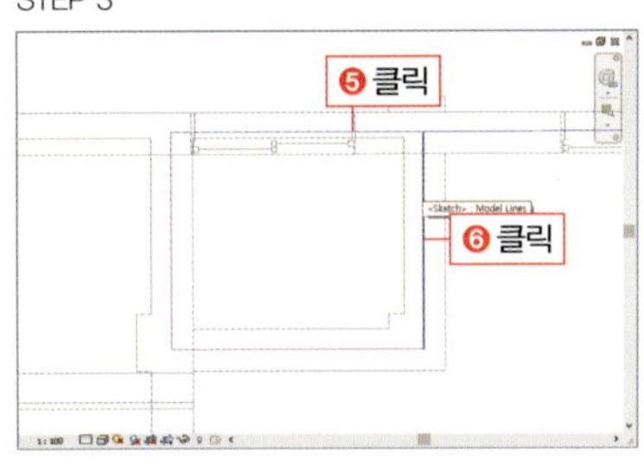

22. 그림과 같은 대화 창이 나타나면 [아니오] 버튼을 클릭합니다.

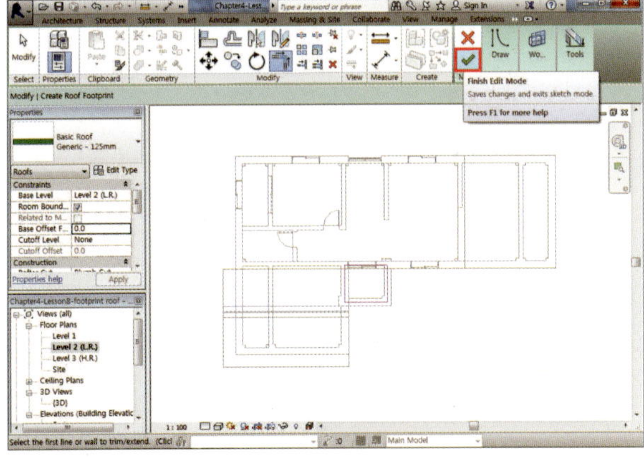

TIP 대화 창은 하이라이트된 벽과 겹치는 지붕 부분이 합쳐지는 것을 원하는지를 묻는 질문입니다. 합쳐질 이유가 없으므로 [아니오]를 클릭하면 됩니다.

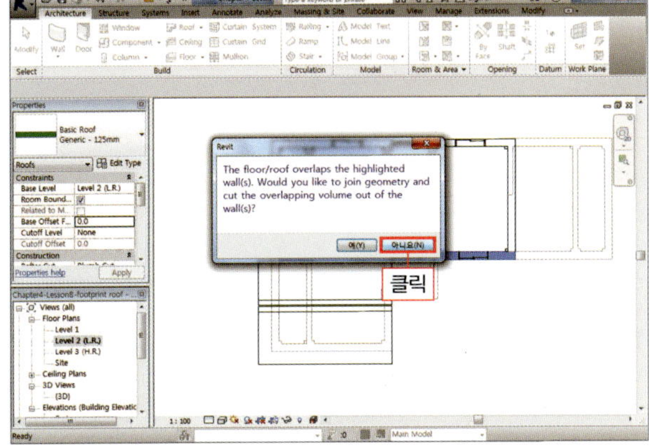

23. 지붕이 만들어 졌으면 3D View에서 한 번 더 확인합니다.

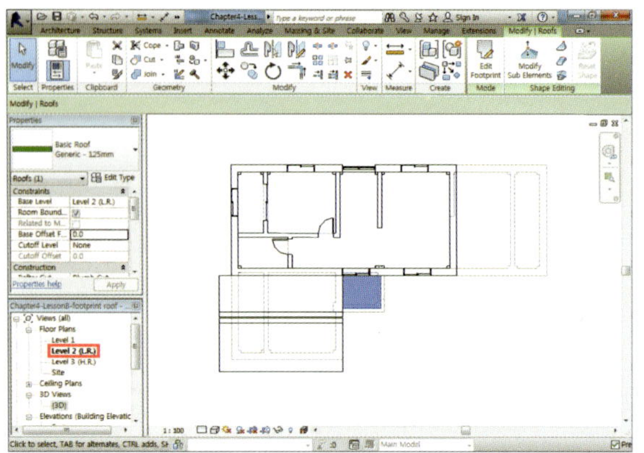

▲ Level 2(L.R.)에서 본 드로잉 화면

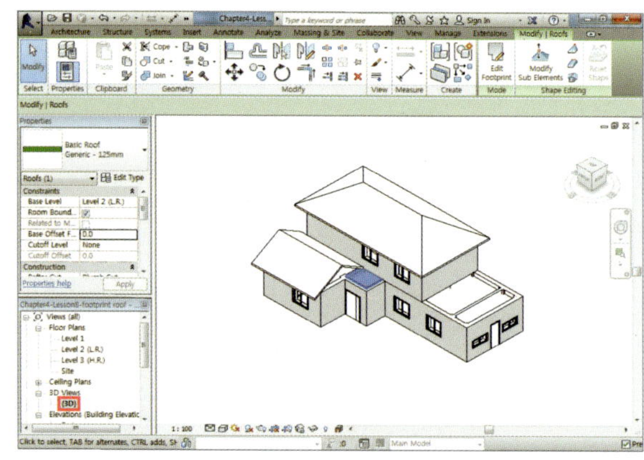

▲ 3D View에서 본 드로잉 화면

24. [Properties] 창에서 [Base Offset From Level]을 '–300'으로 설정하면 그림과 같이 평평한 지붕을 만들 수 있습니다.

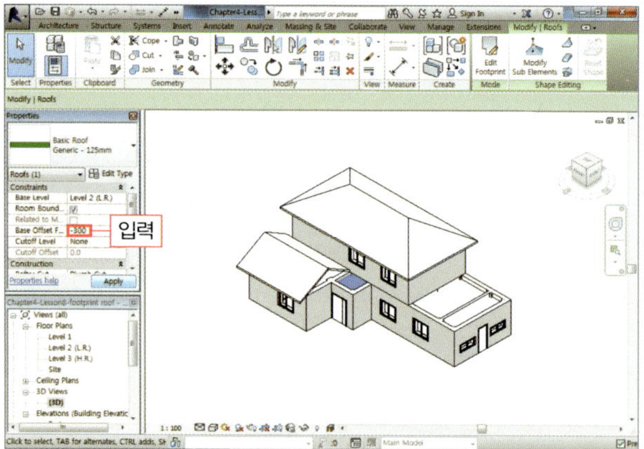

25. 다시 [Level 2 (L.R.)] 드로잉 화면으로 이동한 후 [Roof](📁)를 클릭합니다.

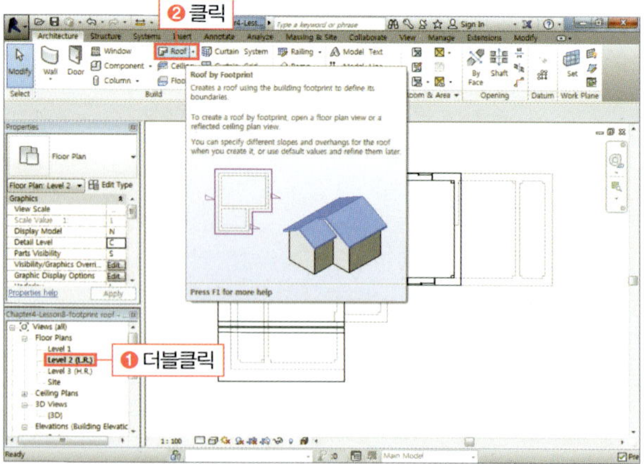

26. 옵션 바에서 [Defines slop]를 체크하고 [Over-hang]을 '600'으로 설정한 후 그림과 같이 선을 선택하여 그려줍니다.

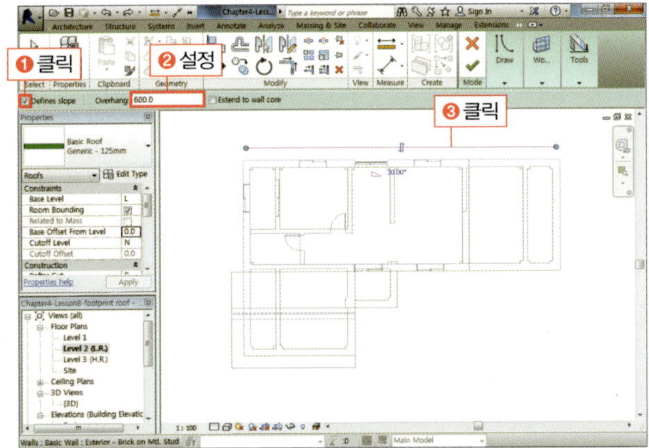

27. [Defines slop]를 체크하지 않고 아래 선과 오른쪽 선을 선택하여 그려줍니다.

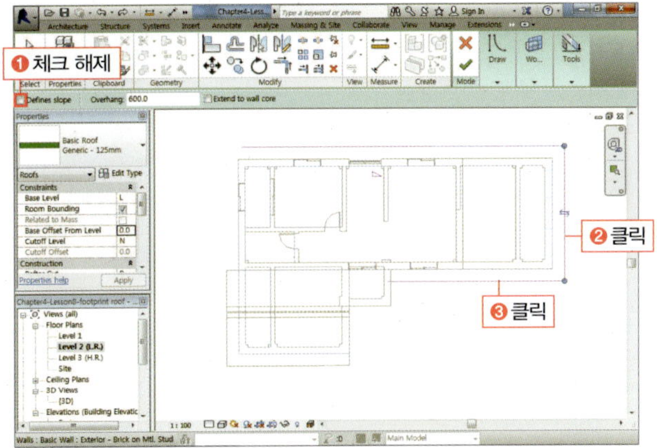

28. 마지막으로 왼쪽 선을 선택하여 그릴 때는 [Overhang]을 '0.0'으로 설정하고 그린 후 [Trim]($\fbox{}$)을 클릭합니다.

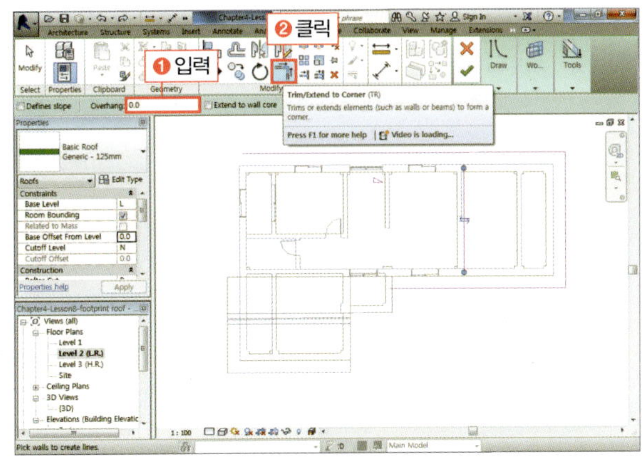

TIP 지붕선을 선택할 경우에 마우스 포인터의 개념을 이해하는 것이 중요합니다. 여기서 '마우스 포인터'란 커서를 원하는 객체에 위치시키는 것입니다. 지붕이 올려질 해당 벽의 선에 마우스 포인터를 위치시키면 [Overhang]의 설정 값 만큼 간격을 두고 점선이 생기는 데 이를 클릭하면 지붕선이 그려집니다.

29. 모서리를 다 정리한 후 [Finish Edit Mode](✔)를 클릭합니다.

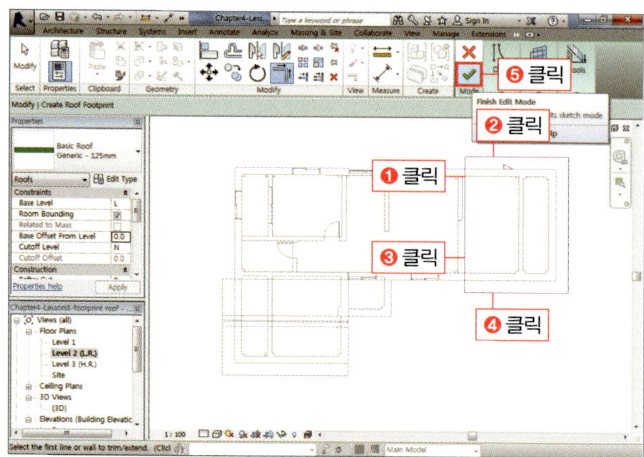

30. 지붕을 만든 후 3D View에서 한 번 더 확인하면 그림과 같이 Slop 각도가 너무 심해 위의 지붕과 부딪치는 것을 확인할 수 있습니다.

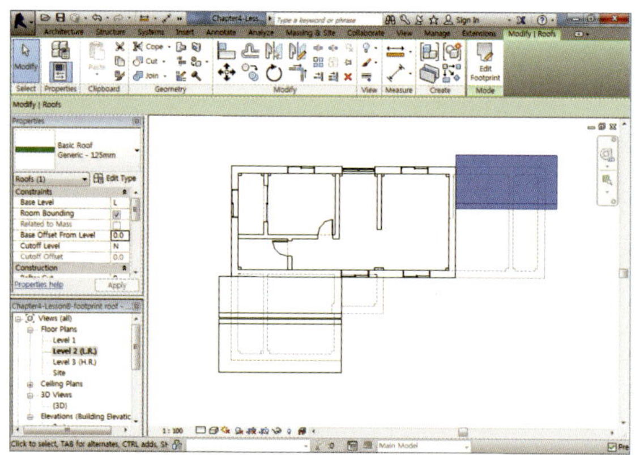

▲ Level 2(L.R.)에서 바라본 드로잉 화면

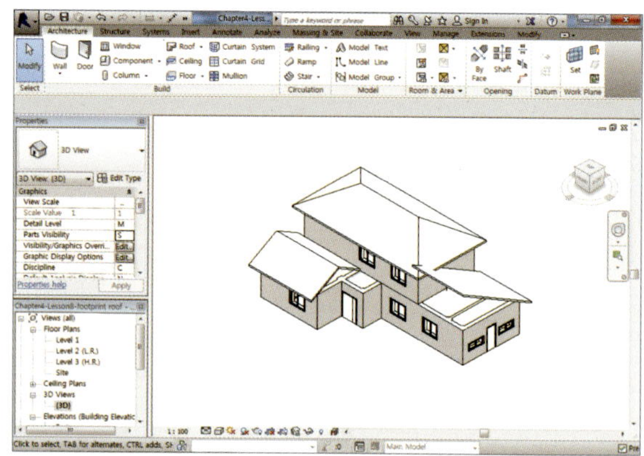

▲ 3D View에서 바라본 드로잉 화면

31. 수정할 지붕을 선택한 후 [Edit Footprint](✏)를 클릭합니다.

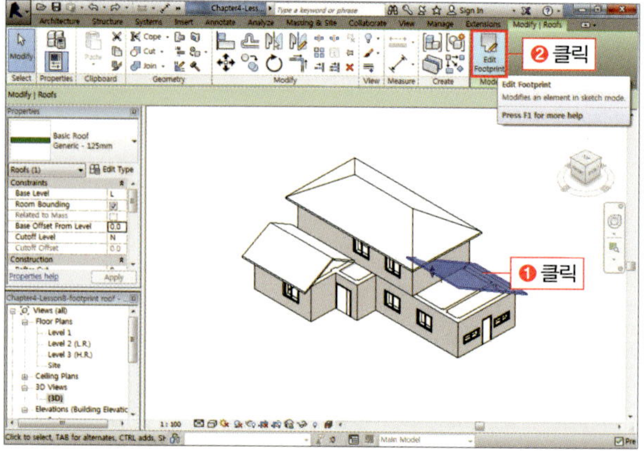

32. Defines Slop의 삼각형 표시가 되어 있는 선을 선
택하여 수정 모드로 전환합니다.

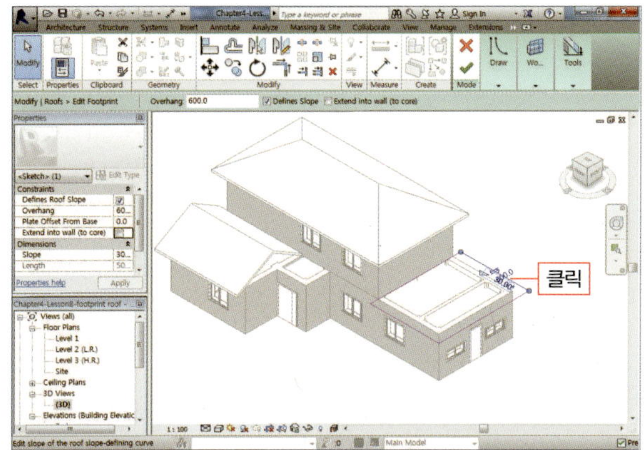

33. 15도 각도를 변경해 준 다음 **Enter**를 누르고,
[Finish Edit Mode](✔)를 클릭합니다.

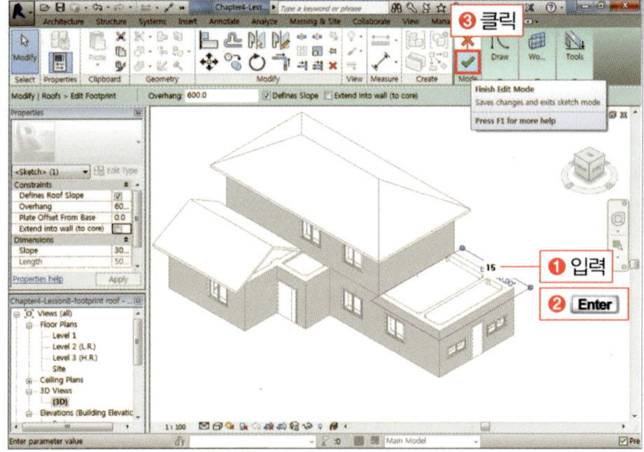

34. 그림과 같이 지붕이 완성된 것을 확인할 수 있
습니다.

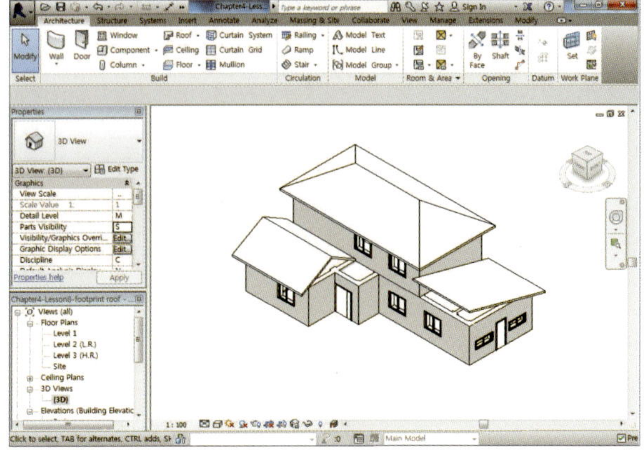

35. 마우스 포인터를 벽에 위치시킵니다.

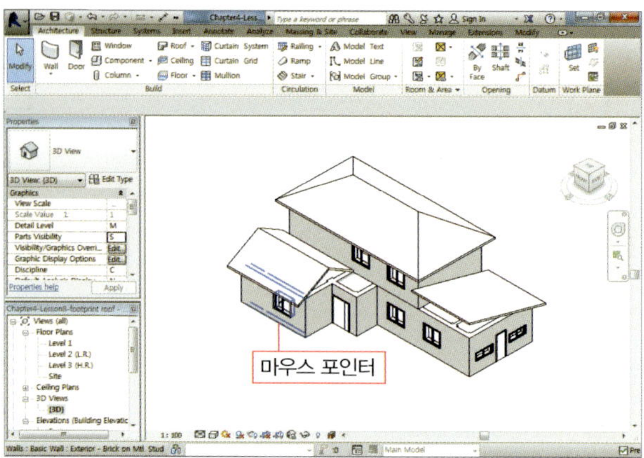

36. 마우스 포인터로 위의 벽 위치에 댄 상태에서 **Tab** 을 누르면 전체 벽면이 하이라이트로 변경됩니다.

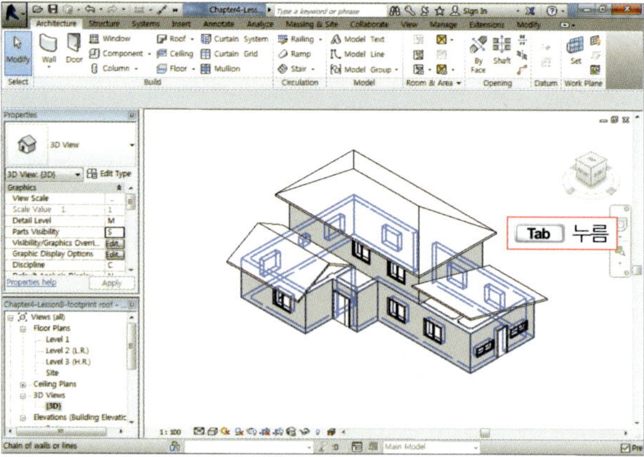

37. 클릭하여 전체 벽면을 선택한 후 [Attach Top/Base](⬚)를 클릭합니다.

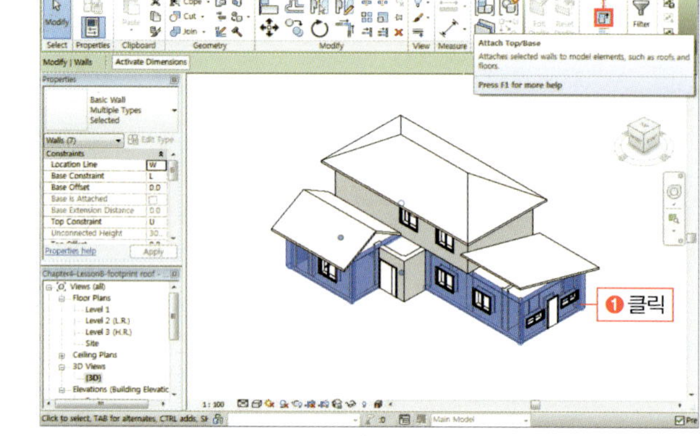

TIP

• Attach Top/Base : 지붕이나 바닥과 같은 객체와 선택한 벽을 연결해 줍니다.
• Detach Top/Base : 지붕이나 바닥과 같은 객체와 선택한 벽을 떨어뜨립니다.

38. 연결할 지붕을 선택하여 클릭합니다.

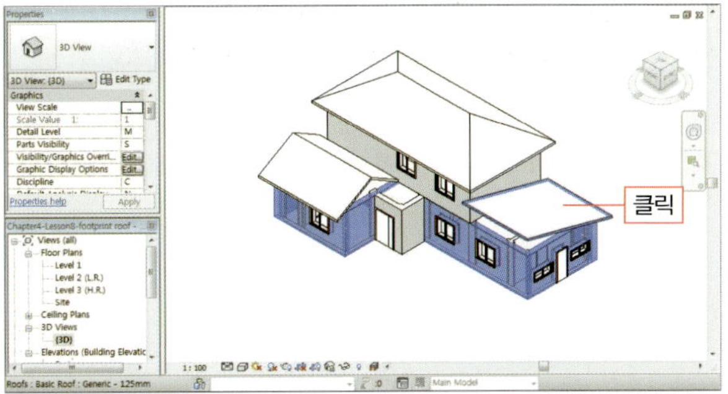

39. 경고 창이 나타나면 [OK] 버튼을 클릭합니다.

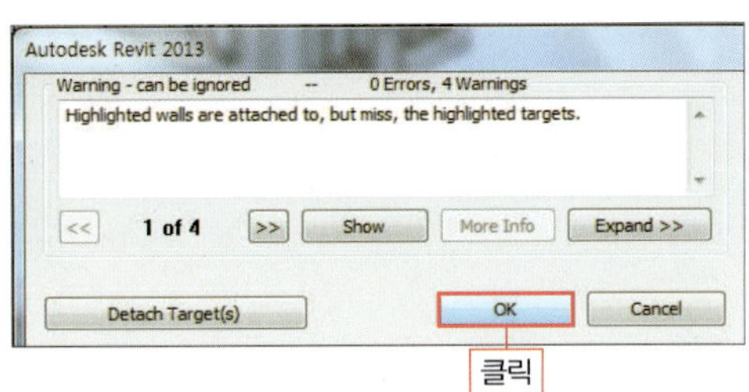

TIP 지붕과 연결되는 벽이 부분적이라는 뜻이므로 크게 신경을 쓰지 않아도 됩니다.

40. 나머지 지붕도 위의 방법과 동일하게 벽면과 연결합니다.

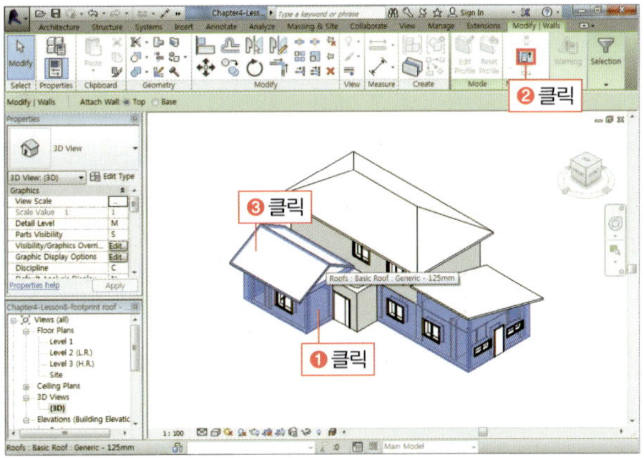

41. 지붕과 벽의 연결이 끝났다면 Esc 를 누르거나, 화면의 빈 공간에 클릭하여 수정 모드에서 나옵니다. 그리고 그림과 같이 Footprint로 만든 여러 지붕의 형태를 확인합니다.

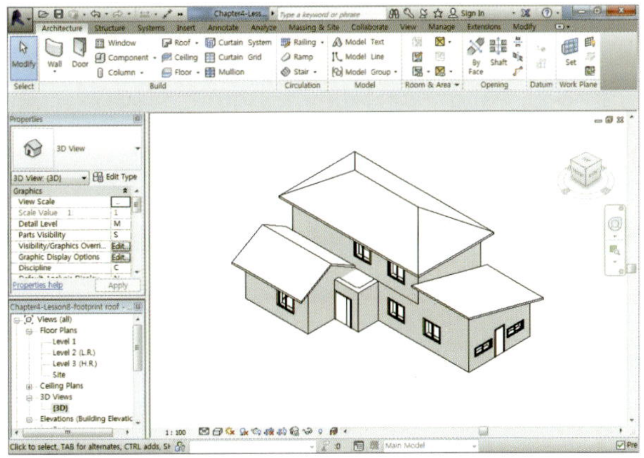

필로티와 같이 돌출된 Extrusion 지붕을 추가하는 방법을 알아봅니다.

예제 파일 : Part 02/Chapter 04/Sample18.rvt I 완성 파일 : Part 02/Chapter 04/Sample18-완성.rvt

01. 예제 파일을 불러온 후 [Project Browser] 창에서 [Elevations]–[East]를 더블클릭하여 드로잉 화면으로 이동합니다.

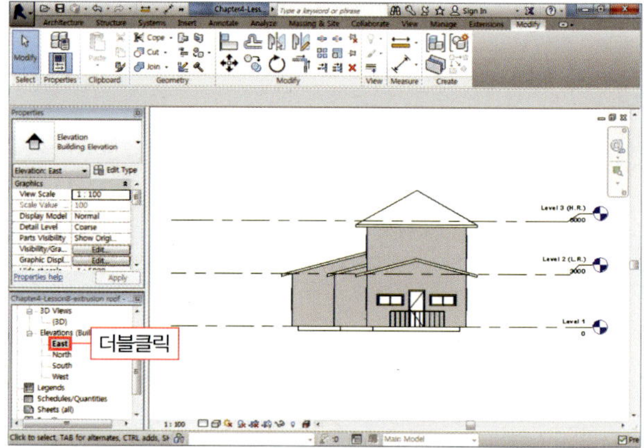

02. [Architectural] 탭–[Build] 패널에서 [Roof by Extrusion](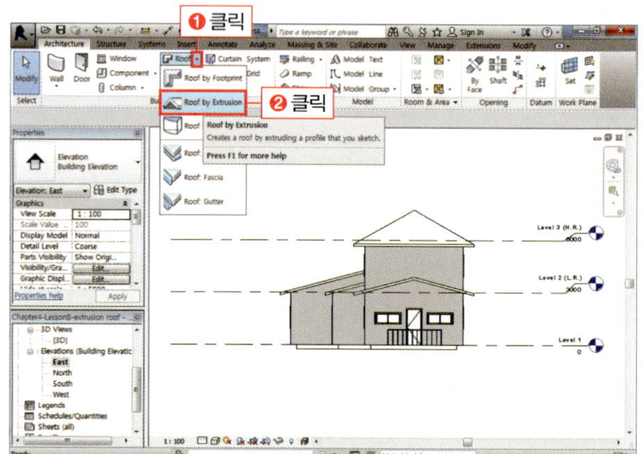)을 클릭합니다.

03. [Work Plane] 대화상자가 나타나면 지붕이 놓일 면을 지정한다는 의미의 옵션인 [Pick a plane]을 체크하고 [OK] 버튼을 클릭합니다.

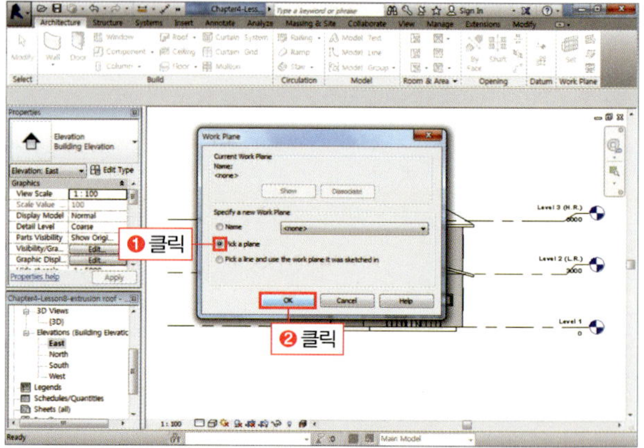

04. 그림과 같이 하이라이트 외각선이 생기면 지정할 면(창과 문이 달린 건물의 벽)을 클릭합니다.

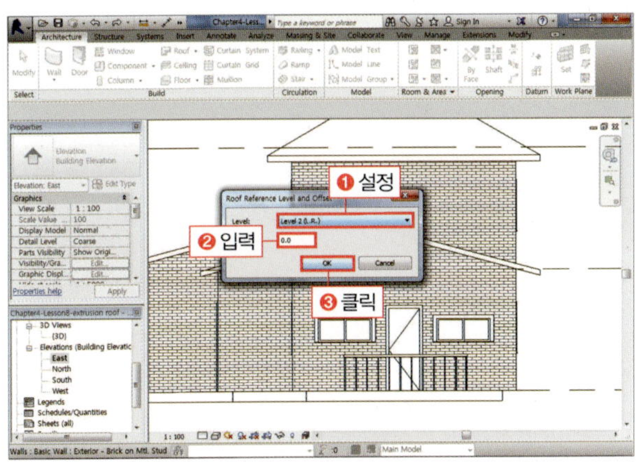

TIP 아래의 면을 찾기가 어렵다면, 부분 확대 후 면의 중앙에 마우스 포인터를 위치시키고, 원하는 면이 선택될 때까지 Tab 을 누릅니다.

05. [Roof Reference Level and Offset] 대화상자가 나타나면 연결되는 지붕의 레벨은 'Level 2 (L.R.)'로 지정하고 [Offset]은 '0'으로 설정합니다. 그리고 [OK] 버튼을 클릭합니다.

06. 스케치 모드로 이동이 되면 [Draw] 패널에서 [Spline](   )을 선택하여 원하는 곡선을 만들어 준 다음, [Modify](   )를 클릭하거나 Esc 를 누른 후 [Finish Edit Mode](   )를 클릭합니다.

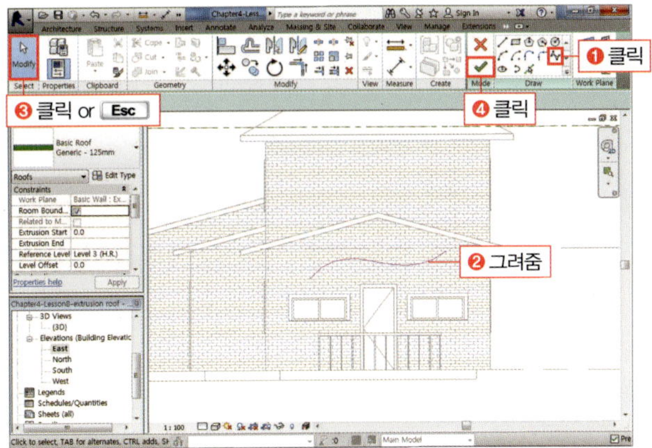

07. 3D View에서 한 번 더 작업 내용을 확인합니다.

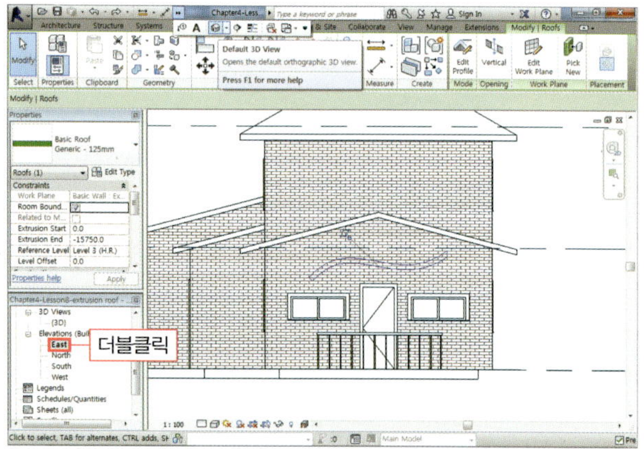

08. 지붕이 건물 전체를 통과하여 생겼음을 확인할 수 있습니다. 이 때 Extrusion의 지붕과 맞닿은 East 벽면의 삼각 Grip을 선택하여 아래와 같이 끌어당깁니다.

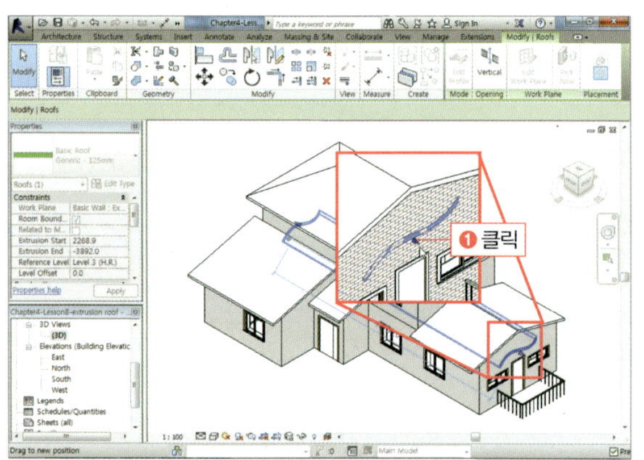

▲ Extrusion 지붕이 설정 초기 상태로 Grip을 끌어당기기 전

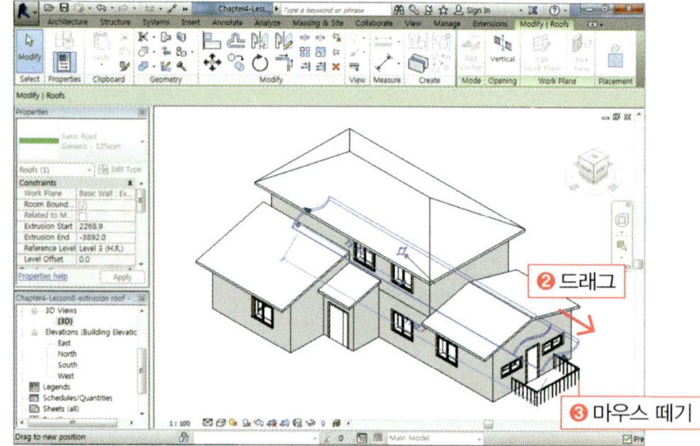

▲ Extrusion 지붕과 East 벽면에 있는 삼각 Grip을 이용하여 끌어당긴 후

09. 반대편 지붕과 West 벽면에 생긴 Grip을 그림과 같이 끌어당깁니다.

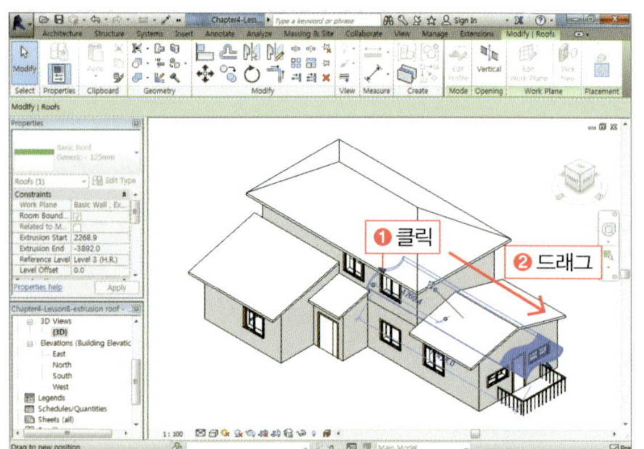

▲ Extrusion 지붕이 설정 초기 상태로 Grip을 끌어당기기 전

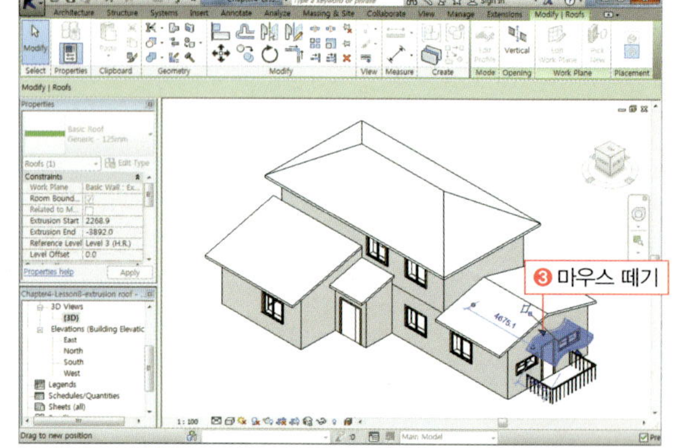

▲ Extrusion 지붕과 East 벽면에 있는 삼각 Grip을 이용하여 끌어당긴 후

10. 좀 더 정확하게 벽과 맞닿을 수 있도록 [Modify] 패널에서 [Align](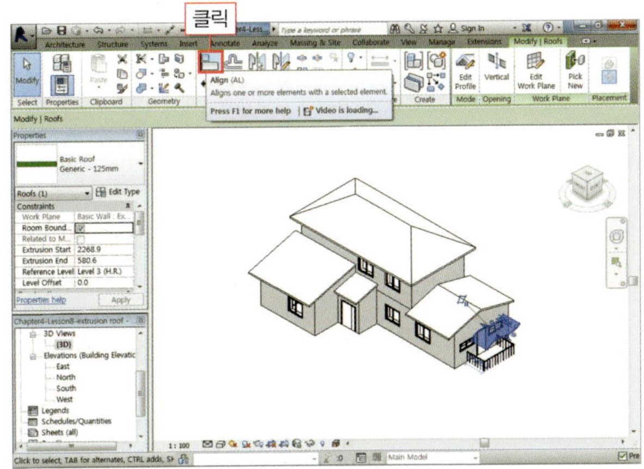)을 클릭합니다.

11. 먼저 지붕이 맞닿을 지점인 벽면을 선택한 후 지붕 왼쪽 측면을 선택합니다.

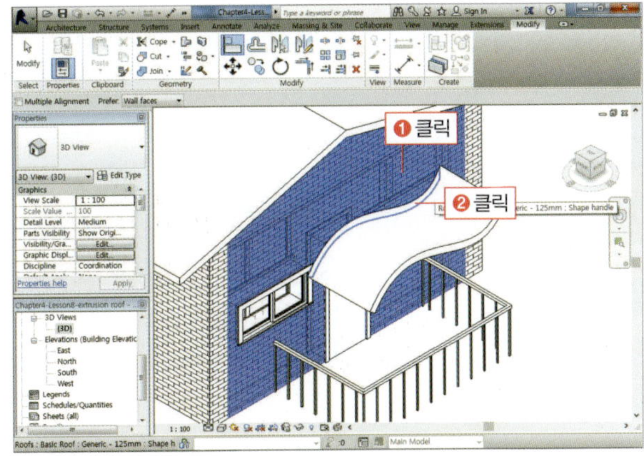

12. 그림과 같이 Extrusion 지붕이 벽면과 맞닿은 것을 확인할 수 있습니다.

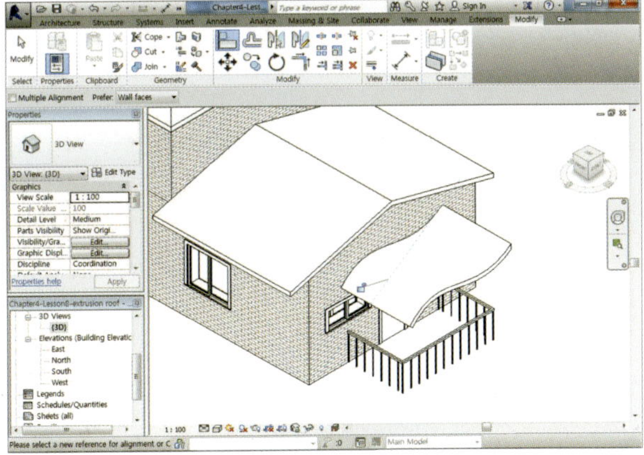

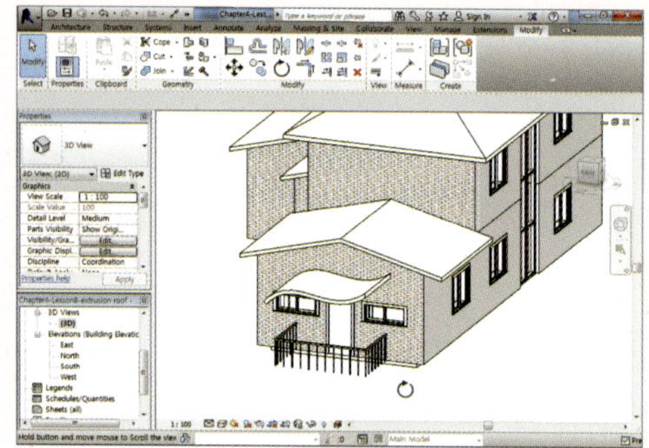

13. 뷰큐브에서 사각 모서리 부분을 클릭하며 전체 뷰로 결과물을 확인합니다.

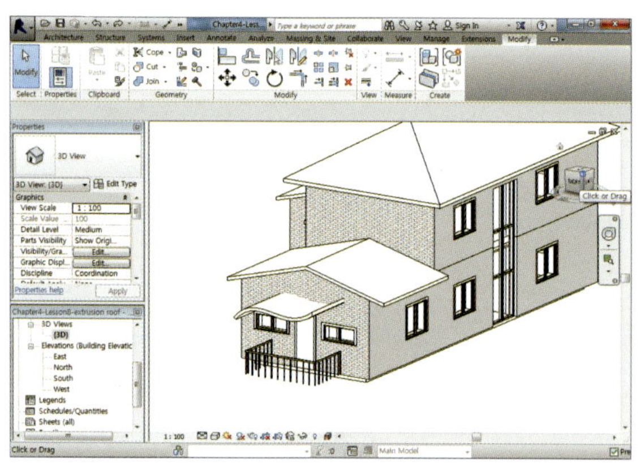

▲ 임의의 방향대로 3D View가 확대되어진 상태

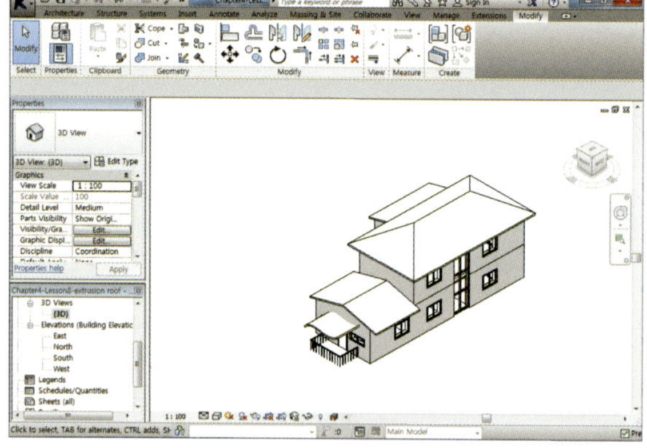

▲ 뷰큐브를 사용하여 전체 3D View로 보여지는 상태

TIP 지금까지 연습한 도면을 Revit 요소들을 통하여 재정리 하였습니다. 좀 더 개념적인 부분들을 이미지화 시켜 익힐 수 있도록 하는 것이 좋습니다.

● Model Elements
• Host Elements(호스트 요소) : 건축 구조물의 골절에 해당되는 요소로 레빗에 의존적인 특징을 가집니다. (벽, 바닥, 천정, 슬라브 등)
• Model Elements(모델 요소) : 건축 요소로써 레빗에 독립적이며 외부에서 요소들을 불러올 수 있으며 Family에서 원하는 모양을 만들 수 있다는 특징을 가집니다(창, 문, 가구, 계단).

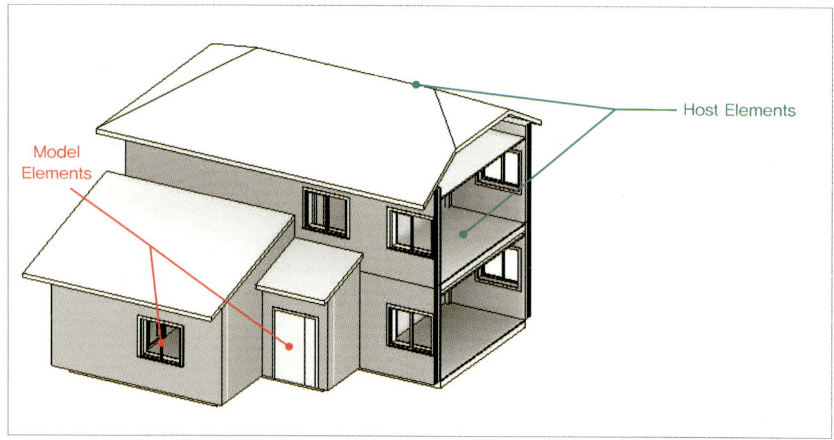

- Grids(그리드) : 보통 평면도, 입면도, 단면도에서 기둥 부분을 중심 혹은 벽과 벽 사이의 간격과 위치를 알려주기 위해 그려집니다.
- Levels(레벨) : 바닥과 수직적으로 얼마나 떨어져 있는지에 대한 관계를 표시를 위해 그려집니다.
- Reference Plans(보조면) : 그리드의 선과 비슷하지만, 그 끝이 둥글지 않고 선으로만 끝나는 점이 다릅니다. 레빗의 2D에서 그려지지만 작업은 3D에서도 가능하다는 점이 특징입니다.

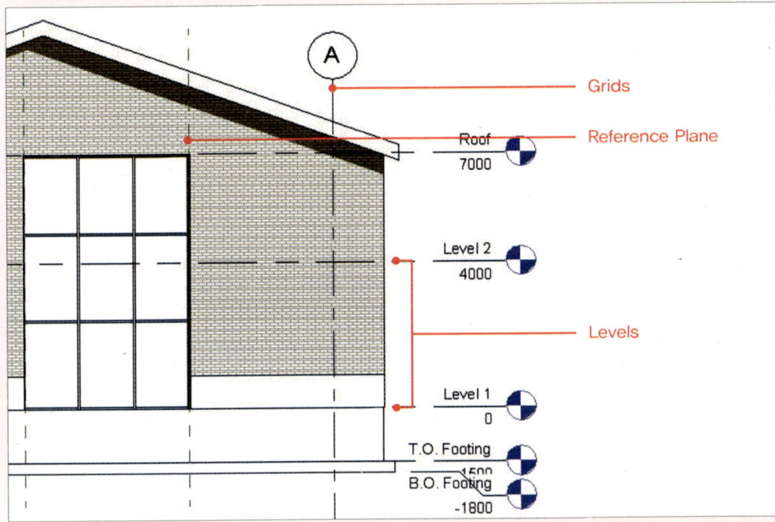

- Annotation elements(어노테이션 요소) : 선택한 스케일에 따라 크기가 변합니다(문자, 테그, 심볼, 치수).
- Details(디테일) : 상세적인 표현을 필요로 하는 부분입니다(디테일 선, 해치, 등…).

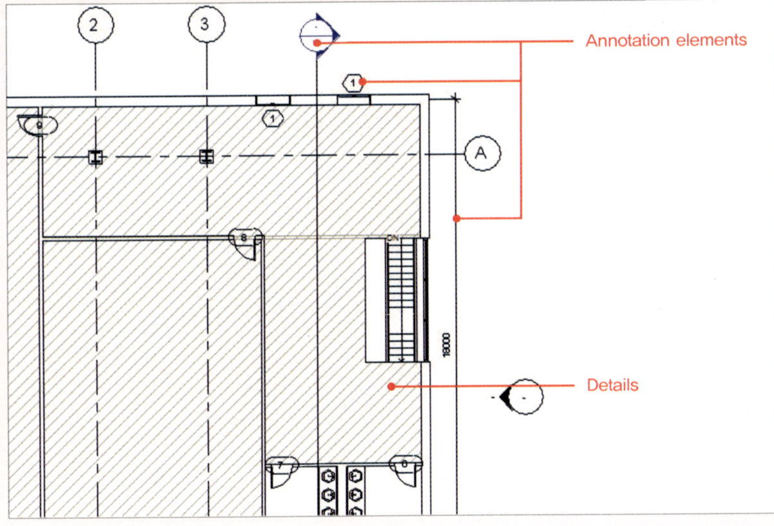

REVIT 2014

계단과 난간 만들기

Revit은 복잡한 계단과 난간을 아주 간단하게 만들 수 있습니다. 도면에 필요한 기본적인 건축적 요소로써 계단과 난간을 만드는 방법을 알아봅니다.

계단 만들기

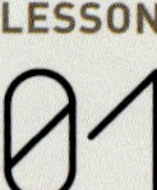

Revit은 사용자가 계단을 스케치하거나 기존 계단을 불러올 때 자동적으로 층의 높이에 따른 계단의 폭(Tread)과 높이(Riser)을 계산하여 빨리 만들 수 있도록 돕습니다. 계단을 불러올 때는 두 가지 옵션이 있습니다. 첫 번째는 Stair by Component로 기존에 Revit에서 제공하는 계단을 불러오는 것이며 두 번째로는 Stair by Sketch로 자신이 형태를 직접 그려 만드는 방법입니다.

● **학습 목표**

여러 형태의 계단을 도면에 추가하는 방법을 알아봅니다.

● **학습에 필요한 단축 명령어**

AL : Align

RP : Reference Plane

▌ 계단의 구성 이해하기

계단은 높이인 Riser와 폭인 Tread로 구성되어 있습니다. 1층 바닥(Slab)과 2층 바닥(Slab) 사이의 공간의 높이에 따라 두 가지 값이 조절되어야 합니다.

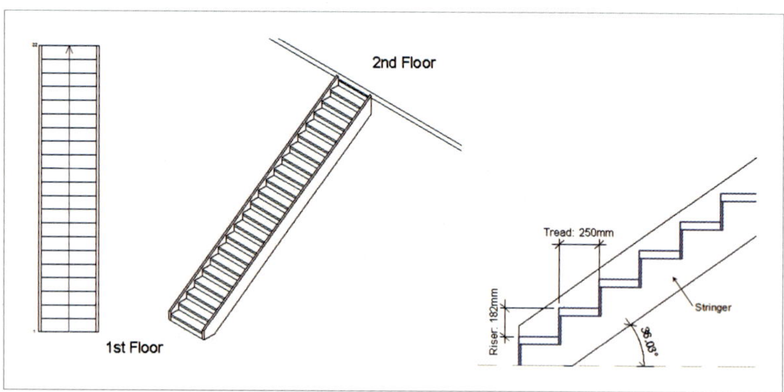

기본적인 계단의 높이와 폭의 관계에서 높이가 최대 190mm일 때 계단 폭은 250mm가 적당합니다. 만약 계단 높이가 187mm이고 바닥과 바닥의 층 높이가 4000mm일 때, 약 '21,390'이라는 숫자가 나옵니다. 최대한 190mm를 넘지 말아야 하기 때문에 계단 수는 22개가 되는 게 맞는 것입니다.

이러한 계단 높이와 폭, 그리고 층간의 높이에 따른 계단 개수를 Revit에서 자동으로 계산해 주기 때문에 굉장히 혁신적이면서도 간편하게 계단을 만들 수 있습니다.

Component로 계단을 만들면 손쉽게 만들 수 있는 장점이 있지만, 모양이 획일화 되는 단점이 있습니다. 계단을 처음 접하는 단계에서 Component(부품, 요소)로 일자 계단을 만드는 방법을 알아봅니다.

예제 파일 : Part 02/Chapter 05/Sample01.rvt **ㅣ 완성 파일 :** Part 02/Chapter 05/Sample01-완성.rvt

01. 예제 파일을 불러온 후 [Project Browser] 창에서 [Level 1]로 화면을 이동합니다. 그리고 [Architecture] 탭–[Circulation] 패널에서 [Stair by Component](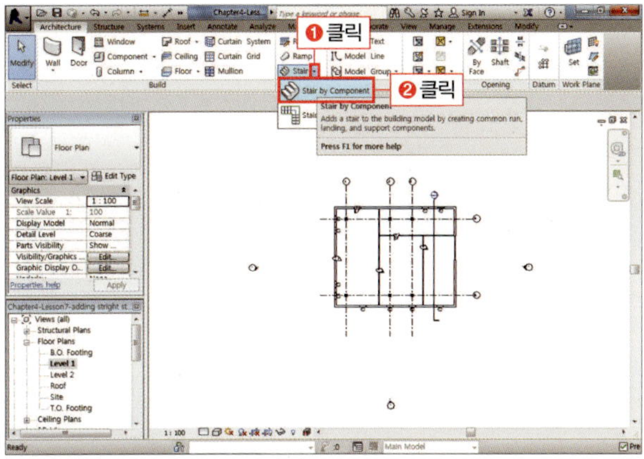) 를 클릭합니다.

02. 수정 모드의 [Component] 패널에서 [Run]을 선택한 다음 [Straight](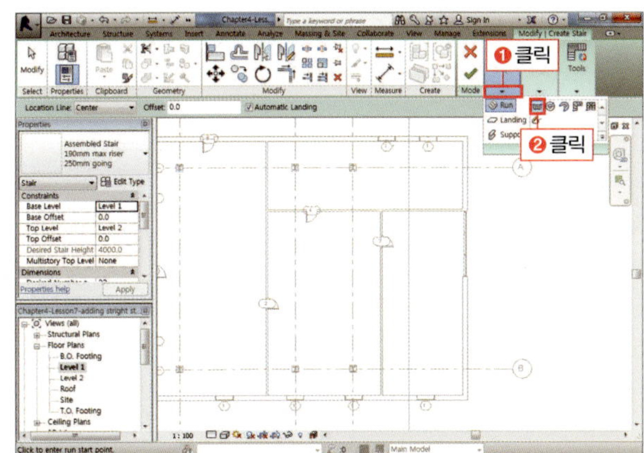)를 클릭합니다.

03. 그림과 같이 임의의 지점에서 수직 방향(아래에서 위로)으로 마우스를 드래그하여 계단을 만듭니다.

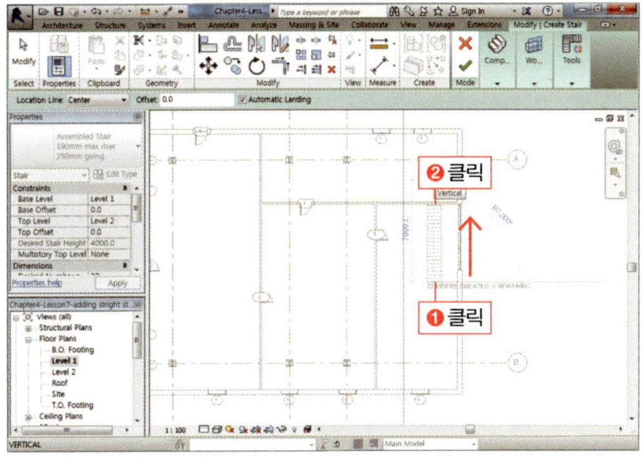

04. 일직선 계단이 완성되면 [Finish Edit Mode](✔)
를 클릭합니다.

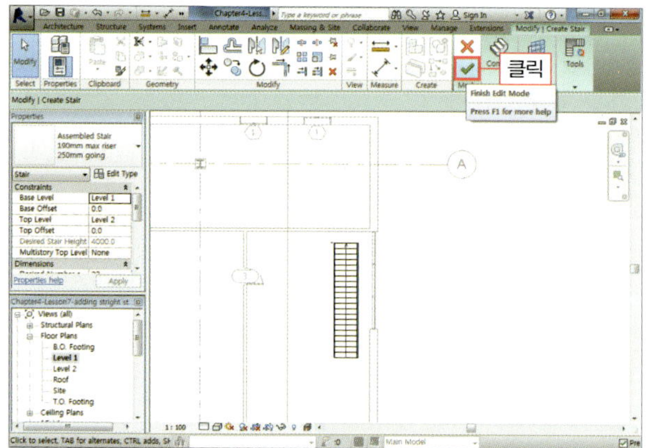

05. 계단의 위치를 2층과 맞추기 위해 Align 명령(AI)
을 입력하고, 2층 바닥선이 되는 지점을 선택한 후 움
직일 계단의 끝 선을 클릭하여 맞닿게 합니다.

TIP [Align] 활성 도구 버튼을 이용하려면 [Modify] 탭으로 전환
해야 합니다.

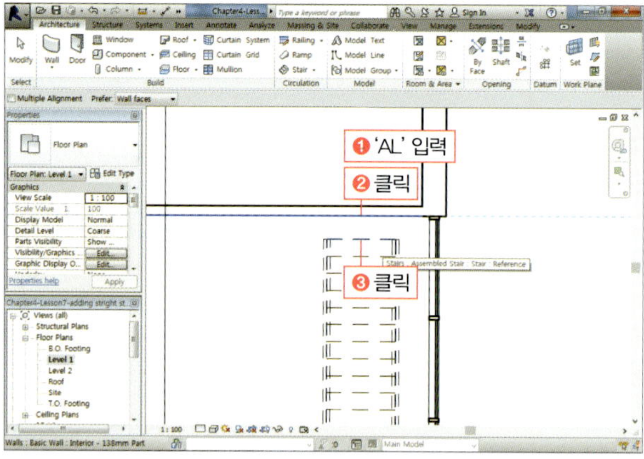

06. [Architecture] 탭-[Work Plane] 패널에서 [Ref-
erence Plan](🗗)을 클릭합니다.

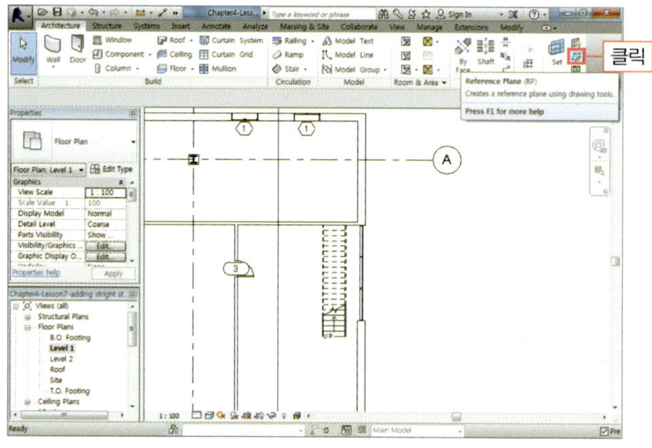

07. 옵션 바에서 [Offset]을 '150'으로 설정한 다음 [Draw] 패널-[Pick Lines]를 선택합니다. 그런 다음 외벽의 안쪽 선에 마우스 포인터를 위치시키면 하이라이트와 함께 150mm 떨어진 점선이 그림과 같이 나타납니다.

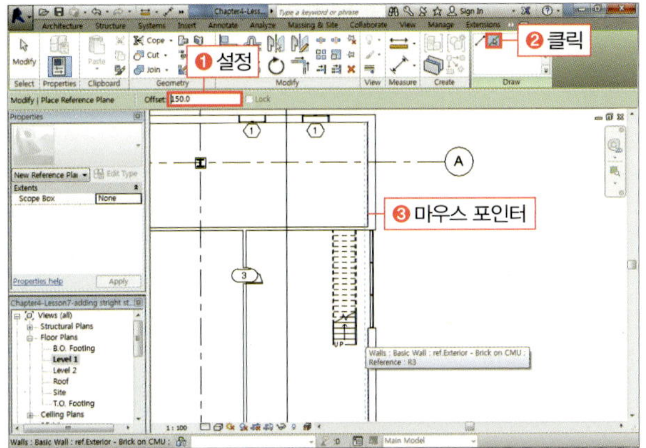

08. 위의 벽선을 클릭하여 녹색 점선의 보조선을 만듭니다. 그리고 [Align]()을 클릭합니다.

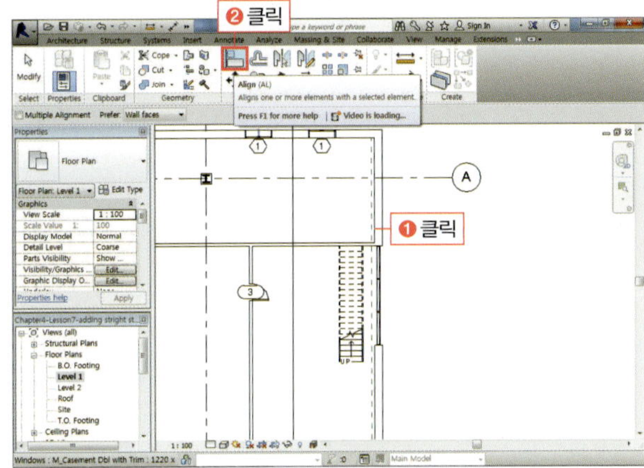

09. 보조선을 선택한 후 계단 오른쪽의 외곽선을 선택합니다. 그리고 Esc 를 눌러 Align 실행을 마칩니다.

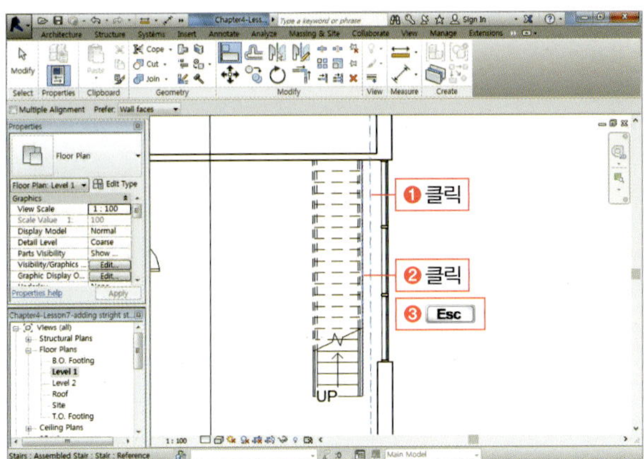

10. 그림과 같이 계단이 이동되었다면 보조선을 선택한 후 Delete 를 눌러 삭제합니다.

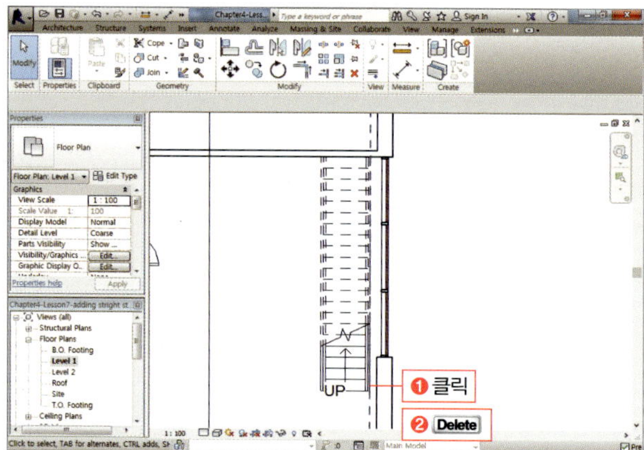

11. 전체 확대(Zf)를 한 후 Section 심볼을 더블클릭하거나, [Project Browser] 창에서 [Section 1]을 더블클릭하여 단면도 화면으로 이동합니다.

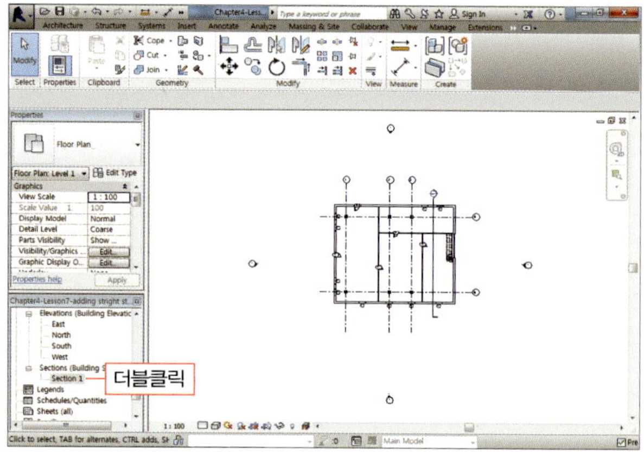

12. 단면도 화면에서 [Show Crop Region](아이콘)이 활성화되어 있기 때문에 테두리가 보입니다. 이를 클릭하여 비활성화를 시켜 테두리를 보이지 않게 한 후 일직선 계단 만들기를 마무리합니다.

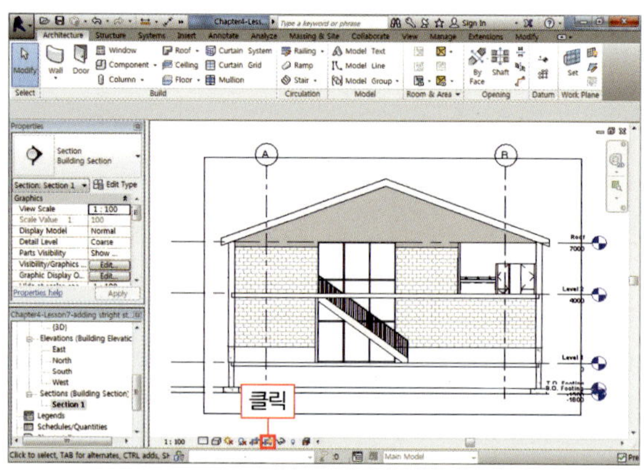

▲ Show Crop Region 활성화된 상태

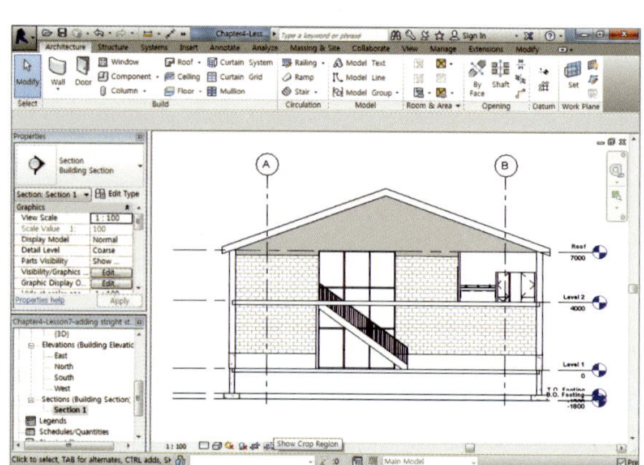

▲ Show Crop Region 비활성화된 상태

Component 계단 만들기에서 층계참을 추가하는 방법을 알아봅니다.

예제 파일 : Part 02/Chapter 05/Sample02.rvt | 완성 파일 : Part 02/Chapter 05/Sample02-완성.rvt

01. 예제 파일을 불러온 후 [Project Browser] 창에서 [Level 1] 화면으로 이동합니다. [Architecture] 탭–[Circulation] 패널에서 [Stair by Component](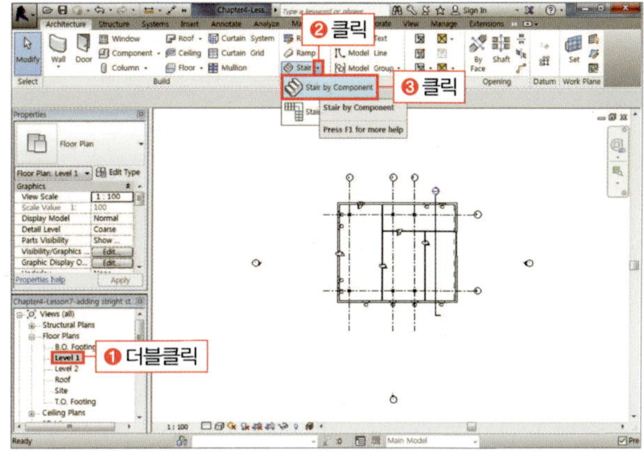)를 클릭합니다.

02. 수직 방향(아래에서 위로)으로 드래그하여 11개의 Riser가 나타나면 클릭합니다.

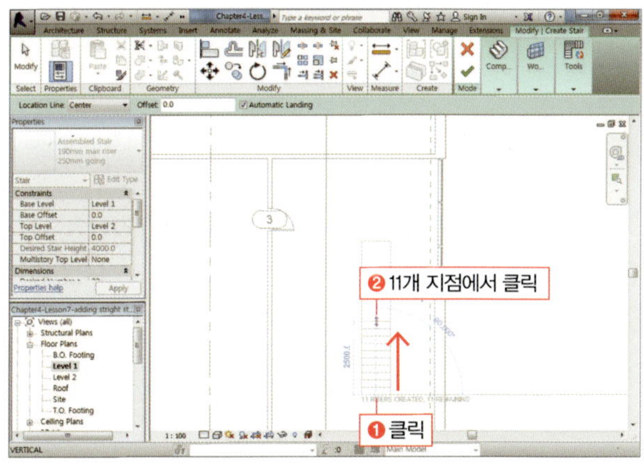

03. 다시 [Component] 패널로 이동한 후 [Landing]의 [Create Sketch]()를 클릭합니다.

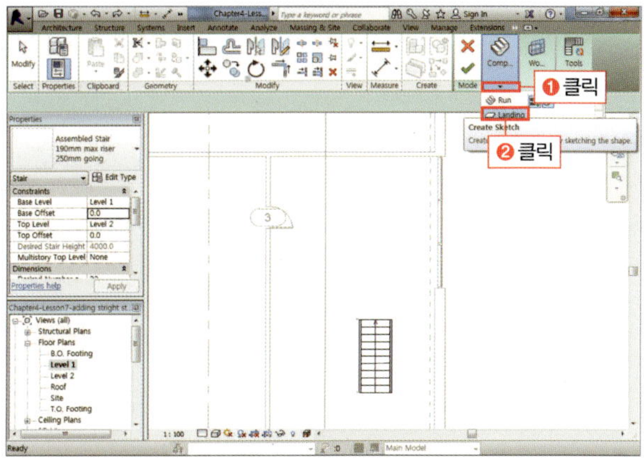

04. 그림과 같이 [Draw] 패널의 [Rectangle](□)을 이용하여 사각형을 그린 후 [Finish Edit Mode](✔)를 클릭합니다.

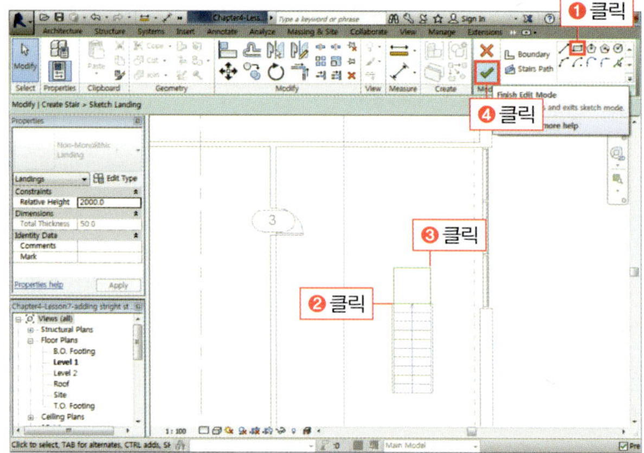

05. 다시 [Component] 패널에서 [Run]의 [Straight](▥)를 클릭합니다.

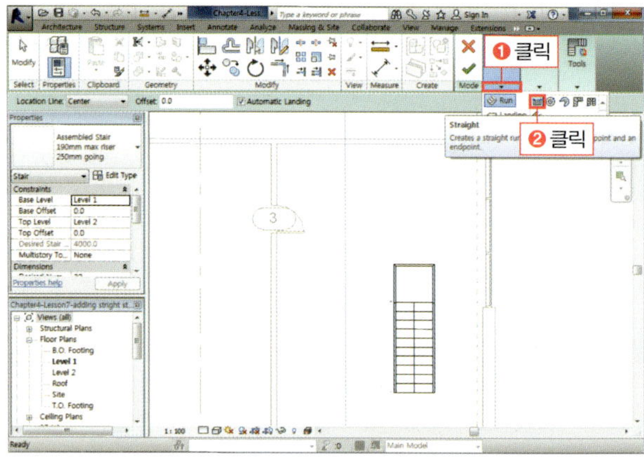

06. 다시 수직 방향(아래에서 위로)으로 드래그하여 나머지 11개의 Riser에 관해서도 그려줍니다.

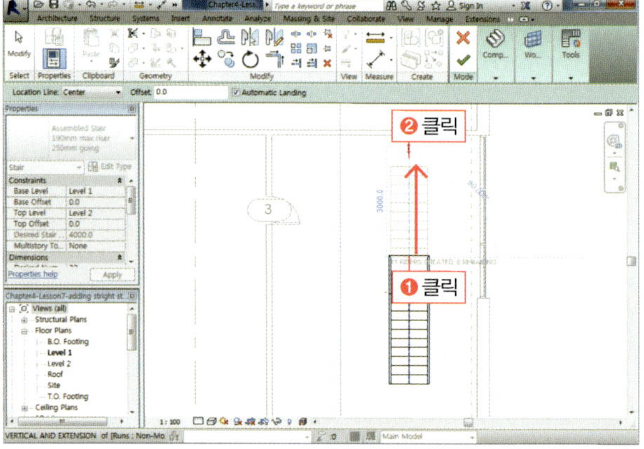

07. 계단이 완성되었으면 [Finish Edit Mode]( )를 클릭합니다.

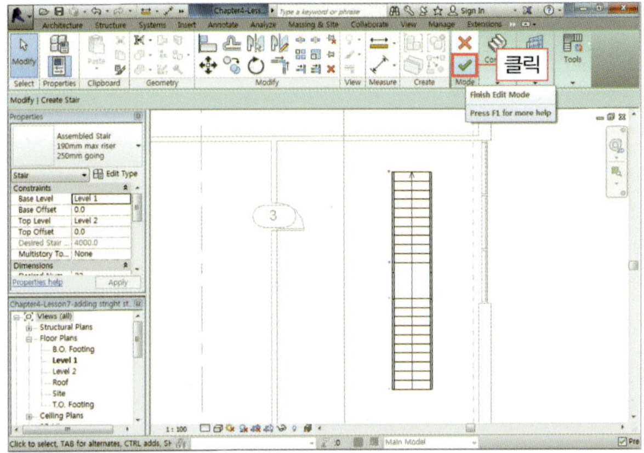

08. 계단을 선택하여 수정 모드로 이동한 후 [Align] ( )을 이용하여 ②, ③, ④, ⑤ 순서대로 선을 맞춥니다.

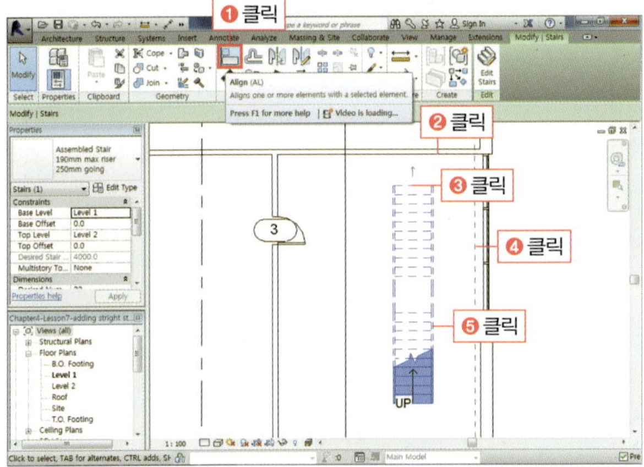

09. 그림과 같이 계단의 배치가 이루어 졌다면 [Project Browser] 창의 [Section 1] 화면에서 한 번 더 확인합니다.

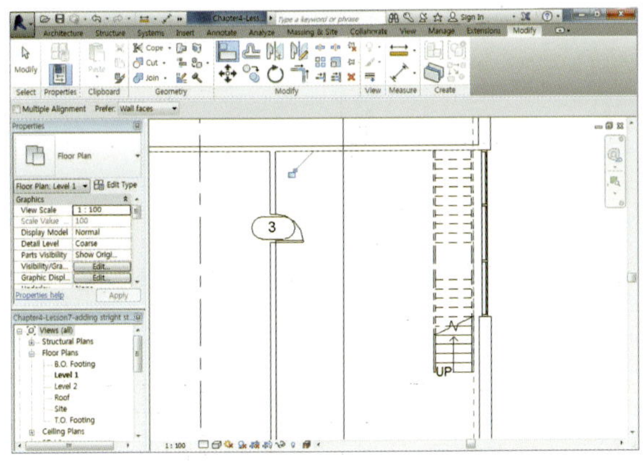

▲ Level 1에서 바라본 계단 드로잉 화면

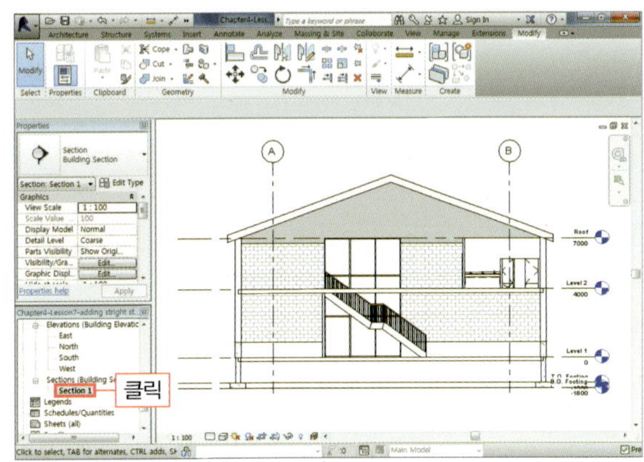

▲ Section 1에서 바라본 계단 드로잉 화면

사용자가 원하는 계단 형태로 만들 수 있는 스케치 모드로 꺾어진 계단을 만드는 방법에 대해 알아봅니다

예제 파일 : Part 02/Chapter 05/Sample03.rvt | 완성 파일 : Part 02/Chapter 05/Sample03-완성.rvt

01. 예제 파일을 불러온 후 [Project Browser] 창에서 [Level 1] 화면으로 이동합니다. [Architecture] 탭-[Circulation] 패널에서 [Stair]의 [Stair by Sketch](▦)를 클릭합니다.

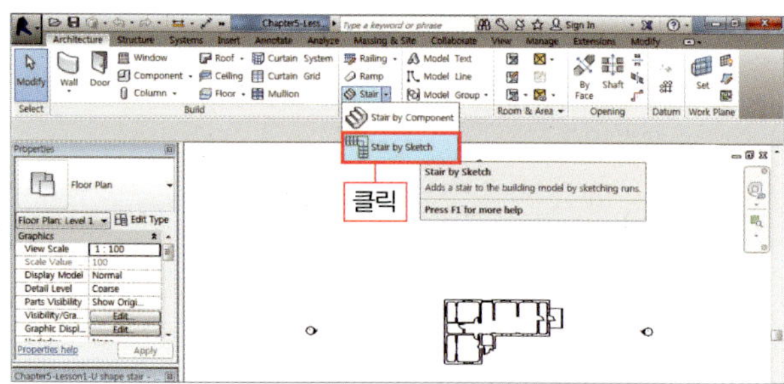

02. 계단이 들어갈 위치를 보조선으로 작성하기 위해 [Architecture] 탭-[Work Plane] 패널에서 [Reference Plane](▱)을 클릭합니다.

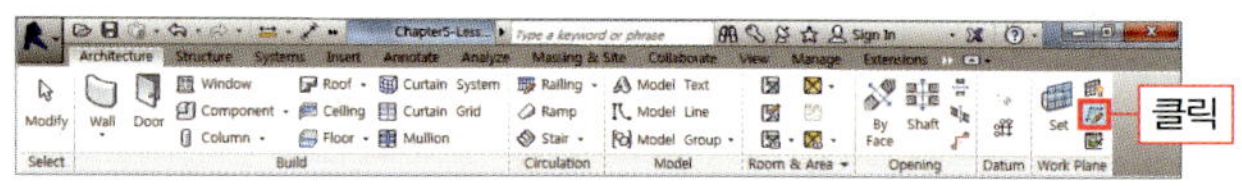

03. [Pick Line](▨)을 선택한 후 옵션 바에서 [Offset]을 '50'으로 설정하고 벽선들을 선택하여 그림과 같이 보조선을 만듭니다.

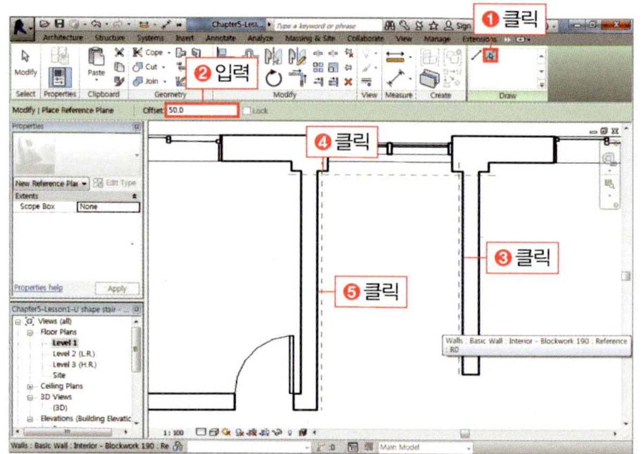

04. 다시 [Offset]을 '840'으로 설정하고 ②, ③ 보조선을 클릭하여 그림과 같이 선을 만듭니다.

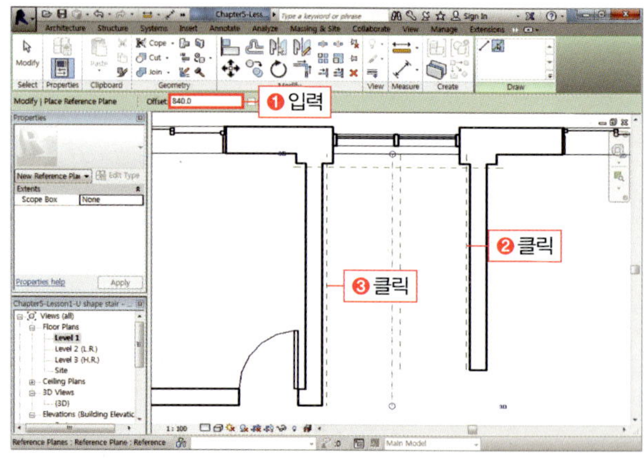

05. [Line](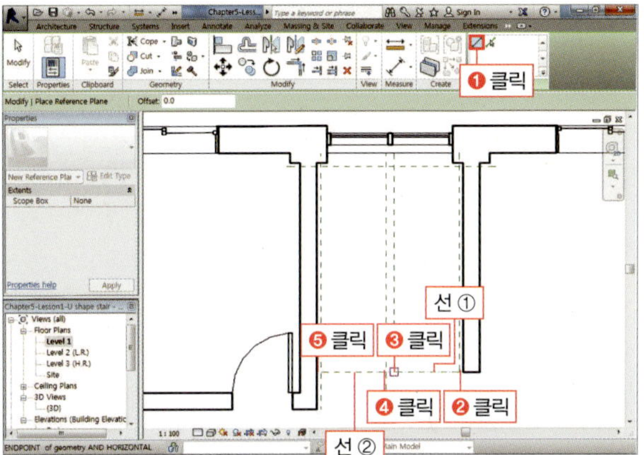)을 클릭한 후 옵션 바의 [Offset]을 '0'
으로 설정합니다. 그림과 같이 ①, ② 선을 만듭니다.

06. 보조선 길이는 Grip을 드래그하면 수정할 수 있
습니다. 수정이 끝난 후 Esc 를 두 번 눌러 수정 모
드에서 나옵니다.

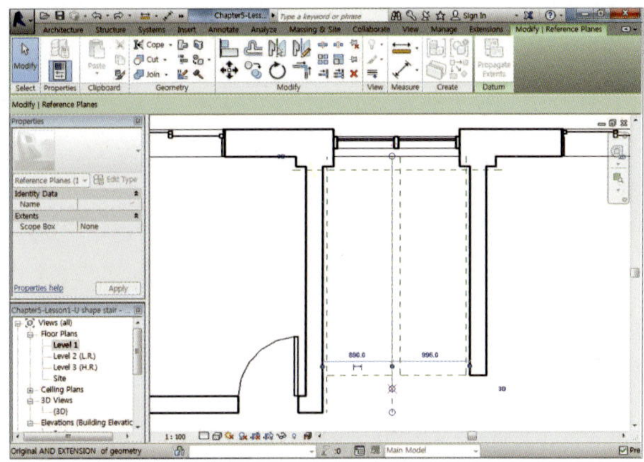

07. [Architecture] 탭–[Circulation] 패널에서 [Stair
by Sketch](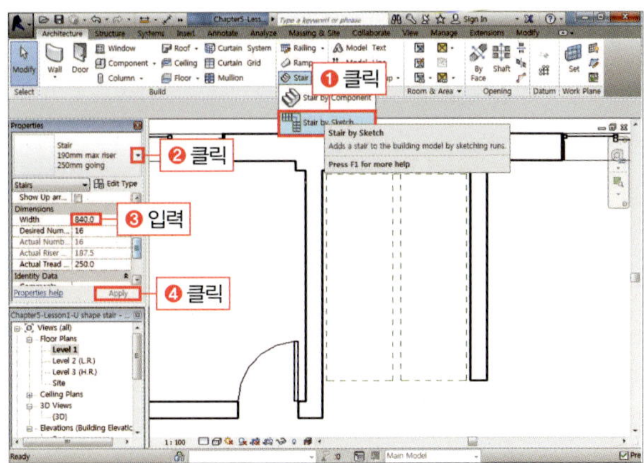)를 클릭합니다. 그리고 [Properties] 창
에서 'Stair 190mm max riser 250mm going'을 선택
한 후 [Dimensions]의 [Width]를 '840'으로 변경하여
[Apply] 버튼을 클릭합니다.

> **TIP** [Stair by Sketch]의 기본 환경은 'Stair 190mm maxriser 250mm going'으로 설정되어 있습니다. 특별한 상황이 없는 한 기본 설정을 수정할
> 필요는 없으나, 확인 차원에서 한 번 더 확인하고 넘어가는 것을 권장합니다.

08. 아래의 ① 지점을 클릭하여 계단을 스케치합니다. 그리고 8 Riser가 형성되는 ② 지점에서 다시 클릭합니다.

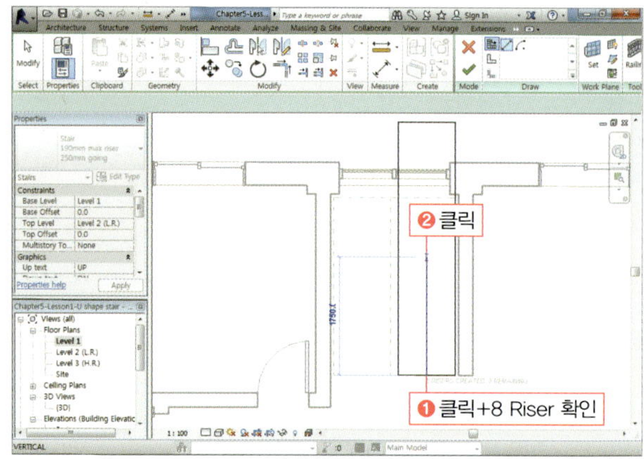

09. ① 지점에서 다시 클릭한 후 ② 지점을 향하여 클릭합니다.

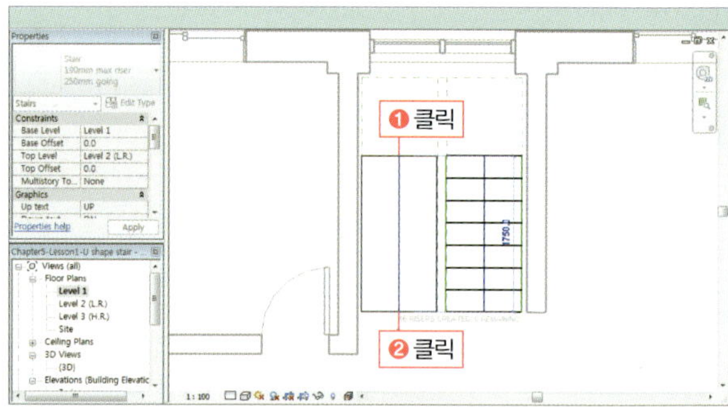

10. [Align](🗒)을 클릭한 후 계단 Boundary Line과 보조선을 모두 맞춥니다.

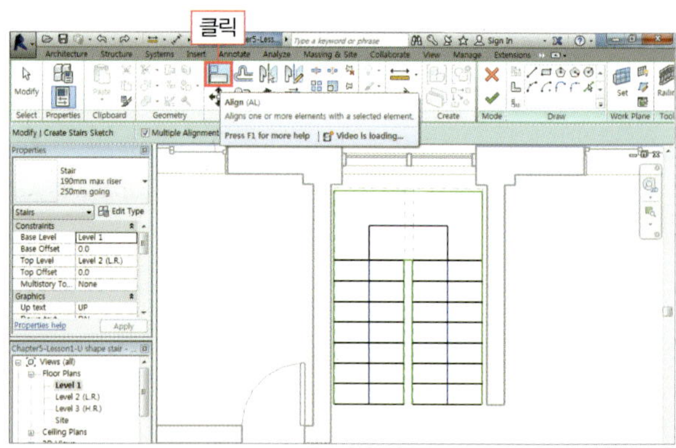

11. Boundary Line을 다 정리한 후 [Finish Edit Mode](✔)를 클릭하고 Esc 를 누릅니다.

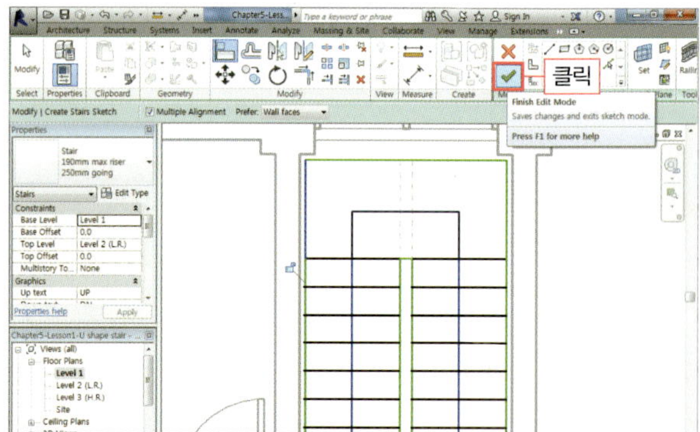

12. Section 보기로 확인하기 위해 [View]의 [Create] 패널에서 [Section]을 선택하고 그림과 같이 그려 준 다음 방향 전환 표시를 선택하여 방향을 바꾼 뒤 [Modify] (아이콘)를 클릭합니다.

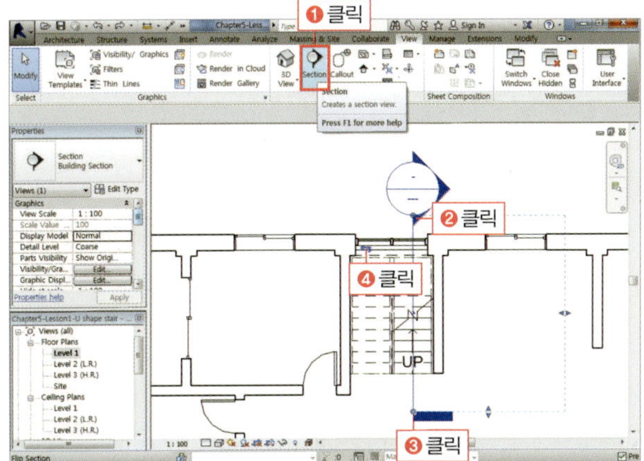

13. 생긴 Section의 원 안을 더블클릭하여 Section 드로잉으로 이동시킵니다.

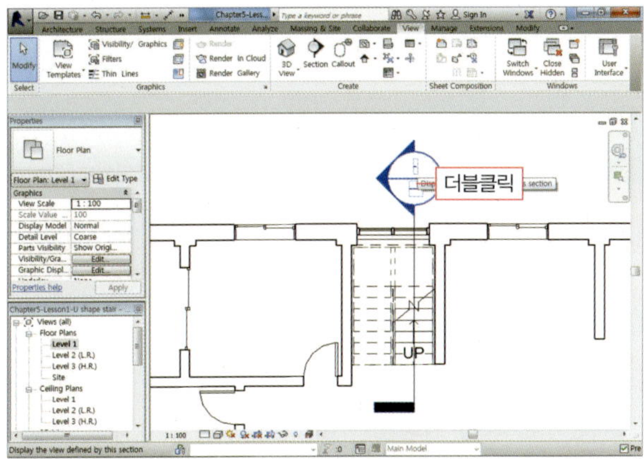

14. Section을 통해 확인한 후 아래의 꺾인 계단을 완성합니다.

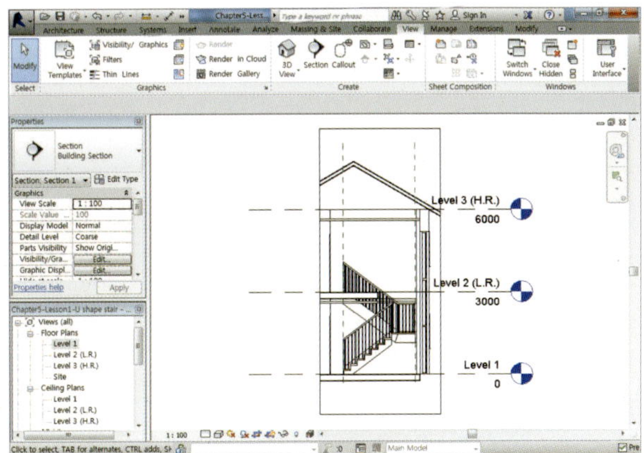

TIP Section 심볼의 Head 부분에 글자가 보이지 않는 이유는 아직까지 해당 Section이 Sheet에 배치되지 않았기 때문입니다. 심벌의 아랫부분은 Sheet-Number이고 윗부분은 Drawing-Number이므로 반드시 Sheet에 배치해야 글자가 보이는 것입니다.

LESSON 02 난간 만들기

일반적으로 계단을 만들 때 난간을 포함하게 됩니다. 이번에는 차후 계단의 난간을 수정하거나 보호를 위한 난간을 기존 도면에 추가할 때 필요한 방법을 알아봅니다.

● **학습 목표**

난간을 도면에 추가하는 방법을 익히도록 합니다.

● **학습에 필요한 단축 명령어**

F2 키 : Rename

난간 불러오기

난간을 불러오는 방법을 아래의 예제 따라하기를 통해 알아봅니다.

예제 파일 : Part 02/Chapter 05/Sample04.rvt

01. 예제 파일을 불러온 후 [Project Browser] 창에서 [Level 2] 화면으로 이동합니다. 그리고 [Architecture] 탭–[Circulation] 패널에서 [Railing]의 [Sketch Path] (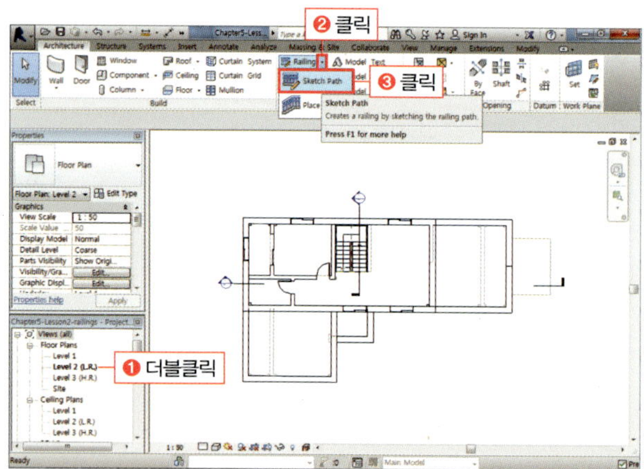)를 클릭합니다.

02. 'Zr'(Zoom in Region)을 입력하여 부분 확대를 한 후 [Draw] 패널에서 [Pick Lines](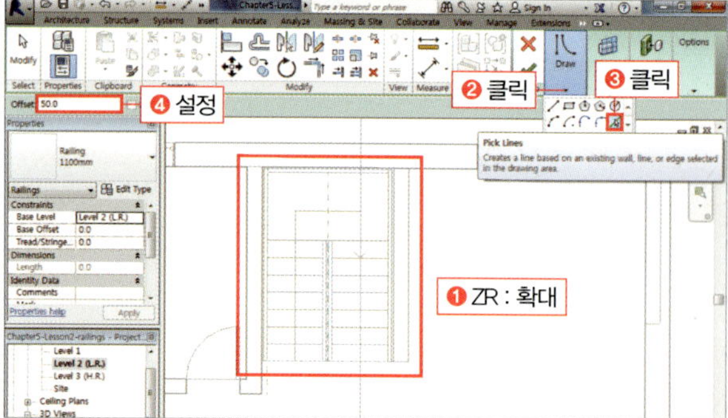)을 클릭하고 옵션 바에서 [Offset]을 '50'으로 설정합니다.

03. 그림과 같이 바닥선에서 50mm 떨어진 곳에 선을 선택한 다음 TRIM 버튼을 누르거나 단축 명령어 'TR'을 입력하여 난간을 만들 두 선물의 모서리를 정리해 줍니다. 그런 다음 [Finish Edit Mode](✔)를 클릭합니다.

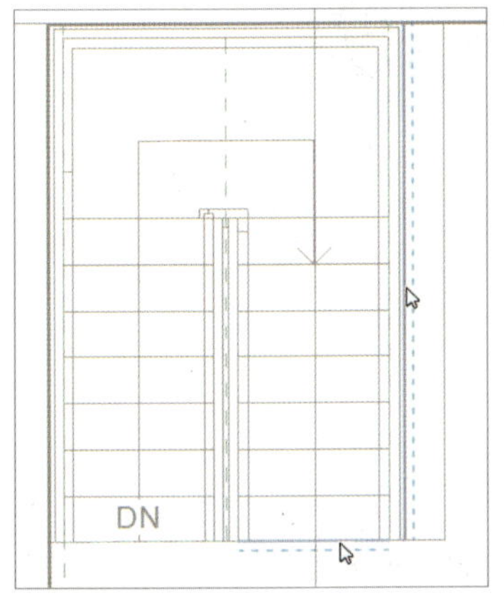

▲ 모서리 선택 전 이미지

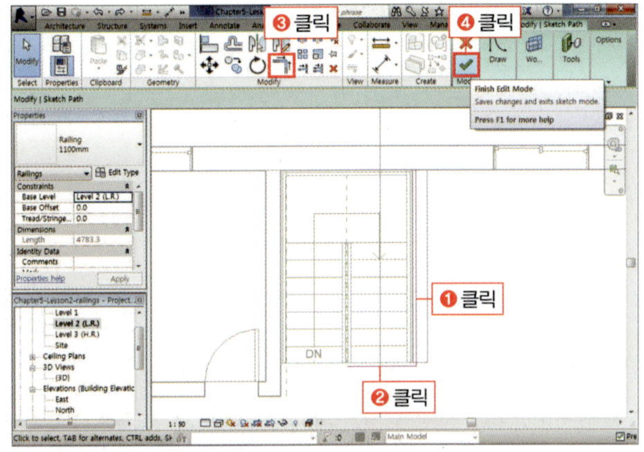

▲ 모서리 선택 후 trim으로 정리된 이미지

TIP Trim 명령을 실행하려면 아이콘을 클릭한 후 다시 정리하려는 선들을 선택합니다.

04. [View] 탭–[Create] 패널에서 [3D View]의 [Camera](📷)를 클릭합니다.

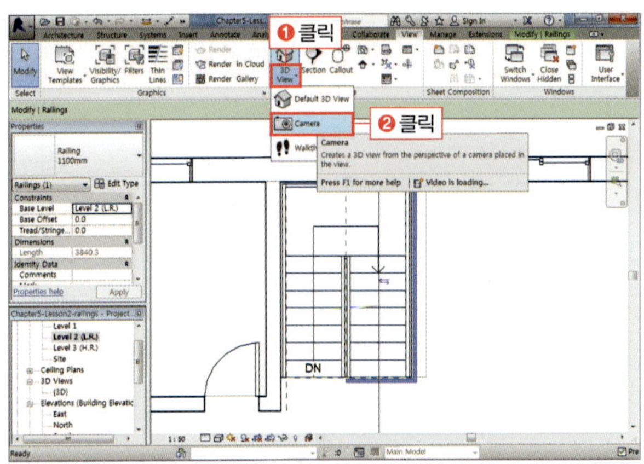

05. 그림과 같이 임의의 지점(①)을 클릭한 다음 드래그하여 영역을 지정합니다.

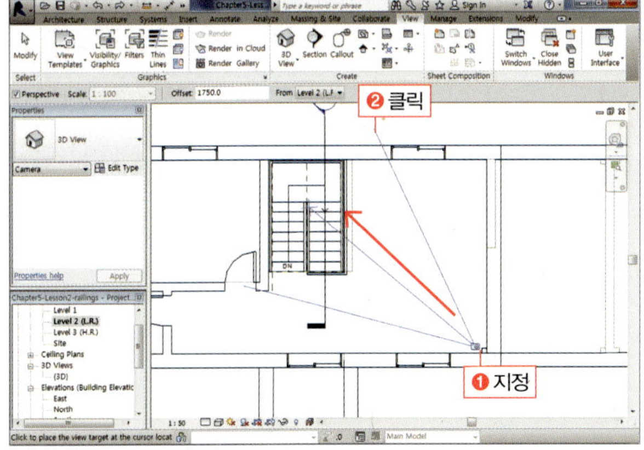

06. 3D View 1 드로잉이 자동으로 형성되며 그림과 같이 Perspective View가 생깁니다. 이때 경계 사각선(Crop Region)을 클릭하면 Contral Grip을 통해 보이는 드로잉 면적을 조절할 수 있습니다.

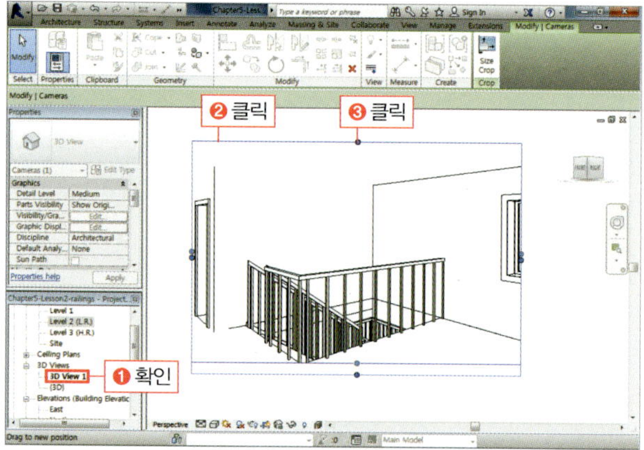

07. 난간을 선택한 다음 모양을 바꾸고 싶다면 [Properties] 창의 [Type Selector]를 이용하면 됩니다.

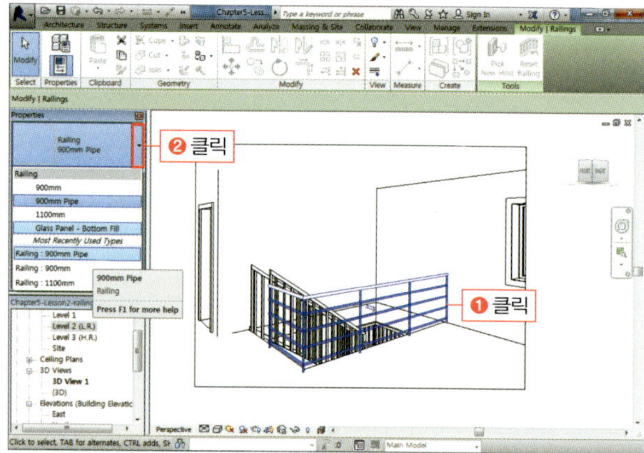

▲ Railing 900mm Pipe로 변경된 드로잉 화면

난간의 시작과 끝 부분을 돌출시켜 마감하는 방법을 알아봅니다.

예제 파일 : Part 02/Chapter 05/Sample05.rvt | **완성 파일** : Part 02/Chapter 05/Sample05-완성.rvt

01. 예제 파일을 불러온 후 [Project Browser] 창에서 [3D View 2] 화면으로 이동합니다.

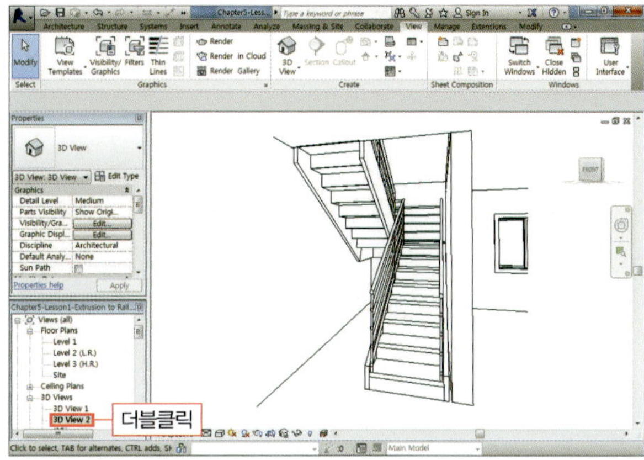

02. 이름을 변경할 핸드 레일을 선택한 다음 [Properties] 창에서 [Edit Type] 버튼을 클릭합니다.

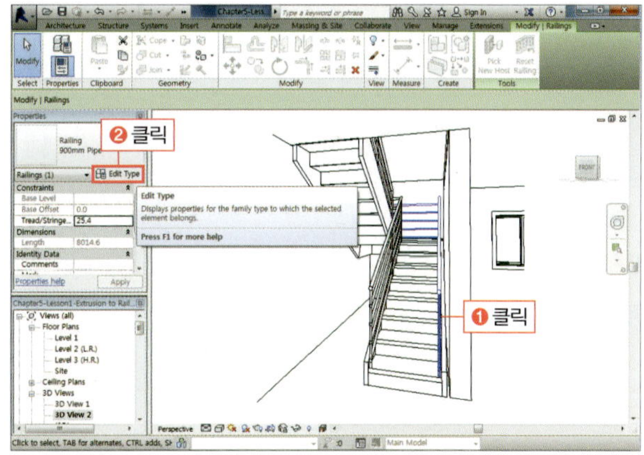

03. [Type Properties] 대화상자가 나타나면 [Duplicate] 버튼을 클릭하고 이름을 그림과 같이 입력한 후 [OK] 버튼을 클릭합니다.

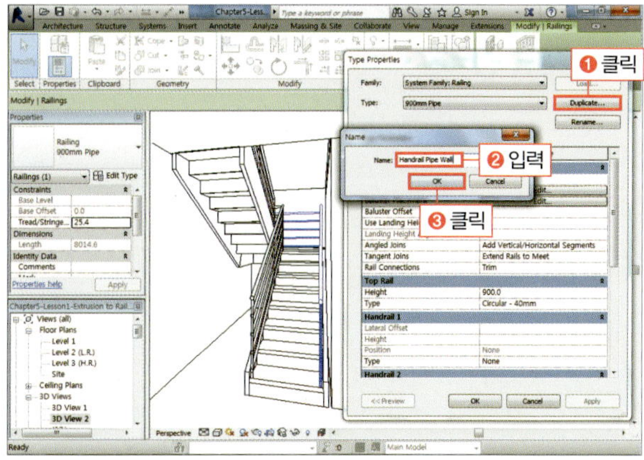

04. 반대편의 헨드 레일도 선택한 다음 [Edit Type] 버튼을 클릭합니다. [Type Properties] 대화상자에서 복사본을 만들어 레일 이름을 'Handrail Pipe Post' 로 변경합니다.

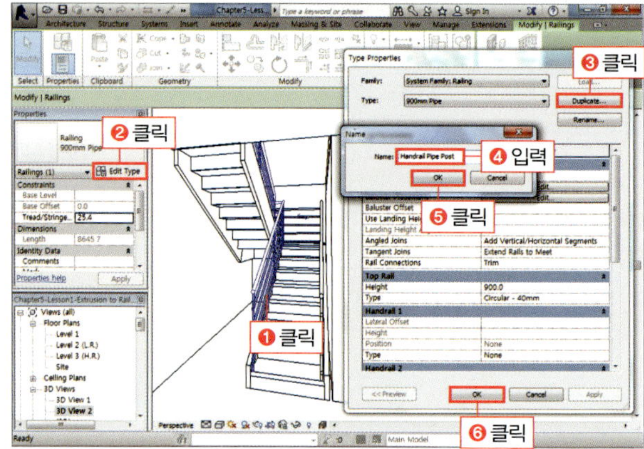

05. [Project Browser] 창 아래쪽에 위치한 [Families] 에서 [Railings]를 찾습니다.

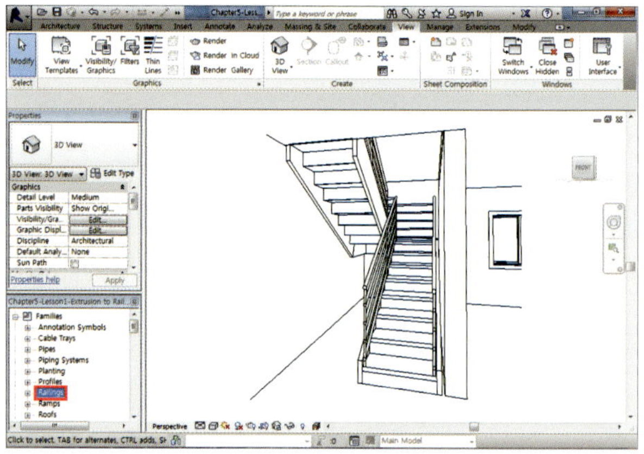

06. [Railings] 중에서도 [Top Rail Type]에서 'Circular 400mm'을 선택합니다. 그리고 마우스 오른쪽 버튼 으로 클릭하여 [Duplicate] 복사본을 만듭니다.

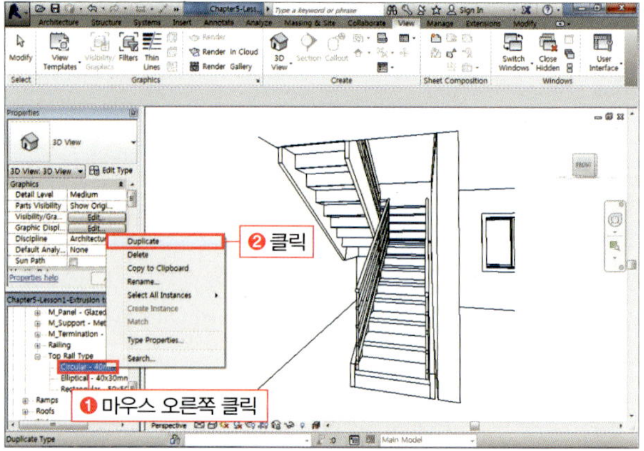

TIP 마우스 오른쪽 버튼을 클릭해도 [Duplicate] 실행이 되지 않는다면, [Type Properties]를 클릭하거나 [Circular-400mm]를 더블클릭하여 [Duplicate]를 실행합니다.

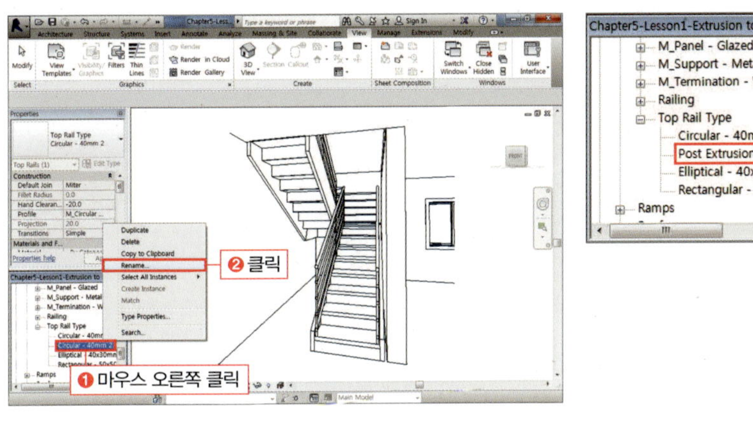

▲ [Duplicate] 실행이 안 될 때

▲ [Type Properties]로 [Duplicate]를 실행할 경우

07. 'Circular – 400mm 2'라는 복사본을 마우스 오른쪽 버튼으로 클릭한 후 [Rename]을 선택하고, 'Extrusion Post'라는 이름으로 변경합니다.

08. 다시 [Railings]의 [Handrail Type]에서 'Pipe Wall Mounted'를 마우스 오른쪽 버튼으로 클릭한 후 복사본을 만듭니다.

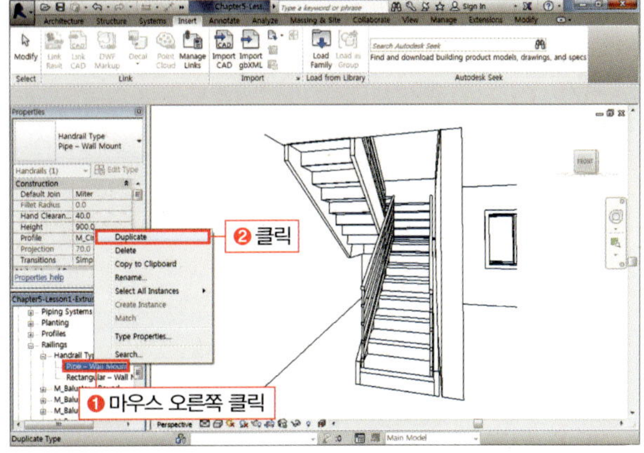

09. 'Pipe – Wall Mount 2' 복사본을 선택한 후 F2를 눌러 이름을 변경합니다.

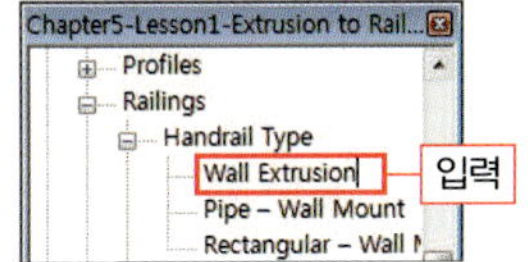

10. 좀 더 난간이 잘 보이도록 회전(Shift +마우스 휠)을 시킨 다음 그림과 같이 Handrail 선택한 후 [Edit Type] 버튼을 클릭하여 [Type Properties] 대화상자를 불러옵니다. 여기서 [Top Rail]의 [Type]을 이전에 설정했던 'Extrusion Post'로 설정한 후 [OK] 버튼을 클릭하고 Esc 를 누릅니다.

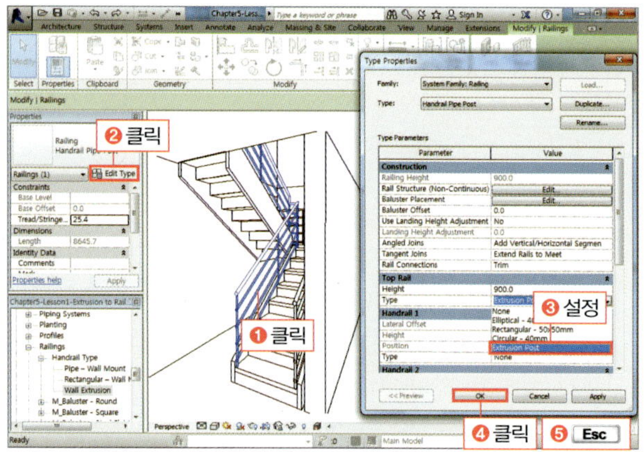

11. Tab 을 이용하여 난간의 윗부분만 선택한 후 [Edit Type] 버튼을 클릭하여 [Type Properties] 대화상자를 불러옵니다. 그리고 [Extrusion (Beginning/Bottom)]의 [Style]과 [Length]를 그림과 같이 설정한 다음 [Apply] 버튼을 클릭합니다.

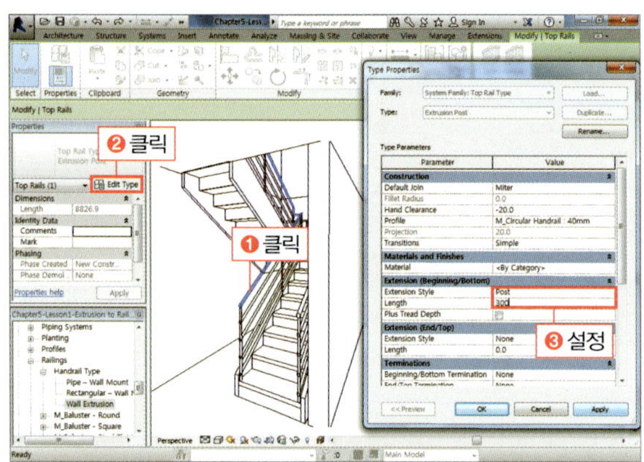

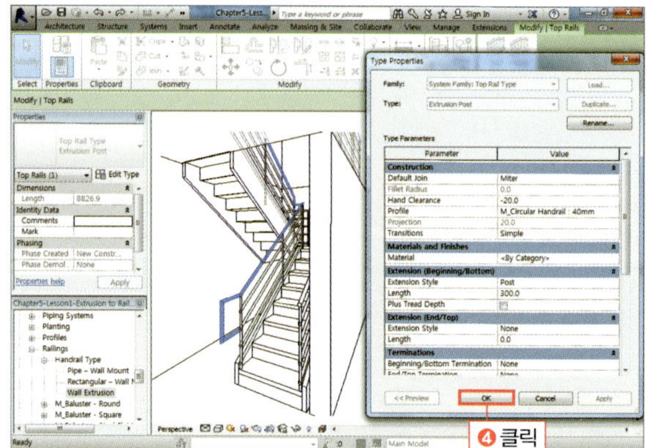

TIP 마우스 포인터를 난간에 위치시키고 Tab 을 누르면 개별적으로 난간의 윗부분만 선택이 가능합니다.

12. [Extension Style]을 'Floor'로 설정하면 그림과 같이 난간 돌출 부분이 바닥과 맞닿도록 변경할 수 있습니다.

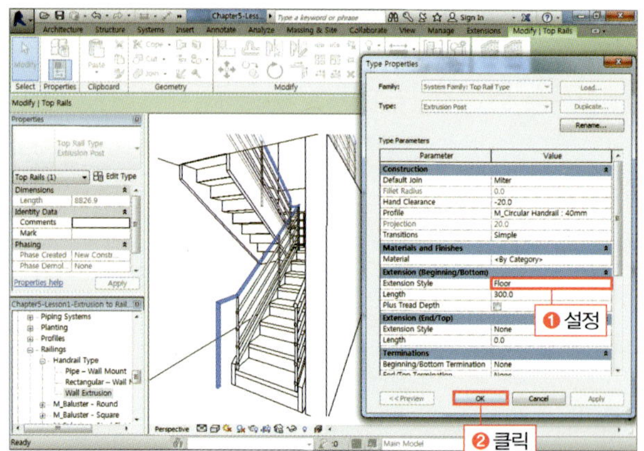

13. 회전(Shift +마우스 휠)을 시킨 다음 그림과 같이 핸드 레일을 선택하고 [Edit Type] 버튼을 클릭하여 [Type Properties] 대화상자를 불러옵니다. [Handrail 1]의 [Type]을 이전에 설정했던 'Wall Extrusion', [Position]은 'Left'로 설정하고 [OK] 버튼을 클릭한 후 Esc 를 누릅니다.

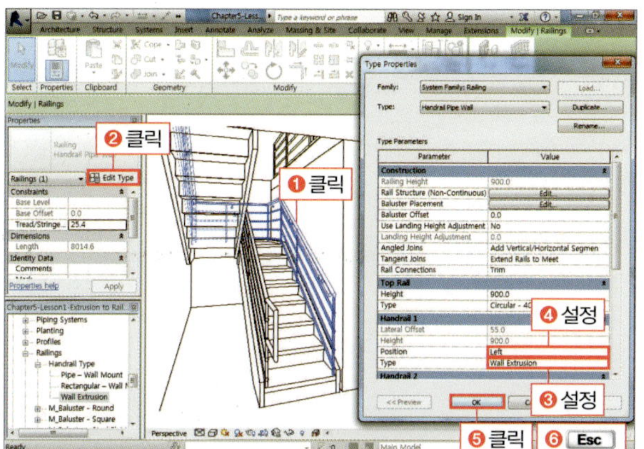

14. Tab 을 이용하여 난간의 윗부분만 선택한 후 [Edit Type] 버튼을 클릭하여 [Type Properties] 대화상자를 불러옵니다. [Extrusion (Beginning/Bottom)]에서 [Style]과 [Length]를 그림과 같이 설정하고 [Supports]의 [Justification]을 'Begin'으로 설정합니다.

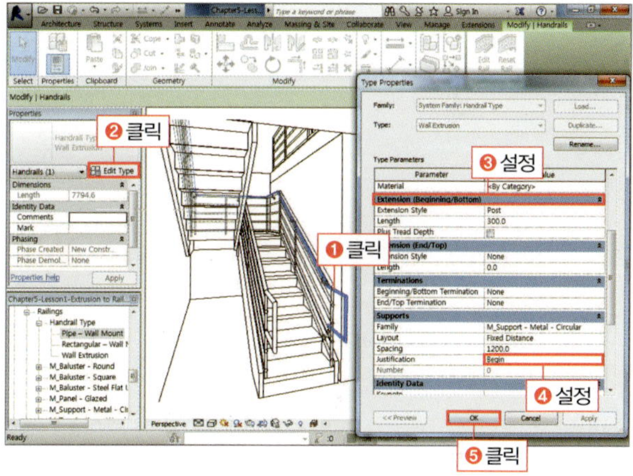

15. 벽의 계단 난간이 이중으로 있을 필요가 없다고 판단이 되면 다시 난간을 선택하고 [Edit Type] 버튼을 클릭하여 [Type Properties] 대화상자를 불러옵니다. 그리고 [Construction]의 [Real Structure]에서 [Edit]를 클릭합니다.

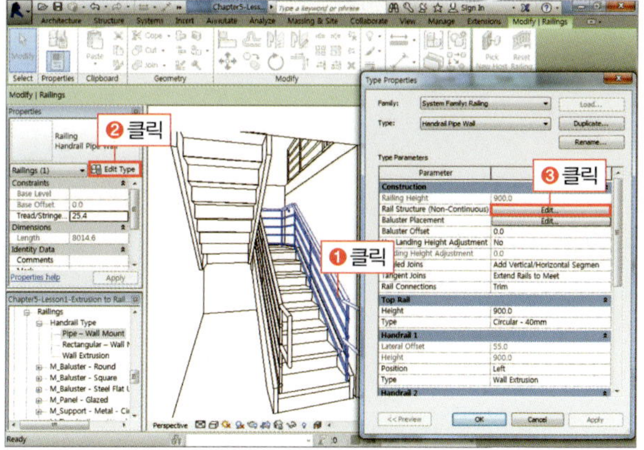

16. [Edit Rails] 대화상자가 나타나면 Rail를 삭제한 후 [OK] 버튼을 클릭합니다.

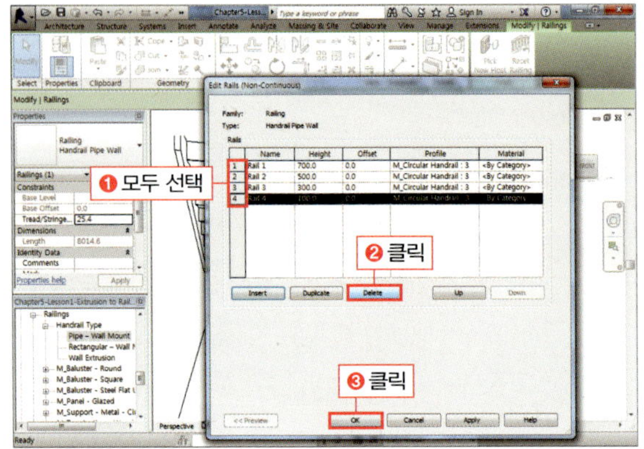

▲ [Edit Rails] 대화상자에서 기본 Rail 설정을 확인할 수 있다.(레일 삭제 전)

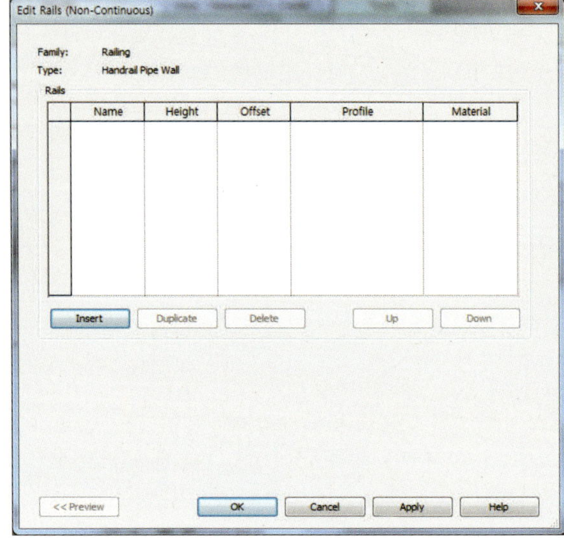

▲ 모든 레일을 삭제한 경우

17. 다시 [Type Properties] 대화상자로 돌아오면 [Top Rail]의 [Type]을 'None'으로 설정합니다.

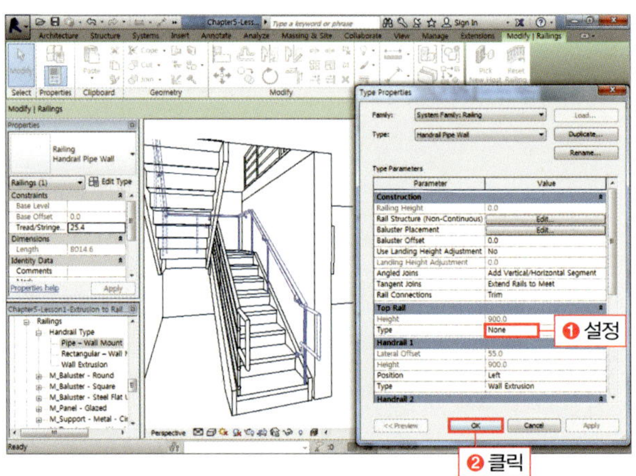

18. 그림과 같은 경고 창이 나타나면 [OK] 버튼을 클릭합니다.

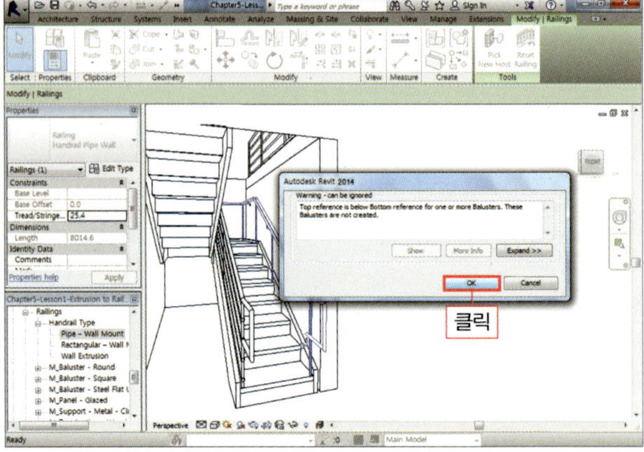

TIP Top Rail이 없어질 경우 Baluster도 같이 없어진다는 내용으로 무시해도 괜찮습니다.

19. `Tab`을 이용하여 난간의 윗부분만 선택한 후 [Edit Type] 버튼을 클릭하여 [Type Properties] 대화상자를 불러옵니다. 그리고 [Extrusion (Beginning/Bottom)]에서 [Style]은 'Wall', [Length]는 '300', 그리고 [Supports]의 [Justification]을 'Center'로 설정한 후 [OK] 버튼을 클릭합니다.

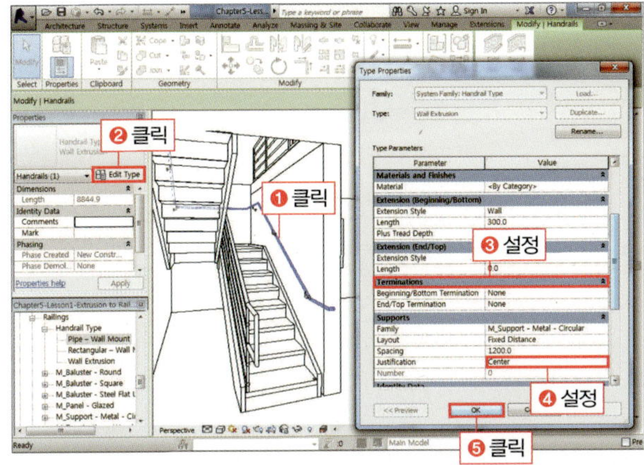

20. 그림과 같이 완성한 후 파일을 저장합니다.

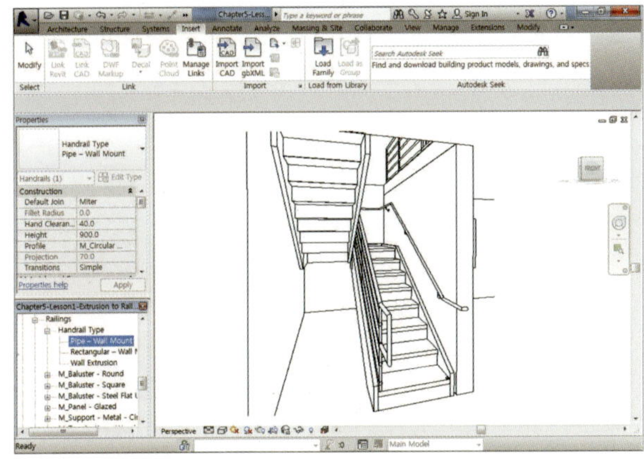

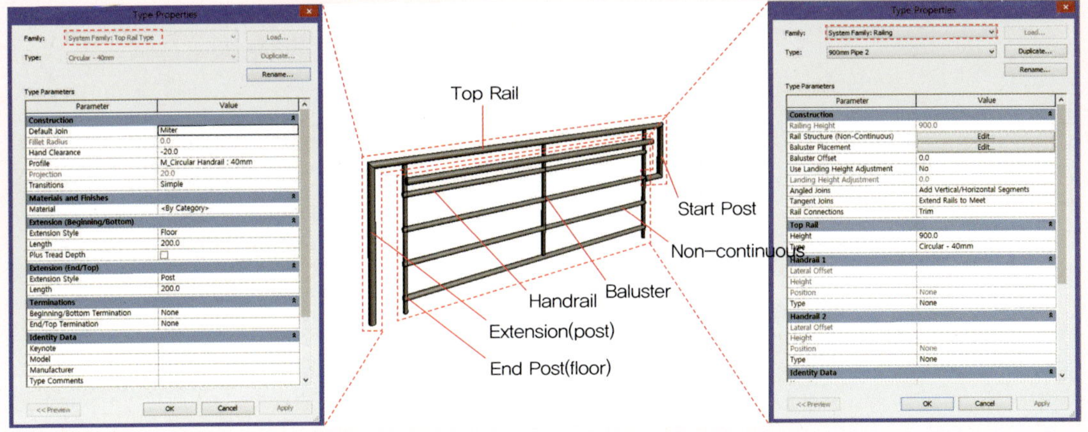

TIP 레일 구성 요소 : Components of Railings

레일은 여러 요소가 합쳐진 구성입니다. 크게 Top Rail과 Railing Family로 나누어질 수 있습니다. 그리고 각 요소들은 고유의 스타일을 사용자의 선호에 따라 [Type Properties] 창에서 변경이 가능합니다.

REVIT 2014

Annotating으로 디자인 완성하기

AutoCAD에서 크기에 따른 치수와 문자의 크기가 달라지는 편리한 기능이었던 Annotating이 Revit에서는 더욱 쉽게 구현할 수 있습니다. AutoCAD에서 Annotating의 선택을 사용자에게 준 것에 비해 Revit에서는 처음부터 설정이 Annotation으로 지정되어 있기 때문입니다. Annotative elements(text, tags, symbols, dimensions)는 View-Specific Elements에 속하여 건물을 지어 올리는 Model Elements와는 달리 드로잉 화면상에서만 보이며, 도면을 이해하는 곳에 사용될 뿐 직접적인 모델링과는 관련이 없습니다.

01. 치수 수정하고 불러오기

02. 공간 영역의 태그 불러오기

03. 문자 불러오기

LESSON 01 Annotative 치수 만들기

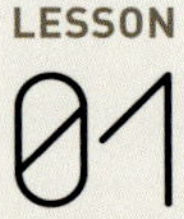

Revit에서 치수를 불러오는 툴은 Aligned, Linear, Angular, Radial, Arc Length, 그리고 Diameter까지 6가지가 있습니다. 하지만 도면에 가장 많이 사용하는 것이 Aligned이며, 이를 활용하면 여러 가지 옵션을 통해 손쉽게 원하는 치수를 만들 수 있습니다.

● 학습 목표

Annotative 치수를 도면에 추가하는 방법을 익히도록 합니다.

● 학습에 필요한 단축 명령어

DI : Aligned Dimension
EW : Edit Witness Lines

[Annotative] 탭과 Annotative 치수 구성 살펴보기

치수를 불러 올 수 있도록 도구 모음의 위치를 파악하고 활용합니다.

① [Annotate] 탭-[Dimension] 패널에 위치한 [Aligned]

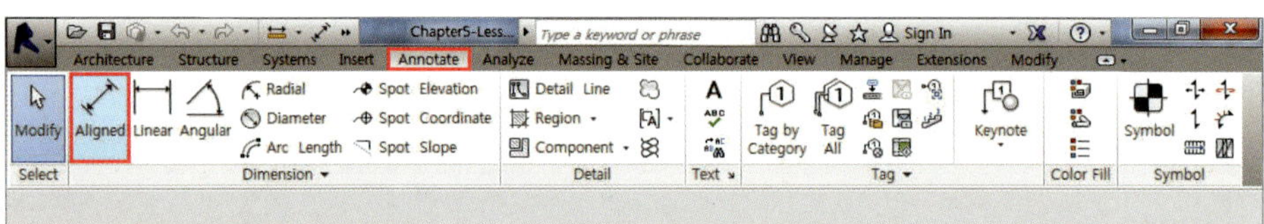

TIP 단축 명령어 'Di' 또는 빠른 도구 막대에서 [Aligned Dimension]을 이용하면 동일하게 수정 모드로 이동할 수 있습니다.

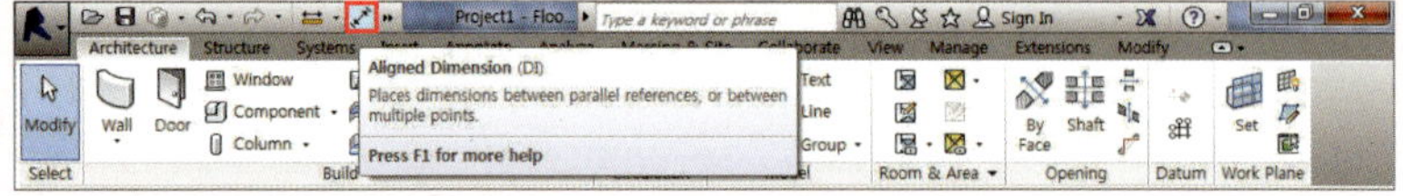

② [Modify | Place Dimensions] 탭의 화면 구성

[Modify | Place Dimensions] 탭으로 들어가게 되면 옵션 바에서 설정이 가능한 옵션들을 확인할 수 있습니다.

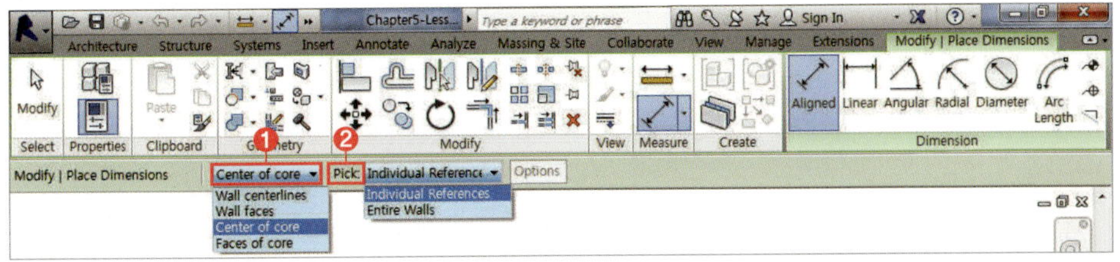

❶에서는 치수의 시작과 끝을 어디서 시작할 것인지를 선택하는 것이고,

❷에서는 치수를 사용자가 하나하나 지점을 선택하여 입력할 것인지(Individual References) 아니면, 해당 벽에 표시되어 있는 창문이나 문, 혹은 벽 간격선까지 모든 치수를 한꺼번에 입력할 것인지(Entire Walls)를 선택합니다.

■ Center of core : Core의 중심 부분

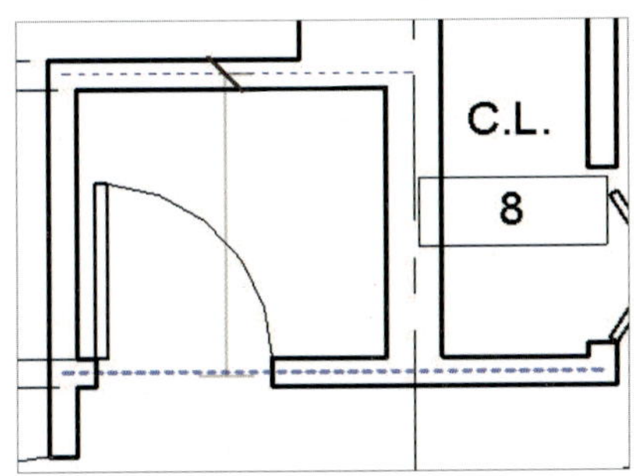

■ Wall Centerlines : 벽의 중심선

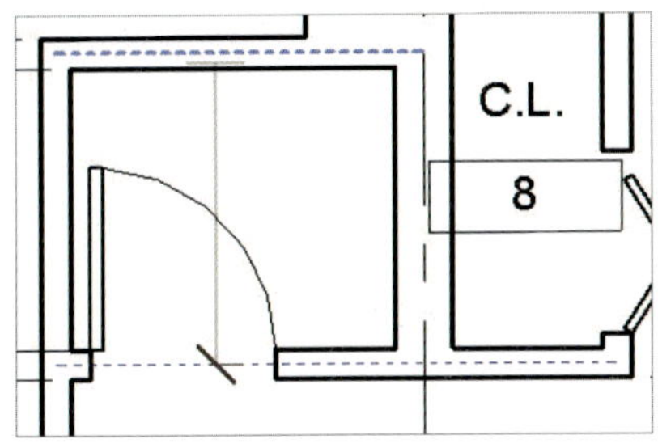

■ Wall faces : 벽의 표면 부분

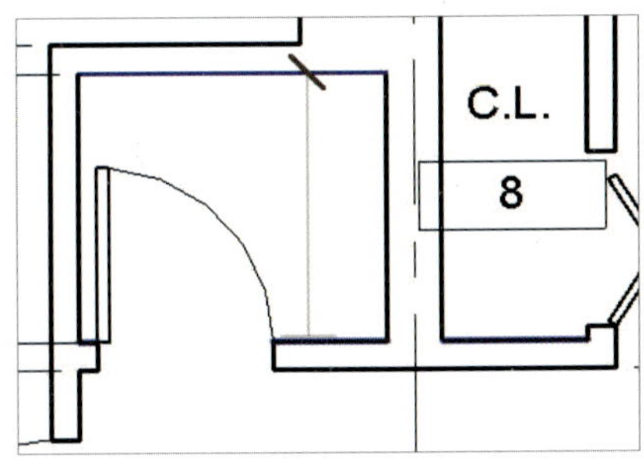

■ Faces of core : Core의 표면 부분

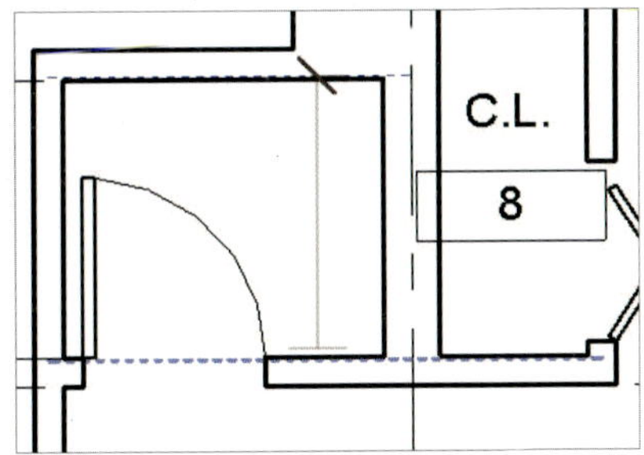

치수 만들기

기본적인 치수를 입력하는 방법에 대해 알아보겠습니다.

예제 파일 : Part 02/Chapter 06/Sample01.rvt   I   완성 파일 : Part 02/Chapter 06/Sample01-완성.rvt

01. 예제 파일을 불러온 후 [Project Browser] 창에서 [Level 1] 화면으로 이동합니다. [Annotate] 탭-[Dimension] 패널에서 [Aligned Dimension]을 클릭합니다.

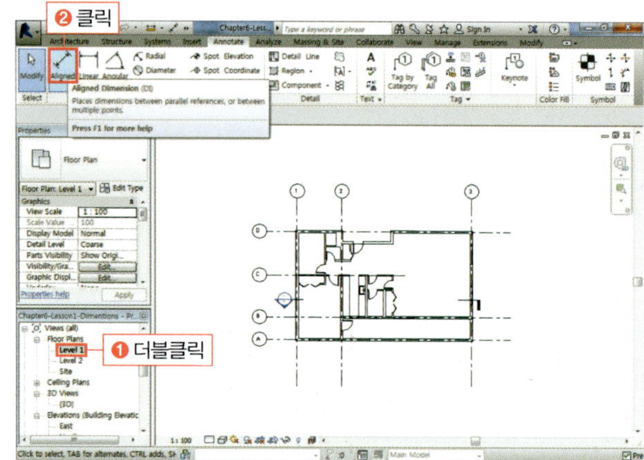

02. 옵션 바에서 치수의 지점을 'Wall Face'로, [Pick]은 'Individual Reference'로 설정한 후 그림과 같이 선 ③, ④, ⑤를 클릭하여 치수를 입력합니다.

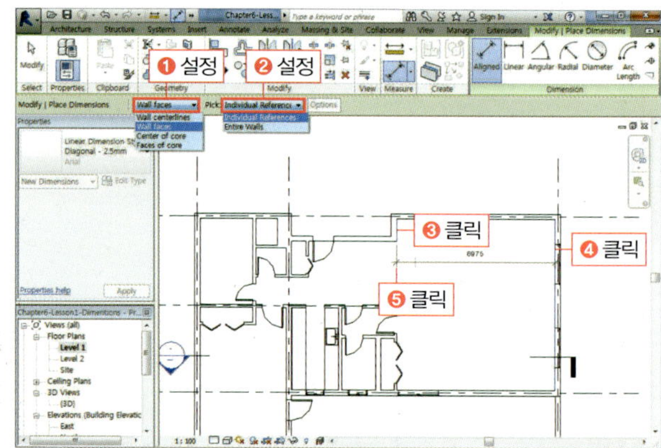

TIP 벽의 선을 선택하기 어려울 경우에는 Tab 을 눌러 선택하면 됩니다.

03. 연속하여 치수를 넣고 싶을 경우에, 그림과 같이 클릭하여 다음 치수를 입력할 수 있습니다.

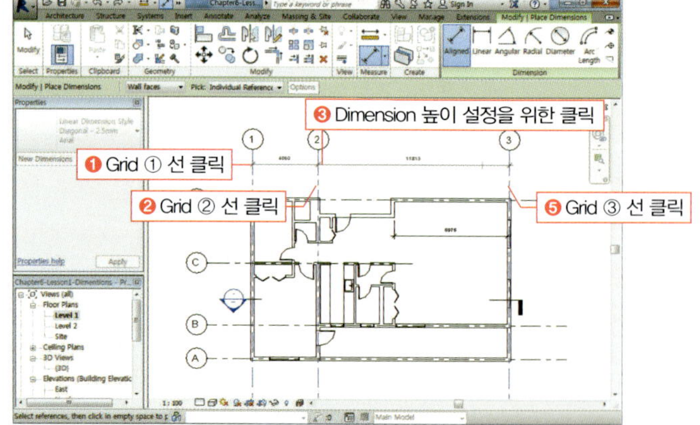

TIP Grid A, B, C, D 치수 간격도 이와 같이 입력해 줍니다.

04. 벽과 Opening된 부분에 한 번에 치수를 입력하고 싶다면 옵션 바에서 'Wall Face', [Pick]을 'Entire Walls'로 설정하고 [Options] 버튼을 클릭합니다. [Auto Dimension Options] 대화상자가 나타나면 그림과 같이 설정합니다.

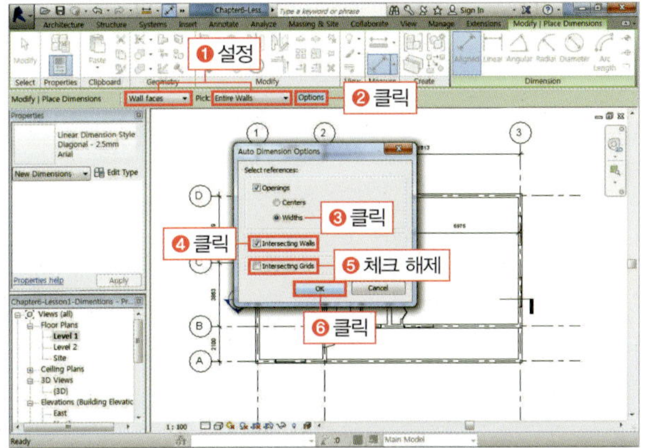

05. 창문이 있는 한쪽 벽을 클릭하여 선택하면 벽 두께의 거리와 창문의 넓이까지 치수가 자동으로 입력됩니다. 화면의 빈 공간에 클릭하여 치수 입력을 마친 후 Esc 를 두 번 누릅니다.

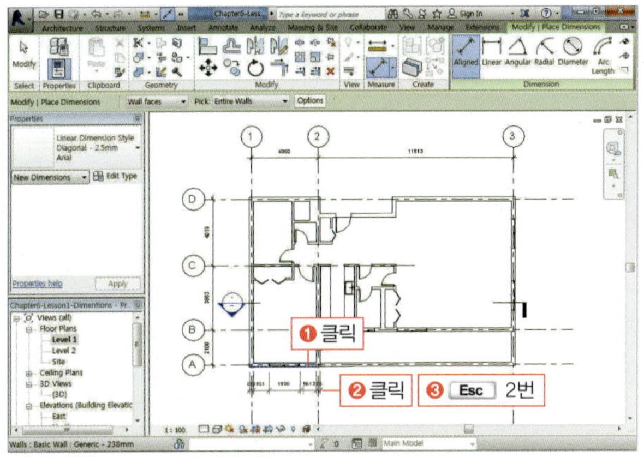

06. 입력된 첫 번째 치수를 선택하고 [Modify | Dimensions] 탭으로 이동한 후 [Edit Witness Lines]( )를 클릭합니다. 그림과 같이 순서대로 선을 연결합니다. 그리고 화면의 빈 공간에 클릭하여 마칩니다.

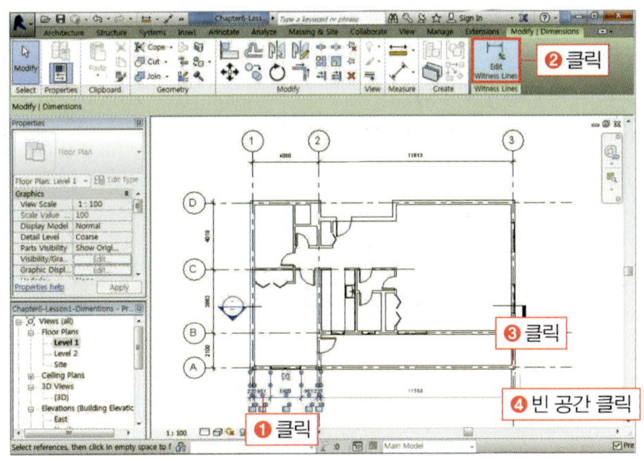

TIP 빈 공간을 클릭하지 않고, Esc 를 누르거나 [Modify]( )를 클릭하면 치수가 입력되지 않으므로 주의합니다.

07. 다시 [Annotate] 탭-[Dimension] 패널에서 [Aligned]를 클릭한 후 [Auto Dimension Options] 대화상자를 불러옵니다. 그림과 같이 [Intersecting Walls]만 체크하고 [OK] 버튼을 클릭합니다.

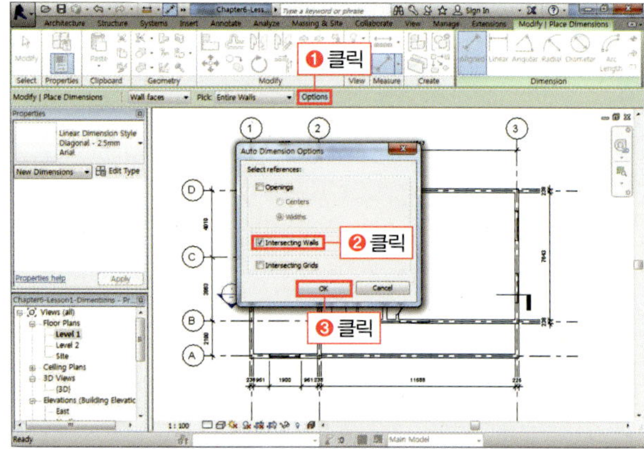

08. 그림과 같이 벽을 연속해서 선택하고 다음 방향으로 이동하며 클릭하여 치수를 입력합니다. 그런 다음 Esc 를 두 번 눌러 수정 모드에서 나옵니다.

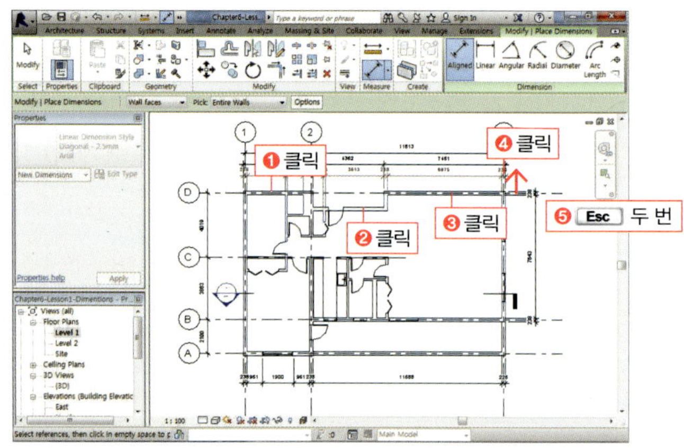

09. 치수에 마우스 포인터를 위치시키면 그림과 같이 하이라이트로 변경됩니다. 이때 Tab 을 이용하여 삭제하려는 치수만 선택합니다.

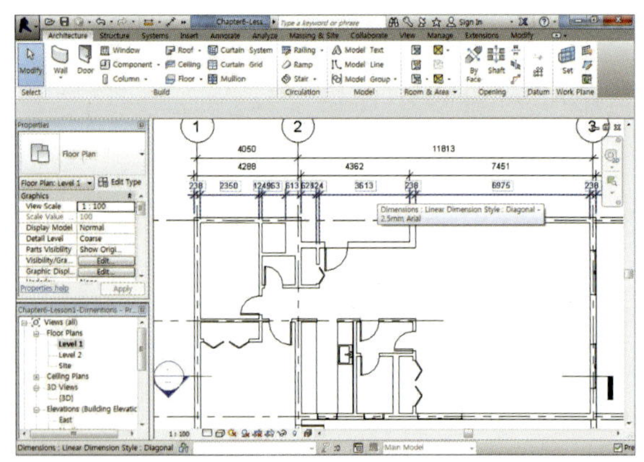

▲ 마우스 포인터로 전체 치수가 하이라이트 된 경우

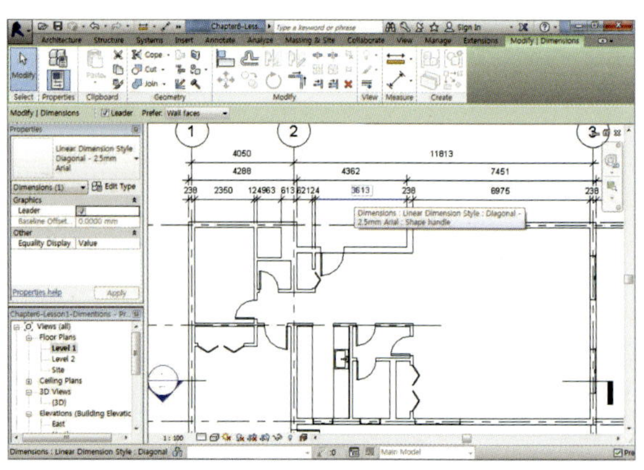

▲ Tab 을 이용하여 해당 치수만 하이라이트 된 경우

10. Delete 를 눌러 선택한 치수를 삭제합니다.

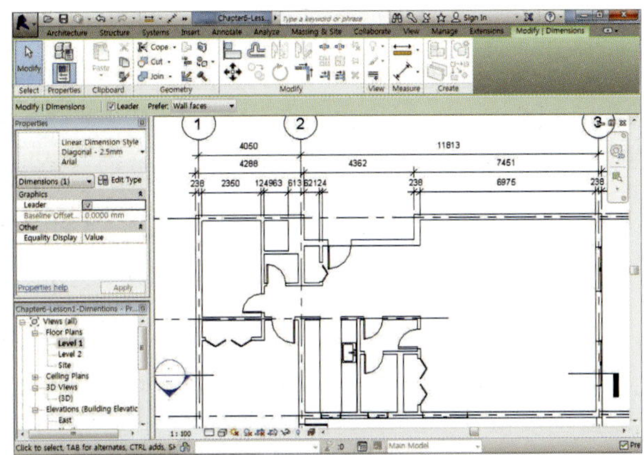

11. 도면에 필요한 치수를 다 입력한 후 확인해 보니 도면의 크기에 비해 치수가 크다고 생각된다면, 뷰 컨트롤 바에서 크기를 '1:50'으로 설정합니다.

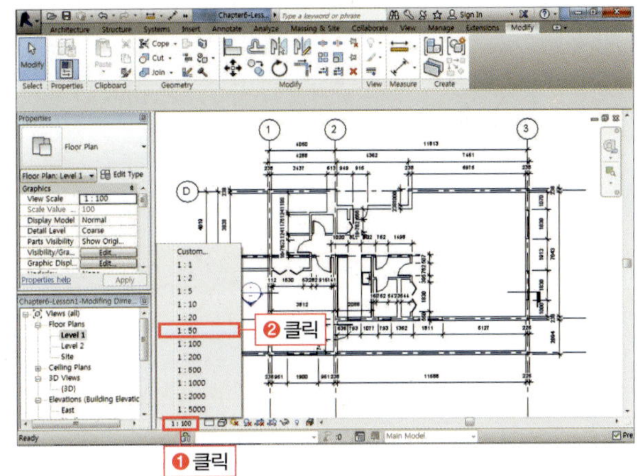

12. 그림과 같이 모든 치수와 심볼들이 1:50 크기에 맞게 조정된 것을 확인할 수 있습니다.

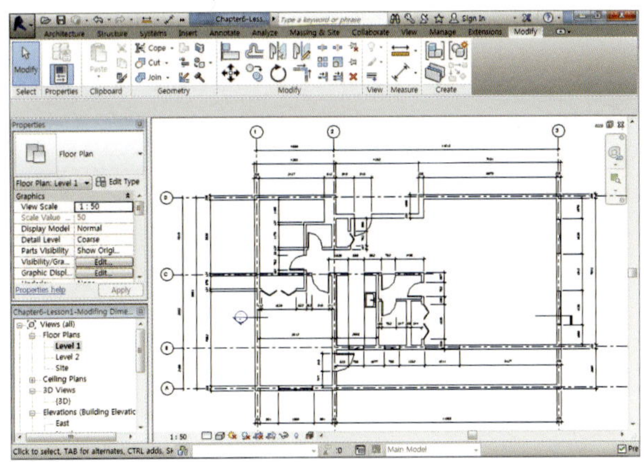

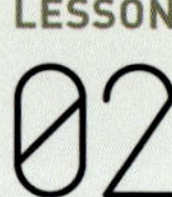

LESSON 02

Annotative 문자 불러오기

문자의 크기를 지정하고 리더와 함께 활용하는 방법을 알아봅니다.

● **학습 목표**

Annotative 문자와 리더를 도면에 추가하는 방법을 익히도록 합니다.

● **학습에 필요한 단축 명령어**

TX : Text

[Annotate] 탭-[Text] 패널의 화면 구성

문자를 불러올 수 있도록 도구 모음의 위치를 파악하고 활용하도록 합니다.

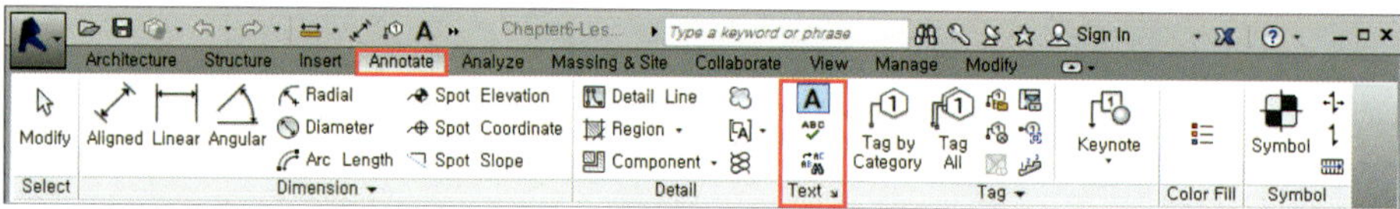

TIP 단축 명령어 'Tx' 또는, 빠른 도구 막대에서 [Text]를 이용하면 동일하게 수정 모드로 이동할 수 있습니다.

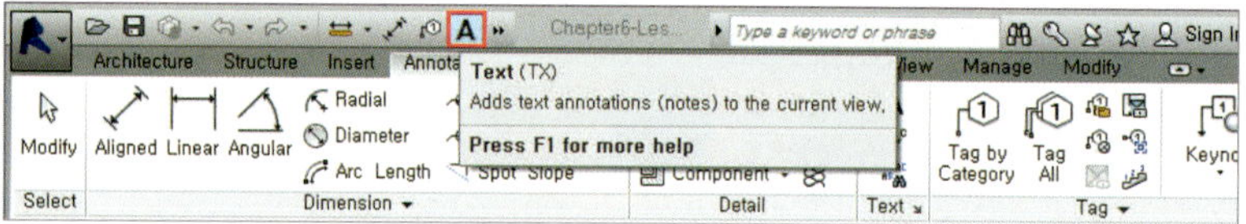

아래의 예제 따라하기를 통해 기본적인 문자 입력 방법을 알아봅니다.

예제 파일 : Part 02/Chapter 06/Sample02.rvt **| 완성 파일 :** Part 02/Chapter 06/Sample02-완성.rvt

01. 예제 파일을 불러온 후 [Project Browser] 창에서 [Section 1] 화면으로 이동합니다. [Annotate] 탭–[Text] 패널에서 [Text](A)를 클릭합니다.

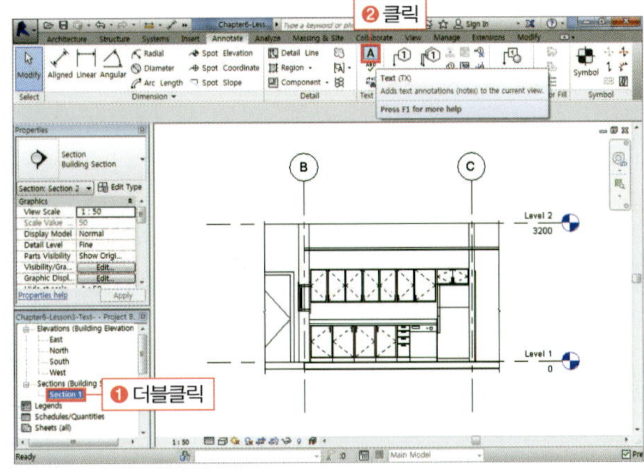

02. [Properties] 창에서 [Edit Type] 버튼을 클릭하여 [Type Properties] 대화상자를 불러옵니다. [Duplicate]를 이용하여 복사본을 만들고 이름을 '1.7mm Arial'로 변경합니다.

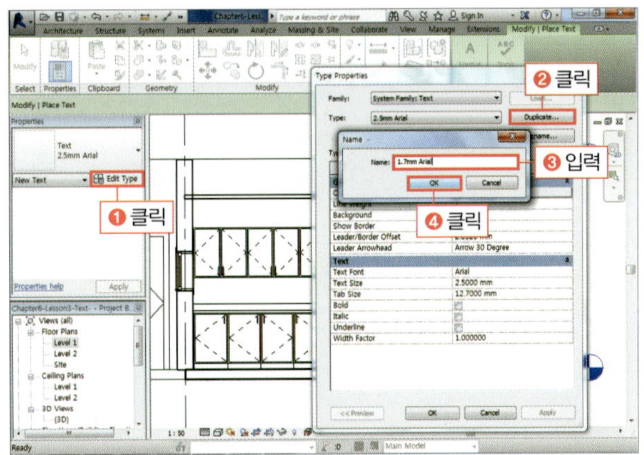

03. [Text Size]를 '1.7mm'로 설정한 후 [OK] 버튼을 클릭합니다.

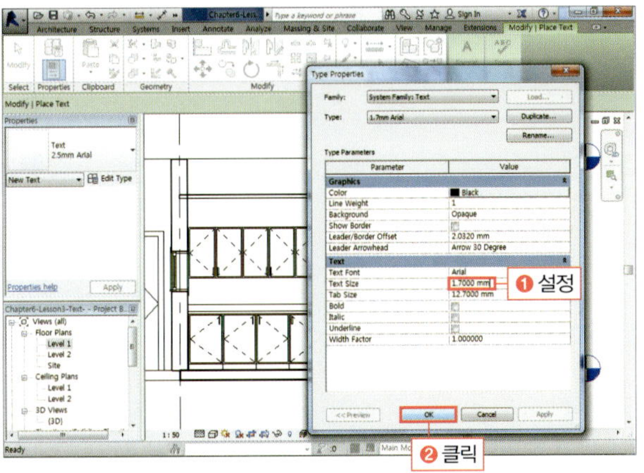

04. 문자를 입력할 임의의 자리를 클릭한 후 입력하고
화면의 빈 공간에 클릭하여 수정 모드에서 나옵니다.

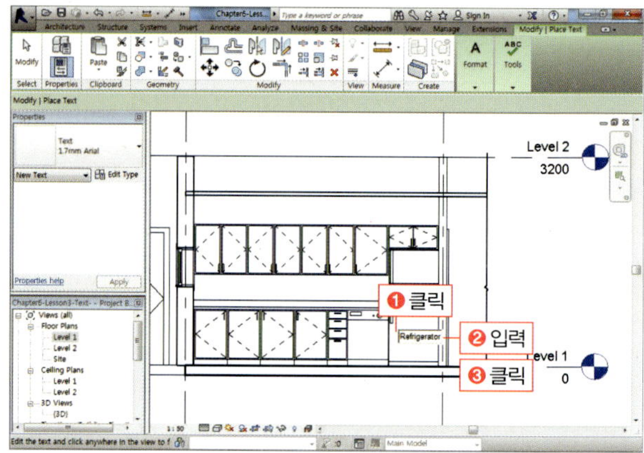

05. 문자를 클릭하면 ⊕ 모양이 나타납니다. 이를 선
택한 후 누른 상태에서 이동시킬 수 있습니다.

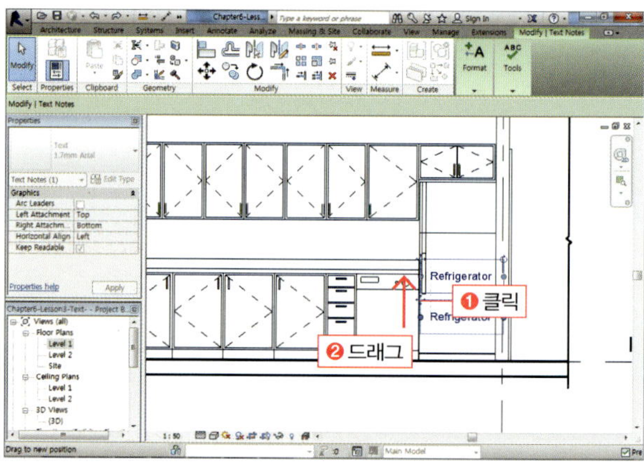

06. [Copy](⬚)를 클릭한 후 기준점과 이동시킬 지점
을 클릭하여 복사합니다.

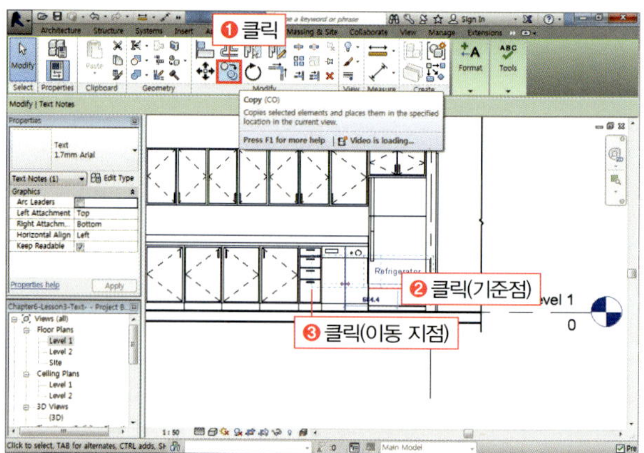

07. 다시 문자를 선택하여 수정 모드로 이동하면, 문
자를 변경한 후 화면의 빈 공간을 클릭하여 작업을 마
무리합니다.

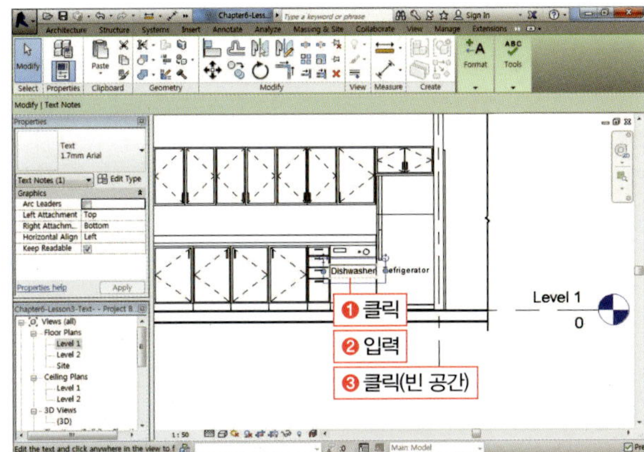

TIP **[Text Properties] 대화상자의 구성**

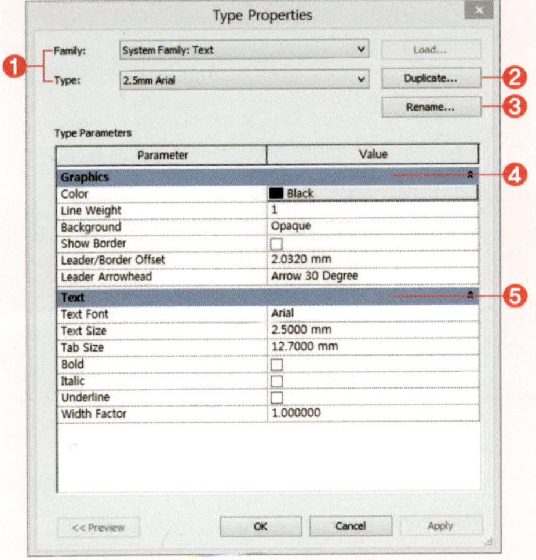

❶ **Family/Type** : 문자의 패밀리 소속과 타입을 확인할 수 있습니다.

❷ **Duplicate** : 타입에 대한 복사본을 만들어 줍니다.

❸ **Rename** : 문자의 이름을 변경해 줍니다.

❹ **Graphics** : 시각적인 요소인 색상, 굵기, 배경의 투명도, 리더 등의 특징을 변경해 줍니다.

❺ **Text** : 문자의 속성인 폰트, 크기, 스타일 등을 지정할 수 있습니다.

문자와 함께 리더를 불러와 활용하는 방법을 알아봅니다.

예제 파일 : Part 02/Chapter 06/Sample03.rvt | **완성 파일 :** Part 02/Chapter 06/Sample03-완성.rvt

01. 예제 파일을 불러온 후 [Annotate] 탭–[Text] 패널에서 [Text](**A**)를 클릭합니다.

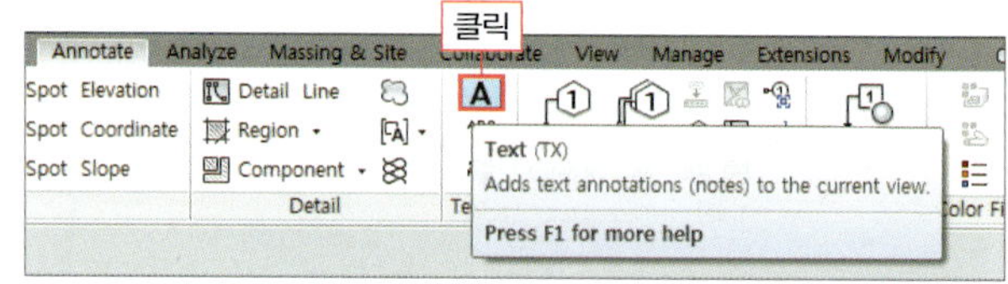

02. [Format] 패널에서 [Two Segment](**A**)를 클릭합니다.

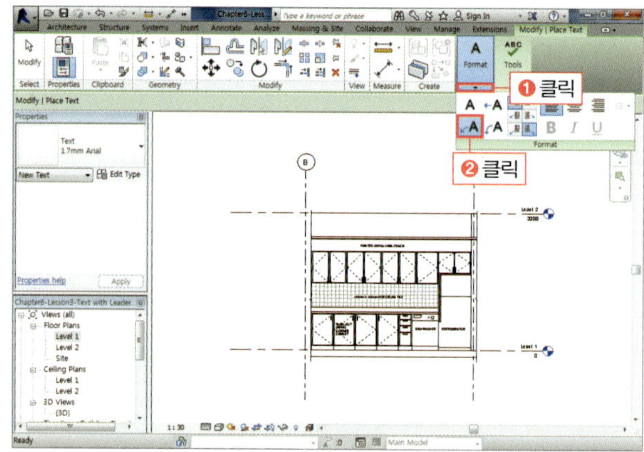

03. ①, ②, ③ 순서대로 클릭한 후 문자를 그림과 같이 입력하면 러더가 자동으로 생성됩니다. 다음의 문자("Granite counter top")를 입력한 후 [Modify]( )를 클릭합니다.

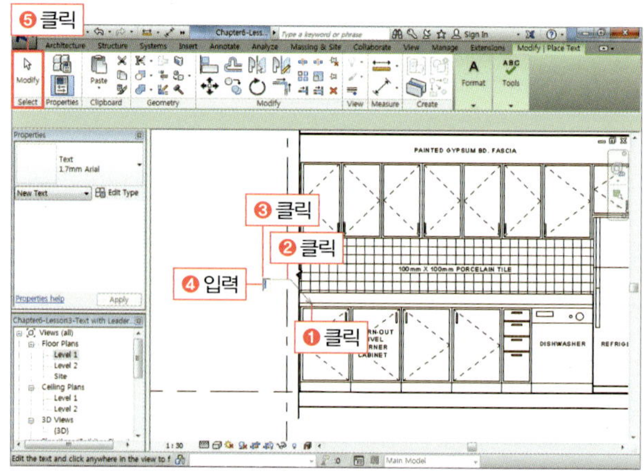

04. 문자를 선택한 후 왼쪽 Grip을 오른쪽으로 끌어당기면 문자의 영역이 좁혀집니다.

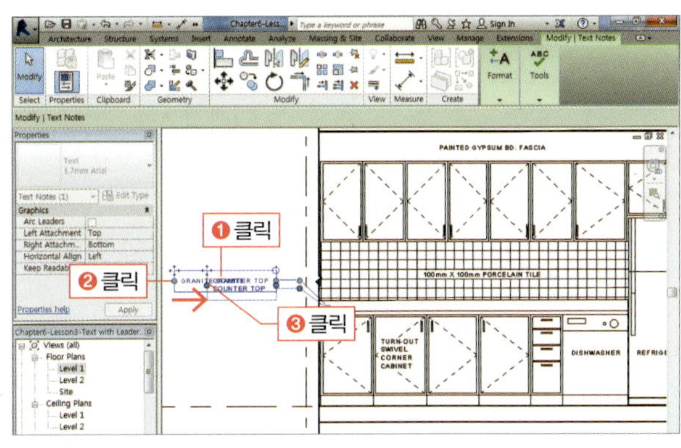

TIP Grip을 선택하고 누른 상태로 드래그해야 문자 영역이 조절됩니다.

05. 다시 [Format] 패널에서 [Align Right](≡)를 클릭하여 그림과 같이 문자 위치를 적절히 변경한 후 [Modify](↖)를 클릭하거나, 드로잉 화면의 임의의 빈 공간에 클릭하여 문자 수정 모드에서 나옵니다.

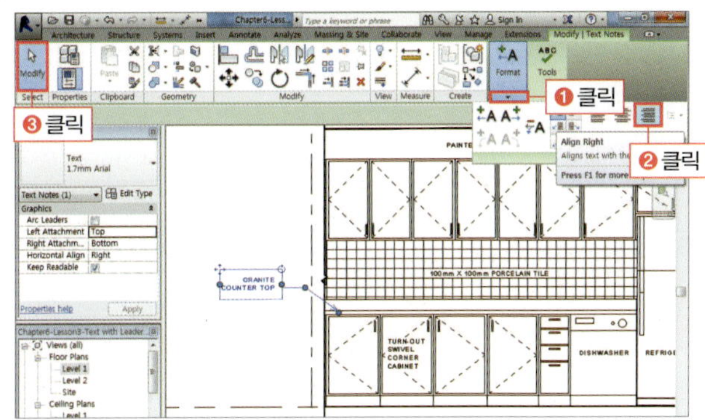

06. 전체 확대한 후(Zf) 작업 내용을 확인하고 파일을 저장합니다.

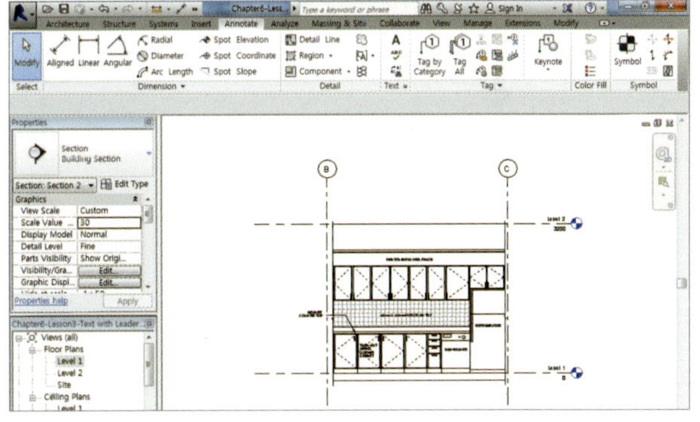

TIP Text Format 수정 추가 기능

Format의 구성에는 크게 문자의 글자 배열이나 리더 문자의 표시 방향 등을 수정하는 곳과 문자 자체의 특성을 수정하는 곳으로 나뉩니다. 보통 리더의 문자 혹은 일반 문자의 배열을 수정할 때는 해당 문자나 리더 객체를 클릭하여 사용이 가능하지만, 문자의 특성을 수정할 경우에는 더블클릭하여 문자 수정 모드로 변경해야만 합니다.

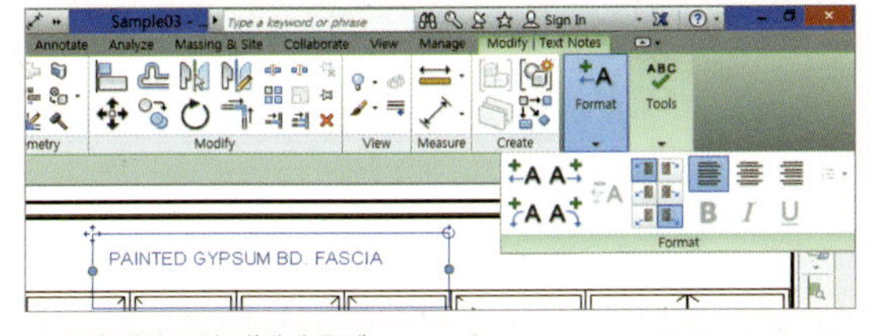

▲ 문자 배열 수정 시(객체 클릭)

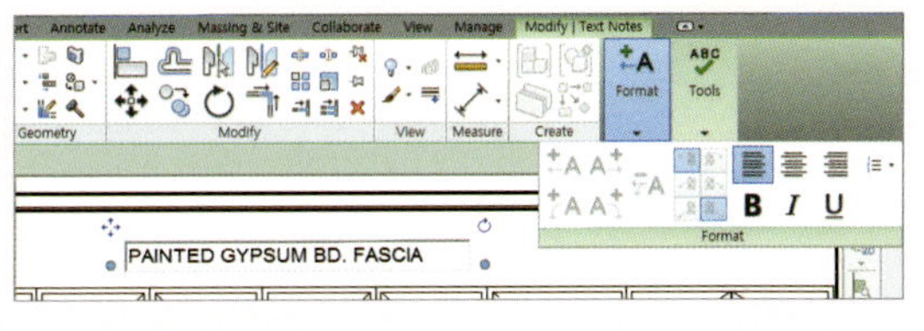

▲ 문자 특성 수정 시(객체 더블 클릭)

LESSON 03 Annotative 룸 태그 만들기

벽, 바닥, 천정으로 만들어진 영역(Room)에 일련의 명칭과 번호를 입력해 주는 태그를 크기에 따라 어떻게 적용하는지 알아봅니다.

● 학습 목표

Annotative 룸 이름과 함께 태그를 도면에 추가하는 방법을 익히도록 합니다.

● 학습에 필요한 단축 명령어

RM : Room

룸 태그 삽입하기

예제 파일 : Part 02/Chapter 06/Sample04.rvt

01. 예제 파일을 불러온 후 [Architecture] 탭–[Room] 패널에서 [Room](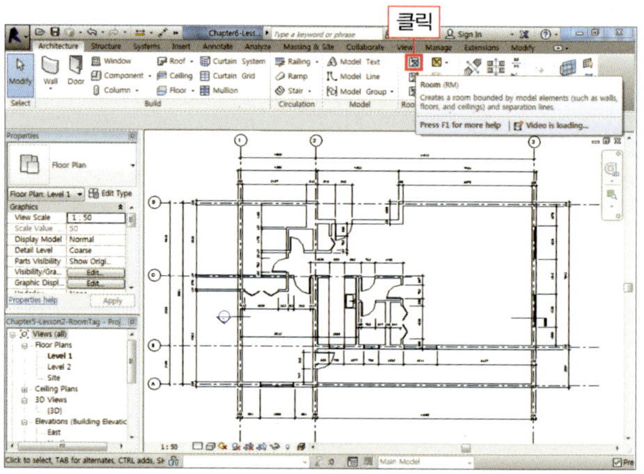)을 클릭합니다.

02. 수정 모드에서 [Tag on Placement]를 활성화한 상태에서 마우스 포인터를 방에 위치시키면 자동으로 룸 이름과 태그가 생깁니다. 원하는 지점에 클릭하여 배치합니다.

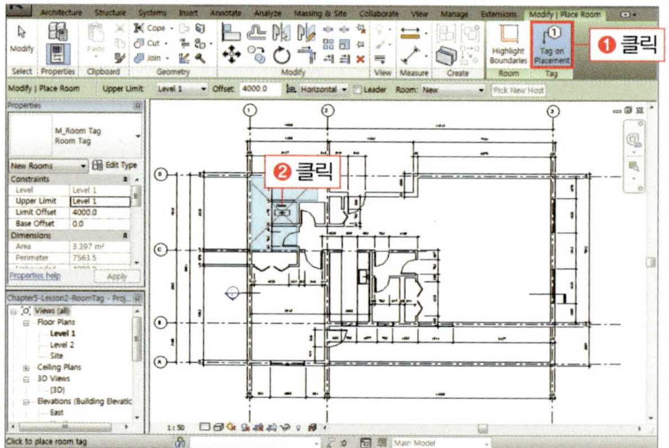

03. 막혀있는(구획이 있는) 구간을 연속하여 클릭하여 그림과 같이 지정하고 **Esc** 나 [Modify](⬚)를 클릭합니다.

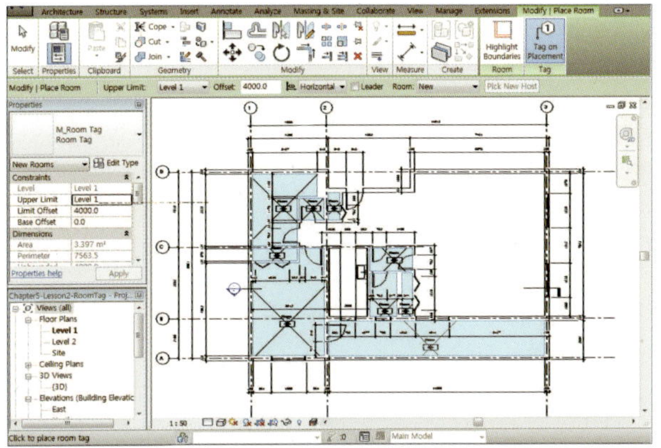

04. 구획은 있지만 경계가 없는 거실, 그리고 부엌 사이에 [Room Separator](⬚)를 이용하여 선을 그려 경계를 만듭니다.

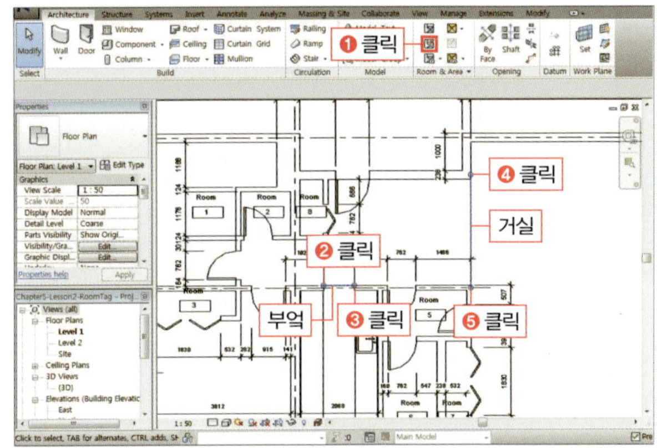

05. 나머지 공간도 클릭하여 룸 이름과 번호를 지정한 후 **Esc** 를 누릅니다.

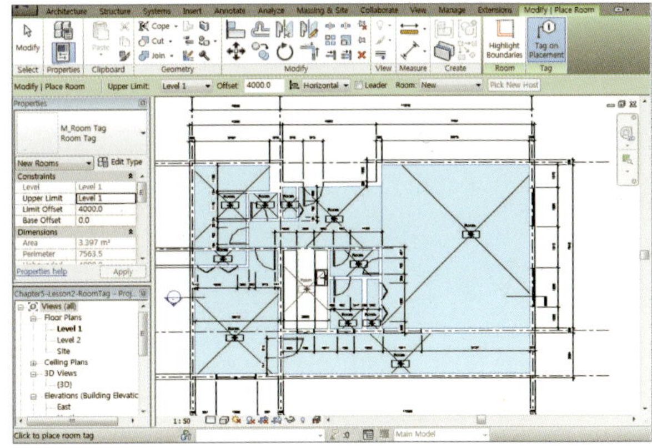

06. 마우스 포인터를 룸 태그에 위치시키면 X 표시가 나타납니다. 이때 클릭한 후 `Ctrl`을 누른 상태에서 동일한 이름을 가질 룸 태그를 모두 선택합니다.

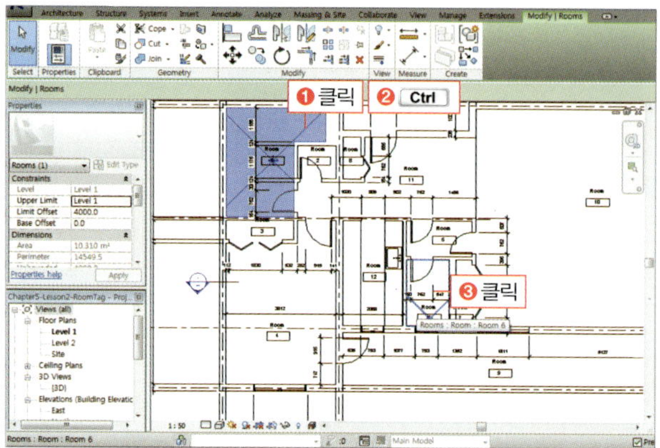

07. [Properties] 창에서 [Identity Data]의 [Name]을 'Bath R.M.'이라고 수정한 후 [Apply] 버튼을 클릭합니다.

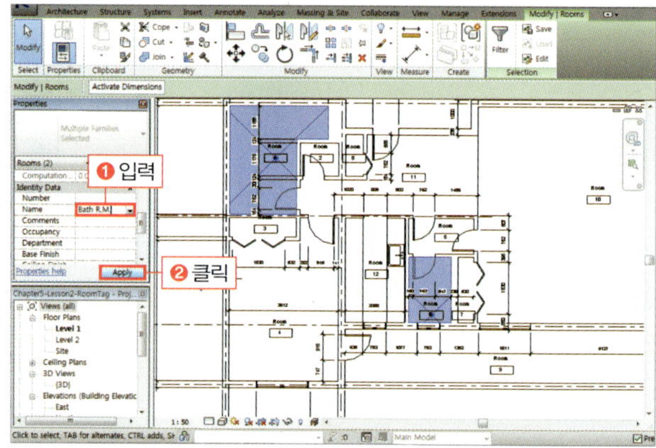

08. 동시에 두 공간의 이름이 변경된 것을 확인할 수 있습니다.

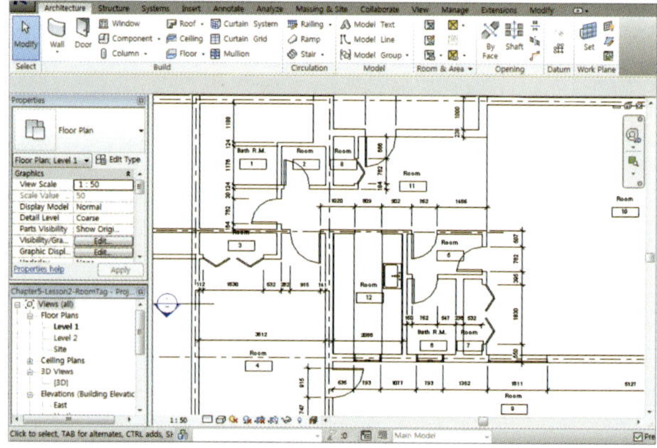

09. 각자 이름을 바꾸기 원하는 룸 태그의 문자를 클릭하여 수정 모드로 변경한 다음 이름을 입력하고 화면의 빈 공간에 클릭하여 작업을 마무리합니다.

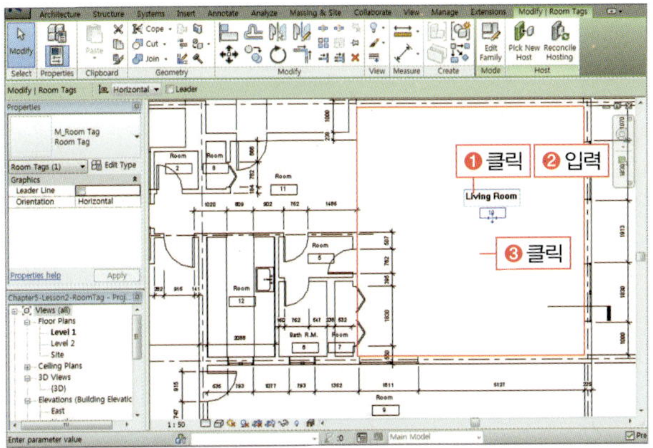

10. 나머지 공간의 이름도 그림과 같이 모두 변경합니다.

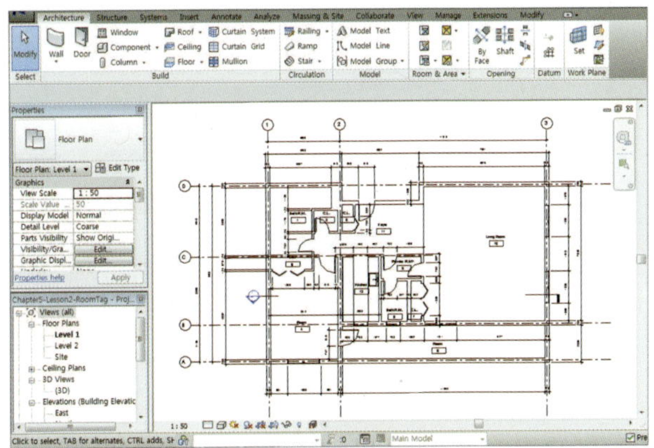

TIP 룸 태그 이동시키기

[Move]를 이용하지 않아도 룸 태그를 손쉽게 이동시킬 수 있습니다. 여기서 가장 중요한 핵심은 룸 영역이 아닌 룸 태그를 정확히 선택해야 한다는 것입니다.

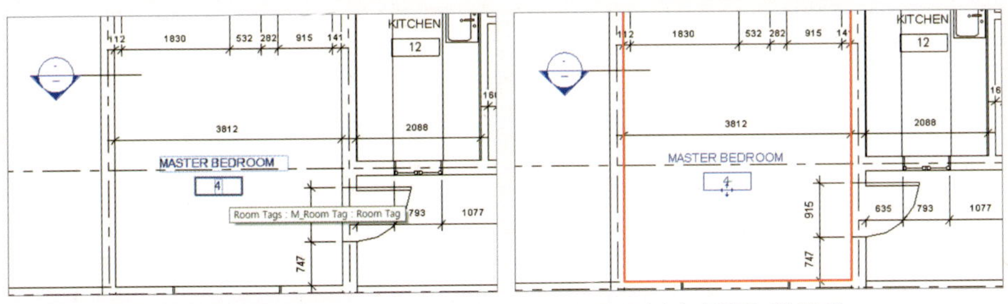

▲ 마우스 포인터로 룸 태그를 지정했을 때(선택 전)　　　▲ 룸 태그를 클릭하여 지정했을 때(선택 후)

룸 태그를 선택한 후 이동 마크(✛)가 나타나면 드래그하여 이동시킵니다.

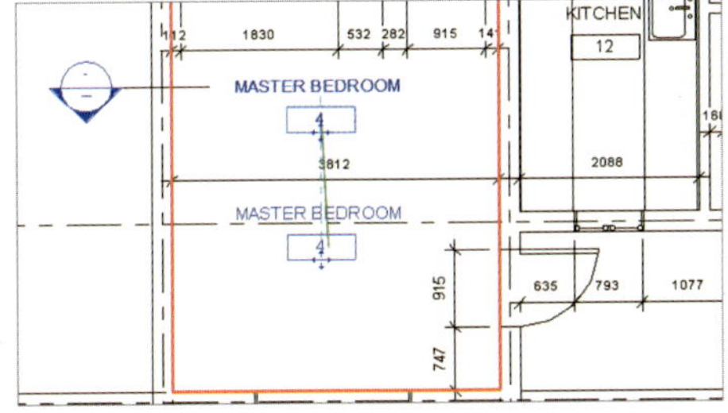

REVIT 2014

패밀리 만들기

자신이 원하는 객체를 만들어 저장하고, 언제든지 불러와 사용할 수 있다는 개념에서 AutoCAD의 블록 역할과 Revit의 패밀리를 비교하면 그 원리를 쉽게 이해할 수 있습니다. 이번에는 패밀리의 기본 개념을 이해하고 직접 간단한 것에서부터 복잡한 패밀리까지 직접 만들어 보고 또한 외부 온라인 서버를 이용하여 패밀리를 불러와 사용할 수 있는 방법 등을 알아봅니다.

01. 패밀리 이해하기

02. 기본적인 패밀리 만들기

03. 복잡한 패밀리 만들기

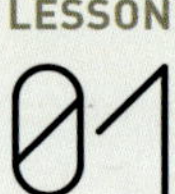

LESSON 01 패밀리 이해하기

패밀리는 Revit의 모델링 구현에 있어 가장 큰 비중을 차지하면서, Revit의 기본적인 원리가 포함되어 있습니다. 한마디로 패밀리를 이해한다는 것은 Revit의 상당한 부분을 이해하고 있다고 할 수 있는 것입니다. 단순한 패밀리를 만들고 도면에 불러오는 것은 쉬울 수도 있지만, 모든 프로그램에서 마찬가지로 자신이 원하는 디자인과 모형을 자유자재로 만들어 사용할 수 있는 문제는 많은 노력이 필요합니다. 이곳에서는 패밀리의 개념을 이해하고 수준 높은 패밀리를 만들 수 있는 기초 작업을 해봅니다.

● 학습 목표

BIM에서 패밀리 활용을 위한 기초적인 개념을 이해하도록 합니다.

● 학습에 필요한 단축 명령어

W+T : Tile the four windows (Floor Plan, Elevation right, Elevation front, 3D view)

RP : Reference Plane

패밀리 개념 살펴보기

큰 범주에서 보면 패밀리는 Revit의 카테고리에서 가장 기본적인 구성 요소이기도 합니다.

❶ Revit 구성 요소와 패밀리의 연관성

Revit의 구성 요소 중에 Model Elements가 패밀리와 많이 연결되어 있습니다. 기존 Revit에서 제공하고 있는 시스템 패밀리(System Family)는 수정이 불가능하며, 불러올 수도 없습니다. 반면에 컴포넌트 패밀리(Component Family)는 수정도 가능하며 자신이 원하는 모양으로 수정하고 저장할 수 있습니다. Revit에서 사용하는 99%의 패밀리가 여기에 해당됩니다.

도표는 Revit의 기본 요소를 이해하기 쉽도록 정리한 것입니다(Chapter 01-Lesson 01 Revit의 작업 환경 이해하기를 참고합니다).

Revit 구성 요소(ELEMENTS)		DESCRIPTION	REFERENCE	FAMILY CONCEPT
MODEL ELEMENTS	HOST ELE- MENTS	건물 구조적인 요소와 관련	Floor, Wall, Roof, Ceiling	Loading 불가능한 System Family
	COMPONENTS ELEMENTS	모델링을 위한 모든 요소	Door, Window, Furniture, etc	Loading이 가능한 Component Family
DATUM ELEMENTS		프로젝트의 모델링 요소의 위치를 알려주는 아이템	Levels, Column grids, Reference planes	–
VIEW-SPECIFIC ELEMENTS	DETAIL ELE- MENTS	출력 시 스케일에 따라 크기가 조절되는 2D 요소	Detail lines, Fill regions	–
	ANNOTATION ELEMENTS	Dimension, Texts, Tags, Symbols	Tag와 Symbol은 Load- ing이 가능한 Component Family	

❷ Revit 카테고리

Revit 카테고리의 가장 기본적인 요소가 패밀리입니다. 패밀리를 불러오거나 만들 때 아래의 카테고리 분류에 따라 패밀리를 읽는 방법을 이해합니다.

Category
    ↳ **Family** – Furniture
        ↳ **Type** – M_Desk
            ↳ **Instance** – 1525×762mm

레빗의 카테고리 중에서 가장 큰 범주가 패밀리(Family)인데 그 예로 Furniture를 들 수 있습니다. 그리고 그 아래 범주인 Type의 한 종류인 M-Desk가 있으며 그 안에 여러 크기의 Instance가 있습니다.

❸ 패밀리를 만들기 위한 순서

사용자의 필요에 따른 정확한 패밀리를 만들려면 아래의 세 가지 순서를 반드시 지켜야 합니다.

① Plan : 도면을 바탕으로 만들기 때문에 상세한 도면은 그만큼 정확한 패밀리를 만듭니다.

② Template : Revit은 여러 종류의 패밀리 템플릿을 제공합니다. 자신이 만들려는 패밀리의 용도에 따라 올바른 템플릿을 선택하고 시작해야 합니다.

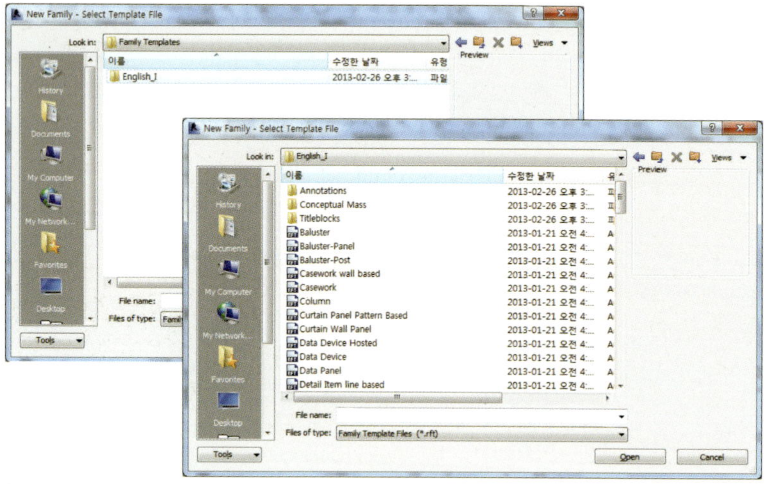

③ **Reference planes** : Reference planes는 패밀리의 전반적인 형태와 골조를 구성하게 되어 기하학적 모양의 영역과 특성을 결정합니다. Reference Plane을 바탕으로 형태가 결정되면 들어가거나 나오는 범위인 Parameters and Constrains를 추가하게 됩니다.

패밀리(Revit Family Template) 파일을 열고 저장하기

패밀리를 만들기 위해서는 일반 Revit 템플릿 파일인 RFT 파일에서 시작해야 합니다.

01. [Application] 메뉴에서 [New]–[Family]를 클릭합니다.

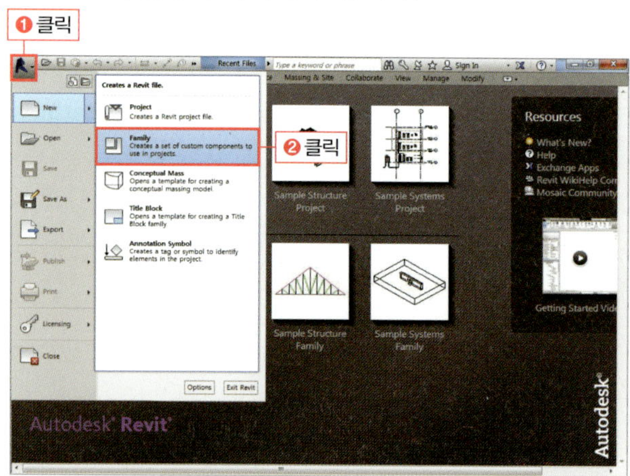

TIP Revit 실행 초기 화면에서 [Families] 아래의 [New]를 클릭하면 동일하게 다음 순서로 넘어갑니다.

02. [Part 02/Chapter 07/Metric Family Template] 폴더에서 'Metric Support.rft' 파일을 선택하고 [OK] 버튼을 클릭합니다.

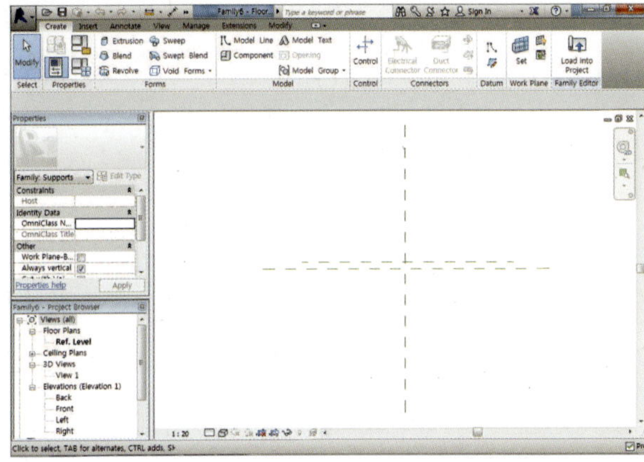

TIP 자동으로 연계되는 [Template] 폴더에서는 만들고자 하는 패밀리 파일을 선택하면 됩니다.

03. 그림과 같이 Metric Family 초기 화면이 나타납니다.

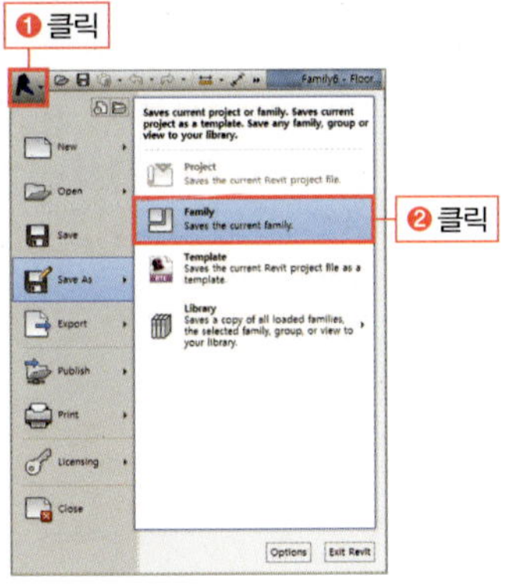

04. 패밀리 파일로 저장하기 위해 [Application] 메뉴의 [Save As]-[Family]를 클릭합니다.

05. 저장할 위치를 지정하고 파일명을 입력한 후 [Options] 버튼을 클릭하여 [File Save Options] 대화상자를 불러옵니다. 백업 파일 개수를 그림과 같이 설정하고 [OK] 버튼을 클릭하여 저장합니다.

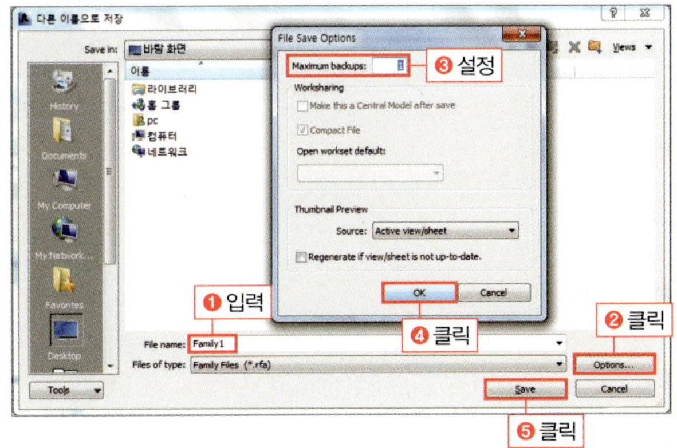

패밀리 Reference Plane 활용하기

Reference Plane을 사용하여 패밀리의 밑그림 그리는 방법을 알아봅니다.

예제 파일 : Part 02/Chapter 07/Sample01.rfa | **완성 파일 :** Part 02/Chapter 07/Sample01-완성.rfa

01. [Open]-[Family]를 클릭하여 예제 파일을 불러온 후 **W**+**T**를 눌러 4개의 드로잉 화면을 띄웁니다. 각 창에서 내비게이션 바에서 [Zoom All to Fit](🔍)을 클릭합니다.

> **TIP** **W**+**T**를 누르면 열려진 파일을 모두 한 화면에서 볼 수 있습니다. 그러므로 한 화면에서 보려는 도면을 더블클릭하여 불러온 후 **W**+**T**를 눌러야 그림과 같이 확인할 수 있습니다.

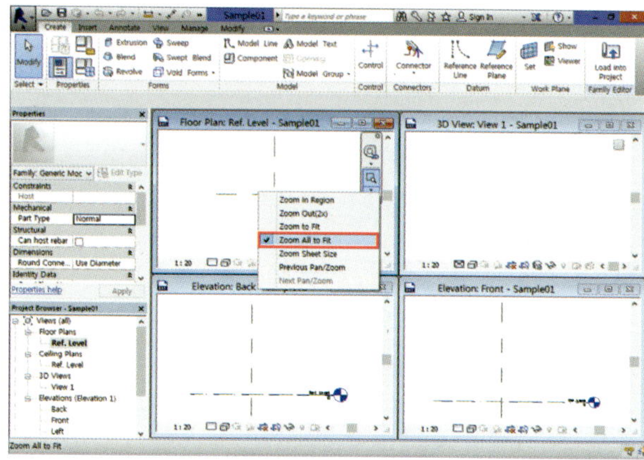

▲ Floor Plan, Elevation Front/Back, 3D View가 열려있는 상태에서 **W**+**T**를 실행시켰을 때

02. [Create] 탭-[Datum] 패널에서 [Reference Plane](⬦)을 클릭합니다.

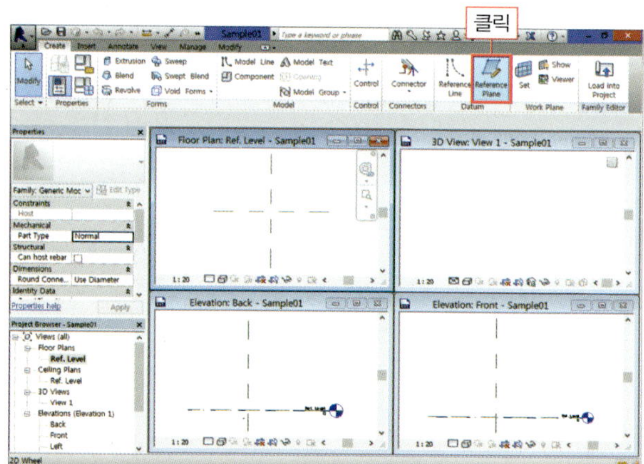

03. [Draw] 패널에서 [Pick Line](🖉)을 클릭한 후 옵션 바에서 [Offset]을 '762'로 설정합니다. 마우스 포인터를 중심선에 위치시키면 762mm 거리만큼의 간격에서 점선이 생깁니다. 이를 클릭하여 선을 만듭니다.

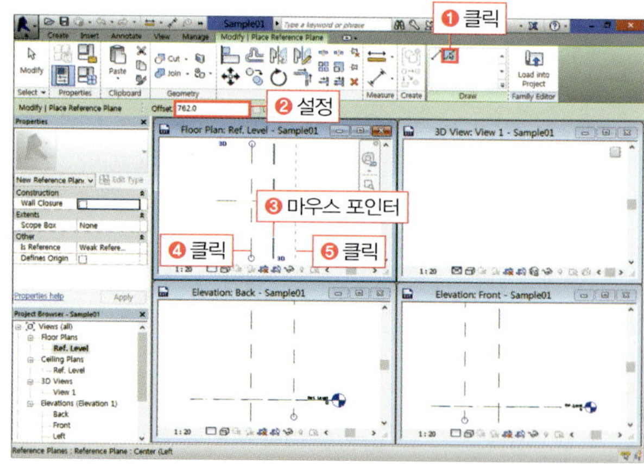

04. 나머지 모든 방향으로 그림과 같이 762mm 간격으로 선을 만들고 `Esc`를 누르거나 [Modify](마우스)를 클릭하여 수정 모드에서 나옵니다.

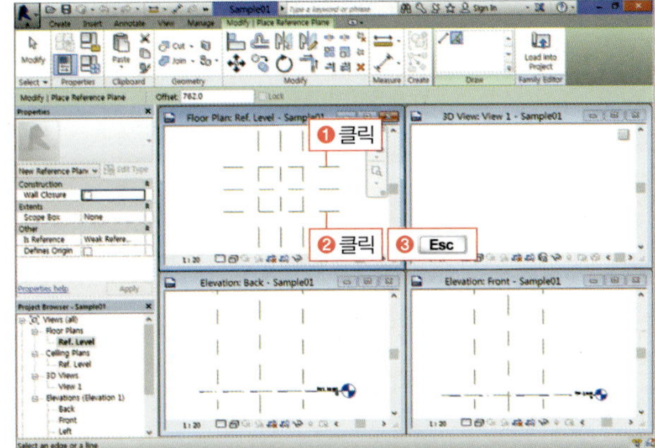

05. [Create] 탭–[Model] 패널에서 [Component](마우스)를 클릭하면 그림과 같은 대화 창이 나타납니다. 지금 현재 컴포넌트 패밀리가 없기 때문에 불러오겠냐는 질문에 [예] 버튼을 클릭합니다.

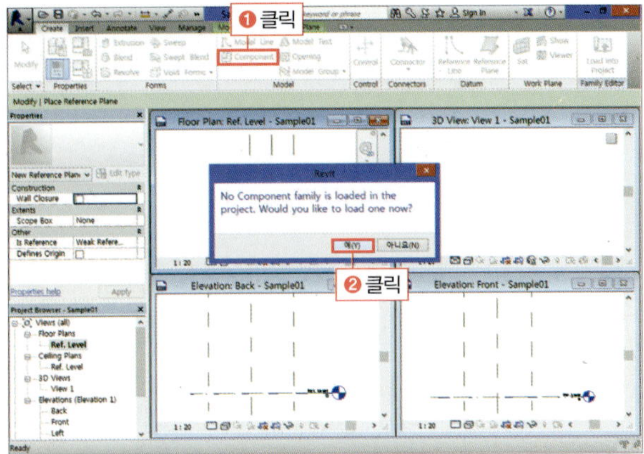

06. [US Metric]–[Plumbing]–[Architectural] 폴더로 이동합니다.

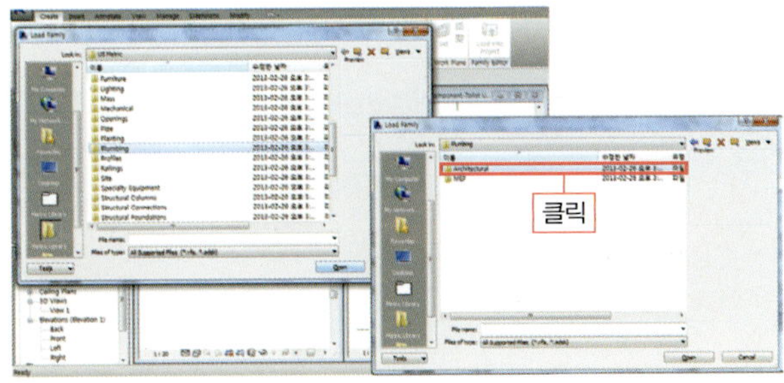

07. [Architecture]–[Fixture]–[Water Closets] 폴더로 이동합니다.

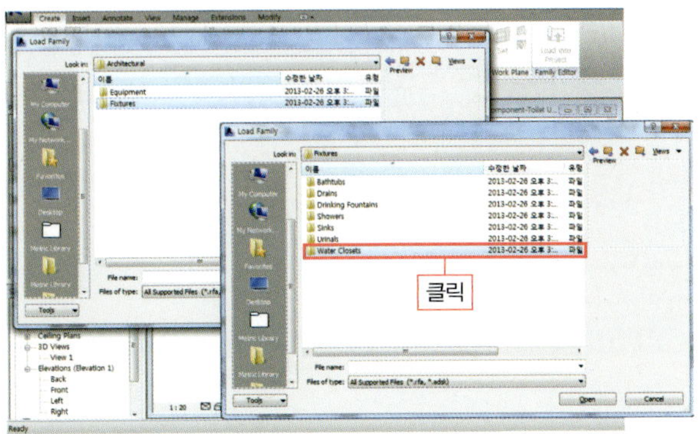

08. [Water Closets] 폴더에서 'M_Toilet_Domestic _3D.rfa' 파일을 불러옵니다.

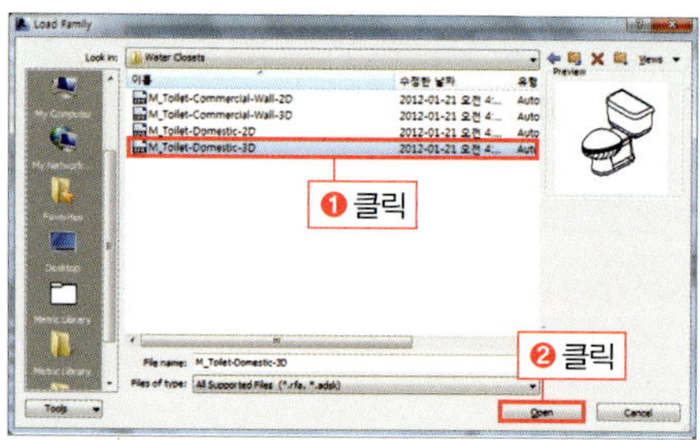

09. Floor Plan 드로잉 화면에 그림과 같이 위치시 킵니다.

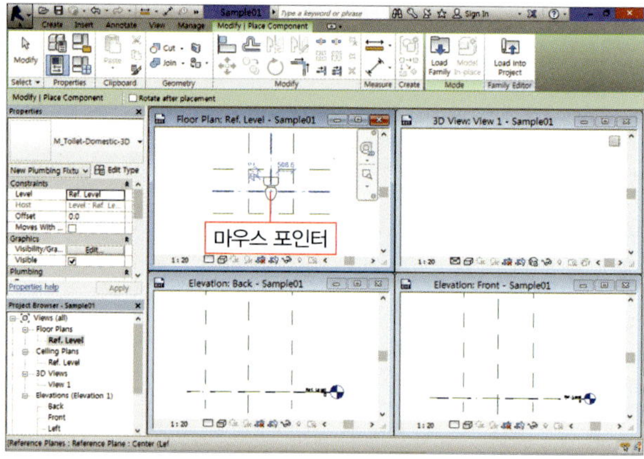

10. Space Bar 를 이용하여 방향을 조정한 후 위치를 지정합니다.

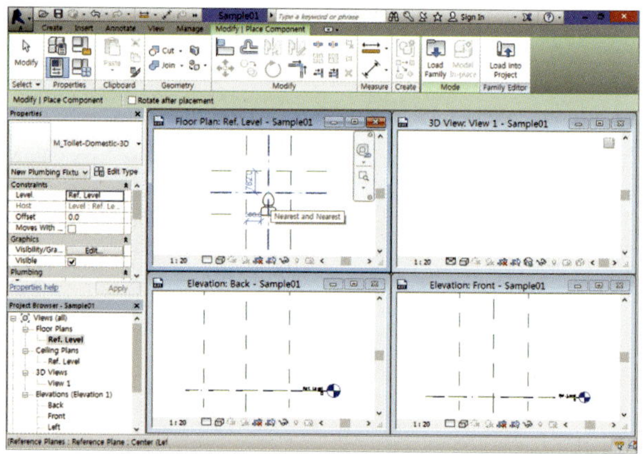

11. 좀 더 자세히 드로잉을 하기 위해 Floor Plan을 화 면에 최대로 보이게 한 후 [Align](🔲)을 이용하여 아래 의 선에 좌변기의 위치를 맞도록 조정합니다.

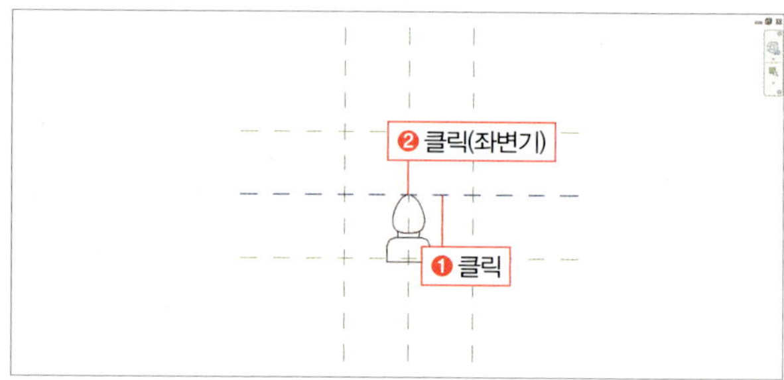

01. [Application] 메뉴에서 [New]–[Family]를 클릭한 후 [Metric Family Template] 폴더를 선택합니다.

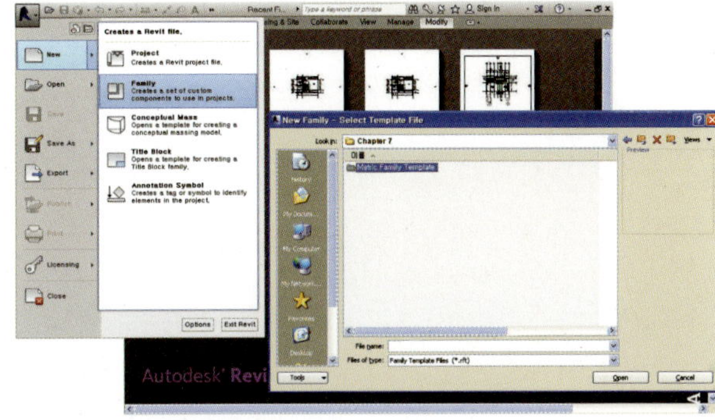

TIP Metric Family Template은 예제 파일 [Chapter 07] 폴더에 있습니다.

02. 'Metric furniture.rfa' 파일을 선택하여 불러옵니다.

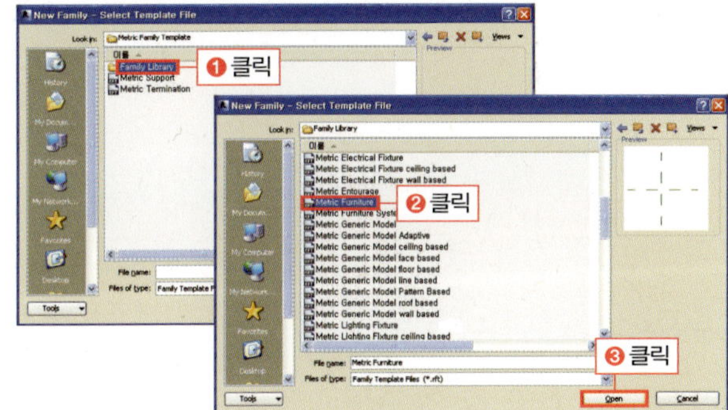

03. 가구에 관한 패밀리를 만들기 위한 초기 화면이 나타납니다.

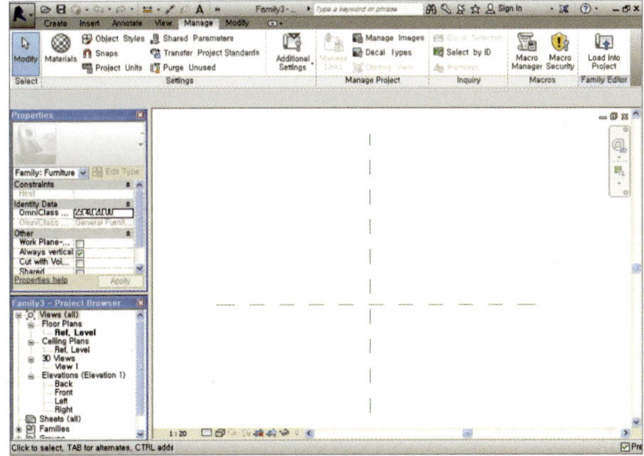

TIP Revit에서 제공하는 Metric 단위의 Family Template을 선택하려면 [English] 폴더를 선택합니다.
[English–I] 폴더에는 Imperical 단위의 Family Template가 저장되어 있습니다.

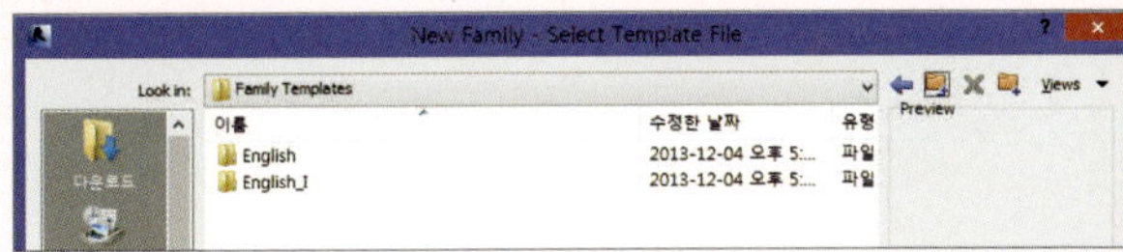

04. [Manage] 탭의 [Object Styles]를 클릭하여 [Object Styles] 대화상자를 불러오면 Furniture 템플릿에서 시작했으므로 자동으로 [Category]가 'Furniture'로 되어있습니다.

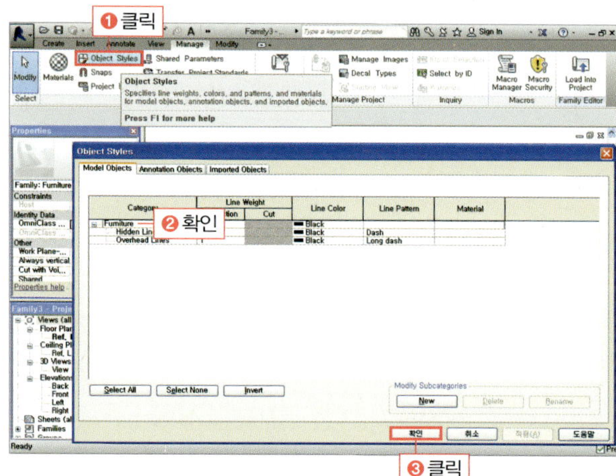

05. 위의 순서와 동일한 방법으로 문에 관한 패밀리 'Metric Door.rft' 파일을 선택합니다.

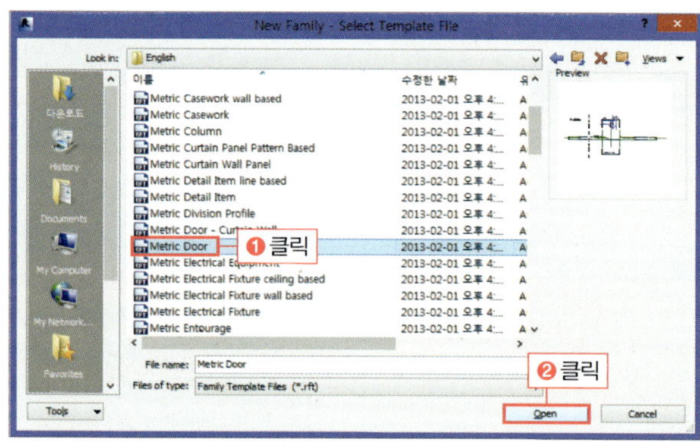

06. 문에 관한 패밀리를 만들기 위한 초기 화면이 나타납니다.

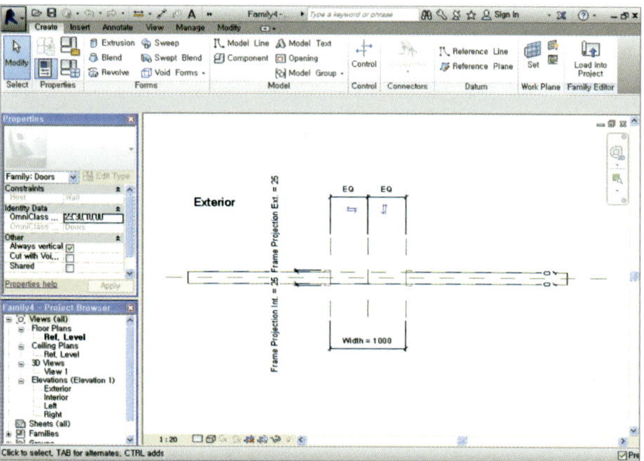

07. [Manage] 탭의 [Object Styles](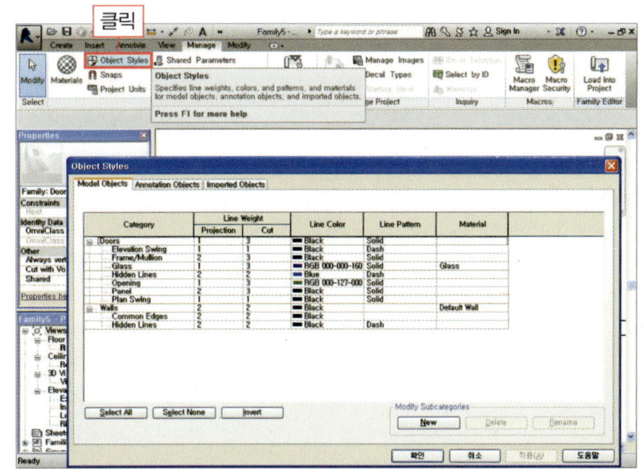)를 클릭하여 [Object Styles] 대화상자를 불러오면, Furniture와는 다른 [Category]가 나타나는 것을 확인할 수 있습니다.

이와 같이 자신이 만들려는 객체의 카테고리에 따라 템플릿 파일 종류가 많음으로, 무엇을 만들 것인지를 정한 다음 그에 맞는 템플릿 파일에서 시작하면 됩니다. 이후 Lesson 02에서 이러한 객체에 맞는 템플릿 파일을 이용하여 패밀리를 만들어 봅니다.

TIP [Object Styles] 대화상자 구성

프로젝트를 통해 시각적인 일관성을 관리하는 도구가 Object Styles입니다. 이를 실행하기 위하여 [Manage] 탭—[Settings] 패널에 있는 [Object Styles]를 선택하면 [Object Styles] 대화상자가 나타납니다. 대화상자는 4가지 탭(Category, Annotation Objects, Analytical Model Objects)과 [Imported Objects]로 구성되어 있습니다. 하지만 Family 파일(rfa, rft)에서는 3가지 탭(Category, Annotation Objects, Imported Objects)으로 구성됩니다.

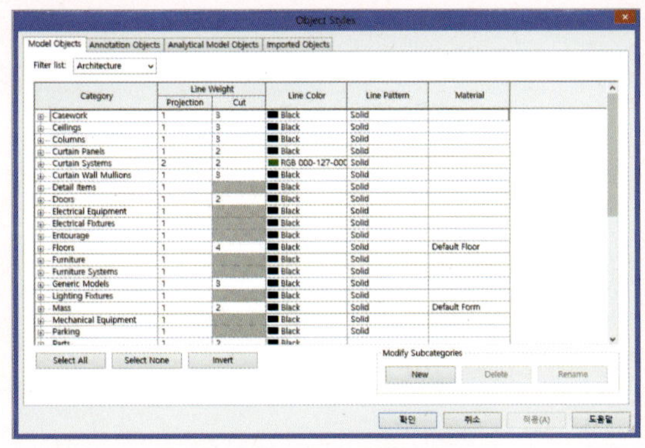

▲ Family 파일에서의 [Object Styles] 대화상자 구성

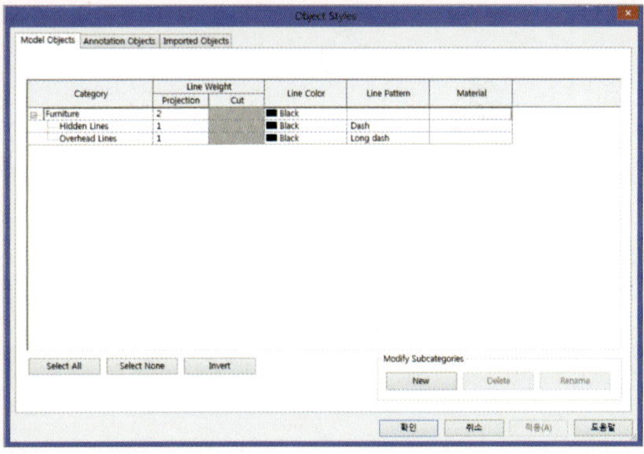

▲ Project 파일에서의 [Object Styles] 대화상자 구성

LESSON 02 패밀리 만들기

패밀리의 파일 형식은 파일을 만들고 불러오는 창이 따로 있습니다. 이번 레슨을 통해 패밀리를 만들고 재질까지 적용하는 과정을 알아봅니다.

● **학습 목표**

간단한데서 복잡한 패밀리까지 사용자의 요구에 따라 다양하게 패밀리를 만드는 방법을 소개하며, Revit에 있는 패밀리뿐만 아니라, 외부 웹사이트에서 제공하는 패밀리까지 응용하는 방법을 알아봅니다.

● **학습에 필요한 단축 명령어**

CM : Place a component

MV : Move

MM : Mirror

간단한 패밀리 만들기

따라하기를 통해 간단한 패밀리를 만드는 방법을 알아봅니다.

완성 파일 : Part 02/Chapter 07/Sample02.rfa

01. [Application] 메뉴에서 [New]–[Family]를 클릭합니다.

TIP Revit Architecture의 초기 화면 보기 상태에서 [Family]–[New]를 바로 선택해도 동일하게 New Family Template을 불러올 수 있습니다.

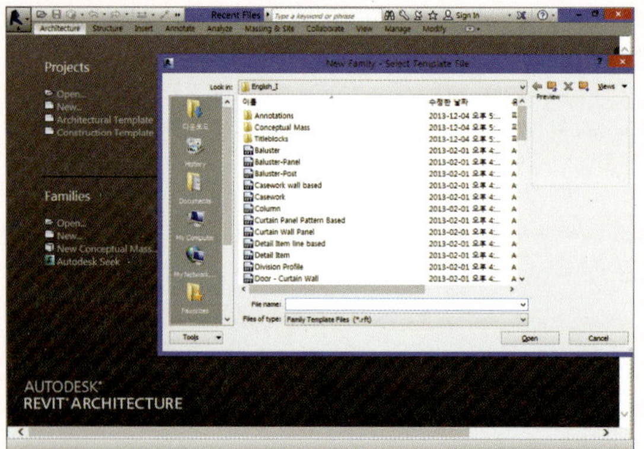

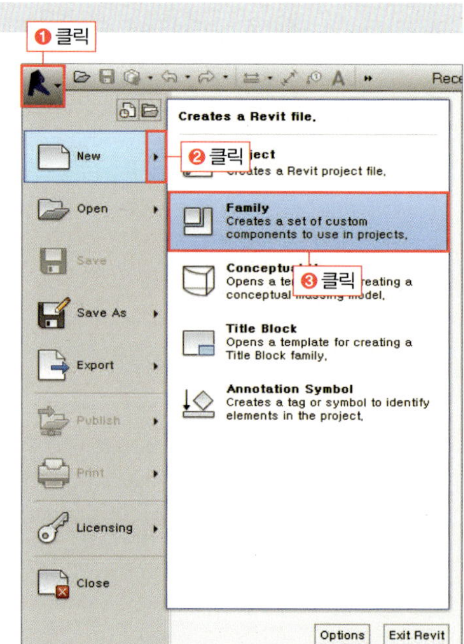

02. 예제(Chapter 07) 파일 폴더 안에 있는 [Metric Family Template]–[Family Library] 폴더에서 'Matric Furniture.rfa' 파일을 선택합니다.

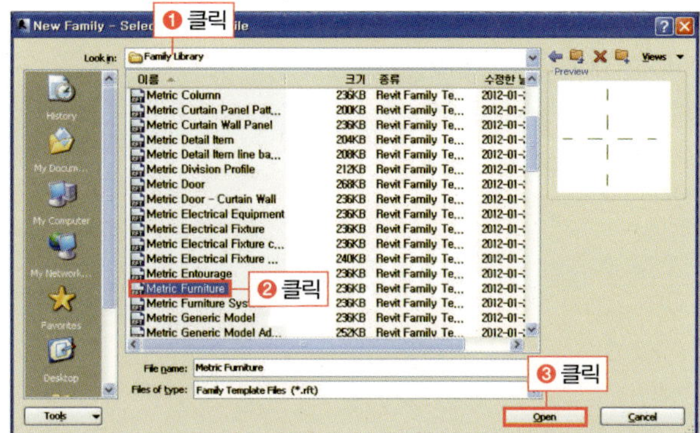

03. 가구에 관한 새로운 패밀리 화면이 나타나면 [Create] 탭–[Form] 패널에서 [Extrusion](📦)을 클릭합니다.

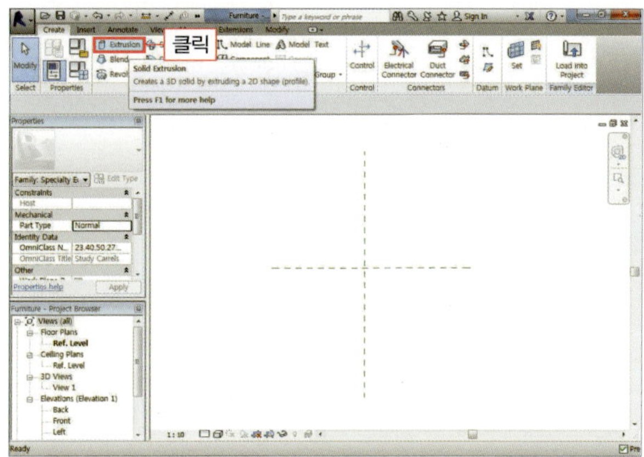

04. [Draw] 패널에서 [Rectangular](▭)를 클릭한 후 3800X600 크기의 사각형을 만듭니다.

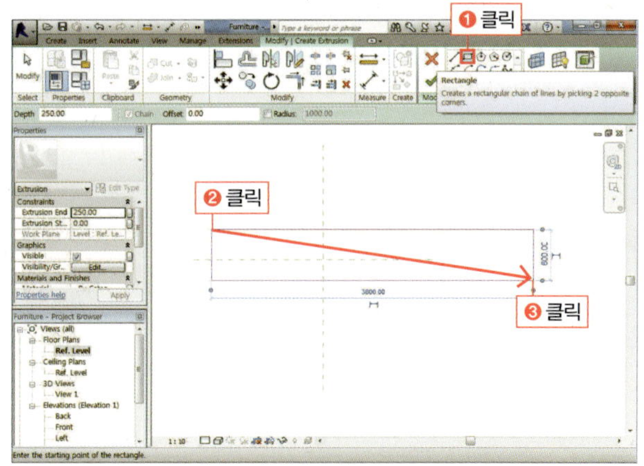

TIP 마우스를 드래그하는 동안 자동으로 어느 정도의 크기를 알려주기 때문에 사각형 크기를 결정할 수 있습니다. 이 과정이 어렵다면 임의의 사각형을 만든 후 치수 문자를 선택하여 원하는 크기의 치수를 입력해도 됩니다.

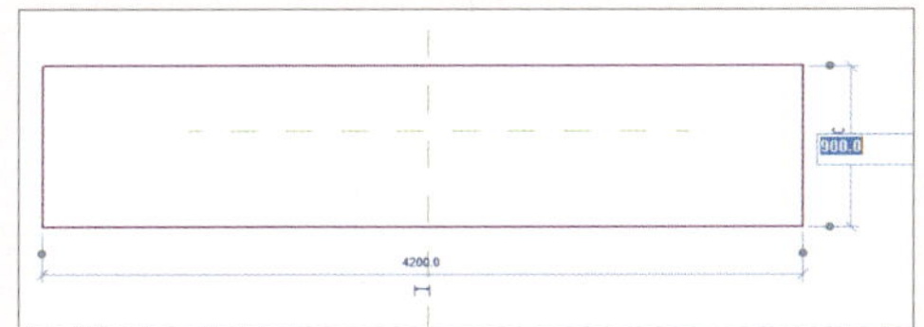

05. [Properties] 창의 [Constraints]에서 [Extrusion End]은 '760', [Extrusion Start]은 '700'으로 설정한 다음 [Finish Edit Mode](✔)를 클릭합니다.

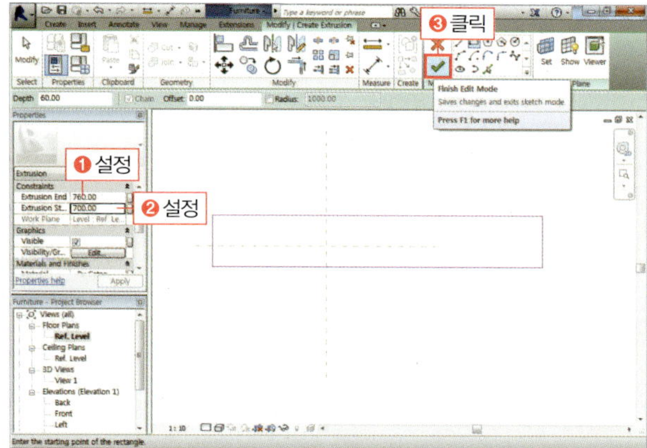

06. 객체를 선택하고 [Move](✛)를 이용하여 보조선 중심에 객체가 위치하도록 Center OSNAP을 이용하여 이동시킵니다.

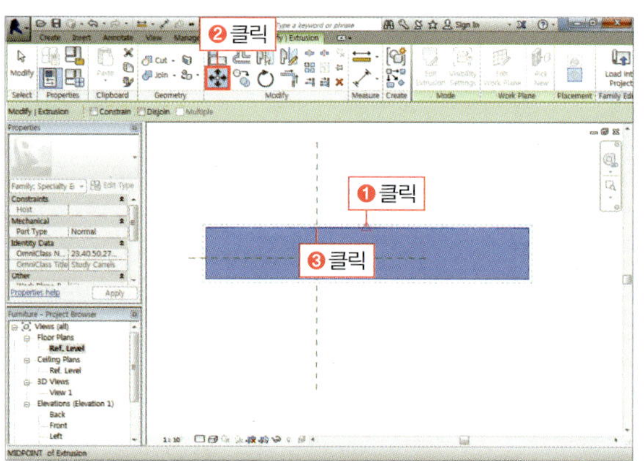

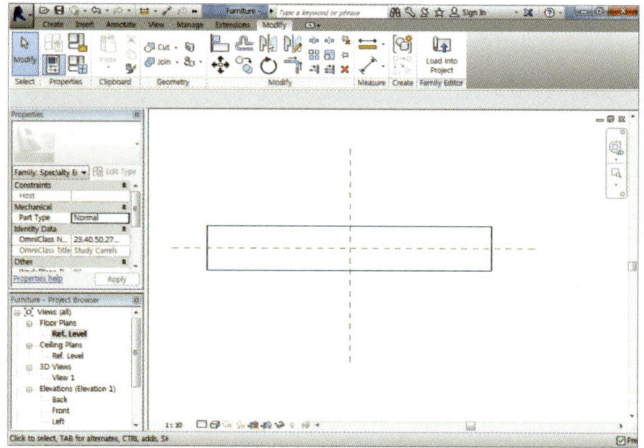

▲ Move 툴 이용으로 객체가 Reference Planes의 중심에 오게 된 드로잉 화면

07. 그리고 [Create] 탭에서 [Create Reference Line](🔲)을 클릭합니다.

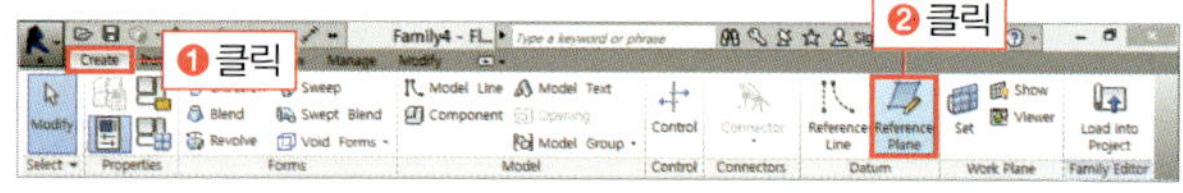

08. [Draw] 패널에서 [Pick Line](🔲)을 클릭한 후 옵션 바의 [Offset]을 '50'으로 설정합니다. 그리고 객체의 외각에 마우스 포인터를 위치시킨 후 50mm 간격을 두고 점선이 생기면 클릭합니다.

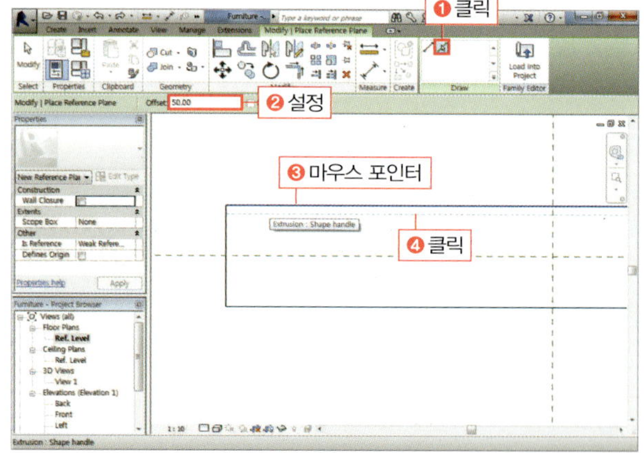

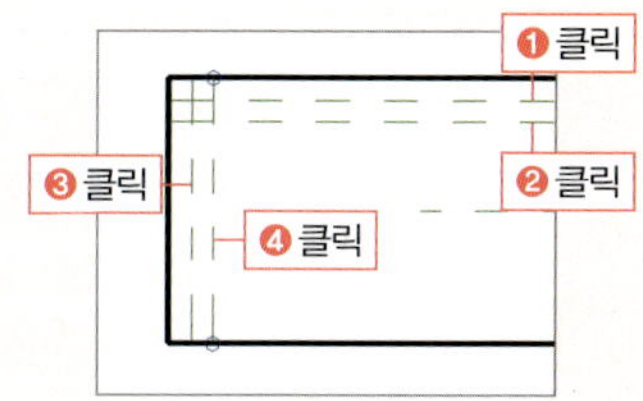

09. 그림과 같이 나머지 보조선도 클릭하여 만든 다음, [Create] 탭-[Form] 패널에서 [Extrusion](圓)을 클릭합니다.

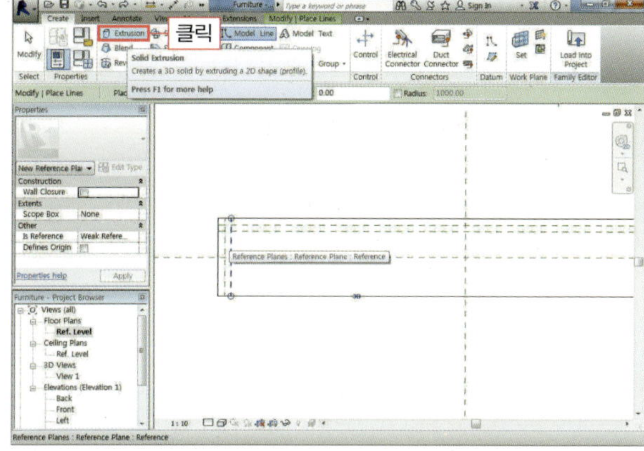

10. 다시 [Draw] 패널에서 [Rectangular](▭)를 클릭하고 그림과 같이 보조선을 이용하여 50×50 크기의 사각형을 만듭니다.

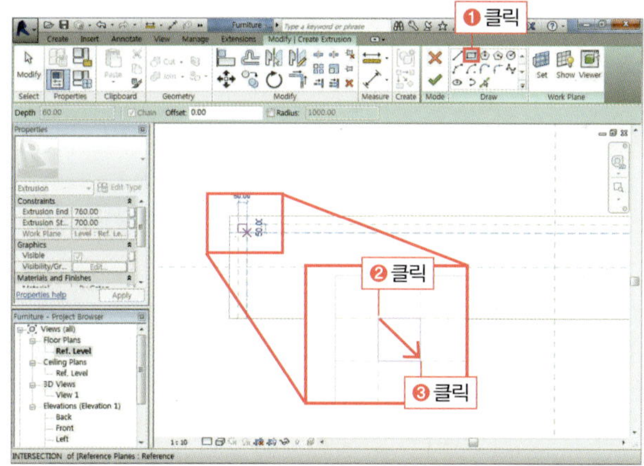

11. [Properties] 창의 [Constraints]에서 [Extrusion End]을 '0', [Extrusion Start]를 '700'으로 설정한 후 [Finish Edit Mode](✔)를 클릭합니다.

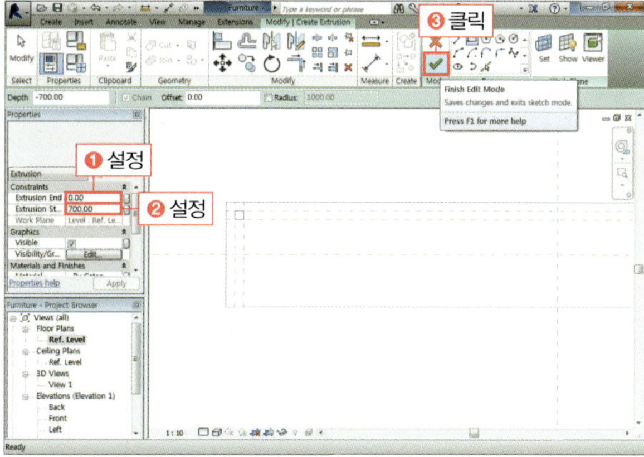

12. 작업 화면을 전체 보기를 한 다음 사각형(객체)를 선택한 후, [Mirror]( )를 클릭합니다. 그리고 Mirror시킬 중심 보조선을 선택한 다음 [Modify]( )을 눌러 수정 모드에서 나옵니다.

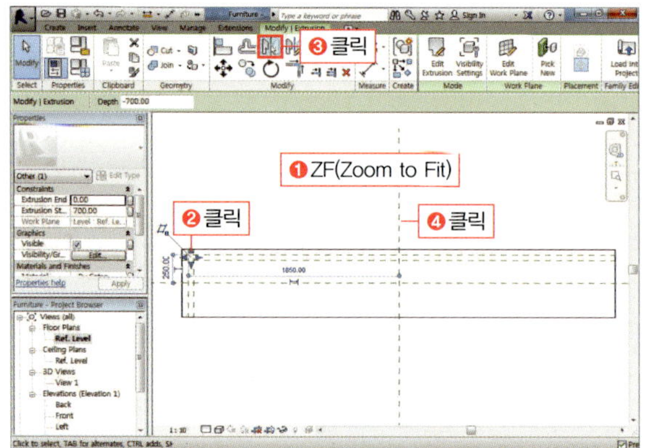

▲ Mirror 실행 전

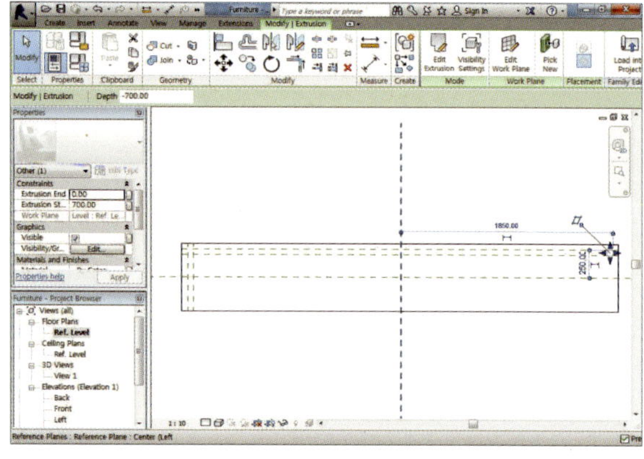

▲ Mirror 실행 후

13. 불필요한 보조선은 Delete 를 이용하여 삭제하고, 왼쪽 위에서 오른쪽 아래의 대각선 방향으로 영역을 지정하여 객체를 선택한 후 [Mirror]( )를 클릭합니다. 그리고 중심 축이 되는 선을 선택합니다.

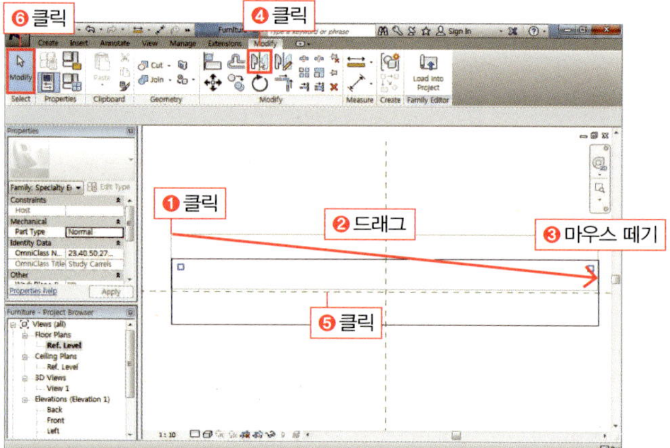

14. [3D View 1] 화면으로 이동한 후 뷰큐브에서 아래의 모서리 부분을 클릭하여 전체 보기를 한 다음, 그림과 같이 탁자 다리가 생긴 것을 확인합니다. 그리고 작업 화면의 빈 공간을 클릭하여 수정 모드에서 나옵니다.

> **TIP** 처음 3D View 1로 이동할 경우에는 드로잉 화면이 보이지 않으며 뷰큐브 모양도 제대로 보이지 않습니다. 당황하지 않고 뷰큐브의 해당 모서리를 클릭하면 전체 뷰에서 해당 각도로 객체를 확인할 수 있습니다.

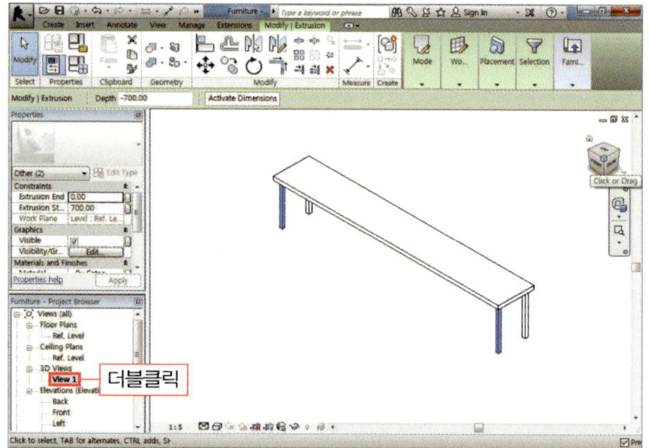

패밀리 매핑 입히기

패밀리에 마감재 매핑을 적용하는 방법을 알아봅니다.

예제 파일 : Part 02/Chapter 07/Sample03.rfa | **완성 파일** : Part 02/Chapter 07/Sample03_완성.rfa

01. [Manage] 탭에서 [Object Styles](▣)를 클릭하여 [Object Styles] 대화상자를 불러옵니다. [Modify Subcategories]의 [New]를 클릭한 후 이름을 재지정합니다.

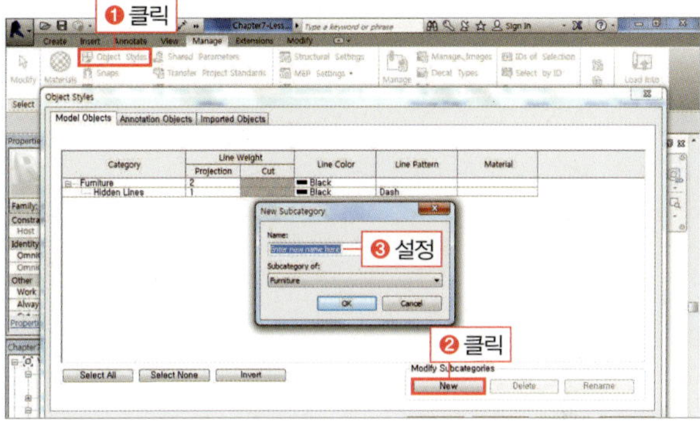

02. [Table Surface]와 [Table Legs]를 만든 다음 [확인] 버튼을 클릭합니다.

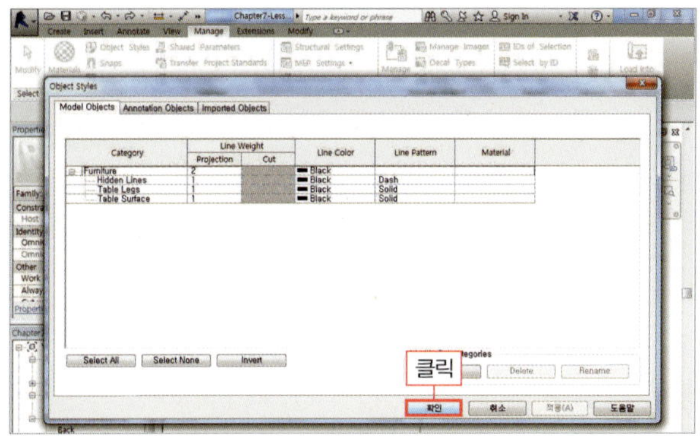

03. 이번에는 [Manage] 탭에서 [Materials](▩)를 클릭합니다.

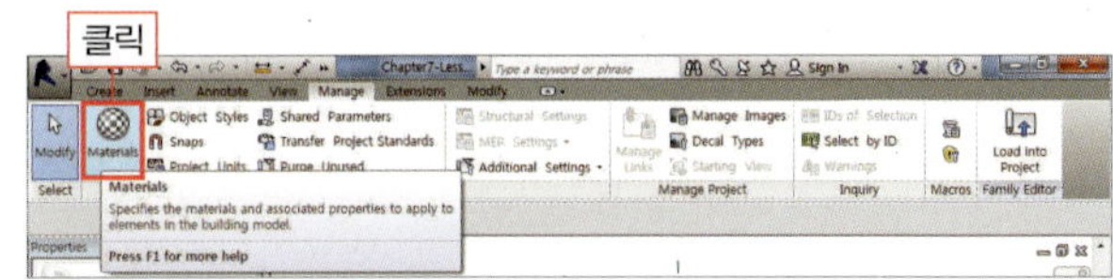

04. 처음 패밀리에서 [Material Editor] 대화상자를 활성화하면 'Default'가 보입니다. [Done] 버튼을 클릭합니다.

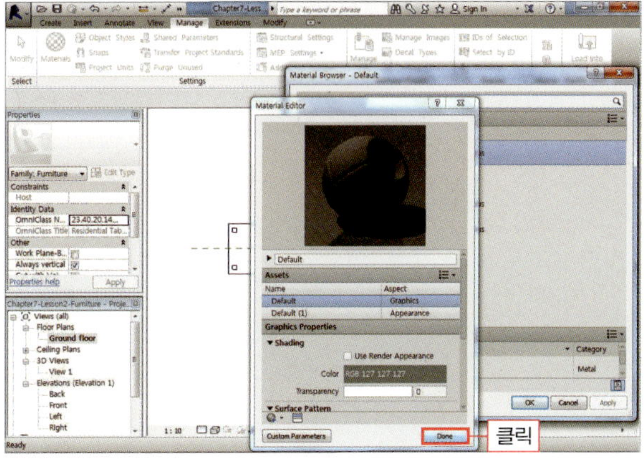

05. 'Glass'를 마우스 오른쪽 버튼으로 클릭한 후 [Duplicate]를 선택하여 복사합니다.

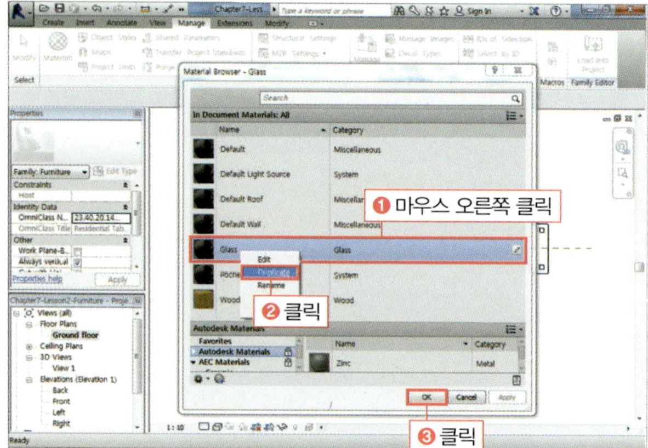

06. 'Glass01'이 생기면 [Edit](✎)를 클릭합니다.

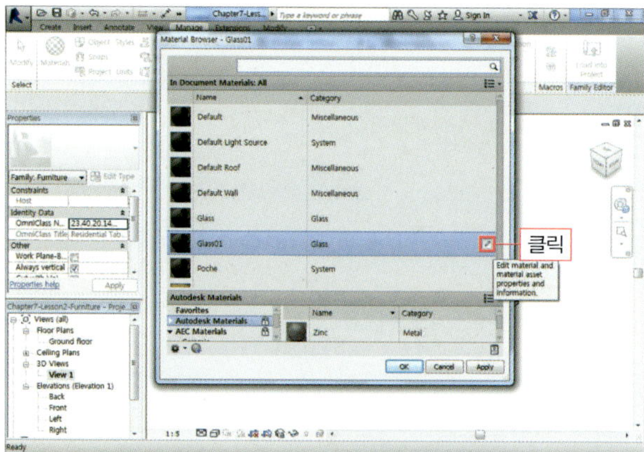

07. 'Glass01'의 [Assets]에서 [Graphics]를 클릭하고 [Graphics Properties]에서 [Shading]의 [Use Render Apparence]를 체크합니다. 그리고 [Appearance]에서 [Replace this asset in this material](⇄)을 클릭합니다.

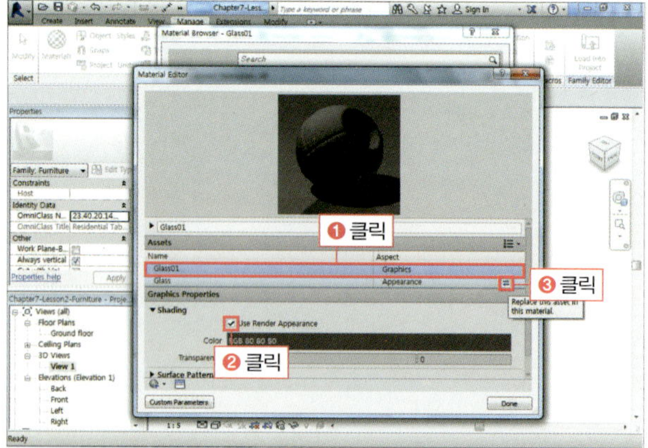

08. [Appearance]에서 'Glass'를 선택하고 'Blue-Glazing'을 적용한 후 대화상자를 닫습니다.

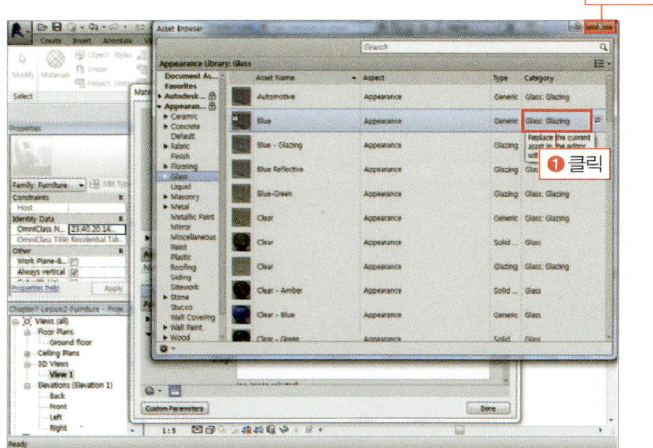

09. [Color]를 'Blue', [Reflectance]를 '15', [Sheets of Glass]를 '1'로 설정한 후 [Done] 버튼을 클릭합니다.

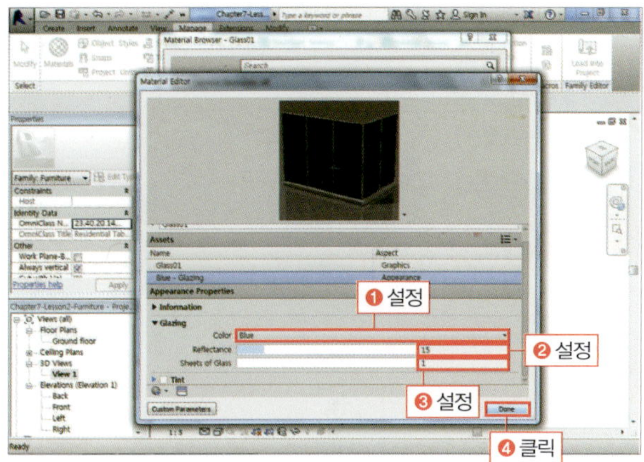

10. [OK] 버튼을 클릭하여 'Glass01' 설정을 마무리합니다.

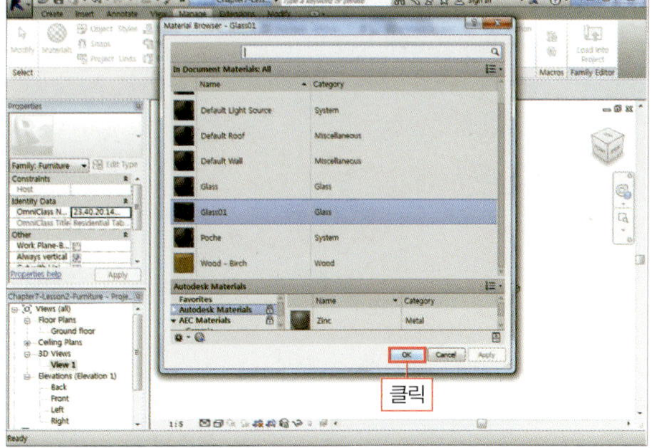

11. 테이블의 상판을 선택한 다음 [Properties] 창의 [Identity Data]에서 [Subcategory]를 'Table Surface' 로 변경합니다.

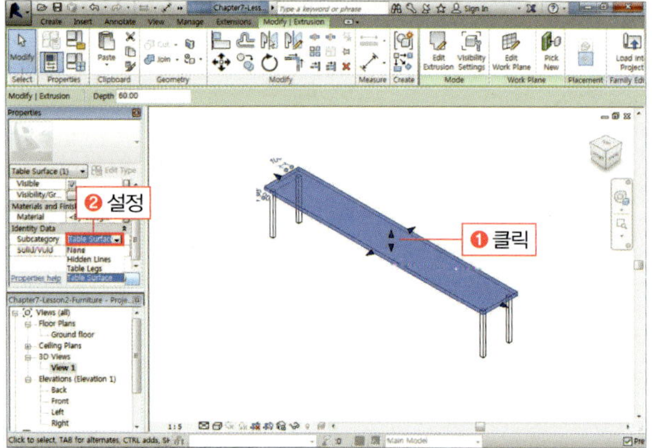

12. [Material]의 [Browser] 버튼을 클릭하여 'Glass 01'을 불러옵니다.

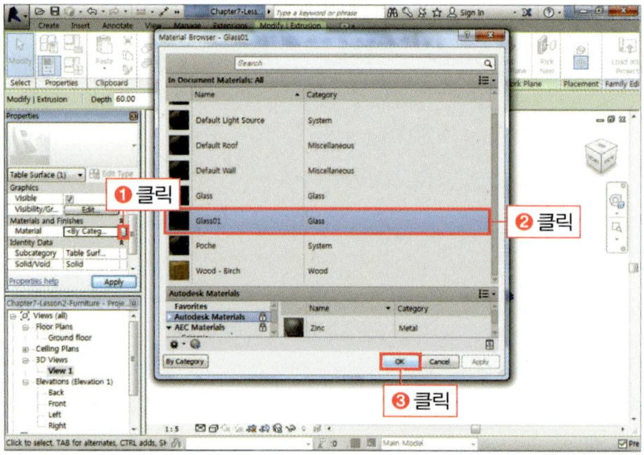

13. 테이블 다리를 다중으로 선택한 다음 [Identity Data]의 [Subcategory]를 'Table Legs'로 변경합니다.

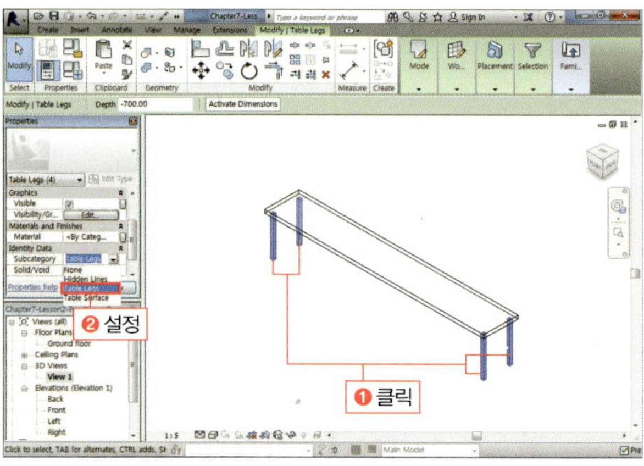

TIP 다중으로 객체를 선택하려면 Ctrl 을 누른 상태에서 연속하여 클릭해야 합니다.

14. [Material]의 [Browser] 버튼을 클릭한 후 'De-fault'을 선택한 다음 마우스 오른쪽 버튼을 클릭하고 [Duplicate]를 선택하여 복사본을 만듭니다.

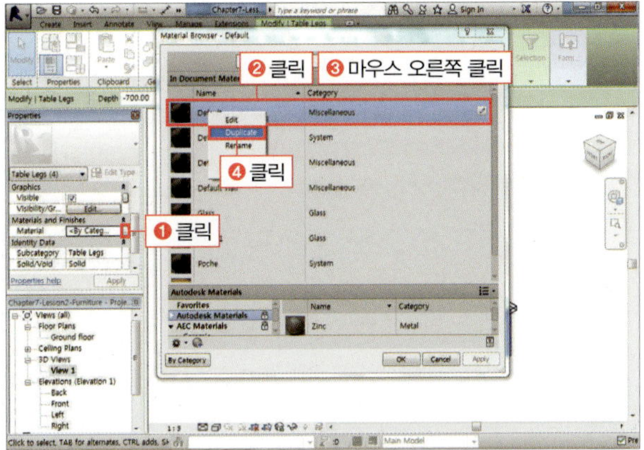

15. 다시 마우스 오른쪽 버튼을 클릭한 후 필요에 따라 'Wood01'로 이름을 변경하고 [Edit] 버튼을 클릭합니다.

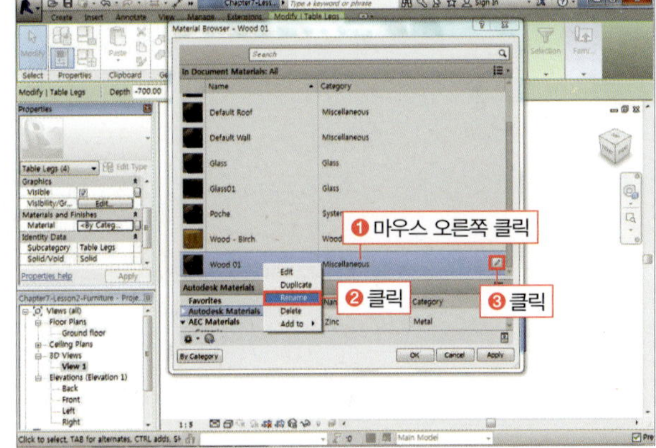

TIP 본 책에서는 이름을 변경하지 않고 'Wood01'로 진행했습니다.

16. [Graphics]에서 [Use Render Appearance]를 체크한 뒤, 'Default (1)'에 대한 [Appearance]에서 [Replace this asset in this material]($\rightleftarrows$)을 클릭합니다.

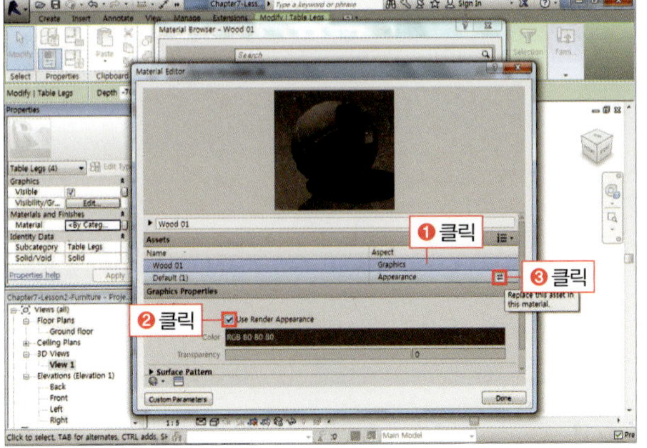

17. [Appearance]의 [Wood]에서 자신이 원하는 스타일을 선택한 후 [Replace the current asset] 버튼을 클릭하고 대화상자를 닫습니다.

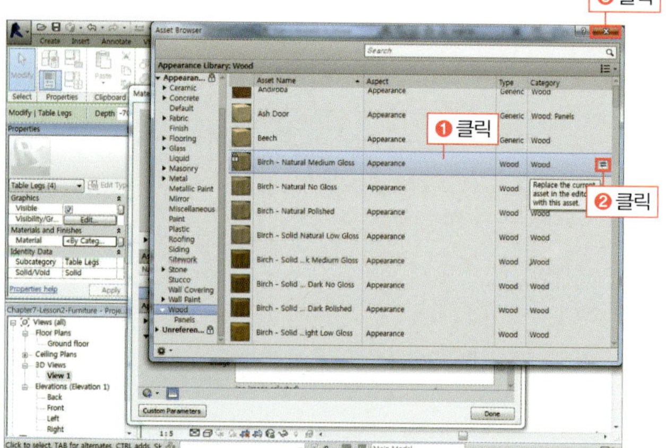

18. [Appearance Properties]에서 자신이 선택한 Wood 스타일이 들어온 것을 확인한 후 [Done] 버튼을 클릭합니다.

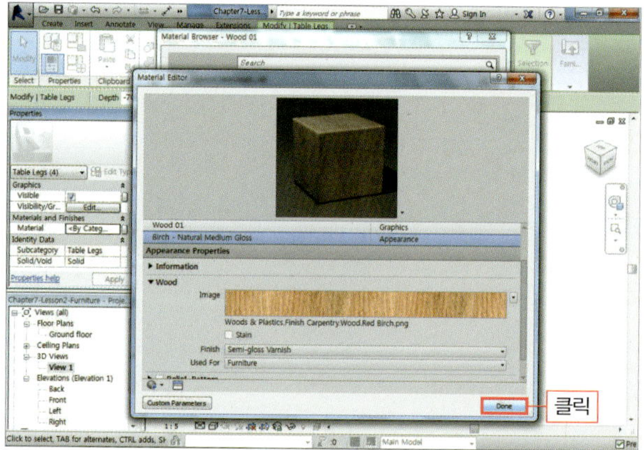

19. [Material Browser – Wood 01] 대화상자에서 [OK] 버튼을 클릭합니다.

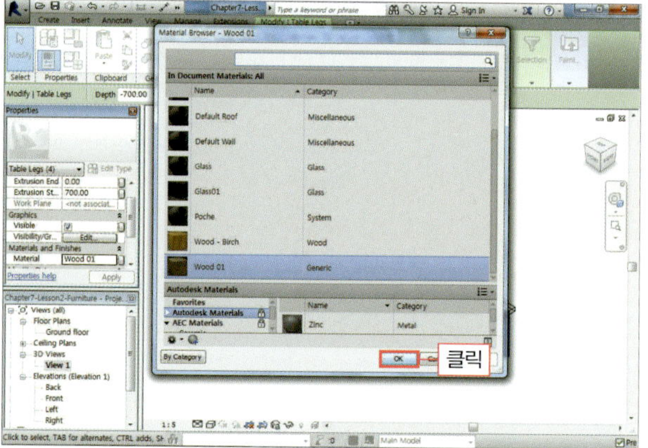

20. 선택한 다리의 [Material]이 'Wood 01'로 변경된
것을 확인할 수 있습니다.

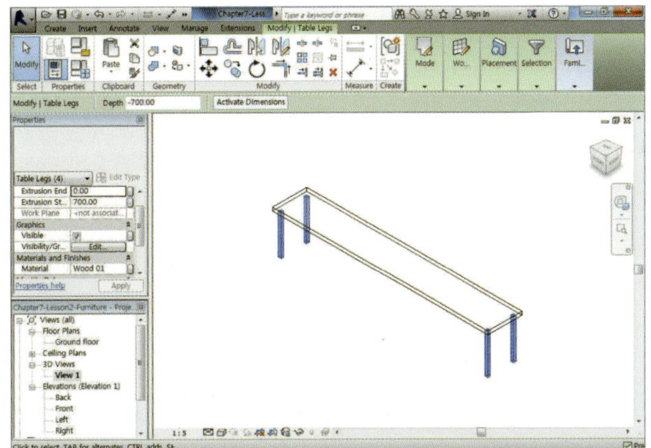

21. [Visual Style]를 [Realistic with Edges]로 변경
하면 그림과 같이 적용한 재질을 좀 더 정확히 확인
할 수 있습니다.

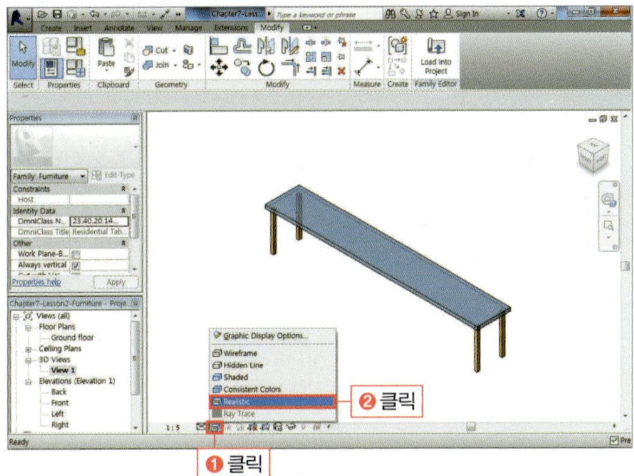

22. [Application] 메뉴에서 [Save As]–[Family]로 저
장합니다.

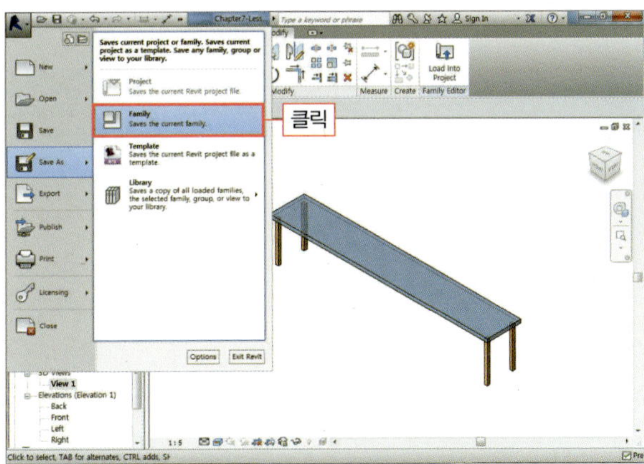

23. 저장할 장소를 선택한 다음 [Options] 대화상자를 이용하여 백업 파일의 개수를 '1'로 변경한 다음 [OK] 버튼을 클릭합니다.

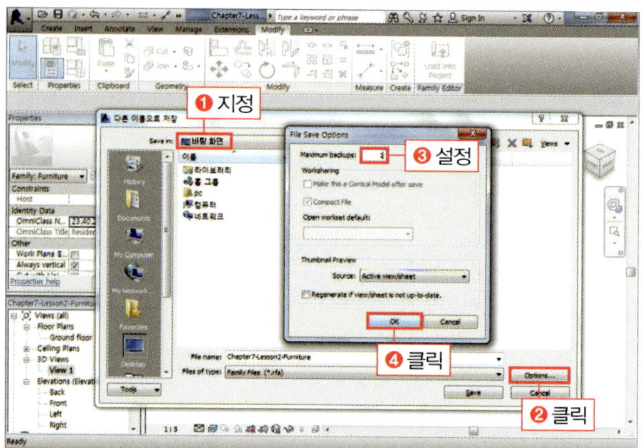

24. 이름을 입력하고 [Save] 버튼을 클릭하여 저장합니다.

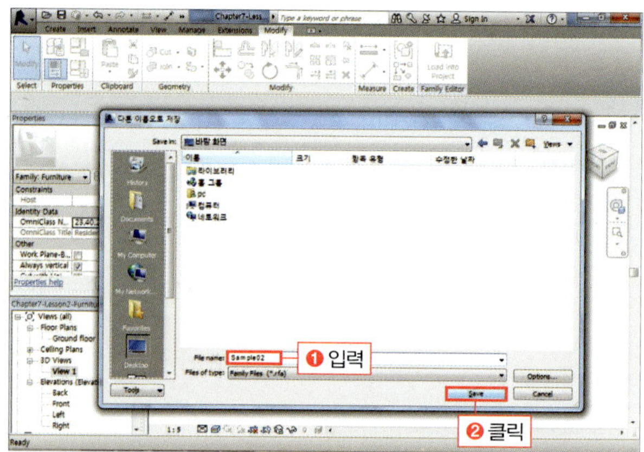

Revit 파일에서 패밀리 파일 불러오기

자신이 만든 패밀리 파일을 Revit 도면에 불러오는 방법을 알아봅니다.

예제 파일 : Part 02/Chapter 07/Sample04.rvt ㅣ 완성 파일 : Part 02/Chapter 07/Sample04_완성.rvt

01. 예제 파일을 불러온 후 그림과 같이 부분 확대를 합니다. [Architecture] 탭–[Build] 패널에서 [Component](图)를 클릭합니다.

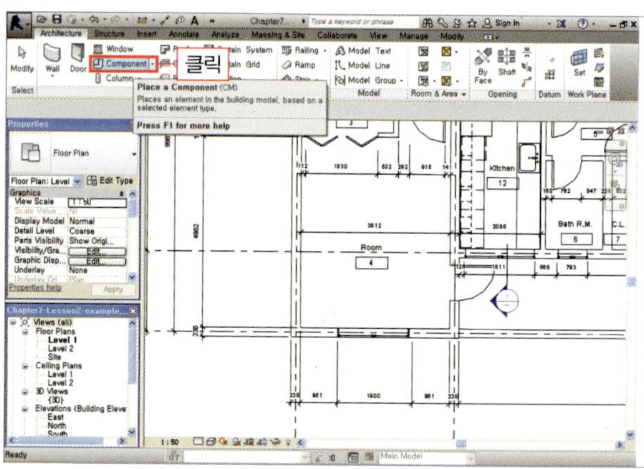

02. 수정 모드의 [Mode] 패널에서 [Load Family]([icon])
를 클릭합니다.

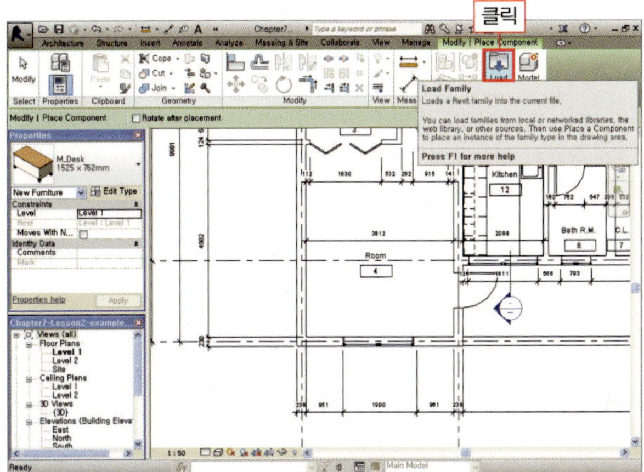

03. 자신이 만든 패밀리의 저장된 위치에서 RFA 파일
을 선택한 후 [Open] 버튼을 클릭합니다.

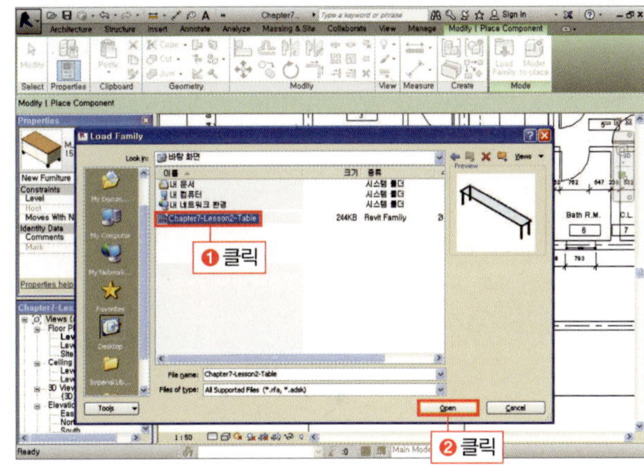

> **TIP** 완성된 Table 패밀리는 [PART 02/Chapter 07/Sample03
> -완성.rfa] 파일을 불러와도 동일합니다.

04. 작업 화면에서 불러온 테이블을 클릭하여 위치시
킨 후 화면의 빈 공간에서 클릭하고 [Modify]([icon])를 클
릭합니다.

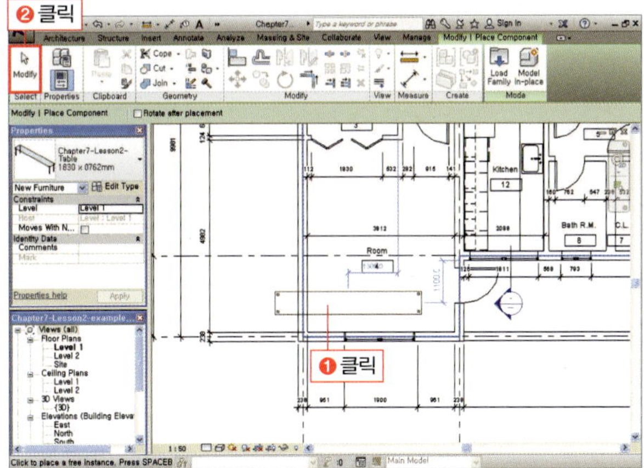

05. 불러온 패밀리 객체를 선택한 후 [Align]을 클릭하거나, 단축 명령어 'AL'을 입력한 후 순서대로 클릭하여 객체를 바른 위치에 놓이도록 합니다.

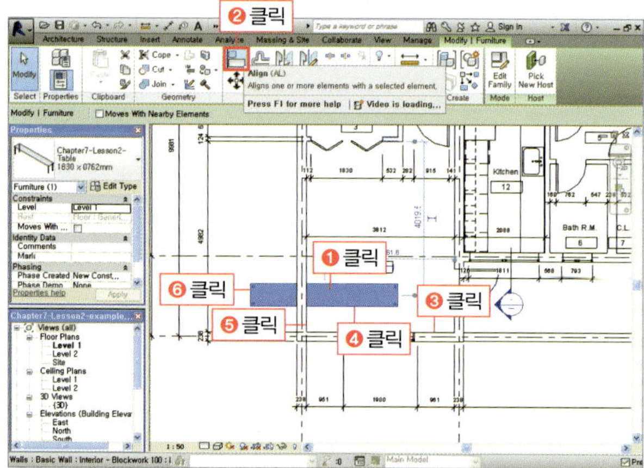

06. [View] 탭-[Create] 패널에서 [3D View]의 [Camera]를 클릭합니다.

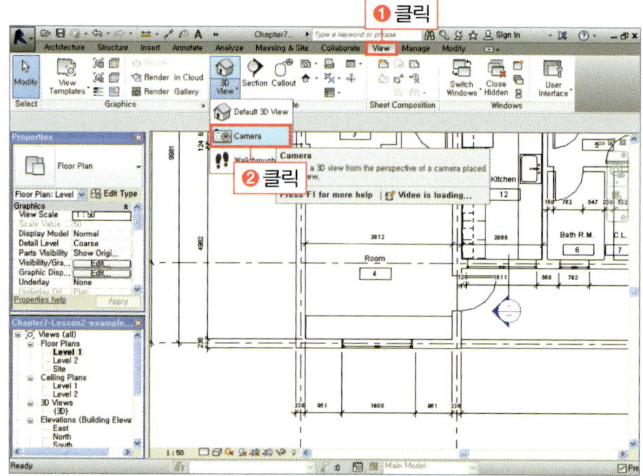

07. 카메라 위치를 지정하고 마우스를 드래그하여 카메라 영역을 설정합니다.

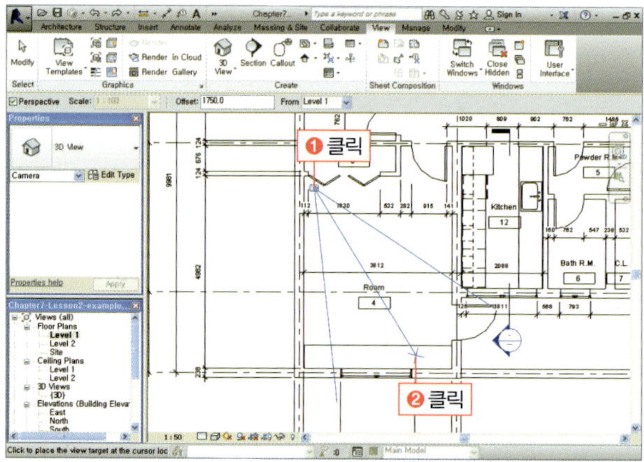

08. 바로 '3D View 1' 이름으로 Perspective가 설정
이 됩니다.

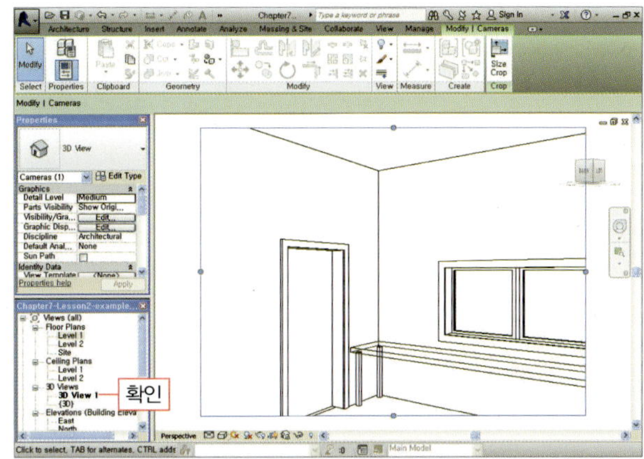

09. 자신이 원하는 영역을 더 보이기 위해서 사각형
형태의 Crop Region에 Grip을 조절합니다.

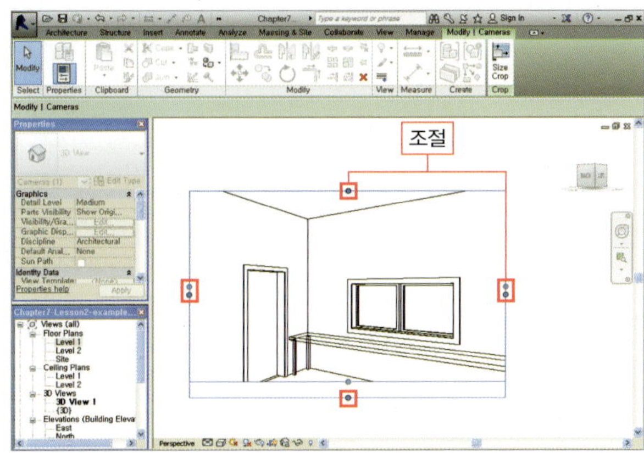

10. [Hide Crop Region](🖼)으로 설정하여 영역 테
두리선을 보이지 않게 해줍니다.

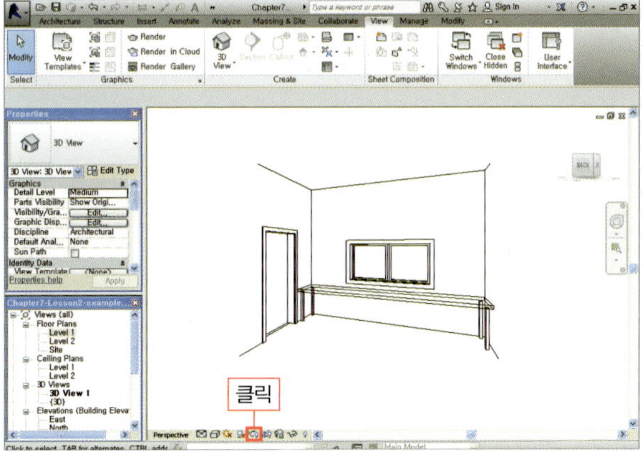

Revit이 제공하는 패밀리 파일을 불러오는 방법을 알아봅니다.

예제 파일 : Part 02/Chapter 07/Sample05.rvt | **완성 파일** : Part 02/Chapter 07/Sample05-완성.rvt

01. 예제 파일을 불러온 후 부엌 영역을 그림과 같이 부분 확대합니다.

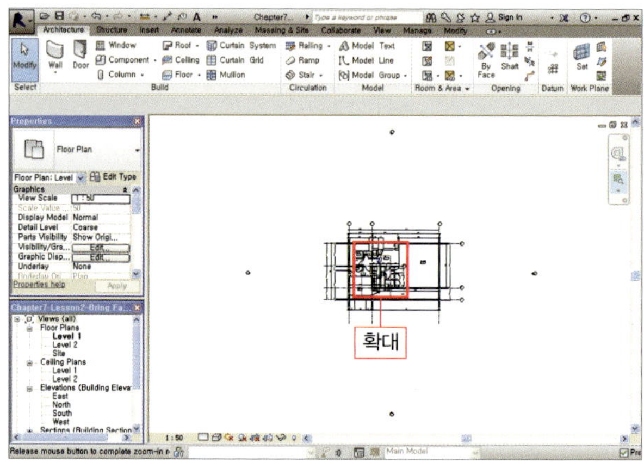

02. [Architecture] 탭-[Build] 패널에서 [Component](메)를 클릭합니다.

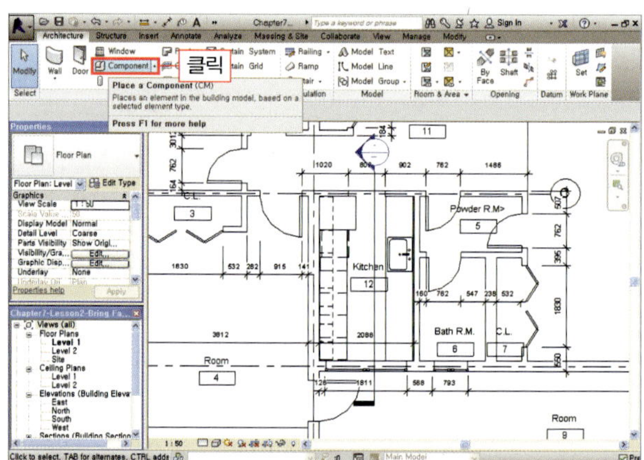

03. [Properties] 창에서 원하는 패밀리가 없을 경우에 [Load Family](메)를 클릭합니다.

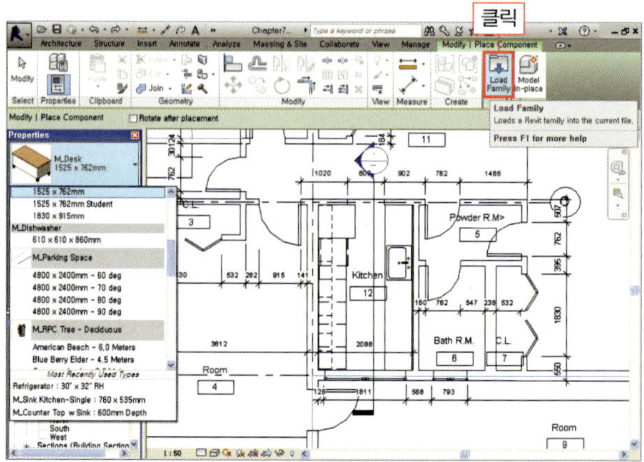

04. [Casework]–[Base Cabinets] 폴더로 이동합니다.

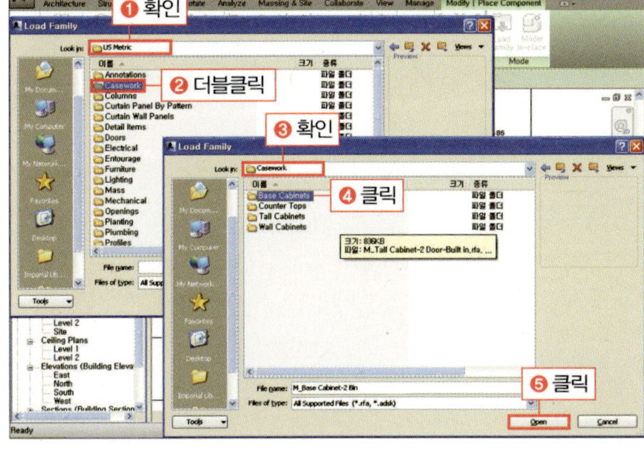

TIP [Load Family]를 클릭한 후 연동되는 폴더가 [US Imperial]일 경우에, 한 단계 위의 경로로 이동하면 [Library]–[US Metric]을 찾을 수 있습니다.

05. 자신이 원하는 디자인을 가진 캐비넷 파일을 선택하고 [Open] 버튼을 클릭합니다.

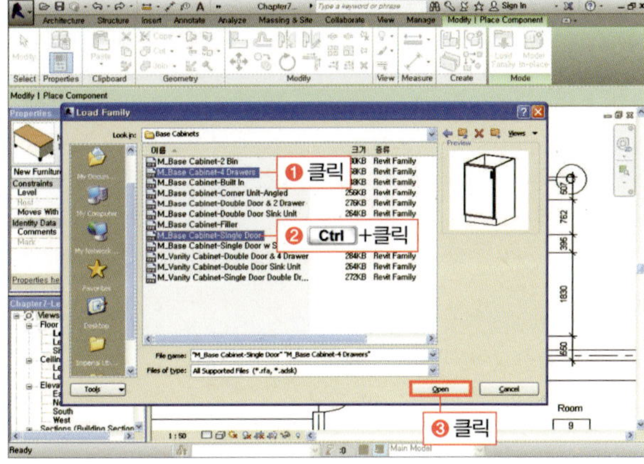

TIP 다중 선택을 원할 시 Ctrl 을 누른 상태에서 선택합니다.

06. [Properties] 창에서 원하는 케비넷 스타일을 선택하고 마우스 포인터를 위치시키면 불러올 수 있습니다.

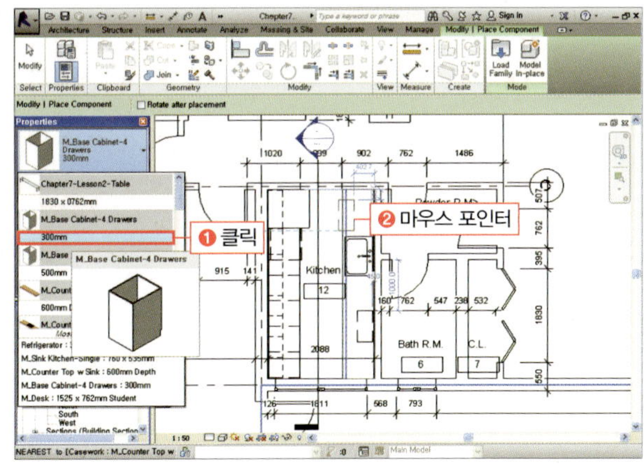

TIP 캐비넷 파일을 불러온 뒤 그림과 같은 창이 나타나면 '이미 도면에 사용되었다. 다시 새롭게 불러온 파일로 대체하겠는가?!'를 묻는 것이므로 [Overwrite the exiting version]을 클릭하면 됩니다.

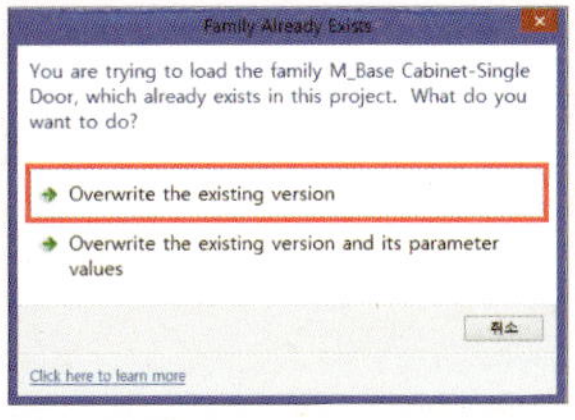

07. 삽입된 객체의 방향이 맞지 않는다면 **Space Bar** 를 이용하여 방향을 수정한 후 클릭하여 객체를 임의 의 지점에 배치합니다.

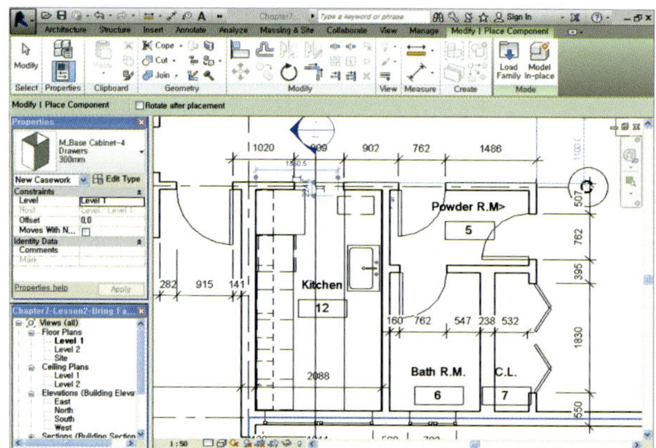

08. [Align](□)을 이용하여 가구를 싱크대의 위치에 맞게 설정합니다.

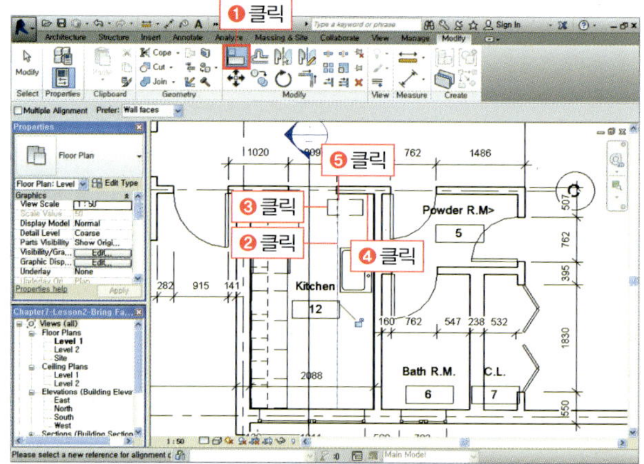

09. [View] 탭-[Create] 패널에서 [Section](□)을 클릭하고 그림과 같은 방향으로 만듭니다.

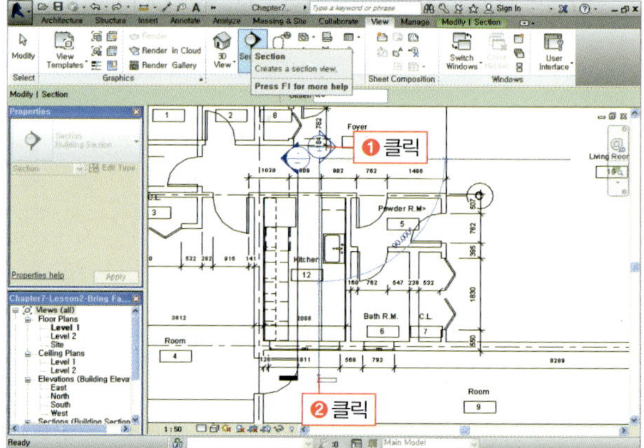

10. Section 마크가 복잡해 보인다면, [Cycle Section Head]를 이용하여 심볼의 위치를 변경한 후 [Modify]( )를 클릭합니다.

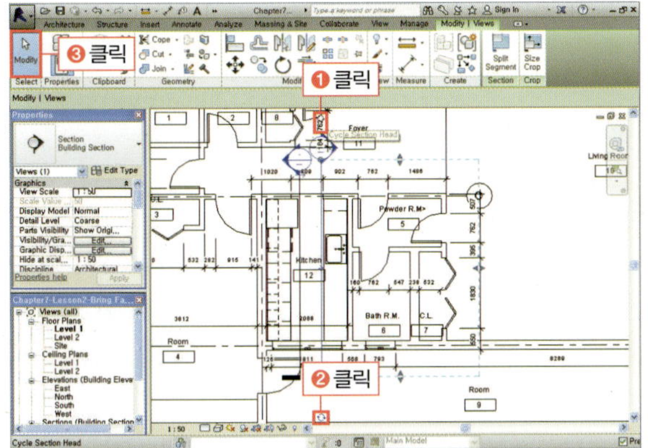

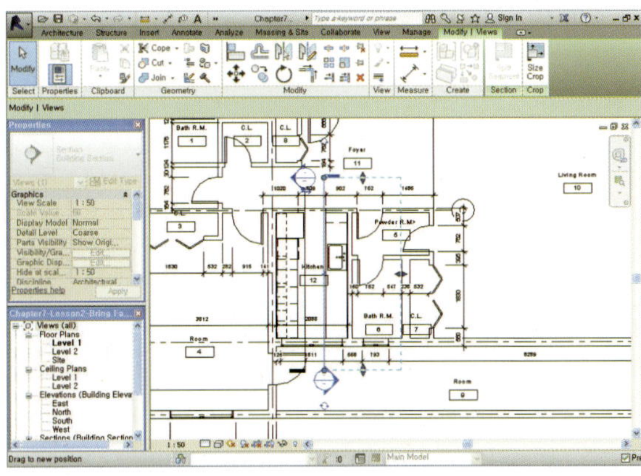

▲ Cycle Section Head를 이용하여 Head 위치를 변경할 경우   ▲ Section Head 위치 방향이 바뀌고 난 경우

11. Section 심볼 헤드를 더블클릭하고, Section View로 바로 이동하여 방향을 확인합니다.

TIP Section 심볼 헤드는 평면도에서만 나타납니다. 그러므로 해당 Section View를 보기 위해서는 심볼 헤드를 선택하면 됩니다.

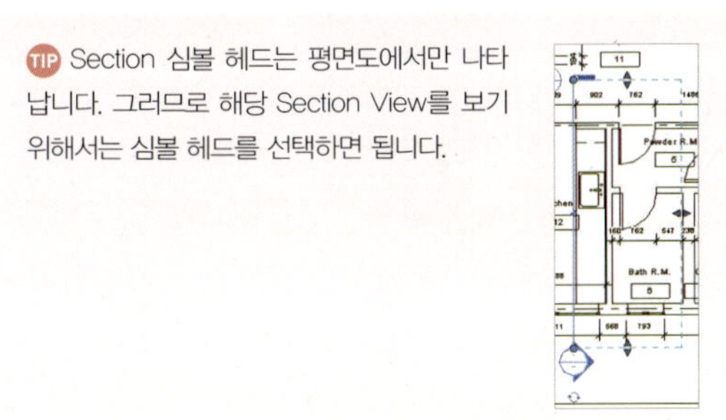

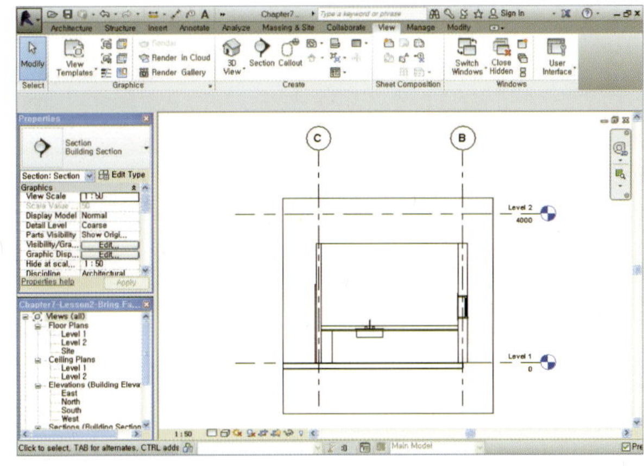

12. 싱크대 방향이 맞지 않다면 다시 [Floor Plans]의 [Level 1] 화면으로 이동하여 캐비넷을 선택하고 [Flip the instance facing]( )를 클릭합니다.

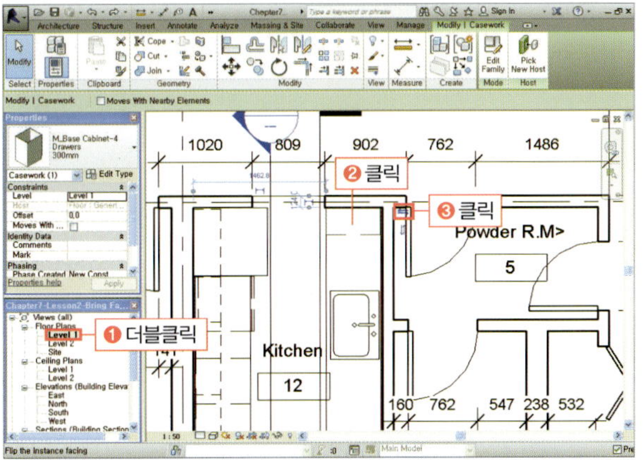

13. [Align](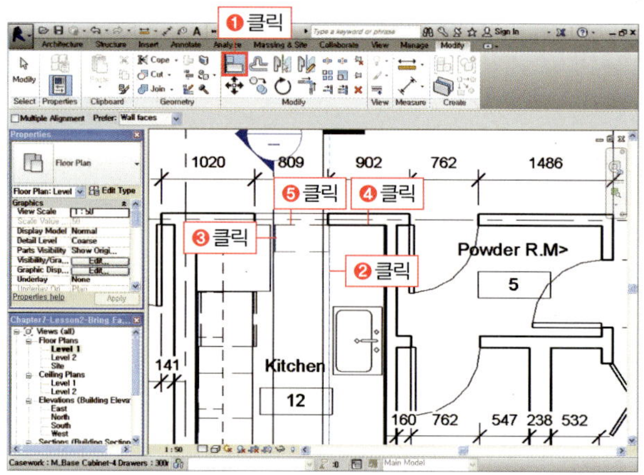)을 이용하여 다시 위치를 수정합니다.

14. 나머지 패밀리도 앞선 따라하기와 같은 방법으로 적절한 위치에 배치합니다.

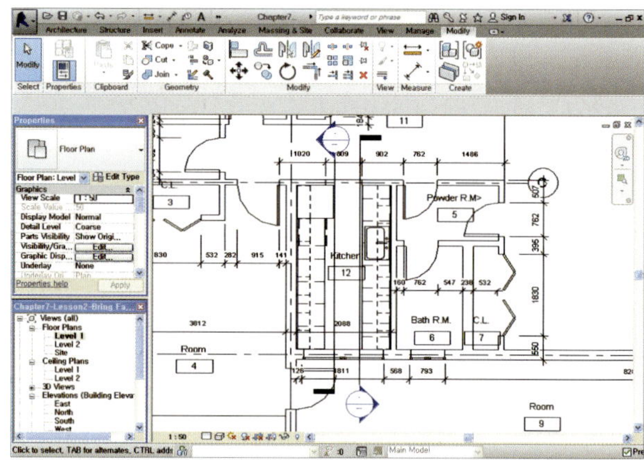

좀 더 다양한 패밀리 파일을 온라인에서 다운로드할 수 있습니다. 하지만, 파일을 다운로드할 때 용량이나 드로잉 단위를 제대로 선택해야만 효과적인 패밀리 파일을 불러올 수 있습니다. 가장 좋은 방법은 자신이 원하는 크기나, 재질들을 직접 만들어 라이브러리를 만드는 것입니다. 옆에 온라인 주소를 참조하세요.

① RevitCity

http://www.revitcity.com/index.php

회원 가입을 하면 대부분의 자료들을 무료로 사용할 수 있습니다. 가장 많이 이용하는 온라인 사이트입니다.

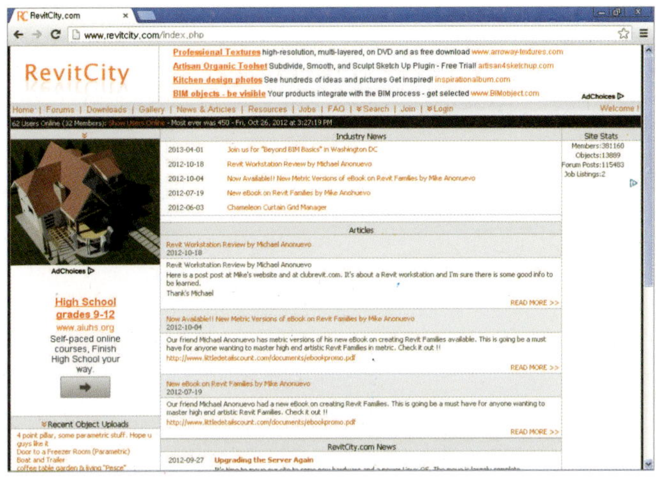

② Revit forum – AUGI

http://forums.augi.com/forumdisplay.php?93–Revit

AUGI는 국제적인 오토데스크 사용자 커뮤니티로 오토데스크(Autodesk)사에서 공식적으로 인정한 단체입니다. 위의 해당 주소로 들어가면 패밀리 파일을 다운로드할 수 있습니다.

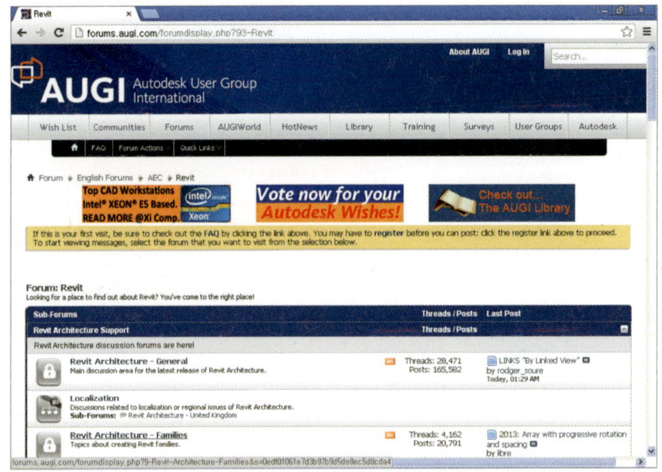

③ Autodesk Seek

http://seek.autodesk.com

오토데스크(Autodesk)사가 공식적으로 제공하는 Revit 패밀리 자료들을 무료로 다운로드할 수 있습니다.

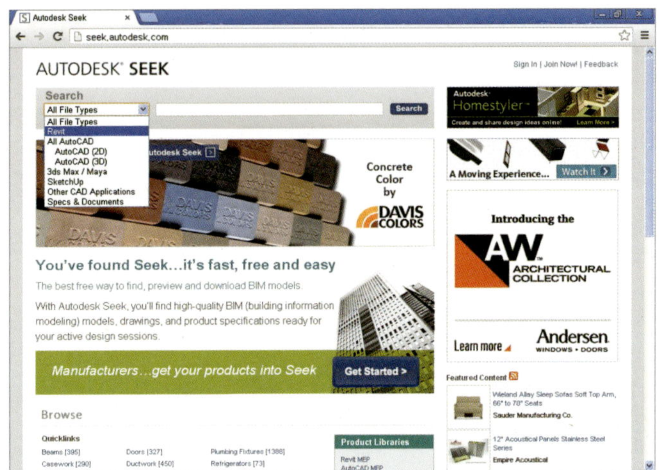

REVIT 2014

배치 공간 출력하기

출력을 위한 공간을 이미 AutoCAD에서 배치 공간이라고 배웠습니다. 하지만, Revit에서는 따로 배치 공간이라 불리는 Layout이 아닌, Sheet를 통해 출력을 합니다. 그럼 이번에는 Revit의 여러 가지 출력 옵션들을 알아봅니다.

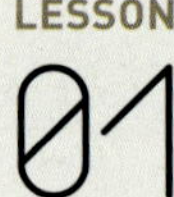

LESSON 01 Sheet 불러오기

AutoCD의 출력 공간과는 달리 Revit에서는 Sheet를 추가하여 만들 수가 있습니다. 이번 레슨을 통하여 제작한 도면을 출력하기 위해 Sheet를 추가하며, 출력이 가능한 도면 세트를 만들어 봅니다.

● **학습 목표**

Revit에 Sheet를 이용하여 도면을 불러오는 방법을 알아봅니다.

● **학습에 필요한 단축 명령어**

VH : Hide Category

EH : Hide Elements

도면을 Sheet에 삽입하기

Sheet를 불러와 만들어 놓은 도면을 배치하는 방법을 알아봅니다.

예제 파일 : Part 02/Chapter 08/Sample01.rvt | **완성 파일 :** Part 02/Chapter 08/Sample01_완성.rvt

01. 예제 파일을 불러온 후 [Floor Plans]의 [1st Floor]를 마우스 오른쪽 버튼을 클릭한 후 [Duplicated View]-[Duplicate with Detailing]을 선택합니다.

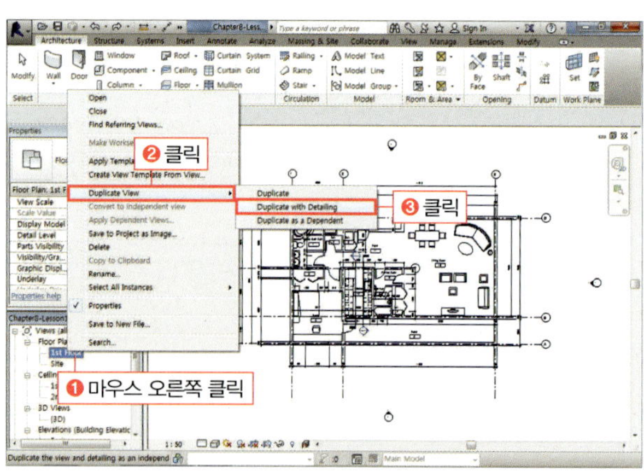

02. 복사본을 마우스 오른쪽 버튼으로 클릭한 후 [Rename]을 선택하여 'Furniture Plan'이라고 이름을 변경합니다.

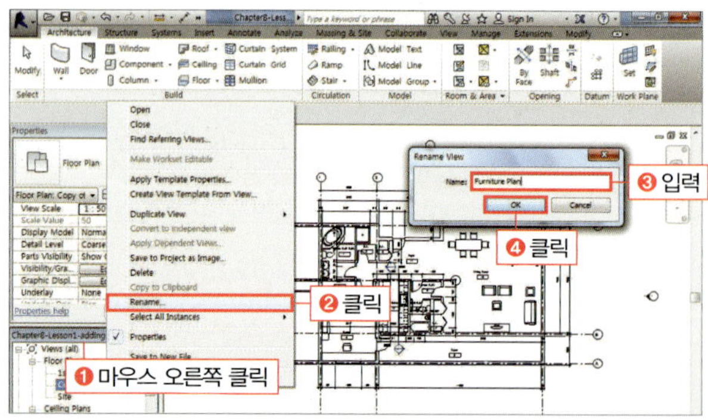

03. 작업 화면의 도면을 드래그하여 선택한 후 [Filter] (▽)를 클릭합니다.

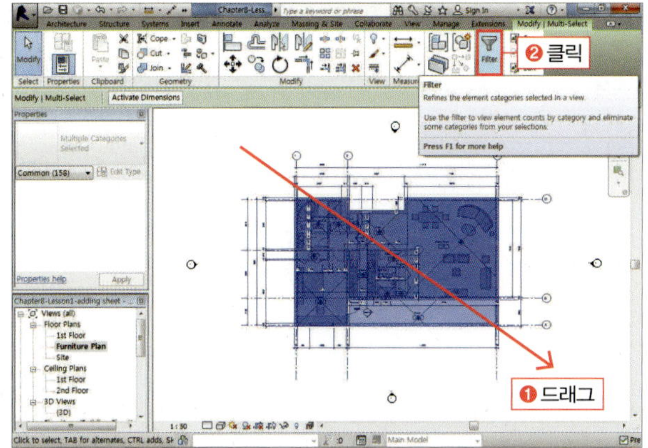

04. [Check None] 버튼을 클릭한 후 [Dimensions] 과 [Room Tags]만 체크한 후 [OK] 버튼을 클릭합니다.

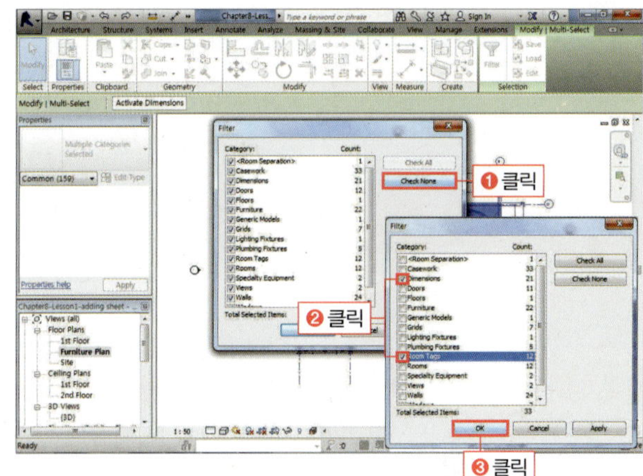

05. Delete 를 누른 다음 [OK] 버튼을 클릭합니다.

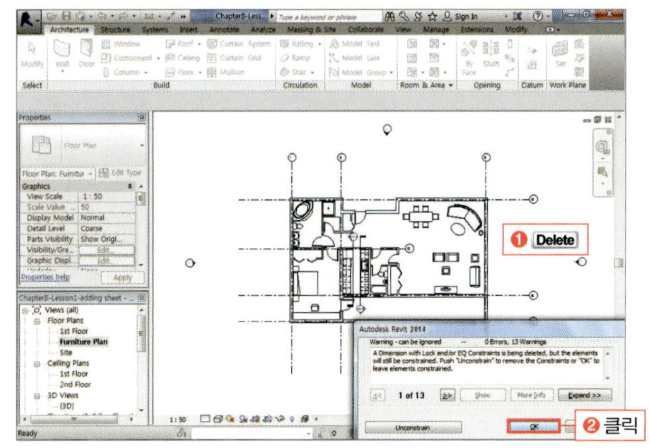

TIP Autodesk Revit Architecture 2014 알람 경고의 내용은 다음과 같습니다. '잠김 상태나 EQ 제한이 있는 치수가 삭제될 것인데 [Unconstrain]을 클릭하면 모든 제한된 설정이 삭제될 것이며, [OK]를 클릭하면 요소들은 사라지나 제한되어 있는 설정은 유지된다'라는 뜻입니다. 요소는 삭제하더라도 제한된 환경 설정은 유지하는 것이 맞기 때문에 [OK]를 클릭합니다.

06. [Project Browser] 창에서 [Sheet(All)]을 마우스 오른쪽 버튼을 클릭하고 [New Sheet]를 선택합니다.

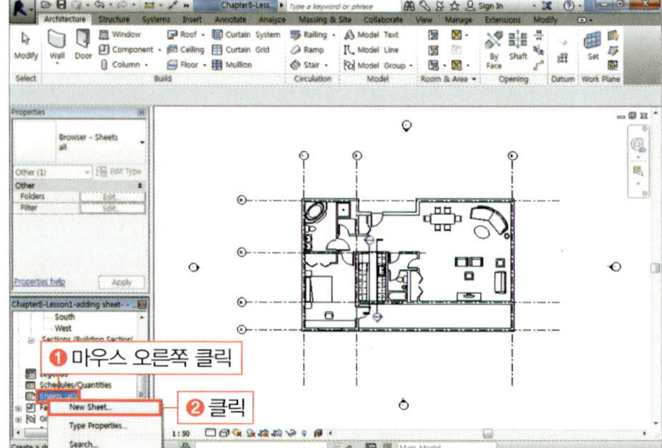

TIP Grid의 방향은 사용자의 편의에 따라 Head 부분의 위치를 변경해도 상관없습니다. 본 도서에서는 Grid C를 잘 확인할 수 있는 위치로 변경했음을 알려드립니다.

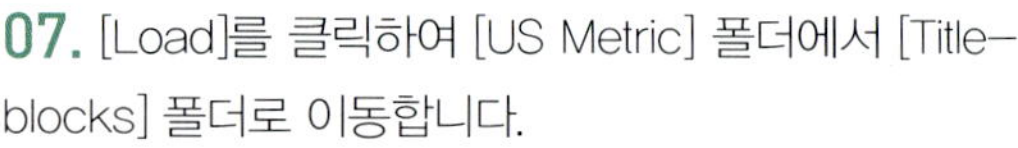

07. [Load]를 클릭하여 [US Metric] 폴더에서 [Title-blocks] 폴더로 이동합니다.

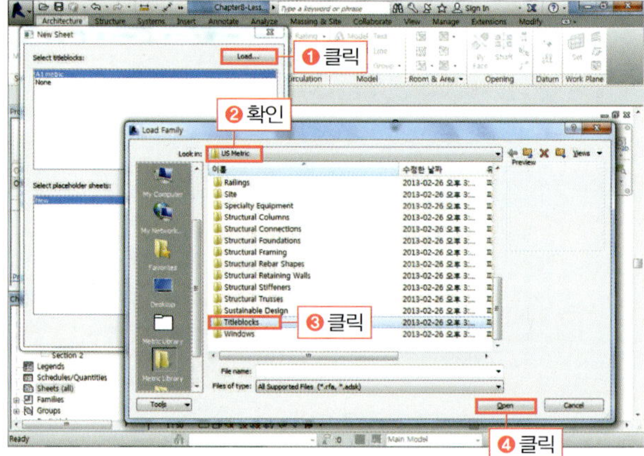

TIP [Load Family] 대화상자를 처음 불러오면 [US Imperical] 이 Look in에서 연동되어 나타납니다. 이때 한 단계 앞으로 가면 [Libraries] 폴더에서 US Mertric을 찾을 수 있습니다.

08. 'A3 Metric'을 선택한 후 다시 돌아간 [New Sheet] 대화상자에서 [OK] 버튼을 클릭합니다.

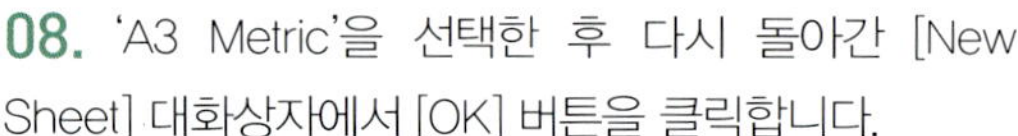

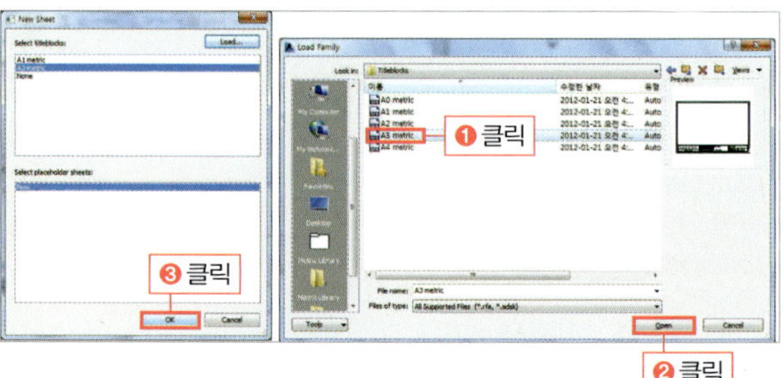

09. [View] 탭의 [Sheet Composition] 패널에서 [Place Views]()를 클릭한 후 불러오고 싶은 도면을 선택하고 [Add View to Sheet] 버튼을 클릭합니다.

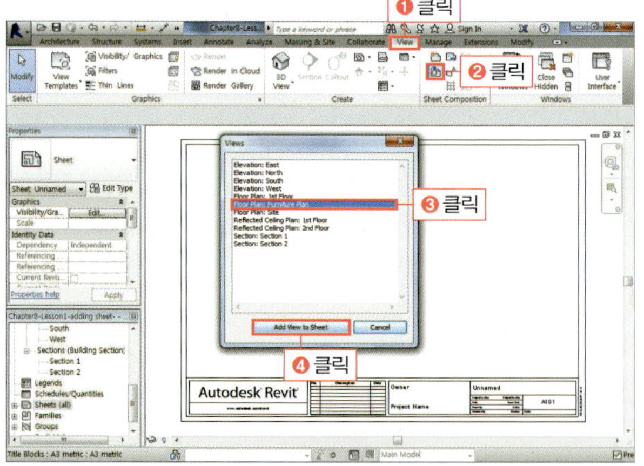

10. 클릭하여 배치하면 불러온 도면의 크기(1:50)가 A3 종이에 모두 나타나지 않습니다. [A101–Unnamed]에 [Floor Plan: Furniture]를 더블클릭합니다.

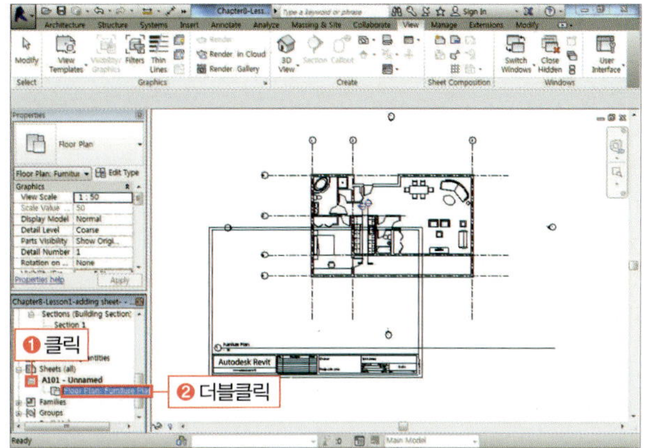

11. 1:50 크기를 '1:100'으로 변경합니다.

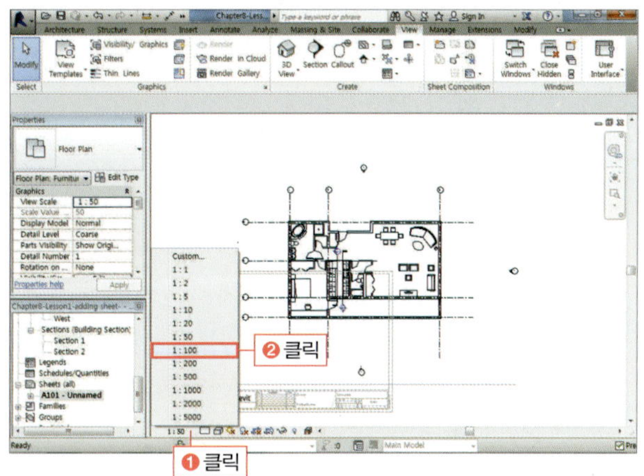

12. [Show Crop Region]을 활성화하고 해당 영역 사각형(Crop Region)을 클릭한 다음 출력하려는 도면의 영역을 지정합니다.

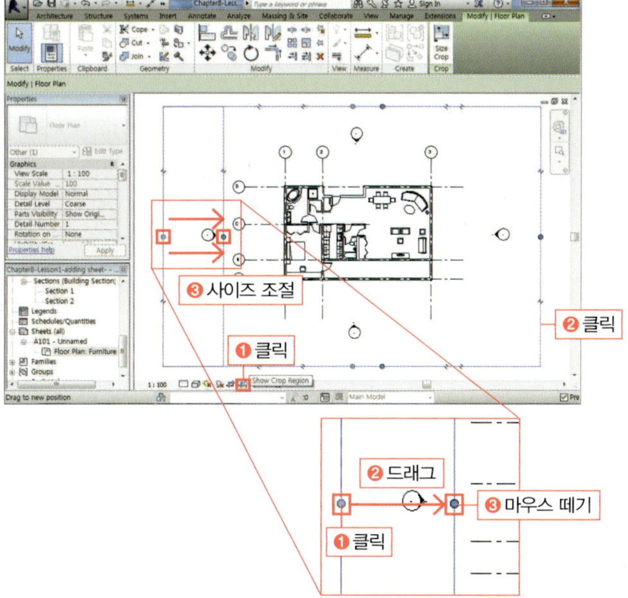

13. 영역을 지정한 다음 [Hide Crop Region]을 다시
클릭하여 테두리를 보이지 않게 합니다.

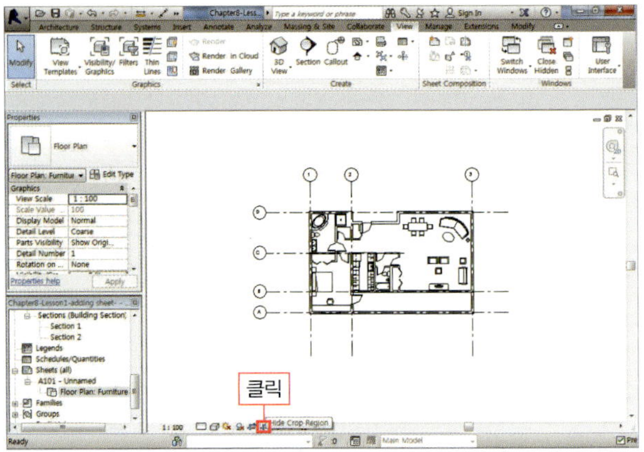

14. [A101–Unnamed] 화면으로 이동하기 위해 더블
클릭한 후, 마우스 포인터를 도면에 위치시키면 아웃
라인과 함께 Drawing Name Tag의 파란선이 보이면
검은색 사각 아웃라인을 클릭합니다.

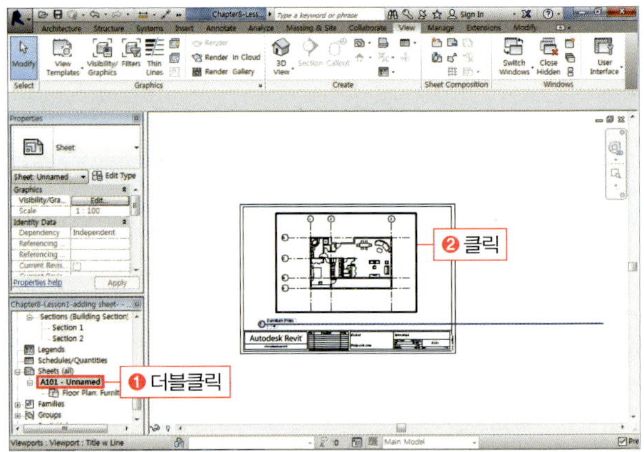

TIP Drawing Name Tag의 전체 위치를 옮겨야할 경우가 발생 시, 마우스 포인터를 위치시키
고 'Viewports: Viewport: Title w Line: Shape Handle'가 나타나면 클릭하여 이동시킵니다.

15. Drawing Name Tag에 동그란 Grip이 나타나면
드래그하여 적절하게 조절합니다.

TIP Grip의 위치를 정확히 선택해야 Drawing Name Tag의 선
만 수정할 수 있습니다. 그러지 않으면, 도면과 함께 움직일 수
있으니 유의하기 바랍니다.

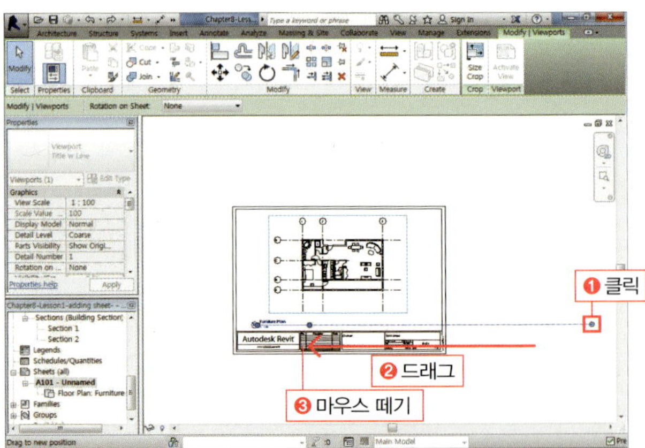

Sheet 수정하기

불러온 Sheet의 이름 및 내용들을 변경해 봅니다.

예제 파일 : Part 02/Chapter 08/Sample02.rvt | **완성 파일 :** Part 02/Chapter 08/Sample02-완성.rvt

01. 예제 파일을 불러온 후 Sheet의 'Unnamed'를 클릭하여 수정 모드로 들어갑니다.

TIP A101-Unnamed를 마우스 오른쪽 버튼으로 클릭하여 [Rename]을 선택해도 동일한 [Sheet Title] 대화상자에서 이름을 수정할 수 있습니다.

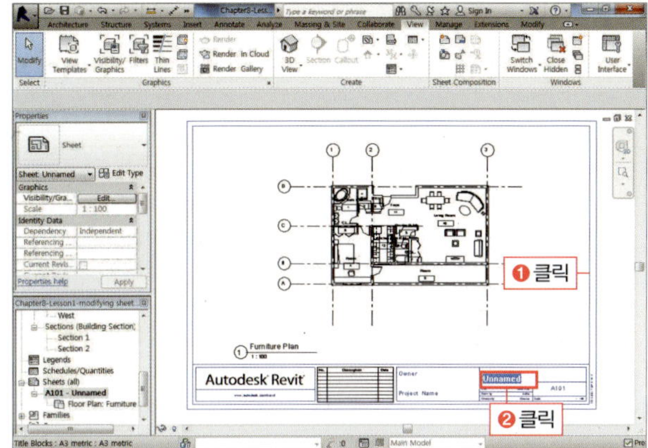

02. Sheet의 이름을 수정합니다.

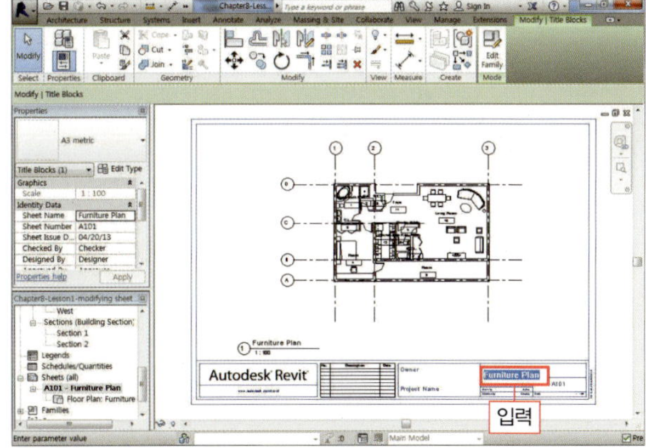

03. 이 외의 정보를 그림과 같이 모두 수정합니다.

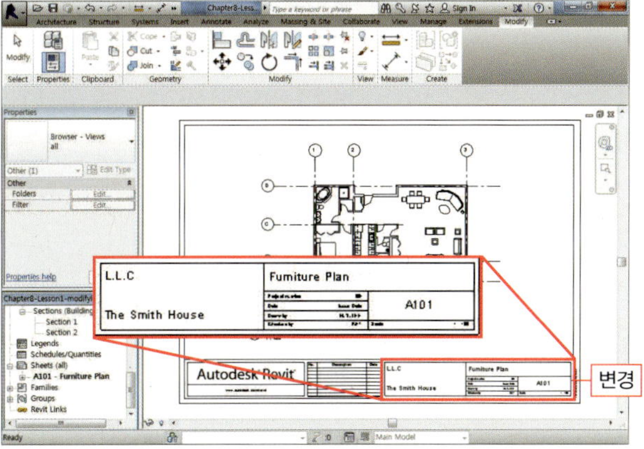

Placeholder로 Multi Sheet 배치하기

여러 개의 Sheet를 동시에 불러오는 방법에 대해 알아봅니다.

예제 파일 : Part 02/Chapter 08/Sample03.rvt | **완성 파일 :** Part 02/Chapter 08/Sample03-완성.rvt

01. 예제 파일을 불러온 후 [Schedules/Quantities]를 마우스 오른쪽 버튼으로 클릭한 후 [New Sheet List]를 선택합니다.

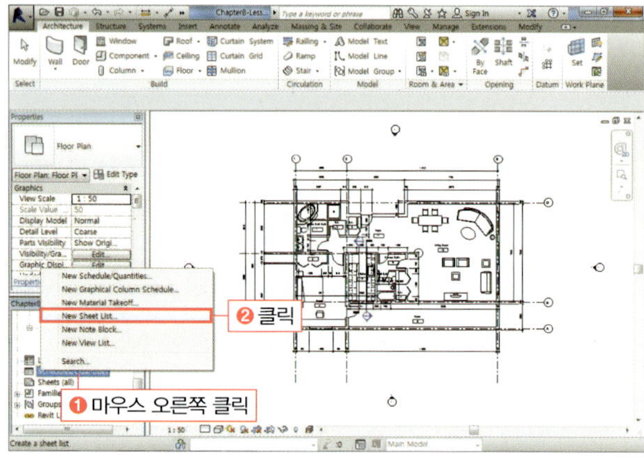

02. [Sheet List Properties] 대화상자에서 [Sheet Name]과 [Number]를 선택하여 [Schedule field]에 추가합니다.

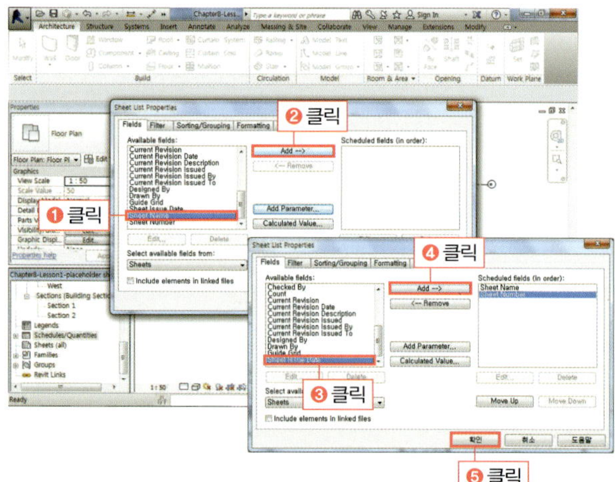

03. [Rows] 패널에서 [New Row]( )를 클릭합니다.

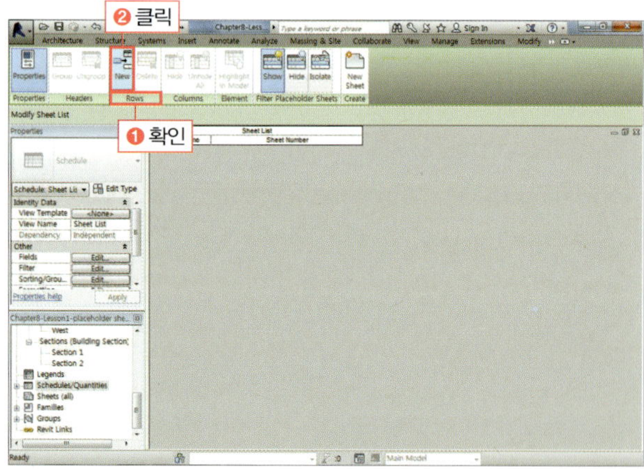

04. 마우스로 클릭하여 수정 모드로 들어가서 [Sheet Name]의 [Unnamed]에 'Floor Plan'이라고 수정한 후 [Sheet Number]도 'A101'로 변경합니다.

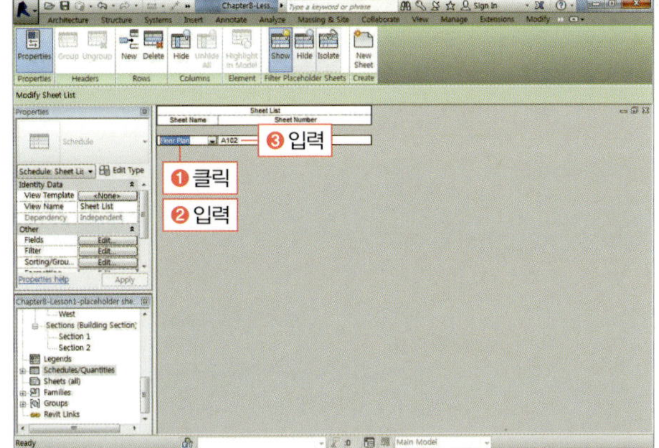

05. 동일하게 [New Row]( )를 클릭하여 [Sheet Name]과 [Sheet Number]를 추가하고 그림과 같이 수정합니다.

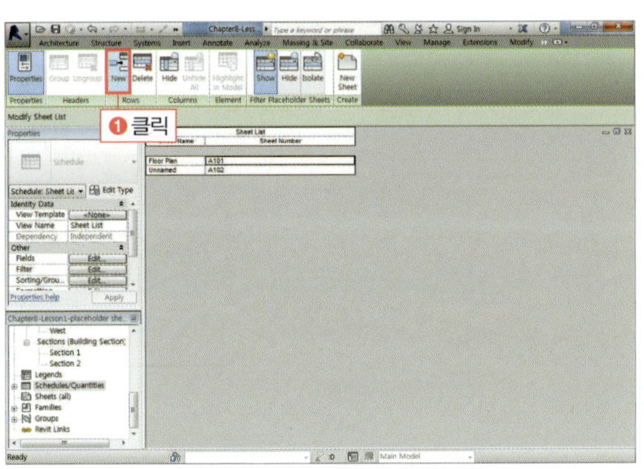
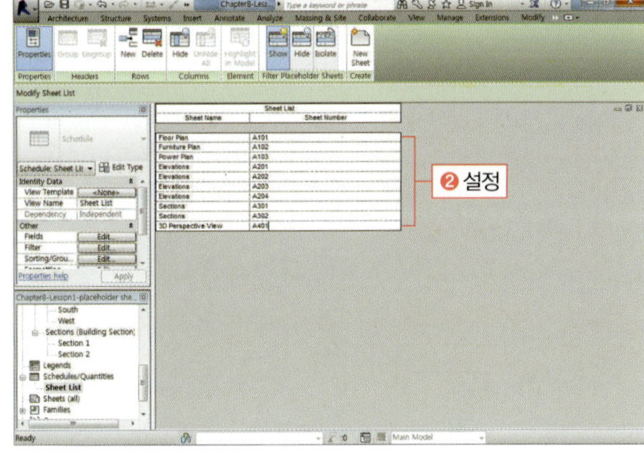

06. [New Sheet] 대화상자의 [Select titleblocks]에서 'A1 Metric', [Placeholders sheets]에서는 모두 선택한 후 [OK] 버튼을 클릭합니다.

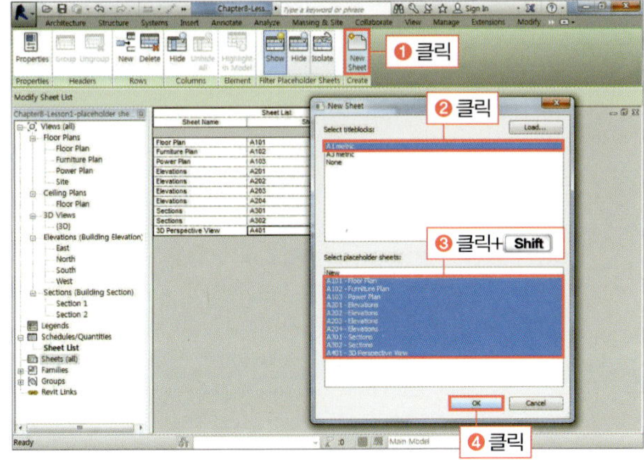

TIP 선택한 Sheet 리스트에서 Shift 를 누르고 다음 Sheet 리스트를 선택하면 다중 선택할 수 있습니다.

07. [Project Browser] 창의 [Sheet (all)]을 확인하면
앞선 따라하기에서 만든 Multi Sheet가 한꺼번에 생긴
것을 확인할 수 있습니다.

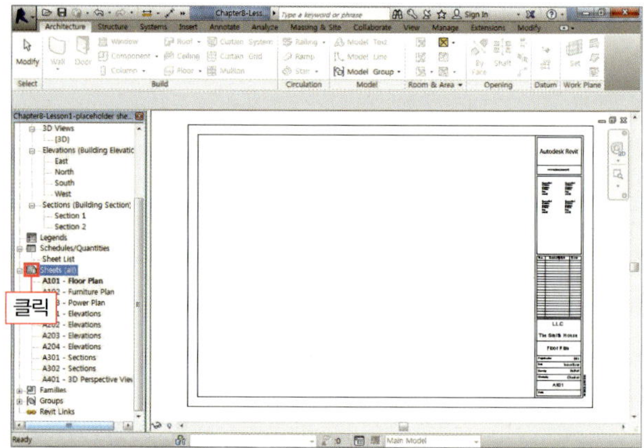

08. [View] 탭에서 [Place View]( )를 클릭하여 해당
Sheet에 맞는 도면을 선택합니다.

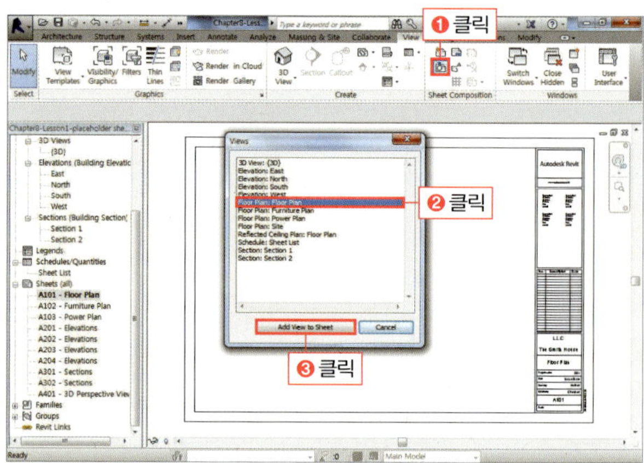

09. 그림과 같이 Sheet에 도면을 적절히 배치합니다.

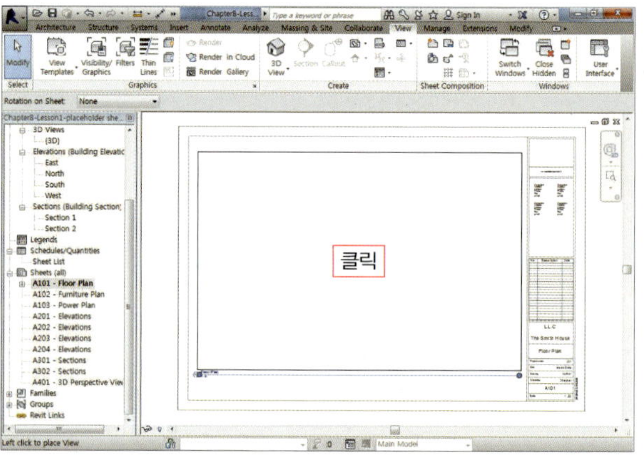

10. 그림과 같이 Sheet에 불러온 도면을 수정하고 싶다면, [Activate View]( )를 선택합니다.

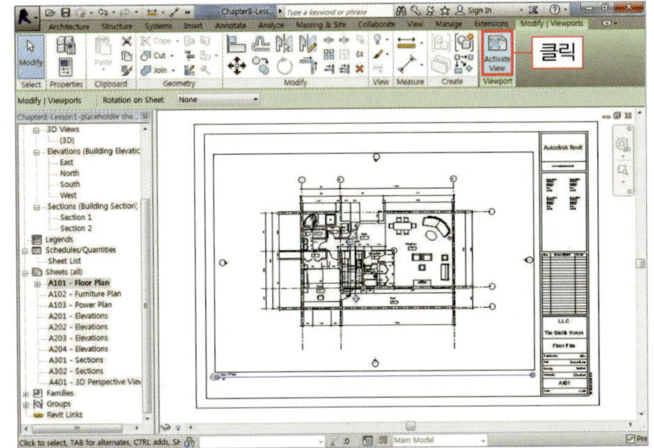

11. 숨기려는 선을 선택하고 [View] 패널의 [High in View]에서 [Hide Category]( )를 클릭합니다.

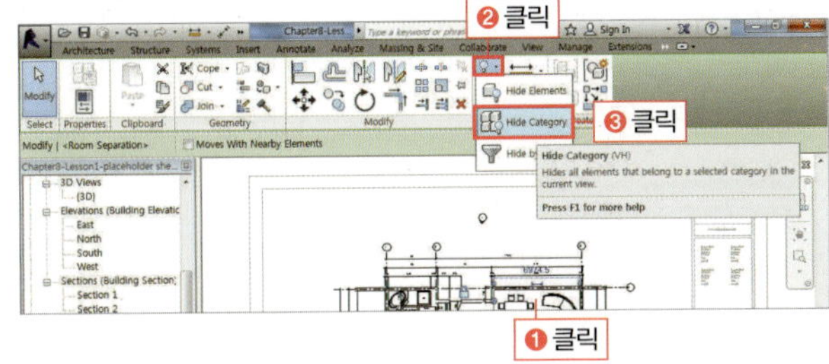

12. 수정이 끝나면 화면의 빈 공간에 마우스 오른쪽 버튼으로 클릭한 후 [Deactivate View]를 선택합니다.

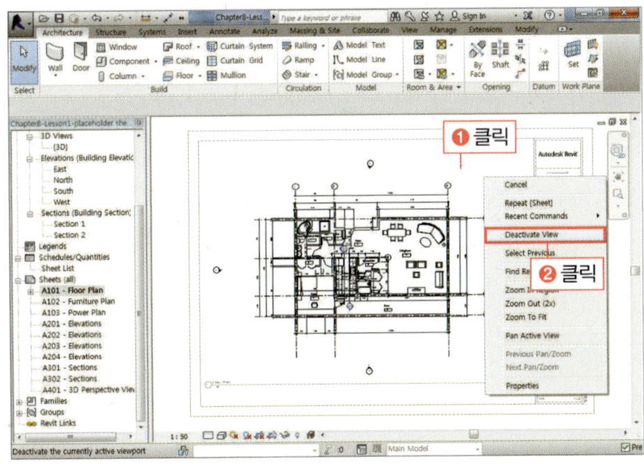

> **TIP** Hide Elements를 선택하면 해당 객체만 보이지 않고, High Category를 선택하면 선택한 객체와 동일한 범주에 있는 모든 객체가 보이지 않습니다. 또한 Hide Filter에서는 숨기려는 객체를 선택할 수 있습니다.

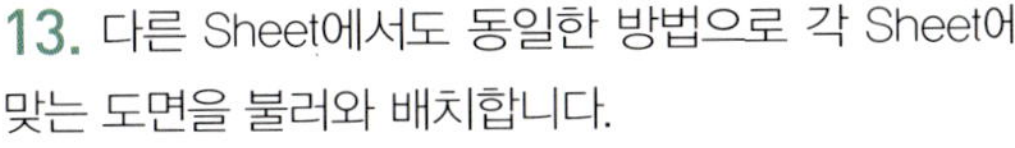

13. 다른 Sheet에서도 동일한 방법으로 각 Sheet에 맞는 도면을 불러와 배치합니다.

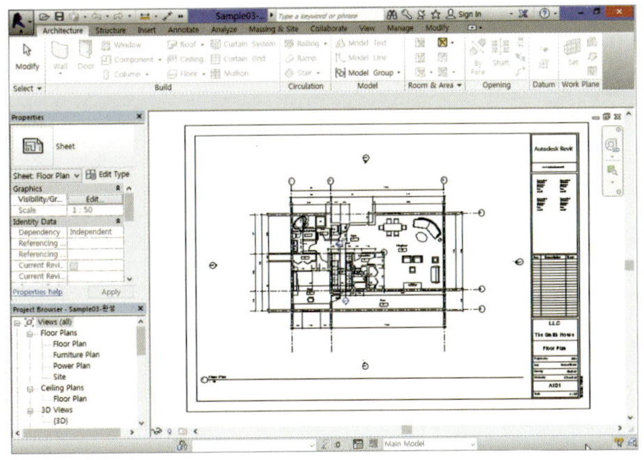

LESSON 02 태그(Tags) 및 스케줄(Schedules) 만들기

스케줄을 통해 도면에 사용되고 있는 여러 모델링 요소 및 태그를 한 눈에 쉽게 확인하는 방법을 알아봅니다.

● **학습 목표**

문, 창문 등 건축 요소에 대한 태그를 불러오고 스케줄을 만드는 방법을 학습합니다.

● **학습에 필요한 단축 명령어**

TG : Tag by Category

태그 만들기

태그를 불러와 배치하는 방법을 알아봅니다.

예제 파일 : Part 02/Chapter 08/Sample04.rvt | 완성 파일 : Part 02/Chapter 08/Sample04-완성.rvt

01. 예제 파일을 불러온 후 [Construction Plan]을 선택하여 현재 드로잉 화면으로 설정한 다음 [Annotate] 탭–[Tag] 패널에서 [Tag by Category]( )를 클릭합니다.

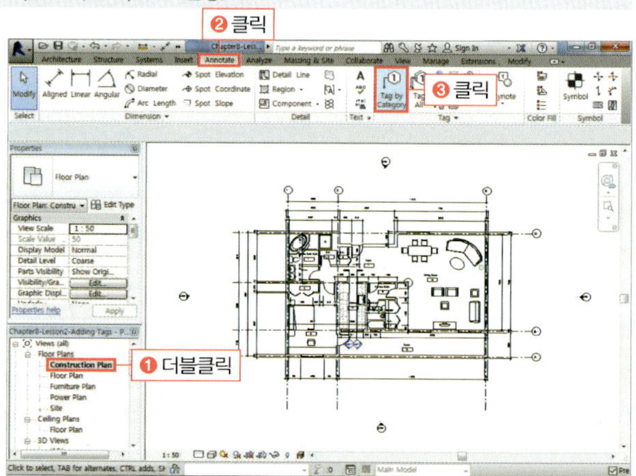

02. 마우스 포인터를 문에 위치시키면 '8'이 적힌 문 태그가 나타납니다. 이를 선택하여 배치한 후 Esc 를 누릅니다.

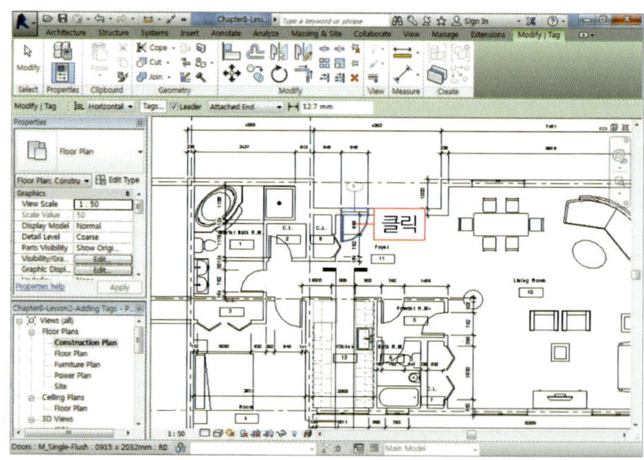

03. 다시 문 태그를 선택한 후 옵션 바에서 [Leader] 를 체크하지 않고 적절한 곳에 태그를 움직여 배치합니다.

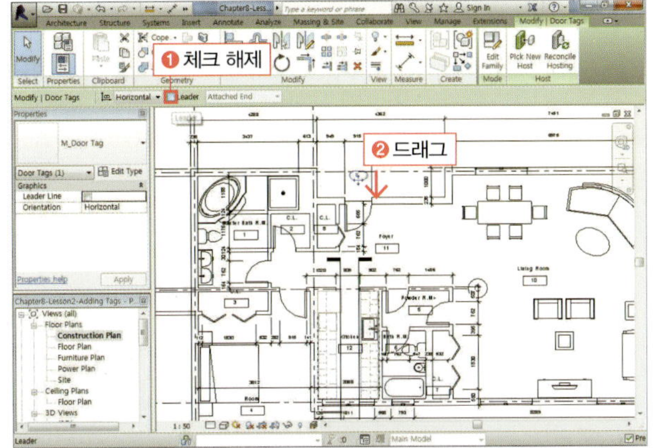

04. 숫자 8번은 문의 태그 Numbering과 관련이 있습니다. 그러므로 이를 변경하기 위해서는 문을 선택한 후 [Identity Data]의 'Mark'를 '1'로 변경합니다.

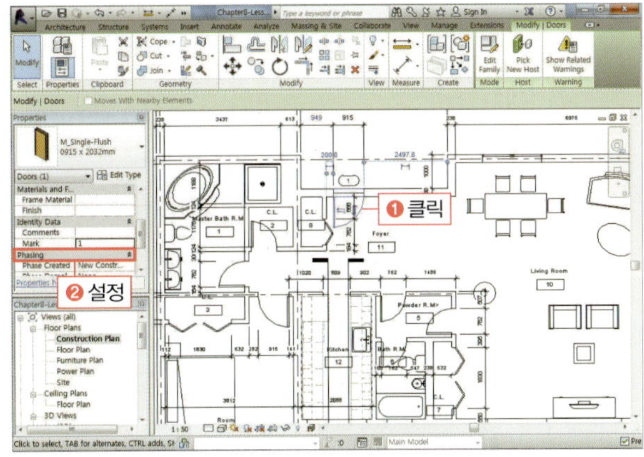

05. 다시 [Annotate] 탭–[Tag] 패널에서 [Tag All Not Tagged]( )를 클릭한 후 [Tag All Not Tagged] 대화상자에서 'Door Tag'를 선택하고 [OK] 버튼을 클릭합니다.

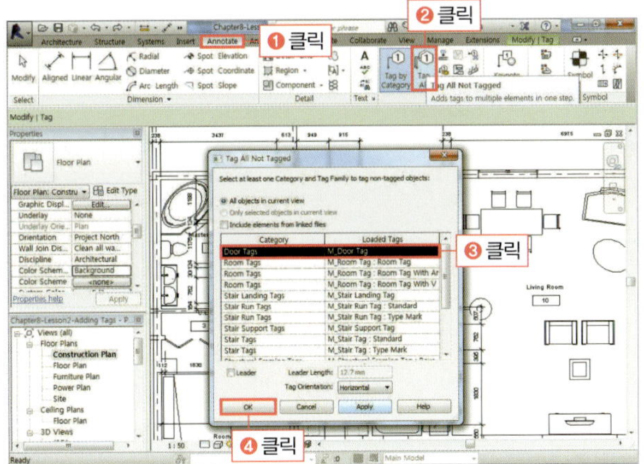

06. 그림과 같이 모든 문에 태그가 삽입된 것을 확인할 수 있습니다. 번호를 변경하려면 이전과 같은 방법으로 문을 선택한 후 [Mark]에서 번호를 수정합니다.

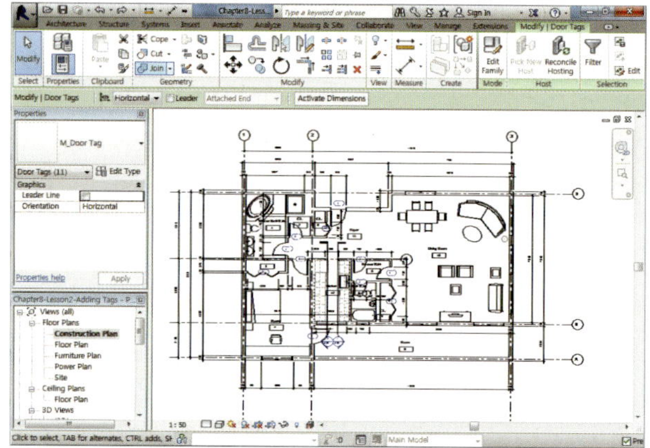

07. 이번에는 창문 태그를 삽입하기 위하여 [Annotate] 탭-[Tag] 패널에서 [Tag by Category]( )를 클릭합니다.

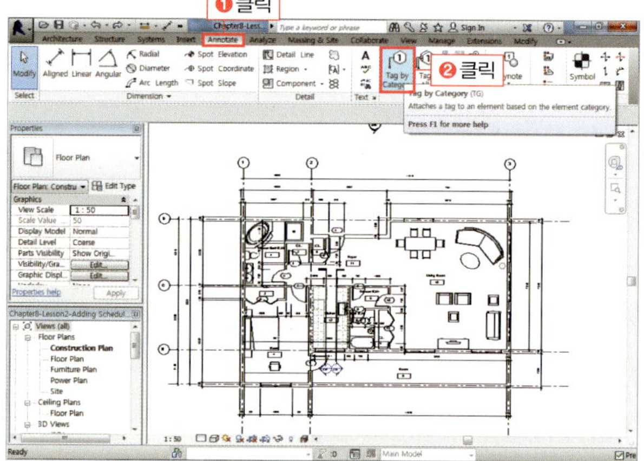

08. 옵션 바에서 [Leader]를 체크하지 않은 상태로 창문에 마우스 포인터를 위치시켜서 태그가 확인되면 클릭하여 배치합니다.

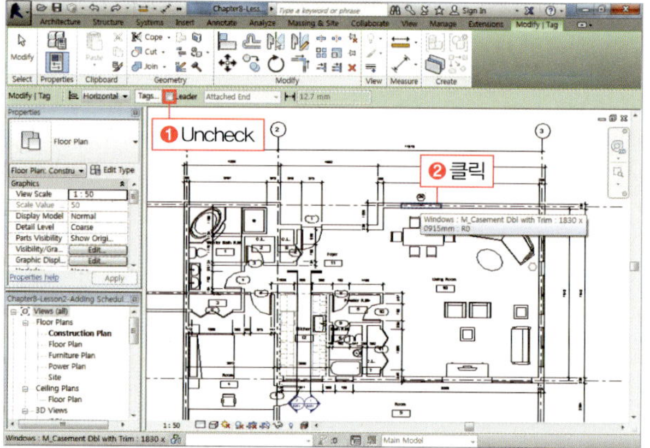

09. 태그의 숫자를 변경하기 위해서는 [Properties] 창에서 [Edit Type] 버튼을 클릭합니다.

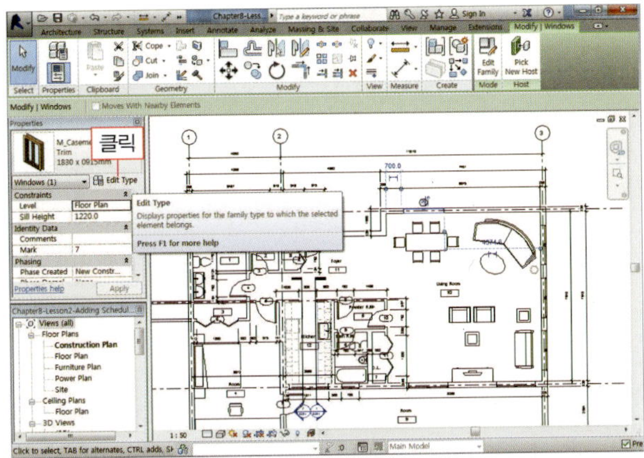

10. [Type Properties] 대화상자가 나타나면 [Identity Data]의 [Type Mark]에서 창문의 Numbering을 수정하면 됩니다.

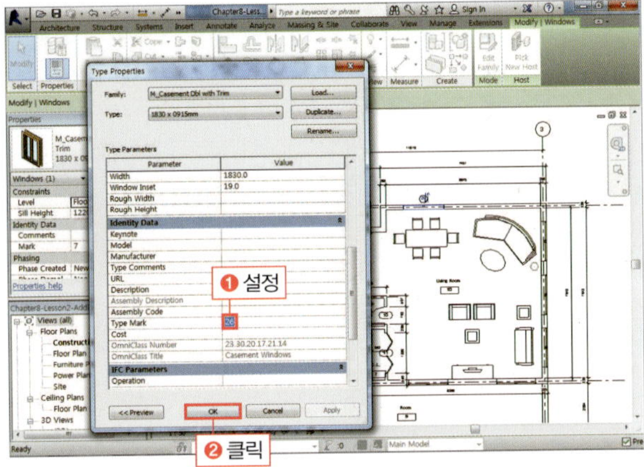

11. [Annotate] 탭–[Tag] 패널의 [Tag All Not Tagged]( )를 클릭한 후 'Window Tags'를 선택하고 [OK] 버튼을 클릭합니다.

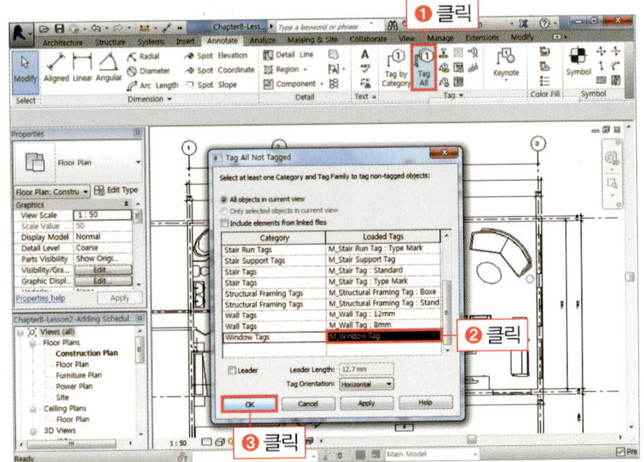

12. 그림과 같이 도면에 있는 모든 창문에 태그가 삽입된 것을 확인할 수 있습니다.

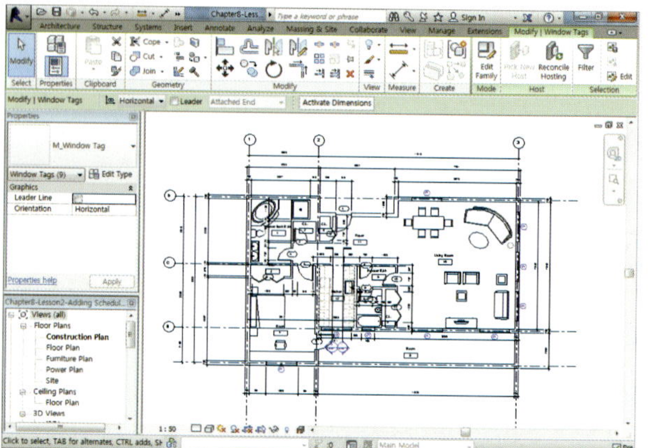

13. 마지막으로 벽 태그를 불러오기 위하여 [Anno-tate] 탭에서 [Tag by Category]( )를 클릭합니다.

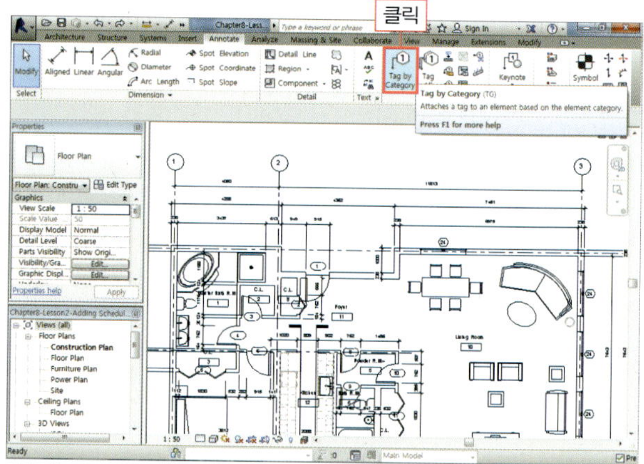

14. 옵션 바에서 [Leader]를 체크한 후 'Free End'로 설정합니다.

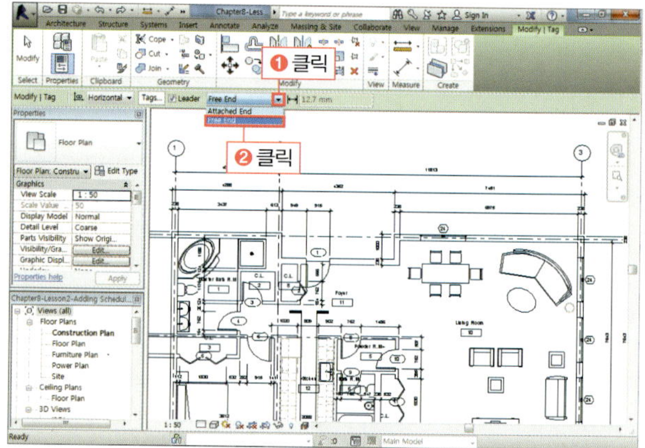

15. 마우스 포인터를 벽에 위치시키고 태그가 나타나면 클릭하여 배치합니다.

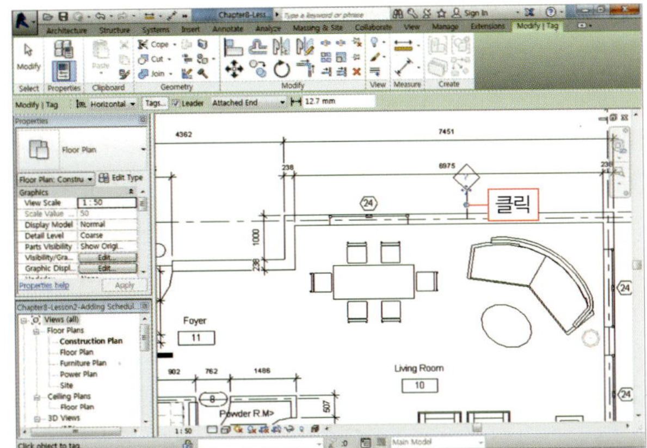

TIP 벽 태그를 배치하기 위해서는 세 번의 클릭이 필요합니다.
- 첫 번째 클릭 : 태그 리더 시작 지점
- 두 번째 클릭 : 태그 리더 끝 지점
- 세 번째 클릭 : 태그 헤드 위치 지점

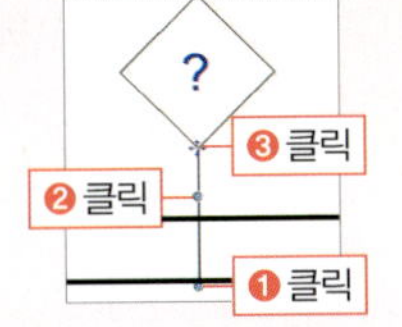

16. '?' 표시가 되어 있는 벽 태그를 클릭하여 수정 모드에서 '1'을 입력하고 Enter 를 누릅니다. 알림 창이 나타나면 [OK] 버튼을 클릭한 후 [Modify]( )를 클릭합니다.

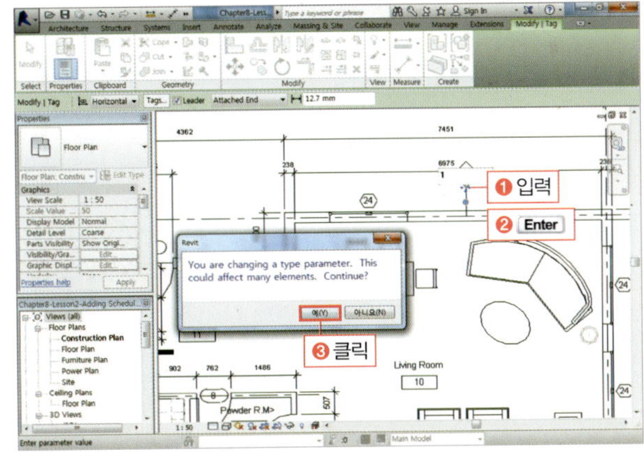

17. [Properties] 창에서 'M_Wall Tag 8mm'를 선택합니다.

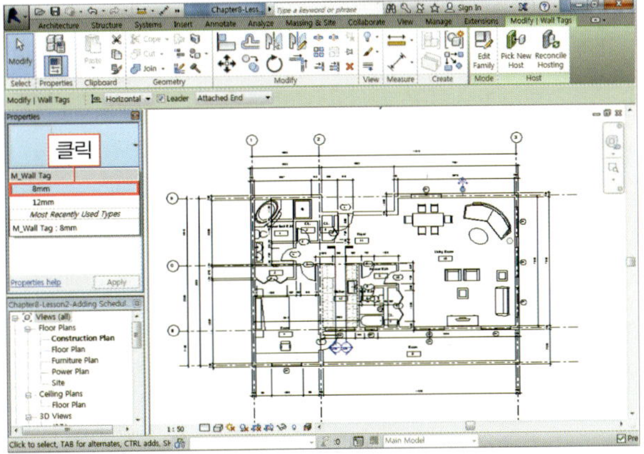

18. 다시 [Tag All Not Tagged](🔍)를 클릭한 후 [Tag All Not Tagged] 대화상자에서 'M_Wall Tag_8mm'를 선택합니다. 그리고 [Leader]를 체크해 준 다음 [OK] 버튼을 클릭합니다.

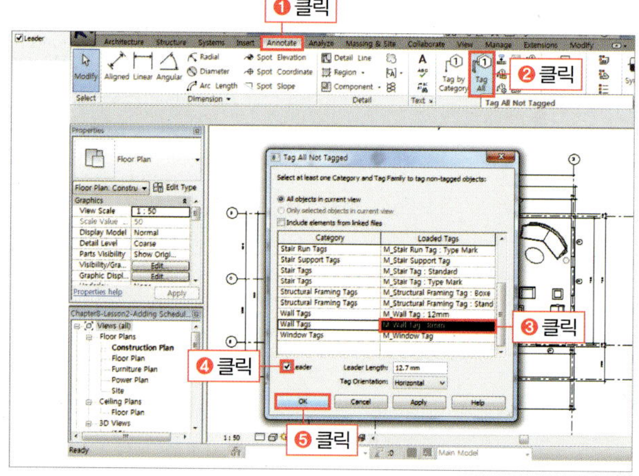

19. 드래그하여 도면을 모두 선택하고 [Filter](🔻)를 클릭합니다. [Filter] 대화상자가 나타나면 그림과 같이 [Wall Tag]만 체크한 후 [OK] 버튼을 클릭합니다.

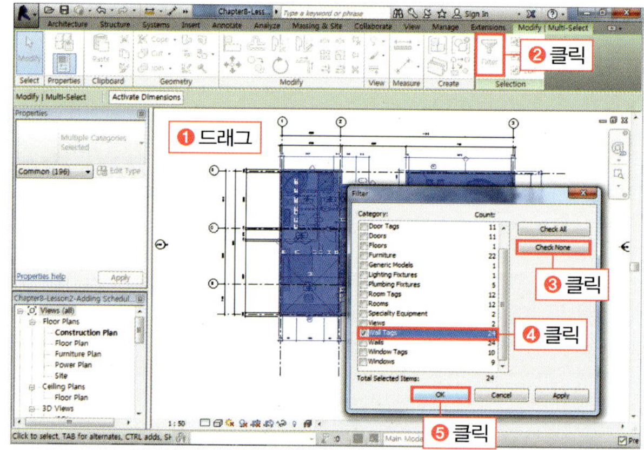

20. 옵션 바에서 [Leader]를 체크한 후 [Properties] 창에서 [Edit Type] 버튼을 클릭합니다.

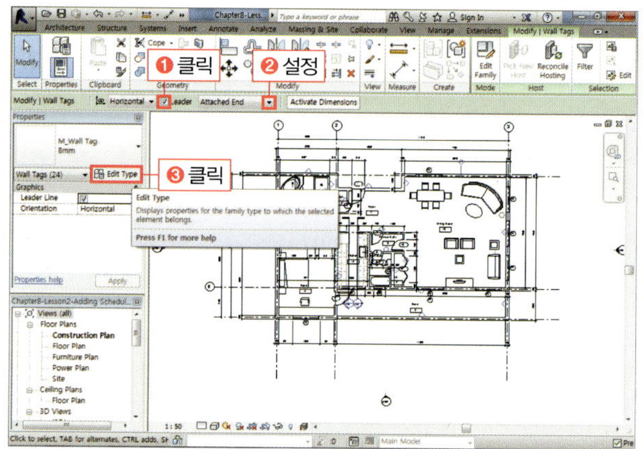

21. [Leader Arrowhead]를 'None'에서 'Heavy End 3mm'로 변경한 후 [OK] 버튼을 클릭합니다.

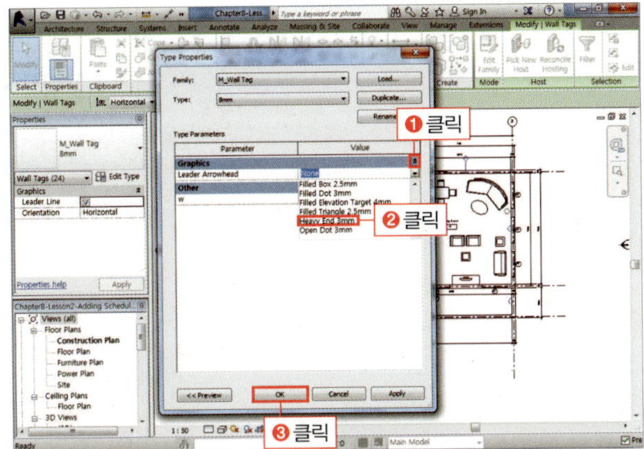

22. 벽 태그에 ? 마크가 나타나면 Type.1 다음의 태그에 번호 2를 입력한 후 적절한 위치로 이동시켜서 작업을 마무리합니다.

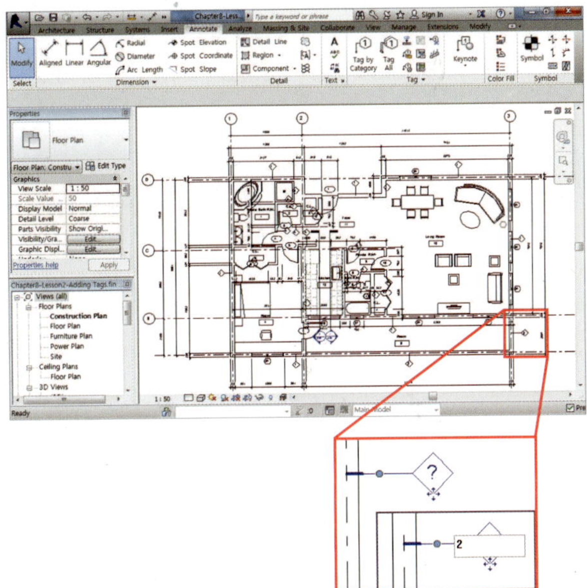

스케줄을 불러와 도면에 배치하는 방법을 알아봅니다.

예제 파일 : Part 02/Chapter 08/Sample05.rvt | 완성 파일 : Part 02/Chapter 08/Sample05-완성.rvt

01. 예제 파일을 불러온 후 [Project Browser] 창에서 [Furniture Plan]을 선택하여 현재 드로잉 화면으로 설정합니다. 그리고 [View] 탭-[Create] 패널에서 [Schedules](📖)를 클릭합니다.

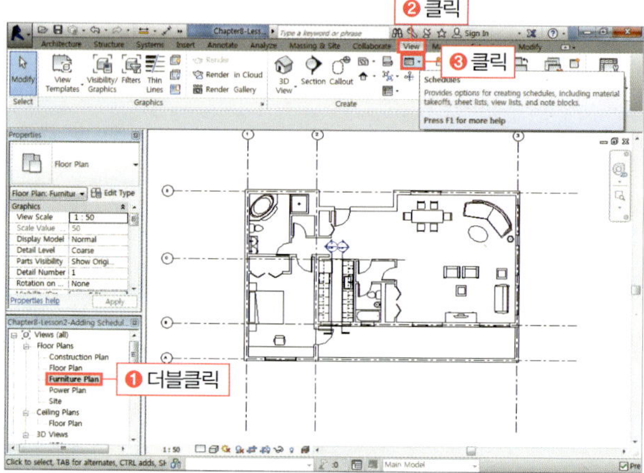

02. [New Schedule] 대화상자가 나타나면 [Category]에서 [Door]를 선택한 다음 [OK] 버튼을 클릭합니다.

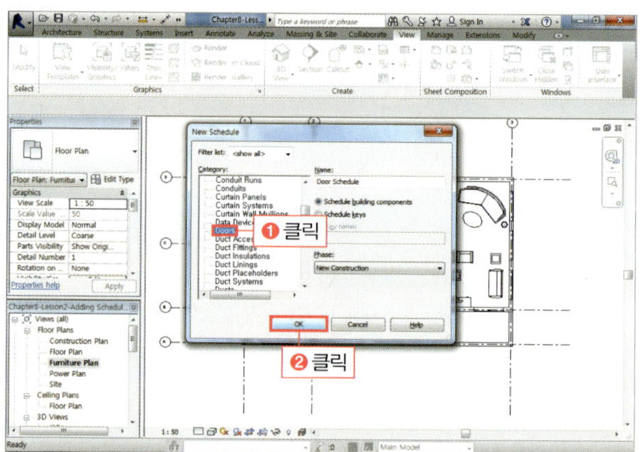

03. [Schedule Properties] 대화상자의 [Fields]에서 [Type Mark], [Family], [Type], [Count], [Comments] 순서대로 선택하고 [Add] 버튼을 클릭하여 [Scheduled fields]에 추가한 다음 [확인] 버튼을 클릭합니다.

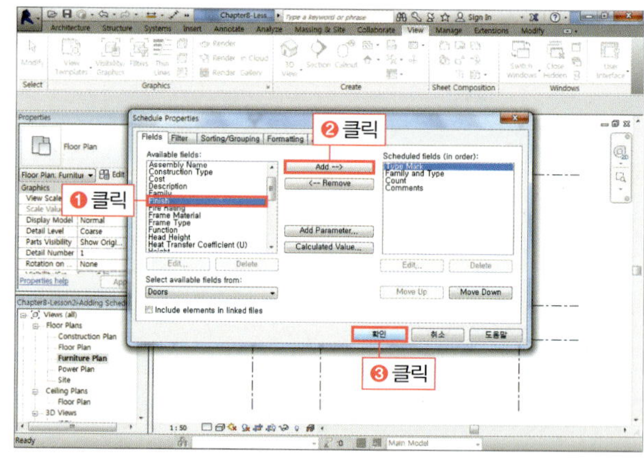

TIP [Family]와 [Type]을 따로 선택해도 상관없습니다.

04. 그림과 같이 Door Schedule에 관하여 스케줄이 나타납니다.

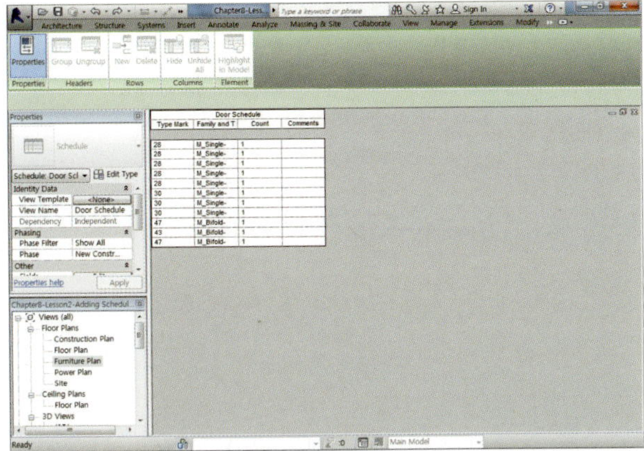

05. [Family and Type]이 좁아서 이름이 다 나오지 않을 때에는 표 줄을 드래그하여 영역을 확대합니다.

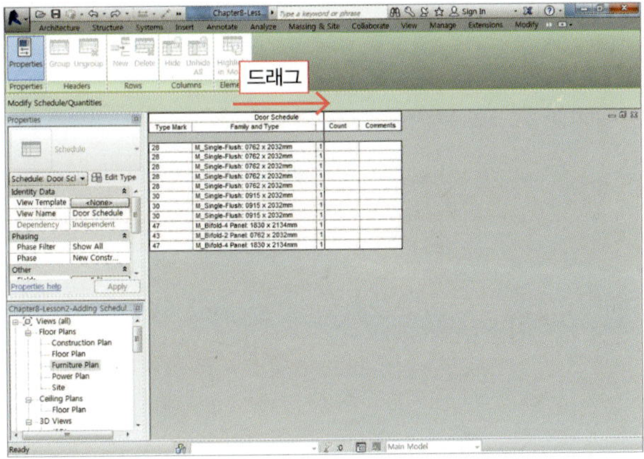

06. 새로운 스케줄을 만들려면 [Project Browser] 창의 [Schedules/Quantities]에서 마우스 오른쪽 버튼을 클릭한 후 [New Schedule/Quantities]를 선택합니다.

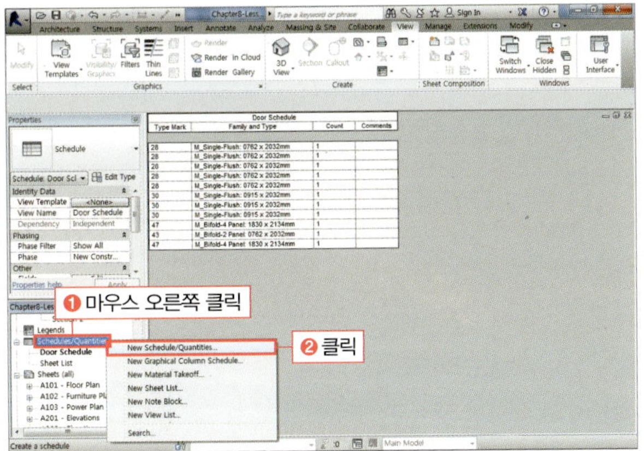

07. [New Schedule] 대화상자의 [Category]에서 [Window]를 선택하고 [OK] 버튼을 클릭합니다.

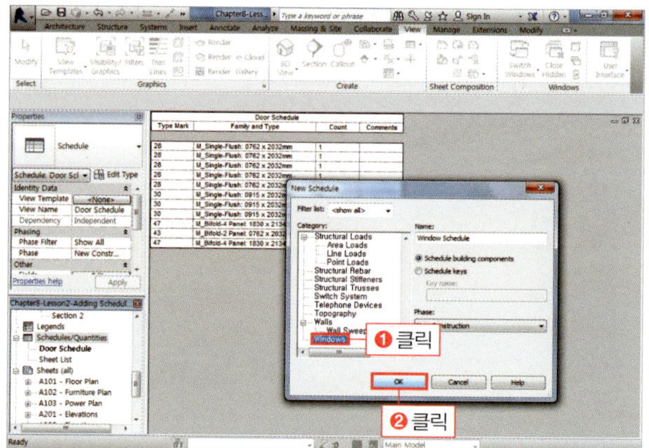

08. [Schedule Properties] 대화상자에서 [Type Mark], [Family], [Type], [Count], [Comments] 순서 대로 선택하고 [Add] 버튼을 클릭하여 [Scheduled fields]에 추가한 후 [확인] 버튼을 클릭합니다.

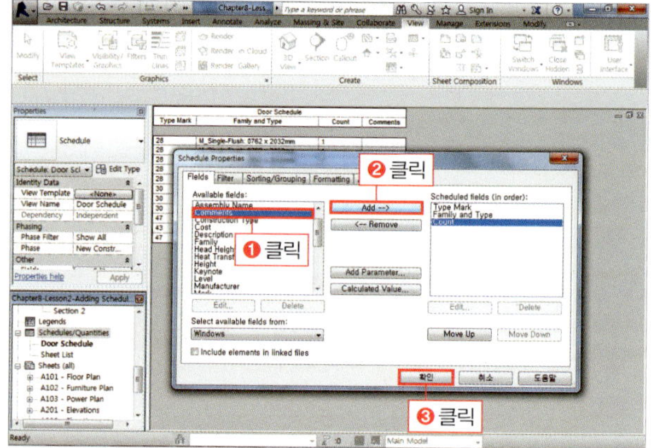

09. 그림과 같이 창문의 스케줄이 생긴 것을 확인할 수 있습니다.

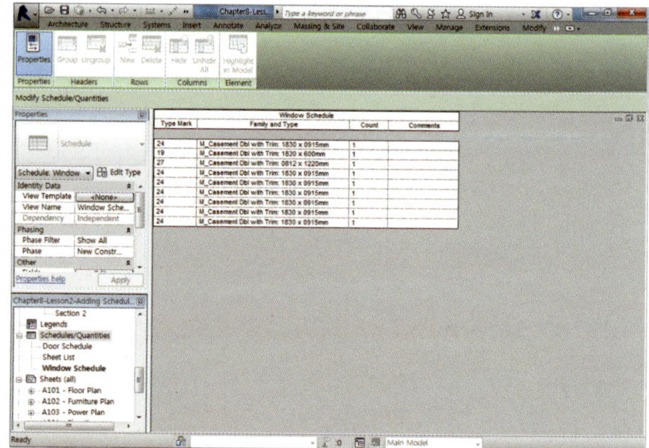

LESSON 03 배치 공간 출력하기

AutoCAD와 Revit의 출력 방법은 많은 부분에서 비슷합니다. 하지만, Revit에서는 자동으로 선의 굵기를 지정해 주기 때문에 AutoCAD의 CTB 파일이 필요가 없다는 점과 여러 Sheet를 한꺼번에 출력할 수 있다는 장점이 있습니다.

● **학습 목표**

배치 공간인 Sheet에서 출력하는 방법을 학습하도록 합니다.

● **학습에 필요한 단축 명령어**

Ctrl + P : Print

출력하기

따라하기를 통해 출력하는 방법을 알아봅니다.

예제 파일 : Part 02/Chapter 08/Sample06.rvt

01. 예제 파일을 불러온 후 [Project Browser] 창의 [Sheet]에서 [A-100 Construction Plan]을 선택하여 현재 드로잉 화면으로 설정합니다.

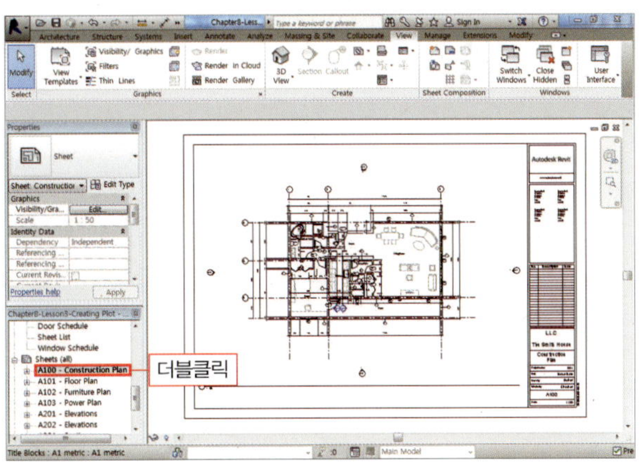

02. [Application] 메뉴에서 [Print]-[Print]를 클릭합니다.

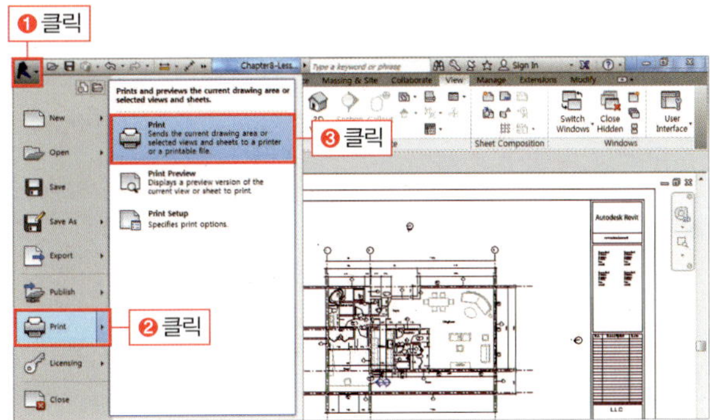

03. [Print] 대화상자가 나타나면 [Printer]를 설정하고 [Print Range]에서 [Selected views/sheets]를 체크합니다. 그리고 [Select] 버튼을 클릭하면 [View/Sheet Set] 대화상자가 나타납니다.

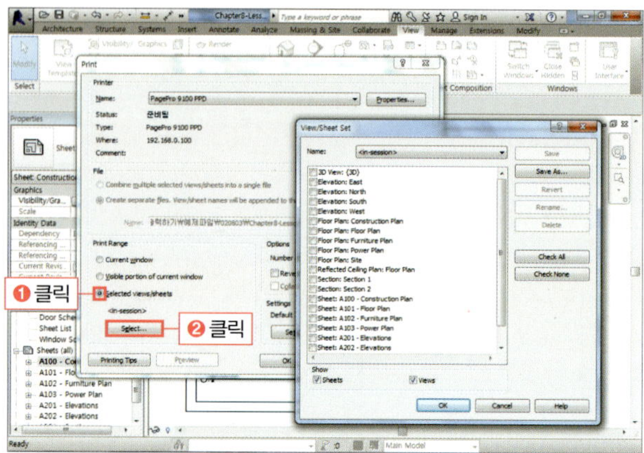

04. 출력하려는 Sheet를 선택한 후 [Save As] 버튼을 클릭합니다.

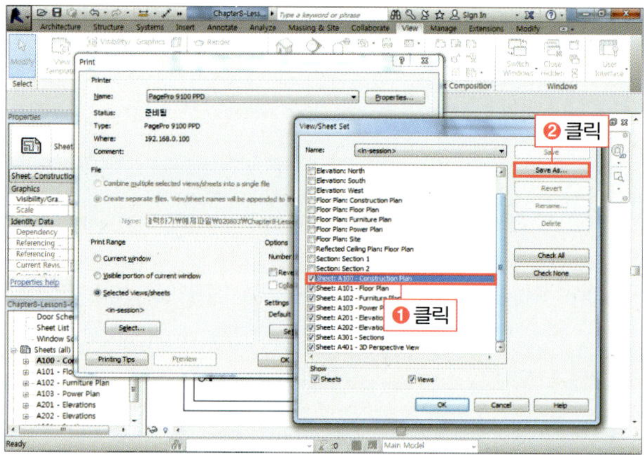

05. [New] 대화상자가 나타나면 [Set]의 이름을 설정하고 [OK] 버튼을 클릭합니다.

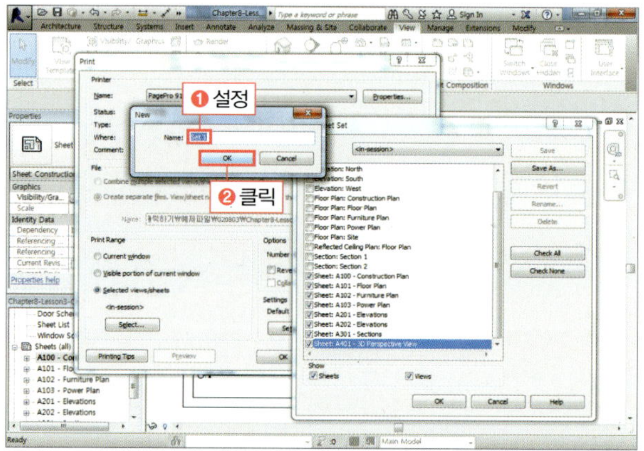

06. [Set]을 지정해 주면 [Name]에서 바로 'Set 1'에 관한 선택을 할 수 있습니다.

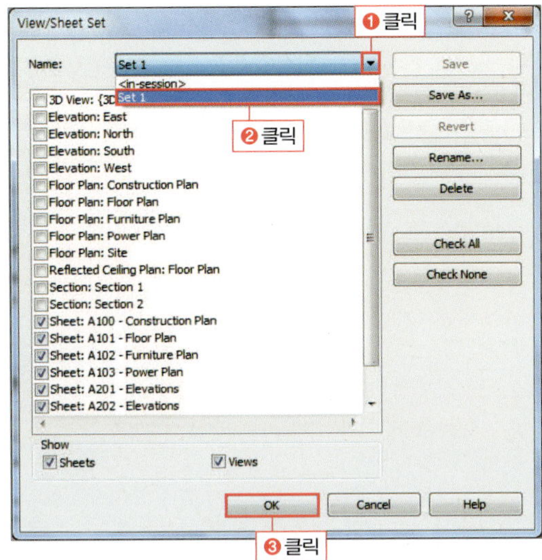

07. [Settings]에서 [Setup] 버튼을 클릭합니다.

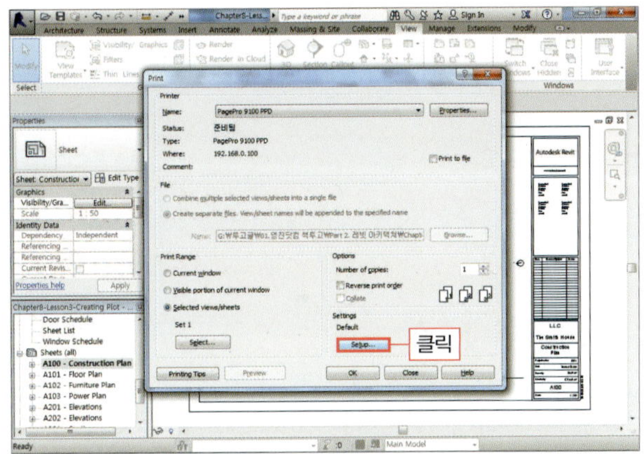

08. 출력하려는 용지의 [Paper Size]를 선택합니다.

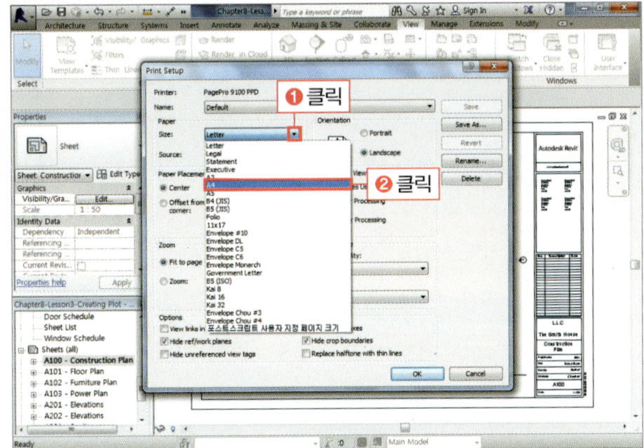

09. 출력하려는 방향을 [Orientation]에서 선택하고
출력 색상을 'Black Lines'로 변경합니다.

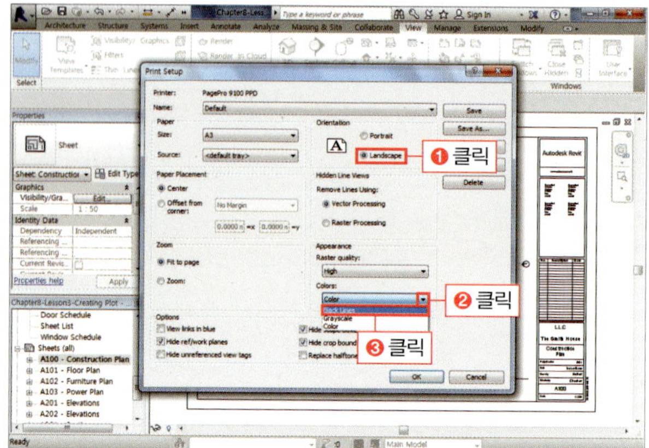

10. [Paper Placement]는 [Offset from corner]로
체크하고 옵션을 'No Margin'으로 설정합니다. 그리
고 도면에서 지정해준 크기로 출력을 하고 싶다면
[Zoom]에서 'Zoom:100%'로 설정합니다.

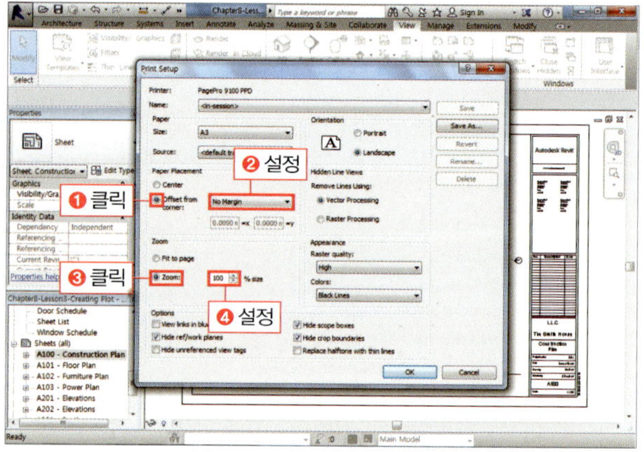

11. [Options]에서 [Hide unreferenced view tags]를
체크하면 Sheet에 배치되어 있는 View Tags에 관해
서는 프린트가 되지 않습니다. 유용한 옵션이니 체크
한 후 [OK] 버튼을 클릭합니다.

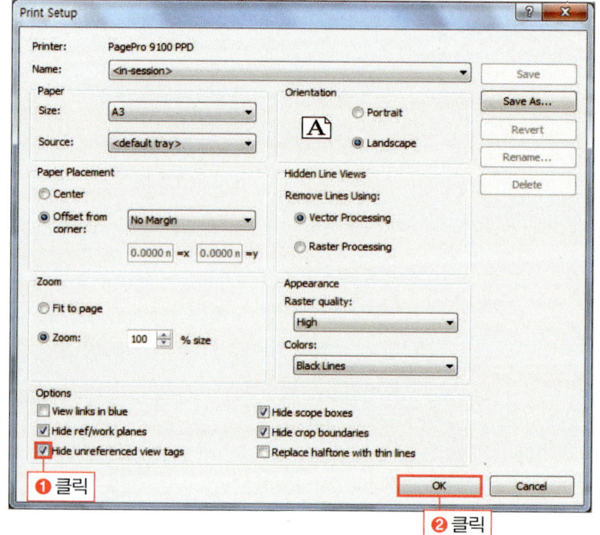

12. [Save Settings]에 관하여 알림 창이 나타나면, 지금 설정한 세팅을 저장하여 이후 프린트할 시 사용하겠냐는 질문에 [예] 버튼을 클릭하고 이름을 지정합니다.

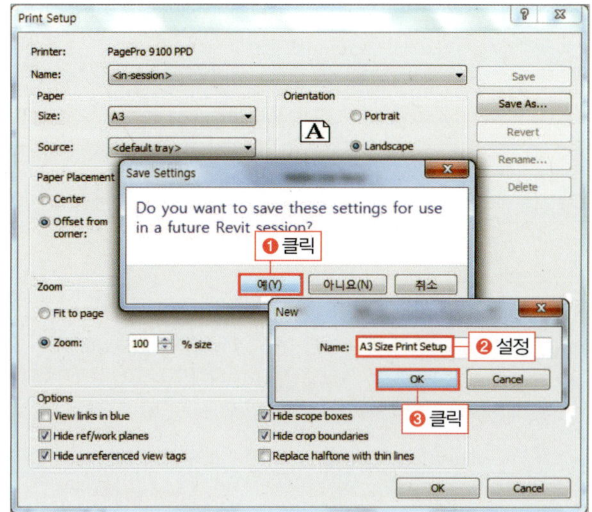

13. 설정이 모두 끝이 나면 [OK] 버튼을 클릭하여 프린트를 진행합니다.

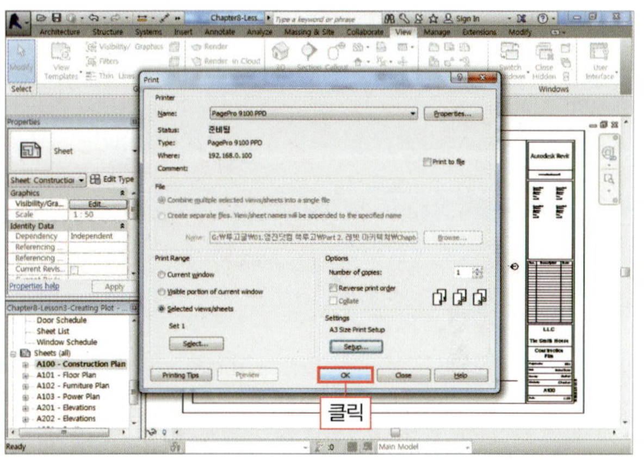

REVIT 2014

프레젠테이션 준비하기

프레젠테이션에 필요한 시각적인 효과를 위하여 공간 영역에 색상을 입히기와 렌더링 적용하기를 배워보겠습니다.

01. 공간의 영역에 색상을 입히기

02. 실외 렌더링하기

03. 실내 렌더링하기

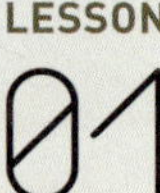

LESSON 01 공간에 색상 입히기

Revit에서 영역을 사용하는 데 있어서, 장점은 방안에 색상을 적용할 수 있다는 것입니다. [Color Fill Legend]을 사용하여 간단하면서도 명료한 공간 구획 방법을 학습해 봅니다.

● **학습 목표**

영역별 색상을 주어 공간 구획을 파악하도록 합니다.

공간 레젠드를 만들어 영역에 색상 입히기

각 방의 영역에 대하여 색상을 적용하는 방법을 알아봅니다.

예제 파일 : Part 02/Chapter 09/Sample01.rvt

01. 예제 파일을 불러온 후 [Project Browser] 창에서 [Floor Plan]을 마우스 오른쪽 버튼으로 클릭하고 [Duplicated View]–[Duplicate with Detailing]을 선택합니다.

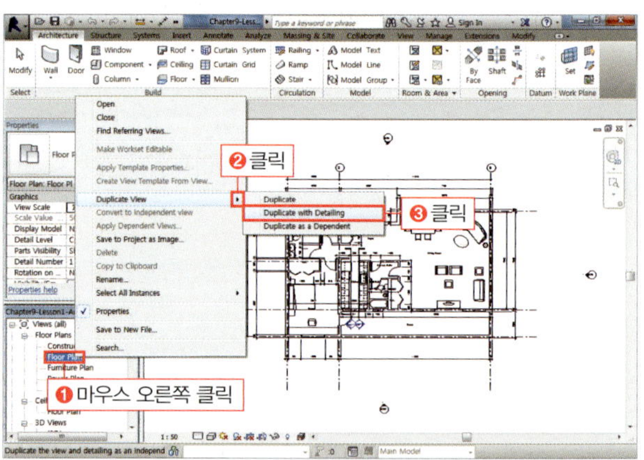

02. 복사본을 선택하고 F2를 누른 다음에 [Rename View] 대화상자가 나타나면 'Floor Color Plan'으로 입력합니다.

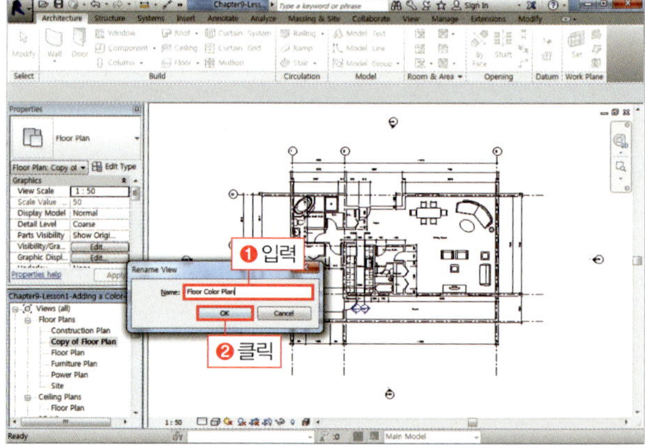

03. [Annotate] 탭의 [Color Fill] 패널에서 [Color Fill Legend](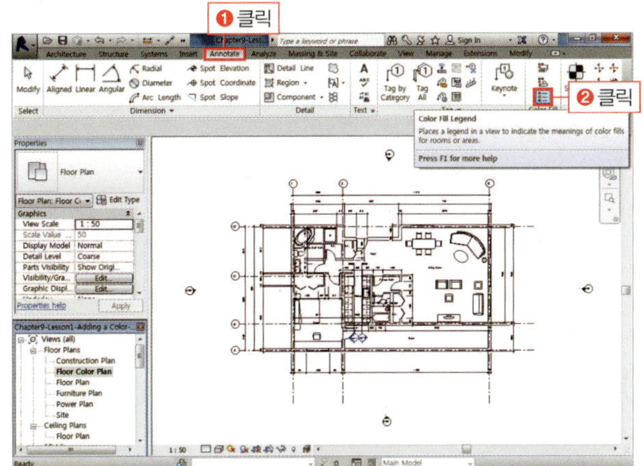)를 클릭합니다.

TIP [Analyze] 탭–[Color Fill] 패널에서 [Color Fill Legend]를 클릭해도 됩니다.

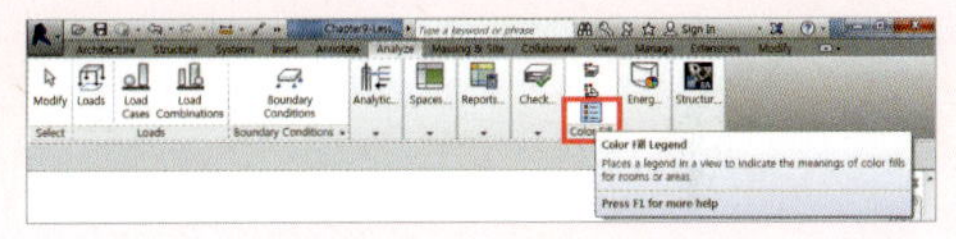

04. 레젠드를 배치할 위치를 클릭하여 지정한 다음 그림과 같이 [Space Type]과 [Color Scheme]을 설정하고 [OK] 버튼을 클릭합니다.

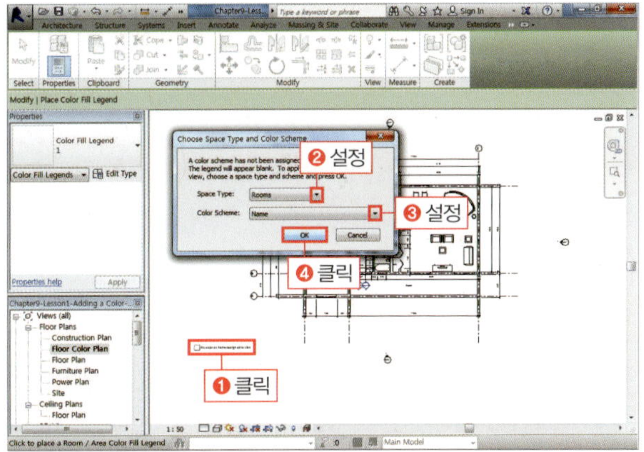

05. 그림과 같이 [Project Browser] 창에서 [Floor Color Plan]이 생성된 것을 확인할 수 있습니다.

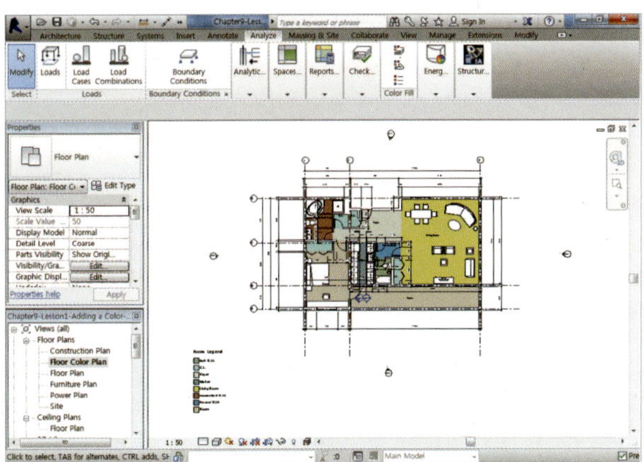

레전드를 수정하는 방법에 대해 알아봅니다.

예제 파일 : Part 02/Chapter 09/Sample02.rvt

01. 예제 파일을 불러온 후 [Floor Color Plan]에 있는 Color Scheme 레전드의 목록을 선택합니다.

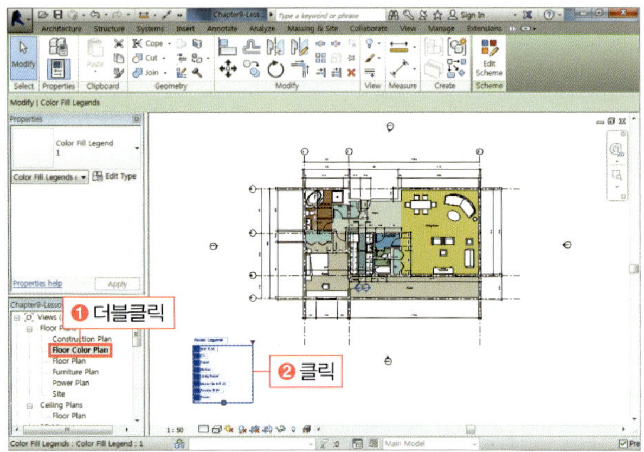

02. 수정 모드로 이동하면 [Scheme] 패널에서 [Edit Color Scheme]( )을 클릭합니다.

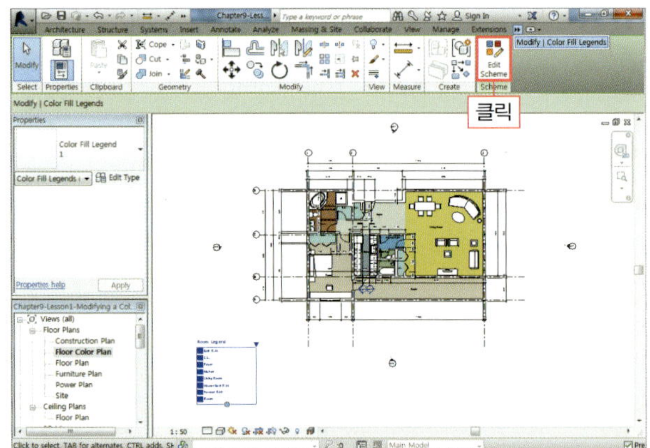

03. [Edit Color Scheme] 대화상자에서 [Color] 탭을 선택하면 색상을 수정할 수 있습니다.

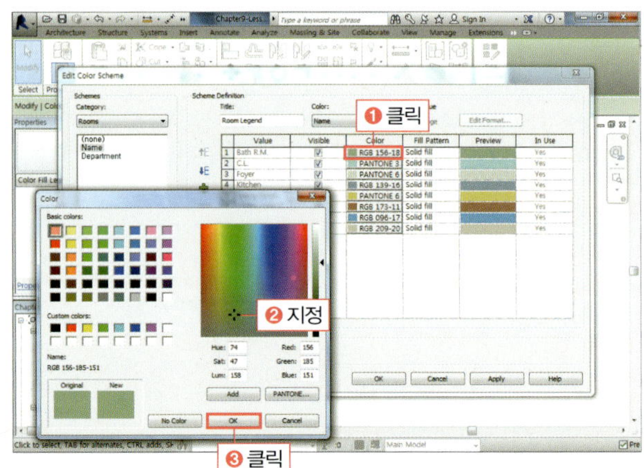

04. 필요에 따라 [Fill Pattern] 탭에서 패턴을 변경한
후 [OK] 버튼을 클릭하여 수정을 마칩니다.

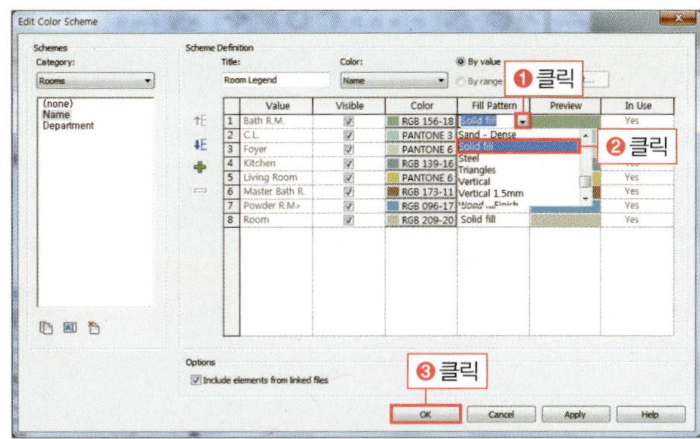

Room 영역 수정하기

Room 영역을 수정하는 방법을 알아봅니다.

예제 파일 : Part 02/Chapter 09/Sample03.rvt | **완성 파일** : Part 02/Chapter 09/Sample03-완성.rvt

01. 예제 파일을 불러온 후 [Project Browser] 창에서
[Floor Color Plan] 화면으로 이동합니다.

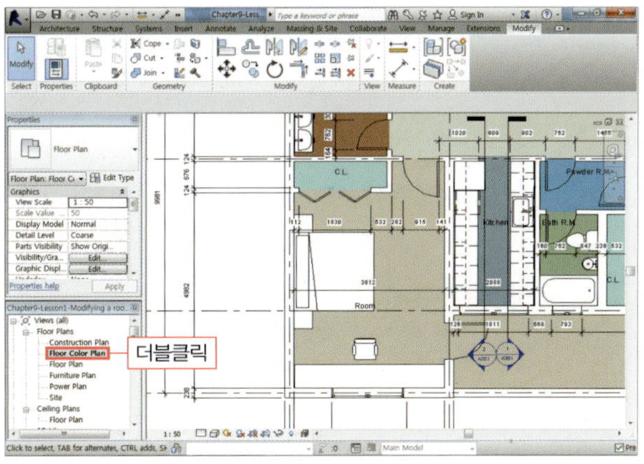

02. 옷장(Closet)의 벽을 그림과 같이 선택합니다.

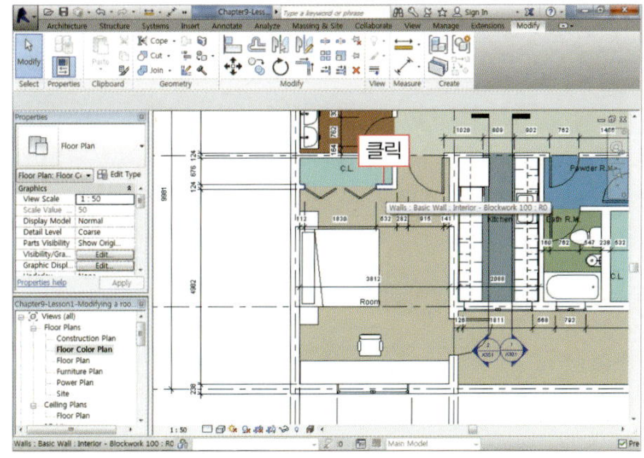

03. [Properties] 창의 [Constraints]에서 [Room Boundary]를 체크하지 않고 [Apply] 버튼을 클릭합니다.

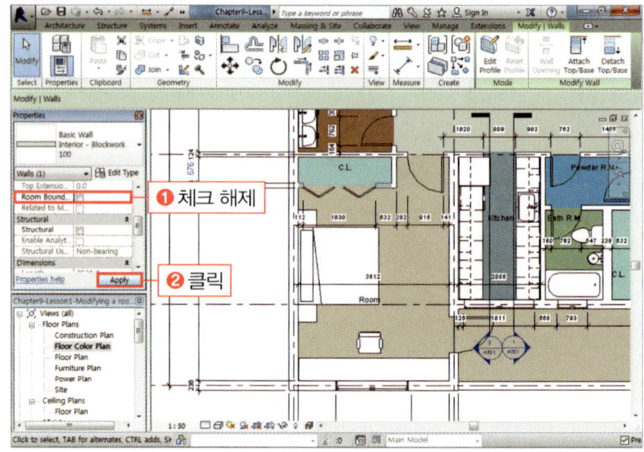

04. 그림과 같이 경고 창이 나타나면 [OK] 버튼을 클릭합니다.

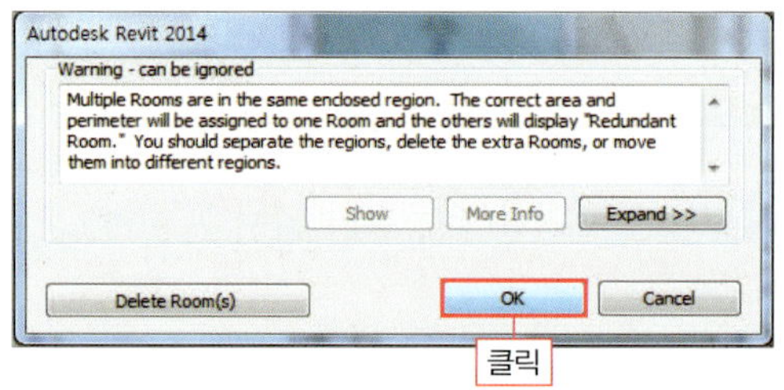

05. 이전에는 C.L. 영역이 따로 구획되었는데 이제는 안방 영역이 포함되었습니다.

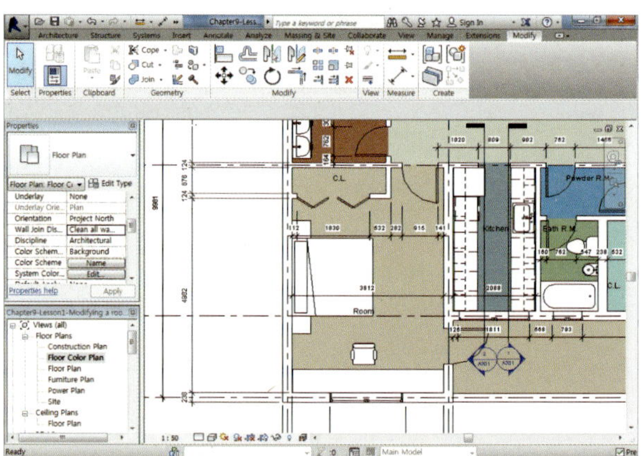

06. 앞선 따라하기와 같이 수정이 필요한 영역을 변경하고 작업을 마무리합니다.

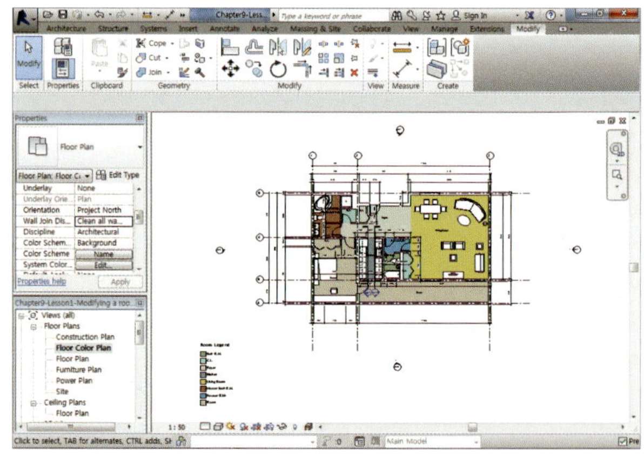

LESSON 02 렌더링 적용하기

렌더링을 통해 건물의 내/외부 디자인과 구성을 3D로 표현했다면 프레젠테이션을 준비하는데 있어서 더욱 효과적이게 됩니다. 이번 레슨을 통하여 내/외부 모델링에 렌더링을 적용하는 방법을 알아봅니다.

● 학습 목표

렌더링을 걸어 모델링을 구현을 하도록 합니다.

● 학습에 필요한 단축 명령어

VG : Visuality/Graphics

건물 외부 렌더링하기

건물 외부에 렌더링을 거는 방법을 알아봅니다.

예제 파일 : Part 02/Chapter 09/Sample04.rvt | 완성 파일 : Part 02/Chapter 09/Sample04-완성.rvt

01. 예제 파일을 불러온 후 [Project Browser] 창에서 [Site] 화면으로 이동합니다.

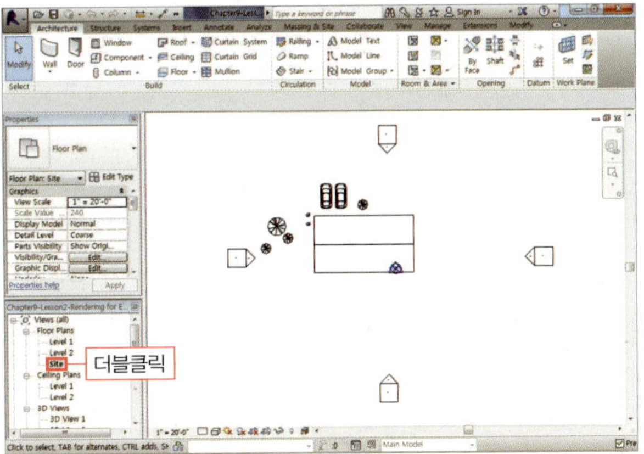

02. [View] 탭-[Graphic] 패널에서 [Visibility/Graphics](□)를 클릭합니다.

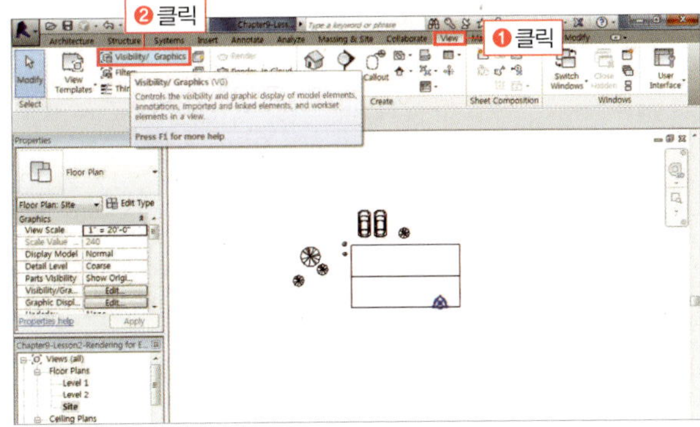

03. [Visibility/Graphics Overrides for Floor: Site] 대화상자가 나타나면 [Annotation Categories] 탭에서 [Callouts], [Elevations], [Grids], [Matchline], [Stairs], 그리고 [Sections]를 체크하지 않고 [확인] 버튼을 클릭합니다.

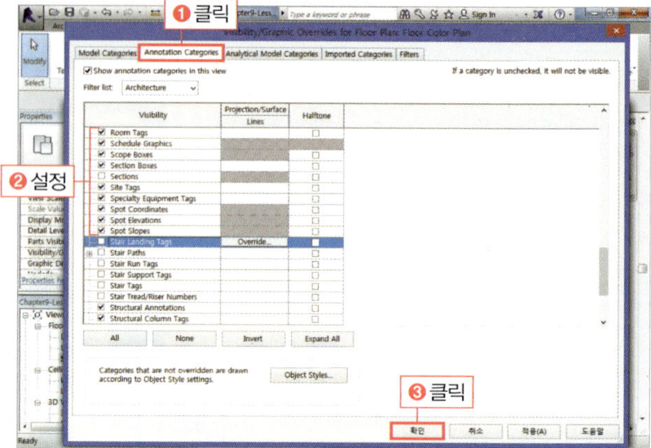

04. [Massing & Site] 탭에서 [Toposurface]( )를 클릭합니다.

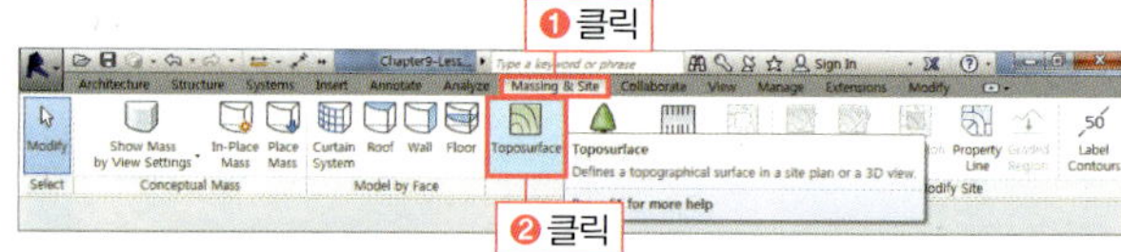

05. [Tools] 패널에서 [Place Point]( )를 지정합니다.

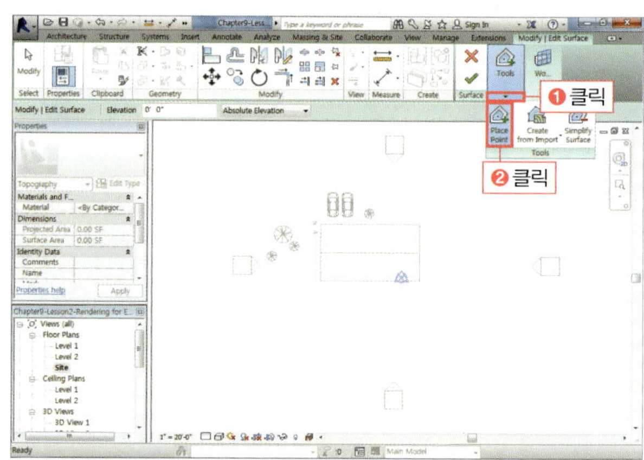

06. 그림과 같이 모든 건물이 다 포함되도록 그림과 같이 선택한 후 [Finish Surface]( )를 클릭합니다.

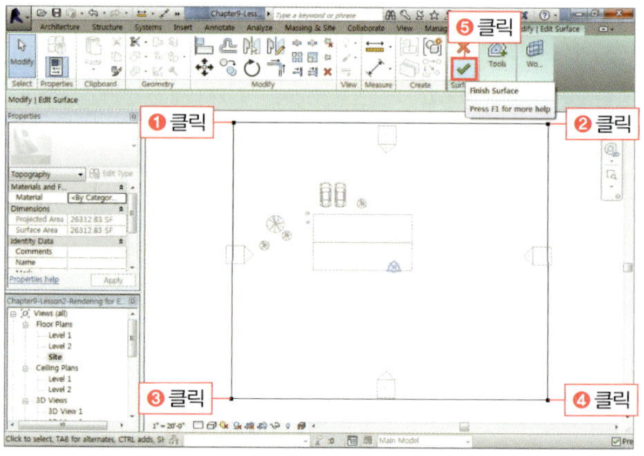

07. 만들어진 지면을 선택한 후 [Properties] 창에서 [⟨By Category⟩]의 [Material Browser] 버튼을 클릭 합니다.

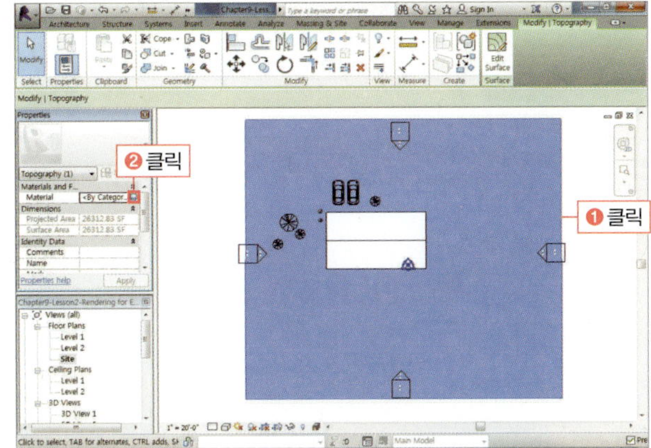

08. [Material Editor] 대화상자가 나타나면 [Done] 버 튼을 클릭합니다.

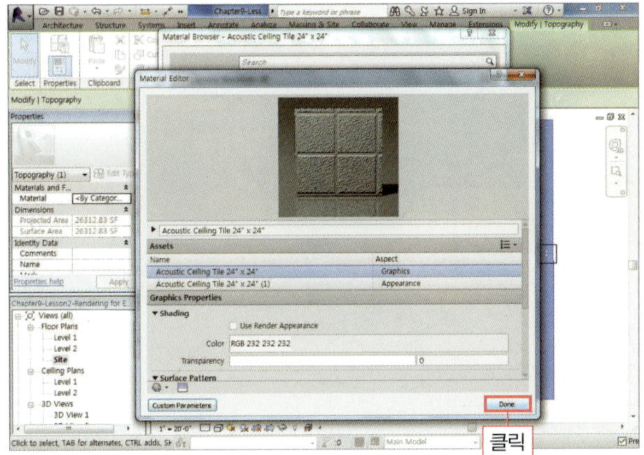

09. [Material Browser] 대화상자에서 창의 아래 부분 [AEC Materials]를 선택하고 오른쪽에서 [Grass]를 찾 아 [Add the material to document] 버튼을 클릭합니 다. 그러면 [Document Materials]에서 [Grass]가 추가 되는데 이를 선택한 후 [OK] 버튼을 클릭합니다.

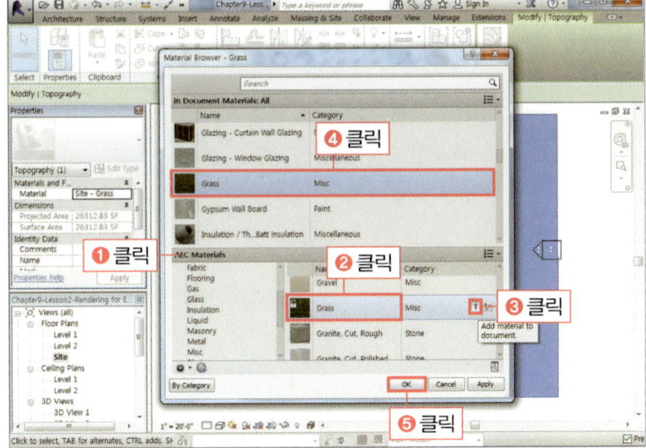

10. [Project Browser] 창에서 [Level 1] 화면으로 이
동하고, [View] 탭의 [Create] 패널에서 [3D View]–
[Camera]를 클릭합니다.

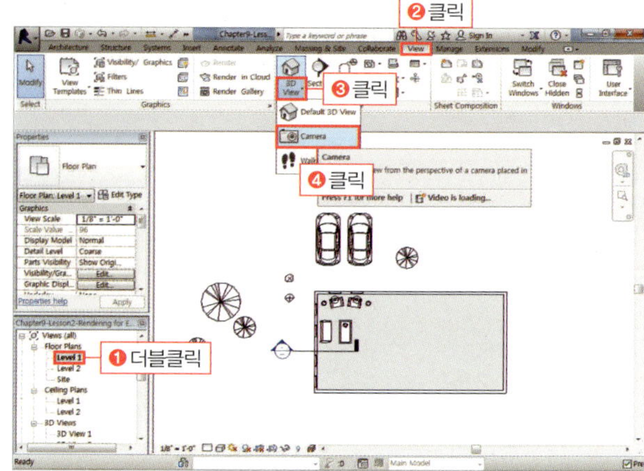

11. 카메라의 시작 부분와 영역을 그림과 같이 설정
합니다.

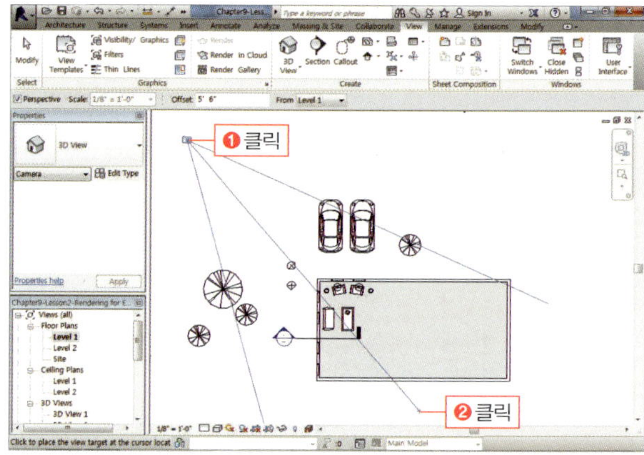

12. [Project Browser] 창에서 [3D View]의 [3D View
3]이란 이름으로 화면이 나타납니다.

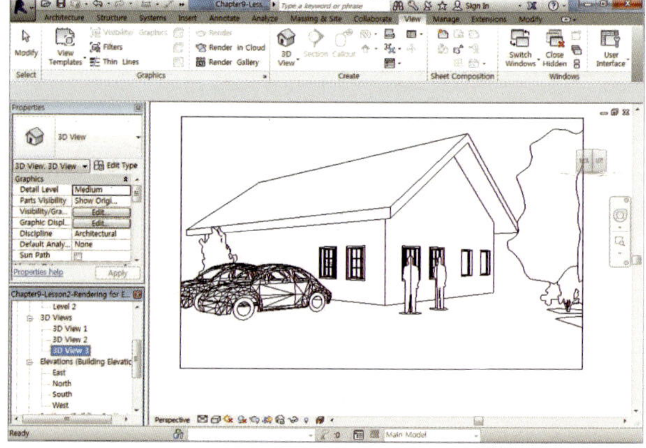

13. [3D View 3]을 선택하고 F2 를 눌러 이름을 'Rendering Exterior View'라고 수정합니다.

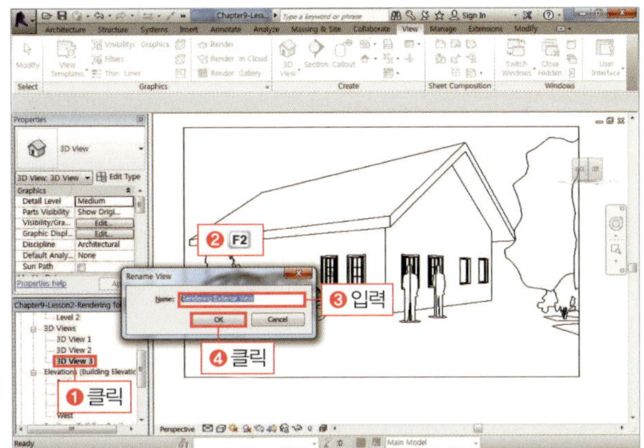

14. 뷰 컨트롤 바에서 [Detail Level]을 [Fine]으로 변경하고, [Visual Style]은 [Realistic]으로 설정합니다.

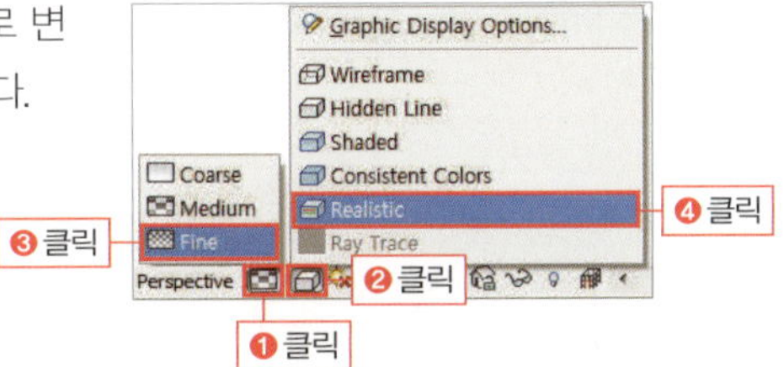

15. [Properties] 창의 [Graphics]에서 [Graphic Display Option]의 [Edit] 버튼을 클릭합니다. [Graphic Display Options] 대화상자가 나타나면 [Photographic Exposure]에서 [Enable]을 체크하고 [Background]에서 'Gradient'로 설정한 후 [OK] 버튼을 클릭합니다.

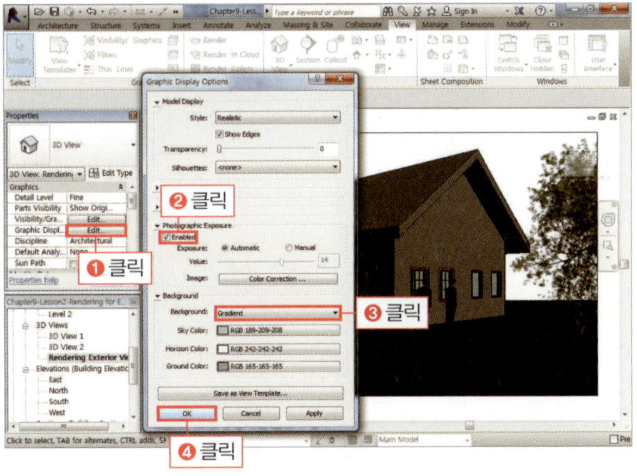

16. [Properties] 창의 [Camera]에서 [Rendering Setting]의 [Edit] 버튼을 클릭합니다. [Rendering Setting] 대화상자가 나타나면 [Lighting]의 [Sun Settings]에서 [Browser] 버튼을 클릭합니다. [Sun Settings] 대화상자에서 'Still'을 선택하고 [OK] 버튼을 클릭합니다.

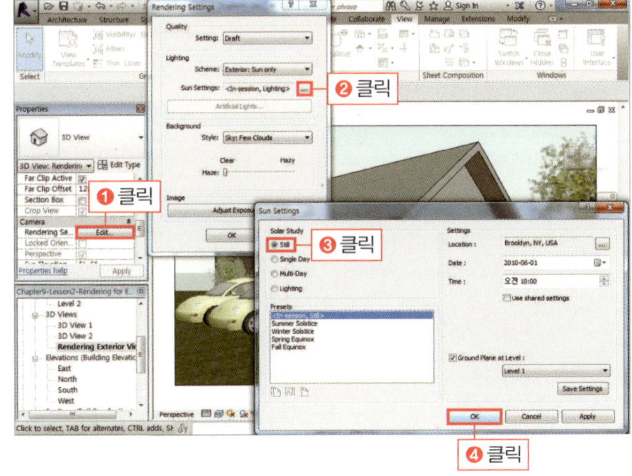

17. 3D View 화면으로 돌아오면 뷰 컨트롤 바에서 [Show Rendering Dialog]를 클릭합니다.

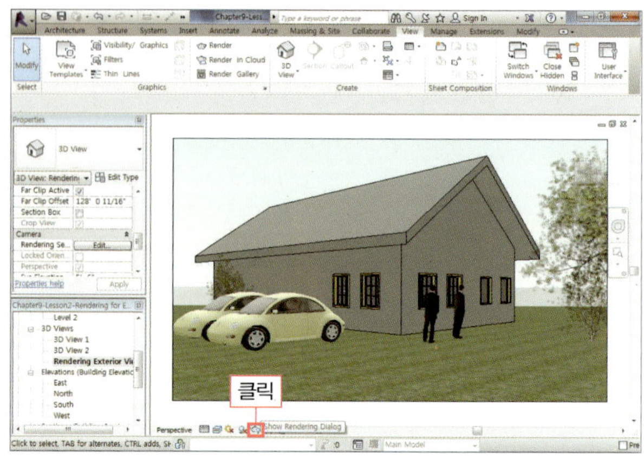

18. [Rendering] 대화상자를 그림과 같이 설정한 후 [Render] 버튼을 클릭합니다.

• High Quality

1) [Quality]의 [Setting]을 'High'로 설정합니다.

2) [Output Setting]의 [Resolution]을 'Printer'로, 그리고 '300DDPI'로 설정합니다.

3) [Lighting]의 [Scheme]을 'Exterior: Sun only'로 설정합니다.

4) [Background]의 [Styl]e을 'Sky: Few Clouds'로 설정합니다.

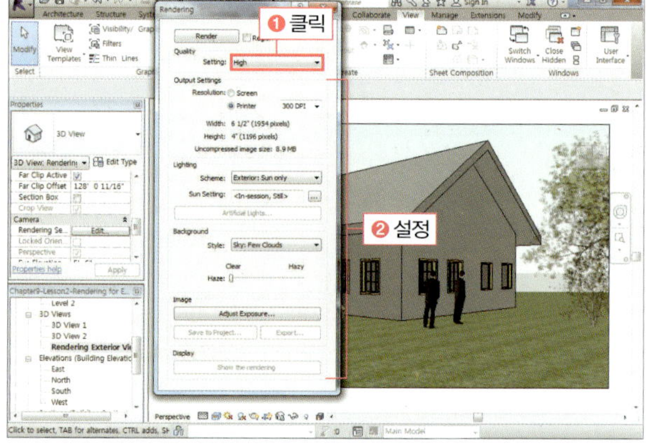

19. 위의 설정 값을 지정하면 2~3시간이 걸리므로 최종 렌더링 전에는 스크린으로 보는 'Draft'를 선택합니다.

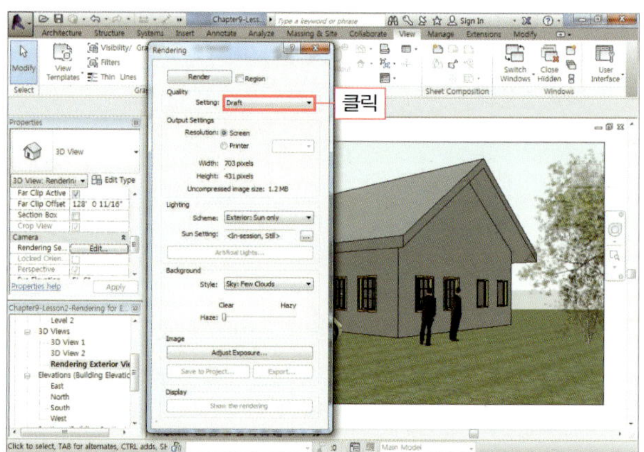

20. 렌더링이 진행되는 동안 기다립니다.

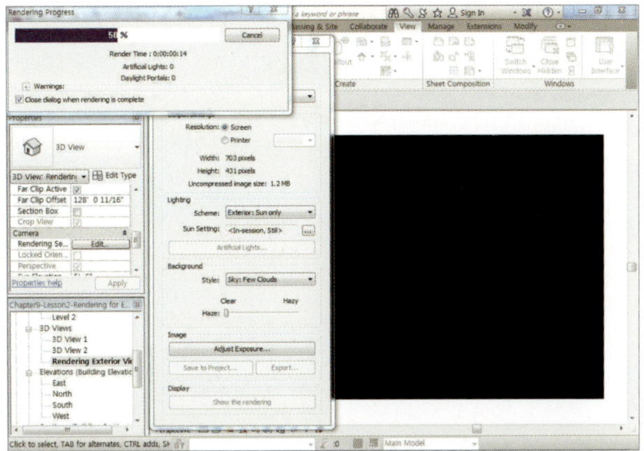

21. [Rendering] 대화상자에서 [Save To Project] 버튼을 클릭하여 그림과 같이 수정합니다.

22. [Export] 버튼을 클릭한 후 다시 찾아 불러올 수 있는 위치에 저장합니다.

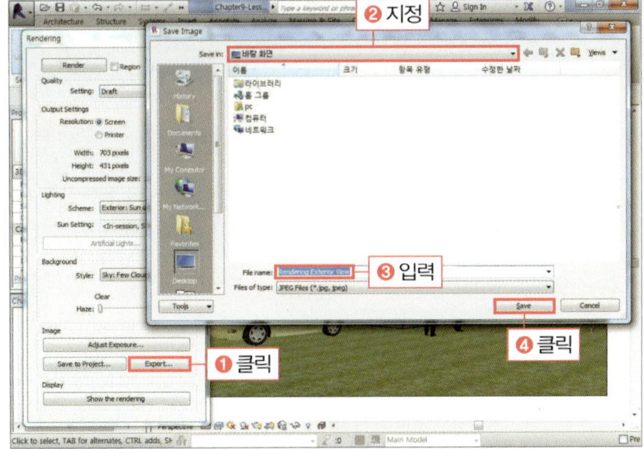

23. 렌더링을 저장한 다음 [Rendering] 대화상자에서
[Show the Model] 버튼을 클릭합니다.

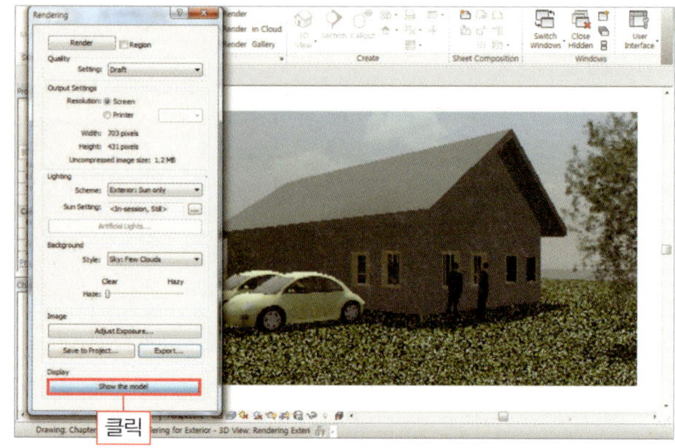

24. 렌더링한 장면이 없어지고 본래 Realistic 스타일
로 돌아옵니다.

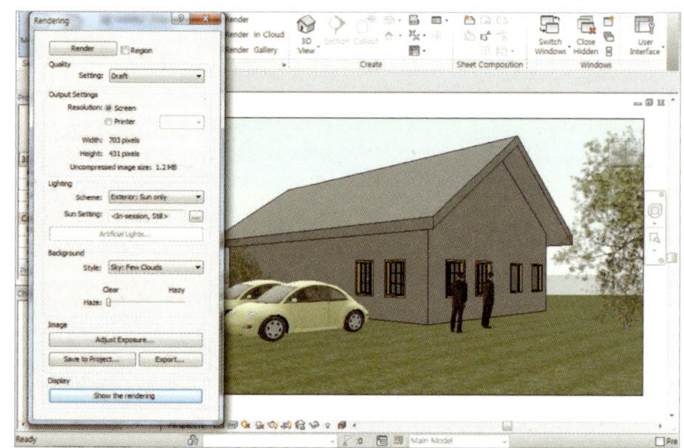

하늘 배경 넣기

렌더링 이미지에 외부 배경 이미지를 추가하는 방법을 알아봅니다.

예제 파일 : Part 02/Chapter 09/Sample05.rvt I **완성 파일** : Part 02/Chapter 09/Sample05-완성.rvt

01. 예제 파일을 불러온 후 [Rendering] 버튼을 클
릭합니다.

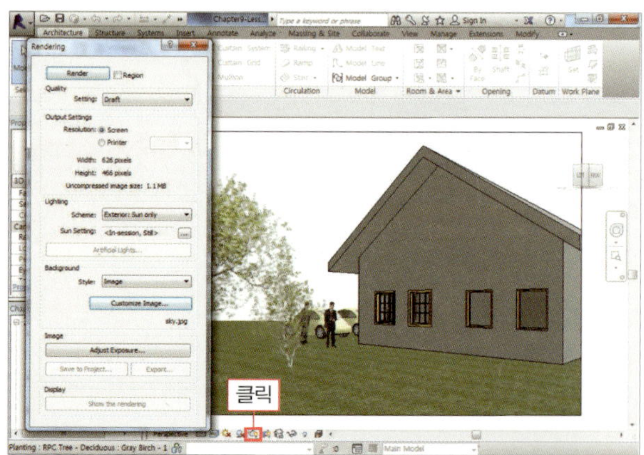

02. [Background]의 [Style]에서 'Image'를 선택합
니다.

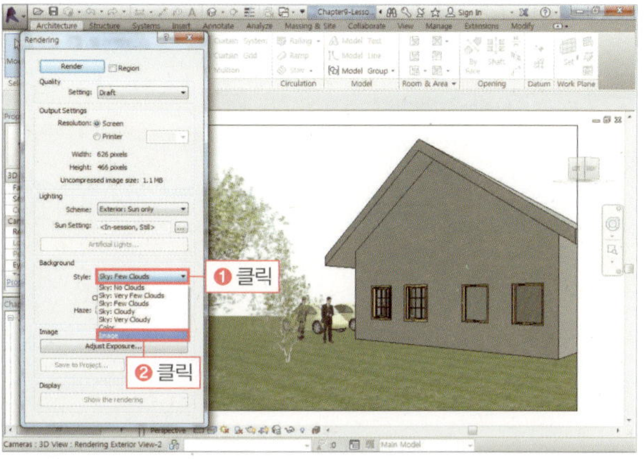

03. [Customize Image] 버튼을 클릭하여 [Back-
ground Image] 대화상자를 불러옵니다. 그리고 자신
이 저장한 배경 이미지를 불러옵니다.

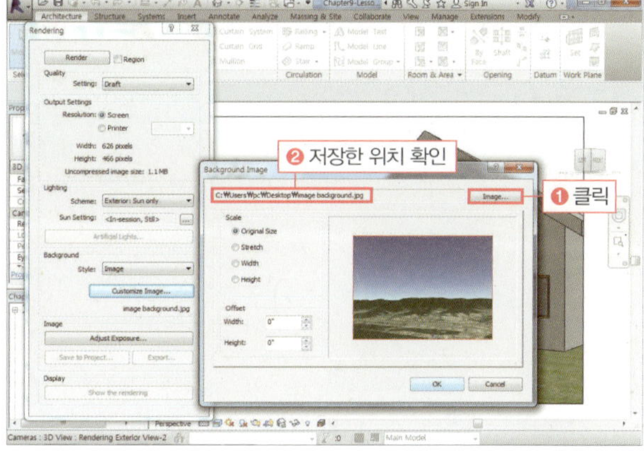

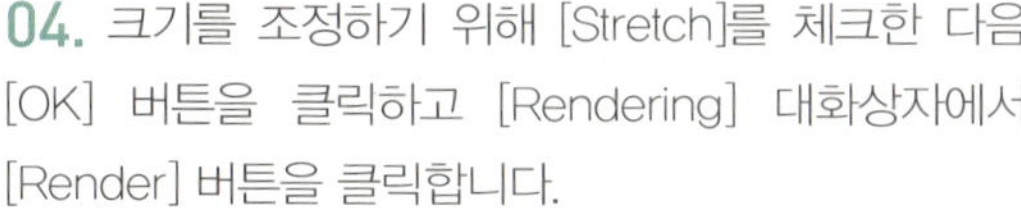
TIP 하늘 이미지에 관한 파일은 예제 폴더(Chapter 09)에 있습
니다.

04. 크기를 조정하기 위해 [Stretch]를 체크한 다음
[OK] 버튼을 클릭하고 [Rendering] 대화상자에서
[Render] 버튼을 클릭합니다.

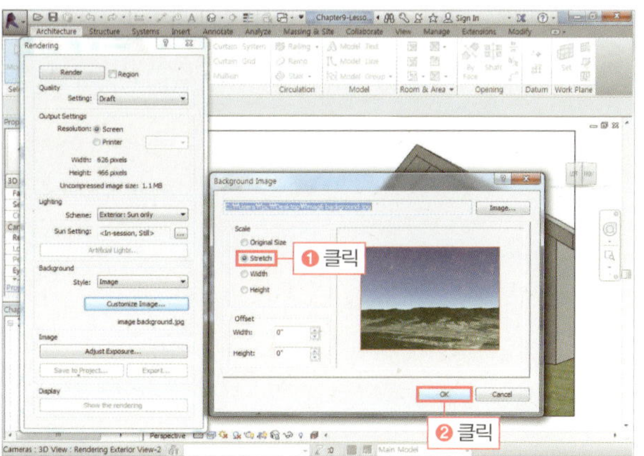

05. 적용한 이미지가 배경으로 표현되어 렌더링이 됩니다. 마음에 들면 앞서 언급한 [High Quality] 설정으로 변경한 후 렌더링 작업을 시작합니다.

실내 내부 렌더링하기

건물 내부를 렌더링하는 것은 외부 렌더링 방법과 유사합니다. 실내 조명과 자연 조명(태양광)을 이용하여 건물 내부를 렌더링하는 방법을 알아봅니다.

예제 파일 : Part 02/Chapter 09/Sample06.rvt | 완성 파일 : Part 02/Chapter 09/Sample06-완성.rvt

01. 예제 파일을 불러온 후 [Project Browser] 창에서 [Floor Plans]–[Level 1]을 선택합니다.

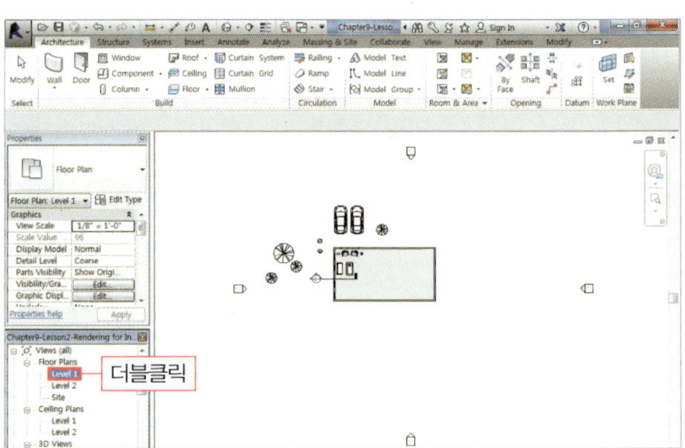

02. [Architecture] 탭–[Build] 패널에서 [Compo-nent]( )를 클릭합니다.

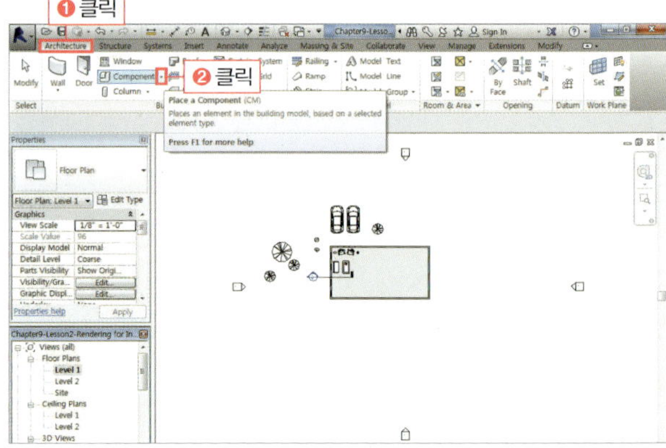

03. 수정 모드로 이동하면 [Mode] 패널에서 [Load Family]( )를 클릭합니다.

04. [Lighting]–[Architectural]–[Internal] 폴더로 이동합니다.

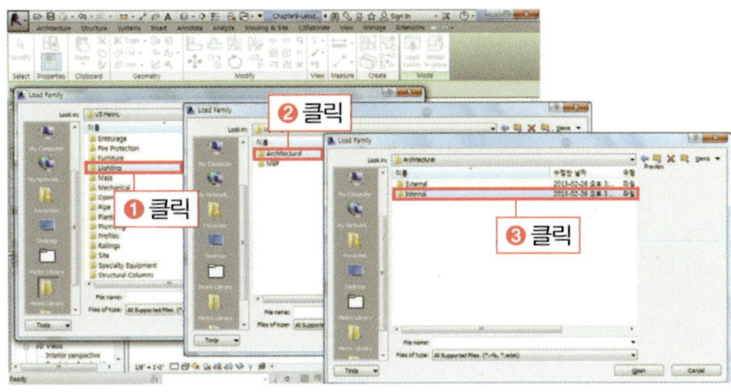

05. 'M_Floor Lamp–Torchiere.rfa' 파일을 선택하여 불러옵니다.

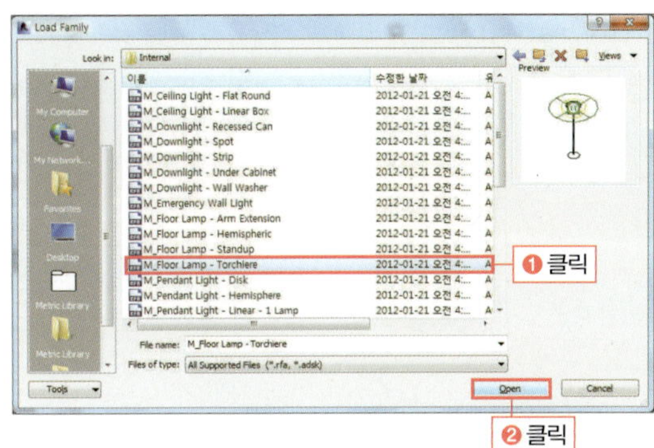

06. 조명을 그림과 같이 적절한 자리에 배치한 후 [Modify]( )를 클릭합니다.

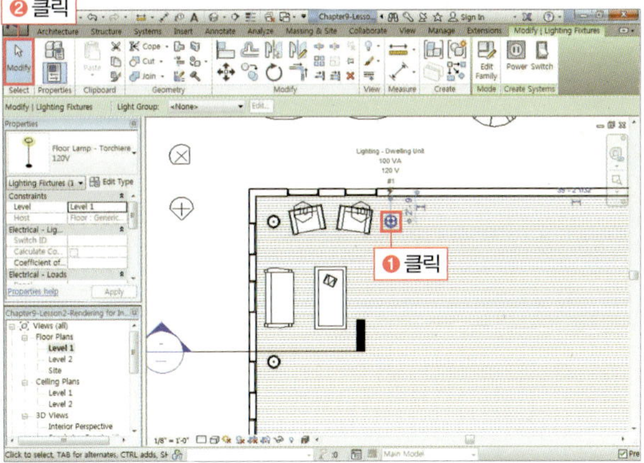

07. [Properties] 팔레트의 [Type Sector]에서 조명
밝기를 선택할 수 있습니다.

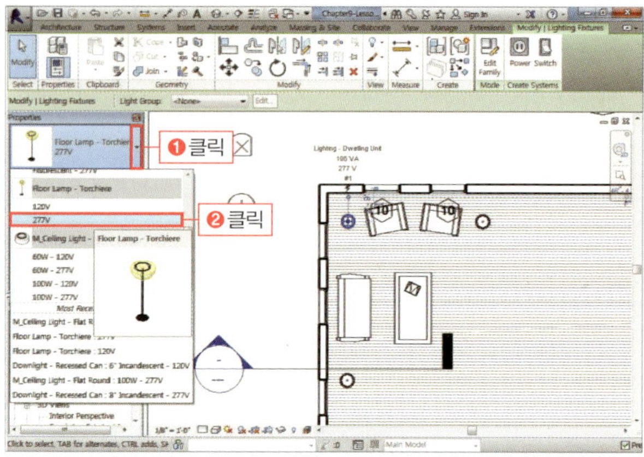

08. [Project Browser] 창의 [3D Views]에 있는 [In-
terior Perspective]로 화면을 이동합니다.

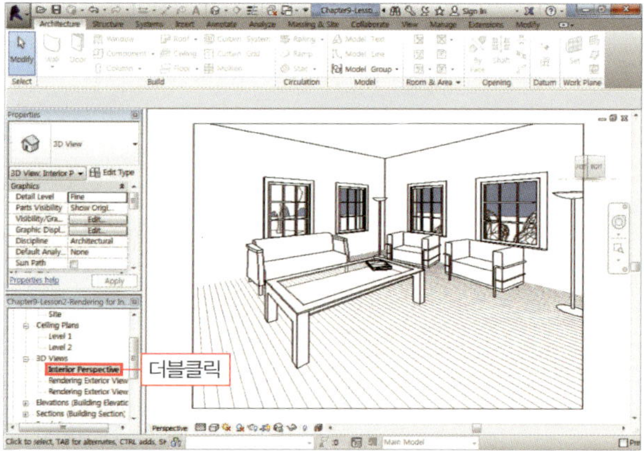

09. [Properties] 창의 [Graphics]에서 [Graphic Dis-
play]의 [Edit] 버튼을 클릭합니다. [Graphic Display
Options] 대화상자를 그림과 같이 설정합니다.

- Graphic Display Options Setting:
  Model Display: Realistic
  Lighting Scheme: Interior sun and artificial

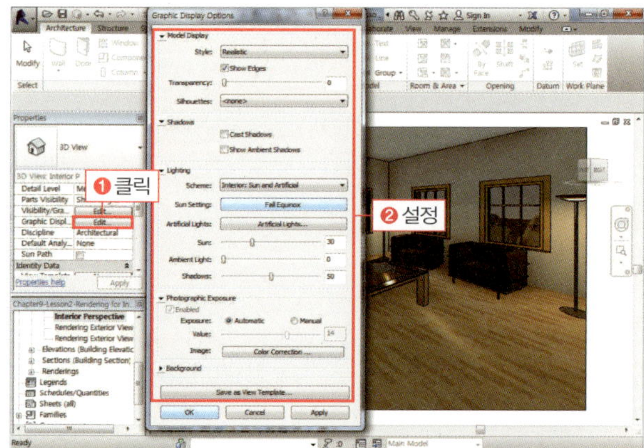

10. [Lighting Sun Setting]의 [Browser] 버튼을 클릭하여 [Sun Settings] 대화상자를 불러옵니다. [Settings]의 위치, 날짜, 시간을 그림과 같이 설정하고 [OK] 버튼을 클릭합니다.

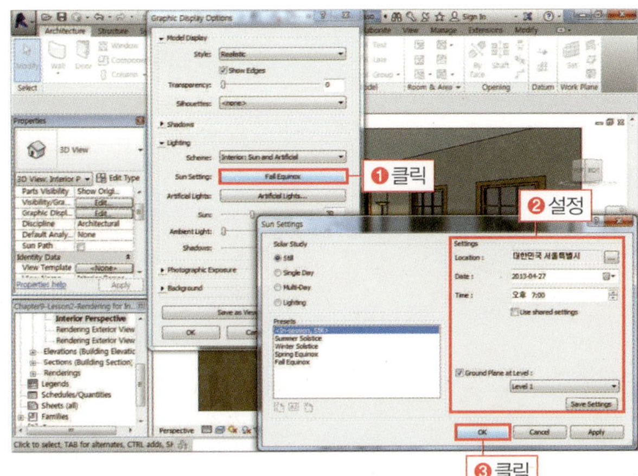

11. 뷰 컨트롤 바에서 [Rendering] 버튼을 클릭하고 그림과 같이 설정 값들을 적용합니다.

- ■ Rendering Setting:
  Model Display: Realistic
  Quality Scheme: High
  Resolution: Screen
  Lighting Scheme: Interior sun and artificial
  Background: Color

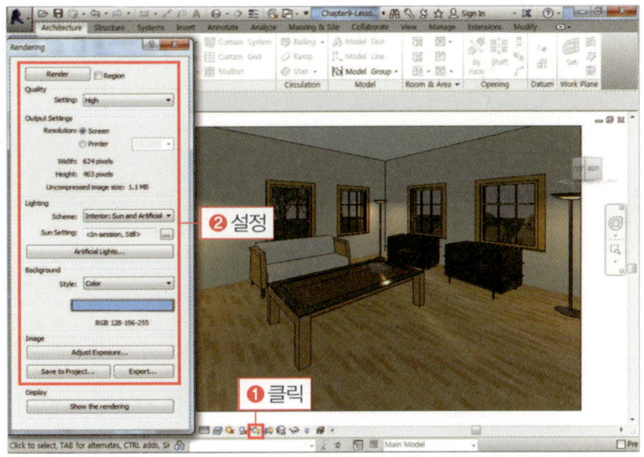

12. [Render] 버튼을 클릭하여 렌더링 작업을 진행합니다.

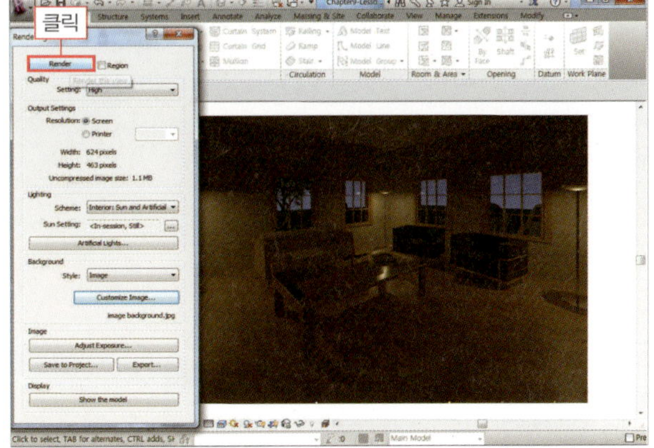

13. [Image]에서 [Save to Project]를 클릭한 후 그림
과 같이 이름을 지정하여 [Project Browser] 창에 저
장합니다.

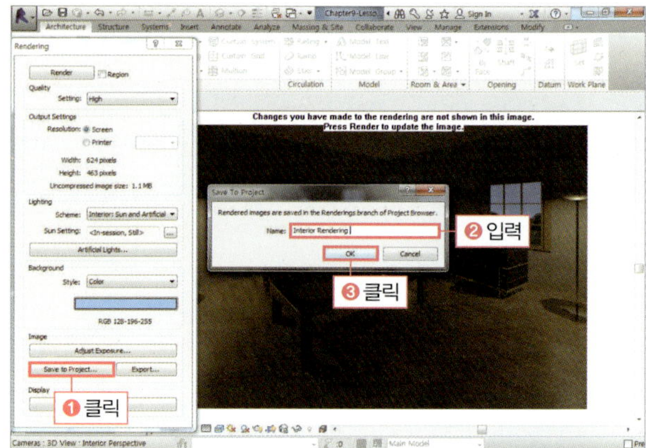

14. [Image]의 [Export] 버튼을 클릭한 후 저장하고
싶은 위치에서 [Save] 버튼을 클릭합니다.

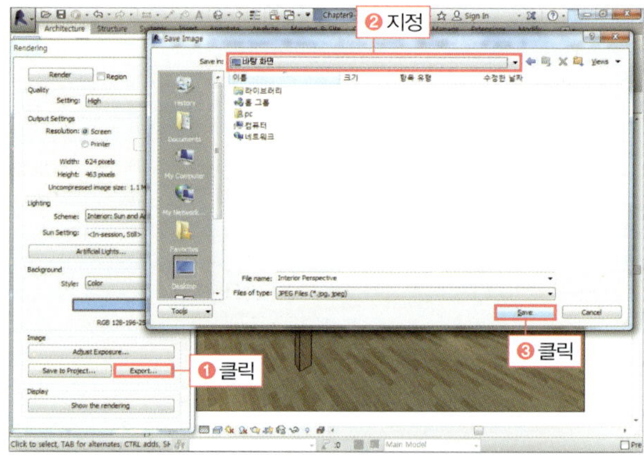

15. 렌더링을 저장한 다음 [Rendering] 대화상자에서
[Show the Model] 버튼을 클릭합니다.

16. 렌더링한 장면이 없어지고, 본래 Realistic 스타일
로 돌아옵니다.

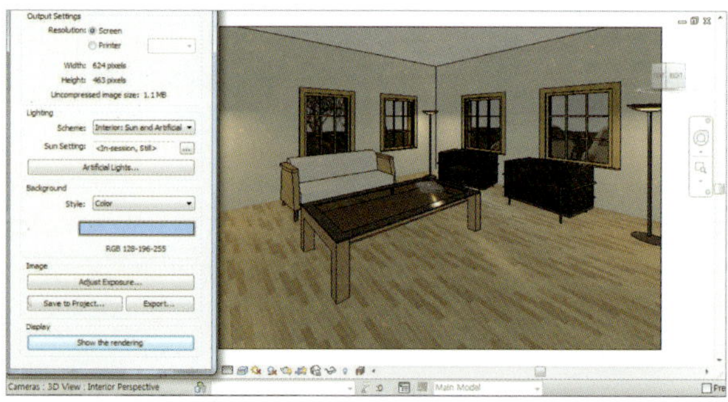

환상의 콤비

오토캐드 & 레빗 2014

1판 1쇄 발행　2014년 11월 07일

저　　자 | 이나영
발 행 인 | 김길수
발 행 처 | 영진닷컴
주　　소 | (우)153-803 서울특별시 금천구 가산동 664번지
　　　　　대륭테크노타운 13차 10층
등　　록 | 2007. 4. 27. 제16-4189

가격 28,000원

©2014. (주)영진닷컴

ISBN | 978-89-314-4756-9

이 책에 실린 내용의 무단 전재 및 무단 복제를 금합니다.

도서문의처 | http://www.youngjin.com

YoungJin.com Y.
영진닷컴

FROM
대리점 개설문의 조승현차장 010.8895.8248 www.frombyfrom.com